LA PICARESCA

ORIGENES, TEXTOS Y ESTRUCTURAS

LA PICARESCA

ORIGENES, TEXTOS Y ESTRUCTURAS

Actas del I Congreso Internacional
sobre la Picaresca
organizado por el Patronato «Arcipreste de Hita»

DIRECCION
MANUEL CRIADO DE VAL

FUNDACION UNIVERSITARIA ESPAÑOLA
Alcalá, 93
MADRID, 1979

Publicaciones
de la
FUNDACION
UNIVERSITARIA
ESPAÑOLA
Documentación actual - 8

1.ª edición: Fundación Universitaria Española, marzo 1979.

I.S.B.N.: 84-7392-134-8
Depósito legal: M. 18579-1979
Composición y montaje: Fotocompofset, S.L.
Burdeos, 2 - Móstoles (Madrid)
Estampación: Pynakos, S.A.,
Plg. El Palomo, Fuenlabrada (Madrid)

INDICE

INTRODUCCION

En las páginas de este libro aparece con todo su relieve la más original contribución española al mundo de la cultura literaria: la Picaresca. En él está descrita desde sus orígenes, en las literaturas clásicas y orientales y en la temática familiar de la Edad Media, hasta su final desarrollo americano; todo el equívoco mundo de los «pícaros» es estudiado por auténticos especialistas, con detalle y profundidad, en su historia, su estructura y su contexto social.

Ordenar esa colaboración, por fuerza heterogénea, de manera que no se pierda la comprensión unitaria del tema, ha sido quizá el principal problema de esta edición. En varios de sus artículos se plantean y discuten los límites y definición de «la Picaresca». Pero no sería justo atenerse a una teoría estricta o parcial siendo tan variadas las orientaciones de los autores que colaboran en este libro.

Nuestro criterio, a la hora de «compilar» tantos temas diversos, puede resumirse en pocas palabras: diferenciación, a lo largo de todo el índice, de dos perspectivas fundamentales, como si fueran dos círculos concéntricos. En el más amplio se sitúa el concepto de «Picaresca», como suma de aspectos temáticos generales, capaz de comprender no sólo las fuentes y las influencias, el contexto social y artístico, sino también la presencia «parcial» de elementos picarescos. Frente y dentro de este amplio concepto, se opone la más precisa definición: «Novela picaresca», que representa el núcleo, la verdadera estructura literaria del género.

En la moderna investigación literaria hay una clara oposición entre las interpretaciones históricas, más tradicionales, y las estructuralistas y simbolistas, que parecen dominar en la orientación actual. Como es lógico, esta diferencia es manifiesta en este libro, y la hemos mantenido y destacado, por creer que constituye una de sus mayores virtudes.

Queremos destacar un hecho: la parte dedicada a la «novela picaresca», clásica, de los siglos XVI y XVII, aparece ordenada de acuerdo con una línea que tiene por puntos básicos a las tres grandes obras *de la novela picaresca, vistas en su progresión histórica. Los capítulos que se refieren a ellas se titulan: «Antes del* Lazarillo» - «El Lazarillo» - «El Guzmán de Alfarache» - «Entre el Guzmán de Alfarache y El Buscón» - «El Buscón» - «Después del Buscón». *Sigue a ellos esa gran laguna de los siglos XVIII y XIX, en los que parece desaparecer el interés literario por el tema picaresco. En realidad, no es una laguna de la crítica sino de la propia creación literaria.*

* * *

El contenido de este libro corresponde, aunque ampliado y más elaborado, a las Actas del Congreso Internacional sobre la Picaresca, organizado por el Patronato «Arcipreste de Hita», que continuó los de La Celestina *y el Arcipreste de Hita, dentro de una secuencia de sobra evidente.*

Pero un Congreso no termina hasta que sus Actas no se publican. Y sólo gracias al apoyo, a la generosidad y a la decisión de la Fundación Universitaria Española hemos podido llegar a este afortunado final.

MANUEL CRIADO DE VAL

I

ESTRUCTURAS Y DEFINICION
DE "LA PICARESCA"

CUATRO CLASES DE NARRATIVA PICARESCA

ALISON WEBER
University of Illinois

El crítico que se empeña en el estudio de un género literario se enfrenta con un dilema de la lógica —con un verdadero Scylla y Charybdis. Tiene que elaborar una categoría coherente y sincrónica, extrapolando las necesarias y suficientes características de una realidad diacrónica y fluyente —es decir, de los textos históricos entre los cuales ha percibido ciertos rasgos comunes. Luego el crítico tiene que probar la consistencia del tipo ideal contra la multiplicidad de la realidad histórica. El estudio del género literario requiere, por tanto, como ha observado Tzvetan Todorov, un continuo vaivén entre lo práctico y lo teórico, lo empírico y lo abstracto, lo diacrónico y lo sincrónico. [1]

Una definición ideal de un género literario propondría, en fin, una coherencia semántica, sintáctica y verbal que se pudiese verificar por un cotejo de ciertos textos históricos. ¿Por qué, entonces, el fracaso de la tentativa de definición genérica de la picaresca? ¿Es seria y didáctica esta literatura, o inmoral e irreverente? ¿Es innovadora o primitiva, revolucionaria o reaccionaria? ¿Por qué no se ha podido precisar un modo, una estructura narrativa, un contenido temático que sean característicos de la literatura picaresca?

El problema puede atribuirse, en gran parte, al hecho de que la picaresca se desarrolló durante un período histórico en el cual la poética no escrita de la narrativa era sumamente inestable. Los escritores de la picaresca —tanto los grandes como los epígonos— elaboraron e improvisaron el género sin la presión de normas fijas, añadiendo, modificando, rechazando los rasgos según les dio la real gana. El crítico, enfrentado con tal amorfa realidad, puede darse por vencido, o seguir adelante, pretendiendo elaborar una teoría más flexible, inten-

---

[1] Tzvetan TODOROV, *The Fantastic: A Structural Approach to a Literary Genre,* trans. Richard Howard (Ithaca, New York: Cornell University Press, 1973), pág. 23.

tando identificar polos de forma y contenido en el campo inestable de atrayentes y repelentes rasgos genéricos.

Prefiriendo la segunda posibilidad, es decir, la de seguir con la lucha por una definición genérica —propongo la teórica existencia de la picaresca en un campo de polaridades— una semántica, otra estructural.

Cuando la narrativa deja de ser *Volksdichtung* y se hace *Kunstdichtung*, cuando el *locus* de comunicación deja de ser el círculo calentado por la hoguera tribal y viene a ser lo circunscrito por los márgenes del silencio, se pierde la arcaica continuidad entre narrador, oyente, y sociedad. El nuevo narrador —ya escritor— tiene que forjar una relación entre el lector y el fondo del suceso narrado. El escritor tiene que juzgar la norma —sea todavía necesaria e integradora o sea una reliquia cultural ya alienante y corrompida—. Estos juicios implícitos constituyen estructuras semánticas, o modos literarios en la terminología de Northrop Frye. Esta es la primera polaridad picaresca —la del modo integrador o cómico, y la del modo irónico o desintegrador [2].

La segunda polaridad tiene que ver con el tratamiento del concepto mimético. Un suceso narrado puede concebirse como una exagerada expresión de lo universal típico; por otra parte, puede presentarse como imitación de lo histórico y específico. A estas dos opciones miméticas las llamaré *novela* y *cuento*. En el cuento —representación de lo universal y típico— vemos un choque de valores estáticos. En el caso de la novela, la historicidad de la forma se presta a la imitación de un conflicto dinámico para descubrir la presencia o ausencia de valores. [3]

En la unidad generológica de la idea de la picaresca, entonces, hemos advertido dos polaridades: novela y cuento, modo irónico y modo cómico, que, multiplicados, resultan en cuatro clases de narrativa: el cuento irónico, el cuento cómico, la novela cómica, y la novela irónica. Cada clase ofrece una distinta relación entre lector, protagonista y la norma social (o sistema de valores representado en el mundo ficticio).

Ahora quisiera bosquejar estas relaciones tripartitas. La novela irónica trata de la transgresión del protagonista desplazado como proceso de descubrimiento —descubrimiento de la ausencia de valores— En otros términos, el pícaro de la novela irónica representa una des-

[2] Para un estudio de *Volksdichtung* picaresco, ver Paul RADIN, *The Trickster: A Study in American Indian Mythology* (London: Routledge and Kegan Paul, 1956). La teoría de modos literarios, elaborado por Frye en su *Anatomy of Criticism* (New York: Princeton, 1957), es bien conocida. Más recientemente, Ulrich Wicks ha desarrollado este *approach* en su interesantísimo artículo «The Nature of Picaresque Narrative: A Modal Approach», *PMLA*, 89 (1974), págs. 240-249. Aunque Wicks reconoce que hay mezcla de modos en la picaresca, quiere identificar un modo picaresco unívoco.

[3] El concepto de Georg Lukács de la novela como búsqueda de valores *(Teoría de la novela)* se desarrolla en la obra de René Girard, *Mensonge romantique et vérité romanesque* (París: Brasset, 1961). Sobre el tiempo en la novela, los estudios de Claudio Guillén, «La disposición temporal del *Lazarillo*

viación reprensible de una norma igualmente reprensible.[4] De ahí la reacción ambigua del lector —le repugnancia hacia las actividades anti-sociales, la identificación con la visión negativa de una sociedad degradante. Las novelas picarescas, como son formas dinámicas, implican, además, un desarrollo en las relaciones de valores. A medida que el lector acepta la visión negativa del pícaro, llega a rechazar completamente la norma establecida —llega a desesperar de la posible realización social de valores positivos—. La relación entre lector y protagonista también cambia, según la norma de desenlace. En el caso del fracaso irónico —pensemos en el aislamiento ascético de Guzmán de Alfarache— la inicial ambivalencia hacia el protagonista resulta en una completa indentificación. En el caso del desenlace de éxito irónico— pensemos en el Lazarillo y «la cumbre» de toda su fortuna— el lector desemboca en un rechazo completo del pícaro acomodado a la sociedad degradante. Pero en ambos casos, el lector percibe una incompatibilidad irreparable entre valores positivos y la norma social. Esta es la nota característica de la novela irónica.

Esta visión de ruptura entre valores y su realización no se mantiene en la novela cómica. Aunque participe en actividades anti-sociales, el pícaro de esta forma queda esencialmente digno de su reintegración en una sociedad que se regenera. El pícaro de la novela cómica puede establecer comunión por un cambio de su propio comportamiento (es decir, por reforma o madurez) por un cambio, un mejoramiento de la sociedad, o, finalmente, por escape a una sociedad mejor. Igual que con la novela irónica, el lector siente una inicial ambivalencia hacia el protagonista y sus transgresiones. Pero al fin de la novela cómica, hallamos un perfecto acuerdo entre lector, protagonista y sociedad. Piénsese en los matrimonios felices y las herencias imprevistas que reciben Moll Flanders, Roderick Random y Gil Blas.

Ahora pasemos de la novela, forma de la búsqueda dinámica, al cuento —forma del choque de valores estáticos—. En el cuento irónico, el protagonista es un personaje degradado, un impostor o embustero que acomete contra una sociedad degradada. Su comportamiento no es ni moral ni inmoral, sino prudente o necio. Esta forma es, obviamente, la más cercana al *Volksdichtung* picaresco, pero el lector y el narrador ya no sienten la orgánica unidad con la norma que sentían los primitivos. En realidad, la norma no existe como tal en el cuento irónico. Está sin normas, distorsionado, despojado de contenido valorativo.

Ahora llegamos a la cuarta clase —el cuento cómico—. Igual que la novela cómica, esta forma mantiene la idea de una norma positiva

---

de Tormes», *HR*, 25 (1957), págs. 264-279, y de Francisco Rico, *La novela picaresca y el punto de vista* (Barcelona: Seix Barral, 1970), son imprescindibles.

[4] Oscar Mandel describe toda literatura picaresca de esta manera en «The Function of the Norm in *Don Quijote»*, *Modern Philology*, 55 (1958), 161, nota 23

que sostiene valores deseados. Pero el pícaro del cuento cómico nunca logra una comunión con esta norma social. Este pícaro es el excéntrico que ataca, sin éxito, los valores normales que el lector comparte con el *status quo*. Aunque el pícaro puede tener éxito al trampear otras figuras marginales, encuentra solamente castigo y rechazo cuando acomete contra los representantes de la norma. El lector, gozando de su solidaridad con la norma, queda absolutamente distanciado del protagonista.

El *approach* poligenérico que he trazado aquí evita la necesidad de asignar un sólo valor semántico a una gran variedad de motivos repetidos. En efecto, el valor semántico de cualquier motivo dependerá del sistema de relaciones narrativas. Pensemos por un momento en la libertad del pícaro. Como ha observado Maximilian Novak, toda ficción picaresca tiene que ver —de algún modo— con un sentido de libertad —libertad sexual (el pícaro como burlador), física (el pícaro vagabundo), económica (el pícaro ladrón, pobre fingido), y social (el pícaro como impostor, ambicioso de figurar).

Tomando la última de estas libertades como ejemplo, podemos probar la flexibilidad de este esquema. El protagonista de la gran novela irónica, *Guzmán de Alfarache,* es un pobre cristiano nuevo que aspira a valer más en una sociedad cerrada. Al principio de la novela, el lector siente una actitud ambivalente hacia las aspiraciones del pícaro. Por una parte, Alemán nos convence de que la sociedad es intolerable para un paria. Por otra parte, cualquier tentativa de valer más equivale a una impostura, una mentira, una negación del estado otorgado por la divinidad. Pero a medida que Alemán universaliza la transgresión del pícaro, a medida que llegamos a ver a todo hombre como impostor, nos sentimos identificados con el pícaro alienado. Llegamos a compartir la creencia de Guzmán de que la legitimidad e identidad han de ser teocéntricas y no sociales. La novela es irónica, porque, como ha dicho Américo Castro, la solución ofrecida es de pesimismo trascendente. Es decir, que Guzmán nunca logra la realización de valores positivos; más bien espera ganar el derecho de apelar a una justicia extra-social, divina.

La solución ofrecida por Daniel Defoe en su novela cómica es muy diversa. Como Guzmán, Moll Flanders está obsesionada por la idea de que ella vale más de lo que indica su estado social. Su vida es una impostura, una imitación de la gentilidad de la cual ella es tan deseosa. Su transgresión reiterada es la de presumirse gran dama burguesa, con el fin de atrapar a maridos adinerados. Al fin de la novela, Moll es juzgada, y se le ofrece la oportunidad de emigrar a América. En el nuevo mundo, se reúne con su marido favorito, y felizmente invierte su capital (ilegalmente ganado). Acumula bienes productivos tanto como lujosos —vacas, cerdos, espadas y pelucas—. En este momento, su marido Jemmy observa que la prosperidad de su mujer ha eliminado, retroactivamente, el fraude según el cual se casaron. «¿Quién dice que fui engañado cuando me casé en Lancashire?» dice él. «¡Me he casado con una fortuna, y una buena fortuna por añadidura!»[5]

Podemos ver que la actitud del lector hacia el «pecado» de Moll es, al principio, ambivalente, igual que la actitud inicial hacia Guzmán. Es decir, creemos que la ambición de Moll de mejorar su fortuna es igualmente justificable y reprensible. Ella niega su estado «natural» en la vida, pero a la vez, percibimos su superioridad «natural» sobre otros personajes, representantes de la gentilidad burguesa. Defoe, tal como Alemán, se indignó por la injusticia de una sociedad que igualaba valor personal con riqueza. Pero Defoe nunca rechazó la base económica de la vida, sino que imaginaba otra sociedad en la cual la afluencia pudiese facilitar valores positivos. Si Alemán rompe el ídolo del dios Mamon, Defoe lo transforma en Dios benévolo. En el mundo irónico de Alemán, el hombre que quiere ponerse sobre los otros no puede dejar de pecar; en el mundo cómico de Defoe, la ambiciosa puede transformar su deseo en realidad.

Ahora examinemos el valor semántico de la misma transgresión en el cuento picaresco. La impostura, en el cuento irónico, rompe barreras, desafía la jerarquía tradicional, y en fin, destruye la norma social. El disfraz se utiliza cínicamente, y no para obtener una identidad negada. Pensemos en el Jack Wilton de Thomas Nashe, o en Justina —sus disfraces descubren el sin sentido que yace detrás de toda máscara social.

En el cuento cómico, el pecado de la ambición se contempla desde la perspectiva de la norma. Los pícaros de Castillo Solórzano y Salas Barbadillo no pueden penetrar la caparazón estamentaria de la sociedad cristiana vieja. Estos cuentos presentan la impostura como el más grave pecado social, porque amenaza un orden oficial, intentando confundir la conformidad de sangre, riqueza y etiqueta. Estos cuentos terminan con el castigo o rechazo del pícaro-intruso, y de esta manera la delincuencia del pícaro refuerza las defensas de los privilegiados, y confirma la solidaridad de la casta dominante. Si en el cuento irónico, la ambición desvaloriza la norma, en el cuento cómico, la ambición castigada la solidifica.

El modelo poli-genérico, si quiere evitar la rigidez del modelo taxonómico, tiene que reconocer la posibilidad de mezcla, quizá mezcolanza, genérica. Muchos ejemplos de imbricación picaresca pueden aducirse. Hay elementos de desenlace «cómico» en *Guzmán de Alfarache*. (Guzmán es premiado por buen comportamiento en las galeras). Por otro lado, la conversión de Moll en la prisión de Newgate pertenece más bien a un esquema irónico que al cómico. Una obra clave como *El Buscón* parece ser un híbrido perfecto de cuento cómico y cuento irónico. (Tiene el castigo-rechazo del pícaro intruso tanto como la desvalorización de la norma social). En efecto, me parece que muchos de los problemas interpretativos de las obras pica-

---

5 *The Fortunes and Misfortunes of Moll Flanders*, Modern Library College edition (New York: Random House, 1950), pág. 132.

rescas se deben a esta mezcla, a veces poco armonizada, de posibilidades genéricas.

Solemos pensar en una definición genérica como algo basado en semejanzas y no en diferencias. Y yo no niego que la narrativa picaresca comparta varios rasgos comunes —la mímesis no-heroica, la transgresión como suceso narrativo principal, y una actitud hacia esta transgresión manipulada por el autor—. Pero estos rasgos compartidos resultan poco útiles si no nos fijamos en las polaridades narrativas —novela/cuento, comedia/ironía—. La picaresca no puede ser un concepto taxonómico; era y es un sistema de *posibilidades,* una constelación de estructuras.

LITERATURA PICARESCA, NOVELA PICARESCA Y NARRATIVA ANDALUZA

ALBERTO NAVARRO GONZÁLEZ
Universidad de Salamanca

Libros de caballerías y «novelas bizantinas»

En torno al caballero, al pastor y al pícaro, surge en la España del siglo XVI y principios del XVII una rica y variada literatura dramática, narrativa, lírica y didáctica.

Limitándonos ahora al género narrativo, es fácil observar que historiadores y críticos deslindan, sin dificultad, los libros de caballerías y los libros pastoriles de las restantes manifestaciones literarias referentes a caballeros o pastorts (comedias, coloquios, entremeses, romances, tratados didáctico-morales, etc.).

No ocurre así con la llamada «novela picaresca». Al contrario; creo resultaría difícil citar dos críticos o historiadores que coincidan en ofrecer una lista con las mismas «novelas picarescas» de nuestro Siglo de Oro.

Así, unos, con amplio sentido de la llamada «novela picaresca», consideran como tales, obras que otros citan, como narraciones costumbristas de carácter más o menos descriptivo o satírico, y los hay que reducen el género exclusivamente a un corto grupo de obras que, siguiendo el principal modelo de *Guzmán de Alfarache* y el anterior del *Lazarillo,* en forma autobiográfica y con cruda técnica realista o naturalista, narran escarmentadores episodios y, de forma más o menos directa, aleccionan y advierten al lector sobre vicios, virtudes y costumbres individuales o sociales de la España de entonces.

Sin querer nosotros fijar ahora los límites precisos de la llamada «novela picaresca» de fines del XVI y principios del XVII, creo que para poder hablar con fundamento de características comunes y conscientes del citado real o supuesto «género narrativo picaresco», sería preciso primero analizar individualmente cada una de las diferentes obras que en él incluyen, historiadores y críticos.

En relación con ello, parece evidente que, aun cuando entonces

no existiera en España ni en Europa una concreta preceptiva novelesca, ni menos claro está una preceptiva de la «novela picaresca»,
diversos escritores españoles de fines del XVI y principios del XVII
(Mateo Alemán, Cervantes, Céspedes y Meneses, Quevedo, Espinel,
etcétera), sabían que estaban cultivando un nuevo y determinado
modo de narrar.

Un modo de narrar al que era aplicable lo que Suárez de Figueroa decía en *El Pasagero* (1617):

> «La novela, tomada con el rigor que se debe, es una compo-
> sición ingeniosísima cuyo ejemplo obliga a imitación o escar-
> miento. No ha de ser simple ni desnuda, sino mañosa y vestida
> de sentencias, documentos y todo lo demás que pueda ministrar
> la prudente filosofía».

Ahora bien, sabido es que durante el siglo XVI existía en castellano una abundante y variada literatura narrativa de entretenimiento
que fundamentalmente buscaba deleitar al lector, *(Libros de caballerías, Libros pastoriles, La Celestina* y sus continuaciones e imitaciones, *El Lazarillo,* colecciones de *Anécdotas* y *Cuentos,* etc.). También durante el siglo XVI y principios del XVII floreció una literatura
ascética y didáctico-moral que buscaba el perfeccionamiento del lector y de la sociedad, exaltando ciertas virtudes y condenando determinados vicios y costumbres; a la vez que otro extenso grupo de
obras narrativas (*Epopeyas, Crónicas, Vidas de Santos,* etc.) presentaba a la admiración e imitación de los lectores los grandes ejemplos de heroicos o santos personajes.

Desde la celebración del Concilio de Trento, la literatura católica, y concretamente de forma bien visible la española, va a seguir
la vieja norma horaciana de deleitar aprovechando, en obras narrativas que mezclaban útiles enseñanzas, admoniciones y críticas, con
gustosas relaciones de cuentos y aventuras.

Así, en el campo de la novela épica, surgirán las cultas *Historias
de amor y de aventuras* de lejano origen helénico que, enfrentándose a los *Libros de caballerías,* intentarán deleitar y aleccionar a
los lectores aficionados a tan tosca y vana literatura.

Véase, por ejemplo, cómo Alonso Núñez de Reinoso trata de diferenciar y contraponer su *Historia de los Amores de Clareo y Florisea* (1552), llena de sorprendentes aventuras y de provechosas enseñanzas, frente a «las vanidades de que tratan los libros de caballerías»:

> «Esta historia pasada de Florisea, yo no la escribí para que
> sirviese solamente de lo que suenan las palabras, sino para
> avisar a bien vivir, como lo hicieron graves autores que, in-
> ventando ficciones, mostraron a los hombres avisos para bien
> regirse, haciendo sus cuentos apacibles por inducir a los lec-
> tores a leer su escondida moralidad, que toda va fundada en

gran fruto y provecho, y debajo de su invención hay grandes secretos...

Y ansi todas las más cosas que aquella historia tienen en secreto; porque por Florisea y Clareo, se entiende cuán obligados son los casados a guardar firmeza y usar virtud; por Isea, cuán bien están los hombres en sus tierras, sin buscar a las ajenas; por aquella difunta niña, que ninguno se confíe, por gallardo y robusto que sea, en la vida ni en su mocedad; por Felisindos, la fortaleza que los hombres de grande ánimo deben tener, por poder llegar a aquella casa de descanso donde estaba la princesa Luciandra, porque aquella es la clara y verdadera: y así ninguna cosa hay en toda aquella historia que no tenga algún ejemplo para bien vivir. Por lo cual, *quien a las cosas de aquel libro diere nombre de las vanidades, de que tratan los libros de caballerías, dirá en ello lo que yo en mi obra no quise decir* [1].

Por su parte, también Jerónimo de Contreras afirmaba análoga intencionalidad didáctica en la Dedicatoria de la *Selva de Aventuras* y, clara prueba de que la llamada «Novela bizantina» con sus fantásticas y aleccionadoras aventuras surgía como algo contrapuesto a las narraciones andantescas, lo vemos en el propio Cervantes.

En efecto. El maravilloso *Persiles* en el que Cervantes explaya su benévola propensión idealizadora de la realidad y su capacidad inventiva, como antes *El Peregrino en su patria de Lope,* aparece repleto de aleccionadoras enseñanzas; y en el capítulo 47 de la Primera Parte del *Quijote,* por boca del culto canónigo, también expresa el Manco de Lepanto que ésta era la mejor manera de entretener provechosamente a los lectores que perdían su tiempo y su gusto con los inverosímiles y toscos libros caballerescos:

«Y dijo que con todo cuanto mal había dicho de tales libros, hallaba en ellos una cosa buena; que era el sujeto que ofrecían para que un buen entendimiento pudiese mostrarse en ellos, porque daban largo y espacioso campo por donde sin empacho alguno pudiese correr la pluma, describiendo naufragios, tormentas, rencuentros y batallas, pintando un capitán valeroso con todas las partes que para ser tal se requiere, mostrándose prudente previniendo las astucias de sus enemigos, y elocuente orador persuadiendo ó disuadiendo a sus soldados, maduro en el consejo, presto en lo determinado, tan valiente en el esperar como en el acometer; pintando ora un lamentable y trágico suceso, ahora un alegre y no pensado acontecimiento; allí una hermosísima dama, honesta, discreta y recatada; aquí un caballero cristiano, valiente y comedido; acullá un desaforado bárbaro fanfarrón; acá un príncipe cortés, valeroso y

1 Buenaventura Carlos ARIBAU, *Novelistas anteriores a Cervantes,* BAE, Madrid, 1850, III, pág. 431.

bien mirado; representando bondad y lealtad de vasallos, grandezas y mercedes de señores. Ya puede mostrarse astrólogo, ya cosmógrafo excelente, ya músico, ya inteligente en las materias del estado, y tal vez le tendrá ocasión de mostrarse nigromante, si quisiere. Puede mostrar las astucias de Ulises, la piedad de Eneas, la valentía de Aquiles, las desgracias de Héctor, las traiciones de Sinón, la amistad de Euríalo, la liberalidad de Alejandro, el valor de César, la clemencia y verdad de Trajano, la fidelidad de Zópiro, la prudencia de Catón y, finalmente, todas aquellas acciones que pueden hacer perfecto a un varón ilustre, ahora poniéndolas en uno solo, ahora dividiéndolas en muchos. Y siendo esto hecho con apacibilidad de estilo y con ingeniosa invención, que tire lo más que fuera posible a la verdad, sin duda compondrá una tela de varios y hermosos lazos tejida, que después de acabada, tal perfección y hermosura muestre, que consiga el fín mejor que se pretende en los escritos, que es enseñar y deleitar juntamente, como ya tengo dicho. Porque la escritura desatada destos libros da lugar a que el autor pueda mostrarse épico, lírico, trágico, cómico, con todas aquellas partes que encirran en sí las dulcísimas y agradables ciencias de la poesía y de la oratoria; que la épica también puede escribirse en prosa como en verso» [2].

Pero si varios autores (Núñez de Reinoso, Jerónimo de Contreras, Lope de Vega, Cervantes, Céspedes y Menéses y otros más), pretendieron deleitar y aprovechar, narrando a imitación de Heliodoro o Aquiles Tacio maravillosas aventuras y peripecias más o menos fantásticas, simbólicas o reales por mares, islas y regiones exóticas o cercanas; otro grupo más numeroso va a intentar algo análogo con el público aficionado a otro género de literatura lúdica.

«Celestinas», obras didáctico-morales, Vidas de Santos y «novelas picarescas»

En el campo de la novela-cuento, Mateo Alemán y tras él Lopez de Ubeda, Cervantes, Espinel, etc., procurarán captar la atención de quienes perdían su tiempo y, lo que es peor, enturbiaban su conciencia con lecturas vanas o lascivas, y se sentían incapacitadas o incapaces para adentrarse en los densos libros ascéticos y didáctico-morales, o en las extensas y elevadas *Epopeyas, Crónicas* y *Vidas de Santos.*

Así, Mateo Alemán, al entremezclar aventuras y tipos picarescos y entremesiles con digresiones morales satíricas o didácticas, va a crear un nuevo género narrativo de «entretenimiento común» provechoso en el que, como buen autor barroco, unirá los contrapuestos

---

2 Véase Alberto SÁNCHEZ, *"El Persiles" como repertorio de moralidades* («Anales Cervantinos», CSIC, Madrid, 1954, t. IV, págs. 199-223).

elementos de gustosas picardías parecidas a las de *La Celestina* y el *Lazarillo*, con las graves enseñanzas y admoniciones de los extensos tratados didáctico-morales y ascéticos de su época.

En su prólogo «Al discreto lector», si bien afirma que «sólo a bien común puse la proa», invita también a «picardear» y a disfrutar con los gustosos lances divertidos de su libro, pues «en las mesas espléndidas, manjares ha de haber de todos gustos».

Más claramente aún, el autor de *La Picaresca Justina* afirma que desea deleitar y aprovechar al heterogéneo público que únicamente gusta de «*romances impresos inútiles, lascivos, picantes, audaces, impropios y mentirosos*», en que se representan «amores en hábitos y trajes y con ademanes que incentivan el amor carnal»; público —dice— que «*no hay quien arrastre a leer un libro de devoción ni una historia de un Santo*».

Veamos cómo sitúa su barroco libro, que tantas cosas quiere ser a la vez, entre y frente a las lascivas Celestinas y los inútiles y perniciosos romances y cantares, de un lado, y las obras morales y las *Vidas de Santos*, del otro:

> «Si este libro fuera todo de vanidades, no era justo imprimirse. Si todo fuera de santidades, leyéranle pocos. Que ya se tiene por tiempo ocioso, segúnse gasta poco. Pues para que lo lean todos y juntamente parezca bien a los cuerdos y prudentes y deseosos de aprovechar, dí en un medio, y fué que después de hacer un largo alarde de las ordinarias vanidades en que una mujer libre se suele distraer desde sus principios, añadí, como por vía de *resumptión* o moralidad, al tono de las fábulas de Esopo y jeroglíficos de Agatón, consejos y advertencias útiles, sacadas y hechas a propósito de lo que se dice y trata.
>
> No es mi intención ni hallarás que he pretendido contar amores al tono del libro de Celestina; antes, si bien lo miras, he huído de eso totalmente, porque siempre que de eso trato voy a la ligera, no contando lo que pertenece a la materia de deshonestida, sino lo que pertenece a los hurtos ardidosos de Justina» [3].

La misma forma que adopta *El Pícaro* (narración completa de una vida) indica que la obra de Mateo Alemán surge en la órbita de las *Vidas* santas o heroicas, si bien con distinta técnica e intencionalidad, a diferencia del *Quijote* que narra exclusivamente lo ocurrido en dos veranos al famoso hidalgo manchego, y a diferencia también de las *Novelas y Ejemplares* cervantinas y de las llamadas *Novelas Bizantinas* que relatan determinados hechos más o menos dramáticos.

---

3 Francisco LÓPEZ DE UBEDA, *La Pícara Justina*, Medina del Campo, 1605. (Prólogo al lector.)

Recuérdese también que Avellaneda dice en el Prólogo de su *Don Quijote de la Mancha*: «Y permitiéndose tantas Celestinas, que ya andan madre e hija por las plazas, bien se puede permitir por los campos un Don Quijote y un Sancho a quienes jamás se les conoció vicio conocido.»

En relación con ello, creo no debe olvidarse que *Vidas de Santos* escribieron también autores tan famosos de relatos picarescos como Matéo Alemán, Quevedo y Torres Villarroel y que Avellaneda presenta a su Quijote leyendo un *Flos sanctorum* [4].

Que el *Guzmán de Alfarache* y sus más o menos originales imitadores, lograran aprovechar con las escarmentadoras «vidas» de sus héroes y con las admoniciones en ellas insertas, es algo que Quevedo pone en duda en su famoso prólogo «Al lector» del *Buscón,* y más aún Juan de Zabaleta [5].

Sin embargo, el consciente propósito de Mateo Alemán fue crear un nuevo «género de entretenimiento común» provechoso, que barrosamente se compusiera de tan contrapuestos elementos como las bajezas picarescas, que ya exhibía una literatura anterior narrativa, entremesil y lírica, y las hondas enseñanzas del profundo y desengañado pensamiento moral de entonces [6].

Y no sólo Mateo Alemán, también su amigo y paisano el mala-

---

[4] He aquí el pasaje del *Quijote* de Avellaneda, sobre la afición que su Quijote tenía también a leer *Vidas de Santos:* «No leo —dixo don Quixote— en libro de cavallerías, que no tengo alguno; pero leo en este *Flos sanctorum,* que es muy bueno.

—¿Y quién fue esse Flas sanctorum? —replicó Sancho—. ¿Fue rey o algún gigante de aquellos que se tornaron molinos aora un año?

—Todavía, Sancho —dixo don Quixote—, eres necio y rudo. Este libro trata de las vidas de los santos, como de San Lorenço, que fué asado; de San Bartolomé, que fué dessollado; de Santa Catalina, que fué passada por la rueda de las navajas, y assimismo de todos los demás santos y mártyres de todo el año. Siéntate y leerte he la vida del santo que oy, a veynte de agosto, celebra la Iglesia, que es San Bernardo.

—Par Dios —dixo Sancho—, que yo no soy amigo de saber vidas agenas, y más de mala gana me dexaría quitar el pellejo ni asar en parrillas. Pero dígame: ¿a San Bartholomé quitáronle el pellejo, y a San Lorenço pusiéronle a asar, después de muerto o acabando de vivir?

—¡Oygan qué necesidad —dixo don Quixote—: vivo desollaron al uno, y vivo asaron al otro!

—¡Ho, ydeputa —dixo Sancho—, ¡y cómo les escocería! Pardiobre, no valía yo un higo para *Flos sanctorun:* rezar de rodillas media dozena de credos, vaya en hora buena; y aún ayunar, como comiesse tres vezes al dia razonablemente, bien lo podría llevar.» (Alonso Fernández de Avellaneda, *Don Quijote de la Mancha,* Edic. de Martín de Riquer en CC, cap. I, t. I, págs. 24-25.)

[5] Así escribe Juan de Zabaleta en el capítulo «Los libros» de su *Día de fiesta por la tarde* (1660): «Cansado al fín de estar de pie tanto tiempo, toma un libro pequeño y se sienta junto a una ventana. Es el libro la *Vida de Estebanillo González,* un mozo de hato de comedia. ¿Para leer en éste compra vuestra merced tantos libros? ¿No está por ahí *La Ciudad de Dios* de San Agustín?»

[6] Ya mi maestro Francisco Maldonado acertadamente vio la gran relación existente entre el *Guzmán de Alfarache* y la *Emblemática:* «Sin los imperativos didácticos de la Emblemática, no se podrá comprender a Mateo Alemán, ni menos a Baltasar Gracián, los grandes artífices, aparte y despés de Cervantes, de la novela barroca.» *La teoría de los géneros literarios y la constitución de la novela moderna, Estudios dedicados a Menéndez Pidal,* Madrid, 1952, III, págs. 299-320.

gueño Vicente Espinel, conscientemente cultiva un nuevo y provechoso «género de entretenimiento común» que, como el *Guzmán de Alfarache*, «enseña por su contrario / la forma de bien vivir».

Recordemos, por ejemplo, cómo en el Prólogo al Lector afirma que su *Marcos de Obregón*, si bien lleno de moralidad y de gustosos lances, difiere de los libros que únicamente se proponen deleitar «con burlas y cuentos entremesiles», y de los que tan sólo «se abrazan con la doctrina».

Vicente Espinel, como Mateo Alemán, tomando elementos de ambos dispares géneros (el lúdico y el didáctico-moral), compone una original obra que a la vez entretiene y deleita:

«El intento mío fué ver si acertaría a escribir en prosa algo que aprovechase a mi república, deleitando y enseñando, siguiendo aquel consejo de mi maestro Horacio; porque han salido algunos libros de hombres doctísimos en letras y opinión, que se abrazan tanto con sola la doctrina, que no dejan lugar donde pueda el ingenio alentarse y recibir gusto; y otros tan enfrascados en parecerles que deleitan con burlas y cuentos entremesiles, que después de haberlos revuelto, aechado y aun cernido, son tan fútiles y vanos, que no dejan cosa de sustancia ni provecho para el lector, ni de fama y opinión para sus autores».

Ahora bien. El músico y poeta rondeño que añadió una quinta cuerda a la guitarra y logró dotar al Parnaso Español de una nueva combinación métrica, sin detenerse en la imitación de su admirado paisano Mateo Alemán, con barroco anhelo de nuevas perfecciones intenta superar anteriores formas narrativas con nuevos procedimientos.

Vicente Espinel, junto a técnicas, recursos y elementos análogos a los del *Pícaro*, utiliza otros que pudo ver en sus amigos Cervantes Lope y Céspedes y Meneses, y entrelaza las técnicas, recursos y elementos presentes ya en *El Pícaro*, con otros tomados de las entonces prestigiosas *Historias simbólico-amorosas de aventuras* escritas a imitación de Heliodoro, e incluso con otros de su propia invención) [7].

Claro que la singularidad de la obra de Espinel no puede explicarse a base exclusivamente de la citada original mezcla de técnicas y ele-

[7] Recuérdese que la traducción que en 1587 publicó Juan de Mena de *Las Etiopicas*, de Heliodoro, se reeditó en 1614 (Barcelona), 1615 (Madrid) y 1616 (París); que en 1615 sale el *Poema trágico del español Gerardo*, de Céspedes y Meneses; en 1617, *El Persiles;* en 1618, otra edición de *El Peregrino en su patria*, de Lope, y en 1626, *El Soldado Píndaro*, de Céspedes y Meneses. También en 1615 tuvo ediciones *La Selva de Aventuras*, de Jerónimo de Contreras. Las citas que Lope hace de Heliodoro en *Las fortunas de Diana* (1621), luego ensalzado por Gracián en su *Agudeza y Arte de Ingenio*, prueba también el prestigio que por esos años tenían en cultos ambientes los relatos de aventuras de lejano origen griego.

mentos que ningún otro autor anterior había sabido conjuntar tan acertadamente.

Determinados aspectos del *Marcos de Obregón* sólo pueden comprenderse teniendo en cuenta que es una novela andaluza.

La «novela picaresca andaluza»

¿Pero es que cabe hablar de «una novela picaresca andaluza»?

Si imprecisa parece la denominación de «picaresca» aplicada al término novela, ¿no incurriremos en otra imprecisión, aún mayor, al añadirle el calificativo de «andaluza»?

Es cierto que existe una danza y un cante andaluces universalmente extendidos, y que también los tratadistas de Literatura hablan de líricos andaluces y castellanos: Juan de Mena frente a Jorge Manrique; escuela sevillana de Herrera frente a la salmantina de Fray Luis de León; culteranismo de Góngora frente a conceptismo de Quevedo; la poesía del canónigo Porcel frente a la de Torres Villarroel; escuela sevillana de Alberto Lista frente a escuela salmantina de Meléndez Valdés, el romanticismo del Duque de Rivas frente al de Espronceda; la lírica de Bécquer frente a la de Campoamor o Núñez de Arce; y ya en el siglo xx, Juan Ramón Jiménez, los Machado, García Lorca, Alberti, Pemán, Rosales, etcétera, frente a Unamuno, Valle-Inclán, Salinas, Jorge Guillén, Dámaso Alonso, Gerardo Diego, Panero, etc.

Pero si, con fundamento, podemos hablar de danzas, canciones y lírica andaluzas diferenciables de las de otras regiones españolas, ¿cabe hacer análogo deslinde en el terreno de la novela?

¿No es precisamente una de las características de lo andaluz, según acertadamente observa Julián Marías, la ausencia del sentido épico y la sobreabundancia de lirismo [8].

Concretándonos a la «novela picaresca» del Siglo de Oro, ¿es que cabe hablar de una «novela picaresca andaluza» distinta de la «novela picaresca» de otras regiones españoles?

A mi entender creo que puede afirmarse, de un lado, que existe clara relación entre Andalucía y la «novela picaresca» española de fines del xvi y principios del xvii; y del otro, que las novelas picarescas andaluzas» de entonces poseen características distintas de las de los cultivadores septentrionales del mismo género, características que las acercan a las novelas de otros escritores andaluces de distintas épocas y géneros.

Sin querer ofrecer aquí una nueva «teoría de Andalucía» ni de la «novela picaresca» española del Siglo de Oro; y sin tampoco querer considerar a ésta como un género típica y exclusivamente andaluz, me

---

[8] «Apenas es épica, sólo por excepción, pero encierra una increíble dosis de lirismo, un lirismo difuso que impregna las formas todas de la vida andaluza.» Julián Marías, *Andalucía y consideraciones de Cataluña*, Alianza Editorial, Madrid, 1972.

atrevo a afirmar que no puede explicarse el surgimiento y desarrollo de la novela picaresca española de fines del siglo XVI y principios del siglo XVII, prescindiendo de Andalucía y de «lo andaluz».

Un hecho objetivo es que la «novela picaresca» española de entonces, como luego la novela realista del siglo XIX, surge y da sus primeros pasos en Andalucía.

Cuando en España se difundía una rica literatura narrativa de entretenimiento (*Libros de caballerías, Libros pastoriales,* continuaciones de *La Celestina,* colecciones de *Cuentos y anécdotas,* etc.); cuando otro público heterogéneo leía tratados ascéticos y morales (*Vidas de Santos, Crónicas y Epopeyas*), he aquí que el sevillano Mateo Alemán, teniendo en cuenta el anterior ejemplo del *Lazarillo* y el del *Asno de Oro* de Apuleyo, y atento a los aires realistas y didácticos del momento, abre un camino nuevo a la narrativa española, camino que desbordará el genio de Cervantes y por el que con mayor o menor originalidad transitarán otros grandes escritores.

El segundo hecho fácilmente comprobable es que andaluces son los principales escenarios de las novelas y relatos picarescos, como andaluces eran también los del famoso burlador, Don Juan Tenorio.

A tal respecto, creo que el testimonio de Cervantes resulta contundente.

Así rememora el ventero sus alegres y nada ejemplares años perdidos por la ancha geografía española:

> «Y que él, asimismo, en los años de su mocedad, se había dado a aquel honroso ejercicio, andando por diversas partes del mundo, buscando sus aventuras, sin que hubiese dejado los Percheles de Málaga, Islas de Riarán, Compás de Sevilla, Azoguejo de Segovia, la Olivera de Valencia, Rondilla de Granada, Playa de Sanlúcar, Potro de Córdoba y las Ventillas de Toledo, y otras diversas partes, donde había ejercitado la ligereza de sus pies y sutileza de sus manos, haciendo muchos tuertos, recostando muchas viudas, deshaciendo algunas doncellas y engañando algunos pupilos y, finalmente, dándose a conocer por cuantas audiencias y tribunales hay casi en todo España.» [9]

Y he aquí el famoso canto cervantino al alegre, suelto y libre vivir picaresco por las anchas y luminosas playas andaluzas, que el antiguo cautivo de Argel pone en la *Ilustre Fregona:*

> «Pasó por todos los grados de pícaro, hasta que se graduó de maestro en las almadrabas de Zahara, donde es el *finibusterrae* de la picaresca.
>
> ¡Oh pícaros de cocina, sucios, gordos y lucios, pobres fingidos, tullidos falsos, cicateruelos de Zocodover y de la plaza de Madrid, vistosos oracioneros, esportilleros de Sevilla, mandilejos de la hampa, con toda la caterva innumerable que se encierra debajo de este nombre «pícaro»! Bajad el toldo, amainad

---

[9] *Don Quijote de la Mancha,* I, 3.

el brío, no os llaméis pícaros si no habéis cursado dos cursos en la academia de la pesca de los atunes. ¡Allí, allí, que está en su centro el trabajo junto con la poltronería! Allí está la suciedad limpia, la gordura rolliza, la hambre pronta, la hartura abundante, sin disfraz de vicio; el juego siempre, las pendencias por momentos, las muertes por puntos, las pullas a cada paso, los bailes como en bodas, las seguidillas como en estampa, los romances con estribos, la poesía sin acciones. Aquí se canta, allí se reniega, acullá se riñe, acá se juega, y por todo se hurta. Allí campea la libertad y luce el trabajo; allí van, o envían muchos padres principales a buscar a sus hijos, y los hallan; y tanto sienten sacarlos de aquella vida como si los llevaran a dar muerte».

Es más, determinados rasgos que, como el desenfado y despejo andaluces en los Tenorios, suelen hallarse también en las principales novelas picarescas de fines del XVI y principios del XVII (abigarrada y amena estructura, presencia del sol, vagabundaje, ingenio y gracia del «pícaro», etc.), tienen marcado carácter andaluz, y especialmente se acentúan en las obras picarescas escritas por los autores de esta región.

El tercer y más interesante hecho sobre el que queremos llamar la atención, es que los cultivadores andaluces de la «novela picaresca» de la citada época, como luego en el siglo XIX otros narradores andaluces, poseen características que claramente los diferencian de los narradores picarescos de las restantes regiones españolas.

No ya en los optimistas libros de Vicente Espinel y Vélez de Guevara, más llenos de luz y elogios que de asquerosidades y sátiras rencorosas, sino hasta en el propio *Guzmán de Alfarache*, vemos cómo a través de los negros nubarrones del desengaño barroco penetran luminosos rayos que en vano buscaríamos en *La Pícara Justina*, en *El Donado Hablador*, en *El Buscón* o en el pícaro gallego *Estebanillo González*.

Estos rasgos diferenciadores son tan marcados y evidentes que, con razón, múltiples críticos se resisten a agrupar los alegres libros de Vicente Espinel y de Vélez de Guevara, junto a aquellos otros citados, cuyas crudezas realistas y negro pesimismo han llegado a relacionarse directamente por los maestros Américo Castro y Bataillón, con el rencoroso talante de la marginada minoría descendiente de judíos conversos.

El que esta actitud de la crítica, resistiéndose a considerar como novelas picarescas el *Marcos de Obregón* y el *Diablo Cojuelo* y, claro está, el *Riconcete y Cortadillo* de Cervantes, se repita luego en el siglo XIX cuando, fundándose en análogas razones, se pretenda excluir de la novela realista nada menos que a la iniciadora de la misma en España y a quienes la hicieron dar sus primeros firmes pasos (Fernán Caballero, Alarcón y Valera), fue lo que principalmente nos movió a ver si, en el terreno narrativo, Andalucía y lo andaluz dejaban a.

lo largo de los siglos huellas diferenciadoras análogas a las que se perciben en el campo de la danza, de la música y de la lírica.

Estas principales características diferenciadoras, de las que ya tuvimos ocasión de ocuparnos en su día al hablar de Fernán Caballero y Alarcón, y que últimamente he analizado de forma detallada en Vicente Espinel, son, a mi ver, las siguientes: Idealización de la realidad cotidiana, sensibilidad especial ante la naturaleza, ante el mundo animal y ante la escalofriante realidad de la muerte, cálido autobiografismo, y alegría de la vida, entrecotada con estremecedores y trágicos relámpagos [10].

Quede claro que en forma alguna pretendemos explicar el *Guzmán de Alfarache*, el *Marcos de Obregón*, *El Diablo Cojuelo* o *Rinconete y Cortadillo*, ni menos el entero género común de entretenimiento picaresco de fines del xvi y principios del xvii a base de Andalucía y de «lo andaluz».

Si tal cosa afirmáramos, creo que incurriríamos en una inexactitud análoga a la de quienes ven relaciones de causa y efecto entre el «talante» de la entera «novela picaresca», «talante» presente también en otras obras de nuestros «desengañados» escritores barrocos, con el rencor de la corta minoría de cristianos nuevos de lejano origen judío.

Lo que afirmamos es que, el nacimiento y desarrollo de la novela picaresca española de fines del siglo xvi y principalmente del xvii, no puede explicarse prescindiendo de Andalucía y de «lo andaluz», y que el grupo de escritores andaluces (Mateo Alemán, Vicente Espinel, Vélez de Guevara, Rodrigo Fernández de Ribera, y en cierto modo Cervantes), poseen características distintas a los narradores de otras regiones españolas que también escribieron entonces novelas y relatos picarescos: *La Pícara Justina, Alonso, mozo de muchos amos, El Buscón, Estabanillo González*, etc.

---

[10] ALBERTO NAVARRO GONZÁLEZ, *Vicente Espinel músico, poeta y novelista andaluz*. Universidad de Salamanca, 1977. *La Pródiga*, de PEDRO ANTONIO DE ALARCÓN. Editora Nacional, Madrid, 1975. *Fernán Caballero y la narrativa andaluza*, Ediciones de la Caja de Ahorro de Cádiz, 1974.

APROXIMACION A LA PICARESCA

EDMOND CROS
Université de Montpellier
Francia

A partir de ciertas observaciones referentes a las tres grandes novelas picarescas españolas *(Lazarillo de Tormes, Guzmán de Alfarache, Buscón)*, quisiera proponer algunas sugerencias de tipo metodológico susceptibles de señalar un campo de investigaciones hasta la fecha poco o mal explotado, campo que se sitúa en la confluencia de la historia y de la semántica y que debería considerarse en adelante como uno de los terrenos predilectos de la sociocrítica de la producción literaria.

Antes de abordar un caso de análisis preciso sugiero que sentemos algunas hipótesis de trabajo, que podrían ser las siguientes:

1. Es evidente que: en el momento en que el texto se informa, se informa en la concordancia y la convergencia semánticas y connotativas (las cuales presuponen no sólo la elección del signo, sino también la selección de la reducción semántica del signo que el texto implica);

b) que de entre todas las soluciones posibles propuestas en el eje paradigmático, la solución escogida es la consecuencia de una serie de concordancias y de desacuerdos (que construyen juntamente la unidad y la pluralidad del mensaje).

2. Debemos considerar, sin embargo, que esas soluciones constituyen unas respuestas *sistemáticas* a unas impulsiones individuales o colectivas, relacionadas con circunstancias determinadas que debemos tratar de reconstruir.

El problema consiste, pues, en tratar de reconstruir los *sistemas* que organizan esas respuestas —o reacciones—, en examinar cómo funcionan los criterios de selección y lo que transcriben.

Es por eso esencial tener en cuenta las modificaciones que afectan la jerarquía interna de los ejes paradigmáticos, y en realidad una de las finalidades de la sociocrítica consiste en tratar de captar las alteraciones que sufren esos paradigmas examinándolos con arreglo a las modificaciones de las estructuras sociales. Esta vía de aproximación presupone que cualquier campo léxico-semántico repercute las condiciones de existencia de una sociedad, de una clase social, de un sujeto transindividual o de un individuo a través de una correlativa creación de nuevos sentidos que puede cobrar diversas formas: alteración de la jerarquía interna de los significados que incluye, delexicalizaciones y relexicalizaciones, creación de nuevas connotaciones...

Como instrumentos de trabajo que nos permitan apreciar esa permanente dinámica creadora sugiero que privilegiemos por ahora los siguientes: estudio de las frases hechas, de las contaminaciones semánticas, de los *sistemas* semánticos producidos por el mismo texto.

Pero antes de manejar algunos de esos instrumentos de análisis y para que estas aplicaciones resulten quizá más convincentes necesito abordar primero el *Lazarillo de Tormes* a partir de un enfoque más amplio.

No es nada original afirmar que la ingenuidad que caracteriza al Lazarillo cuando sale de Salamanca se transforma, en el decurso de las peregrinaciones relatadas en el Primer Tratado, en una picardía que lo uniforma con su viejo amo. En la serie de los cinco episodios principales (toro de Salamanca, jarrazo, racimo de uvas, longaniza, poste de Escalona), el ciego se sale con la suya en los cuatro primeros casos, pero deja de ganar en el último y, con esta inversión de los desenlaces, se remata el aprendizaje del guía, el cual, paradójicamente, deja a su amo en el momento en que se le confiere implícitamente el estatuto de mozo de ciego, es decir, de un personaje que «un punto sabe más que el diablo». En la derrota del ciego, en Escalona, que está tan estrechamente relacionada con el episodio del toro de Salamanca, y que nos remite más especialmente al primer aviso dado por el ciego *, interfiere el eco de esta mención o visión profética de una victoria sobre el diablo, y estas interferencias crean en el texto una superposición de los dos referentes (diablo/ciego). Pero ya, antes, Lazarillo se nos presenta como un personaje diabólico: «¿Pensaréis que este mi mozo es algún inocente? Pues oíd si el demonio ensayara otra tal hazaña. Santiguándose los que lo oían, decían...» (pp. 102-103); el cura de Maqueda se santigua también cuando lo despide: «No es posible sino que hayas sido mozo de ciego. Y santiguándose de mí como si yo estuviera endemoniado se torna a meter en casa.» La lucha o «las escaramuzas alimenticias» de los dos personajes a lo largo del Tratado es una lucha de dos personajes diabólicos, como lo señala explícitamente la convergencia de las expresiones que sirven para calificar las agresiones respectivas de los dos antagonistas: «Para esto

---

* «Necio, aprende que el mozo de ciego un punto ha de saber más que el diablo»...

le hacía burlas *endiabladas*... y ansi buscaba conveniente tiempo para rehacer no la chaza sino la *endiablada* falta que el mal ciego me faltaba»... (pp. 98-99).

Esta proyección de Satanás modifica el texto, es decir, la manera como los diferentes episodios vienen relatados. Comparemos, por ejemplo, los dos pasajes siguientes:

«si *con* mi *sutileza* y *buenas mañas* no me supiera remediar muchas veces me finara de hambre...» (p. 98) [Tratado Primero].

«Vime claramente ir a la sepultura *si Dios y mi saber* no me remediaran...» (p. 115) [Tratado Segundo].

En los dos casos, la situación narrativa es idéntica: el guía debe imaginar una *burla* para comer y sobrevivir; las soluciones que escoge son igualmente delictuosas. Pero cuando, más allá del relato, se trata de opinar sobre la acción implicada, las selecciones operadas por el texto sobre el eje paradigmático, en el momento en que este texto se informa, son de signo contrario en cada uno de los dos Tratados. Mientras que la alusión a *Dios* parece destruir la ambigüedad connotativa de *saber* y configurar un juicio sintético que absuelve el delito, *sutileza* y *buenas mañas* expresan una evidente reprobación. Esta reversibilidad en las selecciones posibles y las soluciones elegidas se manifiestan en otras ocasiones: así es como la burla de Escalona es una sugerencia del diablo, mientras que el Espíritu Santo y Dios le inspiran la manera cómo engañar al cura de Maqueda en el Segundo Tratado:

«Púsome *el demonio* el aparejo delante los ojos» (p. 106, Tr. 1.°).

«... alumbrado por *el Espíritu Sancto,* le dije...) (p. 118).

«... Mas *el mesmo Dios* que socorre a los afligidos trujo a mi memoria un pequeño remedio...» (p. 120).

Se operan siempre las mismas selecciones en cada uno de los dos Tratados, y en el que nos interesa, el Primero, las soluciones escogidas nos remiten siempre a unas connotaciones diabólicas.

Pero cuando se profundiza esta vía de aproximación, teniendo en cuenta la dinámica de la narración, observamos que todos estos vocablos *(sutileza, buenas mañas, Dios, saber, demonio, Espíritu Sancto)* constituyen un sistema en el cual se organizan unas relaciones de concordancia y de oposión complejas. Notemos más especialmente que en el *Lazarillo de Tormes* el *saber* es privativo del ciego antes de que venga a ser, mucho más tarde, una calidad propia de Lazarillo.

TRATADO PRIMERO

«... Si con mi sutileza y buenas mañas no me supiera remediar muchas veces me finara de hambre; mas con todo *su saber* y aviso le contaminaba de tal suerte que...» (p. 98).

TRATADO SEGUNDO

«si Dios y *mi saber no me remediaran*...»

Teniendo presente lo que les hacía notar antes, tocante a la naturaleza satánica del *mozo de ciego* que ha venido a ser Lazarillo cuando pronuncia la segunda frase aludida, el *saber* es, pues, el indicio de una presencia diabólica.

En este caso, la expresión «si Dios y *mi saber*» cambia de significado y se puede entender como: «si Dios y *el diablo*» ... Vemos, pues, que las selecciones que se operaban aparentemente sobre el eje paradigmático no son verdaderas selecciones. En realidad, en el momento en que se informa, *el texto no selecciona, sino que crea unas equivalencias de sentidos. No se trata de una reversibilidad de selecciones, sino de una reversibilidad de conceptos* (Dios/diablo - Diablo/dios). Me inclino a decir que el contexto textual funciona como fijador de sentidos y resuelve, sólo de manera provisional, la polivalencia semántica creada por esos fenómenos de difracción. Las observaciones anteriores valen para el subsistema: *sutileza, saber, buenas mañas: sutileza* y *saber* nos remiten juntamente a una actividad intelectual presentada como degradada por el contexto narrativo, pero también, en cierta medida, gracias a una serie de connotaciones, a un universo de la marginalidad o de la heterodoxia (sutileza de manos, sabe más que Merlín...). Sólo *mañas* es unívoco (en el sentido de *vicio*), pero, precisamente a partir de la expresión o frase hecha, *malas mañas*, se opera una nueva lexicalización, en *buenas mañas*, que así repite esta sistemática de la difracción.

Se puede considerar como afirmación de la existencia de esta reversibilidad de conceptos la manera como funciona, en el mismo texto, la dialéctica de las tinieblas y de la luz. En el centro de esta oposición, el verbo *adestrar*, guiar a alguno de la diestra, o por que es ciego o porque camina por lugar oscuro, dice Lazarillo: «... siendo ciego, me... adestró en la carrera de vivir...» y, sin embargo, el ciego le contrató a él para que le adestrará: («paresciéndole que yo sería para adestralle... y así le comencé a servir y adestrar»...). El sentido etimológico es tanto más pertinente aquí cuanto que, en los dos casos la metáfora del camino de la vida (carrera de vivir) restituye a «me adestró» su plenitud sémica. A su vez, se le guía al guía: se nos presentan dos planos que se desarrollan en la simultaneidad, dos andares paralelos dentro de dos zonas de tinieblas, dos imágenes invertidas que se reflejan mutuamente (Guía/guiado - Guiado/guía). Y en este espejismo textual, otros signo del texto crean nuevas interferencias: no sé si la fórmula «¡Dios te guíe!» se empleaba comúnmente para despedirse de un pariente o de un amigo, pero sí se sabe, gracias al vocabulario de refranes de Correas, que esta expresión se empleaba cuando se veía pasar por el cielo a una estrella fugaz: «Dios te guíe y a mí no olvide», lo cual nos remite otra vez a la metáfora de las tinieblas, que es, como ya lo hemos notado, la sede de la reversibilidad. Pero volvamos al contexto: el diálogo indirecto entre el ciego y la madre de Lazarillo, y las palabras que ésta le dirige a su hijo cuando se despiden describen unas relaciones idílicas de un amo y de su criado, que nos remiten, de manera evidente, a lo que será una realidad contrapuesta con arreglo a lo que se dice en aquel momento: «... ella confiaba en Dios no saldría peor hombre que mi padre y que le rogaba me tratase bien y mirase por mí, pues era huérfano. El respondió que así lo haría y que me recibía no por mozo sino por hijo... Hijo, ya sé que no te veré más; procura de ser bueno y Dios te guíe; criado te he y con buen amo te he puesto, válete por ti»... (pp. 95-96).

En esta contraposición del relato, Dios nos remite a su contrario, tal como se manifiesta a continuación, es decir, al personaje diabólico del ciego que, en realidad, será el guía del Lazarillo. Toda una serie de signos (de correspondencia o de interferancia) marcan, de esta forma, al personaje del primer amo de Lazarillo. Acudamos otra vez al episodio de Escalona: en Salamanca, Lazarillo, en el acto, transfiere su resentimiento sobre el toro, que asciende a la categoría de agente diabólico: «afirmó recio la mano y diome una gran calabazada en el diablo del toro»... (p. 96). El ciego, por su parte, utilizando la misma referencia al diablo, se presenta como el instrumento de un poder con el cual se escuda: «Necio, aprende que el mozo de ciego un punto ha de saber más que el diablo»... El relato del episodio de Escalona repite esta imposibilidad de distinguir entre los dos responsables de la primera burla, cuando, sobre la imagen del viejo ciego en el momento en que éste se alabanza contra el pilar, proyecta la figura del *diablo/toro*: «Aun apenas lo había acabado de decir cuando se abalanza el pobre ciego *como cabrón* y de toda su fuerza arremete... y da con la cabeza en el poste...» (p. 112).

En el caso de la pareja [Dios/ciego] o de los sistemas estudiados, vemos siempre operar esta reversibilidad de conceptos, dentro de la cual la ceguera y la clarividencia, el bien y el mal, actúan como unas entidades indistinguibles.

Cuando trato de comprender qué elementos de estructuración social transcribe esta reversibilidad, me llama la atención el hecho de que ya está presente en la historia de la evolución de las imágenes que nuestras sociedades cristianas han reproducido sucesivamente acerca de los pobres, de la limosna y de la mendicidad. La Iglesia Medieval, que exalta el desprecio de los bienes de este mundo, presenta a la pobreza como una de las más altas virtudes y considera a la riqueza como un instrumento de damnación. En la sociedad cristiana medieval el pobre tiene necesidad, el rico para sobrevivir pero el rico tiene necesidad del pobre para comprar su salvación; en esta sociedad en donde los campos de lo sagrado y de lo profano se intrincan estrechamente y en donde se supone que la organización de las estratificaciones sociales procede de la voluntad divina, la caridad ejecuta la función de una fuerza reguladora de las impulsiones sociales. Pero, a principios del siglo xvi, la figura del pobre sufre varias degradaciones en la imaginación colectiva: aquel pobre que hasta la fecha era la representación viva de Jesu Cristo entra como loco en la clasificación de Sebastián Brant (en 1494); aquel instrumento de salvación viene a ser para un Lúter, en el prefacio que redacta a la edición del *Liber vagatorum* de 1523 o en el *Sobremesa* un agente de Satanás. Para la ideología protestante que se afirma en las Ordenanzas de Nuremberg (1525), de Estraburgo (1523), de Ypres (1525) y que va a alimentar los debates ideológicos de los años 1545 en España, dar limosnas a los pobres ya no es prestar a Dios sino conceder un donativo al diablo. La pobreza ya no es una bendición ni tampoco una virtud, sino una enfermedad social. Viene a ser pues el campo en donde se proyectan, de manera contradictoria, el Bien y el Mal, y en donde, en cada instante, la cara de Jesu Cristo puede ser el disfraz de Satanás pero en donde también las apariencias diabólicas pueden disimular la presencia divina, en una dinámica de las inversiones que no tiene fin.

Es evidente que estas inversiones de valores ideológicos pueden transcribir: la formación de nuevas estructuras económicas y, más especialmente, la necesidad para la producción precapitalista de procurarse una reserva de mano de obra barata: las consecuencias del éxodo rural que hacen convergir a los campesinos hacia los centros urbanos en donde su concurrencia los transforma en unas concentraciones peligrosas. Pero transcribe también la recrudescencia del vagabundeo en donde el pobre, hasta la fecha más o menos conocido como persona que radica en la parroquia o en los contornos cercanos, ya cobra las facciones del forastero y del desconocido. En este plan me llama la atención el hecho de que, a lo largo del siglo xvi, «la literatura de ideas» y hasta la novela picaresca se interesa más por la temática de los vagabundos que por la temática de los pobres.

La «satanización» del pobre, que me parece funcionar en el *Lazarillo de Tormes,* transcribe, pues, en varios planes y niveles sucesivos, unos cambios de estructuras económicas que producen a su vez unas inversiones de valores ideológicos y ciertos fantasmas colectivos de miedo y temor. Volvámonos entonces hacia el decenio 1540-1550 y hacia el debate entre Domingo de Soto y Juan de Medina acerca de la caridad y de la beneficencia; poco más o menos, ese período sería el período de gestación del *Lazarillo de Tormes.*

Observamos entonces que el año 1545, año en que salen a luz

las obras respectivas de los dos polemistas, se abre el Concilio de Trento, que en casi veinte años se va a esforzar por mantener y afirmar las posturas dogmáticas del catolicismo por oposición a la heterodoxia protestante. El cambio de clima espiritual que ocasiona afecta a la cuestión que nos interesa, como nota Michel Cavillac en su Introducción a *Cristóbal Pérez de Herrera, amparo de pobres:*

> «Elocuente prueba de este cambio de clima espiritual nos la brindan tanto el triunfo de los Estatutos de Limpieza de sangre con el cardenal Juan Martínez "Siliceo", como la intensificación de las persecuciones contra erasmistas y heterodoxos, que afectan, inclusive, hacia 1557-1558, a altos dignatarios eclesiásticos... Desde ese momento, cualquier proyecto favorable a la prohibición de la mendicidad venía a considerarse como proposición herética inspirada en las ideas erasmizantes o luteranas procedentes de la Europa del Norte.»

Se notará que, en tal clima espiritual, esta inversión de los valores (el *sanctus pauper* pasa a ser satanás) es un indicio de herejía, que, por consecuencia, a su vez y como de rebote, remite y proyecta en el universo diabólico a la persona que considera al pobre como un instrumento del diablo. *Cada una de las dos ideologías que se enfrentan retranscriben, pues, pero invirtiéndolos, los principios axiomáticos de la ideología contraria, creando unas especies de puestas en abismo recíprocas, que repiten interminablemente esta sistemática de la inversión, en la misma forma en que se repite esta sistemática en la semántica del texto.* Se pudiera aplicar el mismo instrumento de análisis al estudio de *Guzmán de Alfarache* o del *Buscón.* En cierto pasaje del *Guzmán de Alfarache,* el examen de los sistemas de los paradigmas nos permite captar, a través de ciertos fenómenos de delexicalizaciones y de transcripción del circuito económico de la Castilla del siglo XVI, la mediación en el texto de la estructura mental de los mercaderes, la preeminencia, cada vez más afirmada, de los valores de cambio a expensas de los valores de uso, el desprecio del fabricante, que constituyen otros tantos ejemplos de la problematización por el texto de Mateo Alemán de unas estructuras socio-económicas dominadas por el capitalismo de los mercaderes.

Ateniéndonos al *Buscón,* gracias al estudio de las contaminaciones semánticas en las primeras líneas del relato, aparece, de la manera más evidente, cómo funciona en la obra de Quevedo la problemática de la actividad textil, que viene a ser un centro de atracción interna de ciertos personajes y un punto de repulsión para el narrador.

Basándome en esos tres ejemplos, sugiero, pues, que se consideren las alteraciones que se observen en los ejes paradigmáticos, como otras tantas transcripciones *directas* de las modificaciones que se producen en las estructuras socio-económicas, socio-políticas o socio-culturales. La vía de aproximación que propongo y que de momento, por mi

parte sólo, manejo como instrumento experimental, se me hace operativa en cuanto nos ofrece la posibilidad de evitar el proceso intelectual de la dicotomía, así como la posibilidad de superar ciertas dificultades inherentes del estructuralismo genético y, más especialmente,
el recurso a las reducciones de la homología, que se presenta bastantes veces como unos factores de confusión o por lo menos de excesiva simplificación.

SIGNOS DE ESTRUCTURA PROFUNDA
DE LA NARRACION PICARESCA

José Luis Alonso Hernández
Universidad de Groningen
Holanda

Llamo signo de estructura profunda a aquel generado por significados de signos anteriores perceptibles, o no, conscientemente, en el momento de la concretización del nuevo signo y lo mismo en el del análisis de éste en momentos históricos que no corresponden exactamente con el de la elaboración original de los signos generadores. Así pues, el signo de estructura profunda comprende:

a) Por una parte, significados (significados manifiestos) aprehensibles en momentos culturales diversos (de creación o de análisis); momentos que aportan a la aprehensión sus propios significados.

b) Por otra, significados (significados latentes a los que el nuevo significado debe su origen y cuya comprensión se encuentra en mitos generados y explicables por un transfondo psíquico generalizador.

tiempo I	tiempo II	tiempo III
mito y carnaval	Signo de estructura profunda Producción	crítica
Significante	Significante	
Significado	Significado	Significado

Generalmente la crítica literaria se ocupa del primer tipo de significados (significados manifiestos). Puede decirse que los intentos de explicación del segundo tipo de significados (significados latentes) se limitan exclusivamente al estudio de las fuentes (casi siempre literarias) que han podido servir (o han servido) a determinado autor a la hora de producir la obra analizada. Mi propósito es renunciar, dentro de lo posible, a esos intentos de explicación y tratar de encontrar el origen profundo en el que se ha apoyado la producción de algunos signos en la picaresca.

Advierto desde ahora, aunque me parece obvio, que tratándose del estudio de una corriente literaria más o menos precisa y definida (serie de libros agrupados bajo la denominación de picaresca), el análisis se centrará más sobre principios de psicología colectiva (los varios autores de la picaresca y el mundo en el que se integran hablando de él) que sobre principios de psicología individual, aunque en gran parte éstos sirvan para explicar aquéllos.

Pienso que este tipo de análisis puede hacerse de manera global (tentativa de explicar la producción picaresca en su totalidad), pero a la vez, y por falta de información más amplia, creo que es más fácil, en la situación actual, partir de análisis parciales que tendrían que tender todos a una explicación global. Esta es la razón que me ha movido a exponer sólo algunos aspectos parciales de algunos signos de la picaresca.

Advierto también que signo debe entenderse en una acepción muy amplia cuyos límites van desde el léxico tomado a nivel sintagmático y paradigmático, al episodio que ocupa varias páginas de una novela. Podría ampliarse por una parte al nivel fonemático, por otra al de la narración en su totalidad (la obra completa), no es ésta mi intención.

El estudio de los ejemplos que vamos a ver se ha centrado, sobre todo, en el análisis de antecedentes carnavalescos o míticos que a mi parecer los han generado, y ello por las siguientes razones:

a)   Los mitos son probablemente, en la medida en que constituyen manifestaciones culturales e históricas muy antiguas, aquellos en cuya estructuración es posible discernir con mayor facilidad las motivaciones psíquicas, individuales o colectivas, que los han producido. Es decir, el mito se presenta como una elaboración manifiesta y primitiva de pulsiones psíquicas que lo engendran (cf. a este respecto *Totem y tabú* de S. Freud).

b)   Los ejemplos carnavalescos son para mí manifestaciones desplazadas (sin nada de peyorativo y sólo en el sentido de cambio de lugar, de tiempo o de objeto) de pulsiones psíquicas o de sus elaboraciones míticas anteriores. Desplazamiento mínimo al principio y cada vez más alejado de su generador hasta convertirse con el tiempo en manifestaciones en las que es difícil reconocer su origen, sobre todo, en los casos en que el fenómeno carnavalesco ha sido asimilado, es decir, conservado, en sus aspectos negativos (muerte) y no regeneradores (vida) que constituían la base del carnaval primitivo (cf. a este respecto *L'oeuvre de François Rabelais* de Mikhaïl Baktine).

Obsérvese, además, que tanto mito como carnaval han estado sujetos desde siempre a representaciones folklóricas más o menos fieles al original y que el folklore y la tradición popular han sido señalados repetidas veces como las fuentes indudables de abundantes episodios picarescos.

* * *

Algo que hace tiempo me había llamado la atención era la gran abundancia de camas, explícitamente registradas, que aparecen en la narración picaresca; y esto, probablemente, porque parecía estar en contradicción con la relativa pobreza de situaciones eróticas de la picaresca [1]. Es decir, por partir de un «a priori», poco fundamentado fuera de la tradición crítica española, para la que cama y erotismo tenían que presentarse en una continuidad lógica. Convencido de que esta continuidad lógica. podía muy bien no tener sentido, quedaba, sin embargo, la interpretación que había que dar a la abundancia de camas apuntada.

La descripción formal de la cama resultó ser de muy poca ayuda, ya que, aparte de la separación entre el trinquete o trincadero (cama de cordeles utilizada por las prostitutas en virtud de su funcionalidad) y la cama estable, generalmente cómoda, con varios colchones, ropia limpia, etc., no se podía ir más lejos [2].

En cambio, lo que resultaba más productivo era el análisis de la cama como espacio impreciso en el que ocurrían una serie de acciones. Imprecisión que se debe tanto a la definición misma de la cama, casi siempre tautológica (la cama es la cama y en la cama ocurren cosas), como a desplazamientos eventuales (cama > potro de torturas, Estebanillo, II, I), como a carencias evidentes (cama > Ø o cama > pajas-camastro del Lazarillo). Lo que parece evidente en todos los casos es una intención rebajadora, sea de la cama en sí expresada por una carencia, sea de lo ocurrido en ella una representación carnavalesca (episodio de Sancha Gómez de la *Pícara Justina* II, III, II), y más claramente aún, episodio de carnaval en el Estebanillo González (II, I).

Casi siempre la cama se presenta como un espacio propicio para la castración, sea literal, aunque no llegue a realizarse (*Segunda parte de Lazarillo de Tormes*, de H. de Luna, cap. XVI o Estebanillo), sea en el de negación de la posibilidad del héroe de resolver un enigma

---

[1] Creo que esta pobreza es sólo aparente y que en realidad el erotismo está bastante bien representado en la novela picaresca, aunque unas veces en forma simbólica y otras por medio de un vocabulario de procedencia medieval que al perder progresivamente su contenido erótico ha llevado a una comprensión banal de muchos textos.

[2] Uno de los ejemplos donde la descripción formal resulta más significativa es probablemente la cama de la madre de Pablos (*Buscón*, I, 1): «Su cama estaba armada sobre sogas de ahorcado, y decíame a mí: "¿Qué piensas? Estas tengo por reliquias, porque los más déstos se salvan." Sogas de ahorcado que envían a la profesión de hechicera de la madre y sogas, ligero desplazami ̄ to de cuerdas-cordeles que ya sabemos a qué camas se aplican.»

(aunque sólo sea de manera pasajera) y sufrir por ello el merecido castigo (*Segunda parte de Lazarillo;* episodio del primer encuentro de Guzmán de Alfarache con sus parientes de Génova, 1.ª, III, 1), o en el Buscón, episodio en casa de Cabra, donde don Diego y Pablos reciben una lavativa (con resultado diferente), o, después, cuando Pablos sufre la burla en Alcalá que le lleva a pensar que tiene que abrir el ojo («Avisón, Pablos, alerta. Propuse hacer nueva vida.» I, 5).

La castración es tanto más evidente que con frecuencia el héroe parece encontrar en la cama un puerto seguro refugio de las tormentas pasadas; para Guzmán es el anuncio del recibimiento en regla que espera le harán sus parientes al día siguiente; para Pablos el merecido reposo después de la aventura salivaria en los patios de la Universidad de Alcalá.

Limitándonos a las camas citadas que no son, ni mucho menos, las únicas, encontramos, de manera muy resumida, lo siguiente:

— Las pajas donde duerme Lázaro en casa del clérigo de Maqueda que deben ser interpretadas como una carencia apta para que por ellas (refugio ideal de la culebra) se ejecute el castigo por la transgresión que supone la violación del arcaz.

— El alfamar donde duerme Lázaro con el escudero también carencia ya que no puede considerarse una verdadera cama y que sirve de pretexto para establecer una transposición rebajadora del campo bélico y caballeresco [«las cañas y mis salidos huesos en toda la noche dejaron de rifar y encenderse» (III)]. Notemos además, que con el jarro desbocado y el poyo son las únicas cosas que hay en la casa.

— La cama donde Lázaro (*Segunda parte de Lazarillo,* cap. XVI) espera consumar sus bodas y que se convierte en potro de tormento con las oposiciones típicamente carnavalescas

agua caliente / agua fría
boda (regeneración, vida) / castración prometida (muerte)[3]

y los golpes y pelamientos pilosos (barbas, cejas, cabellos y pestañas) destrucción simbólica de la virilidad que no van acompañados de la regeneración típica del carnaval[4] carencia que en la picaresca es la norma.

— La cama que los parientes de Génova le hacen (en los dos sentidos» a Guzmán. El manteamiento que sufre es una diversión de carnaval que Guzmán no deja de advertir («comenzaron a levantarme en el aire, manteándome como perro por carnestolendas» 1.ª, III, 1). La cagada en la cama es también una imagen de carnaval junto con el comer y el beber como señala Bakhtine.

— En las camas del Buscón, tanto la de casa de Cabra como la

---

[3] Obsérvese que ante esta amenaza Lázaro reacciona de la misma manera que el burro de la carroza de Estebanillo: rompiendo las cuerdas que lo sujetan a los pilares de la cama.

[4] Cf. BAKHTINE, O. c., cap. III, donde trata de los Chiquanous apaleados a muerte que se recuperan al final del «castigo» con una pirueta circense.

de la posada de Alcalá, se realizan también acciones de carnaval; así la melecina que le echan a don Diego y a Pablos en la primera [5] y los golpes con el final oloroso y el desmayo fingido de Pablos que le cuesta un dedo dislocado en la segunda.

En estos cuatro últimos casos [Segunda parte de Lazarillo, Guzmán de Alfarache y Buscón (dos veces)] los castigos que sufren los héroes son, como decía antes, la consecuencia de no haber sabido interpretar correctamente y a tiempo el enigma que en cada caso se les presenta.

De la misma manera que el descubridor de enigmas por excelencia, Edipo, se ciega como auto-castigo símbolo de la ceguera intelectual que le impide descubrir el último y más importante de los enigmas que se le presentan, el héroe picaresco sufre el castigo que merece su ignorancia.

Este castigo ante el enigma no resuelto encuentra su ejemplo más significativo en el episodio del ciego (vidente intelectual) y el berraco de piedra de Salamanca del Lazarillo. Contrariamente al castigo definitivo de Edipo, el del pícaro no lo es y supone un incentivo para la progresión del conocimiento resumido en la frase del ciego del Lazarillo, «Necio, aprende, que el mozo del ciego un punto ha de saber más que el diablo» o en la del Buscón «Avisón, Pablos, alerta»...

—En cuanto al episodio de Sancha Gómez de La Pícara Justina (II, III, II) la interpretación carnavalesca (descripción enumerativa y grotesca del personaje y cura-culinaria a la que es sometida Sancha) no ofrece duda alguna. Y lo mismo, o más evidente aún, es el caso del Estebanillo donde se mezcla en la carroza de carnaval la fiesta del asno con todos los otros símbolos propios del carnaval (golpes, pedos, clister, mierda, cerveza-orina, etc.) [6].

Dos palabras más en lo que se refiere a la noción de espacio carnavalesco.

El espacio del carnaval es la ciudad entera sin límites de ningún tipo. El carnaval, pues, toma posesión de la vía pública reemplazando el acontecer cotidiano de ésta por el fenómeno carnavalesco que elimina los límites sociales y de comportamiento [7] habituales. Cuando el carnaval se circunscribe a un espacio limitado, se teatraliza, lo que supone crear una distanciación no sólo de lugar sino también de actuación, mediante la cual la globalidad social del carnaval primitivo se encuentra reemplazada por la distancia que existe entre espectáculo (que actúa donde se actúa) y público (que mira sin intervenir).

La cama de la picaresca supone también una distanciación de lugar con la diferencia de que (salvo en el caso de Estebanillo) el público está constituido por el lector. Es decir, no se trata de un espec-

---

[5] Paralelo de las que Estebanillo y sus amigos echan al burro en la carroza.

[6] La carroza de las carnestolendas del libro II, cap. II, donde sale Baco con doce borrachos, es una transposición bastante clara de la Santa Cena, como se justifica por la abundancia de citas y alusiones religiosas que no ofrecen dudas.

[7] Cf. BAKHTINE, O. c., Introducción.

táculo puramente artístico sino que se sitúa en el límite entre el arte y la vida, salvo, insisto, en el caso de Estebanillo[8].

* * *

Decir que la comida y el hambre tienen muchá importancia en la picaresca resulta decir una perogrullada. Lo que ya puede resultarlo menos es el tratar de analizar el porqué y el cómo de la perogrullada inicial. Como el problema se las trae, la pretensión de resolverlo sería ridícula por mi parte. Por eso me limitaré a algunos aspectos que estimo interesantes.

La representación culinaria de actitudes bélicas y viceversa parece ser un tópico antiguo dentro de las representaciones del Carnaval. Citemos como ejemplos notables las batallas < > culinarias registradas en *Gargantua* y *Pantagruel* analizadas por Bakhtïne, y en la literatura española el combate de don Carnal y doña Cuaresma del *Libro de Buen Amor*. Según Bakhtïne esta representación es el producto de una ridiculización-rebajamiento típico del Carnaval. Los ejemplos más abundantes y claros de este tipo de representación aparecen, en la picaresca, en el *Estebanillo González* a varios niveles que, simplificando, podrían resumirse así:

1. Confusión léxica voluntaria mediante la cual ciertos términos culinarios adquieren significados bélicos y viceversa; por ejemplo, cuando por ignorancia Estebanillo piensa que el ser de la primera plana y el esguazar a tutiplén es formar parte de los guzmanes, ganar dinero y llegar a plenipotenciario (L. I, cap. II), o cuando, sin ninguna inocencia, al acompañar a su amo en la visita de las fortificaciones de asedio de la villa de Gross-Glogan habla de la colación de balas sin confitar y las peladillas amargas que envía el enemigo, una de las cuales «hizo a un soldado volatín de Carnaval» (L. II, cap. III).

2. Paralelismo bélico-culinario mediante el cual mientras la actitud bélica es asumida por algún soldado valiente, Estebanillo asume la culinaria[9].

3. Transformación mediante la cual el enemigo muerto se convierte en la materia de base necesaria para un imaginario festín:

---

[8] En el *Estebanillo* (II, III) la cama con el burro (recordar a propósito de éste la fiesta del asno en el carnaval europeo) encima de una carroza es estrictamente teatral (como lo son todas las carrozas y representaciones que organiza Estebanillo para divertir a sus protectores), y sólo se integran a la vida cuando el borrico le da dos pares de coces que lo dejan mortecino. Las coces son, pues, el gozne entre el carnaval espectáculo y el carnaval vida, puesto que son celebradas como forma carnavalesca («Su Alteza se moría de risa, y sus criados de placer»), que prolonga sin disociarse de él el carnaval espectáculo que Estebanillo ha montado.

[9] «... mientras los soldados abrían trinchea, abría yo las ganas de comer; y en el ínter que hacían baterías, se las hacía yo a la olla, y los asaltos que ellos daban a las murallas, los daba yo a los asadores. Y después de ponerse mi amo a la inclemencia de las balas y de venir molido, me hallaba a mí muy descansado y mejor bebido...» (L. I, cap. VI).

«Hallé una almadraba de atunes suecos, un matadero de novillos arrianos y una carnicería de tajadas calvinas; y diciendo que buen día tendrían los diablos, empecé con mi hojarasca a punzar morcones, a taladrar panzas y a rebanar tragaderos.» (L. I, cap. VI).

Cita donde se reúnen la desmesura y la enumeración propias de la bacanal carnavalesca.

4. Aplicación de los esquemas y vocabulario bélicos a acciones que no son tales y que incluso son todo lo contrario, acciones puramente picarescas; por ejemplo, cuando en compañía de otros soldados Estebanillo, ingeniero, minador y guía militar, abre una mina que conduce al fuerte de medio saco de pan y dos jamones cocidos de un vivandero (L. II, cap. III), hazaña por la que es considerado «gran ingeniero y único minador de jamones y panecillos»; o cuando perdida la batalla de Lipzig capitanea con éxito un Santiago dado a los vivanderos que iban a socorrer al ejército en desbandada.

En la misma perspectiva hay que interpretar el reto a beber aguardiente que le lanza un estudiante polaco y que se desarrolla en el palenque y estacada de una sala de posada, con jarros de azumbre y medio por lanzas, la mesa por valla y en lugar de trompetas y son de embestir las humaredas del tabaco de las pipas y así para el resto del vocabulario del señalado torneo (L. II, cap. V).

En todos los casos la actitud de Estebanillo, el cual se encuentra en el centro de la mayoría de los hechos militares del momento, es la de ejercitar el oficio de soldado en la cocina [10], y de asumir el oficio de cronista de sus propias hazañas alimenticias en lugar del de cronista militar para el cual su pluma se siente impotente como dice en varias ocasiones.

Otro aspecto que merece ser tratado aunque sólo sea de paso, es el de la función regeneradora del comer y del beber en la literatura picaresca. La razón no se encuentra solamente en el hecho de que siendo la picaresca la literatura del hambre por excelencia, el hecho de comer suponga una hazaña. A mi parecer habría que buscarla más en la función de protección, de regeneración, que tienen la comida y la bebida, y sobre todo el vino, en la fiesta del Carnaval o en la utilización simbólica del vino como signo de virilidad [11].

Entre los ejemplos más evidentes de la función protectora y de regeneración que el comer y el beber tienen en la picaresca merece citarse el de la *Segunda parte de Lazarillo* de H. de Luna (cap. II) donde ante la borrasca que zarandea el navío en el que va y que terminará naufragando, Lázaro se aplica el refrán «Muera Marta y muera harta» bajando a la cala y hartándose de pan, vino, empanadas y conservas. El hartazgo, que después se dice ser exclusivamente de

---

10 «... porque aunque es verdad que soy soldado y cocinero, el oficio de soldado ejercito en la cocina, y el de cocinero en la ocasión» (L. I, cap. VI).

11 Idéntica utilización simbólica a la que hoy tiene con frecuencia el wisky en la novela policiaca o la filmografía de la conquista del Oeste.

vino [12], protege a Lázaro contra el peligro de morir ahogado en el mar e incluso le facilita el desplazarse por el fondo descubriendo tesoros y haciendo planes hasta ser capturado con otros peces por unos pescadores. Momento en el que corre peligro de ahogarse pero sólo para que, bebiendo vino y comiendo poco después en el barco, se encuentre de nuevo revivido y para mostrar de paso la negatividad absoluta del agua que se convertirá a partir de entonces en un elemento de tortura [13]. El mismo esquema de protección de la comida y la bebida ante los peligros del mar lo encontramos en la mayoría de los viajes marítimos de Estebanillo para el que constituye prácticamente la norma. Aparte del primer viaje que cuenta (L. I, cap. II) en el que se marea y vomita como el que más, recuperándose después gracias al vino, en todos los demás viajes descubre que la única protección válida es la deglución practicada sistemáticamente; así en el libro I, cap. V, donde dice «por ser aguados mis camaradas y haberse todos mareado, fue siempre mi barriga caldero de torreznos y condicta de vino», o cuando (L. II, cap. V) se embarca en Nápoles camino de España llevando un baúl con «veinte frascos de vino y veinte sardinas saladas y diez panecillos biscochados y otras menudencias de regalos de dulces», o cuando al pasar el Canal de la Mancha (L. II, cap. VII) combate el mar y el hambre a base de limones, a falta de otra cosa («De paja o de heno el vientre lleno», dice) y vino...

Hasta aquí hemos visto la eficacia de la comida contra los males procedentes del agua [14]. Pero no es el único caso, y sin salir de Estebanillo encontramos que en casi todos los casos en que se encuentra en situación apurada, comida y bebida son los que le hacen salir de la situación, coronan un final feliz, o, como mínimo, hacen llevaderas las penas; es decir, actúan en todos los casos como un elemento regenerador evidente cuya función se inscribe claramente en la tradición carnavalesca. Así, cuando piensa que va a ser ahorcado (L. I, cap. VI), dos libras de pan y un jarro de vino terminan con sus penas porque «tenía para conmigo el vino tal virtud, que al instante que lo bebía me quitaba y desarraigaba toda la melancolía». La amenaza de castración termina de la misma manera: «Pedí de beber para echar abajo toda la melancolía; a pocos lances me reventaban los ojos de alegría y la barriga de vino.» (L. II, cap. I.) La reflexión ante la muerte de su amo (L. II, cap. III) es «"El muerto a la

---

[12] «Llegando a mi boca (el agua) le dije: "A otra puerta, que ésta no se abre', y aunque la abriera no pudiera entrar, porque mi cuerpo estaba tan lleno de vino que parecía cuero atisbado», *Segunda parte de Lazarillo de Tormes,* capítulo II.

[13] Al final de su aventura de monstruo marino paseado por las ciudades de España, Lázaro dice: «Fuime a casa de un amigo, donde después de haber envasado algunas cántaras de vino (¡la cántara hace algo más de dieciséis litros!) para quitar el mal gusto del agua...», donde una vez más se insiste en el aspecto regenerador del vino.

[14] La crítica del agua en la picaresca es una constante que merece un estudio aparte.

huesa y el vivo a la hogaza", y entrando en un penitente bodegón, al compás de "Dios te tenga en su gloria", henchí todos los vacíos y refresqué todos los secanos». Cuando se rompe un brazo (L. II, cap. VI) la curación es a base de vino, y el consuelo de los celos es también el vino (L. II, cap. V), etc., etc.

En todos los casos, pues, la comida y sobre todo el vino tienen una función regeneradora, incluso en los casos en que por su causa puede sobrevenir una desgracia [15], que se resume en la frase del cie-la vida.» (Lazarillo, I.)

> «A lo menos, Lázaro, eras en más cargo al vino que a tu padre, porque él una vez te engendró, mas el vino mil te ha dado la vida.» (Larazillo, I.)

O en la de Estebanillo:

> «si después de muerto y engullido (!) en la fosa, con un cañuto o embudo me lo echasen (el vino) por su acostumbrado conducto, me tornará el alma al cuerpo y se levantará mi cadáver a ser esponja de pipas y mosquito de tinajas.» (Estebanillo, I, II.)

En la medida en que la función del Carnaval es una subversión de la vida cotidiana en la que se integra la transformación de las actividades y elementos que la componen, ocupa un lugar privilegiado. En lo que se refiere a la comida y a la bebida, la transformación que antes he apuntado de pasada es muy frecuente. Limitándonos al caso del vino, su transformación en sangre casi se impone [16]. Unas veces se trata de una sustitución pura y simple, p. e., cuando Estebanillo lo bebe para reemplazar la sangre de unas sangrías que se hace hacer,

> «después de haber desistido el temor y olvidado el peligro en que me vi, y recuperado en una taberna la sangre que me había hecho sacar...» (L. I, cap. VI.)

Sangrías y vino tienen como misión quitarle la pesadumbre causada por la amenaza de ser ahorcado.

Otras veces se trata de una confusión jocosa, p. ej., durante la batalla entre criados borrachos, uno de los cuales

> «me dio un tal revés en blanco, por ser llano, que me hizo echar por la boca un tajo de tinto.

---

[15] «¿Qué te parece, Lázaro? Lo que te enfermó te sana y da salud» *(Lazarillo, I).*

[16] Cf. BAKHTINE, «Les formes et images de la fête populaire».

Púsose toda la gente lacayuna en huida, pensando que me dejaban muerto...» (Estebanillo, L. II, cap. V.) [17]

Otras se trata de un paralelismo cuya interpretación no ofrece dudas, p. e., en el Buscón (III, 10):

«Así como bebemos este vino, hemos de beberle la sangre a todo acechador.»

Con frecuencia, la transformación del vino en sangre y del pan en cualquier cosa, p. e., salchichas, oculta una significación paródica de la Santa Cena, que no podía pasar desapercibida. Véanse a este respecto los varios casos de transformación de alimentos en el Buscón con su tío Alonso Ramplón o con sus amigos de la heria en el último capítulo del libro.

En cuanto a la utilización simbólica del vino como signo de virilidad señalemos solamente el ejemplo del Buscón, donde para parecer valiente es condición indispensable el dar vaharada [18].

La relación valiente-vino con el final frecuente de la pendencia reñida en la taberna ante unos jarros de vino es una constante de la literatura picaresca y del marginalismo del Siglo de Oro, de manera que puede decirse que no hay valiente sin vino.

La otra vertiente de este simbolismo regenerador y viril la encontramos en el reemplazamiento de la potencia erótica del viejo o de la vieja por el vino [19], donde la decadencia causada por los años es restaurada gracias a él.

El tercer aspecto en lo que concierne a la comida en la picaresca es el de la inversión con respecto al Carnaval. A la ostentación alimentaria del Carnaval, la picaresca opone la carencia más absoluta. El hurto de comidas en la picaresca se hace, la mayoría de las veces, en una dirección de subsistencia (Lazarillo) o de esteticismo y sutilidad (Guzmán), pero casi nunca en la de la ostentación propia del Carnaval. El Carnaval ha sufrido, pues, una inversión a este respecto. La única representación carnavalesca de la abundancia aparece en la mendicidad con su trocar a trascantón y otras argucias de mendigos (falsos mendigos) que tienden a la ostentación, pero ¡cuán alejada y diferente de la carnavalesca!

Ante la imposibilidad de tratar un tema tan amplio por ahora, me limitaré a señalar la perspectiva en la que creo que habría que analizar el fenómeno. La búsqueda de la comida actúa como un incentivo paralelo al que guiaba al caballero andante en su búsqueda de aventuras o del Santro Grial, con la diferencia de que en estos

---

[17] Esta transformación es frecuente en la literatura clásica como lo es también la de orina en vino blanco o cerveza, y viceversa (Segunda parte de Lazarillo, III; Estebanillo, L. II, cap. III).

[18] «"Bébase —me dijo— esta media azumbre de vino puro, que si no da vaharada, no parecerá valiente"» (Buscón, III, 10).

[19] Cf. Celestina, Ac. IX; Rinconete y Cortadillo, ed. R. Marín, pág. 291, 2; Poesías Germanescas, de J. M. Hill, págs. 97 y 103, por no citar más casos.

casos la búsqueda tiene una finalidad intelectual-moral, la justicia o la transcendencia, mientras que en la picaresca se trata de una materialidad puramente biológica. En todos los casos descubrimos sin embargo una identidad de base, que es la de la superación de unos límites estrechos, banales, a través del conocimiento, semejante al impulso que movía a Edipo y otros héroes míticos a resolver enigmas. Si en el caso de la picaresca esto puede resultar exagerado (condicionados, como estamos, por una visión excesivamente materialista de la picaresca) lo es menos si pensamos en la cantidad de astucia derrochada por el héroe para alcanzar su meta incluso cuando no tiene una necesidad inmediata de ello. Sirva de ejemplo el episodio del Guzmán y el arcón o tonel de conservas, donde se insiste repetidas veces en poner de manifiesto la habilidad del pícaro, que, conseguido su fin, reparte generosamente las preseas con los demás criados.

Esta búsqueda está sembrada de transgresiones y de fracasos con los castigos correspondientes, que sancionan la ignorancia del héroe picaresco y constituyen otras tantas etapas en la progresión del conocimiento. El final feliz no llega nunca o, cuando llega, lo es mediante la conquista de situaciones sociales presentadas como positivas pero que en realidad no lo son, p. e., el llegar al oficio vil de pregonero de vinos y castigos públicos, o a una cornudez provechosa, en la que Guzmán fracasa siempre.

*   *   *

La función simbólica del cofre (arcaz, arca, arcón o baúl) como representación del aparato genital de la mujer ha sido señalada por Freud hace tiempo [20] y hoy es generalmente admitida. Esta función se encuentra abundantemente representada en la literatura universal, donde el cofre actúa como una segunda madre del héroe con mucha frecuencia. Así, cuando el héroe sufre la prueba de la exposición, sobre todo del agua, típica de las narraciones míticas, que sirve para demostrar precisamente su carácter heroico a través de la supervivencia, es el cofre (o su equivalente) quien impide que perezca [21], llevándolo a puerto seguro y constituyendo de esta manera un segundo nacimiento.

En cuanto a la picaresca, la representación simbólica del cofre es también abundante, si bien a la exposición del agua se substituye la de supervivencia pasajera, sobre todo en relación con la comida y el comer, que es la prueba por excelencia que sufre el héroe picaresco.

Los niveles que asume esta representación simbólica son varios y van desde el nivel del léxico, el vientre materno es un cofre,

---

20 Cf. S. FREUD, *Introduction a la psychanalyse* (Le symbolisme dans le rêve). París, Payot, 1972.
21 Como en el caso de Moisés o de Amadís de Gaula, por ejemplo, cf. Marie DELCOUR, *Oedipe ou la légende du conquerant*, Droz, 1944.

«y después, viendo el monstruo que había vaciado del cofre de su barriga...»

dice Estebanillo, evocando su propio nacimiento, hasta las abstracciones que encontramos en el Lazarillo o el Guzmán, donde el cofre asume el papel de medio de supervivencia transitoria y de transgresión merecedora de castigo, como veremos enseguida.

Para el pícaro, en el cofre se encierra su remedio, siempre, y su daño, casi siempre. Así, en la célebre arcaz del avariento clérigo de Maqueda es donde Lazarillo ve la tabla de salvación para compensar la lacería que sufre; salvación que se confirma a través de los rasgos sagrados con que es descrita[22], para convertirse poco después en castigo.

Algo similar le ocurre al Lazarillo de la *Segunda parte,* el cual después de un día de práctica del oficio de ganapán sin ganar un cuarto se encuentra «desmayado y muerto de hambre», hasta que topa con una vieja alcahueta, que le ofrece cuatro cuartos[23] por transportar un cofre a casa de una doncella. Aquel día Lázaro come y duerme gracias al cofre, pero al siguiente, al ir a renovar el encargo, es del misco cofre, al descerrajarse con el galán que lleva dentro de donde proviene el apaleamiento de los padres, hermanos y parientes de la doncella.

El deseo de satisfacer la gula de golosinas, empuja a Guzmán, cuando está en casa del cardenal romano (1.ª, III, 7), a forzar repetidas veces la tapa del arcón de las conservas azucaradas hasta quedar cogido en ella «como gorrión en la loseta».

Un impulso semejante mueve a Estebanillo, en quien su amo deposita confiadamente la llave de un baúl, que tenía a hacerle algunas sangrías hasta que decide transponerlo entero con la ayuda de un jornalero matante, motivo por el que, al ser descubierto, pierde su oficio, dando gracias al cielo por no haber salido peor parado.

En todos estos casos y más que podríamos citar, nos hallamos ante una necesidad o un deseo imperioso del héroe, que le empuja a buscar su remedio encerrado en un cofre, cuya transgresión o violación se acompaña por un castigo a plazo corto o largo.

Transgresión y castigo se encuentran en la base del mito de Edipo, pero esto no sería significativo si el paralelismo terminara ahí, ya que toda transgresión exige un castigo aunque éste no se realice, sin que ello comporte la idea de violación sexual contenida en el mito Lo que resulta realmente extraordinario es la cantidad de términos empleados a lo largo del episodio del arcaz de Lazarillo o del de

---

[22] «... ángel enviado a mí por la mano de Dios en aquel hábito [el de calderero].» «Alumbrado por el Spíritu Sancto le dije...» «Cuando no me cato, veo en figura de panes, como dicen, la cara de Dios dentro del arcaz.» «Y otro día... abro mi paraíso panal...»

[23] «... cuando lo oí di gracias a Dios que de una boca tan hedionda como la suya [la de la vieja] salía una tan dulce palabra como era que me daría cuatro cuartos» (cap. X).

las conservas de Guzmán, que tienen una función sexual simbólica. Así, en el caso del Lazarillo, como símbolos del miembros masculino encontramos: llave, cuchillo, ratón, barreno, aparejo, gusano, culebra, cañuto, palo y garrote. En lo que concierne al coño tenemos: pan, cerradura, puerta, agujero, coraza, tela (mantener tela), ratonera... En lo que concierne al acto sexual tenemos: armar, comer, consentir, rendir, entrar, abrir, etc. La mayoría de estos términos están bien asentados en la literatura de la época (y anterior y posterior) con un significado erótico.

Esta simple enumeración, que probablemente podríamos ampliar, ya me parece bastante significativa, pero lo es más la construcción de algunas frases que en un análisis extra-contextual pueden tener perfectamente el mismo significado erótico-sexual. He aquí algunos ejemplos:

> «Puédese pensar qué ratones, entrando en él, hacen daño a este pan», «cerrando los agujeros del arca, ciérrase la puerta a mi consuelo», «le acometí con el cuchillo, que a manera de barreno dél usé», «como... la hallase sin fuerza y corazón, antes muy blanda y carcomida, luego se me rindió y consintió en su costado, por mi remedio, un buen agujero».
>
> «Venida la noche y su reposo, luego era yo puesto en pie con mi aparejo.» Y es de madera [24] vieja y flaca que no habrá ratón a quien se defienda.» «Armaré por dentro a estos ratones malditos.»

Si desplazamos todas estas frases a imaginarios contextos sexuales, funcionan perfectamente. Pues bien, lo que quiero decir es que si ello es posible se debe a que probablemente han sido escritas, consciente o inconscientemente, como un desplazamiento inverso; desplazamiento del contenido erótico-sexual hacia las simbolizaciones más frecuentes de éste. El fenómeno es perfectamente conocido en psicoanálisis.

El castigo a Lázaro le llega por la conversión de la llave en serpiente-cañuto. Símbolo todo ello de la pija; como a Guzmán, por la caída del garrotejo rollizo —palo rollizo torneado— cabo de martillo (!!!), símbolo de lo mismo. Ellos son el instrumento de transgresión, por ellos llega el castigo de la misma manera que a Edipo, con la diferencia de que en éste el castigo es auto-castigo por la muerte de su padre [25] y la violación de la madre (transgresiones míticas por excelencia), y en el pícaro es la autoridad paterna, principio de propiedad y de orden, quien termina por imponerse y afirmarse más aún, después de la anulación pasajera sufrida, mediante el castigo impuesto a través de aquello.

> «Por do más pecado había.»

---

[24] Sobre el significado de «madera», consultar el análisis de Freud, o. c., y lo mismo para la mayor parte de los términos arriba vistos.

[25] Padre viejo, como viejos son el clérigo de Maqueda, el cardenal y el arcaz y jóvenes Lázaro y Guzmán.

El desplazamiento mito de Edipo > cofre picaresco se encuentra, pues, en la confluencia e intercesión de la base estructural del mito (transgresión-castigo) la utilización simbólica del léxico y la relación sintagmática de éste también legible a nivel erótico.

Podría ampliar y detallar más el análisis; no creo que valga la pena de momento. Quiero señalar solamente que el episodio en la casa lóbrega y oscura del escudero, donde ni siquiera hay arcaz, habría que interpretarlo de igual manera [26]. La casa es, pues, una transposición semejante a la del arcaz e igualmente significativa.

*   *   *

Los ejemplos vistos podrían completarse con otros igualmente interesantes. Pensemos en los carros de transporte con su puta, su fraile, su soldado, su estudiante, su alcahueta o su rufián, que aparecen en casi todos los libros de la picaresca; desplazamiento y condensación de la barca de Caronte y de la nave de los locos. Pensemos en el agua, de quien hemos hablado de pasada, elemento negativo sobre todos, que ni cura ni regenera, pero que sirve de tamiz para reconocer al héroe. A causa del agua, el ciego del Lazarillo, el personaje más astuto de la novela, se lleva el coscorrón que lo anula definitivamente. Por el agua y en el agua se deshace Alemán del falso héroe Sayavedra. Ella es la prueba mítica por la que el héroe pasa y se confirma como tal...

No corramos riesgos inútiles y bebamos vino.

---

[26] Para el símbolo de la casa, cf. S. Freud, o. c.

ALGUNAS CONSTANTES EN LA PICARESCA

JAIME FERRÁN

Dámaso Alonso nos dio la voz de alerta, como en tantas otras ocasiones. Su *Escila y Caribdis* fue fundamental para futuras navegaciones —al menos para quienes nos interesábamos por la complejidad de lo español, frente a esquemas simplificadores. Sobre todo para ahondar en la esencial duplicidad de nuestra creación literaria, reflejo de la que afecta al ser español, que un día apostillamos en el I Congreso de Instituciones Hispánicas [1]. Por lo que aquí nos toca basta que recordemos su concepción de la oposición genérica entre caballeresca y picaresca y su consejo de buscar comprobaciones al respecto [2]. Lo que haremos, recordando con Gili Gaya que «el picarismo es una actitud ante la vida más que un género literario definible por el asunto o por otros caracteres externos» [3]; en lo que no podríamos estar más de acuerdo, porque creemos que una de nuestras grandes aportaciones ha sido la del pícaro —y con intuición exacta así llamó nuestro pueblo a Guzmán y después de él a sus seguidores...

Una de las glorias de nuestra literatura ha sido, en efecto, dar hombres —y mujeres— de carne y hueso al gran teatro del mundo. Por ello saltan tan fácilmente de las letras a la vida y nos los encontramos en la calle: celestinas, lazarillos, quijotes, don juanes y pícaros.

Pero esta grandeza tiene también su servidumbre. Al crear seres de carne y hueso los creamos tan vulnerables y desvalidos como nosotros mismos. Se quedará el pícaro para siempre entre nosotros, pero

---

1 «Constantes del vivir hispánico comparadas con el vivir angloamericano», en *Presente y futuro de la lengua española*, OFINES, Madrid, II, pp. 63-89.
2 DÁMASO ALONSO, «Escila y Caribdis de la literatura española», en *Estudios y ensayos gongorinos*, Gredos, Madrid, 1960.
3 SAMUEL GILI GAYA, Prólogo al *Guzmán de Alfarache*, de Mateo Alemán, Clásicos Castellanos, Madrid, 1968, p. 8.

tendrá «mala prensa», reflejo de la «mala conciencia» que siente, frente a él, nuestra sociedad.

Intentaremos hoy ceñirnos a él. Comencemos por

La resurrección de Lázaro

En medio de las aguas del Tormes nace Lázaro, o mejor dicho, resucita, porque su aparición conlleva el fruto de una lejana simiente que le emparenta con el *alazon* griego, en cuya contrapartida cómica se erige [4] y con el personaje de las maqamat semíticas que «predica la virtud y devoción que está muy lejos de practicar» [5].

Recordemos que el fin de la Edad Media ha comportado la erradicación de la lepra, aunque subsisten las «magias renovadas de purificación y exclusión», que implicarán una reintegración espiritual [6], que entre nosotros representa Lázaro y en el sistema de castas excluidas en Centroamérica y en México el lépero.

Pero, además, «la Saint-Lazare» —nos recuerda Bakhtine— se celebraba en el sur de Francia con el «magnum tripudium», porque «el personaje de Lázaro estaba unido a un ciclo de leyendas sobre los infiernos... al tema de la muerte y la resurrección» [7].

Si recordamos al Arcipreste de Hita —entre el Buen Amor y el loco amor del mundo— y al de Talavera —que sabe que «sy el mal non fuese sentydo el bien no sería conocido», y nos adentramos por la avenida celestinesca y postcelestinesca de la «moralidad encanallada», de la que nos habla Marcel Bataillon, nos hallaremos —al avanzar el siglo XVI— con un fenómeno que no se ha destacado suficientemente por nuestra crítica y que es esencial para comprender el posterior florecimiento de nuestra picardía: la recuperación del espíritu carnavalesco medieval, en el que había implícita la herencia de una cultura popular, cómica y desenfadada y en especial «la abolición provisional de todas las relaciones jerárquicas, reglas y tabúes» [8]. Es la apoteosis del pueblo, que se manifiesta, según Bakhtine, en la «festa stultorum» —fiesta de los bobos—, en la fiesta del asno y en el «risus paschalis», reivindicando frente al mundo solemne de la Iglesia y el Estado una concepción dualista del mundo [9], que entre

---

[4] NORTHROP FRYE, «Anatomy of criticism», en *Atheneum*, Nueva York, p. 45.

[5] MARIA ROSA LIDA DE MALKIEL, *Estudios de Literatura Española y Comparada*, EUDEBA, Buenos Aires, 1966, p. 22.

[6] MICHEL FOUCAULT, *Histoire de la folie a l'age classique*, Union Generale d'Editions, París, 1961, p. 13.

[7] BAKHTINE, *L'œuvre de François Rabelais et la culture populaire au Moyen Age et sous la Renaissance*, nrf. Gallimard, 1970, pp. 88-89. (Aunque citaremos por esta edición francesa, existe la española: Mijail Bajtin, «La Cultura Popular en la Edad Media y en el Renacimiento», Barral Editores, Barcelona, 1974).

[8] *Op. cit.*, p. 18.

[9] *Op. cit.*, p. 13.

nosotros aparece plenamente en el «Cancionero de obras de burlas provocantes a risa», donde vemos desfilar a los precursores de nuestros pícaros: ganapanes, chocarreros, morones, albardanes —en 1519— y en las enumeraciones de los Mamotretos de nuestra Lozana, donde se afirma que el andar triste va «contra toda orden de picardía» y donde el último —y más directo— de estos precursores: Ranpín ya se cruza con la primera mención del *Lazarillo*, «que caualgo asu aguela», mientras allende nuestras fronteras suena el eco de la risa rebelesiana, mezclada con los consejos erasmistas que Gargantúa envía, desde Utopía, a su hijo Pantagruel. Todo lo cual nos lleva al umbral de la resurrección de nuestro Lázaro, que por una parte asume el recuerdo —y el exorcismo— de San Lázaro, cuando evoca al pobre y lacerado Lázaro bíblico —que recuerda San Lucas— y al Lázaro resucitado por Jesús..., como viera acertadamente Cejador.

El azar y la necesidad

Pero el mismo Lázaro, ¿sabe bien adónde va? En la implícita paronomasia de su nombre, en el que donde menos se piensa salta la liebre del *azar*, vemos una de las claves del *Lazarillo*, que podemos aplicar a la picaresca en general. El azar es, en efecto, el que lleva a nuestros pícaros, presididos por Lázaro, de un lado a otro de nuestra geografía y en muchos casos de la de allende nuestras fronteras —geografía, por cierto, en la que apenas se fijan, tan embebidos están en sí mismos y en los demás. Ensimismados y enajenados: alienados. Deambulando de un lado a otro en su caminar azaroso (palabra que el azar ha teñido —en la misma raíz de la expresión— de peligro...). La única compañera de este azar es la necesidad, que llega a veces a ahormarlo. En este sentido, el pícaro adivina en su propia pasión andariega la encrucijada de las dos fuerzas que desde Demócrito al recientemente desaparecido Jacques Lucien Monod mueven el universo. Si para Monod el azar es la fuente de toda novedad, de toda creación en la biosfera, en el microcosmos del pícaro también se le ve señorear y también podría definirse a la manera monodiana: puro azar, sólo azar, libertad absoluta, pero ciega... «El gusto me lleba», dice el gallardete de la nave pícara, y esta libertad, en manos de Justina se torna pronto libertinaje —ciega libertad.

El pícaro ve la vida como caos. Poco puede hacer para corregir el torbellino a su alrededor. Pero el azar le lleva y la necesidad le trae, una y otra vez adonde remediarla.

Examinemos los encuentros de Lázaro: «... vino a posar al mesón un ciego... me toparon mis pecados con un clérigo... topóme Dios con un escudero... di con un buldero... entrando un día en la iglesia mayor un capellán me recibió... Quiso Dios alumbrarme y ponerme en camino...» No hay un plan preestablecido —sólo lo hallamos en el cuarto amo, al que le encaminaron unas mujercillas y, quizá, en su asentamineto con un maestro de pintar panderos... Pero normalmente se deja ir al azar...

Recordemos ahora la «cara de hereje» de la necesidad en Guzmán —en el Libro II de la I Parte—, a la que llama «intervencionera sutil, por quien hablan los tordos, picazos, grajos y papagayos...»

El paralelo de la evolución genética nos presta un parámetro convincente, porque el pícaro ve el cuerpo social como una extensión de su propia vida y en esencia su lucha en la sociedad podría ser equiparada a la microscópica y fortuita aparición de los mutantes en la evolución de los seres vivos [10]. Además, la biología aduce el principio de incertidumbre, que a nuestro modo de ver es también una de las constantes de la vida del pícaro. «No hay nada más estable que la inestabilidad», confiesa en 1669 Simplicio Simplicísimo. Y dos siglos más tarde, refiriéndose en general a la vida española, Galdós nos recuerda «la inseguridad, única cosa que es constante entre nosotros». También la biología contemporánea ha descubierto que «cualquier *novedad,* a base de una alteración de la estructura proteínica se ensayará antes que todo en razón a su compatibilidad con la totalidad del sistema» [11]. Es a esta luz a la que comprenderemos los esfuerzos del pícaro como mutante social y la resistencia que el organismo de la sociedad le ofrece...

«Visto que las formas de la sociedad eran consideradas como permanentes, y que el concepto de «evolución, inaplicable entonces a la vida orgánica, no lo era menos a la vida social, los hondos cambios sociales de los siglos XVI y XVII se tomaban por una alteración de la conducta de los individuos que la constituían. Leyendo el género picaresco desde el *Lazarillo de Tormes* hasta mediar el siglo XVI vemos el efecto de la continua transformación social en la conducta, la censura o la despreocupación de cada autor y la reacción, sensible o frívola, de éste ante lo observado y vivido» [12].

Pero el pícaro sabe —con Michel Foucault— que «Le présent est un coup de dès». Y Foucault sabe —con Mallarmée— que «Un coup de dès jamais n'habolira le hasard»...

Quizá el pícaro intuyera lo que el hombre de hoy empieza a entrever y que Jacques Monod intenta expresar cuando nos dice que «el hombre sabe al fin que está solo en la inmensidad insensible del universo, de la que emergiera por azar» [13]. Y cuando llega el momento de entregarnos este amargo conocimiento en una metáfora, el biólogo francés afirma que «Ahora al fin se da cuenta, como un gitano, que vive en la frontera de un mundo ajeno. Un mundo sordo

---

[10] JACQUES MONOD, *Chance and Necessity,* Alfred. A. Knopff, Nueva York, 1971, p. 18.

[11] *Ibid.,* p. 119.

[12] El individuo y la sociedad en la *Vida del Buscón,* de Peter N. Dunn, en *Bulletin Hispanique,* t. LII, núm. 4, 1950. (En nota a pie de página, Dunn nos advierte que debemos completar «la perspectiva picaresca» con la de la *Novela cortesana,* que ve la sociedad desde arriba, e igual que la picaresca, sufre una decadencia desde la época de Cervantes), pp. 380-381.

[13] *Op. cit.,* p. 180.

a su música, tan indiferente a su esperanzas como a su sufrimiento o a sus crímenes»[14].

La muerte del padre

Hemos aducido la ley del azar y la necesidad —es decir la ley que modernamente parece que condiciona la genética— para enfatizar la falta del padre en nuestros pícaros. No hace falta acudir a Freud para dramatizar esta pérdida que si —en toda época de la vida humana se nos presenta con las máximas características de la catástrofe personal— en la infancia y adolescencia adquiere características que marcarán a nuestros pícaros para siempre...

«Pues, siendo yo niño de ocho años... —nos confiesa Lázaro— *feneció su vida*»[15]. Se refiere a su padre y sabemos a la perfección (Alvarez nos lo ha contado en *The savage God*) el trauma que representa la muerte del padre a esta temprana edad. «Era yo muchacho vicioso y regalado, iniciado en Sevilla *sin castigo de padre*, la madre viuda...», nos dice Guzmán...; «*el cuerpo le tendió* a la puerta del pajar —habla Justina del padre y sigue refiriéndose a su madre—: quedó tan lisiada, que de parto y atormentada, de asada y asadora, *le dio dentro de cuatro horas una aploplejía que la asó el ánima y la sacó de este mundo malo*, sin llevar más subsidio que la longaniza en la boca...» «Pensando que huía del toro, salió al camino y *se arrojó sobre sus cuernos*...», nos confiesa La Hija de Celestina... Nada sabemos de los padres de Marcos, y la única referencia al del Buscón es «*(Dios le tenga en el cielo)*...» El Donado Hablador los menciona, aunque dice: «*aunque yo no les conocí*...» La Niña de los Embustes se precia de tener sólo certidumbre en descender de la madre, «serlo de la madre», dice refiriéndose a su condición filial... El bachiller Trapaza nos refiere que la boda de sus padres «tuvo el fin en mortuorio, porque a mediodía *murió Pedro*... Quedó Olalla viuda antes de velada...» A la Garduña de Sevilla la vemos huérfano de padre a los doce años, y un año más tarde, huérfana también de madre... El Estebanillo habla de su padre «*que esté en gloria*»... Periquillo es, simplemente *un expósito*...

Todos expósitos, expuestos a la vida cuando la falta del padre les condiciona para siempre. El desgarrón, que a cada hombre le llega más tarde o más temprano, es, generalmente, precoz en la vida del pícaro —y no tengo más que referirme, una vez más, al libro de Alvarez para recordar las características de desastre que le acompañan... Comparémoslo, por ejemplo, con la *Vida de Torres Villarroel*, que aunque dejara físicamente a sus padres a los dieciocho años, ve morir a su padre a los sesenta y ocho y vivir a su madre «cargada con setenta y cuatro...».

14 *Ibid.*, p. 172.
15 Las citas siguientes se cogen de la edición de Valbuena Prat. Los subrayados son nuestros.

Muchas de las características de la novela picaresca continúan en la vida de nuestro físico salmantino, pero la acritud ha desaparecido... La falta del padre —en muchas ocasiones, la de la madre— ha marcado a nuestros pícaros para siempre... Su «weltanschauung» viene condicionada por esta pérdida irreparable, que les deja solos en el camino de la vida... Su vida vendrá marcada por el desamparo, por la rebeldía contra un ciego inclemente, por una continua pregunta sin respuesta, por la desesperación, por la protesta, por el odio... Todo, todo emana de esta ausencia inicial, de esta precoz orfandad que al dejarle solo frente al mundo extrema en el pícaro los mecanismos de reacción contra la injusticia metafísica de su temprana soledad, que a menudo se eleva a blasfemia contra el Dios, que el padre representaba, de algún modo, y que también le falta al faltarle su representante en la tierra... Condenado, por estar ausencia, a un mundo sin valores, el pícaro convierte su vida en fruto del azar, en consecuencia de la necesidad...

Un mundo abierto

Es esta condición azarosa la que convierte el mundo del pícaro en un mundo abierto. Es este zigzagueo el que nos permite ver a través de él una sociedad en sus estratos más insospechados, porque asistimos a los más extraños encuentros... Es en este sentido en el que al ver en la picaresca el germen de la novela espacial, Kayser nos previene contra la falta de individualidad uniforme del pícaro [16], identificándoe hasta cierto punto con Lanson, cuando afirma: «Il n'y a que le nom individuel» [17].

El nombre, sólo el nombre: Lazarillo, Guzmán —Guzmanillo para los amigos—, Justina, Rinconente y Cortadilla, Pablillos, La Niña de los Embustes, Estebanillo, Perequillo... El pícaro se achica para no estorbar nuestra visión. Señala lo que le rodea y parece querer desaparecer para que podamos verlo mejor. Nos presenta un mundo abierto, cambiante, imprevisible. Y con mañas de diablo cojuelo nos hace entrar en él hasta que nos convierte en parte de este mundo, que es el nuestro y no lo habíamos reconocido.

El diminutivo pide, por una parte, protección, porque el pícaro sabe que este mundo que nos presenta le es hostil. Por ello buscará la compañía de los demás pícaros hasta constituir una hermandad que abarca toda nuestra geografía, que se desborda más allá de nuestras fronteras y que reproduce burlonamente el esquema de agrupación social de la sociedad que le rechaza. El pícaro es nuestro primer «Weltburger». Atraviesa nuestras fronteras y se mueve por la tierra como Pedro por su casa. Es el gran precursor de un mundo transnacional, que cuatro siglos más tarde empezamos a entrever y que él nos entre-

---

16 WOFGANG KAYSER, *Interpretación y análisis de la obra literaria*, Gredos, Madrid, 1958, p. 581.
17 *Ibid.*, p. 581.

gó al pasar con donaire por sus más remotos caminos..., al esconderse en todas sus esquinas.

La voz del pregonero

Pero hay, al menos, una manera de luchar y es la de proclamar
—a voz en grito— las cosas y «casos» que interesan al vecindario.
Esto se llama, en castellano, pregón, y Lázaro —no lo olvidemos—
es pregonero. Acostumbrado a «pregonar los vinos que en esta ciudad se venden, y en almonedas y cosas perdidas, acompañar los que
padecen persecuciones por justicia y declarar a voces sus delitos...»,
al fin decide contarnos su propio «caso». Su habilidad de pregonero en buen romance le ayuda: «Yo que bien tengo que cosas tan
señaladas y por ventura nunca oídas ni vistas...» Fijémonos en el
«nunca oídas ni vistas» —que ya subrayara Claudio Guillén: Es la
querencia del pregonero. La personal voluntad de afirmación nace
con el pregón que Lázaro lanza a las cuatro esquinas de la plaza pública... Fijémonos ahora en la plaza pública que ha elegido nuestro
pregonero. Toledo es, en aquel momento, la plaza pública de España, de las Españas... Muchas cosas han ocurrido en Toledo un poco
antes de la resurrección de Lázaro —o de su reencarnación—, porque como Lázaro es, a fin de cuentas, un personaje de ficción —no
perdamos, en esto, la perspectiva— y aunque no sepamos la fecha de
su nacimiento sabemos que estaba vivo y coleando —y «caualgando a
su agüela»— en 1524, cuando se compone la *Lazana Andaluza*, en
su penúltima reencarnación... Si aceptamos, en cambio, el cómputo
—de veinticuatro a veintiocho años— de Marcel Bataillon viene a
ser casi lo mismo. Coinciden su penúltima reencarnación —o su nacimiento— con los años en que se están dilucidando en Toledo varios problemas que la España imperial quiere olvidar u ocultar. Estos
problemas son, entre otros, los de los comuneros y de los alumbrados, que se presentan simultáneamente al nacimiento o renacimiento
del pícaro. El punto de unión entre la picaresca y ambos fenómenos
lo tenemos en la voluntad de protesta contra una sociedad rígida y
estratificada —y muy especialmente en la preeminencia que conce-
den a la libertad—. Los comuneros defendían la libertad —las libertades— frente al rey; los alumbrados la defienden frente a Dios; el
pícaro la defiende frente a todos. Los comuneros y los alumbrados
son, pues, compañeros de alienación de nuestros pícaros; pero los
primeros han sido vencidos en la arena política —en Villalar, en el
1521; los segundos lo van a ser en la religiosa, en el Auto de Fe de
Toledo de 1529—. Quedan sólo los pícaros, que han elegido un escenario mucho más amplio —el de la vida en sí y como su última finalidad es sobrevivir ponen todas sus armas en la desigual batalla,
con tanta suerte que, planteada específicamente la contienda en el
terreno literario, pueden pronto con todos sus antagonistas anteriores, siendo hoy los únicos que sobreviven de aquel escenario renacen-

tista, del que pasan al presente y se prepararan para el futuro sin ninguna dificultad.

Si las Comunidades y las Germanías han sido vencidas, las fratrías de nuestros pícaros empiezan a reemplazarlas subterráneamente. Si los alumbrados acaban de ser condenados —en edictos y autos de fe—, Lázaro no tiene empacho alguno en exclamar —cuando nos anuncia su último y definitivo destino—: «Quiso Dios alumbrarme y ponerme en camino y manera provechosa»..., y aunque ahora este alumbramiento le lleve a la vida sedentaria, el camino estaba perfectamente señalado, para el futuro caminar ...

Ambigüedad

La ambigüedad moral es, para nosotros, una de las manifestaciones más claras de la ambigüedad pura y simple. El pícaro se mueve en un mundo ambiguo, como en él se movía también su antecesor el *alazón*, o impostor —«Alguien que pretende o intenta ser algo más de lo que es» [18]—. Por este motivo, el *alazón* «puede ser un aspecto también del héroe trágico» [19]. Su contrapartida cómica —el pícaro— resalta la ambivalencia y disminuye el pathos trágicos, que, sin embargo, sigue persiguiéndole, aunque él lo eluda muchas veces con un quiebro irónico.

Marcel Bataillon ha corregido sutilmente dos lugares comunes que se habían eternizado respecto al pícaro. En primer lugar, nos ha hecho ver que el pícaro nace más bien en la ignominia que en la miseria y que su cinismo le lleva, más allá de las burlas y estafas de dinero, a cometer estafas de honra [20]. No es extraño que el maestro francés haya llegado a estas conclusiones —que **compartimos**— porque él es quien mejor ha estudiado la cumbre de la ambigüedad en nuestra picaresca: nuestra *Pícara Justina,* en la que ha descubierto los indicios de un histórico «roman a clé», que es, sin duda, una clave estructural, pero que coexiste con otras claves o llaves, con otros niveles que la ambigüedad potencia —como la ambivalencia sexual que recorre toda la obra...

Sin la ambigüedad, el pícaro no podría resistir su condición, pero su ambigüedad emana de la ambigüedad humana. En el pícaro encontramos nuestro mismo sentimiento trágico de la vida, pero disfrazado. La ananké le rige, la hamartía le persigue, pero Lázaro baja la cabeza y deja la honra para los demás; Guzmán que llegó hecho un galeote a la corte sigue de galeote al final, pero remando en las galeras y a punto de tornar a desaparecer, esta vez para siempre; la pícara sabe que no se casará con Guzmán, pero nosotros la escoltamos en su noche de bodas; Marcos intuye que la vejez será aún

---

[18] NORTHROP FRYE, *op. cit.,* p. 39.
[19] *Ibid.,* p. 39.
[20] MARCEL BATAILLON, *Pícaros y picaresca. La Pícara Justina,* Taurus, Madrid, 1969, p. 209.

más dura que la juventud y que sus golpes de fortuna por mar y por tierra no cesarán nunca; Pablos no llegará nunca a caballero, y Estebanillo morirá olvidado, pero agarrado a los faldones de su duque de Amalfi... Y les salvará la ambigua sonrisa, sin la cual no hubieran podido proseguir su camino en el primer descanso, les salvará la encrucijada, nuestra encrucijada, que como una cruz llevaremos todos, más resignados gracias a ellos —y al pie de la montaña, al recoger la piedra para volver a subir, tendremos que convenir con Camus: es preciso imaginarse a Sísifo dichoso...

Cara y cruz del desengaño

Subraya esta palabra clave Pedro Salinas, en sus clases de la Universidad de Puerto Rico [21]. La repite Carlos Blanco Aguinaga años más tarde [22]. Podemos elevarla a penúltima constante de la vida pícara, porque en ella se cifran, a nuestro modo de ver, su cima y su declive. Porque en Guzmán —el poeta nos lo recuerda— este desengaño es un desengaño activo, positivo, fiel de la balanza entre la realidad y el deseo, en tanto que en la mayoría de sus seguidores el desengaño se tiñe irremediablemente de un signo negativo, que les llevará muy lejos de aquel pícaro integral que se insinuara en el *Lazarillo,* que madurara en *Guzmán,* declinando en la *Pícara,* en *Marcos* y en el *Buscón,* cuando el otro amargo desengaño toma su puesto...

El desengaño puede llevarnos a la meditación melancólica o al encanallamiento impotente. Pero es la consecuencia del «desencanto» del pícaro frente al mundo encantado del caballero. «La ilusión nos engaña», dice la leyenda de *Simplicius Simplicissimus...*

En la atalaya de *Guzmán,* en la posada del Sevillano, en el patio de Monipodio, entre los golpes de fortuna por mar y tierra de *Marcos de Obregón,* en el caminar circunflejo del *Buscón* [23], en el buen humor del *Estebanillo,* el desengaño es el mismo que preside el universo del Caballero de la Triste Figura, el gran desengañado. En el *Quijote* —según René Girard— y en la picaresca —añadimos nosotros— se puede ver esta dimensión del desengaño, por el que se expande incontenible el mito original, hasta que todos los personajes de la Segunda Parte del *Quijote* «enloquecen, y especialmente aquellos que queriendo ridiculizar a Don Quijote imaginan que saben la verdad» [24], como en la picaresca advertimos que al paso del pícaro insensiblemente la realidad se va apicarando..., hasta que llegamos al

---

21 «Apuntes de las clases de Pedro Salinas en la Universidad de Puerto Rico», en *Asomante,* 2, Puerto Rico, p. 22.

22 CARLOS BLANCO AGUINAGA, *Cervantes y la picaresca,* notas sobre dos tipos de realismo, N. R. F. H., 1957, pp. 313-342.

23 Para Peter N. Dunn aquí —en el *Buscón*— ya nos encontramos con algo distinto: «Este sentimiento de fracaso, claro, es una actitud puramente negativa que no se confunde con el *desengaño* barroco», art. cit., p. 384.

24 *The Structuralist controversy,* edit. por Richard Mackskey y Eugene Donato (intervención de Rene Girard en la discusión de la p. 180).

momento en que el desengaño pierde su virtud, su anterior relámpago iluminador y se convierte en una calle oscura por la que el pícaro se sabe condenado a vagar interminablemente, por la que sale de España y recorre las más bellas ciudades de Europa o llega a América, donde aparece un día como cordero disfrazado entre los rolos, o como diablo peruano en diálogo con el diablo chapetón en el Perú, o con la traza de Alonso Ramírez, o acompañando a los ciegos caminantes, o en su doble faz de Periquillo y de Don Catrín de la fachenda...

Final sin desenlace

Final relativo... Porque una de las últimas constantes que debemos mencionar es la de que «la azarosa existencia del pícaro no llega nunca a dejarnos asistir a su deselance» [25]. Se refiere Germán Bleiberg a la imposibilidad de acabar el libro de su vida a la que alude Ginés de Pasamonte, cuando su liberación por Don Quijote. Podemos aplicar a todos nuestros héroes, porque hora es ya de que los llamemos por su nombre. En la vida del pícaro todo termina mal —esto lo aprendió muy bien Celine— y la vida misma ni siquiera termina. Todo termina mal, pero hay que volver a las andadas. Y si a veces le perdemos de vista habrá que buscarle en otro libro, como el Lázaro medieval encarnara un día en Lázaro, el pregonero —al principio de nuestra historia—, o como Ginés, el galeote, se transformara en la Segunda Parte de la historia de El Ingenioso Hidalgo en Maese Pedro, para ofrecernos en su retablo mágico, rescatados por el canto llano, aquellos Gaiferos y Melinsendras, contra los que un día se irguiera y que al cabo yacen confundidos con él en su historia, que no es más que una parte de otra historia, que no es más que otra parte de otra historia —todas confundidas para siempre y sin desenlace posible...

---

[25] GERMAN BLEIBERG, «Mateo Alemán y los galeotes», en *Revista de Occidente*, t. XIII, 2.ª época, abril-mayor 1966, p. 334.

II

FUNDAMENTOS SOCIOLOGICOS
Y CONTEXTO GENERAL

El género picaresco y las autobiografías de criminales.

Cristóbal de Chaves: La "Relación de la carcel de Sevilla".

Los estudiantes y la Picaresca.

La picaresca de las beatas.

La vida cotidiana.

El tema de la Picaresca en la pintura.

El tema de Navarra en la literatura Picaresca.

RAIZ SOCIOLOGICA E IMAGINACION CREADORA EN LA PICARESCA ESPAÑOLA

Francisco Carrillo
Universidad de Río Piedras
Puerto Rico

Las formas artísticas siempre han estado a tono con las exigencias expresivas del momento histórico. Y al tratarse de al novela picaresca española nos preguntamos: ¿Por qué los autores encuentran en el pícaro un motivo de su arte? ¿La situación española en el momento en que se produce, presenta una atmósfera especial de sensibilidad moral y artística distinta al resto de Europa?

La historia y sociedad de los siglos XVI y XVII han sido aspectos favoritos de la crítica picaresca. Entre las múltiples explicaciones [1], se ha visto a la picaresca como resultado del carácter privativo del español, Ortega y Gasset, Chaytor, Montoliu, el primer Bataillon, Dámaso y Spitzer [2]; como resultado de la abundancia de parásitos y vagabundo, Parker [3]; del hambre, De Haan, Wilson, Menéndez y Pelayo [4]; de la decadencia del hidalgo, Aubrun [5]; y entre los que más en cuenta han tenido los factores sociales e históricos, guiados

---

[1] Ver relación crítica completa en Joseph V. Ricapito, «Mundo social y ambiente histórico en la crítica de la novela picaresca española», *Actas,* Université Paul Valery, Montpellier, 1974.

[2] J. Ortega y Gasset, «La picardía original de la novela picaresca», *Obras Completas,* II, Revista de Occidente, Madrid, 1957-1962, págs. 121-125; H. J. Chaytor, *La vida de Lazarillo de Tormes,* University Press, Manchester, 1922; M. Montnliu, *El alma de España y sus reflejos en la literatura del Siglo de Oro,* Cervantes, Barcelona, 1942; M. Bataillon, *Le roman picaresque,* La Renaissance du livre, París, 1931; Dámaso Alonso, «Lo picaresco de la picaresca», *Ver,* Buenos Aires, XXII, 1929, págs. 321-338; L. Spitzer, «Zur Kunts Quevedos in seinem Buscón», *A Rom,* XI, 1927, págs. 511-580.

[3] Alexander A. Parker, *Los pícaros en la literatura,* Gredos, Madrid, 1971.

[4] F. de Haan, *An Outline of the History of the Novela Picaresca in Spain,* The Hague, N. Y.: Nijhoff, 1903; W. E. Wilson, «Wages and Cost of Living in the Picaresque Novel», *H,* XXI, 1938, págs. 173-178; M. Menéndez y Pelayo, «Cultura literaria de Miguel de Cervantes y elaboración del *Quijote*», *Estudios de crítica literaria,* IV, Madrid, Rev. de Archivos, 1907.

[5] Charles Aubrun, «La miseria en España en los siglos XVI y XVII y la novela picaresca», *Literatura y sociedad,* Martínez Roca, Barcelona, 1971, páginas 143-158.

por desviaciones filosóficas o socio-económicas unilaterales, está la crítica determinista sobre el *Lazarillo*[6], la perspectiva marxista de A. del Monte y Bëlic[7] o la escaramuza de clases de Tierno Galván[8]. Nuestra pista va por otro lado. La asociación del pícaro real, pinche y ganapán, con el pícaro literario orientó la crítica por mal camino. Ricapito se pregunta: «¿es posible seguir completamente a la crítica nueva en búsqueda de valores artísticos desligados de los sociales, especialmente en los asuntos referentes al problema de la hidalguía y de la honra personal?»[9]. Nuestra respuesta es no. Guillén, Rico y Molho[10] dan ejemplo de ello. Ricapito une arte e historia «casados perfecta y sutilmente donde el uno no sufre a expensas del otro». El *Lazarillo* es el ejemplo de «la más feliz y exitosa asimilación y mezcla de la imaginación creadora frente al tiempo y la sociedad».

Estamos ante una creación literaria y para explicarla es inextricable tener presente el momento histórico-social en que se produce y el calor local que la arropa. La imaginación creadora y la voluntad artística no es la misma en todos los pueblos, pues condiciones especiales de tiempo y geografía avivan el ingenio y suministran los datos. Hay circunstancias que violentan de alguna manera los contenidos y la forma.

Nuestro propósito es llegar a un mayor entendimiento de la novela picaresca a través de la relación íntima entre la estructura social y valorativa en que se produce y su razón causal con las formas literarias. Trazar las coordenadas sociológicas en que nace la picaresca y cómo se cristalizan en unos textos literarios, es el hecho que pretendemos descifrar. No se trata de invadir el campo estético desde un terreno extraño. Porque, ¿qué se entiende por «fundamental literario»? Tratamos de ver a la novela picaresca española como la perfecta conjunción de su raíz sociológica con la imaginación creadora más auténtica de la tradición hispana.

I. Cuestión de método

La mayoría de los estudios sociológicos de la literatura se han planteado de modo superficial y con miras estrechas, desde un solo punto de vista o desde un sistema económico determinado, social o político. Han sido impulsados, sobre todo, por críticos marxistas como

---

[6] M. Bataillon, *Op. cit.*, núm. 2.

[7] A. del Monte, *Itinerario de la novela picaresca española*, Lumen, Barcelona, 1971 (trad. de *Itinerario del romanzo picaresco spagnole*, Firenze, 1957); Oldrich Belic, *La novela picaresca y el realismo*, Praga, 1963.

[8] E. Tierno Galván, *Sobre la picaresca y otros ensayos*, Tecnos, Madrid, 1974.

[9] J. Ricapito, *Op. cit.*, núm. 1.

[10] C. Guillén, «Toward a Definition of the Picaresque», *Literature as System*, Princeton University Press, Princeton, 1971, pág. 71; F. Rico, *La novela picaresca española*, Planeta, Barcelona, 1967; M. Molho, *Romans Picaresques Espagnols*, Gallimard, París, 1968.

Goldmann y su escuela. Sanguineti reduce la obra literaria a una mercancía [11]. Benjamín toma los datos sociales de la misma obra para caer en un círculo vicioso [12]. Escarpit exagera el positivismo [13]. Elsberg, más preciso, pretende acabar con el «subjetivismo y antihistoricismo» [14]. Para Léfébvre, la imaginación en la historia ha tenido siempre una función negativa [15]. Las opiniones tan variadas y personales sobre la sociología de la literatura han reducido a impotencia unos elementos de juicio que son valiosísimos e imprescindibles para el estudio de la literatura.

La sociología es una disciplina humanística. No cabe en un concepto mecanicista o biológico porque se fundamenta en el «signo» como última razón de ser, un instrumento que identifica objetos, ideas, realidades y establece la relación entre los hombres. El «signo» hace social al hombre, provoca la relación. Las sociedades y culturas se producen por signos, como la lengua, la bandera o la literatura.

Los sociólogos, para marcar el rumbo de sus investigaciones, se han enfrascado en estudios descriptivos y taxonómicos, y más recientemente en estudios teóricos y de verificación. Pero gran parte de ellos plantean solamente algunos aspectos de la vida social ligados a la política o la economía, descuidando otros. Los «sociológos de la acción», Levi-Strauss y Parsons [16], parten de una determinada concepción del estructuralismo, y los conceptos que construyen, en consecuencia, son unilaterales y se desarrollan sin el debido contraste con lo real.

El modelo de sociedad «estructural-funcionalista», predicado por Malinowski y Radcliffe-Brown [17], parece el que ha presentado una mayor solidez. El estructuralismo, como instrumento analítico-sintético, nos lleva a conocer la sociedad como un todo, abarcando todos los elementos que la constituyen sin excluir ninguno que sea significativo. Como muy bien apunta Sánchez López [18], hemos de analizar todos los componentes reales que constituyen una sociedad, los más estables y que la diferencian internamente.

---

[11] EDOARDO SANGUINETI, «Sociología de la vanguardia», *Sociedad y literatura*, Martínez Roca, Barcelona, 1971, pág. 13.

[12] WALTER BENJAMIN, «La obra de arte en la época de su reproductibilidad técnica», *Eco*, Bogotá, abril 1968, págs. 578-601.

[13] R. ESCARPIT, *Sociología de la literatura*, Oikos-Tau, Barcelona, 1969.

[14] ELSBERG, «La sociologie dans l'etude bourgeoise contemporaine de la littérature», *Sociologie de la littérature*, Université Libre de Bruxelles, 1970, página 198.

[15] HENRI LÉFEBVRE, «De la literatura y el arte modernos considerados como procesos de destrucción y autodestrucción del arte», *Sociedad y literatura*, ed. cit., pág. 116.

[16] C. LEVI-STRAUSS, *Anthopologie Structurale*, Plon, París, 1968; TALCOTT PARSONS, *The Social System*, The Free Press, Glencoe, 1951.

[17] BRONISLAW MALINOWSKI, *Crime and Custom in Savage Society*, Tench, London, 1926; A. R. RADCLIFFE-BROWN, *Structure and Function in Primitive Society*, The Free Press, Glencoe, 1952.

[18] F. SÁNCHEZ LÓPEZ, *La estructura social*, Guadarrama, Madrid, 1968.

De la estructura social pasamos a la estructura valorativa, a quien condiciona, y quien a su vez juega un papel decisivo en la creación de «signos» y, por lo tanto, de la obra literaria. Es innegable que los fenómenos históricos, políticos, económicos, religiosos y otros intervienen en el proceso de estructuración valorativa. Por esto, el análisis de la conciencia colectiva nos descubre los elementos que predominan en el comportamiento, la actitud y valores con los que el hombre tiene que enfrentarse a su momento histórico; pero teniendo en cuenta que la estructura valorativa no es el resultado exclusivo de la economía o de la conciencia de clases. Hoy día puede ser un factor determinante, pero no así en el siglo xvi, en que no había tal conciencia y la estructura valorativa era más homogénea entre nobles y plebeyos.

Ahora nos preguntamos: ¿Qué relación existe entre la estructura valorativa y el papel que juega la imaginación creadora? No basta una interpretación social de la obra literaria, ni explicarla por los datos sociles que aparecen en ella. Es necesario establecer la relación real entre la sociedad y la creación literaria.

La imaginación creadora se orienta, toma un tipo de comportamiento artístico, guiada por la estructura social y valorativa, por hechos y valoraciones. Sería también necesario estudiar la integración del autor en su medio. Pero nuestro propósito aquí es más bien entrar en la realización de la novela picaresca española, analizar los problemas técnicos a los que se enfrentan sus autores y ver cómo los resuelven de acuerdo a su raíz sociológica.

No hay determinismo. «Las obras de arte no son siempre isomórficas con ciertos aspectos de la estructura social», como señala Fischer[19]. Están relacionadas más estrechamente con la estructura valorativa que con las condiciones sociales, en la medida en que las formas literarias son un modo de «percepción».

La imaginación creadora funciona por imágenes y formas. La imagen tiene un poder creador, en cuanto que es a partir de la imagen desde donde el autor construye su mundo de manera consciente, y teniendo en cuenta que también se pueden rastrear «expresiones que designan una imagen originaria que existe en el inconsciente» o imágenes intuitivas conformadoras de la visión del mundo, como dice Jung. Así llegamos a la verosimilización o coherencia de un mundo; red de imágenes que provocan el campo de lo posible desde el cual el hombre puede vivir lo dado a «distancia», vivirlo como liberación de lo factual, según Moreno[20].

Todo el proceso de la imaginación creadora de la picaresca puede ser objetivo, en tanto que está determinado en su mayor parte, de un lado, por las relaciones ideológicas de una estructura valorativa interpretada por un individuo, que trasmuta los datos empíricos en

---

[19] J. L. FISCHER, «Art Styles as Cultural Cognitive Maps», *American Anthropologist*, 63, 1961, págs. 79-93.
[20] GABRIEL MORENO, *Conflicto y anticonflicto en los procesos sociales*, Madrid, 1975, pág. 44.

estética, y de otro lado, por la orientación valorativa y tradición. Las formas estéticas reflejan la estructuración perceptual impuesta a la imaginación por su orientación total definida y determinada por la estructura valorativa y por el grado de identificación cultural con grupos de referencia y tradición. Esta orientación valorativa crea tendencias en favor de ciertas formas estéticas. En el caso de la picaresca se orienta hacia los valores tradicionales que le vienen, entre otros, de el *Libro del buen amor* y de *La Celestina*. La preferencia por una técnica dada, como en la picaresca, cuando existen otras alternativas más a la moda, como las italianizantes del Renacimiento, es en sí significativa como clave de la orientación valorativa.

Creemos que una de las razones por las que el autor del *Lazarillo* escoge una narrativa nueva, es la separación que hay que hacer entre cultura tradicional española y la estructura social del momento. Esta separación y discrepancia determina la liberación de la imaginación creadora y, por otro lado, como dive Kavolis, «una creciente desconexión de la cultura y la vida social» [21].

La diferencia tan acentuada entre las formas de la picaresca y las demás formas literarias de la época, libera a la picaresca de darnos los contenidos de éstas, y revela el índice de avanzada, superioridad artística y preocupación, cada vez mayor, de los autores por los valores puramente estéticos.

En la conjunción de raíz sociológica e imaginación creadora encontraremos las pistas que nos llevan al verdadero sentido e intención de la novela picaresca española.

II. HECHOS Y VALORACIONES

Trataremos de mencionar someramente los componentes básicos de la estructura social y valorativa de la época en que se produce la picaresca española.

Entre los cambios que más afectan a la sociedad española están: el cambio del centro de gravedad que pasa del campo a la ciudad, el papel decisivo que juega el dinero, el nuevo tipo de relaciones entre la sociedad y la destrucción de las viejas formas sociales. Como señala Von Martin, se impone el criterio personal sobre el valor del nacimiento y los títulos [22]. El esfuerzo personal implica la negación de los privilegios heredados de la familia o del Estado, y de creer que Dios lo resuelve todo.

La situación política creada por los Austrias se refleja en la preferencia por el poder internacional con deterioro de la economía na-

---

21 VYTAUTAS KAVOLIS, *La expresión artística: un estudio sociológico*, Amorrortu, Buenos Aires, 1968, pág. 207.
22 ALFRED VON MARTIN, *Sociología del Renacimiento*, Fondo de Cultura, México, 4.ª ed., 1974 (trad. de *Soziologie der Renaissance*, F. Enke Verlag, Stuttgart, 1932).

cional [23]. El mismo Carlos V confiesa en carta autógrafa al príncipe Don Felipe «el pesar que tengo de haber puesto los reinos y señoríos que os tengo de dexar en tan extrema necesidad» [24]. Basta citar los trabajos de Lynch [25] y Carande [26] para remitirnos a la extensa bibliografía sobre el tema.

Las epidemias, pestes, sífilis y malas cosechas afectaron a la población en fechas tan claves como 1521, 1530, la célebre «modorra» de 1539, 1565 y 1597.

El movimiento demográfico nos lleva a Andalucía y en especial a Sevilla [27]. Las ciudades reciben un aluvión de gentes y parásitos de todas clases [28]. A principios del siglo XVII, el Obispo de Astorga envió a Sevilla muchos hidalgos que padecían extrema necesidad.

El movimiento comercial crea y condiciona a las ciudades. La ciudad reúne ahora el poder que antes estaba en los feudos. Por otro lado, la ciudad es refugio de empleos, limosnas y ayuda en las epidemias. Pero la diversidad de gentes que componen la ciudad española presenta un grado mínimo de cohesión, que va a ser determinante en la creación de la novela picaresca, género urbano, si así se puede llamar.

La nobleza y el Estado no pueden controlar el impacto de la burguesía. La burocracia es una nueva clase que controla la relación entre lo privado y lo público, dándose el caso de ser el vivero mayor de escritores durante los siglos XVI y XVII [29]. La clase media desarrolla un estilo de vida original de valor, trabajo y ahorro que contrastaba con el ocio de la nobleza y la pobreza de las clases populares. Además creó una actitud favorable a la educación y a la cultura, como medio de ascenso social, de progreso, bienestar e identificación cultural [30], presentando un sistema de valores y virtudes de probidad, rigorismo moral y propensión a la indignación moral [31].

Casi la totalidad de esta clase era de cristianos nuevos, que aspiran a subir, pero necesitan un título y ocultar su sangre judía. Más que un problema de clases, se trata de una actitud, la actitud del «valor» y la astucia frente a la ociosidad y la herencia.

Los artesanos llegaron a crear poderosos gremios, que no fueron

---

[23] GINO LUZZATTO, *Storia Economica dell'Eta Moderna e Contemporanea*, Padova, 1955, pág. 78.

[24] JOHN LYNCH, *España bajo los Austrias*, Barcelona, 1972.

[26] RAMÓN CARANDE, *Carlos V y sus banqueros*, Madrid, 1943-1967.

[27] J. NADAL OLLER, *La población española. Siglos XVI a XX*, Barcelona, 1971.

[28] Don Gaspar de Avalos, Arzobispo de Granada, escribe al de Toledo en 1540: «Los más de los cristianos nuevos que están y han venido, son como el deshecho y basura que han lanzado de sí los pueblos de Andalucía y de Castilla la Vieja; que no he visto, desde que la visito (La Alpujarra) en ella hombre de las Asturias, ni de Vizcaya.»

[29] Vid. Juan CARLOS RODRÍGUEZ, *Teoría e historia de la producción ideológica*, Akal, Madrid, 1974, pág. 35.

[30] L. B. WRIGHT, «Middle-class Culture», University of North Carolina Press, Chapel Hill, 1935.

[31] SVEN RANULF, *Moral Indignation and Middle Class Psychology*, Copenhague, 1938.

permitidos a profesiones «viles» como carniceros, comediantes y pregoneros. Estos gremios fueron discriminatorios, pues no admitían aprendices negros, mulatos o judíos [32]. Uno de los factores más decisivos fue el dinero. Hay una nueva dinámica en que el dinero da independencia. Todo el dinero fue a manos de banqueros y se impuso una economía basada en créditos bancarios y negocios de cambio, nada de producción [33]. Los préstamos usurarios fueron una plaga entre campesinos, ciudadanos, señores y príncipes. España se paraliza económicamente por el «excesivo aflujo de dinero y el parasitismo de las rentas». La falta de dinero en los Reyes y la obsesión de «honra» provocó una plaga de títulos[34], con los que muchos plebeyos superaron a los hidalgos pobres.

El dinero y el ingenio son los dos grandes medios de ascenso social, como señala Simmel [35]. De esta movilidad económica surgen los cristianos nuevos como una de las fuerzas determinantes de la cultura y de la afirmación del valor personal. Es necesario remitirnos a los trabajos de Américo Castro y S. Gilman [36]. En este caso hay un ingrediente especial, para el ascenso social es necesaria la «limpieza de sangre». Este factor es decisivo en la estructura valorativa. Los «estatutos de limpieza de sangre» provocan una psicosis de genealogías, que fue la pesadilla social de la España de entonces. Nadie estaba seguro a no ser los asturianos y vizcaínos [37]. No se trata de un problema religioso. En España no sólo había cristianos viejos y cristianos nuevos, sino también moriscos. Y mientras los organismos estatales y sociales se esforzaban por integrar en la sociedad a los moriscos, se temía y evitaba la infiltración judaica. El descriminamiento motivó que se unieran en una clase poderosa, rica e influyente. Según Henry Kamen, constituían la tercera parte de la población urbana [38] y no puede ser mera coincidencia que el desenvolvimiento de la clase conversa se centralice en Andalucía y Toledo, donde encontramos la «cátedra de la picaresca» real y literaria.

La clase de vagabundos, mendigos y delincuentes existentes en este tiempo constituyen otro elemento importante en la estructura social. Quizá se le ha dado demasiada importancia con motivo de la picaresca. Si bien la delincuencia y vagabundeo es notable en Espa-

---

[32] RUMEU DE ARMAS, *Historia de la Previsión Social en España; Gremios y Cofradías,* Madrid, 1974; «El proceso de la Inquisición de Sevilla contra el maestro Voltanás (1561-1563)», *Estudios Giennenses,* V, 1958, págs. 93-140.

[33] Vid. PIERRE VILAR, «La transición del feudalismo al capitalismo», *El feudalismo,* Ayuso, Madrid, 1973, pág. 65.

[34] R. CARANDE, *Op. cit.,* pág. 421.

[35] GEORG SIMMEL, *Soziologie-Unersuchungen ueber die Forme nder Vergesellschoftung,* Duncker und Humblot, Berlín, 1958.

[36] AMÉRICO CASTRO, *De la edad conflictiva,* Taurus, Madrid, 1961; S. GILMAN, *La Celestina, arte y estructura,* Madrid, 1974.

[37] P. ALVARO HUERGA, O. P., «*Memorial* de Fray Agustín de Salucio», en *Avisos para los predicadores del Santo Evangelio,* Barcelona, 1959.

[38] HENRY KAMEN, «The Decline of Castile: The Last Crisis». *Economic History Review,* London, 1964.

ña [39], existía en mayor cantidad en Italia y resto de Europa, mientras la picaresca se produce en España. Ribton-Turner presenta el panorama de la delincuencia europea con una extensa documentación [40].

Pero lo que considero clave de mis planteamientos, es que el pícaro real no era un delincuente ,sino todo lo contrario. La realidad del pícaro real no explica totalmente al pícaro literario, lo aclara. El relato manuscrito del P. Pedro de León, S. J. [41], presenta el mundo real de la delincuencia y picardía, muchas veces más amargamente que los relatos literarios. Herrera Puga lo ha presentado con una buena documentación histórica [42]. En la cárcel de Sevilla, era costumbre agruparse en torno de alqún célebre preso que contaba con toda clase de donaires las travesuras más destacadas de su vida, como los casos de Don Lope Ponce y del famoso Juan de la Cruz, de quien el P. León dice «no hubo en la Cárcel juego, ni comedia más divertida que oírle». Es posible que esta se una razón de la forma autobiográfica de la picaresca [43].

La zona pesquera del Estrecho de Gibraltar o «el real de las almadrabas», era centro de actividad de toda clase de gentes. El P. León llama a esta región «refugio de pícaros» y Cervantes «cátedra de la picaresca». León narra sus encuentros con «hijos de gente principal». Su propósito era vivir las formas más puras de la picaresca, dentro de una recta moral. El caso del hijo del Conde de España puede ser la clave para llegar al verdadero concepto del pícaro.

Este joven quiso inaugurar su nueva vida de pícaro con una confesión. Pero ante la condición de volver a su casa, impuesta por el P. León, el joven contestó: «Yo no quiero ser caballero, sino jabaguero», pues «muchas más ocasiones de pecar tenían los que andaban pintados y muy aderezados, que nos los que andan como él andaba» [44]. Se trata de un descontento en busca de nuevas formas de vida.

¿Qué relación tienen estos factores sociales con la estructura valorativa? Hay una relación de causalidad. Veamos los reusltados más importantes.

El p! ralismo religioso, heredado de la Edd Media, en que convivían judíos, moros y cristianos, pasó a convertirse en una lucha, que, so pretexto de motivos religiosos, terminó en conflicto económico y y social. España, siendo occidental por origen y geografía, durante

---

[39] Vid. Luis Vives, *De subventione pauperum,* y Cristóbal Pérez de Herrera, *Amparo de los legítimos pobres y reducción de vagabundos.*

[40] C. J. Ribton-Turner, *A History of Vagrants and Vagrancy and Begars and Begging,* London, 1887.

[41] P. Pedro de León, S. J., «Compendio de algunas experiencias en los ministerios de que usa la Compañía de Jesús con que prácticamente se muestra con algunos acontecimientos y documentos el buen acierto en ellos», Biblioteca de la Universidad de Granada, Caja A 76-78, 1619.

[42] P. Herrera Puga, *Sociedad y delincuencia en el siglo de Oro,* Universidad de Granada, Granada, 1971.

[43] Vid. C. Guillén, «Genre and Countergenre: The Discovery of the Picaresque», *Literature as System,* Princeton University Press, 1971, pág. 135.

[44] Pedro de León, S. J., «Compendio...», Parte I, cap. 13, fol. 32, lín. 22.

toda la Edad Media estaba cociendo en sus entrañas los ingredientes semíticos simbolizados en el Califato de Córdoba.

Resultado de este pluralismo religioso es una actitud que se manifiesta en el inconformismo con la realidad existente y en la búsqueda de autenticidad. Creo que aquí está la fecundidad que produce el *Libro del buen amor, La Celestina* y la novela picaresca, signos de una única actitud española. La religión se había convertido en un medio de sobresalir dentro del Imperio español, y en una fuerza de diferenciación frente a Europa. La estructura valorativa colectiva está condicionada por una doble actitud: la inconformista de los cristianos nuevos y la convencional de los cristianos viejos. Cristiano rancio e ignorancia estaban ligados, dando como resultado los estados de ánimo y criterios de valoración, que se han considerado tradicionalmente erróneamente. Había una razón. El peligro de herejía castró en parte la inteligencia, como lo demuestra el P. Alonso de Cabrera [45]. Ser hidalgo y no comprometerse en cuestiones de fe son aspectos esenciales de la estructura valorativa, por esto la valoración se orienta al principio de la honra e hidalguía como síntesis de la ortodoxia y de la conciencia de ser español. De este conflicto concluye Américo Castro: «lo que hizo posible obras grandiosas como *La Celestina* y el *Quijote,* y por ende la novela y el drama europeos, fue una cierta visión del hombre en la cual se entretejían, como en un ideal y precioso tapiz, las concepciones islámica, cristiana y judaica del hombre» [46].

El concepto de persona en la estructura valorativa española raya en el individualismo más exagerado. El valor y la acción responden a la afirmación de «quién soy» o «quiénes somos». La conciencia de identidad y su fuerza se proyectan en la realidad diaria del español. Hacerse valer por uno mismo en lo que toca a «mi opinión», es, en parte, el motivo de los Estatutos de limpieza [47]. Pero este principio se desvía en formalismos y convencionalismos, que la picaresca se encargará de rectificar.

La conciencia individual rechaza la tutela y toda clase de freno. La situación y realidad de los judeoconversos les pone en mejor condición de representar la auténtica conciencia de la España de entonces, por su libertad moral y social. El deseo de libertad se hace más imperioso, no sólo por las razones intrínsecas del carácter español, sino por las restricciones sociales de moral y de honra, como muy bien señala Bataillon [48]. El sentimiento de la honra condiciona la vida hasta el punto de vencer el orgullo al hambre del hidalgo. Socialmente el hidalgo había sido desplazado por la artillería y llega al concepto más bajo, simbolizado en una persona famélica y sin fortuna. Con

45 «Habemos venido de un extremo a otro: que por no ser hipócritas, han dado los hombres en ser disolutos y parecerlo; como el que por no ser hereje, dio en ser necio y no quiso saber leer.» «Nueva Bibl. Auts. Esp.», III, 37.
46 A. CASTRO, *Op. cit.,* pág. 25.
47 Vid. ALBERT SICROFF, *Les controverses des Statuts de «Pureté de Sang» en Espagne du XVe. au XVIIe. Siècle,* Didier, París, 1960.
48 M. BATAILLON, «La picaresca. A propósito de *La pícara Justina»,* *Pícaros y picaresca,* Taurus, Madrid, 1969, pág. 175.

dinero o sin dinero, la preocupación absorbente de la sociedad española es la lucha por conquistar un alto nivel de consideración social. Esta situación no tiene par en Europa. Por esto es posible que sólo en España se produzca una literatura como dimensión social del conflicto entre el individuo y la sociedad, motivado por dos fuerzas: mientras el cristiano viejo se enorgullece de su fe y hombría, el cristiano nuevo se enorgullece de su saber e inteligencia.

La fuerza de Erasmo en España se entiende por el ansia que había de una verdadera reforma, o una manera más auténtica de vivir el catolicismo en un siglo donde se toleraba «mejor los ultrajes más horribles contra Cristo que la broma más ligera dirigida contra un Pontífice o un monarca» [49].

En el aspecto artístico, la estructura valorativa se debatía entre la valoración de una tradición genuinamente española y las formas italianizantes del Renacimiento, con predominio de éstas.

III. RESPUESTA DE LA IMAGINACIÓN CREADORA

Partiendo de los hechos y valoraciones expuestos, ¿qué actitud asume la imaginación creadora para darnos la novela picaresca? ¿Qué papel juegan estos hechos y valoraciones? ¿Qué motivos y elementos ha de usar el autor?

Frente a la estructura social y valorativa, la imaginación creadora ha de tomar una postura denigratoria. Se pretende una hostilidad activa hacia la sociedad a través del sentimiento de menosprecio que domina toda la picaresca. Los moldes caballerescos o pastoriles no sirven a este propósito. Tan inútiles eran los unos, como sin sentido los otros. Esta postura ya condiciona la forma, nos indica una predisposición a colocar los materiales de acuerdo a un plano arquitectónico. Por otro lado, la picaresca responde con una creatividad más racional e independiente, mejor que ninguna otra literatura española de la época. Se trata de una nueva forma que se emancipa de las establecidas por la moda.

La picaresca rompe con un anonimato la dependencia económica en que se encierran los humanistas del Renacimiento, y se acerca a las clases populares. Trata de presentar una visión de la vida y una ética propia con sentido más práctico que el romanticismo y nostalgia de los humanistas. No quiere trascender la realidad.

El autor de *Lazarillo* tiene que dar con la fórmula mágica, las existentes son formas de evasión, la picaresca pretende una afirmación. Los elementos no deben confundirse con la intención, juegan un papel funcional. El «pícaro» es el material clave como sostén del problema de la honra, por ser insensible a lo que la sociedad entiende por tal.

El verdadero sentido lo encontramos en la relación sociológica del

---

    [49] ERASMO DE ROTTERDAM, *Elogio de la locura*, Espasa Calpe, Madrid, 1963, página 19.

juego dialéctico pícaro-hidalgo, como trasposición del juego honra-antihonra. Así pues, la elección del nuevo protagonista no puede ser más genial y propia. Este pícaro está condicionado por la presencia de los amos, cuyo máximo exponente es el escudero del *Lazarillo* con su pulcra espada que no quita el hambre y ha perdido su uso. En esta relación, el dinero es nivelador de honra. El pícaro con dinero se anula, deja de ser pícaro. Pobreza y picardía se juntan, «salieron de una misma cantera», dice Justina. El tío de Guzmán, alto mercader, se siente deshonrado ante su pariente pobre. El dinero, como plantea bien San Miguel, ejerce tal presión sobre la sociedad que provoca el caos en todas las relaciones humanas [50]. Es instrumento del algo mental valorativo que nos lleva al problema de la honra.

La ironía del linaje y genalogía de los pícaros es una de las muchas pruebas que podemos aducir. «¿Quieres conocer quién es? Mírale el nombre», dice Guzmán [51]. «Si mi madre enredó dos linajes, mi abuela dos docenas.» La pícara Justina dedica varias páginas para hablarnos de su «abolengo alegre» [52] o genealogía burlesca. La documentación es abundantísima. La estructura valorativa llevó el concepto de honra a la pureza de sangre, en vez de a la nobleza de alma. «Soberbia o loca estimación, que trae a los hombres éticos y tísicos, con hambre canina de alcanzarla», dice Guzmán [53].

Otro aspecto importante del juego dialéctico es la personalización-despersonalización o libertad-esclavitud. Es decir, el individualismo y la libertad, únicos medios de autentización, que liberalizan al pícaro de las cadenas que amarran al hidalgo. El pícaro es libre de hacer lo que quiere, «libre de todo género de pesadumbre». Es el «ganapán» [54] que sólo tiene sus harapos, sus brazos, y su «capacha». Tiene la «libertad de pedir sin perder, que a ningún honrado le está bien».

La imaginación creadora tiene que plantearse el enfrentamiento del «yo» con la sociedad. La situación histórico-social ha llevado al hombre a la despersonalización, y esto exige el planteamiento del conflicto entre el hombre interior y su medio ambiente. La imaginación creadora está en desacuerdo con la estructura social y valorativa, se siente «sola». «Pues soy solo», dice Lazarillo. «Larazillo es no sólo el levantamiento de un nuevo y aislado sujeto narrativo sino un síntoma de esa soledad del escritor ante su sociedad», como dice A. Prieto [55]. «El yo es la única certidumbre», señala Sicroff [56], y también el único principio .de toda su acción. En Guzmán, el choque individuo-

[50] ANGEL SAN MIGUEL, *Sentido y estructura del Guzmán de Alfarache de Mateo Alemán*, Gredos, Madrid, 1971, pág. 152.
[51] MATEO ALEMÁN, *Guzmán de Alfarache*, Clás. Cast., Madrid, 1963, II, 68, 7.
[52] LÓPEZ DE UBEDA, *La pícara Justina*, Aguilar, Madrid, 1968, I, cap. II, página 729.
[53] *Op. cit.*, II, 30, 14.
[54] FONGER DE HAAN, «Pícaros y ganapanes», *Homenaje a Menéndez Pelayo*, Madrid, 1899, t. II, pág. 149.
[55] A. PRIETO, *Ensayo semiológico de sistemas literarios*, Planeta, Barcelona, 1972, pág. 43.
[56] ALBERT A. SICROFF, «Sobre el estilo del *Lazarillo*». Nueva Revista de *Filología Hispánica*, XI, pág. 163.

sociedad se expresa con más dureza: «Andaba entre lobos: enseñeme a dar aullidos.»

Mientras en el pícaro se da el desplazamiento social, cultural y valorativo, el hidalgo se esfuerza por mantener la misma pose valorativa. Como muy bien dice Aubrun, el autor del *Lazarillo* ha pretendido darnos «un hombre nuevo de una especie, de una categoría social nueva que ha empezado a existir desde hace poco tiempo en España y que altera el orden social habitual» [57].

Es falso interpretar que el pícaro evade la moral, antes bien busca una auténtica moral, «pues todos roban». Si a la moral del pícaro llamamos perversa, ¿cómo a la moral de la «gente de bien»? La falta de adaptación que tiene a las reglas sociales de juego es ya un signo de virtud. El pícaro tiene que descubrir por su propia cuenta la moral y los valores. Así crece, aprende y se forma.

Todo el juego dialéctico pícaro-hidalgo, rasgos sociológicos y psicológicos, individualismo, insatisfacción, escepticismo, moral, honra, desprecio por el sistema jurídico y autenticidad, nos lleva a la realidad judeoconversa. La relación real entre el problema de lo judeoconversos y la picaresca no está en la herencia judía de los autores, ni en los elementos judaicos de las obras, sino en el papel que juega «la limpieza de sangre» en la estructura valorativa española, como centro en torno al que giran los temas, motivos y formas literarias.

El converso y sus descendientes son despreciados, mientras la teología establece la igualdad. Nadie estaba más necesitado que el intelectual converso de una reforma religiosa. La obra de Alemán es un ejemplo de variada interpretación: Van Praag la ve como obra anticristiana [58], Moreno Báez como «cálida apología» [59], A. del Monte la considera de catolicismo auténtico, pero «general y conformístico» [60]. Yo la considero erasmista y a Erasmo como lo más auténtico del catolicismo.

Ahora debemos plantearnos la autonomía literaria de la picaresca. ¿Es una literatura con personalidad propia? ¿Su raíz sociológica nos aclara algo al respecto? La capacidad de reproducción que tiene el *Lazarillo,* el germen que lleva, hace florecer una explosión de frutos que lo consagran como género, en un momento de madurez de la estructura intelectual que la origina [62].

Cuando decimos picaresca entendemos unas «constantes». signifi-

[57] CHARTES AUBRUN, *Op. cit.,* pág. 148.

[58] J. A. VAN PRAAG, «Sobre el sentido del Guzmán de Alfarache», en *Estudios dedicados a Menéndez Pidal,* t. V, Madrid, 1954, pág. 284.

[59] E. MORENO BÁEZ, *Lección y sentido del Guzmán de Alfarache,* Madrid, 1948, anexo 40 de la RFE, pág. 129.

[60] A. DEL MONTE, *Op. cit.,* pág. 67.

[61] LAZARILLO DE TORMES, ed. J. V. Ricapito, Cátedra, Madrid, 1975; R. W. TRUMAN, «Edt. Petrarchis, De remediis... Eram. Praise of Folly», *BHS,* LII (1975), págs. 33-53; MÁRQUEZ VILLANUEVA, «La actitud del *Lazarillo*», en *Espiritualidad y Literatura en el siglo XVI,* Madrid, 1968.

[62] Vid. C. GUILLÉN, *Op. cit.,* núm. 10; F. LÁZARO CARRETER, «Lazarillo de Tormes en la picaresca», Ariel, Madrid, 1972; ULRICH WICKS, «The Nature of Picaresque Narrative: A Modal Appoach», PMLA, vol. 89, núm. 2, pág. 242.

cativas y no instrumentales. Hay que detectar estas «constantes», usando el término de Munteano [63], o consonancias que repiten el mismo sonido en tonos eternamente «variables». Las «constantes» nos descubrirán el género y las «variables» el estilo.

La perspectiva sociológica nos ayuda a esclarecer el origen de este género, en tanto se cuaja por la maduración definitiva de la conciencia colectiva frente al problema social de los judeoconversos. La «situación esencial» de que habla Guillén, nos lleva a la raíz sociológica. El protagonista pícaro, el amo hidalgo, el mundo de lucha en que vence y es vencido, responden a una exigencia formal (que no encaja en las establecidas). La picaresca española es un intento de experimentación frente a la falta de cohesión social, un género típico de experimentación artística y la concretización de un problema social.

El mundo en que vive el pícaro está degradado de valores auténticos y el pícaro no va arreglarlo sino a estudiarlo para tomar una actitud y convivir con él. Es necesario una estructura episódica, bildungsroman, donde el pícaro, de forma vital, aprenda y se haga cada vez más independiente. Es necesario también el juego del tiempo en íntima relación de ayer y hoy, pues ha subido de categoría social de la única manera posible: acomodándose. La lucha no tiene sentido.

La forma autobiográfica es una exigencia del individualismo y libertad de ver el mundo desde un «yo». Punto de vista doblemente individualista: social y estético, una prueba más de la emancipación de la imaginación creadora [64]. Pero el punto de vista no basta. Este sólo explica el modo de ver la vida y no el porqué de ese modo de ver la vida. La picaresca no se puede estudiar aisladamente en el vacío, como muy bien dice Guillén [65]. Mientras en el *Amadís* todo es seguridad y aplomo, en la picaresca todo es relativo.

La acción responde al propósito de que triunfe el ingenio y el valor individual frente al dinero y supuesta honra. Cuando no está en primer plano la parodia del honor, el interés decae. La experiencia vivida por la imaginación creadora es tan intensa que tiene una percepción clarividente artística del fenómeno social. Por eso la presencia de los elementos sociales judeoconversos domina toda la picaresca. Bataillon los ha expuesto muy bien [66].

La coherencia y afán de verosimilitud llevan a la imaginación creadora a presentar una experiencia lo más próxima posible, experiencia que nace de una raíz sociológica. Y así la imaginación creadora responde a la realidad social con una perfecta conjunción de vida y arte.

---

[63] BASIL MUNTEANO, *Constantes dialectiques en litterature et en histoire*, Didier, París, 1967.

[64] F. RICO, *La novela picaresca y el punto de vista*, Seix Barral, Barcelona, 1970.

[65] C. GUILLÉN, *Op. cit.*, pág. 77.

[66] M. BATAILLON, «Los cristianos nuevos en el auge de la novela picaresca», *Pícaros y picaresca*, Taurus, Madrid, 1969, pág. 215.

EL GENERO PICARESCO Y LAS AUTOBIOGRAFIAS DE CRIMINALES

ANTHONY N. ZAHAREAS
Universidad de Minnesota

—Dice verdad —dijo el comisario—; que *él mesmo ha escrito su historia,* que no hay más, y deja empeñado el libro en la cárcel, en docientos reales.

—Y le pienso quitar —dijo Ginés— si quedara en docientos ducados.

—¿Tan bueno es? —dijo don Quijote.

—Es tan bueno —respondió Ginés—, que mal año para *Lazarillo de Tormes* y para todos cuantos de *aquel género* se han escrito o escribieren. Lo que le sé decir a voacé es que *trata verdades,* y que son verdades tan lindas y tan donosas, *que no pueden haber mentiras que se le igualen.*

—¿Y cómo se intitula el libro? —preguntó don Quijote.

—*La vida de Ginés de Pasamonte* —respondió él mismo. *(Don Quijote,* I, XXII, pp. 210-211) [1].

Los lectores del *Quijote* en 1605 supieron de un «criminal» condenado a galeras que, desde la cárcel donde esperaba el traslado, se convirtió en «escritor» para narrar los episodios de su vida delictiva. El libro del galeote no fue compuesto como documento histórico, sino como obra literaria, como una imitación más del «género» de la novela picaresca: las «verdades» de la vida del criminal histórico, Ginés de Pasamonte, se exponen como las «mentiras» de la vida de un pícaro ficticio, llamado Lazarillo de Tormes. El objetivo de presentar una historia verdadera a guisa de ficción era el de lograr una mayor difusión de la vida del galeote. Era una técnica literaria que planteaba una nueva perspectiva: Cervantes hizo de un galeote un novelista con la idea de que la novelación de su vida criminal alcanzaría

---

[1] Advertimos que todas las cursivas en ésta y en las citas que siguen por todo el estudio son nuestras; el propósito es destacar lo que se está comentando.

gran popularidad y, de hecho, la hizo tan divertida como la mejor de las *vidas* literarias. El truco obligó, tanto a los lectores de la *Vida de Ginés* como a los que escucharon al galeote, a distinguir entre la «vida» criminal de éste como verdadera desviación «social» y esa misma vida como estructura literaria [2].

Hemos iniciado esta comunicación partiendo de la técnica perspectivista de Cervantes porque el pretendido parentesco entre «la novela picaresca» y «la autobiografía del criminal» ha constituido la base sobre la cual se iban a estructurarse no sólo vidas picarescas tradicionales, sino también vidas de diversos y auténticos criminales: por una parte, los autorretratos de las narraciones picarescas solían representarse como si fueran documentos verdaderos —fijémonos en la retórica de las *vidas* ficticias de *Lazarillo,* de *Estebanillo,* de *Moll Flanders,* de *Félix Krull*—; por otra, las autobiografías de criminales, por verídicas que fueran, suelen estructurarse con la conocida retórica de las novelas —fijémonos en las *vidas* reales de Jean Genêt, Caryl Chessman, Malcolm X, Papillón, entre otros— [3]. El parentesco entre historia y ficción en el caso del género de las *vidas* autobiográficas no es arbitrario: una aproximación histórica a los procesos sociológicos de la delincuencia puede buscarse en la estructura autobiográfica en que los pícaros literarios narran sus aventuras pasadas, y, al mismo tiempo, una comprensión estética de la estructura básica de las novelas picarescas puede buscarse en los diversos documentos autobiográficos en que criminales auténticos recuerdan sus crímenes pasados.

Partiendo de las consecuencias estético-históricas de la doble perspectiva planteada por Cervantes en el caso de Ginés de Pasamonte, nos proponemos investigar el valor histórico de diversas narraciones literarias de estructura autobiográfica, comúnmente llamadas *vidas, narraciones* o *novelas picarescas* [4]. Intentamos establecer la historicidad de estas estructuras literarias picarescas por dos razones: primero, para comprender las tendencias formales básicas de las *vidas* y

---

[2] Para la cuestión del criminal y la sociedad en este episodio, véase el interesante estudio de J. BENARDETE, «Los galeotes» en *Revista Hispánica Moderna,* XXXI (1965), pp. 57-70.

[3] A fin de mantener este planteamiento dentro de los límites de una extensión manejable, no me he ocupado aquí de una forma explícita y sistemática de las interpretaciones y críticas de las novelas picarescas que han hecho ni otros críticos literarios ni comentaristas de criminología. Una bibliografía bastante completa es la de J. LAURENTI, *Bibliografía de la literatura picaresca,* Methuchen, New Jersey, 1977. El estudio más reciente sobre la picaresca en general es la monografía de HARRY SIEBER, *The Picaresque,* Methuen, Londres, 1976.

[4] Tanto la teoría como la práctica tradicionales de la *historia de la literatura,* precisamente por haber tratado fechas, sociedades, culturas, artes y lugares, de manera más bien abstracta y ahistórica, hacen crisis. Para una discusión de la disciplina y su situación de tránsito, véanse los varios estudios sobre «historia literaria» en «Critical Challenges: The Bellagio Symposium», en *New Literary History: A Journal of Theory and Interpretation,* vol. VII, número 1 (1975). (Sobre todo, los ensayos de Hans Robert Jauss, Fredric Jameson, Jean Staborinski, Jerzy Pelc, Haydn White y W. Iser.)

precisar así la aportación de la picaresca española a la historia literaria del género [5]; segundo, para comprender mejor por qué falta todavía, dado el importante papel de la delincuencia para la moderna disciplina de la sociología, una historia de delincuentes o criminales. El método es analizar rigurosamente las relaciones internas de varias estructuras narrativas y, mediante ellas, sugerir aproximaciones generales entre una estructura literaria y la de la sociedad en que fue compuesta, leída y comentada. Así que el acto crítico de considerar ciertos aspectos socio-históricos de algunas vidas tiene bases claramente formalistas; ello nos obliga a analizar con más eficacia (y quizá a apreciar mejor) el llamado «movimiento interno» de los textos del género picaresco [6].

I

Vidas de pícaros «literarios» y de criminales «históricos»

Desde fines de la Edad Media hasta nuestros días han aparecido en Europa, Estados Unidos y América Latina narraciones episódicas, en primera persona, en las que una conducta delictiva es descrita, a modo de documento, por el delincuente mismo [7]. Cada uno de esos textos nos presenta la visión de ese pasado reprobable en una perspectiva de presente. El protagonista, el llamado «pícaro», suele

---

5 Uno de los problemas más difíciles de la crítica contemporánea, además de investigar la picaresca como «género», ha sido definir con precisión lo que es (y hasta lo que *no* es) *género* literario. Así que la picaresca ha participado en una dificultad más general, de la llamada «clase» o «clasificación», en base de la cual se construyen historias literarias. Para nosotros, la *clase* de las narraciones autobiográficas es un *género* con respecto a la *clase* de las novelas picarescas, la cual es una *especie* de dicho *género*. Pero la dificultad radica en destacar los factores (de mayor extensión o de menor comprensión) que sean necesarios para encasillar obras dentro de un género.

6 Si hay un debate en el cual reine la confusión, es desde luego el que se mantiene sobre el tema de la actitud de los formalistas respecto de la historia. La noción de historia se suele emplear cómodamente cuando se le da un contenido muy vago o no se tome la molestia de precisar. Desafortunadamente, en este esquema breve sobre la picaresca yo me veo obligado también a sugerir más que a precisar. Por otra parte, podemos establecer ciertas relaciones internas estables, características de las *vidas* picarescas sin divorciarlas de su tiempo. Me doy cuenta, no obstante, de que cuanto mayor es la generalización, más fácil es subvalorar las peculiaridades individuales de cada obra.

7 Un dilema metodológico es la «voz» que debemos utilizar para referirnos al protagonista de las novelas picarescas o de las autobiografías de criminales. Se multiplican las dificultades al darnos cuenta de que *pícaro* no tiene la misma significación en los varios idiomas, como tampoco «picardía», «delincuencia» o «desviación», ya se trate de una crítica literaria o de una investigación sociológica. Dadas las dificultades de definición utilizaré pícaro, delincuente, criminal (a veces desviado), teniendo en cuenta la precaria situación de nomenclatura.

caricaturizar sus propias picardías [8]: el estilo literario de los narradores reresenta figuras ridículas y de poco aprecio que mueven a risa; deforman las facciones, el aspecto, las costumbres y el lenguaje. En términos sociológicos podríamos decir que el pícaro se autorretrata como «embustero», «criminal», «bufón», «vagabundo», «miserable», «mozo sin profesión», «marginado» y, a menudo, como «parásito» social —tipos identificables todos ellos en la sociedad de su tiempo.

El pícaro suele apartarse de la norma social, lo que no quiere decir que sea rebelde o que no lamente su marginación, y es consciente de su delincuencia, preocupándose además por la inseguridad de su presente y futuro. Recuerda ahora sus desventuras precisamente porque a veces acaban de forma feliz o por lo menos ambigua, aunque otras, en prisión, en las galeras, *on the road* e incluso en una condena a muerte. Formalmente, una novela picaresca gira siempre alrededor de la vida de un «escritor» o «historiador» cuando éste no era todavía sino pícaro, delincuente o criminal; es decir, hay una proyección del pasado en el supuesto presente de la narración. Por ello, más que contar toda su vida, narra lo que, según su memoria «selectiva» o «apócrifa», cree que fue o desearía que fuera. Una novela picaresca es un autorretrato de doble perspectiva: recuerda *ahora* la historia pasada como narrador, habiéndola protagonizado *antes* como pícaro. Escritor y modelo son tanto una persona como dos [9].

Ahora bien, destaca una coincidencia entre ficción e historia en esa forma de autorretratarse: picardía o delincuencia es el contenido de la narración, pero en la narración verbal se rehace el contenido. Igual por los pícaros literarios, diferentes criminales de hoy (que, por varias y distintas razones, han escrito sobre sus actividades delictivas) suelen narrar su vida pasada analizando qué es lo que les pasó, explicando cuándo y dónde violaron las leyes y discutiendo cómo y por qué decidieron escribir sobre su pasado; un pasado, irónicamen-

---

[8] Damos por aceptada la polémica sobre el origen y sentido exactos del término «pícaro». La premisa de casi todos los historiadores de la novela picaresca es que la definición de la voz «pícaro», faltando pruebas filológicas, no se puede reducir a fórmulas fáciles, tales como «rogue», «rufián», «bellaco», etc.; de hecho, todo esfuerzo para encasillar al «pícaro» como figura literaria corre el riesgo de nuevas definiciones. Esto es lógico e inevitable, ya que, a pesar de ciertas constantes, el pícaro adquiere varios matices según el cambio de los tiempos y de los contextos ficticios en que aparece. Entre las varias definiciones dadas han destacado: «sujeto de vil y baja suerte», vagabundo o vagamundo, buscón, delincuente, medro, arribista, hombre sin honor, ladrón, malhechor (a veces criminal) y desviador (véase F. Rico, A. A. Parker, M. Bataillon).

[9] Evito terciar aquí en los debates sin fin sobre lo que es y lo que no es un «modelo» para novelas picarescas. Por un lado, el género picaresco con todas sus variantes, parece bastante uniforme a través de las distintas épocas y de los distintos países; por otro, dados los cambios históricos, existen diferencias importantes en la técnica, en el desenlace y en la ideología. Aquí, destacamos determinados principios estructurales de las *vidas* que imponen en cada ejemplo una estructuración para los episodios encadenados y, mediante ella, cierto «punto de vista». Pero véase nota 56.

te, nada digno de historiar. De hecho, tanto en una ficción picaresca como en una autobiografía criminal el narrador suele ordenar los acontecimientos de su pasado en una secuencia episódica de *causa* y *efecto*. Los parentescos se derivan, como era de esperar, en los mismos aspectos formales de las vidas ficticias o históricas. Tomemos como ejemplo los casos de dos narradores absolutamente distintos: el ficticio huérfano hecho pregonero, Lazarillo de Tormes, cuya vida de fortunas y adversidades fue narrada y leída en el siglo XVI, y el histórico delincuente negro, hecho militante radical, Malcolm X, cuya vida de encarcelamientos y vicisitudes fue publicada, después de su muerte, en 1965, en nuestros días. La vida, la realidad, el país, la circunstancia, las fechas y la personalidad de cada autobiografía no tienen parecido alguno, excepto en la manera en que han sido estructuradas esas vidas por cada uno de los protagonistas: los dos, al exponer verbalmente las memorias de sus vicisitudes, se empeñan en imponer a los lectores ciertas «reglas» narrativas; explican, de modo didáctico, la construcción y sentido de su texto y hasta sugieren cómo debe leerse su vida y por qué cada detalle o aspecto parcial no vale en sí sino en relación con el todo.

> Y pues Vuesa Merced escribe se le escriba y relate el caso muy por extenso, parescióme *no* tomalle por el medio, sino del principio, *porque* se tenga *entera noticia de mi persona...* [10]

Dentro del juego literario el narrador de la carta se niega a responder sólo a un «caso» particular que le han exigido aclarar; e insiste en ampliar la representación de la historia de su persona. Y ello, para integrar el «caso» en una perspectiva completa y no aislarlo [11]. La retórica de *in media res* da paso a la de ir a los principios; su «caso» particular de ahora se estructura verbalmente como un hecho cuya comprensión no radica sólo ahí, sino que depende de su propio origen y de sus comienzos. El afán de amplificar la propia vida ha constituido un lugar común retórico, y ello es básico para la novela picaresca; pero, como resulta con los *topoi* literarios, ha sido un recurso reiteradamente usado por narradores de todas las épocas. Por ejemplo, Malcolm X, sin conocer el *Lazarillo*, elabora también el mismo lugar común de «la parte y el todo» en su famosa autobiografía:

> Es que la gente siempre se preocupa —¿por qué soy quién soy?... Pero *para comprender* esto sobre cualquier persona, hace

---

10 *La vida de Lazarillo de Tormes...*, ed. Alberto Blécua, Madrid, Clásicos Castalia, 1972, p. 89.
11 No es ocasión de interrumpir esta presentación con alusiones constantes a las varias interpretaciones de trozos citados, como el famoso «caso» de *Lazarillo* (cfr. Fr. Rico y A. Blécua, por ejemplo). Otro es el propósito de este estudio. Conste, sin embargo, que sí he tomado en cuenta casi todas las interpretaciones y críticas de las diferentes novelas picarescas, y espero valorarlas objetivamente en un libro que estoy terminando sobre este tema. Véase nota 54.

falta examinar *toda su vida,* tomándola *desde el nacimiento.* Todas nuestras experiencias *se integran* en nuestra personalidad. Todo lo que nos ha pasado se convierte en un *ingrediente* [12].

El autor juzga la descripción de su vida y proporciona a los lectores juicios sobre el hacer narrativo de una autobiografía: integrar cada experiencia aislada en la *vida* toda. Lo que declaran Lazarillo, en 1555, y Malcolm X, en 1965, sobre la «parte» y el «todo» de esa *vida* narrada es una premisa básica de toda autobiografía, ficticia o real, recreada por un pícaro literario o por un criminal histórico; porque si la *vida* del delincuente trata de una experiencia poco deseada, como se ha dicho, es al mismo tiempo una declaración sobre los criterios con que se ha estructurado y contado dicha «vida». Más aún: el delincuente-narrador desea influir en cómo el lector debe leer este pasado no deseado: en su totalidad y no en partes [13].

En cada *vida,* el lector tiene que afrontar dos estructuras: una, la de la vida vivida, la de las experiencias recordadas por el delincuente; otra, el discurso escrito de esa vida, el texto episódico como objeto literario del narrador. De ahí que la estructura narrativa de las novelas picarescas (cultivada por autores como Alemán, Quevedo, Defoe o Lesage), en que el pícaro hace la doble función de «protagonista» y «narrador», sea la misma que han utilizado distintos criminales modernos; éstos, sin conocer quizá las novelas picarescas, hacen igual que los pícaros literarios: narran, en una sucesión de episodios pretéritos, encadenados por el «yo», su pasado criminal como si fuera un discurso literario —con su retórica, estrategia, trucos, imágenes y hasta la jerigonza del manual [14].

Dada esa doble perspectiva de la narración autobiográfica, pueden destacarse las constantes formales de estas obras, tanto las escritas por autores del género picareco (Alemán, Quevedo, Defoe, Lesage, Thomas Mann, C. José Cela, Saul Bellow), como las de conocidos criminales que han narrado su propia criminalidad (Jean Genêt, Malcolm X, Caryl Chessman, Papillón, entre otros) [15]:

---

[12] Traducción nuestra del original en inglés, *Autobiography of Malcolm X.*

[13] Para una descripción exhaustiva del recurso narrativo de ponerse en contacto con el lector imaginario, véase el estudio de HARRY SIEBER, «Apostrophes in the Buscón: an approach to Quevedo's narrative technique», *Modern Language Notes,* 83 (1973), pp. 178-211.

[14] Acaba de salir un importantísimo documento, publicado por Ed. Turner, Madrid, 1977, con el título siguiente: *Historia verdadera y real de la vida y hechos notables de Juan Caballero Pérez, vecino de Estepa, villa de Andalucía, escrita a la memoria por el mismo.* Podría ser el título de *Estebanillo González* (véase más adelante). Se trata, otra vez más, de la verdadera historia de un verdadero criminal escrita al modo de las novelas picarescas. Por ejemplo, fijémonos en la «retórica» del comienzo: «Nací en la villa de Estepa el día 29 de agosto del año 1804, siendo hijo de padres honrrados y cristianos viejos, y es falso que mi padre fuera gitano como quieren algunos» (p. 24).

[15] Para un análisis del arte del género picaresco, véase la «Introducción» de *Vida y hechos de Estebanillo González, hombre de buen humor,* ed. de Nicholas Spadaccini y Anthony N. Zahareas, Clásicos Castalia, 1978. Para un acercamiento nuevo, llamado «modal», mediante el cual se han singularizado

1) La composición de los episodios pasados de la vida del delincuente es presentada en primera persona narrativa, en forma de «epístola», «diario», «confesión», «memorias», «documento personal», «itinerario de viajes» o *case history*.

2) La delincuencia suele estar íntimamente relacionada con su herencia u orígenes.

3) El estilo pretende ser realista, pero es más bien conceptuoso y en él la agudeza de los comentarios intenta desentrañar la realidad de las cosas, desenmascarando las apariencia. El acto de penetrar las apariencias de la sociedad da una visión anti-idealista al describir las cosas como eran y no como debían ser.

5) La actitud del delincuente-narrador es antiheroica, pues pretende reducir la altura moral del protagonista, poniendo en duda, de modo burlesco ciertos «ideales» aceptados por los convencionalismos sociales.

6) El pícaro se desvía de las normas, siendo negador de la honra, es decir, no siente su deshonor o no respeta y duda del de los otros.

7) El pícaro es figura más bien proteica y obligado por la necesidad de sus circunstancias desempeñar papeles diversos entre los demás, viviendo disfrazado; es decir, aparte de ser criado o mozo de muchos amos lleva una vida inconstante y de movilidad continua dentro de la sociedad.

8) Las relaciones «individuo-sociedad» son satirizadas, denunciando los abusos de las instituciones, las pretensiones de los diversos estamentos sociales y, sobre todo, criticando las peculiaridades negativas de cada profesión.

9) Los otros personajes son retratados como estereotipos que representan clases o lacras sociales (el ciego, el hidalgo, el clérigo, el arbitrista, el poeta, el cornudo, la ramera, el estafador).

10) La dicción suele ser parodia de literaturas idealistas y se orienta hacia lo cómico y lo burlesco para divertir y hacer reír.

11) Suelen abundar, ya en forma de sermón o de ensayo, en máximas, refranes o sugerencias, consideraciones ético-morales sobre la conducta del hombre, el bien, el mal, la hipocresía, la fortuna, el libre albedrío, etc.

12) Por fin, entre los motivos que suelen parecer están la genealogía, la necesidad, la sordidez, el hambre, los engaños, las burlas, los viajes, los dolores físicos, la violencia física, lo grotesco, etc.

El mundo del pícaro (como el del criminal) se representa como inferior al del lector, lo que explica por qué se ve obligado a buscar y a aspirar mejoramiento. No es sólo víctima de sí mismo, sino también víctima de los otros, y, por último, la forma y el sentido de las *vidas* ponen de relieve cierta forma de desengaño, esto es, el delin-

---

unas diez características de la «situación» picaresca en la ficción, véase el astuto trabajo de ULRICH WICKS, «The Nature of Picaresque Narrative: A Modal Approach», en *PMLA* (1976), pp. 240-249.

cuente llega a conocer la realidad brutal de su situación y a tener conciencia de los peligros de las ilusiones. Esas realidades sociales del pícaro tienen como base dos características también sociales: primero, los actos de los delincuentes (sobre todo la estafa, el robo, la traición, el asesinato y últimamente la rebeldía o la homosexualidad) tienen en común la desviación de la norma y la marginación socio-económica; segundo, y con pocas excepciones, los marginados o aspiran a mejorar («medrar» en la afortunada definición de Maravall), y por eso buscan medios ilícitos para lograr sus fines, o tienden al logro de ciertos compromisos que les permitan la integración en la sociedad [16].

II

Itinerario de algunas narraciones picarescas (1554-1954)

Sobre estas bases formales estudiadas podemos examinar el parentesco no sólo formal sino también histórico entre distintas narraciones picarescas (o relacionadas a la picaresca) y las autobiografías de criminales. Los autores de este género (sobre todo los españoles) anticiparon uno de los conceptos modernos de la criminología: el criminal mismo ofrece una versión de sus actos delictivos, que es diferente de la versión presentada por interlocutores, policías, curas, moralistas, abogados, jueces o interesados, que hayan estado en contacto con él. La premisa de este concepto moderno de asediar a la delincuencia mediante la versión del propio delincuente podría ser fácilmente la que se plantea en la novela picaresca: el discurso algo confesional del pícaro o del criminal, por irónico, ambiguo o desconfiable que fuese, era por lo menos la versión «auténtica» de sus picardías o crímenes, porque, *necesariamente*, sólo él, muy próximo a lo que le pasó y gracias a su memoria, puede describir qué es lo que hizo, cuándo y dónde; explicar quién ha sido (o, dados sus papeles, quiénes), y destacar los medios que ha utilizado para engañar, analizar y hasta juzgar sus motivos, y, sobre todo, precisar cómo y por qué llegó a tener consciencia de sus desgracias, esto es, cuando se decidió a ser él mismo pintor de sus desviaciones y convertir su vida verdadera en un autorretrato literario.

---

[16] Valga aquí una mención especial de admiración por José Antonio Maravall cuya comunicación en este Congreso se ha ampliado y publicado como estudio monográfico: «La aspiración social de "medro" en la novela picaresca», en *Cuadernos Hispanoamericanos*, 312 (junio 1976), pp. 590-625. El análisis socio-literario de «la aspiración-necesidad» del pícaro en la historia y en la literatura abre nuevos caminos para nuestra disciplina y, además, creo que confirma de modo tangencial las conclusiones de nuestro estudio en sus puntos teóricos. Lo único que lamento es haberlo conocido cuando el texto de esta comunicación estaba ya terminado.

Para ilustrar esta función social de la estructura autobiográfica quisiera parafrasear aquí en riguroso orden cronológico, desde el siglo XVI hasta nuestros días, la «situación» y «estructura» centrales de unas doce narraciones conocidas que se han estudiado como «picarescas» [17]. La fecha de aparición de cada obra es importante [18]: se puede seguir y relacionar en todas ellas la vertiente de la sociología de la *escritura* y de la sociología de su *lectura* [19].

En cada caso, el pícaro narra *ahora* cómo llegó *antes* a ser desviado, delincuente o criminal y explica *por qué*, en un momento crítico de su vida, decidió describir y explicar, o juzgar incluso, sus actos de desviación social. El narrador es presentado como quien ha sufrido las desgracias que está recordando; por eso, puede contar sus propias vivencias, destacando casi siempre el hecho, la ocurrencia o la causa concreta, que son la *razón de ser* de toda su *vida*, episódicamente narrada [20].

En 1554, por ejemplo, un pregonero de Toledo, llamado Lázaro, natural de Salamanca, escribió durante los tiempos de la España imperial una carta sobre sus adversidades de huérfano y desvalido, sus luchas diarias con la pobreza y el hambre y sus experiencias con unos amos crueles o cínicos. La carta intentó a contestar las interrogantes de un señor eminente: por qué aceptó una situación de degeneración

---

[17] Las doce obras que siguen representan la tendencia de autorretratarse en su forma más pura o más altamente desarrollada. Por lo menos, entre polémicas y contrapolémicas sobre cuáles de las novelas deben o no ser estudiadas como «picarescas», la lista que sigue es la que suele utilizarse en varios cursos de «literatura comparada». Podrían añadirse otras.

[18] Aquí partimos del estudio de N. SALOMON, «Algunos problemas de sociología de las literaturas de lengua española», en *Creación y público en la literatura española*, Madrid, Castalia, 1974, pp. 15-39. Véase también el reciente libro, indispensable para este tema, de MAXIME CHEVALIER, *Lectura y lectores en la España de los siglos XVI y XVII*, Madrid, Turner, 1976.

[19] Aceptamos el concepto de Hans Robert Jauss:
«... la historicidad de la literatura [para nosotros, picaresca] no se basa ni en una relación establecida *post festum* de "hechos" literarios, ni en un acontecer de tradición anónima de las "obras maestras", sino que se basa en la pasada experiencia de sus lectores, experiencia que es la que sirve de intermediaria entre el pasado y el presente de la literatura.»
«La historia de la literatura como provocación de la ciencia literaria», en su libro *La literatura como provocación*, Barcelona, Ed. Península, 1976, pp. 132-211. Este es un estudio fundamental para la interpretación de textos literarios a base de la constante interacción de obra, público y autor.

[20] Son muchos los estudios sobre la estructura y función de la autobiografía literaria y por eso sólo menciono unas obras que, entre ellas, plantean la mayoría de los problemas y dan amplias listas bibliográfias sobre el tema: BERTIL ROMBERG, *Studies in the Narrative Technique of the First-person Novel*, Estocolmo, 1962; ROY PASCAL, *Design and Truth in Autobiography*, Cambridge, Mass., 1960; FRANCISCO RICO, *La novela picaresca y el punto de vista*, Barcelona, Seix Barral, 1970; A. N. ZAHAREAS, *The Art of Juan Ruiz*, Madrid, 1965; HARRY SIEBER, «Apostrophes in the Buscón», ob. cit.; W. L. HOWARTH, «Some Principles of Autobiography», *New Literary Theory*; sobre todo, JEAN-PAUL SARTRE, *San Genêt comediante y mártir*, Buenos Aires, Losada, 1967. También, HANS ROBERT JAUSS, «Ursprung und Bedeutung der Ich-Form in *Lazarillo de Tormes*», *Romanisches Jahrbuch*, 8 (1957), pp. 290-311.

moral, pues los toledanos (incluso sus «amigos») murmuraban que su esposa era barragana de su protector, un arcipreste rico y poderoso.

Desde 1599-1603, en la España de la Contrarreforma, un ladrón famoso, Guzmán de Alfarache, escribió desde las galeras sobre su vida de delitos y maldades, destacando, paso a paso, sus robos y fraudes [21]; quiso explicar un interno cambio radical de su vida y costumbres y, al mismo tiempo, justificar un acto que podía ahora ganarle el perdón y la libertad: por qué había traicionado los planes de rebelión de sus compañeros de galera y por qué esos amotinados, según él, merecieron ser ahorcados.

En la España de 1626 [22], ya en plena decadencia económico-nacional, un buscón impostor y fugitivo llamado Pablos narró una larga serie de sus encadenadas desgracias que empezaron con bellaquerías de escuela para acabar en asesinato; explicó que cansado de vivir disfrazado en Sevilla huyó a América, esperando que cambiara su suerte hasta que por fin comprendió que los medros oportunistas como él no podían mejorar su situación con mudanzas socio-económicas sino cambiando su moral.

En 1647, el bufón Estebanillo González, desde la corte del famoso general Piccolómini, a quien entretenía con sus payasadas, entre soldados mercenarios y durante la devastadora guerra de los Treinta años, dio una versión burlesca de aquel conflicto político-militar para justificar su propia vida [23]; contó que sufrió las humillaciones más infames para hacer reír a los ricos militares, a sabiendas de que escudarse en su papel de bufón era la única forma de sobrevivir.

En la Alemania de 1662, llena de conflictos político-religiosos, un ermitaño llamado Simplex Simplicissimus, que antes había sido testigo del grotesco espectáculo de la guerra de los Treinta años, recontó desde una isla desierta sus inverosímiles peripecias por las capitales de Europa [24]; explicó su enajenación espiritual y cómo se

---

[21] MATEO ALEMÁN, *Primera parte de Guzmán de Alfarache* (1599); *Segunda parte de la Vida de Guzmán de Alfarache* (1604), *La novela picaresca española*, I. Edición, introducción y notas de Francisco Rico, Barcelona, Planeta, 1967, pp. 81-912.

[22] Fecha de publicación del *Buscón* de Zaragoza. Es posible que el mismo Quevedo no autorizara esta edición. Las fechas de un borrador (quizá de 1604), de retoques y modificaciones (alrededor de 1609-1611) se han discutido, polemizado y hasta convertido en normas para juzgar la madurez o inmadurez estilísticas de Quevedo. Véase la introducción de la magistral edición de F. Lázaro Carreter, Salamanca, 1965.

[23] El título completo, *La vida y hechos de Estebanillo González, hombre de buen humor, compuesta por él mesmo*. Salió primero en Amberes. Apareció en Madrid (quizá sin ninguna intervención del autor) en 1652 y 1654. La verdadera identidad del autor sigue siendo hasta hoy anónima y, de hecho, es debatible si se trata de una biografía auténtica o más bien de una *vida* apócrifa. Véase la edición de A. Carreira y J. A. Cid, Madrid, 1971. También, la de Spadaccini-Zahareas, Clásicos Castalia, ob. cit. Nos hemos enterado que J. Antonio Cid ha investigado con éxito tanto la autoría de *Estebanillo* como las condiciones socioestéticas de su composición.

[24] Hans Jacob Christoph von Grimmelshausen (*c.* 1621-1676), novelista alemán que combatió durante la guerra de los Treinta años en el bando del ejército protestante, pero que se convirtió después al catolicismo. *El aventurero*

que tanto las humillaciones físicas y psicológicas que sufrió entre la sociedad burguesa, como sus delincuencias entre mendigos, ladrones y homosexuales en la década de los 1930 en España, representaron para él, irónicamente, una «aventura moral», porque, después de todo, no hizo sino rechazar el mismo mundo que previamente le había rechazado a él; en realidad, más que rechazar o ironizar sus actos criminales y desviaciones morales, lo que pretendió fue asumir plenamente todas sus responsabilidades.

Finalmente, en 1947-52, un negro marginado, bautizándose a sí mismo de «hombre invisible» y ahora escondido en un lugar subterráneo, narró cómo abandonó la región rural, tranquila y algo estática, del sur de Estados Unidos para mudarse al mundo urbano y «liberal» del norte del país [31]; quiso demostrar que él mismo llegó a sentir de verdad la enajenación implícita de los *blues,* «Señor qué te hice yo, pa ser tan triste y tan negrón», es decir, cómo le afectaba parecer negro y por eso «otro» e «invisible» a los demás.

III

La estructura interna de las narraciones picarescas

Las doce narraciones parafraseadas abarcan unos cuatro siglos y unos seis o siete idiomas, sin contar los estilos particulares y dialectos [32]. El género picaresco, con todas sus variantes, es un fenómeno narrativo bastante uniforme a través de las distintas épocas y países diversos. No obstante, existe el riesgo de caer en generalidades o en tesis poco consistentes al agrupar narraciones diversas compuestas en diferentes países de distintas culturas y distintos sistemas políticos o estructuras socio-económicas. Además, en cuanto a los autores, se trata de talentos literarios diferentes, con compromisos socio-políticos desiguales y con ideologías diversas. Aparece, sin embargo, un denominador común a la estructura del género: como figura marginal de una sociedad determinada, al «pícaro» de estas *vidas* ficticias se le ha dado, por el autor que le creó, el papel de recordar y reconstruir episodios acerca de sus pretéritas delincuencias morales o sociales que, necesariamente, *nadie podría contar con más autenticidad que*

---

[31] RALPH ELLISON, *The Invisible Man (El hombre invisible),* fue Premio Nacional de Libro.

[32] Todo esto explica algunos de los obstáculos de la investigación literaria sobre las novelas picarescas de varios países. El mejor (si no el único) estudio comparatista es el de Alexander A. Parker, *Los pícaros en la literatura* [*La novela picaresca en España y Europa (1599-1753)*] en que el autor propone una historia de la moderna novela europea desde una perspectiva más fiel y verdadera de la contribución española. Casi todas las críticas comparatistas sobre la picaresca son vagas, excesivamente generales y ahistóricas.

él. Porque, inevitablemente, nadie mejor que él puede saber exactamente lo que pasó y explicar por qué.

Por ejemplo: dentro de las normas estructurales elaboradas por M. Alemán en 1599-1604, sólo el pícaro Guzmán, al escribir su vida en las galeras, puede explicar por qué, de repente, cambió radicalmente de vida y costumbres y se transformó de un criminal endurecido en un penitente. Un cambio tan radical exige una aclaración; una aclaración que, a diferencia del truco *deus ex maquina,* venga de la estructura verbal. Igual sucede con otros ejemplos de vidas picarescas: sólo Pablos de Segovia, tal y como fue representado por Quevedo, puede explicar por qué su oportunismo y aspiración a medrar le trajeron constantes desgracias, por qué llegó a sentir la falsedad de sus aspiraciones y por qué su vida en vez de mejorar iba de mal en peor; sólo Moll Flanders, concebida por Daniel Defoe, puede aclarar para el lector aquella pragmática y tenue frontera entre una moralidad protestante y la necesidad de sobrevivir; sólo el mismo Jean Genêt puede explicar la contradicción de ser «heroico» por su completa falta de heroicidad, o de ser «santo» mediante su esfuerzo por conseguir la máxima potencialidad del mal [33]. Y así resulta con casi todas las autobiografías picarescas. Si, por ejemplo, la conversión de un pícaro como Guzmán es, según su propia confesión verbal, un cambio radical y una experiencia auténtica, puede convencer sólo con tal de que el mismo ladrón, presentándose ya al lector como pecador arrepentido y hombre regenerado, sea absolutamente *consciente* de su crisis; debe sentir su propio cambio como algo extraordinario. Por eso, la estructura autobiográfica de una vida picaresca depende de la disposición del discurso narrativo realizada por los distintos autores del género; en cuanto a la representación de la estructura, impone un continuo proceso de interacción entre el pícaro y sus picardías; la estructura presenta lo que los historiadores llaman un constante diálogo entre el presente del delincuente y su pasado de desviaciones [34].

La estructura de *Guzmán de Alfarache* representa una situación de desviaciones que, por fuerza, tiene que contener, explícita o implícitamente, respuestas a dos preguntas fundamentales: primero, en cuanto a la «composición» en sí de la *vida,* cuándo, dónde, cómo y por qué un delincuente se convirtió en el «autor» de unas experiencias pasadas tan poco dignas de contar. Segundo, en cuanto a la «lectura» de la *vida,* cuáles fueron las implicaciones sociales de una historia en que el criminal describió las leyes que quebrantó y ex-

---

[33] Aunque en este caso particular, Jean-Paul Sartre en su *San Genêt comediante y mártir,* Buenos Aires, Losada, 1967, hizo un análisis psicoanalítico de la obra de Genêt en que trata el tema (muy picaresco o de delincuencia) del niño abandonado que logra sobrevivir.

[34] Véase E. H. CARR, *¿Qué es la historia?,* traducción de J. Romero Maura, Barcelona, Seix Barral, 1969, sobre todo los capítulos interesantes para cuestiones de historiografía, «El historiador y los hechos», y «La causación en la historia».

plicó *por qué* lo hacía [35]. Guzmán regeneró su «vida» *después* de traicionar a los otros galeotes y continúa escribiendo al enterarse del perdón concedido; es decir, dentro del sentido literal de los episodios, es válido dudar de si su conversión es o no sincera. La ambigüedad sobre la autenticidad de su cambio radical y su explicación apologética están inextricablemente integradas en la estructura verbal de la *vida*. Así que el que pudiera ser verdadera *o* falsa es un dilema auténtico del desenlace verbal: la conversión del llamado archipícaro y la crisis que la provocó, según la estructura autobiográfica de esta *vida* picaresca, es el factor determinante de todos los episodios y sermones anteriores. O sea: lo que determina el sentido de la forma literaria de los hechos delictivos es la crisis social del pícaro que acaba en la conversión.

Esa crisis que provocó la traición fue, según el narrador, decisiva; se trata ahora de cómo el galeote, que en este momento escribe, recuerda los momentos de ser azotado por un delito que en este caso no había cometido:

> Entonces conocí qué cosa era ser forzado y cómo el amor y rostro alegre que unos y otros me hacían era por mis gracias y chistes, empero que no me lo tenían. Y el mayor dolor que sentí en aquel desastre, no tanto era el dolor que padecía ni ver el falso testimonio que se me levantaba, sino que juzgasen todos que de aquel castigo era merecedor y no se dolían de mí (Ed. Rico, p. 901).

Es la explicación del criminal sobre el terror de verse aislado y enajenado. Vale añadir que si es o no sincera no es tan importante como el hecho de ser «auténtica»; las circunstancias dan credibilidad si no a las palabras sí a la situación, porque la explicación de la crisis del galeote perdonado es retrospectivamente dramatizada como tal crisis por «el mismo ladrón». Al ser narrador de sus crímenes y arrepentimientos pasados, el pícaro ha llegado a ser, *en un sólo acto decisivo de delatar,* tanto el traidor como el salvador, o sea, el malo y el bueno al mismo tiempo.

Alemán compuso la vida de Guzmán, pero siguiendo las convenciones literarias de los autorretratos, creó la ilusión de que fue Guzmán quien la escribió. Al lector no le queda otra opción sino seguir este juego retórico elaborado por el autor y preguntarse cuál será el objetivo de ello: la *vida* de este ladrón —crímenes, crisis, transformación— *no* es una versión ejemplar dada por otro, del sacerdote, del moralista, psicoanalista, humanista o de otro autor; el mismo ladrón es el único que, directa u oblicuamente, podría destacar la crisis de-

---

[35] Como éste no es un típico estudio sobre *Guzmán* y otras obras picarescas, no cabe mencionar todos los estudios que han tratado de este caso particular de la conversión de Guzmán, pero casi todos los críticos han tenido que tomar una posición ante el tema. Deben consultarse, E. Moreno Báez, Carlos Blanco Aguinaga, A. A. Parker, A. del Monte, Fr. Rico, E. Cros, M. Molho y A. Castro, entre otros.

vastadora de dolor físico, enajenación espiritual, terror de la soledad, traición y penitencia. A un tercero, dada la *no* importancia de un ladrón común, no le interesarían los motivos personales —excepto como otro medio más de moralizar. El impacto de la crisis sobre el criminal explica el proceso narrativo de recordar desde niño, paso a paso, cómo llegó a mudar de vida, de costumbres y de actitud. Esto pudo pasar sólo después de revisar meticulosamente su pasado' delictivo, sólo después de reflexionar sobre su condición de hombre en la sociedad y en el mundo, y pensar en los dilemas y las alternativas; en fin, sólo después de comprenderse mejor y preocuparse por el problema de quién es y por qué ha sido así. Ahí está la función de una estructura que depende de la restrospección personal: Alemán, como otros autores españoles de *vidas* picarescas, le concedió al pícaro el papel de ser el único que de verdad podía retratar un cuadro verídico de su propia delincuencia.

No es arriesgado interpretar, a base de la estructura de *Guzmán de Alfarache,* la función de casi todos los autorretratos picarescos: si el pícaro, como narrador, arregla e interpreta los episodios de sus delitos y desgracias según su situación de *escritor,* entonces el actual *status* social del narrador es el factor que determina su conciencia de autobiógrafo. Divorciar el presente de su pasado sería ir contra el sentido literal de una vida narrada por el pícaro. Esto se puede documentar en el texto de cada narración picaresca mencionada: no es la conciencia del delincuente o criminal la que determina la representación de su *vida;* su *ser social* como escritor, a raíz de haber sido delincuente, es lo que determina su conciencia. Por eso, el narrador de una vida *no es puro narrador:* siempre parte de una situación en la sociedad, una situación que ha sido el resultado directo de su vida de delincuente.

Lazarillo, por ejemplo, tiene el oficio de pregonero cuando escribe y es como representante de su oficio el que se le exija una explicación del caso de su vida privada; Guzmán es galeote perpetuo inesperadamente perdonado y en camino de ser cura; Pablos es otro buscón «medro» fracasado que se ha dado cuenta de la futilidad de las aspiraciones sociales; Estebanillo, bufón de corte y corredor, está cansado de hacer reír a los demás y tiene ganas de retirarse como dueño de una casa de juego; Simplex Simplicissimus es ermitaño amargado por la misma sociedad en donde era bufón y amante; Gil Blas se ha retirado de la actividad política para vivir con su familia en el campo; Moll Flanders está casada al regresar del exilio, pero, por fin, con dinero; de Félix Krull no se sabe mucho, pero se preocupa por la estética de sus delincuencias; Augie March es desempleado y dependiente, como antes, de una mujer; Pascual Duarte, condenado a muerte por un crimen político, espera el perdón; Genêt es escritor «lírico» de sus homosexualidades en el presidio; el negro es politizante pero escéptico y escondido en Nueva York. Y así por el estilo. El escritor de su vida siempre explica cómo es que, siendo criminal, llegó a ser escritor. Y el narrador es siempre retratado como portavoz consciente de la situación social en que se encuentra; precisamente por eso se enfrenta con los hechos de su pasado de delincuente.

Podemos señalar dos aspectos importantes en los textos: primero, que no puede comprenderse la *vida* de un pícaro sin considerar al mismo tiempo la posición desde la que él la aborda; segundo, que dicha posición tiene a su vez raíces en una base social e histórica. El narrador, antes de ponerse a escribir su vida, es producto de la sociedad en la que vivió; el título *vida* implica un proceso de indagación en el pasado miserable del narrador *en* la sociedad.

La estructura de una novela picaresca exige que el lector se interese en lo que dice él mismo en virtud de sus actos y carácter delictivos; ahí está la verdadera razón de ser de una autobiografía picaresca: según la versión del pícaro, desde que nació hasta ahora, el mundo empezó a obrar en él, a transformarle del mero ser que era en una unidad social; cada uno de los narradores de la picaresca nació en el seno de una sociedad determinante, que le moldeó desde su más temprana edad. Las costumbres que narra son adquisiciones sociales del grupo en que creció. Tanto el lenguaje como el ambiente contribuyeron a determinar el carácter de su pensamiento como narrador. El punto de vista del narrador no es, por tanto, dentro del recurso retórico de la estructura, un aspecto o un enfoque abstracto; el pasado del pícaro *en* la sociedad y su presente corren parejos y se han condicionado mutuamente. El punto de vista de cada narración picaresca puede ser una especie de juego retórico, llamado «distancia estética», pero tiene relación con las actividades sociales del pícaro. Según los textos, la crisis de cada pícaro procede de su peculiar punto de vista que se ha asociado desde antes con la posición social que representa *ahora* [36].

En la actual posición social del narrador se establece ahora la llamada unidad de los distintos episodios sueltos: el lector afronta numerosos hechos picarescos, ya narrados aparentemente con el solo fin de entretener, ya encadenados los unos con los otros para enseñar; por eso, los episodios delictivos de una vida particular desventurada parecen misceláneos, como si los hechos de un delincuente formaran *no* una vida ordenada, orgánica y totalizadora, sino más bien un producto de la moderna fórmula barojiana para hacer novelas: un verdadero saco donde cabe todo. En términos narrativos, una desgracia viene tras otra, todas parecidas en su comicidad caricaturesca; un robo, luego otro, un fracaso, luego otro, y así suceden, un suceso tras otro, los trucos, los engaños, los peligros, los encuentros, la pobreza, las escapadas, los tipos sociales, los detalles, etc.

---

[36] Lo que ha desconcertado a varios críticos, tanto comparatistas como hispanistas, es la falta de caracterización (a veces psicológica) del pícaro. Esta actitud es anacrónica y nada pertinente para un estudio de la picaresca. Otro problema es la actitud negativa hacia ciertas obras, como, por ejemplo, *Guzmán* o *Buscón*, por no cumplir con ciertas reglas de la narración o de la relación entre narrador y lector, o del tema verosímilmente desarrollado. Trato de estos problemas en «El *Buscón* de Quevedo: estructura e ideología», en *Homenaje a Julio Caro Baroja*, Insula, Madrid, de próxima aparición.

No obstante, hay *un* tema principal que une todos los episodios: la *conciencia* que el pícaro tiene de su situación social; una conciencia que, oscilando entre sus hechos dispares de *antes* y su posición (externa o interna) más estable de *ahora,* filtra cada episodio. El caso de Guzmán no es único, sino paradigmático. Como la conciencia es la del ladrón arrepentido y al mismo tiempo del galeote perdonado, tiene dos funciones: une los episodios narrados con los sermones, y, mediante esta unidad, se justifican (aunque, de modo ambiguo) tanto la traición contra los galeotes rebeldes como la conversión del ladrón. Dentro de dicho esquema estructural, la conciencia del pícaro es ilustrada por la *variedad* misma de los episodios pretéritos. El pícaro es, según declaración propia, no una cosa, sino el conjunto de ingredientes que le han relegado en sus aspiraciones sociales. Ahora bien, lo que le ha pasado a un narrador —en este caso lo mismo da si en una pseudoautobiografía picaresca o en una autobiografía de un criminal histórico —no es pura historia de hechos, sino más bien una estructura verbal, es decir, los hechos pretéritos se han «seleccionado», «combinado», «encadenado» y, retóricamente, «representado» para los lectores.

En esto no se diferencia mucho una vida picaresca de ficción de una vida criminal auténtica. La conciencia del delincuente hecho autor, verdadera *o* falsa, puede ser cuestionada porque el narrador puede (como Ginés de Pasamonte, con quien comenzamos, o Malcolm X) decir «verdades» o «mentiras» o las dos cosas; en su retórica, de hecho, puede salir narrador digno o indigno de fiar. Pero es siempre la conciencia del narrador lo que, primero, da coherencia a los hechos delictivos cuidadosamente seleccionados de la masa caótica de su pasado, y, segundo, lo que da progresión, evolución y encadenamiento a la narración. Los episodios parecen una acumulación de desventuras, pero son lo que suele indicar el título, una *vida:* la historia de los hechos notoriamente desgraciados que le han pasado a un ser marginado. Y esta *vida* sólo cobra sentido y ejemplaridad por ser recordada y contada por quien la ha sufrido.

IV

Las autobiografías de criminales en la historia y en la ficción

No sabemos si se trata o no de un caso de coincidencia; el hecho, no obstante, es que las características estructurales de casi todas las ficciones piscarescas desde 1554 hasta ahora son iguales que las de los diversos casos de historias de criminales. Como mínimo, el parentesco entre ficción e historia, por lo menos en el caso particular de las *vidas,* aclara varios enigmas claves *en* el texto mismo de las novelas picarescas. Hoy día, un criminal, si quiere, puede dar como documento verídico una versión personal de su criminalidad, puede argumentar si él tuvo o no la culpa; puede asumir la responsabilidad de sus actos delincuentes o culpar a otros, a la sociedad o a su mala suerte; puede explicar cómo y por qué ha sufrido o se ha desviado o cómo y por qué se ha enfrentado continuamente con la ley; puede confesarnos, en fin, por qué, desde su punto de vista, no ha mejorado y cuál es ahora su actitud ante su vida y la vida social en general [37].

Los documentos sobre estos temas abruman por su cantidad, calidad y diversidad. En incontables autobiografías publicadas o en *case histories*, numerosos delincuentes han narrado, por escrito o por grabación, sus experiencias criminales y las han expuesto en estructuras reconocibles; autobiografías, vidas, cartas, diarios, memorias, confesiones, entrevistas, itinerarios, monodiálogos, etc. [38]. Cada subgénero contiene *dos* realidades: primero, el contenido es de una realidad social: a los criminales modernos se les ha dado la oportunidad de expresar los destalles de desviación de su pasado; segundo, la forma de las experiencias criminales es de una representación literaria: al criminal-narrador se le presenta el dilema de cómo escribir su pasado en términos de estilo y de retórica, cómo estructurar por escrito todos los detalles esenciales que, según él, constituyen el mundo social, económico, moral y psicológico de sus crímenes y cómo hacerlos accesibles a los lectores [39].

Sabemos mucho sobre las desviaciones sociales y la conducta sociopsicológica de los desviados; sobran documentos de índole autobiográfica para tratar de esta casuística concreta. Resulta asombroso distinguir entre los estudios sociológicos o psicológicos, que tratan de la «delincuencia», «desviación» o «crimen», y las autobiografías, en que el criminal se ocupa de sí como parte de su mundo social; pero el estudio académico sobre la criminalidad no es siempre tan exacto como la autobiografía del criminal. En la autobiografía de un criminal nos acostumbramos a su modo de expresarse; para decirlo metafóricamente, entramos en la jerigonza de sus pensamientos [40].

Más difícil es explicar la pertinencia de estos textos modernos

---

[37] Vivimos en una época en que se ha mostrado una fascinación casi desconcertante por desviaciones y perversiones. Para este estudio, sin embargo, evito las llamadas «anormalidades» para profundizar en los crímenes sociales.

[38] Ultimamente se suelen publicar entrevistas con desviados. Véase la colección de breves «autobiografías» editadas en la obra pionera de Oscar Lewis, titulada, significativamente, *Vida*.

[39] Curiosamente, el criminal moderno puede, como ya se ha hecho muchas veces, construir su vida como si fuera novela para venderla; es decir, puede hacer en la historia lo que hizo *exactamente* Ginés de Pasamonte en la ficción.

[40] Aunque este estudio no pretende indagar en el campo metodológico de las ciencias sociales, vale señalar el llamado *case study*, que, profundizando empíricamente en los problemas personales de cada desviado, ha logrado plantear nuevos modos de investigar la delincuencia. Utilizando diversas técnicas de psicoanálisis y estadísticas de entrevistas se han acumulado muchos documentos en que se mezcla la autoexplicación del criminal con el retrato biográfico construido por el sociólogo. Abunda la bibliografía de esta disciplina del *case study*, que podría valer para descodificar mejor ciertos casos dentro de una *vida* picaresca.

para una nueva historia literaria de la picaresca. He aquí un hecho incontrovertible: cuanto más nos remontamos en el pasado de sociedades diversas, desde la Edad Media hasta fines del siglo XIX, menos accesibles son las vidas de delincuentes, criminales o pícaros. No se encuentran documentos en que, como hoy día, se autorretrate el propio cirminal. Esta falta de *vidas* de delincuentes en los documentos históricos ha acarreado graves problemas a esta disciplina de la historiografía: ¿cómo construir una historia de la delincuencia si no existen documentos personales fidedignos? Porque, y esto es hecho documentable *no* discutible, los documentos legales u oficiales acerca de la delincuencia que son accesibles, son pocos, raros, incidentales o indisponibles. Es obvio: los delincuentes o marginados de otros tiempos (pícaros, pobres, locos, prostitutas, criminales, bufones), a diferencia de lo de hoy, o no tenían el derecho a protestar o no se les daba —excepto el *confesar pecados*— la oportunidad de contar a su manera sus vidas. En las sociedades del pasado no hubo preocupación ni interés verdaderos por la explicación personal del criminal común o desvalido.

Ahora bien, hay algunos documentos valiosísimos, como por ejemplo, pleitos, leyes sobre crímenes, decisiones legales, peticiones de abogados, registros de prisiones, estadísticas de condenas y ejecuciones, etc. [41]. Pero, por regla general, todos tienen común el excluir la participación directa del delincuente. Fijémonos en el documento más representativo de todos ellos para descodificar su contenido y así fijar la estructura constante de los documentos disponibles. Nos referimos al famoso libro *Newgate Calendar* de comienzos del siglo XVIII; es un registro de varios prisioneros famosos de la cárcel Newgate, de Londres, que fueron condenados, ejecutados y a veces perdonados [42]. Hay sobre algunos prisioneros registrados una pequeña «biografía» llena de detalles sobre el nacimiento, vida, actos criminales (es lo que hoy llamaríamos *case study)*. El conjunto de las diversas biografías de criminales da un asombroso cuadro de delincuencia: la conducta y costumbres de los desviados; la dureza de los asesinos; las causas de los delitos; los modos de robar; los raptos y violencias; las bigamias y sobornos; los varios castigos; la pena de muerte; las actitudes de los condenados a ella; el perdón deseado.

Es información indispensable. No obstante, ni uno de esos documentos es narrado por los delincuentes mismos. Son todos casos narrados en «tercera persona»; son, digamos, los partes u opiniones del

---

[41] Entre los varios documentos, véanse los siguientes: RAFAEL SALILLAS, *El delincuente español,* Hampa *(Antropología picaresca),* Madrid, 1898; C. BERNALDO DE QUIRÓS, *La picota y Figuras delincuentes,* reeditada, Madrid, Turner, 1975; C. J. RIBTON-TURNER, *A History of Vagrants and Vagrancy and Begging,* Londres, 1887; *The Elizabethan Underworld. A Collection of Tudor and early Stuart; Tracts and Ballads telling of the Lives and Misdoings of Vagabonds; Thieves, Rogues and Cozeners...* Texto con notas e introducción de A. U. Judges, Londres, 1930. Véase A. A. PARKER, *Los pícaros,* ob. cit., para una valoración de dichos documentos y otros semejantes.

[42] La cárcel era la famosa Newgate, de cuyos prisioneros tenemos varios documentos importantes recogidos en *Newgate Calendar (Diario de Newgate).*

cura que trató de salvarle el alma al criminal, o del carcelero que le conocía, o del confesor, o del visitante. Y cada «biografía», más que de las dificultades socio-económicas, trata, sobre todo, de la cuestión de la culpa moral o religiosa del delincuente. Se daban por aceptados tanto el derecho de castigar al criminal como el esfuerzo de regenerarle. El delincuente representaba, pues, una amenaza social.

El punto de vista de los cronistas refleja la ideología contemporánea sobre el crimen y castigo: «no vale desviarse», el crimen es pecado contra Dios y la única solución está en el arrepentimiento del criminal, es decir, en su toma de conciencia de que desviarse es pecado. Y como era de esperar, la perspectiva moral o religiosa de cada biografía refleja esa ideología sobre el crimen y el castigo de la clase dominante: castigo que restablecía a la vez el equilibrio de la sociedad y el equilibrio interior del culpable. Si comparamos las biografías de *Newgate* con las autobiografías de hoy, aquéllas no son documentos fiables como éstas, porque la vida de cada condenado, en lugar de destacar las dificultades del criminal, sirven como pretexto para ilustrar una tendencia religioso-moral sobre el pecado y propagar la ideología de la sumisión del individuo a las reglas sociales [43].

No se cuestionan las instituciones sociales, pero sí lo motivos de los delincuentes —sus malas cotumbres, su herencia, sus malos compañeros, sus vicios u oportunimo, su naturaleza, etc. Estos documentos tienen gran valor en cuanto información sobre los criminales y castigos legales; muestran la actitud social ante los delincuentes, pero valen menos como testimonios de la actitud de los propios prisioneros. Sabemos lo que eran los delitos contra las leyes, no lo que opinaban sus trangresores. Esto podría explicar por qué ha sido difícil hasta ahora reconstruir historias sociales de la mayoría de las desviaciones conocidas —prostitución, picardía, pobreza y mendicidad, criminalidad, homosexualidad, etc.—. Los documentos de «tercera persona» son más bien testimonios de unos procesos morales, pero no captan la situación verdadera del criminal. Apoyándose en la ideología de la «naturaleza humana» o del pecado, cada biografía criminal destacaba la misma conclusión del error del individuo; así que la estructura biográfica de cada caso de *Newgate* se conciliaba con la ideología dominante sobre el bien y el mal o sobre el individuo y la sociedad.

En este vacío histórico podemos ver quizá el gran valor que podrían tener las narraciones picarescas, sobre todo las españolas con fecha de 1554-1650. Si por un lado los delincuentes (desde la Edad Media hasta fines del XIX) no han podido contar sus verdaderas historias y por eso sus «vidas» de desviación *no* han entrado en los documentos históricos, por otro, muchos pícaros han narrado sus bajezas *en ficción*, y por eso sus autorretratos han formado parte por lo

---

[43] Tengamos en cuenta que, en los tiempos modernos, «ideología» es un conjunto de ideas que pueden caracterizar a una sociedad determinada, pero es también y, sobre todo, lo que cohesiona a los individuos en sus papeles, en sus funciones y en sus relaciones sociales. La ideología de aceptar y no protestar, por ejemplo, dominaba una vez todas las actividades del «desviado».

menos de los testimonios ficticios. La coincidencia es esta: gran parte de la ficción cuya situación central era antiheroica y cuya perspectiva no era idealista se estructuraba por los autores a modo de *vida*, en la que se creaba el antihéroe [44]; el pícaro sabía que sólo los héroes o los nobles llevaban una vida digna de ser contada *por otros*. El delincuente, en historia o ficción, tuvo que ser por fuerza el «pintor» de su propia delincuencia.

La implicación del autorretrato picaresco es clara: nadie contaría la vida de un delincuente o de un ser inconsecuente. Por ello, la perspectiva irónica es indispensable a la estructura de todas las novelas picarescas: hay una brecha, un *gap* entre el despreciable *status* social del pícaro y su afán de notoriedad al escribir su autobiografía. Este juego irónico entre el *status* de la delincuencia y la *vida* literaria, elaborado de diversos modos por autores de novelas picarescas, permanece íntegro en las autobiografías modernas de criminales. La novela picaresca es una categoría literaria; la autobiografía de criminales es una categoría más bien sociológica. Hay un parentesco claro e íntimo entre la estructura de una categoría y otra: el delincuente se distancia de su vida como narrador, precisamente porque no es ajeno, como lo sería una tercera persona, a las delincuencias que él cometió en la sociedad.

Es posible que dicho parentesco entre las vidas picarescas y las autobiografías de criminales sea la única pista que tengamos para una historia de la delincuencia. Porque, sin duda, hay una relación entre la estructura literaria de una *vida* picaresca (por ejemplo, una estructura verbal que se hace accesible por varias técnicas formalistas) y la estructura ideológica de la sociedad en que fue leída. Los datos personales y la aguda conciencia de una experiencia criminal que se excluyen en los documentos podrían suplementarlas la ficción picaresca. Y no sólo la picaresca; resulta que el doble papel de actor de delincuencias y narrador de sus hechos es común a la estructura de muchas historias autobiográficas, sean verdaderas o ficticias: desde las *Confesiones* de (San) Agustín de Hipona [45] hasta el *testamento* de François Villón, desde la *epístola* de Lazarillo hasta las *cartas* redactadas en prisión de Georges Jackson [46], desde las *memorias* de Moll Flanders hasta la *autobiografía* de Malcolm X, desde la *vida* de Guzmán hasta el *diario* de Genêt.

---

[44] O sea, decirlo en los términos formalistas de Ulrich Wicks: «donde el protagonista es *peor* que nosotros y su caótico mundo *peor* que el nuestro», ob. cit. *(traducción nuestra)*.

[45] Ponemos el «san» del Agustín en paréntesis porque, sobre todo si nos atendemos a nuestra tesis, es tanto imposible como absurdo que un «santo» (esto es, un obispo canonizado después de su muerte) declare en una «autobiografía interior» algo sobre sus pecados. El autor de las *Confesiones* no pudo —*pace* todas las enciclopedias— ser santo. Esto ocurrió después.

[46] Una coincidencia importante: el criminal y rebelde negro George Jackson, igual que Lazarillo, cuenta en su prólogo que la justificación de su carta fue la petición de alguien para que explicara su caso de verse encarcelado por crímenes *(Letters from Prison*, por George Jackson).

La capacidad de los críticos literarios de analizar rigurosamente una memoria verbal del pasado puede ayudar al historiador a comprender mejor la mecánica y función de una autobiografía como pretexto para hacer historia. Por ejemplo, se puede seguir el mismo criterio para la *Divina Commedia,* o el *Buscón, Barry Lyndon, Diario de un ladrón, Papillón,* etc.: no debemos confundir al pecador Guzmán (o a cualquier pícaro o criminal) que, atrapado en malos hábitos y presunciones, seguía cometiendo crímenes, con el Guzmán penitente que escribe su *vida* en las galeras después de su traición, su arrepentimiento y el perdón; de otro modo, estaríamos leyendo mal el texto de M. Alemán (o el de Malcolm X, entre otros). Porque, perdiendo el juego retórico de la estructura autobiográfica, perdemos también el sentido socio-psicológico que adquieren los encuentros del delincuente con el mundo social.

Se trata, en todos los casos, de un plan eficaz de representar el *yo* (muy conocido en la retórica tradicional): una interacción continua entre el pícaro y sus picardías, que es lo mismo que entre el narrador y los hechos narrados, porque el narrador es parte del presente, en tanto que sus delincuencias pertenecen al pasado. Este plan de acción recíproca (que en la sintaxis verbal sale claramente como contraposición entre el pretérito y el presente), funciona con eficacia tanto en los casos modernos de autobiografías de criminales como en los de ficciones picarescas contadas en primera persona. No debe extrañarnos: en la ficción o en la historia, sólo un personaje socialmente marginado puede decirnos *exactamente* qué significa haber sido tal [47].

V

Las novelas picarescas de España

Las historias de los delincuentes, como realidades sociales registradas en documentos y como metáforas literarias creadas en novela picarescas por autores famosos, marcan una clara evolución: la actitud hacia el crimen social cambia radicalmente desde una concepción rígida de la delincuencia, en que se muestra poca compasión o comprensión hacia los delincuentes, hasta una concepción más flexible y relativista. Es una transformación en la que las obras literarias son testimonios de verdad: la representación de los criminales Villón

---

[47] No hemos leído una novela picaresca (ni una autobiografía de criminal ni un *case history* de delincuente) en que no haya comentarios morales sobre la conducta del hombre u observaciones sobre el individuo y la sociedad. Los comentarios pueden aparecer como sermones largos, como en el *Guzmán* o *Simplex,* máximas breves, como en el *Buscón* (en cada capítulo los hay) o *Pascual Duarte,* reflexiones socio-morales, como en Moll Flanders o Augie March, o insinuaciones anti-morales, como en el *Estebanillo* o *Diario de un ladrón.* No hay *vida* picaresca o de criminal sin esa dimensión ejemplar.

o Guzmán como si fueran «pecadore⟩ ⬩ ⬩e ha convertido en la representación del criminal Genêt como si ɪuera «santo» o de Malcolm X como si fuera «rebelde» o del «hombre invisible» como si fuera «alienado»[48]. Los pobres y marginados como Lazarillo, Pablos o Moll Flanders no se rebelaron porque querían integrarse en la sociedad, mientras que varios de los marginados actuales cuestionan la sociedad y prefieren cambiarla y hasta destruirla[49].

Dentro de este esquema histórico podemos valorar con más eficacia la aportación de las novelas picarescas compuestas en España desde 1554 hasta 1647[50]. Cuando los autores españoles, como parte de su plan narrativo, convirtieron a los pícaros en autobiografistas, les dieron, *necesariamente*, una conciencia, es decir, cada pícaro literario tiene una clara o falsa conciencia de su situación, de sus opciones, de sus crisis y de sus actos de decisión. Ahora bien; en esa misma conciencia del pícaro ficticio, el autor de la novela (anónimo, apócrifo o conocido), por mucho que se distanciara estéticamente, no puede esconder sus actitudes socio-morales, porque existe una relación estrecha entre la conciencia del pícaro como narrador de su delincuencia pasada, la posición ante la delincuencia social por parte del autor como imitador de un género conocido y la ideología dominante de la época sobre la sociedad conocida por los lectores de las novelas picarescas[51].

---

[48] No es ésta una sugerencia arbitraria, sino más bien una observación de la evolución del concepto del criminal con raíces históricas. El poema *El testamento (Le testament)*, de François Villon (compuesto entre 1462-62), por ejemplo, tiene la estructura narrativa de la confesión en que se la desgarrada vida del desviado-criminal, salpicada de reflexiones varias sobre el destino humano ante la muerte, se presenta como fruto del pecado. Dadas las diferencias de tiempo, autor y hasta género, el *Diario del ladrón,* de Jean Genêt, que no es sino el «testamento» de un desviado total, parte de las mismas premisas estructurales que cultivó Fr. Villon: unas experiencias del vicio y del mal son la materia-pretexto para narrar su vida de antaño. Con una excepción: la confesión del «pecado» de Villon se convierte en la profesión de «santidad» de Genêt.

[49] Estos cambios de actitud hacia el delincuente se reflejan claramente en una historia de *vidas* picarescas. Sin embargo, hay que tener cuidado al relacionar el análisis interno de unas novelas picarescas con un análisis somero y tentativo de las clases sociales y de su historia. Proponemos un estudio de comparación de las estructuras de la literatura picaresca y la de las sociedades europeas, por lo menos para poder descodificar mejor los textos literarios, pero tenemos plena conciencia de las dificultades de dicha investigación y de los peligros que conlleva si los análisis de las clases sociales son superficiales.

[50] Para un resumen histórico de casi todas las novelas picarescas españolas del Siglo de Oro, aparte de los de Parker, Del Monte, Sieber y Maravall, véase «La novela picaresca», cap. 8, en R. O. JONES, *Historia de la literatura española: Siglo de Oro: prosa y poesía,* Barcelona, Ariel, 1974, pp. 185-212; también pp. 111-119.

[51] Para estos problemas de relacionar estructuras de literatura y de sociedad véanse cuatro obras: PIERRE VILAR, «El tiempo de *Don Quijote*», en *Crecimiento y Desarrollo,* Barcelona, 1962, pp. 431-448; ARNOLD HAUSER, *Introducción a la historia del arte,* Madrid, Guadarrama, 1969; E. TIERNO GALVÁN, *Sobre la novela picaresca y otros escritos,* Madrid, Tecnos, 1974, pp. 9-135; J. ANTONIO MARAVALL, «La aspiración social del ''medro'' en la novela picaresca», ob. cit.

Las autobiografías modernas de criminales nos ayudan a comprender mejor estas interrelaciones complejas. Por ejemplo: el autor *no* es el pícaro, pero el autor funciona dentro de una convención; el pícaro ha de ser su propio narrador, narrador de una vida que, excepto como ejemplo negativo, no vale representar; por necesidad narrativa, pues, el pícaro-narrador, hasta como juego, tiene que explicar por qué, si su vida pasada no valió nada, toma la pena de retratarse a sí mismo. En efecto, así se hace: cada novela picaresca contiene su autojustificación. Esto implica un juico sobre las causas de la delincuencia en general y sobre la causa de la desviación personal de este pícaro en particular: ¿cuáles son los fundamentos de la delincuencia?, ¿quién es el responsable de los actos ilegales?, ¿tiene la culpa el sistema social o el individuo que no sabe o no quiere someterse a él? Todas estas preguntas críticas se plantean y se contestan, de modos variables, en la estructura verbal de las novelas picarescas españolas [52].

En cada novela se da una respuesta diferente: desde el polo extremo de culpar a la sociedad o a la naturaleza humana al de culpar al individuo delincuente. Sorprende pues que se haya dicho tantas veces que sería en vano pedir a un autor del Siglo de Oro una interpretación de la delincuencia; esto significa pasar por alto la estructura de la *vida* picaresca y desconocer su cronología, pues a partir de *Lazarillo*, la estructura de la confesión de un pícaro literario será cada vez más social y menos religiosa. De hecho, la secularización de la confesión *en la ficción picaresca* (a diferencia de San Agustín, Dante, Juan Ruiz o Villón) es la gran contribución de España a la literatura europea. Hay siempre comentarios religiosos en las novelas picarescas (sobre el mundo, el pecado, el libre albedrío, la condición humana, el mal, las malas costumbres), pero están integrados en una vida cuyas raíces son, a pesar del simbolismo, socio-económicas: familia, pobreza, necesidad, aspiración, oportunismo, ocio, pereza, búsquedas, sufrimientos, palizas, venganzas, escapadas, encarcelamientos, etc.; es decir, todos los detalles de la vida del delincuente, de los autorretratos ficticios son identificables como situaciones de la sociedad contemporánea.

Para resumir este argumento sobre la secularización de la «confesión» diremos que el arte de la picaresca español es, como el de las confesiones medievales, escrupulosamente impersonal y objetivo en cuanto perspectiva narrativa, e insiste sobre la precisión de la perspectiva y sobre el rigor formal del *yo* en los episodios. Hay pocas diferencias en los detalles básicos: un *yo* desde una situación social y una perspectiva moral, contando ahora con su *memoria,* narra por

---

[52] Tengamos en cuenta que se trata de obras maestras, es decir, de obras que participaron en la sociedad de su tiempo y en otras después. Siempre se habla, por ejemplo, del estoicismo en el *Buscón* de Quevedo, pero no se ha tratado de dicho estoicismo en términos de aparecer como ideología dominante del *status quo*. Véase mi estudio «El *Buscón* de Quevedo: estructura e ideología», en *Homenaje a Julio Caro Baroja,* Insula, Madrid, de próxima aparición.

escrito lo esencial de sus desviaciones pasadas. Con todo, aunque
se parezcan en muchos aspectos, las picarescas difieren de ellas en lo
siguiente: mientras el escritor medieval (digamos, Dante o Juan Ruiz)
pretendía descubrir y proponer los principios religiosos y universales
de la confesión de pecados y de la conducta humana, el autor de la
picaresca deja que el pícaro se retrate como delincuente en relación
con su *época* y su medio ambiente *determinados*. Este cambio de la
espiritualidad a la secularización abrió el paso para una materializa-
ción de la autobiografía hasta llegar, en nuestros días, al mundo anár-
quico de las autobiografías de criminales. Aquí ya no se distinguen la
historia de la ficción y viceversa. En la novela picaresca española se
mantuvo la forma de la confesión pero fue cambiado de modo radical
lo confesado, es decir, el mismo contenido.

Lazarillo de Tormes

Por ejemplo, revisemos el caso del primer pícaro: Lázaro pasó
tanta hambre y sufrió tantos sustos e inseguridades que, desconfiado,
se decidió a mirar por sí; una manera de mirar por sí fue arrimarse
a los buenos; este proverbio, dentro del contexto social de *Lazarillo*,
es eufemismo por ser servil (y hasta consentido) con los que quieren y
pueden protegerle. De todo esto trata su vida de «fortunas y adversidades» hasta llegar al «caso» actual de tener esposa que es, al mismo
tiempo, barragana del «bueno», de su protector. Según nuestras observaciones de la estructura básica del autorretrato de delincuentes, hacen falta, como en el caso de Guzmán, unas explicaciones del mismo
Lázaro para que no haya dudas del porqué de su consentimiento o
degeneración moral. Las hay por toda la narración y he aquí una de
las más claras:

> Como la *necesidad* sea tan gran maestra, viéndome con tan-
> ta [hambre] siempre noche y día estaba pensando la manera
> que ternía en substentar el vivir. Y pienso, para hallar estos
> negros *remedios,* que me era luz la hambre, pues dicen que el
> ingenio con ella se avisa, y al contrario con la hartura, y así
> era por cierto en mí *(Lazarillo de Tormes,* p. 122) [53].

Dentro de la estructura, el narrador tachado ahora de degenerado
por otros y quizá en peligro (ya que ocupa el oficio público de pre-

---

[53] Edición de A. Blécua, ob. cit., p. 122. No debe sorprendernos el hecho
de que, aparte de identificar fuentes (proverbios) o casos paralelos de la relación entre la necesidad y el ingenio, no se ha comentado ni interpretado de
verdad esta clara explicación por parte de Lazarillo. Véanse también las ediciones de R. O. Jones, Manchester, 1963; F. Rico, *La novela picaresca española,* I, Planeta, 1967; Joseph V. Ricapito, *Cátedra,* 1976. Un estudio de *Lazarillo* al que siempre debemos volver es el de Alberto del Monte, *Itinerario de
la novela picaresca española,* traducción de E. Sordo, Barcelona, Lumen, 1971,
pp. 26-45.

gonero), describe cuándo, dónde, cómo y por qué llegó a ser como dicen que es. La interpretación de la situación social de Lázaro, que necesariamente se veía condenado a usar su ingenio para sobrevivir, es expresada por esta observación del narrador con claridad brutal. El pregonero de Toledo es el único que puede expresar irónica y claramente la relación íntima entre la necesidad recordada y su decisión actual. ¿Por qué debía importarle su degeneración moral y su hipocresía social si, mediante ellas, vivía protegido en «buen puerto», sin necesidades? Esta es ahora la actitud cínica del pregonero, obligado a defederse; es una actitud *del todo* condicionada por sus inseguridades del pasado. *Antes,* la necesidad económica determinó su manera de ser hombre de «ingenio», de buscar arrimo, «con fuerza y *maña*», es decir, determinó toda su vida en bloque; *ahora,* la memoria de la necesidad y su conciencia de la posición inferior y desvalida que ocupa en la sociedad determinan la presentación epistolar de su vida en episodios desde su infancia hasta ahora [54].

Sin duda, siguiendo el plan de esta novela, el contenido de la vida de Lázaro es lo que determina y decide la forma e interpretación del caso no en sí, sino como consecuencia de sus necesidades anteriores («adversidades») y su tenue seguridad presente («fortunas»). Lázaro utilizó su ingenio y aprendió, como el buldero, y al contrario del hidalgo, a jugar bien el juego social de las apariencias: si la vida de los pobres huérfanos, de los marginados que *no* «heredaron ... estados», es una lucha continua por sobrevivir (metafóricamente, remar para no hundirse en el mar tempestuoso), entonces el dilema es claro: o uno se acomoda a todo riesgo o perece. Si Lazarillo ha tomado plena conciencia de su trance (de su falta de un libre albedrío social) es porque su rico protector se lo ha dicho cara a cara y sin rodeos: «Ella [la mujer del pregonero] entra muy a *tu* honra y *suya*, y esto *te* lo prometo» (*cursiva nuestra*, p. 175). Se le promete seguridad mientras la mujer siga entrando en su casa —eufemismo obvio para baraganía—. A Lázaro no le queda sino mirar a su provecho, esto es, seguir el consejo pragmático del rico arcipreste.

Lázaro no acepta el papel de marido consentido por elección, según él mismo insinúa, sino por necesidad. Así con las decisiones de toda su vida. Tanto el ayudante del clérigo que sufría hambre *entonces* como el pregonero narrador que está redactando la carta *ahora,* tienen el mismo punto de vista: hay que mirar por sí mismo. El autor anónimo hizo que, en torno al dilema del caso, el narrador defendiese la decisión inmoral del pregonero y simpatizase con sus apu-

---

[54] No ofrezco aquí sino un aspecto general de la estructura de *Lazarillo* para destacar en ella los elementos que anticipan las novelas picarescas que la siguieron y las autobiografías modernas de criminales. La estructura verbal de *Lazarillo* es tan compleja y sutil que exige varios análisis minuciosos. Me ocupo con más detalle de los problemas estructurales de diversas novelas en mi libro sobre las novelas picarescas en España. Deben consultarse tres estudios recientes: CH. MINGUET, ob. cit.; JAVIER HERRERO, «The Great Icons of the *Lazarillo*», en *Ideologías y Literatura*, IV (1977); HARRY SIEBER, *Language and Narration in «La vida de Lazarillo de Tormes»*, en imprenta.

ros; no le culpa al pobre por decidirse a mirar sólo por su provecho. La sociedad de su época le condenó a una vida de consentidor, una vida de hipocresías, una actitud cínica, todo a cambio de sobrevivencia biológica y seguridad social. No era poca cosa y, por implicación, no todos los pobres desviados tenían el claro ingenio de Lazarillo. Su «confesión» es del todo secular.

Historia de la vida del «Buscón»

El *Buscón* de Quevedo es la historia de un pícaro «medro», presuntuoso que, al contrario que Lazarillo, se equivocó al mirar por sí y empeoró su mala fortuna al usar su ingenio o «industria» para un mejoramiento social. Pablos es el anti-Lazarillo: buscó mal al intentar cambiar de clase social en vez de mudar por dentro en sus malas costumbres. El buscón Pablos es, entre todos los pícaros, el gran equivocado; se autorretrata como modelo de cuán patético, tonto y ridículo es el que, presumido, lleno de falsas esperanzas, trata de ser lo que no es y lo que, dada la estructura y división de clases, *no puede ser*. Es lo que no pudo comprender Pablos hasta el final de su narración. El mundo social de buscones se convierte en un escenario hilarantemente caótico, donde los oportunistas representan un espectáculo que carece de autenticidad social o moral.

El narrador escribe su historia para demostrar cómo él había participado, también con su búsqueda continua, en este burlesco proceso de aspirar en la sociedad a lo que no debía. La búsqueda social es autodecepción; la ilusión transformó al buscón en títere de la fortuna, en un juguete de su falsa conciencia. La clara conciencia, en cambio, es el desengaño estoico, la capacidad de distanciarse de sus desviaciones y, teniéndose a sí mismo por tonto, poder controlar sus aspiraciones, dejar de buscar en el mundo social de las apariencias y comenzar a conformarse y mejorar por dentro, en su carácter. La estructura de la vida de Pablos se parece a la de Lazarillo sólo en cuanto a la forma, pero en cuanto a la actitud y a la conclusión, la vida del buscón es diametralmente opuesta a la del pregonero. Pablos es quien tuvo la culpa. Toda. Esto, según el mismo narrador [55].

Quevedo intensifica el juego de las expresiones conceptistas y sus eufemismos son complejos sólo por ser excesivamente ingeniosos, pero no deja dudas de la función particular de esta estructura autobiográfica: el narrador mismo rechaza todas sus búsquedas por falsas, malas y ridículas [56]. Estilo que a pesar de los juegos complejos logra

---

[55] Véase mi «Quevedo's *Buscón*», ob. cit. Estoy terminando una monografía, partiendo del *Buscón*, sobre el pensamiento estoico integrado en la estructura ficticia de la novela picaresca y la ideología dominante del *status quo* como propaganda en la sociedad española.

[56] No es éste el lugar de terciar en las polémicas sobre el sentido del *Buscón*. Me remito al resumen exhaustivo de los argumentos propuestos por Lázaro Carreter, A. A. Parker, T. E. May, C. B. Morris, F. Rico, M. Bataillon, R. Lida, H. Sieber, entre otros, por EDUARDO FORASTIERI BRASCHI, «Sobre el

representar el pasado *sin rodeos:* el buscón fue un mal actor que llevó una vida en la cual pretendía ser «otro»; el narrador presenta esta vida falsa como tal y se autorretrata como si él fuera víctima de su tontería. Por eso, Quevedo hizo que el narrador de su vida fuera distenciado, frío, indiferente; por eso sea quizá el *Buscón,* en el nivel narrativo, la ficción más enajenada y grotesca de la vida de un pícaro. En nombre de una moral estoica, Quevedo culpa al pícaro por decidirse a ser «uno de ellos»; sea de bellacos o de caballeros. No hay por qué mirar por sí, excepto moralmente. La actitud del narrador es del todo conservadora y sin la mínima duda sobre su culpa; sin la mínima simpatía o comprensión para el delincuente.

Pero, como con *Lazarillo* antes o las otras *vidas* después, es el mismo narrador quien aisla la crisis que, por fin, le ha dado una clara conciencia de por qué su vida iba de mal en peor, mientras no dejase de mudar de lugar en lugar:

> Acostáronme, y quedé aquella noche confuso, viendo mi cara de dos pedazos, y tan lisiadas las piernas de los palos, que no me podía tener en ellas ni las sentía, robado, y de manera que *ni* podía seguir a los amigos, *ni* tratar del casamiento, *ni* estar en la Corte, *ni* ir fuera (pp. 223-224).

Es exactamente esta vida insegura de buscón la que rechaza el narrador. Al rechazarla, y según los criterios conservadores del neoestoicismo contemporáneo, el buscón toma conciencia de sus errores socio-morales, y a base de esta conciencia conservadora estructura los episodios de su vida. Parafraseando a Maravall, Pablos llegó a la conclusión de que el empleo de los medios ilícitos de que se servía acabó mal para él. Esta fue la ideología de la clase aristocrática de Quevedo.

La última muestra del género

Es la *Vida y hechos de Estebanillo González, hombre de buen humor* la narración picaresca que, partiendo de las convenciones del género, transforma la función del autorretrato e inicia una nueva actitud hacia el delincuente. La secularización llega a su apogeo, ya que tanto el narrador como el bufón son del todo libres de la moral tradicional. El «amoralismo» del delincuente y de sus desviaciones, en vez de ser ironizadas o atacadas, es meramente aceptado. Como

Buscón. Reseña bibliográfico-crítica», en *Anuario de Letras,* XIII (1975), pp. 165-187. La bibliografía es casi completa. Véase mi estudio, antes mencionado en *Homenaje a Julio Caro Baroja* y, sobre todo, el estudio de MARAVALL, «*Medro*»..., ob. cit., pp. 612-618 (dedicadas al *Buscón*), y, sobre todo, E. CROS, *L'aristocrate el le carnaval de gueux, Etude sur le «Buscón» de Quevedo,* Montpellier, 1975.

es una novela importante y, al mismo tiempo, poco o mal estudiada, nos detendremos algo más en ella[57].

No se trata sólo de una reorientación formal de la autobiografía picaresca; el contenido mismo de las novelas picarescas anteriores cambia radicalmente en el *Estebanillo*. A diferencia de los pícaros anteriores, que, desengañados, se enajenan de su vida pretérita teniéndola por no deseada, este pícaro-bufón no rechaza esa vida pasada y, caso único, la defiende sin ironías y sin una apología de sus hechos. Confiesa más de una vez que no hacía antes menos de lo que hace ahora, mirar por sí mismo. Si Lazarillo, por ejemplo, cambió irónicamente por haber aprendido a arrimarse a los buenos; si Guzmán sufrió una conversión, verdadera o aparente, y si Pablos se dio cuenta de que, no mudando de costumbres, le iba de mal en peor, Estebanillo admite con toda franqueza que no ha cambiado nada, que no hay por qué arrepentirse y que, si tuviera que revivir su pasado, no podría menos sino hacer lo mismo. Por ejemplo, al recordar algunas fechorías infames que había cometido cuando de vivandero hacía también de alcahuete, explica una actitud hacia su propia vida que se encuentra en todos los episodios:

> Volví a mi cuartel, planté el bodegón y empecé a hacer lo que siempre había hecho, y *lo mismo que hiciera agora si volviera a tal oficio (cursiva nuestra)*.

Más que cínica, su actitud aquí es realista: dadas las circunstancias precarias de la guerra y su propia situación miserable, al pícaro no le quedan opciones socio-económicas ni le importa el libre albedrío. Su amoralidad no es abstracta, sino que pretender cambiar; sería falso cuando no le queda sino tratar de sobrevivir. Estebanillo ni por un momento ofrece la historia de su vida pasada como confesión o como relato ejemplar; acepta su vida y sus hechos sin vergüenza y sin arrepentimiento. El pícaro ya no se indigna moralmente ni se preocupa por las cuestiones morales ni religiosas. En cuanto al sentido didáctico-moral de las novelas picarescas, *Estebanillo González* debe colocarse en el polo opuesto que una «Atalaya de la vida humana». Con pocas excepciones, todas las novelas europeas han seguido esta pista.

---

[57] Pocos críticos han estudiado a *Estebanillo* con seriedad. El comentario que sigue es una combinación de paráfrasis y citas sacadas de la «Introducción» de una edición en dos volúmenes de Estebanillo González, preparada por Nicholas Spadaccini y yo, y publicada por Clásicos Castalia, 1978. Intentamos demostrar, contra las corrientes predominantes del hispanismo, que, dándose la culminación del género picaresco en España y resumiéndose en *Estebanillo* todos los motivos típicos del género, esta obra es el mejor pretexto para un replanteamiento de los problemas estructurales, temáticos e históricos de la novela picaresca. Véase la ponencia de Spadaccini en esta colección, «Las vidas picarescas en *Estebanillo González*».

VI

Conclusiones

Al intentar hacer historia literaria de la picaresca en general o de las novelas picarescas en particular hay que tener cuidado de no dar la impresión de que las narraciones mencionadas se han sucedido unas a otras de forma predestinada. No. Cada novela propone una solución al problema de la delincuencia que es muy de su tiempo. El conjunto de procedimientos y temas de las picarescas españolas no fue nunca completamente reemplazado por otro sistema, pero dentro del conjunto y según las tendencias o los gustos del país determinado y las ideologías del tiempo se cambiaban los contenidos, las perspectivas, las actitudes y las ideologías. De hecho, al señalar ciertas semejanzas en las estructuras de distintas novelas picarecas españolas o europeas y de distintas autobiografías de criminales queremos enfatizar las diferencias —a veces radicales— entre ellas. Porque no se trata sino de unas cuarenta obras muy distintas, «aunque tengan elementos formales parecidos» [58].

Dentro de este esquema podríamos generalizar algo sobre las tres novelas españolas brevemente interpretadas, partiendo de los argumentos de Pierre Vilar:

> La historia del Siglo de Oro español es un *apogeo del irrealismo* que corresponde perfectamente a los fundamentos cada vez menos realistas de la economía y de las relaciones sociales, en una España que se había tornado parasitaria y anacrónica [59].

Pero dentro de los distintos momentos históricos de este imperio, en su decadencia, hubo quienes tenían los medios de propagar varias ideologías sobre la pureza, los idealismos, el patriotismo, la gloria nacional, el honor, la nobleza de espíritu y el valor del mundo espiritual. En el *Lazarillo* de 1554, el imperio se presenta como algo más de la apariencia que de realidad —por lo menos era una hipocresía para los pobres—. El autor de *Lazarillo* ironizó la dualidad tra-

---

[58] Véase la discusión metodológica sobre el estudio de la novela picaresca de E. Tierno Galván, ob. cit., pp. 11-16. Compartimos sobre todo su cuestionamiento general de varios planteamientos que no logran distinguir entre una obra y otra:
«Sin embargo, para el lector que lee las distintas novelas picarescas españolas, y sus precedentes inmediatos, con menor rigidez que la que suele imponer la tradición académica y la idea de la evolución de estas novelas en cuanto partes de un género literario, hay lago de perturbador e incompleto en la idea de un género o subgénero entre cuyas partes las diferencias son fundamentales e incuestionables, lo mismo que su evolución» (p. 11).

[59] Ob. cit., p. 21.

dicional entre «ser-parecer». En el *Buscón* de 1604-1626, el éxito socio-económico era todo apariencia y la sociedad española se presenta externamente como algo grotesco. Lo grotesco *es* la realidad. Quevedo, muy conservador ante las pujanzas de cambio socio-económico, exacerbó la dualidad de «ser-parecer» sin ironías, oponiéndose a los esfuerzos de mejoramiento social (como también se opuso al comercio) por defender la tranquilidad interna de los estoicos. En el *Estebanillo* de 1647 ya no quedan ni siquiera los esfuerzos de pretender: las apariencias terribles y burlescas *son* la única realidad. Se ha eliminado del todo la dualidad «ser-aperecer», por ser más bien juego de los ricos. Así, puede afirmarse que cada novela, en su manera formal y en su tiempo, fue una crítica y, al mismo tiempo, una reflexión o testimonio de dicho irrealismo.

Ahora bien, la influencia de *Lazarillo de Tormes* y sus seguidores se dejó sentir amplia y profundamente fuera de España. Sin un conocimiento de la picaresca española es difícil comprender ciertas cosas que han ocurrido después en Alemania, Francia, Inglaterra y, en nuestros días, en Estados Unidos. La picaresca española es el eslabón, de índole secular, entre las confesiones medievales y las autobiografías de criminales. Claro, que en una introducción esquemática como ésta, sin los análisis de los textos mismos, no hemos podido sino sugerir estos lazos y proponer una posterior profundización en la estructura de las novelas picarescas y, mediante ella, en la ideología de cada obra.

Aquí sólo hemos propuesto explorar brevemente el juego narrativo, sutilmente planteado por Cervantes, de una «vida» picaresca como historia y como ficción; partiendo de esta doble perspectiva, hemos investigado las implicaciones sociológicas y literarias de varias *vidas* picarescas de España, Europa y los Estados Unidos. Este breve estudio no pretende presentar sino, de un modo esquemático, algunos resultados preliminares de un largo estudio en inglés que se fundamenta en un análisis cuidadoso de unas cuarenta obras. Nuestro propósito es concentrarnos únicamente en los problemas históricos de la «estructura» de las autobiografías picarescas, sean de ficción o auténticas. Sobre todo, al aercarnos a ciertos elementos claves de la llamada «estructura verbal» de algunas de las famosas novelas picarescas de España y Europa, hemos tenido presente dos importantes *vacíos:* primero, en cuanto a la diciplina de la crítica literaria, todavía hace falta precisar la aportación de las novelas picarescas españolas a la historia del género; segundo, en cuanto a la disciplina de la sociología, falta una historia de delincuentes o criminales. Tanto las humanidades como las ciencias sociales han desconfiado unas de otras en un tópico donde la colaboración podría dar resultados indispensables para el estudio de ficciones y de problemas históricos.

De hecho, la crítica comparatista ha tendido a ser positivista o formalista; raras veces ha sido histórica. Muchos críticos piensan que las novelas picarescas son autónomas, que no son sino un conjunto de procedimientos y convencionalismos y que el talento del escritor particular les da, en cada ocasión particular, un significado «trascendental», pero intemporal, es decir, «ahistórico». Una concepción de la historia general de la delincuencia, tal y como la hemos esbozado, hace que nos rebelemos contra esta segregación de cada novela picaresca con respecto a los criminales y a sus sociedades.

Un examen típico de las novelas picarescas, por ejemplo, excluye a menudo una interpretación del género picaresco en sus aspectos sociales, económicos y políticos. Se suele concentrar más en una historia de ideas o, en unas metodologías empíricas, con varios aspectos formales como «acción», «estilo», «punto de vista», «visión», «antiheroísmo», etc. Las ficciones picarescas merecen, claro, estudios cuidadosos de los varios aspectos de su etructura. Pero merecen más, como por ejemplo estudios históricos para poder precisar su papel en la historia de la delincuencia. Y es que las novelas picarescas, estudiadas dentro de su estructura autobiográfica, son testimonio de las pujanzas y de las crisis de unas sociedades que siempre tuvieron que afrontar graves casos de delincuencia.

EL PICARO, AMBIENTE SOCIAL, CRIMINOLOGIA
Y DERECHO PENAL

José Sánchez-Boudy
*University of North Carolina
at Greensboro*

Vamos a hablar del pícaro a la luz del Derecho Penal y de la Criminología. Vamos a echar mano, para hacerle la disección, a la psicología penal.

No hay duda de que el pícaro es un tipo especial, único en la sociedad española en que vive. Lope de Vega, en un soneto citado por Francisco Rico y José Manuel Blecua dice [1]:

> ¡Ay dichosa picardía!
> Comer provechoso en pie.
> ¿Cuándo un pícaro se ve
> que muera de perplejía?
> A dormir gustoso y llano,
> sin cuidado y sin gobierno,
> en la cocina el invierno
> y en las parras el verano.
> Vida de rey fuera risa
> con esta vida ligera
> si un pícaro se pusiera
> cada día una camisa.

Los mismos autores incluyen en su estudio el siguiente:

> ¡Oh pícaros cofrades, quien pudiese
> sentarse cual vosotros en la calle
> sin que a menos valer se le tuviese!
> ¡Quién pudiese vestir a vuestro talle,

---

[1] *La novela picaresca española*, Barcelona, Editorial Planeta, 1967, páginas CXXIV. Edición de Francisco Rico.

desbrochado el cuello y sin pretina
y el corto tiempo a mi sabor gozalle!
... ¡Oh pícaros, amigos deshonrados,
cofrades del placer y de la anchura
que libertad llamaron los pasados!
... Oh vida picaril, trato picaño,
confieso mi pecado: diera un dedo
por ser de los sentados en tu escaño [2].

Como se observa, hay un sector de la vida española del día, el de
los intelectuales, que acepta socialmente al pícaro. Ve, en él, una representación de la arcadia, del hombre que en estado de naturaleza
puede vivir feliz, apartado del mundanal ruido. El pícaro, y permí-
taseme esta disgresión, es la forma grosera de los pastores que junto
a los ríos son los prototipos de la novela pastoril; de aquellos que
encuentra el Quijote al retirarse derrotado al lar para morir más tarde. El, el pícaro, constituye, en cierto sentido, ese deseo perenne
del ser humano de buscar una paz fuera de las coacciones de la sociedad.

Claro que el pícaro, como tipo vulgar de ese anhelo, no es feliz:
el hambre lo espolea [3]. La intención de Lope, la de *El villano en su
rincón* es clara: no se puede vivir fuera de la sociedad. Por eso sufre
el pícaro. Por eso nos dice Lope, sería feliz, si se pusiera cada día
una camisa.

Pero si éste era el concepto de un grupo social minoritario, tenemos que ver qué opinión tenía de sí mismo el pícaro. En *El Lazarillo
de Tormes,* ya terminando la obra, leemos: «Señor —le dije—, yo determiné de arrimarme a los buenos» [4]. Y aunque Mateo Alemán escribe: «no hay estado más dilatado que el de los pícaros (ganapanes),
porque todos dan en serlo y se precian dello llega la desventura de
hacer de las infamias bizarrías y de las bajezas honras» [5]. Llamo la
atención sobre que el pícaro es «un desventurado», «un ganapán», es
decir, alguien que tiene que luchar denodadamente con la vida para
poder vivir. Y para poder existir creer que las infamias son bizarrías

_____

[2] *La novela picaresca española,* Editorial Planeta, 1967, página CXXV. Edición de Francisco Rico.
[3] En contra de la existencia del hambre en la sociedad española del tiempo
de las novelas picarescas, léase a Angel González Palencia, *Del Lazarillo a
Quevedo,* «Leyendo al Lazarillo», Madrid, 1946, págs. 33, 34 y 35. El autor
cree que no existía el hambre en la sociedad española. Piensa que era plétora.
Sobre el hambre desde el punto de vista penal debe leerse la clásica obra
de Luis Jiménez de Asúa que no hemos podido conseguir aquí; es un estudio
jurídico y literario. Miguel Herrero y García en *Ideas de los españoles del
siglo XVIII,* Madrid, Biblioteca Románica Hispánica, Gredos, 1966, págs. 28 y
siguientes da un cuadro muy completo de lo que era la depauperación material de España durante el cielo de la novela picaresca. Véase, además, R. TRE-
VOR DAVIS, *The Golden Century of Spain,* London, 1954. Póngase énfasis en
el capítulo VII. Véase, asimismo, NOEL SALOMÓN, *La vida rural castellana en
tiempos de Felipe II,* Barcelona, Editorial Planeta, 1973. Sobre la horrible miseria en el campo, léanse las págs. 271 y siguientes.
[4] Edición de «The Laurel Language Library», New York, 1966, pág. 105.

y las bajezas honras [5]. Llamo la atención sobre el hecho de que en el pícaro hay virtud: «Que aún en el pícaro hay virtud» [6], señala Guzmán. Es decir, que si aplicamos aquí la doctrina del inglés Maudsley, llegaremos a la conclusión de que el pícaro está en la frontera —borderland de Maudsley— entre la virtud y la delincuencia, y que es la vida la que lo llevará hacia un extremo o hacia el otro. Psicológicamente hablando, pues, desde el punto de vista de la psicología penal ésta que digo es la composición del pícaro: la de la frontera [7].

Pero antes de proseguir hay que ver de qué cantera nace. Constituye el pícaro un producto típico de la sociedad española del siglo XVI y XVII. Y lejos de ser en su conducta un inadaptado o un rebelde social es un adaptado a la forma de hacer de un conglomerado humano en el que privaban unas características especiales: el despego al trabajo y el amor a la aventura. Ambos consecuencia de ideales trascendentes de la vida, aunque luzca paradójico.

En efecto, el hacer español no se halla dentro de las fronteras de la provincia, sino allende ellas. Es el momento supremo de la gloria imperecedera de España, aquel en que sus tercios tejen, hacen, según el Gran Capitán, en el saco de Roma la historia con la espada, y sus hombres se vuelcan en un Mundo Nuevo que hay que evangelizar.

El desprecio al trabajo y la aventura son pues consecuencias del ideal heroico de la existencia. Es un ideal teñido por una religiosidad que se convierte en misticismo —unión con Dios—, vaciada ésta en el individuo como pivote del universo. Es decir, una fusión del Medievo y del Renacimiento. Una fusión que sólo se logra en la Madre Patria [8]. Esta unión se da parpablemente en Guzmán de Alfarache; en la obra que mejor se dibuja la figura del pícaro.

Del pícaro, que, a diferencia del Lazarillo de Tormes, se ha degradado. Del que sabe en el vertedero en que está sumido. Del que tiene realidad de su caída, de su degradación. Del que pone como ejemplo su vida y moraliza al mismo tiempo para advertir de que no se debe hacer lo que él ejecuta. Muy distinto de Lázaro, el pícaro infeliz y trotamundos. Al que atosiga el hambre. El que no ha caído en las garars de la delincuencia porque sus infracciones penales, como las del hurto de los bodigos de pan, nacen de un estado de necesidad, circunstancia eximente en los códigos penales del mundo. Lázaro es un hombre bueno. Un pobre que muere de hambre. Un prototipo de la caridad cristiana.

Guzmán de Alfarache es el pícaro que está en ese «borderland», frontera de la que he hablado antes. Pues bien, con él, con el Lazarillo, con Pablos y con Estebanillo seguiremos indicando como esto es

---

5 *La novela picaresca española*, Barcelona, Editorial Planeta, 1967, Edición Francisco Rico, pág. CXXLV.

6 *La novela picaresca española*, obra citada, pág. 268.

7 Véase V. BERNARDO DE QUIRÓS, *Modern Theories of Criminality*, Boston, 1911, pág. 8.

8 Para datos muy interesantes sobre esto y un buen delineamiento del siglo XVL, ver a Antonio IGUAL UBEDA, *El imperio español*, Barcelona, 1954, capítulo III, «La cultural española en el siglo XVI».

cierto, cómo el pícaro no es un delincuente. No nos afincamos en otras obras por entender que sus héroes no son verdaderamente pícaros, como es el caso, por citar sólo dos, de *La garduña de Sevilla* o *La desorbitada codicia de los bienes ajenos.* Y hasta *Rinconete y Cortadillo,* estudio cervantino de las asociaciones criminales.

Pero volvamos a la simbiosis que traté líneas arriba: la del ideal heroico y la religiosidad. Ella se ve palpitante en Guzmán de Alfarache. El lo mueve todo en el libro: el deseo de buscar nuevos horizontes, de regalarse con ciudades nuevas. Allá va con los soldados hacia Italia. Movido, pues, por la aventura [9]. Dechado de individualismo: él es el centro del libro. La vida gira alrededor de él. La sociedad española, la que Mateo Alemán pinta en tono delincuencial, no se nos da como recurso accesorio en la obra, sino partiendo de la figura de Guzmán, el relación con él. Me basta sólo citar un caso típico: el del derecho. La fuerte crítica que en el volumen se le hace a las normas jurídicas, que en materia de contratación regían en la Madre Patria, parten de Guzmán. La vida en galeras se pivotea sobre él. Es más, las ciudades son vistas a través de su ojos y vagabundeo. Y él llenándose de alegría vital. Una alegría vital que es plenamente renacentista. Y él moralizando y teniendo su pensamiento en Dios. Medievo puro. Se da, pues, en el pícaro la fusión mentada *la que lo hace un adaptado a la sociedad en que vive.*

La fragua de que brota el pícaro, debido a esos valores españoles, ya lo podemos ver. Como consecuencia de ellos, llegan a la corte de todas partes aventureros y soldados. Pululan por todo el país. Hablan de grandes hazañas. De fortunas rápidas. De episodios que exaltan la imaginación. Son aventureros unos —otros sin esta veta— que no pueden sustraerse a los valores que los mueven y aspiran a pasar a Flandes, a Italia, de soldados; a las Indias.

Se forma así una gama de desocupados que encajan, como anillo al dedo, en un extracto social donde lo que se fomenta no es la burguesía, sino todo lo contrario: salvar el alma —Medievo— y pasar a la posteridad en manos de la fama —Renacentista—. Es verdad que se busca la fortuna, pero no la que nace del hoy para el mañana, sino la que hay que hacer jugándose la vida en guerras y en tierras cuyas dimensiones colosales, cuyo misterio, aterran.

De esta caterva de desocupados que fomenta, vuelvo a repetir, paradójicamente, el ideal caballeresco de la vida, surge el pícaro. El pícaro que tiene que buscar con la argucia su diario sustento, luchar con la vida. Que sólo puede encontrar el pan sirviendo a los poderosos o trasgrediendo la ley por la carencia de una base burguesa. Por la carencia de trabajo en la sociedad española.

Tengamos en cuenta, además, para entender al pícaro otra vertiente: el conglomerado social en el que él se desenvuelve está co-

---

[9] A la sazón dice Cervantes en *Rinconete y Cortadillo:* «¿De qué tierra es vuesa merced, señor gentilhombre, y para adonde buena camina? —Mi tierra, señor caballero —respondió el preguntado—, no la sé, ni para donde camina tampoco..., el camino que llevo es a la ventura» (edición *Clásicos Castellanos,* tomo 1, Madrid, 1938, pág. 136).

rrupto hasta los tuétanos. Sometido, además, a la pérdida de sustentación a las clases sociales. Por eso tenemos al hidalgo aferrado a un pasado que se va. Y a la nobleza cargando despiadamente contra una naciente «burguesía del campo» —término acuñado por Noel Salomón [10]— y un descontento campesino. Villalar será la salvación de la sangre azul y actuará como freno del desequilibrio social. Lo mismo hará la derrota aragonesa —en otro terreno, en el político—, a manos de Felipe II cuando el episodio de Antonio Pérez.

Unase a lo anterior una nación empobrecida porque el esfuerzo que hace va más allá de sus fuerzas [11]. ¿No es el Licenciado Vidriera, de Cervantes, una muestra inequívoca de lo frágil que era la Península, que con sólo tocarla se desmoronaba? Un esfuerzo, machaco, que iba más allá de sus fuerzas y que obliga a la sangría interna en hombres y recursos y a empeñar el oro que viene de América a los banqueros italianos y alemanes —los Fucar en este último caso— para poder mantener la conquista y civilizar a América; para poder alcanzar el sueño de Dante de una monarquía universal. El sueño medievalista asentado en Hispania.

Todo esto, usando un pensamiento del criminalista francés Laccasagne el caldo de cultivo del pícaro.

Claro está que, además, en el pícaro influye el ambiente hogareño en que ha nacido. El caso de Lázaro es harto elocuente. Viene de la más abyecta pobreza; de una familia donde el padre es un ladrón y la madre una inmoral que para comer se «arrancha» con un negro. Guzmán sintetizó todo esto, esta atmósfera, en unas acibaradas palabras: «Como siempre me crié sujeto a bajezas y estuve acostumbrado a oír afrentas, niño y mozo; también se me hacían fáciles de llevar cuando era hombre» [12].

Hemos dicho que el pícaro no es un delincuente desde el punto de vista anímico. Lo es como transgresor de la ley. El pícaro no es el vulgar ladrón, ni el asaltante de caminos, ni el asesino, ni el que espera en una esquina para darle una cuchillada a alguien para robarle. En Pablos, cuando esto sucede es porque él y sus compañeros están bajo los efectos de las muchas azumbres de vino. El pícaro, por el contrario, es un hombre con conciencia. Con conciencia de su propia caída. Con conciencia de que lo que hace transgrede las leyes humanas y las de Dios. Sobre todos las de Dios. Por eso el Guzmán de Alfarache además de un catálogo de aventuras es un manual de

10 NOEL SALOMÓN, O. c., págs. señaladas.
11 Además de lo citado en la nota 3, léase el estupendo libro de Ricardo del Arco y Garay, *La sociedad española en las obras de Cervantes*, Madrid, 1951. Véase, por ejemplo, la pág. 128: «La situación de España cuando apareció el Quijote no era, en verdad, halagüeña. Cervantes la abarcó de una mirada, y virtió sus observaciones no sólo en su inmortal novela, sino en el resto de su producción... A pesar de los galeones de América, que no alcanzaban a remediar con sus barras de oro, las necesidades públicas o privadas, la pobreza se enseñoreaba en el territorio de la provincia.»
12 Véase el libro citado en la nota 5, pág. 853.

buenas costumbres. Guzmán nos sermonea continuamente y nos dice a dónde lleva el no andar por el camino recto.

Ha demostrado la antropología criminal a partir de los estudios de Lombros,o ha aceptado, entre otros, el gran criminólogo francés Tarde, que el delincuente carece de conciencia. Hay en él lo que se llama la «insensiblidad moral» [13]. No es el pícaro, el Guzmán mirando hacia el más allá, dándose cuenta de que su degradación ha llegado al máximo cuando permite que su mujer viva con hombres y que el disfrute de las pingües ganancias que tal comercio carnal conlleva. No es Pablos que no puede soportar la presencia de su tío y de sus compañeros: el verdugo y los otros; de una degradación moral total; de un abyectismo de sumidero.

¡Qué episodios más formidables para distinguir entre el pícaro y el ladrón que el de las galeras! Qué mejor contraste que el que existe, en ellas, entre Guzmán y Soto, su compañero de cautiverio. Mientras éste sigue amarrado al duro remo y no piensa más que en el robo y en la venganza, hay, en Guzmán, un sentimiento de su personalidad humana —el mismo que tuvo cuando los parientes lo maltrataron— el que no existe en el delincuente habitual —y por eso pone en mañas todas sus picardías para gozar de la libertad—, anhelo que no se ve en el transgresor de la ley, ya endurecido por sus fechorías. Así lograr salir de aquel infierno tan bien relatado por el Dr. Gregorio Marañón en uno de sus libros. La gran ironía de todo esto, como para advertirnos Mateo Alemán que el pícaro es hijo de la mala fortuna y no de sus buenas obras, es que Guzmán resulta apaleado y castigado, casi hasta hacerle perder la vida, por un robo que él no cometió. Se me dirá que el Estebanillo no anda por los mismos caminos que Guzmán, o que Pablos o que Lázaro. Que no tiene conciencia. Es, según la opinión de Alexander Parker, en su libro *La literatura y el delincuente,* un caso completo de insensibilidad moral porque no le importan los horrores de la devastación de Alemania durante la guerra de los treinta años [14].

Es verdad que pocas veces, y ello de una manera muy sucinta, Estebanillo tiene destellos de una conciencia preocupada por el prójimo. Pero el argumento de ese crítico, del maestro Parker, a mi juicio no es valedero por varios motivos: en el libro del Estebanillo nadie presta la menor atención a la contienda. Ninguno de los personajes. No es meta del autor describirla ni hacer que sus creaciones se muevan por sentimientos relacionados con ella. No existe en el escenario donde mora el Estebanillo el mismo tipo de conciencia que encontramos en Lázaro o en Pablos. Estebanillo habita en un mundo insensibilizado por la muerte y la desgracia. La parca es cosa natural como la huesa. Hoy sucede lo mismo. Ahí están las fotografías en que hemos visto a miles de personas pasar sobre los cadáveres de sus vecinos sin apenas mirar para ellos. En ese sentido hay que

---

[13] Consúltese la obra citada de Constancio Bernaldo de Quirós, nota 7, página 17.

[14] Alexander A. PARKER, *Literatura and the Delinquent*, England, pág. 77.

interpretar el episodio del hospital cuando el Estebanillo González manda para el otro mundo a un soldado atacado de tercianas o cuando roba a un moribundo. Por otro lado, me pregunto yo: ¿la continua ingestión de vino por el héroe de esta novela que apostillamos no es una forma de acallar su conciencia; de adormecerse para no ver la realidad que le rodea?

De todos modos, en el Estebanillo tenemos ante nosotros el afán de aventura que mueve al pícaro y que no es más que el de la sociedad en que vive. Vemos que tiene que servir a los grandes para no morir de hambre. Y por primera vez la teoría del delincuente nato, no en la forma que al principio la delineó el sabio médico italiano Lombroso, sino en el sentido de que algunas personas nacen delincuentes, aparece formulada.

Nos dice el Estebanillo que él era pícaro por naturaleza: «llegó el día de la embarcación, y como mi natural, aunque era picaril, no se inclinaba a hurtos de importancia, sino a cosas rateras»[15].

¿No hay aquí, pregunto yo ahora, conciencia en este pícaro? ¿No es muestra de ello lo que a continuación copio?: «Pudo tanto conmigo el verdugo, que me obligó a hacer una vileza que jamás había pensado, ni pasado por mi imaginación»[16].

Logra España así adelantarse a Lombroso, a la teoría del delincuente nato, como con Huarte, el que expuso una teoría de los tumores del cuerpo; como son Cervantes, que describe por primera vez la tipología de los transgresores penales, tan en boga hoy en Italia y otros países.

Hasta nos da la Madre Patria, en el Guzmán de Alfarache, uno de los primeros atisbos psicológicos del delito. Con harta razón pudo escribr Alexander Parker lo siguiente: «Para Alemán, el pecado —o sea, la transgresión penal— se explica en relación con la teología moral, y este interés en la teología lo lleva a él a bucear en la psicología práctica ... En Quevedo, el análisis psicológico es mucho más importante ... él explora la influencia del ambiente en el desarrollo del carácter sin apelar a la teología»[17].

El pícaro pues, para concluir, el verdadero pícaro, no es un delincuente, sino un producto típico de la tierra española, un producto que brota de ideales sublimes; de ideales que, como paradoja, produjeron, sin embargo, la picaresca.

15 *La vida y hechos de Estebanillo González* compuesta por el mismo, Madrind, Espasa Calpe, 1946, Edición Clásicos Castellanos, pág. 110.
16 Obra citada en la nota 15, pág. 110.
17 Obra citada en la nota 14, pág. 73.

LA *RELACION DE LA CARCEL DE SEVILLA*

Jorge Urrutia
Universidad de Extremadura
Cáceres

Cuando se acepta acudir a un congreso es muy común proponer para la comunicación un título poco matizado. Mueve el deseo de no pillarse los dedos, según suele decirse, debido a que el trabajo está aún sin redactar. En mi caso, el título que anuncio —La *Relación de la cárcel de Sevilla*— es poco concreto, porque responde al carácter general de lo que sigue. La comunicación no se refiere a un aspecto conciso de una obra, sino a los distintos problemas que rodean un texto determinado. Se escribe con un afán informativo, más que elaborador de una teoría. Necesitaré repetir datos conocidos; pido perdón por ello, pero me resuta imprescindible, debido a que los datos que aporto son complementarios.

1

Ningún libro de conjunto sobre la novela picaresca estudia la *Relación de la cárcel de Sevilla,* de Cristóbal de Chaves, que nos ocupa. Se la cita en ocasiones, pero como texto documental que debieron de conocer los autores del Siglo de Oro[1]. Sin embargo, y pese a su torpe y desaliñada redacción, no es ajeno a Chaves el deseo de hacer literatura. La carta de Juan de Molina, por ejemplo, que se incluye al final de la segunda parte de la *Relación de la cárcel,* no parece ser transunto fiel de una carta preexistente, sino verdadera creación. Por otro lado, una lectura atenta de la *Relación de la cárcel* permite descubrir refranes, o construcciones paremiológicas, sabiamente incrustrados en la prosa:

---

[1] Alberto del Monte *(Itinerario de la novela picaresca española,* Barcelona, Lumen, 1971, p. 153), admite que evidencia *una sensibilidad picaresca.*

— *Suele ser el vino del alcaide y el agua del bodegonero.*
— *Los vivos para las galeras, y los muertos para la sepultura.*
— *A un pleito malo, por amigo el escribano.*
— *Yo favor y quien quisiere justicia.*

Estos y otros casos son prueba de que Cristóbal de Chaves no es un zafio, sino un hombre provisto de sensibilidad que —por razones desconocidas— no nos dejó de su descripción de la vida carcelaria sevillana sino una versión no elaborada [2].
Chaves no escribe en primera persona. Ya sabemos que la narración en primera no es característica esencial de la picaresca, aunque sí habitual. Además, dice Michel Butor: *Siempre que se ha intentado hacer pasar una ficción por documento (...) se ha utilizado con toda naturalidad la primera persona (...). Si se hubiese adoptado la tercera, automáticamente se hubiera suscitado la pregunta: «¿Cómo es posible que nadie sepa nada de eso?»* [3]. Pero Chaves no intenta hacer pasar una ficción por un documento; su texto *es* un documento. Se impone la tercera persona, que salva a la *Relación...* de la incongruencia tan habitual en la picaresca, que ya destacó el profesor Tierno Galván [4]: el pícaro es lo bastante culto para saber escribir su vida.
Sería muy fácil, para justificar la consideración que hago de la *Relación de la cárcel de Sevilla* como texto picaresco, relacionarla con algunas de las teorías expuestas por Alexander A. Parker [5], tan duramente criticadas por Fernando Lázaro [6]. Basta, sin embargo, con citar a Maurice Molho, cuando escribe: *No pasó mucho tiempo sin que se ampliase el significado original de la palabra y se aplicase por extensión a toda clase de personajes sospechosos, sin casa ni hogar, que la ociosidad, la pereza y el vicio llevaban a la delincuencia* [7].
Jacques Petit, en unas páginas inteligentes sobre la novela picaresca —aunque vista desde la literatura contemporánea—, su ponencia al coloquio de Estrasburgo de 1970, define lo picaresco por tres rasgos exteriores: un tono, un personaje, una estructura. *Le ton, amusé le plus souvent, peut aussi être grinçant, voire violent (...). Le personnage este mendiant, gueux, truand...; les circonstances ou -plus rarement— sa volonté expliquent cette situation «en marge».*

[2] Dámaso Alonso se queja de la *desmadejada narración* de Chaves, comparándola con otras de sus obras. Véase DÁMASO ALONSO, *Obras Completas*, t. III, Madrid, Gredos, 1974, pp. 966 y 967.
[3] MICHEL BUTOR, *Sobre Literatura II*, Barcelona, Seix-Barral, 1976; artículo comprendido entre las pp. 77 y 91.
[4] ENRIQUE TIERNO GALVÁN, *Sobre la novela picaresca y otros escritos*, Madrid, Tecnos, 1974, p. 27.
[5] ALEXANDER A. PARKER, *Los pícaros en la literatura. La novela picaresca en Europa (1599-1753)*, Madrid, Gredos, 1971.
[6] Véase FERNANDO LÁZARO CARRETER, *Estilo barroco y personalidad creadora*, Madrid, Cátedra, 1974, pp. 99-128.
[7] MAURICE MOLHO, *Introducción al pensamiento picaresco*, Salamanca, Anaya, 1972, p. 15.

Une succession, théoriquement indéfinie, d'épisodes, l'absence de dévouement véritable déterminent enfin une structure ouverte, apparemment lâche, qui se traduit fréquement dans l'image d'un voyage[8].

La *Relación*... se amolda perfectamente, por su tono, sus personajes y su estructura, a esa definición de novela picaresca. Ya me he referido a los personajes al citar el tema de la delincuencia. El tono es divertido, pero, también, crítico, desde el momento en que la organización de la cárcel es fruto de una transculturización de la ideología exterior. La estructura es, claramente, una sucesión de episocios y carece de final. Como tantos novelistas picarescos, Chaves promete, al final de la primera parte, una continuación: *quisiera no dejarlo aquí: pero cuando el ocupado oficio me diere más lugar, comenzaré otro cuaderno*... Al acabar la segunda parte promete un vocabulario que, al fin y al cabo, es un modo de seguir con la *Relación*... Y, nuevo rasgo picaresco —en este caso externo— un autor distinto escribe una Tercera Parte.

II

Todos los estudiosos conocen el texto que publicara Aureliano Fernández Guerra en la revista «moral, política y literaria intitulada *La Concordia*»[9], y luego incluido en el apéndice «Noticia de un precioso códice de Cetina, Cervantes y Quevedo» que, el citado Fernández Guerra, añadiera al tomo primero del *Ensayo de una biblioteca de libros raros y curiosos formado con los apuntamientos de \Don Bartolomé José Gallardo*[10]. Según Aureliano Fernández Guerra, dicho códice está registrado en la famosa biblioteca de Sevilla con la marca A^2-141-4 y contiene trece opúsculos; en último lugar figura la *Relación de la cárcel de Sevilla*, ocupando desde la página 146 a la 177[11]. Tales datos sigue dándolos por buenos Homero Serís en su *Bibliografía de la lingüística española*[12], sin embargo, la signatura actual es 82-3-38.

Que no se trata de un manuscrito único es fácil de saber, puesto que Carlos Petit Caro, en su trabajo «La Cárcel Real de Sevilla-Estudio histórico», publicado en la revista *Archivo Hispalense*[13], escribe: *Existen ejemplares manuscritos de la misma* [*(sic.)*; *se refiere a*

---

8 Jacques Petit, «Permanence et renouveau du picaresque», en *Positions et oppositions sur le roman contemporain. Actes du colloque de Strasbourg*, París, Klincksieck, 1971, pp. 45-46.

9 Francisco Rodríguez Marín, *El Loaysa de «El Celoso Extremeño»* (Estudio histórico-literario), Sevilla, Tipografía de Francisco de P. Díaz, 1901, p. 173, n. 31.

10 Madrid, 1863. Hay edición facsímil, Madrid, Gredos, 1968.

11 *Ensayo de una biblioteca*..., nota en la columna 1341.

12 Bogotá, Publicaciones del Instituto Caro y Cuervo, 1964, p. 636, núm. 14.593.

13 Segunda época, año 1945, t. IV, núm. 9-10-11 y núm. 12. La cita que sigue es de las pp. 317 y 318 del núm. 9-10-11.

la *Relación...*] *en la Biblioteca Capitular y Colombina y en la Municipal, en la colección del Conde de Aguila.* Este segundo manuscrito es seguido por Pedro Herrera Puga en su libro *Sociedad y delincuencia en el Siglo de Oro,* que publicase la Universidad de Granada en 1971 [14].

Conversaciones con los profesores Ricardo Senabre y Fernando Lázaro Carreter me pusieron sobre la pista de un tercer manuscrito. Este se conserva en la biblioteca madrileña de don Antonio Rodríguez-Moñino, que cuida amorosamente su viuda, doña María Brey. Ese manuscrito está incluido en el tomo Papeles Varios del XVII, de 22×16 cms., encuadernado en piel verde con ribetes dorados y signatura E-39-6635. El tomo contiene diversos manuscritos eclesiásticos, generalmente de Badajoz, los fueros de dicha ciudad promulgados por Alfonso XI, una copia del testamento de Felipe II y las ordenanzas de Epicuro en verso, entre otros textos. El manuscrito que nos interesa ahora ocupa las hojas 219 a 237, escritas por ambas caras, y está incompleto, según luego diré. Le sigue un documento de catorce hojas sin numerar, al que le falta el comienzo.

Aún puede hablarse de un cuarto manuscrito, guardado como el primero en la Biblioteca Colombina, signatura 83-7-14. Prácticamente carece de variantes con respecto al descrito por Fernández Guerra, aunque difieran en el tamaño de las hojas y en la paginación. No me detengo más en él —en esta ocasión—, pero no puedo dejar de agradecer los buenos oficios del archivero sevillano don Pedro Rubio, que tan útiles me han sido.

De los manuscritos que conozco, sólo los dos de la Biblioteca Colombina, titulados simplemente *Relación de la Cárcel de Sevilla,* poseen un texto en tres partes. El del Archivo Municipal sevillano titulado *Relación de las Cosas de la Carzel de Sevilla y su trato,* sólo posee dos. En cuanto al de Rodríguez-Moñino, el de escritura más antigua —principios del siglo XVII— ya indica en su título la existencia de una continuación de distinto autor: *Relación de las cosas de la carcel de Sebilla hecha por Christobal de Chabes y añadida por un preso viejo de la dicha carçel. Para un curioso que la pidio al dicho Christobal de Chabes.* Lamentablemente, este manuscrito está incompleto y presenta truncada la segunda parte.

Rodríguez Marín afirma que la *Relación...* fue compuesta por Chaves *hacia el año de 1599, y de seguro después de 1596* [15]. Aureliano Fernández Guerra aseguró que no se pudo escribir *antes de 1585, puesto que menciona la cofradía de la Visitación de Nuestra Señora, instituida en la cárcel real precisamente aquel año* [16]. Pero Rodríguez Marín observa que el Licenciado Pedro de Velardo, que se cita en la

---

[14] En la página 41 se lee: *La copia consultada pertenece al Archivo Municipal de Sevilla, correspondiente a los números 6 y 7 del Ms. del Conde del Agula.* Existe otra ed. de 1974, en la BAC.

[15] *«Rinconete y Cortadillo», novela de Miguel de Cervantes Saavedra,* Sevilla, Imprenta de Francisco P. Díaz, 1905, p. 207.

[16] Véase nota 11.

segunda parte de la *Relación...* como Alcalde de la Justicia de Sevilla, desempeñaba ese cargo en 1593 y todavía en 1596. Como se le cita en pasado *(Alcalde de la Justicia que fue de esta Ciudad),* Chaves no podría haber escrito antes de 1596.

Sin embargo, el manuscrito existente en el Archivo Municipal de Sevilla termina la primera parte con la siguiente anotación: *Fin del primer tratado de la cárcel corregido por Chaves en Sevilla año de 1591.* Y la segunda parte, en ese mismo manuscrito, se titula: *Ensanche de la segunda parte de las cosas que passan en la Carcel reducido por Chaves vecino de Sevilla - 1592.* ¿Quién tiene razón, Rodríguez Marín exigiendo una fecha posterior a 1596, o el manuscrito fechado en los años 1591 y 1592?

No he podido encontrar datos sobre un licenciado, Pedro de Velardo, anterior a 1593, pero debió de existir, si es autor de las obras que se le atribuyen en la *Relación...:* la construcción en la cárcel de unos aposentos para criminales. El Archivo Histórico Nacional conserva una información de cárceles encargada a fines del siglo XVII. En ella se incluyen los planos de la de Sevilla, acompañados de comentarios. Unos y otros los ha estudiado Francisco Iñiguez, arquitecto y Comisario General del Patrimonio Artístico, en un artículo de 1948, llegando a la conclusión de que *no hay el menor indicio de obra ninguna luego de la (...) de 1569* [17]. El edificio se había construido en 1418 y se reformó en 1569; después no volvió a tocarse, según se desprende de los planes e informes de finales del XVII. Por tanto, puede dudarse seriamente de la opinión de Rodríguez Marín, comprobar el buen sentido de Fernández Guerra, que consideraba el texto como posterior a 1585, y admitir las fechas de 1591 y 1592 para la escritura de la primera y la segunda partes de la *Relación de la Cárcel de Sevilla.*

III

Aureliano Fernández Guerra afirma que de las dos primeras partes de la *Relación...* fue autor *el discreto abogado en la Real Audiencia sevillana Cristóbal de Chaves.* No explica cómo llega a tal deducción, aunque debe basarse simplemente en que la tercera parte se titula *Tercera parte de las cosas de la cárcel de Sevilla, añadida a la que hizo Cristóbal de Chaves.* Nadie parece haber dudado de tal atribución. Francisco Rodríguez Marín la admite en *El Loaysa del «Celoso Extremeño»* [18] y estudia la personalidad de Chaves en su *«Rinconete y Cortadillo, novela de Miguel de Cervantes Saavedra»,* famosa edición de la novela ejemplar.

Para Rodríguez Marín, Chaves no era abogado, sino procura-

---

[17] FRANCISCO IÑIGUEZ, «La cárcel de Sevilla», en *Revista bibliográfica y documental,* t. II, 1948, fascículos 1-2, pp. 159-165. La cita es de la última página.

[18] *Ibid.,* p. 154, n. 80 y p. 172.

dor [19], y fue el autor del *Entremés de la Cárcel de Sevilla*, que Fernández Guerra atribuía a Cervantes, del *Entremés de las grandezas de Sevilla* [20], hoy perdido, de los seis romances de germanía publicados por Juan Hidalgo y del vocabulario de germanía que los sigue [21]. En esto último ya pensaba el famoso erudito sevillano el 15 de marzo de 1905, según demuestra una carta que, con esa fecha, envió a Marcelino Menéndez Pelayo [22].

No es que Rodríguez Marín crea que Chaves y Juan Hidalgo fuesen la misma persona. Según él, Hidalgo era un mercader de Sonseca establecido en Sevilla que compró los textos de Chaves y los publicó con su nombre. *La razón por que hizo imprimir el librito en Barcelona —dice Rodríguez Marín—, y no en Sevilla, es por demás obvia: en Sevilla, donde algunos curiosos conocían las composiciones y el «Vocabulario» de Chaves, se hubiera hecho muy público y escandaloso el gatuperio, mayormente, cuando no diputaban a Juan Hidalgo por nada poeta ni afecto a la germanía; no así imprimiéndose lejos la obrita y cuidando éste, como dueño de la edición, de que no fueran ejemplares, o fueran harto pocos, a la noble ciudad del Guadalquivir* [23].

Mientras la investigación no nos proporcione nuevos datos, tenemos que mantener el nombre de Chaves como el del autor de la *Relación...* Y poco se opone a que fuese procurador quien la escribiera.

Bien es verdad que de un párrafo de la propia *Relación...* podría deducirse un ataque a la labor de los procuradores: *Antes que amanece hay muchos procuradores que llaman de abajo, que entran en la cárcel a saber los presos que han entrado de noche. Y hay un lenguaje entre ellos extraño: «¿Acá está vuesamerced?» (y no lo conocen) «Pues ¿por qué, señor?» —Por esto, por esto. —«Ríase vuesa merced de eso: calle, dé acá dineros, que yo lo soltaré luego. El escribano y el juez son mis amigos, y no hacen más de lo que yo quiero.» Y si vino con muger, dice: «Yo voy a hablar a la señora.» Y sobre esto se dan puñadas unos con otros, y acaece venirlo a hacer otro. Los que más hacen esto son unos que llaman zánganos, que tienen título* [24]. Es de notar que Chaves matiza: son procuradores de abajo. Y, para aclararlo todo, téngase en cuenta que en el manuscrito manejado por Fernández Guerra hay una errata: el olvido de la

---

[19] *Ibid.*, p. 207.
[20] *Ibid.*, p. 208, n. 112.
[21] *Ibid.*, p. 214.
[22] *... algo de Cristóbal de Chaves y de Juan Hidalgo, el primero de los cuales es el autor del «Entremés de la Cárcel de Sevilla», y creo que también de los «seis romances» y del «Vocabulario» que Hidalgo publicó...*, dice RODRÍGUEZ MARÍN, en *Epistolario de Menéndez Pelayo y Rodríguez Marín (1891-1912)* publicado con algunas breves notas por este último, Madrid, C. Bermejo, Impresor, 1935, p. 267.
[23] RODRÍGUEZ MARÍN, *«Rinconete y Cortadillo»...*, p. 219.
[24] Cito siempre, para facilitar la consulta, por el *Ensayo de una biblioteca...;* columnas 1348 y 1349.

partícula negativa. La frase final de la cita debe ser: *Los que más hacen esto son unos que llaman zánganos, que no tienen título.* Es lo que resulta del cotejo de los manuscritos.

Rodríguez Marín utiliza documentos que demuestran la existencia de un procurador de número de la ciudad de Sevilla, llamado Cristóbal de Chaves, entre 1592 y 1598 [25]. El erudito sevillano, aunque utiliza en otras ocasiones la *Segunda parte del Compendio de las cosas tocantes al ministerio de las Cárceles,* del padre jesuita Pedro de León, no recuerda que en ella se dice que existe una *vida de la Cárcel que escribió de mano un Cristóbal de Chaves, Procurador de esta Real Audiencia* [26].

Diré de pasada que el padre León no es muy digno de crédito (aunque sí en lo que se refiere a la profesión de Chaves), pues asegura que *habiéndolo yo buscado varias veces* [el texto de la *Relación...*] *para esta segunda parte del Compendio (...) no lo he hallado.* Sin embargo, su Compendio es, en gran medida, un plagio descarado de Cristóbal de Chaves. Un ejemplo al azar:

Se lee en la *Relación...*

Tiene la cárcel cuatro tabernas y bodegones a 14 y 15 reales cada día; y suele ser el vino del alcaide, y el agua del bodegonero, porque hay siempre baptismo [27].

Escribe el padre León:

Hay cuatro tabernas y bodegones arrendados a catorce y a quince reales cada día, y suele ser el vino del alcaide y el agua del tabernero, porque nunca faltan baptismos prohibidos en toda ley [28].

---

25 «*Rinconete y Cortadillo*»..., p. 216.

26 Dice Rodríguez Marín: *Para cuanto digo y haya de decir de la Cárcel Real de Sevilla, válgome preferentemente (...) de un manuscrito inédito, interesantísimo, que, para serlo todavía más que por asunto (...), está, por desdicha, incompleto. Es un volumen en 4.ª, con cubierta de pergamino; de mala letra, que me parece de la primera mitad del siglo XVIII, y copia (...). Posee este volumen el Excmo. Sr. Duque de T'Serclaes, en cuya riquísima librería lo he visto y extractado a todo mi sabor. Intitúlase: «Segunda parte del Compendio de las cosas tocantes al ministerio de las Cárceles», y formábala de una extensa obra que escribió el P. Pedro de León, jesuita, «carcelero», de la Casa profesa de Sevilla* (El Loaysa..., p. 173, n. 35).
El texto del padre León lo reproduce CARLOS PETIT CARO, en su artículo «La Cárcel Real de Sevilla», publicado en la *Revista Archivo Hispalense*, según ya dije; en el caso de la cita que dio pie a la nota, t. V, núm. 12, p. 55. Llama aún más la atención que el implacable investigador sevillano no citara al padre León, para confirmar que Chaves era procurador, al ver que en *El Loaysa...* (p. 172) tres líneas antes de la afirmación que obliga a la nota a pie de página sobre el padre León, de la que copio algunas líneas, Rodríguez Marín asegura que Chaves fue *abogado.*

27 *Ensayo de una biblioteca...,* columna 1344.

28 «La Cárcel Real de Sevilla», en *AH*, V, 12, p. 57.

Ni siquiera se ha molestado en cambiar el montante del alquiler que, suponemos, tendría que haber variado en los, al menos, once años que transcurren entre la escritura de uno y otro texto. La labor del padre León, con respecto a lo dejado por Chaves, consistió, fundamentalmente en reordenar el material anecdótico o descriptivo (reordenar e, incluso, ordenar, porque la *Relación*... carece de un mínimo eje conductor) y en añadir alguna corta historia desconocida por Chaves.

Retomando el hilo de la exposición, diré que son indudables las coincidencias existentes entre la *Relación*... y los seis romances de germanía que publicara Juan Hidalgo, pero no puede afirmarse, tan categóricamente como lo hiciera Rodríguez Marín, que son del mismo autor. Pudiera haberlos escrito un poeta conocedor de la narración de Chaves. Las comparaciones minuciosas es trabajo que dejo para el estudio que tengo en curso. Más detenimiento nos va a merecer el famoso vocabulario de germanía que cierra el libro de Hidalgo. Recordemos el título de dicho volumen: *Romances de germanía de varios autores, con el vocabulario al cabo por orden del a. b. c. para declaración de sus términos, y lengua.* La primera edición es del año 1609, en Barcelona. Utilizo la de Zaragoza, de 1644 [29].

IV

En esta comunicación, que no pretende ser sino adelanto informativo de un trabajo aún sin terminar —como vengo repitiendo—, no puedo entretenerme en una comparación detallada del vocabulario publicado por Hidalgo y la *Relación de la Cárcel de Sevilla*. Sin embargo, algunos ejemplos permitirán afirmar que no parece verosímil que ambas obras sean de un mismo autor, según está asegurando la crítica. Aunque Cristóbal de Chaves dijese al final de la segunda parte de la *Relación*... que tenía escrito un vocabulario de germanía, ello no parece razón suficiente para achacarle la paternidad del de Hidalgo, máxime en una época (finales del siglo XVI y principios del XVII) en que la confección de vocabularios no fue infrecuente.

Sin pretender hacer, pues, un estudio exhaustivo, sí he querido estudiar los términos o expresiones que —en la *Relación de la cárcel*

---

[29] José Hesse preparó un libro titulado *Romancero de germanía* (Madrid, Taurus, 1967), en el que se incluyen, además de otros romances, los de Hidalgo —aunque su ordenación difiere de la edición de 1644, que yo he podido consultar— y el vocabulario de germanía. El vocabulario de Hidalgo fue reproducido también por César Oudin, *Tesoro de las dos lenguas francesa y española* (París, 1616; la primera edición, de 1607, había sido anterior al libro de Hidalgo), y por Gregorio Mayáns y Siscar, *Orígenes de la lengua española* (Madrid, 1737). Del libro de Mayáns utilizo la edición de 1873. Hoy son imprescindibles dos libros de J. M. Hill, *Poesías Germanescas* (Bloomington, 1945) y *Voces germanescas* (Bloomington, 1949), en el primero de ellos se edita el vocabulario de Hidalgo.

de Sevilla— me parecen claramente germanescos [30]. Elimino todos aquellos que podrían ofrecer dudas, sin seguir al pie de la letra el vocabulario de John M. Hill. El importantísimo trabajo del famoso hispanista norteamericano posee el defecto de plegarse al vocabulario de Hidalgo, así como el de haber prestado poca atención a los léxicos regionales o, incluso, literarios. En su bibliografía falta, por ejemplo sintomático, el conocido glosario de Carmen Fontecha, publicado ocho años antes que el de Hill.

Me ocuparé aquí, como he dicho, de una lista de términos, presentes en la *Relación de la cárcel de Sevilla*, que me parecen sin duda germanescos. Bastantes de los componentes de la lista figuran en el vocabulario de Hidalgo: *murcio, rufo, culebra, guzpátaro, soplar, madrugón, desflorar (desflorado), blanco* y *negro*. De ellos, *soplar* es un término perfectamente castellano, *desflorar* es el único que no cita el Fontecha [31], *culebra*, con el sentido de correa o paliza a correazos, aparece en el *Diccionario de Autoridades* [32], los restantes los recoge el *Diccionario de Autoridades* citando el vocabulario de Hidalgo. Todos ellos se encuentran en *Voces Germanescas*, de Hill. Esta serie de términos no nos permiten probar nada: son voces de germanía, se utilizan en la *Relación...* y las recoge Hidalgo en el vocabulario.

Una segunda serie de palabras no se considera ni en la obra de Hidalgo, ni en la de Hill: *coselete, gallo, zángano, pobrete,* y la expresión *ser de hoja.*

COSELETE.—Es un galicismo que Covarrubias [33] define así: *Gola, peto, espaldar, escarcelas, braçaletes y celada borgoñona; díxose «a currendo», porque son más ligeros los coseletes que los catafractos, que van armados de punta en blanco, y assí coselete es lo mesmo que «miles levis armaturae».* (...) El *Diccionario de Autoridades* matiza algo más: *Armadura del cuerpo, que se compone de gola, peto, espaldar, escarcelas, brazaletes y celada. Distínguese de las armas fuertes, en ser mucho más ligera.* En la *Relación de la Cárcel de Sevilla* se da en un contexto en el que no parece que pueda tener tal signifi-

---

30 José Deleito Piñuela (*La mala vida en la España de Felipe IV,* Madrid, Espasa-Calpe, 1967, p. 123) da una clara explicación del lenguaje de germanía: *La chusma del hampa usaba como lenguaje una «jerga» especial, que se llamaba de «germanía» por extensión: por aplicarse esta palabra que significa «hermandad», a la asociación de «pícaros», «hermanos» o «germanos», que formaban un grupo aparte de la sociedad corriente.*
Usaban aquel lenguaje para su seguridad, como forma de entenderse entre sí, sin que los profanos penetrasen el sentido de sus palabras.
31 Carmen Fontecha, *Glosario de voces comentadas en ediciones de textos clásicos,* Madrid, Consejo Superior de Investigaciones Científicas, 1941.
32 Real Academia Española, *Diccionario de Autoridades,* edición facsímil de la de 1726, Madrid, Gredos, 1969.
33 Sebastián de Covarrubias, *Tesoro de la lengua Castellana o Española,* según la impresión de 1611 con las adiciones de Benito Remigio Noydens publicadas en la de 1674, edición de Martín de Riquer, Barcelona, S. A., Horta, I. E., 1943.

cación: *...los que están rematados para galeras y tienen por coselete y honra estar rematados* [34]. Tenemos que interpretar la palabra, en este caso, en un sentido metafórico. Y ésa, precisamente, es una característica esencial del lenguaje de germanía. *La jerga (...) se formó de voces castellanas, pero usadas tropológicamente,* advertía Rodríguez Marín [35]

GALLO.—Ya Camilo José Cela, en su *Diccionario Secreto II* [36] recoge el sentido osceno de este término. Con esa intención de designar el sexo masculino lo emplea Francisco de Quevedo. Chaves nos dice: *Y habiendo muchas mujeres que queriendo ser más hombres que lo que naturaleza les dio, se han castigado muchas que en la cárcel se han hecho gallos con un valdrés hecho en forma de natura de hombre, que atado con sus cintas se lo ponían; y han llevado por esto doscientos azotes* (col. 1349).

ZÁNGANO.—Tanto el Covarrubias como el *Diccionario de Autoridades* recogen el uso de este término para designar *al holgazán que se sustenta (...) con el sudor y trabajo ajeno.* Ahora bien, el campo semántico de la palabra en el lenguaje de la cárcel de Sevilla parece mucho más restringido: *... hay muchos procuradores que llaman de abajo, que entran en la cárcel a saber de los presos (...). Los que más hacen esto son unos que llaman zánganos, que no tienen título* (cols. 1348/1349).

POBRETE.—El *Diccionario de Autoridades* lo define como *Desdichado, infeliz y abatido.* Y un poco más abajo: *Se llama también al sujeto inútil y de corta habilidad, ánimo o espíritu; pero de buen natural.* El uso del término en la «Relación...» es más reducido: *se sustentan en cada reja alta o baja siete u ocho presos de que las personas que vienen a buscar presos y no saben a donde están, estos preguntan a quien buscan y si quieren que lo llamen, y a voces por su nombre lo llaman (...). Andan en cueros, arrebozados con media manta, llámanlos pobretes* (col. 1356).

SER DE HOJA.—El *Diccionario de Autoridades* explica que es el *modo vulgar de que usan los espadachines y valentones, para decir que alguno es de su gremio.* En el *Guzmán,* según puede verse en el glosario de Fontecha, «ser de la hoja» significa «ser matón». Dos veces aparece en la *Relación...* en las columnas 1352 y 1361.

Esta segunda serie de vocablos o expresiones puede considerarse que tiene poco que ver con la germanía, si utilizamos para comprobarlo el vocabulario de Hill. Por eso he recogido una tercera serie de términos que, figurando en el libro del profesor norteameri-

---

[34] *Relación...,* columna 1346.
[35] «*Rinconete y Cortadillo»...,* p. 206.
[36] CAMILO JOSÉ CELA, *Diccionario secreto II,* Madrid, Alfaguara, 1971, pp. 381-382.

cano y en la *Relación de la cárcel de Sevilla,* no se registran en el vocabulario de Juan Hidalgo: *arrugador, músico, pastorcillo, pregonero, porquerón* y *hombre honrado.*

ARRUGADOR.—Ya se utiliza en *La Celestina.* Significa ladrón: *si es ladrón [le gritan] «por arrugador o murcio»* (col. 1343).

MÚSICO.—El que ha confesado: *si confiesa no le admiten en su alojamiento (...) y trátanlo de manera que se viene a acomodar con la peor gente de la prisión. A éste le llaman músico* (col. 1345).

PASTORCILLO.—*Así se llaman los palos con punta* (col. 1346). Poco antes, la *Relación...* ha dicho: *Luego le guardan la capa, y le ponen un tocador o lenzuelo en la cabeza con un rosario y otras insignias de la prisión, como un palo azuzado y tostada la punta, que en los negocios de pesadumbre, a falta de cuchillo o terciado pasa el cuerpo a uno* (col. 1344).

PREGONERO.—Fontecha y Covarrubias no ofrecen un sentido que cuadre con el texto de Chaves: *Hay en la cárcel pregoneros, que son presos que venden y rematan las prendas* (col. 1348).

PORQUERÓN.—Aparece en todos los diccionarios, incluso en el académico. Covarrubias lo define como *El ministro de justicia que prende los delinqüentes y los lleva agarrados a la cárcel.*

HOMBRE HONRADO.—Covarrubias advierte que *algunas veces el honrado y honrada se toma en mala parte, según el tono y sonsonete con que se dice.* El *Diccionario de Autoridades* considera, de forma parecida, que *irónicamente se toma por bellaco, pícaro, travieso.* Ese puede ser el origen del sentido que adquiere en la *Relación...: y llaman hombre honrado al salteador y matador, y es su propio nombre* (col. 1356).

Conviene notar aquí que el término *caña* aparece definido, en una de sus acepciones, por el *Diccionario de Autoridades,* con estas palabras: *En Germanía. La media para calzar la pierna. Juan Hidalgo en su Vocabulario.* Sin embargo, Juan Hidalgo —Hill lo advierte ya— no incluyó la palabra en su obra. ¿Cómo elaboraron la papeleta los redactores del *Diccionario de Autoridades?* Algo semejante sucede con *tajada,* que Hill dice equivalente a «banquete» o «comida», dando como referencia a Hidalgo. Sin embargo, no lo encuentro en dicho vocabulario. Como en el momento de redactar estas líneas no puedo consultar sino la edición del vocabulario hecha por Mayáns, me limito a señalar mi falta de coincidencia con las *Voces Germanescas* de Hill, sin más comentario.

Hemos visto hasta ahora nueve términos que se dan en la *Relación...* y recoge Juan Hidalgo; también cinco vocablos o expresiones que se dan en la *Relación*... y no recoge Juan Hidalgo, pero éstos, al no figurar tampoco en el vocabulario de John M. Hill, podríamos pensar que no son de germanía. He mostrado, por último, un tercer grupo de términos y expresiones, documentados por Hill, que se utilizan en la *Relación*... pero desconoce Juan Hidalgo.

¿Cómo es posible que, de ser una sola persona el autor de la *Relación de la Cárcel de Sevilla* y del *Vocabulario de Germanía*, puedan darse en la primera términos de germanía que no se recogen en el segundo? Es evidente que Juan Hidalgo (o quien fuera el autor del vocabulario publicado bajo tal nombre) desconocía la existencia de dichos vocablos. Es decir: cada una de las dos obras tienen un autor distinto. Y resulta posible esgrimir algunas pruebas más. El vocabulario de Juan Hidalgo registra las formas *germana* (mujer pública) y *germano* (rufián), pero no *jermán,* única forma empleada en la *Relación de la Cárcel de Sevilla.*

Aún pueden aportarse otros argumentos. Tres palabras aparecen en el vocabulario de Juan Hidalgo con una definición que no corresponde al sentido que parecen tener en la *Relación...: faena, rancho* y *galera.*

FAENA.—Según Juan Hidalgo, significa «tarea». Sin embargo, es muy otro el sentido que posee en la *Relación...: muchas veces los jueces, a unos de compasión y a otros de verlos desnudos, y entendiendo que los que se persinan son simples o locos, los sueltan por la puerta afuera: de que se levanta entre los presos grita de contento, por haber acertado en aquella invención, que llaman faena* (col. 1353).

RANCHO.—Juan Hidalgo nos dice que es la *Tienda, o lugar donde se recogen.* En la *Relación...* se habla de *alojamiento,* pero, en la columna 1344, se define con toda exactitud: *lo que ocupa una cama rodeada de una frazada o guadamecil por delante.*

GALERA.—Hidalgo da el significado, ya académico, de carreta. Conocido es el término como denominación de un tipo de navío. La *Relación de la Cárcel de Sevilla* lo utiliza con un sentido muy peculiar (también aparece en el padre León): *Siendo las diez de la noche dieron noticia a un juez que en la galera (que es un aposento muy grande) había más de cincuenta mujeres con los presos* (col. 1349). Este uso explica unos versos de los que se extraña Hill:

> A ti, mi gancho, te escribo
> esa cebollosa carta
> desde el golfo de la Corte
> a la galera sin agua.

Galera sin agua está muy claro, es la celda común de una cárcel. El sentido carcelario se registra en los diccionarios actuales, con la acepción *cárcel de mujeres.*

En estos tres casos de *faena, rancho* y *galera,* Cristóbal de Chaves se ha preocupado de darnos una definición, en vista del significado peculiar que tienen tales términos. Chaves, en su vocabulario, tuvo que haber incluido dichas definiciones. Recordemos que, en la propia *Relación...,* asegura: *Parecióme poner aquí un breve discurso de algunos vocablos de esta gente, porque todos no será posible, que son infinitos* —y sigue—, *aunque de todos por curiosidad tengo vocabulario escrito de mi mano* (col. 1366). En su vocabulario, nos dice, están *todos* los términos, y el vocabulario de Hidalgo es, lo hemos visto, incompleto, con respecto al léxico que emplea Chaves en la *Relación...* Acertaba Fernández Guerra cuando exclamaba en una nota a pie de página: *¡Qué lástima que no haya este vocabulario llegado a nosotros!* Erraba, en cambio, Rodríguez Marín al identificarlo con el de Juan Hidalgo.

V

Otros temas en torno a la *Relación de la Cárcel de Sevilla* podrían ocuparnos. Los dejo, sin embargo, de lado. Aunque algunos de ellos, como la injustificada atribución de la Tercera Parte a Cervantes, pudiera resultar interesante. Diré tan sólo que, en uno de los manuscritos, se afirma que esa Tercera Parte fue escrita por un *preso viejo,* categoría que, dado el poco tiempo que pasara en la cárcel sevillana, no parece que pudiera alcanzar Cervantes.

Poco ganaría Cervantes con esas páginas, y la *Relación...,* de por sí, tiene suficientes cualidades como para mercer nuestra atención, como lo ha hecho.

EL ESTUDIANTE UNIVERSITARIO EN LA PICARESCA

Joaquín Casalduero
Profesor Emérito
Universidad de California
San Diego

Cervantes nos ha dado algunas de las características esenciales de la picaresca, tanto por lo que se refiere a la forma como al sentido, ya de manera directa, ya de manera indirecta. En el *Quijote* de 1605, con Ginés de Pasamonte (aventura de los galeotes) se nos habla de la narración autobiográfica y de una consecuencia importante, no poder contar el fin del protagonista. *La Ilustre Fregona,* se refiere a la índole escatológica de los sucedidos picarescos, las aventuras sucias. Con *Rinconete y Cortadillo,* vemos otro elemento formal y espiritual: toda autobiografía tiene como materia el pasado. En *El celoso extremeño,* lo mismo que en el *Guzmán,* se presenta el paradigma de la picaresca en la parábola del Hijo pródigo. Si en *Rinconete,* Cervantes hace palmaria su diferencia con Mateo Alemán: no el pasado, sino el presente, y en *La Ilustre Fregona,* subraya la limpieza de su joven estudiante pícaro, en esta novela ejemplar como en *El celoso* y en *Rinconete,* acentúa su total divergencia con la concepción picaresca del mundo. Cervantes ni es ciego para el pecado, ni insensible a su horror. El hombre es un pecador, pero pone el énfasis en la Gracia, en la bondad divina. Para mí, más que de una distinta ideología, se trata de una manera opuesta de ser. El héroe de Lepanto y cautivo en Argel, tiene puesta su fe en la Esperanza. Si el hombre es pecador lo es casi siempre, siempre, por ignorancia; el amor de Dios es inagotable. De manera no igual pero parecida a Lope, siente la falta de merecimiento ante la inmensa gracia divina y la inmensa bondad. Es el Dios amoroso hasta el total sacrificio el que le sobrecoge, más que el horror del Justiciero Todopoderoso. Cervantes comprende muy bien las lágrimas del agradecimiento.

Los estudiantes universitarios son numerosos en la Obra cervantina. Su vida es algo selecto. Léase *La Señora Cornelia,* recuérdese a Don Lorenzo, el hijo del Caballero del Verde Gabán; piénsese en el enamorado de la ilustre fregona o en Grisóstomo, su vida universitaria se traduce en su manera de ser. Pero Cervantes no idealiza ni a los hombres ni a las instituciones. Desde la frase del novelista, pintando al ventero de la primera salida de Don Quijote, «no menos ladrón que Caco, ni menos maleante que estudiante o paje», hasta los dos estudiantes de Salamanca, que se hacen pasar por recién liberados cautivos, del *Persiles* (Libro III, cap. 10), hay toda una gama que llega a incluir al más bellaco y repelente burlador, condenado a galeras y que, después de puesto en libertad por Don Quijote, le apalea brutalmente. Ninguno de los estudiantes cervantinos, sin embargo, se ve atenazado por la lucha entre la inteligencia y la voluntad. Esta tensión no la acepta Cervantes. El rufián dichoso nos ofrece el milagro de la conversión, el paso de la inmensa ambición de la tierra a la ambición del cielo; por eso uno de los núcleos esenciales de la tragedia es el de la confesión. Lo mismo ocurre con el licenciado Vidriera, cuya pérdida de la razón se debe al descubrimiento de la inteligencia: no ya que la vida va a dar a la muerte, sino la fragilidad de la vida, el temor constante de morir.

Esta tensión, empero, inteligencia-voluntad, lo justo-el gusto, tan frecuente en el teatro, por ejemplo, *La Estrella de Sevilla,* es esencial en la picaresca tal cual la crea Mateo Alemán. Su ausencia es completa en el *Lazarillo*. El mozo la única educación que recibe es la del Ciego, quien le enseña que la vida es cruel y que el hombre no debe nunca confiar en el hombre. Esta sátira cómica de la sociedad en todos sus estamentos, va haciendo del niño bueno y quizás inteligente, un simpletón, abotargado moralmente, en el que se refleja el cinismo y bajeza de la humanidad. Compárese la tierna escena de la invalidez de la madre al tener que lanzar al mundo a su hijo con el acto de voluntad de Guzmán. Este quiere abandonar su casa, al hacerlo y llegar la noche, viéndose solo, tiene miedo, quisiera volverse, pero no se atreve, temiendo ser objeto de mofa. También Pablos, el buscón, se aleja de la casa, a la vez, para huir de la vergüenza de su linaje y llevado de un deseo de honor.

La composición del sevillano —autor y personaje— maneja como principal elemento dramático el suspenso: corte, interrupción, abandonar lo que se narra. Pero el acicate agobiador y atosigante lo consigue siempre con la tensión entre el saber y el querer. No se trata de un conocimiento oral a nivel de cura párroco. Mateo Alemán, proyecta la vida de la inteligencia en dos altos medios: en la Primera Parte, el palacio cardenalicio romano, en la Segunda, la Universidad de Alcalá de Henares. Nos pinta en Roma la caridad como deber y obligación para llegar a mostrarla en un desbordamiento de amor, de sacrificio natural y espontáneamente aceptado. Nos ofrece toda la belleza de la humildad, fondo sobre el cual resalta la fealdad del engaño —no sólo Guzmanillo se hace pasar por hambriento y llagado mendigo, sino que en este subterfugio ven los dos médicos nombrados por el Cardenal una duradera fuente de riqueza. Este engaño doble, avivado por el gusto (todo un movimiento de burlas y degustación de conservas, nada de hambre), acompañado de alegría y de risas, desemboca en la ingratitud, la cual aumenta aún más el amor del Cardenal, de la Iglesia hacia el pecador. Deseo sin fin por recuperar la oveja perdida, haciéndonos vivir la parábola del Hijo pródigo. «Vime tan apretado que, cual el hijo pródigo, quisiera volver a ser uno de los mercenarios de la casa de monseñor» [1]. Ha sido Monseñor (cap. 9) el que ha querido hacer este ensayo del hijo pródigo, chocando con la incapacidad, por diferentes motivos —temor del mundo, soberbia, debilidad de la carne—, de voluntad. El Palacio romano es un mundo, donde se mezclan sin confundirse todas las edades, todos los estados, las pasiones, los vicios, las particulares idiosincracias. Es un mundo de hombres solos. Se utiliza el disfraz femenino (raro ejemplo, comparado con el uso del masculino) para abochornar a un apocado clérigo y hacer reír al Cardenal. En ese Mundo-Palacio, el ejercicio intelectual ocupa lugar predominante. Nos informa Guzmán, «Nuestro ejercicio era cada día dos horas a la mañana y dos a la tarde oír a un preceptor que nos enseñaba. De quien aprendí, el tiempo que allí estudié, razonablemente la lengua latina, un poco de griego y algo de hebreo. Lo más, después de servir a nuestro amo, que era harto poco, leíamos libros, contábamos novelas, jugábamos juegos». Pero su naturaleza y vida indisciplinada se imponen. Expone muy bien el conflicto del pícaro, del pecador. «Cuando me vi mancebo, que pudiera bien ceñir espada, holgara de algún acrecentamiento de donde pudiera cobrar esperanzas para valer adelante. Y estoy cierto que, si mis obras lo merecieran, no me faltara; más, en lugar de cobrar juicio y hacer cosas virtuosas para ganar la voluntad, obligando con ellas, di en jugar hasta mis vestidos.» (III, 9. Edición citada, p. 428). Como las amonestaciones de nada sirvieron, Monseñor le echó de casa durante unos días para ver si reconocía sus faltas y se corregía, pero la torpeza de Guzmán fue más fuerte y se hundió. La enseñanza de esta especie de Colegio Trilingüe no fue olvidada —un tormento más, el recuerdo del bien perdido. En la Segunda Parte (II, 2), al llegar a Bolonia se hace la ilusión de que «aun pudieran caer de modo los dados, que pasara fácilmente con mis estudios adelante. Pues lo que me hizo enseñar el Cardenal mi Señor, aún estaba en su punto y sin duda que pudiera bien ser preceptor en aquella facultad y ganar de comer con ello, si quisiera y me fuera necesario.» Adonde va es a la cárcel.

La Primera Parte terminaba con la estancia de Guzmán en la casa del Cardenal. En la Segunda, antes de ser condenado en Sevilla a galeras, nos habla de sus estudios en Alcalá de Henares. El ambiente es completamente distinto, empezando por la disertación sobre la falsa vocación, contrapunto de la maravillosa vida del buen estudiante. «Si son recogidos, hallan sus iguales; y si perdidos, no les faltan compañeros. Todos hallan sus gustos como los han menester. Los estudiosos tienen con quién conferir sus estudios, gozan de sus

---

[1] *La novela picaresca española* (Planeta, Barcelona), Ed. F. Rico, Primera Parte, Lib. III, cap. 10, pág. 436.

horas, escriben sus liciones, estudian sus actos y, si se quieren espaciar, son como las mujeres de la montaña: donde quieran que van llevan su rueca, que aun arando hilan. Dondequiera que se halla el estudiante, aunque haya salido de casa con sólo ánimo de recrearse por aquella tan espaciosa y fresca ribera, en ella va recapacitando, arguyendo, confirmando consigo mismo, sin sentir soledad.» No creo que haya otra página (III, 4, pp. 813-14) en la literatura española donde se encuentre captada tan penetrantemente la vida intelectual y universitaria. El autor barroco no duda en confrontar esa espiritualidad tan elevada con la torpeza más baja y rastrera.

Quevedo hace lo mismo, pero según su visión atormentada, retorcida y extremosa. Visión que el poeta llama sueño. Mateo Alemán se había servido de la forma circular homérica —parte de Sevilla, sale de España, vuelve a España, llega a Sevilla. Pobre, rico, pobre. La forma circular clásica, pero cristianizada: pecado-arrepentimiento. Quevedo hace una narración de protagonista, esta unidad la dispone en seis núcleos. El primero, Segovia, de tres capítulos; el segundo, Alcalá, de cuatro; el tercero (camino de Segovia, Segovia, salida de la ciudad), tiene seis capítulos; el cuarto, Madrid, tiene ocho, y el quinto, Toledo, y el sexto, Sevilla, tiene uno cada uno. No es la integración de varios elementos —aventuras, historias-fábulas-anécdotas, disertaciones y sermón moralizador—, sino un desarrollo moral, una exploración moral. El fondo es el pecado, lo que vemos, sin embargo, es el hombre y la sociedad por dentro. Ni ladrón como el padre, ni como la madre brujo, Pablos quiere aprender virtud y acercarse a los buenos. No es la polaridad inteligencia-voluntad, lo que subraya Quevedo, sino el querer, lo que no se está capacitado para obtener. En *El Buscón*, la tensión de Alemán se convierte en la del ser y su deseo de perfeccionamiento (Virtud). Lo que se es y lo que se debe ser, no en un sentido de imperativo normativo, sino como realización de una capacidad. No es la caída, sino la vergüenza de ser uno lo que es, un ser bajo y vil.

En un deseo de mejoramiento y virtud, Pablos va como criado de Don Diego Coronel (cap. 3), quizás de origen judío lo mismo que él, al pupilaje del licenciado Cabra. Su experiencia es la del hambre, que conduce a ambos al pavor y sobrecogimiento ante la muerte. El caballero sirve de contrapunto al criado; no es un antiprotagonista, acentúa la diferencia entre la parte noble y la parte baja del hombre, apoyándose en el estado social. En la Universidad de Alcalá, todas las ignominias (que hasta ahora, si no me equivoco, han sido interpretadas como otras tantas pinceladas de costumbres universitarias) corren a cargo del criado, mientras el señor queda inmune. Para mí el significado es claro: apoyándose, como es natural, en las costumbres de la época, se nos muestra que Pablos se encuentra donde no debía estar, que aspira a lo que no debe, porque no puede. Lo único que obtiene de la universidad es suciedad y repugnancia. Luego, socialmente ocurre lo mismo, reaparece Don Diego (capítulos 20 y 21), siendo el señor el autor del castigo del pícaro. No quiero decir que Quevedo piense que sólo las clases altas son las únicas dignas de entrar en la Universidad, sino que el mundo de la inteligencia y la virtud es una esfera alta y noble [2]. Los seis núcleos —seis lugares, Segovia repetido— van a dar a la última frase, «nunca mejora de estado quien muda solamente de lugar, y no de vida y costumbres». En *El Guzmán* no se trata de lugares, aunque se describen, sino del camino de la vida, el camino del pecador que va a dar necesariamente en el castigo y de ahí puede salvarse si se arrepiente. En Mateo Alemán tenemos un hecho religioso, en Quevedo la experiencia moral.

---

[2] Las alusiones a los judíos son constantes, pero en ellas no veo nada antisemítico. Quevedo podría ser o no ser antisemita, pero en *El Buscón* su intención para mí es clara, una sátira dirigida a las pruebas de limpieza de sangre en todos los niveles sociales: los plebeyos hablando siempre de ser cristianos viejos.

LA PICARESCA DE LAS BEATAS

Alvaro Huerga
Universidad Santo Tomás
Roma

En el vocabulario español hay una sarta de términos que, al amparo de raíces religiosas de venerable uso, retoñan espontáneamente para expresar una cualidad o una situación de signo peyorativo: *beata, beatería, beaterio, beatón, beatuco*, etc.

¿Qué origen histórico tienen esas palabras? ¿En qué contexto germinaron y fraguaron? ¿Cabe entroncarlas de algún modo con la picaresca?

A las dos primeras preguntas respondería sin titubear que el vulgo acuñó ese puñado de vocablos con incisivo instinto lingüístico, apoyándose, en principio, en la savia positiva de la cepa semántica, para luego, como suele acontecer, deladear su significación hacia áreas conceptuales maliciosas. De hecho, los dos significados —el bueno y el malo, el santo y el burlesco— subsisten hoy en el lenguaje popular y aun en el culto. Tomemos *ad casum* la palabra *beata*: la *beatificación* es un acto por el que la iglesia reconoce y glorifica las virtudes heroicas de un personaje y autoriza a tributarle honores de dulía; de ahí que *beata* equivalga a *santa,* si bien «santa menor» o *beatificada;* por encima sólo está la canonización, que permite a pleno título el sobrenombre de «santa». Por otro lado, no es infrecuente llamar *beata* a una persona viva en significación afín, pero diametralmente opuesta: equivale a decir que de santidad nada; o, más directamente, que la santidad que aparenta es virtud fingida, montaje hipócrita, frágil oropel. Como se ve, el río desemboca en un cauce turbio.

La respuesta al tercer interrogante resulta menos obvia. Intentaré una aproximación por el camino intrincado del diccionario, adentrándome posteriormente en los meandros y recovecos de la vida pasada, que sirve de soporte a la vida presente. Vida y habla son hermanas gemelas. Quizá por aquí descubramos un tipo nuevo de pícara.

de pícara real y con cola literaria. A mí me parece que la literatura sobre las andanzas venturosas o azarosas de las *beatas* es un fruto escaso y, desde mi perspectiva, tardío. Primero fueron las *beatas, la realidad histórica de las beatas;* después, la *literatura* —de apología, de censura o de burla: no importa de momento— que se ocupó de ellas.

Trataré, por lo tanto, del *hecho histórico;* y, a continuación, del *hecho literario.*

Cuando consultamos algún diccionario «de autoridad», en busca de una «defición» exacta de *beata,* nos topamos con la siguiente: «mujer que viste hábito religioso y vive con recogimiento, sin pertenecer a ninguna comunidad».

Esta «definición», ¿es válida? Hasta cierto punto, sí; con todo, el análisis en profundidad patentiza que es incompleta y, por lo mismo, equívoca. La réplica a esa acepción la hallamos en el término *beaterio,* que es —o fue— la casa-convento donde viven las beatas. Formando, pues, comunidad y perteneciendo a ella. La réplica es contundente; y, a mi juicio, vinculante: deberían tomar nota de la contradicción quienes se ocupan de fijar y dar esplendor a nuestra lengua hispana.

A pesar de esto, el significado apuntado no está desprovisto de exactitud histórica; lo que ocurre es que, al estatificar el concepto, se achica el trasfondo histórico y deja al margen una parte de la realidad.

Si se nos permite —creo que de buen grado— retroceder a la «edad de oro» de la vida y del idioma hispanos, hallaremos pronto pistas que iluminan y ayudan a precisar las varias cargas conceptuales de la escurridiza, pintoresca y picaresca palabra *beata.*

El hormigueo humano de la España de antaño, como la de hogaño, era en extremo variopinto y, sobre todo, con clases o tipos sociales muy marcados. Las clases altas, tan encopetadas y envidiadas, presentaban los tipos primarios: reyes, nobles, *hijosdalgo,* obispos, etc.; las clases bajas, las masivas, ofrecían un enjambre de tipos menores, de tipos de gleba y artesanía, de *donnadies,* azacanándose por remontar la cuesta de los honores a cualquier costa, incluso la bellaquería. En la zona intermedia entre la «vida alta» y la «vida baja» estaban los *segundones:* algo más que ganapanes, pues corrían aventuras de armas y de amor o aventuras de «hacer carrera». No voy a enumerarlos. Ni tampoco voy a entretenerme en hacer sutiles disquisiciones acerca del hondo problema existencial que dio pie y pábulo a la literatura picaresca [1].

La *beata* caería de lleno dentro de los grupos humanos que procuran auparse en la sociedad «profesando» virtud o recogimiento. Nada habría que objetar si se tratase simplemente de seguir una vía de santidad auténtica, como a primera vista parece; la tela de la vida se complica cuando los fines no son tan santos y, por consi-

---

[1] Remito a M. BATAILLÓN, *Pícaros y picaresca. La Pícara Justina,* Madrid, 1969, colección de esquemas y estudios sobre el tema.

guiente, las ideas motrices y los medios son de otra índole. Lo cierto es que en España, al mediar el siglo xvi, pululó de modo extraordinario ese tipo social de las *beatas*.

No me detendré a examinar las causas: si por hemorragia de hombres (el Imperio y las empresas bélicas despoblaban de mozos los pueblos y ciudades), o si por la efervescente religiosidad ancestral, o por lo que fuese. De todo hay, sin duda.

Ateniéndose a los hechos, y a renglón seguido a los problemas, en España cundió tanto la «profesión» de las *beatas* que la mismísima Inquisición llegó a preocuparse seriamente del asunto. Un notario del Santo Oficio se llevaba las manos a la cabeza al ver que en alguna ciudad menor del reino, como Baeza, había cerca de dos mil *beatas*[2].

Y un médico tan agudo como el Doctor Huarte de San Juan observaba que el promedio de natalidades era terriblemente desproporcionado en cuanto a varones y hembras: no sólo se ha desdoblado la generación —al principio, dice, la mujer paría varón y hembra—, sino que «para un varón que se engendra, nacen ordinariamente seis o siete mujeres». Esto, añade, «es peor» que el fallo aludido anteriormente[3].

Los sociólogos apuntarán a la escasez de hombres como a la causa principal que desató el fenómeno del alumbradismo extremeño.

Ciñéndonos a la sociología religiosa, aspecto capital de las *beatas,* debemos subrayar el engarce del aspecto sociológico con el aspecto religioso de las *beatas.* Indudablemente, la proliferación de *beatas* alcanza máximos niveles al acercarse el ocaso del siglo xvi, cuando se acentúa el pesimismo nacional, pesimismo que se manifiesta con peculiar ímpetu «evasivo» en las áreas sensibles al mundo del espíritu. Un mundo siempre abierto a inauditas posibilidades. Algún místico de la época hablará de «las Indias de Dios». El juego, sin embargo, podía resultar engañoso: corrosivo de la sociedad y de la institución religiosa; ilusorio para las mismas *beatas,* que fácilmente se creen remontadas a las esferas celestes y, en realidad, serpean por el suelo.

La consecuencia es que se codean, bajo otras sayas, con la clerecía y la hidalguía, y aun con los reyes y obispos; y, en el fondo, con la baja ralea de los pícaros. Existen, pues, enjambres de *beatas* de baja estofa espiritual, *beatas de pane lucrando* y *de honore lucrando* que, al desbordarse el poderío diabólico y al debilitarse la potencia imperial, embaucan a la gente con sus gracias femeninas y sus portentosos carismas. Un tono lúgubre se percibe en libros como la *Suma de solícitos engaños del demonio en estos miserables tiempos* (inédita)[4] o en el *Tratado de la verdadera y falsa profecía,* de Juan de Horozco y Covarrubias, arcediano de Cuéllar[5].

---

[2] Declaración de Sebastián CAMACHO, *Inq.,* leg. 1.853, s. f.
[3] J. Huarte de SAN JUAN, *Examen de ingenios,* Baeza, 1575, f. 308 v.
[4] El original de esta obra, interesantísima e inédita, se conserva en la Biblioteca de la Real Academia de la Historia. Fue redactada en los postreros años del siglo xvi. Preparo su edición.
[5] Segovia, Juan de la Cuesta, 1588. Ejemplar: BN. R-27895.

Detrás de la tersa prosa de esos libros, que citan sucesos dolorosos de *beatas* embelesadoras, late la realidad, envuelta en mil pliegues de seudomisticismo. Lo sorprendente es que unos y otros, *beatas* y vulgo, inquisidores y hombres de letras, creen a pies juntillas que el diablo anda suelto y haciendo de las suyas. La común creencia complica el remedio. Pese a ello, el Santo Oficio no se dejó embaucar o por lo menos intentó descubrir la raíz del mal. Prescindiendo de los procesos —numerosos y sonados— a *beatas,* la documentación inquisitorial es preciosa para conocer cómo pululan las *beatas.* Según he podido averiguar, siguiendo la pista de esa documentación, el Santo Oficio llegó a preocuparse seriamente del fenómeno real de las *beatas.* El 25 de octubre de 1575 cursaba a todos los distritos una «carta acordada», en la que el Consejo dice textualmente:

«Aquí se ha tenido relación que en algunos lugares de ese distrito hay muchas mujeres que andan en hábito de *beatas* y viven como tales, sin estar en comunidad y clausura, y que algunas de ellas dan obediencia a algunas personas.

Y porque se entiende que de permitirse lo susodicho se han seguido y siguen algunos inconvenientes y adelante podrían resultar otros mayores, si no se remediasen con tiempo, consultado con el Reverendísimo Señor Inquisidor General [Don Gaspar de Quiroga], ha parecido que vosotros, señores, nos aviséis qué inconvenientes resultan de permitir que las dichas mujeres anden en el dicho hábito de *beatas* sin estar encerradas y de que vivan en casas de por sí y apartadas de la comunidad, y dar la dicha obediencia como lo hacen, y si sería bien prohibir esta manera de vivir, y qué orden os parece se podría tener para ello, para que, visto vuestro parecer, se provea del remedio que más convenga» [6].

La proverbial prudencia del Santo Oficio salta a la vista; al enfrentarse a un problema preocupante, el Consejo acude a los tribunales de provincias pidiéndoles informes y sugerencias.

La consulta obligó a los inquisidores subalternos al análisis y a la reflexión. Una a una fueron llegando, desde los diversos distritos, las contestaciones. Es cierto que no todas ven el problema con ojos avizores. Sin embargo, junto a las anodinas, la redactada en el «Castillo de Triana», orillas del Guadalquivir, es un magnífico retrato de la época y un severo diagnóstico judicativo. El fenómeno de las *beatas* era agudo en el Sur. He aquí el texto:

«Muy Ilustres Señores:
La de vuestra Señoría de XXV de octubre recebimos a los cinco de noviembre, en que manda avisemos de los inconvenientes que resultan de permitir que algunas mujeres anden en hábito de *beatas,* viviendo en casas de por sí sin guardar clausura ni vivir en comunidad, y en dar la obediencia a algunas personas, y si convendrá prohibir esta manera de vivir, y qué orden se podrá tener en ello.

Lo que cerca de esto entendemos es que en esta cibdad y distri-

---

to se hallan tres géneros de *beatas* que viven en sus casas fuera de comunidad y clausura:

— Unas que llaman *terceras*, que traen el hábito de alguna de las religiosas, el cual reciben de los prelados de ellas y en sus manos ha- · cen cierta profesión y les prometen obediencia;

— Otras hay que andan con el mismo hábito de religión, pero no le reciben de mano de ningún prelado, sino ellas se lo ponen por su autoridad, ni dan a persona alguna la obediencia;

— Hay otras que viven en hábito de religión o honesto, y prometen la obediencia a sus confesores o a otras personas particulares.

Cerca de las *primeras*, parece que, aunque entendemos que muchas de ellas viven honesta y religiosamente, es de mucho inconveniente vivir fuera de clausura y comunidad, porque por experiencia se veé que de ordinario andan vagando por los pueblos donde moran, con más soltura que las otras mujeres de su cualidad, y por traer aquel hábito se atreven a entrar y salir donde les parece; y algunas veces con escándalo y no buen ejemplo dejan el servicio de sus padres y cuidado de sus casas, y muchas de ellas se atreven a comulgar cada día y algunas veces no con aquella reverencia que conviene; y como esto hacen título y nombre de sanctidad y religión, nadie se atreve a impedírselo. Para remedio de lo cual la Sanctidad de Pío V en 2 de junio de 1566 años por un *motu proprio* proveyó que los ordinarios y prelados de aquellas religiosas con mucho cuidado procuren de que estas *beatas* terceras y otras cualesquiera se recojan a vivir en comunidad y clausura y hagan voto y profesión solemne, y si no lo pudieren hacer y algunas de ellas viviesen escandalosamente, sean castigadas con rigor; y prohíbe que de aquí en adelante no se dé el hábito a ninguna que no quisiere vivir en clausura y hacer voto solemne, anulando las profesiones y recepciones que en otra manera se hicieren; y da asimismo orden cómo se remedien las necesidades de las que así se recogieron a vivir en clausura— con lo cual parece se remedia, en cuanto puede, lo que toca al primer género de estas *beatas*.

Pero, porque entendemos que en algunas Ordenes no se guarda este *motu proprio*, antes cada día los prelados de ellas dan el hábito a muchas mujeres, convendría advertilles lo cumpliesen y guardasen con mucho cuidado.

Cerca de las *segundas*, nos parece lo mismo que de las primeras, porque con todas habla el *motu proprio* de Su Sanctidad; y aun a éstas —pues se pusieron el hábito de religión sin licencia ni auctoridad de prelado—, si no quisieren entrarse a vivir en clausura, se les podría quitar, porque al honor y estado de las religiosas conviene que no tenga cada uno que le parezca licencia de ponerse su hábito sin hacer voto ni profesión en ellas.

El *tercer* género de estas *beatas*, que prometen la obediencia a personas particulares, parece que no se deben en manera alguna permitir, porque se entiende que es invención de los Alumbrados de este tiempo, que con esto substraen a las hijas del servicio y obediencia de sus padres, y a las mujeres de sus maridos, y se las traen perdidas tras de sí y no las permiten hacer cosa alguna sin su licencia, ni las dejan confesar con otros; y tienen y hacen de ordinario muchas cosas al parecer supersticiosas. Y por ser este modo de vivir nuevo, no usado antes de agora en la Iglesia, no carece de sospecha de que es invención del demonio y de hombres vanos, que, con sombra de sanctidad y religión, quieren ser servidos y obedescidos de mujeres simples, y aun de que por aquí tendrán entrada para otras deshonestidades y torpezas, como en algunos se ha visto por experiencia. Y así parece que convendrá prohibir que de aquí adelante no se hiciesen ni rescibiesen semejantes votos de obediencia, y, de los hechos, las absolviesen.

Vuestra Señoría proveerá en todo lo que más convenga al servicio de Nuestro Señor y aumento de su sancta fee.

El guarde y prospere las muy illustres personas de Vuestra Señoría, etc.

De este Castillo de Triana, en Sevilla, 17 de diciembre de 1575.
Muy Illustres Señores:

Besan las manos de V. S.
(Sobreescrito:) A los Muy Illustres Señores del Comsejo de Su Majestad en la Sancta Inquisición,

en MADRID.» [7]

La respuesta de los inquisidores de Sevilla parece bien pesada y bien medida. Toca, entre los varios aspectos, el riesgo de una picaresca *a lo divino*, que eso fue, en resumen de cuentas, lo que pusieron en práctica muchas *beatas* andaluzas. ¡Sevilla, metrópoli de tan fina variante! Es para quedarse de piedra el que un avezado catador de la picaresca como Rodríguez Marín, sevillano por todos los poros, no se percatase de la existencia de este grupo [8], al que tampoco prestó mayor atención el autor de *Rinconete y Cortadillo:* solamente hay una alusión a las *beatas* en la obra cervantina, alusión por lo demás completamente aséptica.

Quien puso el alma y el anhelo apostólico, que los tenía muy grandes, fue Diego Pérez de Valdivia. Media vida dedicó a las *beatas* y, casi al fin, compadecido de ellas, dedicó días y días a escribir un grueso volumen para ellas y sobre ellas. Este ardiente discípulo de san Juan de Avila, ¿escribió una apología o una palinodia en su *Aviso de gente recogida?* Intencionalmente, una apología de ese estado tan asendereado de vida; por otra parte, tan menesteroso de luz,

---

[7] AHN, *Inq.*, leg. 2.946, s. f.

[8] «Para albergar gente perdida de toda la gran variedad de especies que constituían la picaresca en los postreros lustros del siglo XVI, no había en España ninguna ciudad tan a propósito como Sevilla», *Rinconete y Cortadillo*, novela de Miguel de Cervantes, ed. crítica de F. Rodríguez Marín, Sevilla, P. Díaz, 1905, pág. 68 («Discurso preliminar»); «En Sevilla, especialmente, era pícaro o apicarado cuando menos hasta el aire que se respiraba», *ib.*, pág. 93. A la floración de la picaresca beaterial en Sevilla dedico el tomo III de la *Historia de los Alumbrados*, que está a punto de salir a luz.

de cauce, de moderación. Realmente, una palinodia, por cuanto en el *Aviso* declara reiteradamente los descalabros, las equivocaciones y las «plantadas» que la grey beateril le propinó. El *Aviso,* minucioso hasta la saciedad, respira, como la literatura espiritual de fin de siglo, el pesimismo típico; incluso supone cercana la presencia del Anticristo. Cree, por supuesto, que el demonio anda desmandado y que es capaz de las mayores bellaquerías fáunicas. Y, a vuelta de correctivos y severidad, resume todas las tretas utilizadas por las *beatas.* En este sentido, me atrevería a opinar que es la obra maestra de la picaresca de las *beatas,* aunque bien sé que al bueno de Pérez de Valdivia le horroriraría mi audacia expresiva. ¡Con qué garbo de predicador flagelante describe sus galas, su infiltración en los palacios, su *hambre de honor,* sus arrobamientos y sus profecías!

«De arrobamientos y revelaciones —dice—, están algunos tan escarmentados, y con tantas razones, por las experiencias que se han visto y cada día se ven, que, aunque confiesan que las hay, tiemblan de aprobar las que acaso se ofrecen» [9]. Entre los escarmentados se cuenta él, y lo declara sin rebozo una y otra vez.

Son arrobamientos y revelaciones que pertenecen a la picaresca de las *beatas.* No se le escapan al atento escardador las señales sociológicas, amén de las teológicas, de la falsedad de los fenómenos cacareados por las *beatas:* «cuando buscan interés, regalo, honra, estima, publicidad y mostrarlo a todos, y tener cabida y entrada com grandes personas, y quieren negociar y poder y valer mucho, y dar consejo, y predicar, y no quieren trabajar, sino holgar, y no quieren hacer su oficio, ni cumplir con la obligación que tienen. Son parleras, salen mucho, buscan nuevas invenciones y singularidades, y tienen mucha libertad, y no mucha honestidad, ni recogimiento, ni recato; tienen poca mortificación interior y exterior, poca paciencia y mansedumbre; tienen una disimulada presunción, y se apartan de la sana y ordinaria doctrina y común de la santa Iglesia romana y del ejemplo de los santos, y hacen cosas a este tono: lo cual, los que tienen algún espíritu de nuestro Señor y alguna noticia de la santa telogía y de los santos y algún buen entendimiento, luego lo ven».

No se muestra más blando con las que se «endemonian» hasta nefandos comercios. Al menos, eso dicen que padecen, y fingen que el demonio poseedor habla por su boca. «Respondo que la encierren» a la tal, y, «si fuere menester, la aten, como se suele hacer con los locos, porque no acaezca el refrán común: un loco hace ciento, como hemos visto que ha acacido muchas veces por curar estas enfermedades». O sea: que en lugar de sanar, contagiaban. «Tengo para mí por cierto, y aun tengo experiencia de ello, que si a estas tales personas las encerrasen y les hiciesen trabajar cuanto fuese posible, y a ratos cuando fuese menester las atasen, y no las sacasen acá ni acullá, ni las mostrasen a nadie, ni nadie las viese, ni tratasen con

---

9 Diego Pérez de Valdivia, *Aviso de gente recogida,* Barcelona, 1585; acabo de reeditarla en «Espirituales Españoles», Madrid, Fundación Universitaria, 1976.

ellas [...], ni las llevasen, estando así, a misa, ni sermón, [...] que aprovecharía mucho.»

El ocio, el exhibicionismo, el afán de rivalizar con las águilas de la santidad, etc., solían, al fatarles calidad y alas, dar en estas flores de hipocresía.

No obstante, Diego Pérez, caballero andante de Dios, defiende el estado de las *beatas* a capa y espada, llora y le duelen sus descarríos y esboza una «traza de vida y el modo que las personas recogidas deben guardar en todas sus costumbres y cómo han de tomar este estado y hacer votos y qué pricipalmente han de advertir».

Defiende, pues, la profesión y el ejercicio libre, sin clausura, de las *beatas*. Lo más idealista en esa traza de vida es «la vela de armas» en la noche que abrazan con voto secreto ese tipo de vida:

«Llegada la noche de la vigilia, vélela toda o la mayor parte en oración, como el buen caballero que vela la noche antes que le armen caballero.»

Este pasaje del *Aviso* revela la profunda interacción de los ideales caballerescos y los ideales religiosos.

Diego Pérez nos ha dejado en esa joya literaria un ejemplar único, luminoso, fehaciente de lo que fue, por el haz y por el envés, el mundo de las *beatas*. Del envés sólo he indicado algunos datos anecdóticos que permiten entroncar a muchas *beatas* con el hecho y con la literatura de la picaresca hispana. Hubo, en efecto, una picaresca religiosa a fines del siglo XVI y a principios del siglo XVII. Casi del todo desconocida, porque apenas ha sido estudiada.

CONTRASTES ALIMENTARIOS EN LA ESPAÑA DE LOS AUSTRIAS. ESTUDIO DE UN AMBITO NOBILIARIO: LA MESA DEL ARZOBISPO JUAN DE RIBERA, VIRREY DE VALENCIA (1568-1611)

Manuel Espadas Burgo y
José Luis Peset Reig
C.S.I.C.

Resumen de la Comunicación

No es preciso subrayar el interés que en el campo de la historiografía se le viene concediendo a los estudios de la *vida material* que condiciona el acontecer del hombre. Muy avanzados en algunos países europeos, como Francia —dentro, sobre todo, de la línea que marcó el magisterio de Lucien Febvre—, en España están adquiriendo crecida atención en los últimos años. El peso que los factores agrícolas, ganaderos, mercantiles y, en general, relacionados con el abastecimiento de la población española, tienen en un país como España, de estructura fundamentalmente agrícola y rural, sometida a grandes contrastes climáticos y a una compartimentación orográfica que hace difícil su intercomunicación regional, ha sido históricamente decisivo en la formación de los españoles.

Sería también ocioso destacar el reflejo del hambre o de la subalimentación en nuestros textos literarios, muy especialmente en este capítulo amplísimo y original de nuestra literatura que es el género que se ha dado en llamar *picaresco*. En la gestación de ese antihéroe que es el pícaro español hay muchas calamidades y sobrada ración de hambre.

Pero en un estudio de la alimentación española como el que estamos elaborando —esta comunicación forma parte de un amplio trabajo, *Alimentación y crisis de subsistencias en la España moderna y contemporánea*, financiado por la Fundación *Juan March*— no se trata sólo de tipificar y analizar crisis de subsistencias, sino también de reelaborar una tipología alimentaria y establecer unos posibles niveles económicos y sociales. Este es el propósito de estas líneas. Y esta es la original aportación que significa la formidable documentación que hemos utilizado en el colegio del Corpus Christi de Valencia, sobre la mesa del arzobispo San Juan de Ribera, por lo que se puede reconstruir, en un largo período de cuarenta y tres años, la norma alimentaria de un medio nobiliario coetáneo de una época de grandes crisis en España.

Tratando de establecer niveles de nutrición, en el coloquio de historiadores economistas de Francia que se celebró en París, en 1973, sobre este tema de la historia alimentaria, se hizo patente el escaso número de ejemplos conocidos y la carencia de buena documentación para conseguir una base científica. Sólo tres comunicaciones, las de Pierre Charbonier, sobre los señores de Auvergne; la de Louis Stouff, sobre la mesa del arzobispo de Arlès, en el siglo xv, y la de Jacques Vedel, sobre la mesa del presidente de Olive, entre 1771 y 73. Las tres comunicaciones están realizadas sobre una base documental, los libros de cuentas, por lo que no es posible una especificación en la obtención de un cómputo, calórico. En general, de tales estudios, se extraen las siguientes consecuencias: *a)* el gran peso que dentro del ámbito nobiliario tienen los gastos alimentarios dentro del presupuesto general de sus casas; *b)* el carácter relativamente diversificado de la ración alimentaria nobiliaria, al menos en el plano cualitativo y de un relativo equilibrio, y *c)* el nivel excepcionalmente elevado de las raciones al fin de la Edad Media y comienzos de la Moderna. En todo caso, cualquiera de los estudios sobre el nivel alimentario de la nobleza evidencia la gran cantidad de carne consumida; en el castillo de Thix se calcula en unos 100 kilogramos de carne por habitante y año y también abundante ración de vino; en este ejemplo, alrededor de un litro diario. Cantidad, pero no calidad y casi tampoco variedad. «En el mejor de los casos, se trataba de un lujo para tragones. El rasgo dominante, característico mucho tiempo de la mesa de los ricos, era el derroche de carne», escribe Braudel.

Lo era de una buena mesa en España, la novela de autor anónimo —supuestamente valenciano— *La Serafina* recoge, con asombro, los presentes que uno de los protagonistas envía, y destaca sobre todo:

> «Las cargas de ansarones enteros, de pollos, de anadones, de lechones, de capones, de palominos, dé gallinas, de cestas de huevos frescos, la docena de perdices, el par de los carneros, la media docena de los cabritos, la ternera entera, las ubres de puerca en adobo, las piernas de venado en cecina, los jamones de dos y tres años...»

Si acudimos al testimonio literario, dejando aparte aquellos textos más conocidos y citados —como la ya antológica loa de la morcilla que hace en su *Cena jocosa* Baltasar del Alcázar— son abundantes los ejemplos de cómo existe una hipertrófica valoración del consumo de carne como modelo de alimentación distinguida. Las vísperas de la larga cuaresma se reconocían como un auténtico derroche de carne de toda especie, como hace ver Luis Quiñones de Benavente en uno de sus entremeses, *El abadejillo:*

«Llámole al tiempo yo, en carnestolendas,
mar de comidas, golfo de meriendas,
Flandes de los lechones,
general avenida de roscones.
sanguinolento estrago de morcillas,
plaga de quesadillas,
convalecencia en que mujeres y hombres
tantas ganas sacamos,
que hasta las herraduras nos tragamos;
campo formado, en que pelea la gula,
ya asada, ya cocida, ya fiambre,
y, enfin, un cierra España de la hambre.
adonde los alegres tragantones,
sin poder la templanza resistillo,
pasan tantas gallinas a cuchillo
sin perdonar mujeres, niños, viejos,
que son pavas, perdices y conejos.
Saquean sin pertrechos ni defensas,
y a poder de dineros
por cautiva se da, sin más porfía
en asomando, la volatería.
Hacen notables presas de fiambreras,
y en vinosas hileras,
como está ya la gente encarnizada,
caen mil monas de cada rociada.»

Y en el *Entremés del mayordomo* vuelve a darnos un repertorio de platos, en que domina la carne, para los distintos días de la semana:

«Lo que toca a la mesa hay mil primores:
tendrán sus cuatro platos los señores,
porque no quiero ser corto ni franco.
Los jueves y domingos, manjar blanco,
torreznos, jigotico, alguna polla,
plato de yerbas, reverenda olla,
postres y bendición.
Los viernes, lantejita con truchuela;
los sábados, que es día da cazuela,
habrá brava bazofia y mojatoria,
y asadura de vaca en pepitoria,
tal vez una panza, con sus sesos,
y un diluvio de palos y de huesos.»

Esta presencia de la carne reflejada en los textos literarios del XVI y XVII tiene quizá una de sus sátiras más divertidas en la *Vida y hechos de Estebanillo González,* uno de los más realistas y cáusticos ejemplos del género picaresco, cuando el protagonista, cocinero ocasional de las tropas imperiales, después de exigir «una vaca, dos terneras, cuatro carneros, doce gallinas, seis capones, veinte y cuatro palominos, seis libras de tocinos...», refiere cuál es la comida que debe preparar a su amo, «tan gran caballero», una auténtica caricatura de los rellenos de la época, de los que encontramos tantas recetas en los libros de cocina, como el de Diego Granado o el de Ruperto de Nola:

> «Repare vuesa merced en este relleno, porque es lo mismo que el juego del gato al rato: este huevo está dentro deste pichón, el pichón ha de estar dentro de una perdiz, la perdiz dentro de una polla, la polla dentro de un capón, el capón dentro de un faisán, el faisán dentro de un pavo, el pavo dentro de un cabrito, el cabrito dentro de un carnero, el carnero dentro de una ternera y la ternera dentro de una vaca.»

A este curioso y barroco plato lo llama Estebanillo «relleno imperial aovado».

En todo caso, pese a la generalización del carnero, más cotizado que la vaca por sus valores dietéticos —«una olla de algo más vaca que carnero», dice el Quijote, indicando la condición modesta del hidalgo manchego— se ve claramente la preferencia por las carnes de ave y, en segundo término y quizá por motivos castizos— religiosos por la carne de cerdo. Huéspede, máteme esa gallina, que el carnero me hace mal», dice Estebanillo González, reproduciendo un irónico refrán de la época. Teniendo en cuenta que entre las aves había también distinciones, según las mesas a que iban destinadas, López de Ayala, en su libro de las *Aves de Caça,* señala que «hay otras aves que su mantenimiento es de servientes, así como son abutardas, grúas, perdices, palomas, tórtolas y pájaros».

En cuanto a la cotización de los productos del cerdo es significativa la *Alabanza del puerto* de Agustín de Rojas:

> «Ya morcilla, el adobado,
> testuz y cuajar relleno,
> el pie ahumado, la salchicha,
> la cecina, el pestorejo,
> la longaniza, el pernil,
> que las paredes y techos
> mejor componen y adornan
> que brocado y terciopelo.»

Alabanza en donde se puede apreciar ese trasunto de «certificado» de cristiano viejo que la carne de cerdo daba a la familia y casa que le exhibía. El aprecio que tenía dentro de la misma corte parece probarlo esta orden que encontramos en el libro de la Sala de Alcaldes de 1650:

> «... para el gasto de las Casas Reales es necesario se provea de adobado y salchichas por ser plato del que gustan sus majestades y respecto de una baja que la Sala de Alcaldes hizo a los que proveían deste género, han dejado de hacerlas con que solo se hallan en las despensas de los embajadores.»

1. Se ha repetido que de la misma forma que la mesa de las casas reales o, al lado opuesto, las humildes de instituciones benéficas, hospitarias o colegiales, son fáciles de estudiar en su composición y cuantificación, no ocurre lo mismo con las pertenecientes al mundo nobiliario. De ahí el valor que tiene la documentación, hasta ahora inédita, que nosotros hemos estudiado en el Colegio Mayor del Corpus Christi de Valencia. El hallazgo de esta copiosa documentación —que fragmentariamente damos en apéndice— ha sido muy reciente y fruto, en cierto modo, de una circunstancia casual. Al horadar un falso techo de una de las salas del colegio, en proceso de restauración, apareció la parte superior de aquella estancia con estanterías y numerosos libros. Estos libros eran la relación del gasto de mesa del arzobispo y virrey de Valencia don Juan de Ribera, recientemente canonizado, desde la época en que fue obispo de Badajoz (1568) hasta su muerte en Valencia, en 1611. Correspondiendo uno o dos volúmenes a cada año, allí se especifica quiénes se sientan con el arzobispo cada día en la mesa, comida y cena, qué alimentos consumen y qué precio tienen esos alimentos. Es difícil encontrar para la época una serie más completa —cuarenta y tres años— de alimentos dentro de este ámbito privilegiado.

Un estudio minucioso de la mesa del arzobispo sería trabajo de varios meses. Nosotros hemos realizado una amplia cala, que permite un significativo muestreo en los años 1568, cuando es obispo de Badajoz, 1575, 1586, 1599 —un año de verdadera hambre en España—, 1606, 1610 y 1611, contrastando meses de cada una de las estaciones, días de fiesta y días normales, días de carne y días de vigilia, etc. De ese muestreo podemos extraer las siguientes conclusiones. En primer lugar, el orden en que se servía la comida, en cierto modo inverso al que hoy se considera normal. Casi siempre empieza con frutas frescas: naranjas dulces, uvas, pasas, ciruelas, melón, «higos de Burjasot», que indican el criterio médico de la época, normalmente receloso ante el consumo de fruta, pero favorable a que se consumiese al comienzo de la comida, porque así actuaba como «laxativo» y ayudaba a una buena digestión.

En segundo lugar, que mientras casi todos los alimentos consumidos permiten una cuantificación y un estudio cualitativo, del pan y el vino no es posible precisar su consumo, pues estas grandes casas se suelen autoabastecer, porque tienen horno o cosechas propias o comprarlos al por mayor. La dieta de cada día siempre comienza con esta indicación: «pan y vino de botillería», es decir, de su propia despensa. En tercer lugar, la increíble abundancia y variedad de carne, preparada en infinidad de recetas culinarias: aves, cerdo, carnero, cabrito...; unas, típicamente españolas, incluso con reminiscencias orientales, como el famoso *manjar blanco,* «plato de príncipes y señores», como se le tenía en la época; otros, de origen italiano o francés, como el *jigote.*

Es curioso observar cómo en el tiempo en que San Juan de Ribera, es obispo de Badajoz, la carne consumida es de carnero, cabrito o cerdo. Apenas aparece la carne de ave. Y las formas de preparación son más elementales. Mientras que en la etapa valenciana las carnes finas y elegidas aumentan su consumo y, significativamente, mientras todos los precios están dados en la moneda valenciana, libras, sueldos o dineros, la carne de cordero o carnero viene dada en moneda castellana, reales o maravedises, lo que indica que no eran de la región, sino que procedían de Castilla.

Es también de gran interés la mesa del patriarca por la gran variedad de pescado —propia, naturalmente, de una región costera— que se consumía en los numerosos días de vigilia y durante todo el período de cuaresma: lisas, lobarros (róbalos), pajeles, luso, sollo, salmonetes, corballos, tonina (atún), merluza, congrio, boliche, oradas o molles, pagre, sabogas, barbos, etc...

Junto a la carne y el pescado, como ancha y variada base de cada mesa, es también de notar la abundancia de verduras y hortalizas, muy escasas o inexistentes en la dieta popular y poco cotizadas en la mesa real. Aquí prácticamente las encontramos todos los días: acelgas, espárragos, espinacas, habas verdes, lechugas, berros, berengenas, rábanos, repollos, escarolas, «pesoles» (guisantes», «bachocas» (judías verdes), cardos, etc... Y, como era normal en las mesas importantes, el variado número de especies para sazonar la comida, aparte de los usuales ajos, perejil, yerbabuena, cebollas, como pimienta, gengibre, nuez moscada, clavo, canela, azafrán.

Aspecto también muy interesante es el de los postres. El que aparece con más frecuencia son las aceitunas. Ahí, en este testimonio directo, cobra valor la frase hecha «llegar a las aceitunas», como sinónimo de llegar tarde —llegar a los postres, decimos ahora—, usada en los textos literarios. Junto a las aceitunas, aparece el queso, las nueces —en casi todas las comidas se especifica «cien nueces»—, el requesón, las «frutas de sartén» y todo género de frutos secos: almendras, avellanas, castañas, así como turrones, mazapán, «suplicaciones de azúcar», meblas —es decir, obleas o «pan de ángel», etc...—. Entre las pocas frutas frescas que se citan como postre aparecen las camuesas, los duraznos, los peros y las naranjas agrias.

Aunque el vino suele aparecer en todas las comidas —«vino de botillería»— no se especifica cantidad. Sólo en comidas de días de fiesta se menciona el famoso hipocrás o los vinos generosos, pero sin precisar tampoco cantidad.

Naturalmente, es una mesa generosamente dotada, en variedad —carnes, pescados, huevos, verduras, legumbres, frutas— y cantidad, pero sería imposible establecer un cálculo de calorías, pese a que diariamente se precisa el número de comensales, ya que es de suponer que no todas las viandas se consumieran, puesto que de esa mesa comían también los criados y en casi todas las comidas se hace esta precisión: «sobras a los pobres». Por otras indicaciones sabemos que adjunto al palacio episcopal había un beaterio, cuyas «beatas» atendían algunos de los servicios del palacio. Pensemos que, por ejemplo, cuando San Juan de Ribera es obispo de Badajoz, entre capilla, cámara, repostería, despensa, caballería y diez pajes constituyen su casa 57 personas, muchas de las cuales se alimentan de la mesa principal. De ahí que sería presuntuoso y en definitiva nada científico establecer un cálculo de calorías que, en cualquier caso, sería muy superior a la real aportación de los alimentos consumidos. En todo caso, remitimos al apéndice como aportación de una mesa variada y copiosa dentro de un medio social privilegiado.

Evidentemente, la mesa del arzobispo Ribera tiene lugar en una ciudad como Valencia, afamada por sus especialidades culinarias y por su afición al buen comer. El libro de Francisco A. Carreras, *Las fiestas valencianas,* dedica un capítulo al reflejo de las comidas en la poesía de la época; así, la fiesta ofrecida en La Lonja con motivo de las bodas de Felipe III, en que un poeta, Gaspar Aguilar, enumera los platos de una gran comida:

«Honrado estaba un aposento solo
con la gran colación apercebida,
tan grande que del uno al otro Polo
bolar pudo su fama ennoblecida;
Pues jamas el Romano en el Apolo
mostro tanta grandeza en la comida,
porque fueron sin número las cosas
que huvo en la colación ricas y hermosas.
Dozientos platos llenos huvo enteros
de confitura por diversos fines;
porque havia de açucar leones fieros,
galeras, naves, remoras, delfines.
Ballestas, lanças, horganos, sombreros,
arcabuzes, çapato, y chapines,
y sin los platos que alabar procuro
huvo dos fuentes grandes de oro puro.»

Y se recogen alusiones a la siempre bien servida mesa del arzobispo. Así, en un poema de Antonio Ramírez:

«Hizo espléndido banquete
en Arzobispal Palacio.»

Un testimonio también muy directo nos lo dan los libros o·relatos de viajeros, en que se narra cómo es una buena mesa perteneciente a un nivel de la nobleza o la hidalguía, el número de platos que se sirve, su orden de presentación y las etiquetas sociales. Un buen testimonio, en este sentido, es el recogido por Barthelemy Joly, en su *Voyage en Espagne:*

«Los españoles son personas de elevado gusto y de buen apetito, de ordinario no se lavan las manos antes de comer, pues cada uno presupone tenerlas limpias, y se sientan a la mesa antes de que se haya colocado la comida. Primero viene la fruta, que ellos la toman al revés que nosotros, al principio, naranjas enteras o en rodajas con azúcar, ensaladas, uvas verdes, granadas, melones de invierno, que ellos llaman invernizos, guardados todo el año, como se hace con la calabaza. Después, una vez colocados los platos, el maestresala se pone al extremo de la mesa, descubierta la cabeza, con su capa y una servilleta sobre el hombro. A un lado hay una pila de platos, al otro un gran cuchillo y un tenedor, con los que él hace partes, tomando un poco de cada cosa que él pone sobre un plato ante la persona más importante, haciendo lo mismo con los tres o cuatro más próximos a él; otro de los más diestros hace semejantes platillos a todos los demás de la mea, de manera que no quede nada en las fuentes, que son retiradas de inmediato y otras las reemplazan; y lo mismo ocurre con los platos. Los platos más importantes como el pavipollo, conejos, capones, gallinas no se sirven nunca enteros, sino presentados en piezas desde la cocina, de tal manera que viniendo una o dos fuentes de pavipollo, el maestresala los trocea, cortándolos más menudo para dar, con la salsa, dos o tres trozos a cada comensal. Terminado esto y cambiados los platos, vienen los conejos, con el que se hace lo mismo, las gallinas y los pollos rellenos de ajos, las pechugas de pichón. En medio de todo esto se servirá a cada uno su escudilla de puré amarillo, sin pan y con muchas especias, leche de almendras con azúcar, a lo que sigue cierto manjar blanco muy bueno y siempre a cada uno su *platillo;* también arroz, espolvoreado de azúcar y de canela mezclados, que ellos llaman *polvo de duque.* Vienen después las perdices, bien troceadas, espolvoreadas de pimienta entre las alas y los muslos, pero conservando aún su forma, todo bien dorado y sin tocino; en fin las aceitunas, y para terminar el cocido. Cuando alguno quiere beber se le trae del *buffet,* llamado aparador que está generalmente fuera de la sala, preparado no solamente con vasos y utensilios de mesa, sino con otras piezas muy lujosas, si el dueño quiere hacer el honor y dar a sus amigos un convite más digno, se le lleva entonces la copa media de agua, presentada sobre un plato un poco hondo, en el cual él puede verter lo que quiera y servirse tanto vino como guste, blanco y clarete, en dos pequeñas jarritas de vidrio. El vino es turbio y no tan delicado como el nuestro; es preciso beber más de lo ordinario a causa de la gran cantidad de pimienta que ellos ponen en todos los platos, además de la que se sirve en la mesa como sal, estando hechos sus saleros tanto para la una como la otra, no cesando de añadir especias para hacer, según dice, buena digestión; la libra de pimienta cuesta allí dos reales, comen además cabezas de ajo y otro ajo aún más picado y líquido, existiendo este proverbio: "sobre el buen comer, el ajo", con salsa y guisos que ellos llaman sainetes, no perdonando a nadie que no le guste. Al fin terminado el cocido, se sirve como postre lo que ellos llaman, a diferencia de la que sirve de entrada, fruta de postre, también confituras y turrones, especie de bizcochos muy duros con algo azucarado para mojar con ipocrás, compuesto con almizcle y a veces con ámbar gris. Ellos le llaman *lava dientes* y se suele tomar después de quitar la mesa. El español no brinda casi nunca ni beben al tiempo, pero lo hacen de tal manera que levantando la nariz y la mano a la vez, han trasegado más en un momento cuando ni siquiera nosotros nos lo hemos llevado a la boca. Su clase de vasos que ellos llaman *penados,* porque tienen el borde vuelto para afuera, les llena de aire y les hace eruptar en la mesa sin sonrojarse; los más educados eruptan con la servilleta puesta en la boca. La costumbre general de la mesa es hacerle grandes honores a la comida, mezclando un poco de conversación para animarse a comer muy bien. La perdiz —dicen— ellos es perdida, si caliente no es comida; el arroz nace en agua y hay que hacerle morir en vino; aceituna una por una. Y es porque los médicos dicen de las aceitunas que la primera es de oro, la segunda de plata y la tercera mata.»

Texto donde se mezcla no sólo un repertorio de alimentos, sino unas normas de etiqueta, en que se habla, por ejemplo, del tenedor —muy tardío en la mesa española— para trinchar y repartir las carnes, pero no menciona su uso individual. Fray Antonio de Guevara, en su *Aviso de privados y doctrinas de cortesanos,* establece unos modos de cortesía en la mesa, pero no cita el tenedor:

«Guardese el curioso cortesano de poner en la mesa los cobdos, de maxcar con los carrillos, de bever con dos manos, de estar arrostrado sobre los platos, de morder el pan entero a bocados, de acabar el manjar primero que todos, de lamerse a menudo los dedos...»

Y entrado el siglo XVII, Pedro Espinosa, capellán del duque de Medina Sidonia, escribe:

«Encogido mira que el dedo meñique no llegue a untarse en el plato como esotros, por estar encogido.»

En el estatuto del hospicio de Zaragoza se establece que haya para las huérfanas «una maestra que las enseña a hilar ... y a comer con aseo, cuidando que no tomen con toda la mano la vianda, sino sólo con tres dedos». Todavía en el XVIII no se había generalizado el uso del tenedor.

2. Si desde la corona se quiso dar normas de austeridad, aunque no ejemplo, lo cierto es que en el siglo XVII hubo una auténtica competencia en la buena mesa entre la sociedad nobiliaria. Los coloquios satíricos de Antonio de Torquemada constituyen un testimonio muy vivo y directo de este problema. Tomemos uno de estos alegatos contra el despilfarro en una sociedad en crisis:

QUIÑONES: «Y aún es bien menester para ir a cenar de buena gana, que yo, como el conde tuvo huéspedes, quedéme a comer en palacio, y fueron tantos los platos que se sirvieron y de tan buenos manjares, que traigo el estómago estragado de lo mucho que he comido.»

LICENCIADO: «El mayor yerro que pueden hacer los hombres es comer más de aquello que puede gastar la virtud y calor natural; porque según doctrina de los médicos, la indigestión y corrupción de los majares que della se sigue es origen de todas las enfermedades...»

SALAZAR: «Pues en verdad que lo que en nuestros tiempos más se usa es no tener atención a ningún daño que del mucho comer puede seguir, sino el gusto que dello se recibe.»

El licenciado se refiere luego a la austeridad con que vivían los hombres en la antigüedad, «contentándose con lo que la naturaleza les aparejaba para su mantenimiento, sin andar buscando otras nuevas formas de composiciones en los manjares que comían», y así dice Galeno que del tiempo de Hipócrates hasta el «suyo la naturaleza estaba debilitada en el hombre». Incluso el cambio se hace sensible en España:

«... Solían en nuestra España comer las personas ricas y los caballeros un poco de carnero assado y cocido, y cuando comían una gallina o una perdiz era por muy gran fiesta. Los señores y grandes comían un ave cocida y otra assada y si querían con esto comer otras cosas, eran frutas y manjares simples. Agora ya no se entiende en sus casas de los señores sino en hacer provisión de cosas exquisitas y si con esto se contentasen, no habría tanto de qué maravillarnos; pero es cosa de ver que los platillos, los potajes, las frutas de sartén, las tortadas en que van mezcladas cien cosas tan diferentes las unas de las otras, que la diversidad y contrariedad dellas las hace que en «nuestro estómago estén peleando para la digestión. Y es tanto lo que en esto se gasta que, a mi juicio, ha encarecido las especias, la manteca, la miel y la azúcar, porque todo va cargado dello, y como comen a la flamenca, con cada servicio que llevan va un plato destos para los hombres golosos, y con no tocarse algunas veces en ellos, tienen mayor costa que toda la comida...»

La misma sátira se refleja en uno de los autores más curiosos y aventureros del siglo XVII, Agustín de Rojas Villandrando, al que en Sevilla llamaban «el caballero del milagro», porque nadie sabía de qué vivía. En su *Viaje entretenido* escribe:

> «... A fe que si gastara como gasto,
> que no tuviere tanto como tiene,
> ¡Pesía a tal! ¿Qué queréis? Pone un puchero
> con un poco de carne y zarandajas,
> y a la noche un pastel o un guisadillo,
> un bizcocho, unos huevos, un hormigo,
> y, tras todo, se arroja un jarro de agua...
> Si él comiera, como yo me como,
> mi perdiz a almorzar, o mi conejo,
> la olla reverenda a medio día,
> con su pedazo de jamón asado
> y media azumbre de lo de a seis reales,
> y a merendar un pastelillo hechizo,
> o la gallina bien salpimentada,
> que me guarda mi amigo el del bodego,
> y a la noche su cuarto de cabrito,
> o las albondiguillas y el solomo,
> y tras esto, la media que no falta,
> que la puede beber el Santo Padre...
> Por vida de la tierra que él se hallara
> con más salud...»

Estaba en el ánimo de la época, presente en los testimonios de los procuradores en Cortes, Antonio de Torquemada termina su alegato con estas palabras:

> «... y lo que más principalmente convendría es que los caballeros y señores y grandes se moderasen en sus gastos excesivos y que ellos mismo, juntándose, hiciesen entre sí mesmos una ley, o que nuestro emperador lo hiciese, de que ningún banquete ni comida suntuosa se sirviesen sino tantos platos tasados; porque después que un hombre come de cuatro manjares o cinco, el estómago está satisfecho y todo lo demás es superfluo, que no aprovecha para otra cosa sino para estragar los estómagos y disminuir la salud y las haciendas y tan disminuidas, que de aquí viene que solían hacer más los señores y mantenerse más gentes y criados con cuatro cuentos de renta que agora con doce, y entonces ahorraban dineros para sus necesidades y estaban

ricos y prósperos y agora siempre andan empeñados y alcanza-
dos, y todo esto se gasta en comer y en beber, principalmente
si tienen huéspedes, si andan en corte, que han de hacer plato,
porque entonces tienen por mayor grandeza lo que sobra y se
pierde y se gasta bien gastado... Y el mayor daño de todos es
que lo mesmo quiere hacer un señor de dos cuentos de renta
que de quince, y también quiere que sirvan a su mesa veinte
y treinta platos diferentes, como si no gastasen en ellos dineros».

Y continúa el diálogo entre sus personajes

QUIÑONES: «Poco es para lo que agora se usa, que ya en un banquete no se sufre dar de ochenta a cien platos abajo y aún averigua-
do es y notorio que ha poco tiempo que en un banquete que hizo
un señor eclesiástico se sirvieron setecientos platos, y si no fuera tan
público, no osara decirlo por parecer cosa fuera de término.»

RUIZ: «Mal cumple ese y todos los otros señores eclesiásticos lo
que son obligados conforme aquel decreto que dice que los bienes
de los clérigos son bienes de los pobres, porque después de gastado
lo necesario para sí y para su familia, todo lo demás tiene obligación
de gastarlo con ellos, so pena de ir al infierno como quien hurta hacienda ajena, pues hacen esos banquetes a los ricos y sin necesidad,
quitándolo a la gente pobre y necesitada.»

Quevedo, enfrentándose con esta realidad y refiriéndose a la vida
y costumbres recias de los antiguos castellanos, lo resumía así:

«Del mayor infanzón de aquella pura
República de grandes hombres era
una vaca sustento y armadura.»

MUESTREO DE LA MESA DEL ARZOBISPO - 1568-1599-1606

AÑO 1568

57 personas formaban la casa del obispo de Badajoz. (10 pajes, capilla, cámara, repostería, botillería, despensa, cocina, caballeriza.)

Lunes, 9 de febrero

Su Señoría y 4 caballeros.

— Pan, vino y naranjas dulces.
— 2 gallinas asadas.
— 6 perdices asadas.

— Costrada de medio cabrito (5 huevos en yemas, manteca y especias).
— Jabalí asado.
— Albondigadas apedreadas de carnero con 8 huevos en yemas.
— Carnero cocido, 2 libras.
— Nabos en tocino.
— Puerco cocido, 2 libras.
— Nabos con tocino.
— Puerco cocido, 2 libras.
— Peros, 4 libras.
— 2 cardos.
— Aceitunas y queso, 50 nueces.

Cena

Su Señoría y 2 caballeros.

— Ensalada contada.
— 3 perdices asadas.
— 1 conejo.
— 3 gazapos.
— Cabezuelas de cabritos asadas.
— Torta de queso.
— 6 huevos.
— Postres contados.

Año 1575

El patriarca comió en la Cía. de Jesús.—Comieron en casa 8 caballeros.

1 enero, 1575, sábado

— Uvas, 14 dineros.
— 16 huevos estrellados, a 2 dineros.
— Potaje de espinacas, 2 sueldos y 1 dinero.
— Liças asadas, 6,5 sueldos.
— Cobarros cocidos, 8,5 sueldos.
— 14 huevos en tortilla, a 2 dineros.
— Pescada cecial frita, 4 lib., a 22 din.
— Potaje de garbanzos con almendras y avellanas, a 20 dineros.
— Lusos fritos, 4 sueldos y 8 dineros.
— Docena y media de camuesas, 2 sueldos y 11 dineros.
— 6 peras a 4 dineros.
— Un almud de nueces, 2 sueldos.

— Una libra de turrones, 2 sueldos y 4 dineros.
— Aceitunas de botillería.

Cena

Su Señoría y 9 caballeros, en diversas mesas.

— Alcaparras, una libra, 18 dineros.
— 12 huevos, a 2 dineros.
— Liças fritas, 5 sueldos.
— 12 huevos en tortilla, 2 sueldos.
— Pajeles fritos y en escabeche, seis sueldos.
— 3 cardos y rábanos, 1 sueldo y 9 dineros.
— Compróse de todas verduras, ajos, cebollas y perejil, 9 dineros.
— 1 onza de pimienta, 8 dineros.
— 1 de azafrán, 9 dineros.
— Bellotas, 2 almudes y 1/2, 5 sueldos.
— 1/2 libra de turrones, 14 dineros.
— De especias para la cocina y la dueña, 18 din.
— Naranjas agrias, 6 dineros.
        Monta, 4 lib. 9 sueldos y 2 din.

Abril, 3, Domingo de Pascua

Comió el Patriarca y 28 caballeros en 2 mesas.

— Pan y vino de botª.
— Cinco natas a 7 sueldos.
— Uvas 24 libras a 8 dineros.
— Naranjas dulces contadas.
— 24 pollos asados a 3 sueldos y medio.
— 24 pasteles con sus huevos, 51 sueldos y 9 dineros.
— Manjar blanco de 4 gallinas, 16 reales castellanos y 4,5 libras de azúcar a 4 sueldos y medio, leche y harina de arroz, 6 sueldos, agua rosada 18 dineros.
— Un cordero pascual, 8 reales castellanos, 15 sueldos y 4 dineros.
— Platillo de 24 palominos caseros, los 19 a 3 sueldos, y los 5 a 2 sueldos y medio.—2 libras de carnero para el relleno a 3 sueldos y 4 de especias contadas.
— 3 cabritos asados, a 8 reales castellanos, 2 libras y seis din.
— 5 gallinas cocidas a 6 sueldos y medio cada una, con cecina y salchichas de botª.
— Carnero cocido 10 libras a 3 sueldos y 4 dineros.

— Tortas de requesones, 12 libras y media a 8 dineros la libra, 4 docenas de huevos, 20 dineros la docena, 4,5 libras de azúcar a 4 sueldos y medio, canela contada.
— 3 docenas de camuesas, 6 reales castellanos.
— 2 quesos, pesaron 20 libras y media a 13 dineros
— Gragea, 4 libras a 4 sueldos y 8 dineros.
— Aceitunas y conservas de botillería.
— A los pobres seis pasteles a 6 dineros.

Cena

Su Señoría y 11 caballeros en diversas mesas.

— Alcaparras y lechugas, 1 sueldo y 5 dineros.
— 5 cabezuelas de cabrito asadas a 1 sueldo.
— Un palomino casero asado a 3 sueldos.
— 2 asadurillas de cabrito asadas a sueldo.
— Medio cabrito asado, 6 sueldos y 3 dineros.
— Cigote de carnero, 6 sueldos y 3 dineros.
— Pepitoria de menudillos de aves contados y dos huevos, 3 dineros.
— Todos postres contados.
    Monta todo: 28 libras, 7 sueldos y 10 dineros.

Especias y condimentos:

Para lo sobredicho:

— Habas, yerbabuena, ajos, perejil, cebollas, 4 sueldos y 2 dineros.
— 4 onzas de pimienta a 8 dineros.
— Clavos, un real castellano.
— Gengibre, un sueldo.
— 4 nueces moscadas, 1 sueldo.
— 2 onzas de canela, 2 reales castellanos.
— De miel libra y media a 16 dineros.
— Libra y media de azúcar, 4 sueldos y medio.
— Sal blanca, 2 sueldos.
    Total todo: 29 libras, 17 sueldos y un ajo.

Año 1599

Lunes, 12 de abril

No comió Su Señoría. Comieron los marqueses (D. García de Figueroa, marqués de Malpica), tres obispos y diez caballeros.

Comida

— Pan, vino.
— Naranjas dulces, almendras y pasas.
— Lomo de venado asado.
— Lomo de venado asado.
— 4 gallinas asadas.
— Pecho de ternera en sopada.
— Empenada inglesas 48, carnero.
— 24 huevos, azúcar y manteca.
— Cabrito asado.
— Sopada de alcachofas y lechugas.
— Carnero cocido.
— A los pobres platillos con dos huevos, 3 sueldos, 4 dineros.
— 12 huevos a los platillos y sopadas.
— Postres camuesas y manzanas.
— 2 libras gragea.
— Alcachofas.

Cena

Cenaron Su Señoría y dichos caballeros.

— Ensalada de alcaparras y cogollos.
— 4 pollos asados.
— Empanada de ciervo.
— Piernas de carnero asadas, 6 sueldos.
— Cabrito asado.
— Ternera asada.
— Manos de ternera cocidas.
— Manjar blanco tostado.
— Postres: cardos y rábanos.
— Especias.
— Verduras y naranjas.
— 6 gallinas a la pasarola.
        12 libras, 11 sueldos y 8 dineros.

Martes, 13

No comió Su Señoría, comieron los marqueses y tres obispos y 10 caballeros.

— Pan y vino.
— Natas.
— Orejones y naranjas dulces.
— Un pavo asado.
— Ternera asada.
— Pastelillos fritos de carnero y huevos.

— Cabrito armado, huevos y piñones para ello.
— Carnero cocido, 9 libras.
— 2 gallinas en sopada.
— Cabrito asado.
— Sopada de verduras.
— Potaje de arroz con yemas de huevos.
— Cabeza de ternera.
— A los pobres platillos con dos huevos, 3 sueldos y 10 dineros.
— Postres: camuesas y manzanas.
— 12 libras de queso.
— 2 libras de gragea.
— Lo demás de botillería.

Cena

Cenaron Sus Señorías y dichos caballeros.

— Ensalada de alcaparras, cogollos de lechuga y miel.
— Una polla asada.
— Pepitoria de menudo de pavo.
— 6 huevos para ello.
— Ternera picada.
— Carnero cocido.
— Sopada de alcachofas.
— A los demás caballeros dos pollos asados.
— Tres cuartos de cabrito asados.
— Piernas de carnero picadas.
— 2 pollos asados.
— Postres cardos y rábanos.
— Una libra de gragea.
— Buñuelos de manjar blanco.
— Compone de todas especias.
— Verduras, naranjas y limas.
— 6 pollos a la pascuala.
        Total 13 libras, 10 sueldos, 5 dineros.

EL TEMA DE LA PICARESCA EN LA PINTURA ESPAÑOLA DEL SIGLO DE ORO

Rosa López Torrijos

El Siglo de Oro de la pintura española no coincide exactamente con el Siglo de Oro de la literatura, aunque sí coinciden muchas de sus figuras más importantes.

En lo que nos interesa ahora, que es el tema de la picaresca, hay que señalar, primero, que la novela picaresca había alcanzado ya pleno desarrollo cuando empezaron a aparecer en la pintura los primeros temas que pudiéramos llamar picarescos.

Así, mientras se leen las primeras ediciones del *Lazarillo* y del *Guzmán de Alfarache,* todavía en el siglo XVI, no puede hablarse realmente de temas afines en la pintura española.

Antes de entrar en materia es preciso recordar que este desajuste entre pintura y literatura, aun partiendo de un mismo punto de interés, se debe a diversas razones, que imprimían, ya desde origen, una trayectoria diferente a la pintura.

El distinto papel de autor y cliente en la gestación de una obra literaria y una pictórica —encargo del cuadro con tema determinado y no raramente con detalla de colores, forma e incluso modelo— condicionaba más al pintor que al escritor en la expresión de sus ideas. Bastará para confirmar ésto la lucha que mantuvieron los pintores, en el siglo XVII, para defender la liberalidad de la pintura, esto es, por suprimir el carácter artesanal que se le daba, asunto ligado, naturalmente, al pago de la alcabala, pero también a la estimación de su propio trabajo.

Es importante también la difusión más limitada de la pintura, que hacía que el éxito de una obra no produjese iguales resultados a un pintor que a un escritor y, naturalmente, que fueran distintas las posibilidades de mercado.

El tema picaresco en la pintura se inserta dentro de la llamada pintura de género, una de las variedades de la pintura de tema profano.

¿Qué desarrollo alcanzó en España esta clase de pintura?

1.— *Joven mendigo*, Murillo, Museo del Louvre, París.

Aquí, como en la mayoría de los países católicos —aunque más acentuado en España— los encargos de la pintura procedían de dos estamentos: nobleza y clero, y se concretaban en dos clases de obras: pintura religiosa y retratos, principalmente.

La mayor o menor inquietud intelectual de estos estamentos y la mayor o menor abundancia de círculos eruditos o burgueses influían directamente en el desarrollo de los temas profanos. Piénsese, por ejemplo, el aspecto global tan distinto que presentaban la pintura holandesa, florentina o española en una misma época.

Esta situación condicionaba fuertemente el carácter global de la obra de un artista, que, muy raramente, podía dedicarse a hacer obras de gusto personal; aunque el condicionamiento no era absoluto, como lo demuestra el hecho de que, variadas las circunstancias personales —en el caso de Velázquez, pintor y amigo del rey—, o sociales —en el caso de Ribera, que vivía en Italia, o en el de Murillo, coincidente con una pequeña burguesía sevillana y con un círculo de comerciantes holandeses y flamencos—, la pintura profana se diese con características y calidad similares al resto de los países.

Pero, especificando dentro de la pintura profana, para centrarnos en el tema picaresco, veamos cuáles son los géneros que pueden servir para nuestro análisis.

En una agrupación ideal de la pintura de género —que no pretende ser estadística, sino simplemente representativa de las variedades—, veríamos que lo más abundante son temas de niños o muchachos, en escenas de juego, diversión o descanso; seguirían las escenas de taberna, mesón, riña, etc. Después un grupo numeroso representaría a viejas, mendigos, ciegos o personas de oficios igualmente callejeros. Finalmente, irían temas más difíciles de agrupar, representando momentos de la vida cotidiana de una persona cualquiera.

Por artistas, los ejemplos más numerosos corresponderían a Murillo, seguido de Velázquez, los agrupados bajo el nombre de Puga, Ribera, Núñez de Villavicencio y luego Mazo, March, Herrera el Viejo, Orrente, etc.

¿Responden estos ejemplos a lo que pudiéramos llamar pintura picaresca?

Para Gaya Nuño [1], un gran sector de la pintura de género representa, en efecto, el tema picaresco, al igual que la literatura, como dos movimientos paralelos, aunque no dependientes.

Sobre los numerosos ejemplos de Murillo hay distintas opiniones. Para Mayer [2], lo que el pintor expresaba era la alegría infantil, simplemente. Fisher piensa que Murillo retrataba la gente pobre de su ciudad, haciendo de la dura realidad de la vida algo soportable [3]. Para Angulo, el tema sufriría un cambio de enfoque a lo largo de su

[1] ANTONIO GAYA NUÑO, «Peinture picaresque», en *L'Oeil*, diciembre 1961, pp. 53-60.

[2] AUGUST L. MAYER, *Murillo. Des Meisters Gemälde*, Stuttgart-Berlín, 1913.

[3] DOROTHEA J. FISHER, «Murillo as genre painting. Summary of Thesis», en *Marsyas*, VI, 1950-1953, p. 81.

2.— *San Diego y los pobres*, Murillo, Academia de Bellas Artes de San Fernando, Madrid

3.— *Muchachas en la ventana*, Murillo, National Gallery, Washington

4.— *Niño cojo*, Ribera, Museo del Louvre, París

obra, pasando desde «una actitud pesimista contemplando la infancia abandonada que trata de librarse de sus miserias» hasta llegar a representar «temas infantiles instrascendentes... matizados a veces por la nota picaresca del juego»[4]. Finalmente, para Lafuente Ferrari, Murillo haría en esta pintura: «en su mayor parte, auténticas estampas de picaresca, niños mendigos, pilluelos que juegan a los dados, muchachuelos que saborean fruta, hurtada acaso. Sobre estas figuras del hampa infantil se derrama la bondadosa simpatía de Murillo»[5].

Ahora bien, ¿qué opinión merecía este género a los contemporáneos?

Para contestar a estas preguntas veremos primero la opinión autorizada de un pintor y escritor de la primera mitad del siglo XVII: Vicente Carducho. Este artista, nacido en Italia, vivió desde pequeño en España, donde se formó y llevó a cabo toda su obra; fue pintor del rey, y entre sus obras más famosas se encuentran la serie de cartujos para el Paular, algunos de ellos hoy en el museo del Prado, la serie del Sagrario, de la catedral de Toledo, y otras muchas.

Carducho, además de pintor, escribió un tratado de pintura en forma de diálogos entre maestro y discípulo. El libro, *Diálogos de la Pintura,* fue impreso en 1633. En él, Carducho nos dice, a propósito de la estimación de la pintura: «y no tienen poca culpa [de la decadencia del arte] los artífices que poco han sabido, ó poco se han estimado, abatiendo el generoso Arte á conceptos humildes, como se ven hoy, de tantos cuadros de bodegones con bajos y vilísimos pensamientos, y otros de borrachos, otros de fulleros tahures, y cosas semejantes, sin más ingenio, ni más asunto, de habersele antojado al Pintor retratar cuatro pícaros descompuestos, y dos mujercillas desaliñadas, en mengua del mimo Arte, y poca reputación del Artífice»[6].

Este párrafo, sustanciosísimo, nos explica no solamente la opinión que merecía la pintura de género, sino también lo que se entendía por pícaro.

Según esta opinión, el pícaro sería similar al borracho, jugador y demás «gente de mal vivir», es decir, que el tema picaresco en la pintura se hallaría representado justamente en la llamada pintura de género.

Naturalmente, aquí salta a la vista en seguida la diferencia que hay entre este concepto de pícaro y el expresado en la novela.

¿Quiere decir esto que la pintura se interesó solamente por el aspecto superficial de la vida del pícaro?, o bien ¿que nacida esta pintura en época tardía se corresponde más bien con las novelas picarescas que siguiendo la moda, simplemente por el éxito de las primeras, repiten sin más un cierto cliché de pícaro? Esto queda para la conclusión particular de cada uno al final de esta lectura.

[4] DIEGO ANGULO IÑIGUEZ, *Pintura del siglo XVII,* Madrid, 1971, p. 363.
[5] ENRIQUE LAFUENTE FERRARI, *Breve Historia de la Pintura Española,* Madrid, 1953, p. 346.
[6] VICENTE CARDUCHO, *Diálogos de la Pintura.* Madrid, 1865, p. 253.

5.— *Niños comiendo fruta*, Murillo, Alte Pinakothek, Munich

Sobre la opinión que merecía la pintura de género tenemos otros testimonios que confirman el de Carducho.

El género ni servía para ensalzar el arte ni para engrandecer al artista, objetivos que sí se alcanzaban, por el contrario, con las grandes pinturas religiosas, que, expuestas públicamente en las iglesias, pregonaban la calidad del artista que sabía interpretar con claridad y belleza y comunicar con sencillez aquellos conceptos y personajes que, a los ojos de la época, eran de rango superior y afectaban a lo verdaderamente importante, según la ideología dominante. ¿Qué interés podía tener, pues, el representar aquellos personajillos y escenas que se contemplaban diariamente en las calles y lugares públicos y que se referían únicamente al estamento más pobre e ignorante de la sociedad?

Tal vez explique también esta opinión negativa el lugar que ocupaban estas obras en la producción de. un artista.

Según la organización del aprendizaje de la pintura, éste había de realizarse en el taller de un maestro, donde el futuro pintor pasaba por una serie de escalones, hasta alcanzar el título de maestro, después del examen del gremio.

Cuando el aprendiz pasaba de ser mero servidor del maestro —moledor de colores, preparador de lienzos, etc.— empezaba a practicar, copiando del natural objetos y personas. Dentro de esta etapa estarían muchas de las obras de género que hoy vemos. Así, por ejemplo, Pacheco nos dice, a propósito del aprendizaje de Velázquez, su yerno, que «tenía cohechado un aldeanillo aprendiz que le servía de modelo en diferentes acciones y posturas, ya llorando, ya riendo, sin perdonar dificultad alguna» [7].

Naturalmente, esta pintura, que reflejaría después los personajes o las escenas que rodeaban al pintor habitualmente, es la que mejor presenta la vida colectiva de su entorno y se seguirá haciendo siempre que el artista encuentre mercado adecuado para ello.

Este sería el caso de muchas pinturas de género de Velázquez, correspondientes a su primera etapa sevillana.

En otros casos —Ribera y Murillo, por ejemplo— responderían a una demanda del mercado, y por ello se escalonan a lo largo de toda su producción, llegando, en algunos casos, a hacerse famosas y solicitadas.

Esto se acentúa conforme avanza el siglo, y ya en su última etapa la opinión sobre la pintura de género cambia, como lo demuestra su mayor abundancia y también el hecho de que uno de los discípulos de Murillo, Núñez de Villavicencio, presente, precisamente, una de estas obras al rey Carlos II para solicitar su favor.

Así pues, la opinión de los contemporáneos nos autoriza a pensar que el tema picaresco está dentro de la pintura de género, y la producción de los artistas nos autoriza a suponer que el género iría ga-

---

[7] Francisco Pacheco, *Arte de la Pintura, su Antigüedad y Grandeza*, Madrid, 1866, vol. II, p. 135.

6.— *Niños comiendo pastel*, Murillo, Alte Pinakothek, Munich

7.— *Pilluelos con frutas,* Villavicencio, Museo de Ponce (Puerto Rico)

8.— *Niños contando monedas*, Murillo, Alte Pinakothek, Munich

nando adeptos a lo largo del siglo y mejorando la opinión general sobre él.

Una vez sentados estos puntos aclaratorios, nos fijaremos en las obras que conservamos actualmente y que nos harán ver, prácticamente, lo anterior y nos permitirán una opinión más directa sobre el tema.

Antes de pasar a la proyección hay que señalar un aspecto formal muy importante para la comprensión de estas obras. En la etapa y en las pinturas que vamos a ver, priva, sobre todo, lo que se ha llamado «realismo idealizado» de la pintura española, es decir, una visión idealista de la vida y de la sociedad a través de elementos realistas. No ha de chocar, pues, la belleza, la distinción y la serenidad de muchos de los modelos, lo que contrasta fuertemente con la idea del pícaro, sacada de la novela. Esto se verá acentuado al máximo en los ejemplos de Murillo, menos en los de Velázquez y otros pintores, y quedará más próximo al realismo puro en Ribera.

Empezaremos nuestro examen por aquellos aspectos que muestran la condición de vida del futuro pícaro, antes de su ejercicio como tal, aspectos observados y vividos por igual por el escritor y el pintor, aunque no expresados de la misma manera.

Uno de los aspectos comunes a los futuros pícaros es la pobreza de su origen y la contemplación de su propia miseria, tal y como lo expresa Murillo en el *Mendigo despiojándose,* del museo del Louvre, (lámina 1), que parece considerar, abatido, la tristeza de su suerte, en fuerte contraste con la alegría y viveza que Murillo suele imprimir a sus modelos infantiles, como esta *Niña florista,* de la Galería Dulwich.

En el niño anterior, Murillo expresa, quizá de la forma más seria de que él es capaz, el abandono y la pobreza que experimentaban muchos niños, observados por él en la misma ciudad de Sevilla.

La luz, cayendo de pleno sobre la figura del muchacho, hace resaltar su abatimiento, acusado esto por la desnudez y la penumbra de la habitación en que se halla, donde se ha evitado todo objeto accesorio que pueda desviar la atención del espectador hacia lo anecdótico.

Este niño, nacido en la miseria, habitante de una ciudad rica y populosa, contemplaría a diario la legión de mendigos, que, ancianos ya, vivían a expensas de la caridad de señores o religiosos que diariamente repartían alimentos entre los grupos de necesitados, tal y como expresa Murillo en *San Diego y los pobres,* de la Academia de San Fernando (lámina 2), pintura que, bajo el pretexto de un tema religioso, nos muestra la escena cotidiana del reparto de comida en las grandes ciudades españolas, Sevilla en este caso.

Pero una gran ciudad presentaba también, a los ojos del que aprendía en la vida misma, otros espectáculos igualmente aleccionadores para superar el rigor impuesto por el nacimiento.

Así, nuestro futuro pícaro, vería también las ventajas de saber explotar, en beneficio propio, las condiciones dadas por la naturaleza, ya fueran éstas positivas —como en el caso de las *Muchachas en la*

9.— *Concierto*, Velázquez, Staaliche Museen, Berlín

10.— *Familia de mendigos*, Murillo, Colección Bergmann, Monroe (U.S.A.)

11.— *Celestina y su hija en la cárcel*, Escuela de Murillo, Museo del Hermitage, Leningrado

ventana, de Murillo, en la National Gallery de Washington (lamina 3), donde una joven se asoma a la ventana, quizá como apetecible reclamo, mientras la mayor, burlona, se oculta el rostro— ya fueran de carácter negativo —como el famoso *Niño cojo,* de Ribera, en el Louvre (lámina 4)—, en cuyo caso, ciegos, cojos, mancos o deformes vivían de mostrar a los demás sus defectos reales o fingidos.

En el cuadro de Ribera, el pintor nos muestra, sin paliativos, las condiciones deformes del muchacho que pide limosna con una sonrisa inexpresiva y que parece indicar, con el bastón al hombro, que éste le ayuda más en el negocio que en la necesidad.

Nuestro futuro pícaro constataría también las ventajas que reporta el tener fortuna que permita, como en el caso del *Hijo pródigo y las cortesanas,* de Murillo, disfrutar de la buena mesa y de la compañía de amigos y bellas mujeres y también el riesgo que comportaba perder la riqueza, ya que, como muestra esta otra escena del *Hijo pródigo rechazado,* de Murillo igualmente, el hasta hace poco feliz y celebrado, puede acabar, una vez perdida la fortuna, a golpes recibidos de sus propias amigas.

Aleccionado así por la vida, este muchacho tal vez viera la necesidad de trabajar en equipo y obtener al menos al alimento necesario, sin preocuparse mucho de su origen, como parecen indicar los cuadros de Murillo en la pinacoteca de Munich, *Niños comiendo fruta* (lámina 5) y *Niños comiendo pastel* (lámina 6), o el de Villavicencio, en el Louvre, *Muchachos comiendos mejillones,* o en Ponce, *Pilluelos con frutas* (lámina 7), o el de Velázquez, en la colección Wellington de Londres, *Muchachos comiendo en una mesilla;* incluso lograría tal vez algún dinero como los *Niños contando monedas,* de *Murillo,* en Munich (lámina 8).

Pero también necesitaría aprender desde temprano las reglas y, sobre todo, los trucos del juego; así, vemos el entrenamiento de estos niños en los cuadros de Villavicencio, en el Prado, *Niños jugando a los dados* (lámina 9), y de Murillo, en Dulwich, *Niños jugando a las bolas,* y en Munich, *Niños jugando a los dados* (lámina 10).

Su experiencia aumentaría también con aquellos muchachos que, rondando a viejas comerciantes, como la *Vendedora de fruta,* del museo de Oslo, atribuida a Velázquez antiguamente, o a viejas cocineras, como la *Vieja friendo huevos,* de Velázquez, en la National Gallery de Edimburgo (lámina 11), tranquilizaban al menos su estómago, aunque el resultado fuese a veces desconsolador, como en el caso de la *Vieja comiendo,* de Murillo, en la colección Wellington, en que la mujer, comiendo, se oculta ante la señal del muchacho.

Quizá considerara pronto, como Lázaro, que era mejor emplearse con amos de oficios provechosos, tal vez como el *Aguador de Sevilla,* personaje histórico retratado por Velázquez, quien surtiendo de agua a la sedienta Sevilla ganaba buenas monedas.

Pero sin duda alguna, la obra que más aproxima el tema picaresco en pintura y literatura es el famoso *Ciego y lazarillo,* de Ribera, en el museo de Oberlin, en Estados Unidos (lámina 12).

12.— *Niños jugando a los dados*, Villavicencio, Museo del Prado, Madrid

13.— *Niños jugando a los dados*, Murillo. Alte Pinakothek, Munich

14.— *Vieja friendo huevos*, Velázquez, National Galleries of Scotland, Edimburgo

Esta pintura, firmada y fechada por el autor en 1637 ó 38 —la última cifra no está clara— puede responder perfectamente a un conocimiento previo por Ribera de la novela de Lázaro, famosa ya en todas partes en fecha tan tardía. El cuadro sería así la interpretación pictórica y el homenaje, tal vez, a un argumento célebre. Aunque tampoco hay que descartar la posible independecia del tema pictórico con respecto a la novela, pues ciegos y lazarillos eran personajes habituales en la vida del siglo XVII.

En la pintura de Ribera, sólo tres cosas van a retener nuestra atención, subrayadas por la luz tenebrista de la obra, la cabeza del viejo ciego, la del joven lazarillo y el cartel que sostiene el ciego.

El viejo, apoyado sobre el lazarillo y sujetándole al mismo tiempo, pide limosna con su mano derecha, donde puede verse un cartel con la frase «dies illa», fragmento del «Dies irae», que nos recuerda inmediatamente las famosas rogativas que formaban el repertorio del amo de Lázaro y que manejadas con astucia proporcionaban el sustento a ambos.

El rosto del ciego, interpretado con realismo, muestra no sólo la ceguera absoluta del anciano, sino también la inteligencia y resolución de su carácter, corroborado esto por la actitud firme de su mano izquierda.

El lazarillo, niño aún, está interpretado, sin embargo, con una cierta idealización, no muy corriente en Ribera, como si quisiera indicar su inocencia primera, no resuelto aún a aprovechar las circunstancias contra su astuto amo.

De este mismo tema hay otra pintura en la colección Czernin, de Salzburgo, atribuida, durante mucho tiempo, a Herrera el Viejo y en la cual el lazarillo aparece como un muchacho de más edad y el viejo con una zanfonía en las manos, método éste, el más tradicional, de ganarse la vida los ciegos.

La pintura nos muestra también otros oficios que podía tener el pícaro, tales como formar parte de una compañía de *Músicos ambulantes*, que, como muestra Velázquez en el cuadro del museo de Berlín (lámina 13), o Villavicencio, en el de Baltimore, recorrían las villas y ciudades españolas tratando de alegrar los festejos del vecindario y obtener la mayor ganancia posible.

Otra de las posibilidades que se ofrecían a nuestro personaje era formar parte de los grupos de cómicos que, desharrapados y con poco equipaje, montaban sus espectáculos al aire libre, sin diferenciarse tal vez mucho de esta *Familia de Mendigos,* de Murillo, de la colección Bergmann, en Monroe (Estados Unidos) (lámina 14), o la de la antigua Colección Real de Bucarest.

Tras los años de aprendizaje y de ejercicio de la picaresca, varias podían ser las conclusiones a su oficio, una de ellas, la resignación con su papel en la vida, tal parece indicar el *Viejo mendigo,* de la colección Cook, de Richmond, de Ribera, o el de la colección Derby, de Londres. Otro final podía ser la integración en el mundo del hampa, como muestra *Celestina y su hija en la cárcel,* lienzo de la escue-

15.— *Ciego y lazarillo*, Ribera. Allen Art Museum, Oberlin (Ohio), U.S.A.

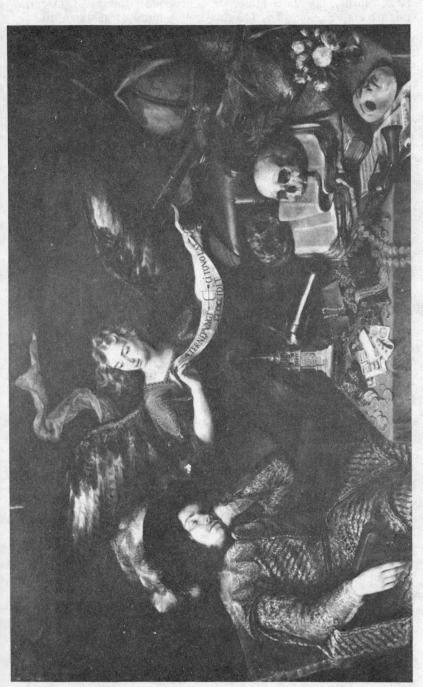

16.— *El sueño del caballero*, Pereda, Academia de Bellas Artes de San Fernando, Madrid

la de Murillo, hoy en el museo de Leningrado (lámina 15). O quizá una tercera solución, tema favorito de la pintura española en este siglo, sería la reflexión sobre la vanidad de las cosas mundanas y la igualdad ante la muerte, tal como indica el *Sueño del caballero,* de Pereda, en la Academia de San Fernando de Madrid (lámina 16), y las numerosas *Vanitas* y *Postrimerías* de Valdés Leal.

Esta sería la visión que la pintura española del Siglo de Oro podría darnos de la picaresca.

¿Coincide esta visión con la expresada en la novela?

La literatura y la pintura no siguieron caminos idénticos en el siglo XVII, y la influencia directa de una en otra es limitada; aun en el caso visto anteriormente, del *Lazarillo,* de Ribera, sería problemático hablar de una identificación intencionada con el *Lazarillo de Tormes.*

La literatura trató el tema intencionadamente, con sentido crítico y realismo, haciendo del pícaro una creación genial. La pintura lo trató de soslayo y con timidez, sin conceder al pícaro el protagonismo merecido. Pero ambas, al interpretar por igual el mundo del Siglo de Oro, reflejaron una misma sociedad y expresaron, a su manera, el ambiente y la persona del pícaro.

EL TEMA DE NAVARRA, EN LA NOVELA PICARESCA DEL SIGLO XVII

Ignacio Elizalde
Universidad de Deusto
Bilbao

La novela picaresca pertenece a una época centrífuga, en que se iba extendiendo y manifestando, como determinante del carácter político y resultado de circunstancias históricas, una fiebre de inquietud emigratoria y vagabundeaje cosmopolita y aventurero [1]. En este ambiente general sucedíanse los viajes y excursiones en una compleja red de caminos y vagabundeo por todas las ciudades y regiones españolas y extranjeras, de los protagonistas de las novelas picarescas. Observamos, por consiguiente, que estas novelas por ese espíritu de aventura adquieren un tono de memorias personales en un marco geográfico real, diametralmente opuesto al escenario de las novelas de caballerías, en las que toda la geografía es fruto de la imaginación. En las novelas picarescas tropezamos continuamente con descripciones de impresiones y recuerdos urbanos y paisajísticos. Pertenecen a la misma estructura de la obra, ya que son, por una parte, recurso técnico-novelesco para lograr un escenario natural, en el que se mueven los protagonistas, y, por otra parte, las ciudades representan las estaciones en que los pícaros se detienen durante su largo vagabundeo. Son el soporte intrínseco del hilo narrativo que condiciona la estructura de la obra. Estas descripciones geográficas e impresiones no son únicamente tópicos de la época, como sucede en la literatura anterior [2], sino que captamos también el detalle costumbrista y la emoción estética que ofrece la balleza de las regiones, en cuyas ciudades el pícaro se detiene. Sus enfoques son heterogéneos y frecuentes los cambios de perspectiva, con lo que se da a este género novelístico un aspecto narrativo de novela moderna. A menudo

---

[1] Laurenti, JOSEPH L., *Estudios sobre la novela picaresca española*, Madrid, C. S. I. C., 1970, pág. 31.
[2] Por ejemplo, *El libro de Alexandre*, BAE, LVII, pág. 221.

el autor observa la importancia cultural o histórica de las ciudades que describe. Aparte de estos cuadros estáticos, más sobrios y unitarios, nos encontramos principalmente con visiones multicolores de las distintas regiones y ciudades españolas. Constituyen, pues, un método literario y artístico con las dos facetas, estructural y pictórica, de las novelas picarescas.

De las ciudades y regiones españolas, las que con más frecuencia encontramos en este género literario son, sin duda, por orden de frecuencia, Madrid, Sevilla, Toledo, Barcelona, Zaragoza, Valencia, Vizcaya. Naturalmente nos interesa aquí sólo Pamplona y Navarra.

GUZMÁN DE ALFARACHE

Empezaremos por la novela picaresca *Guzmán de Alfarache*, de Mateo Alemán, ya que en el *Lazarillo* no aparece ninguna alusión a Navarra. Várez de Castro edita la primera parte en Madrid en 1599. Y Pedro Crasbeck la segunda parte en Lisboa, en 1604. En esta obra solamente encontramos dos referencias navarras, a través de un dicho o frase popular. En la primera parte, 1, III, c. II, escribe Mateo Alemán: «yo escapé de la de Roncesvalles, como perro con vejiga» [3]. Y en la segunda parte, I, II, c. VII, repite la misma frase: «En obligación le quedamos, cuando acaso sea vivo y escape con la vida de la de Roncesvalles» [4].

El valenciano Juan Martí debió oír en sus viajes por la ciudad levantina lo que el escritor andaluz Mateo Alemán pensaba hacer de su héroe, Guzmán de Alfarache, en una segunda hipotética parte. El jurisconsulto Martí le hizo la jugada de publicar, en 1602, esta *Segunda Parte de la vida del Pícaro Guzmán de Alfarache*, con el pseudónimo de Mateo Luján de Sayavedra, que suena a Mateo Alemán. Esta segunda parte está hecha a base de lo imaginado por el verdadero autor. En el Segundo Libro, en los capítulos VIII y IX, al encontrarse Guzmán en Valencia con un lacayo vizcaíno, habla extensamente de Vizcaya y los vizcaínos y también trata varias veces más brevemente de Navarra.

La primera vez nos informa de la fe cristiana en este reino y de la rapidez con que se convierte Pamplona.

Ya se ve la antigüedad de la provincia en su población; pues la antigüedad de nuestra santa fe y religión en Cantabria y Navarra es grandísima; porque, según dicen las crónicas, San Saturnino, a quien llaman en Navarra San Cernín, que fue primero discípulo de San Juan Bautista, y luego del apóstol San Pedro, y después obispo de la ciudad de Tolosa de Francia, fue enviado por San Pedro desde Roma a España a pre-

3 Angel VALBUENA PRAT, *La novela picaresca*, Madrid, 1974, t. I, pág. 422. Las citas serán generalmente de esta edición.
4 *Op. cit.*, pág. 597.

dicar el Santo Evangelio y le predicó en la Cantabria y tierras
de Navarra y sus comarcas, donde en la ciudad de Pamplona
con su predicación, en sólo espacio de siete días, convirtió
más de cuarenta mil hombres a la fe de Cristo. Y desde ese
tiempo quedó en Navarra y Cantabria abrazada nuestra santa
fe; y de aquí es que en aquella región, especialmente en lo
marítimo, en todos sus templos, no se hallará advocación de
Parroquia que no sea de santo de la primitiva Iglesia... [5]

En el capítulo IX hace alusión a la historia de Navarra y a los
privilegios que concedieron a los navarros algunos reyes, para explicar los privilegios de los vizcaínos.

> ... según Garibay, en *La primera parte de su compendio
> historial y en el libro veinte y uno, p. 29,* adonde se dice que
> el rey don Sancho Garcés IV de Navarra, por la victoria que
> le ayudaron a ganar contra los moros los roncaleses, sus vasa-
> llos, les tornó a dar nueva carta de hidalguía, en confirmación
> del privilegio dado por el rey don Fortún Garcés su padre, de-
> clarándoles por infanzones hijosdalgo, libres de todo tributo, y
> después fue este privilegio confirmado por otros reyes de Na-
> varra. De este modo podemos decir que son los privilegios
> de los vizcaínos y por el favor y servicios que hicieron a sus
> reyes y señores en guerras contra los moros... [6]

Otra dé las veces nos dice muy seriamente que la opinión de
que el patriarca Túbal fue el primer poblador de España que nos
trajo su lengua se debe a don Francisco de Navarra, arzobispo de
Valencia, como lo afirma Garibay.

LA PÍCARA JUSTINA

El *Libro de entretenimiento de la Pícara Justina* fue publicado
por el médico toledano Francisco López de Ubeda, en 1605, poco
después del *Guzmán de Alfarache,* de Mateo Alemán, aunque escrito muy anteriormente. El escenario pintado es el de la ciudad de
León, muy conocida por el autor, lo mismo que el habla leonesa con
sus modismos locales. La obra posee una organización escolástica y
fue escrita para la corte de León, donde se encontraba el rey tran-
sitoriamente, y para deleite de los cortesanos cultos. Lo mismo que
en la novela anterior, Navarra no entrará dentro de la geografía itinerante del pícaro. Unicamente encontramos alusiones y referencias,
por cierto interesantes. Casi todas las citas que hace su autor de

---

[5] Angel VALBUENA PRAT, *La novela picaresca,* Madrid, 1974, t. I, págs. 798-
799.
[6] *Op. cit.,* t. I, págs. 810-811.

Navarra y Pamplona se refieren a su aspecto bélico. Las continuas guerras de Navarra en esa época daban ocasión para ello.

La protagonista, Justina, cuenta la muerte de su madre en un estilo tragicómico. Describe a sus hermanas llorando. «Mis hermanas también lloraron sus sorbitos, pero siempre guardándome la antigüedad en que yo jugase de mano y llorase la primera: y todo con mucho decoro, porque cuando una lloraba, callaba la otra. Que era para alabar a Dios oír el concierto de nuestro lloro. Parecíamos los morteros de Pamplona, que cuando el uno alza, el otro baja»[7].

Es curiosa la siguiente alusión a las puentes de Navarra. Nos dice que entró en León por «La puente que llaman del Castro, que es una gentil antigüalla de guijarro pelado, mal hecha, pero bien alabada...». A continuación habla de la gente de Villarete.

Dolor de la puente de Villarete, que está junto a mi pueblo. Que si no tuviere en medio un tirabraguero de madera, a causa de haberse quebrado por la parte más necesaria y de más corriente, pudiera hablar donde hubiera puentes, aunque fueran las de Navarra, de quien dice el refrán de aquella tierra: Puentes y fuentes, Zamarra y Campanas, Estella la bella, Pamploa, la bona, Olite y Tafalla, la flor de Navarra, y sobre todo, puentes y aguas»[8].

Es el recuerdo que conservaban los peregrinos de Santiago al pasar por este reino, ya que tenían que atravesar numerosos puentes y algunos ríos por los vados[9].

Las tres siguientes son claras alusiones bélicas e históricas a la ciudad de Pamplona.

Yo, cuando oí aquello de las tejas abajo sospiré un sospiro que por pocas hiciera temblar la Taconera de Pamplona, como cuando la ciudadela de la Mosquetea[10].

El muchacho comenzó a tascar con su bizcocho, y al ruido que hacía con el juego de las muelas, que era mayor que el de los veinte y ocho majaderos de la pólvora de Pamplona, me dormí como perro...[11].

---

[7] Op. cit., t. I, L. I, c. III, núm. 3, p. 934. Sobre estos morteros, encontraremos referencias en varios libros de viajes del siglo XVII. Por ejemplo, en *Mémoires de M. de Gourvillè, conseillor d'Etat*, París, 1734, aunque el viaje lo realizó en 1670. Juan de Vandenesse, *Diario de los viajes de Carlos V*. Puede consultarse Florencio Idoate, en *Príncipe de Viana*, núms. 54 y 55. *Las fortificaciones de Pamplona a partir de la conquista de Navarra*.

[8] Op. cit., L. II, Parte I, c. I, núm. 3, p. 978.

[9] François Bertaut hace también alusión a los altos puentes de Navarra en el *Journal du voyage d'Espagne* (1669). Fue publicado por F. Cassan en el t. XXXIV, 1915, de la *Revue hispanique*.

[10] Op. cit., L. II, Parte II, c. III, p. 996.

[11] Op. cit., L. II, Parte II, c. IV, núm. 1, p. 1007. Sobre los majaderos de pólvora de Pamplona puede verse el libro de viajes *Voyage d'Espagne, conte-*

Por menos inconveniente tuve pensar que en aquella iglesia se entraba por minas, como en la ciudad de Pamplona, o por el tejado con garruchas, como en algunos castillos... [12].

MARCOS DE OBREGÓN

En 1618 publica Vicente Espinel su novela *Vida del escudero Marcos de Obregón*. Los críticos advierten la escasa picardía de este libro, debido al carácter bondadoso de su autor y haberlo escrito en su ancianidad. Es un libro transido de sentimientos nobles y lo picaresco constituye adjetivo externo. Navarra entra en el itinerario geográfico del pícaro de esta novela, ya que vagabundea por el norte y dedica a Vizcaya y Bilbao mayor extensión. De Bilbao va a Vitoria y de aquí pasa a Navarra. En Vizcaya le fue mal, pues cuatro vizcaínos que salían de una taberna le vieron al llegar a un molino castellano, con dos vizcaínas, y arremetieron contra él y tuvo que estar ocho o diez días en cama. Se admiró de ver que «entre gente de tanta bondad y sencillez se criasen tales traidores, sin piedad y sin justicia». Por eso añade:

> Salí de Vizcaya echándole mil bendiciones, lo más presto que pude, por llegar a Vitoria, donde hallé un caballero amigo mío que se llamaba Felipe de Lazcano y él me hospedó y me regaló de manera que pude reparame del trabajo pasado. Y por no dejar de vello todo, fui de allí a Navarra, siendo condestable della un hijo del gran duque de Alba, don Fernando de Toledo, pero con gran cuidado de no arrojarme a cosa que no fuese muy bien pensada.
> Al fin salí por Navarra y Aragón de manera que adquirí muchos amigos [13].

En Navarra vemos que le fue mejor, pues la experiencia del molino le hizo ser cauto con las cotumbres de otros reinos. Por eso

---

nant entre plusiers particularitez de ce Royaume, Trois Discurs Politiques sur les affaires du Protecteur d'Angleterre, de la Reine de Suede, et du Duc de Loraine: Avec une Relación de l'Estat el gouvernement de cette Monarchie; et une Relation particulière de Madrid, Revue, corrigé et augmenté sur le M. S. (A Cologne, chez Pierre Marteau, 1667). Después de describir la ciudadela hace la descripción de un «Moulin à bras mervelleux». Es la mayor máquina de su especie que he visto —nos dice su autor—. Tiene cuatro o cinco piedras y otras tantas tolvas y nos dijeron que cada una podía moler veinticuatro cargas de trigo por día (cap. XXXVII, págs. 330-331). Brunet (V, col. 1376) escribe que el autor fue R. A. de Bonnescasse, al menos, en parte, lo que se refiere a Madrid. También se ha atribuido a su acompañante, François d'Arssens de Sommelsdyck, pero en Francia se considera que su autor es Antoine de Brunel (1662-1696).

12 *Op. cit.*, L. II, Parte III, c. I, núm. 1, p. 1030.
13 *Op. cit.*, t. I, L. I, descanso XXII, pág. 1239.

en esta tierra dejó muchos amigos. No nos da ningún rasgo o impresión de ella.

EL DONADO HABLADOR

El donado hablador Alonso, mozo de muchos amos es una novela picaresca, toda ella dialogada, del doctor segoviano Jerónimo de Alcalá Yáñez. Se publicó en dos partes: la primera en 1624 y la segunda en 1626. En la primera, Alonso es donado de un convento y dialoga con el Vicario de su orden; y en la segunda, convertido en ermitaño, habla con el párroco de San Zoles, en Navarra, a cuya jurisdicción pertenece su retiro. Como indica su título, sirve a muchos amos y por eso nos da una visión de la sociedad más completa en ambientes y clases sociales que las otras novelas del género.

Navarra forma parte esencial del escenario del protagonista. El convento, a cuyo vicario le cuenta toda su vida en la primera parte, y la iglesia de San Zoles, a cuyo párroco le hace la confesión de toda su nueva vida de ermitaño, en la segunda parte, están situados los dos en el reino de Navarra. Tampoco aquí encontramos rasgo ni pintura relativos a Navarra o a sus habitantes y costumbres. La segunda parte comienza, en el primer capítulo:

> CURA.—¿Es posible, hermano, que al cabo de tantos años como ha de que le dejé en el reino de Navarra con aquellos santos monjes de su convento, le haya venido a ver en esta tierra, no sólo mudado el modo de vivir, sino también en hábito tan diferente como el que trae? [14].

Si no nos lo hubiera dicho Alonso no hubiéramos sospechado que el cura era natural de Lérida, donde se graduó en los sagrados cánones y que ha venido a Navarra, «adonde el señor obispo me ha hecho merced de darme el curato de San Zoles; tiene mi iglesia anexo este santo templo, que en otro tiempo fue casa y recogimiento de los templarios, aunque ahora está tan mal tratado, en efecto, como edificio antiguo que no se habita. Tiene por vecindad este cercano soto, tan abundante de caza como el río de pesca».

Fuera de estas notaciones relativas a la caza y pesca y el uso digno del don en Navarra, no advertimos más observaciones del autor. Esto último lo dice a propósito de encontrar un cadáver en el monte. Por el texto vemos que estaba en tierra navarra.

> Miréle algunos papeles que estaban en los bolsillos de los valones, que leídos, parecían ser billetes de desafío; y mirando la firma, parecían en los nombres gente principal, porque

---

[14] *Op. cit.*, t. II, segunda parte, c. I, pág. 234. El paisaje se puede referir al Santuario de la Virgen de la Fuencisla, patrona de Soria, al hablar de peñas, arroyos y árboles.

en Navarra y Valencia si no son nobles no se ponen don; donde colegí que aquel malogrado mozo por algunas pesadumbres que había tenido salió desafiado con algunos contrarios suyos, y como desgraciado hubo de quedar en la estocada sin vida [15].

Ignoramos por qué Jerónimo de Alcalá escogió como escenario de su novela la tierra navarra.

CASTILLO SOLÓRZANO. NOVELA PICARESCA

Otras de las novelas picarescas en las que hace acto de presencia Navarra son algunas de Alfonso Castillo y Solórzano. Escribió cuatro novelas plenamente picarescas, tres de las cuales están protagonizadas por personajes femeninos: *La niña de los embustes, Teresa de Manzanares, Las harpías de Madrid* y *La garduña de Sevilla.* La cuarta lleva por título *El Bachiller Trapaza.*

TERESA DE MANZANARES

En tres de ellas, *Teresa de Manzanares* (1632), *La garduña de Sevilla, anzuelo de muchas bolsas* (1642) y *El bachiller Trapazas,* encontramos el tema navarro. *Teresa de Manzanares* repite el motivo cervantino de *El celoso extremeño,* al casarse con el viejo y sentir la

---

[15] *Op. cit.,* t. II, 2 parte, c. IV, pág. 256. Era un tópico en la literatura castellana de esta época las burlas contra el uso y el abuso del dôn. Una de las primeras decisiones de Sancho, en su gobierno de la ínsula Barataria (II, 45) es la selección de los dones con una radical limpieza de los espúreos. Sin embargo, la literatura del Siglo de Oro, tan rica en las sátiras contra los usurpadores reconoce la honradez en este uso de algunas provincias, como Navarra, Vizcaya o Guipúzcoa, como vemos, en parte, por el testimonio citado. Diego de Hermosilla, en el *Diálogo de los pajes,* observó: «Y aún hoy día, en la provincia de Guipúzcoa y el reino de Navarra, a todos los clérigos, por pobres que sean, llaman don, por honradez» (Madrid, 1901, pág. 38. Desde la pág. 34 habla del pro y del contra del don). Y Alfonso de Ledesma, en *Juegos de Nochebuena...,* en el enigma del *don* nos dice:

«Más, al fin, acabo bien,
que a fin de les imitar,
soy clérigo de Navarra
o cartujo del Paular.»
(Madrid, 1611, fol. 181 v.)

En *El Quijote* (I, 9) al vizcaíno derrotado se le da el nombre de don: «Don Sancho de Azpeitia». Es rara casualidad, como advierte Legarda en *Lo vizcaíno en la literatura castellana* (San Sebastián, 1953), que el doña que Sancho Panza creía impropio de Dulcinea e inexistente se lo hubiesen aplicado de hecho solamente dos veces, y, la primera, en la aventura de don Quijote con el vizcaíno. Puede verse la nota de Rodríguez Marín, en *El Quijote* (II, 3), Clásicos Castellanos, 13, pág. 69.

acometida de la juventud. Así comienza el camino de sus irregularidades al admitir a su primer amante. Su tercer marido, un rico indiano, llamado Alvaro Osorio, es navarro y para casarse con él le oculta sus anteriores andanzas.

> Era hombre de cincuenta años, entrecano, enjuto de rostro, buena estatura y andando lucido, aunque no tanto como pudiera con más de cincuenta mil ducados que había traído de Lima. Su familia eran dos criados de espada, tres negros y una negra, que le guisaba de comer. No tenía coche, sino que andaba en un macho regalado, acompañándole dos negros [16].

No abundaba en Navarra la emigración americana tanto como en las provincias norteñas marítimas [17]. El carácter serio, trabajador y amante del ahorro, responde al carácter navarro. Aunque este ahorro dio en la misma seria «plaga que traen todos los que pasan de España a ganar hacienda a las Indias, que como allí les cueste trabajo el adquirirla, así la guardan», dice el autor.

Vino a Sevilla una hermana del perulero, Leonor, también natural de Navarra, a quien había dejado niña, en poder de su madre, cuando pasó a las Indias. A esta mujer la pinta discreta y alegre y muy hermosa y representa un papel importante en la novela

> ... porque era doña Leonor (que este nombre tenía) muy discreta y entretenida. En el discurso de nuestra visita me trató del deseo que tenía su hermano de verme y que si le daba licencia vendría aquella misma tarde allí [18].

El matrimonio de Teresa con el indiano navarro no fue feliz por la gran diferencia de años y por los modos y el motivo con que fue Teresa al matrimonio, pues nos confiesa: «supe hacer bien el papel

---

[16] *Op. cit.*, t. II, c. XVI, pág. 401.

[17] En esta novela el navarro no tiene rasgos distintivos. Sin embargo, las alusiones de otros autores pecan por carta de más, aunque de exactitud y pintura muy discutibles. Por ejemplo, Francisco Gregorio de Salas del siglo XVIII, que escribe de los navarros unas malas décimas:

> «Navarra, en la realidad,
> da de sí la gente honrada;
> y aunque es un poco pesada,
> guardan palabra y verdad;
> en todo tiempo y edad
> son terribles comedores,
> igualmente bebedores
> y todos son traficantes,
> asentistas, comerciantes,
> indianos y capadores.»

(*Juicio imparcial o definición crítica del carácter de los naturales de los reinos y provincias de España*, BAE, t. 77, pág. 532.)

[18] *Op. cit.*, t. II, pág. 402.

de la honrada, que merecí por esposa un principal hidalgo de lo mejor de Navarra, sin que nadie me conociese, que no fue el menor embuste mío publicar estimación, donde no había para pescar aquel novio». Y añade:

> ... Juzgábase mi indiano ya en mayor edad, no suficiente para los deleites del consorcio, y a mi, moza, y que esto me había de cansar y buscar nuevo empleo, con lo cual hizo prevenciones para guardarme y no me perder de vista, aun con mayor extremo que el primer dueño que tuve. Las ventanas habían de estar siempre cerradas; el salir había de ser siempre en el coche y corridas las cortinas de él ...
>
> ... amigo ninguno no le había de entrar en casa, ni visitarme, ni tampoco lo consentía aun a mis amigas. Con todo, lo pasaba mejor con Lupercio de Saldaña, que buen siglo gocé, porque la compañía de su hermana de don Alvaro me era de gran alivio, pues con ella pasaba mejor mi clausura. No era la que menos de las dos sentía estos extremos de su hermano, y me decía (indignada con él) que si supiera que tenía tal condición no la trajeran de Navarra por ningún caso» [19].

Leonor era la compañera de Teresa en los devaneos amorosos con los dos galanes: Diego y Sancho.

> De la plática de doña Leonor y Don Diego (que este era el nombre del que la habló) quedó ella muy aficionada; era moza y hermosa y poco cursada en estos lances; no me admiré de que se aficionase, que el caballero tenía buen talle y era discreto. Con él se declaró más que yo con Sancho, y así supo de ella nuestra casa, la calidad de mi esposo, y asimismo mi encerramiento [20].

Al morir su hermano Alvaro heredó gran parte de su fortuna y se casó con Diego, fiel a su primer amor, a pesar de los muchos pretendientes con que contaba ahora. Al final de la novela, Teresa se casará con un primo de su amiga Teodora, dejando el autor estos nuevos acontecimientos de su cuarto matrimonio para otra obra, que no vio la luz.

LA GARDUÑA DE SEVILLA

También en *La garduña de Sevilla y anzuelo de las bolsas*, hace alusión a Navarra, aunque muy brevemente. Jaime, el último marido de la protagonista, aconsejado por su mujer, se hizo pasar por estudiante y poeta vizcaíno, autor de comedias, para que su cuadri-

---

19 *Ibídem*, t. II, pág. 403.
20 *Ibídem*, t. II, pág. 404.

lla anidase el dinero, mientras leía su comedia, al autor y director de una compañía de teatro. Fingió llamarse Domingo Joancho, autor de una docena de obras dramáticas, cuyo último título era *La señora de Vizcaya*. Nos dice que estudió en Irache, lo que indica que era conocido en toda España por la calidad de sus letras, este centro navarro de estudios.

> El fundamento de mis letras —dijo Jaime— estriba en haber sido artista en Irache, donde soy graduado de bachiller con no pocos aplausos, de mi nación, que soy vizcaíno, para servir a Dios y a vuesa merced. Mi patria es Orduña, nacido de la mejor sangre de aquella antigua villa. Mi nombre es el bachiller Domingo Joancho, bien conocido en toda Vizcaya [21].

El bachiller Trapaza

El bachiller Trapaza es una novela picaresca con rasgos muy peculiares, que define el nuevo estilo de vida de la época. El protagonista es un vividor que debía acabar forrado de dignidad y dinero. También aquí encontramos el tema de Navarra. Precisamente, cuando está a punto de casar con una dama principal. Trapaza se finge caballero, natural de Pamplona, Fernando de Peralta, «apellido que había oído ser de gran sangre y nobleza». Afirma ser de una de las familias más ilustres de Pamplona, descendiente de los reyes de Navarra. Inventa toda una historia sentimental, se finge dueño de una gran herencia, al morir su hermano, y dícese enamorado de Serafina, hija de doña Aldonza, mujer muy rica y principal. Esto le sucedió desde que vio su retrato, que trae consigo, conseguido igualmente con una trapisonda.

Este es un truco muy común en la picaresca. El pícaro se finge personal principal, lo que responde a las aspiraciones sociales y al ingenio del pícaro, nota esencial de estas novelas. Castillo Solórzano dedica a esta historia una serie de páginas. Al final es descubierto el enredo de Trapaza y recibe duro castigo. Citemos el párrafo en que Trapaza cuenta su falsa ascendencia.

> Sosegóse un poco, y dijo así:

> —Pamplona, metrópoli del reino de Navarra, es mi patria. Mi padre, un caballero natural de esta ciudad y de lo más ilustre de ella, pues descendemos de los reyes de Navarra; este honor gozamos los Peraltas. Mi padre se llama don Fadrique

---

21 *Op. cit.*, t. II, pág. 667. Irache fue un monasterio benedictino, hoy en poder de los escolapios, donde tienen sus estudios de Filosofía y Teología, a tres kilómetros de Estella, en la falda de Montejurra, llamado Santa María la Real. En 1528 se unió a la Congregación de San Benito de Valladolid, y con este motivo la Universidad de Estudios de esta Congregación fue trasladada a Irache.

de Peralta, viudo de doña Blanca de Beaumont, que goza del cielo. Quedamos de este matrimonio dos hijos: don Sancho, que es mi mayor hermano, y yo, que me llamo don Fernando. Fue don Sancho muy divertido caballero, así en juegos como en mujeres, vicios que la más poderosa hacienda acaban, por lo cual era aborrecido de mi padre, cuanto yo amado, que, escarmentando en mi hermano, me moderé en los divertimientos, atendiendo más a la caza y a hacer mal a caballos, a que era sumamente aficionado. Hiciéronse en Pamplona unas fiestas, día de San Juan Bautista, a que acudía mucha gente de aquella comarca, y de la ciudad de Logroño vino un caballero con una hija suya a ser incendio de la juventud de Pamplona; tanta era su beldad, que es poco encarecimiento el que hago de ella y antes la agravio que la exagero [21 bis].

CASTILLO SOLÓRZANO, COSTUMBRISTA

Hemos visto cómo abunda en su extensa obra la novela picaresca. Pero también cultiva la novela costumbrista, que Amezúa la ha calificado como novela cortesana. Esta última faceta se manifiesta sobre todo en sus cuentos y relatos breves. Con ellos reunió varios volúmenes [22].

En dos de estas creaciones encontramos el tema navarro: *La Quinta de Diana* y *Sala de recreación*.

LA QUINTA DE DIANA

La Quinta de Diana constituye un relato de su colección *Tiempos de regocijo y Carnestolendas en Madrid*. El protagonista, Martín Peralta, es caballero navarro. El nos cuenta todo lo que le aconteció en la ciudad de Pamplona antes de llegar a *La Quinta de Diana*, cerca del caudaloso Po, en el estado de Lombardía, en Italia; la novela comienza:

A la escasa luz que el luciente Febo (ausente del ártico

[21 bis] *Op. cit.*, t. II, pág. 524.

[22] Así, *Tardes entretenidas* (1525), que contiene «El amor en la venganza», «La fantasma de Valencia», «El Proteo de Madrid», «El socorro en el peligro», «El culto graduado», «Engañar con la verdad», «Jornadas alegres» (1626); «No hay mal que por bien no venga», «La obligación cumplida», «La cruel aragonesa», «La libertad merecida», «El obstinado arrepentido» y una fábula en prosa, «Las bodas de Manzanares». *Tiempos de regocijo y Carnestolendas en Madrid* (1627): «El duque de Milán», «La Quinta de Diana», «El ayo de su hijo», un entremés y poesías, «Huerta de Valencia». *Prosas y versos* (1629): «El amor por la piedad», «El soberbio castigado», «El defensor contra sí», «La duquesa de Mantua» y una comedia. *Noches de placer* (1631): doce novelas cortas. *Fiestas del jardín*: cuatro novelas y tres comedias. *Sala de recreación*: cinco novelas. *Los altivos de Casandra*: cinco novelas.

polo), comunicaba a las nocturnas estrellas, caminaba don Martín Peralta, caballero navarro, sin otra compañía que la de sus confusos pensamientos, por el estado de Lombardía... [23].

El autor nos relata las peripecias del protagonista por Italia; su encuentro con una mujer, Leonora, que le conduce a la Quinta de Diana. Aquí don Martín cuenta a Diana su historia.

La famosa y antigua ciudad de Pamplona, metrópoli del reino de Navarra, es mi patria. Desciendo en ella de la noble familia de los Peraltas, caballeros antiguos de aquel reino, con quienes sus reyes, en otros felices tiempos, se dignaron de mezclar su real sangre por casamientos, calificando tanto la nuestra. Nací hijo segundo de don Francés de Peralta, caballero, cuyas hazañas hechas en las guerras en servicio de su rey y en defensa de su patria, ha publicado la fama... [24].

Sigue don Martín su historia. Habla de las fiestas reales que se hicieron en Pamplona, a la que acuden las gentes de Castilla, Aragón y Vizcaya, entre las cuales llegó Lope de Castilla, descendiente del rey Pedro el Justiciero, con una hermosa dama, hija suya. De ella se enamora don Martín y es correspondido por la dama, llamada doña Blanca. Los amores eran secretos, pero don Martín logra enterarse de las relaciones de la dama con un caballero, don Enrique, al recoger con engaño un billete de Blanca, en que cita al caballero, que le había servido ya seis años. Don Martín tiene un encuentro con don Enrique. Este le dice:

Atrevimiento grande es, señor don Martín, querer que yo por favorecido no me aproveche de la ocasión que la fortuna me tiene guardada, habiéndola merecido bien en seis años que ha que sirvo a mi señora doña Blanca. Si se ha querido divertir con vos por juego, con licencia de la dama, no apruebo la burla en sujeto de tanta calidad como el vuestro... Los caballeros navarros pecáis un poco de jactanciosos y soberbios, y si con uno y otro queréis probar mi valor (que no lo dudo, pues venía a provocar)... [25]

. Advirtamos el juicio que da de los navarros. Don Martín saca su acero y quiere probar con su espada que sabe decir más verdades que él. Hay una lucha entre los señores y los criados y don Martín logra atravesar la garganta a su enemigo, dejándole muerto. Después de dar la noticia a doña Blanca que se desmaya del susto, tiene que

---

[23] *Las Harpías en Madrid* y *Tiempo de regocijo*, novelas de don Also Castillo Solorzano, publicadas con una introducción por don Emilio Cotarelo y Mori, t. VII, Madrid, 1907, pág. 288.

[24] *Ibídem*, pág. 327.

[25] *Ibídem*, págs. 345-346.

huir de la justicia y de un hermano de don Enrique, que le persigue. Va a Génova, Milán y Nápoles hasta que logra llegar a esta Quinta de Diana, al perder el camino y encontrarse con Leonora. Sigue todavía la historia, pero ya no encontramos más referencia al tema de Navarra.

SALA DE RECREACIÓN

La otra novela de costumbres en que está presente Navarra es *Sala de recreación*. Bajo este título reúne cinco novelas cortas: *La dicha merecida, El disfrazado, Más puede amor que la sangre, Escarmiento de atrevidos, Las pruebas en la mujer,* y una comedia, *La torre de Florisbella*. Navarra aparece en la *Introducción* a estas novelas. Precisamente esta Introducción consiste en la descripción de esta sala de recreación, en donde se van a contar para entretenimiento —artificio tomado del *Decamerón*— las novelas mencionadas, que está precisamente en la ciudad de Pamplona, de la que hace una extensa *Loa*. Castillo Solórzano debió sentir atractivo por Navarra a juzgar por las numerosas referencias y alabanzas que hace de esta tierra. Veamos el comienzo de la *Introducción*:

Pamplona, insigne y antigua ciudad (cuyo antiguo nombre fue Sansueña), metrópoli del reino de Navarra y corte de sus ínclitos reyes, a quien con sus asistencias ilustraron y con su generosidad ennoblecieron; madre de ilustres familias, centro de claros ingenios, paraíso de perfectas hermosuras y, finalmente, ya posesión del gran monarca Filipo Quarto, rey de las dos Españas, que por cabeça de reino tan noble, estima como a una de las más preciosas piedras que guarnecen su corona. Era patria de quatro célebres bellezas, cuyos ilustres padres fueron de la real casa de Navarra. Llamábanse, el origen de estos cuatro portentos de beldad, don Teobaldo de Navarra y su madre doña Brianda de Labrit; él singular por su ingenio, grande humanista, agudo latino y docto filósofo... Doña Brianda, espejo de virtud y exemplo de ilustres matronas, en lo que a su estado le tocó, fue consumadísima señora, crió a sus cuatro hijas con mucho cuidado, saliendo todas (a imitación suya) muy perfectas. Eran estas damas el recreto de la vista de toda la ciudad, el imán de la juventud en los galanes... [26]

---

[26] *Sala de recreación,* por don Alonso de Castillo y Solórzano, en Zaragoza, año 1649, pág. 1. En el siglo XIX también encontramos un elogio de las bellezas de esta tierra en don Juan Valera, en su novela *Zarina (Obras Completas,* I, páginas 892-893): «... Y una de las razones que yo tenía para ello era y es la corrección de formas y facciones y la hermosura de las mujeres de las provincias vascongadas y de Navarra, donde se conserva aún la raza ibérica primitiva en su mayor pureza.»

A continuación nos hace una descripción del clima, un poco duro, de Pamplona.

> Es Pamplona ciudad de montaña, y como vecina a ella participa de sus frialdades, de manera, que los inviernos son algo más largos y penosos de fríos, que en otras partes. Por esta causa se previenen para reparo suyo de mayor abrigo, ya con costosas pieles de martas, ardillas y turones, en que forran sus vestidos, ya con provisión de leña, con que bastecen sus chimeneas, y ya con flamencos paños que adornan las paredes de sus pieças.
> Fue un invierno el más riguroso de los passados, por las muchas nieves que huvo... [27].

Viendo «el impedimento de los yelos y nieves para la comunicación de sus familias», don Teobaldo quiso proporcionarlas durante los días de carnestolendas para celebrar estas fiestas la espaciosa sala de su casa, aventajada en grandeza a quantas avia en Pamplona». Allí hubo «saraos de danças y bailes, máscaras, academias, justas poéticas y representaciones y sobre todo el novelar todas las noches, en que huviesse juntas de damas, por haber cuanto se gustava de este ingenioso exercicio». Podemos leer una muy minuciosa descripción de esta sala que da el título a la colección de novelas cortas.

> Era esta de más de trescientos passos en largo, y casi la mitad de ancho; en esta se pusieron quatro estufas, que sin verse fuego, le huviesse para abrigo de los que avian de asistir allí, el modo de las de Flandes. En el tope de la sala levantó un estrado de hasta seis pies en alto, cubierto de ricas alfombras turcas, iguales en colores a muchísima cercava una barandilla de palaustres de plata, de dos palmos de alto, y a trochos avia deste precioso metal muchos braseros para abrigo de las damas... [28].

Sigue todavía la prolija descripción y comienza la recreación primera con «cuatro coros de música». Incluye la poesía que cantaron, ya que es natural en Solórzano la mezlca de poesía en su prosa. Después de haber sosegado un poco el auditorio, empieza la primera novela. En ellas no encontramos ya ninguna alusión al tema navarro.

Salas Barbadillo

Alonso Jerónimo Salas Barbadillo (1581-1635) nació en Madrid y fue hombre muy de su tiempo. Este autor pasó una temporada en Tudela [29]. Por eso no nos extrañe que una de sus novelas, *La correc-*

---

[27] *Ibídem*, pág. 2.
[28] *Ibídem*, pág. 4.
[29] Cotarelo y Mori, en su prólogo a las obras de Salas Barbadillo (Ma-

ción de vicios, tenga por escenario esta ciudad y su ribera y nos dé innumerables detalles concretos de ella.

Salas Barbadillo innova el campo de la novelística española, uniendo el cuento picaresco con la novela corta italianizante, en un marco de sátira costumbrista. Fue un momento interesante de su producción y dio a luz pública *El caballero puntual* (primera parte, 1614, y segunda parte, 1619). Entre estas dos partes publicó *La corrección de vicios* (1615), en donde el escenario es Tudela y hace un elogio de la ciudad y del frontón que posee. Siguió cultivando la novela corta, reuniendo incluso misceláneas de relatos, como *La casa del placer honesto.* Sus obras mejores son: *El caballero puntual* (1614) y *El sagaz Estacio, marido examinado* (1620), donde recoge hechos autobiográficos de sus lances y procesos. En esta última hace también alusión a Navarra, tal vez inspirado en Quevedo. Es interesante como documento de época y la forma de novela dialogada derivada de *La Celestina.*

CORRECCIÓN DE VICIOS

El título completo es: *Corrección de vicios, en que Boca de todas verdades toma las armas contra la malicia de los vicios, y descubre los caminos que guían a la virtud* [30]. Salas Barbadillo refiere a doña Ana de Zuazo, a quien dedica el libro, la jornada que hizo de Burgos a Zaragoza. Cómo visita la casa de los enfermos del juicio y cómo de allí pasa a Tudela de Navarra. El siguiente capítulo titula:

> Entra Alonso Jerónimo en Tudela de Navarra: encuéntrase con Boca de todas verdades, que le encarece, cuán dificultosa es la salvación de un escribano o alguacil, y a propósito le refiere cuentos graciosos [31].

---

drid, 1607, t. I, págs. LI-LIII), nos dice que permaneció «muchos días que fueron meses en Zaragoza». Aquí cultivó la amistad de algunos escritores y literatos, especialmente con el alférez Francisco de Segura, natural de Atienza (Guadalajara), a quien entregó su linda novelita, *La hija de Celestina,* que Segura dio a la estampa en ese mismo año de 1612. Quizá, añade Cotarelo, sea éste el «amigo, hombre de curiosos estudios», que le recomendó a algunas personas de Tudela, a donde pensó retirarse en los meses de calor, antes de emprender un deseado y no cumplido viaje a Sevilla. Empezaba ya el verano, cuando salió de Zaragoza. Pudo hacer en un día la jornada de las dieciséis leguas escasas o «muy breves [como él nos dice] que hay entre amvas ciudades, si bien el camino es llano y apacible». En Tudela fue bien hospedado y admitido de sus moradores y allí colocó la acción o relaciones de su novela *Corrección de vicios,* que suscribe, al final, de este modo: «De Tudela de Navarra, y de agosto de mil y seiscientos doce».

30 *Obras Completas* de Alonso Jerónimo de Salas Barbadillo, t. I, *Corrección de vicios* y *La Sabia Flora Malsabidilla,* con la vida y obras del autor, por don Emilio Cotarelo y Mori, colección de «Escritores Castellanos», t. 128, Madrid, 1907.

31 *Op. cit.,* pág. 17.

En este capítulo alaba la región y nos da ya detalles concretos e interesantes de esta ciudad, como quien había vivido en ella, y había sido bien tratado.

Llegué a Tudela de Navarra en un día. Porque, aunque desde Zaragoza ponen dieciséis leguas, son muy breves, que como favoreció el cielo esta tierra tanto, hasta el camino es apacible y enemigo de dar molestias. Y habiendo sido en esta ciudad bien admitido y hospedado, confirmé mi pensamiento, que fue asentar en ella por algunos días el pie, sin abrir nueva puerta a mi peregrinación y viaje.

Reposé aquella noche y el día siguiente discurrí la ciudad, cuyas piedras dicen la antigüedad de sus primeros señores. Entré en el Aseo, que es lo que allá en Castilla, más bien decimos iglesia mayor. Este templo, si en la grandeza no es de los mejores de España, en la traza y buena disposición del edificio a ninguno debe el primer lugar. Donde se trata con particular estudio de acudir al servicio del culto divino, representando el Deán que en ella (singular en España) tiene veces de obispo, y sus canónigos, en su tanto, la autoridad que los que poseen la Primacía Toledana. Oí misa y después de haber considerado despacio algunas particularidades, vi un hombre en hábito largo, cuyo rostro publicaba ingenio, y el desaliño del traje no lo contradecía... [32].

Este ingenioso vagabundo a quien le apoda *Boca de todas las verdades* va a ser el que conversa con Salas. Y saca las moralejas de las novelas que nos relata. Le invita a su posada para comer con él y después de levantar los manteles entra el escribano, del que cuenta, con la consiguiente moraleja, la historia que anuncia. Observó el gran mérito de la catedral gótica de Tudela, en su traza y perfecta, como han advertido los críticos del arte.

El libro contiene ocho novelas: *El mal fin de Juan de buen alma, La dama del perro muerto. El escarmiento del viejo verde, Las narices del busca vida, La mejor cura del matasanos, Antes morir que decir la verdad, Las galeras del vende-humo, La niña de los embustes.*

La segunda novela, *La dama del perro muerto,* es la más interesante para nosotros. Hay una clara alabanza del frontón de Tudela, en una de sus calles, y de los pelotaris de esta ciudad. Es curiosa esta referencia de Salas Barbadillo a este deporte, que entró tardíamente al País Vasco. En la literatura abundan alusiones a descripciones de partidos jugados en Madrid y en otras ciudades españolas. Hoy se denomina pelota vasca. José María Iribarren, en un documentado artículo, publicado en la revista *Pregón,* habla de las ordenanzas mu-

---

[32] *Ibídem,* págs. 17-18.

nicipales relativas al deporte vasco, en pueblos de la Ribera de Navarra.

> Tiene esta ciudad una calle, la mejor que yo he visto en toda España para el noble ejercicio de la pelota, y los naturales de ellas, insignes jugadores, jamás la dejan sola. Detúveme un rato en ella por ver jugar a D. Antonio de Falces, caballero de persona gallarda, de ingenio claro y uno de los que con más gentileza y seguridad han jugado en Europa. Estuve tan entretenido como admirado. Pero como esta conversación durase poco, porque el partido no era igual y no se conviniesen, acompañado de Martín Frances Menor... fui gozoso con tal compañía, en busca de aquel que tenía tan poco parentesco con el diablo, pues a él le llaman padre de la mentira y este otro es *Boca de las Verdades*... [33].

En la novela quinta, *La mejor cura del matasanos*, al comienzo, vuelve a darnos algunas pinceladas de Tudela, con relación a las fiestas de Santa Ana, patrona de la ciudad, y a las vísperas de la catedral.

> Otro día, que fue víspera de Santa Ana, Patrona desta ciudad y también de Madrid, fui a la iglesia mayor a las vísperas que se celebran con mucha solemnidad, con asistencia de todo el pueblo. Hallé asiento en parte donde gozaba un airecillo que me traía juntas dos utilidades: templanza contra el calor, que era riguroso, y suavidad en las voces de los cantares.
> Llegó el amigo, a quien, haciendo yo cortesía en el lugar, rogué que callase, que fue pedirle que negase su condición [34].

Tudela es una ciudad con casas señoriales y palacios antiguos con sus escudos. Salas Barbadillo advirtió la solera de estos antiguos edificios y hace alusión a ellos, en la novela sexta. También subraya la fertilidad de su huerta.

> Llevóme a las casas de Don Sancho Díaz de Almendárez, señor de Cadreyta [35], que son las más principales de la ciudad, y representan bien en su grandeza y en el bellísimo sitio que gozan, que fueron palacio en un tiempo de los reyes de Navarra, porque estando por una parte dentro de la ciudad, por otra caen sus galerías sobre el río Ebro, de donde se descubren nobilísimos campos. Entramos en la huerta que dicen muy bien con la casa, así por la variedad de frutas, como por la copia y abundancia [36].

---

[33] *Ibídem*, págs. 89-90.
[34] *Ibídem*, pág. 192.
[35] Cadreita es una villa a unos 30 kilómetros de Tudela, cuyo campo todavía pertenece al duque de Alburquerque.
[36] *Ibídem*, págs. 213-214.

En la novela octava, *La niña de los embustes,* y última, asiste Salas Barbadillo a una corrida en la plaza de la ciudad. No podía faltar este espectáculo nacional en las fiestas de Tudela, aunque nos confiesa que no se siente español en esta afición, que le cansa.

> Salimos a·la plaza, después de haber comido, donde con mucha comodidad vimos la fiesta, para mí en todos tiempos cansada, tanto, que si en algo dejo de ser español, es en no deleitarme con semejante regocijo. Pero apenas había dado el tercer toro una vuelta, cuando arrebatando a un desdichado, que se dio pocas mañas con los pies a huirla el cuerpo, le trató tan mal, que al parecer y juicio general de los que le mirábamos, se creyó haberle muerto. Acudió un sacerdote a confesarle, con que se sosegó la inquietud del pueblo [37].

EL SAGAZ ESTACIO, MARIDO EXAMINADO

Es el mejor ejemplo de los que imitan, como comedia extensa en prosa, a *La Celestina* y a *La Dorotea,* y provenía de la misma cantera que muchas sátiras de aquella época que escandalizaron a la corte, con fondo histórico. Bajo la traza del diálogo, en tres actos, pinta una serie de retratos de época: el médico, el avaro, el indiano, el jugador.

En esta novela encontramos otra referencia a Navarra. El autor, por boca de sus personajes, habla de varios tipos: el médico mozo, el tahúr, el indiano, etc., con gran justeza. Torres, uno de los personajes, a propósito de las locos con apariencia de cuerdos, confiesa:

> Digo, pues, que los primeros locos a quienes él echa la mano son unos que el mundo llama entremetidos, y los estima por cuerdos, porque cansando negocian; él, pues, desde el día de la publicación de sus edictos los manifiesta por defectuosos, permitiéndoles que anden libres, aunque vestidos en traje señalado para ser conocidos, privándoles de todo cargo y oficio; solamente les consienten que puedan ser sacristanes y muñidores de cofradías, y declara que en los enanos y dueñas se tenga este género de condición por vicio... También ordena que se repartan algunos destos por Asturias, Navarra y Vizcaya, porque los naturales destas provincias, viendo destos la confianza y osadía tan sin fundamento, pierden alguna parte de su cortedad, y los otros aprenden de la moderación destos, templanza, aunque de lo uno y lo otro espera poca enmienda, porque donde ha echado tan hondas raíces naturaleza, inútiles son las diligencias del arte... [38].

---

[37] *Ibídem,* pág. 275.
[38] *Clásicos Castellanos,* t. 57, Prólogo y notas de Icaza, Madrid, 1958, página 111.

Aquí se hace alusión a uno de los tópicos que corría entonces, muy repetido por los autores: la cortedad de los vizcaínos y de los navarros en hablar. Salas Barbadillo parece que tuvo presente el texto de Quevedo, sobre esta materia [39].

ESTEBANILLO GONZÁLEZ

Cerrando el ciclo de la picaresca, en 1646, aparece la obra, *Vida y hechos de Estebanillo González*, hombre de buen humor, compuesta por él mismo. Navarra entrará en el itinerario de este pícaro y aparecerá extensamente descrita con varias de sus cuidades. Aunque es evidente que el autor inventa, la novela sigue un hilo de sucesos reales que sirven de base al relato, con lo cual nos encontramos con un caso de injerto de la picaresca en la historia, un siglo antes que Torres Villarroel. De este modo se desliza hacia la crónica con riesgo de perder su propio carácter. Pero a la vez nos da una visión esperpéntica, hecha por el pícaro bufón, de un período de historia española. Aplica a su vida la desrealización de un género que se iba agotando por sus propios excesos. Sin embargo, es muy preciso en lo que podíamos llamar «materia objetiva», principalmente en las descripciones geográficas, muy conocidas por el mismo autor. Willis Knapp Jones ha ido señalando una serie de fechas en la vida de Estebanillo González, ya que parece seguro el carácter autobiográfico de gran parte de la novela. Entre otras su desembarco en Vinaroz y su itinerario de Tortosa, Zaragoza, Tudela, Tafalla, Pamplona, San Sebastián y su embarque a Holanda (1645). En este itinerario emplea casi un año, desde que muere la reina de España, el 6 de octubre de 1646, y viene de Italia. Todo gira con velocidad excesiva y son tantos los episodios que se suceden que llegan a cansar, aunque conserva su interés documental. Posee mil recursos de expresión y a veces pueriles rebuscamientos.

En el verano de 1645, después de llegar a Zaragoza, en cuyo hospital estuvo enfermo más de dos meses, atraviesa Navarra, camino de San Sebastián, para embarcarse, con intención de ir a Flandes. Entró en Navarra vestido a lo polaco, con un traje que le regaló el rey de Polonia, tan caro y llamativo que las gentes le tomaban por turco o japonés o judío. El mismo nos dice que en Zaragoza su vestimenta había sido la admiración de todos y que las mujeres se asomaban a las ventanas para verle y los chicos le seguían y hasta intentaron apedrearle.

---

[39] Veamos el texto de Quevedo en su *Premática del tiempo*: «Item, porque sabemos cuán lleno está el mundo de cierto género de hombres entremetidos, negociadores enfadosos y sin vergüenza, mandamos que los priven de todo cargo y oficio..., que puedan ser sacristanes y muñidores de cofradías, y... se repartan por las montañas entre rústicos por Asturias, Navarra y Vizcaya, para que éstos pierdan alguna parte de su cortedad» *(Obras Completas*, t. I, *Prosa*, Madrid, Aguilar, 1966, pág. 104).

De la ciudad de Tudela nos da tres rasgos interesantes: las excelentes frutas de su huerta, las sabrosas anguilas del Ebro y el frío y buen vino de su región, helado con nieve muy barata.

Llegué a la ciudad de Tudela, una de las principales de Navarra, a donde me di un verde aceitunado de olorosas frutas, excelentísimos vinos, llevando ordinariamente un mundo tras mí, por la novedad del traje, haciéndoles creer el mozo de mulas que era un embajador del Transilvano. Pasé a una legua de aquella ciudad, el presuroso y soberbio Ebro, sobre los hombros de una anchura y reforzada barca, en la cual compré una cesta de anguilas, por ser comida regalada y estimada en toda aquella comarca, las cuales con los arrieros y pasajeros y mozos de mulas que nos habíamos juntado en el camino, nos las merendamos en una venta a cuatro leguas de Tafalla [40].

Le debió saber a Estebanillo a gloria aquellas anguilas tudelanas, sobre todo rociadas con un buen vino de aquella región tan vitícola. Nos da el dato interesante de que bebía el vino muy frío con la nieve que recogían en invierno y la conservaban en pozos, costumbre conservada hasta pocos años.

... bebiéndonos con cada una, porque no se nos pegasen al estómago, una azumbre de vino, más helado que si fuera desecho cristal de los despeñados desperdicios de los nevados Alpes; porque vale tan barata la nieve de aquel país, que no se tiene por buen navarro el que no bebe frío y come caliente [41].

Pronto se le quitó el gusto de esta merienda suculenta con una desgracia. No en vano dura poco la dicha en este mundo al pícaro. De paso nos advierte el fuego del sol canicular en la ribera navarra.

Caminamos al caer el sol y toda la noche, por ser tierra tan cálida que no se puede andar por ella, si no es con mucho

---

[40] *Op. cit.*, t. II, págs. 946-947.
[41] *Ibídem*, t. II, pág. 947. Sobre la utilización de la nieve y el hielo para refrescar el agua y otras bebidas hay una nutrida bibliografía que arranca desde los autores clásicos. En España es especialmente abundante desde los siglos XVI y XVII. Así, en Sebastián de Covarrubias, *Tesoro de la Lengua Castellana*, Madrid, 1611, ed. Martín de Riquer, Barcelona, 1933, en la palabra *nieve*, páginas 827-829. M. Herrero García, *La vida española en el siglo XVII. Las bebidas*, Madrid, 1933, págs. 146-176. García Serrano, *Neveras tradicionales en Navarra*, en *III Semana de Antropología vasca*, Bilbao, 1976, t. I, págs. 232-250. Este último autor ha controlado veinticinco localidades con una nevera, sin contar las simas o «laceas» y cuevas naturales utilizadas con idéntico fin. Naturalmente de la mayor parte de estas neveras se conservan únicamente ruinas. Habías neveras particulares, pero la mayor parte eran de los municipios, que sacaban a subasta el arriendo de sus explotaciones. Todavía se conserva en Tafalla una nevera en el lugar llamado «La Tejería». En el fondo de la nevera se ponía leña y encima se colocaban capas de nieve apisonada con palos largos, alternando con paja.

riesgo de la salud, mientras dura la fuerza del sol. Quiso mi desgracia, por barajarme el gusto que traía de la buena merienda, que a una legua de tafalla, emparejando con una hermita que está cerca del camino real, ni sé si por hacerle reverencia, si por ir lleno de sueño, o por caminar cargado de vino, di una caída de la mula abajo, tan feliz y venturosa que sin romperme la manga de la hungarina polaca, ni la del jubón napolitano, ni la de la camisa española, me hice mil pedazos un brazo, por ser la mula pequeña y el camino llano y arenoso [42].

La ermita es la de San Gregorio, que todavía subsiste y suele celebrar Tafalla en ella fiestas y romerías durante el año. La devoción a este santo abunda en esta zona navarra a juzgar por las iglesias y ermitas, dedicadas a él. De Tafalla apenas nos dice nada. Solamente nos cuenta cómo se curó —a pesar de que lo llevaron medio muerto y padeció un calenturón— con los cuidados del cirujano y a fuerza de vino contra la prescripción facultativa, dándole a entender al médico que bebía agua cocida. Y añade: «lo que a unos mata a otros sana». Al cabo de quince días estaba ya con fuerza para ponerse en camino. De Tafalla llegó por la tarde a Pamplona.

De Pamplona nos da algunos detalles más de personas y de la urbe, principalmente de sus altos muros y vigilante guardia. Le trataron muy bien, sobre todo el conde de Oropesa, virrey de Navarra.

Y despidiéndome de los dos y saliéndome aquella mañana de Tafalla, llegué a la tarde a la ciudad de Pamplona, cabeza del reino de Navarra, frontera de Francia. Y queriendo entrar por una de las puertas de sus fuertes y altivos muros se alborotó de tal manera la guardia que estaba en ella, por verme con traje polaco, que me espantó cómo no me dieron una rociada de balazos... Yo, temblando de verme entre tantas picas y arcabuces... les dije que mirasen que era Estebanillo González, flor de la jacarandina, criado del duque de Amalfi [43].

Parece que, suponiéndolo espía suizo, el cabo de una escuadra lo llevó detenido al virrey. Por el camino —nos cuenta Estebanillo— le siguió mucha gente que le llamaba a voces espión y el conde de Oropesa, al ver las cartas de recomendación del duque de Amalfi y después de haber hablado largo rato con él de sus viajes en Italia, dio orden a su mayordomo que le abonase ocho reales de ración diaria, mientras estuviese en la ciudad. No nos dice el tiempo que estuvo en Pamplona, pero sí advierte que el virrey le sentaba a su mesa todas las noches para entretener a los caballeros navarros que acudían a la tertulia.

42 *Op. cit.*, t. II, pág. 947.
43 *Ibídem*, t. II, pág. 948.

Hallábame siempre a su mesa, a donde saliendo siempre con tripa horra, daba sepultura a los mejicanos. Venían todas las noches muchos caballeros navarros y particularmente don Pedro Navarrete, a cortejarle y entretenerle, con quien yo chanceaba brevemente; y después de venderles bulas sin ser Cuaresma, les contaba las mayores mentiras y embelecos que se pudiera imaginar; y para que no pudiese comprobar, acotaba haber sucedido en Alemania y en Polonia. Dábamos allí muy buenos baratos, y en sus casas muy caros y sabrosos claretes [44]

Todavía nos cuenta la reyerta que tuvo con un acemilero, al jugar con él en un aposento junto a la caballeriza del Palacio, porque Estebanillo le había ganado todo el dinero que llevaba con sus tretas de tahúr. Pero después, dando muestras de generosidad de príncipe polaco, llevó a él y a unos cuantos soldados a la taberna de Zaragoza que estaba dentro del Palacio. Parece que se alojaba en el Palacio del virrey.

Pronto tuvo noticias Estebanillo que una fragata de Dunquerque había llegado a San Sebastián. Entonces pidió licencia al virrey, conde de Oropesa, para proseguir su viaje. Le dio un pasaporte y una carta de recomendación para el gobernador de San Sebastián y salió de Pamplona con una mula y un criado. El autor experimenta la diferencia entre el vino navarro, con el que se había emborrachado muchas veces, y la sidra de la tierra guipuzcoana. Maldice la bebida vasca y al ladrón que se la dio a beber.

«... bebí una poca de sidra, por hacer gran calor y por decirme [el criado] que era buena para refrescar; pero apenas la había envasado por mi daño e ignorancia en la cueva de mi barriga, cuando empezó a tener alboroto con el vino que estaba dentro y andar a puñaladas el uno con el otro sintiendo yo, bien contra mi gusto, la batalla y el combate; pero ¿qué menos podía suceder con bebida cuyo propio nombre es «zagardoa», que que mal azagaya la tiren al ladrón que tal me hizo beber... la señora doña Zagardoa, marquesa del Real de Manzanares, me honró con hacerme ayuda de cámara y escudero de a pie, pues todo el camino fui a pata con los calzones sueltos y en las manos y haciendo a cada veinte pasos una parada» [45].

Añade que por culpa de ella llegó a San Sebastián «debilitado, lacio y despeado».

---

[44] *Op. cit.*, t. II, pág. 948. Baratos = propinas, se ve que paladeó con gran gusto el vino de Navarra.
[45] *Op. cit.*, t. II, pág. 949.

El castigo de la miseria

En el siglo XVII nos encontramos con otras formas de novelas muy parecidas al género picaresco. Por ejemplo el costumbrismo, al que pertenece la novela corta de María de Zayas y Sotomayor. Hay que advertir que la novela picaresca terminó en los últimos tiempos por tener muchos matices costumbristas. María de Zayas empezó cultivando el tipo idealista cervantino, insistiendo en la parte psicológica y realista, dentro de la tendencia italianizante, ya que pasó en Italia sus años juveniles y se famialiarizó con la literatura novelesca de aquel país. En sus *Novelas ejemplares y amorosas* y en sus *Saraos* emplea un artificio con fórmula bocacciana: varios caballeros y damas se reúnen en Madrid, con el fin de distraer a una dama que padece cuartanas. Cada uno se compromete a contar una historia, en noches sucesivas. Lo que da lugar a una serie de cuentos de temas amorosos principalmente y de sabor psicológico. La autora tenía un carácter apasionado que da lugar a un estilo claro, suelto, nervioso, sin razones retóricas ni cultas, como nos confiesa. En uno de estos relatos, en el primer volumen, titulado *El castigo de la misera*, está presente Navarra. Pertenece al género picaresco, cuya fina malicia y tipos caricaturescos nos hace pensar en el Cervantes de *El celoso extremeño*, como dijimos también de *La niña de los embustes, Teresa de Manzanares*, de Castillo de Solórzano.

El protagonista, Marcos, es navarro. Practicaba una avaricia que llegaba a la miseria. Esta fue la causa del engaño que sufrió en su matrimonio. Pensando casarse con una mujer rica y gran propietaria resultó ser una mujer llena de deudas con unos parientes que le robaron todo. El personaje lo mismo podía haber sido gallego o catalán, pues no tienen ningún rasgo relativo a Navarra, fuera del primer párrafo, que nos habla de su origen. Toda su vida pasa en Madrid, a donde llegó muy pobre, y con su trabajo y su exhaustivo ahorro se hizo rico.

A servir a un grande de esta corte vino de un lugar de Navarra un hijosdalgo, tan alto de pensamiento, como humilde de bienes de fortuna, pues no le concedió esta madrastra de los nacidos más riqueza que una pobre cama, en la cual se recogía a dormir y se sentaba a comer; este mozo, a quien le llamaron don Marcos, tenía un padre viejo, y tanto, que sus años le servían de renta para sustentarse, pues con ellos enternecía los más empedernidos corazones. Era don Marcos, cuando vino a este honroso entretenimiento, de doce años [46].

---

[46] *Op. cit.*, t. II, pág. 674.

III

LA LENGUA

El apellido "pícaro".
El refranero
El léxico taurino.

«EL APELLIDO "PICARO" SE DERIVA DE "PICAR"»
NUEVA DOCUMENTACION SOBRE SU ETIMOLOGIA

Daniel L. Heiple
University of Texas at Austin

El discurso que publicamos aquí, cuyo tema es la alabanza de la vida del pícaro, se encuentra entre las actas inéditas de la Academia de los Nocturnos [1]. Aunque se ha publicado noticia del manuscrito [2], su importancia para la historia del concepto del pícaro y de la etimología de la palabra todavía están aun sin explorar. La fama de esta academia literaria de los finales del siglo XVI se debe al gran número de poetas ilustres que componían versos para las reuniones. Las jornadas, que así llamaban a sus reuniones, empezaron el 4 de octubre de 1591, y se supone que terminaron en abril de 1594, fecha en que acaban las actas. En la jornada 84, celebrada el 16 de marzo de 1594, el poeta Jaime Orts, cuyo nombre académico era Tristeza, leyó un discurso con el título, «Alabando la vida del pícaro».

De la vida del autor sabemos muy poco. Era uno de los muchos poetas que frecuentaban los círculos literarios de Valencia. Participó en la Academia de los Nocturnos desde su ingreso en la duodécima jornada hasta la última. De estas reuniones nos quedan dos discursos y 55 poesías, aunque algunas de éstas son ilegibles en parte o totalmente. Además, hay media docena de poemas repartidos entre los tomos de las justas y fiestas literarias que eran tan populares en aquella época áurea de las letras valencianas.

Aparte de algunas alusiones en las poesías de sus contemporáneos, no sabemos nada del poeta. De éstas sabemos que parecía una figura diabólica y que era muy feo. Decían de él que era el «demonio colorado», «el diablo de Socorro» (esto de un amigo suyo y de

---

1 Biblioteca Nacional, ms. Res. 34, págs. 205 v.-208 r.
2 Willard F. King, *Prosa novelística y academias literarias en el siglo XVII* (Madrid, 1963), 35. Es curioso que Francisco Martí-Grajales (*Ensayo de un diccionario biográfico y bibliográfico de los poetas del reino de Valencia* [Madrid, 1927], 353-355) omitiera este título de su lista completa de las obras de Orts.

su propia pluma) y «Demonio honrado y poeta infernal» [3]. El famoso poeta y dramaturgo, Gaspar Aguilar, al concederle un premio, dijo:

> A Orts, el espejo ofrece,
> porque se mire la cara
> que está como vna çalea
> toda cubierta de lana [4].

Son los poemas leídos en la academia los que nos dan la mejor concepción de su personalidad. Sin duda, su nombre académico, Tristeza, fue, como afirma Martí-Grajales, paradójico, porque sus poemas nos muestran una persona jovial y alegre, dada a la risa y sobre todo a los temas eróticos. Tanto Salvá [5] como Martí-Grajales afirman lo atrevida que es esta poesía. Sin duda, el autor del artículo de la *Enciclopedia Espasa* sobre esta Academia pensaba en Orts cuando escribió: «... a veces [los poemas] degeneran hasta llegar a un erotismo que hoy no resultaría admisible.» Aunque sus primeras tentativas no muestran este erotismo atrevido, no tardó mucho en encontrar su tema predilecto. Una reunión típica de la Academia durante el último año, comenzaba con un poema devoto del presidente, Bernardo Catalán de Valeriola, en cuya casa tenía lugar la reunión, después seguían el discurso y los otros poemas sobre diversos temas religiosos y amorosos, y terminaba con el poema erótico de Orts. Su ingenio, siempre chispeante, jugaba con sentidos equívocos de palabras, situaciones y cosas, aun a veces tocando tema religioso, como su sátira, casi pornográfica, sobre los verdugos de los Inocentes.

Pero, según creo yo, todo esto tuvo su consecuencia y es probable que fuese la causa de la disputa que resultó en la suspensión de la Academia. En la penúltima jornada, que era durante Semana Santa, época en que todos escribían poesías y discursos píos, Jaime Orts leyó «Una sátira en valenciano a la rapaza que fue ocasión que San Pedro negasse a Cristo». Basta decir que el erotismo explícito dista mucho de las interpretaciones tradicionales de la Biblia. Al final de la jornada vemos un cambio brusco. En vez de la fórmula usual en que el presidente decía al secretario que repartiese los temas, encontramos que mandó a Tristeza que «en el verso que quisiere pida perdón de las faltas que ha hecho en el [sic.] academia. Y todos los demás académicos harán el sujeto que quisieren como sea breve y no sea sátyra porque no dará lugar el Señor Presidente a que le lea». A pesar de esta prohibición, el perdón de Orts es completamente irónico y satírico.

Tristeza, en 6 redondillas, pide perdón de las faltas que ha hecho en el academia [6]:

---

[3] Martí-Grajales, 353.

[4] GASPAR AGUIRRE, *Fie stas que la insigne ciudad de Valencia ha hecho por la beatificación del Santo Fray Luys Beltran* (Valencia, Patricio Mey, 1608).

[5] PEDRO SALVÁ, *Cancio nero de la Academia de los Nocturnos* (Valencia, 1869), 15.

[6] El poema aparece en los folios 236 v. y 237 r.

Empieza haciéndose eco de la palinodia medieval; pero en seguida nos damos cuenta de que es otra sátira. No solamente no se arrepiente de sus faltas, sino que acusa al presidente por el hecho de haber repartido los temas; además se atreve a seguir con sus chistes y juegos eróticos sin prestar la menor atención a la censura. También acusa al dramaturgo Gaspar Aguilar, y sus chistes sobre éste son duros. Tal vez seguía en su antiguo estilo con la esperanza de que sus ironías y chistes resucitasen un espíritu de buen humor, ya decaído. Pero no fue así, porque aquella fue la última reunión.

El mayor problema que nos ofrece el discurso sobre la picaresca es el deterioro del manuscrito, que está estropeado casi por completo en algunos renglones, desgraciadamente en la sección de la etimo-

---

Con pensar de auer regido
tan mal mi pluma y tintero,
porque me arrojó aguilar [7]
y soy el diablo primero
que se a visto arrepentido.
nueua deuoción me quita
la gana loca y maldita
desto que llaman trobar
porque me arrojó aguilar?
con su hysopo agua bendita.

Vuestro [8] presidente amado
con onesto y santo celo
a Tristeza [9] le ha mostrado
tanta carne por señuelo
que de fuerça le ha tirado.
Muy disculpadas serán
mis obras porque verán
los que las quisieren uer
que me las hazen hazer
el diablo y Catalán. [10]

Tengo también por muy llano
que con astuta cautela [9]
lleue ciego [9] aunque profano,
por ser nocturna esta escuela,
siempre mi vela en la mano.
Mas ya quel sol reuerbera
en la noche placentera;
pues mis tinieblas atajo;
el cirio de mi trabajo
le consagro a Talauera.

si boluemos a este son
con el seso que conuiene,
aunque sabio y cuerdo varón,
tendré ya el año que viene
.... 11
Y oluidados los antojos
de sus carnales despojos,
tendré ya para ver mas
....
.... 11

Perdonen vuesas mercedes
a mi soltura sobrada
esta vela, aquellas redes,
esa mesa lagartada,
catinet y estas peredes;
y perdone don gaspar, [12]
señor de buñol sin par,
si en los versos y en la era
que escriuía la buñolera. [13]
le dexamos de nombrar.

El dotor Núñez [14] perdone,
y tambien su amigo Balda,
y de oy más no me abandone
pues que le doy la guirnalda
por lo muy bien que compone.
A mi caro Melchior Orto [15]
también mi musa le exorta
que me quiera perdonar,
y si no, le haré parar
más pintado que vna torta.

[7] Otra mano subrayó este nombre y escribió «gaspar» al margen.
[8] La misma mano lo corrigió a Nuestro.
[9] Nombres académicos de los poetas subrayados por otra mano.
[10] Referencia al presidente Bernardo Catalán de Valeriola.
[11] Estos versos fueron tachados y enmendados por la otra mano, por consecuencia son ilegibles.
[12] Otra referencia a Gaspar Aguilar.
[13] Referencia a un poema que Orts leyó en otra jornada.
[14] Otro académico.
[15] Buen amigo del poeta que, a pesar de las peticiones de Orts, nunca llegó a ingresar en la Academia.

logía. Yo recuerdo muy bien que descifré, con sorpresa, la frase «el apellido pícaro se deriua de...» un poco antes de cerrarse la biblioteca para la comida. Tuve que pasar estas horas con la duda de no poder leer la palabra clave. Aunque sólo se puede leer con seguridad la primera sílaba, está claro en las frases que siguen, también mutiladas, que la palabra es *picar*.

Un aspecto curioso del discurso es que el supuesto autor del *Guzmán apócrifo*, Mateo Luján, también se contaba entre los nocturnos, aunque ingresó tarde y solamente asistió algunas veces a las últimas reuniones de la Academia. Por suerte, estuvo la noche del discurso sobre el pícaro. Aunque no vemos ni rastro de las ideas de Orts en la novela que Luján escribió casi diez años después, y eso porque imitaba a Alemán, es interesante ver una vinculación, aunque ligera, entre este discurso y la novela picaresca.

La mayoría de los discursos son paradójicos, rasgo básico de las academias literarias. Los hay en contra de la belleza, la confianza y las mujeres, y otros alabando la ignorancia, la enfermedad, la mano izquierda, la cobardía y la mentira. Sin duda el discurso sobre el pícaro es de este tipo. Se consideraba un tema en que el poeta podía intercalar sus chistes eróticos. Sus ideas sobre la picaresca son pobres: Dice que los pícaros son más sanos porque viven en el campo y comen simple y sanamente, son preferidos sexualmente por los hombres y las mujeres, y no tienen que preocuparse de las finezas de vestir y la cocina.

Aunque sus ideas ofrecen poco interés, su lenguaje nos interesa mucho. Empieza el tema así: «Nace al mundo el verdadero pícaro de humildes padres...» Hablando de la gente de corte dice: «... toda aquella gente aunque no perfectamente pícara [es] muy allegada a la fineza picaresca...», y sigue diciendo de una «... y assí deseaba la sabia matrona poseher los ratos a lo pícaro...». Hablando de las excelencias del pícaro dice: «... los versos a lo pícaro hazen reír...» que puede ser referencia a los romances en germanía. Dice que la vida del pícaro no es tan infame porque los dioses también los imitaron: «... pues no fueron otro que picardías quantas hizo Júpiter andando en sus travesuras cotorras.» Refiriéndose al papa Inocencio IX, cuyo nombre era Facchinetti y quien había muerto tres años antes, dice: «... en Roma hubo un varón que... se llamó Faquineto, que quiere decir en español picarillo. Llegó a ser papa los años atrás. Miren pues, ¿a qué llegará éste a llamarse pícaro entero? Sus ejercicios son tan nobles que o se ocupan en no hazer nada o emplean sus fuerzas en llevar sobre los ombros todos los pesos de las repúblicas». Como vemos, hay una gran profusión de palabras sobre la picaresca: el verdadero pícaro, la fineza picaresca, a lo pícaro, picardías y picarillo. Pierde la oportunidad de ser el primero en usar la palabra *pícara*, cuando dice: ...las señoras..., también siendo pícaros... Pero el uso del adjetivo «picaresca» es el primer documentado, anticipándose al *Guzmán* en cinco años. Eso significaría poco si no tuviéramos la frase en que se encuentra. Pero «la fineza picaresca» es muestra de que existían antes de las novelas el interés en el tema y las actitudes que quedan expuestas y desarrolladas en ellas.

Hemos visto que el discurso es un pretexto para el humor erótico de Orts, y ésta es la razón por la que ofrece la etimología. Una vez introducida la palabra *picar,* se desencadena una serie de chistes sobre las varias acepciones de *picar,* con la mayoría de ellas ilegibles debido al estado del manuscrito, ya mencionado. Los chistes que se pueden descifrar aclaran lo que quiere decir el autor con la palabra *picar.* Dice: «... todas las cosas que pican tienen en sí una singular y desusada excelencia... la pimienta que más pica está más estimada en los amores... las sátiras que más pican aseguran mejor mano...» Además menciona los naipes picados, la carne picada, el cuero picado para guantes y el oficio más picado que «satisface más a los clérigos[16]. Parece que el sentido fundamental en que usar *picar* es el de la comida que pica. Esto cabe bien dentro de su humor porque le gusta el chiste «picante», por decirlo así, y para él la picaresca significa esto.

Ahora que hemos concluido que la etimología de *pícaro* es un chiste, no debemos dejarla de lado porque nos hace recordar que la acepción que esta etimología sugiere, la de las cosas picantes, ha sido muy importante en el desarrollo y sobrevivencia de la palabra. Aunque la picaresca no significa la «erótica picante», es verdad que la palabra sugiere algo picante, y esperamos un relato que traspase los límites fijos, sea de la moralidad, la ley, o simplemente de lo convencional. Esto es lo que da sabor, y nos explica en parte la sobrevivencia de la palabra *pícaro* en vez de ganapán, rufián, o cualquiera otra de las que existían en la época. No podemos concluir que Orts acertase en darnos la única acepción de *picar* de que se derivase *pícaro,* pero sí aclara un poco las implicaciones de la palabra. Y sobre todo es interesante tener una etimología del siglo XVI que está de acuerdo con la moderna.

También aclara otro punto sobre la picaresca. Puesto que hace referencia a los versos a lo pícaro, nos sorprende mucho que no haya referencia, ni siquiera indirecta, al *Lazarillo de Tormes.* Realmente, el final del discurso parece negar la existencia de la novela porque dice:

> Y por remate de su felicidad es tan venturoso [el pícaro] que no halla un traidor poeta que se aficione a escribir su vida como lo ha hecho ahora el académico Tristeza por mandarlo así el señor presidente. (Folio 208r.)

De aquí se concluye que o desconocía la obra, aunque parece imposible con su afición a la literatura de diversión, o, como algunos críticos modernos, no la consideraba novela que tratara del pícaro. Pero de todos modos, no nos debe sorprender tanto la falta de una alusión al *Lazarillo,* porque vemos que su concepto de la vida picaresca dista mucho del de la vida descrita en el *Lazarillo,* y también dista mucho de nuestra concepción de lo que es la picaresca. Para él, sí, el pícaro es joven, pobre y de padres humildes, y como se ve en las novelas y en las otras dos obras pequeñas sobre el pícaro de la misma época (el entremés *El Testamento del pícaro pobre* y el poema *La vida del pícaro*) había una gran atracción a la libertad de una vida pobre y aventurosa, y, en la literatura, por lo menos, la diversidad de las aventuras daba interés a una vida donde faltaban otras cosas. Pero de aquí salen las diferencias. Para nosotros, las aventuras picarescas son trampas y engaños divertidos, pero para Orts, son aventuras amorosas, lo que nosotros con definciones más exactas y limitadas llamamos la tradición celestinesca. Aunque la concepción de Orts nos sea sorprendente, la rápida ojeada de las obras que clasificamos como picarescas, nos hace recordar que lo erótico a veces formaba parte de la picaresca. Algunas, pero muy pocas, de las aventuras de Guzmán son amorosas. De veras, no vemos este tema hasta *La pícara Justina*, que parece ser en parte una reacción en contra de la novela de Alemán. *El Buscón* tiene chistes sobre lo erótico, pero en realidad, el héroe entra muy poco en este campo. Las tres mejores novelas, *El Lazarillo*, *El Guzmán* y *El Buscón* evitan los temas eróticos, y son solamente las menores, *La pícara Justina*, *La segunda parte de la vida de Lazarillo*, de Juan de Luna, y *Gregorio Guadaña*, las que tratan de ellos. Pero nosotros hemos llegado a definir el género a base de las novelas importantes, y por consiguiente, hemos formado una concepción más limitada que la de la época. Por eso nos extraña este discurso de finales del siglo XVI que desde nuestro punto de vista más estrecho tiene muy poco que ver con la picaresca.

Este discurso, tal vez más que las otras obras pequeñas que conocemos de la misma época, nos da una idea de lo que se pensaba del pícaro en la época de la novela de Alemán. Aunque su derivación de la palabra no tiene el fondo lingüístico que nos convence, nos muestra un aspecto importante de la voz *pícaro*, y las palabras que sugería en la época. También la distancia entre la concepción de Orts de los pícaros y la de Alemán nos enseña aun más claramente la importancia de la aportación de Alemán al tema. En todo respecto, el documento que transcribimos aquí es muy interesante, y su importancia no puede negarse en la crítica de la novela picaresca.

205v. «Discurso en alabança de la vida del picaro:

Agora con más razón, muy *Illustres Señores,* a de ser en mi fauor el coro de las musas, pues me cupo en suerte en alabar la vida en vna dignidad con canonicato *que* tiene su silla en el coro de Madalenas [17], *que* es la del venturoso pícaro; *que* assí llaman su estado en esta ciudad donde se dan con tanta medida los nombres y calidades a todas las cosas. Y ya *que* las nueue hermanas del Parnaso, ocupadas en asistir a los in-

[16] Véase la nota 51.
[17] Al parecer, este sitio es ficticio. Puede ser que sea chiste como la alusión

genios de ayre [18] que se han de mostrar esta noche, no puedan acudir a mi Socorro [19], es cierto que no me ha de faltar el de las otras, sus yguales en número y officio, que Merlín escoje sa[car] [20] a luz para semejantes menesteres [21]. Assigurado pues de su buen lado y del fauor del *Señor* presidente y de todos *vuesas mercedes,* bolaré con las alas de cera *que* me dan estas dos bugías, hecho vn Hícaro atreuido por el mar de los loores del pícaro, su consonante.

Toda la vida humana consiste y se encierra en tres jornadas, en el nacer, crecer y morir, por las quales discurriré breuemente, prouando que la del pícaro assí en el nacimiento como en el discurso y muerte es la más auentajada y noble de todas. Nace al mundo el verdadero pícaro de humildes padres, engendrado primero en la hedad robusta dellos a fuerça de algún deseo, o despertado con sebollas *que* son las cantáridas de los pobres [22], o solicitado por el débito matrimonial entre las hazes rezién segadas, a uista de las verduras del campo con asistencia de los ayres libres y acompañamiento del dorado sol, de tal suerte que el lugar donde dixo *Aristóteles* que el sol y el hombre engendran al hombre [23] se ha de entender de la generación del pícaro porque no pudo hablar de ninguna manera de los que entre cerrados cortinajes, delgadas sáuanas y mullidos colchones son concebidos *porque* como a los rayos del sol no les es pusible [*sic*] hallarse en semejan[es] actas, por lo que se hazen a sombra de texados así no puedrá [*sic*] concurrir ni obrar en ellos sus operaciones, de manera que por este camino viene a ser el pícaro hijo a medias del sol y de su padre, cosa por cierto *que* casi lo yguala con el orgulloso Faetón y lo auentaja a toda la nobleza de la tierra. No da ocasión su nacimiento a los disbaratados [*sic*] astrólogos para *que,* alçándole figura de cosas *que* no han de ser, le obliguen a que él con la imaginación las haga que sean, ni menos [diuisa] a las baldías plumas de los poetas para *que* ocupen sus tareas en sus alabanças. No atrahe assí los ojos del vulgo, y entrellos algunos atosigados *que* a bueltas de la admiración, le acortan y cercenan la vida. No pone en cuydado a los padres de procuralle

---

parecida de Calisto: «Agora lo creo, que tañen a missa. Daca mis ropas, yre a la Magdalena; rogare a Dios que aderece a Celestina y ponga en coraçon a Melibea mi remedio, o de fin en breue a mis tristes días» (Edición de M. Criado de Val y G. D. Trotter [Madrid, 1965], 160-161).

[18] Los poetas que leerían sus poemas después.
[19] Por ser nombre de otro académico, siempre va con mayúscula en las actas.
[20] Los corchetes son indicación de una lectura difícil o dudosa.
[21] No he podido encontrar nada sobre estas mujeres de Merlín.
[22] Todos los escritores de materia médica reconocen la virtud afrodisíaca de las cebollas. Ovidio las proscribe en sus *Remedia amoris:*

> Daunius an Libycis bulbus tibi missus ab oris.
> An veniat Megaris, noxius omnis erit (397-398).

[23] *Las físicas*, II, II.

[206r.] rentas con *que* biuir, exei⌣⌣ios en que ocupalle, ayas para *que* le críen, maestros para ⌐ue le enseñen y finalmente pedantes, que agora llamamos moscas[24], para que le hagan bárbaro arrullado entre mantillas pobres que le saben a caniqui y sinabafa[25]. Estiende los holgados miembros, toma el pecho de la robusta madre y siente entre la leche el punto del ajo que en ella viene y cría del sano alimento su fornido cuerpo y alegra y fortifica su deshabaada complicación. Cresce de aquesta manera como maleza de la tierra y llega a colmo su niñez y alcança con imbidiado esfuerço la sigunda [*sic*] edad que es el segundo escalón de su vida y mi discurso en ella. Y en lo restante de su vida, ¿qué género de pasatiempo ay que no sea suyo? ¿Qué suerte de seguridad que no la alcançe? ¿Qué honrra que no le pertenesca? Y finalmente, ¿qué cosa ay vedada para el pícaro en el mundo? La vida alegre consiste en salud, regalo del cuerpo sin afrenta y sosiego del spiritu sin cuydado, en las quales tres cosas es el pícaro el más bien librado de todos. Antes [bien] ninguno las posehe como él en tanta perfición todas juntas. Cerca de la salud claro está *que* si se miran los aranzeles de los boticarios, pocas receptas se hallarán para los señores pícaros; si se madruga a visitar las posadas de los médicos, pocos orinales suyos veremos que aguarden para que ellos se desayunen con su vista; y si las tiendas de los cirujanos se requieren, no aurá quien diga de todos ellos que a sangrado a ningún pícaro en toda aquella semana. La causa desto es que como tienen la salud robusta, no los osa emprender la muerte sin vna pieça de batir, que al primer golpe, antes que suene el estallido ni haya lugar de consultas, ya son derribados. Son los hombres en la trauazón del cuerpo humano como los reloges entre los cuales ay vnos de campanario, otros de mesa y pared y otros de pecho. Estos vltimos se desconciertan tan a menudo *que* han menester la hacienda de vn honrrado clérigo para entretenellos. A los quales semejan los almidonados señores, hechos de alcorça los huesos, las carnes de pastas reales, la sangre de almíbar y los cueros de soplillo en cuyo arma dixo a de andar siempre la lima soda de los phísicos que dulcemente les [roe] las vidas y las bolsas. Pero los otros, que a todas horas están sobre las [torre]s eminentes, sin rehuir los combates de las lluuias, las baterías de los ayres, los asoleos de los rayos y finalmente los golpes d[e] vn contin[uo] martillo, muy a tarde se desconciertan, y assí con mucha razón ... [faltan dos o tres palabras] ... por ellos toda vna república a los tales se parece nuestro gallardo pícaro que ... [faltan cuatro o cinco palabras] ... [hizo] los huesos de azero, las carnes tie-

---

24 COVARRUBIAS, *Tesoro:* «Al hombre que es pegajoso, que no le podemos echar de nosotros, solemos llamar mosca.» Autoridades añaden qu ees «molesto, impertinente y pesado».

25 Especies de tela.

ças y enxutas ... [faltan una o dos palabras] ... [de] corcho,
la sangre de plomo colado y el cuero de vaqueta [26] o ante ...
[faltan uno o dos palabras] ... [pues] la diferencia que ay del
vno al otro de aquí naçe que la salud interior ... [faltan cinco
o seis palabras] ... a borbollones por las partes que se miran
sin bía desde su verdadero centro, *que* es el coraçon reforçado
de corros, a los braços ágiles, valedores a las piernas, alientos
engreydos al cuello y vltimamente encarnados mensajeros a las
mexillas, y se fabrica de todo esto vn exterior tan apasible *que*
con raçon la prouida [206v.] fortuna veda por la mayor parte
las ropas a los pícaros para *que* se muestre mejor en ellos las
obras de naturaleza. Cumplen también con estos matizes y adornos que no ay hombre que no los inbidie y pintor que no los
procure imitar y robar para su arte. Y assí se sabe que aquel
famoso Michael Angelo cuyo pinzel y escultura ygualmente com-
pitieron, para sacar [con] [27] mucho estremo la ymagen de vn
cristo cruçificado, no procuró remedar los bultos de muchos gentiles hombres romanos [28] que pudiera, sino que poniendo los
ojos en vn perfeto pícaro, después de auello martyrizado a su
gusto, le remedó tal al de todos que inchó de marauilla aquella
ciudad donde ay tantas en trambas partes. Y [29] no sólo por estos estremos de gentileza y bar[on]il proporción gana tierra
el pícaro en la opinión de los hombres, pero aun conquista
con ygual ventaja los gustos de las melindrosas damas, las quales, sacando como grandes maestras de escreuir por la letra del

---

[26] Tal vez este pasaje, tan confuso debido al deterioro del manuscrito,
hace referencia a los maniquíes anatómicos que se hacían en el siglo XVI para
enseñar la anatomía sin la necesidad de la disección. Antonio Hernández Morejón los describe así: «Las estatuas de seda inventadas por este gran anatómico
tenían flexibilidad y consistencia, y esto, unido a la exactitud de los colores,
daba a su obra toda la perfección que es posible imaginar. Piel, músculos,
membranas, nervios, huesos, glándulas, en fin, cada sistema del cuerpo se hallaba representado con la mayor propiedad, y lo que es más admirable, con el
movimiento natural de los músculos, cuyo mecanismo las hacía tan animadas,
que pudieran compararse a las deidades fabulosas de los poetas» (*Historia
bibliográfica de la medicina española*, II [Madrid, 1843], 31-32).
[27] La palabra original está tachada e ilegible. La palabra «con» se ha suplido con una tinta roja, parecida a la de los títulos.
[28] Aparte del juego de palabras entre «vulto» (cara) y «bulto», ésta fue
expresión de elogio:

> «LOZANA: ¡Oh qué lindas son! Pasan a cuantas naciones yo he visto,
> y aun a Violante, la hermosa, en Córdoba.
> RAMPÍN: Por eso dicen: "Vulto romano y cuerpo senés, andar flo-
> rentín y parlar boloñés".»

FRANCISCO DELICADO, *La Lozana Andaluza*, Bruno Damiani, ed. (Madrid, 1972),
página 92.
[29] Empezando aquí hay un corchete marcando una supresión larga que termina abajo con la frase «... que ellos tienen». Una nota marginal, tal vez de
Mayans y Siscar, que quiso publicar todas las actas, dice: «desde esta raya
hasta la que viene más abaxo, no es bueno para imprimir.»

sobre escrito la obra de la carta, no reposan hasta abrilla y
leella y darse vn hastasgo de aquellas bien formadas góticas [30],
que de muy claras se conocen sin ir a la escuela. Y hablando
sin circunloquios, digo que no ay sugeto tan aplicado para el
gusto de las mugeres como el del pícaro ,ni que tanto tenga andado en la cierta opinión dellas, porque como todas sean, de
puro doctas, muy amigas de concluir, páganse de gentes que las
brindan con muchos sylogismos en modo de disputas sin dis y
en fama de araña [31]. Y sacan por la jouial fisonomía del ganapán lo que ha de ganar a su carne dellas si le gustan. Cuentan de vna reyna, que dios aya, que tenía mucha imbidia a las
cortesanas de Salamanca [32]; y piensan algunos contemplatiuos
que era ello por que suelen tratar con gente discreta, desenfadada y de pocos años, y aunque en parte se açercan a la raçon,
es cierta que se oluidan la más principal de su motiuo: y es
ser toda aquella gente, aunque no perfetamente pícara, muy
allegada a la fineza picaresca, porque todos aquellos reueren-
dos manteos y bonetes están empapados en ella, y assí deseaua
la sabia matrona poseher los ratos a lo pícaro que en aquella tierra gozan las canáreas [33] dall[es]. Y que no codiciasse la discreción, letras, liberalidad, ni obras de los estudiantes se [e]cha
de ver en que tiniendo a estos mismos discretos en sus palacios,
destos en sus chancillerías, liberales en sus tribu[nas] y grandes officiales para con sus vasallos, no le agrad[ará]n assí sino
con todas essas partes, calidades y estudiantes que quien dize ...
[falta medio renglón] ... que ellos tienen [34]. Pues si tratamos
del regalo de la vida picaresca y del ... [falta una palabra] ...
que la acompaña, ¡quién no deseará biuir perpetuamente a fuero [35] de sus [libertades]? ¿Y [qué mayor] [36] contento puede

---

[30] Letras góticas. Es decir, mayúsculas. Véase H. THOMAS, «What Cervantes
meant by 'Gothic Letters'», *Modern Language Review*, XXXIII (1938), 412-416.
Orts usó el mismo chiste en uno de sus poemas: «Redondillas a vna muger que
iua a la comedia por ver el niño desnudo», leído el 26 de enero, 1594:

> Tan amiga de leer
> soys, mi señora, sin duda,
> que con estraño plazer
> mirays la letra menuda
> porque gótica a de ser.

[31] Aunque *Autoridades* dan una definición «vulgar» de araña, el sentido de
esta frase no está claro: «Llámase assi metaphoricamente al hombre que es mui
vividor y provee su casa, recogiendo de todas partes con gran diligencia y
afán: y assi se dice Fulano es una araña. Es phrase vulgar.»
[32] Hay una tilde sobre la última *a*, pero parece tachada. No he encontrado
referencia alguna a estas cortesanas.
[33] Canarias. Tal vez haya error en esta frase retorcida.
[34] Aquí termina la supresión.
[35] A fuero de. A la costumbre de.
[36] A la sugestión del profesor A. A. Parker, he suplido estas dos palabras
como restituciones probables de las que faltan.

auer que hallarse vn pícaro por la mañana...? ... [faltan tres palabras] las alaxas sin que le cueste trabajo el vestirse; no cansa los criados en almidonar los cuellos; no pierde la pascienscia en inchir los pequeños ojales del jubón, cuyos bonetes [37] están en respeto de los antigos como corcheas, *que* ocu pan ocho dellas el lugar de vn compás [38]. No se fatiga [207r.] en enlazar vna hilera de çintas, que en España hazen acordar del tema; que en Ytalia fatiga a los que tienen mejor cara que yo [39]. No rebientan los pages en calçalle los estibales [40] ni en almotraçalle [41] cada mañana el pelo con vna escobilla; antes a llegado más al feliçe estado de la inocencia: descansadamente se leuanta del suelo y haziendo alarde de su desnudo género, inche de inbidia y deseo los ojos del masculino y femenino. Dezía vn cortesano plático [42], puesto entre otros que deseauan lo que no tenían, que sólo quisiera ser ... [falta una palabra] ... porque todos le olieran en el remate de la rabadilla. Pues si dixo y deseó discretamente ¿qué le falta al pícaro sin calças, si la puntería de la vista de todos acude luego a ese lugar, como al centro de la rodela, y los perfumes que [por] allí exala se suben en vn instante sin resistencia, de pedorreras [43] por la chimenea de las narizes? Con esta recámara [44] a questas [45] pasea vna plaça llena de mil diuersidades de viandas que la naturaleza estragada les a dado opinión de presiosas, siendo, como son, para el verdadero gusto inútiles y para la perfeta salud perjudiciales. Y como es su mesa la estendida tierra y los manteles della verdes, no quiere aplicar en ellos color *que* no

---

[37] Al parecer, «bonetes» es un error por «botones». El mismo que suprimió el pasaje de arriba táchó esta palabra y puso encima «brazos».

[38] Además de la metáfora música, tal vez sea referencia al famoso barrio de la picaresca de Sevilla. Véase el Apéndice VIII de Rodríguez Marín a su edición del Quijote.

[39] a) El editor puso corchetes empezando con «que en España...» hasta «...cara que yo», y anotó: «deleatur para la impresión».

b) El sentido es «más cara que yo». Dice «mejor cara» para gastar otro chiste sobre su propia fealdad.

c) Al parecer, las cintas tenían el mismo uso en España: «En el conbento de San Agustín de Seu*illa*, en el día de la fiesta que hazen de su zinta, estaua un padre rollizo, mozetón, con una mesa delante bendiendo las zintas a los que llegauan a comprarlas, entre los quales llegó una señora de buen arte y preguntóle: "Padre, ¿a qué aprobechan las uendiciones de estas zintas?" Respondió el fraile: "Señora, entre otras muchas virtudes, aprouechan p*ara* tener hijos".» Juan de Arquijo, *Cuentos muy mal escritos* (Biblioteca Nacional, ms. 19.380, fo. 162 v.).

[40] Botas de calzar. *Autoridades* dicen que es voz italiana y anticuada.

[41] Este verbo no se encuentra en ninguno de los diccionarios.

[42] *Autoridades*: «Diestro y experimentado en alguna cosa. Dícese con más propiedad Practico.»

[43] Está jugando entre los dos sentidos de la palabra: calzones y ventosidades.

[44] Otro juego de palabras, entre recámara, equipaje para el viaje, y cámara, excremento del hombre.

[45] A cuestas.

sea su semejante y assí los viste de lo mismo que ya rindieron, que son las copadas lechugas, los nacharados [46] ráuanos, los apiñados grumos y las ojaldradas çebollas, todo lo qual le sale a lo que quiere porque es para el vn manná que le forma su discreción en su gusto. Dase cada día vn verde destos manjares, que lo son, y así viue loçano para dezir y hazer, y la caridad de las damas que se agrada destos bultos llenos de esperança pone, como antes dezia, su fe en ellos. No pueden dalle hechizos en esta comida porque a nadie se sabe que se ayan dado en mondongo; ni tiene que reñir los cozineros si no la guisan bien; ni al dispensero si alargó los zeros al contalla. Y de aquí resulta vna tranquilidad entre su apetito y satisfación tan auentajada *que* no hay ninguna que se allegue tanto al celibato [que] los antiguos filósophos procuraron, ya que no fue possible gozalle formas con sus entendimientos [47]; y assí todos o los más dellos se despossyeron de quanto tenían y biu[ieron en] soledad, ... [faltan una o dos palabras] ... dezir en buen romançe se hicieron pícaros por ser doctos. [No] lo neguemos [a esta] vida, a más desto sosiego, el mayor gusto que se puede hallar ... [falta medio renglón] ... el sol en inuierno que al píc[aro] ... [faltan siete u ocho palabras] ... goza como el ... [faltan una o dos palabras] ... del ayre en eí verano por est[ar] ... [falta una palabra] ... . ¿Quién [puede] hazer sino pícaro [de] la mas pública plaça descargadero [de la] ... [falta una palabra] ... de sus coles digeridas? ... [faltan tres palabras] ... [tan] colmadamente con el no bien conocido [gusto] del rascarse a todas horas *que* es vn exercicio tan sobroso [sic] que obliga a que dixesse el otro que qui[isera] *que* fuera pecado mortal porque no le gozaran deuotos a quien él aborrecía. vltimamente, ¿qué estado ay [207v.] tan siguro para mantener honrra como aquél que no puede por ningún desastre perdella? Los palos que se dan al pícaro sólo siruen de sacu dille el poluo por*que* su mucho poder haze pages [48] para este officio de aquellos que [âfrentado]. Las bofetadas solamente se estienden a matizalle más los carrillos y los azotes a pintalle como torta las espaldas para que con lo vno y con lo otro esté más gentil hombre. El solo es señor absoluto de quanto los otros possehen, pues con soberano imperio, quando se le antoje, los arrebata cosa que no osan cometer los *que* adoran este ydolo vano de la honrra. Sus obras han sido alguna vez imitadas de los tejados arriba; pues, no fueron otro que picardías quantas hizo Jupiter andando en sus trauesuras cotorras. Su

---

[46] Nacarados.

[47] El sentido parece ser: «gozalle formas con sus entendimientos *en la presencia de las cosas materiales*». El verbo «gozar» sugiere otro chiste erótico.

[48] *Autoridades:* Usado en plural significa en el estilo festivo los azotes, que dan a los muchachos en el Escuela o el Estudio: tomada la alusión de que los Pages van o acompañan regularmente detrás.

nombre es de tanta efficacia que en nuestros tiempos auemos
visto *que* en Roma huuo vn varon *que* le tuuo y se llamó Faquineto [49] que quiere dezir en español «picarillo». Llegó a ser papa
los años atrás; miren pues ¿a qué a llegará éste a llamarse pícaro entero? Sus exercicios son tan nobles que, o se ocupan en
no hazer nada o emplean sus fuerças en lleuar sobre los ombros todos los pesos de las repúblicas, de manera que podemos llamar al pícaro Atlante de vna ciudad las vezes que da
en ser ganapán, ques punto menos que pícaro, por más que en
Salamanca pretenda lo contrario la cofradía de los ganapanes a
quien se deue de drecho [*sic*] el primer toro que corren en todas las cosas que se le parecen assí en el nombre como en los
hechos tienen vn no sé que de más agradables que las demás,
y assí vemos que los galanes más pícaros son mas queridos de
las señoras, las quales también siendo pícaros [*sic*], aplazen
más que las ypócritas rectadas. Los versos a lo pícaro hazen
reyr y son más bien acogidos generalmente. Los sones con pi-
resca [*sic*] harán baylar vn alcalde con canas y braguero; y
si no, dígala la Illustríssima sarabanda que aun hasta los órga-
nosnos y camparanarios se ha subido. Y por que cerremos este
cabo, como el apellido de pícaro es deriua de pi[car], todas
las cosas que pican tienen en sí vna singular y desusada exe-
llencia; la pimienta que más pica está más estimada en los amores; los ... [falta una palabra] más assados o picados son más
... [faltan tres renglones] [50] ... [juego estimado por más] auen-
tajados tahures; [las] dam[as] quanto más picadas ... [faltan
cuatro palabras] ... cauallerizas que más pican son más [dies-
tros]; èl compás más picado ... [faltan dos palabras] ... ale-
gramos ordinariamente; una carne por bien picada se cóme, y el
cuero [tam]bién se suele estimar por lo propio en los guantes
y ... [falta una palabra] ...; finalmente, el officio más picado
satisface más a los clérigos [51], y assí todos ellos están con mucho
gusto en nona [52], que les agrada tanto porque [208r.] la pican;

---

49 Faquineto. Giovanni Antonio Facchinetti, que fue Papa Inocencio IX desde el 29 de octubre hasta el 30 de diciembre de 1591. «Facchino» en italiano
es un mensajero o ganapán. No he encontrado evidencia de que tuviera el sentido de «pícaro». La crítica de este papa parece ser más bien una crítica general de la política papal del siglo XVI.
50 De estos tres renglones he suprimido las pocas palabras legibles, entre
las cuales se puede leer el nombre de Melchor Orta Correo, buen amigo del
poeta.
51 Sin duda porque sus confesiones eran más interesantes.
52 Es evidente que hay un juego de palabras sobre las varias acepciones de
«nona», la hora canónica, una monja, y sin duda otra desconocida porque el
juego no está claro. Es probable que Juan Ruiz hiciera el mismo juego en su
parodia de las horas, pero ninguno de los editores lo han comentado, ni tampoco resulta claro el sentido del juego:

«luçerna pedibus meys» es la vuestra persona.
ella te dise: «¡quam dulçia!», que rrecubdas a la nona.
vas a -Rezar la nona con -la duena loçana:

que tengo para mí que por hazendallas [53] el gusto de nombra-
lla, llamaron los summos pontífaces tan de nona [52] a la carcel
donde en Roma [54] los hechan presos. A todas estas bostezas da
ocasión el nombre de *nuestro* pícaro, cuya regalada vida, porque rematemos el discurso, lleno de insignes tropheos y ventu-
rosos y bien gastados días, vienen a fenecer o en vn hospital
donde se ganan más indulgencias que en vn palacio poco visi-
tado de médicos y recibidas pocas melecinas, o en el mismo
campo donde nació a vista del cielo, que lo acuerda de su bien
auenturança sin que lo estorue el de la cama. No siente llorar la fingida esposa que so color de sentir mucho su muerte
siente lo poco que ... [falta una palabra] ... para su vida. No
lo lastiman los tiernos huerfanos e hijuelos *que* [alred]edor del
lecho están haziendo vna lastimosa y desapacible música. No
le [dan fauor al] entendimiento y la conciencia letrados y no-
tarios que, entre los consejos de los vnos y los escritos de los
otros, están fraguando las ocasiones para los immortales pleytos y encaminándolo por puntos de drecho [*sic*] al infierno.
Antes, sin remordimiento de escrúpulos, sin obligaciones de res-
tituhir las honrras que propuso quitar y las haziendas que no
puede boluer y sin dolor de dexar lo que no tiene, remite el
alma a la disposición eterna y se dexa el cuerpo a la perecede-
ra tierra para no ser llorado de los sucessores, deseados de los
clérigos, clamoreado de las campanas ni embalsamado y diui-
dido por los verdugos de honor, que son los cirujanos. Y por
remate de su felicidad, es tan venturoso que no halla vn traydor poeta que se aficione a escruir su vida como lo ha hecho
agora el académico Tristeza por mandallo assí el *señor* presidente.»

«mirabilia», comienças, dizes de aquesta plana:
«gressus meos dirige». rresponde doña fulana:
«justus est domine»; tañe a -nona la canpana. (282-3)
(Arcipreste de Hita, *Libro de Buen Amor*, edición crítica de Manuel Criado de
Val y Eric W. Naylior [Madrid, 1965]).
[53] He enmendado «haze dallas», que parece un error del copista por «hazendallas».
[54] Roma. Puede ser «rima».

EL REFRANERO EN LA NOVELA PICARESCA Y LOS REFRANES DEL *LAZARILLO* Y DE *LA PÍCARA JUSTINA*

José Gella Iturriaga

I

La tradición refranística medieval que durante los siglos XIV y XV impregnó de pensamientos populares las obras de los archiprestes de Hita y de Talavera y la del bachiller Fernando de Rojas, entre otras, continuó en la narrativa de los siglos XVI y XVII pujante por señeras producciones literarias, entre ellas todas las del género propio de la novela picaresca.

Esa corriente interna, tradicional e hispánica, ya fluente mientras los proverbios usados por el pueblo se denominaban retraeres y fabillas o parlillas, confluyó con otra externa, la erasmista doctrinal-moralizante, cuando el mismo pueblo acababa de rebautizar en las aguas de aquella a sus retraeres con el nombre, pronto dominante, de refrán. Ambas corrientes irrigaron los campos de nuestra literatura, que florecieron fructíferos más allá del *Quijote* y de *La Dorotea*, singularmente los del aludido género de la picaresca en el Siglo de Oro. Pero, ¿en qué consistió esta singularidad?

La influencia del folklore, en todas sus facetas de literatura oral, como una de las musas inspiradoras de la novela picaresca ha sido ampliamente considerada, y bien, por la crítica. Mas sin entrar en la cuestión, porque nuestro objetivo es únicamente formular unas observaciones a manera de llamada de atención sobre el aspecto concreto de la tradición refranera, nos remitimos a la información erudita de tres estudios recientemente publicados por el Prof. Lázaro Carreter, especialmente el dedicado a D. Dámaso Alonso y titulado *Construcción y sentido del «Lazarillo de Tormes»*.

El pícaro de entonces, el de la narrativa de nuestro Siglo de Oro, tenía estas cuatro pes, según el dicho de La Pícara Justina: *pobre, poca vergüenza, pelón y pelado*. El pícaro posterior, incluso el actual, con salvedades en cuanto a lo de pobre y a pesar de que *Pobre-*

za y picardía salieron de una misma cantera (otro dicho de Justina),
las tiene, asimismo, pero carece de algo importante y exclusivo que
también poseía aquél: la gramática parda, estudiada en el libro sin
hojas de la vida azarosa y aun en centros especiales aludidos por Cervantes al citar «la vida de la jábega», y al decir «no os llaméis pícaros si no habéis cursado dos cursos en academia de la pesca de los
atunes»; gramática explicada con modismos o locuciones y proverbios de la filosofía vulgar, la del pueblo, sacada de la experiencia
y formulada en refranes, sentencias populares o pensamientos de la
literatura oral, fruto del espíritu pensativo de la colectividad a la que
pertenecía, nada menos que la esencia expresiva del alma del refranero español.

Como enunciación del tema a desarrollar y a manera de definición, desde el punto de vista del refranero, he aquí la declaración
previa siguiente:

La novela picaresca del Siglo de Oro es un género narrativo con
plétora de refranes y modismos que refleja el mundo del refranero
español, de donde son sus protagonistas, y que al describir donairo-
samente, a manera de autobiografía, el libertinaje de las gentes de mal
vivir, por fatalidad hereditaria o ambiental, adoctrina con experiencias y sentencias sobre la libertad del buen vivir.

Todas las obras del género tienen numerosos refranes, entre las
que más *Guzmán de Alfarache*. Sirvan de ejemplo las dos selecciones de ellos que ofrecemos aquí, una obtenida de la narración arque-
típica *Lazarillo de Tormes* y otra allegada de *La pícara Justina*, obra
más estimada por su riqueza lexicográfica en dichos que por su exposición episódica, pícara que en un pasaje declara. «¿Saben cómo
me consuelo? Con una carretada de refranes.»

El mundo de la picaresca refleja el del refranero y de éste salen
las gentes de aquél. Veamos cómo *Lazarillo* confirma esta aseveración,
pues sus personajes, cuatro con nombre propio y los demás sin él
pertenecen al refranero.

Antona Pérez, madre de Lazarillo, queda retratada en estas fórmulas refranísticas:

> *Antona fuese a misa y volvió a nona.*
> *Antona, que va de mañana a misa y torna a la hora de nona.*
> *Antona salió a prima y volvió a nona.*
> *Antona salió de mañana y volvió a nona.*
> *En hora buena, Antona, fuistes a misa y venistes a nona.*
> *Más valèis vos, Antona, que la corte toda.*
> *Mi hija Antona se fue a misa y volvió a nona.*
> *Mi hija Antona uno la deja y otro la toma.*
> *Noramaza, Antona, fuistes a misa y venistes a nona.*
> *Para en uno son, Antona y Antón.*
> *¡Válate la mona, Antona, válate la mona!*
> *Yo me casé con Antona y ella con mi caudal, no con mi*
> *persona.*
> *Yo molondrón, tú molondrona, cásate conmigo, Antona.*

A su padre, Tomé González, lo presenta así el refranero:

Más vale rezar a Santo Tomé que a San Donato. (Tomar y dar.)
Más vale Santo Tomé que San Donato.
Si cuando Tomico a todo me aplico, mirad qué haré en siendo Tomé.

El párrafo «Pues siendo yo niño de ocho años achacaron a mi padre ciertas sangrías mal hechas en los costales de lo que allí a moler venían, por lo cual fue preso» alude a un refrán, entonces de expresión oral únicamente, que en su forma posterior y actual impresa dice: *Molinero y sangrador parecidos son: éste sangra a los mortales y aquél sangra los costales.*
El mismo Lázaro es refranesco:

Como un San Lázaro.
Cuando la moza no está de gana, Lázaro cierne y hace la cama.
Desque la vieja no está de gana, Lázaro friega y hace la cama.
Estar hecho un Lázaro.
Estar hecho un San Lázaro.
Más llagado que San Lázaro.
Más pobre que Lázaro y Job.
Pasar el ladrillo de San Lázaro.
Por Lázaro laceramos, por los Santos bien andamos.
Tormes, Tormes, por do fuiste. nunca tornes.

Sus oficios son proverbiales:

A escudero pobre moço adeuino.
A escudero pobre rapaz adevino.
A mal abad mal monazillo.
A moço alcuzero amo roncero.
A moço malo ponelde la mesa y enbialdo al mandado.
A ruyn moçuelo ruyn capisayuelo.
Al hidalgo pobre no falta moço adeuino.
Destrón de ciego o mozo de fraile, bellaquillo más que nadie.
Destrón, el consejo; la lengua, el ciego.
El mozo del escudero gallego, que andaba todo el año descalzo y por un día quería matar al zapatero.
El mozo y el gallo no más de un año.
Mozo de capilla por maravilla.
Mozo de fraile, mándale comer y no que trabaje.
Pan e vino andan camino, que no moço garrido.
Pregonar vino y vender vinagre.

Los tres, número folklórico, padres e hijo, están sacados del refranero. Al morir el padre en los Gelves (*Los Gelves, madre, malos son de ganare*) pasa al trío «un hombre moreno», cuyo nombre es Zayde, el del cantarcillo *Mira, Zayde.* En aras de la brevedad omitimos una selección de proverbios alusivos a todos los demás personajes, carentes de nombre propio en la obra y también presentes en el refranero, desde el ciego (oracionero, romancero, cantor, coplero, curandero y ensalmador) a los restantes: clérigo, escudero, hidalgo, fraile, buldero, capellán, maestro pintor, alguacil, vecinas, escribano, huésped, sacristán, lavandera, mozo de caballos, zapatero, recuero, bodegonero, turronera, ramera, saludador, calderero, soldado y alguno más.

Desde entonces el diminutivo del nombre propio Lázaro, en illo, se convirtió en nombre común sinónimo de destrón, guía o mozo de ciego, y pronto adquirió sobre éstos la supremacía en el uso. También desde entonces el final del cuentecillo folklórico ¿*Oliste la longaniza y no el poste?* quedó de refrán, recogido años después, dentro del período del género, en *La pícara Justina,* al decir *Quedar oliendo el poste, como el amo de Lazarillo* por Correas, *Olió el poste,* con la atribución de su origen, y por otros en las variantes posteriores *Oliste la longaniza, pero no oliste la encina* y *Si olió la sardina, ¿por qué no ha olido la esquina?*

El refranero en la novela picaresca presenta el aspecto de su personalidad concorde con la personalidad del género literario y tiene en éste más nitidez por el contraste de las sentencias moralizantes con las didácticas para pícaros, más gracia en los pasajes jocosos propios del desquiciado medio, más firmeza por la sinceridad de confesonario en el yo, que narra con estilo autobiográfico, mayor rotundidad en las reiteraciones a veces simétricas (como en las selecciones que se acompañan *Arrímate a los buenos por ser uno dellos* y *Dios de los males saca bienes,* en el *Lazarillo,* primero y séptimo o último y en *La Pícara Justina,* prólogo y capítulo final, respectivamente) y grandeza sobrecogedora del poder de los hados cuando al referirse al fatalismo de linaje o de ambiente que encadena al pícaro dice *Allá darás rayo en casa de Tamayo, o en casa de Ana Díaz, Escapé o Huí del trueno y di en el relámpago, Quien mal ha de haber a su puerta lo comen lobos, Esa muere de parto que lo ha el hado, ¿Adónde irá el buey que no are?, No puede huir ninguno a su ventura...* con el inefable consuelo único de *Dios es misericordioso, De hora en hora Dios mejora* y *Mañana Dios hará merced,* pues jamás olvida el refranero de la picaresca, según hemos ya expuesto, adoctrinar con experiencias y sentencias sobre la libertad del buen vivir a las gentes que se debaten en el libertinaje del mar vivir.

El ambiente pícaro, narrado con maestría cautivadora por los autores del género, huelga decir que no es todo el de la sociedad española de entonces, de análoga manera a como representado y salido del refranero no constituye todo el mundo de éste. Marañón observó que la novela picaresca, por la que mostró tanta admiración lite-

raria como antipatía temática, coexistió con «la literatura del honor
—la más típica y gloriosa de nuestro teatro— y el genio alado de
los míticos y la maravillosa poesía del romancero» y también, nos
permitimos añadir, con los pensamientos populares del refranero que
tuvo mucha parte en lo bueno, no poco, de tal novelística.

Toda la grandeza de la novela picaresca de nuestro Siglo de Oro
estriba en que constituye, según palabras de *La Pícara Justina*, apli-
cables al género, una *Estatua de libertad*, estatua ornada con miles de
piececillas lexicográficas, modismos y paremias, obra bella de artesanía popular animada por el alma del refranero español.

II

LOS REFRANES DEL *LAZARILLO DE TORMES*

PROLOGO

1. No hay libro, por malo que sea, que no tenga alguna
   cosa buena.
2. Los gustos no son todos unos.
3. Lo que uno no come otro se pierde por ello. (En Correas:
   «Lo que uno no quiere otro lo desea» y «Lo que uno desecha otro lo ruega».)
4. La honra cría las artes.

TRATADO PRIMERO

5. Arrímate a los buenos por ser uno de ellos. (En Núñez:
   «Allégate a los buenos, serás uno dellos».)
6. Echar la soga tras el caldero. (Así en Correas. En Vallés:
   «Allá va la soga tras el calderón».)
7. Hay quien se quiebra un ojo por quebrar a otro los dos.
8. Más da el duro que el desnudo.
9. La ocasión hace al ladrón.
10. ¿Oliste la longaniza y no el poste? (Dicho de Lazarillo,
    en el tratado primero, que pronto hízose refrán, según
    se ha expuesto.)

TRATADO SEGUNDO

11. Escapé del trueno y di en el relámpago.
12. Para ti es el mundo.
13. El pan, cara de Dios. (Por dos veces lo alude Lázaro,
    pues «así llaman al pan caído en el suelo, alzándolo»,
    según explicó el maestro Correas. Todavía en uso.)

14. Dios socorre a los afligidos.
15. La necesidad es gran maestra. (También, «La necesidad hace maestros».)
16. La hambre despierta el ingenio. (Lázaro dice: «... avisa al ingenio».)
17. Donde una puerta se cierra otra se abre.

TRATADO TERCERO

18. Mañana Dios hará merced.
19. Para vivir mucho comer poco.
29. Bendito seais vos, Señor, que dais la enfermedad y ponéis el remedio. (Correas: «Cuando Dios da la llaga, da el remedio que la sana».)
21. Más vale pedirlo por Dios que hurtarlo. (O, «Más vale pedir que hurtar».)
22. El buen aparejo hace buen artífice.
23. La mejor salsa es la hambre.
24. Nadie da lo que no tiene.
25. Más largo que galgo de buena casta. («Hidalgos y galgos secos y cuellilargos».)
26. ¡Quebremos el ojo al diablo!
27. Lo comido por lo servido. («En casa del amo mezquino; lo comido por lo servido».)
28. Dicho y hecho.
29. A esotra puerta, que ésta no se abre.

TRATADO QUINTO

30. Para Dios nada hay oculto.
31. Para Dios no hay nada imposible.
32. Nuestro Señor no quiere la muerte del pecador, sino que se arrepienta y viva.

TRATADO SEPTIMO

33. Arrímate a los buenos por ser uno de ellos. (Es el 5.)

INDICE DE LOS REFRANES DEL LAZARILLO DE TORMES

III

LOS REFRANES DE *LA PICARA JUSTINA*

PROLOGO AL LECTOR

1. Dios permite males para sacar de ellos bienes. (Es el 362.)
2. Escarmentar en cabeza ajena.
3. Dios comenzó por lo mejor.
4. Cada cosa en su lugar.
5. Dios es el fin de nuestros fines.
6. El pato es símbolo y figura de la amistad inconstante.

INTRODUCCION

7. Los yerros de los reyes las piedras los murmuran y las malvas los pregonan.
8. Tan bien se vende una pintura fe como una muy hermosa y bella.
9. Todo es de provecho, si no es el unto del moscardón.
10. Cuando tuvieres un pelo más que él, pelo a pelo te pela con él.
11. Anochecer sano en España y amanecer enfermo en Francia.

12. Pocos supieran vivir sanos si no supieran de lo que otros han enfermado.
13. Un mismo oficial es el que tunde las cejas y la vergüenza.
14. Un clavo saca otro.
15. Nadie hay contento con su suerte.
16. Los pelados son hidalgos eclesiásticos y pájaros arpados.
17. ¡Oh, qué lindo!; hablara yo entre once y nona cuando contrapuntea el cochino.
18. Pobreza y picardía salieron de una misma cantera.
19. La sangre sin fuego hierve.
20. Los pobres traen el testamento en la uña del meñique.
21. El pobre sobre todas las haciendas tiene juros.
22. El pobre español tiene votos, porque pide jurando y votando.
23. Pelos a la mar para no tornar.
24. Dadle vaya para que se vaya.
25. Las pes de *Pícaro*: *Pobre*, *Poca* vergüenza, *Pelón* y *Pelado*.
26. La fortuna es ciega.
27. El tiempo es loco.
28. Tres y dos son cinco.
29. ¡Adiós, que esquilan!
30. La saliva en ayunas mata las serpientes.
31. El ciego es enemigo de soberbios.
32. Con su salsa se lo coma.
33. Ni en burlas, ni en veras con los amos no partas peras.
34. Dedo apedreado no puede apedrear bien.
35. Digan, que de Dios dijeron.
36. Arrastren la colcha para que se goce la moza.
37. Tras diez días de ayunque de herrero, duerme al sol el perro.
38. Tañe el esquilón y duermen los tordos al son.
39. Al son que llora la vieja, canta el cura en la iglesia.
40. El tiempo, aunque es todo locura, todo lo cura.
41. No hay mancha que con algo no se quite, ni detracción que el tiempo no desquite.
42. No temas mancha que sale con agua.
43. ¡Válgame San Miguel, que venció al diablo!
44. San Rafael mató al pez.
45. San Jorge mata la araña.
46. La hormiga con su golosía daña y con su diligencia enseña.
47. La abeja con su miel convida y con su aguijón atemoriza.
48. El león con su cólera mata y con su nobleza acaricia.
49. La sirena engaña.
50. El palo de dama, ni daña ni mata.

51. Más cerca está la camisa que el sayo.
52. A otro perro con ese hueso.
53. Más cuestan los naipes y valen menos.
54. Tengais tanta paciencia cuanta suele tener una olla de mondonguera.

LIBRO PRIMERO
CAPITULO PRIMERO
NUMERO PRIMERO

55. Buena ventura nos dé Dios.
56. La experiencia enseña.
57. En agosto hay frío en rostro.
58. Bueno es sacar el vientre de mal año.
59. Cada cosa en su tiempo.
60. Hacer gracias como Perico el de Soria, el de la aguja de descoser almas y tripas.
61. Por amor del prójimo y de Dios.

NUMERO SEGUNDO

62. La edad de una mujer en teniendo cero es de cera, para en caso de andar con ella.
63. Padecí cochura por hermosura.
64. Hay verdades que saben a nueces verdes.

CAPITULO SEGUNDO
NUMERO PRIMERO

65. El consejo que da un necio es oro.
66. Consejo, aunque se halle en la boca de un necio.
67. Consejo de necio, sol de invierno.
68. Consejo de necio es como palo con que azotan al pulpo, que azotando aprovecha.
69. El pintar es al tanto del querer.
70. A la Inquisición, chitón.
71. No hay sino dos linajes: el uno se llama el tener y el otro no tener.
72. Desde el *abinicio,* como dicen los de las galleruzas.

NUMERO SEGUNDO

73. En casa del tamborilero todos son danzantes.
74. Antes faltará el huelgo que un cuento.
75. A ruido de gaitero érame yo casamentero.
76. Más valéis vos, Antona, que la corte toda.

CAPITULO TERCERO
NUMERO PRIMERO

77. El consejo a gusto no se olvida.
78. El mesonero es como la tierra y el pasajero es como río.
79. El río por donde pasa moja.
80. La olla nueva siempre toma el olor de lo que en ella se echa.
81. A cada paso trota el potro.
82. Amigo de León tuyo seja, que mío non.
83. Palabra de rey no puede tornar atrás.
84. El francés hueso de tocino y la mesonera pan en el corpiño.
85. Lo que hoy por tú, mañana por yo.
86. No hay mejor perro que sombra de mesonero.
87. El pan es cara de Dios.
88. Buena pascua te dé Dios.
89. Las tres us del mesonero de Arévalo: *v*elas, *b*arato, *b*arajas. (Escritas las tres palabras así: uelas, uarato y uarajas).
90. No quitar a nadie su derecho.
91. Más valéis vos, Diego Gil, que otros cien mil.

NUMERO SEGUNDO

92. De rabo de puerco, nunca buen virote.
93. Cual el árbol, tal la fruta.
94. Puta la madre, puta la hija, puta la manta que la cobija... y el pobre yerno cornudo.
95. A río revuelto, ganancia de pescadores y pescadoras.
96. Quien da lo que tiene no debe nada.
97. No es todo oro lo que reluce (214).
98. No le enseñaba a matar, sino a ser el obediente Isaac.
99. Cada cual enseña lo que sabe, aunque no todos saben lo que enseñan.

NUMERO TERCERO

100. Las gentes como viven mueren y como pecan penan.
101. Vaya la soga tras el caldero.
102. O todos o ninguno.
103. A esotra puerta, que ésta no se abre.
104. Como remendar paño de Londres con sayal.
105. La tierra cubre los yerros de médico.
106. Corra el agua por do suele.
107. A hierro muera el que con hierro mató.
108. Con la medida que midieres serás medido.
109. La condición del rey, que donde está no parece.

110. A esotra puerta, que ésta no se abre. (Es el 103.)
111. El ánima de un ladrón es de casta de agua de pozo, que no sale sin soga.
112. Mucho me pesa, empero vaya... Y tiraba cantazos a su madre.
113. Cada loco con su tema.
114. Como los morteros de Pamplona, que cuando uno alza, el otro abaja.
115. Hurtar el puerto y dar los pies por Dios.
116. La moza del mesón esto es en conclusión; en andar, gonce; en pedir, pobre; de día, borrega; de noche, mega; en prometer, larga; en cumplir, manca... (Párrafo demasiado largo para estimarlo como refrán en su conjunto, pero muy curioso por su buen estilo refranesco. Registramos aquí su comienzo y en el índice hacemos referencias de sus voces para orientación del lector que desee consultarlo.)
117. Dure lo que durare. (... como cuchara de pan.)
118. Las hijas son esponja de las madres.

LIBRO SEGUNDO
CAPITULO PRIMERO
NUMERO PRIMERO

119. Todo es caer en buenas manos.
120. Quien las sabe, las tañe.
121. La mejor comida es la que viene de más lejos.
122. Colorada va la nova, ella resbalará o caerá.
123. Entre once y nona canta el gocho.
124. La oración breve penetra los cielos.

NUMERO SEGUNDO

125. Muy bien la fablé yo, más ella me respondió jo, jo, jo.
126. Viva y beba.
127. Rico, rico, borricho, borrico.
128. ¿Sospiraste vida mía? No, señor, sino regoldede.
129. La reina de Tacamaca donde estaba no parecía y estaba encobertada.
130. Cuento de socarro, nunca malo.

NUMERO TERCERO

131. No hay placer que dure, ni humana voluntad que no se mude.
132. Los villanos nada bueno alaban.
133. Lo amargo es dulce si hay voluntad sana, pero si está enferma lo sabroso amarga.

134. La fortuna es varia.
135. La mujer sólo compra barato aquello que estima en poco.
136. Las gracias no son para villanos.
137. El dicho donaire parece bien al yente y viniente, pero no al pariente.
138. Justicia, ý no por mi casa.
139. Las mujeres son friolentas y bocas de invierno.
140. No hay placer que dure ni voluntad que no se mude.
141. Callar es de discretos y el mucho hablar de necios.
142. Sin Baco y Ceres son de sobra gustos, juegos y mujeres.
143. Siempre llueve sobre mojado.
144. Siempre pica sobre llagado, como mosca.
145. La albarda de rocín triste, siempre cae sobre matadura.
146. Como pistolete italiano, que apunta a los pies y da en las narices.
147. Los hombres son cereros y las mujeres bacunas, dijo un poeta picaresco. (De Ceres y Baco.)
148. Acuérdate que eres polvo y en polvo te has de volver.
149. La mula boba suena mucho los cascabeles.
150. Ley es de baile: Salgan las que sacan.

NUMERO CUARTO

151. Cantar a bulto, como borgoñones pordioseros.
152. Como el cínife que cuando más muerde más canta.

CAPITULO II
NUMERO PRIMERO

153. Más vale carnero en paz que no pollo en agraz.
154. Persona forzada aun para servir en galera es mala.

155. Allá vayas, piedra, do la virginidad se destierra. (Conjuro de bruja.)
156. Quien pierda el primer punto, pierde mucho.

NUMERO SEGUNDO

157. Cese el cote y ande el trote.
158. En consejo de bellacos razonamiento de trapos.
159. Cese el cote y ande el trote. (El 157.)
160. Renacer, como ave Fénix, de las cenizas.
161. No hay principal sin accesorios.
162. El amor tiene alas.
163. Pagar con obligación es de pecheros y el dar sin deber es de nobles.

164. Allá darás rayo (o «Allá irás rayo en casa de Tamayo», en casa de Ana Díaz o en casa de Ana Gómez).
165. Coger el gato y pagar el pato.

NUMERO TERCERO

166. Lo que más se quiere, más se siente.
167. Renacer, como ave Fénix, de las cenizas. (Es el número 160.)
168. El amor tiene alas. (Es el 162.)
169. El gusto es el corazón de la vida.
170. Digan, que de Dios dijeron (35).
171. Quien hurta al ladrón gana cien días de perdón, de los concedidos por el obispo el sábado.
172. El que se embriaga peca más y gusta menos.

2.ª PARTE DEL LIBRO SEGUNDO
CAPITULO I
NUMERO PRIMERO

173. Nunca una victoria sola.
174. En estómago villano no cabe el pavo.
175. El capón tiene del hombre lo peor y de la mujer lo más ruin.
176. El aire de la mudanza todo lo derriba.
177. León entre los animales, rey; León entre las ciudades, reina.
178. Lo que me quise, me quise; lo que me quise, me tengo yo.
179. No se gana Zamora en una hora.
180. Nadie nace enseñado, si no es a llorar.
181. No conserva el agua los escritos, mas hace los secretos infinitos.
182. El agua, símbolo de fidelidad por la que guarda en tornar al mar.
183. Callar callemos, que quien tiene tejado de vidrio no es bien bolee al del vecino.
184. Los males crecen a palmos.

NUMERO SEGUNDO

185. El que peca siempre paga pena.
186. Quedóse la respuesta en el tintero, que alguna vez se duerme el buen Homero.
187. Mujer alabada no tiene espada; y si la tiene, no mata.
188. El agua de fraga y ceniza hace cala para que corte la espada.

189. Puentes y Fuentes, Camarra y Campanas: Estella la bella, Pamplona la bona: Olite y Tafalla la flor de Navarra y, sobre todo, puentes y aguas.
190. Todo el mundo es uno.
191. No es tan bravo el león como le pintan.
192. Tener inquina como el perro de Alba contra los carpinteros de la Veracruz.

CAPITULO II
NUMERO PRIMERO

193. El agua por donde pasa moja.
194. El pleito del virgo nunca tiene más de un testigo.
195. Al labrador de Zahinos le hicieron la media barba a navaja y la otra le dejaron porque pidió plazos para la paga y el maestro para la hecha.

NUMERO SEGUNDO

196. Quien hurta al ladrón gana cien años de perdón.
197. El amor tiene alas. (En el 162.)
198. El cosi cosi de Frómista, que el pato que valía menos vendían por más.
919. La vergüenza en la doncella enfrena el fuego y apaga su centella.
200. Con lo mío me haga Dios bien.
201. El amor es ciego.
202. Damas: da más.

NUMERO TERCERO

203. Pan por pan.
204. No es oro todo lo que reluce (214).
205. No hay cosa encubierta, si no es los ojos del topo.
206. Más vale pecar por carta de más que de menos.

CAPITULO III

207. Un vicio pare más vicios que un conejo gazapos.
208. Ir por lana y salir trasquilado.
209. En manos está el pandero que le sabrá tañer.
210. Quedar oliendo el poste, como el amo de Lazarillo.
211. No hay mentira sin mezcla de verdad, ni mal sin mezcla de bien.
212. Uno piensa el bayo y otro el que lo ensilla.
213. Adiós, que me mudo.

214. No es oro todo lo que reluce. (El 204.)
215. El oro de Portugal de puro fino se toma.
216. No vienen bien justos con pecadores.
217. Morirse por uno como gavilán por rábanos.
218. Hacer a dos luces como candil de mesón.
219. Quien no vio, novio es.
220. Cuál es el devoto, tal es el santo y tal la devoción.
221. Soy vivo, pues muerdo.

CAPITULO IV
NUMERO PRIMERO

222. A Roma por todo.
223. Tras diez días de ayunque de herrero, duerme al son el perro. (Es el 37, al que alude.)
224. La pintura se ha de ver de lejos. (En Correras: «La pintura y la pelea de lejos me la otea».)

NUMERO SEGUNDO

225. Quien bien quiere, bien obedece.
226. No te metas en dibujos.
227. La fortuna del tiñoso tiene la rueda de corcho.
228. Quien no trae soga, de sed se ahoga.
229. Los gansos a bolorón y la burra huse.
230. Llamar al asno de oro dejarlo en el odo.

NUMERO TERCERO

231. El que hace un cesto hace ciento.
232. Antes a reventar que a pecar.
233. No hay gato que no diga mío.
234. Golpe de cobre nunca mató a hombre.
235. La costumbre se vuelve en naturaleza.
236. Debajo de una mala capa yace un buen bebedor.
237. Con lo ajeno nunca Dios hizo bien a nadie.

NUMERO CUARTO

238. Palabras de mujer a mujer no cargan.
239. Vaya el diablo para ruin.
240. Loco fue el que dijo que tenía que hacer un soterrano en que guardar el aire del invierno para el verano.
241. Las mujeres son como las carretas, que mientras más las cargan menos ruido hacen.
242. Lo que se come de mogollón siempre sabe a pechuga.

243. Una mujer moza es como un fraile, que nunca les falta campanero.
244. La sangre, sin fuego hierve.
245. Por el hilo se saca el ovillo.

NUMERO QUINTO

246. La miel volvióse hiel.
247. Las veras no se han de decir por burlas.
248. Pensó el bobo que le habían hecho los hijos caballeros.
249. El bacín es la cosa más agradecida del mundo, porque le hacen servicio y hace servicio.
250. Quien no teme su peligro tampoco teme el ajeno.

3.ª PARTE DEL LIBRO SEGUNDO
CAPITULO I
NUMERO PRIMERO

251. La vista es el sentido más noble.
252. Los romeros comen de todo.
253. Como colgadura de tela, que todo se ve de una vez.
254. A la borgoñana, que todo se come junto.
255. De cuantas hierbas tocó el hortelano, sólo de la mala echó mano.
256. Cual el cangilón, tal el olor.
257. Dios te deje, hijo, tratar con gentes llanas que hacen las casas a mazadas.
258. No es oro todo lo que reluce. (Es el 214.)
259. Es muy propio de necios tener las gracias por agraz.
260. No hay mejor rato que un poco de gusto.
261. Los peces saltan, las sirenas cantan.
262. Dígalo doña Oliva, que libra en el gusto salud, refrigerio y vida.
263. No es la miel para la boca del asno.
264. Entre herejía y Ave María.

NUMERO SEGUNDO

265. De lo vivo a lo pintado va un buen tranco.
266. Al buen callar llaman santo.
267. Adonde acaba el filósofo comienza el médico.
268. San Isidro de León es, en indulgencias, una Roma.
269. Al que va graduado por el que llaman daca dinero, nunca negocia mal.
270. Poco más o menos toda la lana es pelos.

CAPITULO II

271. Mansilla y León para en uno son.
272. Poco puede un buen despejo donde hay un buen despego.
273. Donde una puerta se cierra ciento se abren.
274. Con la estima que si fuera la llave del arca del tesoro de Venecia.
275. Nunca hay falta donde sobra traza.
276. Quien hace bien a ruin jamás espera otra paga.
277. El pan es cara de Dios.
278. Lo hurtado es más sabroso.
279. De lo que no se ve no se da testimonio.

CAPITULO III

280. Dios nos libre de burros en descampado, que como no saben de freno todo lo atropellan.
281. Sabe más una mujer en la cama que un estudiante en la Universidad desojándose.
282. Adiós, que me mudo.
283. El toro y el vergonzoso poco paran en el coso.
284. Al maestro, cuchillada.
285. El que se excusa, se acusa.

CAPITULO IV
NUMERO PRIMERO

286. ¡Aquí de Dios y válgalo el diablo!, como decía el bobo.
287. Lo que ignoran baldonan.
288. Cuando te dieren la cochinilla, acorre luego con la soguilla.
289. En casa llena presto se guisa la cena.
290. Cuando corre la ventura, las aguas son truchas.
291. La vez que hace merced un gato, es Alejandro.
292. Tras cornudo apaleado.

NUMERO SEGUNDO

293. Sobre cuernos penitencia.
294. En casa del tamborilero los hijos son bailadores.
295. El cantar alivia el cansancio.
296. Bien canta Marta después de harta.
297. Julio César cayendo dijo: Téngote, Africa, no te me irás.
298. Un fiel corazón nunca engaña.
299. Echarse en remojo como pescada salada.

300. No es tan viejo el moro que puñalada no diera, si ocasión de burla y fisgo hubiera.
301. Quien pregunta no yerra.

LIBRO TERCERO
CAPITULO I

302. Tras ten con ten, pinicos; tras pinicos, andadura; tras andadura, trote; y tras trote asomo de garrote.
303. El odio es fuego.
304. Bolos son diablos, como dijo el otro que iba a birlas y le faltaban diez.
305. Donde no se piensa salta la liebre, y andaba sobre un tejado.
306. ¡Quebremos el ojo al diablo!
307. Maraquita, daca mi manto que no puedo estar encerrada tanto.
308. El sol de marzo parece que sabe y da mazada.
309. El amor es ciego (201).
310. Lo que dijo el alcalde bobo a Mariforzada: De hablar hablaste, más no te entendiste.

CAPITULO II

311. La vara de la justicia siendo delgada hace más sombra que el árbol de Nabico de Sorna, como dijo el bobo.
312. A otro perro con ese hueso.
313. Más enjoyado que tienda milanesa.
314. No hay traza buena que no tenga en la cara el molde.
315. El sastre del Campillo que ponía manos y hilo.
316. La costurera de Miera que ponía trabajo y seda.

CAPITULO III

317. Poner en cerco al diablo es gran pecado.
318. La águila enseña a vivir sin mengua.

CAPITULO IV

319. Los duelos con pan son buenos.

CAPITULO V

320. Andar entre la cruz y el agua bendita.
321. A cada cual haga Dios bien con lo que es suyo.
322. No hagas franquezas que te salgan a los ojos.

323. Honra el rey tiene harta.
324. No hay enamorado que no sea loco y confiado.
325. Un loco amor lo menos que acarrea es deshonor.

CAPITULO VI

326. Trae la bolsa abierta y entrársete ha en ella la sentencia.
327. La mala paga, siquiera en pajas.
328. Dávidas ablandan penas.
329. Las mujeres son como mariposas que quieren tratar el fuego sin quemarse.
330. El melón ha de tener tres calidades: pesado, escrito y oloroso. (En Correas: El melón largo, pesado, escrito y y borrado.)

LIBRO CUARTO I
CAPITULO I

331. De menos nos hizo Dios.
332. Dos cosas hay en los pueblos pequeños que no se pueden esconder: almoneda y la moza casadera.
333. Alavés, linda res.
334. Debajo del sayal hay al.
335. Taberna sin gente poco vende.

CAPITULO II

336. El amor es inventivo.
337. Con lo mío me haga Dios bien.
338. En Castilla el caballo lleva la silla.
339. Un corrido corre poco.
340. El loco amor vuelve a los hombres locos.

CAPITULO III

341. El galán español siempre se anda vistiendo.
342. Quien dispara sin bala nunca mata.
343. El fuego guisa lo que no come.
344. La perra loca toda es hoja.
345. El amor sólo se declina en dos casos: dativo y genitivo.
346. Para honra y proveho es el dinero.

CAPITULO IV

347. Digo mal de la prenda y quédome con ella.
348. El casamiento es nudo ciego.

349. Quien quiere bestia sin tacha a pie se anda.
350. Es mucho don Diego, buen marido y caballero.
351. Las pasiones de amor son reposadas y raposadas.
352. Al oro todas las cosas le obedecen.
353. Quien sus propósitos parla, no se casa.
354. De Dios dijeron.
355. En buenas manos está el pandero que le sabrán bien tañer. (Es el 209.)
356. Dijo de Venus un carnicero: como la conocí tajón no la puedo tener respeto.

CAPITULO V

357. Nadie se meta en negocio ajeno.
358. Muchos componedores descomponen la novia.
359. En vino de Rivadavia, Cocua y Alaejos sustenta niños y viejos.
360. La experiencia es maestra.
361. Todo cansa.
362. Dios de los males saca bienes.

INDICE DE LOS REFRANES DE *LA PICARA JUSTINA*

NOTA.—En los 362 proverbios numerados hay 16 repetidos, o sea, un total de 346.

EL LEXICO TAURINO EN LA NOVELA PICARESCA ESPAÑOLA

JOSÉ CARLOS DE TORRES
C.S.I.C.

1.1. Dentro de la investigación de los microsistemas léxicos de carácter jergal llevamos varios años considerando el taurino en España (siglos XVI-XX)[1]. Ahora hemos leído las novelas picarescas recogidas en la conocida antología del prof. A. Valbuena Prat[2], y así hemos podido hallar un material lingüístico más rico respecto a los resultados obtenidos en los trabajos anteriores citados en la primera nota.

Los actuales frutos son valiosos e interesantes al emplear los autores una serie de términos y expresiones en sentido figurado pertenecientes a un tipo de español hablado, junto a la incorporación, como elemento muy esencial, del «costumbrismo» de la época en que viven los autores de los relatos[3]. Todo ello, dentro del «realismo técnico»

[1] El primer trabajo fue nuestra tesis doctoral, de la que leímos un resumen como Comunicación en el IV° Congreso Internacional de la Asociación Internacional de Hispanistas, celebrado en Salamanca en 1971. Más tarde publicamos en la revista de la Sociedad Española de Lingüística (*RSLE*, 1974, pp. 411-432) el artículo «*Lógos cryptós* y *acribía* en la función del signo lingüístico». Cuando el congreso internacional sobre *La Celestina* leímos una comunicación basada en la lectura de una serie de obras del «ciclo celestinesco», además de *El Libro de Buen Amor* y el *Corbacho,* de Martínez de Toledo, para investigar el léxico taurino en dichas ediciones y compararlo con el sistema de distribución por campos semánticos empleado en nuestro primer estudio del año 1970.

[2] *La novela picaresca española*. Madrid. Aguilar, 1974[7], 2 tomos. Para fijar el texto hemos leído ediciones solventes cuando las hay, y las demás hemos recurrido a los fondos de la Biblioteca Nacional cuando se guardan las primeras ediciones. Véase la Bibliografía de fuentes.

[3] En las biografías de los principales personajes de la época (e incluso de santos) hay muchas noticias relacionadas con las costumbres de la sociedad española de tales siglos. Así, por ejemplo, consúltese el capítulo XV de la «Segunda parte» de la *Vida y mverte de D. Margarita de Austria, Reyna de Espanna*, de D. Diego de Guzmán. Madrid, Luis Sánchez, 1617, fol. 166r. Este impreso recoge en el capítulo I de la citada parte las bodas de la referida

en la descripción del complejo mundo social contenido en la narración, según el sentido apuntado por el hispanista Alexander Parker en su conocido estudio sobre la picaresca [4]. Este elemento costumbrista aparece ya en *La Celestina*, de Rojas, y en sus continuaciones e imitaciones, de fecha más temprana en nuestra Literatura.

2.1. La jerga taurina fichada se puede dividir en tres tipos de léxico (hay en principio coincidencia con el material encontrado en el «ciclo celestinesco»):

a) El empleado para las descripciones y noticias sueltas de las *fiestas de toros,* consideradas por los autores según su libre entender. Así, hay libros donde no hay terminología taurina; por ejemplo, de las novelas ejemplares cervantinas existe tan sólo en el *Coloquio entre Cipión y Berganza* (en cambio, en su producción teatral, hay, en boca del muchacho Lagartija, en el acto segundo de *El rufián dichoso* y en el entremés del *Retablo de las maravillas*); falta en *La niña de los embustes, Teresa de Manzanares,* de Alonso de Castillo Solórzano, así como en *El castigo de la miseria,* de María de Zayas y Sotomayor. En contraposición, las novelas con más pasajes taurinos son el *Guzmán de Alfarache,* del sevillano Mateo Alemán; la *Segunda parte de Guzmán de Alfarache,* de Mateo Luján; *La Pícara Justina,* de Francisco López de Ubeda; la *Vida del escudero Marcos de Obregón;* las *Aventuras del bachiller Trapaza,* de Alonso de Castillo Solórzano; *El diablo Cojuelo,* de Luis Vélez de Guevara; la *Vida de Estebanillo González* y la de Torres Villarroel.

b) El léxico figurado.

c) El de los refranes, frases hechas y dichos en torno al *toro bravo* y textos donde entra el término *buey* (por su relación con aquél en el campo e incluso en el coso). La pujanza de una sociedad ganadera y campesina, con gran influencia en la tradicionalidad de la sociedad española de antaño, explica la riqueza de las citas.

2.2. Sin embargo, hay dos observaciones que anotar sobre las características de la división anterior:

La primera es que cada autor, que incorpora pasajes taurinos en un relato no específico en materia de los toros, debe rehuir el empleo de terminología técnica al restar comprensión a la lectura (aunque la incorporación de la jerga enriquezca su profundidad). Por ello el abundante léxico específico del toreo, presente en los tratados de jineta y *Reglas de torear* a caballo de los impresos aparecidos du-

---

reyna y Felipe III en Valencia, por lo que guarda relación con el capítulo X del libro tercero de la *Segunda parte de la vida de Guzmán de Alfarache,* de Mateo Luján de Sayavedra.

[4] *Los pícaros en la Literatura. La novela picaresca en España y Europa* (1599-1753). Madrid. Gredos, 1971, nota 53 al capítulo I.

rante los siglos XVII y XVIII, apenas si lo hay en las creaciones literarias investigadas hasta el presente [5].

La segunda observación es que en la novela picaresca aparecen en proporción menos refranes y dichos taurinos que en el «ciclo celestinesco». Pero en cambio es más numeroso el léxico figurado taurino en el relato, debido probablemente a que la fiesta de toros tuvieron un mayor desarrollo en el siglo XVII que en el XVI. Y el costumbrismo que nutre las narraciones picarescas favorece incluir lo relacionado con la fiesta de toros, de carácter urbano, como ya hemos indicado en trabajo anterior [6].

2.3. Hemos apreciado que el relato novelístico en prosa (el verso es una excepción en la picaresca, además de que cuando se ofrecen partes líricas, como en *El castigo de la miseria*, de María de Zayas, precisamente se trata de una de las obras donde faltan referencias taurinas) permite una exposición más amplia que cuando el autor recurre al diálogo (como en el «ciclo celestinesco», con independencia de si todas las composiciones celestinescas se escribieron para ser representadas en escenario). Por ello, el creador del relato puede pormenorizar descripciones con amplitud holgada. Así, el capítulo VIII del libro primero de la Primera Parte del *Guzmán de Alfarache* es una muestra de estas posibilidades intercaladas en la historia de los enamorados Ozmín y Daraja:

«Andaba tan triste, que las muestras exteriores manifestaban las interiores. Viéndola don Luis en tal extremo de melancolía y don Rodrigo, su hijo, ambos por alegrarla ordenaron unas *fiestas de toros* y juegos de cañas; y por ser la ciudad tan acomodada para ello, brevemente tuvo efecto. Juntáronse las cuadrillas, de sedas y colores diferentes cada una, mostrando los cuadrilleros en ellas sus pasiones, cuál desesperado, cuál con esperanzas, cuál cativo, cuál amartelado, cuál alegre, cuál triste, cuál celoso, cuál enamorado. Pero la paga de Daraja igual a todos.

»Luego que Ozmín supo la ordenada fiesta y ser su amo cuadrillero, parecióle no perder tiempo de ver su esposa, dando muestra de su valor señalándose aquel día. El cual como fuese llegado al tiempo que *se corrían los toros*, entró en su caballo, ambos bien aderezados. Llevaba con un tafetán azul cubierto el rostro, y el caballo tapados los ojos con una banda negra. Fingió ser forastero. Iba su criado delante con una gruesa *lanza*. Dio a toda la *plaza* vuelta, viendo muchas cosas de admiración que en ella estaban.

[5] Véase nuestra comunicación citada ya al Congreso salmantino. También el resumen de nuestra tesis doctoral, Madrid, 1971, 29 pp.; concretamente, las pp. 25 (apartado IX, 1), 26 (XI), 28 (*Períodos de formación del léxico taurino*) y 29.

[6] Véase nuestra comunicación al Congreso Internacional sobre *La Celestina*.

»Entre todo ello, así resplandecía la hermosura de Daraja como el día contra la noche, y en su presencia todo era tinieblas. Púsose frontero de su ventana, donde luego que llegó vio alterada la plaza, huyendo la turba de *un* famoso *toro* que a este punto *soltaron*. Era de Tarifa, grande, *madrigado y como un león de bravo*.

»Así como salió, dando dos o tres ligeros brincos se puso en medio de la plaza, haciéndose dueño de toda ella, con que a todos puso miedo. Encarábase a una y otra parte, de donde le tiraron algunas *varas* y, sacudiéndolas de sí, se daba tal maña, que no consentía le tirasen otras desde el suelo, porque hizo algunos lances y ninguno perdido. Ya no se le atrevían a poner delante ni había quien a pie lo esperase, aun de muy lejos. Dejáronlo solo: que otro más del enamorado Ozmín y su criado no parecían allí cerca.

«El *toro volvió* al *caballero, como un viento,* y fuele necesario sin pereza tomar su lanza, porque el *toro* no la tuvo en entrarle; y, levantando el brazo derecho —que con el lienzo de Daraja traía por el molledo atado—, con graciosa destreza y galán aire le atravesó por medio del *gatillo* todo el cuerpo, clavándole en el sueño la uña del pie izquierdo, y cual si fuera de piedra, sin más menearse, lo dejó allí muerto; quedándole en la mano un trozo de lanza, que arrojó por el suelo, y se salió de la plaza. Mucho se alegró Daraja en verlo, que cuando entró lo conoció por el criado, el cual también lo había sido suyo, y después en el lienzo del brazo.

»Todos quedaron con general murmullo de admiración y alabanza, encareciendo el venturoso lance y fuerzas del embozado No se trataba otra cosa que ponderar el caso, hablándole los unos a los otros. Todos lo vieron y todos los contaban. A todos pareció sueño y todos volvían a referirlo. Aquél daba palmadas, el otro daba voces; éste habla de mano, aquél se admira, el otro se santigua; éste alza el brazo y dedo, llena la boca y ojos de alegría; el otro tuerce el cuerpo y se levanta; unos arquean las cejas; otros, reventando de contento, hacen graciosos matachines: que todo para Daraja eran grados de gloria.

»Ozmín se recogió fuera de la ciudad, entre unas huertas, de donde había salido, y, dejando el caballo, trocado el vestido, con su espada ceñida, volviendo a ser Ambrosio se vino a la plaza. Púsose a parte donde vía lo que deseaba y era visto de quien le quería más que a su vida. Holgaban en contemplarse; aunque Daraja estaba temerosa, viéndole a pie, no le sucediese desgracia. Hízole señas que se subiese a un tablado. Disimuló que no las entendía y estúvose quedo en tanto que los toros se corrieron.

»Veis aquí, al caer de la tarde, cuando entran los del juego de cañas en la forma siguiente: lo primero de todo trompetas, menestriles y atabales, con libreas de colores, a quien seguían ocho acémilas cargadas con haces de cañas Eran de ocho cuadrilleros que jugaban. Cada una su repostero de terciopelo encima, bordadas en él con oro y seda las armas de su dueño. Llevaban sobrecargas de oro y seda con los garrotes de plata.

»Entraron tras esto doscientos y cuarenta caballos de cuarenta y ocho caballeros, de cada uno cinco, sin el que servía de entrada, que eran seis. Pero éstos, que entraron delante, de diestro, venían en dos hileras de los dos puestos contrarios. Los primeros dos caballos, que iban pareados, a cada cinco por banda, llevaban en los arzones a la parte de afuera colgando las adargas de sus dueños, pintadas en ellos enigmas y motes, puestas bandas y borlas, cada uno como quiso. Los más caballos llevaban solamente sus petrales de caxcabeles, y todos con jaeces tan ricos y curiosos, con tan soberbios bozales de oro y plata, llenos de riquísima pedrería, cuanto se puede exagerar. Baste por encarecimiento ser en Sevilla, donde no hay poco ni saben dél, y que los caballeros eran amantes, competidores, ricos, mozos, y la dama presente.

»Esto entró por una puerta de la plaza, y, habiendo dado vuelta por toda en torno, salían por otra que estaba junto a la por donde entraron: de manera que no se impedían los de la entrada con los de la salida, y así pasaron todos.

»Habiendo salido los caballos entraron los caballeros, corriendo de dos en dos las ocho cuadrillas. Las libreas, como he dicho; sus lanzas en las manos, que, vibradas en ellas, parecían juntar los cuentos a los hierros, y cada asta cuatro; animando con alaridos los caballos, que heridos del agudo acicate volaban, pareciendo los dueños y ellos un solo cuerpo, según en las jinetas iban ajustados. No es encarecimiento, pues en toda la mayor parte del Andalucía, como Sevilla, Córdoba, Jerez de la Frontera, sacan los niños —como dicen— de las cunas a los caballos, de la manera que se acostumbran en otras partes dárselos de caña. Y es cosa de admiración ver en tan tiernas edades tan duros aceros y tanta destreza, porque hacerles mal tienen por su ordinario ejercicio.

»Dieron a la plaza vuelta, corriendo por las cuatro partes della, y, volviendo a salir, hicieron otra entrada como antes; pero mudados los caballos y embrazadas las adargas, y cañas en las manos.

»Partiéronse los puestos y seis a seis, a la costumbre de la tierra, se trabó en bien concertado juego, que, habiendo pasado en él como un cuarto de hora, entraron de por medio algunos otros caballeros a despartirlos, comenzando con otros caballos una ordenada escaramuza, los del uno y otro puesto, tan puntual que parecía danza muy concertada, de que todos en mirarla estaban suspensos y contentos.

»Ésta desbarató *un* furioso *toro* que *soltaron* de postre. Los de a caballo, con *garrochones* que tomaron, comenzaron a cercarlo a la redonda, mas el toro estábase quedo sin saber a cuál *acometer*: miraba con los ojos a todos, *escarbando* la tierra con las manos. Y estando en esto esperando su suerte cada uno, salió de través un *maltrapillo haciéndole cocos.*

»Pocos fueron menester para que el toro, como rabioso, dejando los de a caballo, viniera para él. Volvióse huyendo, y el toro lo siguió, hasta ponerse debajo de las *ventanas* de Daraja y adonde Ozmín estaba; que, pareciéndole haberse acogido al mozuelo a lugar privilegiado y haciendo caso de injuria de su dama y suya si allí recibiera mal tratamiento, tanto por esto como abrasado de los que allí habían querido señalar sus gracias, por medio de la gente salió contra el toro, que, dejando al que seguía, se fue para él. Bien creyeron todos debía de ser loco quien con aquel ánimo arremetía para semejante *bestia fiera* y esperaban sacarlo de entre sus *cuernos* hecho pedazos.

»Todos le gritaban, dando grandes voces, que se guardase. De su esposa ya se puede considerar cuál estaría, no sé qué diga, salvo que, como mujer, sin alma propria, ya el cuerpo no sentía de tanto sentir. El toro bajó la cabeza para darle el golpe; mas fue humillársele al sacrificio, pues no volvió a levantarla, que sacando el moro el cuerpo a un lado y con estraña ligereza la *espada* de la *cinta,* todo a un tiempo, le dio tal *cuchillada* en el *pescuezo,* que, partiéndole los huesos del cerebro, se la dejó colgando del gaznate y papadas, y allí quedó muerto. Luego, como si nada hubiera hecho, *envainado su espada,* se salió de la *plaza.*

»Mas el poblado novelero, tanto alguno de a caballo como gente de a pie, lo comenzaron a cercar por conocerlo. Poniánsele delante admirados de verlo; y tantos cargaron, que casi lo ahogaban, sin dejarle menear el paso. En *ventanas* y *tablados* comenzaron otro nuevo *mormullo de admiración* cual el primero, y en todos tan general alegría, y por haber sucedido cuando se acababan las *fiestas,* que otra cosa no se hablaba más de en los dos maravillosos casos de aquella tarde, dudando cuál fuese mayor y agradeciendo el buen postre que se les había dado, dejándoles el paladar y boca sabrosa para contar hazañas tales por inmortales tiempos.»

O el descanso XI del Libro Segundo del *Escudero Marcos de Obregón:*

Muy contento mi amo de la bondad de su hija y satisfecho de mi fidelidad, tornaron las cosas a su principio, y yo a la reputación y estimación en que me solían tener. La doncelluela realmente andaba un poco melancólica y la madre muy arrepentida de verla disgustada, de manera que la hija se retiraba della haciéndose de la enojada y regalona. La madre andaba pensando cómo darle gusto, buscando modos para alegralla y desenojalla, porque andaba con un ceñuelo con que a todos nos traía suspensos, a mí de amor y a los demás de temor no enfermase de aquella pesadumbre. Al fin, como procuraban volvella a su gusto y tenerla alegre, dijo la madre a mi amo que me mandase decirle aquellas palabras contra la melancolía, que no hallaba con qué alegralla sino con ellas. Mandómelo y yo les dije: "Sin duda estra tristeza debe de nacer de algún enojo, y así será menester decírselo muchas veces para desarraigarle del pecho la ocasión de su mal, haciéndole algunas preguntas con que, respondiendo ella, se sazonase mejor su pena." Y así fue, que me dejaron un grande rato hablar con ella y decirle el ensalmo primero y otros mejores, a que ella respondía muy a propósito, quedando muy contenta de haberle dicho que la verdadera salud y contento y gusto del alma le había de venir del agua del bautismo que su padre había despreciado. Y después de bien instruida en esto me aparté de su persona, habiendo hablado y ella respondido media hora. Alegróse la madre de lo que vía; rogóme que le enseñase aquel ensalmo, a que yo le respondí: "Señora, estas palabras no las puede decir sino quien hubiere estado en el estrecho de Gibraltar, en las islas de Riarán, en las Colunas de Hércules y en el Mongibelo de Sicilia, en la sima de Cabra, en la mina de Ronda y en el corral de la Pacheca; que de otra manera se verán visiones infernales que atemoricen a cualquiera persona."

Dijo éstos y otros muchos disparates, con que se le quitó la gana de saber el ensalmo. Yo, aunque tenía con esto algún entretenimiento, al fin andaba como hombre sin libertad, en miserable esclavitud, entre enemigos de la verdadera religión y sin esperanzas de libertad, por donde el amor se iba aumentando en la doncella y menguando en mí, como pasión que quiere pechos y ánimos vagamundos y ociosos, desocupados de todo trabajo y virtud; ¿pues qué efecto puede hacer un amor holgazán en un alma trabajadora? ¿Qué gusto puede tener quien vive sin él? ¿Cómo puede hacer a su dama terrero quien lo está hecho a los golpes de la fortuna? ¿Cómo saldrán dulzuras de la boca por donde tantos tragos de amargura entran? Al fin, el amor quiere ser solo, y que acudan a él sólo mozos sin obligaciones, sin prudencia y sin necesidad; y aun en éstos es vicio y distraimiento para la quietud del cuerpo y del alma, cuanto más en un hombre subordinado a tantos trabajos, mirado de tantos ojos, temeroso por tantos testigos.

Yo andaba muy triste, aunque muy servicial a mi amo y a todas sus cosas, con tanta solicitud y amor que iban las obligaciones cada día creciendo con el amor de mis amos; pero pesábale de verme andar triste y sin gusto, que, aunque no se parecía en el servicio, echábase de ver en el rostro. Y así, llegándose el día de San Juan, de junio, cuando los moros, o por imitación de los cristianos o por mil yerros que en aquella secta se profesan, hacen grandísimas demonstraciones de alegría con invenciones nuevas a caballo y a pie, me dijo el renegado: «Ven conmigo, no como esclavo sino como amigo, que quiero que con libertad te alegres en estas fiestas que hoy se hacen al profesa. Alí, que vosotros llamáis San Juan Bautista, para que te diviertas viendo tan excelentes jinetes, tantas libreas, marlotas de seda hechas un ascua de oro, turbantes, cimitarras, gallardos hombres de a caballo vibrando las lanzas con los brazos desnudos y alheñados. Mira la bizarría de las damas, tan adornadas de vestidos y pedrerías, cómo favorecen con mucha honestidad a los galanes, haciendo ventana, dándoles mangas y otros favores; mira las cuadrillas de grandes caballeros que, llevando por guía a su virrey, adornan toda la ribera, así del mar como de los ríos; cuán gallardamente juegan de lanzas, y, después de arrojadas, con cuánta ligereza las cogen del suelo desde el caballo.»

A todo esto yo estaba reventando con lágrimas, sin poderme contenter ni disimular la pena y el sentimiento que aquellas fiestas me causaban; a que volviendo los ojos mi amo y viéndome deshecho en lágrimas, me dijo: «¿Pues en el tiempo donde todo el mundo se alegra, no solamente entre moros sino en toda la cristiandad, y en una mañana donde todos se salen de juicio por la abundancia de alegría, estás limpiando lágrimas? ¿Cuándo parece que el mismo cielo da nuevas muestras de regocio, lo celebras tú con llanto? ¿Qué ves aquí que te pueda disgustar o que no te pueda dar mucho contento?»

«La fiesta —respondí yo— es milagrosa de buena, y tan en estremo grado, que por alegrísima me hace acordar de muchas que he visto en la corte del mayor monarca del mundo, rey de España. Acuérdome de la riqueza y bizarría, de las galas y vestidos, de las cadenas y joyas que esta mañana resplandecen en tan grandes príncipes y caballeros. Acuérdome de ver salir a un Duque de Pastrana, una mañana como ésta, a caballo, con un semblante más de ángel que de hombre, elevado en la silla que parecía centauro, haciendo mil gallardías y enamorando a cuantas personas le miraban; de aquel gran cortesano don Juan de Gaviria, cansando caballos, arrastrando galas, haciendo cosas de muy valiente y alentado caballero; de una prenda suya que en tiernos años ha subido a la cumbre de lo que se puede desear en razón de andar a caballo; de un don Luis de Guzmán, Marqués de Algaba, que hacía temblar las *plazas* adonde se encontraba con la furia desenfrenada de los *bramantes* toros; de su tío el Marqués de Ardales, don Juan de Guzmán, ejemplo de la braveza y gallardía de toda caballería; de un tan gran príncipe como don Pedro de Médicis, que con un *garrochón* en las manos o *mataba* un toro o lo *rendía;* del Conde de Villamediana don Juan de Tasis, padre y hijo, que entre los dos hacían pedazos un toro a *cuchilladas;* de tanto número de caballeros mozos que admiran con el atrevimiento, vencen con la presteza, enamoran con la cortesía; que, como tras desta mañana se sigue otro día la *fiesta de los toros,* acuérdome de todo en confuso. Fiesta que ninguna nación sino la española ha ejercitado ni ejercita, porque todos tienen por excesiva temeridad atreverse a un animal tan feroz que, ofendido, se arroja contra mil hombres, contra *caballos* y *lanzas* y *garrochones,* y cuanto más lastimado tanto más furioso. Que nunca la antigüedad tuvo fiesta de tanto peligro como ésta; y son tan animosos y atrevidos los españoles que, aun heridos del toro, se tornan al peligro tan manifiesto, así *peones* como *jinetes.* Si hubiese de contar las hazañas que en semejantes fiestas he visto y traer a la memoria los ingenuos caballeros que igualan en todo a los nombrados, así en valor como en calidad, sería obscurecer esta fiesta y cuantas en el mundo se hacen.»

Díjome aquí el ermitaño: «¿Pues cómo no hace vuesa merced mención de la que hizo en Valladolid don Felipe el Amado en el nacimiento del Príncipe nuestro señor?» Respondí yo: «Porque no había de contar yo en profecía lo que aún no había pasado; pero ésa fue la más alegre y rica que los mortales han visto, y donde se muestra la grandeza y prosperidad de la monarquía española. Que si el otro emperador vicioso hacía cubrir con limaduras de oro el suelo que pisaba saliendo de su palacio, con el oro que salió aquel día en la plaza la podía cubrir toda como con cargas de arena. Y si para engrandecer la braveza de Roma dicen que en la batalla de Can[n]as, en la Pulla, se hincheron tres moyos de las sortijas de los nobles, con las cadenas, sortijas y botones de aquel día se podían llenar treinta hanegas, esto sin lo que quedaba en las casas particulares guardado. Estuvieron aquel día todos los embajadores de los reyes y repúblicas esperando la grandeza de España y la flor y valor de la caballería, que los dejó suspensos y en éxtasis de ver la *gallardía* con que se jugó de los *garrochones,* revolviendo los caballos, que aunque *herir a espaldas vueltas* es mucha gala, como la usan otras naciones en cazas de leones y otros animales, este día hubo quien esperó en la misma *puerta del toril,* cuando con más furia y velocidad sale el toro, y le *mató cara a cara* con el garrochón, que fue don Pedro de Barros; y aunque esto tiene mucha parte de *atrevimiento y ventura,* también la tiene de *conocimiento y arte,* que enseña la esperiencia con gentil discurso. Al fin, estas fiestas admiraron a los embajadores y al mundo; pero mucho más ver a un rey mozo, don Felipe III el Amado, siendo cabeza de su cuadrilla, guiar con tan grande sazón, cordura y valor y emendar muchas veces los juegos de cañas que los muy experimentados caballeros erraban; porque fue tanta la abundancia de caballos y cuadrillas que no pudieron caber en la plaza, y con esta confusión algunas veces se descuidaban en el juego, que con la anciana prudencia del mozo rey se tornaba a la primera perfección, que cierto parecía ir guiado de los ángeles, porque al fin fue el mejor hombre de a caballo que aquel día se mostró en la plaza. Después acá se han cultivado grandes caballeros muy mozos y muy acertados, como don Diego de Silva, caballero de mucho valor, presteza y donaire, atrevidísimo con el garrochón en las manos, y su valeroso hermano don Francisco de Silva, que pocos días ha, sirviendo a su rey, murió como valentísimo soldado, y con él muchas virtudes que le adornaban. El Conde de Cantillana, que con grandísimo aliento derriba muerto a un toro con el *garrochón;* don Cristóbal de Gaviria, excelentísimo caballero, y otros muchos que por no salir de mi propósito callo.»

Proseguimos en ver en la fiesta de los turcos y moros, algunos muy grandes jinetes; pero no tan grandes como don Luis de Godoy, ni como don Jorge Morejón, alcaide de Ronda, ni como el Conde de Olivares, mozo. Pero fue la fiesta alegrísima, que como gente que no ha detener otra gloria sino la presente, la gozan con toda la libertad que se puede desear. Ultimamente vi a mis amas, ya que la fiesta se iba acabando, de que me pesó en el alma, por no vellas, sino por vellas tarde, que la doncellita estaba hecha ojos, no hacia la fiesta sino hacia su padre, que viéndole a él me vía a mí. No pude negar a la naturaleza el vigor y aliento que de semejantes encuentros recibe. Hice del ignorante en su vista y dije a mi amo que nos fuésemos, sabiendo lo que me había de responder, como lo hizo, diciendo: «Esperemos a mi mujer y hija para acompañarlas.» Bajaron de una ventana donde estaban y fuimos acompañándolas, la hija temblándole las manos y mudando el color del rostro, hablando con intercadencias. Díjole el padre: «Ves aquí tu médico; háblale y agradécele la salud que suele darte.»

Preguntóme la madre qué me había parecido de la fiesta: «Hasta que vi a mis señoras —respondí— no vi cosa que, aunque eran buenas, me lo pareciese; porque la gracia, hermosura y talle de mi señora y de su hija yo no lo veo en Argel.» Riyóse el padre y ellas quedaron muy contentas. Teniendo por este camino contenta a la madre, de buena gana me dejaba hablar con la hija. Pidióme la doncella un rosario en que iba rezando; díselo, y, en pudiendo hablarla, le dije para qué era el rosario, y que si verdaderamente entregaba su voluntad a la Virgen le abriría camino ancho y fácil para llegar a tanto bien como recebir la gracia del santo bautismo que la doncella con grandes ansias deseaba, y que le había yo de pedir cuenta de aquel rosario, que le guardase muy bien y le rezase cada día, y así lo prometió de hacer.

3.1. Ya hemos hablado de que la fecha del *Lazarillo* (1554), así como la Primera Parte de *El Guzmán* (1599) son posteriores a *La Celestina,* de. Rojas (1499-1502), e incluso sus continuaciones las investigamos en el referido Congreso Internacional hasta *La Dorotea,* de Lope de Vega (1632). Esta posterioridad de fechas se extiende, de otro lado, hasta mediados del siglo XVIII (la *Vida* de Torres Villarroel, 1742-1758), lo que da lugar a que los creadores de la picaresca vivan ya ante un festejo público de carácter urbano, muy fijado en lo que fue su desarrollo: un *toreo a caballo* practicado por la nobleza, que permite a sus seguidores el ejercicio de la monta, el manejo de armas y, por añadidura, alardes de valor ante la Corte, las damas y el pueblo; y un primitivo espectáculo tumultuoso, normalmente a pie, en donde participa *el pueblo,* lleno de escenas bárbaras y muy duras (de las que más tarde aún presenciaron Goya, Eugenio Lucas o Gutiérrez Solana, si bien el ciclo taurino correspondiente a la centuria pasada y principios de la actual es otro). Precisamente Torres Villarroel en el pasaje segundo de su *Vida* (1742-43) cuenta de un viaje suyo a Lisboa en compañía de unos *toreros,* hijos de Salamanca, que iban a unas fiestas reales. El relato parece indicar que era un grupo de toreros profesionales, que a lo largo del siglo XVIII fueron ocupando el lugar dejado por los caballeros al cambiar la dinastía real española y no gustarle a Felipe V los toros. Y a pesar de ser por tal época la vida del estudiante Diego de Torres un tanto azarosa, él mismo confiesa su resolución de que no le convenía que le vieran «con la gentecilla con quien venía incorporado» a su regreso a Salamanca. Esta contraposición socio-cultural entre dos clases de fiestas de toros (caballeros y pueblo), se refleja en la novela picaresca (y en las «celestinas»), ya que los personajes de ficción pertenecientes a una clase hidalga torean siempre a caballo, de acuerdo con el principio antes enunciado de «fidelidad de la descripción».

4.1. Una diferencia hay que comentar respecto al material taurino presente en el «ciclo celestinesco» y el de la picaresca. El primero desarrolla una tradición que comienza para nuestro tema en varios pasajes del *Corbacho,* de Alfonso Martínez de Toledo (al ser un festejo de naturaleza urbana, que no aparece en cambio en el *Libro del Buen Amor*) y se va desarrollando con el crecimiento de la ciudad renacentista y la plaza mayor. Sin embargo, en la novela picaresca los escritores no están obligados a ser fieles a un asunto costumbrista apenas existente en el *Lazarillo,* sino que queda supeditado al arbitrio de incorporar, o no aludir ni siquiera, el relato de un elemento que pertenece a las diversiones públicas de la sociedad española (por lo mismo que a veces hallamos autores más propensos a incorporar relatos relacionados con los juegos de cañas o con el mundo de la farándula).

5.1. El léxico taurino contenido en la novela picaresca.

La clasificación es la siguiente [7]:

En primer lugar, consideramos el relacionado con las descripciones de las fiestas taurinas, ceremonial, armas y demás costumbres de la época.

Un segundo grupo comprende el léxico en sentido figurado que no ha llegado a lexicalizarse como sintagma en el grado de los ejemplos del grupo siguiente, pero ofrece la particularidad de pertenecer con harta frecuencia a muestras del español coloquial incorporado en fuentes literarias escritas.

Por último, distinguimos los refranes y dichos taurinos, cuyo sentido figurado viene expresado en la cadena hablada por más unidades lingüísticas formadoras del sintagma.

Precisamente el segundo grupo es más rico que en el «ciclo celestinesco» (como hemos indicado antes), además del primero, todo ello por los motivos indicados ya anteriormente.

---

[7] Quedan excluidas una serie de textos en donde incluso el lector no especializado en el tema percibirá que no se trata de léxico relacionado con la fiesta de toros. Así, la cita que sigue contiene información en nuestra Literatura con tipos de alimentación:

«Volvíme a la posada y, al passar por la tripería, pedí a una de aquellas mujeres y diome un pedaço de *uña de vaca* con otras pocas de tripas cocidas...» *(Lazarillo*, p. 112.)

O también:

«—Señor, el buen aparejo hace buen artífice. Este pan está sabrosíssimo y esta *uña de vaca* tan bien cocida y sazonada, que no habrá a quien no convide con su sabor.

—¿*Uña de vaca* es?

—Sí, señor.

—Dígote que es el mejor bocado del mundo, y que no hay faisán que assí me sepa.

—Pues pruebe, señor, y verá qué tal está...» *(Lazarillo*, p. 114.)

También no consideramos, como es natural, toda referencia a la infidelidad amorosa al no guardar relación con el toro. Así, por ejemplo, estas citas que siguen:

«Y ansí passamos adelante por el mismo portal y llegamos a un mesón, a la puerta del cual había muchos *cuernos* en la pared, donde ataban los recueros sus bestias, y como iba tentando si era allí el mesón adonde él rezaba cada día por la mesonera la oración de la emparedada, asió de un *cuerno,* y con gran sospiro dixo:

—¡Oh, mala cosa, peor que tienes la hechura! ¡De cuántos eres desseado poner tu nombre sobre cabeça ajena y de cuán pocos tenerte ni aun oír tu nombre, por ninguna vía!

Como le oí que decía, dixe:

—Tío, ¿qué es esso que decís?

—Calla, sobrino, que algún día te dará éste que en la mano tengo alguna mala comida y cena.

—No le comeré —dixe— y no me la dará.

—Yo te digo verdad; sino, verlo has, si vives.» *(Lazarillo*, pp. 147-8, Apéndice a la interpolación del texto de Alcalá de Henares.)

O esta otra:

«... y se me ha venido a la memoria lo que mi amo el ciego me dixo en Escalona, estando asido del *cuerno*...» *(Lazarillo*, p. 143, interpolación en el texto de Alcalá de Henares, en nota 23.)

5.1.1. El léxico relacionado con las fiestas de toros.

Como ya distinguimos en nuestra primera investigación, la vida de la res se desarrolla en el campo para después ser conducida a la plaza en donde se lidia.

Noticias de la vida del toro en el campo no hay en la picaresca, tal vez porque el protagonista anda por los caminos hacia las ciudades, y no es frecuente el que los cultivadores del género vieran interés en introducirle en un ambiente ganadero (aunque en tal época no había cría específica de reses bravas). Por ello la cita que reproducimos a continuación —el toro como trofeo de caza— se refiere a Lituania. Sin embargo, recordamos después un pasaje del *Libro de la Montería* (Sevilla, 1582), en donde se habla *correr* y *montear toros*. He aquí los textos:

«Partieron Sus Majestades a su gran ducado de Lituania, adonde por antiguos fueros tienen obligación de asistir en él un año, y dos en Polonia. En este Estado un país muy friísimo y de muchos y muy grandes y espesos bosques, particularmente uno llamado Viala-Vexe, en el cual Su Majestad mató en sólo un día seis *toros salvajes,* tan feroces que daban horror el mirarlos, y tan barbados, que cada uno dellos podía prestar barbas a media docena de capones.» (*Vida de Estebanillo González,* cap. XI, p. 154.)

«El *correr* y *mo[n]tear* toros en coso es costumbre en España de tiempos antiquísimos y ay antiguas instrucciones...» (*Libro de la Montería,* cap. 38, fol. 14r.)

De la conducción del ganado a la ciudad hay en la *Vida* del Escudero Marcos de Obregón este relato accidentado al que ya se refirió Cossío [8]:

«Venía por la puente adelante una mula con dos cueros de vino de San Martín y un negro atajado en medio dellos, y aunque venía un poco apriesa delante de los *bueyes,* con el ímpetu que venían, por la priesa que los *vaqueros* les dieron, cogieron a la mula en medio, al tiempo que llegaron a emparejar con mi negro hidalgo. La mula era maliciosa, y como se vio cercado de *cuernos,* comenzó a tirar puñaladas y coces de manera que arrojó a el negro y a los dos cueros encima de la *herramienta de un novillejo,* harto alegre, y que, comenzando a usar de sus *armas,* arrojó el un cuero por la puente al río en medio de muchas lavanderas. El hidalgo, por librar al negro y defenderse a sí, puso mano a su espada, y afirmándose contra el *novillo,* le tiró una estocada uñas abajo con que hizo al otro cuero dos claraboyas que alegraron harto a la gente lacayuna; pero no fue tan de balde que no le trujese por delante asido por las cuchilladas de las calzas, que de puro manidas, no

---

8 *Los toros,* tomo II, pp. 421-2.

pudiendo resistir a la violencia de los *cuernos,* se rindieron, y él quedó arrimado al guardalado de la puente con algunos chichoncillos en la cabeza, diciendo: "Si trujera las nuevas, buen lance había echado."

En pasando la *manada* —que fue en un instante— acudieron los gentileshombres guiones de la gente de a caballo, y acometiendo por los orificios de los ijares al cuerpo sin aliento, en un instante le dejaron sin gota de sangre.

Las lavanderas acudieron al que había caído en el río, cada una con su jarrillo, que llevando uno en las tripas y otro en la mano, le dejaron la boca al aire, y el señor cuero, callar; al negro, medio deslomado, le pusieron sobre la mula; no sé lo que fue dél. Yo acudí a mi hidalgo, no a darle en cara el no haber seguido mi consejo, sino a limpiarle y a consolarle, diciendo que lo había hecho muy como valiente hidalgo... Con todo eso, me agradeció lo que le dije, y para alegrallo le mostré el esguazo que los lacayos hacían en el cuero y la alegría de las lavanderas, que le echaban mil bendiciones al *novillo,* rogando a Dios que cada día sucediese lo mismo.» (*Escudero Marcos,* I, descanso VIII, pp. 160-2.)

5.1.1.1.   Léxico taurino relacionado con el espectáculo.

Son hasta diez los textos referentes a las fiestas de toros en la ciudad. Y abarcan desde el *Guzmán de Alfarache* hasta la *Vida* de Torres Villarroel:

«La justicia quedó confusa, sin saber qué fuera el caso. Don Rodrigo lo llama criado y don Alonso amigo; don Rodrigo defiende pidiendo por Ambrosio, y alega don Alonso por Jaime Vives, caballero natural de Zaragoza, que en las *fiestas de toros* hizo las dos *suertes* de que toda la ciudad era testigo; y en la justa, siéndole padrino, derribó al un mantenedor, señalando valerosamente su persona.» (*Guzmán,* 1.ª, I, 8, pp. 239-40.)

«Un día de fiesta, como era de costumbre, se hicieron unas empanadas y pasteles, de que sobró un poco de masa, y otro día lunes habían de *correrse toros en la plaza.*» (*Guzmán,* 1.ª, II, 6, p. 306.)

«Salimos sábado en la tarde, por ir con tiempo fresco; llegamos a cenar y reposar a la venta de Viveros. Aquella noche fue un juicio y como no me perdí, ya me puedo contar por dichoso y bien afortunado. Había cargado mucha gente que iba a Madrid a la *fiesta de toros* y cañas; no quedaba en Alcalá estudiante ni hijo de vecino, y entre los de la fiesta eran muchos de mis acreedores.» (*Segunda Parte de Guzmán,* libro II, cap. VII, pp. 790-1. Ejemplar de la Biblioteca Nacional, folios 87v.-88r.)

«Jueves, 22, *se corrieron en el mercado toros* y jugaron cañas. Es el mercado una plaza capacísima, cercada toda de ventanaje y cadahalsos, que afirman habría otra tanta gente como en el torneo. Vinieron Sus Majestades y Altezas acompañados casi como el primer día, y *corridos y alanceados algunos toros,* entraron sesenta caballeros valencianos de dos en dos, corriendo como acostumbran con buen orden y ricos vestidos a la morisca, que parece anduvieron en aventajarse a porfía. Fuera de más gusto esta fiesta si a causa de entrar Sus Majestades y Altezas en ella tan tarde no fuera casi noche el jugar las cañas.» (*Segunda Parte de Guzmán,* libro III, cap. X,, p. 870. Ejemplar de la B. N., fols. 189v.-190r.)

«A Milán caminábamos con tanta priesa como miedo... Fuime a Barcelona, de donde pasé a Italia con las galeras. Gasté lo que saqué de mi casa. Halléme muy pobre y, como la necesidad obliga muchas veces, como dicen, a lo que el hombre no piensa, rodando y trompicando con la hambre, di conmigo en el reino de Nápoles, donde siempre tuve deseo de residir, por lo que de aquella ciudad me decían... Poco a poco nos venimos acercando a la ciudad con la fama de que venía nuevo virrey, que a las tales fiestas, *a toros* y ferias caminábamos de cien millas, cuando era necesario.» (*Guzmán,* 2.ª, II, 4, pp. 627-32-33-335.)

«Sucedió, pues, que habiendo en Alba unas *fiestas de toros* y cañas, fue lo más lucido de Salamanca a ellas; entre los estudiantes que más alabanzas llevó de buen talle, diestro en la esgrima, ágil en saltar y fuerte en tirar la barra, que allí en Alba se ejercitan en esto, fue Hortensio, vuestro hermano.» (*Bachiller Trapaza,* cap. VII, pp. 468-9. Ejemplar de la B. N., folios 49v.-50r.)

«En este tiempo, nuestros caminantes..., se pusieron a vista de Córdoba por su fertilísima campiña..., a tiempo que se celebraban *fiestas de toros* aquel día y juego de cañas, acto positivo que más excelentemente ejecutan los caballeros de aquella ciudad, y tomando posada en el mesón de las Rejas, que estaba lleno de forasteros que habían concurrido a esta celebridad, se apercibieron para ir a vellas, limpiándose el polvo de las nubes; y llegando a la Corredera, que es la plaza donde siempre se hacen estas festividades...» (*Cojuelo,* Tranco VI, pp. 168-9.)

«Con estos discursos, llegamos a la aldea a la una de la tarde... Tenían dos danzas, la una de espadas y la otra de cascabel gordo, y *cuatro toros que correr;* por lo cual, estaba el anchuroso distrito todo lleno de *andamios,* y todas las entradas de sus calles cerradas con *talanqueras...* Déjelo con su tema, y yéndome paseando por la dicha plaza, vio que en un rincón della estaba el matemático con el cabildo y Concejo, que se habían juntado a su pedimento. Acerquéme un poco para ver de qué materia se trataba, y *puesto el oído como vaquero que ha perdido novillos con cencerro,* oí que mi camarada le estaba diciendo al alcalde que era un valiente ingeniero... Respondióle el Regidor: "... y para que las pruebe y vea que tengo buen gusto, mientras vamos al *encierro de los toros,* por ser ya hora, se irá con el señor Jurado a una pequeña posada que está aquí cerca..." Y volviéndose muy de priesa, por causa del dicho *encierro,* nos dejó tan bien alojados... Hízose el *encierro,* acudiendo a él muchos nobles de Zaragoza, a los cuales el Alcalde alojó en su casa... y que si abría cordón o trinchea en la plaza, que cómo se habían de *correr los toros...*» (*Vida de Estebanillo González,* cap. XIII, pp. 203-4-9-214-5-6.)

«Acompañábanme a estas picardigüelas unos amigos forasteros y un confidente de mi propio paño, tan revoltosos, maniaticos y atrevidos los unos como los otros. Callo sus nombres, porque ya están tan enmendados que unos se sacrificaran a ser obispos y otros a consejeros de Castilla, y no les puede hacer buena sombra la crianza que tuvieron conmigo treinta años ha... Hicimos compañía con los *toreros,* y, amadrigados con esta buena gente, fuimos indefectibles alegradores en las *novilladas* y *torerías,* que son frecuentes en las aldeas de Salamanca... Finalmente, yo olvidé la gramática, las súmulas, los miserables elementos de la lógica que aprendí a trompicones, mucho de la doctrina cristiana, y todo el pudor y encogimiento de mi crianza, pero salí gran danzante, *buen toreador,* mediano músico, y refinado y atrevido truhán.» (Torres Villarroel: *Vida,* Trozo segundo, pp. 83-4-5.)

«Asistía a todas las diversiones cortesanas con que tiene comúnmente dementados a sus moradores aquel lugar indefinible. Lograba coche, Prado, comedias, *torerías* y los demás espectáculos adonde concurren los ricos, los ociosos y los holgones... Así poseía los embelesos de Madrid sin el más leve susto...» (Torres Villarroel, *Vida,* Trozo quinto, pp. 187-8.)

5.1.1.2. Espectáculos taurinos relacionados con otros actos.

El léxico se refiere a los festejos con motivo de la investidura del grado de doctor en la universitaria Salamanca en tiempos de Torres Villarroel:

«Tomé el grado el jueves de ceniza del año de mil setecientos y treinta y dos, en el que no hubo especialidad que sea digna de referirse, sólo que el martes antes, que lo fue de carnestolendas, salió a celebrarlo con anticipación festiva el barrio de los olleros, imitando con una mojiganga en borricos el paseo que por las calles públicas acostumbra hacer la Universidad con los que gradúa de doctores. Iban representando las facultades, sobrevestidos con variedad de trapajos y colores, llevaban las trompetas y tamborilillos los bedeles, reyes de armas y maestros de ceremonias, y concluyeron la festividad y la tar-

de con la *corrida de toros,* con que se rematan los serios y cos-
tos grados de aquella escuela.» (Torres Villarroel: *Vida,* Trozo
cuarto, pp. 144-145.)

5.1.1.3. Léxico relacionado con la lidia de los toros.

En la picaresca hemos encontrado cinco suertes: *matar cara a
cara, la lanzada, desjarretar los toros, herir a espaldas vueltas y romper rejones los toreadores.* En nuestra investigación de las fuentes
técnicas fichamos un número mayor de ellas (así la citada *cara a
cara, rostro a rostro, suerte al estribo, suerte a ancas vueltas, suerte de enfrente del toril, suerte del tablero, suerte de los rincones,
suerte en medio de la plaza, suerte entre el tablero y el toro, suerte
atravesada, suerte cruzada, suerte recia, suerte a caballo parado,* etcétera):

«El que de *la lanzada mató el toro,* el que de *una cuchillada*
rindió el otro, yo soy, que en su servicio lo hice. Bien me vio
y conoció y no poco se regocijó, que en el rostro se lo conocí,
sus ojos me lo dijeron. Y si en esta ocasión fuera posible, también me procurara señalar por el gusto de mi dama, que eter-
nizara mis obras dando a conocer quién soy, con lo que valgo.
De no poder ejecutar este deseo reviento de tristeza. Si pudiera comprarlo, diera en su cambio la sangre de mis venas. Ves
aquí, señor, te he dicho todo el proceso de mi historia y remate de desgracias.» (*Guzmán,* 1.ª, I, 8, pp. 228. Habla Ozmín
a D. Alonso.)

«Alborotáronse algunos amigos y conocidos que había en el
corro... hicieron tanta risa en el montón agavillado, que fue
menester *echalles un toro* para ponellos en paz; tan valiente
montante de Sierramorena que a dos o tres mandobles puso la
plaza más despejada que pudieran la guarda tudesca y española, a costa de algunas bragas que hicieron por detrás cíclopes
a sus dueños... y acechándolos unos alguaciles, porque en estas
ocasiones siempre quiebra la soga por lo más forastero, habiendo *desjarretado el toro,* llegaron desde la plaza a caballo...»
(*Cojuelo,* Tranco VI, pp. 170-1.)

«Tampoco don Alejandro trataba de amores, no obstante que
tenía tan buena ocasión de emplearse con tan hermosas damas
como ilustran aquella célebre ciudad. En lo más que se ejerci-
taba este caballero era en hacer mal a caballos, teniendo cuatro que compró en Andalucía hermosísimos y de grandes obras;
en éstos salía en las *fiestas de toros* que aquella ciudad celebraba, a *romper* algunos *rejones,* con que se llevaba la fama
del mayor *toreador* de España.

Suelen en Valencia, cuando comienza la primavera...» (*La
Garduña,* libro I, novela primera, pp. 69-70.)

«No se apartó la dama menos cuidadosa que el galán, porque luego mandó a un criado suyo que supiese quién era y le
siguiese hasta saberlo; hízolo así, no costándole mucho la dili-

gencia, porque a pocos pasos le vio poner a caballo y le conoció, volviendo con el aviso a su ama, que no se holgó poco de
saber que fuese don Alejandro, de quien había oído tantas
alabanzas y visto *hacer* tan bizarras *suertes en la plaza con los
toros.»* (*La Garduña*, libro I, novela primera, p. 74.)

5.1.1.4. Léxico relacionado con las acciones propias de un caballero.

De acuerdo con el principio de «realismo técnico», las narraciones describen a caballo los personajes de alcurnia cuando torean
(aunque se permitía el desempeño del honor a pie, no obstante en la
picaresca no se hace mención de lance así):

«Preguntáronle si era caballero. Respondió ser noble, de
sangre real; pero no llamarse Ambrosio ni Jaime Vives... Ro-
gáronle dijese si había sido el que don Alonso decía que *tan
señalado anduvo en los toros* y justa. Respondió ser así, pero
no tenía los nombres que decían.» (*Guzmán*, 1.ª, I, 8, p. 240.)

«Servíla muchos años y lo mejor de los míos con tanto
secreto y puntualidad, que jamás de mí se conoció tal cosa
ni en alguna de su gusto hice falta. Por ella *corrí* sortijas y
toros, jugué cañas, mantuve torneos y justas, ordené saraos y
máxcaras.» (*Guzmán*, 2.ª, I, 4, p. 525. Habla un caballero.)

«En todo esto, siempre me visitaba aquel hijo de don Alonso de Zúñiga, que se llamaba don Diego, porque me quería
bien naturalmente... y no le pedía de lo que él comía, com-
prábale estampas, enseñábale a luchar, *jugaba con él al toro,*
y entreteníale siempre.» (*Buscón*, I, 2, p. 24) [9].

«—La persona por quien me pregunta, señor galán, es un
hidalgo de Andalucía que, habiendo andado algunos años en
los galeones por soldado de ellos, se cansó del militar ejercicio y se introdujo con los caballeros de Sevilla... A toda la
nobleza de Sevilla le consta que es bien nacido. Introducido,
pues, a caballero (que es cosa fácil), acude adonde lo noble se
entretiene... *Ha salido a los toros* armándole de caballo, vestido, rejones o lanza y hasta darle lacayos y librea con que sa-
liese adornado. Algunas veces ha salido bien de la plaza ha-

---

[9] Reconocemos que en los juegos de los niños no hay aún una separación social en lo referente a este pasaje, pero lo ponemos aquí como un índice
de excepción a la norma social, que regía la conducta colectiva en lo referente a la infancia.
También hay esta otra cita referente a jugar al toro los niños:
«La vieja y la hermana, que vieron tan rendidos a los dos Roldanes, se
llegaron a ellos y los desarmaron; el ventero entró al ruido que todos hacíamos (porque yo ya me había levantado y tenía al uno de la barba). Parecció-
me aquello a los *toros uncidos* de mi tierra, que cuando los muchachos los
ven huyen ellos, más poco a poco se les atreven, y conociendo que no son
bravos, ni lo parecen, se les llegan tan cerca, que perdido el temor les echan
mil estropajos. Como vi que aquellas madagañas no eran lo que parecían,
me animé y acometí a ellos, con más ánimo que mi mucho temor pasado
permitía.» (*Segunda parte Lazarillo*, cap. XII, pp. 162-3.)

ciendo muy galantes *suertes,* y otras (midiéndola) con pajas en
el vestido, que no todas las veces mira la fortuna con rostro
igual...» (*Bachiller Trapaza,* cap. XI, p. 501. Ejemplar de la
B. N., fol. 90r.-90v.)

«—Pamplona, metrópoli del reino de Navarra, es mi patria. Mi padre, un caballero natural de esta ciudad y de lo más
ilustre de ella, pues descendemos de los reyes de Navarra; este
honor gozamos los Peralta... Hiciéronse en Pamplona unas fiestas, día de San Juan Bautista... y de la ciudad de Logroño vino
un caballero con una hija suya a ser incendio de la juventud
de Pamplona, tanta era su beldad, que es poco encarecimiento
el que hago de ella y antes la agravio que la exagero. Fue
luego festejada de muchos caballeros, y más cuando supieron
que su padre estaría allí muy de asiento. Entre los muchos pe-
nantes que tuvo fui yo uno, a quien más que a todos favorecía,
por haberme visto *andar en la plaza alentado como un venturoso con los toros...»* (*Bachiller Trapaza,* cap. XIV, p. 524. Ejemplar de la B. N., fols. 119r.-119v.)

«—Madrid, insigne corte del cuarto Filipo, monarca invic-
to de las Españas, es una villa de sanísimo temple... Volviendo, pues, a nuestro propósito, digo, señor don Vasco, que hay
en Madrid mucha cantidad de caballeros que, portándose lu-
cidamente, se comunican famliares con títulos y grandes con
quien andan. De éstos se dividen conforme a las edades e inclinaciones: unos se inclinan a los ejercicios bélicos, y tratando de la destreza de las armas, de *torear,* de justar y torneos;
otros más pacíficos, tratan de oír comedias, acudir a la calle
Mayor, a su cotidiano paseo, no olvidando el del Prado, galan-
tear y servir damas; otros acuden a casas del juego...» (*Bachiller Trapaza,* cap. XV, p. 540. Ejemplar de la B. N., fols. 137v.-
138r.)

«Más adelante está la Casa de la Contratación, que tantas
veces se ve enladrillada de barras de oro y de plata. Luego está
la casa del bizarro Conde de Cantillana, gran cortesano, galán
y palaciego, airoso caballero de la plaza, crédito de sus aplau-
sos y alegría de sus reyes; que esto confiesan los *toros de Tarifa y Jarama cuando cumplen con sus rejones,* como con la parroquia. Luego está, junto a la puerta de Jerez, la gran Casa de
la Moneda...» (*Cojuelo,* Tranco VII, pp. 189-190.)

«Los años me iban dando fuerza, robustez, gusto y atrevimiento para desear todo linaje de enredos, diversiones y disparates, y yo empecé con furia implacable a meterme en cuantos desatinos y despropósitos rodean a los pensamientos y las
inclinaciones de los muchachos. Aprendí a bailar, a jugar la
espada y la pelota, *torear,* hacer versos y paré todo mi ingenio
en discurrir diabluras y enredos, para librarme de la reclusión
y las tareas en que se deben emplear los buenos colegiales de
aquella casa.» (Torres Villarroel: *Vida,* Trozo segundo, p. 82.)

5.1.1.5. Léxico relacionado con la suerte de echar alanos a los toros.

El relato pertenece a Cervantes:

«Berg[ança].—Paréceme q[ue] la primera vez q[ue] vi el sol fue en Seuilla, y en su matadero, q[ue] está fuera de la Puerta de la Carne; por donde imaginara (si no fuera por lo que después te diré) que mis padres deuieron de ser *alanos* de aquellos q[ue] crían los ministros de aquella con[n]fussión, a quien llaman jiferos. El primero que conocí por amo fue vno llamado Nicolás el Romo, moço robusto, doblado y colérico, como lo son todos aq[ue]llos q[ue] exercita[n] la gifería. Este tal Nicolác me enseñaua a mí, y atros cachorros, a q[ue] en co[m]pañía de *alanos* viejos *arremetiéssemos a los toros,* y les hiziéssemos pressa de las orejas. Co[n] mucha facilidad salí vn águila en esto.» (*Novela y coloquio entre Cipión y Bergança,* fol. 242r.) [10].

5.1.1.6. Léxico relacionado con la cogida.

Lo más llamativo de los textos es el desamparo del no poderoso cuando la fatalidad le alcanza, aun cuando actúa en servicio de su señor:

«En una fiesta de toros donde se hallaron los reyes, entró a *romper unos rejones* en presencia de los ojos de su dama —por pagarles un singular favor que le habían hecho— cierto príncipe, acompañado de más de doscientos lacayos, todos de una librea; entre los que vistió fue uno mi padre, y como él, antes de entrar en la plaza, hubiese acudido a sus estaciones y trujese la cabeza trabajosa, tanto, que se había bajado el gobierno del cuerpo a los pies, pensando que *huía del toro,* le salió al camino y se arrojó sobre sus cuernos. Llegaron apriesa para valelle todos los caballeros, pero ya él había dado su alma a Dios y a la tierra más vino que sangre. A todos les pesó y a su amo más que a todos: al fin, con traelle a casa para que le diésemos sepultura, le dieron pago.» (*Hija de Celestina,* III, pp. 1.124-5. Ejemplar de la B. N., fol. 33v.-34r.)

«Decían unos vecinos nuestros —gente de no mala capa, pero de ruin intención—, considerando la vida de mi padre, que fue pacientísima, y después *la muerte en los cuernos de un toro,* que se había verificado bien aquel refrán: "¿Quién es tu enemigo? El que es de tu oficio", y sobre esto glosaban otros, extendiéndose a muy largos comentos. Nosotras hicimos

---

[10] Hay otro párrafo en la picaresca en donde habla un ciervo sobre el tema: «Alonso.—Andaba en un ameno soto un grande y poderoso ciervo con un hijuelo cervatillo suyo: ... Viendo que estaban seguros, y la poca ocasión que habían tenido para tan gran alboroto, dijo el cervatillo: ... diole al jabalí colmillos, uñas y dientes al león, al águila el encorvado pico, al caballo ligereza y pies fuertes, y al *toro cuernos* como a nosotros, con que nos defendamos.» (*El donado hablador Alonso,* parte II, cap. X, pp. 295-6.)

a todo oídos de mercader, hasta que el tiempo, que olvida las cosas más graves, sepultó ésta entre las demás.» (*Hija de Celestina*, III, p. 1.125. Ejemplar de la B. N., fol. 34r.-34v.)

«Algunos buenos le llevaban a sus casas, y al querer vestirle se excusaba diciendo: "No hagáis tal que hará el mundo conmigo lo que los *toreadores* con el *volteado,* que van vigilantes, y con una mano le ayudan a levantar y con la otra le sacan lo que tiene en las faltriqueras; tiéntanle con la una si está herido y con la otra le hieren. Así harán conmigo; correránme como a loco pobre y asiránme como a discreto alhajado. A vueltas de la burla a mi persona, andarán las veras a mi hato; asistiránme con una mano al gracejo y con la otra me quitarán el sombrero; de modo que a mí mejor me ha de estar andar desnudo, porque hay muchos cazadores a la golosina del vellón.» (*Periquillo*, discurso XIV, p. 1.028. Ejemplar de la B. N., folios 203-204.)

5.1.1.7. Léxico relacionado con las armas.

«—Un alma conjurada no puede negar la verdad, y así sabrá vuesa merced que no tengo un oficio, sino muchos, y son más que los de los libros de Tulio. Mis oficios tienen tiempos, como el ganado pastos. Yo al verano torneo, al invierno pongo en orden *lanzas, garrochones* y *rejones* para hacer lo que se ha de hacer en su tiempo, y aderezo *garrochas pavonadas para toros,* y aun si tomo un caballo entre manos, no hay quién dé mejor cuenta de él que yo. Hidalgo como el gavilán, que soy Mendoza, Guzmán, Cabrera, y de ahí arriba cuando mandare. Soy vizcaíno, alavés, linda res, y mozo que no me duermo en las pajas.» (*Pícara Justina*, libro IV, cap. I, p. 1.085. Ejemplar de la B. N., fol. 256v.)

5.1.1.8. Léxico relacionado con un toreo profesionalizado y asalariado.

Este texto parece aludir a un grupo (no sabemos si sería ya una *cuadrilla,* pues este término aparece referido a los *juegos de cañas*), profesionalizado y asalariado de *toreros,* que viajaban con motivo del ejercicio:

«Trece meses estuve bastantemente gustoso en este ejercicio, y me parece que hubiera continuado esta honrada carrera si no me hubieran arrancado del camino las persuasiones de unos *toreros,* hijos de Salamanca, que pasaron a Lisboa a *torear* en unas fiestas reales que se hicieron en aquella corte. Facilitaron los medios de la deserción, disfrazándome con la jaquetilla, el sombreo a la chamberga y los demás arneses de la bribia; yo consentí porque, aunque vivía gustoso, deseaba ver a mis padres y los muros de mi patria. En el convento de San Francisco de Lisboa, me despojé del uniforme, y, vestido con las sobras de un *torero* llamado Manuel Felipe, me encuaderné en la tropa, y juntos todos tomamos el camino de Castilla... Nunca me resolví a que me viensen con la gentecilla con quien venía incorporado.» (Torres Villarroel, *Vida*, Trozo segundo, pp. 94-5.)

5.1.2.   Léxico taurino en sentido figurado.

Estamos ante un grupo numeroso de ejemplos caracterizado porque los autores han extendido un léxico taurino a unos relatos en donde no se habla en estricto sentido de fiestas de toros (o del animal y sus condiciones para embestir). A veces la comparación transcurre en el relato con un cambio semántico de gradación poco intensa; en otras ocasiones el contraste es mayor. Y todo ello motivado porque en la narración hay una personificación de acciones, cualidades, etc., propias en sentido recto de la res, pero como la afición a la fiesta es mayor que en el siglo anterior (siglo XVI), la lengua desarrolla ya numerosos ejemplos de empleo de léxico taurino en narraciones escritas de cara al español hablado en la época.

5.1.2.1.   Léxico taurino usado en el relato por una comparación.
Podemos clasificar varios subapartados relacionados con la vida del animal (ciclo en el campo y lidia en el coso).

5.1.2.1.1.   Términos que hacen referencia a la estampa del toro:

«Y en este número entra un tocinero, obligado de la tocinería de Ríoseco, muy gordo de cuerpo y chico de brazos, que parecía puramente cuero lleno. Unos ojos tristes y medio vueltos, que parecían de besugo cocido; una cara labrada de manchas como labor de caldera; *un pescuezo de toro;* un cuello de escarola esparragada; un sayo de nesgas...» (*Pícara Justina*, libro II, parte I, cap. I, p. 943. Ejemplar de la B. N., fol 72v.)

En los textos investigados en nuestra comunicación a *La Celestina* encontramos ya en Martínez de Toledo una comparación nada menos que con la mujer (*el cuello gordo e corto como de toro*), debido a la sátira.

En cuanto al ejemplo siguiente *(toro hosco y toro jarameño)* están registrados con frecuencia en fuentes lexicográficas y en el refranero:

«Muchos estudiantes pasaban por el camino a las fiestas, mas como el rumor de mis trazas y la fama de mis burlas les había dado sahumerio de pimiento y aun de rebenque, no había hombre de ellos que me osase encarar, más que *si yo fuera osquillo jarameño,* y ellos volteados; yo el perro de Alba, y ellos jerosimilitos; yo el león disfrazado en traje de cordero, y ellos los zorros de quien hace mención la fábula.» (*Pícara Justina*, libro II, parte II, cap. I, p. 975. Ejemplar de la B. N., fol. 116r.)
«Llamamos *toros hoscos* a los que tienen los sobrecejos obscuros y que ponen miedo.» (*Autoridades*, tomo IV.) «Sobre la fama de los toros criados en las orillas del río Jarama se ha

formado el refrán *toro de Jarama, guarte dél cuando brama.»
(Refranero general ideológico español.)*

«—Gran necedad es la tuya (dijo el amo), porque *el hombre nació sin armas* y no puede agraviar ni hacer mal, como los animales; pues el león tiene garras, el tigre tiene uñas, el elefante una espantosa trompa, *agudas astas el toro,* crueles colmillos el jabalí, espantosos dientes el perro y nada de esto tiene el hombre para ser fiera.» (*Periquillo,* discurso III, p. 974. Ejemplar de la B. N., fol. 36.)

5.1.2.1.2. Términos que giran en torno al poder del toro. Corresponden los dos textos a Mateo Alemán:

«Vilo en una pobre de mi tiempo, la cual, como se hubiese venido a Roma perdida, mozuela enferma, comenzó a pedir y, llegando a estar sana, *recia como un toro,* también pedía.» (*Guzmán,* 2.ª, II, 1, p. 593.)

«Suelen algunos que sueñan cosas pesadas y tristes bregar tan fuertemente con la imaginación, que, sin haberse movido, después de recordados así quedan molidos *como si con un fuerte toro hubieran luchado a fuerzas.*» (*Guzmán,* Del mismo al discreto lector, p. 93.)

5.1.2.1.3. Términos que hacen referencia a la embestida como característica propia del toro bravo.
Aparte del claro ejemplo del *Guzmán,* el otro texto alude a la dificultad de domar un toro por su «no mansedumbre»:

«Mas los brutos, que *como el toro cierran los ojos y bajan la cabeza para dar el golpe,* siguiendo su voluntad, pocas veces, tarde o nunca vendrán en conocimiento de su desventura. Porque como ciegos no quieren ver, son sordos a lo que no quieren oír ni que alguno les inquiete su paso.» (*Guzmán,* 2.ª, II, 7, p. 671.)

«... y no se maraville vuesa merced de mi soberbia, pues cada día podrá echar de ver ingenios tardos, rudos y tan dificultosos de aprender lo que se les enseña, que *sería más fácil domar un toro,* volver el impetuoso mar quieto, arrancar el más soberbio y levantado monte, que hacer que los tales perciban una palabra; y por el contrario, otros de tanta agudeza, tan prontos y fáciles para cualquier cosa, que no hay águila que así vuele ni saeta que con mayor velocidad pase por el aire; ...» (*El donado hablador Alonso,* parte II, cap. XII, pp. 305-6.)

5.1.2.1.4. Términos que hacen referencia a acciones «no violentas» del animal.
El bramido del toro en celo y el bufido del mismo se pueden considerar como acciones faltas de peligrosidad en sí, aunque pueden indicar un estado próximo al de la violencia.

«Ibamos en nuestro galeón con el mayor contento del mundo, metidos ya en el golfo; pero durónos poco la alegría con una inopinada tormenta que nos vino... escurecerse el cielo... alborotarse los vientos, encontrándose con tanta furia, que impedido el paso, *como de celosos toros eran los bramidos*: con esto la mar descubría su centro, levantando sus olas hasta las estrellas, y nuestro pobre galeón subiendo a visitarlas y en breve rato bajando a los abismos.» (*El donado hablador Alonso*, parte I, cap. VIII, p. 214. Ejemplar de la B. N., fols. 127r-127v.)

«... me fui a la posada de mi amigo, al cual hallé con una cara de deudor ejecutado. Contéle el despedimiento del cuerpo y el alma; y después de más de media hora de paseo, *dando más bufidos que un toro* y echando más tacos que un artillero, vino a parar toda la tormenta en mandarme azainadamente que pidiese de cenar a la patrona.» (*Vida de Estebanillo González*, cap. II, p. 114.)

5.1.2.1.5. Términos que giran en torno al toro en la plaza.

Hay dos tipos de comparaciones: las referentes al contraste entre su plácida vida en el campo y su lidia sangrienta en el coso; y las referentes a la embestida como defensa del animal cuando se ve provocado, ya en la plaza.

5.1.2.1.5.1. Términos en comparación entre su apacible vida en el campo y su lidia en coso:

«Si salíamos por las calles, donde quiera que ponía la mira, todo lo vía de menos quilates, falto de ley, falso, nada cabal en peso ni medida, traslado a los carniceros y a la gente de las plazas y tiendas... Andaba pretendiendo, *mansejón como toro en la vacada*, y en saliendo, pareció que le *tiraron garrochas* [11].» (*Guzmán*, 1, II, 4, p. 278.)

«Y aunque escribió lo que quiso y lo que el testigo no dijo, le hacen que se ratifique en ello so pena de miedo; porque va un juez que hace temblar la tierra, que por acá *parecen mansos como toros en vacada*: todo es reverencia; pero cuando se ven por allá un pesquisidor, que *es un toro en el coso, que no hay quien le pare delante*, y por miedo de su furia dice el otro lo que no sabe.» (*Segunda parte de Guzmán*, libro III, cap. VIII, pp. 854-5. Ejemplar de la B. N., fol. 171r.)

5.1.2.1.5.2. Términos referentes al estado de acometividad en el coso como defensa del animal ante la provocación sufrida.

Entre los textos, destaca uno del *Guzmán de Alfarache*, en que Mateo Alemán hace protesta ante la crueldad del espectáculo ofre-

---

[11] Véase ejemplo más adelante, también en el *Guzmán* (1.ª, I, 8, p. 215).

cido en público, como una muestra más de las reflexiones morales
que inserta el autor en el relato.

«Dijo que me esperase, que le parecía que sentía ruido
en casa. Volvió luego diciendo que no era nada, sino que el
miedo la tenía inquieta; y que *había hecho más en salir a la
ventana que si esperara un toro en el coso.* Pasamos muchas
cosas mostrando que se había pagado mucho de mí...» *(Segunda
parte de Guzmán,* libro I, cap. VI, p. 751. Ejemplar de la
B. N., fol. 36v.)

«Póngase primero a considerar mi plaza, la suma miseria
donde mi desconcierto me ha traído; represéntese otro yo y luego discurra qué pasatiempo se podrá tomar con el que siempre
lo pasa —preso y aherrojado— con un renegador o renegado
cómitre. *Salvo si soy para él como el toro en el coso, que sus
garrochadas, heridas y palos alegran a los que lo miran,* y en
mí lo tengo por acto inhumano.» *(Guzmán,* 2.ª, I, 1, p. 490.)

«Ya, cuando vi que lo era, fuime mi calle adelante, y a él
entrar en la del Coso, por una encrucijada casi frontera de
la casa de mi dama, divisé desde lejos dos cuadrillas de gente,
unos a la una parte y otros a la otra... Si me cogen por desgracia en medio, no digo yo manteado, acribillado y *como del
coso agarrochado,* por ventura me dejaran muerto.» *(Guzmán,*
2.ª, III, 2, p. 755.)

«Son estos habladores como el helecho, que ni da flor ni
fruta; son el raudal de un molino, que a todos los deja sordos
y siempre él está corriendo. *No hay toro suelto en el coso que
tanto me haga huir como un palabrero destos;* y en resolución
no hay buen rato en ellos sino cuando duermen, como me sucedió con éste, que por mucha priesa que me di a huir, me alcanzó y saludó como el verdugo, por las espaldas, y apenas
le hube respondido, cuando me preguntó adónde iba y de dónde era.» *(Escudero Marcos,* I, descanso XVIII, p. 262.)

«... y en faltándome sacristán que me ayudase a dejar el
armador de *Réquiem* y dar sepulcro a sus pecados, *escarbaba
con un pie sobre la arena, como toro en coso,* y formando an-
churosa fosa, daba con el otro sepultura a la presa, y con ambos cubría a los difuntos, para sacarlos en quedando en la soledad.» *(Vida de Estebanillo González,* cap. V, p. 202.)

5.1.2.1.6. Términos que hacen referencia a suertes ejecutadas
con el toro durante la lidia.

Las suertes que nombran en sentido figurado los autores picarescos son *la estocada; el acogotar;* incluimos *el derribar* un toro (si
bien el contexto parece implicar algo infrecuente); *el echar perros,*
que sujeten a la res por las orejas para inmovilizarlo (que Quevedo
trastoca por «piojos con hambre canina»); *el desjarretarlos* como
medio de terminar con los imposibles de matar, y por último el cla-
varles *garrochas:*

«Levantó un plato y estrellóselo en la cabeza; viérades dos
fuentes, una de vino por la boca y otra de sangre por la cabeza, que se venían a juntar... y yo que me quise señalar más,
quedé bien envinado y ensangrentado, y con *unas estocadas de
resuellos que mataran un toro.*» *(Segunda Parte de Guzmán,*
libro II, cap. I, pp. 765-6. Ejemplar de la B. N., fol. 54v.)

«Berg[ança].—¿Qué te diría, Cipió[n] hermano, de lo que
vi en aquel matadero?... Pero ninguna cosa me admiua más,
ni me parecía peor que estos giferos co[n] la misma facilidad
matan a vn hombıe a vna vaca; por quítame allá essa paja, a
dos por tres mete[n] vn cuchillo de cachas amarillas por la barriga de vna persona, *como si acocotasse[n] vn toro.*» *(Novela
y coloquio entre Cipión y Bergança,* folios 242r. y 242v.) «*Acogotar,* matar con golpe que se da en el cogote, como ordinariamente se matan las reses mayores.» *(Aldrete.)*

«Llegó un bellaconazo en camisa y zaragüelles, después que
había jugado lo demás, y, renegando de su suerte, con mucha
furia, hizo suspender el tormento del paje diciendo: "¡Maldi-
ga Dios a quien inventó el juego y a quien me enseñó a jugar!
*¡Que unas manos que saben derribar un toro no sepan hacer
una suerte!*" » *(Escudero Marcos,* III, descanso XXIV, p. 271.)

«Quedáronse en la cama digo envueltos en una manta, la
cual era la que llaman ruana, donde se espulgan todos. Empezaron luego a sentir el abrigo de la manta, porque había pio-
jo con hambre canina, y otro que, en un brazo de uno dellos,
quebraba ayuno de ocho días. Habíalos frisones, y otros que
se podían echar a la oreja de un toro. Pensaron aquella mañana ser almorzados dellos; quitáronse la manta, maldiciendo su
fortuna, deshaciéndose a puras uñadas.» *(Buscón,* III, 4, pp.
200-201.)

«*Un jifero que podía desjarretar un toro,* ocupaba la mejor
parte de la mesa, y a su lado tres platos, tan faltos como que-
brados, y con gran devoción en el suelo estaba un jarro ahogado en mosto.» *(Vida de Gregorio Guadaña,* cap. VI, p. 770.
Ejemplar de la B. N., fol. 99.)

«Yo estaba tan avergonzado de verme gentilhombre de Cer-
vera y de traer astas arboladas sin ser corneta, que estuve mil
veces tentado en el dicho camino, villas y villajes, y en la entrada de Bruselas, de apearme y vengarme a puras cornadas,
por el escarnio y burla que de mí hicieron. Dejélo de hacer
porque *no me desjarretasen o me echasen alanos a la oreja.*»
(Vida de Estebanillo González, cap. VII, p. 54.)

«Llegó un paje por detrás de mi, y viéndome tan espetado
y relleno, me metió por debajo del envés de la barriga un pun-
tiagudo aguijón, que podía servir de lengua a una torneada
*garrocha, y dar muerte con ella al más valiente novillo de Ja-
rama.* Disimulé el dolor, aunque era insufrible, por no perder
un punto de mi engollamiento; y al cabo de un rato me salí

de la sala, por no poderlo sufrir.» *(Vida de Estebanillo González,* cap. VII, pp. 41-2.)

5.1.2.1.7. Términos que hacen referencia a la conducción del ganado desde el campo a la plaza.
Sólo hay un texto sobre este tema en sentido figurado:

«Salí del bosque con insignias de marido consintiente, sin que me faltase para el vergonzoso jeroglífico sino sólo un pregonero y una ristra de ajos, y como por calles acostumbradas, seguí el camino real, asombrando pasajeros y alborotando perros (porque pensando que fuese segundo Anteón, me seguían y perseguían), entré en Bruselas, donde al son de mis cascabeles y al estruendo de las herraduras de mi rocinante, se despoblaban las casas y se colmaban las calles. Absortábanse de ver la diabólica armadura y ridículo traje. *Y dándome más silbos que a un encierro de toros,* me regalaban de cuando en cuando con algunos manzanazos.» *(Vida de Estebanillo González,* cap. VII, pp. 53-4.)

5.1.2.1.8. Términos que hacen referencia a la plaza o coso.
Una de las dos citas es interesante porque nos informa sobre el arrendamiento de las ventanas de la Plaza Mayor madrileña para presenciar el festejo:

«Yo, un pobre paje, con quien las medias se apuntan cada día; los zapatos de vergüenza de verse rotos pierden el color y de negros se vuelven blancos; ... el cuello y puños con tantas *ventanas,* que *si fueran casas en la plaza de Madrid me valieran un día de toros muchos ducados:* persona en quien los codos son muy parecidos a los zapatos, porque también en ellos traigo tacones...» *(Hija de Celestina,* I, p. 1.116. Ejemplar de la B. N., folios 10v.-11r.)
«—¿Cómo —le replicó un caballero soldado...— puede toda esa máquina entrar por ningún patio ni coliseo de cuantos hay en España, ni por el del Buen Retiro, afrenta de los romanos anfiteatros, ni por *una plaza de toros?*» *(Cojuelo,* Tranco IV, p. 153.)

5.1.2.1.9. Términos en donde entra el lexema *toro,* caracterizado como animal específicamente «no bravo».
Vamos a citar tales textos para completar el tema en su relación con otros tipos de *toro,* que no son bravos ni guardan relación con la lidia [12]:

---

[12] He aquí un párrafo donde si bien se habla de *embestida,* de *suertes* y de contextos en que se «juega al toro», sin embargo el tipo de *toro* no tiene que ver con las distinciones que se señalan en las *Reglas de torear* y demás tratados técnicos:
«Mi bisabuelo tuvo títeres en Sevilla los más bien vestidos y acomodados

«Era cosa donosa ver la labor que hacían, sueño, enojo, vergüenza y descoberturas. Andaban en torno unas tras otras, que parecían *el toro de las coces*. En fin, ellas andaban como cosidas, y yo me reía como descosida.» *(Pícara Justina,* libro II, parte II, cap. IV, p. 1.008. Ejemplar de la B. N., fol. 157v.)

«Cogí al primer sueño las tijeras, y alumbrándome mi compañero, dile una gentil tijerada con tanta sutileza que le llevó todo el bigote, y él no despertó; y de todos los presos nadie lo sintió sino mi compañero, que le dio tanta tentación de risa que por poco recordara que, como le quedó el otro tan grande, *parecía toro de Hércules, con un cuerno menos.*» *(Escudero Marcos,* III, relación XII, p. 195.) ''*Hércules,* dizen auer sido hijo de Iúpiter y de Alcmena, y por sus grandes hazañas creían los hombres auer sido deificado. De allí adelante a todos los que hizieron cosas heroicas y valerosas los pusieron nombre de Hércules.» *(Aldrete.)*

«Si la hija que el arcipreste decía no ser mía era o no, Dios, escudriñador de los corazones, lo sabe, y podría ser que así como yo me engañé, él pudiera engañarse también... y aun podría ser que el apellido que tienes, amigo lector, de Cabeza de Vaca, lo *hubieses tomado de la de un toro.*» *(Segunda parte·Lazarillo,* cap. VIII, p. 151.)

5.1.2.1.10. Léxico en donde figuran animales afines al toro (el *buey,* el *novillo* y el *becerro.)*
También recogemos estas citas de variada índole en su sentido, aunque no guardan una directa relación con la lidia:

«El sujeto es humilde y bajo. El principio fue pequeño; lo que pienso tratar, *si como buey lo rumias, volviéndolo a pasar del estómago a la boca,* podría ser importante, grave y grande. Haré lo que pudiere, satisfaciendo al deseo. Que hubiera servido de poco alborotar tu sosiego habiéndote dicho parte de mi vida, dejando lo restante della.» *(Guzmán,* 2.ª, I, 1, p. 483.)
«Mas de todos ellos entre mí me reía, porque los conocía y sabía su trato, que sólo viven de coger de antemano lo que

---

de retablo que jamás entraron en aquel pueblo... Malogrado de este cuitado, que (como parecía gorrión o pardal), dio en apearse y agarrarse tanto a hembras, que después de haberle comido los dineros, vestidos, mulos, títeres y retablos, le comieron la salud y vida, y le dejaron hecho títere en un hospital. Cuando quiso tomar y morirse, dio en frenético y desenfrenóse tanto, que un día se le antojó que era *toro de títeres,* y que las había con una cruz de piedra que había en el zaguán del hopital, y después de hechas algunas *suertes* en su camisa y en otra de la hospitalera, embistió con la cruz de piedra, diciendo:
—¡A pera que te aqueno!
Y embiste con mi cruz tan fuertemente que se quedó allí al pie de la letra. La hospitalera era simple y bonaza, y viéndole morir así, decía:
—¡Ay el mi bendito! Al pie de la cruz murió hablando con ella.» *(Pícara Justina,* libro I, cap. II, p. 914. Ejemplar de la B. N., fols. 36r.-36v.)

pueden y *después con dos yuntas de bueyes no les harán dar
paso.» (Guzmán,* 2.ª, III, 7, p. 867.)

«La mula andaba que parecía *novillo encascabelado,* y yo
también lo parecía con tanta sarta y apatusco como traía en la
collera.» *(Pícara Justina,* libro II, parte I, cap. I, p. 950. Ejemplar de la B. N., fol. 81v.)

«Hicieron venir al arcipreste y a mi buena Elvira para probar si era verdad que yo fuese el Lázaro de Tormes que decía.
Dijo ser verdad que parecía en algo a su buen marido, mas
creía que no era él, porque aunque había sido un gran bestia,
antes sería mosquito que pez y buey que pescado. Diciendo esto
y ·haciendo una grande reverencia se salió.» *(Seguda parte Lazarillo,* cap. VII, p. 148.)

«El desmentido le respondió con una cuchillada en la cabeza, haciéndole *echar tanta sangre* della, *que parecían habían
muerto un buey.» (Segunda parte Lazarillo,* cap. XI, p. 160.)

«Y despúes de haber corrido a Hernán Núñez y otras dos
villas, llegué a la de Montilla, a tiempo que, con un numeroso
senado y un copioso auditorio estaba en su plaza sobre una silla
sin costillas y con sólo tres pies, como banqueta, un ciego de
nativitate, con, un cartapacio de coplas, harto mejores que las
famosas del perro de Alba, por ser ejemplares y de mucha doctrina, y ser él tutor; el cual, chirriando como carrucha, y rechinando como un carro, y *cantando como un becerro,* se rascaba el
pescuezo, encogía los hombros, y cocaba todo el pueblo.» *(Vida
de Estebanillo González,* cap. V, pp. 196-7.)

«Mi nombre es Estebanillo González entre los españoles,
Monsieur de la Alegreza entre la nación francesa. Mi oficio es
el de buscón, y mi arte el de la bufa, por cuyas preeminencias
y perrogativas *soy libre como novillo de concejo.» (Villa de Estebanillo González,* cap. VII, p. 30.)

5.1.2.2. Léxico donde el término taurino es objeto de un cambio semántico al realizarse la comparación.

Fichamos en primer lugar esta cita, en donde *torear* lleva el sentido de «burlar» (y de ahí ha pasado a «quitar»):

«Mis hermanas me ayudaban poco; antes creo ellas descomponían la paz y armaban las pendencias. Y sabido el por
qué, no era otro sino que me olían dama y orgullosa de condición, y no podían llevar mis cosas. Maleaban con los de fuera
mi crédito, y con los de dentro mellaban mi honra. La tijerada me daban, *que me toreaban la ropa* y ainda. Decían de mí
que era una arpía que había yo sola gastado a mis padres más
que todas, y tenían razón, que yo gasté a mis padres todo el
caudal del entendimiento, y no dejé que heredasen. Esto sí
gasté más que ellas, más de hacienda, yo aseguro que la mitad
del tiempo comí lo que no entrara jamás en casa, sino fuera a

contemplación mía.» *(Pícara Justina,* libro III, cap. I, p. 1.064. Ejemplar de la B. N., fol. 229r.-229v.)

5.1.2.2.1. *Tope* «embestida» y *cornada* «golpe»:

«Yo le puse bien derecho, enfrente del pilar y doy un salto y póngome detrás del poste, como quien espera *tope de toro,* y díxele:

—¡Sus, saltá todo lo que podáis, porque deis de este cabo del agua!

Aun apenas lo había acabado de decir, cuando se abalança el pobre ciego como cabrón y de toda su fuerça arremete, tomando una passo atrás de la corrida para hacer mayor salto, y da con la cabeça en el poste...» *(Lazarillo,* p. 81.)

«Salimos de Salamanca, y llegando a la puente, está a la entrada de ella un animal de piedra, que casi tiene forma de toro, y el ciego mandóme que llegasse cerca del animal, y, allí, puesto, me dixo:

—Lázaro, llega el oído a este toro y oirás gran ruido dentro de él.

Yo, simplemente, llegué, creyendo ser assí, y, como sintió que tenía la cabeça par de la piedra, afirmó recio la mano y diome una gran calabaçada en el diablo del toro, que más de tres días me duró el dolor de la *cornada,* y díxome:

—Necio, aprende: que el moço del ciego un punto ha de saber más que el diablo.

Y rió mucho de burla.» *(Lazarillo,* pp. 66-7.)

5.1.2.2.2. *Garrochear (garrocha),* «molestar», «zaherir», «herir»:

«Fuelo entretenido, aunque se abrasaba vivo. Batallaba con varios pensamientos y, como por varias partes le daban guerra y le *tiraban garrochas,* no sabía dónde acudir ni tras quién correr ni para sus penas hallaba consuelo que lo fuese.» *(Guzmán,* 1.ª, I, 8, p. 215.) *Tirar garrochas* «causar molestias», «zaherir».

«Ultrajábanme con veras y recibían mis agravios a burlas. Mis palabras eran pajas y las dellos *garrochas.*» *(Guzmán,* 2.ª, I, 2, p. 506.) *Garrochas,* «hirientes».

«Porque si decía la verdad, fuera con afrenta notable mía y me habían de *garrochear* por momentos, dándome con aquella burla por las barbas, riéndose de mí los niños.» *(Guzmán,* 2.ª, I, 5, p. 538.) *Garrochear,* «herir», «molestar», «enfurecer».

«Henchíanlo de necio, cobarde y pusilánime, y fue tal y tan pública la vaya, que corrido de los mates que le daban y motes que le ponían se fue de aquella tierra. Yo no dudo sino que no paró hasta Ginebra. Y aun según le pusieron hecho un negro, se debió de ir a Mandinga, o a Zape, donde envían a los gatos.

Aunque lo natural era que se fuera él a la isla de las monas y
yo a la de los papagayos. ¡La bellaca que le saliera al encuentro a este *toro agarrochado!» (Pícara Justina,* libro II, parte I,
cap. II, p. 967. Ejemplar de la B. N., fol. 105v.) «*Toro agarrochado,* el irritado y embrauecido.» *(Aldrete.)* «Corrido», «enfure-
cido».

5.1.2.2.3. *Madrigado,* «experimentado».

«¡Oh hideputa traidor y qué *madrigado* y redomado era!»
(Guzmán, 1.ª, III, 10, p. 439.) «*Madrigado* se dize el toro padre, que por cubrir las vacas que haze madres, se dixo *madrigado.* A éste dexan enuejecer, y assí cobra mucha malicia y recato. Y llamamos *madrigados* a los q[ue] son experime[n]ta-
dos y recatados en negociar.» *(Aldrete.)*

5.1.2.2.4. *Buey* (y *cabestro*) como «paciente», «sufrido» (y «guía»).

«Si se humilla, es infame; si se levanta, soberbio; si acomete, desbaratado y loco; … si afable, tenido en poco; si grave,
aborrecido; si justo, cruel; si misericordioso, *buey manso.» (Guzmán,* 1.ª, III, 5, p. 392.) Ejemplo de *manso* en otra obra de
la época: «El doctor Iván Tolerante, al *manso lector.»* (D. Alfonso Velázquez de Velasco: *La Lena.* Milán, 1602.)

«En fin, mundo sin apremio y esclavos sin premio; sólo
medra un buen rostro mujeril a la vista de los tontos, y un bufón, que sólo sirve de *cabestro* al Infierno y perece entre puertas el entendimiento de los hombres, y todo se originó de cuando trocaron las vestiduras la Mentira y la Verdad, hijas de la
Fortuna, porque no lo ignoréis, oíd: …» *(Periquillo,* discurso
XIV, p. 1.029. Ejemplar de la B. N., fol. 206.)

5.1.3. Dichos y refranes taurinos.

Como ocurre con el material hallado en el «ciclo celestinesco»,
hay casos en que el refrán y el dicho no viene reproducido exactamente igual que en lo que constituye su lexicalización genuina (no
ha llegado a su fosilización, o el autor ha reproducido intencionadamente variantes que con el tiempo han desaparecido ante la que
ha llegado a imponerse).

Respecto a los texto, el *Guzmán de Alfarache* ofrece hasta 10 citas, seguido de *La Pícara Justina,* con siete. Después vienen con menor número la *Vida del escudero Marcos de Obregón, La desordenada codicia de los bienes ajenos* y *La vida del buscón don Pablos* (dos
por cada obra), y por último, la *Segunda parte de Guzmán de Alfarache,* las *Aventuras del Bachiller Trapaza* y *El diablo Cojuelo.*
Seguimos el orden empleado en trabajos anteriores sobre el tema.

5.1.3.1. Dichos y refranes taurinos relacionados con *buey*.

«Ibame cayendo de hambre, y ¡mira cuál era mi huésped!, pues, como el cordobés, me dijo que ya habría cenado. Y si no temiera perder aquella coyuntura, no fuera con él sin visitar primero una hostería; mas la esperanza del bien que me aguardaba, me hizo *soltar el pájaro de la mano por el buey que iba volando.*» *(Guzmán,* 1.ª, III, 1, p. 357.) En Sebastián de Covarrubias se registra «Eso será como ver un *buey* volar, por una cosa imposible por ser el buei animal tan pesado.»

«Bien al revés me aconteció que a los otros, pues dicen que las honras, cuanto más crecen, más hambre ponen... Bueno sería sacar el pece del agua y criar los pavos en ella, *hacer volar al buey y el águila que are,* sustentar al caballo con arena, cebar con paja al halcón y quitar al hombre el risible.» *(Guzmán,* 1.ª, III, 7, p. 409.) Recuérdese el refrán «El *buey* para arar; el ave para volar; el pez para nadar y el hombre para trabajar.» *(Refranero del mar,* de Gella Iturriaga.)

«Dimos en unos y otros medios, y el buen Sayavedra titubeaba, no las tenía consigo todas. Ya le pesaba del consejo, temiendo del peligro. Ultimamente concluyóse que la paz era lo mejor de todo, *que más valía pájaro en mano que buey volando,* y de menor daño mal concierto que buen pleito.» *(Guzmán,* 2.ª, II, 2, p. 604.)

«Nunca lo fui —respondí yo—, y cuando lo fuera más que Narciso, no me parece que pudiera persuadirme a creer que el día es noche, que *los bueyes vuelan* y otras fantásticas imaginaciones que a los tales suceden, los cuales pueden atribuirse más a la locura que a pasiones del amor.» *(Desordenada codicia,* cap. X, p. 128. Ejemplar de la B. N., fol. 263.) Sobre *volar un buey* hay ya documentación en las obras celestinescas *Comedia Seraphina, Felides y Polandria* y la *Comedia Doleria* (apartado 3.2.1. de nuestra Comunicación.)

«Grande ignorancia es la de los enamorados: *¿qué buey trabaja que después no roza la haz?* ¿Qué mulo trajina cebada a quien no quepa después su parte? ¿Qué pobre mendiga por las puertas que después no coma el pan que le ha costado su vergüenza?» *(Segunda parte de Guzmán,* libro II, cap. II, p. 771. Ejemplar de la B. N., fol. 61r.) Recuérdese *el buey que ara sabe buscar su rastrojo,* en la obra *Felides y Polandria,* apartado 3.2.1. de nuestra citada Comunicación [13].

---

[13] En el *Guzmán de Alfarache,* de Mateo Alemán, hay la propensión a incluir dichos en forma no lexicalizada. He aquí un texto evidente:
«El religioso por El ha de serlo, tomándolo por fin principal y todo lo más por acesorio. Que claro está y justo es que quien sirve a el altar coma dél y *sería inhumanidad, habiendo arado el buey, después del trabajo, atarlo a la estaca sin darle su pasto.*» *(Guzmán,* 2.ª, III, 4, p. 800.)

«*Caminábamos* a Sevilla, como dicen, *al paso del buey*, con mucho espacio, porque se le mareaba en el coche una falderilla que llevaba mi mujer, en quien tenía puesta su felicidad y era todo su regalo, que es cosa muy esencial y propia en una dama uno destos perritos...» *(Guzmán*, 2.ª, III, 6, p. 847.) En Sebastián de Covarrubias «*Ir a paso del buei*, ir poco a poco en las cosas con mucha consideración y recato, y no apresurada y locamente».

«V. M. tiene razón, señor mío —respondió él—, y confieso que nos suceden muchas desgracias y azares; pero *más come un buey que cien golondrinas;* quiero decir que un buen lance nos hace espaldas a muchas desgracias, cuantimás, que no nos suceden tantas como V. M. piensa, y aunque nos sucedieran muchas más, no sería posible apartarnos deste trato, si no es con la muerte, porque no sé qué tiene consigo esta nuestra arte, que es como hidrópico, que cuanto más bebe más sed tiene, y de un solo acto se hace hábito, *qui difficile removetur a subjeto.*» *(Desordenada codicia*, cap. III, p. 105. Ejemplar de la B. N., fols. 96-7.)

5.1.3.1.1.   Relaciones con *cencerro*.

«Dígame, ¿qué pícaro de hospital muere sin más luz que ahora tenemos, sin más ruido de campanas que el que ahora nos acompaña? Los descomulgados *van* a la sepultura a lo sordo; pero, pues no lo está mi entereza, no quiera que tan sin solemnidad se le dé sepultura de carreta *a cencerros atapados;* y cuando yo y mi entereza hubiéramos incurrido en descomunión alguna por delitos (que nunca faltan) para eso es el obispo, para absolverme de ellos y dar orden que mi entereza sea honrosamente sepultada.» *(Pícara Justina*, libro II, parte I, cap. II, p. 957. Ejemplar de la B. N., fols. 92r-92v.) En Sebastián de Covarrubias, «*Irse a cencerros atapados*... Está tomado de los harrieros, queriendo salir o del mesón o del pueblo o de algún passo peligroso, en el camino atapan los cencerros porque no suenen y sean sentidos».

«Esto pudo hacer mientras el otro venía, que aún no le había visto, por estar ocupado en chismes con una vieja. Digo de verdad que vi al hombre dar vueltas alrededor, como perro que se quiere echar; hacíase más cruces que un ensalmador, y fuese diciendo: "—Jesús, pensé que era él. *A quien bueyes ha perdido...*", etc. Yo moríame de risa de ver la figura de mi amigo.» *(Buscón*, III, 2, p. 175.) En Sebastián de Covarrubias, «*Quien bueyes ha perdido, cencerros se le antojan*, porque cualquier sonido que oyga, entiende ser el de su res perdida». En *Felides y Polandria* hay *quien bueyes a menos cencerros se le antojan* (apartado 3.2.1. de nuestra citada comunicación).

5.1.3.2. Relacionado con *toro*.

«Aunque me ejecutaba el sueño, la codicia me desvelaba y, no valiendo mi resistencia, me puse en manos del ejecutor, durmiendo —como dicen— a media rienda. Ves aquí después de la media noche se soltó una borrica de la caballeriza o bien si era del huésped y andaba en fiado por la casa. Ella se llegó a mi aposento y, habiendo olido la cebada, metió bonico la cabeza por alcanzar algún bocado, y en llegando al harnero, meneólo, y procurando entrar sonó la puerta. Yo, que estaba cuidadoso, poco bastaba para recordarme. *Ya pensé que tenía los toros en el coso.* Estaba todavía soñoliento: parecióme que no acertaba con la cama. Púsome sentado en ella y llaméla.

Como la borrica me sintió, temió y estúvose queda, salvo que metió una mano en el esportón de la paja. Yo, creyendo que fuese la señora y que tropezaba en él, salté de la cama, diciendo:

—¡Entra, mi vida, daca la mano!

Alargué todo el cuerpo para que me la diese. Toquéle con la rodilla en el hocico; alzó la cabeza, dándome con ella en los míos una gran cabezada y fuese huyendo, que si allí se quedara no fuera mucho con el dolor meterle una daga en las entrañas.» *(Guzmán,* 1.ª, II, 8, pp. 331-2.) Cossío *(Los toros,* tomo II, p. 239), registra *Ya está el toro en la plaza* y *Ya está el toro en el toril,* «anuncio de que va a comenzar lo que se recela».

«Andando en esto, alcé las colgaduras, para ver si detrás dellas hubiese portillo alguno. Hallé abierta una ventana que salía al corredor. Luego dije: *"¡Ciertos son los toros!* Por aquí me vino el daño.» *(Guzmán,* 1.ª, III, 1, p. 360.) En Sebastián de Covarrubias, «*Ciertos son los toros,* frasis ordinaria quando la cosa de que dudamos da indicios de ser cierta, como quando los toros están ya encerrados en el toril de la plaça.» En *Autoridades:* «*Ciertos son los toros.* Phrase con que se assegura por cierta y ya averiguada alguna cosa, que se presumía y de que se dudaba.» (Tomo VI.)

«Luego desde allí entras adorando un procurador. Y mira que te digo que no te digo nada dél, porque tiene su tiempo y cuándo, como empanadas de sábalo por la Semana Santa. Su semana les vendrá.

En resolución, por no detenerme dos veces con una misma gente, digo que serán tus dueños y has de sufrirles y a el solicitador, a el escribano, a el señor del oficio, a el oficial de cajón, a el mozo de papeles y a el muchacho que ha de llevar el pleito a tu letrado. Pues ya, cuando a su casa llegas y lo hallas enchamarrado, despachando a otros y esperando tu vez, como barco, *quisieras esperar antes a un toro.*» *(Guzmán,* 2.ª, II, 3, p. 615.)

«Porque aconteció que, como para aquel postigo se servían las caballerizas y se hubiese por él entrado un gran cebón, hallóle el mozo de caballos hozando en el estiércol enjuto de las camas y todo esparcido por el suelo. Tomó bonico una estaca y diole con ella los palos que pudo alcanzar. El era grande y gordo; *salió como un toro huyendo.*» *(Buscón,* 2.ª, I, 5, p. 540.) En Cossío *(Los toros,* II, p. 239), se registra *Correr alguien como si un toro corriese tras él,* como «volar».

«¡Poco a poco! Vámonos a espacio, que nadie corre tras de nosotros. Y si ley hay en los naipes, el parto viene derecho, con mi buena ventura. El pájaro se asegure por agora que es lo que importa. No *espantemos la caza, que ciertos son los toros.* El hurto está en las manos: no hay neguilla.» *(Guzmán,* 2.ª, II, 2, p. 604.) En Sebastián de Covarrubias, «*Espantar la caça,* desuaratar la ocasión de poder coger a algunos con el delito en las manos, y assí suelen ir los ministros de la justicia dissimulados y disfraçados para hazer pressa». Respecto a *ciertos son los toros,* véase ejemplo en el *Guzmán* anteriormente.

«No debió de hallarlos y vínose sin ellos a casa, más enfadado de los que no le dieron que de los que le ganaron. Andábase paseando por la cuadra, *bufando como un toro.* No cabía en toda ella. Ya la paseaba por lo ancho, ya por lo largo, ya de rincón a rincón.» *(Guzmán,* 2.ª, II, 3.ª, p. 622.) *Bufar,* resoplar con ira y furor el toro, el buei y el búfalo... Algunas vezes significa el despecho y enojo en el hombre quando hinchados los carrillos resopla», en Sebastián de Covarrubias.

«En fin, que después que la experiencia le enseña que no es prolífica, ni está de provecho para hacer oficios en derecho de nuestro dedo, ¿quiere dar tan en derecho de los suyos, que pretende sublimar *en los cuernos de la Luna* una vida que ha tantos años que *anda en los del toro?*» *(Pícara Justina,* libro I, cap. I, p. 904. Ejemplar de la B. N., fols. 23v.-24r.)

«*Levantar* o *subir a uno sobre el cuerno de la Luna.* Es alabarle excesivamente. *Verse en los cuernos del toro.* Phrase que explica hallarse en grave peligro de padecer algún gran daño, u de perder la vida. Dícese por alusión de los que en las fiestas de toros se hallan en aprieto de que se libran difícilmente.» *(Autoridades,* tomo II.)

«Ya me querrás reprehender. ¿Qué querías que hiciese? ¿Correr? No podía, porque con las sartas que llevaba hiciera más ruido que la mula con sus cascabeles, y *fueran muchos toros.* ¿Había de llorar? No. Que si a la doncella Io, por llorar la vaca, la llamaron io, a mí, por llorar mulas, me llamaron mulata.» *(Pícara Justina,* libro II, parte I, cap. I, p. 950. Ejemplar de la B. N., fols. 81v.-82r.)

«¿Qué te contaré? Si vieras esta pobre Marta al revés, que quiere decir Tamar, ir camino tan fuera de camino, *enjaulada como toro que llevan al encerradero,* ladrando como perro ensabanado que llevan a mantear, tuvieras duelo de la pobrecita, medio cocida, medio asada, medio empanada, medio aperdigada.» (*Pícaro Justina*, libro II, parte I, capítulo II, p. 954. Ejemplar de la B. N., fol. 88r.) «*Enjaular*, meter en la jaula. *Encerrar los toros*, traerlos al corral, en la plaça, y entonces dizen los incrédulos: *Ciertos son los toros. El encierro de los toros*, el regocijo de traerlos al corral.» (*Aldrete.*)

«Aquí verán que tuvieron razón los que pintaron a la vergüenza con alas, pues el vergonzoso cuando huye vuela. Y por eso dijo el refrán: *El toro y el vergonzoso poco paran en el coso.*» (*Pícara Justina*, libro II, parte III, cap. III, p. 1.049. Ejemplar de la B. N., fol. 210v.)

«El temor me tenía trabado el entendimiento, y el entendimiento las demás acciones que podían aprovecharme para partirme della. Pero alentándome lo mejor que pude —y pude muy mal— *fui moviendo los pies como toro desjarretado*, maldiciendo la soledad y a quien quiere andar sin compañía, considerando qué bien puede traer, si no es estas cosas y otras peores.» (*Escudero Marcos*, I, descanso X, pp. 195-6.) «*Desjarretar el toro*: dexarretado, el que ha quedado sin fuerças ni vigor. *Desjarretar* y *dejarretar*, cortar las piernas por el jarrete, que es por baxo la corua y encima de la pantorrilla.» (*Aldrete.*)

«Torné a cerrar la puerta de mi estancia y fui a recibir al caído, que *iba arrastrando* con las manos, *como toro español desjarretadas las piernas*...» (*Escudero Marcos*, II, descanso VII, p. 158.)

«Los pobres y las pobras se escarapelaron viendo la justicia en su garito y el verdadero Diablo Cojuelo, *como quien deja la capa al toro*, dejó a Cienllamas *cebado con el pobrismo* y por el caracolillo se volvieron a salir del garito él y don Cleofás.» (*Cojuelo*, Tranco IX, p. 217.) «*Echar la capa al toro*, dexar al hombre su hazienda y no hazer caso della, a trueco de librar su persona.» (*Aldrete.*)

5.1.3.3.   Relacionados con la *talanquera* (y la *barrera*).

«Quiero marchar de retorno a la panza de mi madre, aunque vaya de vacío, y *estaréme uchoando de talanquera*, que todo lo he bien menester para responder al reto de un fisgón que (andando ayer cuellidegollado), ha salido hoy con una escarola de lienzo tan aporcada, como engomada, más tieso y carrancudo que si hubiera desayunándose con seis tarazones de asador.» (*Pícara Justina*, libro I, cap. I, pp. 901-2. Ejemplar de la B. N., fol. 20v.) «*Talanquera*, lugar leuantado en alto en las orillas de las plaças, dende el qual se ven correr los toros y otras fiestas de plaça y porque los que están en ella tienen seguridad, quando hablan en las faltas que hazen los que están en el coso, se les responde que hablan de talanquera. Esto mesmo acontece a los que estando fuera de los peligros, hablan dellos en mengua de los que auenturan sus vidas, como es en materia de guerra o de otro trance peligroso.» *(Aldrete.)*

«Levantóse por la mañana Araújo y como *me vio vestida y en talanquera* junto a Sancha, el mesón sin gente, toda la casa yerma, que parecía casa de encantamiento o aventura de Galiana, echó de ver su necedad y mi discreción, y de espanto comenzó a dar manotadas en seco.» *(Pícara Justina,* libro II, parte III, cap. III, p. 1.049. Ejemplar de la B. N., fol. 209v.)

«De esta manera entró muy casualmente en la posada al aposento donde jugaban los dos ganaderos y un clérigo forastero. Era el juego largo y de pintas, y jugaban los tres liberalmente. Estúvose un rato nuestro escolar *viendo los toros desde afuera,* y por lo que ya sabía de su criado Varguillas, vio cuán cándidos tahúres eran los que estaban en la palestra de Juan Bolay.» *(Bachiller Trapaza,* cap. III, p. 445. Ejemplar de la Biblioteca Nacional, fol. 20v.)

6.1. Resumen final.

La presente comunicación es una nueva aportación a nuestras investigaciones en torno al léxico taurino. Tanto en nuestro trabajo presentado al Congreso Internacional sobre *La Celestina,* como en el actual, tratamos de completar aspectos que José María de Cossío, en *Los toros,* señala marginalmente cuando estudia los toros en la novela y el teatro [14]. Así vamos desarrollando el conocimiento del léxico taurino, primero en las fuentes técnicas de los tratados de jineta y *Reglas de torear a caballo* (parte de nuestra tesis doctoral) y ahora considerándolo en obras literarias para precisar el tratamiento de la *jerga* en obras de índole artística.

El mayor número de datos y referencias léxicas en la picaresca española respecto al «ciclo celestinesco» creemos que se debe a que una buena parte de la sociedad más influyente de las postrimerías del siglo XVI y buena parte del XVII sintió como moda la atracción de las fiestas de los toros. Y un grupo importante de autores, al tener en cuenta el *costumbrismo* como elemento enriquecedor del relato literario, incorporaron el tema taurino, a veces en cantidad muy apreciable en una sola obra (como en el caso de Mateo Alemán, por ejemplo). Esta adecuación entre literatura costumbrista e historia abarca varios reinados de monarcas españoles [15]. Sin embargo, la afición po-

---

14 Tomo II, pp. 410 y ss.; pp. 465 y ss. de *Los toros.*
15 Así concretamente Carlos I (1516-1556), bajo cuyo período cesáreo aparece el *Lazarillo de Tormes* (1554). Felipe II (1556-1598), en cuyas postrimerías debió escribir la primera parte del *Guzmán de Alfarache* Mateo Alemán. Felipe III (1598-1621), cuyo reinado señaló internacionalmente un prestigio muy grande para España y que paradójicamente resulta muy rico en la aparición de novelas picarescas: la primera parte del *Guzmán* (1599); la *Segunda parte de Guzmán de Alfarache,* de Mateo Luján de Sayavedra (1602); *Segunda parte de la Vida de Guzmán de Alfarache, Atalaya de la vida humana*

pular a los toros debió estar igualmente viva en el siglo XVI y en el siglo XVIII. Y dado el que los autores de las «celestinas» y la picaresca obraron con el principio del «realismo técnico», en sus parlamentos y relatos los personajes, según su clase social, hacen referencia al toreo a caballo y al tumultuoso de a pie (sin embargo, los tratados técnicos hablan de algunas posibilidades de intervenir a pie el caballero).

Hemos indicado la riqueza de referencias taurinas en el *Guzmán de Alfarache*, de Mateo Alemán; hay además, en la *Segunda parte*, de Mateo Luján; *La Pícara Justina*; el *Marcos de Obregón*; las *Aventuras del Bachiller Trapaza*; *El diablo Cojuelo* y las *Vidas* de Estebanillo González y Torres Villarroel. No hay, en cambio, en *La niña de los embustes, Teresa de Manzanares* y *El castigo de la miseria*. Y es muy curioso que apenas guarden relación con las *fiestas* y *lidia* de toros el texto del *Lazarillo de Tormes*. Precisamente la explicación de que los escritores literarios no incorporen léxico técnico (que sí aparece en los tratados específicos indicados) se puede deber a que los narradores de la picaresca están más interesados en las *fiestas de toros* que en los detalles de la *lidia* en sí (tema de los tratadistas).

Debemos aludir a la diferencia que creemos hallar en el empleo del léxico taurino en el «ciclo celestinesco» y la picaresca. En aquél, las continuaciones de *La Celestina* (ésta, a su vez, con elementos tradicionales que parte del *Libro del Buen Amor*, así como del *Arcipreste de Talavera*, en donde ya hay textos taurinos, debido al auge de la ciudad en la Baja Edad Media), tienen muy en cuenta el contexto que Fernando de Rojas necesitaba para que vivieran sus amores Calixto y Melibea, pues el autor de La Puebla, al recoger un costumbrismo típico de las ciudades, dio entrada a contadas referencias taurinas, que los sucesores del género tienen muy presente cuando relatan los amores de otras tantas parejas de enamorados. En cambio,

---

(1604); *La Pícara Justina*, de Francisco López de Ubeda (1605); las *Novelas ejemplares*, de Cervantes (1613); la *Vida del escudero Marcos de Obregón*, de Vicente Espinel (1618); *La desordenada codicia de los bienes ajenos*, de Carlos García (1619), y la *Segunda parte de Lazarillo de Tormes*, de H. de Luna, en 1620. El extenso reinado de Felipe IV también es abundante en impresiones picarescas: *El donado hablador Alonso, mozo de muchos amos*, de Jerónimo de Alcalá Yáñez y Rivera (1624-1626); *La vida del buscón don Pablos*, de Quevedo (1626); *La niña de los embustes, Teresa de Manzanares*, de Alonso de Castillo Solórzano (1632); *Aventuras del Bachiller Trapaza*, del mismo autor (1637); *El castigo de la miseria*, de doña María de Zayas y Sotomayor (1637); *El diablo Cojuelo*, de Luis Vélez de Guevara (1641); *La Garduña de Sevilla*, de Alonso de Castillo Solórzano (1642); *Vida de D. Gregorio Guadaña*, de Antonio Enríquez Gómez (1644), y *La vida y hechos de Estebanillo González* (1646). Durante la regencia de doña Mariana de Austria (1665-1675), no se imprime ninguna obra de las estudiadas. En el período de Carlos II (1675-1700), Francisco Santos publica *Periquillo el de las Gallineras* (1688). Ya con la Casa de Borbón, la *Vida*, de Diego de Torres Villarroel (que se imprime en los años 1743-1750-1752 y 1758) se extiende durante los reinados de Felipe V (1700-1746); el brevísimo de Luis I (1724) y Fernando VI (1746-1759), si bien las referencias taurinas no aparecen en todos los períodos de la vida.

en la picaresca, la primera sorpresa para nuestro tema es que el *Lazarillo de Tormes* no aporta apenas referencias, pero sí Mateo Alemán cuando en su extenso relato necesita escribir sobre la sociedad española de entonces. Y, por consiguiente, los continuadores de la picaresca (que no son meridionales todos ellos) pueden obrar con una mayor libertad respecto a un asunto que es tangencial.

La clasificación lingüística del léxico taurino la hemos agrupado en torno a tres grupos (hemos tenido en cuenta el trabajo sobre el «ciclo celestinesco»):

1) El léxico relacionado con las *fiestas de toros,* y que por tratarse de relatos en prosa tienen mayores posibilidades las descripciones que los diálogos del «ciclo celestinesco» (con independencia de si se representaron en escenario o no llegaron a montarse).

2) El léxico en sentido rfigurado, que cada autor maneja dentro de las posibilidades de creación lexical, y que aparece casi siempre en contextos donde no se pretende hablar de los toros, sino tan sólo de realizar comparaciones (recurso semántico muy frecuente en el español hablado o coloquial).

3) Relacionado con el grupo anterior, precisamente por el sentido figurado de ciertos elementos léxicos que lo integran, distinguimos cuando hay un sintagma de extensión variable que tiende a fosilizarse en refranes o dichos (e incluso a veces el autor elige una variante que no ha llegado a cristalizarse del todo, pero que hemos incluido en este apartado con un criterio gradual de amplitud por creerlo interesante).

En cuanto a la fijación del texto, cuando no hay edición solvente, la lectura de Valbuena Prat la hemos cotejado con ejemplares de la Biblioteca Nacional (indicando entonces el folio de estos últimos).

LEXICO TAURINO REGISTRADO EN LAS FUENTES PICARESCAS

Acocotar un toro;
acometer;
alabanza;
alano;
echar *alanos* a la oreja;
andamio;
andar en la plaza alentado como un venturoso con los toros;
andar señalado en los toros;
arar el buey;
arma, «cuerno»;
arremeter alanos a los toros;
asta;
atravesar;
atrevimiento y ventura;
cantar como un *becerro;*

bestia fiera;
brinco;
buey;
buey manso, «persona paciente»;
antes ser mosquito que pez y *buey* que pescado;
caminar a paso del *buey;*
hacer volar un *buey* y el águila que are;
los *bueyes* vuelan;
más come un *buey* que cien golondrinas;
más vale pájaro en mano que *buey* volando;
¿qué *buey* trabaja que después no roza la haz?;

soltar el pájaro de la mano por el *buey* que va volando;
bufar como un toro;
caballero;
cabestro, «guía»;
ir a *cencerros* atapados;
quien *bueyes* ha perdido, *cencerros* se le antojan;
cinta de la espada;
hacer *cocos*, «hacer señas al toro para atraerlo»;
conocimiento y arte;
cornada, «golpe»;
correr toros;
correr y alancear toros;
correrse toros en el mercado;
correrse toros en la plaza;
corrida de toros;
coso;
cuchillada;
cuerno;
dar el golpe;
dar muerte;
derribar un toro;
desjarretar el toro;
día de toros;
ser más fácil *domar* un toro;
echar a las orejas de un toro;
echar tanta sangre que parecía haber muerto un buey;
echar un toro;
encararse, «encamparse»;
encierro de toros;
envainar la espada;
escarbar con un pie sobre la arena como toro en coso;
escarbar la tierra;
espada;
estocada de resuellos que mata un toro;
fiesta de toros;
furioso;
garrocha, «palabra hiriente»;
garrocha pavonada para toros;
garrochada;
garrochear, «herir», «molestar», «enfurecer»;
garrochón;
gatillo;

hacer pedazos un toro a cuchilladas;
herida;
herir a espaldas vueltas;
herramienta(s) de un novillejo, «asta(s)»;
huir del toro;
jifero;
jinete;
jugar al toro;
jugarse los garrochones;
lanza;
lanzada;
lance;
madrigado, «experimentado»;
maltrapillo, como «espontáneo»;
manada;
mansejón como toro en la vacada;
parecer *mansos* como toros en vacada;
matar cara a cara;
matar un toro;
morir en los cuernos del toro;
mormullo de admiración;
novillada;
novillo;
novillo de Jarama;
novillo encascabelado;
ser libre como *novillo* de concejo;
palo;
peligro;
peón;
un *pescuezo* de toro;
plaza de Madrid;
plaza de toros;
hacerse dueño de la *plaza* el toro;
puerta del toril;
rejón;
rendir un toro;
romper rejones;
rumiar;
salir a los toros;
silla;
soltar un toro;
suerte;

hacer *suertes* en la plaza con los toros;
tablado;
talanquera;
estarse uchoando de *talanquera;*
verme vestido y en *talanquera;*
tirar garrochas;
tirar garrochas, «causar molestias», «zaherir»;
tope de toro, «embestida»;
toreador;
torear;
torear, «burlar» y «quitar»;
torerías;
toreros;
toro agarrochado;
toro agarrochado, «persona corrida», «persona enfurecida»;
bramante *toro;*
toro bravo;
toro como un león de bravo;
toro de Hércules;
toro de las coces;
toros de Tarifa y Jarama;
toro de títeres;
toro jarameño;
toro osco;
toro salvaje;
toro uncido;
arrastrarse con las manos como *toro* español desjarretadas las piernas;
ciertos son los *toros;*
como de celosos *toros* eran los bramidos;
como el *toro* cierra los ojos y baja la cabeza para dar el golpe;
como si con un fuerte *toro* hubieran luchado a fuerzas;

dar más bufidos que un *toro;*
dar más silbos que a un encierro de *toros;*
dejar la capa al *toro;*
el *toro* y el vergonzoso poco paran en el coso;
enjaular como *toro* que llevan al encerradero;
mover los pies como *toro* desjarretado;
no espantemos la caza, que ciertos son los *toros;*
no hay quien pare delante de un *toro* en el coso;
no hay *toro* suelto en el coso que tanto me haga huir como un palabrero destos;
querer esperar antes a un *toro;*
recio como un *toro;*
salir como un *toro* huyendo;
ser muchos *toros;*
sublimar en los cuernos de la Luna una vida que anda en los cuernos del *toro;*
tener el apellido Cabeza de Vaca tomado de un *toro;*
... *toro* en el coso...
ver los *toros* desde afuera;
ya pensé que tenía los *toros* en el coso;
uña de *vaca;*
vaquero;
poner el oído como *vaquero* que ha perdido novillos con cencerro;
ventana;
volver como un *viento;*
volteado;
yunta de bueyes.

BIBLIOGRAFIA DE FUENTES LITERARIAS

ALCALÁ YÁÑEZ Y RIVERA, doctor Jerónimo de: *ALONSO / MOÇO DE /MV-CHOS / AMOS / ... / Compuesto por el Doctor ... / Médico y Cirujano, / vezino y natural de la Ciudad de Segouia / [Escudo con leyenda] / CON LICENCIA / En Barcelona, por Esteua[n] Libreros, 1625 / A costa de ·Miguel Menescal. Ejemplar R-14987 de la Biblioteca Nacional.

— *SEGVNDA / PARTE DE / ALONSO MOZO / DE MVCHOS / AMOS / COMPVUESTO POR EL DOCTOR* / Gerónimo de Alcalá Yáñez [*sic*] y Ribera / Médico, vezino de la ciudad / de Segouia / ... / En Valladolid, por Gerónymo Morillo / Impressor de la Vniuersidad / Año MDCXXVI [7 capítulos]. Ejemplar de la B. N., R-14988.
Citadas ambas partes como *El donado hablador Alonso*, parte, capítulo y página.

ALEMÁN, MATEO: *Primera Parte de Guzmán de Alfarache*. En Madrid, año de 1599. *Segunda Parte de La Vida de Guzmán de Alfarache*, atalaya de la vida humana. En Lisboa, año de 1604. Edición de *La novela picaresca española*, por Francisco Rico. Ed. Planeta, Barcelona 2, 1970. Citado como *Guzmán*, parte, libro, capítulo y página.

Anónimo: *La vida de Lazarillo de Tormes,· y de sus Fortunas y adversidades*. Ed. crítica, prólogo y notas de José Caso González. Madrid, Anejo XVII del *BRAE*, 1967 [Alcalá de Henares, 1554; Burgos, 1554 y Anvers, 1554]. Citado como *Lazarillo* y página.

CASTILLO SOLÓRZANO, ALONSO DE: *LA NIÑA DE / LOS EMBUSTES / TERESA DE MANÇANARES*, NATURAL / de Madrid / POR DON ... / ... / Año [grabado] 1632 / EN BARCELONA / Por GERONIMO MARGARIT / A costa de Iuan Sapera Librero. Ejemplar R-1830 de la B. N.

— *AVENTURAS / DEL BACHILLER / TRAPAZA, QVINTA ESSENCIA* / de Embusteros, y Maestro de / Embelecadores / ... / ... / CON LICENCIA / En Çaragoça, Por Pedro Vargas. Año 1637 / A costa de Pedro Alfay, merceder de libros. Ejemplar R-4652 de la B. N. Citado como *Bachiller-Trapaza*, cap. y p.

— *La Garduña de Sevilla y Anzuelo de las Bolsas*. Edición, prólogo y notas de Federico Ruiz Morcuende. Madrid. Clásicos Castellanos, núm. 42, 1957 [1642]. Citado como *La Garduña*, libro, novela y página.

CERUANTES SAAUEDRA, MIGUEL DE: *Novelas exemplares*. En Madrid, por Iuan de la Cuesta, año 1613. Reimpresión de la Editoria Internacional, Berlín-Buenos Aires, 1923. Citado con el título de la novela y folio.

ENRÍQUEZ GÓMEZ, ANTONIO: *EL SIGLO / PITAGORICO* / Y vida de D. Gregorio Guadaña / ... / POR / ... / [Grabado] / EN ROAN / En la emprenta de Lavrens Mavrry / Año de 1644 / CON LICENCIA. Ejemplar R-11301 de la B. N. Citado como *Vida de Gregorio Guadaña*, capítulo y página.

Espinel, Vicente: *Vida del escudero Marcos de Obregón.* Edición, introducción y notas de María Soledad Carrasco Urgoiti. Madrid. Clásicos Castalia, 1972, núm. 45 [1618]. Citado como *Escudero Marcos,* libro, descanso y p.

García, Carlos: LA / DESORDENADA / CODICIA DE LOS / BIENES AGENOS / Obra apazible y curiosa, en la qual / se descubren los enrredos y ma- / rañas de los que no se con- / tentan con sus partes / ... / EN PARIS / En casa de ADRIAN TIFFENO, a la / enseña de la Samaritana / MDCXIX. Ejemplar de la B. N., R-5550. Citado como *Desordenada codicia,* cap. y p.

González, Estebanillo: *La vida y hechos de Estebanillo González,* hombre de buen humor compuesta por él mismo. Edición, prólogo y notas de Juan Millé y Giménez. Madrid. Clásicos Castellanos, números 108-9, 1956 [1646]. Citado como *Vida de Estebanillo González,* cap. y p.

Guzmán, Diego de: *Vida y mverte / de D[oña] Margarita de Austria / Reyna de Espanna.* En Madrid por Luis Sánchez / Año de MDCXVII.

López de Ubeda, Francisco: LA PICARA / MONTAÑESA / LLAMADA IUSTINA / EN EL QVAL DEBAXO DE / graciosos discursos, se encierran / prouechosos auisos / ... / COMPVESTO POR EL LICENCIADO / ... natu- / ral de Toledo / CON LICENCIA / Impresso en Barcelona en casa Sebastián de Cor- / mellas, all Call. Año MDCV / Véndense en la mesma Emprenta. Ejemplar R-11169 de la B. N. Citado como *Pícara Justina,* libro, capítulo y página.

Luján de Sayavedra, Mateo: SEGVNDA / PARTE DE LA / VIDA DEL PICARO / GUVZMAN DE / Alfarache / COMPVESTA POR / ..., natural ve- / zino de Seuilla / DIRIGIDO A DON GASPAR / Mercader y Carroz, heredero legítimo de / las Baronías de Bunyol y / siete aguas / [escudo] / CON LICENCIA / Impressa en Barcelona en casa de Ioa[n] Amello / Año MDCII / A costa de Antich Ribera librero. Ejemplar R-15996 de la B. N. Citado como *Segunda parte de Guzmán,* libro, capítulo y p.

Luna, H. de: *Segunda parte de Lazarillo de Tormes.* 1620. Citado como *Segunda parte Lazarillo,* cap. y p.

Quevedo, Francisco: *La vida del buscón llamado don Pablos.* Edición crítica por Fernando Lázaro Carreter. Salamanca, C.S.I.C. Clásicos Hispánicos 1975 [1626]. Citado como *Buscón,* libro, capítulo y p.

Salas Barbadillo, Alonso J. de: LA HYIA / DE CELES- / TINA / Por ... impressa por la diligencia y / cuydado del Alférez Francisco / de Segura, entretenido / cerca de la persona del / Señor Virrey de / Aragón / ... / En Çaragoça, Por la Biuda de / Lucas Sánchez. Año de 1612 / A costa de Iuan de Bonilla / mercader de libros. Ejemplar R-13429 de la B. N. Citado como *Hija de Celestina,* parte y p.

Santos, Francisco: PERIQVILLO / EL DE LAS / GALLINERAS / ESCRITO POR ... / ... / Con licencia. En Madrid. Por Bernardo de / Villa-Diego. Año de 1668 / A costa de Gabriel de León, Mercader de Libros / Véndese en su casa, en la Puerta del Sol. Ejemplar R-17216 de la B. N. Citado como *Periquillo,* discurso y p.

TORRES VILLARROEL, DIEGO DE: *Vida, ascendencia, nacimiento, crianza y aventuras*. Edición de Guy Mercadier. Madrid. Clásicos Castalia, núm. 47 [1743-1750-1752 y 1758; 1.ª ed. completa: 1799]. Citado como Torres Villarroel, *Vida*, trozo y p.

VALBUENA PRAT, ANGEL: *La novela picaresca*. Estudio preliminar, selección, prólogo y notas de ... Madrid. Aguilar, 2 tomos, 1974[7].

VÉLEZ DE GUEVARA, LUIS: *El diablo Cojuelo*. Estudio y edición de Enrique R. Cepeda y E. Rull. Madrid. Aula Magna, núm. 16, 1968 [1641]. Citado como *Cojuelo*, Tranco y p.

ZAYAS y SOTOMAYOR, MARÍA: *El castigo de la miseria*, en *Novelas ejemplares y amorosas*, 1637.

BIBLIOGRAFIA LEXICOGRAFICA

ALDRETE, BERNARDO: *Del origen y principio de la Lengua Castellana o Romance que oy se vsa en España*. Madrid, 1674[2].

COSSÍO, JOSÉ M.ª: «Los toros en el lenguaje» e «Inventario antológico de frases y modismos taurinos de uso corriente en el lenguaje familiar», en *Los toros*, tomo II, p. 235 y ss.; p. 238 y ss.

COVARRUBIAS, SEBASTIÁN DE: *Tesoro de la lengva castellana o española*. Madrid. Luis Sánchez, 1611.

GELLA ITURRIAGA, JOSÉ: *Refranero del mar*. Madrid. Pub. del Instituto Hist. de la Marina, 1944.

MARTÍNEZ KLEISER, LUIS: *Refranero General ideológico español*. Madrid, Real Academia Española, 1953.

Real Academia Española: *Diccionario de la lengua castellana llamado de Autoridades*. Madrid, 6 tomos, 1726-1739.

Real Academia Española: *Dicionario de la Lengua Española*. Madrid, 1970[19].

IV

FUENTES DE LA NOVELA PICARESCA

Precedentes árabes.
Juan Ruiz.
Cristóbal de Villalón.
"La Celestina".
"La lozana andaluza".
Los cuentos tradicionales.

LA PICARESCA Y LOS ARABES: ESTADO DE LA CUESTION Y NOTAS

VICENTE CANTARINO
University of Texas

Desde hace ya casi dos siglos, desde que el jesuita Juan Andrés publicó su obra sobre los orígenes de la literatura española, la tesis sobre la influencia y contribución árabes a su desarrollo figura siempre en nuestros estudios como base de agitada polémica o citada sencillamente con una condescendencia que muy poco o nada tiene de rigor científico.

Sin tono dramático alguno, creo que cabría afirmar que, fuera la que fuera, en realidad esa contribución árabe, nuestros estudios árabes, hispano-árabes e hispano-hebreos, sólo en casos muy contados han sido capaces de ofrecer conclusiones que pareciesen aceptables y fuesen aceptados por la generalidad de hispanistas. Las razones que se podría aducir para explicar esta notable divergencia de intereses y opiniones, aunque de muy variada naturaleza, son fácilmente reducibles a unas pocas. Por una parte está la marcada tendencia de los hispanistas al estudio de la literatura española con autonomía, incluso independencia de las formas semejantes que otras literaturas contemporáneas y anteriores hayan podido ofrecer. Por otra, la creencia de muchos que una dependencia literaria, lingüística y religiosa de la cultura cristiana y latina del occidente europeo, preclude necesariamente toda la otra influencia. No de menor importancia es la incapacidad del arabismo español, a pesar de notables excepciones, de crear una corriente de estudios literarios de verdadera aproximación a temas hispánicos.

La consecuencia de esta divergencia para los estudios hispánicos es tan clara como lamentable. En efecto, a ella se debe que, en la mayoría de los problemas que se suscitan, los estudiosos puedan ser agrupados, fácil y previsiblemente, en dos grupos distintos con pocos puntos de contacto. Uno lo forman los hispanistas que ignoran el árabe y su literatura; el otro está formado por arabistas que tienen menor o ningún interés por los problemas estrictamente hispánicos.

Por ello, mientras la mayoría de los primeros tiende a una negación total. y absoluta de las llamadas tesis árabes, los otros usan con frecuencia en su defensa argumentos .que se basan fundamentalmente en un conocimiento del árabe tan sólo, se inclinan a subrayar paralelismos y datos que sólo ellos perciben y aceptan como evidentes unas influencias árabes e hispano-hebreas cuya evidencia se escapa a los hispanistas. Este es el caso de la lírica primitiva, el del origen de la rima, del amor llamado cortés, de la escatología, de la novelística del *Libro de Buen Amor,* de la mística, entre otros muchos.

Este también es el caso de la picaresca española, concretamente el caso del Lazarillo. Un número considerable de distinguidos hispanistas, al hablar de los presupuestos literarios y culturales que explican la aparición del Lazarillo y de la picaresca española en general, tan sólo se preocupan de su explicación como obra y género literaria que nacen de un mundo social y espiritual que es auténtica y exclusivamente español. Mientras que otro número de estudiosos, no menos considerable ni menos distinguido, insisten en la consideración de paralelos previos en la literatura árabe e hispano-hebrea. Para los primeros, una influencia árabe o hispano-hebrea ni es demostrable ni es necesaria para explicar totalmente el fenómeno de la literatura picaresca española. Para los otros, una influencia árabe e hispano-hebrea, a través y tal como consideran demostrada en Juan Ruiz y Fernando de Rojas, es también evidente en las obras picarescas españolas.

Una diferencia de opinión entre los estudiosos, incluso en su formulación más extremosa, no es exclusivo de este problema ni sería digna de atención especial, si no fuera por el detalle característico de todos los estudios que conciernen problemas de influencia árabe. A saber, que mientras los defensores de la originalidad e independencia hispánica de la picaresca desconocen el árabe y su literatura, los defensores de la tesis de dependencia árabe, en su gran mayoría ignoran la literatura española o no se preocupan en hallar argumentos en defensa de su tesis. Este es el caso, por ejemplo, de los arabistas estudiosos de las *Mil y una noches,* Payne, Burton y Campbell.

Hay notables excepciones. Estas o llevan a una consideración del género literario árabe llamado de *maqamas,* como recientemente ha hecho María Rosa Lida, para citar tan sólo a quien con mayor erudición defiende esta tesis, o insisten en los orígenes árabes de anécdotas que aparecen después en la picaresca, como, entre otros, ha hecho últimamente Juan Vernet.

A pesar de la innegable realidad en que se basan y de la meritísima erudición de los estudiosos que las propugnan, no siempre han sido estas consideraciones capaces de expresar con fortuna el perfil del problema de la influencia árabe en la picaresca española.

Argumento que se usa con mayor frecuencia es el de las fuentes árabes de anécdotas usadas en la literatura picaresca. A ellas se han referido, con gran autoridad, González Palencia, María Rosa Lida, Francisco Ayala y Juan Vernet, entre otros. Es argumento poderoso y tiene la ventaja de un valor apodíctico fácilmente demostrable. Sin embargo, a nuestro parecer, debiera ser usado con mayor cautela, pues si bien prueba de una manera conclusiva la supervivencia de dichos, anécdotas y cuentos árabes e hispano-hebreos en el tesoro del folklore español, y, en este sentido, pero sólo en este sentido, incluso la dependencia de la picaresca de fuentes árabes, habría que reconocer al mismo tiempo que esta dependencia de la picaresca no lo es *qua* picaresca, y que no son cuentos y anécdotas árabes lo que influye en el desarrollo del género picaresco, sino que éste usa solamente de algunos cuentos y anécdotas populares de origen árabe.

Ejemplo de este posible sofisma es la anécdota tan conocida de «la casa donde nunca comen ni beben», que encontramos en el Lazarillo. Su origen árabe lo demostró ya hace años Francisco Ayala. Los cambios que sufre al pasar a su formulación española habían sido notados por María Rosa Lida y después también por Francisco Ayala. Ambos reprochan al autor del Lazarillo una inconsecuencia en el carácter de su protagonista, que queda convertido, de corrido mozo de ciego, en niño inocentón y asustadizo. Creo que se puede ir más allá. Puesto que la anécdota árabe, esencialmente picaresca en su forma original, pierde este sentido al pasar al castellano, no podemos asumir, al menos en este caso, que haya influido en el desarrollo de la picardía literaria española. La anécdota influye, no su espíritu pícaro.

Otro argumento en defensa de la influencia árabe sobre la picaresca española se basa en el género literario árabe comúnmente llamado de *maqamas*. Citado con escepticismo hace ya casi tres cuartos de siglo por Menéndez Pelayo y más tarde por Angel González Palencia, ha sido propuesto repetidamente por María Rosa Lida. Con su fascinante erudición, la insigne hispanista compara su técnica anecdótica y autobiográfica con la que encontramos en el *Libro de Buen Amor,* y, más tarde, en la literatura picaresca. Aunque algunos puntos capitales de esta argumentación son innegables, como el uso de la autobiografía y de anécdotas de auténtico espíritu picaresco, la insistencia con que María Rosa Lida se refiere a las *maqamas* árabes e hispano-hebreas en cuanto género literario, desvirtúa notablemente su argumentación y la hace menos aceptable desde el punto de vista árabe.

En primer lugar, la autobiografía en las *maqamas* no es, por lo general, funcional. Al contrario de la técnica usada en la picaresca española, en que es el protagonista quien narra su propia anécdota, el protagonista de la anécdota en la *maqama* es sólo sujeto u objeto de una narración que es autobiográfica en el narrador, no en el protagonista. Es decir, la autobiografía en la *maqama* es marco e introducción de la anécdota, ésta nunca es vivencia autobiográfica. Este es el caso de las *maqamas* de Badi' az-Zaman al-Hamadhani, en ellas Isa ibn Hisham narra las aventuras de Abu l-Fath al-Iskandari; y de las *maqamas* de al-Hariri, en las que el narrador-autobiógrafo es el al-Harith, mientras que Abu Zayd es el protagonista. Esta técnica, ya estereotipada, es usada también en los imitadores hispano-hebreos, y así en las famosas *Tahkemoni,* del barcelonés Jehuda ben Solomon al-Harisi es Heman el Azrahita quien narra las aventuras de su amigo Hebert. Por otra parte, las *maqamas* de José ben Meir Zabara, contenidas en su *Libro de Delicias,* en las que la narrativa autobiográfica es vital por la participación del narrador en la experiencia narrada, su distancia espiritual de todo sentido picaresco hace que su inclusión desvirtúe el argumento entero.

Tampoco se puede afirmar que la *maqama* árabe como género literario sea uno precursor de la literatura picaresca española. Es cierto que la *maqama* es una anécdota y su protagonista un pícaro. Pero la *maqama* árabe como género literario, de la misma manera que no es autobiográfica, tampoco es pícara, por importantes que sean ambos elementos. Como ya dijo el arabista británico Nicholson hace ya setenta años, en la *maqama* «la anécdota es nada, el estilo todo».

El género de *maqamas* es, podríamos decir, una sublimación gramatical, prosódica y lingüística de la anécdota. El preciosismo de estilo con que se forja la anécdota hace que ésta pase a ocupar un lugar secundario. La única virtud esencial al pícaro protagonista no es su picardía, sino su educación, su finura lingüística y literaria, su agudeza, su conceptismo. No es literatura expresando sátira o burla de la sociedad, sino ésta convertida en preciosismo literario. Abu Zayd de las *maqamas* de al-Hariri, siempre halla excusa, si no justificación, para sus tretas con un verso nuevo.

La estructura, el armazón de la anécdota está de acuerdo con un espíritu fundamentalmente picaresco, pero no es más que eso, un armazón, una estructura que sostiene el trampolín desde donde el protagonista, o, mejor aún, el autor de la *maqama,* hace su pirueta, que es, repetimos, gramatical, prosódica, literaria y, sobre todo, preciosista. Así nos lo dice el mismo al-Hariri y lo confirma toda su lectura.

Esta insistencia, hoy general, en la dependencia de anécdotas y cuentos de origen árabe por una parte, y por otra, de las *maqamas* árabes e hispano-hebreas como género literario autobiográfico y picaresco ha oscurecido, casi totalmente, según creemos, los puntos de mayor importancia en la pesquisa, los único quizá que pueden ofrecer argumentos convincentes de una influencia árabe en el origen y desarrollo de la literatura picaresca. Nos referimos a la marcada inclinación del árabe a la estereotipia de sus caracteres literarios, entre ellos, claro está, el del pícaro, y la popularidad de la confesión, o autobiografía, como técnica literaria. En ambos puntos, la dirección parece clara y, si no se puede hablar de evidencia, ello se debe más a falta de estudios sistemáticos que aumenten nuestro conocimiento del problema que a evidencia que demuestre lo contrario.

En el primer punto, el lector atento de escritos árabes, sobre todo de documentos literarios, descubre fácilmente una inclinación a la «desindividualización» de los personajes. Esta inclinación induce al espectador a reducir las personas que contempla y estudia a tipos, embota su interés en los rasgos distintivos y estimula el interés en la fidelidad al patrón.

Con todos los demás tipos y patrones estereotipados, en la literatura árabe pululan los pícaros. No se trata de malhechores, a quienes la ética musulmana, como la cristiana, rechaza sin compromiso. Se trata de un individuo cuya astucia es tanto más justificable y más virtud cuanto más astuta. Es, además, venganza de pobre contra una sociedad de la que se beneficia solamente por su astucia y arma que sólo el pobre puede esgrimir contra el poderoso, en quien la astucia ya no es virtud ni justificable. A esta clase pertenece el tipo del beduino despreocupado, del *tufailí* o parásito famoso ya en la literatura árabe más antigua. Conocidos de los lectores de las *Mil y una noches* y de las innumerables colecciones de cuentos y anécdotas árabes son los nombres, picardía por autonomasia, de Ahmad al-Danaf, Ali al-Zaybak y Dalila y su hija Zaynab. No menos famosos son Abu Dulama y su mujer y la versión popular de la figura del poeta Abu Nuwas. Sublimación literaria de éstos es el Abu l-Fath, de las *maqamas* de al-Hamadhani y el Abu Zayd de las de al-Hariri. Más cerca de nosotros, pícaro debió ser y no de poca monta, Ibn Quzmán, a quien García Gómez, con tanto acierto, ha llamado «una voz en la calle». Todos ellos son pícaros, creadores y expresión de una ética picaresca que es literatura y folklore y parte también de la estructura social de la vida árabe musulmana.

Con el segundo punto de técnica literaria autobiográfica nos referimos a todo escrito en el que la expresión de la realidad se haga en función de vivencia, presente o pasada, del narrador. Se trata así de autobiografía propiamente dicha, pero también de confesión o atribución a sí mismo de acciones o acontecimientos en los que se participa como sujeto agente, objeto paciente o incluso como espectador más o menos envuelto en la experiencia que se narra. Como de técnica literaria se trata, no creemos que haga falta distinguir entre aquellas autobiográficas y confesiones cuyo contenido pretende ser, o es, experiencia vivida y aquellas otras que sólo contienen ficciones y fingimientos y en las que la confesión autobiográfica no tiene otro fin que el de usar de la concretización de la experiencia como base para un mayor efecto emocional, sea este dramático, lírico, satírico, paródico, etc. Sería difícil buscar raíces culturales concretas a esta inclinación a la atribución personal como técnica narrativa, posiblemente estén profundas en los repliegues más elementales de las estructuras psicológicas del hombre. No se trata así de su uso, sino de la forma que ésta toma y frecuencia con que se usa.

Creemos que el «egocentrismo», es decir, la referencia al narrador como centro de la experiencia, es una de las características de las letras árabes. Pero en ellas no es más que expresión de una actitud que parece provenir de las raíces más profundas del modo de ser, incluso religioso, del musulmán.

Según creemos, el del Islam es el único mundo cultural y religioso en el que la autoridad argumentativa de un *magister dixit* no tiene valor si no va, al mismo tiempo, acompañada de una aproximación a una primera persona. En efecto, en la ciencia de la Tradición musulmana, el Hadith, cuya autoridad tan sólo es menor a la del Korán, los dichos y anécdotas sólo son aceptables como auténticos cuando van expresados como una experiencia personal: Es decir, *magister dixit mihi.*

Tampoco conocemos otro mundo intelectual en el que el autor se sienta autorizado, o necesitado, a hacer de sí mismo el marco experiencial de su obra. Nos referimos a la técnica de comenzar un libro o tratado con el nombre del autor y la continua referencia a él a través de la obra con el «*dixit*» *auctoris,* tan familiar a los estudiantes del árabe.

No es menos profundo y universal egocentrismo árabe en el campo de las letras, más sutil en la poesía, más evidente en la prosa narrativa.

Ejemplos de la primera son muchas composiciones amorosas de Ibn Zaydun y la lírica mística de Ibn Arabi. En la segunda, baste citar como ejemplo la *risala* autobiográfica, «El Collar de la paloma», de Ibn Hazm, y las crónicas de los viajes de Ibn Jubair. A nivel más popular, habría que citar, claro está, las incontables autobiografías y confesiones engarzadas en las *Mil y una noches* y en otras innumerables obras de anécdotas y cuentos en que a través de los siglos ha ido cristalizando el modo de ser del pueblo árabe musulmán. Como sublimación lingüística de la confesión popular, hay que incluir, sin duda, el marco autobiográfico de la *maqamas* a que ya nos hemos referido más arriba. Y con todos estos casos de la literatura árabe, también los hispano-hebreos, tan dependiente de aquéllos en sus formas y mods de expresión literaria.

Ahora bien, estos dos puntos no han sido todavía estudiados sistemáticamente, ni tampoco se ha intentado hallar rastros de su supervivencia en el modo de ser español. Ni los hispanistas se han preocupado por estos problemas, muchos de ellos más sociológicos y folklóricos que literarios; ni los arabistas, ocupados con tareas de unos estudios todavía subdesarrollados, no han sentido la urgencia de estos aspectos, más próximos a los estudios hispánicos que a los árabes.

Por ello y mientras ello dure, el morazabismo de don Juan Ruiz, tan evidente a pesar de su latinidad literaria y el valor tradicional de la novela picaresca, quedarán como imponderables, defendidos tan sólo por aquellos para quienes la esfinge de la cultura árabe, hispano-árabe e hispano-hebrea haya descubierto algunos de sus secretos.

JUAN RUIZ, PRECURSOR DE LA PICARESCA

CARMELO GARIANO
California State University

En un sentido estrictamente filológico, Juan Ruiz no es la fuente inmedata de la picaresca, aunque don Marcelino afirme sin ambages que su poema es «una novela picaresca de forma autobiográfica, cuyo protagonista es el mismo autor» [1]. Esa posición se opone categóricamente a los que ven en el poema un simple mensaje moral [2]. La verdad es que el _Libro de buen amor_ se presta a múltiples interpretaciones, entre las cuales huelga destacar la de ser el antecedente peninsular en la evolución de la picaresca por adumbrar motivos y trazas, perfiles y actitudes, fondos y barruntes anticipadores de un género en que se configura, por decirlo con palabras de Manuel Criado de Val, «un prototipo histórico y humano, que alcanza una total proyección en la vida española» [3]. A continuación pasamos en reseña sus notas precursoras:

---

[1] MARCELINO MENÉNDEZ Y PELAYO, _Antología de poetas líricos castellanos_ (Santander: Aldus, S. A. de Artes Gráficas, 1943), I, 274. Al concurrir con ciertos aspectos de tal afirmación, le enmienda parcialmente la plana ANGEL VALBUENA PRAT, _La novela picaresca_ (Madrid: Aguilar, 1956), pp. 11-12. Varios estudiosos aluden a un acercamiento del Arcipreste con la picaresca. Cf. CARMELO BONET, _El realismo literario_ (Buenos Aires: Nova, 1958), p. 105; FERNANDO LÁZARO CARRETER, «_Lazarillo de Tormes_» en la picaresca (Barcelona Ediciones Ariel, 1972), p. 13; MANUEL ALTOLAGUIRRE, «En el campo de la poesía primitiva española», _Universidad de la Habana_, XLIII-XLIV (1942), p. 46; GEORGE CIROT, «Inventaire estimatif du _mester de clerecía_», _Bulletin Hispanique_, XLVIII (1946), p. 205; GUILLERMO DÍAZ-PLAJA, _Antología mayor de la literatura española_ (Barcelona: Editorial Labor, 1958), I, 441; SAMUEL GILI Y GAYA, _Iniciación a la historia literaria española_ (Barcelona: Ediciones Spes, 1952), p. 33; HELMUTH HATZFELD, «Esthetic Criticism Applied to Medieval Literature», _Romance Philology_, I, (1948), p. 324; ADOLFO RAGUCCI, _Literatura medieval_ (Buenos Aires: S.E.I.), 1945, p. 125; CHRISTINE J. WHIGBOURN, _Knaves and Swindlers. Essay on the Picaresque Novel in Europe_ (Londres: Oxford University Press, 1974), pp. 11-12.

[2] Para una visión de conjunto sobre esas opuestas posiciones, véase mi trabajo, _El mundo poético de Juan Ruiz_ (2.ª ed., Madrid: Gredos, 1974), p. 50. nota 2, y pp. 67-72.

[3] MANUEL CRIADO DE VAL, _Teoría de Castilla la Nueva. La dualidad cas-

(1) *La evolución estructural.*—Para empezar, huelga destacar el paralelismo evolutivo de las primeras especies narrativas del Medievo español según sedimentan en el proceso evolutivo de la novela. *Grosso modo*, el espíritu heroico de la antigua epopeya se transmite a la posterior novela caballeresca; las vidas berceanas siguen renovándose en la inagotable corriente de la biografía, siendo el género hagiográfico relegado en bloque a la literatura religiosa. En ese transvase a la distancia, el autobiografismo narrativo es más que una simple coincidencia. Aunque en la tradición romance hubiera asomado unos años antes en la *Divina comedia*, de Dante, adhiriendo la experiencia mística al esquema estético, el Arcipreste introduce la estructura autobiográfica en la comedia humana del mundo neolatino como irrupción incontenible de la persona en la obra. El esquema de la *ich-Erzahlung* afianza la presencia humana como resorte inmediato del proceso creador y como asociación del sujeto con el mundo objetivo según se hilvana alrededor del poeta. La omnisciencia del autor se define en términos más auténticos; esto es, el testimonio presencial y la reducción de la distancia estética. Narrar es una manera de confesar y confesarse. El tono se hace íntimo. La circunstancia se manifiesta como vivencia. Y el narrador (autor y actor a la vez) unifica los miembros sueltos de la acción intencionalmente selectiva y episódica. Lo que cuenta no es tan sólo lo que se cuenta, sino la correlación entre lo contado y su narrador, lo vivido y quien lo vive, en breve, el creador y la creación. Se afirma, pues, la personalidad del autor por encima de la paternidad de la obra identificándose estéticamente con la acción, y se fija la verosimilitud de la materia tratada en una relación de carácter psíquico. Este enlace entre la sensibilidad del narrador y la expresión de la obra constituye uno de los atisbos artísticos más certeros del Arcipreste que se traslada a la tradición picaresca;

(2) *La caracterización del personaje.*—La figura del pícaro ha venido cobrando relieve a lo largo de un itinerario de vasto alcance, enriqueciéndose con nueva vida a cada etapa. Varios de los rasgos que lo caracterizan transparecen, implícita o explícitamente, en la variedad de tipos humanos que pueblan el poema del Arcipreste. Nótese cómo la noción de mozo de muchos amos reza bien con las actuaciones de la Trotaconventos, persona desprovista de oficio y beneficio que se mete a buhonera para colarse en los hogares ajenos y disipar las inhibiciones sexuales entre los jóvenes que se desean y no pueden comunicarse [4]. La actitud servicial la expone a las va-

---

tellana en los orígenes del español (Madrid: Gredos, 1960), p. 331. Con ello concuerda una interesante afirmación de DÁMASO ALONSO, *De los siglos oscuros al de oro* (2.ª ed., Madrid: Gredos, 1964), p. 108: «Porque Juan Ruiz era, entrañablemente, pueblo, hasta tal punto que entre los muchos valores de su libro, ninguno más evidente que el de ser un genial estallido de expresión hispánica.»

[4] Cf. JUAN RUIZ, *Libro de buen amor*, ed. crít. M. Criado de Val y Eric

rias clases sociales, o lo que es lo mismo, expone las varias clases sociales a su acción, y por consiguiente ella les ve el juego un poco a todos a través de sus mujeres [5]. Como el pícaro de la novela, también Urraca desciende de las clases más humildes de la sociedad y lucha constantemente contra un ambiente hostil para sobrevivir. Sus ambiciones son anhelo de escasa retribución, casi siempre sacada con cierta astucia y acompañada de la condescendencia, cuando no del desprecio, de los que aprovechan sus servicios. Siempre quiebra la soga por lo más delgado, aunque el pícaro no desperdicia su oportunidad de desquite por los abuso recibidos. Repárese en que doña Endrina le echa en cara a Urraca la culpa de haber sido deshonrada: «¡Ay, viejas tan perdidas! / a las mugeres trahedes engañadas e vendidas» (882 *ab*). Doña Garoza amenaza con darle el merecido (¿merecido?) galardón, y a duras penas la vieja acosada logra detenerla: «Señora, diz, mesura, non me querades ferir» (1424*b*). Es cierto que no oímos el sordo ruido del amo que muele a palos al infeliz Lazarillo, pero eso no significa que Urraca recibiera un trato muy humano. El propio Arcipreste no vacila en usar rudos apóstrofes («¡Ay vieja pytofleras, mal apresas seades!» (784 *a*), o en divertirse y divertirnos ensartando una retahíla de apodos poco edificantes en una enumeración caótica y pintoresca [6]. La relación de dependencia inicia en el *Libro de buen amor* un bipolarismo humano que acentúa por contraste el lado vital del personaje. Por cierto, la vitalidad es el rasgo que salva al pícaro del envejecimiento literario [7]. El bipolarismo engendra siempre una pareja despareja, en que la picardía del que sirve hace juego con la de quien se sirve. El vínculo de dependencia social, aunque muy poco sentido, subraya la interdependencia psíquica: que a la postre, el mozo es digno del amo, y viceversa. El mozo que encarna la estampa del pícaro venidero

---

W. Naylor (Madrid: C.S.I.C., 1965), coplas 704-705: «Ofico de corredores es de mucha poridat, / mas encubiertas encobrimos que mesón de vezindat. / Si a quantas desta villa nos vendemos las alfajas / sopiesen vnos de otros, muchos serían las barajas.» A esta edición se refieren las citas del poema incorporadas en este trabajo con la indicación de la copla pertinente.

[5] Lo cual no significa que las mujeres que se rozan con Urraca y, por extensión, con los pícaros, tienen forzosamente una moralidad a la violeta, según anota THOMAS HANRAHAN, *La mujer en la novela picaresca española* (Madrid: Ediciones de José Porrúa Turanzas, 1957), II, 370: «Las mujeres que pasan por su vida no serán, pues, de mucha virtud. Ellas ilustrarán lo que está mal en la relación entre los sexos: de ahí la insistencia en los temas de concupiscencia, falso amor y seguir los instintos inferiores con peligro de ser castigado.»

[6] Cf. *Ldba*, 924-28. Sobre esa estructura, señala la «verbosidad enumeratoria» RAMÓN MENÉNDEZ PIDAL, *Poesía juglaresca y juglares* (Madrid: Junta para Ampliación de Estudios e Investigaciones Científicas, 1924), p. 267. Se remonta a la tradición retórica medieval FÉLIX LECOY, *Recherches sur le Libro de buen amor de Juan Ruiz* (París: Librairie Droz, 1938), p. 254. Véase también MARÍA ROSA LIDA DE MALKIEL, «Nuevas notas para la interpretación del *Libro de buen amor*», *Nueva Revista de Filología Hispánica*, XIII (1959), p. 33.

[7] Cf. J. FRUTOS GÓMEZ DE CORTINAS, «El antihéroe y su actitud vital (Sentido de la novela picaresca)», *Cuadernos de Literatura*, VII (1950), pp. 97-147.

cruza el poema ruiciano con una vislumbre seminal. Es don Furón, el del nombre alusivo; y el Arcipreste nos dibuja su perfil con una sonrisa de socapa, engastando catorce atributos caracterológicos en un mosaico adjetival muy gráfico:

«Huron avía por nonbre, apostado doncel:
sin non por quatorze cosas, nunca vy mejor que el.
Era mintroso, bebdo, ladrón e mesturero,
thafur, peleador, goloso, Refertero,
rreñidor E adeuino, suzio E agorero,
nescio, perezoso: tal es mi escudero» [8].

(3) *La visión del mundo.*—El pícaro percibe la realidad con un ángulo de visión estrecho, fragmentario, egocéntrico. Todo gravita alrededor de su perspectiva inmediata, sin escape fantaseado de la dura existencia a la cual está clavado. En cierto sentido, es una perspectiva parecida a la de los personajes más rebajados del poema jua-ruiciano y corresponde a las manifestaciones más elementales de lo útil. La pobreza endurece la sensibilidad, y la vida se reduce a una lucha por sobrevivir. Es una visión carente de arrebato y metas trascendentales, pues el pícaro se queda al margen de la sociedad a la cual pertenece. Por eso el poema del Arcipreste y la picaresca ignoran los grandes acontecimientos y personajes históricos de su época. La realidad circundante no es solamente limitada en su radio, sino también en sus signos tangibles. Todo se hace familiar. La vida de la Trotaconventos y de sus compinches discurre en una casucha de ínfimo rango o en humildes cabañas de la sierra. La aldea o la dehesa se adhiere a la obra como reflejo de la visión angosta del personaje, sin sed de renovación, en contacto con nuevos escorzos espaciales o paisajistas. Por mucho que se desplace de un hogar a otro, la vieja arciprestil es tan desplazada como cualquier Lázaro dentro de su medio. En síntesis, la realidad exterior se adecúa con la realidad interna, y se hace igualmente fragmentaria, porque tal es la vida sometida a las exigencias básicas de la subsistencia. Por carecer de un plan existencial elevado, las acciones mecánicas del individuo no se integran en una compleja unidad anímica que trascienda a la mera suma de sus actos. Todo se queda desconectado en su opaca visión del mundo. Además, el Arcipreste anticipa la *Weltanshauung* del pícaro posterior basándola en un materialismo elemental, en cuyo ámbito el instinto de conservación actúa sin ansias de redención ni nociones de pecado. En el fondo, la vida acaba por ser un vivero de mal porque no ayuda a distinguirlo del bien. En ella, el trato se convierte en treta con el único fin de mantenerse a flote. Aun la alcahuetería se queda por debajo de ese profesionalismo interesado, de ese absorbente poder cumulativo que imprime

---

[8] *Ldba*, 1619-20. Esa lista anticipa otra parecida en el cuento de Fray Cipolla en el *Decamerón*, de Boccacio (VI, 10). En su edición del poema, Julio Cejador y Frauca señala otro pasaje parecido en Clement Morot (*g. v.*).

una falla trágica en la vieja Celestina al paso que la ensalza por encima de bonetes y copetes erotómanos. Urraca acude como medianera servicial, en forma parecida —pongamos— a un Guzmán de Alfarache embobando faldas por su señor el embajador francés, o a un Marcos de Obregón abroquelando las malogradas relaciones de su ama, doña Mergelina de Aybar. La dádiva, en esas condiciones, es precio sin rescate; es el «pellote» del Arcipreste, simbólica retribución de una estrechez rutinaria. Y su mezquino valor lo entiende bien el pícaro que ve el mundo sin disimulo ni rodeos [9].

(4) *La quiebra axiológica.*—Al consagrar al personaje rebajado, el Arcipreste anticipa la inversión de los valores que culminará con el cinismo del pícaro, y lleva a cabo un proceso de transformación y oposición que venía incubando desde el alto Medievo [10]. El siente la crisis que más tarde se hará angustiosa y descubre una tercera posición ética: de tal suerte, entre lo moral y lo inmoral emerge la dimensión de lo amoral, sordo a toda norma que no se identifique con su propia ley. A su luz, el noble impulso del buen amor se convierte para Urraca en pretexto para arrimar el ascua a su sardina. El palurdo romano que discute por señas con el sabio griego ignora el alcance de su misión civilizadora y se halla tan fuera de lugar como el pícaro frente a hidalgos postizos. Las fugaces siluetas de los «estudiantes nocherniegos» —herencia de la tradición goliardesca— son también un barrunto de los descarados estudiantes del *Buscón* o de *La pícara Justina.* Los dos perezosos ruicianos que compiten en destacar sus taras para ganarse la mano de una dueña bien apuesta ejemplifican la caída axiológica de la picaresca. El mundo del heroísmo y la santidad se desvanece, y en su vacío se configura el molde literario del antihéroe [11]. Al aflojarse el sentido de responsabilidad, la vida adquiere una **espesura** tosca y corpulenta, a la manera de las serranas ecológicamente ubicadas entre el áspero paisaje de la sierra y la instintiva vitalidad del ganado. Y la serrana que pide «prendedero, anillo de estaño o garnacho para entre el año» es una pícara *ante tempus,* tan sólo esbozada, que por eso se queda aún lejos del desmoronamiento moral de la garduña sevillana, siempre dispuesta a echar el anzuelo para satisfacer su hedonismo sin escrúpulos. El Arcipreste anticipa la ambigüedad moral que es típica de la picaresca [12]. Con lo cual anticipa también algunos de sus

9 Cf. Francisco Rico, *La novela picaresca y el punto de vista* (Barcelona: Seix Barral, 1970), p. 33.
10 Criado de Val, *loc. cit.,* p. 53, se remonta a la «confusa mezcla, pastoril y militar» de Castilla la Nueva. Américo Castro, *La realidad histórica de España* (3.ª ed., México: Editorial Porrúa, 1966), señala la inestabilidad de España y ve coexistir el elemento opuesto al soñador y al activista, esto es, «el vagabundo o el ocioso, caído en inerte pasividad» (p. 76).
11 Américo Castro, «Perspectiva de la novela picaresca», *Revista de la Biblioteca, Archivo y Museo,* XII (1935), p. 125, destaca esa inversión valorativa en forma pintoresca: «Estos antihéroes, muy urgidos por manifestarse, no hijos de algo, sino hijos de tal.»
12 Sobre ese aspecto se detiene Didier T. Jaén, «La ambigüedad moral

temas. Volviendo a don Furón, el dolido punzón del hambre se resuelve en salida burlesca. Vivía al día, o mejor dicho, vivía en series de dos días: en uno ayunaba porque «no tenía que comer»; y
ayunaba en el otro porque «non podia al fazer» [13]. También Urraca
encarece que es una pobre mujer que hace de todo para ganarse el
puchero: «Si vos me dieredes ayuda de que passe algun poquillo»
(718 *a*). En semejantes condiciones, la existencia se enfría. El honor
es pura pamplina, una convención que se viola a cencerros tapados
para evitar inconvenientes. La religión es una estructura que se acepta porque se la ve organizada, sin que se entiendan sus fines espirituales. Al contrario, también de ella se puede sacar alguna ventajita
acudiendo a los deseos menos nobles del clero; lo cual confirma literalmente el propio étimo de la Trotaconventos, esto es, la mensa-
jera «que usan mucho frayres, monjas e beatas» (441 *b*). Tras tanta
quiebra de los valores, el personaje apicarado se rehabilita artísticamente; ante todo, porque lo vulgar se convierte en el elemento esencial de la obra, y también porque el autor, al captar los valores
tradicionales con la mirada del personaje, logra despertar una nota
de simpatía por esos pobres diablos, quienes acaso hubieran llegado
a ser miembros útiles de la sociedad, si esa misma sociedad no hubiese suprimido o ahogado su deseo de ascenso. Hasta el ladronzuelo que en el poema del Arcipreste vende su alma al diablo carece del ethos trágico del Teófilo medieval o del Fausto renacentista. Bien mirado, él pacta con las fuerzas infernales para escapar de
las garras de una justicia sobornable y, por eso mismo, mucho más
corrupta que su propio corruptor. Aunque esa inversión axiológica
no sea pandémica en el *Libro de buen amor,* su presencia anticipa
otro de los elementos constitutivos del clima espiritual de la novela picaresca;

(5) *El rebozo humorístico.*—Al lograr el molde humorístico, el
Arcipreste anticipa otro de los componentes esenciales de la novela picaresca, desarrollándolo en dos planos complementarios: uno patente, en que la risa brota de la figura del pícaro y de sus aventu-

---

del *Lazarillo de Tormes», PMLA,* LXXXIII (1968), 130-34. Cf. también la
introducción de JORGE GUILLÉN, *Lazarillo de Tormes and El Abencerraje* (Nueva York: Dell, 1966), p. 27. La mayoría de los estudiosos concuerdan sobre
la tesis de la decadencia moral del pícaro. Véase STUART MILLER, *The Picaresque Novel* (Cleveland: The Press of Case Western Reserve University, 1967),
p. 47; BRUCE WARDROPPER, «El trastorno moral en el *Lazarillo», Nueva Revista de Filología Hispánica,* XV (1927), 44-47; WILLIAM ATKINSON, «Studies
in Literary Decadence; I. The Picaresque Novel», *Bulletin of Spanish Studies,* IV (1927), 19-27; FRANK W. CHANDLER, *Romances of Roguery* (Nueva
York: Burt Franklin, 1961), p. 65. Por otro lado, hay estudiosos que se orien-
tan hacia una solución moral de la novela picaresca; entre otros, véase: ROLAND
GRASS, «Morality in the Picaresque Novel», *Hispania,* XLII (1959), 192-98;
MIGUEL HERRERO, «Nueva interpretación de la novela picaresca», *Revista de
Filología Española,* XXIV (1937), 349 ss.
    [13] *Ldba,* 1621. El hambre como tópico literario de la picaresca ha sido es-
tudiado en la tesis doctoral de W. J. CAMERON, «The Theme of Hunger in
the Spanish Picaresque Novel» (University of Iowa, 1956).

ras; el otro latente, en que se sugiere una sutil sátira social sin declamación ni flechazos directos. Es así como el rebozo humorístico encubre, al mismo tiempo que descubre, las dos vertientes de la conducta humana: amoral en el personaje apicarado, cuya forma de humor se rige por lo incongruo; inmoral en los demás, cuyo humor estriba en la percepción de la hipocresía, que en vano trata de encubrir ciertos motivos de la conducta. Desde el punto de vista del autor, la intención humorística es casi gratuita, pues se agita en la ambivalencia de una benigna condescendencia y cierto propósito crítico. En cuanto al mundillo de los seres apicarados, es cierto que el Arcipreste lo dibuja con brocha gorda, ora acentuando la reacción tosca de una serrana, ora abultando en forma caricatural el contorno de otra, ora ridiculizando a tuertos y cojos con una recarga de taras síquicas. Pero con eso anticipa el canon picaresco, puesto que por mucho que deforme lo exterior no deja de captar lo vital y pintoresco de la fauna humana que se agolpa dentro de la obra. Y si algunas siluetas parecen brotar como esperpentos humanos deformados en espejos cóncavos, también eso subraya el compacto realismo de la obra. La risa con que acogemos a algunos pícaros ruicianos —como el garzón que quería casar con tres mujeres, los dos perezosos enamorados, Gadea de Riofrío, Alda de la Tablada, don Furón, la propia Urraca— es efecto de un talante desatado por la presencia de figuras humanas en las cuales la asimetría de los rasgos físicos corresponde a un asimétrico instrumentalismo de las acciones [14]. En ellos el humor es siempre gratuito, y es por eso que su degradación no lastima. Antes bien, favorece más al pícaro que a su contraparte. Repárese en Pitas Pajas, «un pintor de Bretaña» (474 c), esto es, la patria del *fabliau*. El no es el pícaro, sino el inocente; y acaba por cargar con lo ridículo porque se extralimita en sus precauciones por defender un valor abstracto (el honor), mientras descuidaba las exigencias reales de una mujer joven. En cambio, la pícara es su esposa, y a ella se dirige inconscientemente la simpatía del lector cuando logra disipar la amenaza de una tragedia hogareña merced al humor de su ilógica lógica. El pintor acabronado resulta ridículo porque sabía más y comprendió menos. En tal caso, el humor adquiere ciertos ribetes de compromiso: por eso el Arcipreste anticipa la actitud satírica de la picaresca [15]. Su tono suena

---

rís, Librairie des Editions Espagnoles, 1954), pp. 27-28. Del mismo, véase también «Recherches sur les pauvres dans l'ancienne Espagne: Roman picaresque et idées sociales», *Annuaire du Collège de France* (1949), pp. 209-14;

14 Cf. ROBERT ALTEN, *Rogue's Progress. Studies on the Picaresque Novel* (Cambridge: Harvard University Press, 1965), p. 132. BROTHER A. ROLAND, F.S.C., «La psicología en la novela picaresca», *Hispania*, XXXVI (1953), divide los actos en buenos, indiferentes y malos, y concluye afirmando que «en cuanto a los actos malos, hácelos el pícaro, pero o son de una malicia extremada o la malicia está sobredorada por la gracia o el donaire con que los lleva a cabo» (p. 424).

15 Tanto el Arcipreste como la novela picaresca tienen un fondo satírico, aunque el hispanista Marcel Bataillon se oponga a la tesis de la sátira social en la picaresca. Véase M. BATAILLON, *El sentido de Lazarillo de Tormes* (Pa-

pre-erasmista cuando se refiere a la codicia clerical: «Yo vy en corte de Roma, do es la santidat, / que todos al dinero fazen grand homildat»; «Fazie muchos priores, obispos E abbades, / arçobispos, doctores, patriarcas, potestades»; «Daua muchos juycios, mucha mala sentencia, / con muchos abogados era su mantenencia» (493-96). ¿Y con los pobres? Lo de siempre: «Faze perder al pobre su casa e su vyña, / sus muebles a Raizas, todo lo desalyña» (499 *ab*). En algunos casos, la sátira religiosa del Arcipreste se manifiesta como parodia carente de intención sacrílega, con lo cual anticipa otro señalado rasgo de la picaresca [16]. Los mismos canónigos de Talavera, cuya cantiga es un bien logrado eco goliardesco, a la larga cobran un perfil más animado porque su amor se hace cómico por concebirlo a guisa de pícaros: no porque estén obsesionados con el *quoniam suave* —eso sería lo normal—, sino porque defienden su derecho a gozar con el mismo interés instintivo con que el pícaro apetece comer. La alusión comparativa a los grandes amantes de la tradición caballeresca destaca el humor por el acercamiento de elementos idealizados con una situación sórdica: «Ca nunca tan leal fue Blancaflor a Frores, / nin es agora Tristán con todos sus amores» (1703 *ab*). Al enfriarse el idealismo en el choque con la realidad, el Arcipreste capta la crisis y la traduce en humorada [17]. De lo sublime a lo grotesco no media mucho. Y si con eso la existencia pierde mucho de su calor, por otro lado, el arte sale enriquecido con más color.

* * *

Concluyendo, la picaresca ahonda sus raíces en el *humus* autóctono de la tradición literaria peninsular y halla prefigurados, en uno de los mayores poetas del Medievo europeo, sus ingredientes fundamentales; a saber: la evolución estructural del género narrativo consubstanciando al narrador y al protagonista; la caracterización del personaje apicarado; la visión del mundo a través de una variedad de sujetos de tipo moral; la quiebra de los valores tradicionales con una veta de simpatía por el funcionalismo de individuos marginales; y la doble vertiente del humor —desinteresado por lo incongruo del pícaro, y satírico por la hipocresía consciente—. Con ello, el Arcipreste no crea la picaresca, pero sí anticipa su imagen artística, configurándola, por volver a decirlo con palabras de Criado de Val, alrededor de «un prototipo histórico y humano, que alcanza una total proyección en la vida española».

«L'honneur et la matière picaresque», *loc. cit.* (1963), pp. 485-90; *Pícaros y picaresca* (Madrid: Taurus, 1969).

[16] CRIADO DE VAL, *loc. cit.*, p. 352, anota «una parodia de formas de vida, pensamientos y expresión tan esenciales, dentro del concepto católico, como es la mística». Del mismo, véase «Santa Teresa de Jesús y la gran polémica española. Mística frente a picaresca», *Revista de Espiritualidad*, XX (1963), 87-89, 376-84.

[17] J. ORTEGA Y GASSET, «Picardía original de la novela picaresca», *Obras completas* (Madrid: Revista de Occidente, 1961), II, 121-25, deslinda la figura del pícaro, «gusarapo humano» frente al caballero.

VILLALON Y LOS ORIGENES DE LA PICARESCA

JOSEP M. SOLA-SOLÉ
The Catholic University of America

Sólo ocasionalmente se ha insistido en la extraña y sospechosa relación existente entre la desconcertante *Segunda parte del Lazarillo*[2], publicada en Amberes en 1555, y el quimérico *Crótalon,* terminado hacia 1553[2], y que, como es sabido, a pesar de los reiterados esfuerzos de M. Bataillon[3], continúa (y en nuestra opinión muy acertadamente) siendo atribuido a Cristóbal de Villalón[4].

El caso es, sin embargo, que los puntos de contacto entre ambas obras son altamente significativos:

1. Ante todo, tanto el *2LAZ* como el *Crótalon,* son obras de crítica social, en las que se apela al recurso lucianesco de las transformaciones para dar paso a la sátira. En el *2LAZ* el protagonista se convierte en atún; en el *Crótalon,* el gallo va contando a su amo, el zapatero Micilo, sus numerosas aventuras, ocurridas a lo largo de sus diversas transmigraciones, en las que llegó a encarnar hombres y animales de distinta naturaleza[5].

---

[1] En este estudio hacemos uso de las siguientes abreviaciones: *1LAZ=La vida de Lazarillo de Tormes y de sus fortunas y adversidades* (Burgos, 1554); *ADLAZ* = Adiciones a la obra anterior en su segunda edición de Alcalá (1555); *2LAZ=Segunda parte de Lazarillo de Tormes y de sus fortunas y adversidades, por incierto autor* (Amberes, 1955); *3LAZ=Segunda parte de Lazarillo de Tormes,* por H. DE LUNA (París, 1620). Utilizamos para los tres Lazarillos la edición de B. CARLOS ARIBAU, en *Novelistas anteriores a Cervantes* (Madrid: BAE, 1963).

[2] Cp. M. BATAILLON, *Erasmo y España,* 2.ª ed. (México: ECE, 1966), p. 663.

[3] M. BATAILLON, *op. cit.,* pp. 659-68.

[4] Véase, en última instancia, J. J. KINCAID, *Cristóbal de Villalón* (New York: Twayne, 1973), pp. 29-36.

[5] Sobre la nota lucianesca en el *Crótalon,* véase, sobre todo, S. E. HOWELL, *The Use of Lucian by the Author of «El Crótalon»* (Diss. Ohio State Univ., 1948) y «Lucian in *El Crótalon*», *KFLQ,* 2 (1954-55), 97-103. Véase igualmente MARGHERITA MORREALE, «Imitación de Luciano y sátira social en el IV Canto de *El Crótalon*», *BH,* 53 (1951), 301-17; «Luciano y las invectivas "antiescolásticas" en *El Scholástico* y en *El Crótalon*», *BH,* 64 (1952), 370-85; «Luciano y *El Crótalon.* La visión del más allá», *BH,* 56 (1954), 388-95.

2. Además, y en circunstancias bastante parecidas, los protagonistas de ambas obras experimentan el encuentro submarino con la Verdad que, desegañada de su estancia en la tierra, se había refugiado en el mar. En el *2LAZ*, el relato es intencionadamente breve: habiéndose cierto día alejado de sus colegas los atunes, Lázaro encuentra a la Verdad, «la cual me dijo ser hija de Dios y haber bajado del cielo a la tierra por vivir y aprovechar en ella a los hombres... y por verse con tan poco favor se había retraído a una roca en el mar» (p. 105) [6]. Lázaro se excusa luego de no presentar más detalles sobre el encuentro, alegando: «contóme cosas maravillosas que habían pasado con todo género de gentes, lo cual si a vuestra merced hubiese de escribir sería largo y fuera de lo que toca a mis trabajos» (p. 105).

En el *Crótalon*, el relato es mucho más amplio. Cuando el gallo era un mancebo, codicioso de ver el Nuevo Mundo, se embarca y, durante la travesía, la nave en que iba es tragada por una enorme ballena. Una vez en el estómago de ésta, se encuentra con la Bondad y su hija, la Verdad. Invitado a la casa de ambas, la primera le cuenta su historia: «Sabed que yo soy la Bondad, si la habéis oído decir por allá; que me crió Dios en la eternidad de su Ser; y ésta, mi hija, es la Verdad que yo engendré; hermosa, graciosa, apacible y afable, parienta muy cercana del mesmo Dios... Enviónos Dios del cielo al mundo, siendo nacidas allá... Y ansí moramos entre los primeros hombres, en las casas de los príncipes y reyes que, con nosotras, gobernaban y regían sus república en paz, quietud y prosperidad...» (p. 251). Continúa luego la Bondad contando que, combatidas por la Riqueza, la Mentira y la Codicia, determinaron ella y su hija de embarcar para las Indias, «pensando que en aquellas tierras de Indias nuevas quedaban sin aquellos tesoros, y las gentes eran simples y nuevas en la religión, que nos acogerían allá... Y agora parécenos que, pues la tierra no nos quiere sufrir, nos ha tomado en sí el mar; y ha echado esta bestia que, tragándonos, nos tenga presas aquí, rotas y despedazadas como veis» (p. 253).

Pasan después la Bondad y su hija, la Verdad, a contar muy por extenso algunas de sus experiencias en la tierra, acaso como trasunto de aquellas cosas maravillosas y extrañas que por supuesta falta de intención y oportunidad se habían dejado de narrar en el *2LAZ*, ya que, como en él se señala, «sería largo y fuera de lo que toca a mis trabajos» (p. 105).

3. Por si ello fuera poco, en uno de los manuscritos de el *Crótalon* encontramos, además, una referencia muy directa a las aventuras atunescas de *2LAZ*. En un episodio en que las ranas se aprestan a combatir contra los ratones, el gallo, que en una de sus numerosas transformaciones era una de aquéllas, dice:

---

[6] Seguimos, para el *Crótalon* la edición de A. Cortina (cp. Cristóbal de Villalón, *El Crótalon*, 2.ª ed. [Buenos Aires: Austral, 1945]).

«Y, además de la gente dicha, estaba una buena compañía de cinco mil barbos, todos escogidos y muy pláticos en la guerra, que se hallaron en las batallas que hubieron los atunes en tiempo de Lázaro de Tormes con los otros pescados» (p. 128).

Desde luego, esta última referencia, escrita probablemente con anterioridad a la publicación del 2LAZ, no puede ser más explícita, razón por la cual no es de extrañar que, sumándola a los otros dos puntos ya mencionados, algunos críticos como A. Bonilla [7] y, más recientemente, Robert W. Williams [8] hayan emitido la opinión de que el polifacético Villalón, autor del Crótalon, bien pudiera serlo igualmente del 2LAZ.

No hay duda, por otra parte, de que existen asimismo semejanzas estilísticas entre ambas obras y que, en particular, se observa en el 2LAZ la misma tendencia a la enfadosa repetición de la partícula -y-, que se observa como una muy marcada característica del Crótalon:

«Y comenzáronse de alterar unos, no sé cuántos, vecinos, diciendo: vamos allá, que de oro hemos de venir cargados. Y comenzáronme con esto a poner codicia; díjelo a mi mujer, y ella, con ganas de volverse con mi señor el arcipreste, me dijo: haced lo que quisiéredes; mas si allá vais y buena dicha tenéis, una esclava querría que me trujésedes que me sirviese, que estoy harta de servir toda mi vida. Y también para casar a esta niña no serían malas aquellas tripolinas y doblas zahenas, de que tan proveídos dicen que están aquellos perros moros. Con esto, y con la codicia que yo me tenía, determiné (que no debiera) ir a este viaje. Y bien me lo desviaba mi señor el arcipreste, mas yo no lo quería creer; al fin habían de pasar por mí más fortunas de las pasadas. Y así, con un caballero de aquí, de la orden de San Juan, con quien tenía conocimiento, me concerté de le acompañar y servir en esta jornada, y que él me hiciese la costa, con tal que lo que allá ganase fuese para mí. Y así fue que gané, y fue para mí mucha malaventura, de la cual, aunque se repartió por muchos, yo truje harta parte» (pp. 91-92).

4. Finalmente, a nuestro parecer, dos interesantes alusiones del segundo Lazarillo vendrían a reforzar la atribución de esta obra a Cristóbal de Villalón, quien, no lo olvidemos, tres años más tarde, en 1558, publicaría en la misma ciudad de Amberes su Gramática castellana. En primer lugar, la sátira contra la miserable caridad de

---

[7] A. Bonilla y San Martín, Anales de la literatura española (Madrid, 1904), p. 221. Véase también F. de Haan, An Outline of the History of the Novela Picaresca in Spain (La Haya - New York, 1903), p. 85, nota.

[8] Robert H. Williams, «Notes on the Anonymous Continuation of Lazárillo de Tormes», RR, 6 (1925), 223-35.

los nobles [9], patente en el capítulo V y que nos recuerda, en forma extremadamente abreviada, la hostilidad de nuestro autor hacia toda clase de servidumbre en los cantos finales del *Crótalon* [10]. Importa recordar aquí, a este propósito, que Villalón tuvo que entablar en 1537 un sonado proceso contra el poderoso Conde de Lemos, que se había atrasado indebidamente en el pago de los servicios que nuestro autor le prestara como tutor de sus hijos, por estimar, seguramente, que había hecho bastante con darle de comer: «comido por servido» [11]. En segundo lugar, el extraño episodio del examen final que Lázaro tuvo que sufrir en la Universidad de Salamanca, con preguntas ridículas por parte de su egregio rector y respuestas no menos absurdas por parte de Lázaro, podría ser igualmente un trasunto de las evidentes dificultades que Villalón experimentó en el mundo académico y, en particular, en la famosa Salamanca, en la que, por misteriosas razones, nunca llegó a conseguir el título de licenciado en Teología, que tanto codiciara [12].

Ahora bien, con todo y ser extremadamente importante esta determinación de autoría en cuanto a *2LAZ*, más lo puede ser aún el puntualizar la relación existente entre el *2LAZ* y su modelo, es decir, el *1LAZ*. No cabe duda que, desde un principio, cualquier posible relación entre ambas obras anónimas padeció de una evidente falta de perspectiva: el autor que había escrito el *2LAZ*, no sólo no podía ser el mismo que el del *1LAZ*, sino que tenía que tratarse de alguien que estuvo muy lejos de comprender la intención y finalidad de esta última obra. El *2LAZ* era conceptuado como obra tan absurda que J. de Luna, el segundo continuador del Lazarillo, no tuvo inconveniente en afirmar: «sin duda que el que lo compuso quiso contar un sueño necio o una necedad soñada» (p. 111). Hasta cierto punto, la misma evolución del género picaresco, del cual *1LAZ* siempre se ha considerado como el primer eslabón y su punto de partida, vino también a desenfocar toda comparación posible entre ambos *Lazarillos*. El *1LAZ* era una novela picaresca, es más, la primera novela picaresca, mientras que el *2LAZ*, por estar mal concebida y no haber sabido captar su autor todo lo bueno y revolucionario del *1LAZ*, no podía calificarse de tal. En realidad, la misma proyección histórica de un género que se decía haber nacido con la primera obra la-

---

9 Convendría pensar si no tenemos aquí en el tema de la servidumbre el punto de enlace temático entre el *1LAZ* (la servidumbre en el plano de los humildes) y el *2LAZ* (la servidumbre en el plano de los elevados y de la corte) y, en parte, con el *Crótalon* y, claro está, bajo su variante de la esclavitud, con el *Viaje de Turquía*. El caso es que Villalón ha insistido reiteradamente (acaso por lo de su negativa experiencia en casa del conde de Lemos) en este tópico.

10 Cp. *Crótalon*, ed. cit., pp. 259-81.

11 Cp. N. ALONSO CORTÉS, «Cristóbal de Villalón. Algunas noticias biográficas», *BRAE*, 1 (1914), 434-48.

12 Véase las dificultades por las que pasó Villalón en Salamanca y Valladolid, en RICHARD J. A. KERR, «El problema de Villalón» y un manuscrito desconocido del *Scholástico*», *Clav.* 5 (1955), 15-21 y «Prolegomena to an Edition of Villalón's *Scholástico*», *BHS*, 32 (1955), 130-39 y 204-13.

zarillesca, vino a dificultar, o mejor dicho, imposibilitar cualquier comparación.

El caso es, sin embargo, que se observan entre las dos obras muy estrechas relaciones de estilo y lengua, y ello hasta el punto de que no dejaría de extrañar que el autor del *2LAZ* hubiera sabido imitar tan fielmente y con tanto alarde de detalle y precisión las maneras de decir del *1LAZ*.

En ambas obras hallamos, en efecto:

1. La misma insistencia, ya antes señalada para el *2LAZ*, en el uso de la copulativa *-y-*. Así, al ejemplo ya dado de *2LAZ* podríamos contraponer el siguiente de *1LAZ* [13]:

> «La mañana venida, mi amo se fue a la iglesia, y mandó tañer a misa y al sermón para despedir la bulla. Y el pueblo se juntó, el cual andaba murmurando de las bullas, diciendo cómo eran falsas, y que el mismo alguacil riñendo lo había descubierto» (p. 88).

2. Idéntica preferencia por construcciones binarias, unidas, por lo general, mediante la conjuntiva *-y-* [14]:

> *1LAZ:* «... mayormente, que una noche nos corrieron a mí y a mi amo a pedradas y a palos unos retraídos, y a mi amo, que esperó, trataron mal; mas a mí no me alcanzaron. Con esto renegué del trato; y pensando en qué modo de vivir haría mi asiento por tener descanso y ganar algo para la vejez, quiso Dios alumbrarme y ponerme en camino y manera provechosa, y con favor que tuve de amigos y señores, todos mis trabajos y fatigas hasta entonces pasados fueron pagados con alcanzar lo que procuré, que fue un oficio real, viendo que no hay nadie que medre, sino los que le tienen» (p. 90).

> *2LAZ:* «... algunos hubo que dijeron ser bien volvernos a nuestro alojamiento y hacernos fuertes en él, o contratar amistad y confederación con sólo los que al presente teníamos por enemigos; y con vernos airados, y ver nuestro gran poder, holgarían de nuestra amistad y nos darían favor. El parecer del bueno y muy leal Licio no fue éste, diciendo, que si esto se hiciese que haríamos verdad la enemistad y mentira de nuestro enemigo, haciéndonos fugitivos, y dejando nuestro rey y naturaleza» (p. 101).

---

13 El porcentaje de conjunciones *-y-* (y enventualmente *-e-* es casi idéntico en el *1LAZ* y en el *2LAZ* (5,7231 por 100 y 5,9092 por 100, respectivamente), mientras que es mucho más bajo en el *3LAZ* (3,6772 por 100).

14 Tal preferencia es tan parecida en ambas obras que su porcentaje en relación con todas las conjunciones es el mismo de un 29 por 100, mientras que en el *3LAZ* es simplemente de un 22 por 100. Sobre estas construcciones en el *1LAZ*, véase G. SIEBENMANN, *Über Sprache und Stil im Lazarillo de Tormes* (Berna, 1953), pp. 89-97.

3. Similar tendencia a poner los verbos al final para procurar mayor énfasis al relato [15]:

1LAZ: «Pensé muchas veces irme de aquel mezquino amo; mas por dos cosas lo dejaba. La primera por no me atrever a mis piernas, por temor de la flaqueza, que de pura hambre me caía; y la otra consideraba y decía...» (p. 82).

2LAZ: «La ciudad desembarazada de los nuestros, los moradores della cada cual volvió a su posada, las cuales hallaron como las dejaron, y el rey mandó que le trujesen lo que en la posada del muerto gran capitán hallasen, y fue tanto y tan bueno, que no había rey en el mar, que más y mejores cosas tuviese» (p. 102).

4. Análoga inclinación a romper una narración de pasado mediante un verbo en presente:

1LAZ: «Vista mi inocencia, dejánrome, dándome por libre. Y el alguacil y escribano piden al hombre y a la mujer sus derechos» (p. 88).
«Finalmente, después de das muchas voces, al cabo carga un poquerón con el viejo alfamar de la vieja, y aunque no iba muy cargado, allá van todos cinco dando voces» (p. 88).

2LAZ: «Muy espantados de tal acaecimiento, me asieron muy recio del brazo, y otros trabándome de la cola, me comienzan a sacar, como a cuero atestado en costal» (p. 106).
«... acabada la pesca aquel día, habiéndome preguntado, yo díjeles la verdad, y rogándoles me sacasen del todo, lo cual ellos no hicieron, mas aquella noche me cargan en una acémila, y dan conmigo en Sevilla, y pónenme ante el ilustrísimo duque de Medina» (p. 106).

5. Igual prurito en desdoblar al protagonista para despertar la simpatía del lector:

1LAZ: «... estuvimos ocho o diez días, yéndose el pecador en la mañana con aquel continente y paso a contado a papar aire por las calles, teniendo en el pobre Lázaro una cabeza de lobo» (p. 86).

«... tanto que, en toda la ciudad el que ha de echar vino a vender o algo, si Lázaro de Tormes no entiende en ello, hacen cuenta de no sacar provecho» (p. 90).

---

[15] Las proporciones relativas, comparando los tres Lazarillos son: *1LAZ*, 13,31 por 100; *2LAZ*, 8,30 por 100; *3LAZ*, 4,96 por 100.

2LAZ: «Sepa vuestra merced, que estando el triste Lázaro de Tormes en esta gustosa vida, usando su oficio» (p. 91).
«... porque no son todos Lázaros de Tormes, que desprendió el arte en aquella insigne escuela...» (p. 93).

6. Similar tendencia en ambas obras a pasar de la tercera persona, implicada en las construcciones anteriores, a la primera, y ello sin preámbulo alguno:

1LAZ: «... teniendo en el pobre Lázaro una cabeza de lobo. Contemplaba yo muchas veces mi desastre...» (p. 86).

2LAZ: «Pues estando el pobre Lázaro en esta angustia, viéndome cercado de tantos males en lugar tan estraño y sin remedio...» (p. 93).

7. Común preferencia por una construcción a base de «maldito/a...», para intensificar la idea negativa. Así, en el *1LAZ:* «con no haber en la dicha cámara (como dije) maldita otra cosa que las cebollas...» (p. 81); «y sin maldita blanca ni señal que le hubiese tenido mucho tiempo» (p. 86). De la misma manera, en el *2LAZ* «a muchos dellos confesé, pero maldita la palabra me decían sino sospirar...» (p. 92); «... maldito aquel de mis ojos pude ver» (página 105).

8. En fin, para no alargarnos demasiado, idéntica afición al uso de expresiones y frases populares. En el *1LAZ:* «dejar a buenas noches» (p. 79); «dar al diablo» (p. 79 y etc.); «quebrarle un ojo» (p. 79 y etc.); «juntársele el cielo con la tierra» (p. 86); etc. Asimismo, en el *2LAZ:* «no haber puerta cerrada» (p. 91); «dejarles boquisecos» (p. 91); «entrar en nuestros pies y salir en ajenos» (p. 91); «ver como es pan y miel lo de allá» (p. 96); «quedarse en el tintero» (p. 102); etc.

Ahora bien, tales semejanzas de estilo y lengua, bien patentes a cualquier lectura atenta, han venido a ser corroboradas mediante toda una serie de análisis cuantitativos con computadora, el más importante de los cuales ha consistido en la minuciosa comparación de los porcentajes en el uso de cierto número de vocablos, y ello, no sólo entre el *1LAZ* y el *2LAZ,* sino también entre el primero y sus adiciones posteriores de 1555 y, además, el *3LAZ,* de Juan de Luna, y el *Buscón,* de Quevedo [16]. Pues bien, a base del cotejo de los porcentajes de 169 términos, en su mayoría funcionales, más algunos sustantivos, adjetivos y verbos más corrientes, se observa que la obra que más se acerca al *1LAZ* es el *2LAZ,* apartándose mucho más el

---

[16] Es curioso que, en términos generales, hay mayor coincidencia entre el *1LAZ* y el *Buscón,* que entre el *1LAZ* y el *3LAZ* de J. DE LUNA.

ADLAZ y, sobre todo, el *3LAZ* del de Luna. Tales acercamientos en los porcentajes (tomamos a *1LAZ* como base) se verifican en un 41,7 por 100 de casos en cuanto al *2LAZ*, mientras que sólo se realizan en un 25,15 por 100 en cuanto al *3LAZ*, en un 7,36 por 100 en cuanto al *ADLAZ*, y, finalmente, en un curioso 25,75 por 100 en cuanto al *Buscón*, de Quevedo.

Sumando, además, todas las variaciones positivas y negativas de los distintos porcentajes y comparándolas siempre con el *1LAZ*, que opera como base y punto de referencia, resulta claro que la desviación del *2LAZ* respecto al *1LAZ* es la más pequeña (8,1306 por 100, es decir, menos de un 10 por 100), situándose incluso por debajo de algunas comparaciones de diversas mitades del *1LAZ* entre sí, ya que estas últimas oscilan entre el 6,7194 por 100 y el 9,9763 por 100. Por otra parte, los márgenes de variación en el *ADLAZ* son del orden del 15,3607 por 100, con un 14,1079 por 100 para el *3LAZ* y, otra vez, un curioso 11,8948 por 100 en el caso del *Buscón*.

También las variaciones extremas de máxima y mínima son en el *2LAZ* respecto al *1LAZ* mucho menos sensibles que en las otras obras. Tanto es así que tales variaciones oscilan en el *ADLAZ* entre un +1,17400 por 100 y un —0,6793 por 100; en el caso del *3LAZ*, entre un +0,7273 por 100 y un —2,0736 por 100; en el *Buscón*, entre un +0,5368 por 100 y un —0,5767 por 100, mientras que, por el contrario, en el caso del *2LAZ* sólo varían entre un +0,3373 por 100 y un —0,3835 por 100.

Otras interesantes observaciones del mismo tipo podrían aducirse aún, tales como la de los distintos grupos de entonación [17] y de estructuras de la frase [18]; si bien, para mayor exactitud, se impondría aplicar métodos estadísticos similares a los desarrollados por Frederick Mosteller y D. L. Wallace a propósito del léxico de los famosos *Federalist Papers* [19] o el de G. U. Yule en cuanto a la largura de las frases [20], por no citar sino los trabajos más famosos en el campo de la estilística cuantitativa. Con todo, las conclusiones a las que hemos llegado de una manera apreciativa y en parte analítica no pueden ser desestimadas.

---

[17] En el *1LAZ* y en el *2LAZ* predominan los grupos de seis sílabas, mientras que en el *3LAZ* y en el *Buscón* abundan más los de ocho (véase también T. NAVARRO, *Estudios de fonología española* [New York: Las Américas, 1966], página 86).

[18] Igual predominio se observa de frases curbilíneas del tipo: «El padre, cuando llegó a casa, besó a su hija», es decir, un tipo 121 (23,33 por 100 en *1LAZ* y 22,22 por 100 en *2LAZ*, con sólo un 14,04 por 100 en *3LAZ* y un 15,27 por 100 en *ADLAZ*). Las frases rectilíneas (sin subordinadas intercaladas) constituyen un 46,66 por 100 en el *1LAZ* y un 54,54 por 100 en el *2LAZ*. En el *3LAZ* están en un 65,27 por 100 y en el *ADLAZ* en un 67,76 por 100.

[19] Cp. FREDERICK MOSTELLER y DAVID L. WALLACE, Inference and Disauted Authorsbia: Ibe Eederalist (Reading, Mass.: Addison-Wesley, 1964).

[20] Véase, sobre todo, G. UDNY YULE, «On Sentence-lenght as a Statistical Characteristic of Style in Prose: with Application to Two Cases of Disputed Authorship», *Biometrika*, V, 30 (1931), 363-90. Con todo, habrá que ir con sumo cuidado en obras de esta época en las que la puntuación era todavía extremadamente fluida.

Ahora bien, no deja de ser curioso que varios críticos, partiendo del mismo punto de vista estilístico, hayan emitido opiniones más o menos firmes en cuanto a la posible relación existente no sólo entre el *1LAZ* y el *Crótalon,* sino también entre aquél y su primera continuación. Así lo hicieron, entre otros, A. Morel-Fatio [21], F. de Haan [22], A. Bonilla [23] y, más recientemente, J. Cejador [24], aunque ninguno de ellos se atreviera a llevar a cabo un análisis más detallado y riguroso de la cuestión.

Es verdad, por otra parte, que en el *1LAZ* parecen observarse algunos detalles de contenido que nos recuerdan situaciones parecidas del *Crótalon,* y ello como si, al dar los últimos retoques al *1LAZ,* Villalón hubiera tenido presente su otra obra que, por aquel entonces, estaría terminando. En efecto, la alusión: «ya la Caridad se subió al cielo» (p. 84), pronunciada por Lázaro, parece recordar el episodio, ya mencionado, de la huida de la Bondad y su hija, la Verdad, al mar, hartas ya de no encontrar la debida resonancia en la tierra. Asimismo, la mención de que Lázaro estuvo por tres días en el vientre de la ballena, tras el garrotazo que el avaro cura le infligió, nos evoca el mismo pasaje del *Crótalon* en que el Lázaro atún se encuentra precisamente en el vientre mismo de la ballena, con la Bondad y su hija, la Verdad.

Finalmente, un pasaje del *1LAZ* se anticiparía claramente a lo que va a ocurrir en su primera continuación, es decir, el *2LAZ*. Nos referimos, en efecto, al pasaje en que se discute el poder del vino. Se recordará, en efecto, que el ciego, después de curar a Lázaro con vino, le dice: «si hombre en el mundo ha de ser bien afortunado con vino, que serás tú» (p. 80); a lo que el niño reflexiona: «mas el pronóstico del ciego no salió mentiroso, que después acá muchas veces me acuerdo de aquel hombre, que sin duda debía de tener espíritu de profecía... considerando lo que aquel día me dijo salirme tan verdadero como adelante vuestra merced oirá» (pp. 80-81). Todo el pasaje, en realidad, no parece sino una anticipación del episodio central del vino en el *2LAZ*, en el que, sabido es, se refiere como el vino le salvó a Lázaro de parecer ahogado en el naufragio de Argel [25], dándole una nueva y más venturosa vida.

---

21 A. Morel-Fatio, *Vie de Lazarille de Tormes* (París, 1886), pp. XVI-XVII.

22 F. de Haan, *op. cit.,* p. 85, nota.

23 A. Bonilla y San Martín, *op. cit.,* p. 231. Se observará que A. Bonilla apunta una estrecha relación entre el primer capítulo del *2LAZ*, indicando que luego el estilo cambia. Sin embargo, los análisis cuantitativos que hemos llevado a cabo no denotan ningún cambio sustancial entre este primer capítulo y los restantes. Similar opinión aparecería ya en A. Morel-Fatio, *Etudes sur l'Espagne* (París, 1888), p. 128.

24 C. Cejador y Frauca, *La vida de Lazarillo de Tormes y de sus fortunas y adversidades* (Madrid: CC, 1914), p. 205, nota.

25 Sería interesante seguir en la producción de Villalón el tema del naufragio, que muy a menudo aparece en sus obras.

ORIGENES DE LA NOVELA PICARESCA: *LA CELESTINA* Y *LA LOZANA ANDALUZA*

John B. Hughes
New York University

El Renacimiento fue una época de transformación radical en Europa con respecto a la visión del escritor, del hombre y su papel en el universo. Tal transformación se ve reflejada en los muchos y variados experimentos literarios de los siglos xv y xvi. En la literatura española de la época, hay una serie de obras originales que plantean nuevas opciones, tanto con respecto a la visión del hombre como a la forma y estructura literaria. Antecedentes de la novela moderna —creación de Miguel de Cervantes—, y a la vez, del subgénero picaresco son dos obras agenéricas y originalísimas, *La Celestina* y *La Lozana Andaluza*. Si se combinan con el *Lazarillo de Tormes*, arquetipo y primera novela picaresca, y también precursora en un sentido más amplio de la novela moderna, marcan un «desarrollo» claro hacia la novela picaresca, a la vez que el valor intrínseco y las cualidades únicas e individuales de las tres obras rebasan y superan en mucho la pauta picaresca.

Las tres tienen mucho en común. Obras de conversos [1], reflejan una visión irónica y pesimista del hombre y también una perspectiva radicalmente escéptica u hostil con respecto a las bases y metas colectivas de la España de su época. Mi comunicación se concentra en las dos primeras y en particular en *La Lozana Andaluza*, en cuanto intento de superación de *La Celestina* en una dirección tan distinta de la obra de Fernando de Rojas como diferente de cualquier novela picaresca.

La Celestina es una toma de conciencia y un planteo humano y literario sin verdaderos antecedentes en la literatura española y eu-

---

[1] Acepto plenamente la perspectiva de Américo Castro (expresada en *Hacia Cervantes, Cervantes y los casticismos* y otros lugares) con respecto al desconocido autor del *Lazarillo*. Además de ser converso, es probable que fuera alumno o ex alumno de la Universidad de Salamanca, como Fernando de Rojas.

ropea [2]. Esto a pesar del hecho de estar compuesto casi enteramente de temas tradicionales, formas y tendencias literarias archiconsabidas, es decir: los tópicos del amor cortés, de la fortuna, de la literatura moralista y ejemplar, de la visión conflictiva del universo de Petrarca, de toda la tradición poética y dramática anterior. Y dentro de la literatura peninsular, *La Celestina* trasciende y problematiza la pauta especial en la narrativa marcada por *El libro de buen amor* y *El corbacho*. Todos estos elementos están integrados en una forma nueva y con un sentido estético y cultural igualmente nuevo y revolucionario.

La Celestina es la primera obra puramente secular de la literatura española y presenta al hombre sin trascendencia de tipo religioso o moral en una situación de conflictos y crisis irreconciliables. El amor erótico, la fortuna y el espacio infinito y neutro rigen la vida de los personajes cuya fuerza de deseo y voluntad no se compensan con ninguna cualidad de carácter moral o aspiración más allá del egoísmo puro. La exaltación renacentista de los poderes del hombre cual hombre sólo tiene aquí consecuencias negativas y nos lleva a la muerte violenta y al llanto existencial de Pleberio con que termina la obra.

En cuanto a su forma literaria, *La Celestina* es una obra agenérica, intermedia entre el drama y la novela, su esencia creadora radica en el diálogo, como nos ha hecho ver cabalmente Stephen Gilman. Se trata de un diálogo dinámico, que revela la existencia interior y también los conflictos y la convivencia de los personajes. Según Gilman: «Cada palabra se apoya en un *yo* y en un *tú*. El diálogo es para Rojas el lenguaje que resulta del encuentro de dos vidas» [3].

Las consecuencias literarias del descubrimiento de Rojas del diálogo dinámico como creación mutua e interdependiente de dos habladores se encuentran en el *Lazarillo,* en Cervantes y en la novela moderna. No necesitan un comentario, o, mejor dicho, exigen un comentario demasiado extenso para los límites de esta presentación. Basta con decir quel diálogo novelístico se deriva del diálogo vital de *La Celestina.*

La Celestina encierra no sólo el germen, sino aspectos del desarrollo pleno de la novela moderna, una multitud de temas del Siglo de Oro y también el origen y la perspectiva de la novela picaresca. Desde luego, los personajes de *La Celestina* están dotados de una fuerza de voluntad y personalidad que va mucho más allá de la perspectiva estrecha y cerrada del pícaro. Pero la agresividad de los personajes de abajo, la índole y el tono de su vida como también la visión implícita, crítica y negativa de la sociedad y del mundo, como el pesimismo radical del autor son los primeros anticipos directos de la picaresca. Y no hemos de olvidar que *La Celestina* es la pri-

---

[2] Cuando mi interpretación no coincide con la de Américo Castro y con la de STEPHEN H. GILMAN *(The Art of the Celestina* y *The Spain of Fernando de Rojas)* se deriva directamente de ellos.

[3] STEPHEN GILMAN, *La Celestina: Arte y estructura,* Madrid, 1974, p. 40.

mera de las grandes obras publicadas después de la expulsión de los judíos (1492-93) y que así comienza lo que Américo Castro denomina el «seguido y esplendoroso espliegue desde *La Celestina* hasta el *Quijote*» [4], que representa la contribución de la casta española a las letras hispanas. Entre otras cosas, ¿no es el género picaresco, más que ningún otro fenómeno literario del Siglo de Oro, el vehículo principal que plantea el papel y el problema del converso? ¿No es el pícaro, entre otras cosas, la cifra y el símbolo del converso?

Como se ha observado, en este sentido, la figura clave en *La Celestina* es Pármeno, que, como Lazarillo, pasa por un período de aprendizaje antes de colocarse de lleno al lado de Celestina y Sempronio. Es Pármeno que en el primer acto nos presenta con la maravillosa rapsodia que celebra los loores de Celestina como «punta vieja». La leyenda negra que se proyecta aquí en tono armónico de celebración produce un efecto irónico algo parecido al de la celebración de Lazarillo de sus hazañas muy poco heroicas en lenguaje altisonante o de su «triunfo» también irónico al final del librito. En el acto séptimo, Celestina le suple la herencia condenada que tendrá Lazarillo y los demás pícaros en el castigo público como bruja «uno como rocadero pintado en la cabeza» que sufrió la madre de Pármeno y se refiere a las palabras del cura de que «la santa Escritura tenía que bienaventurados eran los que padecían persecución por la justicia, y que aquéllos poseerían el reino de los cielos» [5], palabras que Lazarillo no dudará en aplicar a su padre ladrón.

«Pues siendo yo niño de ocho años, achacaron a mi padre ciertas sangrías mal hechas en los costales de los que allí a moler venían, *por lo cual fue preso, y confesó y no negó, y padeció persecución por justicia. Espero en Dios que está en la gloria, pues el Evangelio los llama bienaventurados*» [6].

Como observa muy bien Stephen Gilman, «el texto de Mateo V, 10, si inserto en un contexto inadecuado, vino a quedar considerado como herético, pues de hecho se había convertido en una expresión —tan subversivo como trivial—, negadora de la ''justicia'' inquisitorial» [7]. La referencia oblicua de Celestina es la única alusión que pudiera relacionarse con la situación del converso, que, desde luego, no llegó a convertirse en ningún momento en tema de la obra de Fernando de Rojas. «Mira si es mucho pasar algo en este mundo por gozar de la gloria del otro. Y más que, según todos decían, a tuerto y a sinrazón y con falsos testigos y recios tormentos la hicieran aquella vez confesar lo que no era» [8].

Pero si la relación de *La Celestina* con el *Lazarillo* y con el *Qui-*

4 AMÉRICO CASTRO, *Hacia Cervantes*, Madrid, 1967.
5 FERNANDO DE ROJAS, *La Celestina. Tragicomedia de Calisto y Melibea*, Madrid, Alianza Editoral, 4.ª ed., 1976, p. 124.
6 *La vida de Lazarillo de Tormes, y de sus fortunas y adversidades*, Madrid. Edición crítica de José Caso González, 1967, p. 65.
8 FERNANDO DE ROJAS, *Obra citada*, p. 125.

jote queda establecida primordialmente a través de los valores literarios del diálogo, la expresión de una distancia irónica y la autocon-
ciencia de los autores, la relación directa de *La lozana andaluza,* de
Fracisco Delicado para con *La Celestina* es de índole mayor y más
existencial, histórica y· social que específicamente literaria.

Según su autor, el *Retrato de la lozana andaluza* «en lengua española muy claríssima, compuesto en Roma, el qual rretrato demuestra
lo que en Roma passava, y contiene munchas más cosas que *La Celestina*» [9]. Si comparamos tal afirmación con la obra que escribió
Delicado, su intención no podría ser más clara y explícita. En un estilo conciso y hasta (¡perdónenme el anacronismo!) telegráfico, compuesto de partes sueltas y exactas (verídicas), Delicado promete con-
tarnos la verdad de lo que pasaba en la Roma que él conocía (desde
luego que muy bien), ·una ciudad real, nombrada y conocida, en un
reportaje compuesto durante la época que describe, sin eufemismos.
Por implicación, su obra irá mucho más allá de la «puta vieja» de
Fernando de Rojas (nos dirá «munchas más cosas») y que nos va a
revelar el fondo humano y social que yace detrás de la literatura y
que *La Celestina* sólo revela a medias. Es una postura, dicho sea al
pasar, diametralmente opuesta a la que tomaría más de medio siglo
después Miguel de Cervantes, que había afirmado que *La Celestina*
sería una obra divina, «si encubriera más lo humano».

Si en un sentido muy limitado, puede verse como un paso intermedio entre *La Celestina* y el *Lazarillo, La Lozana andaluza* dista tanto de *La Celestina* como de cualquier novela picaresca. Aunque no
llega a poseer la belleza literaria de *La Celestina* ni la perfección de
estilo del *Lazarillo,* en fin, la integridad artística y profundidad de
la una o la otra, se trata de un experimento humano y literario, a
su modo, tan radicalmente original en su concepción y estructura
como los otros dos.

Resume muy bien la variada índole de virtudes y originalidad
literaria de *La lozana andaluza,* Juan Goytisolo:

> «Obra agresivamente erótica en un siglo en el que la "cas-
> tidad de la expresión escrita" —concebida, como advirtió muy
> bien Américo Castro, como "un aspecto de la tarea. defensiva
> de Castilla contra los moros"— se convertía en un medio de
> proteger su "ya inmutable carácter", la virulencia de su crítica
> social, la viveza y frescura de su lenguaje, sus originalísimas
> innovaciones técnicas, la introducción velazqueña del propio au-
> tor en el ámbito de sus personajes constituyen, no obstante, para
> todo lector despierto y sin anteojeras, una fuente inagotable de
> admiración y sorpresa.
>
> La expresión literaria del «cuerpo», perfectamente lograda
> en el *Libro de buen amor* y *La Celestina,* se manifiesta por úl-

---

9 FRANCISCO DELICADO, *Retrato de la loçana andaluza,* Madrid, Ediciones
José Porrúa Turanzas, S. A. (Edición crítica de Bruno M. Damiani y Giovanni
Allegra), 1975, p. 67.

tima vez en la novela de Delicado antes de desaparecer de nuestro horizonte de modo definitivo (cuando menos hasta esa fecha) [10].

La audacia de Delicado fue premiada de un modo innegable en el hecho de la virtual desaparición de su libro hasta fines del siglo pasado y en el juicio negativo y la incomprensión de Menéndez y Pelayo. Se trata de una obra que no hubiera podido publicarse en la España de la época de Carlos V y que, a lo mejor, tendría dificultad en publicarse en la España actual si fuera obra contemporánea. Para publicarse cuando se publicó (1528 en Venecia) necesitaba una zona marginal hispana como la de las colonias de conversos y judíos españoles en Italia a comienzos del siglo XVI.

Como Bruno Damiani y José Hernández Ortiz —hasta ahora, los críticos contemporáneos que más tiempo han dedicado a la vida y obra de Delicado— han observado, se trata de una obra en que la vida real y existencial del autor tiende a desplazar a cualquier fuente literaria [11]. Hoy en día, diríamos que se trata de un autor con una intuición sociológica. De todas formas, tanto su enfoque social como estético nos parecen más «contemporáneos» que los de Fernando de Rojas y el autor anónimo del *Lazarillo*.

Delicado insiste en el valor de su libro como testimonio histórico y en su propio papel como testigo directo. «Solamente diré lo que oy y vi» [12] o «aquí no compuse modo de hermoso dezir, ni saqué de otros libros, ni hurté eloqüençia: *para dezir la verdad poca eloqüençia basta*» [13]. La ciudad de Roma se nos presenta como panorama y estilo de vida a través de una gama de ciento veinte y cinco personajes, de los cuales sólo llegamos a conocer en profundidad a la Lozana, Rampín, su criado, rufián y amante, y el autor. Es una Babilonia en que el autor pretende reproducir el lenguaje hablado y en particular en las zonas en donde se mezclan todos los idiomas ibéricos con el italiano en la jerga expresiva y festiva de un bajo fondo de putas y rufianes.

Los recursos literarios son múltiples. La estructura del todo y de los capítulos individuales se llaman «mamotretos», entidad amorfa que permite la elaboración de una especie de «obra abierta» que recuerda la forma de distintas narrativas contemporáneas. El diálogo se alterna con la narración y el autor entra como personaje en su propia obra a la vez que interviene como narrador. Aunque hay «ma-

[10] JUAN GOYSOLO, «Prólogo a José Hernández Ortiz, *La génesis artística de "La lozana andaluza"* (El realismo literario de Francisco Delicado), Madrid, 1974, pp. 9-10.

[11] Véanse las dos introducciones de Bruno Damiani a sus ediciones de *La lozana andaluza* (Madrid, Editorial Castalia, 1969), y *Retrato de la loçana andaluza*. Edición crítica de Buno M. Damiani y Giovanni Allegra, Madrid, Ediciones José Porrúa Turanzas, 1975 y también *Francisco Delicado*, New York, Twayne, 1974, y Jósé Hernández Ortiz, *Obra citada* en la nota 10.

[12] FRANCISCO DELICADO, *Retrato de la loçana andaluza*, Dedicatoria, p. 70.

[13] *Ibid.*, Argumento, p. 73.

motretos» de puro diálogo que recuerdan *La Celestina,* la obra como totalidad marca un paso claro hacia la narrativa. La literatura misma —el acto de narrar—, se ve como problema y como juego. Delicado elabora sus temas pero no se preocupa por el desarrollo de los personajes o de la trama. El saco de Roma de 1527 le sirve como *Deus Ex Machina,* que se inserta en un manuscrito en su mayor parte completado en 1524. Finalmente, instalado en Venecia, en 1528 lo publica.

El tono de la obra alterna entre la celebración y la elegía, predominando el de la primera. Se celebran la libertad, el amor, el sexo, la astucia, la obscenidad y la vitalidad. También se celebra el lenguaje en donde la vulgaridad y la crudeza se convierten en alarde de verdad artística y histórica. Rampín y la Lozana *emergen como figuras* simpáticas y hasta líricas ante un fondo material asqueroso y sin esperanza en donde predominan la sífilis, el burdel y el engaño sistemático, mundo finalmente colmado por el saco insensato y cruel de Roma. Ante todo se destaca la figura de la Lozana en su hermosura, gracia, astucia y esencial bondad y lealtad. Mantiene a Rampín, pícaro *avant la lettre* simpático y lo defiende de las autoridades. Finalmente se traslada con él a la isla de Lípari para evitar los estragos de Marte y vivir en paz. Como Celestina, es una figura semi-mítica, aunque sin la dimensión diabólica de aquella llegamos a conocer a través de sus palabras y actos y a través de la admiración de los demás personajes y del autor. «La señora Lozana», «la gran mala mujer», la gran embaucadora, la que tiene «la mejor vida de mujer que sea en Roma», la que trabaja, se mete en todo, ama y es fiel a sus amigos. La «confesa» o conversa que sabe defenderse mejor que nadie en un mundo donde nadie es mejor que ella. La que ha sufrido horrores como el autor y casi todos los personajes de su libro. ¡La gran sensual de la escena sexual más desarrollada, natural y directa de la literatura española! La escena es una especie de miniatura de todo el libro en su hipérbole festiva y gracia exhibicionista.

Aquí diferente de Fernando de Rojas y del *Lazarillo,* el converso y el problema del converso se plantean como tema de la vida de la Lozana y del autor como por implicación de toda la colonia de Pozo Blanco en Roma, comunidad hispana de sefarditas y conversos. Es el judío Trigo que encuentra casa para la Lozana y las mujeres le interrogan a la heroína para asegurarse de que es «de nobis» (o sea, conversa como ellas) a través de su arte culinaria. Cuando le obligan a Rampín a comer jamón, no tiene otro remedio que vomitar. En fin, el concepto de casta, tan claramente expuesto por Américo Castro, queda demostrado más allá de cualquier posible intento de refutación en el libro de Delicado. Por otra parte, la posición única de *La Lozana andaluza* como nexo, tanto literario como histórico-social, con *La Celestina* por un lado y el *Lazarillo* por el otro, no podría ser más significativo. No se trata de influencia. No importa que haya leído o no el autor del *Lazarillo* la obra de Delicado, su mera existencia, en Italia —ambiente relativamente libre, que servía como refugio y válvula de escape para más de un autor converso—, en este momento histórico, y su perspectiva, que en mucho anticipa la perspectiva y el mundo picarescos, a la vez que revela elementos prohibidos al género picaresco —la lealtad y la conciencia de comunidad, el erotismo y la libertad—, descubren algo del fondo social e histórico que yacía detrás del contenido enajenado y el anonimato del *Lazarillo*. En realidad, para captar todas las resonancias literarias humanas e históricas de las tres obras, me parece indispensable la colocación, como pieza clave e iluminadora, del variado testimonio directo de Delicado, festivo, elegíaco, cínico y compasivo, entre la *visión trágica* de la condición humana de *La Celestina* y la ironía amarga del *mensaje histórico cifrado y anónimo* del *Lazarillo*. ¿No es probable, por otra parte, que otros autores españoles que llegaron a conocer más tarde el ambiente de las comunidades conversas en Italia (¿Cervantes?) encontraran y leyeran el libro de Delicado?

No veo ápice de la «lección moral» que encuentra Bruno Damiani en *La Lozana andaluza* aunque sí mucha crítica en contra de altos eclesiásticos, escuderos y poderosos y también mucha cautela y ambigüedad [14]. Hay un exceso de prólogos, epílogos, apologías e intervenciones varias. Los capítulos y el libro mismo que él llama «mamotretos» sirven para protegerle al autor y le permiten decir o insinuar exactamente lo que quiere. Como dice, «quiere decir mamotreto libro que conten diversas razones o compilaçiones ayuntadas. Ansimismo porque *en semejantes obras seculares no se deve poner nombre ni palabra que se apertenga a los libros de sana y santa doctrina*» [15]. Léase mi libro es secular y no tiene nada que ver con los libros de saña y santa doctrina. Como «es passado el tiempo que estimavan *los que trabajavan en cosas meritorias*» [16] léase conversos, ya no importa mucho lo que se escriba y todo puede decirse. Delicado sabe que puede decir lo que le dé la gana si lo disfraza en conceptos erasmistas, prolijidad y ambigüedades. Por lo menos así lo intentó. A mi juicio, Delicado no condena la vida alegre y libre de Roma (aunque sí siente compasión por las víctimas, como él mismo, de la sífilis, sobre cuya cura nos ha dejado su estudio médico «El modo de adoperarse el legno de India Occidentale»), pero sí condena el abuso de los débiles por los poderosos, toda forma de violencia y en particular las acciones brutales de los soldados españoles en el saco de Roma que le han obligado tanto a él como a la Lozana a buscar «la Paz, que huye a las islas» [17] (Lípari-Venecia) y a dejar uno de los últimos refugios que le quedaban al desterrado, al converso y a todos los que vivían al margen de la sociedad «oficial» como él y su personaje. El tono elegíaco que se alterna con el de celebración en *La Lozana andaluza* en parte corresponde al del

---

14 *Ibid.*, Introducción, p. 7, nota 5.
15 *Ibid.*, Explicación, p. 425.
16 *Ibid.*, Dedicatoria, p. 70.
17 *Ibid.*, Mamotreto LXVI, p. 419.

lamento del paraíso perdido. Seguramente diría Francisco Delicado con su exuberante, audaz y compasiva heroína en su epístola final a sus «Amigas y en amor ermanas»:

> Sed ciertas que si la Loçana pudiesse festejar lo passado, o dezir sin miedo lo presente, que no se ausentaría de vosotras ni de Roma, máxime que es patria común, que voltando las letras dize Roma amor [18].

Pero el sentido elegíaco (a mi juicio, nada trágico) del libro va mucho más allá del castigo y la pérdida de Roma. A pesar de brotes ocasionales de una ironía más amarga que la del *Lazarillo*, predomina en Delicado una conciencia angustiada y compasiva de la fragilidad del ser humano ante las terribles catástrofes de la vida, duras pruebas que él ha sufrido como un indefenso más. Con respecto a la debilidad humana, la obra de Delicado revela una caridad, por la mayor parte, ausente en *La Celestina* y el *Lazarillo*. «Me avisso que he visto morir munchas buenas personas y he visto atormentar munchos siervos de Dios como su Majestad plugo» [19]. A la par de las dudas, la crítica social audaz y la postura intelectual disconforme que revela, Francisco Delicado, «ombre pacífico», «esperando la Paz» en Venecia, a terminar su libro con una oración no exenta de temor: «quedo rrogando a Dios por buen fin y sanidad a todo el pueblo cristiano, amén» [20]. El que sus palabras sean ambiguas y poco optimistas, y que haya un dejo irónico muy fuerte en toda su digresión final no le quita su nota de resolución caritativa.

---

[18] *Ibid.*, Epístola de la loçana, p. 439.
[19] *Ibid.*, Digressión que cuenta el autor en Venecia, pp. 441-442.
[20] *Ibid.*, p. 442.

DE LOS CUENTOS TRADICIONALES A LA NOVELA PICARESCA

MAXIME CHEVALIER
Universidad de Bordeaux

El curioso que abre el manuscrito 10.726 de la Biblioteca Nacional de Madrid en el folio 68 se encuentra con el siguiente texto:

> OCTAVIANO.—Cuando se viene a cumplir el año de la probación y han probado [los estudiantes] la aspereza de la religión pupilar, allí pierden junto el miedo y la vergüenza; y no murmuran en ausencia ni entre dientes, sino públicamente, quejándose del comer que es poco y malo y mal aparejado, y de este tema arman mil grimas.
>
> MENESANDRO.—El comer ordinario nunca se me hiciera a mí poco, porque me basta media libra de carnero a comer, y media a cenar, con su fruta primera y postrera, y buen pan y buena agua.
>
> OCTAVIANO.—El trabajo no está en ser poca, sino que *est modicum et malum et male preparatum*, porque de esa libra de carnero, como decía Castillo, saca el despensero su media anata, y luego el ama su sisa, y después el mozo la falcidia, y cuando llega al plato, ya viene sacado el tercio y quinto. Por eso decía el otro pupilo que su libra de carnero se entendía *deducto aere alieno*, y porfiaba que los pupilos siempre estaban y vivían en el signo de Aries y de Libra. Verdad es que les hace Dios merced, que poco o mucho, bueno o malo, siempre lo comen de buena gana, y en buena conversación y regocijo... Como son muchos y mozos, tienen por gran placer la mala ventura, y pásanla riendo, y no dejan de comer por eso, que para cada inconveniente de éstos tienen su verso. Si la carne es flaca, péganla a la mano y dicen con Job: *Pelli meae, consumptis carnibus, adhaesit os meum*[1]; si el pan es duro, dicen al

---

[1] Job, XIX, 20.

Bachiller: *Domine, dic ut lapides isti panes fiant* [2]; si la porción es chica, dicen: *Annihilata est portio mea,* y prueban a echarla del plato a soplos, y si la echan, dicen: *Memento mei, Deus, quia ventus est vita mea;* si viene sucia, dicen: Cor *mundum crea in me, Deus* [3]; si viene fría, alaban a Dios diciendo: *Benedicite glacies et nives Domino;* cuando el caldo viene flaco, quitan con ello las manchas de los bonetes, y si parece algún garbanzo, hacen que se desnudan para entrar por él a nado, y si hay más dicen que *apparent rari nantes in gurgite vasto* [4]; y si el agua o vino viene turbio y sospechoso, dicen el Evangelio de San Marcos hasta la cláusula *et si mortiferum quid biberint, non eis nocebit* [5]; si viene alguna paja a vueltas, guárdanla para limpiar los dientes; y si sale alguna guedeja de cabellos en el plato, no falta quien la toma por empresa del ama, y a las veces hay para un cordón de San Francisco, ya que se ha visto quedar el estropajo en la olla y salir a la mesa por repollo. Comido el ordinario, luego piden fruta al despensero sobre taja, y cada uno tiene crédito según es abonado, y maravedí a maravedí, un ante y otro ante, y un postre y otro postre, llegan a Roma. Ha acaecido, durazno a durazno, y pera a pera, llegar en un verano un pupilo a deber al despensero seis mil maravedís, y al pagar *ad te suspiramus* y al comer *vita dulcedo* [6]. Con esta buena conversación pasan su mala ventura y entretienen y regocijan su comida y consuélanse diciendo: *Melius est pusillum panis cum gaudio quam plena utraque manus cum taedio.*

MENESANDRO.—Si la conversación no dura más que la comida, presto se acabará.

OCTAVIANO.—Verdad es, porque uno de los enigmas oscuros de entender, que dicen ellos que se preguntó al oráculo de Apolo, fue cuál era la cosa que sin ser nada tenía principio y medio y fin, y dicen que respondió que la comida del pupilo, que tiene ante y postre y medio, y no es nada, porque *intuitu oculi* se desaparece, que no diréis sino que es juego de pasa, porque ellos comienzan con la primera campanada del reloj y acaban con la postrera.

¿Quién no recuerda, al leer esta página de tono festivo, los capítulos de *Guzmán de Alfarache* y del *Buscón,* dedicados a la vida

---

[2] Mateo, IV, 3, «Et accedens tentator dixit ei: Si filius Dei es, dic ut lapides isti panes fiant».

[3] *Salmos,* L, 11.

[4] *Eneida,* I, 118.

[5] Marcos, XVI, 18.

[6] Expresión proverbial. Compárese CORREAS, *Vocabulario de refranes,* ed. Louis COMBET, Bordeaux, 1967:
— Al fiar, *vita dulcedo;* al pagar, *a ti suspiramus* (p. 40 a).
— Al comer, *gaudeamus;* al pagar, *ad te suspiramos* (p. 43 b).
— Al manjar, *vita dulcedo;* al pagar, lloro y duelo (p. 46 b).
— Al matar, *vita dulcedo;* al pagar, a ti suspiramos (p. 46 b).

de pupilaje? Copiemos, para concretar estos recuerdos, unas frases de Mateo Alemán y de Quevedo que parecen hacer eco al citado fragmento:

> Daba [el pupilero] para postre una tajadita de queso, que más parecía viruta o cepilladura de carpintero, según salía delgada, porque no entorpeciese los ingenios ...Pues ya, si es día de pescado, aquel potaje de lantejas, como las de Isopo, y, si de garbanzos, yo aseguro no haber buzo tan diestro, que sacase uno de cuatro zabullidas. Y un caldo propio para teñir tocas... Aquel echar la bendición a la mesa y, antes de haber acabado con ella, ser necesario dar gracias. De tal manera que, habiendo comenzado a comer en cierto pupilaje, uno de los estudiantes, que sentía mucho calor y había venido tarde, comenzóse a desbrochar el vestido y, cuando quiso comenzar a comer, oyó que ya daban gracias y, dando en la mesa una palmada, dijo: «Silencio, señores, que yo no sé de qué tengo que dar gracias, o denlas ellos»... Un vino de la Pasión, de dos orejas, que nos dejaba el gusto peor que de cerveza... O como si la vianda que nos dan fuese congrua para nuestro sustento, pues todo era tan limitado, tan poco y mal guisado, como para estudiantes y en pupilaje [7].

> Comieron una comida eterna, sin principio ni fin. Trajeron caldo en unas escudillas de madera, tan claro, que en comer una dellas peligrara Narciso más que en la fuente. Noté con la ansia que los macilentos dedos se echaban a nado tras un garbanzo güerfano y solo que estaba en el suelo... Los viernes solía [el ama] enviar unos güevos, con tantas barbas a fuerza de pelos y canas suyas, que pudieran pretender corregimiento o abogacía. Pues meter el badil por el cucharón, y inviar una escudilla de caldo empedrada, era ordinario. Mil veces topé yo sabandijas, palos y estopa de la que hilaba, en la olla, y todo lo metía para que hiciese presencia en las tripas y abultase [8].

Ahora bien, el texto anteriormente citado está sacado de los *Coloquios de Palatino y Pinciano*, diálogo debido a la pluma del jurista vascongado Juan Arce de Otalora y redactado a mediados del siglo XVI. No pretendo insinuar la especie de que Alemán y Quevedo hayan leído los *Coloquios* y se hayan inspirado en ellos, hipótesis que parece atrevida, si no descabellada. Mi intención es demostrar que Alemán y Quevedo recuerdan, no el texto de Otalora, que con toda probabilidad no alcanzaron a conocer, sino unos relatos tradicionales que ya aprovechaban, como otros, el autor de los *Coloquios*

---

[7] *Guzmán de Alfarache*, ed. Francisco RICO (*La novela picaresca española*. I, «Clásicos Planeta», 12, Barcelona, 1967), pp. 807-809.
[8] *La vida del Buscón*, ed., Fernando LÁZARO CARRETER (Salamanca, 1965), pp. 36 y 45-46.

de Palatino y Pinciano. En efecto, los mismos cuentos y chistes sobre vida de pupilaje que aparecen en la citada página de Arce de Otalora también asoman en una serie de obras compuestas entre 1540 y 1580: *El Scholástico*, de Cristóbal de Villalón; el *Liber facetiarum*, de Luis de Pinedo; el *Cancionero*, de Sebastián de Horozco, y la *Floresta española*, de Melchor de Santa Cruz. De estos cinco libros uno tan sólo, la *Floresta* de Santa Cruz llegó a imprimirse en el siglo XVI, lo cual reduce a unas mínimas proporciones la posibilidad de que sus respectivos autores se hayan copiado uno a otro. Admitamos que Sebastián de Horozco haya podido manejar la *Floresta*, concedamos la posibilidad de que Santa Cruz, vecino de Toledo, llegara a conocer alguna composición poética de Sebastián de Horozco, natural de la misma ciudad. En buena lógica, no se puede admitir más. Por una parte resulta evidente que Cristóbal de Villalón, Luis de Pinedo y Arce de Otalora compusieron sus libros unas décadas antes de que se publicara la *Floresta española*, por otra parte que Santa Cruz no pudo llegar a conocer ni *El Scholástico*, ni los *Coloquios*, de Otalora, ni el *Liber facetiarum*. Ahora bien, estos libros, entre los cuales no puede existir, con alguna excepción, filiación directa, coinciden en la imagen que nos ofrecen de la gastronomía del pupilaje. Y no se trata de semejanzas confusas ni de paralelismos borrosos, sino de coincidencias nítidas. En efecto, no sólo salta a la vista que los motivos satíricos desarrollados por nuestros autores acerca de la pobre y mala comida que se suele servir a los estudiantes —el pan duro, el vino agrio, la sopa clara, la carne flaca, el queso sutil, la fruta poca— se repiten en las aludidas obras, sino que dichos motivos satíricos cuajan en cuentecillos y chistes que debieron de circular por los refectorios y aulas de Salamanca y Alcalá, y más generalmente a través de España. Estos chistes y cuentecillos los recogen Cristóbal de Villalón, Luis de Pinedo, Arce de Otalora, Sebastián de Horozco y Melchor de Santa Cruz varios decenios antes de que los aprovechen Mateo Alemán y Francisco de Quevedo. Cotejemos los textos:

a) El pan como piedra.

Estando comiendo un día los monjes en refitorio, diéronles un pan algo duro, y uno de los monjes no lo podía comer, y así estaba mirando a todos, que no comía. Y como el abad le vio, envióle con uno de los que servían a decir que por qué no comía. Respondióle el monje mostrándole el pan con la mano:

—*Domine, dit ut lapides isti panes fiant* [9].

En Alcalá, en un colegio de gramática, dijo un colegial al vicerector (porque les mandaba dar a la continua el pan muy duro, por ahorrar):

—*Domine, fac ut lapides isti panes fiant* [10].

---

[9] Cristóbal DE VILLALÓN, *El Scholástico*, ed. Richard J. A. Kerr, p. 229.
[10] Luis DE PINEDO, *Libro de chistes*, B. A. E., 176, p. 114 b.

Si el pan es duro, dicen al Bachiller:
—*Domine, dit ut lapides isti panes fiant* [11].

Como piedras de cimientos
son los panes que les dan,
mas los pupilos hambrientos,
gargantas de picavientos,
de las piedras hacen pan [12].

Un señor maestro de pupilos, que había de mandar en casa...
rebanando el pan por evitar desperdicios, dándonoslo duro, porque comiésemos menos... [13].

b) El vino de la Pasión.

A unos pupilos en Salamanca dábales el bachiller N. mal
vino, y uno de ellos, como hombre más atrevido, pidiendo de
beber, y como gustase el vino y hallase ser malo, quitado el
bonete y levantado en pie, dijo al bachiller:
—*Domine, si potest fieri, transeat a me calix iste* [14].

Un vino de la Pasión, de dos orejas, que nos dejaba el gusto peor que de cerveza [15].

c) El caldo tinte.

Cuando el caldo viene flaco, quitan con ello las manchas
de los bonetes [16].
Y un caldo propio para teñir tocas [17].

d) El garbanzo huérfano.

Si parece algún garbanzo, hacen que se desnudan para entrar por él a nado [18].
A un estudiante que era pupilo de un colegio, echáronle
en una escudilla grande mucho caldo y sólo un garbanzo. De-
sabrochóse y rogó a su compañero que le ayudase. Preguntado para qué, respondió:

---

[11] Arce DE OTALORA, *Coloquios de Palatino y Pinciano*, fol. 70 r.º
[12] Sebastián DE HOROZCO, *La vida pupilar de Salamanca que escribió
el autor a un amigo suyo*, in *El Cancionero de Sebastián de Horozco*, ed. Jack
WEINER, Utah Studies in Literature and Linguistics, núm. 3, Bern, Herbert
Lang, 1975, p. 48 a.
[13] *Guzmán de Alfarache*, II, III, 4, ed. cit., p. 806.
[14] Luis DE PINEDO, *Libro de chistes*, p. 100 a.
[15] *Guzmán de Alfarache*, II, III, 4, p. 808.
[16] Arce DE OTALORA, *Coloquios de Palatino y Pinciano*, fol. 70 r.º
[17] *Guzmán de Alfarache*, II, III, 4, p. 807.
[18] Arce DE OTALORA, *Coloquios de Palatino y Pinciano*, fol. 70 r.º

—Quiérome echar a nadar para sacer aquel garbanzo [19].

Pues ya, si es día de pescado, aquel potaje de lentejas, como las de Isopo, y, si de garbanzos, yo aseguro no haber buzo tan diestro, que sacase uno de cuatro zabullidas [20].

Noté con la ansia que los macilentos dedos se echaban a nado tras un garbanzo güérfano y solo que estaba en el suelo [21].

e) La viruta de queso.

Si la porción es chica, dicen: *Annihilata est portio mea,* y prueban a echarla del plato a soplos, y si la echan, dicen: *Memento mei, Deus, quia ventus est vita mea* [22].

> O tajada de quesillo
> que con el más ruin soplillo
> volará por los tejados [23].

El mismo [estudiante], trajéronle una tajada de queso en un plato, y era muy delgada. Y cuando la vio, tapóse la boca. Preguntáronle por qué. Respondió:

—Por no echarla del plato con el resuello [24].

Daba para postre una tajadita de queso, que más parecía viruta o cepilladura de carpintero, según salía delgada, porque no entorpeciese los ingenios [25].

f) La comida eterna.

Uno de los enigmas oscuros de entender, que dicen ellos que se preguntó al oráculo de Apolo, fue cuál era la cosa que sin ser nada tenía principio y medio y fin, y dicen que respondió que la comida del pupilo, que tiene ante y postre y medio, y no es nada [26].

Farfán. Diéronle un día el caldo y la ración a comer, sin ante ni postre, y dijo:

—Sin ser Dios, no tengo principio ni fin [27].

Comieron una comida eterna, sin principio ni fin [28].

---

[19] Santa Cruz, *Floresta española,* IV, VIII, 4, «Bibliófilos españoles», p. 128.
[20] *Guzmán de Alfarache,* II, III, 4, p. 807.
[21] *La vida del Buscón,* p. 36.
[22] Arce de Otalora, *Coloquios de Palatino y Pinciano,* fol. 70 r.º
[23] Sebastián de Horozco, *La vida pupilar de Salamanca,* p. 48 b.
[24] Santa Cruz, *Floresta española,* IV, VIII, 5, p. 128.
[25] *Guzmán de Alfarache,* II, III, 4, p. 807.
[26] Arce de Otalora, *Coloquios de Palatino y Pinciano,* fol. 70 vº.
[27] Juan de Arguijo, *Cuentos,* núm. 318. Cito por la edición que he preparado en colaboración con Beatriz Chenot —que algún día se ha de publicar. La atribución del chiste al maestro Farfán no demuestra, por supuesto, que se trate de agudeza propia del ingenioso agustino. Otra vez surge el chiste en Calderón, *El alcalde de Zalamea,* I, B. A. E., XII, p. 69 a:
> Mesa divina es tu mesa,
> sin medios, postres ni antes.
[28] *La vida del Buscón,* p. 36.

La destestable comidad del pupilaje fue, pues, tema de bromas vulgares y vulgarizadas por España ya en los años en que nació Mateo Alemán, unas décadas antes de que naciera Quevedo, y es de creer que en fecha más antigua. Estas bromas no son anécdotas piadosamente recogidas por unos novelistas que serían unos observadores sagaces y minuciosos de la realidad. Tampoco proceden de la experiencia vivida de Mateo Alemán y de Francisco de Quevedo. Son, sencillamente, cuentos y chistes venerables que pertenecen al folklore estudiantil del siglo XVI, un folklore que debía conocer cualquier español medianamente culto —incluirá está definición muchos españoles que no habían pisado nunca los umbrales de la Universidad—. Estos cuentos corresponderán a una realidad: ¿quién lo duda? Pero la materia novelística que circula por los citados capítulos de *Guzmán de Alfarache* y del *Buscón* no es reflejo de una realidad observada directamente, es reflejo de una realidad vista a través del prisma del cuentecillo tradicional [29]. No es de creer, además, que el presente estudio agote tan abundante materia. Al contrario, hemos de sospechar que las burlas y travesuras de Pablos en Alcalá, por no citar más que este ejemplo, proceden de un folklore estudiantil que nos incumbe reconstruir pacientemente [30].

La presencia de este folklore estudiantil en *Guzmán* y en el *Buscón* —presencia que creo tener demostrada, aunque en forma incompleta— no es fenómeno accidental en la novela picaresca. Los estudios de Marcel Bataillon y Fernando Lázaro perfectamente han definido cuánto deben al folklore la materia y la estructura de *Lazarillo de Tormes*. Pero, de no limitarnos a este caso particular, por prestigioso que sea, hemos de observar que la novela picaresca toda queda impregnada de la tradición del cuento familiar. No siendo posible examinar aquí detalladamente tan extenso fenómeno, me limitaré a apuntar, entre los muchos ejemplos que se podrían aducir, que el folklore de los ladrones aparece claramente en varios capítulos de *La desordenada codicia de los bienes ajenos* y que el folklore de la vida de los casados repetidas veces aflora en las páginas de *El Donado hablador*.

Pensará el lector que la abundancia de estos cuentos en *La desordenada codicia de los bienes ajenos* y en *El Donado hablador* se debe esencialmente a la pobreza imaginativa de sus autores, y que la materia tradicional ocupa lugar mucho más reducido en *Guzmán de Alfarache*, obra de un novelista de inventiva muy superior. Es parecer que no sufre la discusión. Pero ni Mateo Alemán escapa del to-

---

29 La mala comida de los pupilajes es tema tradicional que aparece en otros textos del Siglo de Oro: la *Farsa llamada Salamantina*, de Bartolomé Palau I, *B. Hi*, II, 1900, p. 254-257), el poemita de *La vida del estudiante* («Huit petits poèmes», *R. Hi.*, IX, 1902, p. 274 b), *El rústico del cielo*, comedia de Lope de Vega (I, B. A. E., 186, p. 411 b-413 b) y el anónimo *Diálogo intitulado El capón* (*R. Hi.*, 38, 1916, p. 247-251).
30 Así nos inducen a creerlo las divertidas páginas que dedica Luis Zapata a la práctica de la burla por los estudiantes de Salamanca (*Miscelánea*, núm. 150. «Clásicos Castilla», II, p. 122).

rrente de cuentos tradicionales que invade la picaresca. En otra parte he procurado patentizar la deuda del escritor hacia los cuentos familiares, recordando, en especial, después de Edmond Cros, cómo utilizó el novelista unas historietas de ladrones y ajusticiados que surgen en las colecciones de Juan Timoneda y otras obras del Siglo de Oro, y de las cuales resulta lícito admitir, en algunos casos por lo menos, que fueron tradicionales en la España de los Austrias [31]. No dejaría de sorprender, si nos empeñáramos en sostener que la materia de *Guzmán de Alfarache* deriva esencialmente de la experiencia y las observaciones de Mateo Alemán, el que nuestro novelista, gran conocedor de la vida y de las hazañas de los galeotes, apele con tanta frecuencia a unos cuentos viejos cuando trata de robos y estafas.

Mantenidas dentro de estrechos límites por Mateo Alemán, estas estampas familiares, pintorescas o satíricas, derivadas de los cuentos tradicionales, invaden *La desordenada codicia de los bienes ajenos* y *El Donado hablador,* obras en las cuales favorece su desfile el esquema de la «sarta inorgánica de aventuras» [32], al cual se apegan unos novelistas escasamente dotados para construcción. Reflejan tales estampas, que tantas veces se han tomado por «documentos» y tantas tesinas divertidamente serias han alimentado, una sicología y una sociología vulgares, que quedan definidas en las páginas de los refraneros y las colecciones de relatos jocosos. La novela picaresca hunde con frecuencia sus raíces en el fecundo terruño de los cuentos tradicionales. Sus antecedentes, si vale parafrasear en esta ocasión la conocida frase de Gaston Paris, se llaman legión.

Evidentemente estos cuentos, lo mismo que los personajes que caracterizan, son simples materiales. Al novelista le incumbe la responsabilidad de seleccionarlos. Pero ¿hasta qué punto será cierto que nuestros escritores escogen dentro de la materia folklórica? Hemos de distinguir dos aspectos de la cuestión. El novelista del siglo XVI o del siglo XVII selecciona en efecto unos personajes. Pero su libertad, en muchas ocasiones, no pasa de esta opción primitiva. Y es que la materia folklórica en seguida se impone a su imaginación. Nuestro novelista puede excluir de su libro venteros, pintores, ciegos, bulderos, arrieros, médicos, estudiantes y casadas. Pero, en cuanto admite tales personajes, ya quedan definidos para él, porque se le imponen unos modelos arquetípicos delineados por la tradición oral y los cuentos y chistes que acarrea la misma. Por asociación mecánica

---

[31] «*Guzmán de Alfarache* en 1605: Mateo Alemán frente a su público», *Anuario de Letras,* XI, 1973, pp. 131-133. La historieta del prestamista estafado (*Guzmán,* II, II, 5-6) puede derivarse de la adaptación española del *Baldus,* según quiere Alberto BLECUA («Libros de caballerías, latín macarrónico y novela picaresca», (*Boletín de la Real Academia de Buenas Letras de Barcelona,* 34, 1971-1972, p. 201), y también puede proceder de la tradición oral, puesto que el cuento pertenece verosímilmente a la categoría de los folklóricos: aparece en efecto entre las burlas atribuidas a Yehá (Tomás GARCÍA FIGUEROA, *Cuentos de Yehá,* Tetuán, 1950, núm. 124). Compárese Aarne-Thompson, *The Types of the Folktale,* 1615.

[32] Fernando LÁZARO CARRETER, «Para una revisión del concepto», «novela picaresca», «*Lazarillo de Tormes» en la picaresca,* Barcelona, Ariel, 1972, p. 215.

el ventero será el que da gato por liebre [33], el pintor —en cuanto deja de ser émulo de Apeles— simple pintamonas, el ciego igualmente mezquino y sutil, el buldero un echacuervos, el arriero blasfemo, el médico matasanos [34], el estudiante capigorrón y tracista, la casada rebelde, golosa y gruñona. De esta ley no siempre escapan el autor de *Lazarillo* y Mateo Alemán; casi nunca se eximen de ella Carlos García y Jerónimo de Alcalá Yáñez. Unicamente Cervantes, que tan profundamente conoció y tan discretamente aprovechó la tradición folklórica, se libró de la visión estereotipada que solía nacer de la misma, rechazando igualmente en sus *Novelas* y en *Don Quijote* los tipos del hidalgo pelón, del aldeano bobo, del indiano avariento, del negro y del vizcaíno ridículos [35]. En regla general esta tradición a base de cuentos familiares se impone a la mente del novelista, porque surgen espontáneamente en su memoria estos cuentos cuando trata de caracterizar —no digamos retratar— un personaje que entra en su libro. Tal es la relación umbilical que une esta forma literaria a la sociedad que abrigó su nacimiento y desarrollo, pues las conexiones entre literatura y sociedad existen en efecto, si bien no funcionan en forma tan simplista como nos las vienen presentando a veces.

Estas observaciones acaso proyecten alguna luz sobre los problemas que plantean la casi totalidad de los personajes que desfilan por la novela picaresca. Dichos personajes presentan carácter híbrido y le dejan al lector del siglo xx una impresión ambigua. Por una parte, le aparecen como unos comparsas inconsistentes —una inconsistencia que acertadamente subrayó Edmond Cros [36]. Estos personajes episódicos que pululan en las páginas de tanta novela, estos personajes que aparecen, dan unas vueltas y desaparecen, como títeres que son, no son personajes en el pleno sentido de la palabra, no son seres de carne y hueso. Y no porque nuestros novelistas, discípulos de Robbe-Grillet *avant la lettre,* hayan proclamado la muerte del héroe, sino porque no sintieron la necesidad de crear personas, o porque —no pequemos de indulgentes— no tenían capacidad para crearlas. Estos tipos son puras sombras. El hecho, patente ya en el caso del ciego o del clérigo de *Lazarillo,* se evidencia cuando pasamos al mercedario o al buldero de la misma novela, a la galería de amos de *Guzmán,* al retablo de figurillas de *El Donado hablador.*

Y sin embargo —impresión exactamente opuesta— estos tipos vi-

---

33 Véase el retrato del ventero arquetípico trazado por Eugenio DE SALAZAR en una de sus *Cartas* («Bibliófilos españoles», I, p. 50): «Si un día coméis en una venta donde el ventero cariacuchillado, experto en la seguida y ejercitado en lo de rapapelo, y ahora cuadrillero de la Santa Hermandad, os vende gato por liebre, el macho por carnero, la cenina de rocín por de vaca, y el vinagre aguado por vino puro...».

34 La regla admite en este caso una excepción: la del médico Jerónimo de Alcalá Yáñez.

35 Sobre importante aspecto del problema —los lenguajes convencionales del aldeano y del vizcaíno en la literatura del siglo XVI y en la obra cervantina—, véanse ahora las atinadas observaciones de Monique JOLY, «Ainsi parlait Sancho Pança», *Les Langues néo-latines,* núm. 215, 1975, p. 3-4.

36 *Protée et le gueux,* París, Didier, 1967, p. 323.

ven. Viven porque actúan. Observa Francisco Rico que a Guzmán más le interesa el obrar que el ser de los hombres con los cuales se enfrenta [37]. ¿Así le interesan a Guzmán o así le convienen al novelista? Las mil personillas que llenan la novela picaresca de su vida hormigueante actúan en efecto: en muchos casos por la sencilla razón de que están jugando el papel prefabricado que les impone el cuento tradicional. El ventero de *Guzmán* y la mesonera de *La Pícara Justina,* el pintor y las casadas de *El Donado hablador,* los ladrones de *La desordenada codicia de los bienes ajenos,* los médicos y los estudiantes de tanta novela picaresca no son personajes, son cuentos animados. Por un instante a estos seres esquemáticos les anima una chispa de vida, por un intante estas sombras, lo mismo que las sombras errantes del país de los Cimerios, se alimentan de sangre caliente —la sangre caliente de los cuentos—. Chispa efímera y vida precaria, por cierto, pero chispa relumbrante y vida poderosa.

¿Habremos de despreciar estas creaciones esquemáticas, estos productos de un realismo típico y tópico? Puede que sí dentro de una perspectiva abstracta sobre lo que ha de ser la novela. Pienso que no si atendemos a los resultados que consiguió su introducción en la narrativa europea. Lázaro y Guzmán, personajes en el pleno sentido de la palabra, no bastarían por sí solos a darnos la impresión de realidad vivida que se desprende de la novela picaresca que edificaron, década tras década, una serie de escritores. Esta ilusión de realidad también contribuyen a crearla, dentro y fuera de *La vida de Lazarillo de Tormes* y de *Guzmán de Alfarache,* los humildes acólitos y émulos de Lázaro y de Guzmán, personajillos plasmados sobre unos tipos tradicionales, las mil figurillas que forman la armazón de la decantada revista de oficios y estados, la figurillas sobre las cuales se fundan las evocaciones de ambientes familiares —vida de los casados, vida de los caminos y ventas, vida de pupilaje, vida maleante— evocaciones todas que vienen a alimentar unos manojos de cuentos viejos. Este realismo que late en las páginas de la novela picaresca, este realismo de segundo nivel, que constantemente remite a una verdad literaria oral, no sólo tuvo larga vida [38], sino que demostró perfecta eficacia. Sabido es que había de encandilar a unos buenos ingenios del siglo XIX y del siglo XX hasta convencerles de que la novela picaresca era legítima ascendiente del costumbrismo español [39]. Hace tiempo ya que esta ilusión se denunció como tal. Pero acaso no basta deshacerla, acaso cabe explicarla, pues a algo se deberá. Se debe en gran parte, a mi juicio, al hecho de que la tradición oral,

[37] *La novela picaresca española,* ed. cit., p. CXXXVI, nota.
[38] No se desdeñaba Molière, a un siglo de la publicación de *Lazarillo,* de apelar a idénticos recursos: véase en especial *L'Avare,* II, IV (el conocido chiste: «Il ne dit jamais: *je vous donne,* mais: *Je vous prête le bonjour*») y III, I (el cuento tradicional del avaro que recibe en la oscuridad soberana paliza de manos de su cochero, el cual le ha sorprendido robando la cebada de sus propios caballos).
[39] Véase, por ejemplo, Frank W. CHANDLER, *La novela picaresca en España,* Madrid, s. a., p. 2.

base de tantas ficciones literarias en la España del Siglo de Oro, encierra constantemente cierta forma de verismo. No hay refrán, según advierte don Quijote, que no sea verdadero. ¿Acaso no cabe decir lo mismo del relato tradicional de carácter familiar? Este siempre refleja —deformándola, caricaturándola— la realidad del tiempo. Al apelar a estos materiales, los novelistas vertieron automáticamente en sus obras apreciable dosis de realidad. De la introducción masiva de los cuentos familiares en la literatura procede en gran parte el realismo— incuestionable hasta cierto punto— de la novela picaresca.

Ahora bien, este realismo —acaso no huelga recordarlo en una época en la cual la atención a los contenidos anda muy desprestigiada— es uno de los valores esenciales de la novela moderna. Se levanta ésta cuando, frente a los Amadises y Sirenos, surgen Lazarillo, Guzmán y Sancho Panza, con las referencias que suponen a la humilde realidad cotidiana. Tal creación se debe a España: no llegaron a cuajar frutos tan sabrosos en la Europa contemporánea. ¿Por qué? Problema es éste demasiado complejo para que le convenga una solución simplista. Pero interesa observar que se produjo el fenómeno en el país en que los escritores dieron en tomar a manos llenas del cuento tradicional —la única forma literaria vigente que les podía proporcionar elementos realistas—, en el país en que los escritores estimaron, durante siglo y medio por lo menos, que los materiales folklóricos se podían elevar a la dignidad de materia literaria. ¿Por qué esta opción? ¿Por qué esta afición tan profunda y duradera al relato tradicional? Me reconozco incapaz de concretar los motivos del fenómeno, aspecto particular de la realidad más amplia que es el entusiasmo que sienten los españoles del siglo XVI por las creaciones «naturales» y «espontáneas» del genio «popular», trátese de los refranes, de la lírica tradicional o de los romances viejos. Un entusiasmo que por la extensión que alcanzó y la fecundidad que demostró ha de calificarse de carácter específico del Renacimiento español. Proceda la onda de donde proceda, hecho incontrovertible es que a partir de los albores del siglo XVI los literatos españoles decidieron de admitir los cuentos familiares en sus ficciones y se adhirieron a tal conducta hasta mediados del siglo XVII por lo menos. Esta época es la misma en que los españoles van forjando la novela moderna. ¿Simple coincidencia? ¿O significativa correlación? Más cierto me parece lo segundo. La utilización de los materiales folklóricos y tradicionales únicamente será uno de los componentes de fenómeno tan complejo como la emergencia de la novela. Pero apego al cuento tradicional y creación de la novela moderna son realidades solidarias.

V

EL "LAZARILLO DE TORMES"

LA *VIDA DE ESOPO* Y LA *VIDA DE LAZARILLO DE TORMES*

FRANCISCO R. ADRADOS
Universidad Complutense
Madrid

La «Vida del Lazarillo de Tormes» nos presenta por primera vez al pícaro que acompaña a uno o varios amos a lo largo de una serie de viajes en el curso de los cuales se presentan diversos episodios, en los que siempre sale a flote con su ingenio. En estos episodios, el pícaro da lecciones de ingenio a su amo, al que, sin embargo, ayuda en otras ocasiones. En general, el tema de la comida y su adquisición es obsesivo. Y el conjunto del viaje y las aventuras sirve para dar una imagen entre cómica y realista, amarga con frecuencia, de la sociedad contemporánea.

Con más o menos variantes, este tema se repite en toda la novela picaresca española, cuyos títulos suelen empezar por «Vida de...» y que, como el *Lazarillo,* es autobiográfica. Es también, en una cierta medida, el tema del *Quijote* y tiene ecos en las *Novelas Ejemplares* de Cervantes y en otros lugares.

Pues bien, pensamos que este tipo de novela en ningún lugar, entre la Literatura precedente, puede encontrar un paralelo más exacto, que en la *Vida de Esopo,* obra griega del siglo I d.C. bien conocida en España y en toda Europa gracias a la traducción latina de Rinuccio a varias lenguas modernas a partir del último cuarto del siglo XV. No, desde luego, en otras *Vidas* de tradición también antigua, como las *Vidas* de Santos o la Novela erótica y sentimental, llamada novela griega o novela bizantina, que tanta influencia ejerció en la novela moderna, pero no en la Picaresca. Tampoco en las series de fábulas, anécdotas, etc., con frecuencia de tipo cómico y realista, que siguiendo una tradición de origen oriental se engarzaban artificialmente dentro de un cuadro suministrado por la conversación de un rey o noble y un filósofo o servidor, de un padre y un hijo, de un rey y su amante o de una serie de caballeros y damas: el género abarca desde el *Calila e Dimna* al *Decamerón,* desde la *Disciplina Clericalis* de Pedro Alfonso al *Conde Lucanor,* desde las *Mil y una Noches* al *Heptamerón* de Margarita de Navarra. Tiene mucho en común con el género que ahora nos ocupa, se distingue de éste en que en la *Vida de Esopo* y en la Picaresca el marco está dado por los sucesos de una vida y unos viajes; la conexión de las anécdotas y la vida es absolutamente estrecha, no hay un engarce artificial.

Nos parece, efectivamente que, a la hora de estudiar las fuentes de la Picaresca y, concretamente, del *Lazarillo*, se ha descuidado un tanto el prestar atención a la tradición de la novela realista antigua que, pensamos, ha podido dar el marco a este nuevo género. Sin negar, por supuesto, que en dicho marco se hayan podido encuadrar anécdotas, sucedidos, elementos cómicos y críticos procedentes de la comedia, de las colecciones novelísticas de tradición oriental hace un momento reseñadas y de tradiciones medievales varias, algunas de ellas puestas de relieve por diversos autores.

La novela antigua que pudiéramos llamar cómico-realista está representada para nosotros por tres obras:

1. La novela atribuida por Focio a un tal Lucio de Patras, novela perdida pero conocida a través de dos reelaboraciones, la de Apuleyo en sus *Metamorfosis* y la de Luciano en su *Asno*. El protagonista, Lucio, cuenta en primera persona su viaje de Patras a Salónica, concretamente su transformación en asno y una serie de aventuras y riesgos que corre, al servicio de varios amos, hasta que recobra la figura humana. Pero no sabemos que esta obra tuviera gran difusión en España en la época que nos interesa[1]; y por otra parte, es claro que el asno es un elemento pasivo que mal puede ser modelo del pícaro.

2. El *Satiricón*, de Petronio, donde también encontramos un viaje y un relato en primera persona, obra demasiado conocida para que tengamos que dar un resumen de ella. Se nos ha transmitido muy fragmentariamente, y más fragmentariamente todavía era conocida a fines del siglo xv y comienzos del xvi[2]. Pero, sobre todo, la relación del parásito Encolpio con Gitón y con los otros dos personajes, Ascilto y el poeta Eumolpo, no tiene gran cosa que ver con la del astuto esclavo o criado con su amo, tal cual la encontramos en la *Vida de Esopo* y en la Picaresca.

3. Damos a continuación un breve resumen de la *Vida de Esopo*, para añadir después algunas cosas sobre sus orígenes y su transmisión hasta las numerosas ediciones romanceadas. Curiosamente, como decimos, nadie parece haber relacionado esta obra con la Picaresca, si exceptuamos una observación de Elvira Gangutia en un artículo publicado en 1972[3], quien, al hablar de la *Vida de Esopo* supone que debió de tener una influencia en la novela cervantina y picaresca y se pre-

---

[1] Sabemos, sin embargo, de una traducción de Diego López de Cartagena, publicada en Zamora, 1536 y 1539, y en Valladolid, 1601, según J. Vallejo, *Papeletas de Bibliografía Hispano-Latina Clásica*, Madrid, 1967, p. 43.

[2] Cf. Petronio Arbiter, *Satiricón, I*, texto revisado y traducido por Manuel C. Díaz y Díaz, Barcelona, 1968, pp. LXXXI y ss., XCIV y ss.

[3] «Algunas notas sobre literatura griega y Edad Media española», en *Estudios Clásicos*, 16, 1972, p. 173.

gunta: «Pues, ¿qué es Esopo, como los Asnos de Luciano y Apuleyo, sino un criado de muchos amos, al igual del *Lazarillo* y el *Buscón?*». A precisar esta suposición van dedicadas estas páginas. Veamos, pues, el tema de la obra.

Esopo, cuya vida se nos cuenta en tercera persona, no en primera como en las otras novelas antiguas realistas y en algunas de las sentimentales y como es habitual en la Picaresca, es un esclavo deforme de cuerpo y, al principio de la obra, de hablar dificultoso o tartamudo. Trabaja en el campo y sus compañeros de esclavitud intentan que recaigan sobre él sus propias culpas y sea azotado; pero se libra con su ingenio y la diosa Fortuna cura su defecto en el hablar. El mayordomo le calumnia ante el amo y es vendido a un mercader de esclavos.

Este le lleva desde el lugar en que empieza la novela, que puede ser Egipto o Siria, a Efeso y luego a Samos. Allí es vendido al filósofo Janto, en medio de las burlas de los otros esclavos y de Janto sobre Esopo, y después de varios diálogos con Janto, en los que Esopo muestra su ingenio. Lo que sigue no es más que una serie de anécdotas en que Esopo se muestra siempre superior a Janto, a la mujer de éste, a los filósofos sus amigos. Halla contestaciones a todos los enigmas que se le plantean y gracias a ello consigue comida gratis para su amo. Cuando éste intenta una y otra vez cogerle en falta, siempre se revela superior a todas las asechanzas. Por ejemplo, Janto esconde una de las cuatro patas de cerdo que ha de servirle Esopo, para acusarle, pero Esopo añade una nueva pata de un segundo cerdo: cuando Janto saca la pata escamoteada y pregunta si el cerdo tenía cinco patas, Esopo enseña el segundo cerdo con sólo tres.

Esopo saca una y otra vez de malos pasos a su amo. Este no sabe salir del apuro de haber prometido a sus amigos beberse el mar y Esopo lo resuelve. Janto está otra vez a punto de suicidarse porque no sabe interpretar un presagio sucedido a los samios: pero Esopo lo resuelve y conquista así su libertad, al tiempo que salva a la ciudad de Samos, que estaba a punto de ser conquistada por el rey Creso. Y todo esto en medio de burlas, ocurrencias, chistes, anécdotas, interpretaciones ingeniosas, símiles. La intención es clara: Esopo, deforme de cuerpo, sobresale por su ingenio y el esclavo se convierte en el verdadero amo —pero en un amo que todo lo resuelve y, de paso, conquista la libertad. Y hace una y otra vez crítica sobre los filósofos pagados de sí mismos, la institución de la esclavitud, las mujeres.

Porque también el tema erótico aparece: la mujer de Janto hace proposiciones a Esopo, ofreciéndole un vestido a cambio. Cuando ella, luego, pone un pretexto para no dárselo, Esopo cuenta el apólogo de las ciruelas y logra que Janto, sin enterarse de lo sucedido, haga a la mujer cumplir su palabra.

Libre Esopo, se nos cuentan sus aventuras en Samos, en Sardes (corte del rey Creso), en Babilonia, en Delfos. Ahora da lecciones ya a los pueblos, ya a los reyes: ya con su arte de persuasión, ya con sus astucias, soluciones de enigmas, fábulas. Finalmente, es acusado falsamente por los delfios de haber robado una copa de oro de Apolo, y pese a derrotarlos con sus fábulas muere despeñado; pero la sequía que sobreviene hace que los delfios deban expiar la sangre de Esopo.

Este es, muy brevemente, el tema de la *Vida*. Hay que añadir que en ella a los rasgos cómicos y del «mundo al revés» —el esclavo Esopo triunfando de su amo, de las ciudades y de los reyes— se añaden los realistas. Se nos describe la vida doméstica de Janto, en que intervienen los otros esclavos y esclavas, la mujer, los filósofos amigos, personajes diversos del pueblo como el hortelano y el leñador. Hay escenas de cocina, de huerto, de casa de baños, de banquete. Hay pasajes sucios y obscenos: está lejos toda idealización. Se nos presenta la religión popular de la época, con sus sacerdotes ambulantes, sus presagios, sus supersticiones. El lenguaje es coloquial y aun vulgar.

La novela de Esopo pertenece a un género de tradición abierta, que da un marco biográfico y admite adiciones y alteraciones. Concretamente, todos los estudiosos de la obra, sobre todo B. E. Perry[4] y A. La Penna[5], estiman que la redacción del prototipo de las recensiones de la *Vida* que conservamos procede del siglo I d. C., de Egipto o Siria, y que, a su vez, este prototipo ampliaba relatos legendarios sobre Esopo que tenemos documentados en Grecia a partir del siglo V a. de C. y los contaminaba con una versión griega resumida de la *Vida de Ahikar,* obra asiria que nos es conocida, desde el siglo V a. de C. también, por un papiro arameo de Elefantina, y de la que hay versiones árabe, armenia, siriaca y etíope. Concretamente, las aventuras de Esopo en Babilonia proceden de esta *Vida* y sobre ellas están conformados otros pasajes. Detallo más exactamente esto en una comunicación que presenté a la «International Conference on the Greek Novel», celebrada en Bangor (Gales) en 1976 (en prensa en *Quaderni Urbinati,* Urbino).

Pues bien, esa redacción del siglo I d. de C. a que estamos aludiendo nos ha sido conservada, aunque puede reconstruirse perfectamente a partir de las dos *Vidas* de fecha bizantina que conocemos, las llamadas *Vida G* (del siglo X) y *Vida W* (de fines del siglo XI, editada por Westermann, Brunsvige, 1845). Las diferencias no son demasiado grandes, pero existen: por ejemplo, en la *Vida G* Esopo es propiamente mudo al comienzo y falta el episodio erótico de la mujer de Janto. Precisamente, según demuestra claramente Perry[6], la traducción de Rinuccio se basa en el texto griego de un manuscrito próximo al editado por Westermann, es decir, a la recensión W: razón por la cual es el argumento de ésta el que arriba hemos resumido. También está emparentada con esta recensión la *Vida* de Pla-

4 *Studies in the Text History of the Life and Fables of Aesop,* Haverford, 1936, pp. 1 y ss.; *Aesopica,* Urbana, 1952, pp. 1 y ss.; «Some Addenda to the Life of Aesop», en *Byz. Zeitschrift,* 59, 1956, pp. 285 y ss.
5 «Il romanzo di Esopo», en *Athenaeum,* 50, 1962, pp. 264 y ss.
6 «The Greek Source of Rinuccio's Aesop», en *Classical Philology,* 29, 1934, pp. 53 y ss.

nudes, que se imprimía en cabeza de las ediciones de las Fábulas de Esopo en griego, a partir de la *editio princeps* de Aldo Manucio, en 1505.

Todo esto nos lleva al tema de la difusión de la *Vida* en Occidente, tema capital si queremos señalar la probabilidad de una influencia. Hay que saber que durante la Edad Media la *Vida de Esopo* fue totalmente desconocida en Occidente, por lo que sabemos. La tradición fabulística griega era conocida solamente a través de las fábulas de Fedro, Aviano y sus descendientes latinos, sobre todo el llamado Rómulo, Walter en inglés, etc., cuya obra ha sido recogida en la edición de Hervieux de 1893 [7]. Pues bien, el prólogo de Rómulo no menciona siguiera a Esopo; en otras colecciones, así la de Baldo, es simplemente aludido. Esta situación es completamente diferente de la de Bizancio, donde en cabeza de las colecciones de fábulas que llamamos Vindobonense y Accursiana se colocaban habitualmente las *Vidas W* y *Planudea*, respectivamente. Hay que decir, por lo demás, que esta edición conjunta de *Vida* y fábulas es cosa bizantina, no antigua: en la antigüedad griega se trata de dos tradicciones diferentes.

Esta situación cambió cuando Rinuccio Aretino tradujo al latín, en 1446-48, la *Vida W* a que nos estamos refiriendo, así como una serie de 100 fábulas griegas. Esta traducción se conserva en varios manuscritos y en algún momento poco anterior a 1480 fue impresa; conservamos una edición de Bono Accursio, de Milán, de 1480. Luego, la traducción latina de Rinuccio se reimprimió varias veces con traducción italiana, por obra de Francesco Tuppio (Nápoles, 1485), y con traducción alemana también. Esta última es la edición de Stainhöwel, médico de Ulm, de la cual procede la tradición de la *Vida* en España. La primera edición de Stainhöwel, con texto latino y alemán, carece de fecha, pero es posterior a 1475: contiene la *Vida* de Rinuccio, más una serie de fábulas tomadas ya de la tradición occidental (Rómulo y Aviano), ya de la oriental seguida por el propio Rinuccio. Sobre todo esto puede verse, para más detalle, lo que dice D. P. Lockwood, «De Rinuccio Aretino Graecarum Litterarum interprete» [8], así como los datos de G. C. Keidel, *A Manual of Aesopic Fable Literature* [9].

Esta edición de Stainhöwel fue reimpresa muchas veces, aunque no el texto completo: ya el latino, ya el alemán. De ella proceden las tres ediciones castellanas del siglo xv que nos son conocidas a través de Keidel y Hervieux: la *Vida de Ysopet con sus fábulas historiadas*, Zaragoza, 1489, de la que hay edición facsímil de la R. A. E., 1929, con prólogo de E. Cotarelo; la de Tolosa ·de Francia del mismo año, y la de Burgos de 1496 (*Libro del Ysopo fabulador historiado en romance*). De aquí a 1554, fecha del *Lazarillo*, Hervieux y Cotarelo dan noticia de las siguientes ediciones españolas: 1520 (Va-

---

[7] Hay reedición anastática de 1970, Hildesheim, Olms.
[8] *Harv. Studies in Class. Philogogy*, 24, 1913, pp. 51 y ss.
[9] Nueva York, 1896, reimpr., 1972.

lencia), 1521, 1526 y 1533 (Sevilla), 1541 (?) y 1550 (?) (Amberes), otras de 1547 y 1553, sin indicación de ciudad.

En definitiva, en España, igual que en las otras naciones europeas, la *Vida de Esopo* fue un libro muy popular. Procedía siempre en definitiva de Stainhöwel, con lo que sucedió la paradoja de la difusión de un tipo de *Vida* que, en cambio, desapareció de las ediciones de las fábulas griegas, sustituida por la de Planudes; iba acompañada del conglomerado vario de fábulas de la edición de Stainhöwel. La precedía siempre un grabado con el retrato de Esopo y al frente de muchas fábulas se imprimían asimismo grabados en madera.

Podemos, pues, decir con certeza que la *Vida de Esopo* era bien conocida en España y no sólo por los eruditos, sino también a través de una tradición en romance. Dada esta circunstancia y la semejanza general del tema de las astucias y triunfos del esclavo o criado sobre sus dueños a lo largo de un viaje en que se describen realista y críticamente ambientes sociales, podemos intentar ya un estudio más de detalle que haga más verosímil nuestra idea o que, al contrario, descarte esta verosimilitud inicial.

Hemos de observar, para comenzar, que era lógico que en un nuevo tipo de sociedad el esclavo Esopo pasara a ser criado y no esclavo de varios amos; que su venta, cuando disgusta al amo, se convierta por tanto en un simple despido; que la liberación del esclavo deje lugar, por fin, al progreso social de Lázaro, cuando pasó «al servicio de Dios y de V. M.» y se hizo pregonero y se casó. Todo esto está en relación, es claro, con las diferentes circunstancias sociales.

Por otra parte, al tomarse la historia de Lázaro desde su nacimiento y al desmitificarse su figura, con lo que pierde sus rasgos de adivino y descifrador de enigmas, así como el carácter de protegido de la Fortuna y de Apolo, se hizo necesario un primer episodio, cuando Lázaro sirve al ciego, en el cual se nos cuenta el aprendizaje de Lázaro, que pasa de simple e ingenuo a astuto e ingenioso. Falta, en cambio, en el *Lazarillo* una última parte correspondiente a la muerte de Esopo, que estaba ligada a los orígenes míticos de esta figura y se desdecía, en cierto modo, del resto de la historia. Falta el retrato del personaje como deforme físicamente, que era una tradición antigua en el caso de mendigos y demás; faltan los temas agrarios, correspondientes al de Esopo trabajando en el campo, pues esto tampoco iba bien con el cuadro del criado Lázaro, y faltan actuaciones públicas que correspondieran a las de Esopo en Samos, Babilonia y Delfos.

En suma, en el *Lazarillo* nos encontramos con un simple criado de varios amos, multiplicándose las situaciones iniciales de la *Vida de Esopo,* sólo que en un ambiente siempre ciudadano. Pero el tipo del antihéroe es el mismo y la intención crítica y moralizadora, la misma también. Hay, ciertamente, transposiciones elementales: en vez de criticar al filósofo Janto y a sus compañeros los filósofos, aparentemente sabios y temperantes, pero que tienen mala intención contra Esopo y se enredan en apuestas de borrachos de las que no pueden salir, se critica ahora al clérigo, aparentemente temperante, pero en realidad avaro; al escudero, que, detrás de sus pretensiones, es un muerto de hambre; al buldero, tramposo. La crítica de los avarientos y malintencionados delfios, que viven holgazanes de los sacrificios que otros hacen al dios Apolo, así como de los reyes y pueblos ignorantes y ansiosos de poder, está también detrás de todo esto.

Hay también diferencias en cuanto a que el tema obsesivo de la comida, simple motivo de burlas diversas en la *Vida,* se transforma en el *Lazarillo* en el tema de la lucha por la vida en una existencia mísera. Pero sigue existiendo y llega el momento en que Lázaro ha de ayudar al escudero a mantenerse, como Esopo procura comida gratis a Janto.

Sobre todo, es constante el tema de la realidad y la apariencia, el del mundo al revés: ya lo hemos dicho. Lázaro recibe castigos y derrotas, que Esopo sólo encuentra en su episodio con el primer amo y luego al final de su vida, suprimido en la contrapartida española. Pero el tema del *agón* o enfrentamiento a base de ingenio y ocurrencias entre el amo y el criado, con ventaja, en definitiva, para el segundo, es constante. Aparece especialmente claro en el episodio del clérigo y del latrocinio que Lázaro hacía en su arca, episodio en el cual hay una serie de alternativas, en medio de diálogos chistosos y de la aparición del tema del ratón y la culebra, que recuerda la fábula. Sólo que aquí resulta triunfante el clérigo. En cambio, en el episodio del ciego el triunfo final es de Lázaro, que lo corona con una frase chistosa, como las de la *Vida de Esopo:* «¿cómo oliste la longaniza y no el poste?». A lo largo de los diversos episodios, es muy frecuente el diálogo de ocurrencias y salidas inesperadas, a través de una serie de sucedidos en los que alternativamente triunfan el ciego y Lázaro.

Resuenan incluso ecos, aquí y allá, de los temas de la *Vida* más olvidados en general. Por ejemplo, cuando el ciego habla del don de profecía de Lázaro o el clérigo sospecha que está endemoniado o cuando, en la edición de Alcalá, se presentan los enigmas de las sogas y los cuernos. El tema de los inconvenientes de servir a «caballeros de media talla», que tan elocuentemente describe el escudero a Lázaro, nos recuerda los inconvenientes de la esclavitud tal como los presenta la *Vida,* donde Esopo está todo el tiempo recibiendo órdenes. Ciertamente, el *Lazarillo* no nos muestra a Lázaro dando lecciones a sus amos e invitándoles a arrepentirse, como Esopo se burla de ese «orgullo de la cultura» que no impide que Janto se quede callado ante él y se reconozca vencido. Pero, en definitiva, se trata del mismo tema del ingenio natural que triunfa de la falsa cultura y los prejuicios, que incluso procede en definitiva más moralmente. Esopo, cuando va a ser vendido a Janto, responde a la manera de los cínicos que es «de carne» y «nacido en el vientre de mi madre», que no da importancia en definitiva a su patria o nacimiento y tanto le da ser esclavo o no. Es algo así como Lázaro, que nada comprende del punto de honor que hizo emigrar al escudero y que coge la comida que le dan sin tener en cuenta el qué dirán.

Yendo ahora al conjunto de la obra castellana, es claro que ésta culmina en los episodios del clérigo y del escudero, que son los que más fielmente reproducen el esquema de la antigua *Vida:* el criado y amo en buena posición social (aparentemente al menos), el tema de la comida, el torneo de ingenio con el clérigo y la asistencia prestada al miserable escudero. La parte siguiente, la del buldero tramposo, deja un tanto oscurecido a Lázaro, que vuelve a presentársenos a la luz de la novela antigua en el episodio final de su ascenso social. En cuanto al comienzo de la obra, la educación de Lázaro, es claro que el autor castellano ha debido introducir por fuerza modificaciones importantes en el modelo antiguo.

Sin embargo, aun en esas modificaciones se trasluce, pensamos, el original de la *Vida de Esopo* a través de las que llamaríamos transposiciones. Estudiemos por separado el episodio del amante de la madre de Lázaro y el del ciego.

El amante de la madre de Lázaro es un esclavo negro: eco, sin duda, de Esopo, descrito como esclavo y como «negro» en el comienzo mismo de la *Vida*. En el episodio interviene un mayordomo, que es el que hace la denuncia al amo: de igual modo que en el episodio inicial de la *Vida* es igualmente el mayordomo el que, quejoso de Esopo, que ha osado defender ante él a sus compañeros de esclavitud y temeroso de que haya recobrado el habla, le denuncia al amo. Antes, Esopo ha sido acusado de robar comida, como el negro de otros robos. Y el amo da permiso al mayordomo para azotar o vender a Esopo, como el amo del negro hace, paralelamente, que éste sea azotado.

En suma, pensamos que el negro del *Lazarillo* es una transposición de Esopo. En el episodio se ha contaminado la historia que acabamos de recordar: Esopo acusado por el mayordomo y, luego, vendido, con el otro episodio en que Esopo tiene relación sexual con la mujer de su amo. Es el único momento en que el erotismo de la *Vida de Esopo* ha pasado al *Lazarillo,* mediante una transposición. Ni en un lugar ni en otro se trata de un amor sentimental, como el de la novela griega, precisamente.

En forma paralela, hay una serie de transposiciones de la *Vida* en el episodio que sigue, el del «astutísimo ciego». Puesto que éste va a ser el maestro de Esopo, ha sido creado sobre el modelo del propio *Esopo* de la *Vida* («astucioso» llamó a Esopo la *Vida*). El ciego y Lázaro desdoblan en dos al personaje Esopo; y los dos se enlazan en continuos torneos a la manera de Janto y Esopo, pero con ingenio por ambas partes. En el ciego confluyen, evidentemente, temas populares de origen medieval, pero no es menos claro que su defecto físico está inspirado por el defecto de Esopo en la *Vida*. Así como Esopo, mudo o tartamudo, es más elocuente y sabio que el filósofo, su amo, y los filósofos amigos de su amo, a los cuales persuade y enseña, de la misma manera la ceguera del ciego es símbolo de su sabiduría: «siendo ciego me alumbró», dice Lázaro. El tema, ciertamente, es diferente: en un caso, se trata de escapatorias de Esopo para no ser cogido en falta, de solución de problemas que parecían imposibles, de simples burlas hechas a los filósofos; en el otro, de un torneo de astucia en torno a la avaricia del ciego respecto a la comida que da a

Lázaro y a los trucos de éste para procurársela. Pero, en definitiva, el tema de la comida es omnipresente y el esclavo o criado resulta el más astuto, triunfando al final. El estilo a base de diálogos ingeniosos es muy parecido.

Hay, muy concretamente dentro del episodio del ciego, una anécdota que está sin duda inspirada en la antigua *Vida*. Cuando el ciego, metiendo su nariz en el gaznate de Lázaro, le hace devolver la longaniza que fraudulentamente se ha comido, se inspira sin duda en el recurso sugerido por Esopo a su primer amo cuando es acusado falsamente por los otros esclavos de haberse comido unos higos: el amo provoca el vómito de todos ellos, haciéndoles tragar agua caliente, con lo que descubre quiénes son los que verdaderamente se comieron los higos.

Con esto está dicho casi todo. En los episodios siguientes es otra vez la avaricia, ahora la del clérigo, la que es criticada; luego, el vano punto de honor del escudero; después, las trampas del buldero. En la *Vida de Esopo* lo que se critica es la ignorancia y falta de templanza de los reputados sabios, los filósofos y reyes y, diríamos pensando en los delfios, de los «hombres de Iglesia». Y siempre a través de un tipo humano comparable al de Lázaro, el esclavo Esopo, luego hombre libre respetado por todos menos por el sacerdocio de Delfos. El tema de la apariencia y la realidad, así como la crítica social a través de alguien que pertenece a las bajas capas de la sociedad, son siempre iguales.

En otro lugar hemos estudiado cómo este tipo de *Vida* cómico-realista, como la de Esopo, constituía un género mal conocido por nosotros, pero existente; hemos tratado de estudiar sus orígenes y de señalar los puntos comunes con la fábula, la comedia e, incluso, la novela de tipo sentimental. Resulta notable comprobar que, si tenemos razón en la tesis aquí expuesta, no sólo la novela que hemos llamado sentimental dejó huella importante en las literaturas modernas, sino también la cómico-realista. Y no sólo en la Picaresca. Si Cervantes siguió en el *Persiles* la línea de la novela sentimental, bien puede pensarse que en el *Quijote* contaminó la novela de caballerías con la cómico-realista antigua. En Don Quijote y Sancho, en los dos, pueden hallarse huellas de Esopo, que ya daba lecciones de buen sentido contra las gentes infatuadas y ya ayudaba a los perseguidos y amenazados, ya usaba el ejemplo y la burla. Ni está excluido que, como propuso doña Elvira Gangutia en su artículo arriba aludido, el mismo nombre de Sancho venga, por una transposición, del nombre del filósofo Janto de la *Vida*: Sanctius se llama en la traducción latina del manuscrito Loliano [10].

---

[10] Contamos ahora con una buena traducción española de la *Vida de Esopo*: PEDRO BÁDENAS, *Fábulas de Esopo. Vida de Esopo. Fábulas de Barrio*, Madrid, Gredos, 1978.

LAZARILLO DE TORMES: ESTRUCTURA NARRATIVA DE UNA NOVELA PICARESCA

ROBERT L. FIORE
Michigan State University

Cuando se leen las observaciones de la profesora Kay Seymour House en su reciente libro, *Cooper's Americans,* se hace obvio que ella no ha comprendido bien lo que es la picaresca. House cree, por ejemplo, que el personaje Hawkeye de *El último de los Mohicanos* está situado entre el pícaro de la narrativa del siglo xviii y el obsesionado héroe irracional de la novela gótica. Agrega: «The great prototype who is both picaro and possessed is of course, Don Quijote de la Mancha» [1]. Para nosotros, hispanistas, esta observación es enteramente inaceptable. Por otra parte, puede ser que seamos parcialmente culpables de esas ideas equívocas sobre la picaresca. Algunos de nuestros estudios en la materia, con excepción de varios recientemente publicados, quizá hayan contribuido a este concepto erróneo [2].

Al estudiar la novela picaresca, los hispanistas tradicionalmente han definido primero al pícaro para luego clasificar las novelas como picarescas o no solamente basándose en su definición del pícaro. Los no hispanistas han seguido su ejemplo. Así algunos mal informados

---

[1] *Cooper's Americans* (Columbus, Ohio, 1965), p. 307. Véase OWEN ALDRIDGE, «Fenimore Cooper and the Picaresque Tradition», en *Nineteenth-Century Fiction,* 17 (1972), pp. 283-92. Este estudio incluye observaciones de algunos críticos de la literatura americana sobre la picaresca.

[2] Los siguientes trabajos son útiles en cuanto al estudio de la picaresca como género: CARLOS BLANCO AGUINAGA, «Cervantes y la picaresca. Notas sobre dos tipos de realismo», en *Nueva Revista de Filología Hispánica,* 40 (1957), pp. 313-46; ALEXANDER A. PARKER, *Literature and the Delinquent: The Picaresque Novel in Spain and Europe 1599-1753* (Edinburgh, 1967), traducido por RODOLFO ARÉVALO MARCKRY, *Los pícaros en la literatura: la novela picaresca en España y Europa* (1599-1753) (Madrid, 1971); CLAUDIO GUILLÉN, *Literature as System* (Princeton, 1971), pp. 71-106; 135-58; FERNANDO LÁZARO CARRETER, «Construcción y sentido del *Lazarillo de Tormes*», en *Abaco,* 1 (1969), pp. 45-134, y *Lazarillo de Tormes en la picaresca* (Barcelona, 1972); MAURICE MOLHO, *Romans Picaresque Espagnols* (Gallimard, 1968), traducido por Augusto Gálvez-Cañero y Pidal, «Introducción al pensamiento picaresco» (Anaya, 1972). Además de éstos hay un artículo que considero básico sobre la picaresca como género, ULRICH WICKS, «The Nature of Picaresque Narrative: A Modal Approach», en *PMLA,* 89 (1974), pp. 240-49.

críticos de la literatura americana creen que el *Quijote* es una novela picaresca simplemente porque él protagonista es un viajero antiheroico y la obra es episódica. Por el contrario, lo que caracteriza a las novelas picarescas del Siglo de Oro no es un tipo literario rigurosamente definido [3], sino una técnica narrativa y los temas de deseo y desilusión. Cuando se trata de la tradición picaresca se debe tener presente la técnica narrativa y estos temas más que una definición *a priori* de un tipo literario.

En cuanto a la técnica novelística, la novela picaresca pertenece a lo que Scholes y Kellogg en *The Nature of Narrative* llaman la narrativa empírica, la cual debe fidelidad fundamentalmente a la realidad más que al mito [4]. A la picaresca puede considerarse mimética antes que histórica en que pinta un mundo de sensaciones y de ambiente en vez de un mundo de hechos concretos. Probablemente fue influida por *El asno de oro* y las *Confesiones* de San Agustín: dos narrativas en primera persona que establecieron el modelo de doble aspecto del viaje interior —la autobiografía como apología y como confesión—. Así la novela picaresca surge como una seudoautobiografía que presenta un trozo de vida, y en esta narración el pícaro, frecuentemente un delincuente social, es un narrador que es testigo ocular.

---

[3] En su excelente capítulo «Toward a Definition of the Picaresque», CLAUDIO GUILLÉN señala ocho características de la novela picaresca. Estoy de acuerdo con siete de las que describe: «The picaresque novel is a pseudoautobiography» (p. 82). «The narrator's view is ... partial and prejudiced» (p. 82). «The total view of the *pícaro* is reflective, philosophical, on religious or moral grounds. As an autobiographer and an outsider, he collects broad conclusions *il met le monde en question*» (p. 82). «There is a general stress on the material level of existence or of subsistence, on sordid facts, hunger, money» (p. 83). «The *pícaro* (though not always a servant of many masters) observes a number of collective conditions: social classes, professions, *caractères*, cities, and nations» (p. 84). «The novel is loosely episodic, strung together like a freight train and *apparently* with no other common link than the hero» (p. 84). No estoy de acuerdo con la opinión de Guillén de que el pícaro es huérfano porque esta característica nos da un tipo literario rigurosamente definido. «Our first feature ... is a dynamic psycho-sociological situation, or series of· situation, which can only be described —however briefly— in narrative fashion. It is, in this sense, a "plot". The *pícaro* is, first of all, an orphan. In the history of narrative forms, *Lazarillo de Tormes* represents the first significant appearance (of the first significant appearance) of the myth of the orphan. All later picaresque novels will build on this highly suggestive situation» (p. 79). La insistencia de Guillén en el mito del huérfano es demasiado restrictiva cuando se consideran las novelas picarescas como género. La definición de Alexander A. Parker del pícaro como delincuente es más exacta. El libro de Parker provocó una polémica, lo cual en sí ha sido bueno, porque motivó a otros hispanistas a dedicarse a investigar más este género. No puedo aceptar su conclusión que el *Lazarillo de Tormes* «... should be kept historically and thematically distinct from the picaresque *genre* proper, it must be given its due as the precursor» (p. 28).

[4] ROBERT SCHOLES y ROBERT KELLOGG, *The Nature of Narrative* (Oxford, 1966), véase especialmente los capítulos uno y siete. Robert Scholes ha escrito un artículo interesante que trata de la picaresca, «Towards a Poetics of Fiction», en *Novel* (Winter, 1969), pp. 101-11.

Es un *histor*[5], o sea, un investigador y observador que examina el pasado y presenta su versión de lo que él percibe ser la realidad. El punto de vista del narrador es parcial y está cargado de prejuicios. Por eso la novela picaresca no alcanza el concepto complejo y objetivo de la realidad cervantina, la cual tiene su base en varias perspectivas que manifiestan perjuicios en lugar de una sola[6].

Los temas de deseo y desilusión aparecen de diversas maneras y con variada intensidad. En general, el pícaro desea mejorar su suerte, pero después de haber fracasado o de haber tenido éxitos superficiales o falsos, está desilusionado, puesto que realmente su vida no ha mejorado. El ofrece su propia experiencia como prueba de su tesis de que esta vida está llena de engaños e ilusiones. El tema barroco del desengaño, o sea, el proceso por el cual el hombre se desengaña, despertándose a lo que él cree ser un conocimiento verdadero de *la* realidad, se encuentra especialmente en el *Guzmán de Alfarache*. Este tratamiento del desengaño satisfizo, hasta cierto punto, el deseo de realismo en la España de la Contrarreforma[7]. Es este tema esencialmente dogmático, tanto porque el punto de vista del pícaro como narrador es el único que se presenta, como porque cree que su visión del mundo es correcta.

En cuanto al tema de desilusión y a la percepción del mundo del narrador, el *Lazarillo de Tormes* es menos dogmático y más sutil que el *Guzmán de Alfarache* y las novelas picarescas del siglo XVII. En el *Lazarillo de Tormes*, el narrador es el adulto Lázaro, que relata su seudoautobiografía en respuesta a una carta que le pide una relación de su situación actual[8]. El protagonista de la mayor parte de la narración es, sin embargo, Lazarillo el entretenido, simpá-

5 Scholes y Kellogg estudian el *histor* como narrador en su capítulo «The Classical Heritage of Modern Narrative», pp. 58-81.

6 Blanco Aguinaga, pp. 328-42.

7 Enrique Moreno Báez señala que los fines religiosos de la Contrarreforma de España reflejan las preocupaciones teológicas de la época. Fue el primero que sostuvo convincentemente que ciertos principios teológicos, como el pecado original, la salvación y el libre albedrío están íntimamente relacionados con el *Guzmán de Alfarache*, *Lección y Sentido de «Guzmán de Alfarache*» (Madrid, 1948). Hablando del *Guzmán de Alfarache*, Parker dice: «It satisfied the demands of the Counter-Reformation in that, being realistic, it was truthful and responsible. It served the ends of truth in that the story explicitly illustrated the doctrines of sin, repentance and salvation, the hero being one who, like Mary Magdalen, goes in search of the love of the world only to land in infamy, but who is able in his degradation to respond, like her, to the higher love. The heroes of romance are thus replaced by a picaroon —a thief, criminal, and galley-slave— who yet wins through to regeneration in the end» (p. 22). Véase las observaciones de Stephen Gilman acerca del *Guzmán de Alfarache* y su relación con el tema del desengaño y la Contrarreforma en «An Introduction to the Ideology of the Baroque in Spain», *Symposium*, 1 (1946), pp. 82-107.

8 En cuanto al estilo narrativo y su relación con el *Lazarillo de Tormes*, véase F. COURTNEY TARR, «Literary and Artistic Unity in the *Lazarillo de Tormes*», en *PMLA*, 42 (1972), pp. 404-21. Courtney fue el primer crítico que subrayó la importancai del estilo autobiográfico y su relación con la unidad estructural y temática del *Lazarillo de Tormes*; L. J. WOODWARD, «Author-Reader Relationship in the *Lazarillo de Tormes*», en *Forum for Modern Language*

tico e impresionante, en efecto mucho más que el adulto Lázaro. Aunque Lazarillo, el muchacho, ha recibido gran parte de la atención de muchos críticos, es Lázaro el que tiene el papel más importante de la novela con respecto a la técnica. Es Lázaro a quien le requiere escribir una carta Vuestra Merced, que como averiguamos en el séptimo tratado, es amigo del arcipreste de Sant Salvador. En el prólogo dice Lázaro: «Y pues Vuestra Merced escribe se le escriba y relate el caso muy por extenso, parecióme no tomalle por medio, sino del principio, porque se tenga entera noticia de mi persona...» [9]. La carta que comienza «Pues sepa Vuestra Merced...», es, en efecto, el libro, y Lázaro narra la historia cuando es pregonero. Nosotros somos, por decirlo así, los segundos lectores de la carta. El caso de que habla Lázaro es el triángulo matrimonial que sostienen Lázaro, su mujer y el arcipreste. En realidad, Lázaro no relata «el caso muy por extenso» ni da «entera noticia de su vida», como dice que hará. En efecto, él es un *histor,* que, como otros narradores, escoge la realidad que observa y la interpreta de un modo subjetivo. Al escoger los episodios que quiere referir da una parcial interpretación de la realidad, una interpretación realista que tiende a justificar hasta cierto punto el caso y su modo de pensar. Por realista que sea, esta obra es pura y exclusivamente una ficción irónica. Si tomáramos las palabras de Lázaro al pie de la letra, lo que yo no hago, su historia es una que representa un éxito en la cual el protagonista ha luchado contra la adversa fortuna y ha logrado mejorar su suerte. En el prólogo dice Lázaro que la fortuna influye en el mundo, y que relatará su historia desde el principio:

> «... porque se tenga entera noticia de mi persona; y también porque consideren los que heredaron nobles estados cuán poco se les debe, pues fortuna fue con ellos parcial, y cuánto más hicieron los que, sintiéndoles contraria, con fuerza y maña remando salieron a buen puerto» (p. 54).

En su historia de seudoéxito, Lazarillo tiene el deseo de mejorar su suerte por fuerza y maña, y siguiendo el portentoso ejemplo de su madre que, «... como sin marido y sin abrigo se viese determinó

Studies, 1 (1965), pp. 43-53; Claudio Guillén, «La disposición temporal del *Lazarillo de Tormes»,* en *Hispanic Review,* 25 (1957), pp. 264-79; Francisco Rico, *La novela picaresca y el punto de vista* (Barcelona, 1970), pp. 15-24; 35-44; véase especialmente su perceptivo análisis del caso en pp. 21-8; Frank Durand relaciona el concepto «deleitar-enseñar» con la unidad de la obra en «The Author and Lázaro: Levels of Comic Meaning», en *Bulletin of Hispanic Sstudies,* 45 (1968), pp. 89-101; Hans Robert Jauss, «Ursprung und Bedeutung der Ich-Form im *Lazarillo de Tormes»,* en *Romanistisches Jahrbuch,* 8 (1957), pp. 290-311; Peter Baumanns, «Der *Lazarillo de Tormes,* eine Travestie der Augustinischen *Confessiones?»,* en *Romanistisches Jahrbuch,* 10 (1959), pp. 285-91.
[9] *Lazarillo de Tormes,* ed. Claudio Guillén (New York, 1966), p. 54. Todas las citas son de esta edición.

arrimarse a los buenos [10] por ser uno dellos...» (p. 55). El quiere mejorar su vida y progresar materialmente, pero sufre una serie de desilusiones. Al final está tan inseguro y lleno de ansiedad como lo estaba al principio, puesto que su éxito o seudoéxito, como quiera llamárselo, cae bajo el poder de la fortuna.

La primera desilusión proviene del ciego, su maestro de fuerza y maña. Después de haber recibido una cabezada contra el toro, Lazarillo dice: «Parecióme que en aquel instante disperté de la simpleza en que como niño dormido estaba. Dije entre mí: "Verdad dice éste, que me cumple avivar el ojo pues solo soy, y pensar cómo me sepa valer» (p. 58). Lazarillo aprende mucho de las lecciones del ciego, tanto que enseña a su maestro una lección en fuerza y maña cuando hace que el ciego dé con la cabeza contra el poste.

En el segundo tratado el clérigo de Maqueda no provee un mejor bienestar. Lazarillo, otra vez desilusionado, pinta un clérige que parece ser caritativo y genuinamente religioso, pero en realidad es avaro e hipócrita [11].

El tercer tratado presenta la ilusión en una forma particular; el escudero no es un tipo de la literatura medieval y clásica, sino una nueva creación —el hidalgo español que considera como valor social preponderante, «la negra que llaman honra»—. Lazarillo como *histor* reconoce el comportamiento hipócrita del escudero, su soberbia, y el valor falso —la honra que estima en tanto—. Observa el papel que hace el escudero y comenta: «¡Oh Señor, y cuántos de aquéstos debéis Vos tener por el mundo derramados, que padecen, por la negra que llaman honra, lo que por Vos no sufrirían!» (p. 83). Este tratado es importante, ya que por medio de sus exclamaciones, el narrador da una visión de su actitud para con el mundo [12]. El Dios a quien se dirige Lazarillo varias veces en este tratado es, como señala Guillén [13], el inescrutable Dios del Antiguo Testamento. Los designios enigmáticos de Dios y su justicia, si es que existen, no son comprendidos por Lazarillo, no hay esperanza de mejorar. Desilusionado, Lazarillo se da cuenta de que el escudero no le ofrece una solución al

---

[10] La palabra bueno es usada irónicamente: Los estudios más importantes sobre el sistema trastornado de valores son: BRUCE W. WARDROPPER, «El Trastorno de la moral en el *Lazarillo*», en *Nueva Revista de Filología*, 15 (1961), pp. 441-7; AMÉRICO CASTRO, *Hacia Cervantes* (Madrid, 1967), pp. 118-42; STEPHEN GILMAN, «The Death of *Lazarillo de Tormes*», en *PMLA*, 81 (1966), pp. 150-4; FRANK DURAND, pp. 92-5.

[11] Entre los estudios más interesantes sobre los aspectos medievales y la sátira del clero, véase C. A. JONES, «*Lazarillo de Tormes*: Survival of Precursor», en *Litterae Hispanae et Lusitanae*, ed. Hans Flasche (Munich, 1968), pp. 181-88; ANN WILTROUT, «The *Lazarillo de Tormes* and Erasmus *Opulentia Sordida*», en *Romanische Forshungen*, 81 (1969), pp. 550-64; JOSEPH V. RICAPITO, «*Lazarillo de Tormes* and Machiavelli: Two Facets of Renaissance Perspective», en *Romanische Forschungen*, 83 (1971), pp. 151-72.

[12] Los apartes en el *Lazarillo de Tormes*, especialmente en este tratado revelan los pensamientos más íntimos del protagonista. Véase DOUGLAS M. CAREY, «Asides and Interiority in *Lazarillo de Tormes*: A Study in Psychological Realism», en *Studies in Philology*, 46 (1969), pp. 119-35.

[13] *Lazarillo de Tormes*, ed. Claudio Guillén, nota 255, p. 158.

problema de la supervivencia, y dice algo que probablemente es ini-
gualado en la literatura española por su pesimismo. Compartiendo la
miserable cama del escudero, exclama: «Maldíjime mil veces, ¡Dios
me lo perdone!, y a mi ruin fortuna, allí lo más del a noche; y lo peor
no osándome revolver por no despertalle, pedí a Dios muchas veces
la muerte» (p. 82). El deseo, real o no, de un joven de terminar con
la existencia terrena es, creo yo, único en la literatura española. Es
evidente que el punto de vista filosófico del narrador no es el de un
muchacho inocente, sino el de un escéptico pesimista cuya actitud se
forma en este tratado y se refuerza en el último.

El quinto tratado [14] presenta un tipo literario conocido, que como
el Fra Cipolla de Boccacio [15], emplea trampería y astucia para dejar
sin blanca a los fieles. En este tratado, que versa sobre la burla que
el alguacil y el buldero perpetran, Lázaro es más bien un observador
que un protagonista. Los blancos de la sátira en este tratado son los
valores religiosos ilusorios, la bula sin valor, el sermón insincero,
y el falso milagro. El mismo Lázaro es engañado por el astuto plan
del buldero y del alguacil. Una vez más observa los engaños y desilu-
sionados concluye que el buldero es uno de los tantos tramposos que
se aprovechan de los fieles crédulos:

> «Mas, con ver después la risa y burla que mi amo y el al-
> guacil llevaban y hacían del negocio, conocí cómo había sido
> industriado por el industrioso y inventivo de mi amo. Y, aun-
> que mochacho, cayóme mucho en gracia y dije entre mí: ¡cuán-
> tas destas deben de hacer estos burladores entre la inocente
> gente!» (p. 102).

En el sexto tratado, Lázaro como lo había hecho su madre antes,
se incorpora a la sociedad hipócrita que antes nos ha descrito. Ya
ha conseguido capa y espada y se considera hombre de bien. Después del episodio del escudero, el narrador y el lector saben que el
hábito no hace al monje, y que la capa y la espada son bienes ilusio-
rios de la fortuna.

En el último tratado, Lázaro, como pregonero, ha ascendido otro
escalón social. Ha llegado al buen puerto que mencionó en el prólogo, pero no sin haber sacrificado su integridad. La historia de su
seudoéxito ha terminado, y Lázaro, como marido complaciente, de la
manceba del arcipreste, ha llegado a lo que él pretende ser la cum-

---

[14] RAYMOND S. WILLIS sostiene convincentemente la importancia del quinto tratado y de la unidad artística del Lazarillo de Tormes en «Lazarillo and
the Pardoner: The Artistic Necessity of the Fifth Tractado», en Hispanic Review, 27 (1959), pp. 267-79. En cuanto a la unidad artística de esta novela,
véase también F. C. Tarr, pp. 404-21; MARCELL BATAILLON, la introducción de
su edición La vie de «Lazarillo de Tormes» (París, 1958); «La disposición...»,
pp. 264-79; WOODWARD, pp. 43-53; FERNANDO LÁZARO CARRETER, «La ficción
autobiográfica en el Lazarillo de Tormes», en Litterae Hispanae et Lusitanae,
pp. 195-214.

[15] Il Decamerone, VI, 10.

bre de toda buena fortuna. El *ménage à trois* es el caso que ya ha sido mencionado en el prólogo y que ya ha sido justificado en cierta medida por el narrador [16]. El arcipreste habla a Lázaro de su mujer y del matrimonio y dice: «Ella entra muy a tu honra y suya, y esto te lo prometo. Por tanto, no mires a lo que pueden decir sino a lo que te toca, digo a tu provecho» (p. 105). La respuesta de Lázaro muestra otra vez que ha seguido el ejemplo de su madre; dice: «Señor... yo determiné de arrimarme a los buenos», p. 105). La repetición casi textual de esta muy significativa frase al final de la novela, subraya el pesimismo que, a mi parecer, es una característica fundamental de la obra. La situación de Lázaro no es mejor que la de su madre, y com oella, él ha llegado a ser uno de los buenos que él mismo ha descrito y satirizado a través del libro. Ahora él, como ellos, es hipócrita. Pretende que la situación en que se ve al final de la historia es buena y provechosa, pero realmente es una situación insostenible, y todos los que conocen el caso deben callarlo. Dice Lázaro: «Hasta el día de hoy nunca nadie nos oyó sobre el caso; antes, cuando alguno siento que quiere decir algo della, le atajo y le digo: —Mirá, si sois mi amigo, que no me digáis cosa con que me pase, que no tengo por mi amigo al que me hace pesar» (p. 106). Lázaro como el escudero decide llevar una vida de ilusión, de éxito y felicidad falsos. El es un cínico escéptico que para poder sobrevivir se pone la máscara hipócrita de la sociedad que ha observado, pero lo hace conscientemente, pues permanece parcialmente distanciado de ella. Lázaro se ha incorporado a la sociedad cuyos valores no estima; está donde está porque las alternativas serían peores.

Para entender bien el tono de esta obra es importante comprender la actitud del *histor,* puesto que ésta influye en su observación, su interpretación y su punto de vista. En cuanto a la vida y a la sociedad, el punto de vista de Lázaro sobre el desengaño no es el dogmático de Guzmán. El de Lázaro es más sutil. Su actitud respecto a la sociedad y a la ética tienen base en el escepticismo filosófico, una doctrina que niega la existencia de certezas como hechos concretos y sostiene por lo tanto que la validez objetiva es indemostrable. Puesto que es imposible obtener una certeza infaliblemente verdadera, Lázaro como un sabio escéptico reconoce su ignorancia en materia especulativa, y acepta como regla la total abstención de juicios. Tal es el caso en lo concerniente a lo ético, a lo social, y a su triángulo matrimonial. En lo práctico se abandona a la costumbre con una pasividad tranquila, y su negarse a juzgar con su concomitante aceptación de las reglas de la sociedad, debería darle una tranquilidad espiritual. Al

---

[16] Gilman cree que la visión de Lázaro de su vida es una de un caso de fortuna al revés. «The Latin 'casus', meaning primarily 'fall', 'chance', or 'accident', took on moral connotations when applied to human life in such works as Boccaccio's *De casibus.* That is to say, it indicated punishment by fortune. The concept is thus doubly reversed in the *Lazarillo.* In his own mind, he rises and is rewarded for virtue, in the reader's, he falls (in the act of rising) and is punished (with dishonor). I believe that the idea of punishment by fortune is an interesting one, but I am not convinced that Lazarillo in his own mind believes that he «... rises and is rewarded for virtue...».

final, la única manera en que Lázaro puede conseguir alguna paz es decir a sus amigos: «... no me digáis cosa con que me pese.» Con respecto a su visión metafísica, si podemos decir que la hay, mantiene que el mundo está influido por la fortuna y que la única manera en que los pobres pueden triunfar, o sea, «salir a buen puerto», es mediante fuerza y maña. No hay primeros principios aceptables para Lázaro, y la sociedad no tiene una base moral porque la moralidad y la sociedad caen bajo la influencia de la fortuna. No hay certeza. Su triunfo, si puede llamársele así, es transitorio, porque también depende de la fortuna y puede desvanecerse en cualquier momento. La estructura narrativa de esta novela picaresca muestra que el protagonista es un *histor* desilusionado que expresa su punto de vista en lo referente al caso, y en cierta medida trata de justificarlo. Es mi opinión que Lázaro cuando describe su caso no está tan contento como pretende aparecer cuando dice: «Pues en este tiempo estaba en mi prosperidad, y en la cumbre de toda buena fortuna» (p. 106). Es, sin duda, un cornudo aunque no contento. Pues como dice el proverbio: Una persona feliz no tiene historia que contar.

EL *CASO* DEL *LAZARILLO:* UN ESTUDIO SEMANTICO EN APOYO DE LA UNIDAD ESTRUCTURAL DE LA NOVELA

S. B. Vranich
Lehman College
City University of New York

En el exordio de la *Eneida,* Virgilio nos dice que su héroe va a pasar por muchas desventuras —«tot... casus»—[1] antes de cumplir su misión divina. Estamos en el punto de arranque del poema virgiliano que, al cabo de una serie de *casos,* dejará a su desheredado prófugo en la cumbre de su fortuna, como fundador de la raza que iba a dominar el mundo antiguo.

En el prólogo del *Lazarillo de Tormes,* el protagonista nos dice que se le pidió que relatara el «caso» de su vida, y en consecuencia, lo que allí hace no es sino esbozarnos una breve autobiografía que asimismo resulta ser una serie de *casos* en su lucha contra «fortunas, peligros y adversidades»[2], de las que «remando» como un galeote, huye Lazarillo hasta llegar «a buen puerto»[3].

Aunque pueda tener interés el conjeturar si la novelita española es o no es una parodia del poema épico latino[4], como se ha dicho de

---

[1] Observa el Profesor Davis P. Harding que efectivamente los tres poemas épicos en el exordio contienen la misma frase: en la *Ilíada* se nos dice que la ira de Aquiles es responsable por las «innumerables desgracias» (muri...alge») de los griegos; y en la *Odisea,* que el héroe sufrirá «muchos infortunios» («polla...algea») camino de regreso *(The Club of Hercules. Studies in the Classical Background of Paradise Lost* [Urbana, 1962], p. 35).

[2] La voz *fortuna* aquí como en el título de la novela *(La vida de Lazarillo de Tormes y de sus fortunas y adversidades)* está empleada en el sentido de «mala fortuna». *Fortuna* en latín clásico podía ser «bona seu mala», y *casus* se da como uno de sus sinónimos *(Thesavrvs Lingvae Latinae* [Lipsiae, 1921], s.v. *fortuna).* En una nota de su edición de *El Criticón* (I, Filadelfia-Londres, 1938), M. Romera-Navarro recuerda «que la voz *fortuna* se empleaba en el siglo XVII con el sentido de *borrasca* o *suceso desgraciado...* y que conserva aún el mismo sentido en el lenguaje náutico, en la frase *correr fortuna* el navío» (p. 375). Entre las dos interpretaciones, Francisco Márquez cree más viable la acepción de «borrasca» o «tormenta», acorde con el carácter náutico de la serie *remar* y *buen puerto.*

[3] *Lazarillo de Tormes and El Abencerraje,* ed. Claudio Guillén, The Laurel Language Library (New York, 1966), p. 54.

[4] Hay una serie de tentadores paralelos entre la *Eneida* y el *Lazarillo* que quizá valdría la pena explorar, como lo ha hecho ARTURO MARASSO con el final de las *Geórgicas* y el remate del *Lazarillo.* Ver su *Estudios de literatura castellana* (Buenos Aires, 1955), pp. 159 y ss.

un probable nexo con las novelas de caballerías, no es mi propósito examinar aquí este aspecto. Más bien quisiera explorar con algún detenimiento el valor semántico del vocablo *caso*, ya que la importancia de este término como piedra angular de la estructura de la novela ha sido examinada con profundidad y acierto por Francisco Rico [5].

El mencionado «caso» del prólogo, y el del último tratado («Hasta el día de hoy nadie nos oyó sobre el *caso*»), no están empleados en el sentido que esta voz tiene en el castellano moderno («suceso» o «acontecimiento»). Se trata de un significado especial y latinizante, hoy caído en desuso, pero nada raro en la época del *Lazarillo*. La tendencia cultista del castellano pre-clásico convierte una voz relativamente sencilla en un vocablo rico y complejo, cuyos matices en la prosa y la poesía de los siglos áureos no han sido sometidos aún al obligado análisis semántico.

Con el fin de precisar su empleo en la novela española, conviene echar una mirada al latín, lengua en que el sustantivo *casus* se nos presenta como un vocablo sumamente complejo y a veces ambiguo. *Casus* deriva del participio pasivo de *cadere*, que nos da en castellano el verbo «caer» y una larga progenie de derivados como *caída, decadencia, ocaso, accidente, occidente, occiso*, voces que en gran parte pueden deducirse de la acepción normal del vocablo [6], y que quedan muy definidas en el léxico castellano. Pero en latín, junto al sentido normal de esta voz, se estableció una vertiente semántica altamente figurada, con el sentido de «ruina», «desgracia», «calamidad», «muerte» [7]. Abundan los ejemplos de esta acepción en la literatura clásica, y a título de ilustración cito solamente algunos.

La desgracia de Laudamia de haber perdido a su dulce esposo Catulo la califica de «casus»: «quo tibi tum *casu*, pulcherrima Laudamia» (68. 105).

Ovidio describe a Tisbe llorando sobre el cuerpo de su amado: «Pyrame... quis te mihi *casus* ademit» (*Met.*, IV. 142). («¿Qué desgracia te arrancó de mí?» Otro desdichado amante ovidiano empieza así su triste lamento: «Flete meos *casus*» (*Amores*, I. 12. 1). («Llorad mi desgracia»); y Príamo sufre con paciencia su amarga desgracia o tragedia: «fert... *casus* patienter amaros» (*Tr.*, V. 4. 15).

Esta es la acepción que tiene la voz *casus*, como hemos visto, en el ya citado ejemplo del exordio de la *Eneida*. Y unos versos más abajo, se emplea de nuevo en idéntica frase con idéntico significado, al hablar Virgilio de los troyanos que puestos a prueba por *tantos desastres* o *desgracias* son perseguidos por la misma fortuna: «nunc eadem fortuna viros tot casibus/... insequitur» (v. 240).

[5] «Problemas del *Lazarillo*», en *Boletín de la Real Academia Española* (1966), pp. 227-296 (la primera parte del artículo, que lleva el título «El caso», comprende las pp. 277 a 287); y *La novela picaresca. El punto de vista* (Barcelona, 1970, pp. 21-25.

[6] *Casus* en el sentido de «caída»; v. gr. «casis ... urbis/Troianae» (*Aen.* I., 623-4); y también en el latín medieval, como en el título del célebre tratado de BOCCACCIO, *De Casibus virorum illustrium*.

[7] Ver *Thesavrvs Lingvae Latinae*, III, s. v. *casus*, col. 577-8.

Los lanitistas españoles estaban bien enterados de esta acepción figurada del vocablo *casus* que estamos tratando, pues un contemporáneo del autor anónimo del *Lazarillo*, Hernández de Velasco, traduce la citada frase del exordio de la *Eneida*, «tot... casus», por «tanto mal»[8]. En efecto, esta acepción especial del sustantivo *caso* ya había entrado en la lengua castellana mucho antes, hecho del que la lexicografía española no parece haberse percatado todavía[9]. No obstante, esta omisión en parte puede justificarse, pues la dicha acepción latinizante resulta a veces sumamente elusiva, ya que no es fácil percibir su verdadero significado debido a que *desgracia, desventura, calamidad* y *muerte* son por definición *sucesos* o *acontecimientos*. Es más: a menudo el sustantivo *caso* va modificado por un adjetivo como *aciago, acerbo, triste*, que permite, sin peligro de interpretar mal el texto, entenderlo en el sentido que tiene en el castellano de hoy, lo cual, por cierto, ha ocurrido con la frase «casos tristes» en uno de los versos de las *Coplas,* de Jorge Manrique:

> Estos reyes poderosos
> que vemos por escripturas
> ya passadas,
> con *casos tristes*, llorosos
> fueron sus buenas venturas
> trastornadas. (vv. 157-62).

Sin embargo, estilísticamente no resulta difícil hacerse cargo del contraste implícito entre «casos tristes» y «buenas venturas»: «tristes» está contrapuesto a «buenas» y «venturas» a «casos». El contorno semántico nos obliga a interpretar «casos» como lo contrario de «venturas», es decir, *desventuras* o *desgracias*.

Cuando Celestina se dirige a Pármeno diciéndole «no pienses que soy tu catiua por saber mi secretos e mi pasada vida e *los casos que acaescieron* a mí e a la desdichada de tu madre»[10], es evidente que la protagonista no se refiere a los «sucesos» o «acontecimientos», sino a las «desgracias» o «sufrimientos». Y así lo entendió L. B. Simpson al traducir el citado pasaje al inglés: «And you, Pármeno, don't think you've got a hold on me just because you know my past and the *misfortunes* I shared with your unhappy mother»[11].

---

8 «Y tanto mal sufrió y pasó en mil guerras» (VIRGILIO, *Los doze libros de la Eneida*, Toledo, 155).

9 Martín Alonso registra «suceso» como acepción principal de *caso* desde Santillana para acá. Del *Diccionario* de Nebrija saca «fortuna» y «casualidad»; «ocasión» de *La Celestina*; y «asunto» de Lope de Rueda. Así también el *Diccionario Histórico de la Lengua Castellana* (Madrid, 1936), que registra como primera acepción «suceso» (la segunda es «casualidad»; la tercera, «ocasión» y la cuarta, «asunto»).

10 Ed. Julio Cejador y Frauca, Clásicos Castellanos, 23 (Madrid, 1954), 55, p. 102.

11 *Ibid.*, p. 142.

Garcilaso nos ofrece varios interesantes ejemplos del sustantivo *caso* en el sentido latinizante que venimos estudiando. En la Egloga II, Salicio, aludiendo a un personaje que presenció el «duelo» del «miserable y falto» Albanio, dice que se le contó «el *grave caso* deste pobre amante» (v. 112). Creo que sería a todas luces inapropiado interpretar *caso* en el sentido moderno del «suceso» o «acontecimiento».

El mismo poeta empieza así la Elegía I, dedicada al Duque de Alba «en la muerte de don Bernardino de Toledo»:

> *Aunque este grave caso aya tocado*
> *con tanto sentimiento el alma mía*
> *que de consuelo estoy necesitado*
> *... ... ...*

Ahora bien, el «caso» se refiere a la muerte, y no significa ninguna otra cosa, acepción bien documentada en latín [12].

El ejemplo quizás más claro de esta acepción latinizante en Garcilaso la encontramos, por cierto, en el Soneto [XV]:

> *Si, en fin, con menos casos que los míos*
> *baxaron a los reynos del espanto*
> *... ... ...* [13].

Aquí se alude a los personajes mitológicos que por motivo de menor *tragedia* o *desgracia* que la suya bajaron al infierno. Tomada la voz *caso* en la acepción corriente que tiene en el castellano moderno, este verso carecería de sentido.

Don Francisco Hurtado de Mendoza, Asistente de Sevilla, califica de «caso fuerte» la muerte de la reina doña Isabel de la Paz en un soneto que escribió en 1568 con motivo de la celebración de las honras fúnebres en la catedral hispalense [14].

Los ejemplos se multiplican en la segunda parte del siglo XVI y la primera parte del XVII, y, en efecto, dejan de presentar novedad para el lector entendido. Baste así, de entre muchos, un ejemplo más de Villamediana. Describe éste a la Fortuna, que tiene asida en la mano derecha «la rueda fatal con que castiga», como Reyna de *casos*, diosa

---

[12] Relata Julio César que los jefes galos se habían reunido para protestar la muerte de Acco, indicando que ellos también podían correr la misma fortuna: «posse hunc casum ad ipsos recidere demostrant» (*B. G.*, VII, 1); y en el mismo sentido emplea dicho vocablo al hablar de «Saturnini atque Gracchorum casus», i. e., la muerte de los dos (*B. C.*, I..7). Y así Virgilio al hacer reflexionar a Eneas por la pérdida de sus valientes hombres: «praecipue pius Aeneas nunc ocris Oronti, / fata Lyci fortemque Gyan fortemque Cloanthum» (*Aen.*, I. 22-23).

[13] *Obras completas*, ed. Elias L. Ribers (Columbus, Ohio, 1964), p. 17.

[14] Empieza así: «Si el miserable parto y caso fuerte» (la reina murió de sobreparto). «Fuerte» aquí en el sentido de «grave, amargo, terrible»; y «caso» en el de «tragedia». Son cuatro los sonetos que el Conde de Monteagudo escribió con motivo de estas honras fúnebres. Se conservan inéditos en un manuscrito de la Biblioteca Colombina.

de accidentes» [15], en donde es obvio que «casos» y «accidentes» están empleados como sinónimos, en el sentido de «desgracia, calamidades, males».

Que el anónimo autor del *Lazarillo* poseyó suficiente cultura como para emplear este latinismo, no cabe la menor duda. Para convencerse de que era un cumplido humanista no hay más que leer el prólogo. Pero al aceptar este sencillo hecho semántico, varias consideraciones sobre la totalidad de la novela saltan en seguida a la vista.

Notamos que la voz *caso* está usada en singular. Por el contrario, el moro Abindarráez relata «los casos» de su fortuna, en plural, pues la de caer cautivo en poder del alcaide Narváez no es sino una más de sus desdichas. Lázaro cuenta «muy por extenso» su único «caso». Este *caso*, al decir de Francisco Rico —sin entrar en las cuestiones semánticas del vocablo— «es el pretexto y asunto de la novela» [16]. A Lazarillo le sucedieron en su vida «muchas cosas, así graciosas como de notar», pero deja de contarlas, y aunque entre las que relata haya algunas «graciosas y de notar», el relato entero se orienta hacia un tema único. «La novela», señala con sumo acierto Fernando Lázaro Carreter, «no es sino la respuesta que el pregonero toledano da a ''vuestra merced'', el cual le ha preguntado por el ''caso'', esto es, por la situación de claro deshonor en que aquél se encuentra» [17]. Además, esta «situación de claro deshonor» parece haber sido calificada de «caso» por el mismo «vuestra merced» («Y pues V. M. escribe se le escriba y relate el *caso*»), quien patentemente pudo haber dado a esta

---

[15] Abundan los ejemplos en la poesía y la prosa del Siglo Aureo y me abstengo de citar muchos más porque podría argüirse que siendo posteriores a la época en que se escribió el *Lazarillo* no vienen a cuento, pero quisiera añadir un ejemplo más a título de prueba de hasta qué punto evolucionó esta voz en castellano autónomamente. *Caso* en su sentido etimológico de «caída» puede significar en lo moral «yerro» o «maldad». En este sentido lo empleó Juan de la Cueva, y esto lo sabemos porque el mismo autor nos lo define así: «Excelso rey Tarquinio, el aver hecho / Sexto Tarquinio *vn caso d'essa suerte*, / No a de ponerte a ti en tan grave estrecho / Que tú por él te obligues a la muerte» (*Comedias y tragedias de Juan de la Cueva*, pub. por la Sociedad de Bibliófilos Españoles [Madrid, 1917], p. 360). El «caso d'essa suerte» que había hecho Sexto Tarquinio nos lo aclara el mismo De la Cueva en el «Argumento», o sea, el resumen con que encabeza cada jornada de sus obras teatrales. «Roma embía», escribe Cueva, «un mensajero al rey Tarquinio diziéndole que por *la maldad* que su hijo Sexto Tarquinio cometió contra Lucrecia...» Es decir, «caso» en el sentido de *maldad*. En la misma comedia, más abajo, le añade a la palabra dos pequeñas variantes semánticas más cuando habla Porsena a Mucio Scevola: «¡O santos Dioses! ¡O maldad terrible! / ¿Quién a tenido tal atrevimiento? / ¡Muera el cruel que vn *caso* tan horrible / A cometer osó en mi acatamiento! / ¡Prendédmelo, traédmelo! ¿Es sufrible / Tal *caso?* ¡Muera el pérfido en tormento!» A la frase «*caso* tan horrible» hemos de darle la interpretación «*crimen* tan horrible», y al segundo *caso* algo como «acto bárbaro».

[16] «Problemas del *Lazarillo*», p. 287.

[17] «*Lazarillo de Tormes* en la picaresca» Barcelona, 1972), p. 42.

voz el sentido culto latinizante, muy en concordancia con la cultura que correspondía a su posición social y que el autor del *Lazarillo* hizo entender rectamente a su protagonista.

Al acoger la palabra y por consiguiente calificar todo su relato de «caso» con la acepción latinizante que le hemos dado y repetirla al final, el anónimo autor, por boca de Lázaro, no solamente acotó el campo de la novela con dos mojones, entre los cuales muy deliberadamente se trazan las líneas estructurales de la obra, sino que enmarcó la novela con la palabra que encierra en sí la idea principal de su temática: la justificación de la desgracia o tragedia de Lázaro.

En vista de lo dicho y a la luz de los ejemplos aducidos, resulta muy parcial la tesis de Marcel Bataillon, que hace del *Lazarillo* un «petit livre satirique et plaisant ...un livre pour rire, *de burlas*» [18]. O también la de R. O. Jones, para quien el *Lazarillo* representa «a masterpiece of comedy» y es «one of the funniest books in the language» [19]. Creo que en el *Lazarillo* hay que buscar una significación más profunda, al igual que la que tiene el *Quijote,* a pesar de todas las burlas. El *Lazarillo* nos da una visión trágica de la vida, conclusión a que llega Howard Mancing, fuertemente influido por la tesis de Márquez de Villanueva, al concluir que el libro es «one of the bitterest and most profoundly pessimistic statements ever made on man's inevitable compromise» [20].

Tanta diversidad de opiniones no se debe, a buen seguro, a ineptitud de los críticos, sino más bien a la estructura de la obra, que veo a modo de un proceso jurídico. Echemos un vistazo, por última vez, a la escena del prólogo en que Lázaro, como un reo, ha sido llamado por un juez, el «vuestra merced», para dar cuenta de su *caso* [21], palabra clave, tanto en el prólogo del *Lazarillo* como en el exordio de la *Eneida.* «El exordio», según el precepto de Cicerón, «se hace para disponer los ánimos de los oyentes o lectores, haciéndoles atentos, benévolos y dóciles» [22]. Virgilio quiere cumplir con este fin al anunciar los

---

[18] Intro. a *La Vie de Lazarillo de Tormes,* tr. A. Morel-Fatio París, 1958), pp. 9-13.

[19] *The Golden Age. Prose and Poetry* (Londres, 1971), pp. 66-67. Víctor García de la Concha, por otra parte, siguiendo lo que pretende ser un método no «acrítico», ve una «intención religiosa» en el *Lazarillo,* para desembocar en la conclusión insípida de que «sin descartar la posibilidad de interpretar el final del *Lazarillo* como un castigo de la rebeldía progresiva de Lázaro frente a la sociedad estamental, parece más coherente con el desarrollo de la obra ver en él la encarnación de una nueva moral, relativista y subjetiva». («La intención religiosa del *Lazarillo*», en *RFE, LV* [julio-diciembre, 1972], p. 277.

[20] «Te Deceptiveness of *Lazarillo de Tormes*», en *PMLA,* 90, no. 3 (1975), p. 431.

[21] Sentido jurídico en que Claudio Guillén sugiere que se puede entender la palabra al explicar en una nota la palabra *caso* como «matter». Se basa en la traducción de Rowland (1586), y añade: «as in legal language, *the facts of the case*». (*Lazarillo de Tormes,* p. 136.) Efectivamente, es la acepción que la palabra inglesa, *case,* derivada también del latín *casus,* tiene.

[22] *De Inventione,* I, XV, 20. Traducción de JUAN DE ROBLES en *El culto sevillano* (1631), publicado en Sevilla en 1883, p. 71.

«piélagos de males» —traducción moderna de la frase «tot... casus»— [23] contra los que luchará su héroe con el propósito de ganar nuestra *benevolencia,* en el sentido de admiración, a favor de su protagonista. Y el autor del *Lazarillo,* en la defensa de su personaje, califica de *caso* el supuesto crimen de Lázaro [24] en el prólogo, que co- rresponde al exordio clásico, a fin de que no se pierda de vista que lo que se está juzgando es también una tragedia o desgracia y no sólo una causa ante el tribunal. Se pretende de esta manera ganar nuestra benevolencia, despertar en el lector el sentido de misericordia o compasión hacia Lazarillo como ser humano y prójimo [25].

Y así Lázaro es defendido de una manera magistral. Culpable lo es, pero al oírle exponer su caso, nos queda una duda, y donde hay duda no puede haber fallo en contra del reo.

Entre tantas teorías que se han propuesto pra resolver los enigmas del *Lazarillo,* el valor semántico que destacamos en la palabra *caso* presta su pleno apoyo a la idea de que la novela es la defensa de la desgracia de Lázaro, defensa que tiene una extraordinaria unidad estructural, sobre todo desde el punto de vista jurídico, lo que nos lleva a creer que el anónimo autor debió de ser un excelente abogado [26], capaz de montar en el «caso» Lázaro una defensa tan hábil que ha podido mantener confuso al jurado del mundo por espacio de más de cuatro siglos.

23 Vicente López Soto, *Eneida* (Barcelona, 1970), p. 31.
24 Para *caso* en el sentido de «maldad» o «crimen», ver la nota 16.
25 Técnica que los abogados emplean aún en nuestros días en los procesos criminales. Piénsese, en América, en los célebres procesos de Clarence Darrow, el defensor de los condenados.
26 Hipótesis que propone Francisco Márquez al señalar huellas muy concretas acerca de que el autor era un jurista profesional. «Sebastián de Horozco y el *Lazarillo de Tormes*», en *RFE,* XLI (1957), pp. 253-339.

LA ESTRUCTURA SATIRICA DEL *LAZARILLO*

JAMES A. PARR
University of Southern California

> «... toute étude de la littérature participera, qu'elle
> le veuille ou non, de ce double mouvement: de l'oeuvre
> vers la littérature (ou le genre), et de la littérature (du
> genre) vers l'oeuvre; ...»
> Tzvetan Todorov, *Introduction à la littérature fantas-*
> *tique*, p. 11.

El término genérico «novela» es aplicado a menudo a la prosa
de ficción anterior al siglo XVIII. Entre los varios candidatos para el
puesto de honor de «primera novela» se han mencionado obras tan
diversas como *El asno de oro*, de Apuleyo; la *Historia etiópica*, de Heliodoro; *Troilus and Criseyde*, de Chaucer; *History of the Kings of
Britain*, por Geoffrey de Monmouth y, en España, el *Lazarillo* y el
Quijote.

Es indudable que en cada uno de los títulos mencionados se pueden señalar elementos que más adelante informarán la novela, pero
me parece igualmente indudable que ninguno de ellos es todavía novela, hablando en rigor.

El prestigio enorme del que ha gozado la novela explica en gran
parte el afán de incorporar a ese género obras de géneros vecinos,
muchos de ellos más o menos desprestigiados hoy día.

Empiezo con la premisa de que la novela es un género histórico que surge en un momento dado (hacia mediados del siglo XVIII)
como resultado de ciertos factores sociales, filosóficos y estéticos. Me
parece poco aconsejable hablar del *Lazarillo* en términos de un género que tardará dos siglos más en aparecer. Quisiera sugerir que
el término «narrativa picaresca» es más exacto que «novela picaresca» para referirnos a la picaresca *stricto sensu*.

¿Cómo clasificar entonces la narrativa pre-novelística? Hay varias
formas identificables: mito sagrado. cuento folklórico, épica, *roman-*

ce, leyenda, alegoría, confesión, historia, sátira y apólogo, y es un error de perspectiva el creer que todas luchan por desembocar en la novela. La novela es una forma narrativa de tantas [1].

Sin detenernos en elaborar definiciones exactas de cada forma pre-novelística, se ve en seguida que el *Lazarillo* no es ni mito sagrado, ni épica, ni *romance,* ni leyenda, ni alegoría, ni historia, ni apólogo, ni cuento folklórico (trasciende sus fuentes folklóricas, como ha señalado últimamente Fernando Lázaro) [2]. El recurso de la confesión es tan transparente que apenas merece comentario. Es confesión en la misma medida en que es autobiografía. Lo de la carta es otro recurso parecido e igualmente transparente. La segunda premisa es entonces que el *Lazarillo* es sátira. Una premisa relacionada es que una sátira consumada es preferible a una novela truncada.

Dos definiciones que sí valdría la pena elaborar son las de «novela» y «sátira». La novela primero, y lo que nos interesa ante todo es cuándo se manifiesta y debido a qué circunstancias. Su estado actual y las subdivisiones que de ella se han hecho, por ejemplo la novela lírica [3], no atañen a nuestro propósito.

Un estudio fundamental de la cuestión se encuentra en *The Rise of the Novel,* por Ian Watt [4]. El profesor Watt nos dice que el realismo de la novela no reside en la clase de vida que presenta, sino en la manera en que la presenta. La novela no es un *romance* invertido, como suele ser la picaresca con su perspectiva parcial del «half-outsider» [5], porque se esfuerza por retratar la variedad inacabable de la experiencia humana. El criterio primordial de la novela, continúa Watt, es la fidelidad a la experiencia individual, la que es siempre única y por lo tanto novedosa. A diferencia de la narrativa anterior, la trama de la novela no procede de la literatura previa, sea ésta la mitología, la leyenda o el folklore. He aquí una diferencia importante: gran parte de la trama del *Lazarillo* se funda en motivos folklóricos. El hecho de que el autor es un artista consciente que logra superar sus fuentes para dar simetría y unidad a su obra sí es un acierto de primer rango, pero no justifica el título honorífico de «primera novela moderna» [6]. La incorporación de tópicos tradiciona-

[1] Véase ROBERT SCHOLES y ROBERT KELLOGG, *The Nature of Narrative* (New York: Oxford University Press, 1966), pp. 3-16.

[2] *Lazarillo de Tormes en la Picaresca* (Barcelona: Ediciones Ariel, 1972), pp. 61-192.

[3] Véase RALPH FREEDMANS, *The Lyrical Novel: Studies in Hermann Hesse, André Gide, and Virginia Woolf* (Princeton: Princeton University Press, 1963). En otro estudio el profesor Freedman ha sostenido que la picaresca sí es una forma primitiva de la novela, interpretación que complementa la de Fernando Lázaro citada arriba. Véase «The Possibility of a Theory of the Novel», en *The Disciplines of Criticism,* ed. Peter Demetz *et al.* (New Haven: Yale University Press, 1968), pp. 57-77.

[4] BERKELEY: University of California Press, 1957. Los tres párrafos siguientes resumen sus observaciones preliminares, pp. 9-34.

[5] Término de CLAUDIO GUILLÉN. Véase su *Literature as System* (Princeton: Princeton University Press, 1971), p. 80.

[6] LÁZARO CARRETER, *op. cit.,* p. 64. En otros momentos hace asertos más modestos, llamándolo «un germen de lo que más tarde se llamará novela» (p.

les arguye en contra de su clasificación como novela.

La dimensión temporal nos proporciona otro contraste. En la novela, el autor nos sitúa ante una progresión cronológica bastante detallada; nos da el ambiente temporal día por día y a veces minuto por minuto. La cronología del *Lazarillo* se maneja de una manera mucho más vaga [7]. Tanto el ambiente temporal como el espacial son más abstractos que concretos en el *Lazarillo*. Hay espacios concretos, como por ejemplo las casas del clérigo y del escudero, pero ese tratamiento del espacio es esporádico; no caracteriza toda la obra.

El lenguaje de nuestro autor anónimo se aproxima al del novelista, pero no hay que olvidarse de que la base estética de su expresión es distinta. En el siglo XVI las normas que entran en juego son la verosimilitud y el decoro; en la novela, estas dos más un realismo filosófico análogo a la filosofía realista de Descartes y Locke, y un realismo formal comparable al resumen de los hechos que se presentaría en un tribunal. Si nuestro humanista hace hablar a su máscara de un modo llano y sencillo y si presenta la narración en forma parecida es para obedecer a los imperativos de verosimilitud y decoro. Es verosímil que Lázaro escribiera una carta así, pero no es nada realista. A pesar del estilo llano, de vez en cuando se asoma evidencia del gusto por la retórica; es decir, por el empleo del lenguaje como un fin en sí, no como un medio referencial. La novela tiende a suprimir por completo la retórica. Por último, dice Watt que la novela como género se caracteriza por la presentación exhaustiva más bien que por la concentración elegante.

Para Sheldon Sacks, en su libro *Fiction and the Shape of Belief*, la prosa de ficción se subdivide en tres clases: sátira, apólogo y novela [8]. En la *sátira* todos los elementos constructivos se complementan y se dirigen contra algún objeto externo, sea éste un hombre, las instituciones sociales, ciertas características de todos los hombres, o una combinación de los tres. El principio formal del *apólogo* es que se organiza como un ejemplo de la verdad de una aseveración o de una serie de aseveraciones relacionadas. Un ejemplo del apólogo tal como lo define Sacks sería el *Abencerraje*. Si el tono de la sátira es irónico, burlón y negativo, la ironía no tiene entrada en el apólogo, donde el ejemplo es presentado en forma positiva y seria. La *novela* presenta personajes por cuyos destinos el lector se preocupa; estos personajes se introducen en relaciones inestables, las que se complican cada vez más, hasta que al final se resuelven por la eliminación de la causa del desequilibrio.

Para Sacks, el principio organizador de la sátira sugiere que a pesar de las virtudes que pueda tener la consistencia en una obra

---

107) e «incipientemente novelesca» (p. 121), lo que me parece más acertado. No niego que hay en él elementos que más tarde informarán la novela.

[7] Para un estudio del asunto, véase CLAUDIO GUILLÉN, «La disposición temporal del *Lazarillo de Tormes*», en *Hispanic Review*, 25 (1957), pp. 264-79.

[8] BERKELEY: University of California Press, 1964. Este párrafo presenta un resumen muy incompleto de su capítulo preliminar, «Toward a Grammar of the Types of Fiction», pp. 1-69.

organizada como novela, la consistencia no viene al caso en el logro de la meta artística de una sátira. Esta observación ayuda a aclarar un aspecto importante de la estructura del *Lazarillo:* la falta de consistencia en la extensión de los tratados. Siendo sátira, no importa tanto que tenga una estructura equilibrada como si fuera novela. Sirve esta observación además para explicar la falta de consistencia en la presentación del narrador, quien a veces ocupa el centro del escenario y otras veces se convierte en mero espectador. Es más: varios aspctos que tendrían que considerarse defectos en una novela no lo son en una sátira; por ejemplo, lo del cuento del entierro y de la casa lóbrega y oscura, lo que empobrece el desarrollo del personaje [9]. Esto es así precisamente porque no es el propósito del satírico desarrollar personajes.

Siendo sátira, el lector no debería preocuparse por el destino del personaje principal, ya que éste no es sino un vehículo para facilitar el ataque al objeto externo. Así se explica quizá que el desvergonzado y presumido Lázaro, más que Lazarillo, es «el centro de gravedad de la obra» [10] y que la antipatía del autor hacia el Lázaro maduro [11] es tan evidente. Ambas facetas contribuyen al distanciamiento obligatorio del lector de una sátira.

Complementando el acercamiento teórico deductivo de Sacks, Gilbert Highet ofrece en *The Anatomy of Satire* una lista de seis características, en forma inductiva, que se hallan en todas las obras que se reconocen como sátiras [12]. *Primero,* dice, la obra suele presentarse de alguna manera como sátira, tal vez por el empleo de un tema satírico bien establecido. En el *Lazarillo* este tema unificador, aun más que el anticlericalismo, es la hipocresía. *Segundo,* el blanco del ata-

---

[9] FERNANDO LÁZARO observa que «obliga así a su criatura a vivir una peripecia que la empobrece, que no corresponde a la admirable complejidad espiritual que ha alcanzado» *(op. cit.,* p. 151). Sólo si se lee como novela. «An interpreter's preliminary generic conception of a text is constitutive of everything that he subsequently understands, and ... this remains the case unless and until that generic conception is altered», como ha dicho E. D. HIRSCH, *Validity in Interpretation* (New Haven: Yale University Press, 1967), pp. 68 y ss.

[10] Frase de CLAUDIO GUILLÉN, *art. cit.,* p. 271. La aseveración de Guillén, «let us not forget that the pícaro himself is the narrator and the satirist», en *Literature as System,* no resiste un examen detenido. Sí es el narrador, pero el satírico es el autor; en el *Lazarillo,* por lo menos, deberíamos no confundir al autor con su máscara, la que es sólo un vehículo más para la sátira.

[11] Véase el penetrante estudio de DONALD McGRADY, «Social Irony in *Lazarillo de Tormes* and Its Implications for Authorship», en *Romance Philology,* 23 (1971), pp. 557-67.

[12] Princeton: Princeton University Press, 1962, esp. pp. 3-23. Otros estudios valiosos del tópico son LEONARD FEINBERG, *Introduction to Satire* (Ames: The Iowa State University Press, 1967); ALVIN B. KERNAN, *The Cankered Muse* (New Haven: Yale University Press, 1959), donde sostiene en la p. 30 que «the most striking quality of satire is the absence of plot», para luego publicar en 1965 *The Plot of Satire* (misma editorial); DAVID WORCESTER, *The Art of Satire* (Cambridge: Harvard University Press, 1940); MATTHEW HODGART, *Satire* (London: Weidenfield and Nicholson, 1969), y RONALD PAULSON, *The Fictions of Satire* (Baltimore: Johns Hopkins University Press, 1967) en el cual hay una discusión del *Lazarillo* en las pp. 58-65.

que es algo local, algún asunto contemporáneo. En el *Lazarillo* el blanco de la sátira me parece ser la política imperialista de Carlos V, un tópico que preocupaba mucho a los humanistas españoles de la época. *Tercero*, el vocabulario. El lenguaje tiende a ser cruel, cómico y familiar. El primer tratado ya nos proporciona una sinnúmero de ejemplos. *Cuarto*, los recursos clásicos del satírico son la ironía, la paradoja, la escena nauseabunda, la parodia, la violencia, la exageración y la obscenidad. El único que falta en el *Lazarillo* es la obscenidad. Son patentes la ironía del autor humanista que se expresa por la máscara de un pícaro ignorante e ingenuo, la paradoja del ciego que encamina a su lazarillo, lo nauseabundo del episodio de la longaniza [13], la parodia inicial de los libros de caballerías, la violencia de los primeros dos tratados y así por el estilo. *Quinto*, el satírico quiere ofender la sensibilidad del lector, haciéndole presenciar lo desagrable, con el propósito de hacer patente algo que uno preferiría tal vez pasar por alto y para inspirar, a fin de cuentas, una sensación de protesta. Después de atestiguar el espectáculo exagerado que ofrece nuestro autor, su visión parcial y negativa de una sociedad de valores invertidos, no cabe duda de que el lector discreto contemporáneo sentía una sensación de protesta contra esas condiciones y, ojalá, contra la fuente primaria de valores invertidos, la política del emperador. *Sexto*, un criterio más subjetivo: la emoción típica que siente el autor y que quiere evocar en el lector. Es una fusión de desprecio y diversión. Uno de los aciertos del satírico consiste en combinar estas dos actitudes. Si se pone demasiado énfasis en la diversión, la obra se hace comedia: si se subraya demasiado el desprecio, invectiva. Otra vez, no hay duda de que el autor del *Lazarillo* logra magistralmente sintetizar el desprecio que siente hacia el blanco de su ataque con una actitud juguetona. Responde esto en parte, claro, a otro imperativo medio estético, medio moral: el ubicuo *útile et dulce*.

El *Lazarillo* se narra en dos niveles, para dos clases de lectores. Se entiende que son el vulgo y los discretos, aunque no se emplean estos términos: «... pues podría ser que alguno [el discreto] que las lea halle algo que le agrade y a los que no ahondaren tanto [el vulgo] los deleite» [14]. El que permanece en la superficie se divierte con las varias ironías aparentes y capta el anticlericalismo y tal vez la sátira subyacente del vicio común a la mayor parte de los hombres, la hipocresía. Pero el énfasis en el anticlericalismo y en la hipocresía es demasiado obvio para ser el verdadero blanco de este escritor cuya sutileza sigue siendo un desafío formidable. Sólo hay que consultar los

---

13 Lo cual se ha dado como característica de la picaresca como modalidad o género teórico («*sensu lato*» en los términos de C. Guillén), llamándolo el «motivo del acontecimiento horrible o grotesco». Señala ULRICH WICKS en su artículo «The Nature of Picaresque Narrative: A Modal Approach», en *PMLA*, 89 (March, 1974), pp. 240-49, que «the picaresque may often compress the blackness and horror of the debased world into one specific and very particularized incident» (p. 247).

14 Ed. de Francisco Rico, *La novela picaresca española*, I (Barcelona: Editorial Planeta, 1967), p. 6.

estudios penetrantes de Fernando Lázaro, Francisco Rico y tantos otros para comprobar el aserto. Son de notar, pues, la sutileza que tipifica la narración, la división de los lectores en dos clases y la sugerencia que el discreto debería ahondar en el texto para hallar el verdadero sentido.

A mi manera de ver, tanto el motivo de la hipocresía como el anticlericalismo sirven el propósito primordial de indicar que se tiene que ver con una sátira. Representan una temática trillada que reconocería en seguida cualquier lector contemporáneo experimentado. Pero el verdadero blanco del ataque es otro. Para mí, toda la acción culmina en el paralelo escarnecedor del final entre el desvergonzado Lázaro y el «victorioso» emperador. Carlos V es sólo indirectamente el objeto de la censura, ya que se incluye por esta alusión dentro de la obra. El objeto satirizado —y sobre este punto hay un acuerdo sorprendente entre los teóricos— tiene que ser algo fuera de la narración hacia el cual apuntan todos los elementos constructivos. En el *Lazarillo,* no puede ser sino la política imperialista del emperador, la que ha contribuido a la creación de una sociedad de valores invertidos. El primer indicio de estos valores trastornados se halla ya en el prólogo, donde se propone conseguir el honor por la elaboración del caso anti-honroso. La fuerza motriz del hambre se explica también como consecuencia de esta política; los problemas económicos de la época surgen en gran medida de los tremendos gastos que requería [15].

Alberto del Monte cita ejemplos de la conciencia de una desviación de España de su propio destino y llega a la conclusión de que «... es lícito suponer que de esta conciencia participase también el anónimo autor del *Lazarillo,* el cual, como español, advertía que la política imperialista de Carlos V traicionaba las aspiraciones de su pueblo y perjudicaba su elevación social y sus recursos económicos, a cambio de una gloria militar ajena a la verdadera tradición ibérica y ruinosa para su capacidad económica, y, por lo tanto, ilusoria, aparente, fecunda en consecuencias fatales. Por eso eligió como términos de su novela [sic] una real derrota, la de Gerba, que debió tener para él una penosa resonancia y asumir un valor simbólico, y un triunfo aparente, el del emperador después de la victoria de Pavía: en medio, una peripecia de hambre, de miseria, de vicio, de oscuras astucias, de lucha egoísta por conquistarse un bienestar meramente material, deshonroso e ilusorio, una fábula amarga e irónica nacida del pesimismo y que simbolizaba en las aventuras de un muchacho las aventuras de la España de su tiempo, olvidadiza de su idealidad de la Reconquista, tarada por la miseria y pagada de un esplendor vano y caduco» [16].

La tesis de del Monte es complementaria a la que hemos expuesto aquí. El desastre nunca vengado de los Gelves y la victoria de Pa-

---

[15] Véase J. H. ELLIOTT, *Imperial Spain,* 1469-1716 (New York: St. Martin's Press, 1963), pp. 196-204.

[16] *Itinerario de la novela picaresca española,* trad. Enrique Sordo (Barcelona: Editorial Lumen, 1971), p. 40.

vía parecen servir de marco cronológico a la narración. Las fechas son 1510 y 1525. Aun si no se acepta la fecha de 1525 como definitiva, queda la alusión inicial a los Gelves y el paralelo irónico final entre la cumbre ilusoria y deshonrosa de Lázaro y la victoria, o las victorias, del emperador [17].

El honor falso, la hipocresía, el hambre, el punto de vista [18], la tensión entre apariencia y realidad, la estructura episódica que refleja el caos interior del protagonista y de la sociedad, el recuerdo de los Gelves, la falta de caridad cristiana (reflejo en miniatura, tal vez, de la misma falta entre los príncipes de la cristiandad), en fin, todos los elementos constructivos convergen en el parangonar el estado de uno de los miembros más ínfimos de una sociedad corrompida con el representante más exaltado. Del mismo modo en que los valores de la sociedad dibujada aquí reflejan los valores equivocados de un monarca cristiano que lucha contra otros príncipes cristianos, sus hermanos, en vez de proseguir la Reconquista hasta el final lógico, Láraro, a su vez, refleja los valores distorsionados del medio ambiente que lo ha formado. El círculo se hace completo al final al juntar en el último párrafo la causa primordial de los valores desorientados con el cornudo y contento Lázaro. Se unen al final causa y efecto.

---

[17] Importa relativamente poco, a fin de cuentas, la fecha de redacción. Seguramente es entre 1525 y 1554. Aun sin fuera en 1553, esto no impediría el situar la acción entre 1510 y 1525.

[18] Para un estudio de la narrativa en primera persona, véase BERTIL ROMBERG, *Studies in the Narrative Technique of the First-Person Novel* (Stockholm: Almquist & Wiksell, 1962). Quisiera añadir aquí que un estudio excelente de la estructura satírica del *Quijote* se encuentra en la tesis doctoral de RONA I. KING, «The Anti-Hero: *Don Quijote* and the Twentieth Century», University of Southern California, 1975, pp. 70-313.

ARTE COMO PROCEDIMIENTO: *EL LAZARILLO DE TORMES*

Alfonso de Toro
Romanisches Seminar
Universität Kiel

El [1] presente estudio tiene como objeto el demostrar que el *Lazarillo* plantea un fenómeno exclusivamente literario. Es decir, el autor en esta obra trata de resolver problemas artístico-literarios y de creación y no de producir una sátira contra la España del siglo XVI. El autor del *Lazarillo* parodia una tradición literaria determinada, como lo son las *Novelas de Caballería,* las *Novelas Sentimentales,* al literatura mística, etc. Esta parodia tiene como resultado la introducción de un nuevo *sistema literario* desplazando a otro ya «automatizado». Esta «introducción» y este «desplazamiento» se produce en el *Lazarillo de* dos formas: por una parte, a un nivel del *discours,* y por otra, a un nivel de la *histoire* [1 bis]. Al nivel del *discours* observamos que el *Lazarillo* está narrado en primera persona. Este «yo-narrativo» se desprende de una tradición literaria determinada (e. g., la literatura-confesión [2], el *Asno* y el *Asno de Oro* [3], etc.), parodiando, es decir, invirtiendo las «funciones» [4] que tenía este «yo-narrativo» en algunas de las obras precedentes, mas conservando muchas veces sus características formales. El «yo-narrativo» es pues un «yo-ficcional» con una función puramente estética y no un «yo-histórico», que confiesa y cuenta

---

[1] Todos los subrayados de las citas del texto del *Lazarillo* son del autor del presente trabajo. En caso contrario, será indicado.

[1 bis] B. Benviniste, «Les relations de temps dans le verbe francais», en *Problèmes de linguistique générale* (París, 1966), pp. 237-250.

[2] H. R. Jauss, «Ursprung und Bedeutung der Ich-Form im *Lazarillo de Tormes*», en *Romanistisches Jahrbuch,* VIII (1957), pp. 290-311.

[3] F. Lázaro Carreter, «*El Lazarillo de Tormes» en la picaresca* (Madrid, 1972).

[4] El término «función» es empleado según los formalistas rusos; cf. J. Tynjanov, «Über die literarische Evolution» (1972), en *Russischer Formalismus,* ed. J. Striedter (München, 1971), pp. 433-461.

vida y pecados, como se ha creído ingenuamente algunas veces. El «yo-narrativo» tiene aún otro valor que el de parodiar una tradición literaria determinada, que es la creación de una nueva forma de narrar en primera pesona: la dualidad entre el «yo-narrador» y el «yo-actuante»[5], de cuya forma se desprende el tono irónico de esta obra y en cuya forma —en gran parte— se basa la novedad y el valor del *Lazarillo* como obra de arte.

Al nivel de la *histoire* sucede algo similar. El autor del *Lazarillo* toma estructuras narrativas de obras precedentes, procediendo de tal modo que «supera» su función «automatizada» creadando una nueva forma de narrar y descubriendo la ficcionalidad de lo narrado. Este «cambio» y esta «conservación» produce un «desplazamiento», una «superación» de estas estructuras narrativas precedentes ya «automatizadas», dando paso a un nuevo sistema. Como vemos, el *Lazarillo* se desprende de una amplia y rica tradición literaria[6].

De las afirmaciones hechas más arriba, acentuando el carácter paródico del *Lazarillo* y considerando la parodia como el elemento fundamental de la evolución literaria[7], podemos afirmar anticipadamente que el *Lazarillo* desplaza a un sistema ya desacreditado proponiendo uno nuevo, y que siendo éste una obra típicamente paródica tiene como único *sujet* la reflexión sobre principios de construcción, sobre cuestiones de método y procedimiento, ya que las aventuras del «personaje» y las burlas no son sino el *pretexto* o la motivación del *discours*[7a].

De esta afirmación se desprende además que el famoso «realismo» en el *Lazarillo* no es un realismo que tenga como «referencia» la sociedad, sino la literatura, como veremos más adelante.

1. Discusión científica en relación con el análisis del *Lazarillo de Tormes* y la tesis formulada sobre éste.

Para una mayor y mejor comprensión del presente artículo me parece imprescindible la exposición de los métodos de trabajo y de la base científico-literaria que determinarán y constituirán el análisis a realizar.

En nuestro siglo pasa primero la lingüística y luego la filología a constituir una verdadera «ciencia». Todas las escuelas que se ocupan de estas dos disciplinas nombradas, trabajan con diferentes métodos y en diferentes direcciones, mas tienen algo en común: el alcanzar en sus análisis y afirmaciones una exactitud y objetividad tan grande como sea posible, y la delimitación de su campo de investigación, ya que la característica mayor de una ciencia es la delimitación de su campo de trabajo, es decir, lo «específico» en ella. Si vamos a trabajar en forma «científica» en la literatura, tendremos, pues, que

---

[5] Cf. F. K. STANZEL, *Typische Formen des Romans*, 6.ª ed. (Göttingen, 1972).
[6] Cf. M. BATAILLON, *Novedad y fecundidad del «Lazarillo de Tormes»* (Barcelona, 1968, pp. 27 y ss.; LÁZARO CARRETER, ob. cit., pp. 28-29.
[7] V. J. TYNJANOV, *Über die literarische Evolution*, pp. 301-307, 331.
[7a] Ya Bataillon, p. 49, se expresaba de semejante manera con respecto al elemento histórico en el *Lazarillo*.

proceder de esta forma, y el objeto de nuestra investigación tendrá
que ser lo «literario» de la literatura y no otros aspectos que van
más allá de estos límites [7b]. El trabajo científico es especialmente dentro de la «hispanística» de una necesidad imperante, ya que ésta
adolece en muchos casos —y en este punto sigo a más de algún filólogo— [8] de una falta de rigurosidad, de exactitud en sus análisis, lo
cual conduce a un estagnamiento dentro de la investigación literaria;
en la «hispanística» se confunden las diferentes «series» [9], pasando
a segundo lugar lo esencial del análisis, es decir, lo literario, y a primer plano aspectos muchas veces totalmente secundarios, como son los
elementos psicológicos, sociológico u otros. Como consecuencia de estos razonamientos analizaremos en el presente trabajo lo puramente
«literario» en el *Lazarillo* [10], considerando la obra literaria como un
sistema semiótico dentro de un sistema mayor, la literatura, en donde existen reglas propias a su naturaleza, y en cuyo sistema todos los
elementos se encuentran en correlación y en acción recíproca [11]. Estos elementos se organizan a través de determinados procedimientos,
y es la suma de ellos lo que le dan a una obra literaria su carácter
de creación artística [12].

Consideramos, pues, al *Lazarillo* como un sistema —y como ya
hemos postulado— como un sistema nuevo que «desplaza» a otro ya
«automatizado». Este «desplazamiento» se produce dentro de una tradición literaria, entendiendo bajo «tradición» no un proceso lineal en
donde las funciones y lo formal de los elementos van pasando de época en época intactos, sino como un proceso *dinámico*.

«Tradición es evolución, es el cambio de correlación (función) de
los miembros de un sistema. Evolución es sustitución de un sistema
por otro. Esta sustitución se transfiere de una época a otra ya sea en
forma lenta o en una forma abrupta, y no presupone ni una renova-

---

[7b] Queremos sobre todo, por cuestión de claridad, analizar solamente lo
«literario» en el *Lazarillo*, ya que generalmente se confunden en muchos análisis las diferentes «series», llegando a resultados que no rinden cuenta, que
no corresponden plenamente al análisis literario. Esto no quiere decir que el
Lazarillo como sistema literario no esté en su génesis y en su intencionalidad
en contacto directo con otras «series», como, por ejemplo, con hechos históricos, fenómenos sociológicos, etc. Este último aspecto, es decir, la relación de
las «series» entre sí, debería ser luego tratado dentro del sistema de la «recepción
estética», paso el cual debería complementar el análisis efectuado en el presente trabajo.

[8] Lázaro Carreter, p. 19.

[9] El término es usado aquí según los formalistas rusos; V. Tynjanov, *Über
die literarische Evolution*, pp. 434 y ss.

[10] Para esto nos basaremos en parte en los postulados de los formalistas
rusos; cf. J. Striedter, ed., *Russischer Formalismus*, pp. 5-35; 38-1021; 374-391,
393-431, 433-461.

[11] Cf. R. Barthes, «Introduccion à l'analyse structurale des récits», en
Communications 8 (París, 1966), pp. 6-7; J. Tynjanov, «Über die literarische
Evolution», pp. 437 y ss.

[12] Con respecto a la obra de arte como «suma de procedimientos», confróntese V. Sklovskij, «Die Kunst als Verfahren» (1916), *Russischer Formalismus*, ed. J. Striedter (München, 1971), pp. 5-35.

ción repentina ni total, ni tampoco un cambio de todos los elementos formales, sino de funciones» [13].

En la evolución literaria tiene la parodia una importancia central [14] una vez que las condiciones para la evolución están dadas, como en el caso del *Lazarillo*. La parodia tiene una función doble: por una parte la de mecanizar un procedimiento determinado y por otra, la de organizar el nuevo material al cual pertenece también el material antiguo automatizado [15]. La parodia tiene, pues, la función de destruir y construir, es decir, «la construcción a través de la destrucción».

A continuación quisiera tratar algunos aspectos generales con respecto a la crítica que se ha ocupado del *Lazarillo,* sobre todo para indicar cuáles son mis puntos de vista divergentes con respecto a ella. Estos aspectos, que quiero aquí tratar en la forma más breve posible, son: *a)* el problema de las «fuentes», *b)* la «originalidad» del *Lazarillo, c)* el «realismo» del *Lazarillo* y *d)* el problema de la «autoría».

a) La preocupación de la «hispanística» por las «fuentes» (o por la autoría en caso de obras de autores anónimos) es hasta hoy grande y en cierto punto exagerada. Muchos críticos han pretendido reducir el *Lazarillo* a una fuente determinada y han querido probar que los elementos «a, b, c, ..., n» provienen de una obra «X» o «Y», basándose para esto en cuestiones de tipo temático, formales o funcionales, obteniendo muy diferentes resultados. La crítica está de acuerdo hoy por hoy que el *Lazarillo* tiene en general un origen folklórico y que en parte tiene sus bases en diversas obras de variados *genres.* Cajador [16] y Bataillon [17] han tratado de probar que el nombre «Lázaro» y su topónimo, «de Tormes», ya existían en la tradición folklórica. Lázaro Carreter [18] asegura que las estructuras narrativas «nacimiento en el río» y «amancebamiento de la esposa de Lázaro con un clérigo» eran ya estructuras difundidísimas en el folklore, como en las obras de Rodrigo de Reinosa, Diego Sánchez de Badajoz, Orozco, etc... Las burlas (vino, longaniza, cabezazo contra el toro, etc.) se encontraban —según estos dos críticos— ya en la literatura europea. El comienzo del *Lazarillo,* como bien lo indica Lázaro Carreter [19] («porque se tenga entera noticia de mi persona» [20]), es una forma típica *ad initio* (ya postulada por Quintiliano [21]) de comenzar las his-

---

[13] TYNJANOV, *Über die literarische Evolution,* pp. 438-439, 459 y ss.

[14] Cf. STRIEDTER, pp. XLI y ss.

[15] Cf. J. TYNJANOV, «Dostoevskij und Gogol» («Zur Theorie der Parodie)» (1921), en *Russischer Formalismus,* ed. J. Striedter (München, 1971), pp. 301-371.

[16] Cf. J. CEJADOR Y FRAUCA, «Introducción y Notas», en *La vida de Lazarillo de Tormes y de sus fortunas y adversidades* (Madrid, 1972), pp. 13 y ss.

[17] *Novedad y fecundidad del «Lazarillo de Tormes»* (Barcelona, 1968), pp. 27 y ss.

[18] *«El Lazarillo de Tormes» en la picaresca,* p. 104.

[19] *Ibid.,* pp. 71 y ss.

[20] *Lazarillo de Tormes* (1554), ed. J. Cejador y Frauca (Madrid, 1972), p. 64. Todos los ejemplos del *Lazarillo* citados en el presente trabajo, serán de esta edición.

[21] M. F. QUINTILIANO, *Instituio Oratoria,* ed. H. Rahn (Darmstadt, 1972-1975).

torias y autobiografías coetáneas. Lázaro Carreter agrega, que si bien es cierto, que el Tratado II es original, en su concepción general está determinado por estructuras narrativas folklóricas [22], tales como la querella alimenticia entre clérigo-criado, la llave, preocupación por el dinero por parte del clero, ayunos mezquinos, creencia vulgar que las culebras buscan arrimo en los niños, golpe a una persona creyendo que es un animal, el caldero como ayuda o auxilio, etc.

Con respecto al Tratado III, se dividen las opiniones. Mientras Tarr [23] y Lida de Malkliel [24] niegan al escudero un origen de carácter tradicional-folklórico, Bataillon [25] y Lázaro Carreter [26] —sólo por nombrar algunos— aseguran y creen probar su origen folklórico, ya existente en 1534 en forma de refranes. El aspecto físico del escudero, el misterio que lo rodea, el problema de la honra, el episodio en la huerta y el entierro que atemoriza a Lázaro eran —según Bataillon y Lázaro Carreter— ya tópicos de la época, y por último, el motivo del entierro de origen indio, etc.

Con respecto a las fuentes estructurales del *Lazarillo*, existen también nutridas teorías de las cuales nombraremos aquí las más importantes y —según creo— las más probables.

Jauss cree ver el origen del «yo-narrativo» del *Lazarillo* en las *Confesiones,* y lo reduce a una parodia exclusiva de éstas, y es allí donde radica el error de su tesis, a pesar de ciertas afirmaciones certeras, agudas y definitivas para el análisis del *Lazarillo,* como veremos más adelante [27]. Lázaro Carreter propone como marco estructural del *Lazarillo* el *Asno* [28] y en parte el *Asno de Oro* [29], como así también M. Kruse [30] y Bataillon [31]. Otros han querido ver en el *Lazarillo* una parodia contra las *Novelas de Caballerías* [32] o una sátira contra la España de Felipe II [33], etc.

El fin que hemos perseguido al citar todas estas posiciones no es el controlar hasta qué punto son las afirmaciones descritas más arriba correctas o no. Aquí hemos querido mostrar cuán variadas son las posiciones y cuán difícil es el poder describir, con cierta seguridad,

---

[22] LÁZARO CARRETER, ob. cit., pp. 124 y ss.
[23] F. TARR, «Die thematische und künstlerische Geschlossenheit des *Lazarillo de Tormes*» (1927), en *Pikarische Welt,* ed. H. Heidenreich (Darmstadt, 1969), p. 27.
[24] M. LIDA DE MALKIEL, «Función del cuento popular en el *Lazarillo de Tormes*», en *Actas del Primer Congreso Internacional de Hispanistas* (Oxford, 1964), pp. 358-359.
[25] *Novedad y fecundidad del «Lazarillo de Tormes»,* pp. 38 y ss.
[26] «*El Lazarillo de Tormes*» *en la picaresca,* p. 135.
[27] «Ursprung und Bedeutung der Ich-Form im *Lazarillo de Tormes,* pp. 290-311.
[28] «*El Lazarillo de Tormes*» *en la picaresca,* pp. 37-40.
[29] *Ibid.*
[30] M. KRUSE, «Die parodistischen Elemente im *Lazarillo de Tormes*», en *Romanistisches Jahrbuch,* X (1959), pp. 297-304; M. Kruse propone también *La Celestina* como arco estructural.
[31] Cf. *Novedad y fecundidad del «Lazarillo de Tormes».*
[32] *Amadis de Gaula,* por ejemplo.
[33] CEJADOR Y FRAUCA, ob. cit., p. 8.

la fuente más cercana del *Lazarillo*. Según mi opinión, todo intento de reducir el *Lazarillo* a una sola «fuente», como lo han intentado Kruse [34], Jauss [35] y Lázaro Carreter [36] encontrará serias dificultades [37]. El *Lazarillo* es el resultado de una tradición amplia y variada y no de una sola obra. Si algunas estructuras del *Lazarillo* se encuentran en obras procedentes, pueden estar en relación o no, y esta relación la decidirá la «marcación» de las funciones únicamente.

b) La originalidad del *Lazarillo* ha sido muchas veces puesta en duda. La razón es que algunos críticos no han dedicado la debida atención en sus estudios al importantísimo fenómeno de las «funciones» y de la evolución literaria, considerando solamente ciertos aspectos formales y semánticos de la obra. Cuando ellos dicen que el *Lazarillo* no es una obra original y por esto carece de valor artístico, debemos contestarles, que han olvidado, que «una obra, y que una forma nueva, no nace para comunicar un nuevo contenido, sino para desplazar formas antiguas, las cuales han perdido su carácter (forma) de Arte» [38], y que allí (en el desplazamiento) radica la originalidad del *Lazarillo* [39].

c) El «realismo» [40] del *Lazarillo* es un tema sobre el cual se ha escrito mucho y muy impreciso, llegando hasta la ingenuidad de creer que el *Lazarillo* era una autobiografía real [41].

En los últimos años se ha tratado de demostrar que el *Lazarillo* es, en primer lugar, una obra esencialmente ficcional, sin abandonar, en muchos casos, la posición de querer hacer del *Lazarillo* —por lo menos en parte— una sátira. Según mi opinión, es el *Lazarillo* una

---

[34] *Die parodistischen Elemente im «Lazarillo de Tormes»;* Kruse quiere ver el original del *Lazarillo* no sólo en *La Celestina,* como hemos dicho, sino en el *Asno de Oro.*

[35] *Ursprung und Bedeutung der Ich-Form im «Lazarillo de Tormes»;* Jauss considera las *Confesiones* como la fuente directa del «yo-narrativo» del *Lazarillo* y reduce esta obra a una parodia de las *Confesiones.*

[36] *«El Lazarillo de Tormes» en la picaresca,* pp. 37 y ss. Carreter propone el *Asno de Oro* y el *Asno* como marco estructural del *Lazarillo.*

[37] Lo curioso es que M. Kruse y Lázaro Carreter, a pesar de querer ver el origen del *Lazarillo* en una obra determinada, son de opinión que esta obra es el resultado de una tradición amplia, como ya he indicado con anterioridad. M. KRUSE, *Die parodistischen Elemente im «Lazarillo de Tormes»,* p. 301; LÁZARO CARRETER, *«Lazarillo de Tormes» en la picaresca,* pp. 47 y ss.

[38] Cf. V. SKLOVSKIJ, *Die Kunst als Verfahren,* p. 51.

[39] Cf. LÁZARO CARRETER, «Lazarillo de Tormeṣ» *en la picaresca,* pp. 13, 64 y ss.; F. TARR, *Die thematische und künstlerische Geschlossenheit des «Lazarillo de Tormes»,* pp. 19 y ss.; H. R. JAUSS, *Ursprung und Bedeutung der Ich-Form im «Lazarillo de Tormes»,* pp. 297 y ss.; M. BATAILLON, *Novedad y fecundidad del «Lazarillo de Tormes»,* p. 62.

[40] Debo aquí agradecer al prof. F. de Toro-Garland por sus valiosas observaciones con respecto al fenómeno del realismo.

[41] Me refiero aquí a F. DE HAAN, *An outline of the history of the «novela picaresca» in Spain* (Nueva York, 1903).

obra esencialmente paródica y ficcional [42], y si hasta hoy día se habla del «realismo» en el *Lazarillo* es porque este término, afectado por numerosas connotaciones, se usa en forma muy imprecisa y poco diferenciada. Es por esto que cuando se aplica este término hay que definir, hay que delimitar su intención [43]. Ya que en este análisis no nos ocuparemos en forma directa del problema del realismo en la obra en discusión, sino indirecta [44], queremos por lo menos definir este término y fijar qué tipo de realismo presenta el *Lazarillo*.

Después del intento de Jakobson de definir el término «realismo» [45] se han cristalizado dos tipos de definiciones para fijar el significado de este término en la ciencia literaria.

La primera es una definición de tipo histórico, en donde «realismo» significa «la suma de las características típicas de una corriente artística determinada en el siglo XIX». La segunda es una definición tipológica de carácter no histórico que se basa en la forma de producción y de recepción de una obra de arte. Los artistas ya canonizados alegan producir en forma «realista», es decir, en la forma más cercana a la realidad extraliteraria y le niegan esta cualidad a los «revolucionarios», a los artistas de vanguardia, y al reves: éstos aprecian la deformación del canon como acercamiento a la realidad no literaria. El problema de esta definición tipológica, es que le falta la base epistemológica sobre la cual a través de «oposiciones binarias» se pueden diferenciar las obras realistas de las no realistas. (Una base que es, por el contrario, el punto de partida de la definición de tipo histórica.) Es por esto que autores llegan al extremo de usar el término «realismo» desde la Edad Media hasta nuestros días, lo cual es un absurdo. Creo, por esto, que si se habla de «realismo» se debe hacer solamente en forma histórica, de decir, como caracterización de una corriente artística determinada del siglo XIX.

Para caracterizar el mayor o menor acercamiento de una obra artística con respecto a la realidad no literaria según un autor o un

---

[42] El simple hecho del origen folklórico del *Lazarillo* deja al descubierto su ficcionalidad, ya que como Sklovskij [«Der Zusammenhang zwischen den Verfahren der Sujetfügung und den allgemeinen Stilverfahren» (1916), en *Russischer Formalismus*, ed. J. Striedter (München, 1971)] ha probado tanto el folklore como el cuento no son formas narrativas que reflejen las costumbres de una época, de un pueblo o de un *milieu*. Paralelos formales no resultan de correspondencias con el *milieu*, época o pueblo, sino de leyes determinadas para la construcción temática *(Sujetfügung)*. Siendo, pues, hoy en día un hecho la procedencia en gran parte folklórica del *Lazarillo*, queda de inmediato descartada la posibilidad de aplicarle a esta obra el término de «realismo» teniendo dicho término como «referencia» la «realidad real».

[43] El término *intención* equivale lingüísticamente al «significado» (cf. Th. LEWANDOWSKI, *Linguistisches Wörterbuch*, Heidelberg, 1973-75, p. 288).

[44] Al considerar el *Lazarillo* como una obra paródica y que deja al descubierto sus procedimientos revelando la ficcionalidad de lo narrado, llegamos por vía indirecta a la conclusión de que el *Lazarillo* no es una obra realista teniendo «la realidad real» como «referencia».

[45] R. JAKOBSON, «Über den Realismus in der Kunst», 1921, en *Russischer Formalismus*, ed. J. Striedter (München, 1971, pp. 374-391).

público determinado, propondría —siguiendo aquí a Lotman [46]— hablar de una «estética de la identificación» y de una «estética de la confrontación». Si el autor cree producir conforme a las leyes que rigen a la realidad no literaria y de esta forma es también percibido por el recipiente, se produce el fenómeno de la «identificación». Si el autor produce una obra como contraste de la realidad no literaria y así es entendida por el recipiente, resulta el fenómeno de la «confrontación». Yo daría aún otro paso para fijar con mayor claridad la aplicación de estos dos términos. Como sabemos que la obra de arte no es una simple transposición de la realidad no literaria en literatura o pintura, sino una interpretación de esta realidad extratextual, en donde se producen serias e importantes deformaciones, y que depende del «horizonte de expectativa» del recipiente y del concepto de «realidad» del producente si una obra se puede calificar de realista o no, es lo más sano renunciar a las discusión tan poco fructífera de en qué cantidad se encuentran presentes en una obra estructuras no literarias, o no. Si hablamos de obras de «identificación» o de «confrontación» será en una forma puramente literaria, es decir, una obra determinada puede ser de «identificación» (=«realista» en la terminología aquí rechazada) o de «confrontación» (=«irreal») con respecto a obras precedentes o posteriores. De esta manera evitamos una confusión de las «series» y alcanzamos una mayor precisión en nuestras definiciones.

De esta manera podrá identificarse el lector con el *Lazarillo* en referencia a las *Novelas de Caballería*, a la *Novela Sentimental* y a la *Novela Pastoril*. Por otra parte, tan pronto como el lector del *Lazarillo* descubra los elementos folklóricos [47] en esta obra, verá cuán ficcional es ésta, y qué poco tiene en común con la realidad no literaria. Resumiendo, una novela es, ante nada, un texto narrativo puramente ficcional, con el cual un determinado lector se puede identificar o confrontarse.

d) Autor y narrador (y los tipos de narrador) son dos términos que deben ser claramente delimitados en el análisis literario. Sólo quisiera indicar que aun cuando elementos de la vida del «autor-histórico» se reflejen en su obra al pasar éstos al sistema literaria, son literalizados, modificados. De allí que las opiniones del autor con respecto a su obra tienen que ser consideradas en forma crítica y relativa, y sometidas a prueba en el texto literario, y es por esto que distinguir entre« autor» y «narrador».

Para nuestro propósito proponemos el siguiente modelo:

---

[46] Cf. J. LOTMAN, *Die Struktur des künstlerischen Textes,* München (Edition Suhrkamp), 1973, pp. 427-443.
[47] Ver nota 42.

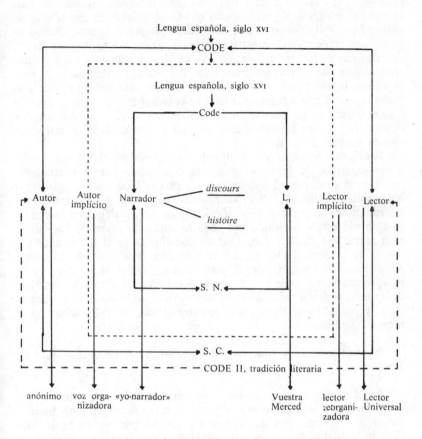

Lengua española, siglo XVI

CODE

Lengua española, siglo XVI

Code

Autor — Autor implícito — Narrador — discours / histoire — L₁ — Lector implícito — Lector

S. N.

S. C.

CODE II, tradición literaria

anónimo   voz orga- «yo-narrador»   Vuestra   lector   Lector
          nizadora   Merced   reorgani-   Universal
                                                           zadora

En el sistema propuesto debemos distinguir entre una «pragmática-externa» y otra «interna» de un texto. La «pragmática-externa» está constituida por la del «autor» determinado históricamente, el cual es en nuestro caso anónimo, y por la de un «lector-universal» (real), es decir, por un lector también determinado históricamente, que es el número de lectores del *Lazarillo* hasta hoy día y de los que vendrán. Fuera de eso tenemos un «autor implícito» [48], el cual no debe ser confundido con el «autor» determinado históricamente o con el «narrador». El «autor implícito» es el «espectro» del «autor-histórico» que se manifiesta en cada obra en forma distinta. Puede tener semejanzas o diferencias en el punto de vista, tanto como con el «autor-histórico», como con el «narrador», o no tener el más mínimo rasgo en común. El «autor implícito» tiene como «destinatario» al «lector im-

---

[48] Este término proviene de W. C. BOOTH, *The Rhetoric of Fiction*, 10.ª ed. (Chicago, The University of Chicago Press, 1973), pp. 67-77.

plícito» [49], el cual no debe ser considerado como correspondiente con el «lector-universal» (o real) o con el «L_1» (ficticio). El es un «espectro» de un individuo que lee. Este lector dispone de una «meta-lengua» que le permite reconstruir el texto («objeto-lengua»), es decir, de descubrir la estructuración y el funcionamiento del texto, comprender la estrategia narrativa del «autor implícito». Tanto el «autor histórico» (o real), como el «lector universal» (o real) disponen de un *Code* a través del cual se comunican; en nuestro caso, la lengua española. La «situación comunicativa» (S. C.) consiste en que el «autor» (ya sea el real o el implícito) comunica algo (texto) a un «lector universal» (o real).

Por último tenemos que distinguir un segundo nivel llamado «pragmática-interna» del texto, el cual está constituido por el «narrador», en nuestro caso por el «yo-narrador», el cual nos cuenta *(discours)* las aventuras (historie) del «yo-actuante». El «yo-narrador» tiene como «destinatario» a un «lector$_1$» (ficticio), es decir, «Vuestra Merced». El *Code* II está constituido por toda la tradición literaria. La «situación narrativa» (S. N.) tiene que ser constituida en el texto mismo, a través de la constelación de figuras, lugares donde sucede lo narrado, a través de un narrador, de una acción, etc. Con la descripción de la «pragmática» (interna o externa) del *Lazarillo* hemos sistematizado, y a la vez aclarado la distinción estricta entre «autor» y «narrador», y por último, determinado nuestra terminología a utilizar en el presente análisis.

2. Importancia y función del «yo-narrativo» en el *Lazarillo de Tormes.*

En el presente análisis no serán tratados todos los aspectos del «yo-narrativo», sino los que nos parecen más relevantes para nuestro propósito. Por esto, nos concentraremos en dos puntos: en la descripción de la dualidad del «yo-narrativo»: en «yo-narrador» y «yo-actuante», en su importancia y función; en la función paródica del «yo-narrativo» ejemplarizado en las *Confesiones* de San Agustín y en dos pasajes de la *Biblia* [50].

Mucho [51] han querido ver el valor del *Lazarillo* en su ascendencia erasmita, en calificarlo como «obra del renacimiento» u obra realista, etc... Más la novedad y el valor de esta obra radica especialmente en la dualidad del «yo-narrativo» que hasta entonces no existía y que será un elemento decisivo para el desarrollo de la novela y de aquella en primera persona. La introducción de este «yo-narrativo» no es abrupta o totalmente inseparada, ya que estaba preparada por la narrativa precedente, como lo hemos indicado al comienzo de este

---

49 El término «lector implícito» proviene de W. ISER, *Der Implizite Leser* (München, 1972). El mismo término se encuentra ya en Booth *(op. cit.)* bajo el nombre de *postulated reader*, p. 117.

50 San Juan, «Evangelio de San Juan», en *Sagrada Biblia* (Biblioteca de Autores Cristianos, Madrid, 1966), p. 1272,1,20; San Mateo, *ibid.*, p. 1157,5,10

51 Por ejemplo, CEJADOR Y FRAUCA, ob. cit., pp. 243 y ss.

trabajo [52]. Ni siquiera en las *Confesiones* existía esta dualidad, ya que allí el «yo-narrador» se identifica con su «yo-actuante», es decir, con su pasado, no lo ironiza, como en el *Lazarillo*. En las *Confesiones,* el «yo-narrador» y el «yo-actuante» forman una sola identidad y no una dualidad.

2.1. El «yo-narrador» y el yo»-actuante» en el *Lazarillo de Tormes.*

Por una parte tenemos un «yo-narrador» que narra en forma retrospectiva, desde un punto presente el cual se supone que sea 1538 [53], en donde éste nos cuenta que «estaua en mi prosperidad y en la cumbre de toda buena fortuna» [54]. El «yo-actuante» es el que corre cier- tas aventuras. El «yo-narrador» se manifiesta en forma oculta detrás no sólo de eufemismos, sino de adjetivos introducidos en forma velada e ingeniosa, adjetivos que contienen juicios, o a través de comentarios que revelan su pensamiento y posición frente al «yo-actuante», que nos indica su distanciamiento de éste y nos deja en claro su posición de hombre experimentado y nos revela su extremada ironía, frente al «yo-actuante», el cual es ingenuo, tanto en su hablar como en su actuar. De esta dualidad se desprende el fuerte tono irónico de esta obra [55]. El «autor implícito» se vale de esta ironía no solamente para ironizar a través del «yo-narrador» al «yo-actuante» (función «texto-interna»), sino para parodiar diferentes corrientes literarias (función «texto-externa»).

La primera señal que nos indica el dualismo del «yo-narrativo» es el estilo del prólogo, que alardea retoricidad y cultura, y la sencillez de los Tratados. Aquí existe, pues, un distanciamiento del narrador de lo narrado, el cual se produce a un nivel semántico cuando el «yo-narrador» dice: «desta *nonada,* que en este *grossero estilo* escriuo...» (p. 63); y «Huelgo de contar a V. M. estas *niñerías*» p. 78). Esta dualidad es aún más clara y masiva cuando se producen cambios de persona narrativa, e. g., de «yo» a «el»:

cuenta Lázaro su vida y cúyo hijo fué cómo Lázaro se assentó con un clérigo y de las cosas que con él passó (pp. 65, 109).

En todo los títulos de los Tratados se refiere el «yo-narrador» en tercera persona a Lázaro. Así también en el siguiente pasaje del Tratado I:

de manera que *el pobre Lázaro,* que de nada dèsto se guardaua, antes como otras vezes, estaua descuydado y gozoso, verdaderamente *me pareció* que el cielo con todo lo que en ay, me auía caydo encima (p. 87).

---

[52] Cf. LÁZARO CARRETER, ob. cit., pp. 28-36.
[53] CEJADOR Y FRAUCA, ob. cit., pp. 243 y ss.
[54] *Lazarillo,* p. 243.
[55] Cf. JAUSS, ob. cit., pp. 292-294.

O en el siguiente pasaje del Tratado III:

>   ¿Y quién pensara que aquel gentil hombre se passó ayer
> todo el día sin comer, con aquel mendrugo de pan, que *su cria-*
> *do Lázaro* truxo un día y una noche en el arca de su seno...?
> (p. 163).

La presencia del «yo-narrador» se puede constatar en todos los
pasos en donde apela al «lector ficticio» («L₁»), «V. M.», (pp. 78,
80, 90, 102, etc.). Cada vez que el lector lee «V. M.» es consciente
de que está leyendo una historia a través de un «mediador», que lo
narrado no ocurre «aquí» y «ahora», sino que «ha ocurrido». El lector puede ver que el «yo-narrador» pertenece al nivel del *discours,*
al «narrando», y que el «yo-actuante» tiene su lugar en la *histoire,*
en lo «narrado».

El «yo-narrador» se delata a sí mismo a través de adjetivos que determinan su posición frente a lo narrado. Estos adjetivos nos dejan
saber, por otra parte, en qué situación afectiva se encuentra el «yo-actuante». En el Tratado I encontramos los ejemplos más claros al respecto, las expresiones «Al triste de mi padrastro...» y «lastimado Zayde» (pp. 77 ff.) nos hacen creer que es el Lázaro niño («yo-actuante»)
el que pronuncia estas palabras, lamentando a su familia como si lo
sucedido fuera algo producido bajo el control de los «hados», de la
«fortuna», y no lisa y llanamente por el actuar de Zayde y su cómplice, su madre. El tono de los adjetivos que hacen a Zayde y su cómplice víctimas del destino revelan la irónica presencia del «yo-narrador», el cual, en contraste al niño-Lázaro, que no alcanza a entender
el porqué de lo sucedido, con su experiencia y madurez ironiza la
ingenuidad del niño. Más relevante aún son los adjetivos usados con
respecto al ciego:

a) «En este tiempo vino a posar al meson *vn ciego*» (p.
75);
«*al bueno de mi ciego*» (p. 79).
b) «traydor tan astuto» (p. 85);
«entre las piernas del *triste*» (p. 86);
«*desesperado* ciego» (p. 87);
«*mal* ciego, *cruel ciego*» (p. 88).
c) «el *triste* se mojaua» (p. 105);
«el *pobre* ciego» (p. 106);
(«No supe más lo que Dios dél hizo ni curé de lo saber» (p. 107).

En el ejemplo *a)* no tiene aún el ciego ningún calificativo («un
ciego»), ya que viene conociendo a Lázaro. Luego, una vez que parten para Salamanca le da a Lázaro un golpe brutal contra la cabeza
de un toro. Lázaro, en vez de calificar al ciego de «malo» lo llama
«el bueno de mi ciego». Esta opinión puede ser solamente del «yo-

narrador», después de haber interrumpido la escena del cabezazo para hacer comentarios sobre el papel del ciego en su vida, retorna a la historia narrada diciendo: «pues retornando al bueno de mi ciego» (p. 79). Con el adjetivo «bueno» puede éste referirse al papel del ciego como «educador», «iluminador» en su vida, o a lo que de espera a Lázaro a su lado: el padecer hambre y golpes. De allí tendría el lexema «bueno» una connotación irónica.

En el pasaje b) califica el «yo-actuante» de «traidor» y «cruel» al ciego que descubre su truco para robarle el vino, y luego lo castiga cruelmente. Mas, entre estos dos adjetivos se encuentran sin ninguna relación los adjetivos «triste» y «desesperado», que provienen del «yo-narrador» el cual tiene ya distancia de lo narrado, y califica la situación del ciego de otra forma más objetiva que el directamente afectado «yo-actuante» (Lázaro-niño). Una situación similar nos muestra el ejemplo c), en donde Lázaro hace estrellarse al ciego contra un pilar. Las expresiones «triste» antes del golpe y «pobre» después del golpe se encuentran en oposición con la actitud de Lázaro, que se aleja dejando al ciego herido, no preocupándose más de éste. Los adjetivos «triste» y «pobre» son expresados al igual que en b) por el «yo-narrador», el cual lamenta lo sucedido al ciego. La indiferencia con respecto al maltrecho ciego es transmitida por el «yo-actuante» que ve cumplida su venganza por todas las cosas padecidas con el ciego.

Para concluir con este aspecto, podemos agregar que hay una serie de comentarios que nos revelan la presencia del «yo-narrador». Estos poseen observaciones sobre su vida futura, es decir, sobre ciertos hechos que el «yo-actuante» no puede saber (y por esto no lo puede decir), ya que no los ha vivido. (Cf. p. 78: «Y fue ansi... viuir»; p. 87: «Tantas... sentido»; p. 102: «Mas el ... oyrá», etc.)

El análisis relizado nos muestra, pues, claramente la dualidad del «yo-narrativo que está marcada por la narración irónica del «yo-narrador» y la ingenuidad del «yo-actuante».

Por último podemos observar hasta qué punto está esta obrita perfecta y conscientemente construida, y cada recurso literario perfectamente calculado.

2.2.   La función paródica del «yo-narrativo» en el *Lazarillo de Tormes.*

A continuación pasaremos a describir la función paródica del «yo-narrativo» ejemplarizado en las *Confesiones.* Más, antes es necesario hacer algunas observaciones.

Con respecto al uso del término «parodia» queremos dejar en claro que lo empleamos en forma abierta, es decir, que no diferenciamos entre parodia en sentido estricto y amplio del término, ya que muchas veces no se puede hacer esta división, ni tampoco haremos una diferencia con el término *Kontrafaktur* [56] por no aportar —visto

---

[56] Cf. J. Link, *Literaturwis senschaftliche Begriffe* (München, 1974), p. 132, el cual es en este punto de nuestra opinión.

en forma general— nada indispensable al análisis fuera de compli-
carlo.

Si hemos elegido las *Confesiones* es porque lo paródico del *Lazarillo* con respecto a esta obra ha sido muy discutido e incluso puesto
en duda. El rechazo de la tesis de Jauss [57] es en parte justificada y en
parte no. El aspecto débil de su tesis consiste por un lado en querer
reducir el *Lazarillo* a una parodia exclusiva de las *Confesiones,* y por
otro en afirmar que el dualismo del «yo-narrativo» y la narración en
primera persona del *Lazarillo* tiene su origen en la obra recién mencionada. Ambos juicios me parecen incorrectos, mas las observaciones que hace Jauss con respecto al dualismo del «yo-narrativo» y su
función paródica es correcta. En el presente análisis somos de la opinión que el autor del *Lazarillo* parodia una amplia tradición literaria
y que la parodia a la literatura-mística-confesión, como las *Confesiones,*
no tiene sólo como «referencia» a esta obra, sino a toda una tradición de este tipo [58]. Y el «yo-narrativo» se desprende también de otra
clase de obras —como ya lo hemos indicado— que la literatura mística [59]. M. Kruse [50] y Lázaro Carreter [61] rechazan la tesis de Jauss en
principio y pasan totalmente por alto las indispensables observaciones
del filólogo alemán. Tanto Kruse como Lázaro Carreter son de opinión que la tesis de de Jauss es falsa porque la función del «yo-narrativo» y las funciones de algunas estructuras narrativas en *Las Confesiones* no son las mismas que en el *Lazarillo,* sino únicamente sus aspectos formales. Kruse y Carreter parecen olvidar que si algo cambia
en la evolución literaria son las funciones, y la parodia deja, conservando, alguno de los elementos formales, cambiándoles sus funciones para
así acentuar el «cambio», el «desplazamiento», la «deformación». Es
por esto que el autor del *Lazarillo* conserva a un nivel estructural, es
decir, a un nivel formal y semántico, características del «yo-narrativo» de una tradición literaria-mística, cambiándole sus funciones, como
veremos más abajo.

Otro de los argumento contra la tesis de Jauss es la afirmación
de M. Kruse [62] que la fórmula del *confessio peccati* que abunda en el
Lazarillo, y en la cual, en parte, se apoya Jauss para probar su tesis, no tienen ninguna relevancia, ya que en el siglo XVI esta fórmula
está hasta tal punto «automatizada» que había perdido su denotación
religiosa, pasando a ser parte de la lengua cotidiana. Kruse tiene razón

---

[57] S. notas 34, 35 y 36.
[58] Si no analizamos el elemento paródico del *Lazarillo* con respecto a las
Novelas de Caballería o a las *Novelas Sentimentales,* por ejemplo, es sólo por
una cuestión de tipo puramente técnica: un análisis de este tipo sería un trabajo de por sí y éste no es nuestro fin, al menos en el presente trabajo. Lo que
queremos demostrar es el carácter paródico y ficcional de esta novela.
[59] V. nota 54.
[60] *Die parodistischen Elemente im «Lazarillo de Tormes»,* pp. 297 y ss.
[61] *«El Lazarillo de Tormes» en la picaresca,* p. 13; cf. también P. BAUMANN,
«Der *Lazarillo de Tormes* eine Transvestie der Augustinischen *Confesiones?»,* en
Romanistisches Jahrbuch, X, 1959, pp. 285-291.
[62] V. KRUSE, ob. cit., p. 301.

en su observación, y nos da el argumento incluso para afirmar que allí, en esta «automatización», se encuentra precisamente la parodia: por una parte el tomar estas formas ya gastadas e incorporarlas en el texto, conservando sus caracteres estructurales, cambiando su función, es decir, el emplearlas con una función que sirve a los fines burlescos y laicos de Lázaro y no a los fines religiosos de su función original. Por otra parte, Lázaro se sirve de ellas, a pesar de su ineficacia a su «automatización». Estas fórmulas pasan a formar parte de la «lengua poética» y no tienen un fin religioso, sino uno estético (cambio de función con respecto al sistema literario) y esta función estética queda oculta —esto fue lo que no vio Kruse— por el uso «culinario» de la fórmula en discusión. Lo curioso es que tanto Kruse como Lázaro Carreter tratan por una parte de probar que el *Lazarillo* tiene su origen en el *Asno, Asno de Oro* o en parte en *La Celestina*, y por otra afirman que el *Lazarillo* es una parodia en el sentido amplia de la palabra y una parodia a una tradición amplia [63].

De las *Confesiones* (y esto, insisto, vale para toda una tradición de literatura mística) se parodia el esquema de la historia del pecador, los principios del *confessio peccati* y del *confessio laudis*.

En las *Confesiones* es para San Agustín su madre, Santa Mónica, un modelo de virtud, la cual la aconseja y lo encamina por la buena senda. El pecador confiesa sus pecados, pide perdón por éstos e influenciado por la lectura de Cicerón, comienza a corregirse, desea encontrar la verdad, y esta búsqueda pasa a constituir el sentido de su vida. Con la ayuda de la Providencia se encamina hacia Dios, terminando sus días en paz y en amor de Dios.

En el *Lazarillo* tiene Lázaro por modelo a su madre, cuya virtud consiste en haberse arrimado a los buenos y amancebado con un negro, del cual tiene un hijo, y con cuya ayuda consigue alimentar a su familia. Su madre lo pone en manos del ciego (el Cicerón de Lázaro) con piadosas palabras: «procura ser bueno y Dios te guíe. Criado te he e con buen amo te he puesto, válete por ti» (p. 76) (separación del místico de la familia...). La inversión de las funciones es evidente y sucede de la siguiente manera: la madre de San Agustín, la cual tiene la misión apostólica de encaminar a su hijo con palabra y obra por la buena senda, tiene como oposición a la madre de Lázaro, que es una amancebada y cuya vida dista mucho de ser un modelo de virtud. El arrimarse a los buenos de Antonia Pérez consiste en acercarse a aquellos que le permitan asegurar su subsistencia, y no en acercarse a Dios a una vida santa. El ciego será el gran maestro contra la cabeza de un toro: «Parecióme que en aquel instante desperté de la simpleza en que como niño dormido estaba» (p. 77). Este «despertar» que parodia a la «iluminación divina» [64] consistirá en aprender todo tipo de artimañas para poder subsistir y enfrentar la vida. La «enseñanza» del ciego lo marcará para toda la vida. Al término del

---

[63] V. KRUSE, *ibid.*

[64] San Agustín, *Confesiones*, 5.ª ed., trad. R. P. Fr. E. Ceballos (Madrid, 1965).

Tratado III siente Lázaro un cambio en su estado. Unas mujercillas lo ayudan a subsistir y lo envían donde un pariente, un fraile, al lado del cual Lázaro no padece hambre. Con el buldero, en el Tratado IV, no sufre hambre ni padece, sólo observa los sacrigelios que comete éste con su cómplice el alguacil. En el Tratado VI se realiza este cambio en forma explícita: «Este fue el primer escalón, que yo subí para venir a alcanzar buena vida...» (p. 229). Este escalón no consiste en el descubrimiento de la verdad, en el acercamiento a Dios, sino en la estabilización de Lázaro: «Fueme tan bien en el oficio, que al cabo de quatro años, que lo vsé, con poner en la ganancia buen recaudo, ahorré para me vestir muy honrradamente de la ropa vieja. Desde que me vi en hábito de hombre de bien, dixe a mi amo se tomasse su asno, que no quería mas seguir aquel oficio» (pp. 229-230). El punto culminante de su cambio es el logro de la paz, es decir, de la seguridad material y es «Dios» quien lo alumbra y lo lleva a esta paz recompensándolo por todos sus sacrificios, sólo que esta paz y recompensa no es la verdad y Dios, como en las *Confesiones*[65], sino un oficio real y una esposa amancebada con su señor el Arcipreste. Esto es el resultado de «haberse arrimado a los buenos», como su madre, y a esto lo llama «la cumbre de toda buena fortuna» (p. 234).

Hasta aquí hemos solamente descrito algunos de los elementos parodiados; aún habría que describir e. g. la estructura narrativa «panvino» o aquella de la *providentia specialis*, etc. Otro texto religioso parodiado es la *Biblia*. Refiriéndose al destino de su padre, Lázaro dice: «fue preso y confessó e no negó y padesció persecución por justicia»; y «Espero en Dios que esté en la gloria, pues el Euangelio los llama bienaventurados» (pp. 66 ff.). La primera alusión es una parodia al Evangelio de San Juan[66]: «el confessó y no negó»; y la segunda, al Evangelio de San Mateo[67]: «Bienaventurados los que padecen persecución por la justicia, porque suyo es el reino de los cielos.»

La parodia consiste nuevamente en la inversión de las funciones. El «autor implícito» aplica estas máximas a un ladrón y no a un mártir, como es el caso de Cristo o de algún santo, y deja al descubierto la relatividad de semejantes máximas[68]. Mas esta inversión no sólo tiene un fin paródico, sino también un fin de «texto-interno», que es el de poner al descubierto el cinismo de Lázaro que postula describir el camino que lo condujo a «buen puerto», siendo este «buen puerto» constituido por el amancebamiento de su esposa y la resignación de Lázaro por interés material, como ya hemos indicado. Fuera de lo hasta aquí analizado del «yo-narrativo», tiene éste una importancia estructural central. El es la causa del cambio de estructura a partir del Tratado IV. Los Tratados I-III no sólo forman una unidad debido a ciertas estructuras narrativas que están presentes en los tres Tratados (e. g., hambre, arca-fardel, etc.) o por la memoria de Láza-

---

[65] *Ibid.*, pp. 240 ff.; xi, 66; xiii, 68.
[66] V. nota 52.
[67] *Ibid.*
[68] Cf. H. R. JAUSS, ob. cit., pp. 299 y ss.

ro, sino porque en los tres Tratados existe la dualidad «yo-narrador», «yo-actuante». A partir del Tratado IV pasa el «yo-actuante a tomar lentamente la función del «yo-narrador», es decir, pasa a ser un observador que narra no lo propio vivido, sino la vida de otros. Formulado de otra forma, a partir del Tratado IV, se narra sólo desde la perspectiva del «yo-narrador» y no del «yo-actuante».

La crítica [69] ha tratado de explicarse el porqué de este cambio de estructura, dando diferentes razones, más creo que la razón de más peso radica en la disolución de la dualidad del «yo-narrativo» recién descrita. Esta «disolución» —según mi parecer— está también hecha con un fin determinado y no sucede en forma accidental: la primera finalida de ella consiste en el distanciamiento definitivo del «yo-narrador» del «yo-actuante», el cual pasa a formar parte del primero, es decir, de Lázaro experimentado. Aquí hay una identificación entre «yo-narrador» y «yo-actuante» y con esto se destruye la dualidad. La otra finalidad de esta «disolución» es que el «yo-narrador» está interesado en contar un «caso» («Y pues V. M. escriue se le escriua y relata el caso muy por extenso no tomalle por el medio, sino por el principio, porque se tenga entera noticia de mi persona») (p. 64) y en la justificación del mentado caso, justificación que se encuentra en los tres primeros Tratado del libro, donde Lázaro sufre no sólo hambre en extremo, sino golpes y maltrato [70], y la justificación es: es preferible, es mejor, vivir amancebado, más con la generosidad de mi señor, a vivir sin mancilla, mas con hambre y golpes.

Un último punto que quisiera tratar es la relación «yo-narrador», «lector ficticio» (L_1), es decir, «Vuestra Merced». Apoyándonos en el análisis hasta aquí realizado, el cual nos muestra la ficcionalidad del *Lazarillo* y su «referencia» literaria, y en las investigaciones de Lázaro Carreter [71] sobre el *Adressat* de la novela, estamos en condiciones de afirmar que el giro «Vuestra Merced» en el *Lazarillo* es de carácter esencialmente ficcional. Esta afirmación mía está reforzada también al nivel del texto, ya que en éste no hay ninguna señal que indique al lector, ni siquiera en vaga forma, sobre la posible existencia real de «V. M.», como se ha creído y se cree hasta hoy.

Para terminar este punto de nuestro análisis, me referiré, en forma breve, a la «situación narrativa» [72] en el *Lazarillo*. Como resultado de la verificación *a)*, que solamente en los primeros tratados se narra en parte de las perspectiva del «yo-actuante», el cual hace

---

[69] Cf. LÁZARO CARRETER, ob. cit., pp. 154 y ss.; CLAUDIO GUILLÉN, «La disposición del *Lazarillo de Tormes*», en *Hispanic Review*, XXV, 1957, pp. 264-279; CH. MINGUET, *Recherches sur les structures narratives dans le «Lazarillo de Tormes»*, París, 1970. Minguet es el único de estos tres autores mencionados que se acerca a nuestra opinión expuesta a continuación. Aquí quisiera agradecer al señor don F. de Toro, doctorante de la Universidad de Montreal, por sus valiosas y acertadas observaciones con respecto a este punto.

[70] En los tres tratados primeros se presenta el siguiente fenómeno: en los tratados I-III tenemos una escalación del hambre y a la vez una disminución de la brutalidad.

[71] «*El Lazarillo de Tormes» en la picaresca*, pp. 41 y ss.

[72] Este término proviene de F. K. Stanzel, pp. 11 y ss.

las veces de «medio personal» [73], *b)* que esta perspectiva es reemplazada por aquella del «yo-narrador» a partir del Tratado IV y mantenida hasta el final y *c)* que el «yo-narrador» hace comentarios, da juicios sobre el «yo-actuante» y si por último agregamos que la forma del discurso que predomina, es aquella del «discurso indirecto», estamos en condiciones de afirmar que en el *Lazarillo* tenemos una «situación narrativa» en primera persona con tendencia *auktorial* [74], es decir, una perspectiva de un narrador omniciente que se encuentra fuera de la acción inmediata narrada. La diferencia entre el «yo-narrador» con tendencia *auktorial* y el narrador *auktorial* a secas, es que el primero narra a través de su yo subjetivo, en cambio el segundo, aspira a la validez general de sus juicios y comentarios, más ambos tienen en común un conocimiento y una experiencia mayor que los personajes actuantes, ambos saben más que el lector (universal) y las figuras dentro de la novela.

3. «Funciones» o «unidades narrativas» en el *Lazarillo de Tormes.*

En esta última parte de mi trabajo quisiera señalar el significado y la función del *Lazarillo,* es decir, su intencionalidad en la obra misma y cuan relevantes son para la evolución literaria. Para su descripción nos basaremos en la definición y clasificación del término «función» de Roland Barthes [75].

A continuación analizaremos las «funciones» o «unidades narrativas» *cardinales* [76]:

---

[73] *Ibid.,* p. 47.

[74] *Ibid.,* pp, 16, 18-39.

[75] R. BARTHES, ob. cit., pp. 6 y ss., define el término «función» como: «c'est la caractère·fonctionnel de certains segments de l'histoire qui en fait des unités: d'où le nom de "fonctions"... Depuis les formalistes russes [v. Tynjanov J. (1927), pp. 437 y ss.] on constitue en unité tout segment de l'histoire qui se présente comme le terme d'une corrélation.»
Barthes distingue entre dos grandes categorías de funciones: las *distributionelles* y las *intégratives* o *indices.* Entre estos dos grandes grupos se encuentran otros subgrupos de funciones: «Pour qu'une fonction soit cardinale, il suffit que l'act à laquelle se réfère ouvre (ou maintiene ou ferme) une alternative conséquante pour la suite de l'histoire, bref qu'elle inaugure ou conclue une incertitude.» Las funciones *catalyses* son definidas como: «Par contre entre deux fonctions cardinales, il est toujours possible de disposer des notations subsidiaires, qui s'agglomèrent autour d'un noyau ou d'autre sans en modifier la nature alternative: «L'espace [que separa dos *noyaux*] peut être saturé par une foule de menus incidents ou de menues descriptions. Ces catalyses restent fonctionelles, dans la mesure oú elles entrent en corrélation avec un noyau, mais leur fonctionnalité est atténué, unilaterale, parasite: c'est qu'il s'agait ici d'une fonctionnalité purement chronologique (on décrit ce qui sépare deux moments de l'histoire), tandis que dans la lien qui unit deux fonctions cardinales, s'investit une fonctionnalité double, à la fois chronologique et logique: les catalyses ne sont que des unités consécutives, les fonctions cardinales sont à la fois consécutives et conséquentes.»

[76] En esta última parte del trabajo procederemos como en la segunda, en forma ejemplar, ya que no es nuestro fin el analizar todas las «funciones» o

a) «Arrimarse a los buenos».
b) «Amancebamiento».
c) «Golpe contra la cabeza del toro y contra el pilar».

a) En el Tratado I nos deja saber el «yo-narador» que «mi viuda madre, como sin marido y sin abrigo se viesse, determinó *arrimarse a los buenos*» (p. 69). Esta afirmación *abre* o *inicia* una acción que será constitutiva para toda la narración: todas las acciones de Lázaro serán concentradas, dirigidas a «arrimarse a los buenos», intención la cual es equivalente con aquella a «salir a buen puerto», es decir, equivalente con la adquisición de la tranquilidad material. Esta «función», «arrimarse a los buenos» será *cerrada* en el Tratado VII con las siguientes palabras: «Señor, le dixe , yo determiné de arrimarme a los buenos» (p. 238).

b) La operación de la «función cardinal», «amancebamiento», es similar. El «yo-narador» nos deja saber en el Tratado I que:

> Yo, al principio de su entrada, pesáuame con él [Lázaro se refiere al amante de su madre] e auiale miedo, viendo el color y mal gesto que tenía, mas, de que vi que con su venida *mejoraua el comer*, fuyle queriendo bien, porque siempre traya pan, pedaços de carne y el inuierno leños, a que nos calentauamos (p. 70).

De este pasaje obtenemos la información que la madre de Lázaro se ha amancebado con un negro, al cual Lázaro acepta porque «mejoraua el comer», es decir, por un fin material. Esta función *inicia* una acción que será *concluida* en el Tratado VII:

> Mas malas lenguas que nunca faltaron ni faltaran, no nos dejan viuir, diziendo no sé qué y si sé qué, de que veen a mi muger yrle a hazer la cama y guisalle de comer [al Arcipreste] (p. 236).

y, «Lázaro de Tormes [el Arcipreste le habla a Lázaro], quien ha de mirar a dichos de malas lenguas, nunca medrará. Digo esto, porque no me marauillaría alguno, viendo entrar en mi casa a tu muger y salir della… Ella entra muy a tu honrra y suya. Y esto te lo prometo. *Por tanto, no mires a lo que pueden dezir; sino a lo que te toca, digo a tu prouecho*».

«Señor, le dixe, yo determiné de arrimarme a los buenos. Verdad es que algunos de mis amigos me han dicho algo desso y aun por mas de tres vezes me han certificado que, antes que conmigo cassase, auia parido tres vezes…» (pp. 238 ss.).

«unidades» narrativas, sino el mostrar los procedimientos empleados por el autor y la «denunciación» de éstos.

Lázaro vive al igual que su madre en una situación de amancebamiento por interés y seguridad material.

c) La última función que utilizaremos es la del «golpe-cabeza del toro y golpe-pilar» en el Tratado I:

> «... allí puesto, me dixo: «Lázaro llega el oydo a este toro e oyrás gran ruydo dentro dél».
> Yo simplemente llegué, creyendo ser ansi. Y, como sintió que tenía la cabeça par de la piedra, afirmó *rezio* la mano y *diome vna gran calabaçada en el diablo del toro* (pp. 76-77).

Esta función se cierra con el golpe contra el pilar del ciego al final del Tratado I:

> Yo le puse bien derecho enfrente del pilar y doy vn salto e póngome detras del poste, como quien espera *tope de toro* dixele: «¡Sus!, saltá todo lo que podays, porque deys deste cabo del agua».

> Aun apenas lo auia acabado de dezir, quando se abalanca el pobre ciego como cabron y de toda su fuerça arremete, tomando vn passo atras de la corrida para hazer mayor salto, ya da con *la cabeça en el poste, que sonó tan rezio* como si diera con una gran calabaza (pp. 105-106).

Hasta aquí hemos solamente descrito tres «funciones cardinales». Antes de exponer su función «texto-interna» y «texto-externa», debemos referirnos aun en forma concisa al origen de ellas para hacer resaltar con mayor claridad su aspecto evolutivo, es decir lo nuevo que proponen.

La función «*a*)», y «*b*)» son originales del autor del *Lazarillo* [77]. La función *c*) se encuentra ya en el folklore [78]. El «amancebamiento» *b*) muestra cómo Lázaro vuelve al lugar de partida, una vuelta tan distinta a la del personaje del *Folkale* [79], en donde el «héroe» se desarrolla dentro de una progresión que finaliza con el triunfo, con una determinada lógica. La función «golpe-toro» y «golpe-pilar» *c*) se encuentran ya en el *Folktale*, más con una función puramente «anecdótica», burlesca, del «burlador burlano». Más aquí tiene un doble fin: la de unir y la de delatar la «ficción como ficción». Las tres «unidades» o «funciones narrativas» en discusión, vistas en forma global, cumplen las siguientes finalidades:

---

[77] En la función (b) hay que distinguir entre el amancebamiento de la madre de Lázaro, que es original, y entre el amancebamiento de la esposa de Lázaro con un clérigo (Arcipreste), que es un motivo muy difundido en el folklore (cf. Lázaro Carreter, pp. 107, 167).

[78] Lázaro Carreter, p. 14.

[79] *Ibid.*, p. 95.

1) Unir la obra para superar la narración en sarta [80]. Este «unión» se realiza a un nivel semántico y operativo a través de «recurrencias» y «paralelismos», es decir, a través de repetición lexical y acciones [81]. El lector al notar estas «recurrencias» y «paralelismos» une el comienzo y el final de la novela, nota el «paralelismo» invertido de «*b*) y *c*) y el paralelismo de «*a*)». De esta forma es superada la naración en sarta, en donde la distribución de las partes es libre y arbitraria, es decir, no obedece a un orden preestablecido. En el *Lazarillo* es imposible esta arbitrariedad debido precisamente a esta unidad semántica y funcional.

2) Una segunda finalidad de estas estructuras narrativas es la ironización del «yo-narrador» por el «autor implícito» no solamente a través del procedimiento del «dualismo» [82], sino a través de las inversiones que se oponen, y es precisamente esta «inversión» lo que produce la ironía [83]: el «yo-narrador» se ha propuesto en el prólogo el narra su vida; como son virtud [84], los que no son nobles, pueden llegar a «buen puerto», a la «cumbre de toda buena fortuna» más la «cumbre de toda buena fortuna» es precisamente el lugar del cual Lázaro quería alejarse (esta consideración se refiere a «*b*)». Lo mismo sucede con «*a*)». Lázaro llega a la «cumbre de las profundidades» de donde venía, y la oposición entre su propósito y el resultado, lo delatan como un cínico. Esta finalidad de tipo «texto-interno» nos conduce a una de tipo «texto-externo: Lázaro no es causa, sino resultado, lo cual lo diferencia radicalmente del personaje épico hasta allí tradicional [85]. De esta manera «supera» el autor del *Lazarillo* al personaje tradicional y al héroe del *Folktale*.

3) Una última finalidad de estas unidades narrativas es dejar al descubierto la ficcionalidad de los procedimientos narrativos (Bloblegung der Verfahren [86]). El autor nos deja en claro cómo él puede combinar un elemento «x» con otros elementos «p», «q», «r», dando origen a diversas variaciones del elemento «x», como diciendo: «mira querido lector, como puedo variar las posibilidades de combinación de un elemento determinado, y esto me es posible, porque lo que escribo es *ficción*».

En nuestro caso concreto muestra la estructura narrativa «golpe» dos variaciones: la de Lázaro contra el toro y la del ciego contra el pilar. El elemento «golpe» permanece, su función varía. En el caso

---

[80] Cf. *Ibid.*, p. 84.

[81] V. pp. 22 y ss. del presente estudio.

[82] *Ibid.*, pp. 12 y ss.

[83] Este caso muestra claramente la distinción entre «autor implícito» y «narrador» hecha en la pp. 13 y s. del presente trabajo.

[84] La siguiente frase en el *Lazarillo*, p. 65: «Y también porque considerando los que heredaron noble sestados quán poco se les deue, pues fortuna fue con ellos parcial, y quánto mas hizieron los que, siendoles contraria, con fuerca de maña remando salieron a buen puerto», presupone, que «aquellos que a pesr de no ser nobles, mas teniendo virtud pueden llegar a «buen puerto».

[85] Cf. LÁZARO CARRETER, pp. 66 y ss.

[86] El término *Bloblegung der Verfahren* proviene de los formalistas rusos, en especial de V. Sklovskij, «Die Kunst als Verfahren».

del ciego tiene una función «docente» y en la de Lázaro una función «vengadora». El elemento «Lázaro» es reemplazado por el elemento «ciego» y el elemento «cabeza de toro» por aquel del «pilar». Ambas situaciones son descritas (nivel semántico) de la misma forma: la primera, de Lázaro: toro-calabazada-rezio; la segunda, del ciego: (tope de toro)-poste-cabeça-recio-(calabaça). El texto nos deja en claro el «juego» de palabras y de acciones: tanto en la primera como en la segunda situación están los lexemas «toro» y «calabaça», los cuales revelan la ficcionalidad de lo narrado.

Un ejemplo que muestra aun más claramente la «denunciación» del procedimiento y que« desacredita» lo narrado descubriéndolo como ficción, es el de las estructuras «fardel-llaue»; arcaz-llaue»; «llaue». En los tres primeros Tratados trata Lázaro de *sangrar* para poder vivir y encuentra diferentes obstáculos para el éxito de su propósito. En el Tratado I tiene el ciego un fardel cerrado con un candado. La llave le es a Lázaro imposible conseguirla. Esta estructura «fardel-llaue» se transforma en el Tratado II. El fardel pasa a ser un arcaz y el elemento «llaue» permanece. Este arcaz es más pobre que el fardel del ciego, pero a Lázaro le es posible *sangrarlo*. En el Tratado III desaparece el elemento «fardel» o «arcaz», mas Lázaro recibe la llave de su amo, con la cual no obtiene ningún provecho, sino el de entrar en una casa vacía, lo cual es acentuado por la enumeración de las cosas que faltan en ella.

Otro grupo de «funciones» son las «catalizadoras», que según nuestra definición, serían todas las burlas (vino, longaniza, uvas), es decir, todas aquellas «funciones» que ni abren ni cierran una acción. Ellas se encuentran como «relleno» y retardan la conclusión de una acción.

Con el análisis aquí planteado, esperamos haber demostrado hasta qué punto esta obrita está perfectamente planeada, y construida con procedimientos determinados que son «descubiertos», «denunciados», revelando el carácter ficcional y paródico del texto, en qué forma se realiza en el *Lazarillo* la evolución literaria, «desplazando» y «superando» formas «automatizadas» e introduciendo un nuevo sistema, una nueva forma de narrar.

Los dos puntos principales aquí tratados («yo-narrativo» y «unidades» o «funciones» narrativas) deberían ser aún complementados con un análisis de la construcción del *Lazarillo*, el cual por motivos de tiempo y espacio no ha podido ser llevado a cabo en este trabajo. Allí podríamos ver cómo su construcción obedece a estrictas leyes narrativas, ya formuladas por Olrik [87], y demostrar que el *Lazarillo* está fuertemente determinado en su arquitectura por el *Folktale*, lo cual se ve claramente al aplicarle las categorías actanciales de Propp [88], para la descripción de la acción.

---

[87] ALEX OLRICK, «Epische Gesetze der Volksdichtung», en *Zeitschrift für Deutsches Altertum*, LI, 1909.

[88] WLADIMIR PROPP, *Morphologie des Märchens* (Leningrad, 1928), ed. Walter Höllerer, München, 1972.

EL SIMBOLISMO COMO VEHICULO TEMATICO EN *EL LAZARILLO DE TORMES*

José A. Madrigal
Auburn University

Hasta hoy día, la crítica literaria sobre el *Lazarillo de Tormes*, si bien es abundantísima, ha estado perfilada desde una perspectiva que· se destaca por la exigua consideración al simbolismo como expresión temática o vehículo de caracterización. Primordialmente, aspectos como el anonimato de la obra, las ediciones, la lengua, el realismo, la moralidad y especialmente lo anecdótico, han ocupado la atención de los críticos. El propósito del presente trabajo es hacer hincapié en ese fundamental nivel simbólico que se percibe a través de la novela. Análogamente, es esencial dilucidar que una exégesis de perspectiva simbólica, nuestra tarea, en ningún momento se propone denegar la base anecdótica o realista que con tanta meticulosidad han proyectado ciertos profesores. Al contrario, el símbolo no pretende establecer una anulación de lo concreto, ni tampoco un nuevo nivel antitético, sino una bifurcación espiritual o metafísica, o cómo manifiesta Mircea Eliade, «un nuevo valor a un objeto o una acción, sin atentar por ello contra sus valores propios e inmediatos o históricos»[1].

Como resultado, dicho valor concomitante va a resultar en una mejor interpretación del propósito temático a que se adhiere esta ponencia: una exposición de la otra cara o fisonomía escondida de la España imperial y magnánima de Carlos V.. El trabajo va a estar dividido en tres partes, las cuales, a su vez, comprenden tres períodos de la vida de Lázaro: 1) su nacimiento, 2) su trayectoria de Salamanca

---

[1] Mircea Eliade, *Images and Symbols*. (New York: A Search Book: Sheed and Word, 1969), p. 178. Las futuras referencias tomadas de esta obra aparecerán en el texto del trabajo bajo *Eliade*.

a Toledo y 3) su aparente triunfo social, o cómo él mismo lo clasifica: momento en que «estava en mi prosperidad y en la cumbre de toda buena fortuna» [2].

Al igual que un gran número de excelentes creaciones literarias de aquella época, el *Lazarillo de Tormes* comienza con un episodio altamente significativo, el cual, si se interpreta simbólicamente, nos da la pauta para descifrar el desenlace de la acción. En esta primera división, el protagonista se revela desde una perspectiva autobiográfica, enumerando ciertos detalles esenciales sobre su natalicio y ascendencia, que revelan claramente el carácter paródico a la novela de caballerías y específicamente al héroe de la misma. Sin embargo, el calificar al pícaro como antihéroe sería descartar el gran mensaje que la obra encierra y su protagonista descubre. No haciendo hincapié en su nombre, ya más que analizado por la crítica, los nombres de pila de sus padres: Tomás y Antona, al igual que los apellidos: González y Pérez, comienzan a indicar no sólo su abolengo, sino también la presencia de una fisonomía que rompe el molde del orgulloso y noble caballero español, súbdito del imperial Carlos V. Si Amadís de Gaula, arquetipo de la novela de caballerías, nace de padres nobles, es depositado en el mar en un arca que contiene una espada, un anillo y una carta: Lazarillo nace sin espada, arma de nobles y símbolo de justicia; sin anillo, símbolo de perfección, totalidad y continuidad; sin carta, símbolo de anagnórisis; sin arca, muy a la tradición mosaica y símbolo del calor del cuerpo materno y del poder que hace que nada se pierda y todo pueda renacer [3] y; no en el mar, símbolo en este caso de purificación y renovación (Rioja, 242), sino, como relata él mismo, «dentro del río Tormes, por la cual causa tomé el sobrenombre» (66).

Si esta primera autodescripción va revelando de una manera simbólica, ya sea la convivencia antitética de dos Españas o la visión de una sola España en degeneración, su nacimiento dentro del agua propala el destino individual del protagonista, o quizás, en una escala macrocósmica, el porvenir de la nación en la opinión de un heterodoxo de muy posibles tendencias erasmistas. El río, en su simbología más general, representa el transcurso irreversible del tiempo, y como resultado, el abandono y el olvido [4]. Igualmente, éste desemboca, o sea, tiene su fin en el mar, el cual, además de representar una vez más la idea del olvido por su inmensidad, se destaca también como símbolo del fin de la vida (Rioja, 242). No es difícil, después de un análisis meticuloso de esta sintetizada totalidad de la acción, ver la transcen-

[2] *La vida de Lazarillo de Tormes*, ed. Julio Cejador y Frauca. (Madrid: Espasa-Calpe, 1966), p. 243. Todas las futuras citas de esta obra estarán tomadas de esta edición y aparecerán en el texto del trabajo solamente con el número de la página.

[3] J. A. Pérez-Rioja, *Diccionario de símbolos y mitos.* (Madrid: Ed. Tecnos, 1962), p. 67. Las futuras referencias tomadas de esta obra aparecerán en el texto del trabajo bajo *Rioja*.

[4] Juan E. Cirloc, *Diccionario de símbolos.* (Barcelona: Ed. Labor, 1969), p. 401. Las futuras referencias tomadas de esta obra aparecerán en el texto del trabajo bajo *Cirlot*.

dencia del mensaje socio-histórico, ya que de una forma simbólica se revela una clara manifestación de nacimiento y muerte, es decir, de principio y fin.

La próxima división o segunda etapa de su ontogenia moral, a pesar de que siempre representa esa otra fisonomía escondida, está introducida por la simbología de un número muy usado en la literatura de aquellos siglos: el ocho. Relata Lazarillo: «Pues siendo yo niño de ocho años, achacaron a mi padre ciertas sangrías malhechas..., por lo cual fue presó y confessó e no negó y padescio persecución por justicia» (66). Si en la primera parte se ha podido percibir el tono satírico y paródico que envuelve la génesis del protagonista, desde este punto en la obra en adelante, empezando con este símbolo numérico, la lengua, y como consecuencia el mensaje y la estructura, adquirirán, en numerosas ocasiones, una índole altamente irónica al igual que diatriba. Con el caso específico del número ocho, se puede empezar a observar la bifurcación que se forma entre el significado tradicional del símbolo y el propósito con el cual el autor lo aplica. Dicho número, debido a su asociación con la forma octagonal de la pila bautismal, la cual simboliza Resurrección, se revela con un simbolismo de nueva vida. Concomitantemente, el desprendimiento de Lázaro de su nefasto origen, al ser encomendado al ciego, quien promete tomarlo como hijo y enseñarlo, también implica una nueva existencia. Sin embargo, es sólo hasta este punto donde llega la similitud del significado tradicional del número ocho, ya que la tutela y educación que va a recibir del ciego no representa una resurrección de índole positiva, sino un despertar irónico, o sea, a una vivencia de engaños, mentiras y sobre todo de degeneración moral.

Otro símbolo de similar naturaleza, en cuanto a que debe representar una transmutación de ascendencia espiritual, es el nombre de la encomienda: María Magdalena. Su asociación con la madre de Lázaro, quien parece haber encontrado nueva vida en este trabajo, tiene que verse bajo una luz cáustica, puesto que esta nueva existencia, caracterizada por el concubinato con el moreno, es visiblemente nociva y está, aún más diáfanamente ilustrada, por el simbolismo cromático del negro: color que encarna un principio muy antitético a un arrepentimiento de esencia cristiana.

Antes de proseguir a la segunda división —su trayectoria de Salamanca a Toledo— debe aclararse que debido a las imposiciones de tiempo, el presente trabajo no abordará el rico simbolismo bíblico que está presente desde el principio de la novela. En lugar de repetir o reinterpretar las múltiples referencias bíblicas, que en su mayoría aparecen en los tres primeros tratados, se van a analizar dos aspectos fundamentales: *el simbolismo del centro* o *axis mundi* y el arduo y enrevesado camino a éste; los cuales, no sólo se destacan como símbolos individuales, sino que por razones de su intrínseca significación, en cuanto a la temática de la obra, también ejecutan una función simbólica de índole global.

El concepto de *axis mundi*, tan antiguo como el mismo acto de la creación, no es patrimonio de ninguna época, civilización o religión, pudiéndose observar en un gran número de creaciones literarias de los siglos XVI y XVII. Mircea Eliade, su mejor y más conocido exponente, ha dedicado varios de sus escritos a probar no sólo la existencia de dicho concepto, sino también a demostrar su difusión y su fundamental importancia en el desciframiento de muchos de los mitos que circurvalan la existencia del hombre.

El centro, ya de índole geográfica en un principio o simbólica más tarde, se proyecta en nuestra literatura como un microcosmos o imitación profana de una realidad suprema, ya que visualiza, a través de una acción ritualista, lo sagrado y verdaderamente real en su totalidad. Un ejemplo que serviría para ilustrar mejor este concepto, sería el lugar de la creación de Adán y la crucifixión de Cristo. Si en la mitología cristiana se considera que estos lugares constituyen el centro del cosmos, o sea, un símbolo de emanación total, por el hecho de que Adán es un microcosmos del género humano, al igual que por el hecho de que la muerte de Cristo, aunque localizada en un punto geográfico específico, debe simbolizar la redención de todos los pueblos del mundo; la idea del *axis mundi,* o mejor dicho, la repetición o imitación de dicha idea en épocas futuras, adquiere una esencia ritualista que, inevitablemente, se convierte en un arquetipo sujeto a condiciones históricas, políticas y sociales. Ahora bien, sin perder el significado mítico o real que posee, ya que en su interpretación simbólica reside la clave para poder entender al hombre en su totalidad (Eliade, 33-47).

Sin embargo, el camino al centro, ya de una forma consciente o subconsciente, no es fácil, sino más bien arduo y dificultoso. Observa Cirlot, resumiendo las teorías de Elide y René Guévon, que «el paso de la circunferencia a su centro equivale al paso de lo exterior a lo interior, de la forma a la contemplación, de la multiplicidad a la unidad, del espacio a lo inespacial, del tiempo a lo intemporal. [Igualmente], con todos los símbolos del centro se intenta dar al hombre el sentido del estado paradisíaco primordial y a enseñarle a identificarse con el principio supremo» (Cirlot, 132). En otras palabras, este camino ritual de lo ilusorio a lo eterno, que hasta inclusive también puede compararse con el acto de la oración —el pasaje del caos al cosmos, tiene por propósito una nueva y armoniosa existencia, tal como la que pretende alcanzar Lazarillo y el simbolismo del número ocho, discutido previamente, tan claramente revela.

En concomitancia con lo expuesto, se destacan en la novela dos lugares de esencial importancia y trascendencia: Salamanca, *axis mundi* de la educación y el saber español y Toledo, *axis mundi* de la Iglesia y el poder real de la España de aquella época. Dichas ciudades, y especialmente Toledo, poseen mucho más importancia de la que han recibido hasta el presente.

El peregrinaje de Lázaro empieza en Salamanca, pero al igual que en la mayoría de los casos la similitud de índole positiva termina abruptamente en una bifurcación irónica y satírica. Salamanca, *axis mundi* o microcosmos de la enseñanza y el saber español, aparece representada no sólo por un discípulo que aprende lo innoble y sólo se preocupa por lo material, sino también por un maestro ciego, prototipo y modelo de hipocresía e inmoralidad. Dichas antítesis a lo que debe ser el modelo, ayudan a que esta descripción desde abajo, reiteren aún más la idea de degeneración en un plano macrocósmico.

Su salida de Salamanca, después de una estancia de varios días no muy fructíferos, culmina con el episodio del animal de piedra, el cual revela tres rasgos muy significativos: 1) el animal tiene casi forma de toro; 2) es de piedra, y 3) está situado a la entrada de un puente. El toro, aunque de un simbolismo muy complejo, se usa en este incidente arropado de una significación muy popular, puesto que al mencionar Lázaro el dolor de la cornada alude a su vida de cornudo al final de la obra. Sin embargo, ya en aquel entonces, después de haber perdido su inocencia, no se enfrenta al toro, o sea, al mundo, a la sociedad, o si se quiere decir, a sí mismo. Igualmente, el hecho de que la figura sea de piedra, símbolo de dureza y duración, refuerza la idea de degeneración y declinación que Lázaro no sólo va a encontrar, sino que se va a ver imposibilitado a cambiar en su trayectoria simbólica con los tres amos, quienes comprimen los tres estados más representativos de aquella sociedad: el ciego, lo laico; el clérigo, lo religioso, y el escudero, lo noble. El último rasgo, es el lugar donde se encuentra la estatua de piedra: a la entrada del puente, símbolo del tránsito de un estado a otro y de frontera entre dos mundos separados (Rioja, 303), siendo casi siempre la otra orilla, por definición, la muerte (Cirlot, 388).

Es bastante evidente el cambio de Lázaro de un estado de inocencia a otro donde ya se considera caído, o cómo él mismo expresa: «Paresciome que en aquel instante desperté de la simpleza en que como niño dormido estava» (76). Sin embargo, quizás no tan manifiesto, es el hecho de que al pasar este puente en las afueras de Salamanca, *axis mundi* del saber, vaticine una vez más el final de la obra, es decir, su ignominiosa muerte espiritual. A pesar de estos pronósticos, su camino al centro está acompañado de imágenes positivas de redención individual que constituyen una clara afirmación del concepto del libre albedrío.

El autor, quienquiera que haya sido, tenía un gran problema que resolver; cómo condenar a su protagonista, microcosmos de la España que quería hacer resaltar, sin dejar de afirmar la doctrina del libre albedrío. La solución parece hallarla, a través del ingenioso uso de varios símbolos, como el pan, el vino y el número tres. Por ejemplo, es interesante observar cómo Lázaro, a pesar de haberle robado a la bolsa del ciego buenos pedazos de longanizas y torreznos —«símbolos de impureza, de la transformación de lo superior en lo inferior y del abismamiento amoral en lo perverso» (Cirlot, 134), al igual que de haber abusado sin templanza alguna del pan y del vino, es perdonado de una manera simbólica al ser curado con el mismo vino: sangre redentora de Cristo.

Si en una obra típicamente barroca este episodio hubiera sido suficiente para transmutar al individuo y hacerlo ver su error, en la presente novela sucede lo contrario, ya que Lázaro no sólo usurpa de Dios, quien lo ha perdonado, la facultad de la venganza.

«Escapé del trueno y di en el relámpago» (110), dice Lázaro del cura, segundo amo, al igual que segundo escalón en su trayectoria al centro. Los sucesos que se desarrollan en este tratado poseen un desarrollo bastante análogo al anterior, ya que el pícaro, motivado por su hambre, además de robar el pan del arcaz abusa de él, llegando al extremo de adorarlo sacrílegamente. Tal acción, o mejor dicho, tal transgresión, de acuerdo con la idiosincrasia de aquella sociedad, requería un claro acto punitivo, el cual se hace factible con el garrotazo que recibe. Ahora bien, lo más significativo de este episodio es la asociación involuntaria de que es objeto Lázaro con los dos animales que se traen a colación: el ratón y la culebra. Ambos, tradicionalmente simbólicos de lo demoníaco y lo pecaminoso, ayudan a presentar, en una clara perspectiva, las acciones intemperantes, inmorales y deshonestas del protagonista.

El desenlace del episodio está relatado por él mismo. Nos dice: «de lo que sucedió en aquellos tres días siguientes ninguna fe daré, porque los tuve en el vientre de la vallena... A cabo de tres días yo torné a mi sentido»... (143). El uso del número tres, tantas veces repetido a través de la narración, sobresale una vez más como símbolo que además de denotar perfección, debido a su índole cíclica de principio, medio y fin, representa resurrección, nueva vida, etc. Reforzando la idea expresada, si hiciera falta hacerlo, bastaría la obvia asociación que él mismo forma con las diáfanas imágenes de Jonás y los tres días en el vientre de la ballena. En otras palabras, el autor parece resolver el problema de predestinar a su arquetipo sin entrar en conflicto con la doctrina del libre albedrío, al propiciar a Lázaro numerosas oportunidades de enmendamiento que metódicamente rechaza.

Su peregrinación, inicida en Salamanca y desarrollada en lugares como Almorox, Escalona, Torrijos y Maqueda, termina con su arribo a Toledo: ciudad antiquísima, corte de su época al igual que de la era visigótica y arzobispado primado de España. O sea, símbolo por antonomasia de la esencia de la nación: En Toledo termina su camino ritualístico en busca de lo perdido. Ha llegado al centro, al *axis mundi*, donde todo se manifiesta en su totalidad y donde el hombre entra en contacto directo con lo verdaderamente real y sagrado. Sin embargo, este estado paradisíaco adquiere una perspectiva irónica y sarcástica, al igual que diatriba, ya que Lázaro encuenta en este *imago mundi* de la religión y la nobleza de España, que la caridad se ha subido al cielo y que tiene que alimentar a un hidalgo, quien a causa de su inflado orgullo y hueco concepto del honor, ha caído en un estado tan misérrimo que tiene que aceptar la limosna de su antítesis. La visión tan tétrica que produce esta inversión de papeles, teniendo en cuenta lo expresado sobre la significación del *axis mundi*, lleva al lector a formarse un concepto completamente negativo sobre el estado socio-político y religioso de España. En términos generales, la trayectoria del antihéroe, al igual que el simbolismo del centro, presentado en este caso desde una perspectiva negativa, hacen posible que se pueda interpretar más diáfanamente el lugar histórico no sólo del hombre de aquella sociedad, sino también de la nación. Para Lázaro, esta trayectoria subconsciente al *axis mundi*, resulta en el descubrimiento definitivo de su lugar socio-histórico y religioso. No obstante, tal revelación ha sido involuntaria. No es hasta la tercera parte de su autobiografía, la cual coincide con la última y más enigmática parte del libro, que Lázaro retorna conscientemente al centro a asumir su lugar en esa sociedad que él tanto ha desnudado. Antes de proseguir a ella, es de notarse que la transición está subrayada, análogamente a la anterior, por la aplicación del número tres: tres amos y tres tratados.

Los últimos capítulos, tan cortos, irregulares y desconcertantes, tienen un propósito importantísimo en la transmutación final de Lázaro, quien después de haber entrado en contacto con el centro, o sea, con la realidad sagrada y la esencia del todo, se ve necesitado a emprender una trayectoria a la inversa: esta vez hacia afuera, hacia lo macroscópico. En otras palabras, el pícaro ahora en función de comentarista, pasa a explicar cómo esa realidad que él experimentó en Toledo es verdaderamente de esencia macrocósmica. A continuación, pasan ante los ojos del lector toda una galería de personajes que recalcan una vez más la idea de degeneración y derrumbamiento que el autor, probablemente un heterodoxo, quería exponer.

A la par, el autor también logra resolver ingeniosamente el candente problema entre la predestinación y el libre albedrío, al darle a Lázaro la oportunidad de ganarse su sustento trabajando honradamente. No obstante, al igual que el país, dejándose llevar por la ambición de ser lo que no se es, desdeña el trabajo honesto y honrado y nos dice: «compré un jubon de fustan viejo y un sayo raydo de manga traçada y puerta y una capa, que avia sido frisada, y una espada de las viejas primeras de Cuellar. Desque me vi en habito de hombre de bien, dixe a mi amo se tomasse su asno, que no queria mas seguir aquel officio» (230). Es evidente en este pasaje que todo lo que viste es simbólico: la ropa, además de ser vieja, es la que llevan los hombres de bien; y la espada, aunque también antigua, resalta por ser arma de nobles: estableciéndose así un claro paralelo con la esencia de Toledo y sus habitantes.

Resuelto el problema del libre albedrío y cumplida su misión de observador, Lázaro entra definitivamente a Toledo como uno de sus ciudadanos. Este segundo peregrinaje, no subconsciente como el primero, constituye un retorno voluntario al centro, estableciendo el autor de tal manera la intrínseca conexión entre nuevo residente y ciudad: microcosmos ambos de la España de aquella época.

El último tratado, con el cual concluye la novela, recapitula en términos más gráficos mucho de lo discutido. La nueva prosperidad de Lázaro, bajo la protección del arcipreste de Sant Salvador, nombre tan simbólico como irónico y blasfemo, da la pauta para entender más claramente su observación inicial sobre aquéllos que aunque «siendoles contraria [la fortuna] con fuerza y maña remando salie-

ron a buen puerto» (64). La alusión a «buen puerto», que parece
tan seria en el prólogo, se revela al final tan irónica y tan sarcástica
como casi todos los símbolos que aparecen a través de la obra, ya
que puerto, «en la simbología cristiana, suele ser sinónimo de vida
eterna [y] los barcos que navegan hacia él se comparan a las almas
en busca del Cielo» (Rioja, 303).

Para concluir, sólo basta observar que si el peregrinaje al centro, o sea, del caos a la armonía, constituye una repetición simbólica del acto de la creación, Lázaro, análogamente, parodiando la obra
de Dios también descansa de sus arduos trabajos en el séptimo tratado.

EL PAN, EL VINO Y LA CARNE EN EL *LAZARILLO DE TORMES*

ANDRÉ MICHALSKI,
McGill University,
Montreal, Canadá

En el *Lazarillo* se habla insistemente de comida; podría decirse que la alimentación constituye una obsesión, si no del anónimo autor, sí, por lo menos, del narrador-protagonista de la obra, el cual, en toda la parte inicial de la novela, se identifica con la búsqueda del pan y del vino. Es el pan sobre todo, el «pan nuestro de cada día», el que por su misma ausencia está constantemente presente a lo largo de la obra.

El autor anónimo no hace alarde de conocimientos culinarios; por el contrario, los reduce, puede decirse, al mínimo común denominador: pan, vino, carne. Muy esporádicamente se menciona algún comestible específico, como, por ejemplo, en el episodio de Escalona, cuando Lázaro sustituye la suculenta longaniza del ciego por el ruin nabo, con las consabidas consecuencias, a la vez graciosas y nefastas para el muchacho.

Fuera de estas infrecuentes menciones de algún comestible determinado, lo que sí encontramos en el libro, son muchas referencias al *pan*, otras tantas al *vino*, y sólo dos, pero esas dos muy estratégicamente ubicadas, menciones de la carne.

Principiemos por constatar que, desde tiempos remotísimos, el pan y el vino, los dos alimentos eucarísticos del cristiano, en el lenguaje y en la simbología popular de España, han resumido y condensado toda la alimentación del hombre.

Así, el Cid, que ha mandado preparar un banquete para festejar su victoria sobre el conde de Barcelona y su captura, con escuetas palabras anima a su ilustre prisionero a que participe del banquete:

Comed, comde, deste pan, e beved deste vino.

Don Quijote hace el voto de «no comer pan a manteles». Los ejemplos tomados de la literatura castellana serían abundantísimos. Baste uno más, del refranero. Llamar las cosas por su nombre propio, el más llano, es decirle «al pan, pan, y al vino, vino». También en las artes plásticas, de tradición antiquísima, pero viva aún hoy, todos los alimentos vienen simbolizados por una espiga de trigo y un racimo de uvas.

Al insistir de tal modo en los alimentos básicos, el anónimo autor también muestra gran economía de medios.

Pero es evidente que el simbolismo de los tres alimentos que he mencionado va más allá de la simple representatividad. En la civilización cristiana y europea, los tres: *el pan, el vino* y la *carne,* tienen además una significación tradicional que es la que utiliza el autor del *Lazarillo.* Los tres alimentos simbolizan, cada uno a su modo, la relación del hombre con el mundo exterior.

Empecemos por el *pan.* No sólo es fuente de calorías, sustento cotidiano y universal de todas las civilizaciones del Mediterráneo, es, además, el objeto de la comunión entre los hombres. Si, a la manera de San Isidoro de Sevilla, explicamos las cosas por su etimología, observamos que *compañía* es el grupo de personas que comparten el mismo pan, y *compañero* un miembro fraterno de este grupo en relación a los otros. En este caso, el *pan* implica la idea de la igualdad y la amistad entre los hombres que lo comparten y, real o simbólicamente, se sientan a la misma mesa.

Pero en la tradición cristiana y en la feudal, la palabra *pan* lleva también consigo otra idea, la de la jerarquía entre los hombres. Aquí ya no se trata de personas que comparten entre sí el pan que han recibido de una fuente común, la idea implícita en la palabra *compañero,* sino de la relación que existe entre el que da y el que recibe el sustento de vida. En la última cena de Cristo, vemos esta relación de una manera muy clara: los doce apóstoles están en pie de igualdad entre sí, todos son *compañeros.* Cristo, en cambio, es el Señor, que les distribuye el pan del sacrificio y del amor.

Si buscamos otra etimología que venga al caso, podremos detenernos en la de la palabra *paniaguado.* En la época feudal, el *paniaguado* era el hombre, al servicio de otro más poderoso, y que por sus servicios recibía de su amo sustento y protección.

En el *Lazarillo de Tormes,* el autor anónimo se vale de esos significados tradicionales y simbólicos del pan para expresar el caos social que rodea al protagonista. Los tres primeros amos de Lázaro fallan en el deber expreso de alimentar a su criado suministrándole pan en cantidad suficiente, subvirtiendo así a la jerarquía feudal imperante y a la relación amo-criado. Lo privan no sólo de sustento material, sino también de la caridad y aun cariño que el amo debe tener para con el criado en la sociedad precapitalista, en que todavía no existe la institución del criado con contrato y a sueldo fijo. Creo que en nuestra novela esta relación viene expresamente simbolizada por el arca del segundo amo de Lázaro. La crítica ya ha señalado las alu-

siones bíblicas de esta arca. Aquí sólo quiero insistir en un posible
simbolismo más: en el Antiguo Testamento, el Arca, guardada en el
Sanctum Sanctorum, simboliza el *pacto* entre Dios y su pueblo. En
el *Lazarillo,* el arca del cura representa el convenio implícito entre
Lázaro y su amo. Pacto que el cura no cumple al no alimentar debi-
damente a su criado. Es con derecho moral entonces que Lázaro abre
ilícitamente el arca para llegar al pan que le es debido y que su amo
se niega a compartir voluntariamente.

Se ha observado la progresión de los infortunios de Lázaro descrita en los tres primeros tratados. El primer amo, el ciego, no lo alimenta suficientemente, el segundo lo deja morir de hambre, con el
tercero se han invertido por completo los valores y es el criado el
que suministra el sustento al amo. Aquí es de interés notar que el
pan que Lázaro tan generosamente comparte con el escudero —no
como sus dos primeros amos que se comían lo mejor y le dejaban
los desechos y los huesos roídos—, este pan proviene a su vez de la
caridad de unas hilanderas pobrísimas que lo habían compartido con
Lázaro.

Resumamos: al insistir de tal modo en la privación de pan que
sufre Lázaro de parte de sus amos, el autor indirectamente nos pinta
la corrupción de la jerarquía social y la terrible soledad en que vive
el muchacho, privado no sólo de pan, pero sobre todo del amor y de
la comprensión humanos que este pan simboliza. A través de toda
la obra, los verdaderos delincuentes son los amos, ya que su actuación va en contra de la moralidad social de la época.

Pasemos al *vino.* Este tiene aún más importancia en la vida de
Lázaro que el pan. El vino, en la tradición medieval cristiana, la judía y también la de los sufíes musulmanes, representa la sabiduría,
el entendimiento, las ideas. Ya San Pablo le da este sentido al hablar
del nuevo vino que hay que echar en los odres viejos. Es el sentido
que se le da en la teología medieval.

Es también el sentido que, transformado irónicamente, recibe el
vino en el *Lazarillo.* Primero en la relación entre Lázaro y el ciego.
El ciego es el mentor de Lázaro, quien nunca olvidará sus enseñanzas. A pesar de haber asegurado a la madre del niño que lo tomo «no
por mozo, sino por hijo» (I, p. 95) [1], el ciego nunca le demuestra
verdadero cariño. Es únicamente su preceptor de conducta, enseñán-
dole directamente y sobre todo por medio del ejemplo. Es por el
ejemplo que le enseña a beber vino, ya que nunca se lo da, aunque
siempre lo manda a que le traiga vino de la taberna.

Entre los episodios más interesantes de la novela, se encuentran
los de las tretas de que se vale Lázaro para robarle vino al ciego,
como, por ejemplo, el de la paja de centeno y el del tapón de cera
que se derrite a arrimar al fuego el jarro de vino. El ciego descubre
la treta de la cera y arrojando el jarro de vino a la cara de Lázaro,

---

[1] Cito por la edición de Alberto Blecua (Madrid: Clásicos Castalia, 1972),
dando entre paréntesis el número del *tractado* y de la página.

que no sospecha nada, le causa heridas profundas, que luego él mismo se aplica a curar lavándoselas con vino y acompañando la acción con estas palabras: «¿Qué te parece, Lázaro? Lo que te enfermó te sana y da salud» (I, p. 102).

También después del episodio de la longaniza, el ciego le causa heridas en el rostro a Lázaro, que luego le lava con vino, con el siguiente comentario sobre las virtudes de éste: «A lo menos, Lázaro, eres más cargo al vino que a tu padre, porque él una vez te engendró, mas el vino mil te ha dado la vida... Ya te digo... que si hombre ha de ser bienaventurado con vino, lo serás tú» (I, p. 110).

El vino empieza a tener importancia en la vida de Lázaro, aún antes de su entrada al servicio del ciego, como seguirá teniéndola después de la separación de ambos. Así, la única actividad de Lázaro mencionada en el libro como anterior a su salida de la casa materna con el ciego es cuando, mandado por su madre, «iba a las huéspedas por vino y candelas» (I, p. 95).

Me parece bastante significativo que se especifiquen estas dos cosas, el vino y las candelas, juntas, y a exclusión de otras. Es que tanto el vino como la candela que él va a bucar simbolizan aquí el despabilarse del niño, el principio de su aprendizaje de pícaro. Esta mención de la candela, y, por implicación, de la lumbre que la candela promete, es ya una premonición del despertar que sufre Lázaro cuando el ciego le golpea la cabeza contra el toro de piedra de Salamanca. Lázaro, ya adulto, comenta su deuda para con el ciego diciendo: «Y fue así que, después de Dios, éste me dio la vida, y siendo ciego me alumbró y adestró en la carrera de vivir» (I, p. 97). Nótese como esta expresión es paralela de la citada hace poco, cuando el ciego dice que Lázaro debe la vida más al vino que a su padre.

También me parece importante notar que en el episodio ya mencionado, el acceso al vino se haga por medio de una tortilla o tapón de cera, es decir, un sello derretido *al calor de la lumbre*. Otra vez, como al principio de la novela, aparecen juntos *el vino y la lumbre*.

Veamos brevemente al pasaje en cuestión: «... estando recibiendo aquellos dulces tragos, mi cara puesta hacia el cielo, un poco cerrados los ojos por mejor gustar el sabroso licor, sintió el desesperado ciego que agora tenía tiempo de tomar de mí venganza, y con toda su fuerza, alzando con dos manos aquel dulce y amargo jarro, le dejó caer sobre mi boca... verdaderamente me parecía que el cielo, con todo lo que en él hay, me había caído encima» (I. p. 101). Como toda la novela, éste es un pasaje de mucha astucia estilística, lleno de ironía y contraste. Valdría la pena de analizarlo detalladamente, pero por ahora sólo quiero señalar que el éxtasis, con los ojos semicerrados y vueltos al cielo, es una clara alusión al éxtasis que experimenta el creyente al recibir la Eucaristía. Más adelante, en la obra observamos un eco de este pasaje, también con una clara alusión a la Eucaristía, en el caso del pan, cuando Lázaro dice: «abro el arca y como vi el pan, comencélo de adorar, no osando rescebillo» (II, 119). El vino vincula a Lázaro con el ciego en varios niveles.

El ciego, aunque a pesar suyo casi siempre, es el proveedor en vino de Lázaro. Me parece, además, que el vino del ciego está presente en la mente del narrador, aun cuando éste mencione otro líquido vital. Al hablar de su arte de pedir limosna que le había enseñado el ciego, dice Lázaro: «Mas como yo este oficio le hubiese mamado en la leche, quiero decir con el gran maestro el ciego lo aprendí».

Ya antes, en el principio de la obra, Lázaro hace caso omiso de sus padres naturales y dice del ciego: «después de Dios, éste me dio la vida» (I, p. 97). Estos dos pasajes, a mi parecer, hay que relacionarlos con que el ya citado, «a lo menos, Lázaro, eres más cargo al vino que a tu padre, porque él una vez te engendró, mas el vino mil te ha dado la vida». La lección que se deduce de estos pasajes es creo la siguiente: Lázaro le debe la vida al ciego más que a sus padres, ya que el ciego le ha enseñado el arte de defenderse y prosperar por sus propios esfuerzos, y simbólicamente, el licor vital que une a Lázaro con el ciego es el vino, al igual que la leche materna une al niño con la madre.

Fijémonos también en que, a pesar de su propensión al vino, Lázaro nunca lo describe como tinto o blanco, nuevo o añejo, de tal o cual lugar, limitándose siempre al nombre genérico y reforzando así su valor simbólico. También nunca se nos presenta como borracho, lo que ocurre en novelas picarescas posteriores. Es que en el *Lazarillo,* junto al otro alimento eucarístico, el pan, el vino es un símbolo vital, importantísimo para la inteligencia total de la obra.

Una dificultad posible para mi interpretación de la obra sería que, mientras que la madre brinda su leche al hijo de la manera más natural, Lázaro tiene que valerse de toda clase de tretas para sustraerle vino al ciego. Pensándolo bien, sin embargo, creo que no existe tal dificultad. Sencillamente, el autor quiere mostrar en este Bildungsroman, o novela educacionl, que es el *Lazarillo,* que el aprendizaje requiere esfuerzo por parte del alumno. El viejo ciego, además de la enseñanza directa, brinda la ocasión para que el mozo aprenda por su propio esfuerzo. Lo que pasa en realidad, es que el discípulo tiene mucho más talento y aprovecha las enseñanzas del maestro mucho más rápidamente que éste lo había pensado.

Al hablar de vino, tampoco hay que olvidar las uvas, de las cuales el vino proviene. En la simbología tradicional los dos conceptos van unidos. Pues bien, uno de los raros episodios de *armonía* que hay en el libro, es el del racimo de uvas de Almorox. Es la única vez que uno de los amos de Lázaro comparte con él un alimento en plan de igualdad. Pero, como Lázaro sólo se entera *a posteriori,* ya vaciado el racimo, se trata en realidad de una prueba, o examen, que le había hecho el ciego. Una prueba en que Lázaro demuestra, como más tarde en casa del clérigo de Maqueda, que cuando se le hace una injusticia, en contra de lo convenido, antes que *protestar* como haría otro, él se calla, pero se toma la parte que le corresponde por los medios a su alcance. Otra vez es evidente que hay una relación entre los dos episodios, ya que, al despedir a Lázaro, dice el clérigo de Maqueda: «no

es posible sino que hayas sido mozo de ciego» (II, p. 128), calidad
suya que Lázaro le había callado.

El episodio de las uvas es también una prueba para el ciego, que
tiene la ocasión de demostrar su gran sagacidad psicológica. Es una
prueba de la que ciego y mozo salen victoriosamente. Como me lo señala el profesor Francisco Martínez, el hecho de que se trate aquí de
uvas, y no de vino fermentado, también debe tener su importancia simbólica: el Lázaro sometido a esta prueba no es todavía un pícaro consumado, sino uno en agraz.

Cuando, en el tercer *tratado*, Lázaro declara al escudero, «señor,
no bebo vino» (III, p. 134), otra vez usa la palabra en un doble sentido. Lo importante no es que se haga pasar por abstemio, sino que es
una manera hipócrita de negar su apartenencia al mundo de los pícaros, ostentando carta de inocencia e ingenuidad. Esta negación viene
muy poco después del relato falsificado que hace Lázaro de su propia
vida al escudero: «le satisfice de mi persona lo mejor que mentir supe,
diciendo mis bienes y callando lo demás» (III, p. 131). Seguramente
no se vanagloria de haber sido mozo de ciego.

Ahora bien, si damos por sentado que en nuestra novela el vino
simboliza la sabiduría, o más bien, el arte del pícaro, cuando, en el
último *tratado* del libro el Lázaro adulto, llegado a «la cumbre de la
buena fortuna», pregona los vinos del Arcipreste de San Salvador, *junto con los delitos de los reos comunes,* lo que hace en realidad es pregonar, es decir, publicar, las picardías de su último amo. Pensándolo
bien, así ha de ser, ya que la vida inmoral del arcipreste, unida a la importancia del cargo eclesiástico que ocupa, hacen de él el pícaro más
grande de toda la obra. Lázaro pregona los vinos no sólo del Arcipreste, sino de todo el que tenga vino que vender en Toledo. Como
lo declara él mismo, «tanto que en toda la ciudad, el que ha de
echar vino a vender, o algo, si Lázaro de Tormes no entiende de ello,
hacen cuenta de no sacar provecho» (VII, p. 173).

En este pasaje, en que Lázaro pone énfasis en su entero nombre
de pícaro, *Lázaro de Tormes* nos habla a la vez como protagonista
de la obra y como narrador.

Como protagonista, Lázaro es aquí el alcahuete, el mediador de
todos los negocios sucios que se hacen en Toledo. Sobre todo es el
alcahuete del Arcipreste de San Salvador. Pero también los otros,
si quieren sacar provecho de algún negocio, tienen que pagarle su comisión a Lázaro de Tormes, que se nos presenta aquí como el *ma-
fioso* número uno de Toledo.

Como narrador, por cuya boca habla el autor anónimo, Lázaro
de Tormes *pregona al público* las alcahueterías y picardías del ciego,
del clérigo de Maqueda, del escudero y de todos los demás amos que
ha tenido, inclusive las suyas propias. Aquí se cumple la profecía del
ciego, «que si hombre en el mundo ha de ser bienaventurado con
vino, que serás tú» (I, p. 110). En este final del libro es cuando el
vino del ciego, que el niño Lázaro ávidamente chupaba con una paja,

como un recién nacido la leche materna, cobra su pleno significado simbólico intentado por el autor.

Y esto nos lleva a la consideración del tercero de los puntos enunciados: *la carne*. Aquí creo que no precisa hacer ningún esfuerzo de imaginación para caer en la cuenta de que la palabra *carne* se emplea en la obra a la vez en sus dos sentidos usuales, el culinario y el teológico, es decir, para significar el alimento y el sexo.

La palabra *carne* aparece empleada de este modo en sus dos sentidos simultáneamente, sólo en dos lugares de la obra, pero se trata de dos lugares muy estratégicos por su posición, el principio y el fin. Estas son las únicas dos veces en que se habla de *traer* o *dar carne* una persona a otra. En ambos casos, el que da es un hombre, y una mujer la que recibe.

Así, el Zaide, el esclavo negro enamorado de la madre de Lázaro, «siempre traía pan, *pedazos de carne,* y en el inviernos leños a que nos calentábamos» (I, p. 93). De paso podemos observar que Zaide no trae velas o candelas, sino leños. Lo mismo trae pan, pero no vino. Es que su actuación no ayuda a desarrollar la inteligencia del niño, pero sí a crear el calor familiar en el hogar.

La consecuencia de *la carne* que regularmente trae el Zaide, es que a Lázaro le nace un hermano, «un negrito muy bonito», que él «brincaba y ayudaba a calentar» (I, p. 93).

Y al final de la obra una frase, que creo es un claro eco de la que acabo de citar con relación al Zaide, sólo que aquí las dádivas van del Arcipreste de San Salvador a la mujer de Lázaro: «y siempre en el año le da en veces al pie de una carga de trigo; por las Pascuas, su carne, y cuando el par de los bodigos, las calzas viejas que deja» (I, p. 174). Aquí cada una de las expresiones usadas en la frase tiene un evidente doble sentido, el usual y el erótico.

Así lo de la *carga de trigo* tiene un paralelo en la *troba cazurra* del *Libro de Buen Amor,* en que el lujurioso escolar Ferrán González le promete a la panadera Cruz: «trigo que tenía añejo» (*LBA,* 119b). En ambos casos, *trigo* equivale a semilla, es decir, semen.

En su acepción usual, la expresión *carga de trigo* parece que no viene mucho a cuenta aquí, ya que el trigo no es un regalo que uno haría normalmente a una ama de casa que no tiene las facilidades para molerlo.

En cuanto al *par de los bodigos,* creo que no es necesaria una explicación por lo obvia. En realidad, las otras expresiones no tienen aquí otra función que la de reforzar el doble sentido de la palabra *carne* con el evidente propósito de que el lector no se pierda el sentido irónico del pasaje.

Para terminar, creo que para la total inteligencia del *Lazarillo* —una obra sencilla en apariencia, pero muy sutil y compleja en realidad— es importantísimo tomar en cuenta el significado simbólico de las tres palabras cuyo sentido he tratado de explicar. *Pan, vino, carne* vienen a ser palabras claves, piedras angulares en la estructura total de la obra.

De las tres, creo que es *el vino,* como Eucaristía —y a diferencia del pan—, reservado a los iniciados en los misterios del sacerdocio católico, el que ocupa el primer lugar, ya que representa el conocimiento del mundo y de la picardía.

Como corolario de lo que antecede, me atrevería a sugerir además que, por la ingeniosa manera como nuestro anónimo autor maneja los símbolos del pan, del vino y de la carne, una manera muy teológica dentro de sus sutiles ironías, casi se impone la conclusión de que el autor mismo fue un eclesiástico.

In vino veritas.

HISTORIA Y LITERATURA: EL PERSONAJE DEL ESCUDERO DE *EL LAZARILLO*

Augustin Redondo
Universidad de Tours

En los últimos años, varios críticos han estudiado al escudero de *El Lazarillo*, otorgándole o negándole el carácter de personaje tradicional [1]. Nos ha parecido necesario, pues, volver sobre dicho personaje, situándolo socialmente en la España de la primera mitad del siglo XVI, condición previa para comprender el papel que desempeña en la obra.

* * *

Castilla ha vivido a lo largo de ocho siglos al ritmo de la Reconquista. Por eso, en una sociedad de organización tripartita (labradores, oradores, defensores), el brazo militar se valoró sobremanera. Sus componentes fundamentales fueron los ricos hombres, los hidalgos y los caballeros [2]. Al lado del caballero —prestigioso guerrero a caballo— había otro tipo de «militar en servicio activo»: el escudero [3]. Este —hijo de un caballero, o en la mayoría de los casos hidalgo de patrimonio reducido— servía a su señor, aprendiendo las leyes de la caballería y el arte de la guerra. Le llevaba la lanza y el escudo —lo que explica su nombre—. Vivía de las *mercedes* que le hacía el caballero. Después de varios años de servicio, cuando ya había cumplido unas cuantas hazañas y cuando su patrimonio había crecido lo suficiente, el escudero podía ascender a caballero.

---

[1] Entre otros estudios, ver los de MARCEL BATAILLON, *Novedad y fecundidad del «Lazarillo de Tormes»* (Salamanca, Anaya, 1968, pp. 36 y ss.); MARÍA ROSA LIDA DE MALKIEL, «Función del cuento popular en el *Lazarillo de Tormes*», en *Actas del Primer Congreso Internacional de Hispanistas* (Oxford, The Dolphin Book, 1964, pp. 357-359); FRANCISCO RICO, «Problemas del *Lazarillo*», en *Boletín de la Real Academia Española*, XLVI, 1966, pp. 288-296); FERNANDO LÁZARO CARRETER, *«Lazarillo de Tormes» en la picaresca* (Barcelona, Ariel, 1972, pp. 134 y ss.).

[2] Ver el sustancioso libro de BERNARDO BLANCO-GONZÁLEZ, *Del cortesano al discreto; examen de una decadencia* (Madrid, Gredos, 1962).

[3] La expresión la emplea B. BLANCO-GONZÁLEZ, *ibid.*, p. 130.

Este género de vida lo llevó el escudero hasta la última fase de la Reconquista [4]. Pero al finalizar la Edad Media, no se trataba ya más que de una supervivencia. En efecto, el arte de la guerra había cambiado radicalmente. Armas nuevas y fuerzas nuevas habían ido apareciendo, provocando algunas derrotas importantes de la caballería. Los arqueros y ballesteros, luego las armas de fuego habían venido a cabo de la superioridad del caballero como eficaz combatiente a caballo. La flamante caballería francesa fue aniquilida en Crécy, Poitiers y Azincourt por los arqueros ingleses y los brillantes caballeros de Borgoña fueron derrotados en Morat, en 1476, por la infantería suiza. La caballería intentó perfeccionar su armamento, utilizando una armadura sólida, que le permitía dejar de lado al pesado escudo. Sin embargo, los mejores caballeros no pudieron aguantar los estragos de las armas de fuego. A partir de entonces, la decadencia del caballero, como hombre de guerra —decadencia que ocasionó la del escudero—, era inevitable. Además, las nuevas armas no sólo eran mucho más eficaces que las tradicionales sino que iban unidas a un nuevo tipo de militar: el soldado asalariado de clase inferior [5]. El noble ya no era el guerrero por excelencia.

Al acabar el siglo xv, el problema de la existencia del escudero como tal va a plantearse, pues, progresivamente. Todavía tendrá ocasión de ejercer sus actividades específicas en 1520-1521, cuando la revolución de las Comunidades, ya que a partir de septiembre de 1520, el enfrentamiento entre caballeros y comuneros fue una realidad como lo indica fray Antonio de Guevara [6]. Tal vez se le presente al escudero otra ocasión de servir en la guerra de las Alpujarras de 1568-1570.

Conforme va pasando el tiempo, la situación del escudero se hace cada vez más difícil: vivía esencialmente de las mercedes otorgadas por el caballero de quien dependía. En cuanto desaparece esa fuente de ingresos, no puede sino malvivir, pues su patrimonio es escaso. Y le es imposible ejercer algún arte mecánica, que le envilecería, porque es noble.

En efecto, en la primera mitad del siglo xvi, la palabra «hidal-

---

4 No hay que olvidar que la conquista del reino de Granada permitió la constitución de nuevos latifundios y que los despojos que recibieron los escuderos debieron de ser estimables. En una obra como *El Abencerraje*, que recrea la atmósfera de los últimos años de la guerra de Granada, hay varias alusiones a los escuderos (ver, por ejemplo, fol. 3v.; utilizamos el facsímil de la edición realizada en Medina del Campo por Matheo del Canto, en 1565).

5 Ver el estudio de VICENTE LLORENS, «Don Quijote y la decadencia del hidalgo», p. 52, en *Aspectos sociales de la literatura española* (Madrid, Castalia, 1974).

6 Ver nuestra obra, *Antonio de Guevara (1480?-1545) et l'Espagne de son temps-De la carrière officielle aux oeuvres politico-morales* (Genève, Droz, 1976; «Travaux d'Humanisme et Renaissance», CVLVIII), pp. 12 y 615. Sobre la sociología de las comunidades, ver JOSEPH PÉREZ, *La révolution des «Comunidades» de Castille (1520-1521)* (Bordeaux, Institut d'Etudes Ibériques et Ibéro-Américaines de l'Université, 1970, pp. 455 y ss.), y JUAN IGNACIO GUTIÉRREZ, *Las Comunidades como movimiento antiseñorial* (Barcelona, Planeta, 1973, pp. 323 y ss.).

go», aunque a veces sigue empleándose con el sentido general de noble, designa sobre todo al que no es pechero, al que no paga tributo, como el duque de Nájera lo indica a las claras en las cortes de Toledo de 1538-1539:

> «... la diferencia que hay entre hidalgo y pechero es servicio personal o pecunial, y en esto nos conocemos los unos de los

De ahí que se experimente a menudo la necesidad, cuando se quiere emplear el término «hidalgo» con su significado primero, de completarlo con la determinación «de sangre», como se hace en las cortes de Madrid de 1551 [8].

Así que si todos los nobles son hidalgos, la hidalguía no supone la nobleza en todos los casos, ya que, al ejercicio de ciertos cargos (por ejemplo en las chancillerías el de presidente, oídor, alcalde del crimen, etc...) va unido el privilegio de no pechar [9]. Y hasta se puede «comprar» la hidalguía, lo que provoca varias protestas de las cortes [10].

La nobleza empieza con el escudero; es lo que se desprende de lo escrito por fray Antonio de Guevara en 1529, en el *Relox de Príncipes*:

> «... Sólo el hombre (...) dessea su estado mudar, porque el pastor querría ser labrador y el labrador querría ser escudero y el escudero querría ser cavallero y el cavallero querría ser rey y el rey querría ser emperador» [11].

Y lo mismo escribe Feliciano de Silva, en 1534, en la *Segunda Celestina*, y fray Pablo de León, en 1553, en la *Guía del cielo* [12].

Los dos peldaños básicos de la nobleza son pues el de escudero y el de caballero. Los nobles superiores al escudero son caballeros, aunque ostenten algún título o sean Grandes de España. Es lo que subraya don Diego Hurtado de Mendoza en una carta dirigida a Granvela el 16 de julio de 1551:

---

[7] *Cortes de los antiguos reinos de León y de Castilla*, t. V (Madrid, Establecimiento tipográfico de los Sucesores de Rivadeneyra, 1903), p. 71. Se trata de la *Relación* de SUÁREZ DE MENDOZA.

[8] *Cortes de los antiguos reinos...*, V, p. 537.

[9] Ver BARTOLOMÉ BENNASSAR, *Valladolid au Siècle d'Or* (Paris-La Haye, Mouton, 1967), p. 366.

[10] *Cortes de los antiguos reinos...*, IV, pp. 278, 327 y 371.

[11] Ver nuestra obra, *Antonio de Guevara...*, p. 615.

[12] En la *Segunda Celestina* encontramos lo siguiente: «¿Por qué, si piensas, es más el rey que el duque, el duque que el marqués, y el marqués que el caballero, y el caballero que el escudero, y el escudero que el oficial y el oficial que el labrador? No por otra cosa sino por el peso y medida de más o menos dinero», pp. 459-470; citamos por la ed. de María Inés Chamorro Fernández, Madrid, Ciencia Nueva, 1968). Fray Pablo de León escribe: «un escudero desea comúnmente ser caballero y le parece que con aquello se contentaría; y después llega allí y luego desea ser conde o duque muy grande; y allegado a esto, desea ser rey; y después, si lo es, no hay reino en el mundo que lo harte...» (p. 451; ed. de Vicente Beltrán de Heredia, Barcelona, Juan Flors, 1963).

«Yo soy caballero y no pienso haber hecho cosa por donde sea menos; y el Emperador en esta parte ni es mi superior ni mi señor, sino caballero como yo»[13].

Por eso, cuando la nobleza tomó partido contra las *Comunidades*, en septiembre de 1520, la oposición caballero-comunero tradujo perfectamente el antagonismo entre las dos facciones, como lo afirma Guevara[14].

El escudero se halla pues rápidamente en una situación inaguantable: pertenece a un grupo social que, conforme va pasando el tiempo, aparece cada vez más anacrónico, más fosilizado, ya que desde la segunda década del siglo xvi no puede ejercer actividades que correspondan a lo que fue su razón de ser. Y a pesar de ello, como noble, no puede menos de *aparentar* llevar un género de vida acorde con el rango que teóricamente es el suyo.

En esa sociedad estamental castellana, que a lo largo del siglo xvi exalta los valores aristocráticos, «el no vivir de rentas, no es trato de nobles»[15]. El noble, como lo ponía de relieve Fernán Mexía en su *Nobiliario vero*, a finales del siglo xv, ha de poseer cuatro calidades: proceder de dignidad, tener la claridad del linaje, buenas costumbres y poseer antiguas riquezas,

«... ca el noble que rico no fuese, pocas vezes se podría escusar de no se enbolber en actos baxos o ofiçios desonestos»[16].

En el siglo xvi, el desarrollo de la industria textil castellana, del gran comercio internacional, de los tratos y cambios, la llegada del oro y de la plata de las Indias ocasionan la formación de nuevas fortunas y dan mayor importancia al dinero. Este poder del dinero permite la movilidad vertical y perturba el orden social establecido como lo subraya Pedro de Navarra en 1567:

«... en esta nuestra era, un hombre rico, puesto que sea vil en sangre, infame en la vida, inhábil y vicioso en la persona, y que finalmente tenga todos los defectos de la vida, a buelta de sus riquezas cabe en todas partes, tanto que es respetado, oydo, creydo, loado, servido y acompañado y aun deseado de muchos grandes por deudo»[17].

---

[13] Ver ANGEL GONZÁLEZ PALENCIA y EUGENIO MELE, *Vida y obras de don Diego Hurtado de Mendoza* (3 t., Madrid, Instituto Valencia de Don Juan, 1941-1943), II, p. 239.

[14] Ver nuestra obra *Antonio de Guevara...*, p. 123.

[15] JOSÉ LARRAZ, *La época del mercantilismo en Castilla (1500-1700)* (Madrid, Atlas, 1943), p. 73.

[16] *Nobiliario vero* (Sevilla, Pedro Brun y Juan Gentil, 1492; ed. facsímil realizada por el Ministerio de Educación y Ciencia, Madrid, 1974), lib. I, cap. LXVI, fol. c[VIII]rºa.

[17] Ver JOSÉ ANTONIO MARAVALL, *El mundo social de «La Celestina»* (Madrid, Gredos, 1964), p. 77.

Esto explica el papel incómodo de aquella parte de la nobleza que carece de bienes. No es pues de extrañar que encontremos en un texto de mediados del siglo XVI, afirmaciones como la siguiente:

«... ser bien nacido y de claro linaje es una joya muy estimada; pero tiene una falta muy grande: que sola por sí es de poco provecho, assí para el noble como para los demás que tienen necessidad, porque ni es buena para comer, ni bever, ni calçar; ni para dar ni fiar; antes hace bivir al hombre muriendo, privándole de los remedios que ay para cumplir sus necessidades...»[18].

Este es el caso del escudero. Sus posibilidades económicas van menguando día tras día. Su patrimonio es diminuto y el censo señorial, si lo percibe, representa para él escasos ingresos[19]. Con la llamada «revolución de los precios», las rentas que cobra, más o menos fijas, corresponden a un poder adquisitivo que disminuye constantemente, mientras que entre 1520 y 1540 el precio del trigo ha triplicado, el de la carne de vaca ha subido en un 50 por 100 y el de la carne de carnero en un 20 por 100, etc...[20].

La degradación de la situación del escudero en esos años es innegable. En el pueblo donde está el solar de sus antepasados, tal degradación no pasa inadvertida a pesar de los esfuerzos del escudero por ocultarla. Los villanos, y particularmente los labradores ricos, miran con hostilidad a ese representante de un grupo inactivo, que ha perdido su razón de ser, pero que sigue gozando de los privilegios de la hidalguía. El escudero, consciente de ello, se aferra a esos privilegios y a una mentalidad anticuada y nostálgica de tiempos pretéritos que le conduce, aunque esté hambriento, a mantener las apariencias de una nobleza que se desmorona irremisiblemente. Por eso exalta una honra (muy alejada del verdadero honor cristiano) que le lleva a preocuparse por la opinión, por el qué dirán, y le hace reparar tan sólo en exterioridades; de ahí que dé tanta importancia al vestido y a la pulcritud externa, a la espada, al porte y al tratamiento.

Frente al caballero, su vecino, que es su superior y posee rentas más importantes que las suyas, se siente frustrado. El caballero con quien en otras épocas había corrido parejas, ya no necesita que desempeñe su papel de auxiliar militar y por tanto no le hace mercedes. La diferencia entre ellos, por las razones económicas señaladas, va creciendo sin cesar, y al pobre escudero no le queda más remedio que intentar salvaguardar los retazos de su nobleza a ojos de los

18 *Floreto de anécdotas y noticias diversas que recopiló un fraile dominico residente en Sevilla a mediados del siglo XVI* (ed. de F. J. Sánchez Cantón, Madrid, 1948; «Memorial Histórico Español», XLVIII), p. 316.
19 Ver NOEL SALOMON, *La vida rural castellana en tiempos de Felipe II* (Barcelona, Planeta, 1973), p. 303.
20 Ver las series de precios publicados por EARL J. HAMILTON en su libro *American treasure and the price revolution in Spain 1501-1650* (Cambridge, Massachussets, Harvard University Press, 1929), pp. 324-326.

demás, extremando los «puntos de honra» y afirmando «que del rey abajo no debe nada a nadie»[21]. El desdén de los caballeros por los soberbios escuderos aumenta pues día tras día. Es lo que pone de relieve don Alonso Enríquez de Guzmán, quien se ensaña contra ellos convirtiéndolos en perros, llamándolos «mala savandija de scuderos» y añadiendo:

> «Todo lo que tienen les paresce poco ansy de onrra como de hazienda»...[22].

Lo que sí aceptaría el caballero es que el escudero pasara a su servicio no ya como hombre de guerra, sino como servidor de su casa. Es lo que han hecho ya algunos escuderos que reciben acostamiento de su señor[23]. Pero a nivel de la aldea, y del círculo de sus conocidos, tal envilecimiento les parece inanguantable a la mayoría de ellos. Si no quieren morirse verdaderamente de hambre, tienen pues que encontrar una solución a su problema fuera del ámbito familiar, con tanta más urgencia cuanto que la hostilidad de los villanos los persigue. En los pueblos, esa nueva clase ascendente, la de los labradores ricos, consciente de su fuerza, se enfrenta con ellos, los toma por blanco de sus vejaciones, cuando no les prohíbe el desempeñar cargos municipales. Contra tal evolución, protestan las cortes en 1525:

> «... en algunos pueblos de estos rreynos no consiente que los hijosdalgos entiendan en las cosas del pueblo, ni tengan alcaldías, ni alguazilazgos, ni otros offiçios, ni entren en sus ayuntamientos...»[24].

Y semejantes protestas han de aparecer en las cortes de 1534, de 1537, de 1538, de 1544, de 1551, etc...[25], lo que demuestra la importancia del movimiento de exclusión al cual nos referimos. Esa ac-

---

[21] Ver ALONSO ENRÍQUEZ DE GUZMÁN, *Libro de la vida y costumbres* (ed de H. Keniston, Madrid, Atlas, 1960, *B.A.E.*, t. 126), p. 51b. La palabra «rey» ha desaparecido del texto de don Alonso, pero es necesario restituirlâ.

[22] *Ibid.*

[23] J. PÉREZ en su libro sobre las Comunidades alude al escudero Juan de Hevan, mayordomo de don Pedro Maldonado (*op. cit.*, p. 480). En la *Segunda Celestina* se evoca a la madre de Felides y se dice acerca de ella: «cuantos escuderos y pajes tenía en casa y fuera de casa, tenía desatinados y acosados...» (p. 204). En su *Diálogo en alabanza de Valladolid*, publicado en 1582, DAMASIO DE FRÍAS se refiere a la generosidad de don Martín Enríquez y de su mujer y dice que «sale cada mañana un escudero viejo de su casa con una bolsa llena de dinero [para los pobres]» (citamos por la ed. de NARCISO ALONSO CORTÉS, *Miscelánea vallisoletana*, 2 t. Valladolid, Miñón, 1955, I, p. 283). Por otra parte, en las cortes de Madrid de 1528 se protestó porque muchos escuderos que habían hallado asiento en la casa de algún grande venían muchas veces a perderlo cuando se casaban los hijos de los grandes y de dos casas se hacía una sola. (Ver ALONSO DE SANTA CRUZ, *Crónica del Emperador Carlos V*, 5 t., Madrid, 1920-1925, II, p. 387).

[24] *Cortes de los antiguos reinos...*, IV, p. 424.

[25] *Ibid.*, IV, pp. 595 y 658; V, pp. 135, 330, 413 y 537.

titud ofensiva se traduce también en el intento, hecho efectivo en muchos lugares, de incluirlos en los padrones de pecheros, transformándoles en villanos. Como los escuderos, en la mayoría de los casos, por ser pobres, no pueden pleitear y conseguir de la Chancillería de Valladolid la ejecutoria de hidalguía que reconocería su calidad, pierden sus prerrogativas y su condición nobiliaria[26]. Las cortes han de denunciar, en varias ocasiones, esa degradación. Por ejemplo, las de 1532, subrayan que:

> «... muchas personas que son hijosdalgo son fatigados y molestados por los concejos donde biven, prendándolos en los pechos reales y concejiles, como si fueran pecheros...»[27].

Lo mismo han de hacer las de 1534, 1548, etc...[28].

Por otra parte, en su lucha contra la capa más baja de la nobleza, los labradores han exaltado su propia limpieza de sangre oponiéndola a las máculas de muchos linajes[29]. En una época en que iba cundiendo el prurito de limpieza de sangre y empezaban a aparecer los estatutos, era ésta otra razón de excluir a los escuderos.

Por fin, el alza de los precios agrícolas ha provocado la concentración de la propiedad territorial entre las manos de los grandes, de los letrados y de los mercaderes enriquecidos[30]. El pobre escudero, que malvivía, vendió muchas veces las pocas tierras que poseía, ya que además le era muy difícil resistir a las presiones que ejercieron sobre él para que las abandonara.

Todas las condiciones se hallaban pues reunidas para que dejara su pueblo y se marchara a la ciudad.

En la primera mitad del siglo XVI, el crecimiento demográfico, el desarrollo de la industria y del comercio, el afán de los aristócratas por una vida más cómoda y fastuosa provocan un acelerado aumento de las urbes. Muchos títulos y grandes construyen entonces palacios en las ciudades, y particularmente en Valladolid, que de 1522 a 1559 fue la verdadera capital de España, la población donde la Corte residió con más frecuencia[31]. Desde las prestigiosas calles comerciantes del centro de la ciudad, como la Costanilla, la Rinconada, Cantarranas, la expansión de la villa del Pisuerga, sobre todo intensa a partir de 1540, tiene lugar, por lo que hace a las mansiones aristocráticas, por la Corredera de San Pablo[32]. Y en su *Libro de grandezas de España*, publicado en 1548, Pedro de Medina se refiere a las «muchas y muy buenas casas de señores del reino, de grandes y ricos edi-

[26] Sobre esta evolución, ver NOEL SALOMON, *Recherches sur le thème paysan dans la «comedia» au temps de Lope de Vega* (Bordeaux, Institut d'Etudes Ibériques de l'Université, 1965), pp. 844 y ss.
[27] *Cortes de los antiguos reinos...*, IV, p. 577.
[28] *Ibid.*, IV, p. 595, y V, p. 413.
[29] N. SALOMON, *Recherches sur le thème paysan...*, pp. 819-823.
[30] N. SALOMON, *La vida rural castellana...*, p. 303.
[31] B. BENNASSAR, *Valladolid au Siècle d'Or*, p. 125.
[32] *Ibid.*, pp. 126, 131, 291, etc...

ficios» que tiene Valladolid [33]. La vida señorial urbana va acompañada de un lujo y un boato tan grandes que exige una numerosa servidumbre. Muchos escuderos que, como lo dice fray Antonio de Guevara en 1539, con referencia a los pobres cortesanos, no habían venido a la Corte «sino por no estar en sus tierras sujetos a otros» [34], no vacilaron, en un lugar donde no se les conocía, fuera del ámbito de su pueblo de origen, en buscar acomodo en la casa de algún título o grande, donde desempeñaron papeles de mayordomo, camarero, etcétera... [35].

Pero la migración se hizo también hacia otras ciudades ricas de Castilla, como Segovia y Toledo, donde prosperaban las industrias textiles. Toledo, además, era la sede del primer y más opulento arzobispado de España. El desarrollo de la urbe toledana fue bastante rápido, ya que en el primer tercio del siglo XVI albergaba a unos 5.000 vecinos, y en 1561, según el censo de ese año, encerraba más de 11.000, pasando a ser la segunda población del reino, siendo superada tan sólo por Sevilla [36]. Por otra parte, con el aumento progresivo de las remesas de metales preciosos de las Indias, que llegaban a la ciudad del Guadalviquir, Sevilla fue transformándose en el centro vital del imperio español. Se fue produciendo pues un desplazamiento progresivo de población hacia el sur, hacia el polo sevillano. Toledo estaba en el camino de Valladolid a Sevilla, pero de Valladolid a Sevilla había 120 leguas y de la ciudad del Tajo a la del Guadalquivir, 72 [37]. De tal modo, el poder atractivo de la urbe toledana vino a ser muy grande y numerosos escuderos de Castilla la Vieja debieron de salir hacia el sur, hacia Toledo, en busca de un empleo.

El escudero, a eso de 1540-1550, no es pues un personaje folklórico, sino que corresponde a una candente realidad. Hasta la segunda década del siglo XVI, su existencia y su *status* social no le han planteado problemas insuperables. Estos empiezan posteriormente de una manera acuciante, tales como los hemos descrito. En la primera mitad del siglo XVI, se trata aún de un tipo más digno de compasión que de escarnio, porque el recuerdo de lo que era hacía poco está todavía vivo, porque tiene que enfrentarse con dificultades vitales, porque su vanidad no es más que una reacción defensiva, porque no es aún el monigote ridículo contra quien el teatro y la literatura van a dirigir sus pullas en la segunda mitad del siglo XVI, y en el siglo XVII, aunque ya aparezcan algunas señales de ello [38]. Lo que viene a corrobo-

---

[33] PEDRO DE MEDINA, *Libro de grandezas y cosas memorables de España* (ed. de Angel González Palencia, Madrid, C.S.I.C., 1944), p. 134b.

[34] *Menosprecio de Corte y Alabanza de Aldea* (ed. de M. Martínez de Burgos, Madrid, Espasa-Calpe, 1952; Clásicos Castellanos, núm. 29), p. 152.

[35] Ver nota 23.

[36] LINDA MARTZ y JULIO PORRES MARTÍN-CLETO, *Toledo y los toledanos en 1561* (Toledo, Publicaciones del Instituto Provincial de Investigaciones y Estudios Toledanos, 1974), pp. 8 y 12.

[37] Según el *Repertorio de todos los caminos de España*, compuesto por PERO JUAN VILLUGA en 1546 (utilizamos la reedición hecha en Madrid en 1951 por Reimpresiones bibliográficas).

[38] Sobre el particular ver los trabajos citados en la nota 1.

rar lo que estamos afirmando es que si exceptuamos al refrán «A escudero pobre rapaz adevino», que existe ya en la primera mitad del siglo XVI hay que esperar los refraneros de mediados del siglo XVI —los de Hernán Núñez y Pedro Vallés— para ver apuntados refranes despectivos para el escudero, y estos refranes han de aumentar mucho en el *Vocabulario* de Gonzalo Correas, a principios del siglo XVII. Al contrario, en el *Refranero* de Francisco de Espinosa, constituido entre los años 1527 y 1547, si dejamos de lado al viejo refrán al cual hemos aludido, no hay ningún proverbio que demuestre desprecio por el escudero, ya que los pocos que están relacionados con este personaje son neutros o alabadores [39]. Lo mismo ocurre con el *Liber facetiarum*, que debió de componerse esencialmente en la primera mitad del siglo XVI: no encierra ningún cuentecillo dirigido contra el escudero, a diferencia de la *Floresta* de Santa Cruz, que sale a luz en 1574 [40].

* * *

Confrontemos lo que acabamos de decir acerca del escudero como personaje real con la evocación que hace el autor de *El Lazarillo* del tercer amo de Lázaro.

Lo que salta a la vista en seguida es que el niño experimenta simpatía y piedad por su amo que ha venido a menos, padece hambre y, sin embargo, con mucha dignidad, intenta conservar las apariencias de su nobleza. Y éste no es un caso aislado, ya que Lázaro exclama:

«Dios es testigo que hoy día, cuando topo con alguno de su hábito con aquel paso y pompa, le he lástima con pensar si padece lo que aquel le vi sufrir» (p. 143) [41].

Lo que nos revela el escudero está acorde con lo que se desprende de nuestro estudio. Ha tenido que marcharse de su pueblo de Castilla la Vieja, situado a diecisiés leguas de Valladolid (p. 150) [42],

---

39 Ver LOUIS COMBET, *Recherches sur le «refranero» castillan* (Paris, Société d'Edition «Les Belles Lettres», 1971), p. 191.

40 El *Liber facetiarum et similitudinem* fue publicado, aunque incompleto, por ANTONIO PAZ Y MELIA en *Sales españolas* (Madrid, Atlas, B.A.E., núm. 176). Por lo que hace a la *Floresta española* de MELCHOR DE SANTA CRUZ DE DUEÑAS, ver la edición de «La Sociedad de Bibliófilos Españoles» (Madrid, 1953). M. BATAILLON, en su trabajo *Novedad y fecundidad del «Lazarillo de Tormes»*, alude a varios chistes y cuentecillos relacionados con el escudero, que figuran en la *Floresta* (ver pp. 39-40).

41 Citamos por la edición de Alberto Blecua (Madrid, Castalia, 1974; Clásicos Castalia, núm. 58).

42 No estamos convencidos por lo que dice FRANCISCO RICO en su artículo *Problemas del Lazarillo* (pp. 293-294). cuando escribe que sobradas razones hay para poner en tela de juico la nobleza del escudero, porque procedía de Valladolid, donde no se llevaban padrones. En realidad, la jurisdicción de esta población se extendía sobre los pueblos y aldeas, que constituían su tierra, situados a cinco leguas a su alrededor. (Ver BARTOLOMÉ BENNNASSAR *Valladolid au Siècle d'Or*, p. 27.) El escudero no era pues oriundo de un

porque su posición venía a ser inaguantable entre los villanos, que iban tomando osadía (detrás del chiste sobre «mantener», el sentido del saludo que le daba el oficial es significativo), y el caballero a quien no quería someterse a pesar de su propia degradación, que reconoce:

«sí es [caballero; hasta es un título, un conde] y sí tiene» (p. 148).

La diferencia de fortuna entre ellos, más evidente cada día, aumenta, pues, la frustración y el despecho del escudero. De aquí que crezca su afán de proteger a su antigua nobleza y dé tanta importancia a los tratamientos, ya que sitúan a los hombres en la jerarquía social [43]. Al escudero no le queda más que un palomar derruido, símbolo no obstante de un privilegio feudal sólo otorgado a los nobles [44], y un solar, alusión directa a su nobleza porque está relacionado con la célebre fórmula: «hidalgo de solar conocido». Por eso, no puede menos de exaltar la igualdad intrínseca de todos los nobles:

«Que un hidalgo [aquí tiene el sentido de "noble"] no debe a otro que a Dios y al rey nada» (p. 149).

Por eso también va a poner de relieve que:

«en la honra (...) el día de hoy está todo el caudal de los hombres de bien» (p. 148).

¡Amarga ironía de la expresión que transforma la honra (que depende del qué dirán, de la opinión de los demás) en el único bien de un hombre de bien sin bienes!

Cuando ya no pudo aguantar más en su pueblo, cuando el hambre canina le empujó a encontrar una solución, tuvo que marcharse a la ciudad, según el proceso que hemos analizado. Tal vez se hubiera afincado en Valladolid, población que conocía y en la que le había llamado la atención la prestigiosa calle de los plateros, la famosa Costanilla [45], donde, a decir suyo, unas casas valían 200.000 mara-

---

pueblo que dependía de la villa del Pisuerga, ya que había nacido a dieciséis leguas de Valladolid.

[43] Sobre el tema de los tratamientos, hay un sinfín de alusiones en la literatura del siglo XVI. No hace al caso desarrollar este tema. Sin embargo, notemos de paso que ANTONIO DE TORQUEMADA en su *Manual de escribientes*, que debió de acabar en 1552 (ed. de M.ª Josefa C. de Zamora y A. Zamora Vicente, Madrid, Imprenta Aguirre, 1970: «Anejos del Boletín de la Real Academia Española», XXI), escribe acerca de las cortesías: «... viniendo a los señores yguales o que se diferencian poco, pónense estas cortesías: "a servicio de Vuestra Merced", "servidor de Vuestra Merced", "beso las manos a Vuestra Merced"...» (p. 249).

[44] FRANCISCO RICO, *Problemas del Lazarillo*, p. 291.

[45] Sobre la Costanilla, ver JUAN AGAPITO Y REVILLA, *Las calles de Valladolid* (Valladolid, Casa Martín, 1937), pp. 336 y ss.

vedís (p. 150). La cantidad indicada debe de corresponder a la realidad, ya que en un documento de 1563, se lee que un tal Gerónimo de San Miguel quiso reconstruir la casa que poseía en esa calle y se había quemado cuando el gran incendio de 1561. Para ello, pidió un préstamo de 262.500 maravedís, dando como prenda a la dicha casa [46]. Pero en la villa del Pisuerga el número de escuderos era ya importante y acaso le hubiera sido difícil hallar un buen asiento. Por otra parte, Valladolid estaba demasiado cerca de su tierra y, después de asentado, hubiera podido dar con algún conocido suyo, no sin menoscabo de su honra. Mejor era marcharse a una ciudad más lejana, como Toledo, donde no se le conocería (p. 140). Además, esa población era opulenta y estaba en plena expansión, lo que debía de permitirle encontrar a un señor a quien servir (p. 150).

Aún no ha hallado a ese señor y tiene que aguantar el hambre y sin embargo mantener la honra. Su situación es la del pobre cortesano, evocada por Guevara en su *Aviso de Privados,* en 1539:

«... tiene la posada en una calleja y come en mesa prestada y duerme en cama alquidada y está su cámara sin puerta y aun tiene la espada empeñada» [47].

A él le queda la espada, que cuida como la niña de los ojos, pero como ese

«pobre cortesano que es honrado y bien criado, más lo quiere ayunar que no dar a nadie qué decir» [48].

Por esa razón se escarba los dientes aunque no ha comido (p. 144).

Su honra exige que lleve un «razonable vestido» (p. 130) y sea muy pulcro (p. 136), pero las diversas alusiones a la limpieza que le hace a su mozo (pp. 131 y 133), son otras tantas afirmaciones de su propia limpieza de sangre, tal vez puesta en tela de juicio allá, en su pueblo. Ese «gentil semblante y continente» (p. 136) que ostenta, como testimonio de su buena casta, le permite salvaguardar las apariencias; sin embargo, Lázaro dice:

«... quien no lo conociera pensara ser muy cercano pariente al conde de Arcos, o, a lo menos, camarero que le daba de vestir» (pp. 136-137).

Y cabe en lo posible que la frase laudatoria encierre una irónica alusión al «buen asiento» que, para muchos escuderos, venía a ser el de camarero de algún título.

En efecto, si Lázaro siente piedad por él y le socorre, no por eso deja de ver sus defectos y la vacuidad de su nobleza. El autor de

---

[46] Nos ha proporcionado estos datos nuestros amigo, el profesor Bartolomé Bennassar, a quien expresamos aquí nuestro agradecimiento.

[47] *Aviso de Privados y Doctrina de Cortesanos* (Valladolid, Juan de Villaquirán, 1539), fol. IIr°b.

[48] *Ibid.,* fol. IIv°a.

El Lazarillo, humanista cristiano que tiene sus ribetes de erasmista, no puede menos de criticar indirectamente esa religión de la honra, que estriba en exterioridades, en nimiedades, y admite el envilecimiento que supone el transformarse en hipócrita bufón, adulador de un señor, y en malicioso malsín de sus compañeros (pp. 151-152). ¡Cuán lejos está el escudero del verdadero honor, exigencia íntima de una conciencia cristiana, y de la verdadera religión! Por eso también exclama el autor:

> «¡Oh señor, y cuántos de aquéstos debéis Vos tener por el mundo derramados, que padescen por la negra que llaman honra, lo que por Vos no sufrirán!» (p. 137).

* * *

Quisiéramos, por fin, volver sobre la pareja constituida por el escudero y su mozo.

La pareja ya aparecía en un refrán recogido por el marqués de Santillana, en sus *Refranes que dicen las viejas tras el fuego,* en la primera mitad del siglo xv, bajo la forma:

> «A escudero pobre, rapaz adevino».

Ese refrán ha de encontrarse en el *Refranero* de Francisco de Espinosa, en los *Adagios y fábulas* de Fernando Arceo en 1533, en la *Segunda Celestina* de Felicina de Silva en 1534, en el *Diálogo de la lengua* de Juan de Valdés en 1535, en el *Cancionero* de Sebastián de Horozco, etc... antes de hallarse en el *Vocabulario* de Gonzalo Correas a principios del siglo xvii [49].

El problema consiste pues en saber lo que significa el refrán y particularmente cuál es el sentido de «adevino». Otro refrán muy antiguo, ya que está registrado por lo menos desde mediados del siglo xiv y lo recoge un siglo después el marqués de Santillana, encierra esa palabra:

> «Si fuera adevino, no muriera mezquino» [50].

---

[49] Francisco de Espinosa, *Refranero* (ed. de Eleanor S. O'Kane, Madrid, 1968, «Anejos del Boletín de la Real Academia Española», XVIII), p. 108: «Escudero pobre, el moço adevino»; Fernando Arceo, *Adagios y fábulas* (ed. facsímil, Barcelona, Librería Central, 1950), p. 242: «A hombre mezquino, rapaz adevino»; Feliciano de Silva, *Segunda Celestina,* p. 266: «Escudero pobre, rapaz adevino»; Juan de Valdés, *Diálogo de la lengua* (ed. de J. F. Montesinos, Madrid, Espasa-Calpe, 1953; Clásicos Castellanos, núm. 86), p. 135: «A escudero pobre, moço adevino»; Sebastián de Horozco, *Cancionero* («Boletín de la Real Academia Española», III, 1916), p. 101: «a escudero pobre, mozo o rapaz adevino»; Gonzalo Correas, *Vocabulario de refranes* (ed. de Louis Combet, Bordeaux, Institut d'Etudes Ibériques et Ibéro-Américaines de l'Université, 1967), p. 4a: «A eskudero pobre, mozo adevino; o rapaz adevino», y p. 148b: «Eskudero mezquino, mozo adevino».

[50] Ver Eleanor S. O'Kane, *Refranes y frases proverbiales de la Edad Media* (Madrid, 1959, «Anejos del Boletín de la Real Academia Española», II), p. 43a.

Pues en 1541, se vuelve a publicar el *Refranero* del marqués de Santillana y el comentario que acompaña a tal refrán es el siguiente:

«Quien supiesse lo que a de venir, proveerse ya con tiempo, y ansy no padecería mengua»[51].

El sentido de «adevino» es, de tal modo, el que dan comúnmente los diccionarios: «agorero», «que prevé lo que ha de acontecer». Es el significado que, paralelamente, se desprende del verbo «adivinar». Por ejemplo, en la *Segunda Celestina*, Felides le pide a su criado Sigeril que llame a su mozo Pandulfo. Este enuncia entonces una hipótesis sobre lo que querrá el amo y Sigeril le contesta:

«Digo que no adivines tú lo que tu amo te ha de querer, sino que lo pongas por obra y vengas»[52].

Un texto de fray Antonio de Guevara precisa todavía más el sentido de «adivinar». En la primera parte de sus *Epístolas familiares* (1539), escribe:

«La experiencia nos enseña cada día que los hombres que son bobos, o locos, o tontos, o nescios, por la mayor parte siempre están recios (...). Lo contrario de esto acontece a los hombres que son sabios, discretos, cuerdos y agudos (...). Hay hombres tan agudos y reagudos que les parece poco interpretar las palabras, más aún tienen por oficio de adevinar los pensamientos...»[53].

El «adivinar» está pues unido a la agudeza. El que es «adevino» (o «adivino») es muy listo y algo malicioso.

Veamos ahora el comentario que va con el refrán «A escudero pobre, mozo adevino», en el *Refranero* del marqués de Santillana, que sale a luz en 1541:

«Al que es pobre y menguado, no falta quien le haga más necesitado».

Fernando Arceo, en 1533, apunta nuestro refrán bajo la forma:

«A hombre mezquino, rapaz adevino»

y lo acompaña de la glosa siguiente:

---

[51] Citamos por la ed. de JUAN B. SÁNCHEZ PÉREZ, *Dos refraneros del año 1541* (Madrid, Imprenta J. Cosano, 1944; Col. Libros Humildes), p. 136.
[52] Ver p. 29.
[53] *Epístolas familiares* (2 t., ed. de J. M.ª de Cossío, Madrid, Aldus, Real Academia Española, 1950-1952), I, 26, p. 164; F. LÁZARO CARRETER había citado ya un trozo de este texto (ver «*Lazarillo de Tormes*» *en la picaresca*, p. 137).

«¡Qué bien le está al miserable un criado adevino para que no pueda tener nada de lo que espera!»[54].

El refrán significa pues que el escudero pobre viene a topar con un mozo listo y malicioso que prevé lo que espera el amo y le pone dificultades a éste para que no pueda conseguirlo. De tal modo, el rapaz saca provecho de la situación (lo que pierde el amo, no está perdido para él) y el mezquino escudero se empobrece todavía más. Ya se sabe que «a perro flaco, todo se le vuelven pulgas». El sentido del proverbio viene a confirmarlo Sebastián de Horozco, quien escribe:

> *«Siempre se le hace mal*
> *al pobre del escudero,*
> *que, con su poco caudal,*
> *le da Dios un mozo tal,*
> *que contino es agorero.*
> *Y aunque la cosa a otros sobre,*
> *—«No la habrá», dice contino,*
> *o que —«No habrá quien la cobre»;*
> *así que, a escudero pobre*
> *mozo o rapaz adevino»* [55].

El refrán podía pues inducir al autor de *El lazarillo* a idear ciertas características del comportamiento de Lázaro con su tercer amo. En efecto, el doble sentido de la palabra «mezquino» (pobre y avaro), palabra que aparece algunas veces en nuestro refrán para calificar al escudero, le entroncaba a éste con los dos amos precedentes del mozo. Y lo que el lector ya sabía del jovenzuelo, permitía decir que era listo y malicioso. Por lo tanto, el papel de «mozo adevino» le venía de perlas. Como desde el principio del tratado el autor indicaba con quién se asentaba Lázaro:

«Topóme Dios con un escudero...» (p. 130),

los lectores contemporáneos de la obra, familiarizados con el refrán: «A escudero pobre (o mezquino), mozo adevino», debían de aguardar un nuevo duelo entre amo y criado y nuevas picardías del rapaz, en un contexto ya determinado en parte. La feliz ocurrencia del autor ha consistido en invertir las relaciones entre el escudero y el mozo, ya que a su amo, Lázaro ni le burla ni le empobrece todavía más (obligándole, por ejemplo, a empeñar su espada, como tuvo que hacerlo el pobre cortesano evocado por Guevara), sino que simpatiza con él y le sustenta, mendigando para darle de comer... Así que

---

[54] *Adagios y fábulas*, p. 242.
[55] Ver nota 49. Lo mismo se deduce del trozo del *Auto llamado Clarindo*, citado por F. LÁZARO CARRETER (*op. cit.*, p. 136), en el cual el mozo del escudero dice con relación a su amo: «Quiero buscar su provecho / aunque más duro me sea. / Al que es noble, / no se le dé trato doble / ni pene más el mezquino, / puesto que al hidalgo pobre / no falta moço adevino.»

en el tratado tercero todo está «al revés» entre el escudero y Lázaro, y es lo que éste dice al final del capítulo:

«hacía mis negocios tan al revés...» (p. 155).

*   *   *

La figura del escudero, tal como aparece en *El Larazillo*, corresponde pues a la de un personaje real, venido a menos y de vida difícil en la España de la primera mitad del siglo XVI. Las características de este personaje literario son indudablemente las de los escuderos castellanos, sus contemporáneos. Cuando el libro sale a luz, el problema planteado en la obra con relación al escudero y a la religión de la honra, está íntimamente unido con la realidad. Sin embargo, para evocar este problema, el autor, que hubiera podido valerse del contexto folklórico sugerido por el viejo refrán, crea una situación nueva que cambia radicalmente las relaciones entre amo y criado, y hace del tercer tratado un portento artístico y psicológico.

INTERPRETACION EXISTENCIAL DEL *LAZARILLO DE TORMES*

GUZMÁN ALVAREZ
Instituto Español de Utrecht

La intención con que ha sido escrita la novela titulada *La vida de Lazarillo de Tormes* o la enumeración y comentario de los materiales que la forman, constituyen los dos principales enfoques que ha dirigido la crítica para interpretar esta minúscula obra.

Por el primero, el más antiguo, que viene divulgándose desde Fernández de Navarrete [1], la obrita es un reflejo, más o menos fiel, de los estamentos de la sociedad de la época o una sátira de los mismos o ambas cosas, destacándose, especialmente por lo que afecta al aspecto satírico, la nota anticlerical. Esta actitud que adoptó enfáticamente un amplio sector de la crítica, llega a ser, en nuestros días, más violenta y dogmática que lo fue en los tiempos de don Julio Cejador, por ejemplo. Tan impresionante ha sido el impacto inquisitorial, que hasta la serenidad del científico actual altera [2].

En cuanto al segundo, enumeración y comentario de materiales, ha sido llevado a cabo con rigor metodológico de búsqueda y un criterio expositivo notables, que han dado acertados logros [3]. Este enfoque interpretativo ha tenido una variante en nuestros días que vela momentáneamente lo conseguido. Es la que basa la construcción de la obrita sobre un acto personal de naturaleza cronística, como tomado de la sección «Ecos (difamantes) de sociedad» [4] de cualquier ejemplar de la prensa.

Ha habido otros enfoques del *Lazarillo*, notables algunos de ellos,

---

1 *Novelistas anteriores a Cervantes*, Bibl. de A. E., T. III, discurso preliminar.

2 V. especialmente Maurice MOLHO, *Introducción al pensamiento picaresco*, «Anaya», 1972. Esta obra había sido publicada en Francia en 1968 con el título *Romans Picaresques Espagnols*.

3 V. Marcel BATAILLÓN, «Introduction a la *Vie de Lazarillo de Tormes*», París, Aubier, 1958.

4 V. Francisco RICO, *La novela picaresca y el punto de vista*, Seix BARRAL, Ba 1970 y F. LÁZARO CARRETER, *Lazarillo de Tormes en la picaresca*, Ariel, 1972.

que no cabe aducir aquí[5]. Como tampoco tiene cabida una valoración sistemática de la obra crítica realizada hasta ahora. Sí se debe hacer constar que en todos los campos adonde se dirigió aquélla, se han conseguido notables interpretaciones. Ahora bien, salvo en singulares trabajos, la figura de Lázaro de Tormes —que da título a la obra— no ha sido estimada como personaje central del cual depende en primerísimo lugar la trama de la novela, y del que tendría que arrancar el criterio valorador de la misma. Si opuestamente dirigimos el punto de vista a lo formal, externo, no podemos intuir, por mucho esfuerzo que hagamos, eso entrañado, vivido por el autor, que pone de pie a un personaje encajándolo en el vivir común de las gentes. Procediendo de este modo no podemos valorar con exactitud más que el material empleado. Sería —pongo por ejemplo— como apreciar un edificio por la calidad de los materiales utilizados, en cuyo caso no habríamos pasado de estimar la labor del maestro de obras, quien no piensa en la clase de personaje que lo va a habitar.

Teniendo en cuenta, pues, que este objetivo, el más frecuentado por la crítica, está ya abundantemente tratado, me ha parecido oportuno enfocar *El Lazarillo* desde otro punto de vista: desde dentro. Para ello cuento de antemano con la aceptación que ha tenido un tema que salta a los ojos: *el realismo,* estimado como tal, en parte o en su integridad, por la crítica (salvo contadas excepciones), y sobre todo, por el lector común, cuyo criterio, en principio, vale más que el dictamen del docto.

Pensando, pues, que una doctrina filosófica, cuyos principios proceden del cotidiano vivir de las gentes, podría dar capacidad de existencia a un ser levantado sobre pormenores abundantes de su trajín diario, me ha parecido útil seguir las normas existenciales con tal fin.

Lázaro como ser existencial, el Dasein[6]

Hay que partir del hecho siguiente: el ser de la existencia humana no es algo acabado. El ser existencial, el *Dasein,* se caracteriza por una relación permanente inestable; es fundamentalmente poder ser. Lo que es y lo que pueda ser se caracterizan por su incertidumbre. Y su manifestarse, su darse a conocer, dependen únicamente de su decisión. El *Dasein* será lo que él haya decidido ser; es autodeterminación[7].

Antes de aplicar este principio a Lázaro hay que fijarse brevemente en la naturaleza y función de la conciencia. Según Sartre, la

[5] Puede verse mi ponencia ante el II c. de la AIH (Nimega), en la que están mencionadas casi todas las direcciones que había adoptado la crítica.
[6] La elaboración de este análisis está basada en la filosofía de Martín HEIDEGGER y de Jean PAUL SARTRE. Respecto al primero he utilizado la exposición y exégesis que ha hecho A. DE WAELHENS en su libro La *Philosophie de M. Heidegger,* ed. Nauwelaerts, Lovaina 7.ª ed. 1971. En las citas tanto vale de WAELHENS como HEIDEGGER. En cuanto a SARTRE, he utilizado *l'Etre et le Néant,* GALLIMARD, París, 1971.
[7] Este pasaje, simplificado por mí, procede de WAELHENS (pp. 26-27).

conciencia —viene a decir— es el ser consciente que conoce, y no el ser que es conocido. La conciencia tiene que ser ante todo (es decir, antes de ser conciencia *cognosciente*) conciencia de ella misma [8]. Añádase que se hace conciencia de sí misma al mismo tiempo que deviene consciente de lo que le rodea.

Al aplicar ahora estos principios a Lázaro observaremos, ante todo, la afinidad que tienen ya con el comienzo de su carrera por la vida. Veamos, pues, muy resumidas, las condiciones de su existencia en este período.

a) Empieza afirmando su personalidad: a mí llaman Lázaro; nací en la ribera del Tormes;

b) nos pone en relación directa con el medio del que depende su vida: sus padres, la manera como viven;

c) consecuentemente, todo gira alrededor de su *ego;* no narrando ningún episodio ajeno o de pasatiempo, nada que no se refiera a él mismo. Si menciona *Tejares* y su río *Tormes* es porque *ahí* ha nacido.

Hasta ahora, Lázaro, que no ha llegado aún a la edad de la razón, es más su medio que él mismo, de conformidad con la teoría existencialista. Veamos seguidamente cómo y en qué momento deviene un pequeño *Dasein*.

Recordemos el compromiso que la madre de Lázaro hace con el ciego para que le sirva de guía. Tiene el muchacho entre trece y catorce años. Un acontecimiento, notable en el libro, pero de base común, y verosímil por lo tanto, es el punto de arranque de una nueva visión de la vida. Este acontecimiento, en el que hay dos fases diferentes, hace su impacto en un solo centro del alma del muchacho, al que van a converger las reacciones sucesivas. Sucede de este modo:

1. Lázaro se despide de su madre, quien le dice: «Hijo, ya sé que no te veré más. Procura de ser bueno y Dios te guíe. Criado te he y con buen amo te he puesto: válete por ti» [9].

2. Al salir de Salamanca Lázaro recibe el conocido coscorrón de la mano del ciego, quien le dice: «Necio, aprende: que el mozo del ciego un punto ha de saber más que el diablo.»

Ahora fijémonos en la reflexión de Lázaro: «Verdad dice éste,

---

[8] Ch. III, «Le cogito prerreflexif et l'être du percipere», p. 17.

[9] Cito por Cl. Cas. 1914, corregida la ortografía. Las tres transcripciones corresponden a las pp. 89, 90.

El libro aquí toma un giro expresivo notable. Hasta este momento el personaje —exceptuada la filiación propia que hace al principio de la novela— describe los acontecimientos que le rodean, pero referidos a su familia; es, pues, de *nosotros* de quien habla; a partir del momento en que se despide de su madre la narración tiene como punto de partida él mismo: yo *(y mi circunstancia)* es el objetivo de su discurso que continúa hasta el fin, salvo en algún acontecimiento externo referente al escudero y en todo el tratado V, cuyos acontecimientos producen en él un impacto moral inesperado.

que me cumple avivar el ojo y avisar, pues soy solo, y pensar cómo me sepa valer.»

La postura que adopta Lázaro en frente de la vida es clara: las palabras de la madre «válete por ti», las propias del muchacho «desperté»... y necesito abrir el ojo»... son pruebas fehacientes de su condición existencial, propia del *Dasein*.

Ahora es cuando se encuentra solo delante de la vida, desprendido, por una parte, de los lazos habituales, especialmente familiares; por otra, de su habitat. Está sobre el río Tormes, límite de un pasado que lo formó hasta este momento y una nueva vida. El pasado lo llevará siempre consigo en forma de desligados recuerdos; el futuro es incierto; el presente, amargo. Es ahora cuando empieza a sentir su *ecceité;* es decir, cuando le brota el sentimiento de estar en el mundo. Lázaro acaba de entrar en la categoría de existencia auténtica [10]. Vamos a ver cómo vive ahora plenamente esa autenticidad, y cómo en algún momento surge lo inauténtico, común, que debilita o borra ésta.

La presencia de la muerte

Será útil observar primeramente algunos aspectos característicos de la muerte existencial.

Esta muerte está considerada como una «experiencia reservada irreductiblemente al que la experimenta» [11]. Nadie puede pasar por la experiencia de la muerte de otro; podrá asistir a su agonía, no a su muerte; es decir, estar presente en el paso de *existente a no existente,* del ser que agoniza a la *res.* Hay que considerar, pues, la muerte como un problema que afecta exclusivamente al *Desein* que la está experimentando. Es necesario verla como una posibilidad de la existencia, conducente a la no existencia, que el *Desein* debe asumir solo [12]. En definitiva, es un fenómeno de la existencia que Heidegger termina por reconocer como puro *Néant* [13]. Hasta aquí el concepto de la muerte existencial, al que es necesario añadir ahora otra característica primordial también porque se complementa con aquélla. Es la preocupación por lo que va a suceder [14]. En este aspecto, el *Dasein* es considerado como el ser que se vigila a sí mismo en su existencia, es decir como ser que se preocupa por su vivir. El ser del *Dasein*

---

[10] Para HEIDGGER tan existencial es el vivir auténtico como el inauténtico.
[11] WAELHENS, Ch. VIII, p. 137.
[12] WAELHENS, Ch. VIII, p. 143.
[13]WAELHENS, Ch. VIII, p. 148.
SARTRE varía un poco esta consideración; «tanto puede estar dentro del Neánt, como ser fenómeno límite del proceso que termina en el Néant».
[14] Corresponde esta expresión a la denominada por José GAOS en su traducción de *Sein und Zeit,* de HEIDEGGER, al *curarse de.* A este respecto hago una observación: no he querido adaptar la lengua metodológica de GAOS porque, fuera del contexto de la traducción, se hace incomprensible a causa de alejarse mucho del sistema morfológico, y aún sintáctico, de la lengua española. Reproduzco en cambio algún término del original por ser usado en estudios similares a éste.

lleva en sí un *noch nicht* que tiende a ser realizado, o, de otro modo, es un ser *anticipante* —diríamos— que ha sido echado en un mundo en el cual se encuentra perdido [15]. Pues bien, relacionando la preocupación, la vigilia por la existencia que brota en el *Dasein,* con la muerte, llegamos a esta conclusión: si el ser existencial participa, en todos sus aspectos, de la preocupación, la muerte, en tanto que aspecto el más relevante, requiere la preocupación más completa.

Tratemos de ver ahora cómo opera el sentido de la muerte en la figura de Lázaro. La representación más auténtica y más completa se encuentra en el tratado segundo. Durante los seis meses que habita en compañía del cura de Maqueda está obsesionado por la visión de la muerte. Y es además esta obsesión el punto de partida de todos los trucos que inventa su vigilante ingenio para combatir el hambre. Hay que observar que Lázaro no grita de hambre delante de los demás, actúa para evitarla. A propósito de este tema, reproduzco una mención de Sartre: «Si acepto un salario de miseria es, sin duda, por miedo —y el miedo es un móvil—. Pero es *miedo de morir de Hambre:* es decir, que este miedo no tiene sentido más que fuera del mimso (fuera del concepto de miedo); es un sentido referente a un fin ideal (de idea), el cual es la conservación de la vida que yo la considero como en peligro» [16]. En el tratado recientemente citado, el del cura de Maqueda, hay varios pasajes representativos de esta situación existencial. Reproduzco estos dos:

«Porque en todo el tiempo que allí estuve... solas veinte personas fallecieron, y éstas bien creo que las maté yo, o por mejor decir, murieron a mi recuesta. Porque viendo el señor mi rabiosa y continua muerte, pienso que holgaba de matarlos por darme a mí vida.» El otro, unas líneas más adelante: «De manera que en nada hallaba descanso, salvo en la muerte, que yo también para mí como para los otros deseaba algunas veces; mas no la veía, aunque *estaba siempre en mí*» [17].

Estos pasajes nos ponen en relación con la naturaleza de la angustia que le produce la muerte. Esta no es para Lázaro un incidente casual que procede de fuera; lo contrario: la muerte está integrada a su vivir; está dentro de él, como indican especialmente las palabras de la segunda cita subrayadas por mí. El proceso de entrar el sentimiento de la muerte en su vida está muy claro: desde el primer momento que siente hambre el sentido de la muerte se le presenta como fin somático de su vida. Así pues, el hambre y la muerte, ésta como resultado final, van juntas, despertándole el cuidado, o la preocupación, quizá mejor, de vivir. Si por el natural motivo de seguir viviendo, lucha, lo hace contra el hambre, causa primera que puede vencer. De este modo aplazar la segunda, contra la que nada

---

15 WAELHENS, Ch. VII, pp. 128, 128, 130.
16 *O. C.,* 2.ᵉ partie, Ch. 1, p. 512.
17 Más adelante, en el tratado del escudero, hay un pasaje en el que la visión de la muerte viene al primer plano de la narración, sintiendo Lázaro verdadero pavor. Esta muerte no es existencial, como ya puede comprenderse, es un acontecimiento puramente externo y folklórico.

puede, puesto que está dentro de él, forma parte de su vivir, como ya queda indicado. La muerte es compañera, como le llamó García Lorca por boca de Antonio Machado. Y Lázaro sabe también que no lo abandona. Se olvidará de ella, pero se le volverá a presentar de vez en cuando. Así es la vida.

La temporalidad

La vida también va acompañada del tiempo. Ahora bien, tenemos que darnos cuenta, en primer lugar, que la concepción del tiempo desde el punto de vista existencial no es la idea común que del mismo se tiene.

No se trata aquí del concepto cronológico, pues aunque sí es verdad que existe una sucesión, ésta es unitaria, no tiene cortes, como los que se encuentran en la semana (siete unidades). Sartre es bastante preciso a este respecto: «yo no puedo *sentir el tiempo que pasa* y considrarme como unidad de sucesión. En cuyo caso tengo conciencia de *durar*» [18]. El sentido del tiempo reside pues en el interior del *Dasein*. Se le siente, más bien que se le concibe como situado fuera de nosotros. Pero es necesario fijarse en el hecho de que hay diferentes grados de sentirlo conformes con los estados de ánimo por que pasamos. Es lo que Sartre llama unidades sicológicas de transcurso temporal [19], las cuales pueden, incluso, ser fechadas.

Hay que mencionar aquí el pensamiento de Heidegger, a fin de darnos cuenta de la importancia que le da a este tema en relación con la estructura del *Dasein*. «El tiempo —dice— es aquello a partir de lo cual el *Dasein* lo interpreta todo, incluso a él mismo. Pero esto no significa que él y el resto estén en el tiempo, como la pluma en mi cajón, sino que son temporales, tejidos del tiempo mismo» [20].

Para examinar la temporalidad en el *Lazarillo de Tormes,* hay que situarse en el momento decisivo de su existencia, según queda indicado en el primer apartado de este estudio, que debemos recordar ahora y que recordaremos más adelante. Me refiero a las dos fases de su vida que están íntimamente unidas en su alma: la despedida de su madre y el despertar ante la vida en un puente de Salamanca. Pues bien, el tiempo que está viviendo Lázaro es *su futuro,* por una parte, y su *pasado inmediato,* por otra. En primer lugar viene su despertar; en el segundo, su soledad, sentimiento aún prendido a la despedida de la madre. En este orden se encuentran mencionadas escuetamente en el libro: «Verdad dice éste, que me cumple avivar el ojo y avisar, pues solo soy» [21]. Veamos primero el futuro. Repásese el texto correspondiente a este momento que acabo de mencionar y se observará cómo Lázaro se encuentra situado delante de su porvenir; está sintiendo la incertidumbre de lo que le podrá suceder. En

[18] *O. C.,* «Temporalité originelle et temporalité psychique. La réflexion».
[19] Ib., p. 205. En el original: «Unités psychologiques d'écoulement».
[20] WAELHENS, Ch. XI, p. 181.
[21] *Laz.,* p. 90.

términos metodológicos esta situación corresponde a la *preocupación,* al *ser en sí mismo,* a la *anticipación.* Es, pues, su porvenir lo que le preocupa. Y con su porvenir, la muerte, que marcha siempre delante de él, poniendo un límite a su vida.

Esta fase primera, dolorosamente previsora, está contenida en los tratados 1, 2 y 3. Acabamos de comentarla al final del apartado anterior. Sólo la recordamos aquí como factor fundamental de la temporalidad. A partir de ella, que coincide con el fin del tratado 3, lo que le preocupa a Lázaro es la necesidad de desarrollarse hasta hacerse hombre. Estamos también ante un caso típico de anticipación existencial. Recordemos como ejemplo el pasaje en que Lázaro cuenta su vida al servicio del capellán, cómo le pide en arriendo un asno y cuatro cántaros para acarrear agua a la villa, y cómo al cabo de cuatro años ha ganado suficientemente para vestirse de hombre.

En relación con el pasado, observemos primero el pensamiento de Sartre: «Si la experiencia existencial pretérita que le queda al ser no surge originariamente de mi presente, si mi pasado de ayer no es como una trascendencia hacia atrás de mi presente de hoy, hemos perdido toda esperanza de enlazar el pasado al presente» [22].

Pues bien, por lo que afecta a nuestro muchacho, también descubrimos su pasado en su presente, sobre todo cuando se encuentra solo ante la incertidumbre de su futuro, situándose él mismo como punto de referencia de sus acontecimientos. Recuerda especialmente su pasado cuando una desgracia presente es homogénea de otra anterior: «Yo he tenido dos amos, dice: el primero traíame muerto de hambre, y dejándolo, topé con este otro, que me tiene ya con ella en la sepultura» [23].

El recuerdo del ciego se le presenta de vez en vez, especialmente cuando necesita emplear algún ardid para aliviar sus necesidades.

Completando lo acabado de esbozar referente a la unión del pasado con el presente ante el futuro, debo hacer hincapié en que se desarrolla sobre todo ante la angustia que le produce la visión de una muerte próxima. Como ejemplo reproduzco la continuación del pasaje últimamente citado: «pues si de éste desisto y doy en otro más bajo ¿qué será sino fenecer?»

No son muchos los ejemplos aducidos, pero sí suficientes para ver cómo la sicología de Lázaro está hecha con un «tejido» temporal.

Lázaro y el prójimo: relaciones mutuas

Paralelamente a la temporalidad se desarrolla en Lázaro el conocimiento del ser humano. Esporádicamente queda ya mencionado este tema al señalar situaciones que adopta aquél ante los demás, pero es necesario tratarlo de una manera unitaria, como verdadero tema existencial que es.

En comunidad con su familia, la vida de Lazarillo es afectiva,

---

[22] *O. C.,* p. 154.
[23] *Laz.,* p. 139.

dependiendo su vivir cotidiano del de sus padres y las gentes unidas a ellos. Su existencia no le inquieta: su madre lo ha echado al mundo en determinado lugar, y lo cuida. El padre procura el mantenimiento; cuando aquél falta, la madre y su amante aportan lo necesario. Así hasta que llega hasta la edad de doce o trece años. Todo lo cual confirma el carácter de inautenticidad existencial de esta fase de su vida, ya señalado anteriormente. Es a partir de ahora cuando el muchacho siente cortados los lazos de cariño y protección, y que nuevos ataderos sentirá formársele, bien a su pesar.

a) *Lecciones ingratas. Su primer maestro, el ciego, no ha sido elegido casualmente*

Lo buscó su madre y se lo encomendó, rogándole que lo cuidara, ya que era huérfano. A lo cual respondió el ciego que «lo recibía no por mozo, sino por hijo» [24]. Pero ya sabemos que en lugar de ser su protector, reemplazando —si lo hubiera sido— a su padre, se convierte en su cruel enemigo. La falsedad, el engaño y la avaricia son primerísimos componentes de la frustración que empieza a sentir Lázaro al contemplar con sus propios ojos lo que hace su más inmediato prójimo. En esencia su vida con el ciego constituye su primera lección existencial. Sí, porque el vivir del muchacho está constantemente embarazado por la presencia del ciego, no intentando desembarazarse de él, sino en el momento que considera de peligro para su vida. Observando las actitudes y el lenguaje de Lázaro en esta situación con el ciego (amén de otras posteriores con otros amos), nos damos cuenta que no protesta nunca contra la mala conducta de su amo para con él, así como tampoco eleva la voz pidiendo socorro a la divinidad. Lázaro soporta toda la desgracia que le viene encima, al mismo tiempo que se aprovecha de los engaños de su amo para defenderse y situarse ventajosamente en su *da*. Vemos, pues, una situación común de dos seres cuyo vivir está limitado recíprocamente, interfiriéndose su libertad natural, aquella cuya esencia ya se revela en los primeros gestos del ser humano. Ahora bien, poseyendo conciencia del terreno vital propio y del que le corresponde al otro, se da uno cuenta que cada cual defiende el suyo. De esta situación en común nace el odio. En realidad, no es necesario que el ser existencial llegue a semejante situación para que el odio surja. «El odio implica —dice Sartre— una resignación fundamental: *el ser para* [25] abandona su pretensión de realizar una unión con el prójimo, renunciando a utilizarlo como útil para recuperar su *ser en sí* (mismo) [26]. Quiere sencillamente recuperar una libertad, de hecho, sin

----

[24] *Laz.*, p. 88.

[25] El ser que, poseyendo facticidad, la aplica a sí mismo, pero en sus relaciones con el otro (o como consecuencia de las mismas) y con su completa circunstancia.

[26] El *ser ahí*, fáctico también, integrado a su temporicidad cuando comprende el valor existencial propio (estas dos notas tratan de aclarar las correspondientes situaciones existenciales).

límites; es decir, desembarazarse de su inaprensible ser útil-para-el-otro y abolir su dimensión enajenable»[27]. No hay nada forzado en esta afirmación de Sartre; se llega a dicha situación de una manera natural: el *Dasein*, se da cuenta de que su vida está definida por la presencia del prójimo.

Pero en el caso del ciego y Lázaro, el odio ha surgido de una manera impulsiva, se mantiene violentamente, y no se apaga. El muchacho mismo lo siente dentro de sí aferrado, y no ve otra manera de limpiarse de él más que desembarazándose del ciego. Así se ha alejado además de la nocividad.

No obstante, su situación no mejora. «Escapé del trueno y di en el relámpago»[28], dice al iniciar su vida al servicio del cura de Maqueda. Un notable pesimismo se ampara de Lázaro al reflexionar sobre su vida al servicio de los dos amos que hasta entonces ha tenido[29]. Puede verse claramente cómo el pensamiento del muchacho sobre su existencia se va formando sobre la base de la conducta de los demás que, querámoslo o no, están interfiriendo el círculo vital propio, el *da*. Las reacciones que Lázaro experimenta en su conducta con el prójimo pueden ser consideradas como materiales que constituyen —sin pretenderlo él mismo— la base de su visión de la vida. Pues bien, de su convivencia con el cura de Maqueda saca la experiencia más amarga de su vida. Es el estado anímico de más aguda nocividad por que pasa este pequeño *Dasein*. No hay elemento positivo de disminución del temor y el odio que siente por este ser desde el principio de su trato con él. No obstante, no intenta liberarse del mismo, como en el caso del ciego. Por el contrario, es el amo quien lo despide cruelmente. El pesimismo existencial de Lázaro ha llegado en esta fase a un alto nivel. Cuando unos quince días después las gentes rehusan darle limosna, tratándolo de bellaco y vago y diciéndole que busque amo, contesta: «¿Y a dónde se hallará ese, decía yo entre mí, si Dios ahora de nuevo, como crió el mundo, no lo criase?»[30]. Las reflexiones que hace sobre esta situación culminan un poco después de darse cuenta que su nuevo amo, el escudero, no tiene absolutamente nada. Entonces dice para sus adentros: «Allí se me vino a la memoria la consideración que hacía, cuando pensaba irme de junto al clérigo, diciendo que aunque aquél era desventurado y mísero, por ventura toparía con otro peor»[31].

b) *Gente*

Ya vemos que no se trata aquí de uno y otro amo personales, no obstante ser éstos los ejemplos experimentados; el pensamiento va dirigido al hombre impersonal. Es decir: las situaciones vividas hacen abrirse a Lázaro hacia el futuro, preocupándose con incertidum-

27 *O. C.* «L'existence d'autrui», 481.
28 *Laz.*, p. 126.
29 Léanse sus palabras en la p. 6 de este trabajo.
30 *Laz.*, p. 166.
31 *Ib.*, p. 172.

bre y temor por el amo con quien va a convivir. Presiente que hay un ser siempre con quien tiene que compartir la vida. Es la tiranía del otro, de la que no puede escaparse. (Más adelante vuelvo sobre este punto.) Y como consecuencia surge la necesaria conformidad de convivir con él. Entonces Lázaro adopta una nueva actitud existencial; mas la adopta después de haber sido aprendiz del ciego y del cura de Maqueda. Como si entonces se hubiera considerado hombre maduro ya, siendo todavía un muchacho. Lo cierto es que a partir de este momento puede verse cómo su pensamiento sigue una línea que, con sus altibajos, no abandona nunca. Esta nueva actitud consiste en denunciar los actos de los otros, que él considera falsos, y poner de relieve la vida vana y engañosa de sus amos.

Al juzgarlos, disminuye o disculpa la falta. Veamos algún ejemplo. El primer tratado donde se encuentra esta postura nueva es el del escudero, el más típico de todos. Lázaro se da cuenta, desde el principio del encuentro con su amo, que éste es un mentiroso, y que en sus gestos, en su comportamiento, muestra lo que no es. Pues bien, en lugar de abandonarlo, en vez de alejarse de aquella casa completamente vacía, donde lo único que entrevé es hambre otra vez, se queda y mantiene de boca a su amo con lo que pide mendigando.

Las faltas se las disculpa porque, si su amo es un desgraciado, si aparenta ser lo que no es, si miente, es porque se siente encerrado en las normas que le impone la sociedad: «¡Oh, Señor, y cuántos de aquestos debéis vos tener por el mundo derramados que padecen por la negra que llaman honra, lo que por vos no sufrirían!» [32].

Hay que añadir aquí lo siguiente: el sentimiento de simpatía que se le despierta por su amo lo enlaza más aún a él a expensas de su propia libertad. Llega a sentir por él, además de la conmiseración que le mueve a darle de su pan, respeto, dos estados anímicos que no había sentido por los otros amos. Así como tampoco los sentirá por los venideros, a quienes, en su mayoría, va a despreciar con más gravedad y menos impulsividad que a los primeros.

Intensifiquemos más esta manera de mostrarse Lázaro para apreciar mejor el contraste que ofrece su conducta.

Es en este mismo tratado III cuando deja de mencionar el temor de morir de hambre o de golpes; no obstante, sigue buscando nuevos amos, porque los necesita para seguir viviendo. Cuenta de pasada que sufre grandes males al mismo tiempo que va mostrando las mentiras, las trampas, los engaños, que observa en ellos. En mi opinión, el hecho de haber estado cerca de la muerte es lo que le lleva a ver la vida de los demás como extraña a su *ego*, bien que se da cuenta que le es necesario aceptarla. A este respecto cito el pensamiento de Sartre: «En efecto, sin quererlo, los actos, la conducta de los demás organizan mi experiencia, incluso si yo no la acepto» [33]. Ahora comprendemos mejor por qué Lázaro, a quien *han puesto* a servir, se

[32] *Laz.*, p. 183.
[33] *O. C.*, 3me P. Ch. II, p. 280 ss.

siente lanzado a ir de amo en amo a pesar de la crítica negativa que hace de sus conductas. A esta causa hemos de añadir otra que no puede por menos de encajar naturalmente en la sicología de nuestro adolescente. Es la aspiración a ser hombre, la cual da a conocer cuando, sitiéndose ya mozuelo, entra en relaciones con un capellán se hace aguador, y gana lo suficiente para vestirse en hábito de hombre de bien [34].

c) *Oficio*

En este momento, Lázaro entra en la última fase de su desarrollo. A dos razones fundamentales se debe esta afirmación: ganar lo suficiente y vestirse de hombre, las cuales, unidas, nos dan: Lázaro es un hombre con un oficio. Su edad puede calcularse en unos veintidós años [35]; la palabra oficio la emplea él aplicándola a su propio quehacer a partir del tratado VI: de aguador, de hombre de justicia, de pregonero. Deja el primero porque ya no le correspondía con su porte, una vez cumplida la misión pecuniaria que tenía; el segundo lo abandona por peligroso; se asienta definitivamente en el tercero, porque se encuentra en una paz que está dispuesto a defender a toda costa.

Consecuentemente con lo anterior de este estudio, vamos a examinar esta última fase desde el punto de vista metodológico para ver la adecuación existencial que ofrece.

Hasta ahora hemos visto cómo Lázaro —salvo en la primera parte de su vida— corresponde a la categoría de *Dasein*. Ahora tenemos que tener en cuenta otro ser —ya mencionado—, también existencial porque está en la vida, pero en su calidad no auténtica. Es *das Man*, el hombre en su manifestación impersonal, *Hombre,* como decía por ejemplo, el rabí Don Sem Tob de Carrión, y que vamos a adoptar en este momento. Pues bien, *Hombre* es el ser que organiza la vida de cada momento. En realidad es el *Dasein* en su fase o fases de existencia inauténtica. Veámoslo en sus relaciones con Lázaro.

Lázaro ahora está situado delante de *Hombre* en semejante actitud a la de éste. Busca oficio remunerado, no amo que lo mantenga. Las interferencias vitales entre *Hombre* y Lázaro son ahora las naturales de hombre a hombre. Lázaro ha entrado en una existencia de vida en común. Es, por lo tanto, *Hombre (Das Man).*

Ambos aspectos, *Hombre* y *Dasein,* conviven en el ser humano. Waelhens, enraizando en la vida estos dos modos de existencia que Heidegger disocia y juzga con demasiado rigor, dice que «en realidad los elementos de autenticidad e inautenticidad coexisten constantemente en una misma existencia» [36].

Respecto a Lázaro, observémoslo en la última vicisitud de su historia: el matrimonio.

---

[34] *Laz*, Tra, VI.
[35] M. BATAILLÓN piensa en 28 años (*Laz. de T*. p. 52).
[36] *O. C.,* p. 78.

Contado el hecho por él mismo, comunica la situación correspondiente con las siguientes, breves, palabras: «Y hasta ahora no estoy arrepentido» [37].

Recuérdese en este momento que la relación de sucesos difamantes, corerspondientes a este acontecimiento importante de la vida de Lázaro, es dada por «malas lenguas», y no aceptada por él.

La reproducción que hace de sus palabras, afeando e incluso amenazando al vecino que intenta hablarle de la conducta de su mujer, es prueba de que, para él, la intención de aquél es ofenderlo.

Lázaro está obrando como *Hombre (Das Man)*, situado en la vida, pero al mismo tiempo está mostrando su experiencia en cuanto a *Dasein*. Sí, porque, por una parte, no niega la palabra al que trata de ofenderlo o lo ha ofendido, ni se enemista con él. Lo primero que se le oye: «Mira, si sois amigo...» Lázaro amonesta, trata de convencer. Por otra, la actitud que adopta ante el bla-bla-bla de las gentes trasciende a su primera situación en cuando a *Dasein,* que lo fue llevando a desvalorizar los actos intranscendentes de la vida diaria.

Es necesario mencionar a este respecto un singular pensamiento de Heidegger, con el cual termino. Es éste: «Unicamente el *Dasein* tendrá valor de dejar a los otros ser lo que son, ya que está persuadido de la infinita vanidad del ser. El que se ilusione sobre el valor del ser y de su ser tendrá siempre la inclinación a *inmiscuirse* y a *tiranizar,* puesto que no puede concebir ni aceptar que el prójimo sea de otro modo» [38].

---

[37] *Laz.*, p. 259.
[38] WAELHENS, Chap. VIII, p. 149.

LA *VIDA DE LAZARILLO DE TORMES*

HAROLD G. JONES
University of Missouri
Columbia

El título completo de la novela conocida como *Lazarillo de Tormes* es *La vida de Lazarillo de Tormes, y de sus fortunas y adversidades* [1]. Este título más largo es de interés por varias razones. Limito mi estudio por ahora al primer substantivo, la palabra aparentemente sencilla «vida». Claudio Guillén, en su estudio de la novela picaresca, ha notado el contraste entre las *vidas* creadas por los novelistas y los *tipos* de los escritores prerrenacentistas [2]. Como consecuencia, la palabra «vida» tiene a menudo un lugar en los títulos de las novelas picarescas, como la de Mateo Alemán, *Primera parte de la vida del pícaro Guzmán de Alfarache;* la de Vicente Espinel, *Relaciones de la vida del escudero Marcos de Obregón,* y aún *La vida de Ginés de Pasamonte,* obra en que trabaja uno de los personajes del *Quijote.* «Vida» en el título del *Lazarillo* indica este mismo interés en «una vida», sí, pero yo quisiera poner de relieve que en este caso se trata de un nuevo significado para la palabra, que aparece aquí posiblemente por primera vez en la literatura española. Las obras picarescas que acabo de citar se derivan del *Lazarillo.* Antes de su publicación, ningún título de una obra de ficción escrita o tra-

---

[1] Las ediciones existentes más tempranas aparecieron en 1554 en Alcalá, Burgos y Antwerp. Las tres tienen el título largo citado en el texto. Hace poco se ha determinado que había a lo menos dos ediciones previas, ya perdidas (para una sobrevista de la cuestión, véase *La vida de Lazarillo de Tormes, y de sus fortunas y adversidades,* ed. Alberto Blecua [Madrid: Castalia, 1972], pp. 48-70). Dos de las ediciones de 1554 derivan de una de las pérdidas, y la tercera de la otra. Por lo tanto, podemos presumir que la edición original habría tenido este mismo título. De no ser así, cualquier variante en el título de una de las ediciones perdidas tendría que ser repetida en uno de los títulos de las ediciones existentes.

[2] Claudio GUILLÉN, *Literature As System; Essays Toward the Theory of Literary History* (Princeton: Princeton Univ. Press, 1971), p. 155.

ducida al castellano contiene la palabra «vida» [3]. Las fórmulas comunes para principiar los títulos de la ficción anterior al *Lazarillo* eran: *La historia de···, La crónica de...*, *Los grandes hechos de...*, o sencillamente *Primera parte de...*, o *Libro de...*, seguidas por el nombre del protagonista. Por ejemplo, *Los cuatro libros del muy esforçado cavallero Amadís de Gaula, La historia de los dos amantes Flores y Blanca Flor* y *La corónica de los nobles cavalleros Tablante de Ricamonte y de Jofre.* ¿Cómo, pues, habría entendido el lector contemporáneo el título del *Lazarillo,* sin conocimiento previo de la naturaleza revolucionaria de esta novela?

El lector letrado pudiera haberla asociado a las vidas clásicas de Plutarco, Suetonio y otros, ya que los títulos de las traducciones e imitaciones de esas obras contenían frecuentemente la palabra «vida». Generalmente, estas obras eran compilaciones de varias biografías, lo cual se representa en los títulos con «vidas» más bien que con «vida». Sirva de ejemplo el libro de Antonio de Guevara, *Década de las vidas de los diez césares* (Valladolid, 1539). «Vida» (o «vidas») se limitó a los títulos de obras de la tradición clásica; no ocurre en los títulos de las biografías contemporáneas hasta la segunda mitad del siglo XVI. Hay indicaciones en el *Lazarillo* del conocimiento humanístico no sólo del autor, sino también del narrador. Por lo tanto, no es imposible que alguna referencia tenue a la vida clásica quede implicada en el título. Pero hay una fuente más plausible, que cualquier lector conocería: el género literario de las vidas de santos.

Unos ejemplos bastarán para demostrar que «vida» es una parte integral de los títulos de este género. En el siglo XIII tenemos *Vida de Santo Domingo* y *Vida de Santo Oria,* de Gonzalo de Berceo, así como el anónimo *Vida de santa María Egipciaca.* Hay una *Vida de san Ildefonso* del siglo XVI, y un siglo después otra *Vida* del mismo santo, por el Arcipreste de Talavera. Más de una *Vita Christi* se escribió en el siglo XV, y Luis de Montoya compuso una *Vida de Jesús* por los años 1550. Los títulos de algunos incunables y ediciones góticas son *La vida de san Saguino, La vida de san Vicente Ferrer, La vida de Magdalena, La vida y milagros de san Julián, Vida de san Jerónimo, La vida de sant Onofre,* etc. Uno que merece mención especial por su parecido al del *Lazarillo* es *La vida del bienaventurado sant Amaro, y de los peligros que pasó hasta que llegó al Paraíso terrenal.* No debía sorprendernos, pues, si el lector de *La vida de Lazarillo de Tormes* relacionara este título al género de las vidas de santos. Yo quisiera proponer como hipótesis preliminar que la intención del autor era precisamente que el lector hiciera esta relación.

La disparidad entre lo que espera el lector y lo que encuentra

---

[3] Por lo menos se escribió una obra de ficción no española con «vida» en el título antes de la publicación del *Lazarillo* (pero no necesariamente antes de que éste fuera escrito). Se trata de *La vie inestimable du grand Gargantua, père de Pantagruel,* de François Rabelais (Lyon, 1534; en la edición de 1542 se modificó el título a *La vie très horrifique du grand Gargantua...*). Este libro, que entre muchas otras cosas es una parodia de los libros de caballerías y de las vidas clásicas, podría haberlo conocido el autor del *Lazarillo.*

mientras repasa el título produce un resultado humorístico. Al saltar de «la vida de» al nombre del protagonista, no encuentra al venerable dechado religioso que bien podría haber esperado, sino sólo a un tal Lazarillo de Tormes, posiblemente una figura tradicional del folklore cómico, y seguramente persona sin importancia, como lo indica la terminación diminutiva de su nombre y su sobrenombre ridículo. Cervantes, Lope y otros se entregaron a un chiste parecido al emplear la frase «vida y milagros». Desplazada de su acostumbrada referencia santa, sería aplicada a personajes que distan mucho de llevar vidas ejemplares. Es posible que este procedimiento haya tenido como fuente el título del *Lazarillo*, y su efecto es parecido, como cuando Cervantes escribe de Rinconete el pícaro: «se deja para otra ocasión contar su vida y milagros, con los de su maestro Monipodio, y otros sucesos de aquellos de la infame academia» [4]. Aun hoy se pueden hallar casos de esta yuxtaposición absurda. Por ejemplo, en 1931 Carmen de Burgos publicó una novelita titulada *Vida y milagros del pícaro Andresillo Pérez* [5].

Aparte de su efecto burlón, «vida» en el título del *Lazarillo* podía haberle alentado al lector contemporáneo a buscar paralelos entre las vidas de santos y la de nuestro protagonista. Los paralelos irónicos sí existen, a pesar de la negación de Lazarillo en el prólogo: «confesando yo no ser más santo que mis vecinos» [6]. Piper, Gilman y Deyermond [7] han indicado en los últimos años los parecidos entre Lazarillo y las dos figuras bíblicas de las que deriva su nombre: el Lázaro hambriento que yacía a la puerta del rico (Lucas XVI), y el Lázaro a quien Cristo resucitó (Juan XI). El estudio de Gilman sobre la serie de muertes simbólicas del protagonista, la cual culmina en el tercer tratado, es especialmente perceptivo. Estos y otros críticos como Asencio y Perry [8] han identificado también la función importante en la novela de los muchos motivos religiosos, cuyo efecto es, según Gilman, la «desacramentalización» [9]. Pero nadie ha discutido la obra específicamente con respecto a las vidas de santos. Junto con sus muchos otros niveles de significado, me parece que el *Lazarillo* puede funcionar como una deformación paródica de este género. No sólo hay «desacramentalización»; parece haber hasta cierto punto un proceso de «desantificación. En los párrafos siguientes re-

---

[4] Miguel de Cervantes Saavedra, *Novelas ejemplares*, ed. Fernando Gutiérrez, I (Barcelona: Juventud, 1958), p. 172.

[5] *Número Almanaque* (Madrid: La Novela de Hoy, 1931). La novela de Carmen de Burgos está incluida.

[6] *Lazarillo de Tormes*, ed. Blecua (véase la nota 1), p. 89.

[7] Anson C. PIPER, «The 'Breadly Paradise' of Lazarillo de Tormes», *Hispania*, 44 (1961), 269-71. Stephen GILMAN, «The Death of Lazarillo de Tormes», *PMLA*, 81 (1966), 149-66. A. D. DEYERMOND, «Lazarus and Lazarillo», *Studies in Short Fiction*, 2 (1965), 351-57.

[8] Manuel J. ASENSIO, «La intención religiosa del *Lazarillo de Tormes* y Juan de Valdés», *Hispanic Review*, 27 (1959), 78-102. T. Anthony PERRY, «Biblical Symbolism in the *Lazarillo de Tormes*», *Studies in Philology*, 67 (1970), 139-46.

[9] GILMAN, pp. 162-64, notas 54 y 59; toma este concepto de Mircea ELIADE, *The Sacred and the Profane* (New York, 1961).

pasaré la evidencia que pueda sugerir que la obra es una parodia y que la «desantificación» es uno de los objetos del autor.

El culto de los santos en general estaba en declive en aquel entonces en Europa. Era puesto en duda por los humanistas y rechazado por los protestantes. La «desantificación» del *Lazarillo*, pues, podría verse como otro caso de esta censura del culto. Pero mientras Erasmo, por ejemplo, en su coloquio «El peregrino de la devoción pura», publicado en 1526, se burlaba de la credulidad ingeniosa en las reliquias de uno de sus interlocutores, es posible que el autor del *Lazarillo* ridiculiza la manifestación literaria del culto, es decir, las vidas de santos. Si es así, el *Lazarillo* habría proporcionado un precedente para el *Quijote* como parodia de un género literario aún popular pero ya viciado. La diferencia entre las dos obras estriba en que en ésta la parodia es obvia y declarada, cuando en aquélla es velada e incompleta. Puede ser que esta prudencia del autor del *Lazarillo* se base en parte en una discreta consideración para el Santo Oficio, y en parte en que la novela es influida no sólo por las vidas de santos, sino por otros modelos, como la epístola familiar.

Así como Don Quijote fundamenta su vida en las de los héroes caballerescos, y como Cervantes adopta la forma típica de los libros de caballerías para su modelo, Lazarillo, el narrador, presenta su vida en la armadura del patrón literario que le es más conocido. Las vidas de santos populares formaban parte del repertorio de un ciego profesional, que recitaba a cambio de una limosna. Por ejemplo, en una escena de la *Farsa del molinero*, de Diego Sánchez de Badajoz, un ciego acompañado de su muchacho pregona «la vida de sant Ilario» y «la vida de sant Macario en verso», junto con diversas oraciones y cantos gregorianos [10]. Aunque no se mencionan vidas de santos en el texto del *Lazarillo*, el muchacho describe a su maestro ciego así: «En su oficio era un águila...; ciento y tantas oraciones sabía de coro» [11]. Y donde en la versión original el ciego les pregunta a los concurrentes «¿mandan rezar tal y tal oración?», las más tempranas traducciones francesa e inglesa que tenemos (1560, 1586) amplifican la pregunta como sigue (cito la versión inglesa): «who will hear such a devout prayer, or else the life of some holie saint?» [12]. Lazarillo, por lo tanto, conocería bien la forma popular de las vidas de santos, y la influencia de ellas sobre él quizá explique la mezcla curiosa de elementos religiosos, míticos, heroicos, folklóricos, realistas y cómicos que caracteriza el *Lazarillo*. Las vidas de santos populares solían contener una combinación semejante, aunque muchas veces más extravagante. Ya que Lazarillo es un anti-héroe sin cualidades santas, su adopción de las vidas de santos como modelo resultaría en una continua ironía sardónica.

---

[10] Citada por Antonio RODRÍGUEZ-MOÑINO, *Diccionario bibliográfico de pliegos sueltos poéticos (siglo XVI)*, (Madrid: Castalia, 1970), pp. 85-86.

[11] *Lazarillo de Tormes*, ed. Blecua, p. 97.

[12] *The Pleasaunt Historie of Lazarillo de Tormes*, tr. David Rouland of Anglesey, 1586; ed. J. E. V. Crofts (Oxford: Basil Blackwell, 1929), p. 13. La traducción de Rouland se basa en una francesa de Jean Saugrain.

Para facilitar una comparación, recordemos las características típicas de las vidas de santos medievales, tales como se presentan en *La leyenda dorada*, de Jacobe de Vorágine. La vida se describe en prosa narrativa, con tres divisiones básicas: nacimiento y niñez, madurez y muerte. En la primera, el santo recibe noticia de su elección; en la segunda, se esfuerza a perfeccionarse y llega al punto de ser agente de milagros; en la tercera, deja este mundo para el otro, y así se subrayan sus dos aspectos: el humano y el divino. Estas tres divisiones pueden a veces ser seguidas por una cuarta de milagros póstumos. La vida típica se ordena mediante los temas de predestinación. El nombre del santo tiene sentido, y por lo tanto se nota su derivación etimológica. Sus padres son nobles y píos. Muchas veces el santo se lanza a temprana edad en travesías por el mundo. Generalmente se da cuenta de su elección en un momento dado, como si despertara de un sueño. Desde entonces recibe constante ayuda de Dios, quien le muestra un interés singular. Prevalece sobre los ataques de Satanás y sus diablillos, muchas veces por la astucia. Se purifica por la abstinencia, y sufre a menudo persecución por su creencia, especialmente si es un mártir. La muerte es el punto culminante, puesto que es el momento en que todo el empeño será galardonado.

Cuando se compara la vida de Lazarillo a este patrón, pueden verse varias analogías. No citaré más que lo necesario para demostrar la relación. Una investigación comprensiva de la influencia de elementos de las vidas de santos específicas cae fuera de mi propósito aquí, el cual es explicar la palabra «vida». Y debemos repetir que el autor no resaltó las analogías, si en efecto son intencionales; el lector debe buscarlas.

La primera analogía es la semejanza en la estructura general. Como la típica vida de santo, el *Lazarillo* es en prosa narrativa. Los primeros tres tratados corresponden a la niñez, la madurez, y la muerte de un santo, aunque Lazarillo no envejece mucho y su muerte no es física sino moral. El resto de la novela es en algún sentido póstumo, si se está de acuerdo con Gilman. Ningún antecedente literario con excepción de las vidas de santos resalta tanto o la niñez o la muerte de un protagonista.

El nombre de Lazarillo, como los de los santos, tiene sentido. Indica su relación a los dos Lázaros de la Biblia, notada por Deyermond y otros. Perry nos recuerda que el hombre resucitado por Cristo es identificado, como lo es nuestro héroe, por un topónimo: es Lázaro de Betania [13]. El nombre «Lazarillo» también evoca palabras que expresan la esencia de la vida del protagonista, tales como «lacerado» y «lazrar». En el texto ocurren paranomasias basadas en estas palabras, lo cual indica que el autor se daba cuenta de la relación.

El tema de la predestinación se da a entender con el nacimiento de Lazarillo «en el río», una referencia anti-prodigiosa e irónica a

---

13 PERRY, p. 141.

los nacimientos acuáticos de los héroes, no sólo los seculares como Perseo, Lancelote y Amadís, sino también los religiosos como Moisés, San Gregorio, San Andrés, y el anti-santo Judas [14]. De todos éstos, es más fácil que Lazarillo, el narrador, el que subraya la rareza de su nacimiento, haya conocido las leyendas populares de los dos santos como habrían sido declamadas por el ciego. La predestinación también se ve en la profecía del ciego, que se cumple, de que Lazarillo ha de ser bienaventurado con el vino. Aparte de la referencia sacramental al vino, debemos notar que «bienaventurado» es el epíteto corriente para calificar a los santos, como se puede ver en el título consabido *La vida del bienaventurado sant Amaro*.

Se hace hincapié en el linaje de nuestro anti-héroe. En efecto, las únicas personas con nombres propios en la novela además de Lazarillo son sus padres Tomé González y Antona Pérez. El nombre subraya la importancia del linaje, aunque aquí se satiriza, porque como dice Gilman los padres son «genealogical nobodies» [15].

No sólo son nobles los padres de un santo, son especialmente píos. Recordemos que en la misma frase el padre de Lazarillo es relacionado a un santo martiriado y a los mártires cristianos en general. Al ser acusado de ladrocinio, «confesó y no negó», que son las palabras bíblicas que describen a San. Juan Bautista cuando insistió que no era Cristo. Por consiguiente, el padre «padeció persecución por justicia»; es decir, fue condenado por las autoridades, y castigado. Con perversidad, Lazarillo afirma que su padre goza de la gloria, porque Mateo V, 10 dice: «beati qui persecutionem patiuntur propter justitiam quoniam ipsorum est regnum caelorum» [16]. Es justo que el padre de Lazarillo sea un mártir contrahecho, si el hijo ha de ser un santo espurio.

El momento de la elección se expresa normalmente como el despertarse de un sueño. Por ejemplo, refiriéndose a un tal instante, Berceo escribe de San Millán: «Mientras yacié dormiendo fue de Dios aspirado, / Quando abrió los ojos despertó maestrado» [17]. Este momento ocurre en la novela cuando, después de haber recibido el golpe del toro de piedra, Lazarillo dice: «parecióme que en aquel instante desperté de la simpleza en que como niño dormido estaba» [18]. El despertar no viene por los buenos oficios de Dios, sin embargo, sino de los del ciego, que representa el diablo o el anti-Cristo. Perry ha indicado algunas referencias bíblicas que hacen ine-

---

[14] Véase Paul FRANKLIN BAUM, «The Medieval Legend of Judas Iscariot», *PMLA*, 31 (1916), 481-632, sobre todo las pp. 595-98. PERRY, p. 141, indica que el pronunciamiento de Lazarillo —«con verdad me puedo decir nacido en el río»— podría interpretarse como «an impious allusion to baptism by total immersion (Christ in the Jordan)». Tal interpretación no invalidaría la idea de que Lazarillo podría representar un santo espurio, cuyo bautismo temprano prefiguraría su «santidad» posterior.

[15] GILMAN, p. 152.

[16] *Lazarillo de Tormes*, p. 92.

[17] Gonzalo DE BERCEO, *Estoria de San Millán*, ed. Gerhard Koberstein (Münster: Aschendorffsche Verlagsbuchhandlung, 1964), p. 104 (estrofa 11 bc).

[18] *Lazarillo de Tormes*, p. 96.

vitable esta identificación [19]. En verdad, el despertar de Lazarillo no trae como consecuencia mayor santidad, sino más diablura, a medida que va adoptando las características de su maestro ciego, y al fin sobrepasándole en lo diabólico (por ejemplo, su posible homicidio de éste, su aparición en el segundo tratado como serpiente en el paraíso, su exclusión del arcaz, es decir, de los sacramentos, su expulsión final por el cura, «santiguándose de mí, como si yo estuviera endemoniado» [20]. En este proceso, el desarrollo de Lazarillo parece ser paralelo al de una clase de santos: los que consiguieron ser buenos sólo después de vivir vidas de extrema maldad. Este tipo, por lo común legendario, incluye precisamente los santos consabidos, a quienes se les atribuye un nacimiento en el agua: San Gregorio, San Andrés y el anti-santo Judas. Todos éstos pecan terriblemente, generalmente por el estilo de Edipo. Por supuesto, los «pecados» pueriles de Lazarillo son tratados irónicamente, ya que no llegan a ser, con excepción del episodio del poste, más que burlas.

El interés particular de Dios en las vicisitudes del Lazarillo elegido se indica con el uso frecuente de frases como «quiso Dios alumbrarme», «alumbrado por el Spíritu santo», «topóme Dios con un escudero», y «Dios le cegó aquella hora el entendimiento» [21]. Gilman relaciona la palabra «alumbrar» a la accesión de la gracia buscada por el secto de los «alumbrados» [22]. Pero no es necesario hacer tal asociación, porque frases como «alumbrado por el Espíritu Santo» aparecen con frecuencia en los textos hagiográficos. Lazarillo no tiene que buscar la gracia como un alumbrado; está ya en la gracia como santo elegido. O, para decirlo mejor, como santo espurio goza la gracia contrahecha. Hemos visto que el ciego es el agente de Dios, puesto que es por su acción que Lazarillo se despierta a su nueva condición. Por lo tanto, Lazarillo puede decir de él: «después de éste me dio la vida y, siendo ciego, me *alumbró* y adestró en la carrera de vivir» [23].

Vemos a Lazarillo en su doble aspecto de diablo-santo cuando trata de abrir el arca. Es la serpiente, sí, pero al hallar un «paraíso panal» se puede igualar con San Amaro y San Brendan, quienes lograron, después de muchas dificultades, entrar en el paraíso terrenal, sólo para ser excluidos después de gozar brevemente de sus deleites.

El tercer tratado, el central, es importante por varias razones. Desde el principio sabemos que la situación de Lazarillo ha cambiado. Había dicho que sus pecados le toparon con el clérigo; es Dios quien le topa con el escudero. Hay tanto énfasis en esto que no puede ser casual, y tenemos que atribuir al querer de Dios lo que le ocurre a Lazarillo en este tratado. Noten las repetidas referencias a Dios, quien milagrosamente crea un amo para el protagonista. Al ser mandado

19 PERRY, pp. 143-44.
20 *Lazarillo de Tormes*, p. 128.
21 *Lazarillo de Tormes*, pp. 172, 118, 130, 111.
22 GILMAN, p. 156.
23 *Lazarillo de Tormes*, p. 97.

a buscar un nuevo amo, Lazarillo responde: «¿Y dónde se hallará ése... si Dios agora de nuevo, como crió el mundo, no le criase?» El muchacho continúa: «Andando así discurriendo... topóme Dios con un escudero...» El escudero le acepta como mozo, diciendo: «pues vente tras mí..., que Dios te ha hecho merced en topar conmigo...» Termina Lazarillo: «y seguíle, dando gracias a Dios...» [24].

En este tratado, como ha notado F. Courtney Tarr, Lazarillo llega a ser «humanized and ennobled by his pity, his loyalty, and his sacrifice» [25]. Esta inesperada reversión demuestra la madurez del autor y resulta en los momentos más inspirados de la novela. Desde nuestra perspectiva, la reversión forma una parte natural del proceso del cambio de diablo a santo, hallada en las vidas de muchos santos. El conseguimiento de esta santidad relativa sólo podría culminar en la muerte, en términos de las vidas de santos, y en efecto la cima del tercer tratado es la muerte emblemática del protagonista, discutida detalladamente por Deyermond, Gilman y Perry. Sin embargo, la «muerte» no se presenta como triunfo. El autor vuelve a la parodia original, y vemos un Lazarillo tan insignificante en la muerte como lo había sido en la vida.

En los tratados siguientes la comparación de Lazarillo a un santo disminuye, si no se ausenta completamente. Si es que hay continuación del tema, la encontraremos en el tratado sobre el buldero. Allí toma lugar un milagro que resulta ser una burla. Nuestro «santo» no tiene papel en este episodio, así que no se puede decir que sea uno de sus propios hechos «póstumos». Al mismo tiempo, su distancia del milagro puede ser un elemento irónico. Y el tema del milagro mantiene la orientación de la obra hacia la esfera de la santidad.

Como hemos visto, «vida» en el título del *Lazarillo* podría ser interpretada por el lector contemporáneo dentro del contexto conocido: la vida como vida de santo. Pero hay, por supuesto, una diferencia radical entre la novela y su modelo. Como imitación burlesca de un santo, Lazarillo muere, simbólicamente; como ser humano sigue viviendo, y está en la flor de su vida al terminar la obra, una obra escrita por él mismo. Así, «vida» adquiere un nuevo sentido de «autobiografía». La ambigüedad entre los dos significados de «vida» —la narración de una vida completa hasta la muerte, la autobiografía— se sentía aún cincuenta años más tarde. Cuando Don Quijote le pregunta a Ginés de Pasamonte si ha terminado su *Vida,* Ginés responde con ironía: ¿cómo puede estar acabado [el libro], si aún no está acabada mi vida?» [26].

El *Lazarillo* hubo de tener gran influencia directa o indirecta sobre la ficción posterior, no sólo en España, sino por toda Europa. Demostró que la vida de cualquiera, aunque no fuese un héroe religioso o secular, podría tener interés literario. Y lo importante era

---

[24] *Lazarillo de Tormes,* p. 130.

[25] F. COURTNEY TARR, «Literary and Artistic Unity in the *Lazarillo de Tormes», PMLA,* 42 (1927), 410.

[26] Miguel de Cervantes Saavedra, *Don Quijote de la Mancha,* ed. Martín de Riquer (Barcelona: Juventud, 1958), p. 209.

la vida como unidad, más que los episodios individuales. Había dos tipos de unidad. Primero, la presentación de una vida desde el nacimiento hasta la muerte. Segundo, una vida narrada por la persona que la había vivido, desde la niñez hasta el presente. Ambos tipos parecen derivar hasta cierto punto de la parodia creativa del *Lazarillo* de las vidas de santos. El deudo de la novela picaresca española es obvio: la mayoría de estas novelas son autobiografías que empiezan con el nacimiento y años tempranos de una narrador de poca monta. También, la mayoría contiene la palabra «vida» en el título. Pero la primera novela picaresca, *Guzmán de Alfarache* (1599) no apareció hasta casi cincuenta años después de la publicación del *Lazarillo* (1554). Para evidencia de la influencia más inmediata de esta novela, hay que acudir a otras literaturas. He escogido como ejemplo la literatura inglesa. Recordemos que el *Lazarillo* se publicó en inglés en 1568, 1576 y 1586 [27].

Varias narraciones se publicaron en Inglaterra después de 1568 y antes de 1599 que contienen vidas unitivas de personajes bajos o despreciables [28]. Los títulos de muchas de estas obras se parecen al del *Lazarillo* en que contiene la palabra «life», como *The Life and Pranks of Long Meg of Westminster* (1582) y el libro de Thomas Nash *The Unfortunate Traveller, or the Life of Jacke Wilton* (1594). A menudo estos libros son autobiografías, o contienen elementos autobiográficos. Merecen notarse los numerosos títulos que contienen la frase «the life and death of» fulano. El uso de esta frase anterior a la mitad del siglo XVI se limitaba a los títulos de las vidas de santos. En los capítulos posteriores de la literatura «picaresca» inglesa, esta frase habría tenido un efecto irónico semejante al de la frase española «vida y milagros». «The life and death of» se deriva del título de las vidas de santos, posiblemente bajo la influencia del *Lazarillo*. Dos ejemplos tempranos son *The Blacke Bookes Messenger, Laying Open the Life and Death of Ned Browne* (1592), de Robert Greene, y *The Life and Death of William Longbeard, the Most Famous and Witty English Traitor* (1593), de Thomas Lodge. El modelo mantuvo su popularidad. En los años 1670 y 80 seguían apareciendo obras con títulos como *The Life and Death of Mr. Badman*, de John Bunyan; *The Life and Death of Major Clancie, the Grandest Cheat of This Age; The Life and Death of the English Rogue; y The Life and Death of Young Lazarillo* (estas tres anónimas).

En resumen, es posible que la palabra «vida» en el título del *Lazarillo* tenga resonancias de la «vida» de santo, a la vez que se enlaza con el sentido moderno de «vida». Una investigación detallada

---

[27] Las ediciones más tempranas de la traducción de ROULAND son de 1568 y 1576, de las cuales no nos queda ningún ejemplar. El título en estas ediciones fue: *The Marvelous Dedes and the Lyf of Lázaro de Tormes*. El título completo de la edición citada en la nota 12 es: *The Pleasaunt Historie of Lazarillo de Tormes a Spaniarde, wherein is conteined his marvelous deedes and life, with the straunge adventures happened to him in the service of sundrie Masters.*

[28] Tomo la información de Frank WADLEIGH CHANDLER, *The Literature of Roguery* (Boston y New York: Houghton, Mifflin and Co., 1907), 2 vv.

de la relación entre el *Lazarillo* y el género de las vidas de santos y las vidas particulares quizá determinarí si lo que he propuesto aquí como hipótesis tiene validez o no. También sería útil el estudio de la influencia de las vidas de santos en la ficción posterior en general, y el averiguar si esta influencia resultó en parte de la popularidad del *Lazarillo*. Bien podría ser que la frecuente presencia en los títulos de la ficción posterior de las palabras «vida», «vita», «vie», «life», «leben», etc., indicara que *La vida de Lazarillo de Tormes* hubiera tenido una influencia universal.

EL PESIMISMO RADICAL DEL *LAZARILLO DE TORMES*

Howard Mancing
University of Missouri

Según la crítica tradicional, *Lazarillo de Tormes* trata de la historia de un rapaz travieso que sirve a varios amos, poniendo siempre de relieve los defectos de una serie de tipos humanos (especialmente el ciego, el clérigo y el escudero de los tres primeros tratados) y satirizando las costumbres sociales. Por medio de una serie de episodios unidos sólo por la presencia del protagonista, episodios que consisten en chistes alegres y burlas inocentes, se presenta al lector un cuadro realista de la vida española del siglo XVI. Aunque la obra es evidentemente imperfecta —estructura desigual, falta de unidad, imperfección estilística, acción incompleta— su facilidad y su soltura, su frescura y su actitud risueña transforman el *Lazarillo* en un monumento al optimismo renacentista que contrasta con la profunda amargura y el pesimismo barroco del *Guzmán de Alfarache,* de Mateo Alemán [1].

Pero desde hace casi veinte años se ha empezado a revisar esta interpretación tradicional hasta el punto de que se ha hecho necesario rechazarla como superficial, cuando no absolutamente errónea. Después de los primeros pasos fundamentales pero incompletos de F. Courtney Tarr y Marcel Bataillon [2], Claudio Guillén, en 1957, es el primero quien reconoce que lo mejor y lo esencial de la obra se centra en el último tratado y no en los tres primeros [3]. Frente a la

---

[1] Los elementos principales de esta interpretación se encuentran por todas partes, en manuales de literatura, introducciones a ediciones populares y estudiantiles del *Lazarillo,* y en referencias aisladas al libro. Buen ejemplo de un crítico que resume casi todos estos elementos es José García López, en su *Historia de la literatura española,* 19a, ed. (Barcelona: Editorial Vicens-Vives, 1966), pp. 181-84.

[2] F. Courtney Tarr, en su estudio fundamental «Literary and Artistic Unity in the *Lazarillo de Tormes»,* en *PMLA,* 42 (1927), pp. 404-21, hizo varias observaciones originales sobre la unidad temática y estructural del libro. Marcel Bataillon, en *El sentido del «Lazarillo de Tormes»* (París: Librarie des Editions Espagnoles, 1954), pp. 14-22, también contribuye de una manera importante a la comprensión del arte de la obra.

[3] Claudio Guillén, «La disposición temporal del *Lazarillo de Tormes»,* en *Hispanic Review,* 25 (1957), pp. 264-79.

crítica tradicional, que decía con Alonso Zamora Vicente que «en realidad, la novela está constituida solamente por tres episodios principales: el ciego, el clérigo y el escudero»[4], Guillén insiste en el valor unificador del «caso» al que se refiere en el prólogo y en el tratado final. Dice Guillén que «Lázaro [el narrador maduro del tratado séptimo y del prólogo], más que Lazarillo [el pobre muchacho simpático de los primeros tratados], es el centro de gravedad de la obra» (p. 271).

Dos años después, en 1959, Raymond S. Willis[5] estudia la estructura del *Lazarillo* y muestra que el estado de Lázaro al final del libro representa el antípoda de su posición positiva con el escudero en el tercer tratado; para Willis, esta inversión de valores representa lo esencial del libro (p. 273). La acomodación cínica de Lázaro que describe Willis abre el camino para la interpretación pesimista que caracteriza lo mejor y más original de la crítica de los años 60.

Bruce Wardropper, en su estudio importante de 1961, discute «el trastorno de la moral» en la obra[6]. Wardropper estudia lo que podemos llamar la inversión temática del *Lazarillo*: que nada es como parecer ser, que «en este mundo todo es hipocresía» (p. 446) y que «la novela nos enseña la corrupción moral de un muchacho fundamentalmente bueno» (p. 447).

En 1966, Stephen Gilman estudia la «muerte espiritual» del protagonista[7]; es decir, Lazarillo se suicida espiritualmente y sigue viviendo en un infierno terrestre (p. 458). Gilman también subraya ciertos parecidos entre *Larazillo de Tormes* y *La Celestina* para apoyar la tesis de Américo Castro[8] de que el autor anónimo de aquella obra fue un converso, asunto al que volveré más tarde.

Francisco Márquez Villanueva, en su estudio de 1968, sobre la «actitud espiritual» de la obra[9] vuelve a insistir en la importancia del cambio en la personalidad del protagonista: «Lázaro abandona los absolutos de la moral cristiana para identificarse con la relati-

---

[4] ALONSO ZAMORA VICENTE, *Qué es la novela picaresca* (Buenos Aires: Editorial Columba, 1962), p. 32. Aunque Zamora Vicente escribe posteriormente a Guillén, la actitud crítica que demuestra es la tradicional. Lo mismo puede decirse de muchísimos otros, de los cuales me limito a citar sólo a uno más: Angel Valbuena Prat, quien dice que «los capítulos del ciego, el cura y el escudero son, realmente, la esencia viva y perenne del *Lazarillo*». Véase el «Estudio preliminar» a su edición de *La novela picaresca española*, 7a. ed., tomo I (Madrid: Aguilar, 1974), p. 41.

[5] RAYMOND S. WILLIS, «Lazarillo and the Pardoner: The Artistic Necessity of the Fifth *Tractado*», en *Hispanic Review*, 27 (1959), pp. 267-99.

[6] BRUCE W. WARDROPPER, «El trastorno de la moral en el *Lazarillo*», en *Nueva revista de filología hispánica*, 15 (1961), pp. 441-47.

[7] STEPHEN GILMAN, «The Death of *Lazarillo de Tormes*», en *PMLA*, 81 (1966), pp. 149-66.

[8] Véase GILMAN, «The Death», p. 155, no. 27. En su reciente biografía sobre Fernando de Rojas Gilman vuelve a insistir en esto. Véase *The Spain of Fernando de Rojas* (Princeton: Princeton University Press, 1972), p. 19, y *passim*. Consúltese también mi estudio, al que me refiero en la nota 13.

[9] FRANCISCO MÁRQUEZ VILLANUEVA, «La actitud espiritual del *Lazarillo de Tormes*», en su libro *Espiritualidad y literatura en el siglo XVI* (Madrid: Alfaguara, 1968), pp. 69-137.

vidad de lo que realmente cuenta para la sociedad en cuyo seno vive. Lo grave es que no hay razón que fuerce a Lázaro a elegir en tal sentido, que no lo corrompe nada ni nadie en particular. Su aceptación del mal es acto libérrimo, que sobreviene cuando ni siquiera tiene la excusa del hambre» (p. 95).

Guillén, Willis, Wardropper, Gilman, Márquez Villanueva (y muchos otros a quienes no me he referido pero que también se han ocupado con más o menos amplitud de los mismos asuntos) [10] no están —ni mucho menos— siempre de acuerdo en varios aspectos fundamentales de su interpretación, pero todos están de acuerdo en cuanto al concepto básico de la unidad estructural y temática del *Lazarillo*: la corrupción moral del protagonista refleja la sociedad corrupta en que vive. Ya no se puede sostener la interpretación optimista que ve en el libro una sencilla colección de burlas y una sátira ligera e inofensiva. Tampoco se puede mantener que el *Lazarillo* es menos pesimista que *Guzmán de Alfarache*. Para Wardropper, el punto de vista del *Lazarillo* es «más subversivo que el de sus sucesores literarios» del barroco (p. 446). Márquez Villanueva rechaza en absoluto como «errónea» esa idea tradicional (pp. 118-19, n. 83). El contraste entre *Lazarillo de Tormes* y *Guzmán de Alfarache* es otro punto fundamental al cual quisiera volver más tarde.

El lector del *Lazarillo* simpatiza y hasta se identifica cada vez más con el protagonista-narrador en los tres primeros tratados [11]. La forma íntima autobiográfica y la relativa bondad del muchacho (es decir, en comparación con sus amos mezquinos e hipócritas), hacen posibles esta simpatía y esta identificación. Cuando en el tercer tratado, Lazarillo vive con el escudero, rodeado de símbolos de la muerte, cuando está casi literalmente a punto de morir de hambre, tenemos que admirar su nobleza de espíritu:

> «Contemplaba yo muchas veces mi desastre, que escapando de los amos ruines que había tenido, y buscando mejoría, viniese a topar con quien no sólo no me mantuviese, mas a quien yo había de mantener. Con todo, le quería bien con ver que no tenía ni podía más. Y antes le había lástima que enemistad. Y muchas veces, por llevar a la posada con que él lo pasase, yo lo pasaba mal» [12].

---

[10] Nadie ha insistido tanto en la importancia del «caso» como Francisco Rico, quien lo llama «pretexto y asunto de la novela» (en su «Problemas del *Lazarillo*», en *Boletín de la Real Academia Española*, 46 [1966], 287), y Fernando Lázaro Carreter, para quien el «caso... ilumina a los demás [episodios] y, al par, los subordina» (en su excelente estudio sobre la «Construcción y sentido del *Lazarillo de Tormes*», en *Abaco*, 1 [1969], 60). Pero lo interesante es que tanto Rico como Lázaro Carreter rechazan la validez del estudio de Willis, y ni el uno ni el otro favorecen la interpretación pesimista de la obra.

[11] La mayoría del contenido de este párrafo y del siguiente representa un resumen de mi estudio, «The Deceptiveness of *Lazarillo de Tormes*», en *PMLA*, 90 (1975), pp. 426-32.

[12] *Lazarillo de Tormes*, ed. Alberto Blecua (Madrid: Castalia, 1972), p. 142.

Con este acto, Lazarillo se encuentra en el camino de la perfección cristiana: «querer bien» (es decir, «amar») a su prójimo y «pasarlo mal» (es decir, «sacrificarse») por él, son la esencia del cristianismo.

Muy pocas páginas después, cuando el cínico Lázaro literalmente vende a su mujer al lujurioso arcipreste mientras jura «sobre la hostia consagrada que [su esposa] es tan buena mujer como vive dentro de las puertas de Toledo» y proclama que «en este tiempo estaba en mi prosperidad, y en la cumbre de toda buena fortuna» (p. 106), el lector se siente defraudado. El último engaño del autor anónimo es éste: crear un protagonista tan atractivo en el nivel moral y luego hacer de este mismo personaje la misma encarnación de la degradación espiritual. La moraleja del *Lazarillo* es que el hombre es capaz de los actos más exaltados y sublimes, pero a fin de cuentas no puede resistir la fuerza de la sociedad corrupta, inmoral, hipócrita que le rodea, y siempre escoge el mal.

Lazarillo de Tormes, como *La Celestina* antes, presenta una visión sumamente pesimista del mundo[13]. Todos los personajes (Lázaro, sus padres, el ciego, el clérigo, el escudero, el buldero, el arcipreste, la mujer de Lázaro) muestran por su ejemplo que toda la vida es engaño, que en lo material y lo social reina el dinero, y en lo moral y lo humano reina la hipocresía. Hasta en el lenguaje nada *es* como *parece:* la palabra «Dios» tantas veces repetida no equivale a más que «fortuna» o «suerte»; «los buenos» quiere decir «los poderosos» o «los adinerados»; «honra» no es sino «provecho»; y «vivir» significa, en el sentido espiritual, «morir». Lazarillo, como todo hombre moderno, está solo en el mundo; no hay ni amistad (su único verdadero «amigo», el escudero, lo abandona) ni amor (toda relación entre hombre y mujer se basa en el dinero). El mundo de *Lazarillo de Tormes* es cínico e irreverente, caracterizado por la ausencia de todo valor positivo material, social y moral. En este contexto, los personajes se encuentran aislados de Dios, de los otros hombres y de sí mismos.

El pesimismo del *Lazarillo* está radicado en todos los aspectos del libro: en la estructura, en la técnica narrativa, en los personajes, en los temas. Y he aquí donde me toca explicar el título de esta ponencia, «el pesimismo radical del *Lazarillo de Tormes*». He tomado el término «pesimismo radical» del gran hispanista norteamericano Otis H. Green, quien, en el tercer tomo de su *magnum opus España y la tradición occidental* nos presenta un capítulo titulado «Optimismo-pesimismo»[14]. Green discierne entre el optimismo - pesimismo «circunstancial» y «radical». El optimismo circunstancial «se basa en una satisfacción general respecto al presente y en esperan-

---

[13] Este párrafo resume en parte un estudio mío titulado «Fernando de Rojas, *La Celestina,* and *Lazarillo de Tormes*», en *Kentucky Romance Quarterly,* 23 (1976), pp. 47-61.

[14] Otis H. Green, *España y la tradición occidental,* trad. Cecilio Sánchez Gil (Madrid: Gredos, 1969), pp. 382-441.

zas halagüeñas respecto al próximo futuro» mientras que el optimismo radical «es independiente del tiempo y demás circunstancias: [Y aquí cito, con Green, al filósomo inglés W. T. Stace] "el optimismo consiste en creer que el mundo responde a un orden moral en el que, a pesar de todas las apariencias en contrario, debe prevalecer la bondad y satisfacerse la justicia". En este sentido, aun los críticos más amargos de la vida y de los ideales españoles eran, en realidad, optimistas: Mateo Alemán, Quevedo, Gracián» (pp. 384-85). El pesimismo circunstancial «abarca una amplia gama de actitudes: aunque cree que el mundo es muy malo, no se estanca en esa creencia. Esos males que deplora tienen remedio: mediante una educación adecuada, una renovación del sentido moral, un enfervorizamiento religioso»; el pesimismo radical «por otra parte, ... no es cristiano. Ese pesimismo consistiría en la convicción de que los caminos humanos no conducen a ninguna parte y de que la humanidad lleva una vida absurda en un universo absurdo. Pero ésta es una concepción que ningún cristiano puede aceptar» (p. 385).

En *Guzmán de Alfarache* abundan observaciones como «La vida del hombre, milicia es en la tierra; no hay cosa segura ni estado que permanezca, perfecto gusto ni contento verdadero; todo es fingido y vano», y «todo anda revuelto, todo apriesa, todo marañado. No hallarás hombre con hombre; todos vivimos en asechanza los unos de los otros»[15], pero esta actitud profundamente pesimista es netamente circunstancial. En sus raíces la novela de Alemán es aún más profundamente optimista; nunca debemos olvidarnos de que el tema más importante del *Guzmán de Alfarache* es que cualquier hombre, y no importa cuán malo sea, puede arrepentirse, salvarse y gozar de la misericordia de un Dios omnipresente que reina en un universo benévolo que creó. El libro de Alemán es moral y didáctico; dice Guzmán: «el fin que llevo es fabricar un hombre perfecto» (tomo III, p. 187). *Lazarillo de Tormes,* en cambio, es pesimista en los dos niveles, tanto el radical como el circunstancial[16].

Lo interesante es que para Green, el pesimismo radical «sencillamente no existía en España» (p. 421). Aunque escribe en 1965 y por eso tiene al alcance los estudios de Wardropper y otros, Green ni siquiera se refiere a *Lazarillo de Tormes* en su capítulo sobre optimismo/pesimismo. Los términos de Green, optimismo-pesimismo, circunstancial-radical, son válidos; si él siempre los aplica bien o no es otra cosa.

---

[15] Mateo Alemán, *Guzmán de Alfarache*, 5 tomos, ed. Samuel Gili y Gaya, Clásicos Castellanos, 73, 83, 90, 93, 114 (Madrid: Espasa-Calpe, 1926-36). Las referencias en el texto son, respectivamente, del tomo I, p. 161 y del tomo II, p. 54.

[16] Donald McGrady, en su libro *Mateo Alemán* (New York: Twayne, 1968), pp. 82-84, también se refiere a Green para insistir en que el pesimismo de *Guzmán de Alfarache* es (como el de Fray Luis de León) circunstancial. Aunque sólo se refiere de paso a *Lazarillo de Tormes* y no la llama específicamente una obra caracterizada por el pesimismo radical, concluye que «it is apparent that the conclusion of *Guzmán* is far more optimistic than that of *Lazarillo*» (p. 84).

La verdad es que sería difícil culpar a Green o a cualquier otro
que no quiera ver el pesimismo radical de *Lazarillo de Tormes*. Una
obra del siglo XVI, caracterizada por este tipo de pesimismo, es un
anacronismo, porque el renacimiento europeo tiene que calificarse
como radicalmente optimista en conjunto. Según Herschel Baker, «in
its basic view of man the Renaissance preserved the continuity of
medieval and pagan thought, and ... although this view was ine-
vitably a synthesis, it derived its characteristic optimism from those
Christian and pagan assumptions that had underlain nearly two thou-
sand years of European thinking» [17]. La gran mayoría de los mejores
críticos de la historia intelectual del renacimiento concuerdan con
Baker [18]. El filósofo W. T. Stace es el autor de un libro excelente e
interesantísimo que se titula *Religion and the Modern Mind* [19]. En
este estudio, Stace sostiene, y de una manera totalmente convincente,
que una visión teleológica (es decir, que a fin de cuentas todo —el
hombre, el mundo, el universo— está organizado según cierto plan y
estructurado hacia cierto fin por una inteligencia superior) «has been
characteristic of the thinking of the western wolrd since at least the
time of Plato and Socrates. The same is true of the view that the world
is a moral order» (pp. 48-49). Sigue Stace:

> «The truth is that the ultimately moral character of the
> universe, whether it is personified in the form of a righteous
> and transcendent God or is conceived as immanent in the world-
> process itself, has been a part of all advanced religious cult-
> ures. It has ben, until recent times in the West, a universal
> belief of civilized humanity. The opposite conception, that of
> a blind universe which is perfectly indifferent to good or evil
> —though it appears occasionally in the ancient world, as in Lu-
> cretius— is characteristic only of the western world during the
> last three centuries, and is the product of the seventeenth cen-
> tury scientific revolution» (p. 49).

Esta revolución científica del siglo XVII, según Stace, hace posible la visión racionalista y naturalista (y por eso no-teleológica) del
siglo XVIII. El siglo XX ha visto el triunfo, casi absoluto, de la visión
naturalista del universo.

---

[17] HERSCHEL BAKER, *The Dignity of Man* (Cambridge, Mass.: Harvard
University Press, 1947), p. 203. El libro de Baker, junto con su continuación,
The Wars of Truth (Cambridge, Mass.: Harvard University Pres, 1952), es
una de las mejores y más elocuentes presentaciones del ambiente intelectual
del renacimiento.

[18] Ejemplos: LUCIEN FEBVRE, *Le Problème de L'Incroyance au XVIeme
Siècle: La Religión de Rabelis* (París: Editions Albin Michel, 1947); PAUL OS-
KAR KRISTELLER, *Renaissance Thought* (New York: Harper Torchbooks, 1961),
THEODORE SPENCER, *Shakespeare and the Nature of Man*, 2a. ed. (New York:
MacMillan, 1949).

[19] W. T. STACE, *Religion and the Modern Mind* (Philadelphia y New York:
J. B. Lippincott, 1952).

Si miramos bien a los llamados paganos, escépticos y ateos del renacimiento, veremos una confirmación de las teorías de Green, sobre la distinción circunstacial/radical, de Baker, sobre el optimismo del renacimiento, y de Stace, sobre la orientación teleológica del pensamiento antes del siglo xviii. Se creía que el movimiento humanista del renacimiento era esencialmente pagano o anti-cristiano, pero la interpretación moderna del humanismo (como se ve, por ejemplo, en la obra de Paul Oskar Kristeller) [20] pone de relieve el substrato cristiano del pensamiento humanista.

Nos falta tiempo hoy para repasar en detalle el caso de varios de los llamados «ateos» renacentistas, como el italiano Machiavelli, los franceses Rabelais y Montaigne, y los ingleses Raleigh y Marlowe. Buscamos en vano por todo el siglo xvi otra obra literaria que contenga un pesimismo radical como el *Lazarillo de Tormes*. No ha de hallarse en las obras puramente circunstanciales (especialmente *Il principe*), de Niccolò Machiavelli [21] o en el mundo extravagante pero cristiano de los gigantes de François Rabelais [22]. Michel de Montaigne puede representar los límites del escepticismo renacentista, pero hasta los que ven en él una falta de pensamiento cristiano lo colocan dentro de la tradición humanista de la dignidad radical del hombre [23].

---

20 Véase especialmente el ensayo de KRISTELLER, «Paganism and Christinanity», recogido en *Renaissance Though*, pp. 70-91, aunque la misma idea se encuentra por una gran parte de la obra de este máximo intérprete del humanismo renacentista. Puede consultarse también el minucioso estudio de CHARLES TRINKAUS, *In Our Image and Likeness: Humanity and Divinity in Italian Renaissance Thought*, 2 tomos (Chicago: Chicago University Press, 1970).

21 Machiavelli representa la encarnación del ateísmo para muchos hombres de los siglos xvi y xvii. Pero si leemos bien *Il principe*, no vemos ni el menor pensamiento irreligioso. El autor lamenta el estado de la iglesia y aconseja al príncipe que subordine la práctica de la religión a las exigencias de la política, pero Machiavelli escoge para ejemplificar al príncipe prudente y discreto a Fernando de Aragón, el Rey Católico. Es imposible deducir de *Il principe* que su autor fuera ateo; lo que se ve es la exclusión absoluta del pensamiento radical. (Dice Federico Chabod que Machiavelli «shows little response to any spiritual movement that is not subordinate to a purely political idea»; *Machiavelli and the Renaissance*, trad. David Moore [New York: Harper and Row, 1958]. p. 93.) El hecho de que Machiavelli es uno de los primeros, y sin duda el más sensacional, de los escritores renacentistas que se preocupan sólo con la realidad humana y circunstancial sin referirse siquiera al nivel radical, habrá sido una de las razones por las que se considerara a Machiavelli como el máximo representante de la creencia pesimista y anti-cristiana del siglo xvi.

22 Postel, Calvin y otros en el siglo xvi, y Abel Lefranc en el siglo xx, han llamado «ateo» a Rabelais. Pero LUCIEN FEBVRE, en *Le Problème*, ha rectificado esta interpretación del gran escritor. Más recientemente ALBAN J. KRAILSCHEIMER, en *Rabelais and the Franciscans* (Oxford: Clarendon Press, 1963), p. 217, afirma que «Rabelais was a Christian at all times». Marcel Tetel repasa otra vez la historia de esta controversia y concluye que «the general consensus of opinion maintains, and rightly so, that Rabelais has faith»; *Rabelais* (New York: Twayne, 1967), p. 121.

23 MARCEL TETEL, *Montaigne* (New York: Twayne, 1974), pp. 45-50, ha resumido bien el largo debate sobre la cuestión de la religión de Montaigne. Aunque es difícil, si no imposible, clasificar con seguridad al atuor de los *Essais*, nadie parece poner en duda su optimismo radical.

Y aunque es posible que Sir Walter Releigh y —especialmente—
Christopher Marlowe poseyera cierto ateísmo genuino, este sentimiento no aparece nunca en sus obras [24]. Debemos siempre dudar de la
validez de la palabra «ateo» o «ateísta» en el vocabulario de una
época de tanta tensión intelectual y apasionada como el siglo XVI [25].

Pero a pesar de toda lógica existe el *Lazarillo* pesimista en los dos
sentidos: radical y circunstancial. La única manera de explicar este
anacronismo que se me ocurre es buscar una respuesta en la realidad histórica y humana que distingue a España del resto de Europa
del siglo XVI [26]. Creo que el *Lazarillo*, como *La Celestina* (la única
obra que presenta una visión pesimista comparable), es obra de un
converso. No quiero entrar en el laberinto del debate de la complicada cuestión de los conversos, pero no puedo sino aceptar la tesis
de Gilman y otros de que existía, además de un grupo de conversos
que creía sinceramente en el cristianismo y otro que practicaba en

---

[24] Puede consultarse el libro fundamental de ERNEST A. STRATHMANN, *Sir
Walter Ralegh: A Sutdy in Elizabethan Skepticism* (New York: Columbia University Press, 1951), para la mejor discusión del llamado «ateísmo» de Raleigh
y de su afirmación cristiana. En cuanto al pobre Christopher Marlowe, difícil
es afirmar cualquier cosa en cuanto a su creencia, o falta de creencia, cristiana. El problema que presenta Marlowe es exactamente el opuesto del que
discutimos con respecto a Machiavelli. Si éste se preocupa con lo circunstancial, aquél presenta en sus grandes héroes teatrales —Tamburlane, Barabbas,
Faustus— consideraciones radicales profundas, pero estas consideraciones son
tan afirmativas como negativas, de modo que no es posible asociar a Marlowe con el concepto de pesimismo radical.

[25] «Cuando la palabra *ateísmo* aparece en semejantes contextos, no se
espere de ella sentido más preciso que el que tienen, en la propaganda y las
disputas de hoy, insultos como los de capitalismo, liberalismo, comunismo
o fascismo. La vieja palabra utilizada por Séneca y por la patrística más temprana se impregna de intensas alusiones a hechos y sentimientos de la época.
El escéptico o indiferente que con toda la hipocresía cumple sólo con las formas externas de la religión es un ateísta; todo pensador que de alguna manera identifique a Dios con el universo, en lo que hoy llamaríamos una síntesis
panteísta, es ateísta también; todo aquel que justifique por igual a católicos
o bien a cristianos, judíos y musulmanes, ¿qué puede ser sino ateísta? Pero
ateísta acaba por adquirir asimismo el particular significado de protestante, o
de judío, o de musulmán...» RAIMUNDO LIDA, «Guerra y paz en un siglo
de oro», en *Estudios de Literatura Española dedicados a Marcos A. Morínigo*
(Madrid: Insula, 1971), p. 63. Entre otros autores que contribuyen páginas de
valor sobre el uso de términos como «ateo», «escéptico», «increyente», etc.,
figuran Don CAMERON ALLEN, *Doubt's Boundless Sea: Skepticism and Faith
in the Renaissance* (Baltimore: Johns Hopkins Press, 1964), pp. v-xi, 1-27;
GEORGE T. BUCKLEY, *Atheism in the English Renaissance* (New York: Russell
& Russell, 1965), pp. 49-51, 136; FEBVRE, *Le Problème*, pp. 138-41, y STRATH-
MANN, *Sir Walter Ralegh*, pp. 61-97.

[26] Dice AMÉRICO CASTRO que «la situación de vida en que se constituyeron los españoles desde fines del siglo XV careció de análogo en Europa». *De
la edad conflictiva*, 2a. ed. (Madrid: Taurus, 1961), p. 203. Observa MÁR-
QUEZ VILLANUEVA que «There were always, and in appreciable numbers, con-
verts of Judaism to Christianity in all parts of the world but only in Spain
we encounter a Santa Teresa and a Fernando de Rojas.» «The converso problem: an assessment», trad. M. P. Hornik, en *Collected Studies in Honor of
Américo Castro's Eightieth Year*, ed. M. P. Hornik (Oxford: Lincombe Lodge
Research Library, 1965), p. 320.

secreto el judaísmo, un grupo (tal vez muy pequeño) de conversos que no eran ni judíos (religión que se les había quitado), ni cristianos (religión ajena e injusta que no podían aceptar) [27]. Estos hombres eran verdaderos agnósticos, capaces de sentir toda la enajenación [28] y la soledad existencialistas que asociamos sólo con el siglo XX [29].

Llamar novela existencialista al *Lazarillo* es un anacronismo aún mayor que otros a que ya nos hemos referido. Pero creo que hay bastante validez en ver ilustrada en la figura de Lázaro la distinción entre la existencia auténtica y la inauténtica a que se refieren los existencialistas [30] y hasta ver en la traición de Lazarillo por Lázaro un perfecto ejemplo de la «mala fe» de que habla Jean-Paul Sartre [31].

Ni siquiera quiero tocar en lo que pueda significar el pesimismo radical de *Lazarillo de Tormes* con respecto a su influencia en la creación de la novela moderna en la España del siglo XVII (especialmente en Cervantes) y en la Inglaterra del siglo XVIII. Pero ahora que empezamos a darnos cuenta de las implicaciones del pesimismo radical del libro, debemos reconocer aún más la asombrosa profundidad y originalidad de *Lazarillo de Tormes*.

---

[27] Gilman sostiene que Fernando de Rojas es «a person who might well have abandoned one faith without gaining another, a potentially lost soul skeptical of traditional dogma and morality» (*The Spain*, p. 18), lo cual es esencial para la comprensión de su obra: «I shall interpret the ironical and intellectual distance necessary for *La Celestina's* creation as made possible by the *converso* situation» (p. 19). El libro de Gilman es indispensable para la comprensión tanto del *Lazarillo* como para *La Celestina*. PETER N. DUNN, en su libro *Fernando de Rojas* (New York: Twayne, 1975), acepta casi toda la tesis de Gilman. Véase también mi estudio ya citado, «Fernando de Rojas, *La Celestina,* and *Lazarillo de Tormes*».

[28] El término «enajenación» (o «alienación») es uno de los más usados (y abusados) de nuestro tiempo. Lo esencial que sugiere esta palabra es que una persona se halla «ajena a» o «separada de» alguien o algo. Lazarillo evidentemente está enajenado de otras personas y de Dios; Lázaro, sin duda, está ya separado de Lazarillo, un ejemplo de la «autoenajenación».

[29] J. Hillis Miller describe así la singularidad de la literatura moderna: «One great theme of modern literature is the sense of idolation, of alienation, brought about by man's new situation. We are alienated from God; we have alienated ourselves from nature; we are alienated from our fellow men; and, finally, we are alienated from ourselves, the buried life we never seem able to reach. The result is a radical sense of inner nothingness.» *The Disappearance of God* (Cambridge, Mass.: Belknap Press of Harvard University Press, 1963), p. 8. Que la situación a que se refiere Miller no es tan nueva y que el *Lazarillo* es una «novela moderna» en el mejor sentido de la palabra, es para mí una conclusión inevitable.

[30] El que ha insistido más en estos términos es Martin Heidegger, en su libro *Sein und Zeit* (Tübingen: Max Niemeyer, 1960).

[31] Véase la discusión de la «mauvaise foi» en el segundo capítulo de la primera parte de *L'Etre et le Néant* (París: Gallimard, 1943).

Este estudio se llevó a cabo gracias a una beca del Research Council of the Graduate School, University of Missouri-Columbia.

CARACTERIZACION LITERARIA E IDEOLOGIA SOCIAL EN EL *LAZARILLO DE TORMES*

EUGENIO SUÁREZ-GALBÁN
Mount Holyoke College

La idea de que el *Lazarillo* es una obra escrita por un noble que se burla de su protagonista, parece responder, al menos en parte, a una reacción de carácter esteticista. Desde Martín de Riquer, quien a fines de los años cincuenta desarrolla plenamente tal idea, a L. J. Woodward, es notorio en este tipo de crítica el subrayar que el *Lazarillo* no es ni un libro satírico, lleno de reflexiones sociales, ni un tratado de moral, sino más bien una obra de arte[1]. Se impone así como fuente principal de esa visión esteticista, la figura de Marcel Batillon. No hará falta recordar su insistencia, precisamente durante esa década de los cincuenta, en enfocar el *Lazarillo* como si éste fuera un manual de estética[2]. De este modo, resume y recoge el gran hispanista francés toda una tendencia que se opone al valor documental de la literatura, al menos en el caso del *Lazarillo*[3].

En última instancia, y según se recordará también, representa Bataillon en este sentido el rechazo de la teoría de otro hispanista francés, Morel-Fatio, con su tesis de que el *Lazarillo* supone una sátira de la sociedad española[4]. Mucho menos podrá aceptar Bataillon

---

[1] MARTÍN DE RIQUER, «Prólogo» («*Lazarillo de Tormes*») a su edición de *La Celestina* y *Lazarillo* (Barcelona: Vergara Editorial, 1959), p. 112, donde le da el espaldarazo a la tesis de Bataillon que estamos a punto de citar, mientras que en las pp. 121-122, vuelve a apoyar a Bataillon, en contra ahora de la tesis de Morel-Fatio, que igualmente citaremos pronto. En la p. 44 de su «Author-Reader Relationship in the *Lazarillo de Tormes*», en *Forum for Modern Language Studies*, I, 1 (1965), afirma Woodward, refiriéndose al *Lazarillo*, que «... this is a work of art and not a moral treatise».

[2] «El sentido del *Lazarillo de Tormes*», en *Les Conferences du Monde Hispanique* (París-Toulouse: Librairie des Editions Espagnoles, 1954), especialmente a partir de la p. 28.

[3] Resulta así precursor de esta tendencia Angel González Palencia, con su tesis del irrealismo del *Lazarillo* y de la novela picaresca en general, ya antes propugnada por Dámaso Alonso, conforme se nos recuerda en la p. 3 de este trabajo de GONZÁLEZ PALENCIA, «Leyendo el *Lazarillo de Tormes* (Notas para el estudio de la novela picaresca)», en *Del Lazarillo a Quevedo* (Madrid: Consejo Superior de Investigaciones Científicas, 1946). Véase también pp. 32-37.

[4] A. MOREL-FATIO, «Recherches sur *Lazarillo de Tormes*», *en Etudes sur L'Espagne* (París: [s. f.], 1895), pp. 162-163. Bataillon se opone a esta interpretación satírica a partir de la p. 22 de su ya citado trabajo.

la idea de que la obrita fue escrita por un hombre del pueblo[5]. Precisamente lo que arguyen los esteticistas —ya lo dice la palabra— es que el *Lazarillo* fue concebido y redactado por un hombre culto, y no por un individuo común y corriente, tal como sería un hombre del pueblo. Para comprobar esa autoría culta, a los análisis estilísticos de la obra, terminarán añadiéndose análisis de tipo más bien estructural. Es así que surge una tesis complementaria a la estilística, y la crítica va aceptando cada vez más una división en la estructura narrativa de la obra: Lázaro, el protagonista, no es la misma persona que el autor ficticio de la obra. Al contrario, el autor se diferencia de Lázaro, mofándose de él, poniéndolo constantemente en ridículo, explotando su caracterización bufonesca para atacar la ideología social de los que creen que pueden subir por el trabajo a la categoría de los «bien nacidos»[6]. (La idea de un escribiente que podría introducir *nuances* en lo que Lázaro le dicta, es interesante, pero nada textual.)

Pese a que Joseph H. Silverman, primero, y después Didier Jaen[7], entre otros, quieren poner freno a esta crítica que termina aminorando

---

[5] Si es que así se puede interpretar a Morel-Fatio cuando rechaza a Hurtado de Mendoza como autor del *Lazarillo* por parecerle que este escritor no conocía el mundo de la miseria que describe el *Lazarillo* (véase «Recherches», p. 153).

[6] Dentro de este tipo de pensamiento que distingue estructural e ideológicamente entre autor y personaje, aunque con diferencia de grados y matices en ciertos sentidos, se hallan, entre otros, y además de los ya citados Martín de Riquer (pp. 111-112, especialmente) y Woodward (su artículo entero tiene este enfoque), FRANCISCO RICO, «Introducción» a *La novela picaresca española*, I (Barcelona: Editorial Planeta, 1967), p. XV; JOSÉ CASO GONZÁLEZ, «La primera edición de *Lazarillo de Tormes* y su relación con los textos de 1554», en *Studia Hispanica in Honorem R. Lapesa*, I (Madrid: Gredos,, 1972), pp. 201-202, donde los nuevos ricos de la época se convierten en el blanco de la supuesta crítica del autor, y ALBERTO BLECUA, en la «Introducción crítica» a su edición del *Lazarillo* (Madrid: Clásicos Castalia, 1972), pp. 39-40. La palabra «bufonesca» y «bufón» llevan siempre aquí un sentido peyorativo, y no el de bufón profesional y hábil, como en el caso de Estebanillo González.

[7] Específicamente, SILVERMAN (*Romance Philology*, XV, 1, August, 1961), censura en Bataillon la falta de flexibilidad de su crítica al plantear como incompatibles la ética y la estética. Véase su reseña de la edición del *Lazarillo* a cargo de Bataillon (*La vie de Lazarillo de Tormes (La vida de Lazarillo de Tormes)*, trad. A. Morel-Fatio. Collection bilingue des classiques espagnols. París [F] Aubier [Editions Montaigne], 1958), pp. 92-93, sin olvidar la nota 14, en la p. 92. JAEN, por otro lado, enfoca el problema estructural en su «La ambigüedad moral del *Lazarillo de Tormes*», en *Publication of the Modern Language Association*, LXXXIII (March, 1968), pp. 130-134. Jaen aquí hermana la idea de arte y de moral en el *Lazarillo* (véase especialmente p. 134), la cual compartimos, aun cuando no podamos aceptar la diferenciación ahora al afirmar el crítico que el *Lazarillo* nos presenta «la complejidad de una personalidad individual, más que la esquematización de un punto de vista ideológico» (p. 130). También aquí nos parece factible una visión unificadora. Para un trabajo que, contrario a éste de JAEN, apoya la tesis de los distintos niveles entre autor y personaje, véase FRANK DURAND, «The Author and Lázaro: Levels of Comic Meaning», en *Bulletin of Hispanic Studies*, XLV (1968), pp. 89-101.

considerablemente, cuando no negando del todo, el valor social y mo-moral de la obra, estos argumentos estilísticos y estructurales hallan un eco notable entre los críticos, según ya se vio por la nota 6.

Tales argumentos, sin embargo, no nos resultan tan convincentes frente al texto como a esos otros críticos, aunque, por supuesto, aceptamos que se trata de un autor culto.

Cabría preguntarse, ante todo, si los contemporáneos del *Lazarillo*, y las sucesivas generaciones de lectores aun vinculados más que nosotros a su mundo, entendían la obra de tal forma, o sea, como una burla del autor en contra de Lázaro. Es cierto, como recuerda Cejador, basándose en Correas, que existía una tradición del Lázaro *bobo, bellaco,* el mismo que aparece mentado en *La lozana andaluza* [8]. Luego, no sólo se combinaba esa caracterización de bobo con la del ingenioso que se hacía pasar por tonto [9], sino que, además, sabido es que uno de los grandes aciertos del *Lazarillo* es su uso original de la tradición y del folklore [10]. Acudir, pues, a una tradición, no puede constituir en este caso una prueba definitiva, mucho menos cuando hemos visto que dicha tradición va acompañada de otra que le es contraria.

Igual de infundado sería cualquier argumento que acudiera al *Buscón,* de Quevedo, para explicar la caracterización de Lázaro. El que Quevedo se burle de su protagonista, de ninguna manera ofrece prueba fehaciente de que el autor del *Lazarillo* hace lo mismo. A lo sumo, podría pensarse que a Quevedo se le ocurrió tal posibilidad al leer el *Lazarillo,* si es que se insiste en el tema de la posible influencia entre una y otra obra en este sentido. Pero argüir que Quevedo vuelve a comprobar la idea de una tradición que le hace interpre-tar el *Lazarillo* bajo la misma luz con que él tratará a su protagonista, no hace otra cosa que volver a replantear el carácter inconcluso de esa tradición como argumento aquí.

Por otro lado, de lo que sí podemos estar seguros, es del interés documental que la obra despierta en Europa. Así mismo lo atestiguan las traducciones, algunas de las cuales parecen aprovechar la crítica social del *Lazarillo* para un ataque más en contra de la España católica en aquella época de las guerras religiosas [11]. Esto últi-

---

[8] JULIO CEJADOR Y FRAUCA, «Introducción a *La vida de Lazarillo de Tormes y de sus fortunas y adversidades* (Madrid: Clásicos Castellanos, 1966), pp. 14-15.

[9] *Ibid.,* p. 15.

[10] Ejemplo clave aquí sería el artículo de MARÍA ROSA LIDA DE MAKIEL, «Función del cuento popular en el *Lazarillo de Tormes*», en *Actas del Primer Congreso Internacional de Hispanistas* (Oxford: The Dolphin Book, 1964), pp. 349-359. También trata el tema BATAILLON, en el tercer capítulo de su *Novedad y fecundidad del Lazarillo de Tormes* (Madrid: Anaya, 1968), pp. 41-55, donde, por cierto, sigue insistiendo en el peligro de una interpretación de carácter social y documental.

[11] Véase MONIQUE LAMBERT, «Filiation des Editions Françaises du *Lazarille de Tormes* (1560-1820)», en *Revue des Sciences Humaines* (Octobre-Décembre, 1965), pp. 587-603, y especialmente pp. 587-593. Véase también GABRIEL LAPLANE, «Les anciennes Traductions Françaises du *Lazarillo de Tormes*

mo no niega necesariamente lo primero: el que extranjeros respondieran a móviles no estrictamente literarios en sus traducciones y lecturas del *Lazarillo,* no desmiente ese valor documental que apreciaban en la obra. Todo lo contrario, naturalmente: lo documental aquí satisface dichos móviles de índole política. Al fin y al cabo, podría decirse que esos lectores de la época están de acuerdo al menos en términos generales con lo que más de dos siglos después sostendrá la escuela de Morel-Fatio. No es tan fácil, sin embargo, pensar que todos se equivocan, sin plantearse simultáneamente una pregunta respecto al éxito del autor anónimo. Si éste intentó una crítica de clase más bien que una crítica nacional [12], habría que ver si la obra justifica o no esa interpretación.

Antes de seguir culpando a la crítica literaria de una ceguera que no le permite captar el verdadero significado de la novela, tenemos que cuestionarnos seriamente si esa culpa no es del autor. Realmente, tiene que llamar la atención el que el verdadero significado de una obra no sea apreciado por la crítica hasta cuatro siglos después de su publicación. Pues sólo hoy se registra un consenso más o menos fuerte en este sentido. Sólo hoy puede hablarse de una visión «nueva», a nivel de «última teoría», apoyada por un número considerable de críticos, en lo que a esa idea del autor burlón-protagonista ridiculizado respecta.

Urge señalar que se trata del mismo significado fundamental de la obra que el autor explícitamente subraya en la famosa frase final del prólogo, aquella que contrapone a los que «heredaron nobles estados» con los que «con fuerza y maña remando salieron a buen puerto» [13], siendo estos últimos dignos de admiración, y los prime-

---

(1560 - 1700)», en *Hommage a Ernest Martinenche* (París: Editions D'Artrey, s. f.), pp. 143-155, especialmente, p. 147, y J. E. V. CROFTS, editor, «Introduction», David Rowland of Anglesey, trad., *The Pleasant Historie of Lazarillo de Tormes* (Oxford: Basil Blackwell, 1924), especialmente pp. V-VIII.

[12] Desde luego, ambos tipos de crítica pueden coexistir. No obstante, queremos distinguir aquí entre la crítica en contra de un sistema nacional que permite ciertas condiciones sociales, y la que se dirige en contra de una parte, o clase particular, que, por lo demás, no tiene el poder de fijar ninguna política nacional en este sentido. Es este último el caso de la clase social a que pertenece Lázaro, aun cuando al final de la obra pueda hablarse de un ascenso social y de una mejora económica que, a nivel de clase, augura históricamente una creciente influencia económica, política y social para esa clase que mejora su posición con el tiempo.

[13] Citamos siempre de la ya mencionada edición de Blecua. Véase la p. 89 para esta cita.

Nótese que se trata precisamente del momento en que Lázaro establece una escueta identificación entre su persona y una ideología de clase particular. Si se pudiera comprobar esa ridiculización de Lázaro que sostienen otros y que nosotros no aceptamos, entonces sí podramos admitir aquella diferenciación que hace Jaén entre la persona de Lázaro y la ideología social de la que se muestra partidario (vuelva a verse la nota 7). Lo que tampoco significa que el autor esté insistiendo en la corrupción personal como parte esencial de dicha visión ideológica que pone el énfasis en el esfuerzo. No en vano presta tanta atención la novela a la realidad social, como estamos a punto de reite-

ros, simple beneficiarios de la fortuna. No se trata, pues, de una dimensión oculta de la obra, ni de un adelanto de época por parte de un autor genial a ser descubierto por futuras generaciones. Está en juego aquí, para repetirlo, no lo dimensional, sino la propia dinámica de la obra. Dicho desde el punto de vista del autor, su éxito como creador de un mundo consecuente es lo que se pone ahora en tela de juicio.

A aceptar literalmente, o a aceptar irónicamente, esa última frase del prólogo: a esto se puede reducir el asunto. Hay que reconocer que los argumentos aducidos hasta ahora (la reacción de lectores y críticos) sólo sirven de indicio, y no como prueba concluyente, en apoyo de nuestra tesis que se opone a una caracterización ridiculizada del protagonista y su clase. Pues sólo a partir de este momento, entramos plenamente dentro del texto.

Pocas obras como el *Lazarillo* se centran tan rotundamente en la realidad social; pocas declaran tan abierta y tajantemente lo que hoy día se conoce como la lucha de clases, para volver a esa frase del prólogo que se lleva a cabo a lo largo de la novela, si bien veremos que con cierta modificación importante. Ahora bien: una cosa es reconocer la diferencia teórica entre el documento literario y el histórico, y otra es pretender prescindir del todo del reflejo social con que tal o cual obra «documenta» la realidad de acuerdo a las condiciones especiales de su género. Si una obra insiste tanto en el elemento social, por algo será. Le incumbe a la crítica tratar de descubrir ese algo, y de ninguna manera puede darse el lujo de ignorarlo sin a la vez violentar las condiciones que impone la obra. Es decir, en el caso del *Lazarillo,* y en un momento que las escuelas y los autores estetizantes tienen a su disposición el mundo literario del género pastoril, y, aunque en menor grado, el de la novela caballeresca, tiene que llamar la atención el que un escritor que quería ante todo estetizar, eligiese una materia que se prestase tanto a una estética de la ética, más bien que una estética de tipo «purista». No sólo la elección de ese mundo, sino igualmente su estructuración en un problema de clases y de moral social, se resiste a la idea de Bataillon y otros, que quiere limitar el libro a esa estética «purista», que, en caso de existir, casaría mejor con aquellos otros géneros antes mencionados. Sobra recordar a estas alturas que la elección del tema, puede y suele ser ya un indicio de la estética peculiar que ha de elaborar el autor. Como ya vimos advertir a otro, hay que evitar el antiguo peligro de considerar la ética y la estética cosas forzosamente incompatibles [14]. Por lo demás, también tiene que llamar la atención una inevitable contradicción en la crítica de aquellos que, aprovechando los argumentos esteticistas de Bataillon, y complementándolos con otros estructurales, llegan a la conclusión de un dualismo narrativo que para ellos desmiente lo moral. Y es que también la postura de esta críti-

_____
rar, pues las alternativas sociales de ese mundo fijan a su vez las alternativas morales, conforme dan a entender los «adversidades» de Lázaro.

14 Vuelva a verse la nota 7.

ca termina pasando un juicio de ética social: sostener que se trata de un autor noble que se ríe del pueblo a través de su protagonista, es un juicio tan ideológico y una moral tan social, como mantener lo contrario. Puede hablarse aquí de un cambio de ideología, pero no de una negación de la moral social en el *Lazarillo*, tal como pretende hacernos creer esta crítica.

La idea de que el autor se burla de Lázaro halla su culminación en la idea de Woodward de que todo el texto es básicamente una gran mentira [15]. El autor anónimo así desea que nosotros lo entendamos, según Woodward, y para ello, nos proporciona una serie de indicios que ponen a Lázaro claramente en ridículo, al señalarlo como un mentiroso tan burdo como pretencioso, en fin de cuentas. Un ejemplo podría ser la erudición inverosímil que revela Lázaro al citar a Plinio y a Cicerón [16]. También la crítica se ha fijado en otro pasaje que le parece igualmente inverosímil, aquel en que Lázaro nos asegura de que, a pesar de su corta edad de unos ocho años, fue capaz de hacer una observación bastante profunda en lo que la condición humana respecta [17]. Supuestamente, tales pasajes son como una especie de guiño de ojo que el autor nos hace para darnos a entender que él se está riendo en esos momentos de su protagonista.

En primer lugar, y en lo que a la erudición de Lázaro respecta, ya nadie se cuestiona hoy día el habla inverosímil de los campesinos de Lope, y de la literatura del Siglo de Oro en general, al presentarnos personajes de habla culta y condición rústica o inculta [18]. Pese al afán de verosimilitud que cultiva cierta literatura renacentista (aunque el manierismo que se registra ya cuando se incuba el *Lazarillo*, tema ignorado por la crítica, podría modificar algo ese afán), al lado de otra literatura inverosímil —la novela pastoril, por ejemplo— todavía no es lícito, ni muchos menos, aplicar a este momento histórico-literario un criterio más consonante con las estéticas realistas del siglo pasado. Por otro lado, estudiada a fondo la función literaria de esas citas, se comprueba que Lázaro las explota muy hábilmente. Desde la primerísima frase del prólogo, alude el protagonista a las distintas posibilidades interpretativas del texto. Poco después, aludirá asimismo a las variedades de gusto (pp. 87-88). Ambos factores mantienen viva la esperanza de que también este texto pueda gustar a algunos. Y para rematar esa justificación de su relato, acudirá Lázaro a dos fuentes clásicas: la autoridad de Plinio el Viejo y la de Cicerón. No se trata de una pedantería suelta sin más, sino de un argumento elaborado, y del cual las citas forman una parte importante. Este uso calculado de las citas no inclina a pensar que el que así sabe manejar su argumento es un «auténtico estúpido», para recordar la

---

[15] Véase especialmente pp. 44 y 51 de *art. cit.*

[16] Véase cómo comentan el pasaje RICO, *ob. cit.*, pp. XV y LXX-LXXI, y STEPHEN GILMAN, «The Death of *Lazarillo de Tormes*», en *Publications of the Modern Language Association*, LXXXI, 3 (June, 1966), p. 149.

[17] Véase WOODWARD, *art. cit.*, p. 46.

[18] RICO toca el tema en *ob. cit.*, pp. LXVII-LXVIII.

[19] *Ob. cit.*, p. 111.

terminología de Martín de Riquer [19]. Todo lo contrario, cualquier sentido de humor aquí parecería compartido por el protagonista. También él —*tongue in cheek*— se estaría riendo de la desproporción entre sus intenciones y el uso tradicional de las citas que él aquí subyuga a fines muy peculiares, como son el justificar un ascenso social inmoral.

De igual manera, tampoco tiene que arrastrarnos a la teoría de la ridiculización de Lázaro aquel otro pasaje en que el niño Lazarillo cala con asombrosa precocidad cierta manifestación de la sicología humana. De hecho, él mismo parece darse cuenta de la magnitud de la mentira, según indica la cláusula modificadora «aunque bien mochacho» (p. 94). No es un mentiroso burdo ni bobo el que reconoce la dificultad de convencer al mentir, y llega a tomar las precauciones de admitir el carácter increíble del asunto, para de este modo paradójico hacerlo más creíble al prepararnos sicológicamente a aceptar la mentira. Por lo demás, el que Lázaro aquí esté mintiendo, bajo ningún concepto puede interpretarse como una prueba decisiva para sostener que todo el texto supone una gran mentira [20].

Ya A. D. Deyermond, en su respuesta al artículo de Woodward, pone freno a ese peligro de interpretar libremente un texto literario sin que el autor nos autorice para ello [21]. Aparte de este defecto fundamental de la crítica de Woodward, cabría añadir que los argumentos específicos que su artículo brinda, nos resultan tan refutables como los dos ejemplos que recientemente hemos analizado. Pensar que el ciego tiene que ser tonto, contrario a lo que nos dice Lázaro (otra mentira suya, según Woodward), porque de ser inteligente no sería mendigo, ni tampoco podría engañarle Lázaro [22], es simple y

---

[20] Y cabría mencionar también un ejemplo contrario, cuando Lázaro pronuncia una gran verdad: «No nos maravillemos de un clérigo ni fraile porque el uno hurta de los pobres, y el otro de casa para sus devotas y para ayuda de otro tanto, cuando a un pobre esclavo el amor le anima a esto» (p. 94). La justificación del hurto en el caso del padrastro de Lazarillo, quien roba por amor y necesidad (y el texto no deja duda que de esto último sufrío mucho la madre de Lázaro), está dentro de la más estricta moral religiosa, así como dentro de la más elemental lógica. No parece esta reflexión, a la cual tenemos que asentir, pues, lógica y moralmente, la de un hombre tonto. De hecho, Lázaro nos fuerza a darle la razón al padrastro, cuyo caso moral no dejará de tener cierta relación con el que él nos está preparando en lo que a su propia moral respecta. Pues también cuidará el protagonista de destacar en su caso esa estrecha ligazón entre moral y necesidad. Con lo cual, naturalmente, nos hallamos más predispuestos a admitir también la moral de Lázaro. Ni mucho menos parece todo esto proceder de un tonto.

[21] Véase «The Corrupted Vision: Further Thoughts on *Lazarillo de Tormes*», en *Forum for Modern Language Studies,* I, 3, (1965), especialmente, pp. 247-249.

[22] WOODWARD, p. 52, donde se nos dice que «The blind man's sagacity has brought him to beggary» y que «This monument of worldly wisdom is circumvented by a child of eight!»

Ya Deyermond se ha ocupado de señalar el simplismo con que Woodward interpreta las relaciones entre Lazarillo y el hidalgo (DEYERMOND, *art. cit.,* pp. 247 y 249), aunque sin agotar ahí las objeciones que podrían hacerse a ese simplismo. Señalemos asimismo que al calificar a Lázaro simultáneamente de

llanamente antitextual: ni toma en cuenta el contexto social novelesco (¿qué otra alternativa económica tiene un ciego sin «fortuna» en aquella España?), ni toma en cuenta tampoco la más elemental lógica (¿qué de particularmente raro tiene el que un niño pueda engañar a un ciego?, aunque no tanto, por cierto).

Falta más, pero, sobre todo, falta tiempo. Por eso, sólo podemos referirnos brevemente de nuevo al trabajo de Jaen y su lógica implacable que sostiene que «la técnica autobiográfica de la obra hace imposible distinguir entre el autor y su personaje, más cuando aquél (ya sea por preferencia o por accidente) se ha mantenido en el anonimato. Es en este sentido en que la anonimidad y el sentido artístico del *Lazarillo* se complementan, como ha dicho Castro» [23]. Finalmente, la ridiculización de Lázaro, que implica la dicotomía entre autor, que se burla, y protagonista, víctima de la risa de ese autor, plantea otro problema sin solución, también ya insinuado por Jaen: saber cuándo el autor habla y cuándo habla el protagonista [24]. Pues en ningún momento nos ha justificado el autor semejante posibilidad de distinguir entre uno y otro de una manera clara. Ni tampoco puede hacerlo, dada, una vez más, la técnica autobiográfica que ha elegido.

Aceptar como significado social del *Lazarillo* la tesis del autor noble que se mofa del pueblo, implica así, en última instancia, dudar de la propia estructuración narrativa de la obra. No es siempre fácil distinguir entre una caracterización de bobo, y la caracterización del que se hace el bobo, mucho menos en manos de un autor sagaz y sutil. En el caso del *Lazarillo*, sin embargo, su insistencia en lo social [25],

---

«fatuous» y de un «middle-aged cynic» (*art. cit.*, pp. 52 y 48), Woodward nos da que pensar, pues semejantes términos pueden resultar algo contradictorios, ya que el cínico supone cierta capacidad intelectual no muy consubstancial con la idea de una persona fatua, si bien no estamos aquí negando rotundamente la posibilidad de que ambas características se den en una persona.

[23] *Art. cit.*, p. 133.

[24] JAEN, *loc. cit.*
No deja de ser interesante observar que para Francisco Rico la técnica autobiográfica del *Lazarillo* resulta de lo más acertada, pero no así la del *Buscón*, que por esta razón puede considerarse una «pésima novela picaresca». Véase «Lázaro, el pícaro y la picaresca», en *La novela picaresca y el punto de vista* (Barcelona: Seix Barral, 1970), pp. 120 y ss. Véase también «Introducción», p. LXVI. Tras todo lo señalado aquí y por Jaen, no entendemos como Rico puede admirar la técnica autobiográfica del *Lazarillo* y a la vez advertir diferencias entre el yo del autor y el del narrador (véase «Introducción», p. XV).

[25] Tampoco nos ha permitido el tiempo dedicarle a este aspecto de la obra la atención que merece. Ya hemos hablado en la nota 13, en términos algo específicos, de la importancia moral que conlleva esa realidad social. Siquiera a manera de esbozo, permítasenos aludir ahora a la importancia del elemento anticlerical dentro de ese aspecto social.
Téngase en cuenta, en primer lugar, que una interpretación que insiste en ver al protagonista como figura ridiculizada, no es de lo más compatible con el claro carácter anticlerical del libro. Hasta cierto punto, el hecho que ese anticlericalismo sea visto a través de los ojos, y expresado por la boca, de un bufón, ya podría empezar a modificar la fuerza de ese ataque. Nada en el

niega un esteticismo a ultranza propicio a la idea del autor burlón. También, el manejo de ciertos recursos —citas literarias, una mentira, para recordar los dos ejemplos a que hemos tenido que limitarnos— no nos resultan como a otros prueba definitiva de una caracterización bufonesca, sino lo contrario. Por otro lado, existen otros ejemplos textuales que apoyan la idea de este último tipo de caracterización contraria a la ridícula (véase notas 20 y 25). A todo esto, se une la realidad de esa estructura narrativa que tampoco legitima pensar que el autor quería burlarse de Lázaro y su clase social.

---

texto da a pensar que el autor quería templar en lo más mínimo dicho ataque anticlerical, sino todo lo contrario. Pensar que el anticlericalismo es del autor y no de Lázaro, sería una buena manera de volver a poner de relieve cuán arbitrario tiene que resultar todo intento de distinguir entre el protagonista y el autor sin violar las mismas premisas de la técnica autobiográfica.

Finalmente, no se pierda de vista el fuerte carácter socio-económico de ese anticlericalismo. De hecho, esa lucha de clase entre los de fortuna y los que tienen que trabajar, podría expresarse igualmente como una lucha entre estos últimos y el clero, para aclarar ahora esta ya anticipada modificación importante del tema de lucha de clase en el *Lazarillo*. Refiriéndose al capellán del sexto tratado, M. MOLHO en «Introduction», en *Romans Picaresques Espagnoles* (Dijon: Editions Gallimard, 1968), p. XXIX, lo califica de «chapelain "capitaliste"». El que este personaje se convierta en mercader en la muy libre traducción francesa de 1598 (*ibid*, p. XXXIII), resulta asimismo pertinente por volver a señalar la relación entre economía y clero. Se trata de algo bastante común en la Europa de aquel momento (véase PIERRE JEANNIN, *Merchants of the Sixteenth Century* [New York: Harper & Row, 1972], pp. 10-11; el original francés no nos ha sido accesible). Pues bien: el *Lazarillo* basa su ataque al clero justamente sobre esa actitud económica, llámese capitalista, explotadora, o como se le quiera llamar. Todos los personajes que manejan la economía son miembros del clero, salvo quizá el maestro de pintar panderos, de quien no sabemos nada, y con la posible excepción también de Vuestra Merced, persona obviamente poderosa, pero cuya condición específica no se define (si aceptamos la hipótesis de FRED ABRAMS en «To Whom Was the Anonymous *Lazarillo de Tormes Dedicated*?», en *Romance Notes*, VIII (1967), pp. 273-277, en la que ve la posibilidad de que Vuestra Merced sea Juan Martínez Silíceo, arzobispo de Toledo entre 1546 y 1557, entonces de acuerdo estaríamos en que se trata de un miembro del clero. Ciertamente, el poder que tiene Vuestra Merced sobre el Arcipreste de San Salvador, inclina a pensar así, aunque no es ésta prueba definitiva, pues puede tratarse también de un noble). Por otro lado, ni el Ciego ni el Hidalgo tienen el más mínimo poder económico, pese a que el primer amo de Lázaro sabe lidiar mejor con las circunstancias (hasta el punto que Lázaro llega, en cierto momento, a colocar al Ciego al lado del Clérigo de Maqueda y en contra del Hidalgo [p. 142] en este sentido económico, lo que, sin embargo, no quita el que el Ciego tenga que «remar», mientras que el Clérigo está dentro de los afortunados). De modo que el ataque anticlerical se torna en uno de clase social.

Por las razones que fueran —la posibilidad de hallarnos ante un texto incompleto entre ellas— el autor limita su ataque en contra de la clase adinerada a los miembros del clero. Y si no se puede dudar del anticlericalismo de la obra, tampoco se podrá dudar, pues, de su defensa de las víctimas de ese clero económicamente y socialmente opresor. De nuevo la idea de un autor que ridiculiza a la clase pobre resulta incompatible con el texto.

SOBRE AMBIGÜEDAD Y LITERATURA
ACERCA DEL *LAZARILLO DE TORMES*

KARL-HEINZ ANTON

Se ha hablado repetidas veces de la unidad compositoria del *Lazarillo,* alegando por ejemplo la construcción cíclica que liga el comienzo de dicho texto con el fin, o la presencia de la persona a la que va dirigida la obrilla y a la que trata el autor del relato de «vuestra merced», o las distintas coincidencias del texto, p. e., la declaración de la madre de *Lazarillo* de «arrimarme a los buenos» y la idéntica del protagonista y otras más. La suma de tales referencias en el texto constituirían la unidad y coherencia textual de dicho opúsculo.

Se plantea otra vez el mismo problema de la unidad, si se tiene en cuenta un aspecto del que no sé si se ha ya hablado de manera suficientemente detallada. Es un aspecto que se impone en primer lugar por el prólogo, en el que se expone la intención que mueve al autor a componer esta carta «apologética» que es la referida obrilla.

En el prólogo se habla de una doble intención bajo la cual se debe considerar el texto completo:

A) La primera de estas intenciones es la de «relatar el caso muy por extenso». Con esta declaración acerca de lo que quiere, el autor cumple una tarea que le ha sido impuesta por «vuestra merced». Bajo el «caso» —esto queda bien claro en el último capítulo o «tratado»— tenemos que entender el lío amoroso y adulterino entre la mujer de Lázaro y el arcipreste de San Salvador, cuya criada era ya antes de casarse Lázaro con ella.

En cuanto a la fórmula empleada por el autor en el prólogo —«relatar»—, ésta, a su vez, se puede comprender de dos maneras distintas:

a) O el autor reproduce literalmente las palabras que contiene la carta de «vuestra merced», lo que sería un indicio bastante claro de que «vuestra merced» está convencido de la existencia y realidad de tal «caso» —sólo se puede, en circunstancias parecidas, «relatar»... muy por extenso lo que se da en realidad, o

b) segunda posibilidad, el autor no reproduce literalmente lo dicho y escrito por «vuestra merced». En este caso, el autor atribuiría al remitente de la primera carta aludida tal insinuación.

En el primer caso tendríamos que partir de cierta complicidad entre el autor y «vuestra merced», porque, tratándose de materia criminal, la meta no podría ser otra que la de entregar a «vuestra merced» un relato picante y divertido sin consecuencia alguna de tipo negativo para ninguna de las personas interesadas. La lectura muestra que el texto cumple en parte esta exigencia.

En el segundo caso, sin embargo, el «caso» quedaría materia negada o por lo menos contestada, impugnada por parte del autor. Esta carta de contestación no sería señal de complicidad, no mera guiñada, sino un reproche. También aquí confirma en parte el texto dicha suposición.

Esta misma ambigüedad se refleja también en el último «tratado», donde el autor aborda concretamente la materia de este «caso». A un lado, habla de «malas lenguas», de que él ha «tenido alguna sospechuela», piensa «que el diablo me lo trae a la memoria... por haberme malcasado», se refiere a una violenta discusión entre las personas interesadas, el arcipreste, la mujer y sí mismo, en la que «quedamos todos tres bien conformes»; al otro lado alega el carácter de su mujer diciendo que ella no es «mujer que se pague destas bulas», la promesa del arcipreste, «Ella entra muy a tu honra y suya», los juramentos que «echó sobre sí» la mujer con ocasión de la citada discusión, y sobre todo los reproches que dirige a sus pretendidos amigos que «quieren meterme mal con mi mujer» con el juramento suyo —no exento tampoco de ambigüedad— de que «juraré sobre la hostia consagrada que es tan buena mujer como vive dentro de las puertas de Toledo». Al final, por tanta ambigüedad, el lector no sabe definitivamente a qué exactamente atenerse, porque el autor parece a la vez negar y confirmar el asunto que le sirve de motivo para su carta. Vale también aquí lo que dice el propio autor como protagonista: «No nos dejan vivir, diciendo no sé qué y sí sé qué.»

Así, en cuanto a esta primera intención del relato, tenemos una doble ambigüedad.

1.º De parte de «vuestra merced»: no sabemos si

 a) da el caso como entendido y probado, o si

 b) se trata de una «ficción», de una insinuación e imputación del propio autor para poder después refutar la opinión de «vuestra merced», dirigiéndole al mismo tiempo cierto reproche por su mala intención;

2.º de parte del autor mismo, también en su papel de protagonista, en cuanto no se puede indicar claramente si

 a) niega la existencia del «caso» aludido, o si

 b) la confirma.

Como se ve, se trata en ambos casos de posiciones contradictorias, pero construidas de manera paralela:

EL CASO EXISTE/NO EXISTE
EL AUTOR NIEGA/CONFIESA O CONFIRMA

B) Si, en cuanto a esta primera intención de la obra, se trata antes bien de un asunto concreto y personal, dada la solicitud de «vuestra merced» a un lado, al otro de la exposición de asuntos privados del autor, la segunda intención tiene un carácter muy distinto:

«Y también por que consideren los que heredaron nobles estados cuán poco se les debe, pues Fortuna fue con ellos parcial, y cuánto más hicieron los que, siéndoles contraria, con fuerza y maña remando salieron a buen puerto.»

A distinción de lo dicho arriba, esta segunda intención se destaca por

a) su carácter general de índole moral o incluso satírica,

b) el hecho de que el autor se dirige ahora no a una sola persona como antes, sino a un público anónimo definido por dos rasgos abstractos, el primero de los cuales es el estado social; el segundo, la desvalía moral.

Obtenemos así, en cuanto a las distintas intenciones, dos niveles diferenciados, uno concreto y personal, otro abstracto y moral. Es desde aquí que se pone la pregunta inicial por la unidad de la obra y la coherencia de sus partes, o bajo fórmula concreta:

¿EN QUE RELACION ESTAN ENTRE SI LOS DOS PLANOS DE LA OBRA?

Para dar un primer paso hacia una posible solución, se puede alegar la explicación que el mismo autor da a «vuestra merced» y en la cual él mismo trata de combinar los dos planos, lo cual indica —sea dicho entre paréntesis— que el propio autor se ha dado cuenta del problema y que estamos aquí en uno de los puntos cruciales de la obra.

Se trata de una inserción que hace el autor después de haber relatado la primera desilusión físicamente dolorida del protagonista muchacho, la «cornada» que señala la despedida de Salamanca y la iniciación a la vida de vagabundaje. El autor interrumpe su relato para dirigirse a «vuestra merced»:

«Huelgo de contar a vuestra merced estas niñerías, para mostrar cuánta virtud sea saber los hombres subir siendo bajos y dejarse bajar siendo altos cuánto vicio.»

Con esta frase, intercalada en el relato, el autor reanuda lo expuesto acerca de la segunda intención de su relato. Pero no es una simple reanudación, es antes bien una explicación, como se puede ver en las distintas transformaciones o sustituciones y añadiduras:

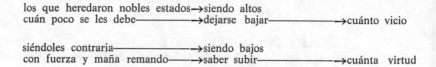

El punto por el que se distinguen estas dos citas, no es sólo, en cuanto al contenido, el enlace de lo material con lo moral, porque esta unión se da también en el recinto de la concepción medieval, a pesar de formar allá un paralelismo, mientras que aquí se trata de una inversión conceptual; lo más importante es que esta concepción invertida se refleja en el movimiento causado por el doble quiasmo que se da, primero, al comparar enre sí las dos citas, o mejor, las partes de ambas, y el segundo, en el interior de la última:

virtud: (saber subir: bajo) = (dejarse bajar: siendo alto): vicio

Además, en esta segunda cita se realiza la unión de la doble intención referida antes, dando a ambas su puesto y valor correspondiente dentro del conjunto de la obra:

1.º   La intención básica y primordial es la de índole moral.

2.º   Las vicisitudes experimentadas por el protagonista, su vida al lado de los distintos amos e incluso lo que constituye el «caso» tienen la función de fundamentar y de poner de relieve la tesis general de índole moral. La segunda intención tiene, pues, una función secundaria, y lo que a ella se refiere, las distintas etapas en la vida del protagonista y las correspondientes partes del texto tienen un valor ejemplar en tanto que ilustran la tesis general.

La relación así definida entre los dos planos y las intenciones correspondientes, explica antes de todo y da pleno sentido a una anomalía del argumento y que puede revestirse de la siguiente pregunta: Dado que se trata de entregar un relato explicatorio del «caso», ¿por qué relata el autor su vida entera, evitando así el tratamiento detallado del verdadero asunto? Sin distinguir los dos planos y sin establecer una relación de subordinación del segundo bajo el primero, no parece fácil dar una explicación, mientras que, partiendo de la superposición de los dos planos y su interrelación, se puede decir que en realidad, la vida y las experiencias fundamentales del protagonista explican perfectamente el «caso», la actitud del protagonista referente a ello y la manera de explicarlo empleada por el autor. Así, cada etapa de la vida funciona como una parte, como un sedimento dentro de la explicación total del «caso». El argumento de la obrilla produce a lo largo de su transcurso la concepción moral del protagonista que se verá en su toma de posición acerca del «caso», y las distintas partes del texto componen, como los elementos de un mosaico, el texto, conduciendo así a la comprensión de dicha concepción moral.

Esta última queda definida en las dos citas de arriba, en las que, además de lo ya expuesto, se puede distinguir entre lo que el autor quiere probar, lo que se da como fruto de su experiencia como protagonista, y lo que quiere refutar, lo que se puede comprender como opinión general, entre un lado positivo y otro negativo:

SER ALTO	SER BAJO	SUBIR	SER VICIOSO
VIRTUD	VICIO	SER VIRTUOSO	DEJARSE BAJAR
: exclusión:		: inclusión	
LADO NEGATIVO		LADO POSITIVO	

Este esquema, con las distintas posiciones de exclusión y de inclusión de los elementos que lo componen, puede considerarse como esquema básico en cuanto a la constitución semántica del texto que es la referida obrilla. Como tal, debe de rendir dos servicios:

1.º Por la posición de sus elementos correspondientes tiene que permitir una primera aproximación formal a las fórmulas vacías que se emplean en las citas del texto. Así, por ejemplo, «dejarse bajar» se contrapone a «ser virtuoso» y es a la vez consecuencia de «ser vicioso»; al otro lado se establece una relación mutua entre «subir» y «dejarse bajar», dado que lo segundo es al otro lado la condición de lo primero.

2.º El esquema debe de ser aplicable al relato de los distintos incidentes, proporcionando, al mismo tiempo, el relleno de las posiciones abstractas antes formalmente definidas.

En cuanto al primero de estos postulados, ya queda cumplido por lo expuesto en el cuadro mismo. Pero se tiene que mencionar todavía otro punto opositivo entre el llamado lado negativo y el positivo, y es la transición de un aspecto estático (ser alto, ser bajo) a uno dinámico (subir, dejarse bajar). Este carácter de proceso sirve de base al argumento entero y a cada uno de los episodios.

Así, atendiéndonos a los distintos capítulos que hacen mención de los distintos amos que ha tenido el muchacho y empezando por el ciego, se ve el vaivén conflictivo, la lucha contínua entre los dos, en la cual ambos consiguen alternativamente victorias parciales hasta que al fin Lázaro se deshace definitivamente de este amo suyo. Lo mismo le pasa con su segundo amo, sólo que aquí se trata de una sola lucha ininterrumpida. En ambos casos, el descubrimiento de los lados moralmente flacos de sus amos respectivos conduce a Lazarillo a reaccionar con violencia, con «fuerza», hurtando lo que para él es lo más necesario. Si son en un primer tiempo los amos que se dejan bajar por mostrar su avaricia, al final es Lázaro él que se ve escarmentado, porque no puede con estos amos, porque él se deja bajar a sí mismo. Esto le sirve de lección, y con sus amos siguientes, ya no usa de ningún tipo de violencia, sino busca la complicidad y el provecho material, porque son sus amos que se dejan bajar:

— descubre la falsedad vanidosa del escudero, pero se calla fingiendo ingeniosamente,
— en cuanto al fraile de la merced, no se puede arreglar con el «trote» de éste y con «otras cosillas» y «sale dél» lo antes posible,
— el buldero se deja bajar por dejar aparecer su impostura, «haciéndome señal que callase»; le toma a Lázaro juramento y Lázaro se calle otra vez hasta que busca a otro amo,
— acerca del capellán, no le gusta más al protagonista la secreta participación en el negocio, y después de haber ganado bastante, le abandona,
— la vida del alguacil le parece demasiado peligrosa y «renegué del trato».

Así, en resumen, lo de «dejarse bajar» equivale a dejar descubrir la verdad, dejar calar las intenciones y pretensiones, entregarse a otros, lo cual demuestra inhabilidad, flaqueza, «vicio», mientras que la «virtud» consiste en descubrir la verdad, las intenciones del otro, callar las faltas para sacar provecho, buscar la complicidad, hacerse imprescindible, no dejarse convencer, poder renegar de tratos que no rinden, en una palabra, «valerse por sí mismo», lo que corresponde al consejo que le da su madre al salir de Salamanca:

«Procura de ser bueno, y Dios te guíe. Criado te he y con buen amo te he puesto: válete por ti.» Ahí reside la ejemplaridad como base de una moral.

Para volver al «caso» y a la primera intención del texto, se ve que la ambigüedad corresponde exactamente a la concepción moral que se ha formado a lo largo de la narración; es una ambigüedad premeditada con un doble fin:

1.º para evitar un «sí» o un «no», para complacer a «vuestra merced sin dejarse bajar ni por él ni por el arcipreste ni por su mujer —ambigüedad y silencio hacia fuera: «Hasta el día de hoy nunca nadie *nos* oyó sobre el caso.»

2.º Para legitimar la carta a «vuestra merced» como obra de arte; sin ambigüedad, no sería más que un documento de valor personal; así, sin embargo, «la honra» —el valerse por sí «cría las artes».

La ambigüedad del caso, junto con la explicación y la justificación de esta ambigüedad, crea el carácter literario del texto.

NUEVA LUZ SOBRE JUAN DE LUNA

ROBERT S. RUDDER
State Polytechnic University
California

Lá continuación de Juan de Luna del *Lazarillo de Tormes* fue publicada en Francia en 1620, junto con la edición del primer *Lazarillo,* revisada por el mismo Juan de Luna. La portada nos dice que el autor es «I» de Luna. Poco tiempo después, todavía en 1620, el mismo libro apareció con una portada diferente, que indicaba que el autor era «H» de Luna. En 1623, la continuación de Luna fue traducida al inglés, y según esta edición, el nombre del autor es Jean de Luna; la traducción francesa de 1660 señala que su nombre es «H» de Luna. Todos estos nombres, sin embargo, o serán errores o simplemente variaciones, y todos se refieren al hombre que hoy llamamos Juan de Luna.

Aunque el autor del primer *Lazarillo de Tormes* critica la sociedad española, su método es, por lo general, indirecto, y su sátira forma parte íntegra de la narración. Juan de Luna también critica la sociedad española casi cien años después, pero su sátira es mucho más directa, y su arte no es tan sutil. Luna es especialmente vehemente cuando menciona la iglesia católica.

Uno de los blancos centrales para los ataques de este autor son los miembros de la Inquisición. El prólogo contiene una nota de terror tan pronto como se menciona su nombre: «... tanto es lo que los temen, no solo los labradores, y gente baxa, mas los señores, y grandes: todos tienblan quando oyen estos nombres enquisidor, e inquisicion, mas que las ojas del arbol, con el blando zafiro (sic.)» [1]. En un episodio, algunos hombres son prendidos injustamente por un ventero, que también es miembro de la inquisición, y hay una referencia irónica a ésta: «... el taymado ventero hauia puesto en el proceso algunas palabras, que ellos hauian dicho contra los oficiales de la santa Enquisicion (crimen irremisible)...» (pp. 109-110). Aunque las acusaciones son falsas, los hombres van a parar a la cárcel; luego, «... dentro de quince dias se hizo auto publico en Valladolit, donde vi salir entre los otros penitentes, a los tres pobres diablos, con tres mordaças en las bocas, como blasfemos, que hauian osado poner la lengua en los ministros de *la santa inquisicion: gente tan santa, y perfecta, como la justicia, que administran...*» (pp. 110-111). Es evidente que su justicia, aquí, es completamente injusta, y las palabras de Luna están llenas de sarcasmo.

En otro episodio, Lázaro aparece como un monstruo marino; el barril que le contiene se trastorna y el agua se vierte al suelo, y luego, por un agujero, a un cuarto de abajo. Todo esto le da a Luna la oportunidad de atacar la moralidad de los curas. Porque en ese cuarto duerme una joven, «la qual mouida de caridad, hauia acogido en ella a vn clerigo, que por su contemplacion hauia venido a aposentarse alli aquella noche»... (p. 37). Estos están tan asustados por el diluvio y los gritos de arriba, que huyen por una ventana, y son prendidos afuera. El cura es reñido por el obispo después, pero, «con la promesa que hizo de ser mas cauto, y de atar su dedo de modo que la tierra no supiesse sus entradas, y salidas, le soltaron mandandole no dixesse misa en vn mes...» (p. 92). Como vemos, el cura no se arrepiente ni promete no volver a cometer tales fechorías; al contrario, lo que promete es ser más prudente la próxima vez. Al fin del episodio el cura y su novia se hacen compañeros de los gitanos. Pero, como nos dice Luna, todos los gitanos en España son, en realidad, «clérigos, frayles, monjas o ladrones, que hauian escapado de las carceles, o de sus conventos, pero que entre todos: los mayores vellacos eran los que hauian salido de los monasterios: mudando la vida especulativa, en actiua...» (p. 99). Aparentemente, los criminales podrían haber escogido mejores compañeros.

Además de burlarse de la vida contemplativa de los ermitaños («aqui ayuno quado estoy arto, y como quando hambriento: aqui velo quando no puedo dormir, y duermo quando el sueño me acosa...») (p. 138), satiriza Luna la beatificación de los santos. Porque a este mismo ermitaño que tiene una concubina y que ama el dinero más que su vida (p. 143), vemos, «... sin duda que antes de seys meses lo canoniçaran...» (p. 148). Y el autor también hace una alusión rápida a los ritos católicos: «... jamas he podido entender este modo de podir [sic.] limosna para alumbrar a los santos, no quiero tocar esta tecla, que sonara mal...» (pp. 148-149). En otro episodio, cerca del comienzo de la novela, Luna imita la acción de la continuación de 1555, cuando el barco donde está Lázaro empieza a hundirse, y la gente se confiesa, pero no con curas, porque los curas les han abandonado y han escapado en una barquilla. Juan de Luna añade un detalle que lleva el acto de confesión a un nivel bajo y ridículo: «... tal huuo que se confeso, con vna piltrafa, y ella le dio absolucion tan bien, como si huuiera cien años, que exercitaua el oficio» (p. 14).

¿Quién era este autor que sentía tanta hostilidad hacia España, y especialmente hacia la religión católica? No se sabía prácticamente nada de él doscientos años después de la publicación de su novela, sino su nombre, Juan de Luna, el hecho de ser él maestro de español en Francia (como dice la portada de su *Lazarillo*: «interprete de la lengua Española»), que por alguna razón desconocida tuvo que marcharse de España, que además de su novela había publicado dos libros de texto en la lengua española y que también estuvo en Inglaterra. En 1848 lo único que puede decir Ferdinand Wolf en el *Jahrbüchern der Literatur* (t. 122, p. 103), es que Luna fue maestro en Francia, y aparentemente «ein wegen religiöser oder politischer Meinungen zur Auswaderung gezwungener Spanier...». En 1880, Menéndez y Pelayo opinó que no era protestante, sino sencillamente otro «vagabundo español», como Ambrosio Salazar, Julián de Medrano o Carlos García[2]. Cuando E. R. Sims publicó su excelente edición de la *Segunda parte* de Luna ,en 1928, creía que Luna, probablemente, era aragonés, a causa de ciertas formas y construcciones lingüísticas en su obra[3]. En 1969, Hélène Simon y Jean-Marc Pelorson añadieron nuevos datos tocantes, especialmente a algunas olvidadas ediciones francesas de uno de los libros de texto de Luna[4].

Es interesante que entre todas estas investigaciones no se ha tenido en cuenta un ensayo muy significativo escrito por Eduard Boehmer en 1902 sobre la vida de un clérigo protestante, que vivía en Inglaterra en 1626, cuyo nombre también era Juan de Luna[5]. Las contribuciones más importantes de Boehmer fueron el descubrimiento de una carta de Juan de Luna a la iglesia flamenca en Londres y un documento en el cual se alude a una beca recibida por Juan de Luna del Sínodo Nacional, en Tonneins. El descubrimiento, por Hélène Simon y eJan-Marc Pelorson, de dos ediciones francesas olvidadas del *Arte breve,* y un cambio de impresores firmado por Juan de Luna nos da más datos. Con estos documentos y otra información recientemente descubierta, podemos presentar ahora una idea mucho más clara de la identidad de este autor y las razones de su actitud crítica hacia España y la iglesia católica.

Aparentemente, Juan de Luna nació en Toledo[6]. Aunque es probable que no fuera fraile en España[7], su sátira mordaz de la Inqui-

---

1 Todas las citas de la continuación de Luna se refieren a la edición de 1620 de París.

2 *Historia de los heterodoxos españoles*, Madrid, 1880, t. II, pp. 519 y ss.

3 JUAN DE LUNA, *La segunda parte de la vida de Lazarillo de Tormes*, ed. Elmer Richard Sims. Austin, University of Texas, 1928, p. X.

4 Véase «Una misa au pont sur l'Arte Breve... de Juan de Luna», en *Bulletin Hispanique,* 71 (1969), pp. 218-230. También JEAN-MARC PELORSON, «Un document inédit sur Juan de Luna (14 juin 1616)», en *Bulletin Hispanique,* 71 (1969), pp. 577-578.

5 «Juan de Luna», en *Zeitschrift für vergleichende Litteraturgeschichte,* Neue Folge-Band XV, Heft 6, pp. 423-430, Berlín, 1904.

6 «Fut présent en sa personne Jehan de Lune Castellano naturel du Royaulme de Tolede...», en *Bulletin Hispanique,* 71 (1969), p. 577. Además, el autor se llama «Castellano» en las portadas del *Arte breve,* los *Diálogos* y el *Lazarillo.* Esto parece negar la teoría de Sims de que Luna fuera de Aragón.

7 En la dedicación al *Arte breve* dice que es «un forastero que ha dexado su patria, parientes y *hacienda...*».

sición presentada en su *Lazarillo* podría hacernos pensar que tenía problemas con aquel grupo. De todos modos, se marchó de España en 1612 [8], probablemente por razones religosas [9], y fue a Francia «pour y pouuoir publicquement faire profession de la vraye Religion» [10]. Se quedó primeramente en Montauban y estudió teología en la escuela famosa de allí. También en 1612 se encontró con la expedición de Juan de Mena, que acababa de volver de España, donde se celebró la boda doble de Felipe-Isabel y Louis XIII-Anne de Austria [11]. Puesto que no se podía mantener hasta no aprender la lengua francesa —requisito para recibir un puesto eclesiástico— y para no ser un peso en la iglesia, salió de la escuela [12]. La iglesia de Montauban había escrito algunas cartas por él, y con otro desterrado, Lorenzo Fernández, Luna fue al Sínodo Nacional de Francia, que se reunió en Tonneins desde el 1 de mayo hasta el 3 de junio de 1614. Allí su compañero y él declararon que habían renunciado al Papa y el monasticismo desde su conversión. Juan de Luna quería ir a Holanda, y el Sínodo les dio veinte *écus* para el viaje [13]. Aparentemente estuvo en Francia otra vez durante la última parte de 1615, y se mantenía enseñando español, porque había escrito un libro de gramática para los estudiantes de Francia que querían aprender la lengua española. El «privilegio real» para publicar este libro, el *Arte breve,* le fue concedido el 18 de diciembre de 1615 [14]. Esta edición, escrita completamente en español, fue seguida por unos diálogos, que faltan en las ediciones subsecuentes [15], y fue publicada en París por «Estevan Perrin, en la calle del Carmen, a la imagen de San Juan» [16]. Desgraciadamente, esta edición apareció con tantos errores [17] que en junio del mismo año, Luna, que entonces vivía en París en «le pont marchand», cambió el «privilegio real» a otro impresor: Nicolas Bourdin [18]. Otra edición, revisada, del *Arte breve* fue publicada entonces en julio de 1616 [19]; esta edición fue bilingüe —en español y francés— y fue dedicada a la Condesa de Soissons, Anne de Lucé, que ese mismo año viajó a Londres para participar en una conferencia de protestantes [20]. En 1617, o antes, aparentemente Juan de Luna se había casado con Marguerite Rouchau, porque el 1 de enero de 1618 nació su hija Anne. Algunos

---

[8] *Ecclesiae Londino-batavae archivvm,* III, Joannes Henricvs Hessels, ed. London, Contabrigiae, 1897, pp. 2905-2906. En esta petición, con la fecha de 1626, dice que se marchó de España catorce años antes.

[9] En la dedicación al *Arte breve* dice que se marchó de su país «por una justa y legítima causa...».

[10] *Ecclesiae Londino-batavae archivvm, op. cit.*

[11] Véase la introdución al *Arte breve* (Londres, 1623).

[12] *Ecclesiae Londino-batavae archivvm, op. cit.*

[13] Jean Aymon, *Tous les synodes nationaux des églises réformées de France...* A la Haye, Charles Delo, 1710, t. II, p. 28.

[14] *Bulletin Hispanique,* 71 (1969), pp. 557-578.

[15] *Ibid.,* p. 227.

[16] *Ibid.,* p. 578, n. 3.

[17] *Ibid.,* p. 277.

[18] *Ibid.,* pp. 577-578.

[19] *Ibid.,* p. 578.

[20] *Ibid.,* p. 222.

días después fue bautizada ésta, y sus padrinos fueron el conde d'Orval, y Annne de Rohan, miembro de una famosa familia de Hugonotes [21].

En 1619, Juan de Luna publicó los *Diálogos familiares,* cinco de ellos escritos por él mismo y siete tomados de John Minsheu [22]. Esta obra fue dedicada al hijo de Anne de Lucé, Louis de Borbons, conde de Soissons, nacido en 1604 y sucesor del líder de los Hugonotes, Condé.

En 1620 Juan de Luna publicó su versión del primer *Lazarillo de Tormes,* junto con la *Segunda parte.* En su «Advertencia al lector» nos dice que ha corregido aquél para los estudiante de español en Francia que estudian el *Lazarillo* para aprender la lengua española y especialmente para los estudiantes suyos. Porque, en su opinión, el lenguaje del primer *Lazarillo* es «tosco, el estilo llano y la fras [sic.] mas Francesa que Española». Su *Segunda parte* fue dedicada a la «Princesa Doña Henriette de Rohan», hija mayor de Anne Rohan y hermana del líder de los protestantes franceses, el duque Henri.

Muy pronto se marchó Luna de Francia y fue a Inglaterra, posiblemente después de la «Déclaration de Niort» el 27 de mayo de 1621, cuando huyeron tantos protestantes franceses a Inglaterra [23]. Allí se mantuvo a sí mismo y a su familia durante dos años, nos dice, por su «Industrie» [24], lo cual puede indicar que todavía era maestro de lenguas.

En 1622, una traducción inglesa de su *Segunda parte* fue publicada por Thomas Walkey, la cual suprimió varios episodios y frases que aparentemente podrían ofender los oídos más puritanos de los ingleses. En 1623, en Londres, apareció la tercera edición de su *Arte breve,* dedicada al «Señor Don Luys Stewart, Duque de Lenox». Esta versión, aumentada y escrita en español y en inglés, precede a un «Coloquio familiar».

El mismo año, 1623, Juan de Luna se hizo clérigo protestante. Predicaba los domingos a la congregación española en Mercer's Chapel en Cheapside, London. Después de tres años pidió un sueldo anual al ministro de la congregación flamenca en Londres. Le habían prometido una «subvention», dice él, pero no llegó a la mitad de lo que necesitaba para mantener a su esposa y sus *seis* hijos [25]. No sabemos los nombres de todos sus hijos ni cuándo nacieron: parece probable, sin embargo, que la mayoría de ellos nacieran en Francia.

La congregacinó española en Londers se había formado unos setenta años antes, cuando, alrededor de 1559, muchos protestantes de

---

[21] «Copie de Fragments des Registres de l'etat civil des protestants», en *Société de l'historie du protestantisme français: Bulletin historique et littéraire,* 19-20 (1870-1871), p. 227.

[22] MARCEL GAUTHIER (pseudónimo de Fouché-Delbosc), «Diálogos de antaño», en *Revue Hispanique,* 45 (1919), núm. 107, p. 156.

[23] F. DE SCHICKLER, *Les Eglises du Refuge en Angleterre,* París, Librairie Fischbacher, 1892, t. I, pp. 389-401.

[24] *Ecclesiae Londino-batavae archivvm, op. cit.*

[25] *Ibid.*

España huyeron a Inglaterra. La congregación de Londres se reunió primeramente en casas privadas, y en 1560, su predicador, Cassiodo-rus, pidió una iglesia. La iglesia italiana existía ya en 1550, y en 1568 sus miembros eran tanto italianos como españoles. En 1598 los miembros de esta iglesia se quejaron de que no podían hallar a ningún predicador que hablara su lengua [26]. En 1626, Luna y «Alexandre», el pastor de la iglesia italiana, pidieron que se unieran sus dos congregaciones. El arzobispo da Canterbury refirió su pedido al *Coetus*, que no quiso hacer nada [27].

En 1635, dos hijas de Juan de Luna se casaron en London Walloon Church: Louise de Luna con Jehan de Camp, y Marie de Luna con Wm. Mariot (Leich.) [28]. En la misma iglesia fue bautizado el hijo de Louise de Luna [29].

Es interesante notar que en 1652 se volvió a publicar la *Segunda parte* de Luna, acompañada de su primera parte, (revisada) del *Lazarillo*, publicada en París, pero con un colofón falso, indicando que había sido publicada en Zaragoza. El texto es igual al de 1620, pero con una gran diferencia: el texto de 1620 termina con estas palabras: «Esta es amigo lector en suma la segunda parte de la vida de *Lazarillo*, sin añadir ni quitar de lo que della oy contar a mi visabuela: si te diere gusto *me huelgo, y a Dios.*»

¿Por qué no hay ninguna promesa de una tercera parte en la edición de 1652? ¿Es esto una indicación de que no es posible ahora que Luna pueda escribir una tercera parte? Si podemos suponer que Luna tenía aproximadamente veinte años cuando llegó a Francia, en 1612, ahora tendría unos sesenta años, si vivía todavía. De todos modos, en 1660 hay un predicador francés, italiano y holandés, pero ya no hay ninguna mención de un predicador español [30].

Con estos datos biográficos podemos apreciar ahora la razón de la sátira mordaz de Juan de Luna hacia la iglesia católica. Fue desterrado por sus creencias («una justa y legítima causa»), llegó a Francia, renunció a la fe católica y después se hizo predicador protestante. Con sentimientos quizá no muy diferentes de los de los españoles, critica a España desde lejos y sin embargo sus sentimientos deben de ser ambivalentes (como los de los españoles deterrados hoy). Motivado, en parte, por necesidad económica, se hace maestro de español, pero quiere que sus estudiantes aprendan bien la lengua, como indican claramente los prólogos de sus libros. Y esto es otro aspecto de la continuación de Luna. No fue escrita completamente por la fama

---

[26] JOHN S. BURN, *The History of the French, Walloon, Dutch and Other Foreign Protestant Refugees Settled in England,* London, Longman, et. al., 1846, pp. 224-229.
[27] RUYTINCK, *Nederduitsche Gemeynten,* 1873, p. 489. Véase también SCHICKLER, *op. cit.,* p. 289, quien le llama «l'espagnol Pierre de Luna».
[28] BURN, *op. cit.,* p. 32.
[29] *Ibid.,* p. 225. Es curioso que en esta cita Burn dice que el esposo de Louise se llama Charles y que su hijo se llama Jehan.
[30] *Ibid.,* p. 229.

que le pudiera venir. El propósito también fue para enseñar a sus estudiantes, como dice el «Coloquio familiar»: «Los que quisieren hallar frases, y modos de hablar, para hazer ostentacion de lo que saben, lean los sobre dichos *Dialogos,* o la primera parte de *Lazarillo de Tormes,* que yo corregi, e hize imprimir en la mesma villa de Paris, *o la segunda parte del buen Lazaro...*» [31].

---

[31] *Bulletin Hispanique,* 71 (1969), p. 230.

VI

EL "GUZMAN DE ALFARACHE"

Mateo Alemán y el "Guzmán".
Dualidad del "Guzmán".
Las narraciones intercaladas.

«APROXIMACION A MATEO ALEMAN»

María Blanca Lozano Alonso
Colegio Universitario San Pablo
Madrid,

Guzmán, hombre de claro entendimiento y de letras, comienza a escribir «aprovechándose del ocioso de la galera», tras haber sido duramente «castigado del tiempo»[1]. Desea contar al lector su vida, «engolfarle»[2] en ella, dando a la vez forma a su pensamiento. Y pretende abarcarla en su totalidad, presentándola en un «trabado contexto». Es al final de la vida, cuando ya prácticamente se tiene perdida, que, mirando hacia atrás, se percibe perfectamente la curva existencial que el ser ha ido trazando a medida que progresaba. Es entonces cuando el sentido de la vida se hace patente, cuando «se viene a entender o pensar que se entiende»[3]. Es indudable que de la misma manera que sin la escritura el pensamiento sería solamente un pensamiento informe, a través de ella y según el pensamiento queda registrado, el conocimiento va surgiendo y clarificándose; la obra en este sentido es vehículo de conocimiento. El escritor, a través de la creación, toma conocimiento de sí mismo y aprende el oficio de artista. Sin embargo, aun abrazando la vida en toda su extensión, siempre en la base del conocimiento humano hay una ignorancia esencial, de suerte que ambos, ignorancia y conocimiento, corren enlazados, como la claridad y la sombra. De ahí el esfuerzo de introspección que representa el intento de mostrar el pensamiento tal y como hace su aparición en el campo de la conciencia, siguiendo el movimiento fluctuante de la misma. No obstante, al hablar de reconstrucción de la existencia en su totalidad hay que pensar que se trata de una impresión imprecisa, ya que la vida no se reproduce en bloque y el relato se apoya en los hechos temporales, reservados por la memoria,

---

[1] Mateo Alemán, *Guzmán de Alfarache*. Edición de Angel Valbuena Prat. Madrid, Aguilar, 1956. *Declaración para el entendimiento deste libro*, p. 237.
[2] *Guzmán*, I, I, cap. I, p. 239.
[3] *Guzmán*, I, II, cap. III, p. 302

quedando sin evocar los vacíos inútiles, infructuosos, perdidos incluso para el ser en el momento de vivirlos.

La «poética historia» que Alemán nos cuenta, si bien se halla dispuesta en una sucesión, propia de la contemplación del ser espacial, no está estrictamente sometida a un encadenamiento causal, antes bien se pliega a las ondulaciones o alteraciones que el ser experimenta a cada momento, manteniendo siempre el ritmo que le marca el movimiento interior del espíritu. Por otra parte, desde el principio, al indicar «de mi vida trato en este libro: quiero dejar las ajenas» —aunque advierte que no puede prometer el «dejar de tiralles» [4]—, pone de manifiesto que, a través del examen de lo particular e íntimo del individuo se llega a la visión general del hombre. Se trata de desvelar la conciencia de los demás, penetrando dentro de la propia, a fin de que ésta sirva de ejemplo. El contenido de la obra es profundamente intelectual, puesto que persigue los fenómenos de la experiencia interna, ahondando dentro de ella, pero posee asimismo una intención moral, ya que a través de la descripción de la trayectoria vital de Guzmán está apuntando a cualquier destino humano. La filosofía de Alemán desarrolla una idea doctrinal, a modo de silogismo: muchos pecadores reincidentes, por la misericordia de Dios, salieron del pecado, reformando sus vidas y conciencias; yo, que formo parte de la humanidad, pecador empedernido, tarde o temprano, habré de desechar el «hábito viejo» [5]. El lector, aprovechándose de esta lección, se ve compelido a examinar a su vez su propia conciencia, lo único que importa para su salvación [6].

Si bien puede parecer que la obra persigue otros móviles, que el autor alardea de ingenio, que se divierte presentando contrastes, conjugando lo divertido y lo grave [7], Alemán insiste en que «a sólo el bien común puso la proa» [8]. La materia es humilde, desprovista de brillo por ser fragmentos desmenuzados de una vida, polvillo humano; pero tú —aconseja al lector— «recoge, junta esa tierra, métela en el crisol de tu consideración, dale fuego de espíritu y te aseguro hallarás algún oro que te enriquezca» [9].

Desde un punto de partida minúsculo, la obra adquiere poco a poco volumen, ampliándose y amplificándose, recorriendo todo el laberinto que la vida ofrece. Y puesto que la finalidad que persigue es la de mostrar la sustancia que encierra, la verdad desnuda y amarga, el relato no se debe falsear ni disfrazar, «enmascarar y afeitar» [10], de manera que la realidad resulte totalmente desconocida; por el con-

---

[4] *Guzmán*, I, I, cap. III, p. 257.
[5] *Guzmán*, I, I, cap. I, p. 244.
[6] «Que hombre mortal eres como yo, y por ventura no más fuerte ni de mayor maña. Da vuelta por ti, recorre a espacio y con cuidado la casa de tu alma.» (*Guzmán*, II, I, cap. I, p. 391.)
[7] «Porque también es bien aflojar a el arco la cuerda contando algo que sea de entretenimiento.» (*Guzmán*, II, III, cap. VII, p. 561.)
[8] *Guzmán*, I, «Del autor al discreto lector», p. 236.
[9] *Guzmán*, I, «Del autor al discreto lector», p. 237.
[10] *Guzmán*, I, I, cap. I, p. 241.

trario, ha de ajustarse a describir al ser tal y como es, inserto en su situación, de acuerdo con el papel que en la farsa le ha tocado representar [11] y sujeto, por consiguiente, a las súbitas apariciones de lo contingente. Desecha Alemán el procedimiento de presentar al ser sustentado sobre algunos aspectos cardinales o bien hacerlo persiguiendo únicamente los gustos del público:

«Querrían el melancólico, el sanguino, el colérico, el flemático, el compuesto, el desgarrado, el retórico, el filósofo, el religioso, el perdido, el cortesano, el rústico, el barbero, el discreto y aún la señora doña Calabaza, que para ella sola escribiese a lo fruncido y con sólo su pensamiento y a su estilo me acomodase. No es posible; y seráme necesario, demás de hacer para cada uno su diferente libro, haber vivido tantas vidas cuantos hay diferentes pareceres. Una sola he vivido... La verdadera mía iré prosiguiendo»,

resuelto a llegar a la consecución de sus deseos y propósitos [12]. Con gran sinceridad —«mi amigo es Platón y mucho más la verdad» [13]—, que en muchas ocasiones raya en el desagrado, emprende como al descuido su propio camino, sin saber adónde le conducirá y sin nadie que le adiestre, eligiendo al azar la senda «que le parece ir más derecha hacia la parte donde camina», abierto, no obstante, a las cosas, dejándose, más bien, arrastrar por ellas, de tal manera que el libro no resulta ni una pura reflexión abstracta, ni tampoco se limita a mostrar unos cuantos temas, que restringirían el conocimiento del hombre, proporcionando una visión incompleta y unilateral, sino que a modo de peregrinación, recorre la multiplicidad de aspectos que la vida ofrece y, adaptándose espontánea y flexiblemente a ellos, muestra no sólo la fluidez del ser, sino también su profundidad y la amplitud de su horizonte moral. Se trata de conocer la conducta del personaje, partiendo de la observación y el «conocimiento de sí mismo» [14] y haciendo «fiel examen de los principios» por los que se rige la vida humana.

---

[11] «Podíasme bien creer que, si valiera elegir de adonde nos pareciera, que de la masa de Adán procurara escoger la mejor parte, aunque anduviéramos al puñete con ello. Mas no vale a eso: sino tomar cada uno lo que le cupiere, pues el que lo repartió pudo y supo lo que hizo.» (*Guzmán*, I, I, cap. 5, p. 241.) Este tema, de tradición estoica, tan frecuente en nuestro teatro áureo, aparece también en los *Sucesos*: «Farsa es la vida del ombre, teatro es el mundo, a donde representamos todos. El autor y señor della reparte los papeles acomodados a cada uno, como sabidor de las cosas todas, en la manera que mas nos ajustan i convienen, sin faltar un punto en algo, de lo que nos es importante, para que no se yerre la farça.» (*Sucesos de d. frai García Gera Arçobispo de Mejico, a cuyo cargo estuvo el govierno de la Nueva España*. Méjico, Imprenta de Pedro Balli, 1613. Editado por ALICE H. BUSHEE, «The "Sucesos" of Mateo Alemán», en la *Revue Hispanique*, 1911, XXV, pp. 359-457.

[12] *Guzmán*, II, I, cap. I, p. 393.

[13] *Guzmán*, I, I, cap. I, p. 243.

Alemán, de acuerdo con los gustos del siglo XVI y siguiendo el propósito suyo de ofrecer la realidad auténtica del hombre, ilustra desde el comienzo su relato con ejemplos, proverbios, narraciones breves, de las más diversas procedencias. Una de estas historias refiere el nacimiento en Ravenna, en el año 1512, de un monstruo extraño, que provocó gran admiración.

«Tenía de la cintura para arriba todo su cuerpo, cabeza y rostro de criatura humana; pero un cuerno en la frente. Faltábanle los brazos y dióle naturaleza por ellos en su lugar dos alas de murciélago. Tenía en el pecho figurando la Y pitagórica y en el estómago una cruz † bien formada. Era hermafrodita y muy formados los dos naturales sexos. No tenía más de un muslo y en él una pierna con su pie de milano y las garras de la misma forma. En el ñudo de la rodilla tenía un ojo solo.»

Los doctos especulan sobre el significado de tal prodigio y llegan a la conclusión siguiente:

«el cuerno significaba orgullo y ambición; las alas, inconstancia y ligereza; falta de brazos, falta de buenas obras; el pie de ave de rapiña, robos, usuras y avaricias; el ojo en la rodilla, afición a vanidades y cosas mundanas; los dos sexos, sodomía y bestial bruteza; ... pero la cruz y la Y eran señales buenas y dichosas, porque la Y en el pecho significaba virtud y la cruz sobre el vientre, que, si reprimiendo las torpes carnalidades, abrazase en su pecho la virtud, le daría Dios paz y ablandaría su ira» [15].

Alemán pinta al hombre en esa dualidad contrastante que encierra, de cuerpo y espíritu, habla a menudo y minuciosamente de las funciones físicas, de aquellos vicios y flaquezas que constituyen la naturaleza corporal, que es parte primordial del ser, estrechamente vinculada a la naturaleza espiritual, sobre la que descansa toda la sustancia moral de la obra [16]. Aunque ambas naturalezas se ofrezcan separadas, alternadas, hay que pensar que operan unidas y simultáneas, ya que de la fusión de la parte espiritual nace la conciencia más o menos clara de los fenómenos corporales. Esta noción dualista no se ajusta al ideal renacentista del hombre perfecto y equilibrado, sino que, por el contrario, corresponde a la imagen del hombre caído, «hijo de inobediencia», imperfecto en su propia esencia, labrado por sus propias pasiones e inclinaciones y cuyo movimiento vital es desordenado. De acuerdo con las teorías antiguas y, sobre todo, de acuerdo con la concepción antropológica cristiana y las tendencias

---

14 *Guzmán*, I, II, cap. V, p. 314.
15 *Guzmán*, I, I, cap. I, p. 246.
16 De ahí la dualidad de nombre que se otorga a Guzmán, el de *pícaro* y el de *atalaya*, según desde el ángulo que se le considere. (*Guzmán*, II, I, cap. VI, p. 418.)

ascético-religiosas del siglo XVI, el cuerpo es el que ocasiona el desequilibrio, el que halagando al alma con torpes placeres la seduce e
inficciona, de tal suerte que no sabe pensar sino cosas corpóreas. En
un pasaje, en el tercer libro de la segunda parte, Alemán habla de las
trágicas consecuencias del pecado original. Sobrevino la ruina. El
hombre dejó de ser un mecanismo ordenado; todo él se descompuso,
no quedándole rueda ni muelle fijo [17]. El ser creado por Dios se trocó
en otro, muy diferente del primero.

«Le sobrevino ceguera en el entendimiento, en la memoria
olvido, en la voluntad culpa, en el apetito desorden, maldad en
las obras, engaño en los sentidos, flaqueza en las fuerzas y en
los gustos penalidades» [18].

Cayó, por ignorancia, deleite y consentimiento, de la bienaventu-
ranza a la malaventura, perdiendo aquella «suma y hermosa trinidad»
que poseía, poder, sabiduría y pureza, y adquiriendo la trinidad contraria, enfermedad, ceguera e inmundicia. El alma se vio asaltada
por multitud de enemigos, que la escindieron en dos partes: «una
racional y divina y la otra de natural corrupción», las cuales la em-
pujan en direcciones opuestas. «Me complazco en la ley de Dios según el hombre interior —escribe el apóstol a los Romanos—. Mas
veo otra ley en mis miembros que guerra contra al ley de mi razón
y me tiene aprisionado como cautivo en la ley del pecado, que está
en mis miembros». El hombre ora se ve impelido por el instinto, que
le persuade a gozar de cuantas cosas la naturaleza corporal apetece,
ora se esfuerza, ayudado de la razón, en vencer las pasiones. El mayor vencimiento es precisamente éste, que exige del hombre vigilancia continua y dolorosa, puesto que en el enfrentamiento entre la razón y el apetito, la primera es la mayoría de las veces avasallada [19].

---

17 Uno de los motivos barrocos por el que se sienten fascinados los escritores es el del *reloj*, esfera minúscula, provista de movimiento, perfecto dentro de sus límites, cuya sincronización de ruedas se puede ver y que, como
Gorges Poulet ha mostrado, es uno de tantos objetos, debidos a la inventiva
del hombre, imagen de un universo abreviado y al que asimismo se acuerdan
los límites naturales del espíritu humano. También el hombre es un mecanismo perfecto. Mateo Alemán, aconsejado una vez más en sus obras,
la práctica de la caridad con el prójimo, caridad sin engaños, dice: «no
creas que los muelles, artificios y rodezuelas de aquese tu engañoso reloxillo,
los ignora el que lo fabricó». (M. ALEMÁN, *San Antonio de Padua*, Valencia, 1607.) Asimismo, aparece al final de la *Oración fúnebre*. El arzobispo
simboliza el gran reloj que gobierna y concierta las vidas de sus discípulos.
(*Sucesos*, p. 420.)
18 *Guzmán*, II, III, cap. V, p. 540.
19 «Dame hijo tu corazón, que yo como corazones —escribe Alemán, comentando el Salmo de David—: empero no me lo has de dar suzio, ni sangriento; dámelo limpio, lavado de toda malicia... Es el mayor sacrificio de los
sacrificios, por ser una guerra que trava el hombre consigo mismo, y como
la mas cruel batalla es la interior que nos hazemos a nuestros apetitos y la
mayor de las vitorias, la que contra ellos conseguimos... Querer comer y ayunar; velar, desseando dormir; perdonar, quando gritan las injurias; callar,
quando dessea sacudirse la lengua; cerrar los ojos quando en lo temporal se

La vida del hombre sobre la tierra es una tentación —dice San Bernardo, repitiendo las palabras de Job—. La tentación, en definitiva, no es sino contradicción, tanto moral como racional.

«Bien pudiera la divina providencia, no criar el árbol del fruto vedado, ni con tan grandes penas; o ya que lo crio, que no estuviera dentro del Parayso; y si dentro del Parayso, ponerlo a parte a un rincon, y no en el medio del, junto con el de la vida; mas hizolo assi, para que conozca el justo que las mayores tentaciones y peligros estan en medio del Parayso de su buena conciencia y junto con el arbol della» [20].

Pero si pecado sume al hombre en el dolor de verse desgajado del cielo, es cierto también que actúa como necesidad, a fin de tomar conciencia de sí mismo y recuperar el bien perdido. Por otra parte, ya lo advierte San Pablo, el hombre, mientras viva en carne, gemirá por el peso de la carne, y no pudiendo liberarse del cuerpo deberá soportar ser humillado por él, pese a sus propósitos de enmienda, sintiendo el corazón angustiado.

Así esta concepción dialéctica, que se dilata a lo largo del «Guzmán de Alfarache», corroborada por el tema del amor, que tan incisivo carácter adquiere en esta segunda parte, correspondiente a las experiencias matrimoniales de Guzmán, va a ir señalando la estructura narrativa de Alemán, acordada a dos movimientos temporales distintos, que son productos de las dos inclinaciones anímicas. Otra consecuencia se desprende. El hombre, durante toda su vida, se engaña a sí mismo; incluso, pese a su desengaño, quiere volver a ser engañado. El es su propio verdugo. Se tiene por valiente, «sano de humores, bien concertados y bien mezclados», creyendo ser lo que afirma su sensualidad mentirosa:

«Poderoso eres, haz lo que quieras; galán eres, pasea y huélgate; hermoso y rico eres, haz disoluciones; nobleza tienes, desprecia a los otros y ninguno se te atreva; injuriado estás, no se las perdones; regidor eres, rige tu negocio, pese a quien pesare y venga lo que viniere; juez eres, juzga por tu amigo y atropéllese todo; favor tienes, gástalo en tu gusto, dándole al pobre humo a narices, que no conviene a tu reputación, a tu oficio, a tu

recrean, y abrirlos al espiritu; ensordecer, quando suenan al oydo las musicas de la murmuracion, y suavidades ilicitas, de que gusta la carne; domesticar las pasiones, enfrenar los gustos, negarse a si, por obedecer a otro, ni mejor ni mas discreto, y por ventura un tonto, sin contravenir a lo que manda, ni espulgarle, porque o para que me lo mandan, mas de cerrar los ojos, y cumplir con la obediencia; sin duda que como es lo más agro de sufrir, y dificultoso de obrar, es lo mas digno de merecer, y de mayor premio entre los mas meritos.» *(San Antonio,* III, cap. X, p. 264b.)

[20] *San Antonio,* I, cap. III, p. 28b. Véase la belleza que adquiere en la *Vida de San Antonio de Padua* el tema de la creación del hombre, en el libro II, cap. XXXI, pp. 176-184.

dignidad ni aun a tu honra que te pida lo que debes ni la capa que le quitaste»[21].

Pues bien, ya sea lo que quiere ser o lo que piensa que es, ciertamente el hombre «no es lo que piensa», sino un ser frágil y quebradizo, que al menor vaivén es derribado por tierra, sin que sus robustas fuerzas le sirvan ni para evitar sus tremendas caídas ni para resistir la enfermedad ni para detener la muerte[22]. Alemán, al igual que los predicadores y moralistas del XVI, se detiene a meditar sobre la sentencia bíblica del «vanitas vanitatum»: el hombre sólo es polvo, su vida breve, su eternidad humana falsa, su superioridad ilusoria. Esta es la verdad, la luz que deberá iluminar al lector, haciendo de él un hombre prudente[23]. En la lozanía de la juventud el hombre sigue su capricho; en la senectud reconoce sus faltas. Esa dualidad contrastante, que Alemán nos ha presentado a lo largo de su obra, cobra, ligada al tema de la muerte, mayor hondura y significación, aclarando su intencionalidad. La vida animal, preñada de peligros, se muestra en toda su escalofriante tragedia. Al abarcar la vida total del hombre, desde su nacimiento a su muerte, Alemán no pretendía presentar la dualidad temporal a la que el ser se ve constreñido, ni dos modos de vida correspondientes a edades distintas, sino iluminar el instante, en que la transformación del ser se efectúa, la vida cobra sentido y el pensamiento y la conducta del hombre se adecúan.

II

La primera constatación que surge a la conciencia es la del tiempo que se desliza veloz. «El tiempo corre y todo tras él. Cada día que amanece amanecen cosas nuevas»[24]. La conciencia del tiempo

---

21 *Guzmán*, II, I, cap. VII, p. 422.

22 «O general ceguera nuestra, o engaño notorio, sueño falso, a quien damos toda fe, y entero credito. Qual bestia irracional con su natural instinto, conoce la mudança del tiempo, y (si puede) no huye las inclemencias del Cielo? Como, si por vista de ojos no es notorio que ay muerte, nos fingimos inmortales, no procurando la buena y que nos coja en el abrigo de la penitencia? Como, si conocemos nuestra flaqueza, que un ayre, un sol, un sereno, un pequeñuelo moxquito, y un imperceptible aradorcillo nos derriba, nuestra fuerça en que consiste?, para que somos valientes, y como tales nos graduamos, pues nos dexamor yr a sueño suelto, sin mirar lo que conviene.» *(San Antonio,* II, XXXII, pp. 189a/b.)

23 «Nadie confíe que a él no le ocurrirá, ni que su vida será más larga, ni posponga su enmienda para después de "muy maduro", porque "vendrá un solano que lo lleve verde".» *(Gumán,* II, I, cap. VII, p. 423.) El tema de la vanidad y fugacidad de la vida, de la aparición súbita de la muerte impregna las páginas de los *Sucesos:* «Pasose como un viento su vida, fue una sombra, secose como el heno, con poca inclemencia de tiempo... O ciencia cierta, o doloroso exemplo, donde corrida la cortina, nos deja descubierto a la vista lo que somos.» *(Sucesos,* p. 417.)

24 *Guzmán*, I, I, cap. II, p. 250.

es la conciencia del instante, del instante que apenas nace se precipita en la muerte, arrastrando con él seres y cosas. Todo fluye y está sometido al cambio. Nada hay, pues, seguro ni «estado que permanezca» [25]. En principio, la duración en Alemán no existe sino bajo la forma de la conciencia momentánea que el ser tiene de sí y de la realidad. Pero, aun antes, en el despertar de la conciencia, el ser se deja llevar pasivamente por el movimiento, con un vago conocimiento de ello. Al comenzar su vida de pícaro, Guzmán constata:

> «No sabía para dónde iba ni en ello había reparado... Los pies me llevaban. Yo los iba siguiendo, saliera bien o mal, a monte o a poblado» [26].

Desprevenido, los objetos penetran en su interior, «sin buscarlos». Apenas se inicia el movimiento, la acción se inicia.

> «Me comenzaron a venir/los trabajos,/sin dar un momento de espacio desde que comencé a caminar» [27].

El ser está tendente, abierto el espíritu a las cosas, que le asaltan sin que voluntariamente lo desee, como si él permaneciera inmóvil y fuesen los objetos los que se precipitasen a su encuentro. El sentimiento del yo es, por ahora, sentimiento de una vida que existe fuera de él. Mas, cuando decide entrar dentro de la vida misma, el mundo se le representa lleno de belleza e inmensamente grande. Los términos se han invertido. El espacio está esperando recibir al hombre. Guzmán había visto el mundo representado en unos mapas; en ellos todo estaba «junto y atropellado». Y, sin embargo, «¿quién creyera que el mundo es tan largo?»

> «Cuando determiné mi partida, ¡qué de contento se me representó, que aun me lo daba el pensalla! Vía con la imaginación el abril y la hermosura de los campos, no considerando sus agostos o como si en ellos hubiera de habitar impasible; los anchos y llanos caminos, como si no los hubiera de andar y cansarme en ellos; el comer y beber en ventas y posadas, como el que no sabía lo que son venteros y dieran la comida graciosa o si lo que venden fuera mejor de lo que has oído; la variedad y grandeza de las cosas, aves, animales, montes, bosques, poblados, como si hubieran de traérmelo a la mano» [28].

A la imaginación se ofrece un mundo bello, nodriza bondadosa, inagotable, exuberante, lleno de mil atractivos. El pensamiento dilatado por el entusiasmo crea un espacio también dilatado, que se extiende sin medida. El impulso del ser es, en primer lugar, el de ocu-

---

[25] *Guzmán*, I, I, cap. VII, p. 269.
[26] *Guzmán*, I, I, cap. III, p. 255.
[27] *Guzmán*, I, I, cap. III, p. 255.
[28] *Guzmán*, I, I, cap. VII, p. 271.

parlo y apresarlo. «Tierra larga, donde hay que mariscar y por donde navegar» [29]. Así, con el «almíbar picaresco» en los labios, el ser
se lanza a la aventura con desenvoltura [30], no sin constatar antes lo
reducido que aparecía ante sus ojos el mundo en el que había sido
educado, sometido a los estrechos límites de las normas. Ebrio de libertad, acepta el ideal de vida de la «florida picardía».

> «Juntéme con otros *torzuelos* de mi tamaño, diestros en
> la *presa*. Hacía como ellos en lo que podía; mas como no sabía
> los acometimientos, ayudábales a *trabajar*, seguía sus pasos, an-
> daba sus romerías, con que allegaba mis blanquillas. *Fuíme así
> dando bordos y sondando la tierra.* Acomodéme a la sopa, que
> la tenía cierta; pero había de andar muy *concertado relojero;*
> que faltando a la hora prescribía, quedándome a escuras» [31].

El fragmento es significativo, porque destacan las cualidades de
un «espíritu deambulativo» [32], del ser que vaga al viento de las ocasiones, atento a ellas, fluctuando de acá para allá y, por tanto, viviendo el instante. El instante es el que ofrece la presa al pícaro y, en
consecuencia, es el que le constituye. Si el instante se deja pasar, el
ser ya no es el que debe ser. Además, cada instante representa una
novedad, que se impone de golpe y que proporciona al ser la posibilidad de manifestarse en sus infinitas e insospechadas facetas. Luego, el
instante es el que conduce al ser a la libertad o a la suerte inicial
de renovarse. Ya no es el espacio solamente el que ofrece multitud
de formas, sino también el ser es polimorfo, como si el yo estuviese habitado por una pluralidad, que sucesivamente se va manifestando. El yo es a cada momento «otro», se multiplica infinitamente, ocul-
tándose y desocultándose, cambiando al unísono del rostro cambiante del instante, aunque la transformación esté marcada por interva-
los. Ahora bien, el ser tiene que estar dotado de rapidez y de inteligencia, apto para comprender lo imprevisto de la novedad; lo cual
exige una condición primordial: la de hallarse atento. La atención
adquiere toda su intensidad en el instante. Y qué duda cabe que la
velocidad que el movimiento logra acrecienta el ejercicio de los sentidos,

> «¿Quién hay hoy en el mundo, que más licenciosa ni fran-
> camente goce dellos que un pobre, con mayor seguridad ni gus-
> to? Y pues he dicho gusto, comenzaré por él, pues no hay olla
> que no espumemos, manjar que no probemos, ni banquete de

---

29 *Guzmán*, I, III, cap. V, p. 355.
30 «Assi los dexan yr —escribe Mateo Alemán en *San Antonio de Padua*,
refiriéndose a cómo en el siglo los padres adoctrinan a los hijos— como corcho encima del agua, donde los quieren llevar las olas, a impulsos de sus antojos, corriendo a su alvedrío en seguimiento de sus gustos, que a pocos lances
los buelven vicios.» *(San Antonio,* I, VI, 26b.)
31 *Guzmán*, I, II, cap. II, p. 300.
32 *Guzmán*, II, II, cap. II, p. 439.

donde no nos quepa parte... El oír, ¿quién oye más que el pobre? Que como desinteresados en todo género de cosa, nadie se recela que los oiga... pues el ver, cuán francamente lo podíamos ejercitar sin ser notados ni haber quien lo pidiese ni impidiese... Oler ¿quién más pudo oler que nosotros, que nos llaman oledores de casas ajenas?... El tacto, querrás decir que nos faltaba, que jamás pudo llegar a nuestras manos cosa buena. Pues desengañaos, ignorantes: que es diferente la pobreza de la hermosura. Los pobres tocan y gozan cosas tan buenas como los ricos y no todos alcanzan este misterio» [33]

de la voluntad y de la inteligencia: « íbaseme por horas sutilizando el ingenio; dí nuevos filos al entendimiento» [34]. Y asimismo se vuelca en una serie infinita de actos, que Alemán resalta a base de largas tiradas de enumeraciones [35]. El pícaro es un ser siempre en agitación, siempre activo. De tal manera que propio de la actividad es engendrar actividad, como del movimiento es la velocidad. Y, al mismo tiempo, el ejercicio adiestra al hombre, le perfecciona en el oficio. Guzmán alardea de haberlo aprendido, de haber sabido asimilar las lecciones que le enseñaron.

«Toda mi fecilidad era que mis actos acreditaran mi profesión y verme consumado en ella. Porque las cosas, una vez principiadas, ni se han de olvidar ni dejar hasta ser acabadas... Nada puse por obra que soltase de las manos antes de verle el fin» [36].

Pero el paladar se hace al dulce y el pícaro es goloso. Vivir el instante provoca alegría, puesto que el ser se siente existir plenamente. Cuanto más se apresura a gozar tanto más enloquece. «Todo era placer y más placer» [37]. Quizás la vida ideal sea la vida ardiente de lo efímero, dice Bachelard. El placer, de materia mudable, es necesario que se mude mudada la cosa. El ser, cada vez, acepta con me-

---

[33] *Guzmán*, I, III, cap. IV, pp. 350-351. Váase, asimismo, el examen minucioso que Alemán realiza en la *Vida de San Antonio de Padua* sobre las potencias del alma y los sentidos corporales. (*San Antonio*, III, X, pp. 258-265.)

[34] *Guzmán*, I, II, cap. I, p. 301.

[35] Quizá uno de los motivos más reveladores del carácter de la instantaneidad sea el del *juego*, el cual posee la virtud de enajenar al hombre, absorbiéndole hasta el punto de sacarle fuera del tiempo. Guzmán, por el contrario, vive alerta la mecánica del juego, efectuando una serie de movimientos rápidos y gestos instantáneos, que son los que le brindan la ganancia de la jugada, de tal manera que se opera no sólo un movimiento circulatorio entre los jugadores, sino también triangular con el espectador; Sayavedra, por ejemplo, que participa atento.

[36] *Guzmán*, I, III, cap. III, p. 345.

[37] *Guzmán*, II, II, cap. II, p. 440. Aunque el tema de la invitación a gozar del presente, considerado en su entramado temporal, posee los ecos amargos propios del Barroco, lejos del optimismo, belleza y frescura renacentista, el instante de placer como tal es vivido de igual manera, en plena exultación, en cualquier momento histórico. «Venid, venid, comamos y bevamos,

nos resignación la aparición del intervalo, ya que el intervalo significa vacío y también rutina. Sólo en el cambio siente algún alivio. De tal manera que el ser aprovecha la duración del intervalo para anticiparse al instante. Es como si al instante hubiese que darle tiempo. En una palabra, el pícaro expectante se vuelve impaciente e imprudente. Su avidez es tan acuciante que no admite demora y le aguijonea hasta tal punto que él mismo provoca el cambio:

> «¿Quién me hizo tan curioso, sacando el río de su madre? ¿Cuándo podré reportarme?... ¿Cuándo me contentaré con lo necesario, sin querer saber más de lo que me conviene? ¿Cuál demonio me engañó y sacó del ordinario curso, haciendo más que los otros?» [38].

Cambio, que fuera de su curso, está abocado irremediablente al fracaso. La nueva forma fuera de su instante es una forma abortada. De aquí que. el ansia de novedad no sólo provoca avidez, sino que, a su vez, la avidez provoca insatisfacción, además de lamentables quebrantos. El instante parece ahora tardar. Y mientras llega, el ser vive la monotonía de unos instantes todos iguales; la espera se torna sombría y el ánimo se inquieta y atribula con temor de no alcanzar lo que desea. Y cuando aparece, presto se olvida. El ser, que hasta ahora ha vivido feliz en la discontinuidad del instante, puesto que la discontinuidad está en la raíz del alma y es la manera natural de revelarse las inclinaciones y deseos, se da cuenta de lo difícil que resulta mantenerse en ella, porque el hombre, ya sea por el temor, ya sea por la esperanza, ya sea por el recuerdo o el remordimiento, rebasa siempre el presente.

III

A primera vista, tal y como acaba de ser expuesto, se diría que existen instantes felices, ricos, e instantes adversos y pobres. Pero esto, psicológicamente hablando, es un fenómeno ilusorio. Se trata de considerar el hecho de que si fuese posible vivir la instantaneidad pura, la duración del ser estaría fundada en la repetibilidad de los instantes, alineados en una sucesión espacial. Y, en efecto, la marcha del pícaro a través de países y ciudades va indicando el paso del tiempo. Pero la vida no se despliega sólo horizontalmente, sino que,

---

holguemos a todos anchos, ayamos plazer sin soçobra, demos a los vicios entrada y puerta franca, salgamos haziendo recebimiento y triunfen los deleytes, que mañana nos moriremos. Todo tiene fin y se ha de acabar, no sabemos quién vivirá mañana, metamos el buen día dentro de nuestra casa, pues de lo venidero no ay cosa cierta. O tonto, mil vezes tonto, tinto en bestia; y aun por esso mismo que te morirás mañana sería bien que hiziesses oy la vigilia de tus obsequias.» (*San Antonio*, II, XXI, pp. 140a-141b.)

[38] *Guzmán*, I, III, cap. III, p. 346.

dada la complejidad del ser humano, se dan simultáneamente, en el tiempo, un conjunto de actos instantáneos, que poseen duraciones distintas. El ser es una caja de resonancia, en la que se armonizan ritmos temporales distintos, que provienen de diferentes registros. Al tiempo vivido se superpone el tiempo pensado, que establece sobre el primero una serie de trazos verticales, cuya altura depende de la profundidad que el pensamiento adquiera, y que evidentemente son exclusivos de la actividad intelectiva del hombre. Incluso en el tiempo, el hombre queda de pie, afirma Bachelard. Esta actividad comporta complejos problemas. El instante nuevo queda inmediatamente asimilado por la memoria a una serie de instantes anteriores, de calidades diversas. La progresión en el tiempo viene dada por la costumbre, que no es otra cosa que la síntesis de lo nuevo con lo ya conocido.

Para Alemán, la costumbre tiene una doble vertiente, ya que el alma «tiende a subir o bajar al centro que apetece», y es muy difícil que el hombre logre romper la imagen diaria que de sí mismo se ha formado. Si en el instante se siente halagada su sensualidad lo estimará como «venturoso» y rechazará cuanto caiga fuera del círculo que traza su propio apetito, olvidando la experiencia pasada y proyectando hacia el futuro la continuación de sus deseos. Mas si el instante es adverso, le invadirá mortal tristeza, porque sólo siente los males presentes [39], añorando las pasadas delicias, sin darse cuenta de que «de los graves males, mayores glorias, porque la senda hasta las anchuras de la gloria es estrecha» [40]. ¿Qué otra vía hallará el hombre para conocerse a sí mismo que no sea la del dolor y el trabajo? ¿Con qué se alimentará sino con fatigas, espinos y abrojos, a fin de que sepa que es hombre? [41]. Alemán desconfía también de los efectos de la costumbre sobre las virtudes, puesto que lógicamente atenúa el rigor de los trabajos y asperezas, formando la rutina en el alma dura callosidad. De manera que la costumbre tiene tal poderío que

«quita y pone leyes, fortaleciendo las unas y rompiendo las otras; prohíbe y establece, como poderoso príncipe, y, consecutivamente a la parte que se acuesta, lleva tras de sí todo el edificio, tanto en el seguir los vicios cuanto en el ejercitar las virtudes. En tal manera que si a la bondad se aplica, corre peligro de poderse perder fácilmente, y juntándose a lo malo, con grandísima dificultad se arranca» [42].

---

39 *Guzmán*, I, III, cap. I, p. 338.
40 *Guzmán*, II, III, cap. IV, p. 528.
41 En la *Oración fúnebre*, con tono lapidario y ascético, Alemán pregunta: «Dime, quien fuiste ombre? nada. Quien eres ombre? soy ombre. Quien seras ombre? gusanos. I que los gusanos? tierra. Dime pues, principio de nada que tu fin a de ser tierra, el tiempo que fuiste ombre que te paso en aquel medio? vime anegado en un Mar de lagrimas, fui un ospital de varias enfermedades, una confusion de trabajos, una esclavitud perpetua de pasiones naturales, una pequeña barquilla contrastada en el golfo de varios vientos, una sed insaciable, que se acaba en la muerte.» *(Sucesos*, p. 411.)
42 *Guzmán*, II, III, cap. VII, p. 556.

Tal dominio posee que se le ha dado el nombre de segunda naturaleza, aunque su fuerza es mayor a la naturaleza misma, puesto que logra corromperla y destruirla. A nivel de la sensibilidad, la costumbre degrada los efectos sensitivos, de modo que para mantener dichos efectos hay que aumentar o lograr por otros medios el grado de novedad, de sorpresa, en una palabra, de excitabilidad del objeto.

Es evidente que si la mocedad es sólo ímpetu con que «aspira siempre y acomete las mayores dificultades y sinrazones» es precisamente porque «ni teme el camino ni advierte el paradero» [43], porque olvida el instante en la profundidad temporal que posee; profundidad que únicamente logra la reflexión. La vida del hombre no es plena, porque muchos instantes y aun meses y aun años, desaparecen en la inconsciencia.

«Como la fruta verde mal sazonada no tiene sabor perfecto, antes acedo y desabrido, así no le ha llegado al mozo su maduro. Fáltale el sabor, la especulación de las cosas y conocimiento verdadero dellas» [44].

Luego, la costumbre, en el orden de la reflexión, es beneficiosa, ya que ella conduce al ser a reaccionar sobre todo lo que le rodea, a modificarse o rectificarse a sí mismo, a tener, en favor de su propia perfección, los ojos con frecuencia clavados en la verdad, y, pese a ser «dificultosísimo» conservarse en un mismo estado, a pesar de que mil veces se despeñe el alma en las sendas de su antojo, pareciéndole que la vida no ha de acabarse, otras mil la experiencia abrirá un claro en el entendimiento y el espíritu alzará el vuelo. La verdad es la vida del alma. La progresión del ser es ondulante, está marcada por errores y aciertos, que en el plano moral no son sino altibajos de amor hacia sí mismo y de amor a los demás. La dialéctica entre ambos se va suavizando a medida que el tiempo transcurre (*incrementa temporum*) y la reflexión se va imponiendo. En esto estriba el aprendizaje de la existencia.

Aunque entre la conducta y el pensamiento haya continuo desacuerdo y oscilación, ante cualquier suceso contingente «más vale saber que hacer», afirma Alemán con acento barroco, no ya porque «la ciencia crece» y nunca desampara al hombre, sino porque las fuerzas físicas se debilitan y, consecuentemente, la actividad se deteriora. El tiempo posee, por tanto, un valor ambivalente, pues si por un lado conduce al envejecimiento y deterioro del ser, por otro lado, le permite lograr su salvación, reparando el mal original y obteniendo la gracia. El tiempo eleva al hombre por encima de sus contradicciones, como dice Béguin. Saber vivir consiste en vivir el instante consciente de que el instante se desliza inexorablemente hacia la muerte.

---

[43] *Guzmán*, II, I, cap. V, p. 412.
[44] *Guzmán*, I, III, cap. VI, p. 355.

«Pide a Dios tiempo de vida para la enmienda y penitencia... Vive lo que te resta como la grulla; siempre con la piedra del pensamiento de la muerte, durmiendo velando; y si como
flaco pecador con alguna ocasión se te cayere; tal estes, que al
ruydo te recuerdes y buelvas en ti como antes» [45].

A la instantaneidad fugaz, el ser opone el deseo voluntario de
crear una continuidad, una permanencia, mediante la aceptación de
la muerte, instante-límite, y sintiéndose ligado a Dios. En el primer
caso, el hombre «de dos peligros de muerte sólo teme el más cercano, porque del otro le parece que podría escapar» [46]. A la manera
de Tirso, Guzmán exclama: «¡Para ese día fíame otro tanto!» Tan
largo se le hace que piensa que no ha de llegar. Pese a estar la muerte dentro del hombre, le parece algo lejano, que puede ser siempre
detenido, aplazado. Solamente cuando constata su total destrucción,
entonces experimenta una angustia punzante y fría, un terror incré-
dulo. Ante la vida no le importa no ser nada, pero ante la muerte
le suspende y espanta el dejar de ser. En cuanto a la relación del
hombre con Dios, si los juicios de Dios son ignotos [47], ¿cómo el hombre con sus limitadas fuerzas puede elevarse a la perfección del ser,
venciendo la distancia infinita? ¿De qué manera se efectúa el cambio
del instante efímero en un instante transcendente? Esforzándose mediante el juicio en obrar bien en el instante mismo, «velando sobre sí
con muchos ojos», pero confiando también en la bondad de Dios.
Próximo su acabamiento, Guzmán presiente que el momento de «levantarse» había llegado, porque se veía necesariamente «caer» primero, desplomarse hasta la hondonada de los trabajos y dolores, con-

---

[45] *San Antonio*, II, cap. XXXII, p. 190a.
[46] Primordial para el tema conocer la bellísima obra de ALEMÁN, *Sucesos de don fray García Guerra*, perfecta en su brevedad, tan pensada y medida en el enfrentamiento del contraste que es eje cardinal de la misma y tan
llena de sincero y doloroso sentir, fruto patente de la experiencia. Muchos de
los pensamientos que contiene habían sido ya expresados en la *Vida de San
Antonio*, obra de más envergadura, que pese a lo precipitado de su ejecución,
según refiere el Alférez LUIS DE VALDÉS en el *Elogio* que precede a la segunda parte del *Guzmán*, rebosa riqueza y denota las altas dotes de Mateo
Alemán.
[47] «Mas como las ordenaciones del cielo sean ignotas a los hombres, y
agenas de toda humana capacidad; avemos de procurar ajustarnos siempre
a la divina voluntad, sin apartar un punto la nuestra della... No basta en el
hombre para salvarse que lo tenga en desseo, que aun le quedan por andar mas
estaciones; que para dar Dios al ciego vista, hizo un medicamento de saliva
suya y polvo de la tierra. No solo saliva de Dios y virtud suya convino para
ver, que tambien la tierra del hombre fue necessaria: todo se ha de mezclar,
intencion y obras han de juntarse a una y una sin otra no son de provecho;
que serviran de poco buenas intenciones y malas satisfacciones, muchos des-
seos y pocas execuciones dellos. En resolución seran señales de buen propo-
sito firme, y de que uno quiere llegar a seguro puerto, cuando tropellare los
inconvenientes que se lo impiden y fervorosamente fuere contra sus passiones,
eligiendo entrar en el Cielo pobre, y no en el infierno rico. Quando de tal manera tuviere destorcida y deshecha la maroma de su torpe apetito, y tan adel-
gazada su vida, que pueda passar la limpieza por el ojo de una aguja.»
(San Antonio, II, cap. III, p. 84a.)

fiando en que la divina mano guíe sus «negocios». Guzmán, que ha vivido hasta ahora carnalmente y que también carnalmente amaba a Dios, empieza ahora a amarle espiritualmente, cuando penetra en el sentido profundo que tiene la redención, cuando su ansia de salvación es una elección inquebrantable. El hombre espiritual es capaz de discernir lo espiritual, proyectándolo y proyectándose, pues posee el pensamiento y el ejemplo de Cristo. «Desflaquecido» el cuerpo, desmayada la carne de magrura, se sutiliza hasta dejar de ser prisión para convertirse en oquedad por donde espira el alma.

Observando la trayectoria recorrida por Guzmán a lo largo del tiempo se advierte que la expansión inicial del ser ha ido paulatinamente retrocediendo hasta tornar a su punto de origen, percibiendo en el retroceso el cambio profundo que se ha operado en seres y cosas [48]:

> «Se me refrescó en la memoria cuanto allí me pasó cuando de Sevilla salí. Vi la fuente donde bebí, los poyos en que me quedé dormido, las gradas por donde bajé y subí. Vi su santo templo... Representóseme de aquel principio todo el discurso de mi vida, hasta en aquel mismo punto» [49].

A la vez, los dos movimientos temporales han adquirido su más extremada oposición: Guzmán cae en lo más abyecto de la picardía:

> «galeote soy, rematado me veo»;

y sus reflexiones cobran también el máximo de hondura y emoción. De manera que si el espacio se ha ido reduciendo hasta quedar limitado a una galera, batida por los peligros del mar y expuesta a la furia de los vientos, el enfrentamiento del hombre con su propia conciencia comienza a tener sabor de eternidad.

---

[48] *Guzmán*, II, III, cap. II, p. 510.
[49] *Guzmán*, II, III, cap. VI, p. 551.

SENTIDO DE LA DUALIDAD EN EL *GUZMÁN DE ALFARACHE,* DE MATEO ALEMÁN

VIOLETA MONTORI DE GUTIÉRREZ
California State University Northridge

La presencia de dos personajes definidos, o el desdoblamiento de un personaje en dos aspectos bien diferenciados, es evidente y por todos reconocida en el *Guzmán de Alfarache,* de Mateo Alemán.

Yo he preferido considerarlos como dos personajes, aplicando un juicio de carácter literario, es decir, teniendo en cuenta la efectividad que dentro de la obra tienen los dos aspectos del pícaro Guzmán. Los percibimos como dos entidades distintas que llegan a nosotros por diferentes canales y que tocan especiales fibras de nuestra sensibilidad.

Mientras el individuo cínico y turbulento nos lleva objetivamente por toda la trayectoria de sus aventuras, su conciencia nos va haciendo reaccionar y reflexionar acerca de todas las complejas implicaciones que envuelve la convivencia de los seres humanos. Así es que Guzmán va viviendo a nuestra vista y nos va internando en los complicados mundos del hampa y en las oscuridades de la avaricia, el engaño, la crueldad, la hipocresía y ni se sabe cuántos más ámbitos sórdidos de la sociedad. Pero, al mismo tiempo, como una luz que quisiera romper las tinieblas que llegan al alma ante la presencia desoladora de tanto ambiente negativo, la conciencia atormentada del pobre pecador, nos va diciendo a cada paso que hay una fuerza interna que siempre puede salvarnos y que hay también un resquicio de superación en toda alma pervertida por las circunstancias del medio.

Alemán fue consciente de esta dualidad que quiso darnos porque así lo estableció desde el título de su obra: *Vida del pícaro Guzmán de Alfarache. Atalaya de la Vida Humana.*

Con este comienzo ya nos está diciendo que vamos a recibir dos presencias: la vida de Guzmán y esa Atalaya desde donde vamos a ver los errores y maldades humanos y, al mismo tiempo, no sólo la condenación de los mismos por parte de la voz de la conciencia del autor-personaje, sino también, en muchos casos, el camino de rectificación de esos errores.

Todos sabemos que se ha escrito mucho sobre esta dualidad, que algunos justifican, y que otros como Américo Castro consideran perjudicial al mérito de la obra [1]. Pero yo estoy entre los que piensan que esta dualidad constituye una cualidad esencial en el *Guzmcn* y el análisis de los motivos que la justifican, es el propósito del presente trabajo.

He dividido estos motivos en tres ctegorías: *a)* de carácter humano; *b)* de época, y *c)* de individualidad.

a) Motivos de carácter humano:

Si pensamos en las condiciones principales que caracterizan al creador de una obra literaria, nos damos cuenta que entre otras de igual o semejante significación, tendremos que apreciar la actitud del autor hacia sus personajes, lo que actualmente se llama la distancia estética. Y podemos preguntarnos a continuación: ¿de qué depende esa distancia estética?, ¿qué es lo que hace que el autor permita independencia a los seres de su creación, o que trate de habitar dentro de ellos para conducirles su vida de acuerdo con sus propios deseos? Nuestra respuesta es que mayormente la actitud del autor depende de sus condiciones de observador objetivo y de sus deseos de volcar su propio yo en la vida de sus personajes. Creo que todo creador literario tiene ambas cualidades, pero los resultados varían según la actitud que en ellos prevalezca, no ya como una característica permanente de su condición de artista, sino que puede variar en el momento especial de cada creación. Cuando domina el observador objetivo, el autor entra en el realismo y deja a sus personajes vivir sus vidas como consecuencia natural de la personalidad que les haya creado, y que resulta producto de su observación desinteresada de la realidad. Cuando, por otra parte, el autor está dominado por sus íntimas convicciones, por sus sentimientos o por sus deseos de que los defectos humanos sean superados, su objetividad cede el paso a la subjetividad, y en la creación artística tenemos al autor metido dentro de sus personajes.

Mateo Alemán nos demuestra en su obra ambas actitudes: como observador acucioso que conoció a fondo la vida de los bajos mundos, puede imaginar y retratarnos todas las peripecias de su pícaro, prototipo y ejemplo de los de su clase. Objetivamente el deja a Guzmán que nos narre todas sus aventuras con el colorido y matices propios de sus circunstancias.

Al mismo tiempo, la propia condición de observador penetrante de Mateo Alemán, le ha hecho llegar mucho más allá de la superficie del hombre, y él conoce la lucha perpetua que todo ser humano lleva

---

[1] AMÉRICO CASTRO, *El pensamiento de Cervantes*. Nueva edición ampliada y con notas del autor y de Julio Rodríguez Puértolas. Barcelona-Madrid, 1972, p. 231.

dentro de sí y a la que los hombres están sujetos, cualesquiera que sean su categoría social y su forma de vida.

Alemán sabe que la lucha entre el bien y el mal, entre la tentación y la propia reconvención, vive en todos en mayor o menor propor-ción. Quizás él la viera o la adivinara en las miradas que hubo de cru-zar entre los reclusos de la cárcel de Sevilla desde los días de su infan-cia hasta los de la convivencia de su adultez. Y, como él ha de vivir también esa dualidad, lleva a su creación la prédica moralizante en for-ma de personaje de fuertes quilates, y la caracteriza en la conciencia de Guzmán, quien de continuo nos sermonea y nos da, pudiéramos de-cir, la otra cara de la moneda en cuanto al personaje viviente de la obra.

Esta combinación de picardía y moralidad es, en cierto modo, un carácter distintivo del género picaresco; lo hemos encontrado inicián-dose en *El Lazarillo* y continúa desarrollándose después del *Guzmán*, pero es evidente que en la obra de Alemán es una nota predominan-te que ha merecido la atención y la opinión favorable o adversa de cuantos la hayan leído o estudiado.

En muchos momentos del Guzmán, Alemán hace ostensible esta dualidad, por ejemplo, en el capítulo IV, Libro III, de la Segunda Parte, cuando después de enviudar, el pícaro trata de oír misa y apren-der teología. Es una especie de parada en el curso de su vida, en que el personaje trata de emprender un nuevo camino. Es uno de esos momentos en que la conciencia parece que va a ganar la lucha que ha estado latente desde los comienzos de la vida del protagonista. Estas frases, del citado capítulo, ilustran el debatir constante de fuer-zas contradictorias: «Aunque fui malo, deseaba ser bueno, cuando no por gozar de aquel bien, a lo menos por no verme sujeto de algún grave mal. Olvidé los vicios, acomodéme con cualquier trabajo, por todas vías intenté pasar adelante y salí desgraciado de ellas. En sólo hacer mal y hurtar fui dichoso: para sólo esto tuve fortuna, para ser desdichado venturoso» [2].

Esta conclusión pesimista parece dominar la clave justificativa de la vida del pícaro, el «querer» y no «poder», y aceptar entonces el único camino que parece brindar alguna posibilidad.

Es como una justificación con que el protagonista admite como una necesidad el camino de la corrupción, y aceptaba al mismo tiem-po su mala condición como irremediable; así lo comprobamos en otras palabras suyas pertenecientes al mismo soliloquio: «Determi-nábame a ser bueno y cansábame a dos pasos. Era piedra movediza, que nunca la cubre moho, y por no sosegarme yo a mí, lo vino a ha-cer el tiempo» [3]. Nos cuenta entonces las bienandanzas de la vida del pupilaje como estudiante en el seminario, y cómo interrumpe el propósito emprendido ante la tentación del grupo de mujeres que

---

[2] MATEO ALEMÁN, *Vida del pícaro Guzmán de Alfarache*. Ed. Sopena, Buenos Aires, 1945, p. 137.

[3] MATEO ALEMÁN, *La Vida...*, citada, Cap. IV, Lib. III, Segunda Parte, pp. 137, 146 y 149.

camino a una romería, ve a la puerta de la iglesia, así nos lo describe: «En lugar de persignarme, hice por cruces un ciento de garabatos y fuime derecho adonde vi la gente»[4].

Todo este capítulo y el siguiente, es un entrelazado de remordimientos y picardías que simboliza el sentido de la obra y la dualidad humana, expresada desde luego con caracteres barrocos.

El propio Guzmán nos da su versión de la condición humana: «De manera que podría decirse del alma estar compuesta en dos contrarias partes: una racional y divina y la otra de natural corrupción. Y como la carne adonde se posenta sea flaca, frágil y de tanta imperfección, habiéndolo dejado el pecado inficionado todo, vino a causar que casi sea natural a nuestro ser la imperfección y desorden[5].

Y así, a través del propio personaje, vamos recibiendo todo el proceso de sus dudas, sus incriminaciones y sus conclusiones desengañadas, que lo llevan de nuevo a la vida del pícaro. Una vez en ella, el personaje se torna hacia la objetividad y vuelven las narraciones, unas veces divertidas, otras descarnadas, de sus aventuras picarescas.

b) Motivos de época.

Al analizar los motivos de época que pudieran proyectarse en la dualidad de la obra, debemos recordar el momento de terminación e inicio en que Alemán concibe a su *pícaro*. El autor se ha formado dentro del ambiente de la ascética y la mística de finales del Renacimiento y esa formación que anida en sus sentimientos religiosos, ha influido en la serie de reflexiones de carácter moralizante que brotan ante la contemplación de la vida de los bajos mundos, originando el choque paradójico que producen los dos personajes de la obra: pícaro y conciencia. Pero, a pesar de la conformación del autor, su percepción está también mirando hacia el porvenir, lleno de todo el ingenio y disimulo de una sociedad desengañada que ve con decepción destructiva su panorama futuro, y ante ella, la actitud indiferente del pícaro, que concentra sus aspiraciones solamente en encontrar la forma de sobrevivir en un mundo adverso, en el que sólo su habilidad y falta de escrúpulos le permitirán ir hacia adelante. Por otra parte, el propio ambiente destructivo, es un estímulo determinante para la sátira social que Alemán intensifica y perfecciona y la hace parte integrante de la obra. El no sólo caricaturiza a los distintos tipos de gente y a sus actitudes, ya sean en los oficios o en sus posiciones sociales, sino que, además, analiza y precisa la forma en que los vicios y errores pueden ser subsanados. En ese sentido es que ataca la improvisación y el aprovechamiento de los arribistas. De su atenaceante sátira a este repecto, son las palabras siguientes: «¿Pues no consideras, pobre de ti, que lo que llevas a cargo, no lo entiendes ni es de tu profesión, y perdiendo tu alma pierdes el negocio ajeno, y te obligas a los daños en buena conciencia?»[6] Y concluye con un fuerte anatema

---

4 *Ibid.*
5 *Ibid.*

para el sistema burocrático del momento: «También sentía que tenían razón los que de ello murmuraban, que debiendo dar a cada uno lo que le viene de su derecho, lo habían corrompido la envidia y la malicia, buscando los oficios para los hombres y no los hombres para los oficios, quedando infamados todos» [7].

Es de la época desengañada y religiosa al mismo tiempo, del período contrarreformista, la antitética conducta del pecado y el arrepentimiento que hicieron del doble plano una actitud normal de aquellos momentos contradictorios, en que las normas cristianas contrastan con la realidad decepcionante llena de hipocresía y disimulo.

Los hombres de ingenio, como Alemán, veían con claridad las realidades del ambiente; ejemplo de esta visión desoladora de la realidad, la encontramos en su comentario siguiente: «... todo anda revuelto, todo aprisa, todo marañado. No hallarás hombre con hombre, ni cosa con cosa. Todos vivimos en asechanzas los unos de los otros, como el gato para el ratón o la araña para la culebra que, hallándola descuidada, se deja colgar de un hilo, y asiéndola de la cerviz, la aprierta fuertemente, no apartándose de ella hasta que con una ponzoña la mata» [8].

Esta impresionante imagen nos da una visión clara del panorama social como lo percibe Alemán, en el perturbador momento que le tocó vivir. Su símil se ha movido en forma ascendente de gato y ratón a araña venenosa y serpiente; los primeros nos son animales familiares en una lucha por la supervivencia, que nos parece más natural e inocente, si cabe el calificativo; los segundos simbolizan ya la suma del veneno y la maldad; no sólo sobreviven, sino que envenenan, y en ellos la destrucción de unos por otros adquiere los extremos barroquistas de las fuertes tintas que los agudizan; la araña cuelga de un hilo, su fuerza contra el contrincante está llena también de incertidumbre y fragilidad, pero la fuerza de ese hilo es suficiente para garantizar la supremacía destructora que «ase» y no «suelta» hasta matar con la ponzoña inquisitorial, ante la cual la cerviz orgullosa tiene que sucumbir y dejar de alzarse en su vanidad amenazante.

Este intelectualismo concentrado del *Guzmán* nos trae también un producto natural de aquella época. Aquí falta el alegre humorismo del *Lazarillo,* porque ha muerto ya el optimismo de cincuenta años atrás, en que el hombre juzga los defectos sociales sin amarga decepción, y de ahí la simpatía con que Lázaro nos cuenta el falso orgullo de su amo el escudero, y aun las fuertes censuras a sus otros amos no llegan a tomar los caracteres generalizadores de la censura social, tan cáustica, de Mateo Alemán.

La Contrarreforma produce ese intelectualismo reflexivo, cuando el hombre se refugia en su propio yo como huida de un mundo que autocondena su incapacidad para superar las deficiencias colectivas.

6 Mateo Alemán, *La Vida...,* citada, Cap. III, Primera Parte, pp. 79, 85.
7 *Ibid.*
8 *Ibid.*

De este factor de época es también la actitud respetuosa de Mateo Alemán hacia el clero, que es el único sector social que no recibe su anatema y a quien su respeto religioso lo lleva a situar como personajes superiores a los demás que figuran en la obra y que han desfilado como una exhibición de las distintas clases sociales, ejemplarizando todos sus defectos y sirviéndose de ellos para brindarnos las enseñanzas morales que los condenan y que los llevaría a su superación.

Esta subestimación del ser humano que predomina en la obra, refleja el sentir más general del momento y únicamente vislumbramos como un intento de querer materializar algún noble ideal humano en las novelitas intercaladas de Ozmín y Daraja y la de Dorido y Clorinia, en las que el amor surge con caracteres dignificadores, al mismo tiempo que sirve para fortalecer el ideal cristiano; recordemos la decisión final del protagonista de la primera historia: «Ozmín quisiera responder por todas las coyunturas de su cuerpo, haciéndose lenguas con que rendir las gracias de tan alto beneficio, y diciendo que quería ser bautizado, pidió lo mismo en presencia de los reyes a su esposa Daraja» [9].

Constantemente se reafirma el sentimiento religioso contrarreformista que predomina por boca del personaje-conciencia; ejemplo de ello es la siguiente cita: «Donde creíste que el contento estaba, no fue más del vestido y el descontento en él. Ves ya como en la tierra no hay contento, y que está el verdadero en el cielo? Pues hasta que allá lo tengas, no le buscas acá» [10].

De nuevo reafirma esta convicción, al mismo tiempo que condena el juego como vicio social, cuando nos dice refiriéndose al jugador: «... pasa triste vida, y a sus padres no se la desea; jura sin necesidad y blasfema por poco interés; no teme a Dios ni estima su alma... vive jugando y muere jugando, en lugar de cirio bendito, la baraja de naipes en la mano como el que todo lo acaba de perder, alma, vida y caudal en un punto» [11]. Y en otra ocasión concluye con una condenación definitiva: «El juego fue inventado para recreación del ánimo dándole alivio del cansancio y cuidados de la vida, y lo que de esta raya pasa es maldad, infamia y hurto, pues pocas veces se hace que no se le junten estos.

De época también, y muy característica, es la naturaleza de la honra y la carga que la misma representaba; sobre ella descarga Mateo Alemán su duro enjuiciamiento: «¡Cómo si no supiésemos que la honra es hija de la virtud, y tanto que uno fuere virtuoso será honrado, y será imposible quitarme la honra, si no me quitaren la virtud, que es centro de ella! Sólo podrá la mujer propia quitármela, conforme a la opinión de España, quitándosela a sí misma; ...» Y más

---

9 MATEO ALEMÁN, *La Vida...*, Cap. VIII, Primera Parte, pp. 46, 71; Cap. V, Lib. II, Primera Parte, pp. 87-88.
10 *Ibid.*
11 *Ibid.*
12 *Ibid.*

adelante, como si respondiera al propio peso de lo que ha tenido que cuidar y ha querido preservar a fuerza de dolores y preocupaciones, concluye: «¡Qué trabajosa es de ganar! ¡Qué peligrosa de traer! ¡Y cuán fácil de perder por la común estimación!»[13]

Con expresiones bien concisas y directas nos ha expresado el autor todo un argumento hacia la preciosa carga, que tan pesada se hizo en la sociedad española de los siglos XVI y XVII, y que tan livianamente se manchaba y afectaba por virtud del capricho del vulgo omnipotente de entonces.

Y, por último, entre estos factores referentes a la época debo mencionar el ostensible reflejo del problema entonces tan vital de la decisión entre la gracia y el libre albedrío. La oportunidad de la gracia para su salvación se le facilita a Guzmán en muchos momentos, en forma de las distintas ocasiones de regenerarse y salvar su alma, que tuvo a su paso; pero es el ambiente y los malos hábitos los que lo desvían, exponiéndolo a las tentaciones que escoge por propia voluntad, y a las que renuncia sólo al final en un supremo momento de arrepentimiento. Es esta una reacción plenamente contrarreformista, en que el hombre, manifestado ya como pecador, hasta entonces irremediable, se alza sobre sí mismo en virtud de su genuina religiosidad para salvar su alma mediante el arrepentimiento. Está hablando entonces el sentido moral y religioso del autor, que confía en el Dios que ha vivido en su intimidad, o según algunos disidentes en cuanto a la verdadera religiosidad del autor, está produciéndose un final necesario de acuerdo con los imperativos contrarreformistas[14].

Nosotros preferimos considerar esta actitud como una demostración de principios personales, porque vemos en el autor la imagen de un hombre que ha vivido y sentido a plenitud, y en quien habitan los principios de su época.

c) Motivos debidos a la individualidad del autor.

La vida y la personalidad de Alemán son también factores decisivos en la dualidad de su obra. Sabemos por su biografía todas las vicisitudes por que pasó y su contacto con el dolor y los bajos mundos.

Esas experiencias son en parte la razón de su pesimismo y decepción; y sólo en parte, porque en mucho se determinan también esas actitudes por las propias condiciones de su carácter. Recordemos cómo Cervantes, viviendo circunstancias muy parecidas, tiene hacia los defectos humanos una posición de gran comprensión, la que le hace cubrir con un manto paternal los vicios ajenos, sin dejarse llevar por la decepción y el negativismo. Por eso pienso que las propias condiciones de la naturaleza de Alemán determinan su reacción ante los acontecimientos que conoció y los que tuvo que afrontar. Su espíritu re-

---

[13] MATEO ALEMÁN, *La Vida...*, citada, Cap. II, Lib. II, Primera Parte, p. 77.

[14] Confróntese: J. A. VAN PRAAG, «Sobre el sentido de Guzmán de Alfarache», en *Estudios Dedicados a Menéndez Pidal*, V, Madrid, 1954.

concentrado elaboró el pesimismo que trasciende en la obra; y es muy probable que el curso de su propia vida transcurriera en el doble plano a que llevó a su personaje.

Su voluntad débil hubo de proporcionarle muchas caídas de las que sus principios íntimos y su conformación moral habrían de dolerse. Muchos de los sermones de su obra es posible que repitan sus propias recriminaciones. Y, así como sus recriminaciones tuvieron que producirse simultáneas a los eventos de su vida, aparecen también fundidas en una sola concepción en su novela picaresca.

La vida del pícaro establece la unidad a lo largo de todo el relato, mientras que la conciencia, con la libertad sin límites que su ámbito infinito le provee, flota por encima de los acontecimientos, se alarga y extiende, a la vez que escudriña la intrincada complejidad humana. Por eso el soliloquio se crece a nuestra vista y adquiere los caracteres de personaje, porque está siempre allí vigilando a su contraparte y trayéndonos el mensaje del «querer» del pícaro que no pudo convertirse en «hacer» porque le faltó, muy adentro de sí mismo, la fibra capaz de suministrarle la propia contención para salirse del mal y del pecado. Hay constantes ejemplos de ese deseo por el bien que no podía cumplirse, como en las siguientes frases de Guzmán: «¡Oh, qué de cosas me ocurren juntas en esta simplicidad! ¡Cuánto distan las obras de los pensamientos! ¡Qué frito, qué guisado, qué fácil es todo al que piensa; ¡Qué dificultoso al que obra!... ¡Qué bien se disponen las cosas de noche a oscuras con la almohada! ¡Cómo saliendo el sol, al punto las deshace, como a la flaca niebla en el estío!» [15] Estas palabras revelan el sentir estoico del autor y el desajuste con sus acciones contradictorias, y manifiestan también la visión del conflicto humano que debía tener Alemán basada en su propia lucha interior.

El sentido religioso del autor se corrobora en muchos párrafos y siempre en contraste con la incapacidad del pícaro para darle validez a esa íntima creencia; y el reflejo de esa complicada gama de valores y negaciones toma cuerpo en los personajes destacados que encontramos en la obra, cumpliendo cada uno su función específica y enfrentándose entre sí. Guzmán y su conciencia son dos gladiadores, en lucha cerrada, que se golpean mutuamente sin lograr derrumbarse, hasta que al final, después de una larga y fatigosa contienda, «el querer», la voz de la conciencia, logra vencer «al hacer» equivocado del pícaro pecador. Y así es como, en una antítesis muy barroca, Alemán nos presenta la consumación del milagro redentor: «Y como el rico y el contento siempre recelan caer, yo siempre confié levantarme, porque bajar a más no era posible» [16]. Del fondo de la abyección se levantaba la salvación de un alma que parecía irremediable-

---

15 Mateo Alemán, *La Vida...*, citada, Cap. I, Lib. II, Primera Parte, pp. 73-74.
16 Mateo Alemán, *La Vida...*, citada, Cap. IV, Lib. III, Segunda Parte, p. 187.

mente perdida, y la lección moral cumplía sus efecto al estilo barro-co, contrarreformista, mostrándonos al pecador con todos sus defec-tos humanos, pero dándole la oportunidad final del arrepentimien-to y la salvación.

CONCLUSIÓN

De acuerdo con lo expuesto, considero que la obra constituye una totalidad en que las dos facetas predominantes se acoplan de manera congruente, ya que responden al propio sentido del vivir humano. Es este un acoplamiento de tipo barroco en el que la técnica del con-traste justifica plenamente el doble plano que la obra mantiene. Ale-mán ha logrado con esta fusión darnos algo más que el realismo uni-lateral que podría llegarnos si sólo contáramos con las aventuras del pícaro y su visión parcial de la sociedad.

Con el *Guzmán* recibimos la ficción novelesca y la doctrina mo-ral que comunica, con concisión y elegancia, el pensar reconcentrado del intelectual contrarreformista. Y aunque Alemán no logre la sín-tesis perfecta que alcanzó Cervantes, y aun cuando sus dos persona-jes se mueven camo círculos concéntricos, con dimensiones distintas, siempre giran sobre el mismo punto y hacen de la obra un conjunto más significativo por virtud del contraste.

BIBLIOGRAFIA

ALEMÁN, MATEO, *Vida del Pícaro Guzmán de Alfarache*. Edición anotada. Editorial Sopena, Buenos Aires, 1945.
— Edición y notas de Samuel Gili Gaya. Clásicos Castellanos, Madrid, 1953.
CASTRO AMÉRICO, *El pensamiento de Cervantes*. Notas del autor y de Julio Rodríguez Puértolas. Editorial Noguer, S. A., Barcelona-Madrid, 1872.
GEERS, G. J., «Mateo Alemán y el Barroco español», en *Homenaje a J. A. van Praag*. Amsterdam, 1956.
HERRERO GARCÍA, MIGUEL, «Nueva interpretación de la novela picaresca», en *Revista de Filología española*, Madrid, 1937.
ICAZA DE F. A., *Sucesos reales que parecen imaginados de Gutierre de Ceti-na, Juan de la Cueva y Mateo Alemán*, Madrid, 1919.
PRAAG VAN, J. A., «Sobre el sentido de Guzmán de Alfarache», en *Estudios dedicados a Menéndez Pidal*, V, Madrid, 1954.
RODRÍGUEZ MARÍN, FRANCISCO, *La Vida y las Obras de Mateo Alemán*. (Dis-curso de recepción en la Real Academia Española), Madrid, 1907.
RODRÍGUEZ MOÑINO, ANTONIO, «Residencia de Mateo Alemán», en *El Cri-ticón*, núm. 2, 1935.
VALBUENA PRAT, ANGEL, *La novela picaresca española*, 4.ª ed., Madrid, 1962.

LAS NARRACIONES INTERCALADAS EN EL *GUZMAN DE ALFARACHE* Y SU FUNCION EN EL CONTEXTO DE LA OBRA

MARGARITA SMERDOU ALTOLAGUIRRE
Universidad Complutense
Madrid

En 1599 se publica el *Guzmán de Alfarache,* cuarenta y cinco años después de la aparición del *Lazarillo de Tormes,* la primera *novela* que inicia el género picaresco en España.

Su autor, Mateo Alemán, natural de Sevilla y coetáneo de Cervantes (los dos nacieron el mismo año), aunque muy lejos de la ideología de este autor. La descripción de la sociedad española que nos brinda Cervantes en *El Quijote* (publicado al año siguiente de la segunda y última parte del *Guzmán*) es bien diferente de la que nos deja Alemán en su obra. La salvación de una serie de ideales renacentistas a través de *Don Quijote* contrasta con la amarga y desolada pintura de la sociedad de su época que nos hace *Guzmán,* planteándonos a lo largo de su «atalaya de la vida humana» el problema tan barroco de la salvación individual, como única forma de *salvación* posible.

Hago hincapié en tan archisabidas fechas de publicación de ambas obras, pues creo recordar que fue Pierre Vilar quien dijo del *Quijote* «que este libro universal sigue siendo, antes que nada, un *libro español* de 1605, que no cobra *todo* su sentido más que en el corazón de la historia».

Ya Américo Castro, tan sugestivo en su crítica cervantina, esbozó la idea, que comparto, de que tal vez Cervantes escribiese el *Quijote* como reacción al *Guzmán de Alfarache,* en su libro *Cervantes y los casticismos españoles* (1966). Relacionando el *Guzmán* con el planto final desesperado de Pleberio en *La Celestina* (que es lo único de la obra que retuvo Alemán), nos dice:

> «frente a este cerrado horizonte, Guzmán de Alfarache estructura su siniestra, infernal discorde visión del mundo. Sin la cual —casi estoy por afirmarlo— no tendríamos el *Quijote*».

Los dos libros, aparte de ser las dos novelas *primeras* y más importantes del siglo XVII, tienen muchos puntos en común. Uno de ellos y muy fundamental es el de las *historias intercaladas*. Este tipo de narraciones cortas aparecen tanto en el *Guzmán* como en el *Quijote*, sin aparente relación dentro del contexto de la obra: Leídas atentamente, creo que cumplen una función muy determinada en la estructura de ambos libros y que no se debe seguir admitiendo la teoría de que los novelistas (en general) intercalan narraciones en su obra porque sí, por capricho o porque ya las tenían escritas y no sabían qué hacer con ellas...

En el caso concreto de Alemán y Cervantes, esto es inadmisible, ya que estas historias cumplen una función muy determinada que esclarece, en gran parte, el contenido de la obra, como voy a exponer en el *Guzmán de Alfarache*.

La primera parte del *Guzmán* aparece dividida en tres libros. Allí (aparte de una serie de digresiones, cuentecillos, ejemplos, etc.), tenemos dos narraciones intercaladas. La primera es

«La historia de Ozmín y Daraja»,

novela morisca, género iniciado en nuestro país con la *Historia del Abencerraje y de la hermosa Jarifa,* intercalada en la segunda edición de la *Diana,* de Montemayor (1561), también con una función determinada como demuestra acertadamente María del Pilar Palomo en su reciente estudio sobre la *novela cortesana* (Planeta, 1976).

Es curiosa la disposición, el *lugar* que ocupa dentro de la estructura del *Guzmán*. La historia trata de los amores de Ozmín y Daraja y tiene un final feliz (el único final feliz de esta primera parte) y está situada justo al final del Libro I, precisamente cuando Guzmán termina de contar la primera parte de su vida de pícaro, siendo todavía Guzmanillo, y se hace a sí mismo la siguiente reflexión:

«si como aquel bienaventurado iba hacia Sevilla llevara mi viaje, fuera mi *rescate;* mas teníamos encontrado el camino».

Es la única vez, en esta primera parte, en que tenemos un atisbo de esperanza simbolizada en esa historia de final feliz cuya salvación se consigue a través del amor (elemento tan ausente en la picaresca) y de la religión.

La intercalación de la *Historia de Ozmín y Daraja* ha dado lugar a una serie de estudios e interpretaciones. Destaco entre los más recientes el de Donald MacGrady, publicado en 1965 en la R.F.E., que nos habla de la novelita, encuadrándola más bien dentro del género de la bizantina (en realidad, hay muchos elementos afines entre uno y otro género, como demuestra A. Prieto en su *Morfología de la novela,* Editorial Planeta, 1975) y el del hispanita italiano Guido Mancini, titulado «Consideraciones sobre Ozmín y Daraja, narración interpolada» en *Prohemio,* 1971. Y, por último, el libro de Luis Morales Oliver «La novela morisca de tema granadino» (Universidad Complutense, 1972), que muestra, una vez más, el interés que siguen suscitando estas interpolaciones de Alemán en su obra.

La segunda narración intercalada es la historia de *Dórido y Clorinia*, que pertenece al tipo de novela *ejemplar* italiana. Es una novelita cortesana que trata de unos amores contrariados a causa de los celos de uno de los protagonistas (veo cierta relación con *El curioso impertinente* cervantino), celos que convierten al personaje en un sujeto animalizado y bestial y cuyo fin, trágicamente morboso, parece preludiar algunas de las *novelas ejemplares* de María de Zayas y Sotomayor.

También es significativo el *lugar* que ocupa en el contexto de la obra, ya que está situada al final del Libro III y para mí es un símbolo de la trágica desesperanza que envuelve al propio Guzmán, ya convertido en un perfecto pícaro, sin idea posible de salvación y una absoluta falta de esperanza.

Incluso en el hecho de que la historia quede sin terminar, ya que se hace alusión al presente, pues dice el personaje: «me acabo de enterar de un lastimoso hecho que acaba de suceder en Roma», incluso, pues, en esa circunstancia hay un reflejo de la proyección vital que va dando el propio autor a su personaje en conexión con las historias. Esta tragedia anuncia el final dramático a que puede llegar Guzmán si sigue por ese camino; así como al final del primer libro, el pícaro era todavía un adolescente con posibilidades de cambio, con una cierta esperanza simbolizada a través de la *salvación* carnal y mística de los protagonistas moriscos, ahora esa esperanza ha desaparecido. Guzmán no encuentra en su madurez, en la segunda etapa de su existencia, escape alguno y tiene plena conciencia de lo que será su vida en adelante: «un ir caminando cada vez más hacia peores situaciones hasta llegar a la condenación final: *las galeras*».

Estructuralmente, la disposición de las dos narraciones es perfecta: final del Libro I → esperanza/salvación;
final del Libro III → desesperanza/no salvación
dicotomía barroca, proyección de su autor.

Y pasamos a la segunda parte del *Guzmán*. La tercera historia intercalada es la

Historia de Sayavedra,

picaresca dentro de la picaresca. El pícaro Sayavedra cuenta su vida al pícaro Guzmán.

Mateo Alemán hace intervenir curiosamente en su obra al hombre que se la usurpó y publicó en 1602, con el nombre de *Segunda parte del Guzmán de Alfarache*, Mateó Luján de Sayavedra, recurso que también utilizará Cervantes en la Segunda Parte del *Quijote* con la aparición de Don Alvaro de Tarfe, personaje del *Quijote* de Avellaneda, aunque de manera bien distinta.

Alemán se venga, por decirlo así, de esta usurpación y se burla del autor al proyectarlo en esta novela picaresca, haciendo que se vuelva loco, que se crea el propio Guzmán y que acabe suicidándose, terrible castigo como símbolo de que ya no hay salvación posible, de que todo está perdido.

Cervantes es más tolerante con Avellaneda y, con su enorme generosidad, supo escoger uno de los personajes más dignos de la obra, lo intercala a su vez en los capítulos finales del *Quijote* y le deja partir sin castigo, perdonando la injuria.

Como pretendo demostrar en esta ponencia, el *lugar* en que está situada la historia de Sayavedra es precisamente el centro de esta segunda parte del *Guzmán,* que, dividida como la anterior en tres Libros, presenta esta narración justo en la mitad del Libro II.

Al igual que las narraciones anteriores, coincide la historia con la tercera etapa de la vida del pícaro, que ya se presenta absolutamente degradado. Y ese trágico final de Sayavedra es como un toque de atención de lo que puede ser su propio final.

La última narración intercalada es la

Historia de Bonifacio y Dorotea.

Es relatada con un claro fin de distraer, como la primera historia de Ozmín y Daraja, pero cumple también una clara función de forma análoga a las anteriores.

El tema es el del «engaño a los ojos», el engaño matrimonial (tema tan italiano, tan cervantino, que figura en *El celoso extremeño,* novela con la que creo se relaciona asimismo esta historia).

Al final, todos los culpables morirán abrasados por el fuego (no olvidemos que el fuego simboliza purificación) y el marido conservará intacto su *honor* (tema tan importante dentro de la picaresca) y Claudio se hará fraile: salvación a través de la religión.

El lugar de la historia está al final del Libro II, abriendo paso al III y último. Creo que es enormemente significativo que sea precisamente en este Libro III donde Guzmán intenta de nuevo una posible *salvación* o reforma de su vida a través del amor (ya que se casa) y/o de la religión (se quiere hacer fraile), los dos elementos-base que ya aparecieron en la *Historia de Ozmín y Daraja,* con lo que tenemos un perfecto círculo de la trayectoria vital del pícaro a través de estas cuatro historias intercaladas que nos presentan las cuatro diferentes etapas de su vida:

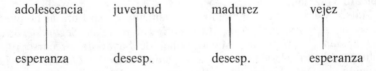

adolescencia	juventud	madurez	vejez
esperanza	desesp.	desesp.	esperanza

la eterna dicotomía tan barroca, tan de todos los tiempos, entre salvación y condenación.

Quisiera terminar señalando algo, creo de interés, respecto de la *picaresca* cervantina por la influencia que presenta de Mateo Alemán.

Por supuesto sabemos que Cervantes nunca escribió una novela picaresca, porque, como señaló acertadamente A. Castro, «lo que el pícaro piense no interesa a Cervantes».

Pero los personajes y los elementos formales de la picaresca se dan con cierta frecuencia en Cervantes. Recordemos: *Rinconete y Cortadillo, Berganza, Loaysa, Ginés de Pasamonte*, el *Licenciado Vidriera, Diego, Tomás*, etc. Cervantes, que nunca estuvo de acuerdo con la forma de vida picaresca, nos presenta una serie de pícaros, pero les hace evadirse de ese mundo, los salva, crea (lo que llamaba Valbuena Prat) una «superpicaresca». Y la salvación o evasión de ese mundo se hace a través de conceptos tan importantes en su época (y en la nuestra), como el amor, la religión, la amistad y el estudio.

Los dos primeros: amor y religión, creo que deben mucho a la atenta lectura del *Guzmán* que curiosamente nunca apareció nombrado en el *Quijote* (ni siquiera en el famoso escrutinio), pero al que se refirió Cervantes con una frase muy reveladora en *La ilustre fregona:* «finalmente él salió tan bien en el asunto de pícaro, que bien pudiera leer cátedra en la Facultad al famoso de Alfarache».

A juicio mío, las historias intercaladas en el *Guzmán* no son, pues, resultado del azar, de una actitud cómoda del autor o, como ya he dicho, porque el autor las tuviera ya escritas antes de emprender la nueva gran obra. (Lo mismo ocurrirá en el *Quijote* cervantino.)

Por el contrario, yo pienso que estas historias intercaladas son consecuencia de la estructuración de la obra como un código semántico (autobiografía del autor, proyección sobre el personaje, determinantes socio-políticos y éticos y, por supuesto, doctrinales) y que se proyectan a través de una serie de elementos formales y funcionales en el contexto de la obra.

GUZMAN DE ALFARACHE EN ALEMANIA
Aegidius Albertinus, «padre del Schelmenroman»

MANUELA SÁNCHEZ REGUEIRA

Del libro de Aegidius Albertinus, «Der Landtstörtzer Gusman von Alfarche oder Picaro genannt» [1] nos interesa aquí especialmente lo que se refiera a Gusman [2] en tierras germanas, y la situación de esos capítulos en la estructura y en el espíritu total de la obra.

En primer lugar, relacionando esta traducción de Albertinus con las fuentes, podríamos agrupar así los capítulos:

— los primeros 19 (desde el folio 1 hasta el 146) que comprenden la vida de Gusman desde la presentación que nos hace de su padre hasta su servicio en casa del Cardenal en Roma, siguen bastante de cerca el itinerario de Guzmán de Alfarache, siendo en ellos suprimidas las reflexiones que Guzmán hace sobre la vida de los hombres y todo lo que no tenga que ver directamente con la del pícaro; no se traducen, por tanto tampoco las novelas de Ozmín y Daraja, Dorindo y Florinia. Añade, sin embargo, algo propio suyo, por ejemplo, en Roma hace Gusman la descripción de las iglesias más nobles de esta ciudad que ellos, los pajes del Cardenal, visitaban diariamente.

— desde el cap. XX al XXIX inclusive (folios 146 a 233) hasta que Gusman deja Alcalá y se marcha a Bolonia, sigue poco más o menos, más bien menos que más, el itinerario del Guzmán de Juan Martí.

---

[1] El título completo de la obra es «Der Landtstörtzer: Gusman von Al= farche oder Picaro gennannt/dessen wunderbarliches/abenthewr=lichs und possirlichs Leben/was gestallt er schier alle ort der Welt durchlossen/aller= hand Ständt/Dienst und Aembter ver=sucht/vil guts und böses begangen und auss=gestanden/jetzt reich/bald arm/und wider=umb reich und gar elendig worden/doch letztlichen sich bekehrt hat/ierin beschriben wirdt.»

[2] Al referirme al personaje de la obra de Aegidius Albertinus, diré siempre *Gusman*.

— desde el cap. XXX hasta la mitad del LIX (folios 233 a 488), que es la parte más larga, el pícaro recorre un camino completamente nuevo, con aventuras también nuevas y desconocidas al Guzmán de Alemán y al de Martí. Aquí es llevado Gusman hasta el centro-norte de Europa, y aquí está situado el viaje del pícaro por Alemania.

— los últimos capítulos de esta primera parte del libro de Albertinus, o sea, de la mitad del LIX al LXI (folios 488-502) vuelven a tener algún punto de contacto con el libro de Martí.

La segunda parte de la obra de Aegidius Albertinus es creación toda ella de este autor, aunque él diga para «atraer a los lectores» (comenta Rausse) [3] que viene del original español. En esta parte habla Gusman de su conversión y de su preparación para el viaje a Jerusalén a cargo de un ermitaño, en un bosque, probablemente bávaro, al que va, después de los tres años de galeras, Gusman. Esto llena las 280 últimas páginas (desde la 503 a 723), con los siguientes temas: arrepentimiento, confesión y penitencia, más los veinticinco requisitos para emprender la peregrinación.

Aquí, por tanto, nos interesan sólo algunos capítulos: los que comprenden los folios del 452 al 486, cap. LIV-LVIII (de absoluta invención de Albertinus, como queda dicho) que son los que llevan a Gusman por tierras germanas, empezando en el Tirol hasta llegar a Westfalia:

Gusman llega al Tirol, a Innsbruck, desde Bolonia, donde ha servido a un Cardenal, y se ha sentado a su mesa en compañía de otras doce personas que han tenido cada una un discurso de carácter moral. El tema de Gusman es el de la necesidad de la *noble necedad* («edele Thorheit»), discurso que él aprovecha para criticar todos los estados y también a la mujer. De Bolonia va al Piamonte, donde se casa con una mujer rica, pero, lo que siempre le pasa a Gusman, se le acaba el dinero y por tanto tiene que trabajar; esta vez lo hace como escribano. Se hace luego alcahuete y usurero, porque todo el que no quiere trabajar se puede hacer: escribano, usurero, alcahuete, mesonero, monje, alquimista, cantante, pícaro, comediante o verdugo. Ejerce luego como alquimista y se le muere esta su mujer italiana. Se hace tendero y vendedor ambulante, terminando luego en la cárcel. Después pasa a Suiza donde llama a las puertas de un monasterio benedictino: allí lo prueban y aleccionan durante un año, pero luego tira su hábito y se escapa, volviendo a ser lo que siempre había sido: un «Störtzer» y un «nichtiger Schelm» = un pícaro.

Se halla justo en la mitad de su itinerario, de su viaje circular, le entra la nostalgia y se compara con el Hijo Pródigo que ha dejado «la preciosa casa del Padre, o sea, la Religión...», «el honor y el pla-

---

[3] Hubert Rause, *Zur Geschichte des Spanischen Schelmenromans in Deutschland* (Münstersche Beiträge zur neueren Literaturgeschichte, 8), Münster i.W., 1908, p. 23.

cer mundanos —sigue diciendo— son débiles como un vaso, y solamente una sombra de los verdaderos del cielo». Ya cuando había estado en Roma (folio 135) había dicho que entonces hubiera tenido una buena ocasión para hacerse «andächtig», pero «je nähender Rom je ärger Christ». Llega al Tirol y se pone a trabajar como minero, pero, porque es holgazán, no quiere trabajar de noche, aunque bajo tierra es el mejor sitio para él. En Innsbruck «ciudad universalmente conocida» se encuentra con un grupo de comediantes de distintas nacionalidades a los que se une, porque él también conoce lenguas: italiano, español, latín y «halb gebrochenes Deutsch» (alemán chapurreado), y además, refiriéndose a su nuevo empleo: «similis simili gaudet», o sea, le gustaban las comedias por lo groseras que eran. Aunque, lo dice también, las representaciones podían ser de vidas de santos. A él le toca el papel de un bufón español con una guitarra. Su nombre de «arte» será el de Guzmandl (Guzmanito) y su señor se llama Pantaleo que representa un viejo enamorado. Lo que ellos van representando por Alemania es —lo dice también Reinhardstöttner [4]— «bastante grosero y pasa largamente el límite del decoro». En su obra «Hausspolicey» dice Albertinus que los comediantes son gente «sin vergüenza e impía»: el pícaro en su lengua puede y debe también hablar de todos esos excesos.

La estancia en Alemania es descrita en 27 folios. En su viaje que va desde Baviera a Westfalia, pasando por Suabia, Franconia y Sajonia, Gusman no nombra ninguna ciudad o pueblo concreto, ni siquiera Munich, donde sale a luz la obra, solamente Münster donde son robados y Lüttich donde ellos roban y engañan. Gusman y su compañía van apareciendo en cada una de estas regiones, sin hacer la descripción del camino que llevan.

En tres de ellas observa lo siguiente:

— Baviera es el «gelobtes Land», la tierra prometida, especialmente por estas tres cosas: por su misericordia para con los pobres, por su piedad en templos y conventos y por su justicia, que es igual para con pequeños y grandes.
— en Franconia nota que los nobles gozan de una libertad única frente a su señor, con los privilegios que tienen dados por el emperador,
— en Sajonia se da cuenta de la gran abundancia y bienestar en que vive Alemania, donde Gusman se encuentra maravillosamente bien.

A tres clases de personas critica especialmente

— a los mesoneros (y no es la primera vez que se lanza contra esta clase de gente, repitiendo en otros sitios lo que aquí dice de los mesoneros alemanes). Entre otros vicios tienen los

---

[4] KARL VON REINHARDSTÖTTNER, *Aegidius Albertinus, der Vater des deutschen Schelmenromans,* Jahrbuch für Münchener Geschichte, 1888, p. 48.

de ser: orgullosos, vanidosos, groseros, impertinentes y ladrones. Uno de sus pecados es el de adulterar lamentablemente la bienaventurada bebida: el vino. Tampoco el ventero español donde sirvió Gusman tenía clientes borrachos porque bautizaba fuertemente el vino,

— criticaba a los nobles, que, según él, deberían «ser los más obligados a dar ejemplo». Estos organizan banquetes y comilonas hasta las altas horas de la noche y no son virtudes las que en este tiempo se practican, al decir de Gusman,

— critica a las mujeres (aquí a las alemanas) ¿cómo no? lo ha ido haciendo a todo lo largo de la obra, aquí excede con gran abundancia Albertinus a Mateo Alemán. La mujer es, según él, «el más noble instrumento del diablo sobre la tierra». Ya en su discurso de Bolonia recuerda la duda de Platón de si la mujer se debía de contar entre los animales racionales o los irracionales; trae allí el testimonio de los turcos que sostenían que el alma de la mujer no era como la del hombre, y que la mujer es un «Mensch» incompleto. Sobre la mujer alemana se pregunta «¿tienen ellos (los hombres alemanes) almas sedientas?, se hartan de beber también ellas, en las tabernas, en las bodas, en las comilonas... Son chicas de ánimo y de gracia, y poco amigas de las labores de su casa». Una vez he encontrado que hable bien de la mujer, de una mujer: la reina Margarita de Austria, esposa de Felipe III: en el momento en que Gusman está para ser ajusticiado apela al «barmherzige foemeninun genus», después de la condena del« unbarmherzige Urteil dess masculini generis».

También tres clases de vicios reprende Gusman en Alemania:

— la borrachera, especialmente en Sajonia, y esto tanto de ellos como de ellas; pero casi los justifica diciendo que «los alemanes, especialmente los sajones, son de naturaleza más fríos y húmedos que los españoles y así les agrada naturalmente tomar gran cantidad de bebidas: vino, cerveza, hidromiel...».

— reprende la gula en «esas grandes comilonas sin pensar que disgustan a Dios y pierden la salud». «Es arte —dice— que han aprendido del mismísimo demonio». En España —añade Gusman— existe un cinturón para las mujeres con una determinada medida que no deben pasar con peligro de un castigo público,

— la tercera meta de la crítica de Albertinus es la libertad de las mujeres, no sólo de las solteras, sino también de las mujeres casadas con pérdida de su honra y de la de sus maridos. Otros defectos no encuentra Gusman en Alemania.

Este recorrido del pícaro y su compañía termina siendo ellos robados cerca de Münster por unos valones, los cuales matan a Pantaleo, y Gusman aprovecha para casarse con la viuda, con la que había tenido ya ciertos amoríos. Antes de salirse de Alemania organiza éi con los de su compañía un engaño muy propio de pícaros para robar a un mesonero y a un joyero: nadie, ni siquiera un mesonero, puede librarse de un engaño organizado por el pícaro. Este improvisa con su típico ingenio un ardid que ni aquéllos, ni el príncipe fingido podrían imaginarse. En el corazón del pícaro no asoma ni siquiera un sentimiento de compasión por la víctima que le ha servido de instrumento, que es el príncipe fingido.

Escapándose de las consecuencias, arrastra toda la compañía, incluida su mujer alemana, hacia España pasando por Amiens, Vascongadas y Navarra hacia Valencia.

Así termina su estancia en Alemania Gusman, hallándose de nuevo en España a tiempo para hacerse famoso, él y su compañía, con la representación de una comedia y una tragedia en las bodas de Felipe III con Margarita de Austria. Se muere su mujer alemana y se casa con Isabella, cuyas exigencias obligan a Gusman a robar. Es cogido por la justicia y condenado a la horca. Pide misericordia a la Reina, y, seguro de su gracia, entretiene a los verdugos quejándose de que no había podido nunca soportar algo alrededor de la garganta; hasta que llega el indulto y sólo es condenado a tres años de galeras, terminando así la primera parte.

Cornelius von Reinhardstöttner dice que el lugar de nacimiento (Geburtstätte) de esta elaboración (o refundación) de la obra de Mateo Alemán es Munich... porque está hecha mirando más a Alemania que a España. Por esto se le van quitando, poniendo o creando nuevos espacios, según conviene más al momento histórico o. al lugar geográfico.

Que la obra gustó entonces en Alemania lo dicen las reediciones que se hicieron: la primera edición sale en 1615, en Munich; la segunda al año siguiente, 1616, también en Munich; la tercera, en el mismo lugar, en 1618; la cuarta, en Augsburgo, en 1619; Rausse habla de otra en Munich en 1622; en 1632 aparece en Francfort la tercera parte prometida por Albertinus, pero firmada por un tal Freudenhold (encuadernada con la de aquél); en Colonia, en 1658, sale sólo la primera parte con el título de «Guzmanus reformatus». Aparece todavía otra en Francfort en 1670.

Aegidius Albertinus, quizá Gillers Albert, nace en Deventer en 1560 y muere en Munich (a donde había venido en 1593) en 1620. Digamos enseguida que no es un *Padre Jesuita*, como se ha afirmado repetidamente: García Blanco (conferencia publicada en el Centro de Intercambio Germano-Español, 1928), el profesor Rauhut (RFE, I), y A. Parker (*Los pícaros en la literatura*, 1971, p. 129). También Manfred Koschlig hace una alusión a ello, cuando dice en «Das Lob des "Franción" bei Grimmelshausen» (1957, p. 31) que el que Gusman se haga peregrino es una «freie Erfindung des *Klerikalen* Eindeutschers Aegidius Albertinus». Albertinus es un padre de «vielen kleinen Kindern», casado con la hermana del abad benedictino de Hohenaltach, a la que deja viuda en el año 1620 y que se ve obligada a vender la casa que él había comprado (todas estas noticias las da también Reinhardstöttner tomadas de las cuentas de la Cámara de la Corte de Baviera) [6]. Es un detalle que tiene su importancia porque su formación y sus intenciones, aun siendo alumno de los jesuitas, tienen que ser muy distintas; tampoco la crítica continuada contra las mujeres no es debida a su jesuitismo, como se ha dicho. Albertinus no es un predicador, sino un escritor y un buen secretario y bibliotecario de la Corte de Baviera; y a veces trabaja, escribe y traduce porque se lo piden, y un sueldo es necesario en su familia: la alegría con que recibe los 60 táleros por la traducción de una obra de Guevara es un ejemplo. Eso sí, trabaja al sérvicio de Maximiliano I de Baviera, que es el príncipe de la Contrarreforma de Alemania del Sur.

La Biblioteca Nacional de Munich posee la colección completa de las obras de Albertinus: entre traducciones y obras escritas por él forman el número de 51. Liliencron nos las describe todas en el prefacio a la edición que él hace de la obra de Albertinus *Lucifers Königreich* (1883). Las traducciones, como dice también Liliencron, son en general muy libres: añade éste que más que traducir «aclimatisiert» = aclimata. Por esto podemos decir que el Gusman está más pensado desde Alemania que visto en España. Traduce obras del español, italiano, francés, latín. De la literatura española traduce ocho libros de Guevara (algunos con más ediciones que una: *Menosprecio de Corte*, p. ej.). Traduce también obras de Antonio de Avila, Francisco de Osuna, Salvador Pons, Pedro de Medina, Pedro Malón de Chaide, Ludovico de Malvenda, Alonso de Orozco, Juan de la Cerda, Lorenzo de Zamora, además del Pícaro. Que las obras de Albertinus tenían éxito lo declara también el hecho de que el emperador Rodolfo II tiene que despachar un privilegio contra làs publicaciones fraudulentas que se hacen de las obras de Albertinus (Reinhardstöttner, 27). Igualmente comprueba su popularidad el que Martinus Freudenhold la aproveche para sacar una tercera parte diciendo que viene del español, cuando en realidad no existe esa tal tercera parte en España.

Es Aegidius Albertinus el que —como dice también Reinhardstöttner— regala a Alemania el primer Schelmenroman, y por eso, para decirlo con palabras de Rötzer [7], Reinhardstöttner «lo eleva a padre del Schelmenroman». De la relación de su obra con el *Simplicissimus* de Grimmelshausen, trata, entre otros, el mismo Rötzer con suficiente amplitud [8].

---

6 Como críticos tan ilustres (pues así lo son los anteriormente nombrado\ ) insisten en llamarlo jesuita, *Padre Jesuita,* he ido a controlar los datos de Reinhardstöttner a la Hofamtsregistratur del Archivo Nacional de Munich, y allí están todos, incluso alguno más que no cita Reinhardstöttner.

7 HANS GERD RÖTZER, *Pícaro-Landstörzer-Simplicius,* Darmstadt, 1972, p. 95.

8 Esto nos exime de alargar aquí. el tema comparativo. Sólo recordar algo que nos servirá luego, y es cómo Simplicissimus, después de la Paz de Westfalia, empieza a pensar en toda su vida pasada (como había hecho Gusman): la experiencia del mundo sólo le ha proporcionado *desencantos* y entonces se hace ermitaño y vuelve a Dios. Hace una renuncia final al mundo.

Así, pues, Albertinus tiene el honor de haber dado a conocer en Alemania con su *Gusman* un género literario completamente nuevo, porque ni siquiera la traducción del *Lazarillo* sale a luz antes del *Gusman.*

Todo el que ha escrito sobre esta obra de Albertinus ha querido buscar las razones profundas que el autor tenía para la selección y adaptación del *Guzmán de Alfarache,* y en su mayoría, poco más o menos, han llegado a la serie de razones e intenciones que se han dado a Mateo Alemán con su libro:

— material para la Contrarreforma de Alemania del Sur. Como dice A. Parker (p. 129), una «obra de espíritu y orientación religiosa». Defensa, pues, de las verdades de fe católica, especialmente una enseñanza sobre la *gracia y la libertad humana.* O sea, «una contribución al movimiento católico de Reforma» (Rötzer);

— «eine allegorische Büssergeschichte» (una historia alegórica de un penitente), y una «exégesis de los tres grados del sacramento de la penitencia: arrepentimiento, confesión y satisfacción» (Rötzer, p. 106);

— el *Gusman,* se dice también, es una obra educativa religiosa, un «Bildunsgsroman»;

— es, según otros, una «Sittenlehre», una «ethische-moralische Geschichte» (una historia ético-moral);

— ¿es, preguntan otros, una conciencia angustiada en busca de redención?;

— la afirmación que Van Praag («Sobre el sentido del *Guzmán de Alfarache*», en *Estudios dedicados a Menéndez Pidal,* 1954, pp. 283-306) hace de que la obra de Mateo Alemán no es la de un católico, ni de un cristiano, sí de un creyente (propiamente de un judío converso no muy convencido), no toca ni de lejos al adaptador de su obra: no es muy positivo el trato que Albertinus da a los judíos, un ejemplo: al presentar al padre de Gusman, dice que muchos se alaban de la nobleza de sus antepasados y luego se descubre que «son hijos de un pícaro, de un remendón de sartenes [*sic.*] o de un *judío*»;

— ¿es este libro una enciclopedia escolástica?; creo que nada más lejos;

— el profesor Baader *(Spanische Schelmenromane,* München-Darmstadt, 1964-65) dice a propósito de la obra de Mateo Alemán que no es ninguna historia de la salvación («Heilsgeschehen»), ni una enseñanza de buenas obras «von den guten Werken»; tampoco es la biografía del pícaro ninguna exigencia de conversión; lo es, sí, de *desengaño,* de desilusión: y este es el tema central.

Leamos nosotros ahora (lo haremos muy sucintamente) el prólogo que Aegidius Albertinus pone a la primera edición de su *Landtstörtzer Gusman von Alfarche,* cosa que no se ha hecho nunca: la tesis

del profesor Baader sobre el *Guzmán de Alfarache* será confirmada por
el *Gusman* de Albertinus, o sea, un fruto más del *desengaño*, del *desencanto*, que dijimos arriba sentía también Simplicius.

Este prólogo está dedicado al abad de Farbach, al que elige como
Patrón de la obra.

En él hace cinco comparaciones del mundo con cinco realidades
de la naturaleza.

— el mundo es como un *prado florido* en tiempo de verano, con
toda clase de vistosas flores y de hierbas vulgares, que cuando
llega el segador con su hoz las mezcla y se marchitan y secan
todas por igual. En el mundo hay hombres distintos en grandeza, en belleza, en bondad, en honor, pero «omnia mors aequat»,
pues, ¿dónde están el cetro del rey, el cappello del cardenal,
la tiara del Papa, la corona del emperador, dónde los Sansones, los Gedeones, los Hércules, los Aquiles, dónde los ricos
Crasos, Midas, Cresos y el sabio y prudente Salomón—, pregunta Albertinus, casi como Jorge Manrique;

— el mundo es como un *bosque espeso* en el que hay árboles que
crecen hasta ocultar sus ramas en las nubes y otros más feos,
pero más útiles, otros inútiles, pero verdes, bellos, alegres;
otros muy pequeños que arrastran sus ramas por el suelo; pero
cuando son golpeados por el hacha y convertidos en ceniza por
el fuego no se distinguen los grandes de los pequeños. En el
mundo algunos hombres son unos perfectos ignorantes y tartamudos, otros elocuentes; unos sofistas, otros filósofos; unos
guapos, otros feos; quienes heroicos y valientes, quienes temerosos e incapaces de emprender algo bueno, pero bajo la hoz
de la muerte, todos se convierten en ceniza;

— el mundo es también como la *casa del alfarero*, donde hay toda
clase de vasijas, grandes y pequeñas, bonitas y feas; algunas
para ocasiones nobles, otras para ser escondidas en un rincón,
pero el tiempo las va convirtiendo todas en pedazos. En el mundo hay magnates, príncipes, nobles, ciudadanos, campesinos
y pobres, y, como los vasos: unos en honor, otros en contumelia, unos nobles, otros innobles..., pero todos somos sometidos a la misma suerte;

— la comparación que parece a Albertinus más propia es la de
considerar el mundo como un *laberinto*, en el que los hombres
van y vienen, viajan, corren, buscan, poetizan, aspiran, se esfuerzan, vagan (en alemán suena así: wanderen, laufen, suchen, dichten, trachten, sich bemühen... vil [*sic*.] irren»),
pero no encuentran, no atinan: para encontrar hay un solo
camino, para equivocarse, hay infinitos;

— por último, se compara el mundo con el *mar inconstante* que
cada hora trae nuevas olas y tempestades para naufragios. Y
aún hay quien dice que es como *un viento* que pasa, pero el

que mejor lo definió fue el Sabio: «universa vanitas omnis homo vivens»: toda vanidad, inconstancia, locura, pobreza, desgracia, se halla en el hombre.

«Y PARA QUE TODO ESTO —concluye Aegidius Albertinus— SE VEA QUE ES CIERTO HE QUERIDO PREPARAR PARA LA IMPRESION LA HISTORIA DE LA VIDA DE JOAN GUSMAN, PENSANDO EN EL BIEN DE TODA CLASE DE PERSONAS Y ESTADOS.»

En la vida de Gusman, pues, se plasma el desengaño de la época barroca. Como el mismo Albertinus dice en el título: «Gusman recorre casi todos los lugares del mundo (!), intenta todos los estados, servicios, empleos; muchos bienes y males experimenta y sufre, tan pronto rico como pobre, como otra vez rico y otra vez miserable, pero al fin vuelto a Dios.»

El pesimismo de Albertinus tenía una razón: Reinhardstöttner (p. 17) dice: «La sombra de la desgracia que se acercaba (la Guerra de los Treinta Años) se extendía ya sobre el país bávaro», y Albertinus la presentía como todos.

VII

LA NOVELA PICARESCA
ENTRE EL "GUZMAN DE ALFARACHE"
Y "EL BUSCON"

Gregorio González.

Cervantes.

María de Zayas.

"Avellaneda".

Vicente Espinel.

Dr. Carlos García.

Jerónimo de Alcalá Yáñez.

Jerónimo Salas Barbadillo.

EL GUITON HONOFRE: UN ESLABON ENTRE «CELESTINESCA» Y «PICARESCA»

MANUEL CRIADO DE VAL
C. S. I. C.

El *Guitón Honofre* permanece sumergido en el silencio de la crítica literaria, desde que lo menciona Tamayo de Vargas en 1624 y unos años más tarde Nicolás Antonio, en 1672. Sorprende que, a pesar de estas citas, no vuelva a interesar este libro, ni siquiera como cita transitoria, a los grandes historiadores de nuestra literatura clásica. Claro es que las vicisitudes por las que pasó el manuscrito de Gregorio González, si no perdido por los menos olvidado en las bibliotecas de Lima y últimamente en la Smith College Library, no permitían acceso fácil al que sin duda es un testimonio de la más pura picaresca española.

En fecha muy reciente, 1973, Hazel Genéreux Carrasco publica el texto, que es parte primera de su tesis doctoral, en la Universidad de California, bajo la dirección del profesor Joseph Silverman. La edición es impecable. Incluso, demasiado respetuosa con algunos pasajes cuya lectura es difícil por deficiencias del original. La editora, siguiendo una norma casi siempre aconsejable, no trata nunca de suplir las lagunas con interpretaciones personales.

Acompaña a esta edición un apéndice, con lista de proverbios, máximas, alusiones y variantes de frases hechas o modismos, de gran utilidad, que descubre uno de los aspectos más peculiares del libro: su condición de repertorio refranero, muy dentro de la literatura de su tiempo. También acompaña a la edición un esquema con los lugares geográficos que aparecen en el libro, y un segundo apéndice sobre la etimología y posibles interpretaciones de la palabra «guitón».

El *Guitón Honofre* no es una obra insignificante de la picaresca de los primeros años del XVII. Es un libro bien escrito, con evidentes señales de ser obra de un profesional, dueño de sus recursos y conocedor no sólo de las obras más características del género picaresco, en los mismos años en que él escribe (1604), sino también de los principales aspectos de la literatura celestinesca, con la que no niega en ningún momento su relación y la dependencia que todavía se acusa en su estilo.

Este carácter de eslabón en la cadena que desde Juan Ruiz sigue por *La Celestina* y sus continuaciones, para enlazar con la picaresca y la gran literatura cervantina, es el estímulo que me ha movido a interpretar algunos aspectos que pueden caracterizar la posición del *Guitón Honofre* entre las dos grandes familias: celestinesca y picaresca. Otro punto fundamental es la relación del *Guitón* con las obras cervantinas, especialmente con *el Quijote*. La fecha, 1604, en la que cifra su autor la redacción del original, ya es suficiente dato para explicar su interés. Cualquier texto, cualquier dato de significado literario que haga referencia a este año y al siguiente, clave en la edición del *Quijote*, no nos puede dejar indiferentes.

Características principales

Los refranes y frases proverbiales en el *Guitón Honofre* superan en su número, y proporcionalmente a la extensión del libro, a cualquier otra obra de la literatura española. Esta abundancia exagerada perjudica a su estilo y convierte muchos capítulos en un diccionario paremiológico. Basta señalar que la lista de refranes que acompaña a la edición de Hazel Genéreux Carrasco supera los novecientos, mientras que los recogidos por Gella Iturriaga en el *Buen Amor* y en la *Celestina* apenas llegan a la mitad. A este interés por la sabiduría popular añade Gregorio González un plan sistemático de disgresiones didácticas que encabezan cada uno de los episodios. También en este aspecto puede considerarse su libro como obra arcaizante; sus temas preferidos: el amor, el hombre, la libertad y la avaricia, muestran la proximidad con los tratados por los dos Arciprestes.

La actitud de Gregorio González frente al mundo eclesiástico exagera las normas habituales en la literatura picaresca anterior. Su crítica de los teatinos y los dominicos se complementa con audaces comentarios y una irónica irreligiosidad, personalizada en uno de sus personajes: Don Diego, parodia sin encubrimiento de la figura de un místico.

Característica muy marcada y ajustada al estilo clásico del género es la precisa atención de Gregorio González a los itinerarios y contornos geográficos que se describen en las aventuras del *Guitón*. La ruta seguida por éste se inicia en un pintoresco pueblo amurallado de la Alcarria, cercano a Sigüenza, donde nace Honofre, por lo que bien podemos decir que es la única novela picaresca de protagonista alcarreño. Su itinerario desde Palazuelos hasta Alcalá es preciso y sigue la ruta tradicional sobrepuesta a la vieja calzada. Su principal escala, después de salir de Sigüenza, es Hita, cuyo mesón alaba no sabemos si irónicamente. A partir de Alcalá, el itinerario del *Guitón* se vuelve genérico y convencional, hasta terminar en Calahorra, luego de describir un amplio círculo. Las ciudades de Sigüenza, Salamanca y Valladolid son bien conocidas por Gregorio González, hasta el punto de que nos es fácil situar en los planos de la época los lugares que de ellas aparecen citados.

El «prólogo al lector»

La tradición medieval de los «prólogos», o instrucciones al lector para una comprensión adecuada del libro, se mantiene sin interrupción desde el *Buen Amor*, la *Celestina*, el *Lazarillo*, el *Guzmán*, hasta el *Guitón Honofre*. Predominan en este último los elementos celestinescos, que muestran una dependencia de la novela de Gregorio González en relación con la obra de Rojas, más acusada en la introducción o prólogo y en los capítulos VI y VII (suceso del sacristán), mientras que los capítulos I a V están inspirados preferentemente por el *Lazarillo,* y al final de la obra se refuerzan los pasajes dependientes del *Guzmán* y aquellos otros que muestran una imaginación y creación independientes por parte de Gregorio González.

Veamos las principales semejanzas entre las dos introducciones en prosa de la *Celestina* («el autor a su amigo» y el «prólogo») y el «prólogo» al lector de Gregorio González: Coinciden ambos autores en su preocupación de cara al «vulgo» o «lectores», aparentando una humilde ignorancia; las «mil doladas razones» (Rojas), el «poco ingenio» (González), que justifican tanto uno como otro por no ser profesionales de las letras, sino «de oficio ajeno» (González). Juristas ambos y muy ocupados «en su oficio», el «poco tiempo» que les queda del ejercicio de su «facultad» es el que dedican a su «recreación» o pasatiempo literario; Rojas «15 días», González el tiempo perdido de «una grave enfermedad». Los dos son impulsados y aconsejados por un círculo de amigos: «sobre lo cual fui muy importunado» (Rojas); «no faltaron personas a quienes no podía faltar que me apretaron de suerte que hurtando al tiempo algunos breves ratos le llegué a este estado» (González).

De acuerdo con el tradicional respeto a las fuentes clásicas, ambos autores buscan apoyarse en precedentes más o menos reales (Heraclio, Petrarca, Aristóteles, Plinio, Lucano), por parte de Rojas; Cicerón, Horacio, Demóstenes, Verino, Ennio, Marcial, Plauto, Terencio, Fausto Andrelino, por parte de Gregorio González. Las «sentencias enjeridas» son en los dos autores preocupación fundamental, como también lo es la distinción entre lo propio y lo ajeno; «porque conozcáis dónde comienzan mis mal doladas razones», dice Rojas, mientras González nos advierte, «quise al tiempo de implimille poner a la margen acotados los lugares donde estaba cada sentencia para hazer distinción de la ageno» (p. 43).

La dedicación similar de los dos libros a unos patronos o mecenas más o menos reales e importantes en la vida social de la época se acentúa en la obra de González, que está situada dentro de la moda exagerada de las dedicatorias y réplicas inacabables: «carta a Don Carlos de Arellano y Navarra», «elogio del autor a Don Carlos de Arellano y Navarra», «el licenciado Gregorio González autor a su *Guitón Honofre*», «El *Guitón Honofre* a su autor, respuesta», «de Don Juan Ramírez de Arellano, señor de las villas de Alcanadre, Agusejo y Murillo de Ríoleza, al licenciado González, Gobernador de su estado», «del mismo, otro soneto al libro», «de la Señora Doña Leonor Juana de Arellano y Navarra al autor y su libro», «de Don Pedro Ximénez de Torres, natural y vecino de Logroño», «de Tarsila, pastora querida del pastor Tirselo, autor del *Guitón*, en su alabanza», «respuesta de Tirselo a su hermosa Tarsila», «del licenciado Espinosa, collegial del collegio trilingüe, de Alcalá de Henares, donde el autor lo fue, en su alabanza», «Magistri Didaci Ramirii Salonis Parrochi Murellani Epigramma ad stemma Gregorii Gundisalui et in eius laudem...».

Como correlación estilística de menor alcance señalamos la obsesiva alusión por los dos autores a las serpientes, víboras y ponzoñas y el muy similar ritmo pausado y retórico de sus dos «introducciones».

Otras muestras del influjo celestinesco

La indudable presencia del modelo celestinesco tiene, en el *Guitón Honofre,* dos vinculaciones primordiales: la figura de Inés, el ama vieja de los dos primeros capítulos, que refleja a Celestina y sustituye al ciego del *Lazarillo* y, sobre todo, las contrafiguras de Calixto, Sempronio y en ocasiones Pármeno y Melibea, según aparecen en el episodio del sacristán (capítulos VI y VII). La introducción burlesca de un tema amoroso dentro del contexto picaresco original, muestran unas grandes dotes de narrador en Gregorio González, muy superiores a su aparentes desconocimiento del oficio de las letras. La intencionada imitación del estilo de la *Celestina* es patente en los diálogos entre Honofre (figura del cínico Sempronio) y su enamorado amo Theodoro, que en su nombre, siguiendo el ejemplo celestinesco, parodia «al amor divino». Las exclamaciones del loco enamorado, los apartes y burlas de Honofre, con sus burlas a cuenta de doña Phelipa (figura de Melibea):

> «—¡O preciossissima reliquia! ¡O joya inextimable! ¡O milagroso don! ¡O suabe prenda! ¡O cintas dichossas y bienauenturadas! ¿Que encerrásteis en vosotras tanto valor, tanta dignidad, que ayáis sido merezedoras de tocar aquellas celestiales manos? ¿Dignas de haberos visto en poder de /74v/ aquel milagroso exemplo de belleza y seruido a aquella deifica visión que yo por mi dios contemplo? Adoraros tengo a mill vezes, haziéndoos sacrificios y olocaustos, que no merece menos prenda que tan celestial imagen a tocado. ¡O felicissimo Theodoro!

Al Olimpo as llegado de tu bienauenturanza. ¿Que ella te las dio, Honofre? ¿Cómo no me as pedido estrenas? Vn thesoro te diera.

—Ay estaba detrás de la puerta; no había sido cabar.

—¿Qué dices? —me preguntó.

—Que no quiero yo, señor —dije—, mejores estrenas que saber que doy gusto a Vm. El fiel criado mas estima el contento del dueño que el suyo proprio.» (p. 108)

Las frases en relación directa con la *Celestina* son numerosísimas, aunque se advierte que aparecen con mayor frecuencia y caracterizan más a los primeros diez capítulos que a los cinco últimos.

«El Lazarillo» y el «Guitón»

Gregorio González es consciente de que su libro oscila entre dos polos de atracción: *Celestina* y *Lazarillo.* Del prólogo de este último recuerda la convencional modestia «desta nonada, que en este grosero estilo escribo», la cita de clásicos como Plinio y Cicerón y la obediencia al deseo de un protector o mecenas más o menos figurado.

La genealogía irónica de Honofre, su infancia desvalida en manos de amos crueles y desdichados, el valor autobiográfico y la permanente vida errante del protagonista acreditan la obra de un fiel discípulo del texto básico de la picaresca. El *Guitón* evoluciona a unas formas más radicales y siente un placer por la venganza,. un gusto por lo escatológico y una actitud irreligiosa mucho más cruda y de menos profundidad que su modelo. También, como hemos visto sucedía en la *Celestina,* su imitación del *Lazarillo* declina a medida que avanza la obra. El autor va dejando paso a su propia imaginación creadora y a su propósito de enderezar su crítica final a dos órdenes religiosas: teatinos y dominicos. El anuncio de una segunda parte en la que Honofre nos mostraría su vida picaresca bajo el hábito de Santo Domingo es confirmación de este propósito.

El *«Guitón» y «Guzmán de Alfarache»*

Gregorio González no oculta tampoco su dependencia con *Guzmán,* al que alude e incluso cita. *Guzmán* es para él el pícaro por antonomasia. En el soneto dedicado por «el autor a su *Guitón Honofre»* define así su admirativa dependencia de Mateo Alemán: «Podeis dezir quel mucho parentesco / que tenéis con el Pícaro os a dado / las boladoras alas, y animado / vais a ganar (qual él ganó) por fresco» (p. 30). En otras ocasiones la alusión a pasajes y frases del *Guzmán* demuestran que conocía con todo detalle al menos la primera parte de sus aventuras: «Y quando esto no fuera, quisiera seguir a Horacio y guardarle algunos días para corregirle y enmendarle» (p. 42), dice González en un directo recuerdo de la cita de Alemán: «Más teniendo hecha mi tercera parte y caminando en ella con el consejo de Horacio para poderla ofrecer, que será muy en breve.» Alusión que sólo admitiendo un previo conocimiento podría explicarse. O en perífrasis realizadas casi al pie de la letra: «Más en centinela estuve yo que vna grulla, porque a ellas despiértalas la piedra que en la mano tienen, si se les cae, pero a dormirme yo mi propio golpe me despertara» (pp. 166-67). En Mateo Alemán: «No hay duda que siempre continuaba velando su honestidad, como la grulla, la piedra del amor de Dios levantada del suelo...» (p. 167, nota).

En los primeros años del siglo XVII, más concretamente entre 1599 y 1605, se produce un confuso proceso literario que envuelve a dos grandes novelistas españoles, Mateo Alemán y Cervantes, y a varias figuras secundarias que los plagian e intentan ocultarse en un anonimato impenetrable: Los autores de la segunda parte del *Guzmán de Alfarache* (Mateo Ujandes Saavedra) y de la segunda parte del *Quijote* (Avellaneda). Junto a ellos otros autores secundarios publican sus libros, que muestran una evidente relación que no podemos suponer fuera casual: *La pícara Justina* (1605), en la que parece, por su contenido, que su redacción es anterior a su edición.

¿Cuáles son las causas de esta tremenda confusión, en la que parecen estar mezclados no sólo los autores, sino la propia organización e impresión de sus obras? Los originales corren de mano en mano en ediciones fraudulentas (el *Guzmán* fue editado en el mismo año de su aparición varias veces, a espaldas del autor). Desde que la primera parte del *Guzmán* (1597) hasta que se aprobaba (13 de febrero de 1599), y por fin se imprime, han pasado tres años. Un tiempo más que suficiente para toda clase de imitaciones. La segunda parte del *Guzmán*, según reconoce el propio Mateo Alemán, está fundada en la primitiva redacción, que debió rehacer el autor para no coincidir con su plagiario.

Gregorio González y Miguel de Cervantes

En el año 1604 viaja Cervantes a Valladolid, llevando consigo el manuscrito de *Don Quijote*. En ese mismo año solicita autorización para imprimirlo... Posiblemente existió una edición de la obra cervantina en ese mismo año, pero no es dudoso que su contenido era conocido en los medios literarios.

El año 1604 es también teóricamente el de la redacción del *Guitón Honofre*. ¿Hasta qué punto cabe pensar en una independencia entre ambas obras, o bien, lo que parece más probable, Gregorio González tenía conocimiento más o menos completo del *Quijote*?

La peculiar desidia de Miguel de Cervantes, su poca precaución y cuidado de los originales son rasgos que desde hace tiempo me ha interesado analizar. Recordaré un viejo estudio publicado en *Anales*

Cervantinos del año 1952, en el que seguía la pista del proceso de corrección estilística de Cervantes entre el primitivo manuscrito de sus *Novelas Ejemplares (Celoso extremeño* y *Rinconete y Cortadillo)* y su definitiva edición. Proceso que estimaba entre los seis o siete años. Pocos después, en 1953, amplié este análisis, aplicándolo a la misteriosa elaboración de *La Tía fingida.* La desaparición, muy moderna, del precioso códice de Porras de la Cámara no llegó a impedir su edición que, sin duda era fiel, por Schevill y Bonilla.

Tanto el problema suscitado por la fecha de composición y edición del *Quijote* como el de las *Novelas Ejemplares* nos proporcionan un claro indicio de la difusión manuscrita de muchos libros, con el consiguiente peligro de copias o sustracciones por las mismas fechas de composición del *Guitón Honofre.* El propio Gregorio González, en su prólogo, nos dice que «A no haberme hurtado ciertos borradores de poesía a que yo e sido aficionado (aunque tengo pocos) vbiera algunos años que andubieran por el mundo metidos en el peligro en que éste va puesto» (p. 42). Las muchas vicisitudes en la composición y edición de una obra literaria por estos años, bien pueden ser la causa de influencias literarias difíciles de explicar.

Entre el *Guitón* y el *Quijote* hay claros indicios de una relación que, dadas las fechas de ambas obras, una manuscrita en 1604 y otra editada supuestamente por primera vez en 1605, parece probable se haya establecido a través de un conocimiento de textos manuscritos. No debe desorientarnos la existencia de un mundo literario en el que la propiedad literaria estaba muy poco garantizada.

Entre las posibles relaciones entre el *Quijote* y el *Guitón,* con más probable influencia del primero sobre el segundo, señalamos las siguientes: Los engaños del pícaro Honofre a su amo, enamorado, con descripciones imaginarias sobre su señora doña Felipa, son réplica de los diálogos cervantinos entre Don Quijote y Sancho sobre la imaginaria Dulcinea. Hay en el bachiller González la actitud paternal de Don Quijote con su escudero. La carta a su amada en el *Guitón* también la pondría «sobre su cabeza», a semejanza de lo que pregunta don Quijote a Sancho: «cuando le diste mi carta ¿besóla? ¿púsosela sobre la cabeza?».

Se repiten en el *Guitón* la salida de sus personajes «por aquellos campos», o bien cuando «apenas había Dios amanecido por aquella Puerta de San Vicente».

Los tópicos comunes son muy frecuentes: «Los primeros movimientos no son en mano del hombre»; «digan que de Dios dijeron»; «remédielo Dios que yo me doy por vencido», dice Guitón, como Don Quijote al volver definitivamente vencido. La «prosopopeya» de los protagonistas, la peculiar filosofía moral: «nacidos hemos, del cielo somos», dice Guitón; «nacido soy y no ha de vivir el hombre sino de Dios», dice Don Quijote. En el inmenso refranero común a ambas obras se repiten las frases referidas a Sancho, si bien era muy corriente la personificación popular de ese nombre.

Esta extraña y primitiva novela picaresca que es el *Guitón Ho-*

nofre bien merece un puesto al sol en nuestra futura historia literaria, no sólo por la calidad de bastantes pasajes, sino por su condición de eslabón entre los grandes mundos de la celestinesca y la picaresca, por un lado, y su familiar proximidad con *Don Quijote,* por el otro.

CERVANTES Y EL ANTIHEROE

Pierre L. Ullman

Parece hoy día casi una perogrullada apuntar que el concepto del antihéroe es primordial para una definición del pícaro. El pícaro es el antihéroe por excelencia, pues su característica se contrapone a la del caballero, el cual ha de esforzarse en ser héroe. Mientras que el héroe lucha y vence, el pícaro es corrido, perseguido y derrotado. Mientras que el héroe es de estirpe preclara, el pícaro lo es de muy baja y a veces no muy limpia. Mientras que el héroe batalla por la justicia, el pícaro hurta y huye. El héroe es valiente, el pícaro cobarde. El caballero ideal replandece por su honra; el pícaro es foco de deshonra.

No obstante, sería muy arriesgado afirmar que el concepto literario del antihéroe se manifiesta solamente en el pícaro. Cabe investigar, al respecto, la modalidad cervantina del tema antiheroico, empezando por un examen de la función de la picaresca en la obra de Cervantes.

Entre los varios trabajos publicados acerca de Cervantes y la picaresca, y sobre todo en el de Blanco Aguinaga, se han planteado la cuestión de por qué *Rinconete y Cortadillo* no es verdadera novela picaresca [1]. Aun más, se ha dicho que Cervantes escribió el *Quijote* no tanto para poner fin a las novelas de caballerías, sino para contrarrestar la picaresca. A esto se puede objetar que el *Quijote* contiene algunas escenas importantes que recuerdan las de novelas picarescas, particularmente en las ventas [2] o en las galeras del puerto de Barcelona. Además, el *Quijote* no carece de personajes picarescos. El ventero Juan Palomeque es un buen ejemplar, aunque, habiéndose asentado, no puede ser tachado de vagabundo, rasgo esencial del pícaro

[1] CARLOS BLANCO AGUINAGA, «Cervantes y la picaresca; notas sobre dos tipos de realismo», en *Nueva Revista de Filología Hispánica*, 11 (1957), pp. 313-342.

[2] Ver EMILIO GONZÁLEZ LÓPEZ, «La evolución del arte cervantino y las ventas del *Quijote*», en *Revista Hispánica Moderna*, 34 (1968), pp. 302-312.

literario. El único personaje presentado como pícaro en su plenitud es Ginés de Pasamonte, el cual, como sabemos, está escribiendo el libro de su vida al paso que la va viviendo; a diferencia de Lazarillo y Guzmán, quienes la escriben, a lo que parece, como pecadores en vía de confesión y arrepentimiento[3]. Esta diferencia entre Ginés y los protagonistas modelos de la literatura picaresca, además del hecho de ser Ginés un personaje menor en el *Quijote* de 1605, nos ayuda a percibir la distancia que separa a Cervantes del espíritu de la picaresca. Por tanto, si insistiésemos en que el pícaro es la única manifestación posible del antihéroe, nos veríamos obligados a deducir que Cervantes no tenía gran interés en el tema antiheroico.

Antes de insistir, empero, en un encarnación privativa del antiheroísmo en el pícaro, veamos de hallar un antihéroe cervantino, si bien en una forma distinta a la de que se valieron los demás escritores del Siglo de Oro. Para éstos el problema del heroísmo se presentaba meramente bajo un aspecto dual: hay un héroe, que es caballero; y hay un antihéroe, que es pícaro. En cambio, para Cervantes, como intentaremos demostrar, el problema del heroísmo se presenta con forma ternaria: además del héroe genuino y del antihéroe, existe el héroe burlesco. Y como también intentaremos demostrar, estos tres tipos se plasman respectivamente en el Cautivo, el Curioso Impertinente y don Quijote. En consecuencia, el pícaro queda alejado del esquema principal, según el cual el tema antiheroico se enfoca en la obra cervantina.

Todo eso está conforme a la visión literaria de Cervantes en función del personaje y del mundo que lo rodea. En el *Quijote,* como se ha notado muchas veces, la relación del personaje y la sociedad es cambiante y dinámica. La postura cervantina es bien distinta a la actitud ascética o a una visión; literaria escindida entre la heroica de la caballería y la antiheroica de la picaresca, bajo la cual el caballero nace con honra y la mantiene o acrecienta, emulando así el patrón heroico; y el pícaro, en cambio, nace sin honra y, por ende, no puede conseguirla. Pero, ¿es al pícaro a quien deberíamos contraponer el modelo heroico para definir el antiheroico? La pregunta nos merece una reflexión detenida.

En consonancia con la visión dinámica de la sociedad, el hombre puede crear su propio destino, hacerse a sí mismo[4]. Para recal-

---

3 La vida de Ginés puede ser novela picaresca sólo en broma, ya que, como escribe Blanco Aguinaga acerca del *Guzmán de Alfarache,* si se mira ficticiadamente a fuer de autobiografía: «aunque cuando vivía su vida de pícaro cada aventura le servía para descubrir, *a posteriori,* el engaño del mundo, la novela de esa vida es, como veremos, pensada *a priori* como ejemplo de desengaño» *(ibid.,* p. 316).

4 Otra vez, según Blanco Aguinaga: «Frente a la novela de caballerías y frente a la novela picaresca, frente a la seguridad dogmática y la técnica de definición de lo predestinado, he aquí dos principios de novela [del *Quijote* y del *Coloquio de los perros]* que, veremos, son esenciales a la manera cervantina, porque desde ellos, se abren todos los portillos a la realidad imprevista que se crea *en* la novela, donde los personajes se van haciendo y haciendo su circunstancia mientras ésta, a su vez, los hace a ellos» *(ibid.,* p .329).

car tal principio, el héroe y el antihéroe deberían partir de la misma base. Así como el héroe nace con honra y la acrecienta, el antihéroe debería nacer también con honra, pero, a diferencia del héroe, debería menguarla por culpa propia. En cuanto al pícaro, individuo nacido sin honra, él sería así gracias a un concepto estático de la sociedad, y tendríamos que tildar de pesimista la visión social del autor, que, al recrear artísticamente la vida de tal personaje, lo mostrara incapaz de alzarse [5]. Cervantes está lejos de tal pesimismo. En el *Quijote*, el antihéroe, Anselmo, parte de la misma base que el héroe. Teniendo honra, la destruye, empero, por voluntad propia. En efecto, él mismo lo reconoce al dejar escrito un papel antes de morir: «yo fui el fabricador de mi deshonra» (I, XXXV).

Ahora bien, cabe preguntarse cuál es la función del episodio del Curioso Impertinente en la novela. Algunos críticos consideran que esta narración intercalada forma el ápice de la estructura del *Quijote* de 1605. Así opina Immerwahr en su célebre artículo sobre simetría estructural en las narraciones episódicas del *Quijote* [6]. Immerwahr, al buscar un principio ordenador en la estructura de la obra, lo halló en torno al tema amoroso. Así resulta que la lectura de El Curioso Impertinente envuelve el centro de la novela, el cual centro consiste en el triunfo de don Quijote contra un gigante o, mejor dicho, un cuero de vino [7]. A cada lado de esta narración, según Immerwahr, se sitúan tres historias amorosas: antes de ella, Erisóstomo y Marcela, Cardenio y Luscinda, Fernando y Dorotea; después de ella, el Cautivo y Zoraida, Luis y Clara, Leandra y sus admiradores.

No obstante, a pesar del esquema de Immerwahr, el amor no es' el único tema de la novela, ni quizá el principal. Según el tema que enfoquemos, le hallaremos un centro distinto a la obra. Casalduero, por ejemplo, buscándole un foco filosófico, lo sitúa en el episodio de los batanes. «La aventura de los batanes, el clímax del *Quijote* de 1605», escribe el eminente crítico [8]. Nosotros, rastreando su centro según el tema del heroísmo, creemos encontrarlos en el capítulo XXXVI, el cual lleva en efecto como título el del triunfo mismo, reconocido por Immerwahr como centro. Este título reza: «Que trata de la brava y descomunal batalla que don Quijote tuvo con unos cueros de vino tinto, con otros raros sucesos que en la venta le sucedieron». Pero este título parece estar puesto en broma, pues la tal batalla ya sucedió en el capítulo anterior, el XXXV. En el XXXVI don Quijote no hace absolutamente nada; lo que acontece en él es la feliz resolución de las historias amorosas de las parejas Fernando y

---

[5] Respecto al concepto estático de la sociedad en la novela picaresca, Blanco Aguinaga hace hincapié en el eco del *Eclesiastés* que proporciona esta cita del *Guzmán*: «Todo ha sido, es y será la misma cosa» *(ibid,* p. 320).

[6] RAYMOND IMMERWAHR, «Structural Symmetry in the Episodic Narratives of *Don Quijote,* Part One», en *Comparative Literature,* 10 (1958), pp. 121-135.

[7] *Ibid.,* p. 127: «... the climax of the ... imaginary career of ... Don Quijote de la Mancha is thes slaying of the giant in the enchanted castle.»

[8] JOAQUÍN CASALDUERO, *Sentido y forma del «Quijote»,* 2.ª ed. (Madrid, Insula, 1968), p. 114.

Dorotea y Cardenio y Luscinda. Esta anomalía intencionada debería relacionarse con lo que Avalle-Arce ha llamado «dinámica epigráfica» [9].

Es la segunda vez que esto sucede en el *Quijote*. Se ha visto el mismo procedimiento en el capítulo X, cuyo epígrafe anuncia el fin de la batalla con el vizcaíno, la cual batalla se acabó ya en el capítulo IX. El epígrafe anuncia también el comienzo de la aventura de los yangüeses, que no tendrá lugar hasta el capítulo XV. Asimismo, en el caso del capítulo XXXVI la ironía es palmaria. Antes de la lectura de El Curioso Impertinente, los varios personajes que se encuentras en la venta entablan una discusión literaria, gracias a la cual aprendemos que existen varios tipos de lectores de novelas. Unos buscan las aventuras amorosas y otros las aventuras marciales. Ahora bien, el tipo de lector que sólo busca aventuras marciales saltará naturalmente toda la novela de *El Curioso Impertinente*, es decir, los capítulos XXXIII a XXXV, incluso —sin que él se dé cuenta de ello— la batalla de los cueros de vino, cuya existencia no se anuncia en los epígrafes de estos capítulos. Empezará a leer el capítulo XXXVI, cuyo epígrafe anuncia falsamente la tal batalla, la cual ya ha ocurrido, y por ende quedará defraudado, pues, en lugar de ella, topará con la resolución de unos episodios amorosos. El lector inteligente, en cambio, al leer el epígrafe, se dará cuenta de la defraudación del lector impaciente. El lector inteligente se sentirá solidario del autor respecto a la broma que éste ha hecho al lector impaciente.

Pero este proceso irónico no para aquí. El falso epígrafe contribuye a una ironía aún más profunda. El lector inteligente cree que está leyendo una obra de estructura renacentista; cree haber descubierto, en el capítulo XXXV, el centro de la obra, pensando que el problema amoroso de Anselmo constituye una oposición perfecta al platonismo fantástico del hidalgo loco. Se figura además que el capítulo XXXVI encierra la resolución de los casos amorosos restantes. Sin embargo, después de todo eso encontrará otro caso amoroso en oposición con el de don Quijote, así como con el de Anselmo. La broma del falso epígrafe, irónicamente desplazado, es también una indicación del desplazamiento del centro de la novela desde la aventura de los cueros de vino hasta el punto medio entre el Curioso y el Cautivo. Este tipo de desplazamiento constituye, en las artes plásticas, una técnica manierista.

En un interesante artículo reciente, Armand Baker sugiere que la estructura del *Quijote* de 1605 es análoga a la de los cuadros de El Greco, mientras que la del de 1615 se acerca más a las composicio-

---

[9] JUAN BAUTISTA AVALLE-ARCE, *Deslindes cervantinos* (Madrid, Edhigar, 1961), pp. 148-149, n. 17. Ver también, sobre este tema, mis «The Heading of Chapter X in the 1605 *Quijote*», en *Forum for Modern Language Studies*, 7 (1917), pp. 43-51 y «An Emblematic Interpretation of Sansón Carrasco's Disguises», en *Estudios literarios de hispanistas norteamericanos dedicados a Helmut Hatzfeld con motivo de su LXXX aniversario* (Barcelona, Hispam, 1974), p. 226.

nes de Velázquez [10]. La sugerencia de Baker conduce forzosamente a los juicios formulados por Wylie Sypher al comparar la pintura manierista con la literatura de la época. Acerca del *Entierro del Conde de Orgaz*, Sypher escribe que «como de costumbre, el ángulo visual es arbitrario y la acción principal se mantiene descentrada, ya que el eje se desvía a la izquierda» [11]. Acerca de la antesala de la biblioteca lorenciana de Miguel Angel, dice que «la lógica estructural no coincide con los elementos estructurales» [12]. Del *Traslado del cuerpo de San Marcos*, opina Sypher que el Tintoreto «con atrevimiento técnico, fija un eje central, y de repente ladea su composición fuera del eje a lo largo de una diagonal aguda» [13]. Y acerca de Leda y el cisne, «gracias a un tour de force dramático, la atención se traslada a la criada, la cual, en vez de Leda, llega a ser el centro de gravedad psicológica al mirar intensamente al cisne...» [14].

Si el falso epígrafe indica un desplazamiento del centro, el hecho que éste carezca de acción heroica resulta bastante irónico. A ambos lados de este centro se desarrollan sendas historias, de tres capítulos cada una, la del antihéroe Anselmo (caps. XXXIII a XXXV) y la del héroe Ruy Pérez de Viedma (caps. XXXIX a XLI) [15].

Ahora bien, Immerwahr, al establecer una estructura según el tema amoroso, halla un episodio central a cada lado del cual se sitúan tres episodios amorosos, los primeros ascendentes y los segundos descedentes. Además, en medio del episodio central, según Immerwahr, se encuentra el episodio heroico burlesco culminante.

Nosotros, en cambio, sugerimos un centro esencialmente huero respecto al tema heroico (con la salvedad de lo opuesto indicado en broma en el epígrafe), pero que constituye una catástasis respecto al tema amoroso, pues así se resuelven los amores entrecruzados de dos parejas. A cada lado de este centro se sitúa un episodio de alto relieve temático, a uno el del antihéroe, al otro el del héroe genuino. Pictóricamente, este esquema nos recuerda un frontón de cornisa truncada. Los frontones de este tipo son manieristas, pues la vista queda defraudada de la cúspide a que se la guía; pero al ponerse en el lugar del vértice una urna o una piña, se nos ofrece el restablecimiento barroco de las esperanzas. Ahora bien, lo que nos ofrece Cervantes

---

[10] ARMAND BAKER, «A New Look at the Structure of *Don Quijote*», en *Revista de Estudios Hispánicos*, 7 (1973), pp. 3-21.

[11] WYLIE SYPHER, *Four Stages of Renaissance Style* (Garden City, Doubleday Anchor, 1955), p. 148.

[12] *Ibid.*, p. 124.

[13] *Ibid.*, p. 136.

[14] *Ibid.*, p. 143.

[15] Es significativo que el héroe demuestre su heroísmo al escaparse del cautiverio (la fuga es más bien un rasgo de la literatura picaresca). Esta huida heroica de Ruy Pérez de Viedma, como tema, constituye un rechazo por parte de Cervantes de los moldes en que se funden los personajes heroicos y antiheroicos del ambiente literario vigente en su época. Cervantes ha tomado un motivo antiheroico y lo ha usado heroicamente. Con relación a la literatura corriente, esta inversión parecerá irónica, pero no lo es en función de la realidad o verdad universal.

a través de su falso epígrafe no es más que el contorno hueco de la urna o, más bien ,su sombra. Me estoy persuadiendo cada vez más de que el *Quijote* encierra un juego entre el manierismo y el barroco, como lo dejé esbozado en otros trabajos míos [16]. Este juego se extiende además a la creación de los personajes. Así como lo antiheroico cervantino no se ajusta a los moldes de la época, tampoco se ajusta precisamente a ellos lo heroico cervantino. Ruy Pérez de Viedma demuestra su heroicidad sobre todo al escaparse; lo más maravilloso y detallado de su actuación acontece en circunstancias que no se consideran heroicas por excelencia. En efecto, la huida en sí es un elemento usado más bien para elaborar la defición del pícaro. Casi se puede asentar que Cervantes toma un motivo antiheroico para tratarlo heroicamente. Con relación a la literatura corriente, este procedimiento quizá parezca irónico, pero no lo es en función de la realidad o verdad universal.

En resumen, la picaresca plantea el problema del antiheroísmo estáticamente, con una negación *ab ovo*. Cervantes, en cambio, enfoca el problema dinámicamente; el antihéroe es otro. Por eso, el que Cervantes no haya hecho literatura que quepa verdaderamente dentro del género picaresco no significa que no concibiese la existencia de un tipo antiheroico. El antihéroe cervantino es Anselmo, el Curioso Impertinente, el Adán que se vuelve serpiente, haciendo de su esposa un Adán y de su mejor amigo una Eva. Además, para Cervantes, el antihéroe no es el que, no teniendo honra nunca la consigue, sino el que teniéndola la destruye. De acuerdo con esta teoría, la estructura del *Quijote* de 1605 no se basa sencillamente en la oposición don Quijote-Anselmo, como opina Raymond Immerwahr, sino en un esquema ternario: 1) héroe genuino (Ruy Pérez de Viedma, el capitán cautivo; 2) antihéroe (Anselmo); 3) héroe burlesco (don Quijote). De ahí que el centro del argumento de la obra no es la aventura de los cueros de vino, sino el capítulo XXXVI, donde está don Quijote ausente y cuyo epígrafe anuncia, sin embargo, una batalla suya y librada. Este desplazamiento del centro constituye un procedimiento manierista. Si tomamos por sentado, además, que las novelas picarescas tienen estructuras manieristas también, deberemos llegar a la conclusión de que la distancia estética entre el *Quijote* de 1605 y la picaresca no es infranqueable. La que parece más grave es la distancia temática.

---

[16] En el último trabajo citado en la nota 9, en las pp. 223-238, y en «The Surrogates of Baroque Marcela and Mannerist Leandra», en *Revista de Estudios Hispánicos* (Alabama), 5 (1971), pp. 307-319.

LA MARGINACION SOCIAL DE *RINCONETE Y CORTADILO*

Alfredo Hermenegildo
Université de Montréal

En el «Prólogo al lector» de las *Novelas ejemplares,* Miguel de Cervantes llega casi a declarar el fondo de la intención que presidió la redacción de sus obras. Pero prefiere dejar a la iniciativa individual la tarea de sacar su propio fruto. «Mi intento —dice [1]— ha sido poner en la mesa de nuestra república vna mesa de trucos, donde cada vno pueda llegar a entretenerse, sin daño de barras; digo sin daño del alma y del cuerpo, porque los exercicios honestos y agradables, antes aprovechan que dañan» (p. 22).

Siguiendo, pues, el consejo cervantino, he iniciado el honesto y agradable ejercicio de acercarme a este *Rinconete y Cortadillo.* Pero no he querido dejar de lado aquella otra declaración de Cervantes en que pide «no se desprecie su trabajo, y se le den alabanças no por lo que escriue, sino por lo que ha dexado de escriuir» [2]. Ni tampoco aquella otra que pone al frente de estas mismas novelas ejemplares: «Solo esto quiero que consideres, que pues yo he tenido ossadia de dirigir estas *Nouelas* al gran conde de Lemos, algun misterio tienen escondido que las leuanta» (p. 23).

No soy el primero —ni seré el último— que se lanza a descubrir «algun misterio» en *Rinconete y Cortadillo.* Rodríguez Marín, en su edición de la obra [3], se pronuncia a favor de la identificación del mundo novelesco con el de la realidad. González de Amezúa [4], siguiendo a Rodríguez Marín, no hace más que añadir nuevos elementos en busca de la adecuación novelesca a la Sevilla cervantina. Alon-

---

[1] Las cifras entre paréntesis remiten a las páginas de la edición de las *Novelas exemplares,* publicada por Schevill y Bonilla (Madrid, 1922, t. II).

[2] *Don Quixote de la Mancha,* ed. Schevill-Bonilla. Madrid, 1941, t. IV, p. 65.

[3] Segunda edición. Madrid, Tipografía de la «Revista de Archivos», 1920.

[4] Agustín González de Amezúa, *Cervantes, creador de la novela corta española,* Madrid, C.S.I.C., 1956-58, 2 vols.

so Cortés también piensa que de este grupo de obras «las que ofrecen mayor realismo, las que están arrancadas a la vida y a las costumbres, son manifiestamente las mejores» [5].

Joaquín Casalduero ha examinado el sentido y la forma de la novela, con la que, según él, «empieza Cervantes el estudio del sentido demoníaco de la Tierra» [6]. Para Casalduero, el sentido de la obra es «la seguridad que tiene el hombre de estarse salvando cuando se está condenando; estar engatusado oyendo las bernardinas del demonio, mientras éste le quita el alma» [7].

No voy a intentar ahora discutir tan sutiles juicios. Prefiero buscar, por mi cuenta, otros senderos que me permitan llegar más cerca del hondo latido que cobija la intención cervantina. Supongo que saldré de la empresa «sin daño del alma y del cuerpo», como parece asegurar Cervantes.

Dos mundos se enfrentan en la novela. El de Rincón y Cortado, por una parte. El de Monipodio, por otra. Y si la obra lleva como título los nombres de los dos muchachos, sin embargo, ninguno de ellos interviene en la acción principal, la que tiene lugar en casa de Monipodio, más que como espectadores atentos a lo que ocurre ante sus ojos. Hay aquí una cierta inconsecuencia que puede quedar justificada al analizar los distintos planos de observación que se superponen en la obra.

Quede bien claro, antes de seguir adelante, el corte profundo que separa a Rinconete y Cortadillo, los protagonistas pícaros, del mundo del hampa que encarnan Monipodio y su cofradía. Aunque reconozcamos que la zona límite entre picaresca y delincuencia no es tan fácil de establecer como quiere Ludwig Pfandl, sin embargo, en esta novela, *hic et nunc*, su autor ha dividido los campos de manera clara y significativa.

Volvamos a los distintos planos que agrupan y estructuran los elementos formales e intencionales de la novela. Son cuatro planos en los que se sitúan los correspondientes agentes de intervención, activa o pasiva, de la obra. En primer lugar, el plano I, el del lector, que observa el conjunto de los otros tres planos y de sus mutuas interrelaciones e interdependencias. El lector debe, en palabras de Américo Castro, «interpretar la obra cervantina, no como una ecuación con la realidad que le cercaba, sino como una proyección de la manera de ver el mundo que tenía Cervantes» [8]. Es decir, el lector tiene que considerar el plano II, el del narrador en tercera persona, como primer componente. El plano II de observación va a modificar la apreciación que de los planos III y IV tendrá el lector, desde su plano I.

---

[5] NARCISO ALONSO CORTÉS, «Cervantes», en *Historia general de las literaturas hispánicas*, Barcelona, Vergara, t. II, 1968, p. 824.
[6] JOAQUÍN CASALDUERO, *Sentido y forma de las novelas ejemplares*, Madrid, Gredos, 1962, p. 100.
[7] *Ibid.*, p. 116.
[8] AMÉRICO CASTRO, *El pensamiento de Cervantes*, Barcelona, Noguer, 1972, p. 206.

No puedo compartir la opinión de Américo Castro cuando afirma que «lo que el pícaro piensa no le interesa a Cervantes» [9]. A Cervantes le interesa, y mucho, la opinión de los pícaros. Los pícaros forman el plano III de observación y, a través del plano II, va a transmitir el autor la escéptica apreciación que de la realidad del plano IV, el de Monipodio y sus secuaces, tienen Rinconete y Cortadillo. Esta me parece ser la verdadera articulación de los elementos novelescos:

lector —▸ narrador —▸ Rincón y Cortado —▸ Monipodio,

en que la flecha está indicando la sucesiva interrelación de las actitudes observadoras de los distintos agentes. El lector observa cómo presenta el narrador a Rinconete y Cortadillo examinando el mundo social de Monipodio.

El narrador, en tercera persona, está manejando los planos III y IV para transmitir al lector un mensaje, capaz de hacerle reaccionar y de lanzarse en busca de «algún misterio escondido». Rinconete y Cortadillo actúan, son sujetos activos, cuando se mueven dentro de su medio, el de la picaresca peregrina y marginada. Adoptan una actitud de observadores, de agentes pasivos, cuando entran voluntariamente en el mundo adverso, el de Monipodio. Vuelven a ser sujetos activos cuando abandonan el medio hampón sevillano. Al fondo de la escena, el lector examinará el mundo de Monipodio contando con las modificaciones de perspectivas introducidas por la observación de Rinconete y Cortadillo y, más cerca de él, del narrador.

La vida pícara y marginada de Rinconete y Cortadillo

Los dos protagonistas, Rincón y Cortado, pertenecen a ese mundo pícaro, transfigurado artísticamente y utilizado como vehículo de protesta por autores marginados en la sociedad cristiano-vieja de la época. El autor del *Lazarillo*, Cervantes, Alemán, el creador de *La pícara Justina*, etc..., usan al pícaro como instrumento de agresión, más o menos violenta, contra una sociedad asentada en la verdad de la pureza de sangre.

Los nombres de nuestros dos protagonistas, Rincón y Cortado, ya están indicando su carácter marginado, separado, arrinconado, cortado de la sociedad. Y sus primeros pasos por la acción novelesca dan buena prueba de esa nota que acompaña indeleblemente sus vidas. Los encontramos en una venta, lugar de paso para el eterno peregrino, sitio adecuado para pícaros. Su aspecto exterior cuadra bien con la imagen típica: zapatos, alpargatas, montera, sombrero, camisa. Todo ello perfectamente destrozado. Los dos quemados del sol, con las uñas rotas. El uno armado con media espada y el otro con un cuchillo.

---

[9] *Ibid.*, p. 110.

La primera manifestación de nuestros marginados muchachos es la de quien prefiere ocultar sus orígenes. Símbolo de la época denunciada por Cervantes. La preocupación por el inaje era común entre quienes corrían a la caza de ejecutorias de limpieza de sangre. Los dos pícaros, que se encuentran por primera vez, no quieren identificarse: «Mi tierra, señor cauallero, respondió el preguntado, no la sé, ni para dónde camino tampoco... El camino que lleuo es a la ventura» (pp. 210-12). Los pícaros, auténtico negativo de la preocupación española por el linaje, exhiben la carencia del suyo, con una actitud de reto social identificable en Guzmán, Justina y tantos otros. Cortado añade: «mi tierra no es mía, pues no tengo en ella más de un padre, que no me tiene por hijo, y una madrastra, que me trata como alnado; el camino que lleuo es a la ventura» (pp. 211-12).

Terminado el pasaje de los ocultamientos, Rincón y Cortado se confesarán mutuamente sus respectivos orígenes. El tono irónico («Yo, señor hidalgo», dice Rincón) es evidente. Y el hecho de que uno sea hijo de sastre y el otro hijo de bulero («echacuervos, se dice en el manuscrito de Porras de la Cámara), no añaden notas gloriosas al árbol genealógico de los dos peregrinos.

Cervantes hace una breve y sucinta exposición de ciertas andanzas típicamente picarescas de los dos muchachos: hurtos, huidas, trampas en el juego, robos de bolsas. Rincón y Cortado van presentando la larga serie de aventuras que han corrido por separado. Hasta el momento en que «leuantandose Diego Cortado, abraço a Rincon, y Rincon a el tierna y estrechamente, y luego se pusieron los dos a jugar a la veyntiuna con los ya referidos naypes» (p. 220). Cervantes, desde el plano del narrador, ha unificado a los dos personajes, una vez que uno y otro se han conocido y descubierto. Es la peregrinación hacia el fondo último del alma del pícaro, antes de emprender el camino hacia Sevilla, que debe considerarse como el intento de integración en una sociedad hasta entonces ajena a ellos. Rincón y Cortado aparecen por separado. A partir del abrazo, serán simples variantes de un mismo personaje, el pícaro que busca la inserción en la sociedad. La prueba de que la unión se ha hecho, es que inmediatamente después del párrafo señalado, le ganan el dinero al arriero y se defienden de él cuando les ataca. Ya no estamos ante dos pícaros, sino ante una unidad en la acción.

Paso por alto el viaje a Sevilla, el robo en la bolsa del francés y el primer contacto con el esportillero asturiano, encarnación misma de la libertad y de la marginación, ya que, según él mismo cuenta, con su oficio evitaba los impuestos, comía, bebía y triunfaba «como cuerpo de rey» (p. 226). El asturiano indicará a Rincón y Cortado la manera de vivir en Sevilla como esportilleros, oficio que nuestros protagonistas adoptarán por medio de vida. Y roban la bolsa con los quince escudos de oro. Hasta aquí, Cervantes presenta la marginación voluntaria y parásita de los dos pícaros. No tienen ninguna misericordia con la sociedad junto a la que viven. Lo importante es esquilmar a esa sociedad para poder seguir viviendo en libertad.

El desenfado con que los pícaros tratan la vida de piedad y las formas sociales de concebir la religiosidad en la España de la época, es una de las evidentes acusaciones lanzadas por los autores cristianos nuevos contra una sociedad enquistada en preocupaciones religiosas excesivamente formalistas y superficiales.

Cervantes no podía ser excepción en la larga serie de acusaciones. El menos que nadie. Cuando Cortado habla con el estudiante a quien acaba de robar la bolsa sobre el carácter sacrílego del hurto, nuestros pícaros se sitúan descaradamente al margen de la religiosidad de la España en que viven. Cervantes pone en paralelo dos formas de interpretar las sucesivas afirmaciones de Cortado. Una y otra se superponen, dejando al descubierto, ante los ojos del lector, la voluntad cervantina de manifestar su ironía contra la superficialidad de una religiosidad basada en formalismos y reglamentos. El lector percibe la actitud desenvuelta de Cortado cuando dice que:

— Puede ser que, con el tiempo, el ladrón se arrepienta y devuelva la bolsa.

— Hay carta de excomunión contra los sacrílegos.

— No quisiera él ser el ladrón, «porque si es que vuessa merced tiene alguna orden sacra, parecermeia a mi que auía cometido algun grande incesto o sacrilegio» (p. 234).

— «Dia de juyzio ay, donde todo saldra en la colada» (p. 234).

En otras palabras, el pícaro pone sobre la mesa una denuncia del estado actual de la religiosidad. ¡Día de juicio hay! Es decir, desde su situación ·de cristiano al margen, no quiere aceptar, entre bromas y veras, el resultado del cálculo con que la sociedad española solucionaba el problema del bien y del mal, de los premios y de los castigos eternos. ·

El episodio del encuentro con el estudiante-sacristán es la última muestra de la actitud agresiva contra la sociedad que adoptan Rincón y Cortado, situándose fuera de ella, a lo pícaro. Y, de manera probablemente no casual, el ejemplo que Cervantes nos muestra es un personaje semiclerical. Igualmente es curioso que el problema gire en torno a un dinero «sagrado». El pícaro marginado está agrediendo, desde el exterior, a una sociedad sacralizada en la que no puede entrar.

La integración en la sociedad

Hasta aquí va presentando el autor la vida de los pícaros y alguna de sus manifestaciones más características. A partir de ahora se inicia el movimiento que llevará la narración hacia la casa de Monipodio.

· La sociedad real tiene ciertos elementos (robos, ladrones, criminalidad) que podrían ser el punto de contacto, el puente tendido a los pícaros para su integración en ella. En el acercamiento al mundo de Monipodio puede el lector ver una transposición de los planos. La identificación de la cofradía criminal con la sociedad española dejará al descubierto las lacras de ésta última. Y la voluntad que de entrar en ella manifiestan Rincón y Cortado es la expresión del deseo profundo que el pícaro-cristiano-nuevo tiene de entrar dentro de una sociedad hostil. Veamos ahora cómo se perfila el grupo de Monipodio con los rasgos característicos de la sociedad española del siglo XVI, tal como podía percibirla un autor con problemas personales de integración. A partir de ahora, la acción narrativa sólo vivirá dentro de la órbita de Monipodio. Rincón y Cortado pasan a ser sujetos pasivos, agentes de observación del cuarto plano a que hacía yo alusión al principio.

Monipodio aparece como el auténtico soberano de una sociedad monárquica, fuertemente condicionada por preocupaciones religiosas. Así van definiendo la situación los distintos personajes.

El esportillero les dice a Rincón y Cortado que «a lo menos registranse ante el señor Monipodio, que es su padre, su maestro y su amparo, y assi les aconsejo que vengan conmigo a darle obediencia» (p. 240). Rincón y Cortado deciden, después de la amenaza del esportillero, guardar las leyes de la tierra en que se hallan «por ser la mas principal del mundo» (p. 240). Y añade Cortado: «puede vuessa merced guiarnos donde esta esse cauallero que dize ... que es muy calificado y generoso y, ademas, hábil en el oficio» (p. 240). En el manuscrito de Porras de la Cámara, se habla de Monipodio como «su padre, su amparo, su abrigo, su defensor, su abogado, su tutor y su curador ad litem» (p. 241). La large serie de notas que acompañan la definición de Monipodio puede hacernos pensar en la imagen de un rey semidivinizado, a la usanza semítica, jefe político y religioso, y en su omnipresente poder sobre la sociedad. La imagen de Felipe II, como monarca, no está muy lejos de las de los califas musulmanes. Monipodio es, pues, el dueño absoluto y reverenciado del grupo criminal sevillano.

Pero hay otros detalles que, superpuestos de modo irónico sobre los rasgos propios de la sociedad española, coinciden de manera harto significativa. Cervantes define la cofradía como una auténtica sociedad cerrada a los extraños. El grupo tiene su lengua propia, la de germanía. Rincón y Cortado quedan claramente separados de los iniciados hasta que el esportillero les explica la jerga.

Por otra parte, la sociedad monipodiana aparece trazada con rasgos marcadamente clericales —como la España de la época—. Cuando Rincón le pregunta al esportillero si es ladrón, éste responde: «Sí, para seruir a Dios y a las buenas gentes; aunque no de los muy cursados, que todauia estoy en el año de nouiciado» (p. 242). Estructura social, pues, calcada de la organización de las sociedades religiosas. Monipodio ordena a sus «ahijados» dar limosna de lo robado para las lámparas de aceite de una imagen que les protege. Rezan el rosario repartido en toda la semana. No roban el viernes. No hablan con mujer llamada María en sábado. Es decir, el lector observa, junto con Rincón y Cortado, la serie de leyes que gobiernan la sociedad de Monipodio y que son, al mismo tiempo, un reflejo caricatural de las costumbres religiosas dominantes en la nación española. Los miembros de la banda sevillana no tienen que restituir nada de lo que roban. Invocan para justificar tal conducta las leyes y reglamentos que gobernaban la convención social de la España del xvi en su aspecto religioso. Se sirven de las leyes para vivir al margen de la autenticidad religiosa. Exactamente igual que en la sociedad denunciada por Cervantes. Rincón y Cortado ven la falsedad profunda en aquel grupo. Y el lector, desde su plano de observación, se da cuenta de cómo los dos pícaros van acumulando experiencia de la nueva sociedad en que van a entrar. Todo ello, trazado por el autor en función del pasaje final de la obra.

Es la transposición caricaturesca del carácter reglamentario de la sociedad española. Ante la pregunta de si la vida que llevan es santa y buena, el esportillero responde que peor es ser hereje, renegado, matador de su padre y de su madre o sodomita. Es decir, lo que, según Cervantes, usaba el español como máscara virtuosa. Y digo bien Cervantes, porque aunque en el juego narrativo el autor permanece oculto, sin embargo no puede evitar una intervención que rompe la convención irónica. Cervantes hace decir a Cortado: «Todo es malo» (p. 246), comentando las «virtudes» enumeradas por el esportillero. La rápida intervención de este Cortado-Cervantes es un deíctico de la oculta presencia del autor y de sus intenciones. Es frase de despedida antes de abandonar todo contacto con la «virtud picaresca» y de entrar en el abismo inmoral del mundo de Monipodio.

La presentación de Monipodio y de su casa se va haciendo por etapas, en una especie de teatral avance hacia el *sancta sanctorum* central. La entrada es escenificada con gran detalle. Cortado expresa su deseo de ver al jefe de la banda: «que muero por verme con el señor Monipodio» (p. 246). El esportillero les dice a los pícaros: «Presto se les cumplirá el deseo» (p. 246). Después de esta clara expresión de la voluntad pícara de entrar en contacto con el «rey», el esportillero va a espaciar las etapas: 1) «desde aquí se descubre su casa» (p. 246); 2) «vuessas mercedes se queden en la puerta» (p. 246); 3) «yo entraré a ver si está desocupado» (p. 246); 4) «estas son las horas, quando el suele dar audiencia» (p. 246). El paralelo con el ceremonial de palacio parece evidente.

La descripción de la casa está hecha también con un claro criterio escénico. Es la caricatura de un palacio con aires de iglesia. O de una iglesia con aires de palacio. El narrador habla de «un pequeño patio ladrillado», limpio y algimifrado, en el que había, dispuestos teatralmente, «un banco de tres pies», «un cantaro desbocado con un jarillo encima», «una estera de enea» y «en el medio un tiesto» (p. 248).

Rincón entra, mientras se espera la aparición de Monipodio, en «una sala baxa» (p. 248). En esta segunda estancia hay armas, «un arca grande sin tapa» (p. 248), tres esteras, «una imagen de nuestra Señora, destas de mala estampa» (p. 148), una esportilla y «enca-xada en la pared una almofia blanca, por do coligio Rincon que la esportilla seruia de cepo para limosna, y la almofia de tener agua bendita, y assi era la verdad» (p. 248). La confirmación del juicio de Rincón que el narrador hace, asegura más el carácter religioso de la mansión monipodiana.

Tras la descripción del espacio físico, ven desfilar Rincón y Cortado una larga serie de «tipos» humanos, algunos con caracterización individual, que van a poblar los lugares descritos: dos mozos, dos de la esportilla, un ciego, dos viejos de «vayeta» con «antojos» y con sendos rosarios «de sonadoras cuentas en las manos» (p. 250). Y una vieja halduda que viene a confirmar el carácter religioso de la casa y, en consecuencia, de la sociedad que vive en ella. La vieja Pipota va a la sala, toma agua bendita con gran devoción, se arrodilla ante la imagen, besa tres veces el suelo, levanta tres veces los brazos al cielo y echa limosna en la esportilla.

Falta el momento cumbre de la peregrinación de nuestros dos pícaros al centro de aquella sociedad. La aparición de Monipodio. La descripción del «más rústico y disforme barbaro del mundo» (p. 252) es la coronación grotesca y feroz de una serie de tanteos hechos por la ironía del autor: de cuarenta y cinco o cuarenta y seis años, alto, moreno de rostro, cejijunto, barbinegro, los ojos hundidos, un bosque de vello en el pecho, con capa de bayeta hasta los pies y zapatos enchancletados, zaragüelles hasta los tobillos, sombrero «de los de la hampa» (p. 252), espada ancha y corta, manos cortas y pelosas, dedos gordos, uñas hembras y remachadas, piernas inhumanas y pies descomunales. La entrada de Monipodio en escena es acogida con una profunda reverencia de los asistentes (menos los bravos).

Así se cierra la presentación inanimada del mundo monipodiano. Es el segundo tiempo de la narración. En el primero hemos observado a los pícaros en acción. En el tercero el lector asiste a la integración de los pícaros en la sociedad.

Todo empieza con un auténtico rito de iniciación de los aspirantes a cofrades. Monipodio quiere saber, en primer lugar, cuáles son la patria y los padres de los dos neófitos. Rincón se niega a dar los detalles que le pide, «pues no se ha de hazer informacion para recibir algun habito honroso» (p. 254). Con lo que el autor saca a la superficie el problema subyacente: la integración en la sociedad de los excluidos por los problemas relativos a la honra. Según Rincón, la entrada en la sociedad no debía depender del conocimiento de los antecedentes familiares, ya que, en realidad, no se trataba de un hábito honroso. El derecho elemental que el hombre tiene de no estar marginado, no es ninguna honra especial. Es difícil no ver aquí la sombra del drama de tantos conversos.

Sigamos adelante. La entrada en la sociedad exige el cambio de nombre. En toda ceremonia de iniciación hay una parte consagrada a este rito. Sirva de ejemplo referente la del bautismo. Pero en este pasaje hay algo particular. El cambio de nombre es mínimo. Simplemente se añade a «Rincón» y «Cortado» dos sufijos diminutivos. Con lo cual, la indicación de marginalidad (éste era el caso de tantos conversos identificados como tales a causa de su nuevo nombre: Santa María, San Pedro, etc...) se mantiene para los que llegan al grupo ya establecido, aunque haya sido ligeramente disminuida.

La presentación, por parte de Rincón y Cortado, de sus habilidades y de su resistencia para guardar secretos, incluso en el tormento, obliga a Monipodio a aceptar la candidatura de los dos pícaros «y que se os sobrelleue el año de nouiciado» (p. 262).

Rinconete y Cortadillo van a asistir a una larga presentación de las actividades de la cofradía. No voy a insistir en ellas, ya que su enumeración no añadiría nada sustancial a este trabajo. Las repetidas entradas de los centinelas van cortando las escenas en que el autor ha revelado las devociones, comidas, amores y trabajos de los súbditos de Monipodio. Rinconete y Cortadillo asisten como atentos observadores a aquella «comedia de costumbres». Finalmente, Monipodio los cita a todos para el domingo siguiente («y el domingo no falte nadie» p. 322), abraza a Rinconete y Cortadillo, les da la bendición y los despide, en una serie de gestos semirrituales que podrían recordar los finales de la misa. La convocatoria dominical parece confirmar tal suposición. Así termina lo que Rinconete y Cortadillo han visto y observado en la sociedad a la que querían integrarse.

El narrador pasa al cuarto tiempo de la acción cortando el ritmo con un brusco «era Rinconete, aunque muchacho, de muy buen entendimiento, y tenia buen natural» (p. 324). Es de señalar la falta de referencia a Cortado. Rincón se da cuenta de la profunda ignorancia existente en el mundo monipodiano (por modo de naufragio, el estupendo de la misa, etc....). También recapacita el muchacho sobre las extrañas e impertinentes creencias de los miembros de aquella sociedad. Y cita como ejemplos el hecho de que pretendieran comprar al cielo el descuento de sus pecados: «la seguridad que tenian y la confiança de yrse al cielo, con no faltar a sus deuociones, estando tan llenos de hurtos y de homicidios y de ofensas de Dios» (p. 324); la creencia que la Pipota tenía de que se salvaría, «calçada y vestida», poniendo velas a las imágenes. A Rincón le extrañaba la obediencia y respeto que todos tenían a Monipodio, «siendo un hombre barbaro, rustico y desalmado» (p. 326). Se hacía cruces igualmente de lo descuidada que estaba la justicia en Sevilla. Esta atadura directa con la realidad es marginal y su significación no me parece estar implicada en la problemática existencial del grupo monipodiano.

Es curioso que Rincón se fije en la incultura de aquel grupo, en el mal uso que hacía de las devociones religiosas y en la barbarie del jefe a quien obedecía. La reflexión del cortado y marginado Rincón —o la del arrinconado Cortado— podría estar en boca de muchos intelectuales cristianos nuevos de la España filipina, al juzgar la sociedad segregacionista en que les tocó vivir.

De ahí el sentido profundo de la resolución final de Rinconete.

Ha deseado entrar en aquella sociedad y conocer a Monipodio; ha vivido dentro del grupo y ha observado su comportamiento. Y en consecuencia, «propuso en si de aconsejar a su compañero no durase mucho en aquella vida tan perdida y tan mala, tan inquieta y tan libre y tan disoluta» (p. 326). Es decir, el pícaro rechaza a la sociedad en la que al fin ha sido admitido. Rincón rechaza la vida comunitaria a la que había querido unirse. Los pocos meses que todavía estuvo en el grupo no hacen más que postergar la realización de una decisión ya tomada. Rincón va a constatar que, en el fondo, no merece la pena vivir integrado en aquella sociedad.

La pirueta cervantina parece llegar así a su total significación. El lector percibe el gesto desencantado de los pícaros. Gesto que resulta un trasunto de la profunda amargura con que el marginado Cervantes ejemplificaba la absoluta inutilidad de querer integrarse en una sociedad marcada por la hipocresía, la ignorancia y la religiosidad superficial de quienes se sentían en posesión exclusiva de la pureza de sangre.

UN TEMA PICARESCO EN CERVANTES Y MARIA DE ZAYAS

ALBERTO SÁNCHEZ

«Don Quijote» ante la novela picaresca

Cervantes, admirado por todo el mundo como genio del arte narrativo, no ha dejado un ejemplo específico de novela picaresca, según el patrón admitido de un género supuestamente realista.

Bien clara es su posición crítica ante él, manifiesta en la aventura quijotesca de los galeotes. Recordemos al bisojo encadenado y tan ufano del libro que está escribiendo: «sepa que yo soy Ginés de Pasamonte, cuya vida está escrita por estos pulgares». Y añade con patente orgullo: «Es tan bueno... que mal año para *Lazarillo de Tormes* y para todos cuantos de aquel género se han escrito o escribieren...»

Resulta graciosa la réplica a la pregunta de don Quijote, interesado por saber si este libro, que se intitula *La vida de Ginés de Pasamonte*, está ya terminado: «¿Cómo puede estar acabado —respondió él— si aún no está acabada mi vida?» *(Don Quijote,* 1.ª P., c. XXII).

El razonamiento es tan obvio que lleva consigo la deducción satírica o *reductio and absurdum* de cómo podría terminar su historia el pícaro si verdaderamente hubiera concluido su vida. Zumbona observación sobre la forma autobiográfica de estas novelas. Ficción estilística generalmente admitida. Lo cual no impide que, en ocasiones, la vida auténtica dejara infiltrarse muchos de sus rasgos en la fábula: Vicente Espinel y el escudero Marcos de Obregón tienen muchas cosas en común; Estebanillo González, «hombre de buen humor» se desdoblará también en historia y poesía.

De todas formas, el recurso autobiográfico es idóneo para contar la historia de los que no tienen historia; o, por mejor decir, carecen de cronista o historiador «profesional» que tuviera a su cargo la redacción de ella. Como ha dicho, con notable agudeza, Francisco Rico, «Cervantes denunciaba en el pícaro a un híbrido de realidad y literatura; sabía que la mezcla era superable por el lado de la rea lidad, pero también advertía que sin una cierta sujeción a la literatura el personaje se difuminaba hasta ser otro —y, entonces, ya no se trataba de *superar*, sino de empezar de nuevo»[1].

Desde un ángulo sociológico, puede explicarse asimismo la discrepancia de don Quijote con el orbe de la novela picaresca. Así lo ha visto Félix Brun, que explica la soledad del héroe en un mundo hostil como fundamento del género picaresco y afirma que corresponde menos a una realidad social de la época que a una intención literaria.

Sabido es que la clase de los hidalgos se siente arruinada en el siglo XVI y crea una literatura de evasión, los libros de caballerías, para su justificación espiritual y escape de su miseria real. Por otra parte, esta miseria española de los siglos XVI y XVII no sería tanto el verdadero tema de la picaresca cuanto su pretexto. Cervantes, en el *Quijote*, habría reunido, a la vez, la parodia y la apoteosis de los libros de caballerías al *justificarlos* por las nobles intenciones del ingenioso hidalgo: enderezar tuertos, proteger al débil, enmendar abusos, etc. Pero el hidalgo arruinado es un tema constante de la picaresca, desde el *Lazarillo* al *Buscón*.

Podría estimarse la oposición entre el libro de caballerías y la novela picaresca similar a la de tesis y antítesis. La picaresca es negativa, destructora y reproduce la estructura de los libros de caballerías: el héroe corresponde al antihéroe en la medida en que ninguno de los dos tiene una posición social determinada, fija o estable; uno y otro andan libremente a la aventura. Claro que las aventuras del pícaro son como el mísero revés de las del caballero. De aplicar la dialéctica hegeliana con cierta holgura, tendríamos que el *Quijote* sería como la síntesis de esos dos mundos contrapuestos. Más todavía, si tenemos en cuenta su protagonismo dual: el personaje problemático de don Quijote, el hidalgo soñador, y el labrador Sancho Panza, que tiene los pies en el suelo y una función social muy concreta[2].

En cierto punto converge con la anterior la teoría de Robert Alter, para quien el Quijote no solamente inauguró los nuevos rumbos de la novela, sino que también significa la primera gran transformación de la picaresca, puesto que don Quijote es un desarraigado, un «outsider» que vive al margen de la sociedad; pero no porque la sociedad lo rechace, sino porque él repudia la sociedad en que vive por no coincidir con la imagen ideal y perfecta de ella que se ha forjado a través de sus lecturas[3].

Lo cierto es que desde el discurso de Menéndez Pelayo acerca de

---

[1] Vid. FRANCISCO RICO, *La novela picaresca y el punto de vista*, Barcelona, Ed. Seix-Barral, 1970, p. 112.

[2] Cfr. FÉLIX BRUN, «Hacia una interpretación sociológica de la novela picaresca» y CHARLES AUBRUN, «La miseria en España en los siglos XVI y XVII y la novela picaresca», capítulos del volumen de conjunto *Literatura y sociedad. Problemas de metodología en sociología de la literatura*. Traducción de R. de la Iglesia (Barcelona, Ed. Martínez Roca, 1969).

[3] Vid. ROBERT ALTER, *Rogue's Progress. Studies in the Picaresque Novel* (Cambridge, Massachusetts, Harvard University Press, 1965, pp. 108-109).

Cervantes y el Quijote, en ocasión del tricentenario de 1905, hasta el importante estudio de lo picaresco en *El pensamiento de Cervantes,* por Américo Castro en 1925, refundido en 1972, e interesantes aportaciones del hispanismo extranjero —Alberto del Monte, Oldrich Belic— toda la crítica viene coincidiendo en que la visión cervantina del mundo es mucho más compleja y optimista que la ofrecida por la novela picaresca. Justo es reconocer, sin embargo, que el *Quijote* no puede concebirse sin los presupuestos psicológicos y sociales incorporado a la creación literaria por la *Celestina* o el *Lazarillo de Tormes.* Evidentemente, Cervantes no era un simple seguidor, sino más bien un seleccionador de las modas y modelos literarios, contrastándolos en el crisol de su genio. Víctor Sklovski ha puesto en relación, desde una perspectiva estructural, a don Quijote con la novela picaresca: «Lázaro metió la paja en la jarra de la vida y con ella durante mucho tiempo, bebieron muchos escritores» [4]. Lo que nos trae a la memoria los versos de cabo roto del Donoso, poeta entreverado, en los preliminares de la 1.ª Parte del *Quijote:* «que esto saqué a Lazarí— / cuando, para hurtar el vi— / al ciego, le di la pa—».

Los pícaros en sí no interesan demasiado a Cervantes, pero le proporcionan ejemplos de vida libre y extrasocial. Son motivos pintorescos para subordinarlos a sus cuadros más amplios de la sociedad.

El propio don Quijote fue armado caballero burlescamente, en su primera salida, por un ventero socarrón y apicarado, contrafigura cómica del hidalgo, que detalla como escenario de sus trapacerías todo un «mapa picaresco de España», como ya lo definió Clemencín, el primer anotador extenso del *Quijote:*

> ... él, ansimesmo, en los años de su mocedad, se había dado a aquel honroso ejercicio, andando por diversas partes del mundo, buscando sus aventuras, sin que hubiese dejado los Percheles de Málaga, Islas de Riarán, Compás de Sevilla, Azoguejo de Segovia, la Olivera de Valencia, Rondilla de Granada, playa de Sanlúcar, Potro de Córdoba y las Ventillas de Toledo y otras diversas partes, donde había ejercitado la ligereza de sus pies, sutileza de sus manos, haciendo muchos tuertos, re-

---

[4] Como no escasea la bibliografía en torno a las relaciones de la creación cervantina con la literatura picaresca, nos vemos obligados a seleccionar algunos títulos: MENÉNDEZ PELAYO, *Estudios y discursos de crítica histórica y literaria.* Los de tema cervantino están incluidos en el t. VI de las *Obras Completas de Menéndez Pelayo,* publicadas por el Consejo Superior de Investigaciones Científicas (Madrid, 1941, pp. 255-420). AMÉRICO CASTRO, *El pensamiento de Cervantes* (Madrid, Anejo VI de RFE, 1925: «Lo picaresco», pp. 230-239). Nueva edición, ampliada con notas del autor y de Julio Rodríguez-Puértolas (Barcelona-Madrid, Ed. Noguer, 1972). ALBERTO DEL MONTE, *Itinerario del romanzo picaresco spagnolo* (Firenze, 1957). OLDRICH BELIC, «Cervantes y la novela picaresca», en *Philologica Pragensia,* 46, 1963, pp. 113-123. VÍCTOR SKLOVSKI, *Sobre la prosa literaria. (Reflexiones y análisis).* Traducción de Carmen Laín González (Barcelona, Ed. Planeta, 1971; en el cap. III, «El nacimiento de la novela nueva», interesa principalmente a nuestro propósito el apartado sobre «Don Quijote y la picaresca»).

cuestando mucha viudas, deshaciendo algunas doncellas y engañando a algunos pupilos, y, finalmente, dándose a conocer por cuantas audiencias y tribunales hay casi en toda España... *(Don Quijote,* 1.ª, III).

Nótese la festiva deformación y antítesis de los dignos propósitos de la aventura del caballero andante.

Las dos «mozas del partido», que sirven la cena a don Quijote y le ayudan en la grotesca ceremonia de armarse caballero, también pertenecen a la órbita de la picaresca, así como el ambiente todo de la venta, según fina observación de Emilio González López, que rastrea su origen en la tradición italiana de Bandello, Pulci y Ariosto [5].

Temas y ambientes picarescos en las «Novelas Ejemplares»

Cervantes ofrece en las *Novelas Ejemplares* (Madrid, 1613) un amplio muestrario de las posibilidades y perspectivas del relato de ficción. En su tiempo fue lo más apreciado de su creación literaria y le acreditó el sobrenombre de Boccaccio español.

La calificación de *ejemplares,* dado el tono de algunos relatos y una cerrada comprensión de lo moral, fue bastante discutida dentro de la general admiración que suscitaron. En el prólogo del *Quijote* apócrifo de Avellaneda (1614) se afirma que estas novelas cervantinas son «más satíricas que ejemplares, si bien no poco ingeniosas». Mientras que Lope de Vega resconoce al frente de *Las fortunas de Diana* (1621) que en España «también hay libros de novelas, de ellas traducidas de italianos, y de ellas propias, en que no faltó gracia y estilo a Miguel de Cervantes». Y en otro lugar dice que son «libros de grande entretenimiento, y que podrían ser ejemplares, como algunas de las *Historias trágicas* de Bandello». Unamuno había de justificar el título, muy *a posteriori,* con la sagaz observación de que se trata de una ejemplaridad estética y no moral.

Pero queda en pie la objeción de los contemporáneos de Cervantes. ¿No será por haber tratado temas picarescos sin la contrapartida de los discursos y amonestaciones morales al uso? ¿Olvido cervantino de la recomendada unión del veneno y la triaca?

No se puede negar que es el suyo un talante muy distinto al de su coetáneo Mateo Alemán. Carlos Blanco Aguinaga distingue dos tipos antagónicos de realismo: el dogmático o de desengaño, propio del *Guzmán de Alfarache,* y el objetivo de Cervantes; de una parte, la cerrazón temática y formal del *Guzmán;* de otra, la apertura espiritual y estilística de las *Novelas Ejemplares* [6].

---

[5] Vid. EMILIO GONZÁLEZ LÓPEZ, «La evolución del arte cervantino y las ventas del *Quijote*», en *Revista Hispánica Moderna,* XXXIV, 1968, pp. 302-312.

[6] Cfr. CARLOS BLANCO AGUINAGA, «Cervantes y la picaresca. Notas sobre

Cervantes se refiere sin embozo a la obra de Mateo Alemán en el comienzo de *La ilustre fregona:* su protagonista Carriazo, a quien se presenta «llevado de una inclinación picaresca», aunque había nacido en Burgos de familia rica y principal, «finalmente... salió tan bien con el asunto de pícaro que pudiera leer cátedra en la facultad al famoso de *Alfarache».*

Dos párrafos más adelante nos encontramos con una arenga desenfada y risueña en defensa de la vida y ejercicios de los pícaros, aunque más bien por la enumeración de los lances se convierta en un alarde encomiástico de la vida alegre y aventurera. Por lo demás, el conjunto de la novela, centrada en la belleza honesta de Constancica, la fregona que no friega, doncella virtuosa en el mesón del Sevillano, de la imperial Toledo, es de un tono señaladamente idealista y amoroso, aun con el claroscuro de las pinceladas picarescas.

Otro tanto podría decirse de *La gitanilla,* a pesar del discurso del gitano viejo en elogio de la libertad y comportamiento extrasocial de los gitanos, mezclado con la alabanza renacentista a la vida en el campo, más ligada a la naturaleza y a la sencillez primitiva. Eco lejano de la mítica Edad de Oro, cantada por los poetas clásicos y heredada en las artificiosas Arcadias de la novela pastoril.

Las novelas cervantinas, consideradas por la crítica, con bastante unanimidad, como picarescas en cierta medida, son las de *Rinconete y Cortadillo,* de un lado, y el díptico constituido por el *Casamiento engañoso* y *Coloquio de los perros,* de otro. No obstante, Valbuena Prat, en su abundante repertorio de *La novela picaresca española,* incluye hasta cuatro novelas de Cervantes: *La ilustre fregona* y las tres mencionadas en primer término.

Me parece improcedente la inclusión de *La ilustre fregona* en el canon picaresco admitido por la opinión común. Se decidió por ella después de rechazar las «ideorrealistas» de *La gitanilla* y *El celoso extremeño,* que también aportan algún rasgo esporádico del género en cuestión. En realidad, otro tanto le ocurre a la admitida por él, según hemos razonado anteriormente. Reconoce, con todo, que «los elementos picarescos adquieren una forma personalísima en manos de Cervantes» [7].

No se puede negar que el *Rinconete* encierra un cuadro de malas costumbres, festivamente contadas, en el ambiente de picardía y bribia del hampa sevillana, tocado por la gracia del arte. Como decía Menéndez Pelayo, hay una «indulgencia estética» que alcanza a todos los bribonzuelos del patio de Monipodio, tanto como a la limpieza y perfumada ornamentación del mísero escenario, con su maceta de albahaca.

Mucho se ha escrito acerca del realismo de esta novelita, pero ya no cabe subestimar las fuentes y relaciones literarias, incluso con

---

dos tipos de realismo», en *Nueva Revista de Filología Hispánica,* XI, 1957, pp. 313-342.

[7] Cfr. ANGEL VALBUENA PRAT, *La novela picaresca española.* Selección, prólogos y notas (Madrid, Ed. Aguilar, 1962).

ALBERTO SANCHEZ

el mismo *Guzmán de Alfarache,* como ha puesto de relieve José Luis Varela. El idealista innato, que era Cervantes, en *Rinconete,* siente «el atractivo de la realidad picaresca de Sevilla, al ser espoleado por una tradición literaria que ya conocemos: Lope de Rueda y el mundo del entremés posterior, romances de germanía, picaresca triunfante» [8].

Lo que no cabe olvidar es el talante, radicalmente opuesto, de Alemán y Cervantes. El pícaro Rinconete, al final de la historieta, «exageraba cuán descuidada justicia había en aquella tan famosa ciudad de Sevilla, pues casi al descubierto vivía en ella gente tan perniciosa y tan contraria a la misma naturaleza, y propuso en sí de aconsejar a su compañero no durasen mucho en aquella vida tan perdida y tan mala, tan inquieta, tan libre y tan disoluta». Aparte de esa paladina declaración y propósito de enmienda, está clara la afirmación cervantina de la bondad natural del hombre, puesto que se considera a esta «gente tan perniciosa» como «contraria a la misma naturaleza». Qué lejos nos encontramos de aquellas reflexiones, tantas veces citadas, del *Guzmán:* «No hallarás hombre con hombre; todos vivimos en asechanza los unos de los otros, como el gato para el ratón o la araña para la culebra.» No solamente es malo el pícaro, sino también los individuos con quienes tropieza, consecuencia de la doctrina religiosa del pecado original, como bien explicó Moreno Báez [9].

En cuanto a las dos novelas restantes, *El casamiento engañoso* y *Coloquio de los perros,* han sido consideradas por Joaquín Casalduero como una sola novela en dos tiempos: el narrativo del *Casamiento* y el dialogado del *Coloquio,* que, además, resulta ser un diálogo leído por uno de los personajes de la narración primera y escrito —o transcrito— por el otro. Técnica de la caja china, pudiéramos llamar a esto. *El casamiento engañoso* vendría a ser una novela introductoria a la del *Coloquio,* de extensión e importancia notoriamente superiores [10]. No cabe, por tanto, la supresión que habitualmente viene haciéndose en las ediciones más populares con la publicación del *Coloquio* solamente, aunque al final aparezcan en algunas de ellas los últimos párrafos del *Casamiento engañoso,* para clausurar del todo aquel relato, ya que el *Coloquio* admitiría una segunda parte con la biografía de Cipión, junto a la referida de Berganza. Claro está que esa posible continuación debería componerla el que redactó o trasladó la primera, con lo que volvemos al centro del laberinto.

Cfr. José Luis Varela, *La transfiguración literaria* (Madrid, Ed. Prensa Española, 1970: «El realismo cervantino en *Rinconete*», pp. 55-89).

Vid. Enrique Moreno Báez, *Lección y sentido del «Guzmán de Alfarache»* (Madrid, Anejo XL de RFE, 1948).

Cfr. Joaquín Casalduero, *Sentido y forma de las Novelas Ejemplares* (Buenos Aires, Anejo I de la *Rev. Filología Hispánica,* 1943). Posteriormente también han defendido la unidad de estas novelas cervantinas: Pamela Walley, «The unity of the *Casamiento engañoso* and the *Coloquio de los perros*», en *Bulletin of Hispanic Studies,* XXXIV, 1957, pp. 201-212, y L. J. Woodward, «El Casamiento engañoso y el Coloquio de los perros», en *Bulletin of Hispanic Studies,* XXXVI, 1959, pp. 80-87.

Mucha mayor atención se ha prestado siempre al *Coloquio de los perros,* que cuenta desde comienzos de este siglo con una edición monumental, copiosamente documentada y anotada por González de Amezúa, erudito investigador que siguió trabajando en las *Novelas Ejemplares* hasta el final de su vida, sin poder terminar su proyecto de editarlas en su totalidad, aunque lograse dar cima a su estudio de conjunto [11].

El hispanista checo Oldrich Belic ha sometido el *Coloquio* a un severo análisis estructural y llega a la conclusión de que la historia de Cipión no haría sino confirmar la de su compañero y llegar a pareja conclusión. Como tal, había de ser perfectamente inútil: «la narración está conclusa para los dos perros, la arquitectura del *Coloquio* no es una arquitectura abierta, el edificio de la novela es un edificio acabado» [12].

Sin entrar en la cuestión de si es otra novela de línea cerrada y no abierta, como parece ser la tónica dominante en el género picaresco, me interesa fijar un tema del *Casamiento,* desatendido por críticos o editores, y señalar su influjo, para mí evidente, en una de las novelas de doña María de Zayas y Sotomayor.

«El Casamiento engañoso», boda de pícaros.

Si la desgajamos de su indisoluble y brillante secuela, el *Coloquio de los perros,* la novela del *Casamiento engañoso* es la más breve de las *Ejemplares.* Concisión, amenidad y gracia son sus atributos distintivos. Carlos Fernández Gómez, catalogador del vocabulario cervantino, ha sumado en ella 5.034 voces, entre una cuarta o quinta parte de *La gitanilla,* la más extensa de las doce [13].

Entre todas las novelas cervantinas, quizá sea ésta la más próxima al paradigma admitido de la novela picaresca: por su estilo, predominantemente autobiográfico, y por las leves pinceladas naturalistas de su técnica.

De entrada, nos sale al paso el alférez Campuzano, que viene flaco y amarillo del Hospital de la Resurrección de Valladolid, y explica a su amigo, el licenciado Peralta, su lamentable estado: «Salgo de aquel hospital, de sudar catorce cargas de bubas que me echó a cuestas una mujer que escogí por mía, que non debiera.» (Recordamos la advertencia del licenciado Vidriera: «De las damas que llaman corte-

---

[11] *El casamiento engañoso y Coloquio de los perros.* Edición crítica y estudio por Agustín G. de Amezúa (Madrid, Bailly-Baillière, 1912). AGUSTÍN GONZÁLEZ DE AMEZÚA Y MAYO, *Cervantes, creador de la novela corta española.* Introducción a la edición crítica y comentada de las *Novelas Ejemplares.* (Madrid, C. S. I. C., 1956-58, 2 t.)
[12] Vid. OLDRICH BELIC, *Análisis estructural de textos hispanos* (Madrid, Ed. Prensa Española, 1969, La estructura del *Coloquio de los perros»,* pp. 61-90).
[13] Vid. CARLOS FERNÁNDEZ GÓMEZ, *Vocabulario de Cervantes* (Madrid, R.A.E., 1962).

sanas, decía que todas, o las más, tenían más de corteses que de sanas.» Pero Campuzano ignoraba previamente esta condición de la que iba a ser su esposa.)

No sabría discernir si fue impulsado «por amores» —nosotros sabemos que no—, aunque resultó «por dolores»; y de su «casamiento o cansamiento» sacó quebrantado el cuerpo y sin fácil remedio el alma.

Su narración, dirigida al amigo Peralta, es ágil y matizada. Doña Estefanía de Caicedo empezó por engañarle con la verdad («pecadora he sido y aun ahora lo soy») y mediante una coquetería sutil y hábilmente dosificada con apelaciones al interés: ella no heredó hacienda, pero tiene una buena casa con su menaje, que valora en dos mil quinientos escudos.

Movido él ante la perspectiva de un enlace conveniente y lucrativo, no medita demasiado, sino que planea, con decisión apresurada, unirse en connubio, donde la palabra amor queda excluida. Sólo cuentan halagüeños supuestos económicos y un borroso *remedium concupiscentiae* al fondo:

> Yo, que tenía entonces el juicio, no en la cabeza sino en los carcañares, haciéndoseme el deleite en aquel punto mayor de lo que en la imaginación le pintaba, y ofreciéndoseme tan a la vista la cantidad de hacienda, que ya la contemplaba en dineros convertida, sin hacer otros discursos de aquellos a que daba lugar el gusto, que me tenía echados grillos al entendimiento, le dije que yo era el venturoso y bien afortunado en haberme dado el cielo, casi por milagro, tal compañera para hacerla señora de mi voluntad y de mi hacienda, que no era tan poca que no valiese, con aquella cadena que traía al cuello y con otras joyuelas que tenía en casa, y con deshacerme de algunas galas de soldado, más de dos mil ducados, que juntos con los dos mil y quinientos suyos, era suficiente cantidad para retirarnos a vivir a una aldea, de donde yo era natural, y a donde tenía algunas raíces, hacienda tal, que sobrellevada con el dinero, vendiendo los frutos a su tiempo, nos podía dar una vida alegre y descansada [14].

Después de cuatro días de conversaciones y otros cuatro para terminar en la ceremonia nupcial —el tiempo acelerado ciñe la historia—, ocultando la «intención torcida y traidora», se trasladan a la casa de ella. En el baúl del alférez van sus cadenas, plumas y galas; para empezar le ha entregado, con destino a los gastos domésticos, los cuatrocientos reales que tenía en efectivo: todo su caudal. Seis días no más gozó el pan de la boda: «ajé sábanas de holanda, almorzaba en la cama, levantábame a las once».

---

[14] *El casamiento engañoso.* Edición Schevill-Bonilla de las *Novelas Ejemplares,* t. III (Madrid, 1925, p. 137). Modernizo la ortografía.

Volando pasaron estos días de goce y regalo, transcurridos los cuales, una mañana, «cuando aún estaba con doña Estefanía en la cama», les sorprende la irrupción de la verdadera dueña de la casa. La falaz explicación de la recién casada al confuso marido repite el recurso de engañar con la verdad:

> ... tomándome doña Estefanía por la mano me llevó a otro aposento, y allí me dijo que aquella su amiga quería hacer una burla a aquel don Lope, que venía con ella, con quien pretendía casarse, y que la burla era darle a entender que aquella casa, y cuanto estaba en ella, era todo suyo, de lo cual pensaba hacerle carta de dote, y que, hecho el casamiento, se le daba poco que se descubriese el engaño...
>
> ... y no se le tendrá a mal a ella, ni a otra mujer alguna, de que procure buscar marido honrado, aunque sea por medio de cualquier embuste.

Otros seis días duró el nuevo engaño y trueque de la cómoda mansión por un mezquino cuchitril de dos camas juntas «que parecían una». Finalmente, desaparecerá la esposa en compañía de un fingido primo, que resulta ser su amante desde tiempo atrás; se lleva todas las pertenencias del alférez, sin dejarle más que «un vestido de camino». Pero nos enteramos ahora de que se habían comportado de pillo a pillo. Realmente había sido una boda de pícaros, engañosa por las dos partes: «toda aquella balumba y aparato de cadenas, cintillos y brincos, podía valer hasta diez o doce escudos».

La verdad no siempre responde al parecer, *no es todo oro lo que reluce*. Lo cierto es que los dos jugaron a ganar y los dos perdieron, aunque en distinta medida. Por lo que acuden a la memoria del licenciado Peralta dos versos de Petrarca, a guisa de moraleja:

> *E chi prende diletto di far frode*
> *non si de'lamentar s'altri l'inganna*

Y el mismo Peralta, reposado humanista, lo traduce a continuación: «que el que tiene costumbre y gusto de engañar a otro, no se debe quejar cuando es engañado».

Tres semanas justas bastaron para abrir y cerrar el ciclo de engaño y desengaño de aquel casamiento engañoso. Febril galopada del tiempo, rápida fuga de doña Estefanía. El alférez, caído en su propia trampa, sufre además la servidumbre onerosa de una enfermedad venérea. Y ella, ¿no tiene contrapartida? La historia nada nos dice, fuera de la menguada rapiña de los abalorios del cónyuge. Pero cabe suponer, sin alardes de imaginación, que también irá a parar algún día a la cama de un hospital. Parejo destino, ¿desdoblamiento ejemplar?

No obstante, Manuel Lloris ha defendido, con buenos argumentos, la posibilidad, aunque remota, de una redención para los dos protagonistas del *Casamiento engañoso*, lo cual elevaría el episodio por encima de sus connotaciones picarescas. La definiría en tal sentido como la intentona trágico-grotesca de una infeliz mujer en busca de redención social (propósito nada raro en mujeres de la misma condición). La verdad es que durante los «seis días del pan de la boda» trabajó lo indecible para agradar al esposo; y prolongó otros seis días, en casa más pobre, sus ilusiones cuarteadas y vacilantes. Solamente se escapó con el falso pariente cuando ya no tenía salida posible, pues el alférez estaba cada vez más irritado [15].

Es muy notable el sesgo final de las cuitas del alférez. Parece ser que le han asegurado que sanará del todo si se sabe guardar: felicidad futura imprevisible de todo punto en un relato meramente picaresco. Pero aún hay más, si hemos de dar crédito a las palabras del propio Campuzano: «doy por bien empleados todas mis desgracias, por haber sido parte de haberme puesto en el hospital, donde vi lo que ahora diré, que es lo que ahora, ni nunca, vuesa merced podrá creer, ni habrá persona en el mundo que lo crea»...

Con todo esto, el estupendo cuento del casamiento engañoso queda relegado a la condición de *inductio* de la nueva ficción narrativa, que el alférez pretende haber escuchado de boca de unos perros durante la penúltima noche de su estancia en el hospital. Peralta, como es natural, se resiste a admitir aquella fantasía; pero el alférez ha escrito aquel coloquio perruno y tienta con su lectura al licenciado: «Pero puesto caso que me haya engañado, y que mi verdad sea sueño y el porfiarla disparate, ¿no se holgará vuesa merced, señor Peralta, de ver escritas en un coloquio las cosas que estos perros, o sean quien fueren, hablaron?»

Vemos aquí afirmada, una vez más, por Cervantes, la licitud de la ficción literaria libre, basada en la virtualidad estética sin más. Peralta leerá todo aquello; es un coloquio largo, satírico y muy sustancioso, un cuadro vivo y penetrante de la sociedad española del siglo XVII. Para muchos críticos, la obra maestra de Cervantes dentro de las *Novelas Ejemplares*.

Cuando concluye la lectura, el licenciado deja aparte por completo la cuestión de la imposibilidad de que unos perros hayan podido dialogar de aquel modo, para ensalzar sin reservas «el artificio del coloquio y la invención», es decir, el estilo y el contenido.

Pero, naturalmente, el *Coloquio* es una historia bien distinta de la del *Casamiento,* aunque en la composición aparezcan tan íntimamente unidas —fundidos sus peregrinos engarces— y participen las dos de elementos picarescos.

El castigo de la miseria

Cundió el modelo cervantino, pese a los reparos antes aludidos, y en el siglo XVII fueron varios los cultivadores de la novela breve

---

[15] Cfr. MANUEL LLORIS, «El casamiento engañoso», en *Hispanófila*, núm. 39, mayo 1970, pp. 15-20.

—Lope de Verga, Tirso de Molina, Juan Pérez de Montalbán—, a veces con títulos que prolongan el discutido a Cervantes, como ocurre con las *Historias peregrinas y ejemplares* (Zaragoza, 1623), de Gonzalo Céspedes y Meneses; o, más directamente, en las *Novelas amorosas y ejemplares* (Zaragoza, 1637), de la escritora madrileña doña María de Zayas y Sotomayor.

La tercera novela de esta última colección, *El castigo de la miseria*, fue incluida también por Valbuena Prat en su mentado repertorio de *La novela picaresca española*. Encuentra en ella fina malicia y cierta caricatura de tipos que le hacen pensar en *El celoso extremeño*, de Cervantes, «aunque en un orden más superficial».

Por supuesto, la deuda con Cervantes es manifiesta, pero no con la novela indicada, sino con *El casamiento engañoso*, como vamos a comprobar. Ya lo sospechó Agustín G. de Amezúa, sin atreverse a establecer la filiación, que nos parece decisiva.

> Aunque *El castigo de la miseria* ofrezca tan grandes y extrañas semejanzas con *El casamiento engañoso*, siempre las tuve más bien por casuales e involuntarias que intencionadas, hijas de un ambiente social y de unas mismas costumbres comunes a ambos escritores. En doña María, el objetivo principal de su novela es presentar y sancionar el vicio de la avaricia, mientras que en Cervantes son el engaño y el fraude los que sirven de alma y de nervio a su concepción y desarrollo [16].

Para mí es evidente que el núcleo central de los dos relatos es el casamiento doloso por lucro e interés; única motivación que impele a uno y otro cónyuge, junto a vulgares incentivos sensoriales. Además el ambiente y las costumbres comunes explicarían comportamientos e ideologías semejantes, pero no concurrencias fácticas.

Doña Emilia Pardo Bazán afirmaba que alguna de las novelas cortas de doña María de Zayas podía sostener sin desdoro la comparación con otras de Cervantes. Lo que distinguiría a esta escritora de los demás autores picarescos serían los ambientes sociales más elevados en que transcurrían sus relatos. «Doña María no pinta al pueblo, y por lo mismo sus obras son un documento precioso, pues demuestran a todo el que se tome la molestia de cotejarlas con las populares de entonces que el espíritu picaresco y de bellaquería no era un fenómeno peculiar de las clases inferiores, sino que se encontraba difuso en todas las esferas sociales, como inevitable reacción y protesta contra ciertas exageraciones del espíritu caballeresco; probándose, una vez más, que el camino más seguro para dar en bestia es querer ser ángel, y que Sancho y don Quijote, símbolos eternos, son, a la vez, dos fases

---

16 Vid. AGUSTÍN G. DE AMEZÚA, *ob. cit.*, *Cervantes, creador de la novela corta española*, t. II, p. 392). De semejante manera se había expresado en el estudio preliminar de las obras de la novelista madrileña: *Novelas amorosas y ejemplares* de doña MARÍA ZAYAS Y SOTOMAYOR. Edición y prólogo de A. G. de A... (Madrid, R. A.E., 1948).

del Jano social de su siglo; personaje singular el hidalgo idealista, y personaje común, masa anónima, el zafio y agudo villano»[17].

Aparte de la fácil simplificación de las figuras del hidalgo y su escudero, es patente que las peculiaridades atribuidas a la picaresca en manos de doña María de Zayas, estaban ya manifiestas, un cuarto de siglo antes, en la creación novelesca de Cervantes.

El castigo de la miseria viene a ser una *amplificatio* barroca, en la que no faltan cinco motivos líricos —letrillas y romances—, ni la insistencia moralizadora en las desgracias que acarrean la mezquindad, la avaricia y la tacañería, al protagonista. Quizá en este don Marcos se encuentre la mayor diferencia con la novela cervantina analizada, pues mientras el alférez Campuzano, dentro de sus debilidades y quizá por ellas, no deja de ser una figura muy humana, la presentación un tanto exagerada de don Marcos le convierte en un arquetipo de gorrón tacaño, próximo a la caricatura quevedesca del dómine Cabra, «archipobre y protomiseria». Si el licenciado Cabra «dormía siempre de un lado por no gastar las sábanas», don Marcos nunca encendió luz en su casa, de no agenciarse un cabo de vela por descuido de algún repostero. «Jamás en las posadas le faltó un pariente, que haciéndose gorra con él le ahorraba la comida, y vez hubo que dio a su mula paja del jergón que tenía en la cama, todo a fin de no gastar.»

Pero en lo que se refiere al matrimonio, eje central de la novela, nos encontramos con la misma situación contada por Cervantes y con idénticas circunstancias:

Esquematizo en cinco apartado los débitos principales de Zayas a Cervantes:

a) Doña Isidora, dama de vida licenciosa, que aparenta ser muy rica, trata su casamiento con don Marcos, prendado, principalmente, de la dote de la mujer. Los dos piensan en hacer un buen negocio con la boda.

b) Llama poderosamente la atención de don Marcos la casa de doña Isidora, llena de damascos, con alarde de rica vajilla y ropas elegantes. (La cadena de oro del novio sirve de atracción a la mujer en las dos novelas.)

c) Se aceleran los trámites de la boda, pues las amonestaciones se hicieron «en tres días de fiesta que la fortuna trajo de los cabellos», «al desposar y el velarse todo junto, a uso de los grandes».

d) Rápido desmoronamiento del matrimonio por interés. Primero se les llevan la vajilla de plata, pues era prestada; después,

---

[17] Cito estas frases de la condesa de Pardo Bazán, según el prólogo de Rincón a su edición de Zayas. Vid. MARÍA ZAYAS Y SOTOMAYOR, *Novelas ejemplares y amorosas o Decamerón español*. Selección, prólogo y notas de Eduardo Rincón (Madrid, Alianza Editorial, 1968, p. 15). Col. El Libro de Bolsillo, núm. 109. Contiene esta selección seis novelas. La primera, *El castigo de la miseria*, pp. 225-59.

las ropas, que eran de alquiler. En fin, tienen que irse de la casa, porque molestan con sus gritos y desavenencias al verdadero dueño que vivía en el cuarto de arriba.

e) Por último, fuga de doña Isidora a Barcelona, con el dinero de su esposo y en compañía del fingido sobrino, en realidad su amante (papel atribuido al primo falso de doña Estefanía en la novela de Cervantes).

La novelista madrileña ha decorado la trama sustancial picaresca mediante la adición de variados elementos, algunos delicadamente poéticos, según advertíamos antes. Un buen motivo cómico, aunque de sal gruesa, es la diferencia de edad entre los cónyuges, pues ella es mucho mayor, lleva dentadura postiza y alto moño para disimular las canas y escasez de pelo, todo lo cual llena de consternación al novio en el despertar sobresaltado de la noche nupcial.

Sirven a doña Isidora dos arriscadas mozas, Inés y Marcela, no menos pícaras que la dueña. Inés termina por escaparse hacia Nápoles con el pseudo-sobrino del ama y los dineros sustraídos a don Marcos, dejando a doña Isidora sin otro recurso que el de la mendicidad. Marcela, la primera desgarrada de aquella viciosa compañía, fue quien descubrió al abandonado esposo, aunque con maliciosa travesura y editamentos de burlesca hechicería, los hilos de la red en que había sido cazado: «le contó quién era doña Isidora, su trato y costumbres y el intento con que se había casado con él, que era engañándole, como ya don Marcos lo experimentaba bien a su costa; díjole asimismo cómo don Agustín no era sobrino suyo, sino su galán, y que era un bellaco vagamundo que por comer y holgar estaba amancebado con una mujer de tal trato y edad...». La última palabra, sin embargo, y la que le llevaría con presteza a una muerte miserable, había de encontrarla en una carta, cínica y desvergonzada, que recibió de doña Isidora:

«A don Marcos Miseria, salud.
Hombre que por ahorrar no come, hurtando a su cuerpo el sustento necesario, y por sólo interés se casa, sin más información que si hay hacienda, bien merece el castigo que usted tiene y el que le espera andando el tiempo...»

La preocupación moralista de doña María de Zayas, dentro de su gran desenvoltura y falta de gazmoñería, le mueve a procurar un fin adecuadamente punitivo y *ejemplar* a cada uno de los personajes de la fábula. Como aviso y escarmiento para los que la leyeren.

En cambio, Cervantes deja lucir siempre un rayo de esperanza sobre los más oscuros panoramas físicos y espirituales. Lo picaresco no es lo dominante, sino un tema subordinado a una visión más amplia y generosa. También admiramos la mayor sencillez, concreción y claridad expositiva del relato cervantino. Trasciende humanidad en carne viva.

LA PICARESCA Y *EL LICENCIADO VIDRIERA:* GENERO Y CONTRAGENERO EN CERVANTES

E. Michael Gerli
School of Languages and Linguistics
Georgetown University

El licenciado Vidriera es una de las obras más interesantes y extrañas de Cervantes. La mayoría de las aproximaciones críticas a esta *novela ejemplar* enfocan dos problemas: o la fuente de la figura del loco licenciado, o la unidad artística y conceptual de la obra. Respecto a la primera cuestión, algunos estudiosos han buscado antecedentes en personajes reales o puramente literarios, mientras que otros proclaman la absoluta originalidad del sujeto [1]. La cohesividad novelística de *El licenciado Vidriera* es, sin embargo, su aspecto más discutido. Joaquín Casalduero, Armand E. Singer, Frank P. Casa, Edward H. Friedman, Gwynne Edwards y Juan Bautista Avalle-Arce piensan que la obra goza de una estructura bien razonada y elaborada [2]. Ca-

---

[1] Para una sinopsis de la historia crítica de *El licenciado Vidriera* hasta 1958, véase AGUSTÍN G. DE AMEZÚA Y MAYO, *Cervantes, creador de la novela corta española* (Madrid, C.S.I.C., 1958), II, pp. 153-202. Todas las referencias subsiguientes a este estudio se notarán en el texto dentro de paréntesis.

[2] Cf. JOAQUÍN CASALDUERO, «Sentido y forma de las *Novelas Ejemplares*», en Anejo de la *RFH*, 1 (Buenos Aires, Instituto de Filología de la Universidad de Buenos Aires, 1943), pp. 109-119; ARMAND E. SINGER, «The Literary Progeny of Cervantes *El licenciado Vidrira*», en *West Virginia University Philological Papers,* V (1947), pp. 59-72; «The Sources, Meaning, and Use of the Madness Theme in Cervantes *El licenciado Vidriera*», en *West Virginia University Philological Papers,* VI (1949), pp. 31-63; pero especialmente su «Cervantes' *Licenciado Vidriera: Its Form and Substance*», en *West Virginia University Philological Papers,* VIII (1951), pp. 13-31; FRANK P. CASA, «The Structural Unity of *El licenciado Vidriera*», en *Bulletin of Hispanic Studies,* XLI (1964), pp. 242-46; EDWARD H. FRIEDMAN, «Conceptual Proportion in Cervantes' *El licenciado Vidriera*», en *South Atlantic Bulletin,* XXXIV (1974), pp. 51-59; GWYNNE EDWARDS «Cervantes' *El licenciado Vidriera:* Meaning and Struc-

salduero, por ejemplo, percibe en ella una definitiva arquitectura barroca que explaya el tema del pecado original: el pecado del intelecto. Además, comenta que «con *El licenciado Vidriera* reaparece en el barroco la danza macabra gótica» (*op. cit.*, p. 111). Antonio Oliver, William C. Atkinson y Ruth El Saffar adoptan una postura radicalmente opuesta a los defensores de la coherencia de la novela [3]. Atkinson, el más expresivo entre este grupo, queda convencido de que la historia del licenciado no es sino una chapucería narrativa que le permite a Cervantes arrojar un tren de apotegmas amargados contra una sociedad corrupta.

Fuera del origen del héroe y la unidad de la novela, me parece que el propósito literario de Cervantes en contar la vida de este otro loco inspirado es de más importancia e interés. En la larga historia crítica de *El licenciado Vidriera* todos los comentaristas han pasado por alto el problema de la génesis artística de la obra y su relación a otras formas narrativas en boga en España a principios del siglo XVII. Así como *Don Quijote* es una reacción a los libros de caballerías, *El licenciado Vidriera* parece ser, como veremos, una respuesta a la novela picaresca.

El uso cervantino de la obra literaria como un sutil instrumento de crítica no necesita documentarse. La profunda preocupación de Cervantes por la novela pastoril, sentimental, bizantina, morisca y otros géneros narrativos existentes anterior a la composición de *Don Quijote* ha sido detalladamente definida. Además, a nuestro autor le inquieta la novela picaresca [4], una forma que había logrado su óptima expresión y popularidad mientras que seguramente escribía su obra maestra. Poco después de haber publicado Mateo Alemán su *Guzmán de Alfarache* (1599), comienzan a proliferarse los asuntos picarescos en la obra cervantina. En el *Quijote*, por ejemplo, encontra-

---

ture», en *Modern Language Review*, LXVIII (1973), pp. 559-568, y la introducción de JUAN BAUTISTA AVALLE-ARCE a Miguel de Cervantes, *Three Exemplary Novels*, ed. J. B. Avalle-Arce (New York, Dell, 1964), pp. 20-23. Las citas textuales en este trabajo provienen de esta edición y se anotarán en el texto.

[3] Cf. ANTONIO OLIVER, «La filosofía en *El licenciado Vidriera*», en *Anales Cervantinos*, IV (1954), p. 229; WILLIAM C. ATKINSON, «Cervantes, el Pinciano, and the *Novelas Ejemplares*», en *Hispanic Review*, XVI (1948), pp. 202-204; RUTH EL SAFFAR, *From Novel to Romance* (Baltimore, The Johns Hopkins University Press, 1974), pp. 50-61.

[4] Para Cervantes y la picaresca, véase los siguientes estudios: ADOLFO BONILLA Y SAN MARTÍN, *Cervantes y su obra* (Madrid, M. Beltrán, 1916), pp. 129-61; EDUARDO AMAYA VALENCIA, «El picarismo en las *Novelas Ejemplares*», en *Revista de las Indias*, XXXI (1947), pp. 263-73; EMILIO SALCEDO, «Ética y estética en Cervantes», en *Revista de Ideas Estéticas*, XIII (1955), pp. 319-34; CARLOS BLANCO AGUINAGA, «Cervantes y la picaresca. Notas sobre dos tipos de realismo», en *Nueva Revista de Filología Hispánica*, XI (1957), pp. 313-42; AMÉRICO CASTRO, *El pensamiento de Cervantes*, 2.ª ed. ampliada y con notas de Julio Rodríguez-Puértolas (Barcelona, Noguer, 1972), pp. 228-35; pero del mismo especialmente *Cervantes y los casticismos españoles* (Madrid: Alfaguara, 1966), pp. 42-183; GUSTAVO ALFARO, «Cervantes y la novela picaresca», en *Anales Cervantinos*, X (1971), pp. 23-31; A. VALBUENA PRAT, *La novela picaresca española* (Madrid, Aguilar, 1956).

mos numerosos personajes y episodios que dan fe de su cuidado por el nuevo género [5]. Pero es en las *Novelas ejemplares* donde podemos apreciar plenamente el efecto de la picaresca en Cervantes. Tres de las doce novelas, *La ilustre fregona, Rinconete y Cortadilla* y *El coloquio de los perros*, tratan de asuntos hampescos. Y de hecho, las dos últimas parecen ser reelaboraciones experimentales del género [6].

Cervantes poseía, entonces, una aguda conciencia de la problemática del género literario. El mismo *Quijote* se escribió con el propósito de rectificar lo que él consideraba las deficiencias principales de la novela caballeresca. En el prólogo a esta obra declara su meta como la de «deshacer la autoridad y cabida que en el mundo y en vulgo tienen los libros de caballerías» [7]. Aunque no se puede encontrar una declaración de intento tan clara y expuesta en *El licenciado Vidriera*, un examen cuidadoso del texto revela algunas alusiones obvias a situaciones y temas picarescos que nos indican que esta obra ofrece a la vez una parodia y una solución teórica de los límites artísticos de este género.

Desde el principio de *El licenciado Vidriera*, Cervantes sumerge al lector en un contexto de índole evidentemente picaresca. Comienza su historia con una clara alusión al *Lazarillo de Tormes*:

> Paseándose dos caballeros estudiantes por las riberas de Tormes, hallaron en ellas, debajo de un árbol, durmiendo, a un muchacho de hasta edad de once años, vestido como labrador; mandaron a un criado que le despertase; despertó, y preguntáronle de adónde era y qué hacía durmiendo en aquella soledad (p. 29).

Esta referencia a uno de los hitos geográficos de la picaresca, junto con la descripción de un mozo que recuerda a Lázaro, más que un mero homenaje a una tradición literaria, resulta una indicación que nos prepara para lo que será un socavamiento implícito de las características más destacadas de la narrativa de los pícaros. Porque, ya una vez situados en un ambiente literario hampesco, Cervantes comienza a invalidar los rasgos obligatorios del género de delincuentes.

Significativamente, y en claro contraste con la novela picaresca, al preguntarle los caballeros al anónimo muchacho por su patria, éste «respondió que el nombre se le había olvidado, y que iba a la ciudad de Salamanca a buscar un amo a quien servir por solo que le diese estudio» (p. 29). Mientras alude al motivo de la búsqueda de amo,

---

[5] Por ejemplo, el choque ideológico y retórico entre don Quijote y el primer ventero (I, 3), en que se encuentra un verdadero atlas de la geografía picaresca. También Maritornes y, naturalmente, el episodio de los galeotes (I, 22).

[6] Cf. BLANCO AGUINAGA. *art. cit.*, pp. 328-29, 340-41.

[7] MIGUEL DE CERVANTES, *Don Quijote de la Mancha*, ed. de Martín de Riquer, 5.ª ed. (Barcelona, Juventud, 1967), I, p. 25.

Cervantes a la vez repudia tácitamente el determinismo de los libros picarescos; el requisito que obligaba que el personaje principal diese una identificación apriorística de sí mismo en que se incluían referencias a su rango social, genealogía, y lugar de origen. Al contrario, la deliberada negación del joven a suministrar su *curriculum vitae* afirma la resuelta creencia cervantina en la primacía del individuo: el valor de la persona, completamente divorciado de una prehistoria que pudiese perjudicar el mérito de sus acciones o la libertad de su conciencia. Así pues, al comenzar *El licenciado Vidriera,* Cervantes rechaza el concepto de linaje en su sentido literario tanto como social.

Que el futuro licenciado Vidriera sea de orígenes «sospechosos» es claro, ya que sabe escribir y leer, aunque apenas tiene once años: «preguntáronle si sabía leer; respondió que sí, y escribir también» (p. 29). En esta referencia a la erudición del joven, nuestro autor, sin duda, nos está diciendo que su protagonista, como todo buen pícaro, debe ser *ex illis,* o sea, un converso[8]. Sin embargo, por si acaso se nos escapase el significado de su respuesta, uno de los caballeros que interroga al mozo irónicamente lo subraya con su contestación: «Desa manera... no es por falta de memoria habérsete olvidado el nombre de tu patria» (p. 29).

El joven explica que seguirá ocultando sus orígenes hasta que pueda honrar su tierra y su familia, y con esto nos enfrentamos con el tema central de la literatura hampesca del siglo XVII —la honra—. Como observa Marcel Bataillon, «los temas favoritos picarescos se organizan no alrededor del tema del hambre, de la indigencia y la lucha por la vida, sino alrededor de la honra»[9]. Cervantes, indudablemente consciente de esta distinción, y en su intento de criticar las faltas artísticas más comunes del género hampesco, irónicamente presenta la honra como tema principal de su obra. No obstante, la concepción cervantina de la honra que se desarrolla en esta historia se opone diametralmente a la que vulgarmente se difunde en los libros de pícaros. Para Cervantes, la honra no equivale a la opinión pública, la aceptación social, o el abolengo familiar, sino a una dimensión moral que requiere una sabiduría y virtudes personales asequibles únicamente a través de la introspección, el estudio, la buena voluntad y la observancia de los principios cristianos. Así, cuando los caballeros le preguntan cómo piensa llegar a tener honra, el muchacho responde con las inesperadas palabras: «con mis estudios... porque

---

[8] Para el estigma social y las connotaciones religiosas del desanalfabetismo, además de las otras corrientes anti-intelectuales, en la España del siglo XVII, véase AMÉRICO CASTRO. *De la edad conflictiva,* 2.ª ed. (Madrid, Taurus, 1961), pp. 169-90, pero especialmente las pp. 182-83, que tratan del problema en la obra cervantina.

[9] *Pícaros y picaresca* (Madrid, Taurus, 1969), pp. 215-16. Bataillon también observa que «en la picaresca, en su edad de oro, el tema de la familia del héroe es un tema casi obligado, siendo una constante el de la infamia de los padres del pícaro, admitida o insinuada por el propio héroe desde el comienzo de su autobiografía», p. 221.

yo he oído decir que de los hombres se hacen los obispos» (p. 29). Con esta declaración enfática y egalitaria de la perfectibilidad intelectual y social de todo hombre, Cervantes inicia la irónica búsqueda del muchacho por la honra —una odisea que, en última instancia, lleva a la frustración, desilusión y muerte del héroe.

Al momento de identificarse el personaje como Tomás Rodaja, el *tempo* de la novela se precipita y la acción, de repente, se convierte en un torbellino de movimiento intenso, un amontonamiento de andanzas y descripciones escénicas abstractas. En la superficie, la historia repentinamente adopta el compás peripatético comúnmente asociado con las novelas picarescas, e incluso parece aludir a situaciones y motivos fáciles de encontrar en libros de delincuentes contemporáneos. Este es el caso, por ejemplo, cuando Tomás decide acompañar a sus nuevos amos a la universidad, hecho que ocurre bajo circunstancias que recuerdan muchas novelas picarescas, especialmente *El Buscón* de Quevedo [10]. Después, las correrías por Italia, sobre todo la llegada a Génova y a la visita a Roma evocan semejantes aventuras en el *Guzmán de Alfarache.*

Sin embargo, para encontrar el vínculo más evidente de *El licenciado Vidriera* con la novela picaresca, debemos observar el episodio de la locura de Tomás en Valladolid: presentación de una visión tajantemente crítica de la realidad. Desde la perspectiva privilegiada de un marginado parecida, aunque no igual, a la del pícaro, el licenciado pasa sobre la gama de la sociedad, desenmascarando a cada paso la hipocresía y decepción existentes en todos sus niveles. Este episodio que, a propósito, se desarrolla en un escenario urbano, como la novela de delincuentes, revela la unidad de intención de *El licenciado Vidriera* con la narrativa picaresca. En los comentarios que hace Vidriera sobre los tipos sociales que desfilan frente a él se percibe el idéntico prurito de desvirtuar la realidad; alienación típica de obras como el *Guzmán de Alfarache.* Desde su atalaya de la locura, el personaje cervantino escruta y revela la pudrición de la vida humana: la ropera santurrona que no es sino una «filiae Hierusalem» (pp. 39-40) [11]; el celoso parroquiano, que trata de esconder su condición «sospechosa» asistiendo a misa todos los días (pp. 40-41); las prostitutas,

---

[10] No es enteramente imposible que Cervantes aun estuviese aludiendo directamente al *Buscón.* De hecho, parecen haber más parelelos entre la obra de Quevedo y *El licenciado Vidriera,* sobre todo el episodio en cada obra que se dedica a criticar la poesía contemporánea. Aunque el *Buscón* se publicó por primera vez en Zaragoza en 1626, es posible que hubiese existido en forma manuscrita desde 1603. Véase A. RODRÍGUEZ MOÑINO, «Los manuscritos del *Buscón*», en *Nueva Revista de Filología Hispánica,* VII (1953), pp. 657-72; *La vida del Buscón,* ed. crítica de FERNANDO LÁZARO CARRETER (Salamanca, C.S.I.C., 1965), pp. XLVII y ss. Es interesante que Quevedo estaba en Valladolid desde 1600, cuando un episodio no muy claro le forzó a abandonar la Universidad de Alcalá e irse a la de Valladolid.

[11] EDMUND L. KING piensa que Cervantes alude al judaísmo de la mujer en este pasaje, y no a su adulterio, como dicen otros críticos. Véase su « A Note on *El licenciado Vidriera*», en *Modern Language Notes,* LXIX (1954), pp. 99-103.

los poetas, los padres e hijos, la alcahueta, los mozos de sillas de manos y todos los demás cuya presunción queda descubierta como en los libros picarescos. Resulta significativo también que en una novela escrita por un autor tan onomásticamente preocupado como Cervantes, todos los personajes de *El licenciado Vidriera* (con la excepción del protagonista y del capitán, Diego de Valvidia) no tengan nombres [12]. A semejanza del género hampesco, todos son arquetipos sociales. Sin embargo, mientras que el pícaro necesita atravesar verticalmente la sociedad para encontrarse con las figuras que le sirven de blanco a su crítica, Cervantes hace que éstas desfilen, horizontalmente, frente a su comentarista.

Por consiguiente, en *El licenciado Vidriera* se encuentran lo que parecen ser estrechos paralelos externos a la forma picaresca. No obstante, éstos tienen una definitiva y distinta intención que en los libros del hampa. Aunque queda claro que Cervantes tenía la narrativa picaresca en mente cuando escribió esta novela, lo hizo con el propósito de demostrar las limitaciones literarias de los métodos empleados por la picaresca para desenmascarar la realidad. Las referencias a temas y motivos de la literatura hampecas en *El licenciado Vidriera* son señales tácitas que indican la oposición cervantina a ellos y el deseo de crear una forma narrativa que ofrezca una alternativa a ese género; una opción que pudiese expresar el desengaño amargado de la picaresca, pero de manera artísticamente más sintética y compacta. De hecho, *El licenciado Vidriera* es resultado de una influencia trastornada, semejante a aquellas que encontramos en los episodios pastoriles, caballerescos, sentimentales y moriscos del *Quijote,* donde los elementos que comprenden un género se utilizan para subvertirlo.

Las alusiones a las obras y a los motivos picarescos en *El licenciado Vidriera* existen de una manera deliberadamente invertida o disminuida. Ya hemos oído las opiniones heterodoxas de Tomás Rodaja respecto a la honra, y su rechazo de la importancia de los orígenes familiares y geográficos de la persona (asuntos de sumo interés en la ideología literaria picaresca, como es bien sabido). Y en vez de visualizar detenidamente las andanzas del primer tercio de la obra, Cervantes las disimula en una narración de tiro rápido que desdice la importancia de la calidad peripatética generalmente asociada con la novela picaresca. Ciudades, regiones, y países enteros se reducen a una lista de topónimos y unos cuantos adjetivos. Acelerando y concentrando el tiempo y el movimiento mientras que generaliza la descripción, nuestro autor parece restarle mérito al elemento cinético de la narrativa de los pícaros. Por consiguiente, lo que en el *Guzmán de Alfarache* aparece como una visión retórica y visualmente minuciosa, en *El licenciado Vidriera* el mismo recorrido geográfico se convierte en un episodio que, aunque fundamental para el conocimiento del personaje, resulta de significación secundaria al propósito de la obra.

---

[12] Véase Francisco García Lorca, «*El licenciado Vidriera* y sus nombres», en *Revista Hispánica Moderna,* XXXI (1965), pp. 159-68.

En el plan de la novela, la importancia del viaje de Tomás y los ocho años que pasa estudiando en la universidad de Salamanca parece minimizarse al propio para contrastar el compás acelerado de estas peripecias con el detallado núcleo de *tempo* lento (el período de locura en Valladolid), donde encontramos alambicada toda la cáustica crítica y filosofía social cervantinas [13]. Como en un cuadro, Cervantes ha intentado destacar lo esencial de su creación con un marco que complementa, pero que no distrae de su centro conceptual. La educación y el vagabundaje del licenciado le proporcionan el fondo vital que le permite juzgar la sociedad en torno a sí. Estas experiencias son testimonio del conocimiento suficiente del mundo que le prepara para descubrir, aunque sea en un estado de locura, la decepción y la falsedad que rezuma la realidad. Es decir, la juventud y la educación de Tomás Rodaja son de escaso interés concreto a la meta principal de la obra: la crítica sistemática de la realidad social. Los detalles del proceso formativo que agudiza la sensibilidad crítica de Rodaja tienen poca consideración; lo único que hace al caso es que ese proceso haya ocurrido. Lo que conviene es la sabiduría adquirida en aquellos años; el conocimiento que usa para enfocar, definir y, al fin, rechazar la hipocresía endémica a las relaciones humanas. La novela picaresca, por supuesto, hace hincapié en las experiencias juveniles mismas, a veces apenas insinuando el fundamento moral de la aventura. *El licenciado Vidrieda,* adredemente invierte esa preeminencia de la mímesis sobre la alegoría que es básica a la concepción de la novela picaresca. En su lugar, y a través del artificio de la locura del personaje, Cervantes logra subvertir la realidad social de manera mucho más directa, económica y significativa. Por el vehículo de la insania de Tomás, nuestro autor expresa su desconformidad con la sociedad, mientras que su protagonista, en marcado contraste con el pícaro, es absuelto de su atrevimiento.

En clara contraposición al pícaro, la sociedad busca la compañía de Vidriera (recuérdese el noble que le patrocina durante su estancia en Valladolid, cf. ed. cit., pp. 41-42), aunque siempre pregona su parecer con absoluta sinceridad. Irónicamente, no es hasta que queda libre de sus fantasías vítreas y cesa de criticar mordazmente al prójimo que el protagonista se convierte en un excluido. Después de haberse curado, gracias a un fraile caritativo de la orden de San Jerónimo [14], el licenciado intenta reintegrarse a la sociedad, sólo para verse cruelmente rechazado por los mismos que habían procurado su amistad en el período de su locura. Aun en esta situación, sin embargo, Cervantes le presta una dimensión de dignidad moral a su protagonista que no se le concede al pícaro: haciendo frente al ostracismo, Tomás «se fué a Flandes, donde la vida que había comenzado a eter-

---

[13] Para una discusión de los marcados contrastes de *tempo* en la obra, véase Avalle-Arce, ed. cit., pp. 20-23.

[14] Para la posible significación del fraile jerónimo y sus connotaciones religiosas, véase AMÉRICO CASTRO, *Aspectos del vivir hispánico* (Madrid, Alianza, 1970), pp. 48-103, pero especialmente pp. 74-103.

nizar por las letras, la acabó de eternizar por las armas, en compañía de su buen amigo el capitán Valdivia, dejando fama en su muerte de prudente y valentísimo soldado» (p. 57).

Con este final, Cervantes le otorga una estatura ética, una respetabilidad, y, claro está, una honorabilidad inconcebibles dentro de la concepción normalmente negativa del pícaro. Al terminarse la novela, el licenciado Vidriera se metamorfosea en Tomás Rueda, un hombre que, aunque socialmente derrotado por la mezquindad del mundo (como el bribón literario), sale de todos modos moralmente triunfante del combate. En el cuerdi-loco de Valladolid, Cervantes logra crear el antihéroe que es a la vez un héroe.

Así pues, en *El licenciado Vidriera* Cervantes puede expresar la profunda alienación, el desengaño amargo de autores como Mateo Alemán y el anónimo del *Lazarillo,* pero sin la necesidad de sublimar sus sentimientos en la elaborada acción, las veladas «burlas amenas», la degradación personajística, y los dobles sentidos que asociamos con el género de delincuentes en España.

Por disminuir la importancia de la acción, repudiar la significación del linaje, rechazar el concepto de la honra-opinión, y negarse a tachar a su personaje principal, todo dentro de un claro contexto picaresco, Cervantes nos dice que la esencia de la novela picaresca no es la forma o sus atavíos, sino una postura frente a la vida —la misma postura cínicamente crítica que vemos en lo comentarios de Vidriera—. Amezúa y Mayo observa con certeza que «mientras en el coloquio [de los perros] la sátira cervantina se emboza y disfraza en sus episodios mismos..., en *El licenciado Vidriera* preséntase franca, mordaz, agresiva, valiéndoe para cada caso... del aforismo» (II, 184). Cervantes, en otras palabras, piensa que el desengaño de la picaresca debe expresarse con la resolución, franqueza y brevedad del proverbio. Como resultado, nuestro autor inventa la figura del loco apotegmático que, aunque insano, no es indiscreto.

Consideremos por un momento la ingeniosidad de la compleja metáfora de la locura del licenciado. Figurativamente, Tomás Rodaja se hace vidrio: se convierte en un material aparentemente sin sustancia; es algo y no es nada [15]. Es el hombre marginado que paradójicamente posee una visión interna, un diablo cojuelo que entra por la puerta de enfrente y no por los tejados. Es el bufón público y, también, en un nivel más profundo, el libre pensador suelto en una sociedad que no permite la libertad de pensamiento. Durante sus años de locura en Valladolid, Vidriera responde únicamente a su propia conciencia. A través de la imagen vítrea, Cervantes simbólicamente despoja al personaje de su identidad corpórea y social, y en su locura Vidriera se convierte en la personificación del intelecto —algo cla-

---

[15] Para la posible e importante connotación religiosa de la metáfora de la vidriera, véase JULIO RODRÍGUEZ-PUÉRTOLAS, *Fray Iñigo de Mendoza y sus «Coplas de Vita Christi»* (Madrid, Gredos, 1968), nota a la copla 30, pp. 533-36; también J. DAGENS, «La métaphore de la verrière», en *Revue d'Ascetique et de Mystique* (1949), pp. 524-31.

ro, incorpóreo y, sobre todo, libre—. Dotado de là movilidad del pícaro, además posee un lujo que no se le concede a éste: el poder decir la verdad siempre. Frágil, sutil, lúcido y descuidado por los respetos humanos, el licenciado logra una libertad de expresión imposible dentro de la horma picaresca convencional.

En el loco de Valladolid, Cervantes desembarazadamente exterioriza el hombre interior. Como afirma perspicazmente Joaquín Casalduero, «al incorporarnos vitalmente a Vidriera, sus palabras cesan de ser lugares comunes inocuos; son flechas penetrantes» *(op. cit.,* p. 112), y tendría que añadirse, sinceras. A través de la ventana del hombre de vidrio penetramos la realidad; recibimos una clara y directa imagen de lo sórdido de la existencia humana. Por medio de la metáfora vítrea percibimos la verdad que yace debajo de la corteza de la apariencia —la realidad desengañada cuya expresión preocupaba a todo pensador barroco, pero especialmente a los autores de las novelas picarescas [16].

Aprovechando las tempranas alusiones a motivos picarescos en la obra como su punto de partida, Cervantes además rechaza la perspectiva autobiográfica obligatoria de la novela picaresca. Desde el principio de *El licenciado Vidriera,* el lector se encuentra con un narrador omnisciente. Nuestro autor, por tanto, evita los problemas de subjetividad y falta de totalidad que atribuye a la narración en primera persona en el diálogo de don Quijote con Ginés de Pasamonte *(Quijote,* I, 22) [17]. Cervantes sabía que el aislamiento implícito en el punto de vista autobiográfico deformaba la realidad y que era, por cierto, una desventaja para un género que intentaba descubrir e iluminar la perversidad del mundo. Los juicios del pícaro se pueden achacar de dogmáticos y perjudicados [18], pero con la presencia de una narrador omnisciente los pronunciamientos del personaje de repente se universalizan, aparentan más objetividad y credibilidad. Como *Don Quijote, El licenciado Vidriera* es una biografía ficticia, no una pseudo-autobiogría, aunque en la *novela ejemplar,* como señala Ruth El Saffar, hay momentos en que los puntos de vista del narrador y del personaje son indistinguibles [19]. Significativamente, esto ocurre en los episodios de la locura de Tomás y en donde se presenta la preponderancia del antagonismo social de la obra. En otras palabras,

---

[16] Amezúa y Mayo percibe esta conexión y observa algo ingenuamente que «en Alemán, como en [*El licenciado Vidriera* de] Cervantes, hay un sentido acre y pesimista de la vida, substancial, entrañado con su espíritu en Mateo Alemán, pero accidental y pasajero por fortuna en el glorioso autor de *Rinconete*», *op. cit.,* II, p. 196. OTIS H. GREEN siente que en el pesimismo de Tomás Rodaja se encuentra una *figura* de Cervantes. Véase a su «*El licenciado Vidriera:* Its Relation to the *Viaje del Parnaso* and the *Examen de ingenios* of Huarte», en *The Literary Mind of Medieval and Renaissance Spain* (Lexington, The University Press of Kentucky, 1970), pp. 185-92.

[17] Para un comentario agudo sobre este episodio y su significación literaria, véase CLAUDIO GUILLÉN, *Literature as System* (Princeton, N. J., Princeton University Press, 1973), pp. 146-58.

[18] Cf. BLANCO AGUINAGA, *art. cit.,* pp. 313-14.

[19] *Novel to Romance,* p. 54.

en *El licenciado Vidriera* el narrador puede identificar sutilmente su parecer con el del personaje cuando así lo desea, y puede entonces lograr un punto de vista que semeja, aunque no sea, el de la novela picaresca.

El rechazo de la narración en primera persona también tiene sus ventajas respecto a la caracterización del individuo. Le permite al lector percibir un desarrollo orgánico de la personalidad del protagonista. Avalle-Arce ha demostrado la clara evolución del personaje cervantino desde Tomás Rodaja al licenciado Vidriera, y después a Tomás Rueda. En esta división tripartita de la vida del héroe este comentarista descubre un esquema que corresponde a tres etapas vitales radicalmente diferentes: la formativa, la crítica y la activa (ed. cit., p. 22). Sin el beneficio de la distancia proporcionada por el narrador en tercera persona, un desarrollo tan precisamente delineado hubiera sido difícil en extremo. Por cierto, tendrán que transcurrir más de tres siglos de experimentación y refinamiento novelístico para llegar al momento en que un loco pudiese contarnos con convicción su propia historia, como acontece con Benjy en *The Sound and the Fury*, de Faulkner. Sin embargo, para ser comprensible el punto de vista de este narrador tiene que refractarse contra otras perspectivas autobiográficas normales.

La narración en tercera persona le permite a Cervantes definir a su protagonista y el mundo en que vive de una manera mucho más objetiva y verosímil. Le ofrece, además, la oportunidad de dar una relación total de su vida. En pocas palabras, escribir una novela comprensiva y completa. Nuestro autor concibió la novela en términos de una unidad artística que lo abarca todo, la síntesis de una vida humana, y no algo como el proceso incompleto, episódico y fragmentario que caracteriza la piscaresca. Sin duda respondiendo a la novela picaresca, con el motivo de alcanzar una visión total de la existencia de su personaje, en *El licenciado Vidriera* Cervantes adopta una estructura narrativa que le deja examinar la patología de su protagonista desde una distancia clínica[20], identificarse con su punto de vista voluntariamente, y registrar las reacciones de los demás en torno a él.

En conclusión, si miramos las ubicuas alusiones iniciales a motivos picarescos en *El licenciado Vidriera* como claves cervantinas al sentido literario de la obra, podemos apreciar cómo esta novela fue concebida, con toda probabilidad, en términos de lo que Claudio Guillén llama *contragénero,* o «the negative impacts... through which a norm is dialectically surpassed (and assimilated) by another» (Guillén, p. 146). La picaresca, sin duda, desafió el genio artístico cervantino, y en *El licenciado Vidriera* el autor decidió trastonar los elementos ancilarios y las' artificiosidades del género. Cuando se compara la *novela ejemplar* con la novela picaresca, vemos que la obra

---

[20] Algunos críticos han enfocado a la figura de Vidriera desde el punto de vista clínico. Véase, por ejemplo, AMEZÚA Y MAYO, *op. cit.,* II, pp. 165-72, y SINGER, *The Sources, Meaning and use...,* pp. 35-44.

de Cervantes es una profunda lección de sencillez literaria. Sin beneficio de las complicaciones tramáticas, el obligatorio formato autobiográfico, la ironía velada y la relación pormenorizada de los movimientos del protagonista por el tiempo y el espacio, Cervantes realiza la misma subversión de la realidad social que encontramos en las novelas del hampa.

Indudablemente, *El licenciado Vidriera* se convierte en un astuto e irónico experimento literario, donde se busca una alternativa novelística a la picaresca. Descontento con las restricciones artísticas de la narrativa picaresca, Cervantes quiso crear una forma que pudiese cumplir con la finalidad crítica de este género sin perjudicar la integridad estética y la representación comprensiva de la vida humana. Después de haber triunfado con *Don Quijote de la Mancha*, nuestro «raro inventor» ya tenía suficiente confianza para seguir experimentando audazmente con los problemas de la forma narrativa. Así pues, *El licenciado Vidriera*, escrito entre 1605 y 1610 (cf. Amezúa y Mayo, II, pp. 191-192), es una novela ejemplar en el sentido estético tanto como el ético de la palabra. Cervantes bien sabía lo que decía cuando en 1613 declaró en el prólogo de las *Novelas ejemplares* que «soy el primero que he novelado en lengua castellana».

AVELLANEDA Y LA PICARESCA

RAMÓN DÍAZ-SOLÍS
Appalachian State U.

Sorprenden en el *Quijote* apócrifo los numerosos préstamos —de caracteres, de expresiones, de esquemas de acción— a que fuerza Avellaneda, con designio y ahinco, las vidas de los dos Guzmanes, del Buscón, de la Hija de la Celestina. Hasta el *Coloquio de los perros* utiliza Avellaneda, y de él saca Sancho la broma sobre un perro exterminado con zarazas por Bárbara en el cual entresospecha el escudero a un primo hermano suyo.

Actitudes o concepciones típicas de la picaresca se repiten en la novela apócrifa quijotesca. No son, por necesidad, copia o préstamo de ella. Brotan de la exuberancia en los mismos sentimientos y presupuestos. Así el desentusiasmo por el amor de hombre y mujer, las razones similares para el rechazo de las novelas de caballería, la indulgencia con que se permite, en obsequio a la risa, lo sórdido; el cuantioso vocabulario religioso, transpiración de una sociedad oficial e intensamente relegiosa y testimonio pasivo de ello; la voluntariedad, quiero decir, el relieve que cobran en la picaresca y en el apócrifo las determinaciones que modifican la conducta del hombre, su tipo de vida; finalmente, la preferencia por el contorno urbano, la anotación detallada de tiempos y espacios.

Notable es la facilidad con que el apócrifo profiere la voz «pícaro» o alguna de sus derivadas, v. gr., picaranzón. Y se leen en la novela peripecias traviesas, invención de Avellaneda, comparables a otras de los relatos picarescos.

Asimismo, la coincidencia de Avellaneda con ciertas obras de la picaresca en el uso de expresiones y palabras de alguna peculiaridad y rareza, aunque no del todo desconocidas en otros escritores del Siglo de Oro.

Todo esto es signo de una familiaridad del apócrifo con los modelos picarescos. Aunque él, en verdad, no se identifica con ellos.

No asiente a su método —como tampoco Cervantes— de mezclar lo divino con lo humano. No le parece a Avellaneda el pícaro buen vehículo de amonestación eficaz. Por otra parte, ese material picaresco mencionado no adopta la estructura de la narrativa picaresca: no se subordina a una peculiar idea informante, ni se individualiza, en cuanto materia ya informada, en un carácter protagonista revelador; ni se narra con la voz tendenciosa del·pícaro. En realidad es la forma de entremés la que explica y aúna —con nociones de la de caballerías— los diversos elementos de la novela apócrifa. Y los elementos picarescos contribuyen —añadidos a esos de entremés— a la singular estructura de la novella avellanedesca que no es expectante, ni echada hacia el horizonte, antes retenida y entretenida en lo presente, ligeramente vuelta al pasado.

Concluyen estas y otras reflexiones con un acercamiento de Avellaneda y Cervantes en la teoría y práctica de lo picaresco.

*   *   *

Comienzo a reseñar las semejanzas —que yo siento como influencias y préstamos— entre Avellaneda y la picaresca. La reseña es muy selectiva y abreviante, tanto en los temas como en su descripción.

a) Caracteres que pasan de los retablos picarescos al *Quijote* apócrifo en singular, como individuos.

BÁRBARA.—Exbodegonera de Alcalá, antidulcinea en la intención de Avellaneda, encontrada por don Quijote atada a un árbol, abandonada allí por su amante después de azotarla y despojarla, procede —creo— de la Elena, protagonista de la *Hija de la Celestina,* atada a un árbol, azotada por Montúfar, su amante, en un bosque y despojada. Los rasgos feos y decrépitos y las mañas celestinecas provienen de la *Celestina* (por la que siente respeto Avellaneda), del *Buscón* y, en parte, son del mismo Avellaneda, el cual, según una constante suya de desmaliciar lo pícaro, arrepiente a Bárbara al final y le da un sentido de la vergüenza comparable al de Pablos, aunque el Buscón resiente lo que es y Bárbara más bien lo que ha hecho.

EL COCINERO COJO se inspira en el otro cocinero de Mateo Luján. Ambos están vistos por sus autores con simpatía y afecto. Ellos, a su vez, son benévolos con Guzmán y con Sancho, los dos protagonistas apócrifos del *Guzmán* y del *Quijote.* Avellaneda exime aquí a su cocinero —según la tendencia suavizadora de excesos inmorales— del vicio del borrachera.

LA PAREJA DEL ERMITAÑO Y DEL SOLDADO que se adhiere a don Quijote y a Sancho, a la salida de Zarafioza, proviene del *Buscón,* donde también un ermitaño y un soldado se emparejan a Pablo a la salida de Madrid. El soldado avelladenesco es roto, regresa de Flandes y ha sufrido el robo de los papeles igual que el del *Buscón,* aunque el robo de la hoja de servicios es, en Quevedo, pretexto para un chiste. El soldado resulta, en los principios, peleón; saca la espada contra Sancho y se deslengua en votos. Avellaneda mitiga a su militar y le otorga la narración del cuento ejemplar *El rico desesperado.* El ermitaño es edificante, en oposición al del *Buscón,* en todo su aparecer.

D. GREGORIO, protagonista del relato de *Los felices amantes,* imita, en sus días de cornudo complaciente de Badajoz, a Guzmán en relación con Gracia, su esposa, y a Montúfar respecto de Elena. Asimismo, en esos días en que la derrota de su vestido le apresa a la cama, D. Gregorio evoca a D. Lorenzo Iñigo de Pedrosa, caballero de la pobreza en el *Buscón,* a quien la falta de ropa que poner clava en el lecho.

b) Personajes que pasan de los retablos picarescos al *Quijote* apócrifo en gremio, quiero decir, grupos avellanedescos que copian una acción o un gesto pícaros.

PRESOS Y PIOJOS EN LA CÁRCEL de Sigüenza molestan a Sancho. Los maleantes le despojan de su dinero como los de la cárcel de Madrid a los caballeros de la pobreza de cuanto poseen. Y como éstos son comidos de los piojos en la manta ruana, a Sancho comen millones de piojos que le echaron, dice, los presos pícaros. En éstos, no obstante, aloja Avellaneda, según su costumbre, un resquicio de bondad, pues permiten a Sancho el acceso a los manjares que con su dinero compraron.

En la misma cárcel, Sancho consigue que, por dinero, el carcelero le suelte los grillos. Y Pablos alivia de los suyos por ocho reales al alcaide.

LOS ESTUDIANTES DE ALCALÁ son revoltosos, se burlan, influencian la provisión de cátedras mediante sus votos, que venden. Los dos Mateos, Alemán y Luján, lo testimonian. Avellaneda implica, al parecer, el soborno al encarecer el número de votos del promovido a cátedra que exceden los de alguien, gran ganador el año anterior. Tales estudiantes se divierten arrojando, en Zaragoza, salivas y mocos contra Sancho, lo mismo que en el *Buscón* salivan a Pablos los de Alcalá. Mateo Alemán también habla de ello —no de los mocos y del mondongo, pasto de estudiantes que es mentado con retozo, varias veces, en Avellaneda (y en la *Pícara Justina;* no en el *Buscón).*

c) Anécdotas cómicas montadas sobre un juego de palabras: *Vergüenza y las vergüenzas.* En el *Buscón,* a los caballeros de la pobreza «sacábanlos a la vergüenza, y cada uno, de puro roto, llevaba la suya da fuera» (Clásicos Castellanos, Cap. 17, p. 193).

En Avellaneda, habla Sancho a don Quijote, que anda con la

poca ropa de estar en la cama: «cubra señor Desamorado, pecador de mí, el etcétera, que aquí no hay jueces que le pretendan echar otra vez preso, ni sacar a la vergüenza, aunque harto saca vuestra merced las suyas» (Clásicos Planeta, Cap. 10, p. 188).

MORIR DE SABAÑONES.—Mueren de pura hambre los sabañones en la casa del domine Cabra. Muere, por una ingeniosa transposición de Avellaneda, el padre de Sancho, de sabañones. He aquí los textos: «Cabra se enojó de que se lo preguntase, respondió que los unos tenían sarna y los otros sabañones, y que metiéndolos en aquella casa morían de hambre» (Clásicos Castellanos, Cap. 3, p. 41).

En Avellaneda: «¿De qué enfermedad murió? —replicó don Alvaro. —De sabañones —respondió Sancho. —¡Santo Dios! —dijo don Alvaro con grandísima risa. —¡De sabañones! El primer hombre que en los días de mi vida oí decir que muriese de esa enfermedad (Clásicos Planeta 147, Cap. 2, p. 57).

UN REFRÁN COMÚN SITUADO EN UN SITIO PROMINENTE, casi abriendo capítulo —el 18— en Avellaneda y, en la cabecera del párrafo de refranes de María de la Guía, en el *Buscón*. En ambos subrayada su calidad de refrán. Avellaneda: «es infalible que llegue al cabo de adonde se saca algo, como dice el refrán, y no se eche». En el *Buscón:* «de do sacan y no pon, hijo Don Felipe, presto llegan al hondon». La forma del *Buscón,* más arcaica y por eso con más apertura humorística, no convenía al tono ininterrumpidamente serio del relato de «los felices amantes» en que se encnentran.

d) Una imagen tomada de Alemán, no de índole picaresca, pero manifestativa de la frecuencia de Avellaneda en la picaresca.

EL VULGO TORO INDÓMITO.—Alemán, en las líneas que acaban el prólogo «Al vulgo» y en las que siguen, iniciadoras del prólogo «Al lector discreto», desarrolla la imagen del vulgo como un toro fiero. Avellaneda escribe en su dedicatoria: «poniendole (el libro) en la plaza del vulgo, que es decir en los cuernos de un toro indómito». Alemán: «corre, destroza, rompe, despedaza … las mortales navajadas de tus colmillos y heridas de tus manos». Y, más adelante, al encabezar el nuevo prólogo, confiesa que se siente como alguien después de soñar cosa pesada y triste: «Suelen algunos que sueñan cosas pesadas y tristes, bregar tan fuertemente con la imaginación, que sin haberse movido, después de recordados así quedan molidos como si con un fuerte toro hubieran luchado a fuerzas» *(La novela picaresca española,* A. Valbuena Prat, 2.ª ed., p. 236).

Todo esto muestra una familiaridad de Avellaneda con los autores picarescos. Pero, ¿adopta el apócrifo el mismo espíritu? No, o mejor, sí y no. Porque Avellaneda aprueba el afán reformista de los autores —de ciertos autores— picarescos. Concuerda con lo que es estado de creencia de esa narrativa. Concuerda también con la alegría de las burlas de los pícaros, porque él posee gran disposición para la risa. Pero no asiente Avellaneda al aprovechamiento que se hace del pícaro para impartir un mensaje ético. Se diría que al pícaro no lo considera apto para un sermón fructuoso ni siquiera cuando ha sido castigado y escarmentado. La seriedad con que atiende el autor apócrifo a la edificación, el rigor con que establece la ejemplaridad le impiden adherirse a la picaresca como tal. Piénsese en las novelitas interpoladas, «el rico desesperado» y «los felices amantes», que son como dos ejemplos; en el reproche a las novelas de Cervantes, «más satíricas que ejemplares»; en los aristócratas de la novela, que despliegan una caridad ejemplar (a su manera) con Sancho, con Bárbara y con don Quijote, a la par que éstos recogen los términos de sus vidas en un mayor orden: Bárbara va a la Casa de las Arrepentidas; Sancho de criado, con su esposa, a la casa del Archipámpano, y don Quijote a curarse, como es su deber, en el hospital del Nuncio. Piénsese, prosigo, en el método con que rebaja Avellaneda la malicia de las figuras picarescas que adopta. Por ese desagrado del espectáculo del pícaro en cuanto maleante, el apócrifo rehúye transcribir a los seres picarescos en ejercicio, «trabajando», diríamos. Entonces Avellaneda lee la picaresca, manteniendo (casi como Cervantes) la dicotomía estructural, la separación de lo divino y lo humano picaresco. Así, está más de acuerdo con el *Buscón* y luego con el *Guzmán* apócrifo (de quien toma tanto) en quien aprecia seguramente un natural menos maleado. Por último, la misma intensificación de la fórmula del entremés que efectúa Avellaneda en el *Quijote* aleja la novela tanto de los caracteres del hampa como de los del púlpito.

Entonces el apócrifo utiliza esos elementos asumidos de la picaresca (y lo mismo los que él inventa de suyo), no por sí mismos, sino en función de relleno y redondeo; le convienen por la cualidad de recocijo que él, según su plan de acentuación de lo entremesil, ha espesada en la novela. Ya que a Avellaneda le encantan las bromas y los chistes, no importa su grosura. Le difaman, creo, quienes afirman que, por barroco afán de imponer orden y censura al *Quijote* cervantino lo continuó. No. Lo prosiguió porque se divirtió de oreja a oreja con él. Pero el apócrifo, otra vez insisto, no cree en el sermón del pícaro, a no ser cuando éste lo pronuncia con boca de risa. Los relatos ejemplares del apócrifo —el rico desesperado y los felices amantes— carecen de elementos cómicos. En cambio, las expresiones religiosas, que anegan la novela, se declinan en tono humorístico, no de otra manera que lo que ocurre en el *Buscón*. Lo cual no obsta para que esa atmósfera religiosa que puebla la picaresca fuera uno de los motivos para que Avellaneda, con facilidad, la absorbiera y, en lo posible, traspasara a su obra.

Así que esos elementos picarescos, adaptados o creados a su semejanza por el autor apócrifo, no se integran a una estructura picaresca persistente, ni ellos la componen tampoco, solos o reunidos. Falta, primero, a ese material una forma propia que lo informe, a saber, una concepción o idea significativamente picaresca. Puesto que Avellane-

da no quiere —exceptuando los dos relatos ejemplares intercalados—,
con sus burlas y risas, denunciar el desorden del mundo, ni el desorden del pícaro, ni la influencia desordenada del uno en el otro. Las
burlas no son para lección o escarmiento. Avellaneda toma el regocijo, infaltable en la novela picaresca, lo aisla de su situación y connotaciones y lo aplica a sus caracteres que hereda, en gran parte, de Cervantes y que él ha visto fundamentalmente como seres de risa, irriso
rios, mejor. No muestra ni siquiera el apócrifo la intención purifica-
toria que reside en las distorsiones y desmesuras del *Buscón*, las cuales no pueden menos de desinflar, con la fuerza depresiva que atribuiría después Valle - Inclán al esperpento, la presunción. La manera
de contar Pablos la vida y su vida, con inflexión continua ridiculi-
zante, constituye una desaprobación de la vida y de su vida.

Falta, en segundo lugar, a ese material, además de la adecuada forma informante, un personaje en el cual tal forma, con nitidez se in-
dividualice. Ni Sancho ni menos don Quijote son figuras de pícaro.
Sancho es figura de entremés, según lo proclama Avellaneda en prólogo. Don Quijote, a veces, lo parece también, pues la intención de
entremesar afecta también a don Quijote, aunque Avellaneda no lo
diga, amén de que Sancho tienda con su presencia a contagiar a todos un ritmo entremesil.

Falta, por último, la narración en primera persona por más que
—descontando que Sancho y Bárbara relatan sucesos suyos (los vejá-
menes de la cárcel y de los estudiantes, el escudero; la vida con el
capigorrón Martín y la vida anterior en Guadalajara, la exbodegonera) en primera persona—, por más que la función de ese yo narrador,
introductor de un tono confesional, de vuelta, desautorizador de lo
hecho, quepa ser suplida por el autor, que va definiendo sin cesar,
con advertencias e insinuaciones, el talante y el descarrío del personaje, tal cual acontece, v. gr., en la *Hija de la Celestina*.

La fórmula, pues, que más a fondo se emplea en el apócrifo es
la del entremés. A ella hay que atribuir el achatamiento y vulgarización de la novela. El aguijón de la novela picaresca, a saber, la
voz más o menos estremecida del pícaro, está muerto aquí.

La afinidad del *Quijote* apócrifo con la narrativa picaresca, esa
ingerencia de elementos picarescos producen en la novela —colabo-
rando, de añadidura, la fórmula entremesil— una ocultación de horizonte. Quiero decir que el caminar los caballeros andantes y el mismo don Quijote con la cabeza metida en el horizonte, sacándole señales de aventuras de armas o amor cesan en la novela apócrifa. Lo
sustituye, al estilo que en las novelas picarescas —y por contagio de
ellas verosímilmente—, el gesto frecuente de volver la cabeza los personajes. Tal ademán vale como símbolo del método retrospectivo,
de examen y memorias, de la novela picaresca. Así es como la historia picaresca está hecha desde la verdad, desde el reposo del afán en
la verdad. Eso establece un movimiento que no es tan lineal, a pesar
de lo que parece. Las reflexiones, la predicción segura de la poca
suerte que aguarda al protagonista desinteresan la mente del lector

de lo que va a venir, interrumpen el movimiento y lo revierten. Y la misma trayectoria —considerada lineal— de buscar amo tropieza en afortunados parones cuando el pícaro raramente goza de un casi poder monetario. Además de que el pícaro suele conseguir, en la segunda parte de su vida, oficios que no establecen, en rigor, dependencia de criado a amo, sino, como en la sociedad presente, de empleado a patrono.

El voltear la cabeza, ademán instintivo del método de examen picaresco, expresa, por otro lado, el contexto urbano de dicha narrativa, su peculiar espacio tan habitado; todo está en ella al alcance de la voz y de la mano; todo se ofrece ahí, ni distante ni para luego. Lo real está inmediato.

A esa impresión de desistimiento —estructural en la picaresca, podría decirse— por lo que va a venir, colaboran en el *Quijote* apócrifo los elementos de entremés, fórmula ésta extrema de lo cómico, género consistente, por antonomasia, en la presentación, en la desurgencia de tiempo, en el espacio existencial de aquí y ahora.

Implica esto que a Avellaneda le importa la historia —personas, sucesos, paisaje— de la realidad más que su poesía. Elige la verdad histórica antes que la poética. Se tiene la sensación, leyendo al apócrifo, de que sus personajes y cuanto les pasa son lo que son con tanta pertinacia y convicción que no podrían haber sido otra cosa. Su ser y su acción son tan insurgentes que el lector se desentiende de imaginarles cualquier variación o futuro. Tal monotonía o vulgarización proviene de un presupuesto captado insensiblemente por Avellaneda en la lectura de la picaresca según el cual el personaje, por definición, por exigencia de su cometido es excluido de un temperamento noble, más bien ha de ser un ente casi vulgar, inatractivo al cual, sin embargo y para asombro, se le concede (no en Avellaneda) una profunda voz de conciencia con la cual gana, casi contra la expectación de su papel y de su autor, una complejidad y desasosiego atrayentes, distinta según los autores, patética en algunos.

Afinidades entre Cervantes y Avellaneda.

1. Una ya referida en el curso de estas páginas, a saber, el repudio de la alianza entre lo divino y lo picaresco humano, practicada por ciertos autores modelos de picaresca. Divergen Cervantes y Avellaneda en que éste no cree al pícaro capaz de un buen sermón. Cervantes, en cambio, resiente que la materialidad del pícaro, sus sentimientos de hombre se aneguen en ese pacto inmaterializante. Esa situación precaria de lo material concierne, con supremo interés, a Cervantes. Precisamente lo que distingue al *Quijote* de cualquier otra literatura hasta entonces es que narra la problematicidad de lo material, de cómo un hombre ha de vivir en y con su materia y no tratar de suprimirla, según se lo requerían los predicadores picarescos.

2. Avellaneda es un hombre de ingenio práctico. También lo es su obra. Cervantes e ingenioso con ingenio más teórico. Así, las páginas de *Rinconete*, donde él se propone la picaresca, con consciente resolución, como un particular ejercicio de expresión, son obra de virtuoso, paradigmas para otros no tan perceptivos. No olvidemos que Cervantes es una especie de maestro, a quien nadie contrata y que, sin embargo, piensa que posee un giro especial de enseñanza, y por eso enseña donde puede y como puede. Por ser ejercicios de expresión de un virtuoso los suyos son incompletos, bocetos más bien.

3. Lo que ha concitado, de modo singular, la atención de Cervantes hacia el fenómeno del pícaro es el énfasis y la ufanía con que éste expresa la confianza en un valor de sí mismo que en realidad no posee. A retratar ese gesto, el aplomo de conciencia del pícaro en lo vano, reteniéndole sin embargo el fondo de ingenuidad y frescura, a la expresión de ello se aplica Cervantes, en lo mejor de su inventiva, tanto en el *Quijote* como en el soneto que reputaba él su mejor poema, al túmulo de Felipe II: «Válgame Dios que me espanta esta grandeza...», que termina con ellas «caló el chapeo, miró al soslayo... fuese y no hubo nada», como en los tipos del círculo de Monipodio o en la labia desbordante de *Ginesillo de Pasamonte*. Repérese bien que el ampuloso está sunstancialmente ligado a un problema de expresión, de habla. Por eso, los estudios de Cervantes recalcan tanto en el lenguaje.

4. Nótese cómo el pícaro visto así no existe, en rigor, no ya en la realidad —donde el pícaro nunca debe haber existido—, pero ni siquiera en los recintos picarescos creados por otros autores. Se acerca al *Buscón*, que hace un expresionismo del pícaro a través, sobre todo, del lenguaje. Difiere Cervantes de él por varias razones; una —tan sabida—, porque la caricatura cervantina no borra al hombre; otra, porque Cervantes, en lo que escribió con la picaresco como fenómeno de análisis ante los ojos, pinta al pícaro en la primera mitad de su vida, antes de corromperse. De ahí la mayor alegría de esos episodios. Por eso, creo, le agrada a Cervantes el *Lazarillo*, en cuya ingenuidad y pureza vital el lector quiere —a pesar de la aguda ironía del relato— creer con tanto esfuerzo como el propio Lázaro quería creer en su mujer.

5. Cervantes, como trata de transmitir esa habladora estampa, deliciosa y ridícula, del pícaro gesticulante, le presenta no sólo monologante (hombres de ese cariz nunca hablan para sí), antes en compañía, en sociedad mejor, y en diálogo.

6. Las palabras a nivel de folklore funcionan, según se sabe, tanto o más como sonido que como mental significación. Entonces, sin pretender mermar al Cervantes preocupado, reformista, creo que

óptima parte de su picaresca se perderá si el lector no hace un especial esfuerzo para captarla, para entenderla (entiéndase bien esto) como son.

7. Algunas de las cosas que los autores de los libros picarescos dicen entre risa, Cervantes las dice, pienso, entre las risas de sus entremeses.

MARCOS DE OBREGON: LA PICARESCA ABURGUESADA

JAMES R. STAMM
New York University

La crítica literia de la novela picaresca ha demostrado, durante los últimos quince o veinte años, una marcada tendencia a re-examinar la consideración más básica en culquier enfoque sobre particularidades de las obras que quiere considerar: ¿Qué es la novela picaresca? Y bajo los criterios adoptados en cada caso, se sugiere la implícita pregunta: ¿Cuáles son las novelas que se incluyen legítimamente dentro del género? Esta crítica, en que se destacan los nombres de Francisco Rico, Alexander Parker, Marcel Bataillon, Claudio Guillén y Fernando Lázaro Carreter ,ha tratado de sacar sus definiciones desde ciertos aspectos de ciertas obras; no se ha lanzado tan temerariamente a aplicar rótulos como querían hacer los primeros investigadores del género a principios de este siglo, como fue, por ejemplo, el caso de Fonger de Haan o de Frank Chandler. Dándose cuenta de lo difícil que es la empresa, los más recientes han preferido establecer condiciones *sine qua non,* una obra sea o no «picaresca».

El resultado ha sido desterrar a buena parte de las novelas que fueron incluidas «tradicionalmente» dentro del cuerpo. Como definición de la lista «tradicional» podemos señalar la antología presentada por Don Angel Valbuena Prat en *La novela picaresca española,* colección Aguilar, de 1955. Don Angel no ofrece una definición clara del género, aunque sí por características externas marca tres grados en su desarrollo. La regla que utiliza para medir y clasificar las obras que, según él, pertenecen a la picaresca, es la presencia y coordinación del elemento ético-didáctico. «Un (primer) grado lo representa el primitivo y perfecto *Lazarillo.* Es una picaresca sin sermones morales, aunque en algún momento no falte la lamentación del personaje, una mínima lección de desengaño o desilusión.» En este primer grado incluye el señor Valbuena, entre otras obras, el *Buscón.* «El segundo grado lo significa la perfecta fusión de ética y picaresca. Fusión íntima e integral, en el *Guzmán,* fusión superficial y en cierto modo anecdótica, en el *Donado hablado.*» Finalmente, «un tercer grado lo representa la mera mezcla de lo moral y lo picaresco». En esta última categoría incluye don Angel «el conjunto apelmazado de *La pícara Justina*» y «una novela en otros aspectos importantísima: el *Marcos de Obregón*». La importancia de la novela de Espinel la encuentra Valbuena no en la estructura ni en la creación de personajes, sino en la fidelidad con que refleja sus tiempos y la delicadeza de algunas descripciones. Está de acuerdo con Samuel Gili Gaya al decir éste que «El protagonista no es un pícaro, sino un observador que contempla cuánto la vida le ofrece...». Lo primero que sugiere, entonces, es la pregunta, ¿cómo tenemos una novela picaresca sin pícaro? Un juicio más moderno no ayuda mucho a aclarar la cuestión. Habla Francisco Rico en una nota a su *Novela picaresca y el punto de vista de «Marcos de Obregón,* que, desde luego, ni por el personaje ni por la estructura es una novela picaresca, aunque aprenda bastante del género...». Este «aunque aprenda bastante del género» nos deja con mayores dudas aún. Si hay género, ¿cuáles son las definiciones y sus parámetros? No nos lo dice el señor Rico en términos claros, simples e inclusivos. Si no es del «género», ni por personaje ni por estructura, ¿en qué consiste aquel «bastante»? Abre en este caso el señor Rico los límites hasta confundir la precisión que declaradamente busca en su estudio, y otra vez plantea —sin resolver— la pregunta original, ¿qué es la novela picaresca?

Don Angel resuelve la cuestión agrupando en un grueso tomo de letra finísima buena parte de la novelística española de los dos siglos que van entre la publicación del *Lazarillo* y la fecha en que sale la *Vida de Torres Villaroel*. En cambio, los arriba mencionados críticos reducirían el género a dos o tres novelas, sobre todo el *Lazarillo* y *Guzmán de Alfarache*, incluyendo algunos el *Buscón* de Quevedo, pero con grandes discrepancias de criterio.

Si queremos hablar de las novelas «bastante del género» sin precisar sus aspectos externos definitivos, conviene por lo menos aclarara el «bastante». Y este «bastante» radica, supongo, en lo autobiográfico de la narración y en lo variado de las aventuras del protagonista. *Marcos de Obregón* se conforma con estos criterios. Pero hay una diferencia bien marcada entre la historia de Marcos y la de Lazarillo o de Guzmán. Marcos no es un niño travieso desamparado. Tampoco es un criminal aventurado. Si Pablos, Lazarillo y Guzmán, tal como Rinconete y Cortadillo, se encuentran al margen de la sociedad de sus tiempos, Marcos está de lleno dentro de la suya. Si no es mozo de muchos años, es ayo respetado y mayordomo en casas importantes. Jamás experimenta ni busca el gozo de la irresponsable libertad sin frenos sociales ni morales de la picaresca alabada en la conocidísima oda a la vida descansada del pícaro, compuesta por el capitán Longares de Angulo:

> *Tú, pícaro, de grada haces sillas,*
> *y sin respeto de la justa media*
> *a tu placer te asientas y arrodillas...*

Dormís, seguramente, por rincones,
vistiéndoos una vez por todo el año,
ajenos de sufrir a amos mandones.

En cambio, esta picaresca de la segunda década se distingue por el rumbo nuevo que busca. Marca un camino hacia disolver la integración entre protagonista y acción como había tenido la novela picaresca en sus primeras manifestaciones y que con tanta precisión anota Francisco Rico. Ya de trama más novelística, menos apegada a la figura central y a la intimidad de su experiencia, empieza esta nueva o segunda picaresca a reflejar un mundo bien distinto al campo de lucha para sobrevivir de Lazarillo o el ambiente de brío, éxtasis y auto-condenación de las dos partes de *Guzmán de Alfarache.*

Los valores que celebra Espinel son valores lejanos de los del renacimiento, emblemados en el frontispicio de la *Pícara Justina.* Lo primero que se nota en «en este largo discurso de mi vida o breve relación de mis trabajos» de Marcos es el tono serio, moralizador, equilibrado, con el cual ya al comienzo subraya «cuanto importa a los escuderos pobres, o poco hacendados, saber romper por las dificultades del mundo y oponer pecho a los peligros del tiempo y la fortuna, para conservar, con honra y reputación, un don tan precioso como el de la vida». Si suena inmediatamente a lo más trillado de los prólogos, a las más anodinas de las moralidades que sirven como prefacio para toda índole de creaciones literarias del siglo, conviene mirar con más atención el contenido del libro. Es precisamente eso, la moralidad aburguesada, que proclama y declara en su prólogo, la que le sirve a Marcos de Obregón como norte y orientación de su vida. Es una «vida» ficticia, biografía inventada, aunque sabemos que tiene sus muchos elementos esparcidos de verdadera biografía del autor.

Ahora, preguntémonos, ¿cuáles son los posibles modelos literarios en que basar una «vida» ficticia? Los únicos dados en aquel momento son el *Lazarillo,* los *Quijotes,* los *Guzmán de Alfarache, La pícara Justina,* y con toda probabilidad, el *Buscón* de Quevedo. Esta última, sin duda, circulaba en manuscrito en los círculos literarios cortesanos que frecuentaba Espinel, quien conoció a Quevedo. Hubo amistad entre ellos; Espinel contribuyó con un epigrama en latín al *Anacreón castellano,* y Quevedo menciona a Espinel, con elogios, en el *Buscón.* Tenemos que aceptar como motivo básico del autor la idea de escribir sus memorias, sus reflexiones sobre una vida larga y llena de aventuras y peripecias. Pero, ¿por qué entonces las envuelve con ficciones, por qué confunde un «yo» ficticio con un «yo» autobiográfico? Quizá encontramos razones convincentes en la vida histórica de Espinel, complicada con pleitos eclesiásticos y múltiples acusaciones de haber faltado a sus deberes como capellán de la iglesia de Santa María la Mayor, en Ronda, entre otros encargos semejantes en su ciudad natal, sobre los cuales hubo quejas importantes. De todos modos, el exagerado tono moral del *Marcos* no coincide, punto por punto, con las realidades que conocemos de la vida de Espinel, quien tuvo sus momentos bien turbulentos. Así, por razones persona-

les, sospechamos que no le convenía escribir sus memorias sencillamente en términos factuales, sino más bien mezclar recuerdos de lo
más feliz de tiempos pasados con ficciones en que resaltara un álter-
ego de intachable carácter moral. Si tal es el motivo de ensayar al
final de su vida su primero y único ejercicio en prosa, lo más indicado será emplear este nuevo género que ha brotado de las plumas
de tales amigos como Mateo Alemán y Quevedo. Y si escribe bajo la
influencia de estos modelos —y una pregunta bien relevante es, ¿hasta qué punto tienen los autores que crean la novela picaresca, por
cualquier definición que apañamos, conciencia del género?— se aparta inmediatamente de algunos de los más básicos cánones de las crónicas del hampa.

Primero, rechaza la cronicidad del relato. No sabemos nada del
nacimiento y crianza de Marcos. Empieza la historia de su vida como
ya viejo escudero, «incapaz de (ciertos) apetitos, por razón y por
edad», y recordando su juventud, nos cuenta algo sobre sus experiencias como estudiante de Salamanca. Pero nada de su niñez. Segundo, no es hijo de padres despreciables. ¡Cuán diferente es la despedida de Marcos de su padre al marcharse camino a la universidad,
de la salida de casa de los demás pícaros!

> «Estando yo razonablemente instruido en la lengua latina,
> de manera que sabía entender una epigrama y componer otra, y
> adornado con un poco de música ... quise ir a donde pudiese
> aprender alguna cosa que me adornase y perficionase el natu-
> ral talento que Dios y naturaleza me habían concedido. Mi pa-
> dre, viendo mi deseo e inclinación, no me hizo resistencia, antes
> me habló a su modo con la sencillez que por allá se usa, dicien-
> do: "Hijo, mi costilla no alcanza a más de lo que he hecho, id a
> buscar vuestra ventura. Dios os guíe y haga nombre de bien";
> y con esto me echó su bendición, y me dio lo que pudo, y una
> espada de Bilbao, que pesaba más que yo, que en todo el ca-
> mino no me sirvió sino de estorbo.»

No sólo no tiene que lamentar la desdicha de ascendientes de
dudosa honra, sino que sale de la casa de su padre regalado con el
símbolo de una hidalguía mínima, la espada.

En el primer atisbo de picardía de esta historia, la aventura con
los fulleros en Ventas Nuevas, Marcos reacciona con la más intachable integridad moral. Cae en manos de él y su compañero todo el botín de unos fulleros, situación que a Guzmanillo le hubiera parecido
una bendición de Dios. La reacción de Marcos, en cambio, sospe-
chando que el compañero tiene su chispa de tramposo, es la de en-
caminarse hacia los legítimos dueños del caudal para devolverles el
dinero, después de haber razonado así con el joven amigo:

> «¿Qué pensáis que traemos aquí?; nuestra total destruición,
> porque a ninguna parte podemos llegar donde no nos pidan
> muy estrecha cuenta deste dinero, que como él de suyo es go-

loso y codicioso, o por la parte que le puede caber, o por congraciarse, cualquiera dará noticia a la justicia de dos mozos caminantes de a pie, cansados y hambrientos, y con dos zurrones de moneda, y el tormento será forzoso, no dando buena cuenta de lo que se pregunta; pues esconderlo para volver por él, tan poco atinaremos nosotros como los demás; y andar mucho por aquí dará sospecha de algún daño, y el menos que nos puede suceder es caer en manos de los ladrones que nos quiten el silencio y la vida. Ponerse a peligro por ganar dineros, muchos lo hacen; pero poner en peligro la vida, honra y dinero, ningún hombre de juicio lo ha de hacer; y así mi principal intento fue volver este dinero a sus dueños, para tener tanta parte en él como ellos, sin peligro de la vida y daño de las conciencias; y aquí viene bien: quien hurta al ladrón, etc.»

Así convence al joven y codicioso compañero.

Por mucho que tenga el juicio de Marcos de buen sentido, no es un buen sentido picaresco. Frente a la misma situación, Guzmán hubiera cogido el primer barco que salía de Barcelona, y Pablos hubiera puesto casa en el mejor barrio de Sevilla. Es un buen sentido acusadamente burgués, y no sin interés, si nos atenemos al deseo de «tener tanta parte en él (dinero) como ellos, sin peligro de la vida y daño de la conciencia». La moralidad aquí está al servicio de los valores sociales establecidos, y nada del calderoniano «obrar bien porque Dios es Dios». No expresa Marcos consideraciones de conciencia derivadas de una fuente de rectitud interior, sino expresa una aceptación plena y total de un sistema legal que desde luego castigará con rigor a los transgresores y que premiará seguramente a los que obedecen los principios civiles establecidos.

Marcos no se presenta como pícaro escarmentado ni reo reformado, pese a la afirmación de Alexander Parker de que «la historia que cuenta (Espinel) coincide con la del *Guzmán* en tener por héroe a un pecador arrepentido». Marcos en su vida no roba, ni hurta, ni sisa, ni estafa, ni... nada. Poquísimo tiene que arrepentir. El único vicio de que se culpa es el de la ociosidad, lo cual considera haberse corregido con fuerte dosis de la paciencia. ¡Cuánto dista la fácil moralidad del pasaje arriba citado de las atormentadas confesiones y monodiálogos auto-acusadores del maduro Guzmán de Alfarache! Podemos decir que estamos en la presencia de una picaresca al revés, una picaresca en que el héroe —y no podemos emplear en ningún momento para Marcos la designación de anti-héroe que popularizó Frank Chandler, y que tuvo tanta aceptación en la primera crítica del género— proclama y defiende los valores que atacan y pervierten Guzmán y Pablos.

Pero si faltan totalmente en esta novela las tendencias criminales comunes a las carreras de Guzmán, Pablos, y hasta a Rinconete y Cortadillo, y no existe la urgente necesidad que aguija constantemente a Lazarillo, también falta la nota satírica y hasta cínica que destaca en varias de las novelas picarescas «de buena ley». Si la sátira e ironía de la picaresca provienen de cierto desajuste entre las pretensiones del pícaro y la realidad de su situación, la novela de Espinel está concienzudamente alejada de cualquier sospecha de tal intención. Marcos está perfectamente en consonancia con su realidad, y desde el primer momento de sus aventuras se nos presenta como un fuerte apologista del mundo social en que se encuentra. Por eso falta lo que podríamos llamar una tensión existencialista típica de la «otra» picaresca. Una de las notas más acusadas del género representado por Alemán, Quevedo y el desconocido autor del *Lazarillo* es la radical soledad del pícaro frente a un mundo que apenas comprende y en que tiene que, en las palabras de Lazarillo, «abivar el ojo y avisar, pues solo soy, y pensar cómo me sepa valer».

En dos de las novelas principales ,el *Lazarillo* y el *Guzmán,* esta tensión existencial se resuelve cuando el pícaro encuentra la manera de incorporarse dentro de la sociedad y disolver o deshacer su soledad; Lázaro adulto llega a una plenitud material que le permite la seguridad de una casa, una mujer y adecuada comida sobre la mesa, y Guzmán adquiere la seguridad moral de pertenecer, ya al final, a la ciudad de Dios. Pablos, el Buscón, espíritu más turbado, más angustiado, nunca llega a tal reposo, y así queda irresuelta la tensión. A gran diferencia de estos anti-héroes, Marcos nunca se encuentra en parecida soledad, nunca en tal oposición a las normas de la conducta aceptada en su época, nunca entra en los conflictos de la conciencia que marcan la trayectoria del pícaro. Tampoco llega a «cumbres» en su vida; sigue desde el principio en la rectitud de una vida modesta y retirada en medio del bullicio y de los azares de sus tiempos. Su primer contacto con un mundo opuesto al orden social y al buen gobierno, en el mesón de Nuevas Ventas, le empuja hacia una visión sobria y grave de su papel como miembro de una sociedad organizada y aburguesada, cuya base, enteramente aceptada por él, queda firmemente anclada en los valores materiales.

En otro episodio tiene el joven Marcos que tomar una decisión que, en términos bien triviales, revela una actitud de sumisión a la autoridad —cualquier autoridad— totalmente opuesta al afán de la libertad y tendencia a la delincuencia que solemos ver como elementos típicos de la picaresca. En esta ocasión anda por las calles nocturnas de Salamanca con unos compañeros de estudios. Pasa el Corregidor y les pregunta: «¿Qué gente?» Nos dice Marcos:

> «Yo me quité el sombrero, y descubrí el rostro, y haciendo una gran reverencia, respondí: "Estudiantes somos, que nuestra misma casa nos ha echado en la calle." Mis compañeros se estuvieron con sus sombreros y cebaderas sin hacer cortesía a la justicia. Indignóse el Corregidor, y dijo: "Llevad presos a esos desvergonzados." Ellos, como ignorantes, dijeron: "Si nos llevaren presos, nos soltarán un pie a la francesa"; asiéronlos, y lleváronlos por la calle de Santa Ana abajo. Yo, con la mayor humildad que pude, le dije: "Suplico a vuesa merced se sirva de no llevar a la cárcel a estos miserables, que si vuesa

merced supiese cómo están, no los culparía." "Tengo de ver
—dijo el Corregidor— si puedo enseñar buena crianza a algunos estudiantes." "A éstos —dije yo— con dalles de cenar y
quitalles el frío, los hará vuesa merced más corteses que a un
indio mejicano." »

Después de haberse humillado y congraciado con el Corregidor,
Marcos saca a salvo a los compañeros. No es para Espinel una mera
anécdota de experiencias estudiantiles, sino ocasión para expresar una
actitud vital, una postura hacia un mundo que él acepta y en que sabe
valerse, siguiendo muy bien entendidas reglas de comportamiento.
Luego explica sus principios a los compañeros rudos y rebeldes, bastante más apicarados que él:

> «A las personas constituidas en dignidad, sean o no sean
> superiores nuestros, tenemos obligación de tratarlos con reve-
> rencia y cortesía; y no sólo a éstos, sino a todos los más pode-
> rosos, o por oficios, o por nobleza, o por hacienda, porque
> siéndoles bien criados y humildes, en cierta forma los iguala-
> mos con nosotros, y haciendo al contrario, nos damos por ene-
> migos de los que nos pueden agraviar muy a su salvo. Dios crió
> el mundo con estos grados de superioridad, que en el cielo hay
> unos ángeles superiores a otros, y en el mundo se van imitan-
> do estos mismos grados de personas, para que los inferiores
> obedezcamos a los superiores. Y ya que no seamos capaces de
> conocernos a nosotros propios, seámoslo de conocer a quien pue-
> de, vale y tiene más que nosotros. Esta humildad y cortesía es
> forzosa para conservar la quietud y asegurar la vida. Es muy
> gran yerro querer ajustar nuestras fuerzas con las de los pode-
> rosos, usar del rigor de nuestra condición con quien es más
> cierto el perder que el ganar. La humildad con los poderosos es
> el fundamento de la paz, y la soberbia, la destruición de nues-
> tro sosiego, que al fin pueden todo lo que quieren en la repú-
> blica.»

No encontramos en este sermoncito el más mínimo deje de sarcasmo, sátira ni hipocresía. Así es como piensa Vicente Espinel, y así es
como representa a su anti-pícaro, el escudero Marcos.
Pero si no fuera suficiente encarnar las virtudes de la paciencia
y humildad en la figura, aventuras y reacciones del escudero, Espinel
nos ofrece, como colmo del libro, en el Descanso XVII de la Tercera
Parte, la figura de un santo de la moralidad aburguesada. Librado
Marcos de un bergantín de los turcos, encuentra a un tío suyo desconocido:

> «(Era) un hombre anciano en edad, aunque robusto y fuer-
> te en las acciones de hombre de valor, vecino de la villa de Ca-
> sares, que decían ser un Abraham en piedad, porque su casa
> y hacienda era siempre para hospedar peregrinos y caminantes,

llegóse a mí y dijo: "Aunque siempre la piedad me llama a semejantes cosas, agora parece que me hace más fuerza que otras veces, viéndoos afligidos y con edad; idos conmigo a mi casa, que aunque es pobre de hacienda, es abundantísima de voluntad, y nadie hay en ella que no se incline a piedad tan entrañablemente como yo: no solamente mi mujer y hijos, pero criados y esclavos, que tanto tiene el hospedaje de bueno, cuanto tiene de concordia en el amor de todos." ... "Soy un hombre no conocido por partes que en mí resplandezcan, contento con el estado en que Dios me puso, pobre bien intencionado, sin envidia al bien ajeno ni de las grandezas que suelen estimarse; trato con los mayores con sencillez y humildad, con los iguales como hermano, con todos los sujetos como padre. Alégrome cuando hallo mis vaquillas cabales, castro mis colmenas, hablando con las abejas como si fueran personas que me entendiesen; no me pongo a juzgar lo que otros hacen, porque todo me parece bueno; si oigo decir mal de una persona, mudo conversación en materia que les pueda divertir; hago el bien que puedo con lo poco que tengo, que es más de lo que yo merezco, que con esto paso una vida quieta y sin enemistades que destruyen la vida." »

Añade:

«No desprecio lo propio, no envidio lo ajeno, no confío en lo dudoso, no reparo en recebir lo que viniere sin alteración de ánimo.»

Si nos suena un poco a lo Benjamín Franklin, gran apóstol norteamericano de las virtudes y de la ética burguesa, una frase como «contento con el estado en que Dios me puso, pobre bien intencionado», creo que hemos topado con lo básico de un pensamiento común, producto igual de la Reformación protestante y de la Contrarreforma católica; de cambios sociales profundísimos en toda la civilización europea del pos-renacimiento.

Tampoco es ese tío de Marcos, llamado también Espinel, la primera figura en nuestra literatura del seiscientos que aparece como dechado de estas virtudes que brotan de la mediana prosperidad de una clase campesina aburguesada. Cervantes pinta una figura con semejantes dotes, orgullosa de su humildad y muy contenta con un *status quo* que le permite el lujo de la generosidad. Me refiero al Caballero del Verde Gabán. En el autorretrato que le permite Cervantes —y me limito a citar muy pocas líneas de un episodio tan conocido—, dice Don Diego de Miranda:

«Soy más que medianamente rico... Alguna vez como con mis vecinos y amigos, y muchas veces los convido; son mis convites limpios y aseados, y no nada escasos; ni gusto de murmurar, ni consiento que delante de mí se murmure; no escudriño las vidas ajenas, ni soy lince de los hechos de los otros; oigo misa cada día; reparto de mis bienes con los pobres, sin hacer alarde de las buenas obras, por no dar entrada en mi corazón a la hipocresía y vanagloria, enemigos que blandamente se apoderan del corazán más recatado; procuro poner en paz los que sé que están desavenidos; soy devoto de nuestra Señora, y confío siempre en la misericordia infinita de Dios, nuestro Señor.»

Aquí también, un hombre humilde —«rico labrador» le llama Cervantes— expresa, en términos sencillos, una moralidad aburguesada, basada en el bienestar material y una devoción espiritual que no excede las normas de su tiempo y posición social. Son los dos, el Caballero cervantino y el tío ejemplar de Marcos, seres conformistas con sus tiempos y con su estado en el orden social, un orden que nunca ponen en tela de juicio, abogando siempre por la cómoda sumisión al mundo como se les presenta.

Dejando aparte cuestiones de definición de género en cuanto a la totalidad de la ficción apicarada, me parece oportuno distinguir en la novela de Vicente Espinel tendencias a posturas básicas vitales y sociales que van *contra* la corriente de la picaresca «de buena ley». Las llamo «aburguesadas» por no encontrar un término más exacto con el cual designar un apoyo moral a las formas y jerarquías establecidas como expresión literaria de los valores materialistas de su época. Notamos una ausencia total de criminalidad o, según el léxico de Alexander Parker, de «delincuencia» en la figura central. Falta también la cualidad de niño desamparado, mozo de muchos amos, que era central en la teoría del género de Maldonado de Guevara, con sus implícitas travesuras para remediar un constante e implacable estado de inocencia hacia un conocimiento, las más veces amarga fruta del desengaño, de un medio indiferente u hostil.

En términos positivos, sí encontramos una figura principal, que, desde salir del hogar familiar con adecuado apoyo de sus padres para estudiar en el mejor centro de enseñanza en la España de aquellos tiempos, hasta llegar a una honrada vejez, desde la cual nos cuenta su vida, no hace sino pregonar y practicar la paciencia, la humildad, la sumisión a la autoridad constituida y la más intachable honestidad. Tampoco es hostil para con él el mundo en que se encuentra. Invariablemente ese mundo premia con modestia sus admirables —si un poco pesadas— cualidades morales. Así, dentro de la picaresca, ·por lo menos en sus definiciones más tradicionales, se nos presenta una novela anti-picaresca en que el héroe, igual que la sociedad, siempre con excepción de turcos, renegados, bandidos, fulleros y venteros, manifiesta una fuerte y constante adhesión a los ideales de un siglo que, entre otros muchos valores, apoya declaradamente a los conceptos éticos que hemos venido en llamar burgueses. Y de aquí, el *Marcos de Obregón*, una picaresca aburguesada.

LA COLERA DE VICENTE ESPINEL Y LA PACIENCIA DE MARCOS DE OBREGON

A. M. García
University College
London

La presente comunicación intenta un análisis de *Marcos de Obregón*, encaminado a formular ciertas preguntas que considero fundamentales:

a) ¿Para qué, con qué objetivo escribió Vicente Espinel su obra?

b) Indicada la razón de ser de la novela, habría que preguntarse ¿hasta qué punto se dejan impregnar por aquélla los diversos componentes episódicos de la narración para crear un todo orgánico (a pesar de los fallos de construcción notados por la crítica)?

c) Por último, dadas las vacilaciones observadas por algunos críticos entre *narrador* y *autor,* entre la autobiografía ficcional de Marcos y la autobiografía histórica de Vicente Espinel, ¿qué relación existe entre el creador y su creatura literaria dentro del ámbito específico de la finalidad y de la unidad de la obra?

Estas preguntas se entrelazan. Al finalizar estas palabras espero haber apuntado ciertas respuestas concretas.

La *Relación Primera* se abre con unas palabras que marcan ya un cierto rumbo:

> «... lleva también encerrado algún secreto, no de poca sustancia para el propósito que siempre he tenido y tengo de mostrar en mis infortunios y adversidades cuanto importa a los escuderos pobres, o poco hacendados, saber romper por las dificultades del mundo, y oponer el pecho a los peligros del tiempo y la fortuna, para conservar, con honra y reputación, un don tan precioso como el de la vida, que nos concedió la divina Majestad para rendirle gracias y admirarnos contemplando y alabando este orden maravilloso de cielos y elementos... (para venir en verdadero conocimiento del universal fabricador de todas ellas).»

Al narrador le preocupa la vida. Es este el don que hay que conservar. Las actitudes heroicas —«oponer el pecho»— deben ir dirigidas a defenderla de los enemigos que la circundan: tiempo, mundo, fortuna. La honra es un bien deseable, pero secundariamente subordinado a la conservación de la vida, la cual, además, no viene enunciada como el valle de lágrimas que nos encamina a la eternidad, sino como un valor sustantivo que nos descubre, a través del asombro contemplativo, una dimensión divina.

En este párrafo inicial el narrador ha alterado profundamente la relación axiológica entre vida y honor. El honor no marca para él las cotas más elavadas de la existencia. Ese privilegio se le reserva a la vida misma. El ideal, sin embargo, es conservar la vida con *honra y reputación*. Marcos quiere trazar una vía media entre el heroísmo caballerescos y aristocrático que subordina la vida al honor, y el ejercicio despreocupado de la poltronería que se entrega a la vida (de los sentidos), renunciando a todos los valores sociales. De esta manera, la inevitable tensión entre vida y reputación, entre existir y conservar también de paso la propia dignidad, va a constituir el *leit-motif* que permee, de manera cambiante pero persistente, el grueso de los episodios en que la vida de lnarrador parecería disgregarse.

El primer incidente importante en la vida de Marcos lo forman las peripecias que le ocurren como ayo y escudero al servicio del doctor Sagredo y de su esposa Mergelina. Este episodio lo introduce el narrador para ilustrar un principio general que ha enunciado poco más arriba. Las injurias contra la hora no han de combatirse con la espada. Cuando ésta se desenvaina y la cólera está en su punto, es necesario matar o huir, es decir, o atentar contra la vida o bien hacer sufrir a la honra. El camino a seguir es el de la paciencia, que «*refrena la ímpetus bestiales de la cólera (la potencia de los poderosos, la braveza de los valientes, la descortesía de los soberbios ignorantes) y ataja otros mil inconvenientes*». No se trata, nos dice, de la paciencia viciosa de los poltrones, que sufren todo género de indignidades por sólo comer, beber y holgar, sino de la paciencia que «*asegura la vida, la quietud del ánimo y la paz del cuerpo, y la que enseña a que no se tenga por injuria lo que no lo es...*»: una paciencia que haga posible el disfrute de la vida, con paz interior y exterior, y que nos desvíe de las trampas que pueda tendernos la quebradiza honra.

Sagredo es el «*más desazonado colérido del mundo*». Su mujer, Mergelina, es de «*su misma condición*»: colérica, soberbia y vanamente presuntuosa. La casa que habitan se nos presenta como vivo emblema de sus moradores: absurdamente acaparada, en su desnudez, por un «*espejo muy grande en un poyo muy pequeño*» y un montante con espadas de esgrima, dagas, espadas blancas, rodela y broquel. El carácter colérico de Sagredo y Mergelina, junto con su vanidad y presunción, se reflejan en la bien nutrida panoplia y en el espejo de proporciones desmesuradas. En esta parte de la narración, Marcos se nos presente como escudero pobre y cargado de años, pero al hablar con su señores les confiesa tener un genio áspero y duro, de ser colérico por naturaleza y tender a arrebatos heroicos en defensa de la verdad: «... *yo en viendo una verdad desamparada me arrojo en su ayuda con la vida y el alma*». Pero, de hecho, el Marcos escudero de los Sagredo tiene un perfecto dominio de sus ímpetus coléricos, y a través de las diversas peripecias que ocurren en la casa mantiene un perfecto control de sí y de la situación, que es, precisamente, lo que le permite salvar la vida del barbero y la honra de Mergelina. Ambas están en un continuo tris de perderse, debido, y el contraste es obvio y pretendido, a la cólera de los dos esposos. Mergelina, cuyas respuestas altivas a los que alaban su belleza por las calles, se han convertido, de la noche a la mañana, en un amor piadoso por el barberillo, se impacienta por conseguir los frutos palpables de estos amoríos. Sagredo le ofrece una oportunidad al tener que ausentarse un día a Caramanchel, pero su intempestiva vuelta, motivada por una mezcla de vanidad y de cólera, pone en peligro la vida del galancete y la reputación de Mergelina. Marcos, que está decidido a salvar vida y honra, manipula el temperamento colérico de Sagredo para crear una serie de tretas, que terminarán por tranquilizar al doctor y por separar a los dos amantes, que quedan escarmentados. El natural colérico de los esposos ha creado, pues, una situación explosiva en la que han peligrado honor y vida. Marcos, al permanecer tranquilo y paciente, ha podido dejar ambos valores a buen seguro. Pero lo ha hecho haciendo uso de estratagemas en las que se inserta siempre un elemento de engaño. La treta bien intencionada, utilizada sin daños de terceros, o en contra del engaño malicioso de otros, va a constituir una de las dominantes en la conducta de Marcos.

Durante los ocho primeros *Descansos* de la *Relación Primera*, Marcos se nos presenta en su edad provecta, pobre, ejerciendo el escuderaje y con un total dominio de sus tendencias de hombre colérico. Dentro de poco se encerrará en el humilladero del Puente de Segovia para contar su vida al ermitaño. El comienzo de esta narración dentro de la narración se demora con dos incidentes que, aunque situados en diversas coordenadas temporales, tienen como lugar de acción el puente que Marcos tendrá que atravesar hasta encerrarse en la oscuridad de la ermita. En uno de estos incidentes, un hidalgo de pueblo decide hacer frente, espada en mano, a una manada de vacas que avanzan encajonadas por la estrecha calzada; Marcos, sin embargo, prefiere cederles el paso, arrimándose al seguro del guardalado. El hidalgo termina acorneado y en actitud ridícula. El uso de la espada, y todo el *ethos* socio-moral que la espada encarna, ha puesto en peligro vida y reputación, mientras que Marcos conserva ambas desde su paciente y pacífico rincón. Al día siguiente, Marcos cruza el puente y, todavía al aire libre, conversa con el ermitaño, recordando ambos la abundancia de carrozas que por allí cruzaban el día de San Isidro. Los dos coinciden en afirmar que la vista de tanta carroza les trajo a la memoria una flota de alto bordo. Esta *«flota carrozal»*, como Marcos la llama, se alborota a causa de un abuso de fuerza perpetrado por un hombre de a caballo contra un hidalgo de a pie. La paciencia que éste demuestra ante el atropello injurioso encoleriza a un gentilhombre espectador, pero recibe la aprobación total de don Luis de Oviedo. Cuando las reminiscencias de Marcos y el ermitaño alcanzan este punto, rompe una tormenta de viento y agua y los dos interlocutores se refugian en el humilladero, donde Marcos comenzará pronto a contar su vida al ermitaño. La tormenta y sus efectos devastadores no amainarán del todo hasta que, significativamente, Marcos llegue al final de su narración. La conducta colérica del hombre de a caballo que, como un violento temporal, conmueve a la flota carrozal, guarda puntos de contacto con la tempestad que va a envolver la vida narrada de Marcos. La cólera, que él lleva en su propio temperamento, cederá el paso a la paciencia, a pesar de que en él no se cumplen ninguna de las tres condiciones que apuntaba don Luis de Oviedo. No será ni la paciencia del simple, ni la del templado por naturaleza, ni la adquirida a través de un ejercicio heroico de renuncia ascética. La de Marcos será la paciencia de quien se arrima a un nuevo orden de valores, en el que la conservación de la vida constituye la meta suprema dentro de la praxis intramundana.

Me es, por supuesto, imposible seguir paso a paso los episodios de la vida de Marcos para mostrar con qué persistencia éstos se utilizan, se inventan y se estructuran para crear una continua tensión entre cólera y paciencia, entre amor por la vida y los peligros que ésta corre al embate de la cólera y de los principios heroicos que ésta engendra y alimenta.

En Córdoba, camino de Salamanca, la vanidad juvenil de Marcos da pie para que un maleante coma a su costa y se burle de él. Marcos reprime su cólera, reflexiona, y con el ánimo sereno se desquita con la treta del ferreruelo. En su primera bajada hacia Ronda presencia el engaño que los fulleros hacen a los mercaderes con quienes él viaja, pero no se precipita en actuar para no poner en peligro su vida. Más tarde, sin embargo, consigue, mediante una treta ingeniosa, recobrar todo el dinero robado y devolverlo a los mercaderes, con lo que, de paso, se asegura el favor de éstos, que lo tratan a cuerpo de rey hasta el final de la jornada. Marcos abraza el camino de la paciencia con una curiosa mezcla de cosmovisión socio-religiosa, aceptación libre y liberadora de sabor estoico, y ese pragmatismo con el que observa que en los pobres o poco hacendados la paciencia da mejores resultados prácticos que el heroísmo colérico. En uno de los episodios estudiantiles de Salamanca, Marcos amonesta a sus condiscípulos, que acaban de ponerse a riesgo de cárcel y castigo por tratar desconsideradamente al Corregidor:

> «... a las personas constituidas en dignidad (sean o no sean superiores nuestros), tenemos obligación de tratarlos con reverencia y cortesía; y no sólo a éstos, sino a todos los más poderosos (o por oficio, o por nobleza, o por hacienda), porque siéndoles bien criados y humildes, en cierta forma los igualamos

con nosotros, y haciendo al contrario, nos damos por enemigos de los que nos pueden agraviar muy a su salvo. Dios crió el mundo con estos grados de superioridad, que en el cielo hay unos ángeles superiores a otros, y en el mundo se van imitando estos mismos grados de personas, para que los inferiores obedezcamos a los superiores. Y ya que no seamos capaces de conocernos a nosotros propios, seámoslo de conocer a quien puede, vale y tiene más que nosotros. Esta humildad y cortesía es forzosa para conservar la quietud y asegurar la vida. Es muy gran yerro querer ajustar nuestras fuerzas con las de los poderosos, usar del rigor de nuestra condición con quien es más cierto el perder que el ganar. La humildad con los poderosos es el fundamento de la paz, y la soberbia la destruición de nuestro sosiego, que al fin pueden todo lo que quieren en la república» (I,XII).

Su paso por Santander y Bilbao nos ofrece dos episodios en los que el contraste de actitudes y resultados es evidente y, sin duda, pretendido por el autor. En Santander, Marcos, alférez de la Armada, suscita las envidias de un hidalguete. Consciente de su propio temperamento colérico, Marcos evita todo tipo de enfrentamiento con su émulo. Un día éste, estando a bordo del navío y rodeado de sus amigotes, lanza contra Marcos un mentís afrentoso. Si no hace nada, pierde el honor. Si saca la espada en repuesta de duelo, no sale, de seguro, con vida. Pero recordando que su contrincante no sabe apenas nadar se le abraza y los dos ruedan al agua. El hidalguete queda en ridículo y a punto de perecer ahogado. Marcos, por el contrario, salva el pellejo y queda con su honor intacto, como poco después declara el mismo almirante de la flota. En Bilbao, sin embargo, Marcos concierta irreflexivamente un paseo amoroso con dos mozas de la localidad. Un grupo de bellacos entra en cólera al ver a un castellano con dos vizcaínas y arremeten contra él. Marcos decide hacerles frente de manera violenta y termina arrojado en la furiosa corriente de un caz, donde se ve a punto de padecer un fin innoble. La cólera, el uso de la fuerza, la precipitación en el actuar, terminan por hacer peligrar vida y honra. La paciencia permite la reflexión, ésta engendra la estratagema, la cual, transformando a veces el sentido trágico de la afrenta en comicidad burlona, pone a salvo la vida dejando la reputación intacta.

El cautiverio en Argel marca la cumbre más alta de la adhesión de Marcos a su filosofía de la existencia. Sorprendidos por una tropa de turcos mientras sestean en un cueva de la isla Cabrera, los compañeros de Marcos echan manos a las espadas. Obregón les disuade de esa actitud inútil y hace que todos se entreguen voluntariamente como esclavos «*porque en todas las desdichas que a los hombres suceden no hay remedio más importante que la paciencia*» (II,VIII). Ya en la goleta enemiga, Marcos dice a sus camaradas que, perdida la libertad, sólo existe un remedio para «*ser un poco libre, que es ejercitar la paciencia y humildad, y no esperar a hacer por fuerza lo que por fuerza se ha de hacer*»; obedeciendo hacemos esclavo nuestro al señor y recobramos de alguna manera nuestra condición de seres libres: «*Aquí somos esclavos, y si nos humilláramos a cumplir nuestra obligación, nos tratarán como a libres y no como a esclavos.*» La figura que, dentro de ete episodio, establece el contrapunto de actitudes contrastadas. es precisamente la del capitán de la nave turca. Español y bautizado, ha terminado por renegar, a pesar de estar convencido de la verdad de su antigua fe. Las injurias y menosprecios que recibía en España por su supuesta condición de cristiano nuevo se le hicieron intolerables: «*... yo nací con ánimo y espíritu de español (y no pude sufrir los agravios que cada día recibía de gente muy inferior a mi persona... ¿qué paciencia humana podrá sufrir que un hombre bajo... se desvanezca haciéndose superior a los hombres de mayores merecimientos y partes que las suyas?).*» El autor de la novela sabe a qué blanco apunta: a través de la paciencia de Marcos está exorcisando no sólo su propia cólera personal, como despúes indicaremos, sino también el «*ánimo y espíritu*» de todo un pueblo.

Marcos, con su actitud paciente y placentera, se gana la confianza y el respeto del capitán renegado, el afecto de su esposa y el amor de su hija. Aunque esclavo, vive rodeado de la honra de un ser libre, y al terminar su cautiverio ha conseguido convertir al cristianismo a los dos hijos del arráez. La estratagema no puede faltar tampoco, y en efecto, la utiliza en dos ocasiones principales: una para salir del aprieto en que le pone el amor que la joven hija siente por él, y la otra cuando para desenmascarar sin peligro los robos del privado da suelta a un tordo parlero, que proclama el nombre del ladrón desde el minarete de la mezquita. Con esta treta consigue su libertad honrosa y asegura la vida de muchos cautivos injustamente acusados del robo.

En la mayor y más peligrosa de sus desdichas, Marcos ha utilizado al máximo los resortes de la paciencia. De esta manera ha conservado la vida, la dignidad y el buen nombre, y, además, ha conseguido rehacer, con la conversión de los dos jóvenes, lo que la cólera del «*ánimo y espíritu de español*» había destruido en el renegado.

La latente cólera de Marcos no debe ceder ni siquiera cuando entre en contacto con zonas que, como la de la defensa a ultranza de la religión contra los herejes, parecerían postular una respuesta abierta y heroica. El narrador nos ofrece a este respecto dos episodios, que por su cercanía en el esquema temporal constituyen un paralelo evidentemente pretendido. Estando en una hostería de Turín con un compañero, Marcos oye hablar a un viejo de Ginebra acerca de la religión reformada. Al ver que hay allí españoles el vejete levanta la voz para que se le oiga bien. Marcos se exalta y se ve en ocasión de merecer la corona del martirio: «*me vi en el mayor peligro y en la mejor ocasión de ser dichosísimo que he tenido ni tendré en mi vida*». Su compañero le aconseja calma y silencio, pero Marcos se embarca en una diatriba insultante contra Lutero y Calvino. «Alborotóse la hospedería y cargaron tantas cuchilladas sobre mí y sobre el otro español, que si no cogemos una escalera nos hacen pedazos» (III,III). La vida en peligro, la honra por los suelos en una huida ignominiosa y, para colmo de males, una inútil algarada religiosa que se sosiega, no al nombre de Dios, sino al del Duque de Saboya que la asustada hostelera esgrime. Poco más tarde, sin embargo, Marcos viaja en coche hacia Milán en forzada compañía de cuatro ginebreses «tan grandes herejes como los otros». Su silencio premeditado siempre que se roza algún punto de religión y su trato afable le ganan las simpatías de sus compañeros de jornada. Estos, preocupados al parecer por el problema de su predestinación personal, se desvían para consultar a un nigromántico que vive en una cueva. Marcos les acompaña y consigue desenmascarar pacífica e ingeniosamente las tretas del embaucador. Los herejes han recibido una lección provechosa sin que en ningún momento haya peligrado ni la vida ni la honra de Marcos.

La actitud de Marcos ante el heroísmo de la milicia humana sigue parecidos esquemas. Recién llegado a Argel espera ver a un hermano suyo también cautivo. Pero le informan que ya no están allí. Después de matar a sus amo (ha incitado a otros esclavos a apoderarse de una nave en la que) ha conseguido huir: «...y sucedióle tan bien que vino a España y después murió sobre Jatelet» (II,IX). La ironía salta a la vista. Este «hermano» es pura invención literaria de Espinel para crear un contraste entre su actitud y la de Marcos. El hermano ha mantenido la honra a costa de la sangre de otros, para, a fin de cuentas, venir él también a perecer derramando sangre de cristianos. Con razón añade Marcos: «... si se supiera ser mi hermano quizá yo lo pasara mal.»

El narrador nunca nos cuenta ninguna acción militar en la que él hubiera tomado parte. En la única ocasión en que se le ofrece oportunidad de hacerlo, cuando recuerda haber estado «en el asalto general de Mastric», da de lado a la dimensión heroica para contarnos la anecdotilla, ridículamente intranscedente, de la «yegua sazonada», que él monta y a la que siguen poco después «más de trescientos cuartagos». De todo el heroísmo honroso y de toda la sangre derramada en Maestricht, Marcos sólo recuerda esta explosión de vitalidad animal.

La espada, símbolo e instrumento de la cólera y del heroísmo honroso, hace con frecuencia su aparición en la obra. En casa de los Sagredo, la bien nutrida panoplia lanza un absurdo contrapunto a la vanidad presuntuosa del enorme espejo. Al salir de Ronda camino de Salamanca su padre le entrega una espada «que en todo el camino no me sirvió sino de estorbo» (I,IX). En Sevilla primero va sin ella y no lo pasa mal del todo. Más tarde se apodera de la espada del brabucón que le hace frente para golpearle la cara con la guarnición, y las cosas comienzan a complicársele. Esta acción le abre las puertas de la cofradía de los valientes, decide ceñir espada y desde entonces su vida en Sevilla y su honra se ven en continuo peligro. En un campo del Genovesado saca la espada para agredir a unos labradores socarrones, y se ve por ello cargado de insultos y aherrojado en la cárcel del pueblo, donde le amenaza el garrote vil. Es claro, si se me permite el juego, que Marcos le está haciendo la cruz a la espada y a todo lo que ella representa.

En su última bajada a Andalucía, Marcos va a volver a encontrarse con el grupo de personas que han sentido más de cerca el influjo de su personalidad deliberadamente paciente. En Málaga conversa con los dos hermanos de Argel que han huido a España en busca del bautismo. Le llaman «*padre*» y «*maestro*» y confiesan haber tenido muy presente en sus penalidades el consejo de paciencia que su ayo-esclavo les diera. Pero la reunión más interesante es la que tine con Sagredo y, poco después, con su mujer Mergelina. En la Sauceda de Ronda, Marcos, que se ha entregado sin oponer resistencia a las partidas de bandoleros de Roque Amador, escucha de labios de su cautivo Sagredo las últimas peripecias de su vida. Su inclinación colérica y, ayudada de la vanidad de Mergelina, a la que encandilan los arreos militares, le indujeron a alistarse «*con ánimo alterado*» en una expedición que zapar para descubrir y poblar el estrecho de Magallanes. Pero sus éxitos militares son nulos, ya que el navío en que viaja con Mergelina queda pronto separado del resto de la flota, a merced de un fuerte temporal. Lo que nos llama la atención, a través de toda esta larga y fantástica narración, es que Sagredo, sin renunciar del todo al uso heroico de la fuerza, sabe en esta ocasión conjugarla con el ingenio y con cierta templada prudencia. El maridaje de valor e ingenio, fructífero en trazas más que en abiertos actos de heroísmo, es el *leit-motif* de esta parte de la obra, y lo que permite a Sagredo salir con vida, y no sin cierto honor, de tantos peligros como le amenazan. Es Sagredo quien evita que sus compañeros descarguen sus escopetas contra la monstruosa serpiente (—hocico de galgo, dientes muchos y agudísimos, enormes alas carnosas—) porque «*cuando la matásemos, ella mataría a algunos de nosotros*» (III,XIX). Al aproximarse a las peligrosas corrientes de la Isla Inaccesible, Sagredo aconseja arrastrar el navío a jorro, y refrena el ímpetu impaciente de los remeros, aconsejando mostrar «*industria junta con el valor de los pechos*», cordura, sufrimiento, prudencia, y a no «*precipitarnos en tan evidente peligro*» (III,XX). Una vez en la isla de los gigantes polifémicos, Sagredo parece transformase en un Ulises fértil en recursos: planea la fuga de la cueva, amañando una escala hecha con cuerdas y huesos de antiguas víctimas, mina la peana del gigantesco ídolo, que cae matando y magullando enemigos, a falta de yesca y pedernal saca fuego frotando dos palos secos, prepara trampas en las que caigan los gigantes, formando una muralla defensiva, espanta la guardia que éstos le hacen chamuscando con pólvora las posaderas de los vigilantes, etc... Para Sagredo, en esta ocasión, «*los trabajos son la piedra de toque del valor y del ingenio*» (III,XXI), mientras que el jefe de los gigantes admira el «*ánimo y traza con que procedíamos*» (III,XXII). Mergelina, a quien Sagredo creía ahogada a vista de Gibraltar, aparece poco después en la Sauceda sana y salva. Al caer en manos de los corsarios turcos, la atracción que hacia ella siente el capitán de la nave ha puesto en peligro su honra. Decide, sin embargo, no «*usar de la fuerza*» y hacer amainar con buenas palabras los ímpetus del enamoriscado. A la primera oportunidad cambia de ropas, disfrazándose de paje, dando así tiempo al tiempo y oportunidad para ser rescatada por una expedición de socorro. Ya en la Sauceda, prisionera de los bandoleros como los demás, habla a Roque Amador con «*mucha cortesía y donaire*», y al ganarse así la voluntad del caudillo consigue que éste dé libertad, e incluso algún dinero, a Marcos, a Sagredo y a ella misma. También la pareja, como los hermanos de Argel, le llaman «*padre y consejero*» (III,XVIII; XXIV).

La obra de Espinel se cierra con un *epílogo*, en el que Marcos insiste, a un nivel teórico, sobre el tema de la paciencia, cuya relación negativa con la cólera se hace notar de nuevo: «... *si un flemático sabe airarse y ejecutar con vehemencia los ímpetus de la cólera, ¿por qué un colérico no sabrá templarse y perseverar en los actos de paciencia...?*»

La novela concluye, así, con un movimiento de retorno hacia las preocupaciones iniciales, ya expresadas en el *Descanso Primero* de la *Relación Primera*. Parecido movimiento circular observamos en los personajes que pueblan los episodios más extensos y fundamentales de la obra —el cautiverio en Argel y las peripecias de los Sagredo—, y a cuya significativa reaparición en la vida de Marcos me acabo de referir. Durante el curso de la narración en el humilladero —iniciada, como ya hemos notado, después de cruzar un Puente de Segovia que Marcos ha transformado, a través de sus anécdotas y recuerdos, en lugar de cita de coléricos y pacientes— la vida del escudero aparece constantemente puntuada por episodios cuyo ensamblaje estructural responde a la preocupación del narrador de contraponer la paciencia reflexiva a los ímpetus de la cólera. La subida a Salamanca, la estancia en la Universidad, la bajada a Ronda, las andanzas en el País Vasco, la turbulenta vida en Sevilla, el cautiverio en Argel, los viajes por el norte de Italia, la segunda bajada a Andalucía, todas estas etapas están montadas sobre una cadena de anécdotas que debajo de su superficie, más o menos entretenida, descubren una constante tensión entre paciencia y cólera que las unifica a todas de manera orgánica. Por otra parte, las numerosas páginas dedicadas a observar y describir la naturaleza circundante —paisaje, animales, calidades de las aguas, cuevas, brisas, olores, efectos de luz— parecerían responder a la postura admirativa frente a la vida que el narrador preconizaba al comienzo de la obra como elemento integrante de su valoración de la existencia. Si tenemos todo esto en cuenta habría que afirmar que la obra, a pesar de sus defectos de construcción, posee una unidad interna, una cohesión de sentido, una certera persistencia de rumbo más acentuados de lo que hasta ahora se le había concedido.

Pero esto no es todo. Salvo contadas excepciones, ya notadas por la crítica, los itinerarios del Marcos ficcional se corresponden bastante fielmente con los que conocemos del Espinel histórico. Sin embargo, la mayoría de los episodios de cierto volumen que marcan los hitos de esos itinerarios no han encontrado su contrapartida en la biografía del autor. Marcos recorre los mismos caminos que Vicente recorriera, pero sus vidas no son vidas paralelas. Lo que se esconde detrás de este esquema de identificación —itinerarios— y de diferenciación —episodios— es un intento consciente de crear una cercanía al mismo tiempo que una distancia entre autor y narrador, entre Marcos y Vicente. Ambos son seres de naturaleza colérica. El temperamento colérico de Marcos aparece insistentemente repetido a lo largo de la narración. La cólera de Vicente es un hecho biográfico que él mismo atestigua repetidas veces en sus *Diversas Rimas* y que, a punto ya de publicar la obra, hay todavía personas que, como el Duque de Sessa, no parecen dispuestas a perdonar. Desde esta perspectiva, la novela es la confesión de un arrepentido. Recordemos donde se encuentra Marcos durante la mayor parte de su narración relatada: en la oscuridad de una ermita, junto a un ermitaño que le escucha sin apenas interrumpirle. Esta narración-confesión, que en cuanto tal lleva implícito el propósito de la enmienda, emana de una simbiosis intencional entre Vicente y Marcos, en la que la paciencia de éste termina por dominar la cólera congénita de ambos. Esta relación entre personaje y creador, peculiarísima dentro del marco de la picaresca, explica la abundancia de recuerdos espinelianos históricamente verificables que se infiltran por entre las comisuras de los episodios obregonianos de naturaleza ficcional. Ambos componentes son necesarios para mantener esa identidad y esa disparidad que constituye el meollo de la trabazón única entre Marcos y Vicente.

Y es posible que la clave inicial para la interpretación de la obra la ofrezca el mismo autor en el *Prólogo al lector*. Nos cuenta allí la anécdota de los dos estudiantes que, en su camino, encuentran al pie de un pozo una inscripción latina que reza: *Conditur unio, conditur unio*. Sólo el más avisado de los dos descubre el secreto de la lápida y levantando la piedra encuentra la «unio» de una perla preciosa y la «unio» de los dos enamorados de Antequera allí enterrados juntos. «*Algo prolijo, pero importante es el cuento para que sepan cómo se han de leer los autores*», dice el autor, quien poco después nos asegura que «*no hay en todo mi ESCUDERO hoja que no lleve objeto particular fuera de lo que suena*». La obra de Vicente, en efecto, esconde una perla precisa: la nueva ordenación axiológica entre vida y honor, en la que la paciencia anticolérica constituye el eje funcional. También esconde la trama vital de dos vidas humanas hermanadas entre sí en una relación única de identificación y de oposición. El estudiante, hecho el descubrimiento, «*tornó a poner la piedra y echó por otro camino*». Este cambio de rumbo es el que Vicente espera que efectúe el lector al dejar caer de sus manos la *Vida de Marcos de Obregón*.

LA VERDADERA CODICIA DE LOS BIENES AJENOS
(DE CARLOS GARCIA)

Composición y compromiso político

CHARLES V. AUBRUN

Una de las funciones más importantes del lenguaje es ocultar el pensamiento. En esa obra, llena de segundas intenciones, Carlos García dirige insinuaciones y sugerencias a un presunto mecenas, Louis de Rohan, conde de Rochefort, de quien se declara el «humillísimo servidor» (sic.). Bajo la apariencia de una ficción entretenida viene oculta una lección ejemplar para el partido político encabezado por la familia del prócer. Disfrazado de «Autor» bufón y de «Ladrón» erudito [1], García esconde la cara, pero suelta la lengua, y expresa, de modo ambiguo, es decir, dos veces claro, lo que confusamente piensa de la sociedad contemporánea la facción aristocrática.

En *La desordenada codicia* abundan también los eufemismos, las medias verdades y los equívocos, los *lapsus* fingidos y los *lapsus* auténticos. En cuanto a las trazas, trampas e «invenciones» atribuidas a

---

[1] Distinguimos entre el escritor Carlos García, con su técnica, su retórica, sus lecturas, su experiencia íntima, su conocimiento del mundo, y el autor, personaje suyo a quien manipula en el primer capítulo, en el segundo y en el penúltimo, según sus antojos, sus designios y las necesidades de su fábula. Carlos García podría ser un pseudónimo prudente de un escritor de panfletos y pasquines políticos. Es español y capaz de interpretar la jerga del hampa española. Esta no debía de abundar en la Bastilla, de la cual fue «vecino», según MARCOS FERNÁNDEZ (*Olla podrida a española*, 1655), «por orden de la reina María» (de Médicis). Es autor también de otro libro político, *Oposición y conjunción de los dos grandes luminares de la tierra* (1617), que celebra el casamiento de Luis XIII con la infante española Ana de Austria (1615). Parece que hacia 1619 (que es la fecha de la publicación de *La desordenada codicia...*), había un público en París para libros en lengua española. Luna, también un personaje algo misterioso, publica allí, en 1620, su continuación del *Lazarillo de Tormes*. Para la hispanofilia y la hispanofobia de los franceses, y para la situación de algunos emigrantes españoles, véanse los trabajos de Morel-Fatio,

los personajes, son otros tantos «actos fallidos»: patentizan las ambiciones frustradas y los secretos deseos del escritor y, probablemente, las aspiraciones ocultas de sus protectores. Por ejemplo, cuando en el relato se le roba el dinero a un mercader, con tanta astucia, con tanta gracia, ¿quién no se regocijará? Robar al ladrón es ganar cien años de perdón. En la maraña del texto vienen implicadas las creencias del autor, sus preocupaciones y prejuicios, su obsesiones e ideas fijas, todo lo latente y subyacente. Pero tan pobre es su arte y tan ingenua su escritura que emerge su mentalidad particular del discurso más convencional. Cuando castiga al ladrón por sus fechorías con los palos y azotes tradicionales, se complace en lo ingenioso de la traza y lo cómico de la situación de tal modo que le quita al relato todo valor moral o edificante.

El mismo título de la obra, tan retorcido y singular, descubre el hilo de la misma y la estructura temática subyacente. El escritor no pone en primer término a un pícaro individualizado, como fuera Guzmán de Alfarache o don Pablos de Segovia. Tampoco insiste sobre los ardides dignos de memoria de los ladrones. Remonta a la causa del latrocinio. Todos piensan que es la pobreza. Pues no: es un vicio, la codicia, y nos demuestra después que ese vicio es propio de los ricos, con su «insaciable ambición». Y aún, hay codicia y codicia. Aquí se condena la *desordenada* codicia. Si fuera *ordenada,* es de suponer que quedaría justificada. Desde luego, el escritor no quiso decir tal cosa, pero su *lapsus* descubre su sentir más oculto. El mismo lo declara ingenuamente al final del libro, al exponer los «estatutos y leyes» que rigen la *ordenada* cofradía de los ladrones, y que pudieran servir de modelo a otro gremio (la facción aristocrática) de «nuestra república».

¿Habrá humorada o ironía en esa asimilación del robo y de la virtud cívica, de los ladrones y de los nobles defensores de la república? El escritor tiene una idea y la lleva a su extremo, hasta lo absurdo. Pierde el control de su pluma. Por cierto, no quiere ofender a sus patrones. Pero no nos incumbe investigar sus intenciones, sino analizar lo que dice el texto.

Composición

El primer capítulo es un ejercicio de retórica, «en el cual compara el Autor la miseria de la prisión a las penas del infierno». Recluido en una prisión [2] asimila sus penas con los tormentos que «pin-

---

[2] «Prisión» por el edificio, por la cárcel. Es uno de los numerosos galicismos del escritor. Notables son «recors» (espía de la policía) «guijetiero» (portero de la cárcel), «pallaza» (lecho de paja), «deposar en la justicia», «estropiado» (lisiado), «drecho», «habitud» (costumbre), «amidonado», «aguacil», «no hay hablar» (no hay que hablar), «no... que» (no... sino). Citamos el texto según la edición de 1974 (Barcelona), que cotejamos con la de 1877 (Madrid) de la colección Libros de Antaño (tomo VII).

tan las sagradas letras». Pero se le le escapan ciertos detalles, que dan que pensar que vale también la comparación para «la república», la sociedad contemporánea. Por ejemplo, los demonios que atormentan a los prisioneros también son «corchetes, arqueros, espías», «que corre el día y la noche *por las calles, mercados y plazas públicas de la ciudad*». A la privación infernal de la Divina Esencia corresponde «la privación de la libertad». Y la milicia de Lucifer viene mandada por «diversos gobernadores, como son general, maestre de campo, capitanes, alféreces, sargentos, cabos de escuadra», que recuerdan «el bien compuesto ejército» del reino de Francia.

Con el capítulo II toma el libro un rumbo muy distinto. Su título anuncia un «gracioso coloquio que tuvo el Autor en la prisión con un famosísimo ladrón». Pero el hecho es que sólo habla el ladrón a partir de ese momento hasta casi el fin del libro. *La desordenada codicia* es una «olla podrida», en que coexisten el razonamiento retórico escolástico (como en el capítulo anterior), el coloquio (que la torpeza técnica del escritor convierte en otro monólogo), el relato y la imitación final de los textos jurídicos, de las «premáticas». De «olla podrida» también se podrían calificar muchas obras españolas de la época: el *Para todos,* de Montalbán; el *Para algunos,* de Matías de los Reyes; la misma *Olla Podrida a la española,* de Marcos Fernández, en que la ficción va mezclada con la literatura didáctica, «lo dulce con lo útil». Pero *La desordenada codicia* compone y ordena las varias piezas en torno a la figura de uno o dos personajes y de un tema siempre presente y las más veces oculto, la conciencia política de la aristocracia [3]. Bien se nota la torpeza de la composición cuando convirtiéndose en profesor o intérprete de lengua española, concentra el interés del lector, no en el relato, sino en la jerga de la germanía española, su lenguaje oculto.

En el capítulo III, el ladrón, ahora solo, habla en primera persona. Resulta ser tan humanista y erudito como el Autor desaparecido. Alega autoridades como Aristóteles, Geber, Arnaldo de Villanueva, Lulio y da citas en latín. Recordando acaso el *Guzmán de Alfarache,* quiere demostrar que todos somos ladrones, «todos hurtamos», «unos a lo divino, otros a lo humano».

En el capítulo IV acude el escritor a dos temas de la novela española de ambiente picaresco, presentes de un modo u otro en el *Lazarillo* y el *Guzmán,* también en el *Buscón* (todavía inédito en 1619). Cuenta el ladrón cómo *sus padres murieron en el cadalso:* habían «sacrilegado» *(sic.)* una iglesia y robado una mano de plata de la imagen de San Bartolomeo [4]; *el infame hijo* declara que *los denun-*

---

[3] Luis XIII, que nació en 1601, fue declarado mayor de edad en 1615. Regentó el reino su madre, la viuda de Enrique IV, María de Médicis, hasta 1617, cuando, con la avenencia del rey, el duque de Luynes, su ministro, hizo asesinar a Concini, el favorito de la reina.

[4] Ese tipo de crimen parece más bien propio de los fanáticos calvinistas franceses, iconoclastas que cortaron tantas cabezas de santos en las iglesias francesas. Pues los conversos franceses, vengan de la religión protestante, vengan de la religión católica, suelen ser tolerantes, favorables a la libertad de

ció a la justicia para salvar la vida, y con el mayor descaro se presenta como «el Nerón de aquellos mártires»; a causa de lo cual, dice que «le fue forzoso dejar su tierra y buscar la ventura en otra extraña».

En el capítulo V se pierde otra vez el hilo narrativo y se reanuda el hilo didáctico de la trenza. El muy erudito ladrón declara quién fue «el primer ladrón que hubo en el mundo y dónde tuvo principio el hurtar». No vacila en asimilar nobles y ladrones: «Esta gloriosa arte fue inventada en el cielo y practicada en la tierra por los más nobles y calificados moradores della.» Siendo dirigida la obra a un prócer, sería una insolencia si no viniera de quién es, un bufón, un hazmereír, cuyas impertinencias no se han de tomar en serio. Además, bien se le puede perdonar, ya que los mismos nobles gustaban de disfrazarse de ladrones en los bailes de máscaras tan de moda en aquella época. Y, ¿qué cosa más divertida puede haber que esa noble ambición del hampa? Se insinúa que gente rica pero de poca monta también compra falsas ejecutorias, con árboles genealógicos.

Notable es la semejanza de ese episodio con otro del *Quijote* (II,22). El ladrón de *La desordenada codicia* es «primo» hermano del personaje efímero de Cervantes. Como él, es «humanista» y continuador de Polidoro Vergilio, que escribió *De inventoribus rerum* (1499, y en español 1550). Según el ladrón, el inventor del arte de hurtar fue Lucifer, y el primero que lo practicó en la tierra fue Adán. Pues bien, según el taimado Sancho, que se mofa del «primo», el primer hombre que «se rascó en la cabeza» fue Adán, y el primer volatinero fue Lucifer. Probablemente García había leído el *Quijote,* se había reído de la anécdota, pero, como tanta gente hasta hoy, no había tomado para sí la sátira de Cervantes contra los «humanistas». Además, los eruditos de su ralea suelen aprovechar un caudal o tesoro común de necedades y disparates, planteando problemas que no lo son. Carlos García no es excepcional.

Muy atrevida era la aseveración: «todos somos ladrones». El ladrón la corrige y atenúa pasando la frase a la tercera persona: «todos, de cualquier calidad que sean, *son* ladrones»[5]. Ese *lapsus calami* del escritor denuncia su pensamiento íntimo: los ladrones *son los otros,* los que usurpan los privilegios de la nobleza.

«No hay género de virtud o nobleza que no sea invidiada de la gente plebeya y vulgar; andando los tiempos... no había remendón ni ganapán que no quisiese imitar la nobleza en ser ladrones.»

Ahí pues empezó el «desorden»... Pero lo peor, según García, es que los nuevos ladrones, los advenedizos:

conciencia, «libertinos espirituales». La actitud de los conversos españoles, ex judíos, es muy distinta. Suelen ser intransigentes. Fingiéndose cristianos viejos (con ejecutorias compradas), se muestran intolerantes con los «marranos», y, paradójicamente, racistas.

5 Ya había escrito Carlos García en el capítulo anterior: «Todos *dan* en un mismo blanco.»

«buscaron un medio de hurtar sin castigo y de tal suerte... que no solamente no pareciese vicio, pero que fuese estimado por rara y singular virtud».

Esa tesis la va a demostrar el ladrón al modo escolástico: *«Sic argumentor... ergo ladrón».* Y hace que desfilen tipos sociales, todos entregados a un «desordneado» robo, a una codicia abusiva de los bienes ajenos. La sintaxis es disyuntiva, mera yuxtaposición de nombres de oficios y definiciones de negocios, que todos se caracterizan por una agitación, un «interese» muy vulgar si les compara con el noble ocio, el sosiego y el desinterés de la gente noble. Esa forma del discurso corresponde a la visión del escritor: no hay coherencia en la nueva sociedad, no hay razón unificadora en el trastorno actual de las relaciones económicas entre los hombres.

En una zarabanda grotesca, García va mezclando el rico que compra un cargo estatal, el sastre, el zapatero, el escribano, el tejedor, el médico, el mercader usurero y el «de balanza», el notario, el tesorero, el cortesano pretendiente en la Corte, el religioso, el mendigo, etc.: «Finalmente todos *hurtan,* y cada oficial tiene su particular invención y astucia para ello.»

García es corto de vista. Esos tipos no son individuos descarriados, sino categorías sociales bien definidas que han ido brotando en las grietas del edificio social anticuado. De los tres estamentos tradicionales se iban apartando el «clero» laico y la pseudo nobleza «de ropa larga», que dan su armazón jurídico y financiero a la monarquía y al reino[6], la burguesía capitalista, comerciante o fabricante, la clase llamada «liberal» con sus peritos en las ciencias médicas o en el derecho comercial nuevo. Pero los mismos «defensores, oradores y labradores» del antiguo régimen se han pervertido: la pequeña nobleza, arruinada, abandona sus tierras y sus vasallos en busca de pensiones regias; los clérigos trafican con los socorros espirituales y viven de prebendas y beneficios, como otros viven de renta; parte del pueblo deja el campo y, con o sin trabajo, se concentra en las grandes ciudades; los mismos mendigos viven arteramente de la credulidad pública. Todos esos son los nuevos ladrones que desfilan en el capítulo.

Carlos García reconoce que hay excepciones. Por ejemplo, hay buenos artesanos: serán los que no exigen de sus nobles clientes que paguen sus deudas:

«Y advierta *vuestra merced* que hablo, no de los buenos y honrados oficiales, sino de los malos y perversos, los cuales, *cegados por el interese,* atropellan el temor de Dios, el amor del prójimo y la verdad de la propia conciencia»[7].

---

6 Gente de ropa larga o, como dice VÉLEZ DE GUEVARA en *El Diablo Cojuelo* (1643), nobleza de ropa, es decir magistrados y funcionarios de los Consejos del Estado. («Noblesse de robe», decimos los franceses.)

7 «Vuestra Merced» es ambiguo. No hay lector que se acuerde del personape llamado «El Autor», a quien habla el ladrón, pues desapareció a fines

También van redimidos del oprobio los criados de las grandes casas, los agentes del poder que se dejan corromper por los nobles y las clases más bajas, indiferentes al dinero.

«Como no hay regla general que no tenga su excepción, podemos excluir del número .de los ladrones toda la gente de buena conciencia, cuales son los lacayos, palafraneros, corchetes, el carcelero y sus mozos, alcahuetes, truhanes y putas» [8].

Muy significativo es el favor que goza el *Lumpenproletariat*. Odiado por los burgueses, temido por los aburguesados, es el aliado natural de la aristocracia, siendo los dos víctimas de las clases medias. Pues éstas, que dan lecciones de virtud a todos, explotan, roban y menosprecian a los menestrales, explotan y roban y envidian a los nobles. Además, el hampa y la nobleza comparten (como tantas veces en la historia) el mismo gusto por la vida libre, desenfadada y ociosa.

El capítulo VII, intitulado «De la diferencia y variedad de los ladrones», contrasta por su forma con el anterior. La sintaxis se hace analítica, se enumeran y se definen de modo «breve y compendioso» varios tipos de ladrones auténticos y «autorizados», los que hurtan sin máscaras «y muy a lo descubierto»: salteadores, grumetes, capeadores, cortabolsas, devotos, etc. El escritor hace alarde de su familiaridad [9] con esa gente, como si propusiera a sus lectores una selección de máscaras para el próximo baile. Pues ya no se disfrazan los cortesanos de pares de Carlomagno o de pastores; se proponen nuevos modelos con quienes conviven en las grandes urbes [10].

El texto cuenta unos atropellos «graciosos» de esos ladrones tan desenfadados. Sus víctimas son siempre mercaderes adinerados, necios y cobardes, o bien clérigos ingenuos y hasta caballeros aburguesados. Cada una de esas «hazañas» representa un «acto fallido» que hubiera gustado de cometer el escritor. También es de notar que los ladrones profesionales nunca roban a un gran señor o a un criado suyo: un tabú coarta la pluma de Carlos García.

Aquí también hay una excepción. Unos amigos irresponsables del ladrón roban de un modo indigno pero ingenioso a un campesino; el pobre llevaba unas cuantas gallinas y perdices para vender a la plaza de la ciudad. Es atropello indebido, «desordenado». Pues un

del capítulo II. El escritor se dirige más bien a Louis de Rohan o a cada lector.

[8] Tradicional es la fraternidad de los criados de las grandes casas con los ladrones, «alcahuetes, truhanes y putas». En 1617 entregan el cadáver de Concini, asesinado por ellos, al populacho, que le descuartiza y le quema. También es natural la alianza de la aristocracia y del hampa (la «canalla» del siglo XVIII). Más bien excepcional es la protección otorgada por la alta nobleza periférica (Andalucía, Portugal, Valencia) a los mercaderes, entre ellos a los judíos, contra la plebe, que es anti-burguesa, anti-judía.

[9] El encierro en una cárcel no es castigo sino prevención; resulta de una decisión política o policial, no de una sentencia jurídica.

[10] En *La pícara Justina* (1605), los mozos de la Corte de Valladolid se disfrazan de pícaros para divertirse y cometer impunemente sus tropelías.

vasallo tiene derecho a la protección de su señor. Por eso imagina el escritor un segundo desenlace con «justicia poética».

«Algunas personas devotas, que en la iglesia estaban, pagaron al villano, y, con esto, se fue muy contento a su aldea.»

Así se enderezan los tuertos en el mundo quijotesco de Carlos García. El rasgo pone de manifiesto cierta mentalidad generosa y nostálgica, propia de esa época de transición.

Al final del capítulo VIII reaparece el hilo narrativo del discurso. El ladrón cuenta «tres lances» suyos, que fracasaron, valiéndole el último diez años de galera. Son cuentos populares tradicionales, con personajes «actuantes», sin caracterizar, anónimos. El escritor atribuye esas trazas a su ladrón por mera comodidad técnica y también porque el antihéroe de los tiempos modernos ha de acumular desventuras en un mundo tan degradado como él (mientras el héroe modelo de los anticuados libros de caballerías acumulaba proezas en un mundo utópico).

La misma torpeza del escritor da su interés al curioso capítulo IX. El ladrón relata cómo, para salir de las galeras de Marsella, engañó al capitán y al mayordomo, aprovechando el amor desesperado que tenía cada uno a su dama, sumamente cruel. Los lectores hemos de creer pues que hay galeotes dignos de confianza, marineros del Rey atormentados por amores platónicos, mayordomos candorosos y damas «sans merci» en ese nivel social. Tanto disparate debe de ocultar un anhelo íntimo que C. García no puede declarar.

Otra vez el genial Cervantes nos abre el camino. En el capítulo XXII de la Primera Parte del *Quijote*, el caballero andante da la libertad a una sarta de galeotes «transportados» por los cuadrilleros. Exclama: «¿Es posible que el rey haga fuerza a ninguna gente?» Pues, con su mentalidad de otros tiempos no entiende qué relación puede haber entre un crimen y el trabajo forzado, entre el homicidio y las galeras (o entre el robo y las minas de azogue). Los únicos castigos justos son los azotes, la vergüenza pública, el destierro y la muerte en la horca. La misma privación de la libertad en una cárcel es contraria a la ley divina y a los fueros del hombre en esta tierra. Prisión y galeras son castigos inventados por la justicia real, que se van extendiendo abusivamente a toda la nación a expensas de la justicia señorial (ver nota 9). En los dos episodios, el de *La desordenada codicia* y el del *Quijote* los protagonistas protestan contra tan impertinente justicia. Y ridiculizan a sus odiosos agentes mientras ellos salen incólumes de sus temerarias empresas. Hay una diferencia. Cervantes, sereno y noble, inventa una aventura coherente y conmovedora. Carlos García, con su mente turbia, imagina unos amores inverosímiles por el mero gusto de frustrarlos. Así se venga de un modo retorcido (y tentativo) de sus enemigos: castrándolos.

En el capítulo XI se acerca de nuevo el texto al modelo picaresco. El ladrón alardea de su riqueza recién adquirida para conquistar los favores de una «dama». Desde luego, su fin último no es gozar de ella, sino apoderarse de un collar suyo. Pero la pícara resulta tan taimada y tan desvergonzada como su seductor. Una purga hace devolver al ladrón las perlas que se había tragado en el apuro. Bien castigado está. Era «desorden» por parte suya. Un ladrón no debe burlar a una mujer de una cofradía amiga.

Empieza el capítulo XII con el módulo básico del arte nuevo de novelar: «Las seis de la tarde serían» (... en la cárcel). Ahí van las dos coordenadas esenciales del tiempo y del lugar [11]. También se preocupa —algo tarde— el escritor de la coherencia de su discurso, que es otra regla: pues resucita en ese penúltimo capítulo al personaje principal del primero y del segundo, «el Autor», Somete, en fin, su texto a una tercera regla, propia de la novela bizantina, aunque no de la picaresca. Había empezado su libro in medias res, acaba in medias res, pues un incidente final ofrece la posibilidad de un rebote de la acción, de una continuación del libro, pues el autor aconseja al veterano ladrón que apele a la Corte de la sentencia de su juez.

Ahí viene otro acto fallido perfecto de Carlos García y de sus protectores en la alta nobleza del reino: «dar saco a la moneda del Mercader». Hasta es significativa la mayúscula: se anhela robar no a un mercader en particular, sino a todos, considerados como un singular, como una clase [12].

El compromiso político

El capítulo final, o sea, el XIII, está intitulado «De los estatutos y leyes de los ladrones». Pertenece, por su forma, a un subgénero de la sátira en prosa, la pragmática (o premática), muy en favor en aquellos tiempos en que abundan los arbitristas. Como el primer capítulo, parece dirigido directamente a Louis de Rohan y a los de su partido, con un lenguaje que ellos solos pueden entender, mientras los capítulos interiores están también al alcance del vulgo, del lector no precavido. Como en un baile de máscaras, se conocen y comunican los cómplices, pero el público no ve sino caretas graciosas y juegos inocentes.

El escritor está tan preocupado por su mensaje que se le escapa la pluma, la cual corre por su propia cuenta. ¿Estamos entre ladrones o bien entre gente de la más alta sociedad?

---

[11] Cf. Don Quijote: «En un lugar de la Mancha... no ha mucho tiempo.»
[12] Cf. El Buscón: «En este tiempo... no sólo se contenta cada uno con sus cosas, sino que aun solicitan las ajenas.» El eufemismo solicitar corresponde al codiciar de La desordenada codicia. Robar es palabra non grata. A lo sumo se dice hurtar, y cuando se trata de un robo doméstico (no castigado por la ley en España), el delito se oculta bajo la forma de sisar (tomar el 16 por 100). También en El Buscón leemos: «Hijo, esto de ser ladrón no es arte mecánico, sino liberal». Efectivamente, arte liberal es el que está «libre» de un trabajo corporal, como las letras, la medicina, la pintura.

Cuando a la *honra* y respeto que a cada uno se debe, se guarda tal orden que no se hace agravio a persona de la compañía, teniendo cada oficio su asiento y lugar señalado en *todas nuestras consultas y ajuntamientos* [*sic*.].»

¿Hasta qué punto los gremios de mendigos o de ladrones, que tanto abundan en las letras contemporáneas, figuran en una realidad social? ¿Hasta qué punto se inventan para responder a una voluntad deliberada de criticar el desorden de la sociedad y afear a sus responsables con el ejemplo extremo de los «marginales»? Las múltiples variaciones sobre ese tema tradicional suelen subrayar la disciplina que más falta hace en la organización de la vida común, o de la facción que pretende o puede pretender tomar la situación en mano.. Escribe García:

«*Buen orden y gobierno...* Tenemos primero un *capitán* y superior... nuestro caudillo, hombre viejo, prudente, experimentado, sagaz... Este es un punto esencial de nuestra *república (por cuyo desorden se pierden tantas).*»

El personaje, olvidándose de su condición ínfima de ladrón, no vacila en meterse en problemas de política interior. («Estado» en singular, ¿sera otro *lapsus calami?)*

«Se deberían dar los oficios y *estado* cada uno según su natural inclinación, sin hacerle alguna fuerza ni obligalle por algún respecto a otro de lo que desea, no siguiéndose dello que inquietud, turbación y mil desastres [*sic*.].»

Esa práctica arbitraria no es de algún «Monipodio» ladrón, sino más bien la de los privados de la Reina madre o del Rey, que alejaban o bien comprometían a los grandes señores del reino, sus competidores, «favoreciéndoles» con cargos no deseados.

Como es tan buen erudito, el ladrón propone el ejemplo de los Lacedemonios: «en el gobierno de la república». El caudillo solía reunir una junta «una vez por semana en cierto punto señalado»; en ella reprendía «ásperamente los negligentes y descuidados» y alababa «los vigilantes y astutos».

Otra sugerencia útil es ésta: los miembros de «nuestra compañía» mantienen entre sí la solidaridad más estrecha y eficaz; han constituido un tesoro destinado a comprar a los ministros inferiores de la justicia y a socorrer a «los encarcelados y a los necesitados».

Otras consignas prácticas facilitarían las operaciones de la pandilla. Se han de usar señas y contraseñas: «Tenemos mandamiento de traer siempre en la faldriquera [*sic*.] una barba postiza con parches de diversas maneras para disfrazarnos en un instante cuando la ocasión se ofreciere.»

Al fin, Carlos García no puede mantener la ficción. Se quita la careta. El gremio modelo necesita, dice, los servicios de gente culta, de agentes literarios:

> «Sobre todos éstos preside un género de ladrones llamado entre nosotros "*liberales*", cuyo oficio es encargarse de dar cuchilladas de tantos puntos, abrir la cara con *garrafas de tinta, inmundicia y aguafuerte,* poner *cartas de cuernos, pasquines* y otras cosas semejantes; y éstos son la gente más calificada de la compañía y la que, como dotada de mejor entendimiento y traza, pesa y advierte todas las dificultades que pueden suceder en un lance peligroso.»

Louis de Rohan, a quien se dedica el libro, de seguro habrá entendido la sugerencia: Carlos García está dispuesto a vender su pluma, su puñal y su honor.

El capítulo y el libro acaban por un párrafo no menos significativo, totalmente fuera de lugar en una obra sobre el hampa, pero muy pertinente para resolver el problema acaso más arduo de los conjurados.

> «En lo que toca a la Religión, somos medio cristianos, pues de dos mandamientos principales que hay en la ley de Dios, guardamos el uno, que es amar a Dios, pero no al prójimo, pues le quitamos lo que tiene. De la penitencia, recibimos las dos partes, que son la confesión (porque algunas veces nos confesamos) y la contrition [*sic*.], pero de la tercera, que es la satisfacción, no hay hablar [*sic*].»

La Religión, es, en el francés del tiempo, la «religión prétendue réformée». Su caudillo de más fama es Henri, duque de Rohan, pariente de Louis, a quien García dedica su obra. Entre los próceres del reino se iba formando una conciencia de clase, más fuerte que la tradicional enemistad entre católicos de la Liga y hugonotes. El príncipe de Condé, que fue «huésped» de la Bastilla por razones políticas, pasa de una religión a otra según la coyuntura. Una Rohan se casa con Luynes, el privado católico de Luis XIII. Buen ejemplo les había dado el cínico Henrique IV: «París bien vale una misa». Según Carlos García, hay nobles que se habían apoderado de tierras ajenas durante las guerras de religión, y están dispuestos a arrepentirse, confesar, aparentar contrición; pero, «satisfacer» a sus víctimas, devolver lo robado, «no hay hablar».

Esa conciencia de clase es la respuesta a otra que se va formando en torno al núcleo de los mercaderes y hombres de negocio. Ya vimos desfilar en el capítulo VI algunas categorías de esa clase nueva, recién salida del estamento popular, rica, virtuosa y agresiva. También ella utilizaba los servicios espontáneos de «literatos» que interpretaban su pasado, les confirmaban en su presente y proyectaba para ellos un glorioso porvenir. *La desordenada codicia,* de Carlos García, pone de manifiesto esa lucha de las dos clases, aunque el pobre plumífero no se da cuenta de lo que va en el juego. A partir de los datos de la situación contemporánea, imagina una coalición del hampa con la aristocracia, que acabaría con la amenaza de los advenedizos y la preponderancia del dinero. Aboga por un control del Estado, ahora acaparado por los mercaderes. Si la codicia es ley de la historia, hay que desterrar la *desordenada* de los nuevos ricos y volver a la *ordenada*, que es la de los legítimos poseedores de la tierra. A la noción nueva de la *propiedad* venal se oponía la noción tradicional de la *posesión* heredada, intangible, de los señores. Al desorden actual, Carlos García opone el orden antiguo, a la abusiva codicia de los bienes ajenos responde con la afirmación de los derechos eternos, divinos de la nobleza auténtica, sobre el poder y hasta sobre el dinero de los demás.

La obra es el producto de una ideología y no una toma de conciencia de una nueva situación. Carlos García no tiene la capacidad intelectual para eso. Propone una solución irrisoria para los males presentes, un «complot» que derribe al adversario, una intriga de palacio. Medio siglo más tarde, cuando las cosas estén más maduras, estallará claramente el conflicto entre los jansenistas, representantes de la llamada «nobleza de ropa», y lo jesuitas, representantes del orden establecido, de la alta iglesia y de la alta aristocracia.

Carlos García es un ingenio de poca monta. Su libro vale como testimonio sobre la mentalidad contemporánea. Sin embargo, sin que se diera cuenta el pobre escritor, su obra se integra en una larga tradición, la de los carnavales de la Edad Media y, más allá, de las saturnales de la antigüedad. El disfraz siempre permite el imprescindible desahogo del individuo reprimido por los tabúes sociales y alineado por su condición. Del mismo modo y paralelamente, la acción política es mascarada combinada con conjuración, divertimiento combinado con diversión, ambos necesarios en este mundo.

Pero las intrigas de las camarillas no afectan sustancialmente el régimen. Los «complots» no resuelven los verdaderos problemas. Los golpes de Estado no crean un nuevo equilibrio entre el hombre y un mundo en transformación.

La obra de Carlos García sin duda tuvo validez en su muy limitada circunstancia. Y sigue teniendo interés para los historiadores de las mentalidades. Pero, siendo su caso extremo, nos confirma que el valor de una obra se mide con otro criterio. Una invención poética auténtica, sea del género épico-novelesco, o dramático o bien lírico, crea conceptos nuevos, los pone en función en una morfo-sintaxis original, propone su combinación no como reflejo de la situación del hombre en el mundo, sino como un proyecto plausible, estéticamente incitante, de una relación nueva entre el hombre y la comunidad, entre el hombre y lo transcendental, entre su persona y su ser. C. García no es un poeta.

Sepultada quede en el olvido *La desordenada codicia de los bienes ajenos* y perdida en el montón de escritos de los intelectuales, que, por cálculo o con buena fe, en una coyuntura transitoria, se pusieron, se ponen o se pondrán al servicio de los políticos.

EL DOCTOR CARLOS GARCIA Y LA PICARESCA

Ricardo Senabre
Universidad de Extremadura

En 1619 aparecen en París, en versión castellana, el libro *La desordenada codicia de los bienes ajenos*. Dos años más tarde se publica, también en París, la traducción francesa, con un título distinto, que reaparecerá en todas las traducciones posteriores: *L'antiquité des larrons*. Por lo que se refiere a la versión castellana, su vida editorial no ha sido excesivamente brillante: aparte de la edición príncipe, sólo disponemos de otras cinco, en 1877 [1], 1886 [2], 1943 [3], 1959 [4] y 1974 [5]. Aún habría que señalar algunas particularidades que restringen notablemente la difusión de estas seis únicas ediciones: la primera se publica, como ya se ha dicho, en París y en castellano; la segunda forma parte de una serie de bibliófilos; la tercera es una impresión casi privada de cien ejemplares numerados; la cuarta, se halla en una antología de narraciones picarescas, junto con otras veintidós novelas. La quinta es, de nuevo, una edición para bibliófilos, de la que tan sólo se tiraron trescientos ejemplares. Por lo que respecta a la última edición, es una reimpresión de la de 1877, que conserva, incluso, la ortografía y la puntuación de aquélla. No parece, en efecto, que *La desordenada codicia de los bienes ajenos* haya sido un texto excesivamente leído y apreciado.

En cuanto a la crítica, su escaso interés por esta obra se ha centrado fundamentalmente en dos puntos: la enigmática personalidad del autor y el rastreo de fuentes e imitaciones. Ambos aspectos han sido terreno abonado para el florecimiento de las más sorprendentes

---

[1] Madrid, Librería de los Bibliófilos (col. Libros de Antaño, tomo VII). Con una advertencia de J. M. E[guren].

[2] Sevilla, imprenta de E. Rasco.

[3] En el vol. *La novela picaresca española,* ed. A. Valbuena Prat, Madrid, Aguilar.

[4] Barcelona, Selecciones Bibliófilas, 1959.

[5] Barcelona, Fontamara, 1974. En prensa este trabajo, veo anunciada como de próxima aparición una nueva edición de la obra, a cargo de G. Massano.

y hasta pintorescas afirmaciones. Hasta 1925, en que López Barrera ofreció una pista segura para identificar al doctor Carlos García[6], se ha supuesto que el nombre era un pseudónimo, e incluso un pseudónimo de Cervantes, con lo que *La desordenada codicia* se unía a la ya larga nómina de títulos atribuidos erróneamente a nuestro primer escritor. Y aunque las noticias exhumadas por López Barrera acreditan la existencia real del doctor Carlos García, hay todavía casos posteriores de incredulidad[7].

Por lo que se refiere al problema de las fuentes, se han señalado insistentemente el *Lazarillo,* algunas novelas cervantinas —en especial *Rinconete y Cortadillo*— y ciertos «fabliaux» franceses, así como la corriente de literatura sobre el hampa que se desarrolla en Francia durante los últimos años del siglo xvi y los primeros del xvii[8], con el lejano antecedente del *Liber vagatorum.* No sería difícil añadir otros antecedentes posibles, como el *Guzmán de Alfarache* y el *Viaje entretenido;* pero no se trata aquí de establecer un cerco de influencias en torno a la obra del doctor Carlos García, sino de señalar algunos elementos que la singularizan.

En primer lugar, se plantea el problema de su adscripción a un género. Desde Pfandl[9] hasta Francisco Rico[10], diversos críticos, con razones no siempre coincidentes, se muestran partidarios de segregar *La desordenada codicia* del bloque de relatos que constituyen el género picaresco. Quienes aceptan su inclusión lo hacen con ciertas reservas. Pueden servir como ejemplo de esta postura las apreciaciones de A. Carballo Picazo, en el trabajo de conjunto más extenso publicado sobre el doctor Carlos García[11]. Carballo comienza por afirmar que la novela picaresca es «género» al que pertenece *La desordenada codicia*» (p. 13), pero más adelante matiza: «Carlos García

[6] J. López Barrera, «Libros raros y curiosos. Literatura francesa hispanófoba de los siglos xvi y xvii», en *BBMP,* VII, 1925, pp. 381-395.

[7] M. Herrero García, «Ideología española del siglo xvii. La nobleza», en *RFE* (XIV, 1927, p. 49), piensa que el autor de *La desordenada codicia* «era un fraile encubierto con el pseudónimo del Doctor Carlos García». El mismo Herrero en su libro *Ideas de los españoles del siglo XVII,* Madrid, Gredos, 1966, habla siempre del «pseudo doctor Carlos García» (cfr., por ejemplo, pp. 19, 49, 60, 68, etc.).

[8] Cfr.: A. Rey, «A French Source of one of Carlos García's Tales», en *The Romanic Review,* 1930, pp. 238 y ss.; A. Carballo Picazo, «Datos para la historia de un cuento. Una nota sobre el Doctor Carlos García», en *Revista bibliográfica y documental,* I, 1947, pp. 425 y ss.; del mismo, «Historia de un cuento: Una nota sobre el Doctor Carlos García», en *ibid.,* II, 1948, pp. 225 y ss.; F. A. Icaza, *Las novelas ejemplares de Cervantes,* Madrid, 1915, espec. p. 147. Sobre la literatura del hampa, cfr. A. Carballo Picazo, «El doctor Carlos García, novelista español del siglo xvii», en *Revista bibliográfica y documental,* V, 1951, espec. pp. 29 y ss.; A. del Monte, *Itinerario de la novela picaresca española,* Barcelona, Lumen, 1971, pp. 109 s.; M. Molho, *Introducción al pensamiento picaresco,* Salamanca, Anaya, 1972, pp. 173 y s.

[9] *Historia de la literatura nacional española en la Edad de Oro,* Barcelona, Gili, 1933, p. 300.

[10] *La novela picaresca y el punto de vista,* Barcelona, Seix-Barral, 1970, p. 131.

[11] «El Doctor Carlos García, novelista español...», *cit.* (cfr. *supra,* n. 8).

pretendió, sin duda, escribir una novela picaresca, pero su propósito sólo se realizó en parte» (p. 31); según Carballo, de las tres notas fundamentales que Américo Castro atribuye a la novela picaresca —carácter autobiográfico, técnica realista y concepto pesimista del mundo—, «*La desordenada codicia* no presenta ninguna claramente», con lo que «la novela picaresca queda reducida a cinco capítulos» de los trece que componen la obra (*ibid.*). En consecuencia, la obra del doctor Carlos García «no puede colocarse en el mismo plano que *Guzmán* o el *Lazarillo*. Ni en el aspecto estimativo ni en el picaresco» (p. 32).

Tan considerables recortes entorpecen, así, la filiación inicialmente aceptada y dejan sin resolver el problema. Naturalmente, toda decisión acerca de la pertenencia de cualquier obra a un género concreto supone la determinación previa de los rasgos que configuran el género. Ahora bien: como advertía sagazmente F. Lázaro Carreter [12], existen dos niveles distintos en el ámbito de la picaresca: «Aquel en que surgen determinados rasgos, y un segundo, en que se advierte la fecundidad de aquellos ragos, y son deliberadamente repetidos, anulados, modificados o combinados de otro modo. La primera fase, de tensión constituyente, cesa cuando termina la aparición de motivos o artificios formales repetibles» (p. 199). Esta fase constituyente se inicia con el *Lazarillo* y concluye con el *Guzmán;* como señala F. Lázaro, «en el juego de acciones y reacciones que se entabla entre ambos libros, nace, realmente, la poética del género» (p. 203). A partir del *Buscón*, redactado a principios del XVII [13], comienza el desfile de los epígonos, con su despliegue de calcos, variantes combinatorias, ampliaciones y reducciones del esquema estructural básico. Cuando el doctor Carlos García publica su obra han ingresado ya en el orbe picaresco, además de sus fundadores, el Pablos quevedesco, la pícara Justina, la Elena de Salas Barbadio, Marcos de Obregón... El género ha asistido a transformaciones notables, provocadas por unos autores que desean innovar sin desarraigarse por completo de la tradición picaresca. A la luz de estos supuestos, convendrá examinar con algún detenimiento *La desordenada codicia de los bienes ajenos* y el modo en que se produce su inserción en los esquemas del género.

Uno de los rasgos más constantes de la poética picaresca es la forma autobiográfica de la narración; sin embargo, la obediencia estricta a la fórmula se trunca muy pronto, en 1612, con *La hija de Celestina*, de Salas Barbadillo. Algo semejante puede decirse del destinatario de la narración. Lázaro de Tormes se dirige a «Vuestra Merced», que le ha pedido aclaraciones sobre su «caso» [14]; el relato autobiográfi-

---

[12] «Para una revisión del concepto *novela picaresca*», en el vol. «*Lazarillo de Tormes» en la picaresca*, Barcelona, Ariel, 1972, pp. 195 y ss. El trabajo es de 1968 y fue publicado por vez primera en las *Actas del III Congreso de la Asociación Internacional de Hispanistas*, México, 1970, pp. 27 y ss.

[13] Cfr. la imprescindible ed. crítica de F. Lázaro Carreter, Salamanca, Universidad, 1965.

[14] Esto está claro desde el artículo de CLAUDIO GUILLÉN, «La disposición temporal del *Lazarillo de Tormes*», en *Hispanic Review*, XXV, 1957, pp. 264 y ss. Cfr. igualmente F. RICO, *ob. cit.*, pp. 17 y ss.

co sirve de justicicación para explicar la situación final del pregonero. Pero ya el «señor» a quien se dirige Pablos en la primera línea del *Buscón* es puro mimetismo inerte [15].

Después de estos quiebros, lo primero que se advierte en *La desordenada codicia* es un deseo de restaurar aquellos rasgos originales y mantenerse dentro de las coordenadas del género. La primera persona se desdobla en dos: Andrés, que cuenta su vida, y el narrador anónimo, que desempeña el papel de transmisor. De este modo, el «Vuestra Merced» del *Lazarillo*, que allí era invisible como personaje, es en la novela de Carlos García el primer *yo*. El narrador cuenta su estancia en la prisión, y dentro de este contexto se inserta la historia del ladrón Andrés, contada en primera persona por éste. Como en el *Lazarillo*, al narración del pícaro se produce a instancias de otra persona, y ello aparece explícitamente señalado. Dice el narrador:

> Me dejó grandísimo deseo de conversalle a solas y muy de espacio, por saber largamente su trato, vocación, oficio y [...] me prometió dar larga cuenta de su vida, de la de sus padres y de los varios acontecimientos que en su arte se sucedieron [...]. No fue perezoso en buen Andrés (que así dijo se llamaba) en acudir al prometido puesto, ni negarme la relación que con tanto deseo le había pidido [16].

Se advertirá inmediatamente una variación con respecto a los modelos tradicionales: el truhán cuenta su vida, pero no la *escribe;* esta tarea corre a cargo del narrador. Interviene aquí tal vez un prurito de verosimilitud. Si en el *Lazarillo* o el *Guzmán* el *yo* del narrador tiende a fundirse con el *yo* protagonista [17], el lector debe aceptar la convención de que el pícaro tiene la capacidad suficiente para convertir su vida en narración (recuérdense, simplemente, las reticencias e ironías con que el autor de *La pícara Justina* siembre el capítulo I del libro a propósito de este asunto). En *La desordenada codicia*, el autor escinde cuidadosamente los papeles del pícaro y del narrador, y acentúa el distanciamiento al recalcar la superioridad moral del segundo. En efecto: mientras que Andrés, el ladrón, ha sufrido condena en varias ocasiones («cinco veces que he estado preso», p. 81), el narrador sólo habla de una experiencia propia en este sentido, altamente desazonadora, además. Al comienzo del capítulo II, comentando el proverbio «todo lo nuevo aplace», escribe:

> Cuando la lógica me condenara por falsa esta proposición, la experiencia descubriera el engaño y falacia della, pues no pienso que persona en el mundo haya hallado agradable la pri-

---

[15] Como muy bien advierte F. RICO, *ob. cit.*, pp. 122 y ss.

[16] Cito por la primera ed., París, 1619, modernizando la ortografía. Las citas corresponden a las pp. 83-85.

[17] Cfr. las agudas matizaciones sobre el *yo* del *Guzmán* en E. CROS, *Mateo Alemán: introducción a su vida y a su obra*, Salamanca, Anaya, 1971, pp. 159 y ss.

sión la primera vez que en ella entró. De mí sé decir que, cuando en ella estuve, aunque muy nueva para mí, no hallé cosa que me agradase; antes bien, el gusto que las cosas nuevas traen consigo se convirtió en notable admiración y extremeda pena, viendo lo que no quisiera, oyendo lo que me desplacía y entreteniéndome con lo que menos me agradaba [18].

El narrador se presenta desde el primer momento ajeno al mundo de los truhanes y pícaros que pueblan la cárcel («la gente más baja y grosera», escribe), hasta «escandalizarse de las conversaciones que allí se pasan y huir el trato familiar de los habitantes» (p. 63). El hecho de que, en su primer encuentro con Andrés, el narrador sea incapaz de comprender la historia del ladrón porque éste la cuenta en pintoresca germanía, revela hasta qué punto ha preocupado al novelista recalcar la independencia del narrador y, por tanto, su posible objetividad al convertirse en mero transmisor o fedatario de un mundo y unos hechos que sólo contempla desde fuera. Aunque este planteamiento no llega a romper la estructura básica del género, no hay duda de que introduce una variante de gran interés, que aspira a situar la novela en el camino de la crónica, apartándola, así, del orbe de la ficción.

Otro rasgo constructivo del género, escrupulosamente respetado en *La desordenada codicia*, corrobora su inclusión en la picaresca: la narración de Andrés, como las de Lázaro o Guzmán, es una evocación restrospectiva de sus andanzas hecha desde un momento crucial de su vida· Si Guzmán escribe desde las galeras, Andrés cuenta su vida pocas horas antes de ser conducido a ellas. En su primera conversación con el narrador afirma:

> Dieron conmigo en la cárcel, condenándome los señores de la Corte (a quien nosotros llamamos equinocciales) a pasear las calles acostumbradas, y después a servir a Su Majestad en las galeras de Marsella, la cual ejecución debe hacerse hoy a mediodía; estoy temblando, porque son ya diez horas dadas [19].

El dato vuelve a repetirse casi al final de la novela, cuando Andrés concluye la narración de su última desventura, en la que es sorprendido en pleno robo junto con un cómplice ocasional:

> El salió a quince días condenado a diez años de galeras, y yo estoy esperando otro tanto, si la misericordia de Dios y la benignidad de los jueces no se compadecen de mí [20].

Entre ambos momentos se inserta la narración autobiográfica de Andrés. Se ha señalado que Lázaro explica su vida como «resultado

---

[18] Ed. cit., pp. 61-62.
[19] Ed. cit., p. 80.
[20] Ed. cit., pp. 325-326.

simultáneo de su sangre, su educación y su experiencia», y Guzmán como consecuencia de «la herencia familiar, los malos ejemplos y los hábitos adquiridos durante su vida» [21]. Esto es exacto, y constituye, además, un rasgo característico del género al que también se somete *La desordenada codicia*. Andrés cuenta cómo sus padres fueron acusados «de haber sacrilegado una iglesia, saqueado la sacristía con los cálices y ornamentos della, y lo que es peor, de haber cortado la mano a un San Bartolomé que estaba en un retablo, el cual decían ser de plata» (p. 110). Por todo ello son condenados a muerte; antes de ser ejecutado, el padre de Andrés da al niño «algunos saludables consejos, y encargándome la virtud y temor de Dios, procurando siempre parecer a los míos y estimarme por hijo de quien soy» (p. 116). También confiesa Andrés que su educación ha sido perniciosa: «El mucho regalo con que mi madre me había criado, había sido la total causa de mi perdición, dejándome vivir ocioso y holgazán» (pp. 116-117) [22]. En cuanto a la experiencia adquirida, el ladrón Andrés ha llegado a la conclusión de que «todos hurtamos, y por nuestros pecados, unos lavan la lana y otros tienen la fama» (p. 100), idea desarrollada minuciosamente a lo largo de los capítulos V y VI de la novela.

Andrés hace arrancar su relato de los años de niñez, hasta el punto de que se libra de la condena de los jueces —que no sólo alcanza a los padres, sino también a su hermano y a un primo— «en consideración de mis tiernos años y poca experiencia» (pp. 113-114), aunque, incomprensiblemente, le obliguen a ser «el Nerón de aquellos mártires» (p. 114). La vileza de los padres, apenas burlonamente enmascarada, es otro rasgo conservado en *La desordenada codicia*. Así, cuando Andrés recuerda la acusación de robo sacrílego por la que sus padres fueron condenados, argumenta:

> Acusación tan maliciosa cuanto falsa, particularmente por la parte de mi madre, cuya devoción y respeto a los santos era tan grande que, cuando iba a la iglesia, si el sacristán no le cerraba la puerta, no había remedio de salir de allá, aunque estuviese tres días sin comer [23].

Cualquier duda que pueda surgir en la interpretación de estas frases desaparece si se coteja el texto con otro posterior, en el que Andrés enumera las diversas clases de ladrones:

---

[21] F. Lázaro Carreter, «*Para una revisión...*», en *op. cit.*, p. 211.

[22] Comp. con las reflexiones de Guzmán, I, II, III: «Era yo muchacho vicioso y regalado, criado en Sevilla sin castigo de padre, la madre viuda —como lo has oído—, cebado a torreznos, molletes y mantequillas y sopas de miel rosada, mirado y adorado, más que hijo de mercader de Toledo o tanto» (ed. F. Rico, p. 146). Vid. en este sentido la tajante opinión de J. Marías: «Guzmán no se lanza a la vida picaresca por hambre, sino todo lo contrario, por hartura v mimo, por afán de novedad y aventura» (*Literatura y generaciones*, Madrid, Espasa-Calpe, 1975, p. 30).

[23] Ed. cit., pp. 110-111.

Los devotos son ladrones a lo divino, porque no hay pascua, jubileo ni indulgencia que no visiten. Están perpetuamente en las iglesias y conventos, muy devotos, esperando la ocasión de esconderse debajo del altar o tras de algún retablo la vigilia de alguna fiesta señalada, para salir de noche y vaciar las cajetas y desnudar las imágenes de todas las joyas y oro que tienen [24].

Hasta aquí, *La desordenada codicia de los bienes ajenos* ofrece una estructura narrativa que en nada difiere de los modelos adscritos habitualmente al género picaresco: es la autobiografía de un ser marginado, que ha heredado la vileza de los padres y cuenta su vida desde un estado de infortunio al que le han conducido sus bellaquerías. El hecho de que la narración no vaya dirigida al lector, sino a un recopilador que sirve de intermediario, constituye una variante —con antecedentes y modelos no difíciles de rastrear— que deja intacta la estructura básica.

Pero, junto a estas analogías, hay una diferencia que parece alejar la obra de los patrones del género; se trata de un rasgo que ya señalaba A. Carballo al decir: «La trama novelesca constituye casi un simple artificio para desarrollar otros temas. La confesión del pícaro se centra en un solo: el robo. Pero éste no había ocupado nunca el primer plano de un relato picaresco» [25]. Y añade: «Andrés sirve únicamente a un zapatero; la crítica de las clases sociales queda así muy reducida» [26]. Parecen, en efecto, alteraciones notables: el tradicional «mozo de muchos años» sólo servirá, en la novela de Carlos García, en una ocasión; y la habitual variedad de engaños y trapacerías de los pícaros se reducirá aquí a una monocorde sucesión de hurtos y robos, naturalmente frustrados. No estará de más analizar estos hechos.

En primer lugar, el hurto es acción reiterada del pícaro, ya desde sus comienzos; incluso desde antes, podría decirse, si se recuerdan las «sangrías» del padre de Lázaro, molinero ladrón, en los costales de los clientes. Por su parte, Guzmán, desde que llega a Madrid «hecho pícaro» y entra al servicio de un cocinero, inicia sus hurtos. A partir del capítulo V de la primera parte, el pícaro sevillano irá jalonando su vida con una larga sucesión de robos de la más variada índole. En *La desordenada codicia* se llega a una hipertrofia de este rasgo, lo que no puede sorprendernos si advertimos que también la hay en otro sentido. En efecto: los padres de los primeros pícaros son caracterizados, por lo general, como ladrones, lo que predetermina la posterior dedicación de los mozos al hurto; en el caso de Andrés, el pícaro no se limita a recordar, según el patrón obligado, los latrocinios paternos, sino que extiende los antecedentes hasta el «primer padre Adán», el cual,

24 Ed. cit., pp. 182-183.
25 A. Carballo Picazo, *art. cit.* en la n. 8, p. 31.
26 *Ibid.*, p. 32.

vencido de las importunas razones de su mujer, y atormentado de una curiosidad ambiciosa, quiso robar la sciencia y sabiduría de Dios, pero salióle la cuenta al revés como al Angel, sin que le aprovechara el huir y esconderse; porque, habiéndole interrogado el juez y no pudiendo negar el caso por ser en fragante delicto, le confiscaron el estado de la inocencia y justicia original, quedando él y sus descendientes condenados a pasar la vida con trabajo y desventuras, y la mujer a parir con dolor [27].

El doctor Carlos García se limita, pues, a poner en práctica algo que se hallaba dentro de las posibilidades del género. No resulta excesivamente sorprendente —ni es, desde luego, «anómalo»—, teniendo en cuenta que sus dos modelos básicos son el *Guzmán de Alfarache* —donde el desarrollo del tema del hurto alcanza ya notable intensidad— y el *Rinconete* cervantino, con respecto al cual conserva analogías fáciles de descubrir [28].

De cualquier modo, conviene matizar adecuadamente el sentido de los robos de Andrés; son siete en total, y de muy diverso significado· Esquemáticamente pueden resumirse así:

1. Lance de las botas (capítulo V).
2. Lance de los capones (capítulo VII).
3. Lance del mercader (capítulo VII).
4. Lance del escondite bajo la cama (capítulo VII).
5. Lance de la bala (capítulo VII).
6. Lance de la dama y las perlas (capítulo XI).
7. Nuevo lance de la bala (capítulo XII).

Dejando aparte el hecho de que algunos proceden de fuentes tradicionales, tres de los robos aparecen como ejemplificaciones de los diversos modos de hurtar. El número 2 ilustra sobre la técnica de operar de los ladrones llamados «mayordomos»; el 3 sirve para explicar el procedimiento de los «cortabolsas»; el 4 hace lo mismo con respecto a los «maletas». Por lo que se refiere al lance de la dama y las perlas, no se trata propiamente de un robo, sino de una pugna entre truhanes; Andrés quiere apoderarse de las perlas a modo de compensación, ya que la mujer lo ha esquilmado antes astutamente, como ya le había sucedido a Guzmán de Alfarache (2.ª, III, 2), a pesar de su experiencia en bellaquerías.

En cuanto al hurto primero, con el que Andrés inicia su vida de ladrón, sólo en una lectura muy superficial puede aparecer como un robo; se trata, en realidad, de una venganza· Andrés no busca tanto enriquecerse como desacreditar a su amo el zapatero o, al menos, colocarlo en una difícil situación frente a los de su gremio.

---

[27] Ed. cit., pp. 138-139.
[28] Véanse algunas de ellas en el *art. cit.* de A. Carballo, «El Doctor Carlos García...», pp. 34 y s.

Y esto se indica con la suficiente claridad. En efecto; de la inhabilidad del chiquillo

> tomó mi amo ocasión para menospreciarme, rompiéndome algunas formas en la cabeza, por ver si podría dejarme alguna impresa [29].

Esto, junto a la «continua abstinencia con que me castigaba [...] para desentorpecer y adelgazarme el ingenio», impulsaban a Andrés a buscar una vida «más harta y pacífica» *(ibid.)* —es decir, sin hambre y sin golpes—, «procurando vengarme del cordobán y toda la zapatería» (p. 126).

Los dos lances restantes —números 5 y 7 del esquema anterior— sí son verdaderos robos. Curiosamente, ambos se basan en el mismo procedimiento: el malhechor se esconde en el interior de un fardo o bala para poder así introducirse en la casa de un mercader y desvalijarla por la noche, con ayuda de un cómplice que aguarda en la calle para recoger los objetos. El paralelismos entre ambos hechos no se agota aquí; son estos dos robos los únicos que acarrean graves penas de prisión explícitamente señaladas por Andrés: por el primero es condenado a diez años de galeras, de donde escapará embaucando a un capitán enamoradizo; el segundo es el robo por el que Andrés está esperando ser llevado a galeras cuando inicia la narración.

En realidad, pues, de los siete hechos delictivos tan sólo dos tienen como móvil e indiscutible el robo, y aun éstos se hallan constituidos por la repetición del mismo procedimiento. En cuanto a los otros cinco, el de la bota y el de las perlas permiten una matización psicológica del personaje —en el fondo, ambos son intentos de venganza—, y los tres restantes se insertan como ejemplificaciones en el contexto decididamente documental de una novela que ha sustituido las admoniciones morales por la descripción detallada de un estado social [30].

Por lo que se refiere a la desaparición de la figura típica del «mozo de muchos años», lo cierto es que este rasgo, característico del *Lazarillo*, no se ha mantenido constantemente en el género. Para empezar, fue ya abandonado en la segunda parte del *Guzmán de Alfarache* —tal vez como reacción contra Sayavedra, según entiende

---

29 Ed. cit., p. 123.
30 Este rasgo acerca *La desordenada codicia* a la literatura sobre el hampa desarrollada en Francia en los últimos años del siglo XVI y primeros del XVII, como ha recordado A. CARBALLO («El Doctor Carlos García», cit., página 30). En este aspecto, la tradición española es mucho más pobre. Aparte de noticias sueltas en obras como la *Miscelánea* de Zapata o en algunos entremeses, jácaras o loas —cfr. la «Loa de los ladrones», en *El viaje entretenido*, ed. J. P. Ressot, pp. 461 y ss.—, sólo podemos hallar algo relativamente equivalente en títulos como la *Relación de la cárcel de Sevilla*, de Chaves, o *La vida de galera*, de M. de Brizuela o Bizuela (Gallardo, *Ensayo...*, I, col. 1368, y II, col. 145).

G. Sobejano [31]—, cuyo peso en *La desordenada codicia* es evidente,
Pero es que, además, el doctor Carlos García trata de explicar su apar-
tamiento de la norma en beneficio, una vez más, de la verosimilitud.
Después de la ejecución de su padres, Andrés piensa en su futuro:

> Me resolví a buscar un amo a quien servir o algún oficial
> con quien asentar, todo lo cual fue en vano, porque, siendo
> el caso de mis padres fresco y la infamia corriendo sangre, no
> hallé quién quisiera recebirme en su casa ni aun para mozo de
> caballos [32].

Y cuando determina abandonar al zapatero, la primera intención
del muchacho es, de nuevo, buscar amo, aunque acabe desistiendo
después de un plausible razonamiento:

> Por donde concluí conmigo en buscar todos los medios po-
> sibles para introducirme en casa de alguna persona calificada
> y principal, confiado en que, con la buena disposición que te-
> nía, habían de ser agradables mis servicios al amo que topare.
> Verdaderamente la determinación era buena, y los pensamien-
> tos nobles y honrados, pero cojos, estropiados y sin fuerza, por
> faltarme dineros y un vestido con que ponellos en ejecución,
> pues es certísimo que si con mis manos enceroladas, devantal y
> otras insignias zapaterescas, llegara a la puerta de algún caba-
> llero, no habían de dejarme entrar si no fuese para mantearme
> o jugar conmigo al abejón [33].

El prurito de verosimilitud, que provocaba, en buena medida, la
escisión entre narrador y personaje, vuelve a operar en este nuevo
desvío del patrón básico. Otros autores de novelas picarescas no sintieron tan siquiera la necesidad de justificar en el relato su abandono
del modelo.

La desordenada codicia de los bienes ajenos se inserta, pues, en
los moldes de la narración picaresca, aunque su aproximación a cierto tipo de literatura noticiera coetánea conduzca a la hipertrofia de
algunas de las posibilidades que el género picaresco ofrecía. Una lectura detenida permite entrever la íntima pugna del doctor Carlos
García entre la fidelidad a unos modelos librescos nacionales —*Lazarillo*, Cervantes, Mateo Alemán—, por un lado, y las exigencias
de las modas editoriales en Francia durante los primeros lustros del
XVII, por otro. De esta convergencia de influjos —la picaresca española y la literatura francesa sobre el hampa y los ladrones— nace *La
desordenada codicia*, singular intento de conciliar dos «géneros» con
más rasgos diferenciadores que comunes. No se olvide que este espí-

---

[31] G. SOBEJANO, «De la intención y valor del *Guzmán de Alfarache*», en
Forma literaria y sensibilidad social, Madrid, Gredos, 1967, p. 44.
[32] Ed. cit., pp. 117 y s.
[33] Ed. cit., pp. 124 y s.

ritu conciliador se había manifestado ya dos años antes, en la otra obra del autor que se nos ha conservado: *La oposición y conjunción de los dos grandes luminares de la tierra* (París, 1617). Los «dos grandes luminares» son Francia y España, y Carlos García, aprovechando la circunstancia del matrimonio entre Luis XIII y Ana de Austria, se esfuerza por demostrar la esencial igualdad de ambos países, cuyas tradicionales diferencias no pasan de ser, según él, triviales detalles sin importancia. Aparte de otras virtudes, el autor demuestra en el libro una rara habilidad dialéctica y constructiva para no elogiar ni vituperar a una de las naciones más que a la otra. De este modo, el emigrado español en Francia, que en 1617, por motivos que pueden parecer circunstanciales, intenta equilibrar su consideración de ambos países, acabará dos años más tarde escribiendo una novela cuyos precedentes se hallan por igual en la literatura española y en la francesa. Justamente en este intento de sincretismo reside una buena parte de su peculiar atractivo, así como del interés que ofrece en la historia literaria.

En cuanto a la calidad de la novela, lo cierto es que tampoco ha merecido grandes elogios. A. Carballo, por ejemplo, advierte graves fallos constructivos: «El relato se interrumpe en numerosas ocasiones; algunos capítulos —I, III, V, VII, VIII, XIII— ciegan totalmente el curso de la novela y constituyen amplios meandros en la narración[34]. Según Carballo, sólo cinco de los trece capítulos «constituyen la parte narrativa del libro, al margen de digresiones y consideraciones históricas», e incluso el último capítulo es «en cierto modo extraño a la novela o mal colocado en ella»[35].

El hecho de que la acción quede interrumpida por «digresiones» no es algo imputable exclusivamente al doctor Carlos García. Sin salir de la picaresca, Guzmán y Justina ofrecían patrones muy claros en este sentido. De todos modos, si atendemos a su significado, estos aparentes desvíos desempeñan en *La desordenada codicia* una función muy distinta: la de aportar informaciones y elementos documentales adecuados para componer el fondo social en el que se insertan las andanzas de un ladronzuelo cuyas acciones son explicables precisamente por su dependencia de esa sociedad.

Más grave es la acusación de que el último capítulo es «extraño a la novela» o se halla «mal colocado en ella». En él se detallan «los estatutos y leyes de los ladrones», viejo tópico con larga tradición literaria[36] que aquí aparece tratado sin asomo alguno de intención paródica. La idea de que el capítulo es extraño a la novela, simplemente porque aparece como un apéndice cuando ya la narración de la vida de Andrés ha concluido, no parece aceptable sin más; sobre todo porque una lectura atenta del libro permite advertir constantemente numerosas muestras del esfuerzo que realiza el autor por construir un todo unitario. Así, por ejemplo, entre capítulos «narra-

[34] A. CARBALLO, «El Doctor Carlos García», en *ob. cit.*, p. 33.
[35] *Ibid.*, p. 28.
[36] Vid. *Guzmán de Alfarache*, ed. F. Rico, p. 365, n. 17.

tivos» y capítulos «documentales» se establece una tupida red de correspondencias, reiteraciones y paralelismos que tienden a asegurar la trabazón interna de las partes. He aquí algunos casos:

Capítulo III

Sanguijuelas hay también que chupan dulcemente, saboreando el mundo con un buen semblante, rostro macilento y cuello torcido, colorando con endiosadas palabras sus ambiciosos intentos.

Capítulo VI

El religioso hurta un mayorazgo entero, acometiéndolo con un modesto semblante y el cuello torcido un doliente en el artículo de la muerte, y representándole un monte de escrúpulos y cargos de conciencia, le conmuta en obras pías, aplicadas a su convento, todo lo que estaba obligado a restituir.

Capítulo IV

Todas las veces que pasaba [mi madre] por la calle, salían mil personas a encomendalle algunas avemarías por preñadas, enfermos y otras personas afligidas, teniendo todos gran fe en sus oraciones y devoción.

Capítulo VI

El ciego hurta en cada oración que dice la metad; porque habiendo recebido el dinero del que le mandó decir la oración, pareciéndole que ya está tres o cuatro pasos apartado, comienza con su primer tono a pidir de nuevo que le manden rezar.

En el mismo plano se encuentra la referencia a los ladrones llamados «duendes» (capítulo VIII), que tiene su correlato en la narración de un robo planeado según la técnica de éstos (capítulo XII); o lo que se dice de los lacedemonios ladrones (capítulo V), repetido con mínimas variantes casi al final de la novela (capítulo XIII); o la enumeración de oficios que cierra el capítulo III, con su serie paralela en el VI; o la imagen del infierno como cárcel (capítulo I), reiterada al contar la historia de Lucifer (capítulo V).

Estos y muchos otros ejemplos análogos inducen a pensar que el doctor Carlos García pretendió, una vez más, conciliar los aspectos dispares de la obra —el documental y el narrativo— mediante el recurso a ciertas técnicas de composición que reforzaran la unidad del conjunto. Independientemente de los resultados, tal actitud no parece compatible con la hipótesis de que en el capítulo último esté «mal colocado» en el libro. Hay que decir, aun a riesgo de ingresar en la prole perogrullesca, que el capítulo último está donde debe estar, esto es, en el extremo opuesto al del capítulo primero, y que es justamente esta colocación lo que proporciona a la novela su sentido. En efecto; los capítulos I y XIII, que no son propiamente «narrativos», pertenecen sin duda a la novela y la enmarcan. El capítulo I es una larga —y a ratos espléndida— introducción sobre la cárcel, apoyada en una sostenida comparación con el infierno, para la que se ha señalado el antecedente del *Guzmán de Alfarache* [37], si bien hay otros anteriores [38]. En cuanto al capítulo XIII, resume, como ya se dijo, los «estatutos y leyes de los ladrones». Conviene no perder de vista que ambos capítulos abren y cierran la novela y que, además de su posición en la misma, puede haber otros rasgos que permitan compararlos.

Si el argumento del capítulo I es la descripción de la cárcel y su paralelismo con respecto al infierno, el *tema* es otro, y se manifiesta incluso en la frecuencia estadística de algunos términos: «el caos, desorden, confusión» (p. 6); «en el infierno no hay orden alguno» (p. 9) [39]; «se ajunta la extremada confusión del infierno, el desorden, inquietud, desconcierto y continua agitación que en él hay» (p. 16); «desta notable variedad se compone el caos confuso de la prisión, con otras mil circunstancias que le acompañan, las cuales, por ser del todo desordenadas y sin límite, no podré reducillas a un solo término» (p. 42); «la prisión no es otro que una tierra de calamidad, morada de tinieblas y habitación de miseria, adonde sempiterno ho-

---

[37] A. Carballo, *art. cit.*, p. 27; *Guzmán de Alfarache*, ed. F. Rico, p. 866, n. 15.

[38] El origen y desarrollo del símil merecería un estudio detallado que aquí apenas puedo esbozar. El modelo inicial es probablemente San Agustín en su comentario al Salmo 148: «Propterea ad ista caliginosa, id est ad hunc aerem, tanquam ad carcerem, damnatus est diabolus, de apparatu superiorum angelorum lapsus cum angelis suis» (*Obras*, BAC, XXII, 887). Más cercana a *La desordenada codicia* es la descripción de la cárcel en *El Crótalon* (canto XV), que concluye: «En esta vida, o por mejor dezir muerte, passé dos años, que del infierno no auía otra differencia sino la perpetuidad» (NBAE, 7, p. 220 *b*). Los términos de la comparación brotan emparejados en la *Relación de la cárcel de Sevilla*, de Cristóbal de Chaves (Gallardo, *Ensayo...*, col. 1351): «Y porque he dado cuenta de todo y no se me quede en el tinero, diré lo postrero, que es la servidumbre que tiene esta cárcel o infierno.» De aquí al corchete que se gradua de demonio en Quevedo (Gallardo, col. 1035, y Quevedo, ed. Blecua, núm. 728) no hay más que un paso, que se prolongará, ya en 1626, en *El soldado Píndaro*, de Céspedes y Meneses: «Porque tales ministros [*los pesquisidores*] son como los demonios, que siempre están deseando delitos y pecados» (BAE, XVIII, p. 294 *b*). En la misma novela se reproduce también la equivalencia de cárcel e infierno: «Le sentenciamos a la perpetua cárcel del infierno en cuerpo y alma desde el presente día» (*id.*, p. 302 *a*). Años más tarde (1644) reaparecerá en la *Vida de don Gregorio Guadaña*, de Antonio Enríquez Gómez: «O se case con mi ángel, o vaya condenado al infierno de un calabozo» (BAE, XXXIII, p. 283 *b*).

[39] La expresión es del *Job*, 10,22: «Terram miseriae et tenebrarum, ubi umbra mortis et nullus ordo, sed sempiternus horror inhabitat.» En *El Crótalon* se dice del infierno: «Porque es aquel lugar natural vivienda de la confusión» (ed. cit., p. 265 *b*). Puede recordarse también en este sentido el comienzo del conocido texto de Quevedo: «Soltáronse en el infierno un Soplón, una Dueña y un Entremetido, chilindrón legítimo del embuste; y con ser la casa de suyo confusa, revuelta y desesperada y donde *nullus est ordo*, los demonios no se conocían ni se podían averiguar consigo mismos.»

rror y ningún orden habita. Es un caos confuso sin distinción alguna» (p. 43); «no hay cosa que esté en su centro» (p. 44); «es una comunidad sin concierto» (p. 44); «cada uno se emplea en su particular ejercicio, sin tener otra ni tiempo diputada para ello que su voluntad» (p. 48).

Afirmaciones como éstas, que se hallan abundantemente ejemplificadas a lo largo del capítulo, muestran que el tema inicial del mismo —la privación de la libertad— resulta muy pronto desplazado por otro otro, que se erige en *leit motiv* de la introducción: el desorden, el caos. Por el contrario, el núcleo temático del capítulo último descansa en nociones bien distintas: «No se hace entre nosotros [los ladrones] cosa alguna que no esté reglada con razón, estatutos, leyes y premáticas» (p. 327); «hay tan buen orden y gobierno que no hay persona entre nosotros que se descomida un punto, ni pase los límites de su comisión comprendiendo uno lo que está a cargo del otro, ni entremetiéndose en más de lo que su capacidad alcanza. Y advierta V. M. que éste es el punto más esencial de nuestra república (por cuyo desorden se pierden hoy tantas»») (p. 328); a cada ladrón se le asigna la especialidad más de acuerdo con sus habilidades, procedimiento «justo, razonable y tan necesario en la república que, por no practicarse, se ven tantos desórdenes en ella» (p. 330); «deste buen orden tenemos grande ejemplo en los lacedemonios» (p. 332); «cuanto a la honra y respeto que a cada uno se debe, se guarda tal orden que no se hace agravio a persona de la compañía, teniendo cada oficio su asiento y lugar señalado en todas nuestras consultas y ajuntamientos» (pp. 337-338).

De todo esto se deduce que el capítulo I gira en torno al tema del desorden y el caos, mientras que el último presenta una sociedad —de ladrones, eso sí— perfectamente organizada y sometida a un orden. Dicho de otro modo: la falta de libertad provocada por la acción de la justicia conduce al desorden; por el contrario, el orden y el buen gobierno son patrimonio de la libertad. Esta noción, verdadero eje alrededor del cual se organiza la novela, se halla destacada ya desde las primeras páginas: «A la pena esencial del infierno, que es la privación de la divina esencia, corresponde en la prisión la privación de la libertad, a la cual con justo título podemos llamar pena esencial, por ser la reina de todas cuantas aprensiones y motivos de dolor pueden afligir un honrado entendimiento» (p. 17) [40]; o más tajantemente aún, si cabe: «Siendo la libertad la más preciosa joya del alma, y la mayor perfección que el inmenso autor del uni-

---

[40] La idea puede provenir de San Francisco de Sales, cuya *Introducción a la vida devota* (1608) se publicó, traducida al castellano por Sebastián Fernández de Eyzaguirre, en Bruselas, un año antes que *La desordenada codicia*. He aquí cómo vierte Quevedo el pasaje del capítulo XV en su traducción posterior (1634): «Fuera de todos estos tormentos, hay uno aún más grande, que es la privación y pérdida de la gloria de Dios, al cual están ciertos no verán jamás [...]. Considera sobre todo la eternidad destas penas, la cual sola consideración hace el infierno insuportable» (BAE, XLVIII, p. 264 *b*).

verso plantó en la criatura racional, es cierto que su privación será la más perversa e insoportable de todas» (pp. 19-20) [41].

Apoyado en estas ideas, el doctor Carlos García construye una novela en la que se exalta como modelo de buen gobierno una sociedad de ladrones basada en la libertad; una sociedad casi platónica, en suma [42], donde los agravios, rencillas e injusticias han desaparecido por completo. Por eso la obra ofrece una trayectoria rectilínea: de la cárcel a la libertad, es decir, del caos al orden. Esta intención separa *La desordenada codicia* de sus antecedentes picarescos y la eleva por encima de la literatura noticiera sobre el hampa y los ladrones, que también sirvió de modelo el enigmático doctor Carlos García.

---

[41] Recuérdese la formulación cervantina *(Quijote,* II, 58): «La libertad, Sancho, es uno de los más preciosos dones que a los hombres dieron los cielos; con ella no pueden igualarse los tesoros que encierra la tierra ni el mar encubre»; cfr. también Castillejo, «Contra la fortuna en tiempo adverso»: «¡Oh libertad deseada / de quien te tiene perdida, / hasta allí no conoscida / y después siempre llorada! / Lástima que no se olvida; / joya no bien apresciada, / por ningún oro comprada, / y mucho menos vendida» *(Obras,* ed. J. Domínguez Bordona, IV, pp. 13-14). Que nuestros autores eran conscientes de que estaban tomando prestada una idea latina es evidente. En *El donado hablador,* de Jerónimo de Alcalá (2.ª parte, capítulo 13), se menciona al poeta que «dijo en sus celebrados versos: *Non bene pro toto libertas venditur aura»* (BAE, XVIII, p. 582 *b).* Y en *El español Gerardo,* de Céspedes y Meneses, se lee: «No sin muy justa causa dijo Catón que todo el oro y riquezas de la tierra no podían ser de tanto valor que mereciese apreciarse con el de la libertad» (BAE, XVIII, p. 208 *a).*

[42] Convendría estudiar la relación entre *La desordenada codicia* y algunas ideas platónicas resucitadas por las utopías del Renacimiento europeo.

PICARESCA, ASCETICA Y MISCELANEA EN EL DR. ALCALA YAÑEZ

María Remedios Prieto
Instituto «Andrés Laguna», de Segovia

0. Introducción

Con este estudio intento contribuir a un conocimiento mayor de la obra literaria de Jerónimo de Alcalá y patentizar cómo la picaresca y la ascética se dan la mano en este escritor, corroborando los fundamentos de las tesis de Miguel Herrero García, Enrique Moreno Báez, Alexander A. Parker [1] y de todos aquellos investigadores que están en esta misma línea.

Herrero García, en *Nueva interpretación de la novela picaresca*, tras examinar y rechazar los tópicos acerca del nacimiento de la novela picaresca —la sed española de aventuras, la fiebre emigratoria con sus consecuencias socioeconómicas y la exaltación del espíritu religioso— llegó a la conclusión de que el germen de este género novelístico hay que buscarlo en el movimiento de reforma que sacudió a España después del concilio de Trento. Arrancaría de los ejemplarios ascéticos y sermones, en los que, para avivar y llevar a la práctica la lección moral, se sirven de gente más o menos pervertida cuyos actos pueden servir de escarmiento a los lectores u oyentes. Y así ocurre en *Guzmán de Alfarache*, el cual nos cuenta su vida, añadiendo digresiones morales con el fin de que nos aprovechemos de la experiencia ajena y evitemos errores. «Aumentando la proporción

---

[1] Miguel Herrero García, «Nueva interpretación de la novela picaresca», en *Revista de Filología Española*, XXIV, 1937; Enrique Moreno Báez, *Lección y sentido del Guzmán de Alfarache*, en Anejo XL de la *Revista de Filología Española*, Madrid, 1948, y *Arbor, IX*; Alexander A. Parker, *Los pícaros en la literatura. La novela picaresca en España y Europa*, Madrid, 1971, Ed. Gredos. Juan Luis Alborg expone esta tesis en su *Historia de la Literatura Española*, I, Madrid, 1970, Ed. Gredos, pp. 759-765.

del componente narrativo —escribe Alborg[2]— y desarrollando, con técnica novelesca, la semilla contenida en aquella literatura religiosa, las novelas picarescas se presentan como autobiografías o confesiones de pecadores escarmentados.» Tanto es así que Herrero García comprobó que un largo párrafo de la parte apócrifa del *Guzmán* es copia literal del tratado ascético de Alejo Venegas, *La agonía del tránsito de la muerte*[3], y aclara que en la novela picaresca «los elementos mayoritarios del sermón se han encogido [...] pero no han desaparecido». Para Martín de Riquer, «la novela picaresca es un sermón con alteración de proporciones de los elementos que entran en combinación»[4].

Por su parte, Moreno Báez, en *Lección y sentido del Guzmán de Alfarache*, explica cómo Mateo Alemán expone en su novela un conjunto de enseñanzas católicas sobre «la naturaleza del pecado original, la libertad de nuestro albedrío, la voluntad salvífica de Dios, la seguridad de la gracia y la eficacia de las buenas obras».

Más recientemente, Parker, en *Los pícaros en la literatura. La novela picaresca en España y Europa*, partiendo de las tesis anteriores, atribuye el nacimiento de la novela picaresca al erasmismo y a la Contrarreforma, en cuanto que postulan el intimismo y el desprecio del mundo y sus honores. Tras el concilio de Trento —continúa Parker—, urge reemplazar las fantasías irresponsables de las novelas de caballerías y pastoriles por una literatura responsable que estimulara los valores y la aceptación de la vida real a través de las realidades humanas. Así, cuando en 1599 publica Mateo Alemán la primera parte del *Guzmán de Alfarache*, no hace otra cosa que satisfacer las demandas de la Contrarreforma con un libro que, por ser realista, era verdadero y responsable, basándose en los escritores religiosos de la época, como en Malón de Chaide, autor de *La conversión de la Magdalena*. Ambos muestran cómo una libertad licenciosa no conduce más que a la esclavitud de las pasiones y de los vicios[5].

En cuanto al erasmismo, proveniente especialmente de *El elogio de la locura*, lo avalan, entre otras, las investigaciones de Francisco Márquez Villanueva[6], quien ha comprobado que así como Erasmo influyó en España dentro de la literatura, en los Países Bajos influyó en la pintura,, notándose en esta época una intensificación de temas satíricos y picarescos.

[2] Cfr. *op. cit.*, p. 763.
[3] *Op. cit.*, y también, del mismo, *Ideas de los españoles del siglo XVII*, Madrid, 1966, pp. 56 y 57. Juan Martí copia igualmente frases enteras de los *Sermones* de Fr. Alonso de Cabrera, según MAURICE MOLHO, *Introducción al pensamiento picaresco*, Salamanca, 1972, Ed. Anaya, p. 121.
[4] Cfr. *Historia de la literatura universal*, Barcelona, Ed. Planeta, p. 96.
[5] Vid. *Los pícaros en la literatura*, p. 59. Recogido por ALBORG, *Historia de la Literatura Española*, p. 761.
[6] FRANCISCO MÁRQUEZ VILLANUEVA, «La actitud espiritual del "Lazarillo de Tormes"», en *Espiritualidad y literatura del siglo XVI*, Madrid, 1968.

1. LA NOVELA «EL DONADO HABLADOR ALONSO, MOZO DE MUCHOS AMOS» Y LA PICARESCA

Con una prosa fluida y sencilla, el segoviano de adopción [7] Jerónimo de Alcalá Yáñez ha creado en las dos partes de *Alonso, mozo de muchos amos* (impresas en 1624 y 1626, respectivamente) quizás al personaje más bonachón y comprensivo de la amplia familia picaresca, al mismo tiempo que ha conseguido una novela entretenida y amena. Alonso narra, primero al vicario del convento donde está de donado y después al cura de San Zolés, cuando es ermitaño, su vida al servicio de muchos amos, aventuras y observaciones al mismo tiempo que va introduciendo constantemente series de comentarios morales, apoyados por cuentecillos que, lejos de ser enfadosos y romper el hilo argumental, dan gran vivacidad y variedad al relato. *El donado hablador* [8] resulta ser así una novela-río, que, afluyendo a su cauce principal de manera natural multitud de historias, anécdotas y fábulas, tiene por desembocadura el mar tranquilo del recogimiento religioso, apartado del espectáculo que el mundo ha ofrecido a su protagonista.

Con esto, el médico segoviano consigue el objetivo deseado por Vicente Espinel en el prólogo de *El escudero Marcos de Obregón* y por otros muchos desde Horacio hasta nuestros días: enseñar deleitando, al convertir la peripecia narrativa en el cañamazo sobre el cual teje el escritor sus sermones moralizantes.

¿Es realmente *Alonso, mozo de muchos amos* una novela picaresca? En ella encontramos síntomas genuinos de la novela picaresca, pero no el síndrome total. Como Guzmán, el prototipo del género, Alonso carece de oficio fijo y nos muestra un amplio panorama de la sociedad del siglo XVII; pero si comparamos las inclinaciones de ambos, veremos cuánta diferencia hay entre los dos. Alonso en ningún momento vive en tan bajo ambiente como Guzmán ni es tan corto de escrúpulos. Tampoco tiene el espíritu dual señalado por Martín de Riquer como característica del pícaro: desvergonzado y vil al mismo tiempo que posee conciencia moral para juzgar todos los actos humanos, tanto los propios como los ajenos [9]; no, nuestro «mozo» es, en general, bonachón y fiel durante casi toda su vida. Ni puede encajar ajustadamente en la definición que el hispanista Ludwig Pfandl

---

[7] Manuela Villalpando ha demostrado documentalmente que no nació en Segovia en 1563 como se creía, sino en Murcia en 1571. Vid. *Jerónimo de Alcalá Yáñez*, publicaciones de la Caja de Ahorros y Monte de Piedad de Segovia, 1976.

[8] La edición princeps (1624) y las siguientes de 1625, 1626, 1788 y 1804 llevan el título de *Alonso, mozo de muchos amos*. Pero a partir de 1847 el editor Eugenio Ochoa, en *Tesoro de novelistas españolas* (París), ya introduce el apelativo de *El donado hablador*, en cierto modo imperfecto, pues en la segunda parte ya no es donado, sino ermitaño. Desde la edición de Biblioteca de Autores Españoles, XVIII, 1851, la novela se edita con el título completo de *El donado hablador Alonso, mozo de muchos amos*.

[9] *Op. cit.*

dio para el *pícaro:* asceta injertado de cínico, estoico y pesimista [10]. Tampoco procede de los bajos fondos de la sociedad y sus padres fueron honrados. Desde luego, nuestro mozo no es un pícaro exactamente —aunque a veces se contagie de las añagazas de los tales, como cuando se metió en la chimenea para robar el adobado que su dueña había escondido allí [11] —ni ve la vida desde un prisma de crueldad o sarcasmo. Alonso es, eso sí, entremetido, muy «mangoneador» y demasiado amigo de corregir vicios ajenos. Es tan «cazolero» que, para enterarse de lo que las monjas bernardas hablaban cuando se reunían a capítulo o para confesar sus faltas, hizo un agujero en la pared [12]; y tan dado a aconsejar que sus compañeros de Segovia se burlaban diciéndole que «tenía mucho andado para predicador» [13]. No obstante, él mismo se disculpa de esta costumbre. Oigámosle:

> ... si decía o reprendía era movido de caridad y justo celo y con ánimo de hacer algún fruto, sirviendo a Dios con buenos consejos [14].

Pero sus amos no le comprendían:

> ... los unos se enfadaban de mis razones y en lugar de darme las gracias por los avisos, me volvían malas palabras, y la de menos ofensa era la de habladorcillo, palabrero de poco seso y menos asiento... [15].

Y pronto desean librarse de él. Así le reprende el sacristán, tanto le escocían sus amonestaciones y críticas:

> Mancebito predicador, yo no os pido consejos ni vos sois persona para darlos. Idos a pasear, y si no estáis contento, mudad de posada y no os enfadarán tanto mis cosas [16].

1.1. *Técnica de sermonarios*

Además de que a nuestro mozo no le disgusta oírse llamar predicador, efectivamente lo parece, tanto por su carácter como por la técnica narrativa. La estructura que da a su narración se asemeja a la de los sermones coetáneos, pues así como éstos se dividían en dos

---

[10] L. PFANDL, *Historia de la Literatura Nacional Española de la Edad de Oro,* traducción española, Barcelona, 1933.
[11] Cito por la edición de Valbuena Prat porque en *La novela picaresca española,* Madrid, 1956, Ed. Aguilar, están recogidas todas en un solo tomo.
[12] Parte I, cap. X, p. 1266.
[13] Parte II, cap. XII, p. 1330.
[14] Parte II, cap. X, p. 1321.
[15] *Ibídem.*
[16] Parte I, cap. III, p. 1211.

partes, una exposición teórica y un ejemplo práctico [17], así también Alonso, con más nitidez y profusión que Guzmán de Alfarache o Marcos de Obregón, va enlazando al hilo conductor de sus andanzas especies de cortos sermones divididos en dos zonas: en la primera hace una aserción o reflexión moral, y en la segunda expone un hecho de fuente libresca o folklórica que sirve de apoyo a su tesis doctrinal.

Esto no entrañaba novedad: desde la Edad Media era propio de los frailes cristianos —como lo había sido ya siglos antes entre los budistas, cuyas *jaatakas* alcanzaron gran prestigio literario y didáctico— introducir *exemplos*, apólogos o anécdotas en el cuerpo del sermón con el fin de demostrar las verdades abstractas que exponían. Así, a vías de ilustración, podemos destacar la obra en latín de Eudes de Cheriton (Eudes de Ceritona), compuesta no solamente para entretener, sino también para que sirviera de ayuda a los predicadores, permitiéndoles citar en sus sermones apólogos o narraciones que corroboraran sus argumentaciones teológicas [18].

Esta costumbre, que duró oficialmente hasta que la prohibió el concilio de Burdeos en 1624, fue practicada especialmente por los dominicos, cuyos sermonarios constituyeron un verdadero arsenal cultural y literario del más diverso origen. La relación que el médico y cirujano Alcalá Yáñez mantuvo con la orden de Santo Domingo [19] le debió de dar acceso a la consulta de sus materiales didácticos y de ellos, directamente, es probable que tomara algunos relatos que pone en boca de Alonso.

La erudición eclesiástica de Alcalá es notable. Particularmente en la segunda parte de la novela, el acopio de citas de los salmos, Avicena, Diógenes, Aristóteles, Séneca, Dionisio el Cartujano, el P. Viegas, Galeno, Sotomayor (catedrático de Coimbra), etc., aumenta la semejanza con los sermonarios, especialmente observando que están dispuestos o distribuidos siguiendo un esquema análogo al de los oradores sagrados coetáneos, según puede verse en los sermones de Fr. Alonso de la Cruz, Fr. Diego de Vega, Fr. Hernando de Santiago, etc. [20].

Esta erudición eclesiástica le venía de años atrás en que había escrito su libro ascético *Verdades para la vida cristiana*, compuesto de ejemplos que apoyan máximas morales. Más adelante me refiero es-

---

[17] Vid. Herrero García, *Ensayo histórico sobre oratoria sagrada*. Para *Guzmán de Alfarache*, vid. Edmond Cros, *Mateo Alemán: introducción a su vida y a su obra*, Salamanca. 1971, Ed. Anaya, p. 78.

[18] Vid. María Remedios Prieto, «Rasgos autobiográficos en el exemplo V de "El conde Lucanor" y estudio particular del apólogo», en *Revista de Archivos, Bibliotecas y Museos*, LXXVII, 1974.

[19] Jerónimo de Alcalá estudió en el convento de los dominicos. En el prólogo de *Verdades para la vida cristiana* él mismo declara: «... oí la sagrada doctrina del angelico doctor Santo Tomás, teniendo por maestros dos dignísimos obispos que fueron de la sagrada religión del gran patriarca Santo Domingo [...] y también me precio de haber tenido por maestro [...] al Santo padre Fr. Juan de la Cruz...»

[20] Vid. M. Herrero García, *Ensayo histórico de la oratoria sagrada*.

pecialmente a esta obra; ahora adelantaré que no solamente le sirvieron estos conocimientos para su novela, sino que además algunos de estos mismos ejemplos los ingirió en *El donado hablador*.

1.2. *Semejanzas con cuatro novelas*

Gili Gaya y Montero Padilla están de acuerdo en que el Dr. Alcalá ha tomado de *El Lazarillo* su estructura general y multitud de rasgos concretos; de *Guzmán de Alfarache*, su afán moral y sentido sermonario; de *El escudero Marcos de Obregón*, que el protagonista sea el espectador de los hechos que narra, y de *El buscón don Pablos*, algunos rasgos caricaturescos [21].

Es indudable que Jerónimo de Alcalá había leído las dos partes de Mateo Alemán y la novela de Vicente Espinel, ya que figuraban en su biblioteca [22]. Con aquél coincide no solamente en su intención adoctrinadora, sino también en algunos detalles particulares. Destacaré algunos:

En las dos novelas se maltrata un cuadro para afrentar al retratado; Mateo Alemán elige el de Constantino Magno, y Jerónimo de Alcalá, el de la suegra [23].

Mucho circulaba por entonces el adagio de las tres caras que el enfermo y los allegados ven en el médico: de ángel cuando está en peligro la vida, de hombre cuando ya no tienen tanta necesidad de su ciencia, porque va amainando la enfermedad, y de demonio cuando va a cobrar los honorarios. Los dos lo glosan, aunque Alemán con más gracia, puesto que los médicos constituyen un blanco de sus pullas, no así Alonso, muy respetuoso con los galenos, cosa natural por la profesión de su autor [24].

En el episodio del gentilhombre recién casado se perciben ecos del casamiento de Guzmán y de las referencias al gusto de la moda. Igualmente la actitud de Alonso en Zaragoza poco antes de casarse recuerda al donaire con que pasea Guzmán por Toledo [25].

Los soldados son tratados del mismo modo y los dos protagonis-

---

[21] SAMUEL GILI GAYA, «Jerónimo de Alcalá y la tradición novelesca», en *Estudios segovianos*, I, 1949, pp. 259-262; JOSÉ MONTERO PADILLA, «El novelista Jerónimo de Alcalá», en *Miscelánea segovianista*, Segovia, 1971, publicaciones de la Caja de Ahorros.

[22] Vid. MANUELA VILLALPANDO, *op. cit.*, pp. 61 y 63.

[23] *Guzmán:* Parte I, libro I, cap. IV, p. 262, de la edición de Valbuena. *Alonso:* Parte I, cap. IV, p. 1222.

[24] *Guzmán:* Parte I, libro I, cap. IV, p. 259. *Alonso:* Parte I, cap. VI, pp. 1239-1240.

[25] Episodio del gentilhombre recién casado. *Alonso:* Parte I, cap. IV, pp. 1215-1226. *Guzmán:* Parte II, cap. III, pp. 519-527.

Actitud de Alonso en Zaragoza. *Alonso:* Parte II, cap. V, pp. 1293 y ss. *Guzmán:* Parte I, libro II, cap. VIII, pp. 324 y ss.

tas, al igual que tantísimos pícaros se enrolan en la milicia [26]. También ambos se espantan por la simple idea de poder ir a la cárcel, y Guzmán también se siente predicador [27].

Intercalan sermones de «doctos predicadores» y fábulas. Cuando entran en las ciudades, las elogian y al llegar a la más ligada a sus autores, van a adorar a la Virgen patrona: Guzmán, en Sevilla, a la del Valle, y Alonso, en Segovia, a la de la Fuencisla [28].

El tema de la pobreza y del derecho que tienen los pobres a la limosna, tan defendido por Mateo Alemán, también lo trata Alcalá Yáñez [29]. Y para terminar con las concomitancias literarias, me referiré a una artimaña común: el engaño a un sacerdote entregando una bolsa de dinero, fingiendo habérsela encontrado con el objeto de recibir después abundante recompensa. Sin embargo, aquí Alcalá aventaja a Alemán en fluidez y gracejo narrativo; es magistral la fresca y jugosa descripción de la postura hipócrita que adopta Alonso ante el cura y los feligreses, digno antecedente de Molière. Alonso, cual otro Tartufo, logra representar perfectamente una taimada santidad [30].

No se puede dejar de aludir a otra coincidencia, esta personal, no libresca: la publicación de sendas obras primordialmente piadosas. Tanto en *San Antonio de Padua*, de Alemán, como en *Verdades para la vida cristiana*, de Alcalá, hay pasajes que bien pudieran haber sido introducidos en sus novelas, como efectivamente «entretalló» Jerónimo de Alcalá, según veremos. Además, los dos relatan milagros: Alemán [31], en *San Antonio*, y Alcalá, tanto en esta obra citada como en *Milagros de Nuestra Señora de la Fuencisla*.

De la *Vida del escudero Marcos de Obregón* hay algunas resonancias. Además de las ya mencionadas anteriormente y de la ausencia de sátira mordaz o comentario acre, los dos se muestran desde el principio de la narración con el carácter que tienen en su vejez. Alonso, convertido en ermitaño en la segunda parte de la novela, cuenta al cura de San Zoles su experiencia vital desde que lo expulsaron del convento, e inversamente Marcos hace lo mismo a un ermitaño.

El *escudero* tampoco es realmente un pícaro [32] y también es otro

---

[26] *Alonso:* Parte I, cap. II, pp. 1205 y ss. *Guzmán:* Parte I, libro II, cap. IX, pp. 330 y ss.

[27] *Guzmán:* Parte II, libro I, cap. V, p. 599, por ejemplo.

[28] Respecto a la intercalación de sermones, *Guzmán:* Parte I, libro I, capítulos I y IV, pp. 243 y 260. *Alonso:* Parte II, cap. X, p. 1321.
En cuanto a las fábulas, vid. E. CROS, *op. cit.*, pp. 81 y 82.
Respecto a la adoración de la Virgen, *Guzmán:* Parte II, libro II, cap. IX, p. 500. *Alonso:* Parte II, cap. X, pp. 1322-1323.
En relación con los sermones alemanianos, vid. FRANCISCO RICO, *Novela picaresca española,* I, Barcelona, 1967, E. Planeta, p. 167, nota 31.

[29] *Alonso:* Parte I, cap. III, pp. 1213-1214.

[30] *Guzmán:* Parte II, lib. III, cap. VI, p. 555
Alonso: Parte II, cap. III, pp. 1287-88. Esta concomitancia la han notado varios críticos. Vid. Francisco Rico, *op. cit.*, p. 856, n. 40.

[31] Vid. E. Cros, *op. cit.*, p. 60.

[32] Interesante a este respecto es el libro de M. MOLHO, ya citado, pp. 175 y siguientes.

hablador. El mismo se califica así en la dedicatoria al cardenal-arzobispo de Toledo, pero sabe callar a tiempo y reconviene a los que son incapaces de contenerse [33]. Ambos cuentan fábulas y elogian ciudades, aunque Marcos prefiera, de acuerdo con la sensibilidad poética de su autor, la naturaleza a las edificaciones arquitectónicas. Otros puntos coincidentes son los gitanos, el viaje a las Indias —si bien en Obregón se queda en mero intento— y el cautiverio turco.

A pesar de que *El buscón don Pablos* no se publicó hasta 1626, acaso pudiera haber leído el Dr. Alcalá alguna copia manuscrita, ya que, como ha señalado Montero Padilla, ciertos rasgos caricaturescos recuerdan a Quevedo, aunque es verdad que la burla y la caricatura estaban en el aire de la época. Efectivamente, al poco de abrir el libro nos encontramos lo siguiente:

> ... hiciéronme subir a las ancas de un mal rocín, que debía de ser el de don Quijote, según estaba de flaco, salido de espinazo y de cuadriles, el andar de la madre que le había parido: de suerte que me enjuagó las tripas en breve tiempo, y en las asentaderas me puso a cada lado una gran llaga... [34]

Al igual que en la casa del dómine Cabra, en la de la viuda valenciana se pasaba tanta hambre que

> ... no había más que mirarnos unos a otros, dándonos a entender nuestros pensamientos con la vista, como si fuéramos espíritus angélicos [...] sacando yo también fuerzas de flaqueza de mi delicado estómago, que para hablar estaba como hética de segunda especie... [35]

De manera especial llama la atención la misoginia esparcida por toda la novela, sobre todo por contrastar con la imagen afable que se tiene del escritor en su vida real. Esta postura antifeminista no puede pasar de una «pose» literaria, dado su carácter e inclinación al matrimonio [36], si bien es verdad que Alonso no adopta siempre un aire burlón ante esta institución; en el capítulo V de la segunda parte dice: «es el primer sacramento del mundo y tan necesario que en él se aumentan los hombres y se ocupan las sillas que perdieron aquellos soberbios y desobedientes espíritus». Sin embargo añade acto seguido:

---

[33] Libro I, descansos XVIII y XIX, pp. 982 y 986 de la edición de Valbuena en *La novela picaresca española*.

[34] *Alonso*: Parte I, cap. I, p. 1202.

[35] Parte I, cap. VII, pp. 1249 y 1250.

[36] Se casó dos veces. La primera en 1602 con María Rubión, de la que tuvo nueve hijos. La segunda en 1628, a los pocos meses de enviudar, con Isabel de Briones. En su testamento se refleja su amor conyugal y el cronista segoviano Tomás Baeza dice que «dejó al morir a su familia y a sus paisanos la memoria de un hombre sumamente afable y apto para la buena sociedad». Para mayor información, consúltese el trabajo citado de MONTERO PADILLA en *Miscelanea segovianista*.

... bien es verdad que no había cosa que más aborreciese que el casarme, y que pudiera decir con el otro poeta en su romance:

«Aquí de Dios que me casan:»
«Malos años, no hay justicia».

Pero echando de ver que casarse era como ir a las Indias, que unos vuelven ricos y otros sin blanca, y no sabía cuál destos había de ser... [37]

Hay pocos juegos expresivos de sus contemporáneos conceptistas; pero no falta la muestra de algún zeugma; contando el donado su estancia en casa de la viuda de Valencia, dice:

... me quedé a servirla desde aquella *noche,* que *lo* fue para mí, según los trabajos que me siguieron [38].

Y después, cuando entra a servir al recién nombrado alguacil mayor de Méjico:

... No le parecieron mal mis razones al *nuevo dueño* [se refiere a la posesión de la vara de alguacil] que esperaba haber*lo* de ser mío... [39]

Como muestra la paronomasia se podría catalogar ésta:

... aquí se podía *vivir* y aun *beber* [40].

Los sintagmas no progresivos o pluralidades tampoco abundan, aunque también asomen tímidamente.

Por lo demás, las coincidencias entre ambas novelas son mínimas y tópicas, tales como pasar una temporada con representantes de comedias —de los que nuestro mozo hace una apología— y el embarcarse para las Indias.

En cuanto a los autores, es obvio recordar que también Quevedo tiene producción ascética propiamente dicha.

1.3. *Conclusión*

Indudablemente, es fácil reconocer en *Alonso, mozo de muchos amos* la temática picaresca: vida estudiantil, soldadesca, gitanos, cómicos, alguaciles y leguleyos, satirización del matrimonio y de las mujeres, el cautiverio turco, etc. Pero igualmente carece de dificultad

---

[37] Pp. 1296-1297.
[38] Parte I, cap. VII, p. 1249.
[39] Parte I, cap. VIII, p. 1254
[40] Parte II, cap. XII, p. 1328.

percibir que posee características de libro devoto y que Alonso no es un verdadero pícaro. Es, pues, una obra híbrida, consecuencia, por una parte, de la relación *emisor-receptor* y, por otra, de la dinámica interna del sistema de la novela picaresca.

En cuanto a la relación *emisor-receptor,* es apreciable el cariz religioso del autor, tanto por su psicología como por los materiales que utilizó, pues muchos son propios de sermones y otros están sacados «ad lítteram» de su obra puramente ascética *Verdades para la vida cristiana,* que, si bien no estuvo impresa hasta 1632, ya la tenía escrita en 1621. En cuanto al público a quien dirigía su novela, sería el mismo para el que destinó el mencionado libro y el titulado *Milagros de Nuestra Señora de la Fuencisla...,* gente sencilla que gustaba de oír a los predicadores exhortando «a los oyentes al aborrecimiento de los vicios y amor a las virtudes» [41].

Respecto a la dinámica interna del sistema, *El donado hablador* no es más que un eslabón dentro de esa evolución propia del género picaresco, que llevará al desgajamiento de sus elementos o síntomas primordiales y, por tanto, a la disolución del mismo. Alemán consigue un equilibrio entre narración y descripción, por un lado, y entre rasgos psicológicos, sátira y elementos sermonarios, por otro. Pero su descendencia rompe esta proporción. «Grosso modo» podríamos establecer lo siguiente: cuando predominan los elementos descriptivos —tal en Espinel o en Castillo Solórzano— se abre el camino que conducirá a las novelas de costumbres de Liñán y Verdugo, de Zabaleta o de Francisco de Santos; si, por el contrario, se acrecienta la acción y disminuye la intensidad de los caracteres, la novela picaresca desembocará en la de aventuras, tal la de *Estebanillo González.*

La sátira social y el elemento sermonario están armonizados en *Guzmán;* después, una u otro puede aumentar en detrimento mutuo. Si se incrementa la sátira y el ingenio hasta el punto de descoyuntar la realidad, como en *Pablos* [42], o de convertirse en cuadros alegóricos, como en *Los antojos de mejor vista* y en *El diablo cojuelo,* decae el elemento sermonario. Si inversamente es éste el componente preponderante, decae aquélla, tal como ocurre en *El donado hablador,* novela de tonalidad religiosa que presenta los defectos de los diversos estratos sociales o profesionales sin resentimiento alguno. En esta

[41] Palabras que el Dr. Alcalá dejó escritas en el prólogo de la segunda parte. Cfr. p. 1270 de la edición de Valbuena Prat.

[42] Para Lázaro Carreter, Quevedo escribió *El Buscón* con el deseo de ostentar ingenio. Explica así: «... lo que don Francisco hizo en su *Buscón,* más que "un libro de burlas", fue un libro de ingenio. Ambas cosas existen: hay burla en aquella humanidad extravagante fuera de los límites de la convención, la ley y la norma que el autor respeta. Pero esto ocurre en mínima proporción. Domina en el *Buscón,* sobre todo, una burla de segundo grado, una burla por la burla misma, reflexivamente lograda, que no se dirige al objeto —con todas sus consecuencias sentimentales—, sino que parte de él en busca del concepto...» Cfr. «Originalidad del *Buscón*», en *Estilo barroco y personalidad creadora,* Salamanca, 1966, Ed. Anaya, p. 140.

dirección, la «picaresca» llegará a ser verdadero modelo de virtud y adversión al pecado en *Periquillo de las gallineras,* de Francisco de Santos.

Henos pues ante una novela en la que se patentizan las teorías de Herrero García, Moreno Báez y Parker.

2. «VERDADES PARA LA VJDA CRISTIANA, RECOPILADAS DE LOS SANTOS Y GRAVES AUTORES» [43]

2.1. Contenido y estructura

Es una especie de *Flos Exemplorum.* Consta de cinco *discursos* o capítulos [44], subdivididos en máximas morales y teológicas o pseudoteológicas, cada una ilustrada y apoyada, para «mejor aprovechamiento y deleite», con un ejemplo cuya fuente indica sistemáticamente —y hasta la escribe al margen para mayor claridad—, tal como había prometido en el prólogo.

La estructura es análoga a la de la novela, sólo que aquí, por no existir un cauce de peripecia narrativa al cual hubieran podido afluir estas sentencias con su respectivo cuento o conseja, no hay ritmo ni variedad, sino monotonía y lentitud. De todas maneras, esta obra tiene el mérito de haber brindado a su autor la oportunidad de poderse ejercitar en la técnica del enlace, en la que tan experto se mostró en *El donado hablador.*

En los *ejemplos,* muy pueriles y totalmente increíbles en la actualidad, buscaba resortes de eficacia para la práctica que aconsejaba. Eran casos probatorios para aquel entonces y portadores de las condiciones pedagógicas exigidas en aquella época por ciertos preceptistas: claridad, brevedad, utilidad y deleite. Efectivamente, en ningún momento asoman rasgos culteranos o conceptistas, de moda en la

---

[43] *Verdades para la vida cristiana, recopiladas de los santos y graves autores,* Valladolid, Jerónimo Morillo, 1632. Registrado por Gallardo, *Ensayo,* I, n.° 85. ALCOCER, *Catálogo de obras impresas en Valladolid,* n.ª 776. J. SIMÓN DÍAZ, *Bibliografía de las literaturas hispánicas,* V, Madrid, C. S. I. C., 1958, p. 55. Solamente conozco la pervivencia de un ejemplar. Se encuentra en la Biblioteca Nacional de Madrid, con la signatura 2-51.115. No está en mal estado, aunque faltan unas páginas al principio del *Discurso I* y adolece de las deficiencias de casi todos los libros editados en el siglo XVII: mal papel y mala impresión.

[44] Discurso   I: «Cuan contrario sea el demonio enemigo nuestro.»
    Discurso II: «De cuanto provecho sea el sacramento de la Penitencia para librarnos del demonio nuestro enemigo.»
    Discurso III: «Del bien que se nos sigue de la devoción del Santísimo sacramento, y de cuanto provecho sea el asistir al sacrificio de la Misa.»
    Discurso IV: «De cuanto provecho sea el favor de los santos para librarnos del demonio enemigo nuestro.»
    Discurso V: «De cuanto bien hallan los hombres en el favor de la madre de Dios, Señora Nuestra.»

coetánea oratoria sagrada. Lo que sí hace el doctor Alcalá, aunque sin tomar partido, es introducir enseguida al lector en ese clima. Ante nuestros ojos surge un posible antecesor de Fr. Gerundio de Campazas, que, aislado en una habitación, se ilustra para su sermón metiendo mano en esa inmensa selva de sermonarios impresos en los siglos XVI y XVII, clasificados por asuntos y materias. Una vez documentado...

> ... empezó su sermón con tanta gracia, tan buen lenguaje, tan eficaces razones, con unos símiles tan propios, a cada paso una autoridad de Escritura, traída tan a tiempo, que suspendidos los ánimos de los oyentes no sabían si el que hablaba era hombre o ángel, que con tanta suavidad les predicaba [...] dijo maravillosas represiones de vicios y admirables alabanzas de virtudes... (pp. 5-6).

Pero este predicador, que tan ensimismados mantenía a los fieles, no es ni un hombre ni un ángel, sino el mismo demonio, que, habiendo tomado forma de monje peregrino, llega a un convento con tanta oportunidad que puede suplir a un orador que había caído enfermo. El «predicador culterano» incita al auditorio a la virtud para que al no cumplir sus consejos se condene.

Si hubiera que buscar al personaje más importante y asiduo de todos estos ejemplos, tendríamos que señalar sin duda alguna al diablo. Un diablo muy ladino y con muchas características de «tipo listo» —aunque acabe vencido en múltiples ocasiones—, que participa en los asuntos de los hombres, valiéndose de todos los ardides imaginables con tal de cumplir su misión de abastecer el infierno. Unas veces se vale de tretas para presentar delante de las almas deleites ilícitos, otras toma forma de galán o de animal... Y en muchas ocasiones entabla luchas encarnizadas con los hombres, cuando no con Dios o los ángeles.

La imagen del demonio bajo distintas formas, desde la más atrayente a la más desagradable —dragón, macho cabrío, murciélago, etcétera— es ya característica desde la Edad Media y se va multiplicando en el arte, tanto en la pintura —recordemos el *Juicio Universal*, de Hans Memling, el fresco de Signorelli de la catedral de Orvieto o los diversos modelos de Lucifer en el juego de Tarot—, como en la escultura, y de modo especial en los capiteles de las iglesias y de los claustros, desde donde los demonios se asoman burlona o cínicamente para tentar a los humanos.

No es de extrañar tanta ingenuidad y candidez en una época en que la generalidad de los hombres se consideraban una presa valiosísima para el diablo y que creen que éste se mantiene constantemente pendiente de ellos. Esta idea, universal y eminentemente medieval, persiste en los Siglos de Oro y llegará hasta el siglo XVIII, si bien en esta centuria la fe en el demonio ha mermado mucho. De todas maneras, ¿cómo comprender el *Fausto* sin pensar que el hombre estaba convencido de que tenía una importancia extraordinaria para Mefistófeles y las potencias infernales?

En otros ejemplos de *Verdades*..., son los muertos los que se levantan y hablan, o la Virgen y los santos quienes se aparecen a los mortales y hacen milagros, especialmente a partir del tercer *discurso*. Es una religiosidad elemental y sentimental, casi supersticiosa, propia de una época de excesiva credulidad, comprobable en multitud de producciones literarias, en las que se presentan los milagros con la naturalidad de un hecho cotidiano.

El libro del Dr. Alcalá resulta popular y primitivo —los *discursos* últimos recuerdan a Berceo por su candor y fe mariana— y está escrito para gentes sencillas y humildes, no para cortesanos; se dirige al sentimiento, no al intelecto; pretende conmover, no sorprender.

2.2. *Título y fecha de su composición*

Alcalá Yáñez especifica en el prólogo de su libro la razón de haberlo titulado así:

El título de este libro es Verdades para la vida cristiana, a imitación de aquel ingenioso *v* cortesano Miguel de Cervantes, que a sus novelas llamó «ejemplares», dándole el justo título que merecían, un gran tesoro de buenos consejos y doctrina moral [45].

---

[45] No es ésta la única vez que vuelve la vista a Cervantes; son bastantes las resonancias que encontramos de él en *El donado hablador*. Citaré algunas: referencia a Rocinante en el cap. I de la parte I; la descripción del cautiverio de Argel, y especialmente el asalto a las costas recuerda a aquel otro del *Amante Liberal* en que los turcos se llevan a Leonisa y a Ricardo. Así como «el Carriazo» de *La ilustre fregona* se encierra en la posada para que el pueblo le olvide y no le señalen con el dedo ni le corran los chiquillos, así también Alonso se encierra en la posada por el día para que la gente pierda el interés por él y luego sale sin la cadena de oro y sin ese andar «tan a lo grave señor» que había adoptado desde que llegó a Zaragoza (cap. V de la II parte). Más semejanzas hay con *El coloquio de los perros;* efectivamente, la técnica es semejante a la de *El donado hablador,* ya que Berganza, «perro de muchos amos», cuenta su vida, al servicio de la más diversa clase de gente, a Cipión, el cual no hace más que asentir o estimularle a que siga hablando, igual que el vicario o el párroco de San Zoles a Alonso. Los perros ,aunque no quieren parecer predicadores, no siempre lo consiguen. Así como Alonso desea ser un buen criado, Berganza quiere ser en todo momento un «buen perro» (= buen criado), como lo demuestra atacando a la esclava que se veía en el zaguán de la casa del amo con otro negro. También Berganza se enrola en una compañía de soldados, convive con los gitanos y se queja de que le castiguen por hablar a pesar de su buena intención; Cipión le dice: «Mira, Berganza, nadie se ha de meter donde no le llaman ni ha de querer usar del oficio que por ningún caso le toca y has de considerar que nunca el consejo del pobre, por bueno que sea, fue admitido...» De *El licenciado Vidriera* también existen ecos: como Alonso, comienza su vida andariega siendo criado de unos estudiantes en Salamanca y aprende yendo a las clases, se enrola en una compañía, con cuyo capitán entabla amistad, es gran viajero y elogia las ciudades por donde pasa, visita iglesias, hace vida religiosa y tiene conciencia escrupulosa. Consta por el *Inventario de Libros* (cfr. M. VILLALPANDO, *op. cit.,* pp. 50 y ss.) que en su biblioteca tenía las *Comedias* de Cervantes, el *Persiles* y *D. Quijote.*

También nos explica el significado de la palabra «verdades» en la *Dedicatoria a la ciudad de Segovia y a su Ayuntamiento:* porque nada lo «ha fingido» él, sino que todo procede de otros autores cuyos escritos «los tenía él guardados o los ha visto». Además, aclara que los ejemplos «los contaron los varones ilustres y doctores sagrados, los dejaron escritos en sus libros y allí los pudiera ver el que gustara de leerlos con mejor estilo, más elocuencia y mejor modo de decir» [46]. Muchos años tardó el Dr. Alcalá en rematar *Verdades para la vida cristiana* y en darle la forma con que al fin fue impresa en Valladolid por Jerónimo Morillo. Lo sabemos por las siguientes razones:

1.º Por el prólogo de la segunda parte de *Alonso, mozo de muchos amos,* edición *princeps* (1626) [47].

... Sólo quiero que adviertas que si acaso vinieren a tus manos primera, segunda y tercera parte de Verdades para la buena vida que no son libros hechos de ahora, sino que ha muchos años que tengo licencia de su Majestad para imprimirle y el no haber salido antes a la luz ha sido la causa el ser el volumen tan grande que temeroso de la impresión ni el libro se atrevió ni yo pude favorecerle.

Efectivamente, el volumen es más grande que los de *Alonso,* pues mientras éstos miden 9×14 cms., aproximadamente, *Verdades...* tenía $13,6 \times 20$ cms. y 432 páginas [48]. De todas maneras, la alusión al

---

[46] Estos «varones ilustres y doctores sagrados» son, entre otros, S. Juan Basilio Santoro, Fr. Bernardino Busto, Fr. Cristóbal Moreno, Dionisio Cartujano *(Sermones),* S. Anselmo, P. Samaniego, S. Jerónimo *(Epístolas y Vida de los padres del yermo),* S. Sofronio patriarca de Jerusalén *(Vida de los padres),* P. Francisco Rodríguez de la Compañía de Jesús, P. Martín del Río *(Libro de Arte de Magia),* Vicencio *(Espejo historial),* Julián de Borago, Sebastián Beretario, P. Villoslada, Fr. Hernando del Castillo *(Historia general de la orden de Santo Domingo),* P. Maestro Juan Niserol, Jacobo de la Borágine *(Sermones de tempore),* S. Antonio arzobispo de Florencia *(Theologal),* el obispo Cesáreo *(diálogos, Libro de Apibus, Libro de Miraculis),* Cesario Cisterciense *(Cosas de su orden), Crónicas de Aragón, Especulum Exemplorum,* Tomás Canterpratense, *Milagros del santo Cristo de Burgos,* S. Juan Climaco *(Escala Coeli),* Jacobo Instutor, S. Cirilo obispo de Jerusalén *(Epístola a S. Agustín), Crónica de S. Francisco,* Saurio y Metafrastes *(Vida de los Santos Mártires),* obispo Refense *(Anales del reino de Inglaterra),* Laurencio Surio, Cardenal Pedro Damián *(Epístolas),* S. Agustín *(Milagros de S. Esteban), Anales de las Indias,* por los padres de la Compañía de Jesús, *Marial de Ejemplos,* S. Sofrino, patriarca de Jerusalén, el dominico Tomás del Templo *(Libro del Rosario),* Abad S. Benito *(Historia de la orden del Cister),* Beda *(Historia anglicana),* S. Antonio *(Milagros de la Sagrada Virgen), Fortalitatium ¡Fidei,* Francisco Dence *(Anales de los casos memorables de España), Prontuario de ejemplos de Milagros de Nuestra Señora.*

[47] Estas palabras transcritas a continuación no aparecen en las ediciones más modernas; por tanto, ni en la incluida en la *Biblioteca de Autores Españoles,* XVIII, Madrid, 1925, ni en la de Valbuena Prat.

[48] Estas medidas que doy para la novela corresponden a las ediciones hechas durante la vida del autor, es decir, a las de los años 1624, 1625 (1.ª parte) y

gran tamaño y a tres partes puede hacer sospechar que en un principio se tratara de un manuscrito más voluminoso, ya que no podemos pensar que esas «tres partes» fueran sinónimas de *discursos* o capítulos, porque entonces hubiera resultado un libro pequeño. ¿O acaso no saldría a luz más que la primera parte?

2.° Por los documentos que figuran al frente de la propia obra:

a) La suma del privilegio está dada en Madrid el 8 de julio de 1612.

b) De finales de abril de 1621 es la aprobación del corrector del convento de la Victoria de Segovia, Pedro del Castillo.

c) Otra aprobación del P. Fr. Francisco González, predicador del convento del Carmen, de Madrid, con fecha de 16 de junio de 1621.

3.° En el prólogo de *Verdades...*, èl autor expone que escribió la obra durante muchos años por entretenimiento, añadiendo: «el contento mayor mío era el estar a solas en mi aposento, y escribir el rato que. podía hallarme desocupado». Y este prólogo debe estar redactado después del año 1630, porque se refiere al hambre que hubo entonces en Segovia y al hundimiento del templo de Santa Eulalia, ocurrido en 1629.

4.° Ya, por fin, el 12 de julio de 1632 estaba impreso el tronco del libro, puesto que la tasa se efectuó en Madrid el 12 de julio del citado año, valorando cada pliego a 4 maravedís y medio.

Sin embargo, por documentos notariales, se puede sospechar que el libro no salió a la luz pública hasta 1633, ya muerto el Dr. Alcalá [49].

2.3. *Concomitancias entre «Alonso, mozo de muchos amos» y «Verdades para la vida cristiana»*

Con el Dr. Alcalá, la picaresca y la literatura devota se unen hasta tal punto que los contactos entre estas dos obras se dan tanto por la técnica —aunque en *Verdades...* sea muy elemental— como por la finalidad y los episodios. Señalaré algunas de estas concomitancias:

El sermón que predica el demonio en el *Discurso I* recuerda a aquel otro de un prebendado, quien «predicó un admirable sermón con elegante lenguaje, admirables comparaciones, mucha Escritura, bien a propósito traída, y reprendiendo algunos desórdenes del mal

---

1626 (2.ª parte). En cuanto a *Verdades...* escribo «tenía», porque el último ejemplar que creo persiste y que se encuentra en la Biblioteca Nacional de Madrid ha sido encuadernado a principios del año 1975 y lo han desbarbado, dejándolo en 13,5 × 19 cm.

[49] Murió el 2 de noviembre de 1632. Vid MANUELA VILLALPANDO, *op. cit.*, pp. 45-46.

gobierno...» *(Alonso, mozo de muchos amos,* parte II, capítulo X).

En *Verdades...* aparecen cuatro capitanes, y sobre todo uno de ellos, el del *Discurso V* tiene un carácter análogo al de la novela [50]. También en este *Discurso* toman parte dos frailes donados y un pintor, aunque éste no es como aquel otro a cuyo servicio está Alonso en Toro [51]. No, éste sí sabía cómo tenía que pintar a la Virgen. Y a propósito de esto hace una disquisición relativa a la mala pintura religiosa de la época y al color de la piel de María, que le sirvió para ponerla después «ad pedem litterae» en boca de Alonso y enterar al cura de San Zoles, y con él a todos los lectores, de la incogruencia y error que suponía creer que la Virgen fue morena y no blanca. La argumentación es larga y está bien estructurada, basándose en razones muy diversas —incluso hay una de tipo médico—, y no faltando las refutaciones a las posibles objeciones —que en la novela se las plantea el cura— ni los argumentos de autoridad. También discute, juiciosa y lógicamente, la costumbre de representar a San José como si fuera un anciano, discusión que también lleva a efecto Alonso.

Verdaderamente, el médico segoviano se documentó ampliamente, y no miente cuando declara, a través de nuestro mozo, que le «ha costado mucho estudio y trabajo buscarlo» y que lo «ha dicho en otra parte». Efectivamente, ya lo había escrito en *Verdades...*, aunque no la hubiera sacado a luz; pero sí había sacado a la luz años atrás *Milagros de Nuestra Señora de la Fuencisla,* donde también lo expone. Indudablemente, el Dr. Alcalá debía de ser muy aficionado a la pintura, no sólo por lo que se puede deducir de sus estudios, sino por la multitud de cuadros que poseía en su casa [52].

Hay otras cuatro páginas del *Discurso V* que pasan a la novela. Me refiero al ejemplo que le sirve para demostrar que «A nadie negó su favor la piadosa Señora, hasta los idólatras y apartados de la Fe hallan en ella amparo». Se trata del milagro que la Virgen de la Fuencisla obró en la judía Ester y que Alonso cuenta al cura de San Zoles [53] También éste, como es natural, lo había introducido en *Milagros de Nuestra Señora de la Fuencisla,* si bien con distintos significantes, tanto en prosa como en verso [54].

---

[50] Parte I, cap. II, pp. 1205 y ss.
[51] Parte II, cap. IX, pp. 1317 y ss.
[52] Vid. M. VILLALPANDO, *op. cit.,* p. 80.
[53] *Verdades...,* pp. 339-344. *Alonso ..,* Parte II, cap. XI, pp. 1323-1324.
[54] *Milagros...:* cap. V, fol. 17 vuelto y siguientes; también está vertido en tercetos en el cap. XVI, fol. 94 vuelto y siguientes.

3. «MILAGROS DE NUESTRA SEÑORA DE LA FUENCISLA, GRANDEZAS
DE SU NUEVO TEMPLO Y FIESTAS QUE EN SU TRASLACIÓN SE HI-
CIERON POR LA CIUDAD DE SEGOVIA, DE QUIEN ES PATRONA» [55].

3.1. Contenido y estructura

Alonso, después de narrar al cura de San Zoles el milagro que
la Virgen obró en la judía Ester, dice:

> ... Y después, creciendo con mayor fervor la devoción de
> los segovianos, la edificaron en honra y servicio suyo el suntuo-
> so templo que ahora tiene, a cuya traslación la noble ciudad hizo
> notables y grandiosas fiestas en que se hallaron los católicos
> Reyes y príncipes y otros muchos grandes de España: de cuya
> fiesta escribieron elegantemente el licenciado Simón Díaz, que
> al presente asiste como administrador de la sagrada ermita, y
> Frutos de León, hijos de Segovia; y también escribió, aunque
> sucintamente, el doctor Jerónimo de Alcalá Yáñez, médico y ci-
> rujano, una breve relación, en un pequeño librillo dedicado a
> la muy noble y leal ciudad de Segovia [56].

Realmente, así fue. En el año 1615 salió a la luz pública el libro
de Jerónimo de Alcalá titulado *Milagros de Nuestra Señora de la
Fuencisla, grandezas de su nuevo templo y fiestas que en su traslación se hicieron por la ciudad de Segovia, de quien es patrona*, dedicado a la ciudad y subvencionado por el Ayuntamiento. En la *Dedicatoria* agradece el honor que éste le ha hecho encargándole el libro,
y en el *Prólogo* declara su intento:

> El qual solo es hazer una breve relación de las fiestas que
> esta ciudad hizo [...] el año pasado de mil y seyscientos tre-
> ze [57]: donde juntamente será fuerça tratar de la *antiguedad*
> desta imagen, de algunos de sus *milagros*, y de la *devoción con-
> tinuada*, que siempre ha avido en ella, hasta en nuestros tiem-
> pos.

---

55 Así reza el título, que salió a la luz en Salamanca, imprenta de Antonia
Ramírez, viuda. Año de 1615, 8.°, 180 h. Descrito por GALLARDO, *Ensayo...*;
PALAU y DULCET, *Manual del librero hispanoamericano*, I; el Marqués de Jerez, y J. SIMÓN DÍAZ, *Bibliografía de la literatura hispánica*. Solamente conozco
la pervivencia de dos ejemplares: uno se encuentra en Nueva York, Hispanic.
Society, y el otro en París, Bibliot. Nacitional. Este último es el que yo he
manejado.
56 Parte II, capítulo XI, p. 1325.
57 El tronco del libro estaba terminado en 1614, puesto que las *Aprobaciones* (una del obispo de Segovia y otra del Dr. Andrés Morales), la tasa, la
fe de erratas y el privilegio del Rey son de ese año.

En efecto, los cuatro primeros capítulos están destinados a probar
la antigüedad de la Virgen de la Fuencisla, extendiéndose a explicar
sucesos, más o menos verídicos, en los que va apoyando sus premisas siguiendo un orden lógico y cronológico con trabazón interna.
De esta manera, partiendo del uso de las imágenes en la Iglesia primitiva y de su «permisión» en el sexto Sínodo General, por Constantino IV, establece la antigüedad de la Imagen de la Fuencisla basándose en su forma, que describe, en el lugar donde debía de estar
colocada en los primeros tiempos (en un hueco de las peñas «Graje-
ras») y en la devoción de que ya, según él, era objeto a principios del
siglo VIII, puesto que Don Sácaro la escondió bajo tierra cuando
los musulmanes entraron en Segovia. Entremezclando la historia eclesiástica con la civil y militar, y sucesos reales con los pertenecientes
a la leyenda, llega a la época de Alfonso VIII, en la que, después de
desenterrar la imagen, se la coloca en la fachada de la catedral, desde donde viendo la injustcia que recaía sobre la judía Ester y oyendo su invocación, obraría el milagro famoso que ya Alfonso X el «Sabio» recogió en su *Cantigas*[58]. A partir de este momento, el Dr. Alcalá se refiere a la construcción de la primitiva ermita (capítulo V)
y a los catorce hechos que considera milagrosos «y que los más dellos
ha sido él testigo de vista» (capítulos VI y VII). Tras dedicar los siguientes capítulos al nuevo santuario y a los preparativos para las
fiestas, con motivo de la traslación de la imagen a su nueva casa
(capítulo X), da paso a la descripción pormenorizada de los festejos,
incluyendo tanto los actos que se llevaron a cabo —representaciones
de comedias, entremeses, bailes, corridas de toros, juegos de cañas,
cabalgatas, fuegos artificiales, procesiones, visita de los Reyes, lumi-
narias, etc.—, como los villancicos y romances de Alonso de Ledesma que se cantaron en la catedral durante los diez días que dura-
ron las fiestas, el certamente literario y treinta de los poemas que se
presentaron para aquellos días.

Resulta ser así una miscelánea, en la que tienen cabida multitud
de temas, no sólo interesantes por constituir un documento histórico revelador del «espíritu de la época», sino también porque muchos
de ellos se reflejan en *El donado hablador*. No es, por tanto, «una
recopilación de ejemplos, como las colecciones medievales y sus continuaciones en los siglos de Oro», según han creído algunos críticos[59],
ni carece de interés, como han supuesto otros muchos, basándose en
la opinión desfavorable del contemporáneo del Dr. Alcalá, Diego de
Colmenares. En cambio, sí ha sido más considerado el libro que Simón
Díaz de Frías escribió sobre el mismo asunto y al que también se refiere
Alonso: *Encenias de la ermita y nuevo santuario...*[60]. La diferencia

[58] *Cantiga*, n.º 107.
[59] VALBUENA PRAT, *La novela picaresca española*, p. 68.
[60] *Encenias de la devotísima ermita y nuevo santuario de la Madre de Dios
de la Fuencisla, y solemnísimas fiestas que en la traslación desta Santíssima
Imagen hizo la ciudad de Segovia, escriptas por el Licenciado Simón Díaz y
Frías*. Valladolid, imprenta de Juan Godínez de Millis, año de 1614.

estriba principalmente en el estilo: en el de Simón Díaz no están ausentes los artificios barrocos, mientras que en el de Alcalá predomina la sencillez. Repetidamente expresa Jerónimo de Alcalá su sobriedad consciente; así, en *Milagros*... se muestra poseedor de «un pequeño caudal» en contraposición a los «muy elocuentes y levantados»; en la *Dedicatoria* escribe, disculpándose de los posibles defectos de su obra, «... y si no fuere con la eloquencia y levantado estilo, que oy en nuestra España está tan usado y admitido...», y en el capítulo XXI: «... La qual para contarla era menester un talento más levantado que el mío; pero como sea opinión del Philosopho que ninguno puede dar más de lo que tiene...» [61], frase que se parece mucho a la que Alonso dice al Vicario en el capítulo X de la primera parte: «Perdone mis faltas; que como tosco en el decir, no lo he contado con la elegancia que los muy retóricos tienen de costumbre, verificándose en mí *que ninguno puede dar más de lo que tiene*» [62].

3.2. *Concomitancias entre «El donado hablador» y «Milagros...»*

El Dr. Alcalá muestra predilección por los paisajes con arboledas, fuentes y altas peñas o montes. Tal es el lugar donde el *donado Alonso* cuenta su vida al Vicario.

> Defiéndennos del universal padre de los vivientes y de sus rigurosos y ardientes rayos estos copados y frondosos árboles, que para tener mayor descanso y gusto nuestro y regalo desta siesta, proveyó la Naturaleza los *arroyuelos que vienen despeñándose destos encumbrados y soberbios montes que nos cercan* [63].

Este paisaje se corresponde con el que realmente circunda la ermita de la Fuencisla y que ya nos lo había presentado en *Milagros*...:

> Son tales [las «peñas»] y de altura tan sin medida, que si como están orillas de nuestro pequeño Eresma, estuvieran en las del mar, eran sufficientíssimas a ser rocas incontrastables de su furia. *Dellas está manando continuamente tanta abundancia de agua, por todas partes,* que hazen un no pequeño arroyuelo... [64]

Y en el *Prólogo* ya nos había nombrado «la frescura de su alameda» [65]. Por otra parte, estas descripciones corresponden a la realidad.

Además de las concomitancias va mencionadas anteriormente, se puede afirmar que todo el capítulo XI de la segunda parte de *El do-*

---

61 Fol. 131 vuelto.
62 P. 1270.
63 Parte I, cap. I, p. 1200.
64 *Milagros...*, fol. 7 recto.
65 *Milagros...*, renglón 13.

nado hablador es una síntesis de *Milagros*...: la visita de «los Católicos Reyes y Príncipes y otros muchos grandes de España», las riquezas de la ermita, la referencia a la limosna llamada «ofrenda» en Segovia [66], la mención a «los hacedores de paños»... Precisamente llama la atención en las dos obras el afecto que muestra nuestro escritor por los mercaderes y oficiales de la industria lanera segoviana. En el *Donado*... les dedica varios detalles, esparcidos a lo largo de la novela, *tempo lento* y *afectus;* en *Milagros*... describe animadamente sus mascaradas (veintinueve páginas) y especifica los nombres de todos los que intervinieron [67]. Y en las dos obras los califica de «verdaderos padres de familias».

Se podrían señalar igualmente otros puntos comunes de los que solamente voy a resaltar algunos.

Alonso, contando su estancia en Salamanca al servicio de unos estudiantes, hace esta digresión:

> Echaba yo de ver cuán prudentes eran los que a sus hijos, daban lo necesario para su gasto por orden de los padres de la Compañía de Jesús, pues con su cordura y buenos consejos les estorban impertinentes gastos...

También en *Milagros*... tiene un recuerdo para la Compañía:

> La otra [congregación] de la Compañía de Jesús es de estudiantes, bien necesaria y de mucho provecho, pues como moços se avían de distraer, si no tuviessen quien a la mano les fuesse, con tanta doctrina... [68]

Aconsejando al sacristán un comportamiento más respetuoso dentro del templo, Alonso narra un cuento en que «una persona curiosa y devota para cierta fiesta pintó un ingenioso y vistoso jeroglífico» [69]. Lo mismo hicieron algunos «ingeniosos» segovianos para las fiestas del año de 1613.

Y para terminar, diré que en la imagen que Alonso presenta de los médicos durante su estancia en Sevilla se refleja la del propio Alcalá, al cual se ve también atravesar por las páginas de *Milagros*... ejerciendo pacientemente su profesión e interesándose amablemente por los enfermos [70].

---

[66] *Milagros*...: Visita de los Reyes, fols. 41 y 42, caps. XVIII (fol. 103) y ss.;
[67] Cap. XX (fols. 113 y ss.); también, cap. V, fol. 24 vuelto.
riquezas de la ermita, cap. VIII (fols. 34 y ss.); mención a la «ofrenda», folio 113 recto.
[68] *Alonso*...: Parte I, cap. I, p. 1203. *Milagros*...: Cap. XIX, fol. 107.
[69] *Alonso*...: Parte I, cap. III, p. 1212.
[70] *Alonso*...: Parte I, cap. VI. *Milagros*...: Cap. VII, fol. 31.

SALAS BARBADILLO Y LA PICARESCA

FRANCISCO A. CAUZ
Colby College

En la España de fines del siglo XVI y principios del XVII, época en que le tocó vivir a Salas Barbadillo, son patentes la disolución moral del pueblo español y el triunfo del picarismo en todos sus estados sociales. No hay estado ni oficio, por muy alto o por muy bajo que sea, en que no se manifieste el arte de engaño, dándole, así, de una manera general, un cariz apicarado a la vida española. No nos extrañará, pues, que en la literatura —espejo de la verdad y del espíritu de la vida— se desarrolle el género picaresco en este período, ni que Salas Barbadillo, buen conocedor y asiduo partícipe de ese mundo [1], lo aborde en varias obras de su producción literaria.

Salas Barbadillo aborda el género en la etapa final del desarrollo de la figura del pícaro. Hay cierta distancia entre los antihéroes suyos y el prototipo del género, debido esencialmente al proceso de movilización social que tiene lugar en España desde la incipiencia del género hasta que él lo aborda. Aunque todos los pícaros tienen más o menos los mismos orígenes humildes y, con ligeras variantes, los mismos aviesos antecedentes genealógicos, notamos que el pícaro va logrando, en movimiento ascendente, poco a poco, acceso al mundo refinado de las clases altas, llegando a penetrarlo y hasta a formar parte de él en la medida en que la sociedad española camina a la de-

---

[1] Sáinz de Robles nos dice que «Salas Barbadillo vivió en la corte todos los milagros y espantos de la picaresca. Sus amigos fueron el vagabundo descaminado, el huésped de cárceles y el pupilo de galeras, el noble arruinado y parásito —moscón de zumba y picotazo— el hidalgo provinciano —pretendiente dispuesto a la heroicidad o a la bajeza—, el arrendatario entrampado, los mayordomos astutos y ladrones, la tusona y la buscona, la daifa y la coima, la virgen zurcida y la malmaridada. Salas Barbadillo era el perfecto husmedor de los barrios más apretados y sobresaltados de Madrid». *Ensayo de un diccionario de literatura española*, p. 1001. No cabe duda de que gran parte de lo observado pasó a formar parte de la cuantiosa obra del autor.

cadencia y desintegración, cuyo punto de arranque fecharíamos alrededor de 1580. Una ojeada rápida a los prototipos de la picaresca nos confirmará este proceso.

El protagonista de *El Lazarillo de Tormes,* novela publicada en 1554 y seguramente escrita con anterioridad a esta fecha —época en que está vigente el prejuicio clasista— no es capaz de romper los vínculos que le atan a su baja extracción social. A lo largo de su itinerario vital se ve obligado a servir de criado a distintos amos —el ciego, el clérigo, el escudero, etc.—, todos ellos de condición humilde y tan ruin o más que la de él, culminando su vida errante en el infame oficio de pregonero y un matrimonio en el cual Lázaro se convierte en marido postizo de la barragana del mundano arcipreste.

En el *Guzmán de Alfarache,* cuya primera parte se publicó en 1599, el protagonista da un paso hacia arriba en la escala social. Guzmán, igual que Lázaro, es vagabundo y sirve también a varios amos —algunos, como el ventero y el cocinero, de estado social bajo—, pero se distingue de él en que llega a ser criado de un embajador y de un cardenal, dignatarios diplomático y eclesiástico, respectivamente, representantes de la capa social privilegiada. Además, el pícaro Guzmán estuvo a punto de ser admitido al prestigioso ministerio sacerdotal, a no haber optado por segundas nupcias.

La ascendencia social del pícaro sigue en las obras de gusto picaresco, publicadas entre 1612 y 1621, de Salas Barbadillo. En general, los pícaros suyos —vagabundos, la mayoría de ellos—, no se ven obligados a servir a ningún amo, puesto que, debido a sus ingeniosas estafas y hurtos a lo mayor, o a herencia y rentas más que regulares, disfrutan de un buen bienestar económico, el cual les permite fácil acceso a los círculos refinados del mundo cortesano de aquel entonces, mundo de vida y costumbres relajadas, en que el dinero, junto con la apariencia, son las armas más poderosas para lograr la estimación social. Estos seres apicarados de bajo fondo social llegan a subir de tal manera en la sociedad cortesana que hasta son reverenciados por la gente principal. Es curioso e irónico el hecho de que —a diferencia del prototipo— los protagonistas de Salas Barbadillo .se convierten a veces en amos rodeados de pajes y criados.

Los pícaros de Salas Barbadillo representan la continuación de la vida truhanesca más o menos ingenua del período inicial del vagabundeo del pícaro. Al conocerlos el lector, ya han superado la etapa inicial de la inocencia y son personas maduras y bien adiestradas en la malicia al empezar la acción de las novelas. Los hurtos y engañifas del prototipo del género tienen gracia y hasta pueden justificarse si tomamos en cuenta el mal trato que recibe, y el móvil del hambre. En cambio, el comportamiento de los pícaros de Salas Barbadillo —extensión e intensificación de la maldad—, a menudo raya en lo criminal y no tiene perdón. Hurtan por hurtar; estafan por estafar. La sociedad —víctima de sus estragos— no les maltrata ni es el incitante que los mueve a obrar mal, como en el caso de un Lazarillo o un Guzmán. Asentadas estas nociones de carácter más bien general, examinemos más de cerca el tema de la picaresca en la obra de Salas Barbadillo.

Con rara excepción, la crítica está de acuerdo en que *La hija de Celestina* tiene cabida dentro del género picaresco[2]. Valbuena Prat la incluye en su tomo de *La novela picaresca española*, y Francisco Ayala la considera fruto de la primera obra del género[3], noción que, a nuestro juicio, merece una breve aclaración.

Nadie que haya leído la novela de Salas Barbadillo pondrá en tela de juicio el aserto de que es un claro descendiente del *Lazarillo* —progenitor del género picaresco—, pero es importante tener en cuenta que al igual que en el árbol genealógico familiar, en que a través de los años ha habido cruces y mezclas, se notan diferencias físicas y espirituales entre, digamos, un abuelo y un nieto, aunque, claro está, perduren rasgos de aquél en éste. *La hija de Celestina*, nacida unas cuatro generaciones más tarde que el *Lazarillo*, tiene cierto parentesco formal e ideológico con su antecesor, pero, a la vez, se distingue de él.

Empezaremos por decir que *La hija de Celestina* está relatada en la tercera persona, no en la primera, como suelen estarlo las del género picaresco, y que no es una confesión hecha a un supuesto amo o señor de un personaje, que al cabo de los años ha llegado al desengaño y arrepentimiento de las fechorías de su errada juventud. También se aparta Salas Barbadillo de la convención, en el sentido de que, desde el principio de su narración, nos mete de pleno en la acción de la novela, posponiendo ese preámbulo genealógico —tan típico de la picaresca—, haciéndonos conocer de inmediato el carácter de la protagonista por su actuación y no por una previa relación justificativa hecha por su creador. Una vez en pie el personaje, pero utilizando una técnica distinta, el autor nos presenta los aviesos antecedentes familiares de Elena, lo que, esto último, está en consonancia con los cánones de la novela picaresca.

La hija de Celestina se asemeja y a la vez se aparta de la picaresca en cuanto a la presentación del tradicional vagabundeo del pícaro. Elena, aunque vagabunda, se diferencia del pícaro andante en que mientras el prototipo del pícaro, en sus andazas, sirve a muchos amos para matar el hambre —tema constante de la picaresca que no aparece en la novela de Salas Barbadillo—, ella, por ser hembra y, además, de un extraordinario atractivo físico, no se ve obligada a servir de criada a ninguno, ni padece en ninguna ocasión del hambre.

Otro contraste digno de señalarse y, a nuestro parecer, de molestas consecuencias para nuestro autor, es que al condenar a muerte a su heroína no deja el campo abierto para una continuación de la vida

---

[2] Francisco Rico *se opone a este juicio*, y quizá con razón, en su *Novela picaresca y el punto de vista* (Barcelona, Ed. Seix-Barral, S. A., 1970), pp. 130-132.

[3] Francisco Ayala, «El Guzmán de Alfarache: consolidación del género picaresco», incluido en *Experiencia e invención* (Madrid, Taurus, 1960), p. 156.

de Elena, como ocurre en otras novelas de este género. Ante la calurosa y gran acogida que recibió su obra, no creemos que quepa duda de que el autor tuvo que darse cuenta de esta limitación, que, en realidad, le sirvió de estorbo para escribir una segunda parte de la vida aventurera de su creación. Impedida así la continuación de *La hija de Celestina*, tuvo que contentarse con hacer una ampliación de ella, que consiste en unos añadidos, desligados e independientes de la trama principal, que desafortunadamente detraen de la gracia y espontaneidad de la deliciosa novela en su forma original.

En parte —lo demostraremos más abajo— *El necio bien afortunado* se acerca más al prototipo del género picaresco que *La hija de Celestina*. En *El necio bien afortunado,* novela que no consideramos picaresca, aunque contiene elementos del género, vemos el proceso evolutivo social del pícaro —desde los humildes orígenes del protagonista hasta su encumbramiento en la sociedad cortesana— en la figura de Pedro Hernández, conocido más bien por Pedro Ceñudo, apodo escogido por él mismo, por ser tan ceñudo, antes de partir a la Corte. También vemos en él esa acentuación progresiva de la maldad que tiene sus comienzos con engaños y hurtos graciosos y de poca importancia, gérmenes que a lo largo de su azarosa vida engendrarán acciones más graves.

Al igual que en *La hija de Celestina,* Salas Barbadillo nos presenta en el primer capítulo al personaje en plena acción, acción fantástica en el caso de *El necio bien afortunado,* reveladora de la excentricidad y vida estrafalaria de un loco-cuerdo más y hazmerreír de la Corte, que conoceremos más a fondo en los sucesivos capítulos, en que Ceñudo relata los acontecimientos prósperos y adversos de su vida a un gran amigo y confidente suyo llamado don Félix, quien a su vez se la ha contado a nuestro autor, dándole «ocasión a escribirla».

La vida de Ceñudo hasta los dieciséis años es reminiscente de la de Lazarillo. Fruto de la necedad de sus padres, éstos lo abandonan recién nacido y se creía bajo la austera tutela de un hermano de su padre, cura párroco de Odón, que es tan mezquino como el clérigo a quien sirvió Lázaro o el dómine Cabra de *El Buscón*. El examen de algunas tretas y ardides que le arma el pequeño Ceñudo a su miserable tío nos demostrará que son de estrecha afiliación lazarillesca.

Tan amante del vino como Lázaro, nuestro Ceñudo se las ingenia, como su precedente, para calmar sus ansias báquicas. Cuando el tío —por ahorrarse el gasto de criado— lo mandaba por vino a la taberna, al volver, por el camino «hacía salva al jarro, y como aquel lugar era copioso de agua, pagábale doblado en el primer arroyo» [4]. Ceñudo, a diferencia de Lázaro, no es castigado, porque su tío, considerándole necio, atribuye el vino aguado a la tabernera, de la cual desconfía que se aprovecha de la necedad del niño. Cansado de tomar el vino aguado, el tío lo hace campanero —evitándose así otro

---

4 SALAS BARBADILLO, «El necio bien afortunado», en *Dos obras de Alonso Jerónimo Salas Barbadillo,* ed. Francisco Uhagón, p. 199.

gasto, el de sacristán—, tarea pesada que no es del agrado del sobrino. Para zafarse de esta indigna labor, Ceñudo toca a fuego cuando debe tocar a parto y alegremente cuando debe tocar a muerto, causando tal escándalo en el pueblo que su tío, acosado por la gente, exasperado, lo retira de ese oficio y lo hace su despensero.

Armado de la llave de la despensa, y más que contento con su nuevo cargo, el «pícaro rapaz» le sisa parte de las longanizas, perniles y otras golosinas, «y mientras los demás estaban en la iglesia... me lo freía yo y sacaba el vientre de mal año» [5], recordándonos el episodio de la llave del arca-despensa del clérigo a quien Lázaro sirvió, y el de la longaniza cuando andaba en poder del ciego. De paso mencionaremos que ésta es la primera y última vez que se encuentra alusión alguna al hambre en las obras de Salas Barbadillo.

Ceñudo, de indudable corte lazarillesco, es más avispado que su contrafigura. Para evitar ser cogido con las manos en la masa —empleando una táctica parecida a la de Lázaro— se queja a su tío de que los ratones hacen incursiones en «el aposento de los regalos», y le recomienda, como solución, que consiga un gato que le sirva de centinela, facilitándole de ese modo al pillo el saqueo con más libertad, ya que, según el astuto Ceñudo, el gato y él son del mismo oficio, es decir, golosos y hurtadores. A la vez el gato le serviría de cabeza de turco.

Picado por lo que le cuenta un paje acerca del suave ocio de la Corte, atraído por la esperanza de gozar de «mujeres bizarras y hermosas que sin la pensión del casamiento se permitían a precio de dinero o de industria» [6] y cansado de la vida de pueblo y de la tiranía de su tío, Ceñudo se propone emprender la partida a la capital. El último engaño que traza y ejecuta en Odón es el ingenioso hurto de unos cuatrocientos escudos que acaba de recibir el avaro cura del padre de Ceñudo para la crianza de su hijo. A los pocos días de este suceso, «confortado el lado del corazón con el bolsillo» toma el camino de Madrid.

Su primer amo en la Corte es un caballero ostentoso, pretendiente de un título nobiliario, que se asemeja al escudero a quien sirvió Lázaro. A su pretendiente le gusta lucirse por las calles de Madrid acompañado de lacayos y pajes con el fin de conseguir fama entre la gente principal de la sociedad cortesana. Ante esta farsa, Ceñudo reacciona del mismo modo que Lázaro, denunciando la hipocresía y falsedad de los que procuran la honra por este camino: «Ved cuales son las honras del mundo y las ostentaciones que acreditan méritos, pues las dan unos viles lacayos y sucios pajecillos. Desde entonces empecé a filosofar; que es posible que todos pasen por esta locura!» [7], palabras que recuerdan las tantas veces citadas de Lázaro: «¡Oh Señor, y cuantos de aquestos debéis vos tener por el mundo derramados, que

---

5 *Ibid.*, p. 204.
6 *Ibid.*, p. 207.
7 *Ibid.*, p. 212.

padecen por la negra que llaman honra lo que por Vos no sufrirían!»[8]

El parecido de los móviles y acciones del adolescente Ceñudo con
los de Lázaro es tan patente que el autor mismo, dándose cuenta de
ello y, suponemos, queriendo apaciguar su conciencia, nos señala, aunque de forma indirecta, la fuente de esta parte de su narración al in-
formarnos que, entre otros libros del género picaresco, su protagonista había leído *El Lazarillo de Tormes.*

A partir de su llegada a la Corte, el tren de vida que lleva Ceñudo es muy distinto al de Lazarillo. De inmediato se ve metido en
el ambiente cortesano. Sirve a varios amos, como lo hace el pícaro,
pero como todos pertenecen a la alta burguesía, nuestro paje goza de
una vida regalada —sin privaciones— de gusto cortesano. El mismo
se jacta de su suerte: «¡Qué de comedias oí! ¡Qué de fiestas vi! ¡En
qué de meriendas me hallé! ¡Qué de doblones recibí y qué de amistades gané»[9]

Su ascenso social sigue a pasos agigantados. Logra un título en
derecho civil, llega a ser nombrado juez y hasta se permite el lujo
de tener paje, convirtiéndose en amo el que fue criado de varios. En
la capital posee una buena casa adornada de buenos cuadros y reple-
ta de libros que revela el buen gusto de su morador. También presenciamos en él una transformación espiritual que lo distancia de la
mentalidad del pícaro. A medida que el personaje va ascendiendo por
la escala social, va obrándose en su espíritu un cambio progresivo.
Con el roce de la sociedad cortesana, la gracia del adolescente pícaro va diluyéndose y en su lugar va apareciendo un redomado cinismo, que al fin —por su aversión al trato humano— le conduce a la
misantropía, trocándose el personaje en la típica figura monomanía-
tica, tan cara a nuestro autor, y convirtiéndose en un claro ejemplo de
la antítesis del pícaro.

Otro tanto podríamos decir de *La sabia Flora malsabidilla,* novela de ambiente cortesano, dosificada de materia truhanesca. El tema
central de la obra no es picaresco, aunque el autor, en el desarrollo
del complicadísimo argumento —equívocos, disfraces, intriga secundaria, juegos de sociedad, crítica social, poesías, etc.—, carga a su
protagonista de la ingeniosidad, atrevimiento y descaro picarescos.
Podada toda la hojarasca de la trama, el tema resulta sencillo y típico del siglo XVII. Nos referimos al convencional tema del honor —sentimiento que le tiene sin cuidado al inmoral o amoral pícaro—. Lo
que se realiza en esta obra es la tradicional venganza de un agravio
y a consecuencia de ella la restauración de la honra.

Flora, bien establecida dentro del mundo cortesano y además apre-
ciada por la gente principal, refiere los antecedentes ínfimos de sus

---

[8] *Lazarillo de Tormes,* incluido en Valbuena Prat, *La novela picaresca
española* (Madrid, Aguilar, 1964), p. 99.

[9] Salas Barbadillo, *ibid.,* p. 219. En otro lugar de la misma obra nos
dice que «pasaba yo en Madrid una vida de un Príncipe», pp. 264-265.

padres, como lo hace todo pícaro [10], pero en lo que relata de su vida, al desvincularse de ellos, el rasgo más destacado es la lujuria. Ella nos dice que fue querida de un ministro tres años y luego barragana de varios mozos. Al empezar propiamente la acción de la obra la hallamos liada con un buen mozo, disfrazado de mujer, a quien presenta como prima y dice de ella (él), con una soltura y una desvergüenza espantosas —empleando magistralmente el «double entendre»— que «todas las noches hace conmigo buena labor y mucha... lo que más procuramos es que esta labor no salga a los ojos del mundo» [11]. El picante juego lo remata la primamancebo diciendo que «muchas veces quito la pereza a mi prima y empiezo la labor; pero tiene una cosa, que una vez empezada nunca querría que se dejase; persevera con mucho gusto, y siempre queda con deseos de volverse a su almohadilla» [12]. Además, y adelantándose a los tiempos modernos, Flora toma unos polvos anticonceptivos para gozar, libre y plenamente, sexualmente sin el estorbo del embarazo. Este descomunal afán erótico —clara muestra de la influencia italiana en las letras del siglo XVII— es inusitado no sólo en la novela picaresca, sino también en la demás producción literaria de Salas Barbadillo. La despabilada Flora vive —al contrario del pícaro— sin preocupación material alguna, como la mayoría de los personajes de nuestro autor. Ella, su «prima» y Camila —confidente y tercera de sus amores— disfrutan de la ociosidad y opulencia del mundo aristocrático. Se dan unos banquetazos y festines capaces de empequeñecer a los más suntuosos de la casa de cualquier príncipe de la época. La astuta sabia recibe visitas de finos pretendientes, en las cuales se lisonjea, se toca la guitarra, se canta, se recita poesía y se juega al ingeniso «por qué», todos pasatiempos y manifestaciones de la vida regalada y despreocupada de la gente principal de la Corte.

En este refinado ambiente cortesano, la embaucadora Flora traza y lleva a cabo felizmente la venganza de un mozuelo-hidalgo que intentó, pero no logró, desflorar a la joven gitana antes de su partida a las Indias. Despechado ante el rechazo de la bella gitana, el altivo joven, antes de viajar al Nuevo Mundo, alardea entre los suyos de que la gozó, ocasionándole a Flora la pérdida de su honra y el desprecio común. Así, pues, se plantea el tema del honor basado en la convención de la época de que la honra reside en la opinión ajena [13].

---

[10] Flora, al empezar el relato de su vida hace hincapié en el «determinismo» de su origen: «Sabe: pues, que mis padres fueron gitanos, que yo no he de fingir calidades en mi abono, cuando lo que voy a referir de mí se halla tan lejos de ser calificado; así quiero disculpar mis obras con la naturaleza de mis padres, o que por lo menos veas que, siendo ellos de tal generación, recebí en su sangre semejantes hazañas.» «La sabia Flora malsabidilla», en *Obras de Alonso Jerónimo Salas Barbadillo*, ed. Emilio Cotarelo y Mor (Madrid, 1907), p. 29.

[11] *Ibid.*, p. 326.

[12] *Ibid.*, p. 327.

[13] En *El subtil cordovés Pedro de Urdemalas* el autor opina de otra manera. Sigue la tesis cervantina de que la honra depende de la virtud y no de

La tesis de Salas Barbadillo coincide con la lopesca o calderoniana. Flora declara «que en el honor que procede de virtudes naturales todos tenemos igualdad, y no es desvanecimiento, sino justa estimación la que una mujer humilde hace de su honesta fama»[14].

Pero hay una diferencia entre la argumentación de Salas Barbadillo y la de los clásicos dramaturgos. La defensa del honor en boca de esta ramera pública, que se hace pasar por honesta virgen, suena a hueco y no convence, y mucho más si la comparamos con la conducta ejemplar de los castos y humildes personajes de *Fuenteovejuna* o *El alcalde de Zalamea*.

La obra termina convencionalmente con la boda de Flora y su agraviador, quedando, así, restaurada la «honra» de la gitana. El matrimonio emprenderá viaje a las Indias, lugar en que con prudencia y silencio podrá pasar Flora «por mujer de calidad», y, apartándose de todo mal, enmendar su conducta, aseveración que nos deja —aunque no sea intención del autor— el campo abierto a la especulación sobre el halagüeño porvenir que le pronostica —bastante ingenuamente—, si tomamos en cuenta la fuerte inclinación truhanesca de la protagonista y la aguda advertencia quevedesca de que «nunca mejora su estado quien muda solamente de lugar, y no de vida y costumbres»[15].

El nombre del protagonista que aparece en el título de la última obra que vamos a examinar ha dado pábulo a quienes no la han leído a caer en la trampa de considerar picaresca la novela *El subtil cordovés Pedro de Urdemalas*. Esta figura mitológico-folklórica tiene una larga tradición oral y literaria en España. En general, representa al tipo truhanesco, engendrador de burlas y tretas ingeniosas, en virtud de lo cual lleva el apellido compuesto de Urdemalas. Edward Nagy, en su apreciación de esta figura, asevera que el personaje no llegó a lograrse literariamente hasta Cervantes, aduciendo que «aunque ha logrado incorporarse al plano de la literatura desde antes de Cervantes, ha de ser sólo con éste que cobrará su forma y psicología definitivas, adquiriendo además un fondo de cálida y simpática humanidad»[16]. La figura de Pedro de Urdemalas de nuestro autor —perfilada con posterioridad a la de Cervantes—, carece del vigor artístico de la del «manco de Lepanto;».

No negaremos la existencia de elementos picarescos en esta novela, pero sí que sea una novela picaresca en el sentido estricto de esta clasificación. Hallamos en ella, aunque no es una obra autobiográfica, del mismo modo que en *La hija de Celestina, El necio bien*

---

la opinión. Despreciando la convención de la época, recomienda a los hombres «hacerse buenos, y no honrados, porque esto depende de la voz común, que se paga de aparentes embustes, y no de virtudes interiores), f. 16.

[14] *Ibid., La sabia Flora malsabidilla*, p. 300.

[15] FRANCISCO DE QUEVEDO, *Historia de la vida del buscón*, incluido en *Obras Completas*, ed. de Felicidad Buendía (Madrid, Aguilar, 1966), t. I, p. 350.

[16] MIGUEL DE CERVANTES, *Pedro de Urdemalas*, ed. Edward Nagy (New York, La Américas Publishing Company, 1965), p. 16.

afortunado y *La sabia Flora malsabidilla,* la relación —por parte del protagonista— de sus antecedentes genealógicos, que sirven de auto-justificación a su torcida manera de ser. El mismo nos dice que es fruto de la duplicidad de una airada y licenciosa viuda morisca y la de un astuto calabrés [17] de condición miserables y que, «engendra-do al mismo tiempo que cada uno por su parte ejercía un intento tan cauteloso, salía tan zurdo en las costumbres, y abatido en los pensa-mientos que no me pudo servir de freno, el faltarme el mal ejemplo de mi madre con su muerte» [18]. Los engaños y estafas perpetrados por el ingenioso cordobés tienen una base picaresca, pero, como en el caso de los demás personajes de este pelaje de nuestro autor, las tretas y burlas realizadas son más pesadas y de consecuencias más gra-ves para sus víctimas.

Acciones de gusto picaresco que realiza nuestro pícaro son el hur-to de la mula de un médico y el engaño que le hace a un alguacil que viene en busca del ladrón; la estafa que le hace a un joven ca-rretero; el corrimiento de un táhur y un poetastro, y la venganza de un hombre-monstruo que se las da de don Juan. Sin embargo, y a pesar de lo dicho, lo grueso de la novela se aproxima más a lo corte-sano que a lo picaresco.

Al poco tiempo de empezar la acción de la novela —comienzo que sí tiene rasgos picarescos—, Pedro, acompañado de la criada de un ventero, va a Valencia —lugar en que transcurre la mayor parte de la «acción»— y funda una Academia, típica de la época, a la cual asisten caballeros y músicos valencianos, en que pasan el tiempo re-firiendo cuentos, cantando y leyendo poesías, y hasta representan una comedia, todo lo cual recuerda el refinado ambiente de *La casa del placer honesto.* Con la fundación de la Academia, lo dramático se di-luye y estanca en una serie de poemas, cantares, relaciones, etc., des-gajados entre sí e independientes de la acción principal, que detraen de la obra. Aunque algo del relleno es interesante, estamos de acuer-do con Chandler en que a partir de la fundación de la Academia el argumento de la obra «goes to pieces... while the narrative method is an exasperating one, since every mediocre episode is given in sec-tions, separated by pages of irrelative verse» [19], y con el juicio de Pfandl de que la obra no es «carne ni pescado» [20].

---

[17] EDWIN B. PLACE se equivoca en la introducción a su edición de *La casa del placer honesto,* University of Colorado Studies, volume XV, number 4, 1927, al decir, en la p. 298, que «According to Pedro's acount of his ante-cedents he was born in Cordova, son of a morisco named Josue alias Alia-tar». El padre de Pedro —está bien claro en la obra— es el calabrés. Incurre Place en otro descuido al decir que el nombre cristiano del primer marido de la madre de Pedro es Josué, cuando en realidad es Tomé.

[18] SALAS BARBADILLO, *El subtil cordovés Pedro de Urdemalas* (Madrid, Viuda de Luis Sánchez, 1620), f. 34.

[19] *Romances of Roguery* (New York, MacMillan Company, 1899), Part I, p. 362.

[20] *Historia de la literatura nacional española en la Edad de Oro* (Barce-lona, Ed. Gustavo Gili, 1952), p. 299.

En resumen, las cuatro novelas examinadas —hecha salvedad, con cierta reserva, *La hija de Celestina* en su forma original— son de factura híbrida y representan la fusión del género picaresco y el cortesano. Aparece la temática truhanesca y hampona, pero, en realidad, lo cortesano destaca sobre lo picaresco [21]. Tienen de escenario la corte o ciudades populosas, y los personajes— incluso el pícaro— gozan del suave ocio y opulencia de las grandes ciudades. Los pícaros de Salas Barbadillo resultan, pues, «in sensu stricto», una perfecta antítesis de su prototipo. Se preocupan por las apariencias, quieren vestir y comer bien, rara vez sirven a un amo —al contrario, son servidos ellos— y, en general, todo su porte es revelador de las costumbres de la sociedad cortesana del xvii. En fin, concluimos que la etiqueta más apropiada para estas novelas no es la picaresca, sino la que propone el hispanista francés —Bataillon—: «novela cortesana de materia picaresca» [22].

---

[21] De las cuatro novelas que hemos visto en este trabajo, Francisco Rico dice que «serán tal vez ''narraciones con pícaro'' pero marchan en línea recta contra el diseño constitutivo de aquélla (la novela picaresca». *Novela picaresca y el punto de vista*, p. 321.

[22] Amezúa y Mayo no vacila en clasificar de cortesanas las novelas de Salas Barbadillo. Para este crítico, nuestro autor «personifica el triunfante apogeo de la novela cortesana». *Formación y elementos de la novela cortesana*, p. 94.

VIII

"EL BUSCON"

EL SENTIDO DEL *BUSCON*

Wilhelm Kellermann
Universidad de Göttingen

Cuando se pregunta por el sentido del *Buscón*, se presupone que es incuestionable lo que significa la palabra «sentido». Se puede leer que el «sentido» de una obra de arte literaria es sinónimo del «contenido intelectual». Esto carece de la debida exactitud. El concepto «sentido» tiene un significado más estricto. Significa la fuerza psíquica que encierra la obra, y puede ser considerado como el principio de unificación que actúa en ella. Solamente podemos atribuir un «sentido» a las obras en que los elementos y las partes están en relación con la totalidad y en las cuales, viceversa, la totalidad se realiza en cada una de las partes. El «sentido» de una obra literaria está dentro de ella. Constituye el lado objetivo de la «comprensión» subjetiva. Salta inmediatamente a la vista la diferencia con respecto a conceptos tales que «tesis» del escritor, «función» de una obra o «eficiencia». En los casos normales, el «sentido» que encierra una obra ha sido previsto por el autor. Pero también puede darse el caso de que un intérprete descubra un «sentido» que el creador no ha previsto. Hay que contar siempre con la posibilidad de que la posteridad y aun los contemporáneos comprendan a un escritor mejor de lo que se comprende él a sí mismo.

El *Buscón* es una novela. El «sentido» de una novela se deriva, en primer lugar, del ser y de la actividad del protagonista. Una de las más vergonzosas experiencias de Pablos es el hecho de que casi llegue a ser reconocido por Diego Coronel de Zúñiga, su antiguo amigo y amo, cuando trata de conseguir con trampas el amor de una bella, rica y noble joven. Diego no deja de extrañarse del sorprendente parecido que hay entre el hospitalario galán y Pablos. Le caracteriza de tal modo que el embustero tiene que escuchar una breve biografía de sí mismo: «un criado que yo tuve en Segovia, que se llama Pablillos, hijo de un barbero del mismo lugar... su madre era hechicera, su padre ladrón y su tío verdugo, y él el más ruin hombre y más mal inclinado que Dios tiene en el mundo» (229, 61/2; 230,

79/81). Las indicaciones sobre la ascendencia son exactas. En lo que concierne los dos superlativos vamos a examinar inmediatamente el segundo. No tiene validez en lo que concierne la infancia de Pablos. Estaba decidido en aquel tiempo por la «virtud», para «ir con ... buenos pensamientos adelante» (20,84/5). Las crueles experiencias por las que tiene que pasar en Alcalá le inducen a cambiar bruscamente de dirección. Pablos se propone «hacer nueva vida» (73,201), «ser bellaco con los bellacos, y más, si pudiese, que todos» (74,4/5). En lo futuro quiere ser hacedor en lugar de víctima, más aún: cómplice. Sus atormentadores pasan a ser ahora «amigos» y «hermanos» suyos (73,202/3).

Ahora bien, Pablos no se aparta definitivamente de la moral. En el viaje desde Alcalá —donde ha abandonado para siempre su destino de criado (94,67/77)— hacia Segovia, adonde le ha mandado ir su tío para que se haga cargo de su herencia, se abisma en profundas reflexiones sobre su personalidad moral (108,12-109,20). Se da perfectamente cuenta de que le va a costar mucho trabajo llegar a ser un hombre honrado, distinguiéndose de este modo, hasta más no poder, de sus padres. Pero estos «pensamientos honrados» (109,16/7) excitan de tal modo su complacencia, en una alegre sublimación del sentimiento de su propio valor, que se felicita a sí mismo de poder llegar a la virtud po propio impulso, sin la ayuda de una herencia ancestral.

Antes de comenzar a tratar el punto en que fracasa completamente esta voluntad moral, tenemos que dedicar nuestra atención al examen del ímpetu social, el cual, junto con el impulso moral, había sido el distintivo de la infancia de Pablos: «siempre tuve pensamientos de caballero desde chiquito» (18,54/5). Es posible que estos dos impulsos estuviesen fundidos el uno con el otro en los tiempos de la infancia; más tarde se presentan desasociados. Cuando Pablos es testigo de repugnantes «vilezas e infamias» (143,138) en casa de su tío —que es verdugo como ya se sabe—, lo que experimenta no es el anhelo de lo bueno, sino «el deseo de verme entre gente principal y caballeros» (143,139). Este deseo pasa a ser idéntico a la tendencia de separarse de su familia. Se funda en la vergüenza, que puede ser considerada como el fundamental y siempre vivo sentimiento de Pablos. Para llegar a conocer el «sentido» de la novela no hay otro más importante conocimiento.

Las experiencias fundamentales y primerizas de Pablos son experiencias que provocan sentimientos y de vergüenza. Siendo todavía niño, la madre le confirma que correspondían a la verdad los rumores que circulaban sobre su vida deshonrada (22,28 - 24,46). El tío, que está ejerciendo el oficio de azotador público en Segovia, le saluda diciendo que es su sobrino en presencia de un desconocido ante el cual se había jactado de ser un «gran caballero» (133,296-301).

Aquella conversación con la madre había determinado a Pablos a abandonar la casa de sus padres (23,44-24, 46). La estancia en casa de su tío termina con la huida, subrayada por una carta en la cual

Pablos declara su negación de la ascendencia y del nombre. «No pregunte por mí ni mi nombre, porque me importa negar la sangre que tenemos» (148,20/1). Aquí se halla la principal motivación del ulterior transcurso de la novela. Porque si Madrid le fascina con posibilidad de ganar allí dinero (152,100 - 153,103), el fundamento de ello es su oscuridad (147,8/10). Este motivo central se va a repetir. Cuando Pablos tiene que renunciar en Madrid a su esperanza de ser una persona distinta de la que en realidad es, se pone en marcha hacia Toledo, «donde ni conocía ni me conocía nadie» (253,168).

La admisión de Pablos en el grupo de pícaros de Madrid, por mediación de un aristócrata degenerado, significa para Pablos la catástrofe moral definitiva. Los vocablos se repiten. Como en tiempos pasados en Alcalá, encuentra ahora en Madrid «hermanos» en la maldad (73,203; 170,5/6). De la vida con los «cofrades del estafón» madrileños (162,145), se dice expresamente: «que esta facilidad y dulzura se halla siempre en las cosas malas» (170,6/7). Es digno de ser mencionado que vuelve a ser idéntica en las dos situaciones la unión del componente inmoral y social. Tiene gran importancia la necesidad de Pablos de encontrar una nueva solidaridad humana dentro de un grupo. Ya sabemos que se había liberado de toda clase de dependencias familiares y nativas, de un modo radical. Pero hay más todavía. Pablos renuncia también a su condición de criado (94,72/3) y lo corrobora con las siguientes orgullosas palabras: «más alto pico, y más autoridad me importa tener» (94,74/5). La orgullosa dicción «me importa» es sintomática. Se repite en la ya citada carta al tío. Siempre de nuevo, Pablos «topará» (el verbo «topar» —véase, por ejemplo, 109,21; 123,127— es una palabra clave en lo que concierne a la marcha de la narración) con personajes que serán para él mediadores, maestros, modelos.

La vida de Pablos en Madrid y Toledo es una sucesión de metamorfosis. Estas se realizan en la correspondiente vestimenta. Con ello queda indicado un motivo central de la novela. Quevedo se ha servido de él también para montar una farsa grotesca. Su tema es la diferencia entre ser y parecer. De camino hacia Madrid, Pablos se encuentra con un caballero que camina a pie y cuya vestimenta vista desde lejos parece ser totalmente correcta, pero que vista desde cerca resulta ser un conjunto de andrajos que apenas bastan para cubrir la desnudez humana. Como ya se ha indicado, conduce a Pablos a la casa de un grupo de pícaros. Es una asociación de figuras desharrapadas, los cuales con toda clase de desperdicios montan un extraño y aparente mundo aristocrático para cuyas embusterías inventan una serie de trucos astutos. El conjunto produce la impresión de una burla extravagante. Pablos está entusiasmado. Ya no quiere llevar la vestimenta de un estudiante complutense y se viste como van vestidos los socios de la picaresca cofradía (171,24 - 173,56). Pablos adopta además un nuevo nombre: «Don Alvaro de Córdoba» (184, 235).

Junto con toda la pandilla tiene que cumplir una pena de cárcel, pero terminada ésta no se va con ellos a Sevilla. Ahora se repite de nuevo el cambio de nombre, bien que de un modo especialmente astucioso. Pablos, que por falta de dinero no puede permitirse el lujo de vestidos elegantes (209,32/6) y que produce una impresión de «más roto que rico, pequeño de cuerpo, feo de cara y pobre (209,46), provoca, mediante mensajes fictivos dirigidos a sí mismo (209,37 - 210,52; 212,91 - 213,104), y también haciendo tintinear monedas en su habitación (210,64 - 211,70) la impresión de que es Don Ramiro de Guzmán, un hombre riquísimo, señor del Valcerrado y Vellorete (212,95/96). Fracasa este intento de ganar a la bella, pero ingenua hija de sus patrones. La siguiente tentativa de emparentarse, mediante el matrimonio, no ya con una familia burguesa, sino aristocrática, necesita de más detenidos preparativos en lo que concierne la vestimenta. De ahí resulta que el motivo de la vestimenta adquiere aquí completo desarrollo. Queda formulado con absoluta exactitud con la intención de Pablos de «mudar de hábito» (220,69). Veamos ahora los símbolos de la distinción: «calza de obra y vestido al uso, cuellos grandes» (220,69/70). Se compra en «almonedas» el «aderezo de casar» (220,77/8). Para este plan Pablos adopta el poético nombre de Felipe Tristán (227,16/7). El motivo de la vestimenta se emplea también en episodios secundarios. Quevedo tenía plena conciencia de su gran importancia en lo que concierne a la caracterización de su Pablos. Así, por ejemplo, en el gran episodio de la estafa matrimonial se intercala una estafa de juego de naipes en casa de un boticario, donde Pablos se apodera de una enorme suma de dinero bajo la máscara de un monje benedictino que está tratando de divertirse (232,107 - 234, 135). Antes de abandonar Madrid, Pablos organiza su última metamorfosis: «me metí a pobre» (249,107). Con el producto de la venta de sus vestidos de pretendiente adquiere hábitos de mendigo (249,98- 102).

Pasadas unas semanas (252,156) es ya tan rico que puede adquirir los utensilios de una persona de distinción: «vestido pardo, cuello y espada» (253,169). Pero la casualidad le convierte en actor y poeta bajo el nombre de Alonso (259,89/90). Es una paradoja, sólo comprensible teniendo en cuenta el «sentido» de la novela, el hecho de que Pablos, cuya vida había sido una serie de papeles vividos, no encuentre placer definitivo en la profesión de actor (263,165 - 264, 168). Y no obstante, los dos motivos se funden cuando Pablos, en su última metamorfosis, en la de «galán» (264,173) de una monja, se pone aquel traje «con que solía hacer los galanes en las comedias» (266,200/1), cuando se dirige a la galería enrejada en que espera poder verla (265.195/6). La religiosa había conseguido que compusiese «muchos villancicos» (264,175) para ella, le había admirado como actor (264.175/6) y le había mostrado amor y compasión porque se había hecho pasar por «hijo de un gran caballero» (264,179). En el último episodio de la novela, Pablos ya no tiene necesidad de cambiar el nombre o los vestidos. Cansado de cortejar a la religiosa, se pone en marcha para ir a Sevilla, topa, sin culpa propia, con una pandilla de criminales y decide embarcarse para América con una querida llamada Grajal (279,133). En otro lugar hablaremos de sus últimas reflexiones.

La escala de fechorías cometidas por Pablos va desde el hurto, a través del engaño, hasta el homicidio. A nosotros nos interesa aquí, de acuerdo con nuestro tema, menos el aspecto material que el psicológico. A este aspecto pertenece, en primer lugar, la extraordinaria inteligencia de Pablos. Al parecer, no hay nada imposible para él. Las picardías ideadas por él ponen de manifiesto un ingenio deslumbrante y una fantasía de extraordinaria fuerza creadora. Pablos es genial cuando estafa en el juego de naipes. Si consideramos la adquisición de alimentos y de dinero como uno de los orígenes de sus malas tretas, podemos observar que consigue así siempre la realización de estos propósitos. Va siempre a la cabeza en todas las esferas de la picardía. Apenas ha comenzado a ocuparse en la «jacarandina» cuando ya ha llegado a ser el «rabí de los otros rufianes» (279,134). Sólo en un sector confiesa él una imperfección: «ni era buen jinete» (234, 147/8). Su fracaso como «jinete» contribuirá de un modo decisivo a poner fin a su sueño de llegar a ser «caballero» (18,55; 31,162). Este detalle es simbólico y revela la rigidez lógica con que Quevedo ha ideado la figura de Pablos.

Pero tenemos que volver a ocuparnos del problema moral. Muchas de las fechorías cometidas por Pablos poseen una autofinalidad. Pablos se convierte en un pecador que tiene conciencia de serlo y seguirá siéndolo hasta el fin de la novela. Su relación con la moral se manifiesta no solamente en las fechorías que comete, sino también en los fracasos que sufre. La acción se compone de estos dos elementos. Sólo una vez, en el último período de su vida de actor, parece que Pablos se halla en un estado de tranquila duración, de felicidad, como versificador renombrado: «Estaba viento en popa con estas cosas, rico y próspero, y tal, que casi aspiraba yo a ser autor» (261,130/1). Pero ni siquiera aquí puede dejar de introducir aquella fuerza que, según él, se identifica con la dirección y motivación de su vida: el diablo. Al «arbitrio» de éste (262,133) remonta, cree él, el adorno de su habitación con tapices agujereados de taberna (261, 131 - 262,136). Esto parece ser mera ironía; en serio habla Pablos en otros lugares, cuando hace responsable al diablo de los desagradables cambios de las condiciones en que vive. El relato del encarcelamiento de toda la pandilla madrileña se inicia del siguiente modo: «Quiso, pues, el diablo, que nunca está ocioso en cosas tocantes a sus siervos» (192,60/1). En otro lugar se dice: «ordena el diablo» (240,240/ 1; 262,142). En lugar del diablo es evocada también la «desventura» o son indicados los dos como causas de una desdicha, por ejemplo, en el encarcelamiento de su última patrona en Toledo: «la desventura, que nunca me olvida, y el diablo, que se acuerda de mí» (247,66/ 7). La conciencia de ser víctima de un poder nefasto existe en Pablos desde el momento en que abandona la casa de sus padres. Un ejemplo de ello son las reflexiones pesimistas a que se entrega en Alcalá donde los estudiantes y criados le humillan del modo más vil: «cuando comienzan desgracias en uno, parece que nunca se han de acabar, que andan encadenadas, y unas traen a otras» (67,99/101).

El creer que es víctima del diablo o de un destino nefasto —al final de la novela dice Pablos de «la fortuna», que «duraba mucho... en perseguirme »(280,137/8)— es, por consiguiente, otro rasgo esencial en la imagen de Pablos. Pero dentro de este límite reconoce todavía la existencia de causas naturales. Sintomáticamente son tal las que busca cuando trata de explicar el fracaso de su excéntrico delirio, que no otra cosa es su proyecto de contraer un matrimonio aristocrático. Pablos opina que la sospecha de Don Diego puede haber sido provocada por «la fuerza de la verdad» (238,206).

Este episodio puede conducirnos a plantear la cuestión relativa a la relación de Pablos con el mundo ambiente y, más allá de ello, a ocuparnos de la estructura de este mundo. Por una parte se puede decir que Pablos recubre —por decirlo así— este mundo con una red creada por la fantasía, con la cual poder adueñarse del mundo. Por otra parte tiene también validez la afirmación de que es el estado de este mundo el que hace posible la aparición del pícaro. Con ello se hace referencia a fenómenos de la corrupción humana, de la debilidad, ignorancia y miedo, que pululan por todas partes en la novela.

Vamos a entresacar algunos de los rasgos de este mundo que podrían ser aprovechados por los «pícaros». Uno de ellos caracteriza «la lisonja» como «llave maestra, que abre a todas voluntades en tales pueblos» (153,104/5). Pablos mismo dice que «el dinero ha dado en mandarlo todo, y no hay quien le pierda el respeto» (226,5/6). A ello habría que añadir lo que dice un «escribano» (201,140) de un «carcelero»: «ésta es gente que no hace virtud si no es por interés» (202,163/4). Una variación especial adopta este tema cuando se trata de la picaresca explotación de lo eclesiástico y de la religión. Aquí nos referimos menos a la chantajista amenaza con la «inquisición» (80,98-81,144; 219,55/61) que al astuto especular con la piedad y caridad de los fieles. Esta clase especial de infamia es encarnada, por ejemplo, por un amigo del verdugo, «uno de los que piden para las ánimas» (136,20) y por un pretendido curandero milagrero de Madrid, «el cual se había hecho ensalmador con unas santiguaduras y oraciones que había aprendido de una vieja» (189,16/17).

Comparado con estas figuras, Pablos es en su fase de mendigo, al final de su estancia en Madrid, un verdadero principiante, confiando primero sólo en su «buena prosa» (249,107-250,108). Otros le superan y vienen a ser sus maestros. Y esto es precisamente lo que Quevedo quiere mostrar. La docilidad y capacidad de adaptación de su Pablos no tienen límite alguno. Toda la descripción del mundo ambiente tiene que ser vista en función de la acción personal total. Aquí y no en la sátira de la época de Quevedo tenemos que buscar el «sentido» de la novela.

Por lo demás, no se trata de una sátira, sino de una farsa grotesca sobrepuesta a la realidad. Hay en ella desmesuradas exageraciones, desfiguraciones mecanicistas, bromas absurdas, excéntricos fantasmas, desagradables faltas de gusto. Tres círculos vitales han sido descritos así por Quevedo con especial intensidad: el internado del licenciado Cabra, la universidad de Alcalá y el grupo de pícaros de Madrid. Las tres descripciones guardan estrecha relación con la problemática de Pablos como personalidad: el hambre impuesta por Cabra le conduce al margen del aniquilamiento físico, las fecales humillaciones en Alcalá al enturbamiento de su juicio y de su sentimiento del propio valor, la mascarada seudoaristocrática de Madrid a la primera consecuente negación de su individualidad.

Tenemos que terminar el examen del mundo ambiente de Pablos preguntando qué ha ganado éste en el trato con las figuras excéntricas, maniáticas y extravagantes con las cuales Quevedo le pone en camino y le hace convivir en diferentes ciudades. Una respuesta negativa de intensa fuerza simbólica obtiene Pablos cuando se da cuenta en Madrid de que dos de sus compañeros le han robado todo su dinero (236,184-237,190). Ahora reconoce conscientemente que entre malvados no existe ninguna clase de solidaridad humana. Pablos sigue siguiendo un ser aislado, un solitario. Constatemos al mismo tiempo que la moral todavía no ha muerto del todo en su interior, ya que comenta el robo de la siguiente manera: «¡Malhaya quien fía en hacienda mal ganada, que se va como se viene!» (237,191/2).

Esta frase, testimonio simultáneo de una mala conciencia y de una amarga desilusión viene a ser algo así como una predicción del final de la novela, donde Pablos ha tomado la decisión de marcharse de Europa: «no de escarmentado —que no soy tan cuerdo—, sino de cansado, como obstinado pecador» (280, 138-140). El cansancio, por otra parte, adquiere un especial matiz si se sabe por qué ha renunciado al cortejo de la religiosa: con tales esfuerzos le resulta demasiado «caro» (270,275) el infernal sueldo.

De este modo se presenta, pues, el interior de Pablos, después de que el afecto social de la deshonra, la vergüenza, le había inducido a pasar a ser un «desconocido» (109,16; 132,284), para emplear una palabra clave de esta temática. La voluntad inicial de vida honesta había sido absorbida por los atractivos de la picardía. La atrevida tentativa de penetrar en el mundo aristocrático, alimentado por un ensueño juvenil, había terminado con una catástrofe dolorosa. Naturalmente, Quevedo no necesitaba plantear la cuestión de si era posible un ascenso social. Pero otra cuestión ha sido planteada, la cuestión de saber si dispone Pablos de la libertad de la voluntad. Podría presentarse su limitación como doblemente fundamentada: por las influencias hereditarias que pesan sobre Pablos y por las terribles humillaciones sufridas cuando era alumno y estudiante. En cuanto a mí, yo creo que la tesis determinista no puede derivarse de ningún modo de la novela. La extraña alegría, que se mezcla con el sentimiento de vergüenza, que experimenta Pablos cuando lee la carta de su tío, subraya el apartamiento en que se halla en lo que concierne su familia: «tanto pueden los vicios en los padres, que consuelan de sus desgracias, por grandes que sean, a los hijos» (93,64/6).

Como puede verse, este Pablos es capaz de expresar lo que siente mediante sentencias finamente cinceladas. Esta generalización lo mismo que la que aparece también, por ejemplo, en la última frase de la novela, se refiere al destino de su yo. El *Buscón* es, también en su calidad de novela picaresca, de un modo especialmente acentuado, una novela egocéntrica. Intencionadamente le hace comenzar Quevedo con un «Yo» lapidario (15,4). La denegación de una ulterior existencia como criado se inicia con la siguiente declaración: «Señor, ya soy otro» (94,74). Las palabras con que Pablos comenta esta conversación contienen una segunda automanifestación de gran peso: sólo con Don Diego podía Pablos hablar (entonces todavía) «sin vergüenza» de su familia, «como a quien sabía quién yo soy» (94,80/1).

Finalmente, tiene especial importancia en lo que concierne la temática del yo en la novela la correspondencia entre Pablos y la religiosa por él cortejada. Pablos declara, en primer lugar, que ha abandonado la compañía de actores, se sirve del doble sentido de la palabra «compañía» (265,183/4) y presenta astutamente, casi en el estilo de la novela cortesana, un juego pronominal: «Ya seré tanto más suyo, cuanto soy más mío» (265,184/5). La religiosa se desquita con una frase que objetivamente no tiene validez para Pablos, pero que formula precisamente lo que sería necesario para él: la vuelta hacia sí mismo, o expresado de otro modo, el fin de toda clase de juegos con nombres, disfraces y papeles: «Podemos decir que ha vuelto en sí» (265,193).

Si convertimos en lo contrario la frase de la religiosa enamorada, habremos llegado a la meta de nuestras reflexiones, al «sentido» de la novela. El «sentido» de la novela es mostrar cómo un hombre cree tener que vivir al margen de su verdadera identidad, sustituyendo ésta por alternantes transformaciones. Este «sentido» depende de Pablos y de su relación consigo mismo, relación que, como es natural, se realiza narrativamente sólo mediante la confrontación del yo y del mundo. Ya hemos visto con qué riqueza de fantasía ha expuesto esta confrontación Quevedo tan inclinado a lo grotesco. Sería falso querer hacer de la novela una descripción realista de la época. La meta de Quevedo no es «Mimesis», sino «Poiesis».

Cuando Quevedo era todavía joven, la novela picaresca existía ya como género literario desarrollado. Nuestro autor se sirvió de ella de un modo ejemplar para describir un incumplimiento radical de los objetivos impuestos por la vida. A este «sentido» ejemplar hacen referencia todos los detalles de la obra, de un modo especialmente ilustrativo los motivos del disfraz y del cambio de nombre. Por lo demás, hay que recordar aquí que «mudar» (280,143) es el último verbo de la novela. Pablos dice por adelantado a su destinatario que su previsto cambio de lugar no comportará un mejoramiento de su «suerte» (280,142). Tal mejoramiento sólo lo alcanza el que «muda... de vida y costumbres» (280,143/4). Quevedo ha ideado la trama de su novela para mostrar que a Pablos no le es posible vivir fuera de la identidad impuesta por el destino. Además de ser un caso especial de la narrativa picaresca, esta novela contiene un testimonio ejemplar relativo a la psicología y a la ética de la identidad. Este «sentido» va dentro de la obra aun cuando el autor no haya percibido conscientemente toda la transcendencia intelectual de su creación.

La comparación de la novela picaresca con la novela cortesana sería una tarea meritoria. Yo, por mi parte, quisiera aportar una pequeña contribución a este tema mediante la confrontación de Perceval y de Pablos. El joven Perceval ignora no solamente su origen, sino también su nombre. Se pone en camino, llega a ser caballero, pero fracasa ante el santo Grial. Confuso e inseguro encuentra a su prima. Cuando ésta le explica en qué consiste su culpa, le pregunta por su nombre. Y ahora tiene lugar el gran acontecimiento: el joven adivina su nombre: «Percevaus li Galois». Y sólo ahora llega a ser verdadera individualidad, un yo total, pudiendo enfrentarse con su destino.

Pablos es el antípoda de Perceval. Tiene noticia exacta de su familia. Se pone en camino con la intención de deshacerse del nombre que es para él un motivo de sufrimiento. Sucesivamente se mete en diferentes pieles nominales, por decirlo así. De este modo descuida su obligación de autorealización. Quevedo ha ideado este caso singular de fraccionamiento de la personalidad. Nosotros tenemos que deducir de él consecuencias para nuestra idea del hombre. Si llevamos a cabo esta tarea, hemos «comprendido» el «sentido» de la novela.

Todas las citas están tomadas de la siguiente edición: Francisco de Quevedo, *La vida del Buscón llamados Don Pablos,* edición crítica y estudio preliminar de Fernando Lázaro Carreter (=Acta Salmanticensia, Filosofía y Letras, 18,4), Salamanca, Gráficas Cervantes. 1965. Las cifras entre paréntesis se refieren a las páginas de esta edición y a las líneas de cada una de ellas.

Concerniente a la comparación entre Perceval y Pablos, bosquejada al final, véase: Der Percevalroman (Li Contes del Graal) von Christian von Troyes, herausgegeben von Alfons Hilka (=Christian von Troyes, Sämtliche Werke 5), Halle, Max Niemeyer Verlag, 1932, v. 3428-3690. La traducción de mi texto al español ha sido efectuada por el Dr. Aurelio Fuentes Rojo, a quien doy las más cordiales gracias.

EL BUSCON DE QUEVEDO A LA LUZ DE *LA CELESTINA* Y DEL *LAZARILLO*

DONATELLA MORO
Università di Padova

I.0

A la mirada interrogativa con la que Pablos, todavía niño, nota en el aposento de su madre las sogas de ahorcado cuya cama sujetan, Aldonza contesta:

> *¿Qué piensas? Estas tengo por reliquias, porque los más déstos se salvan (Buscón,* I, 1, 51-52) [1].

Con tales palabras la mujer sustenta la ambigüedad de su actividad ya tantas veces aprovechada para ejercer, bajo la apariencia de una apasionada devoción, el próspero oficio de bruja y hechicera [2].

Ahora bien, dentro de un contexto de este tipo, puede encajar per-

---

[1] Cito por la edición crítica de F. Lázaro Carreter: F. DE QUEVEDO, *La vida del Buscón llamado don Pablos,* Acta Salmanticensia, Filosofía y Letras, XVIII, 4, 1965. Hay coedición en «Clásicos Hispánicos», del Consejo Superior de Investigaciones Científicas.

[2] En la España del siglo XVII hechicería y brujería constituían, de cualquier modo, un crimen, que caía preferentemente bajo la jurisdicción del Santo Oficio. Cfr. H. CH. LEA, *A History of the Inquisition of Spain,* London-New York, 1907, capítulos VIII y IX, pp. 178-247, texto fundamental, que constituye un punto de partida indispensable para cualquier tipo de investigación sobre este tema, donde se han estudiado muy detalladamente, y con un firme apoyo documental, los pasos que la Suprema gradualmente dio con el fin de excluir los tribunales civiles, llegando, por fin, a ser la única autoridad competente en los asuntos de hechicería y brujería. Véase también la notable contribución aportada por A. DE AMEZÚA Y MAYO en su *Edición crítica con introducción y notas de «El casamiento engañoso» y «El coloquio de los perros», novelas ejemplares de Miguel de Cervantes,* Madrid, 1912, pp. 153-201, extraordinariamente útil para el presente estudio, pues se apoya (cfr. las declaraciones de las pp. 169 y 194) en la consulta global de las causas de la

fectamente la definición de dichas cuerdas como reliquias [3], pero mucho menos la consideración que sigue inmediatamente después: *los más déstos se salvan,* donde la idea de la salvación eterna, por cierto, puede haber sido expresada para justificar el empleo de las reliquias, es decir, en el sentido de la ambigüedad. Pero la terminante identificación entre dos conceptos al parecer tan lejanos —entre ahorcados, es decir, condenados en esta tierra a la pena capital, y librados en el otro mundo del fuego infernal—, que no se sufraga a lo largo del texto por medio de más consideraciones, desplaza violentamente la reflexión hacia un área distinta y mucho más amplia, e insinúa, por tanto, una abrumadora crítica hacia el contrapuesto modo de proceder de la justicia humana, que condena, y la justicia divina, que salva a aquellos mismos que han sido condenados por la primera.

En ausencia, al menos hasta ahora, a lo largo del eje horizontal que representa idealmente la novela, de lugares semejantes en que se encuentre debatido el mismo concepto, me parece justo remontarme a la que se puede divisar como la fuente más próxima: el *Lazarillo de Tormes,* donde estos mismos términos se encuentran identificados de una manera más explícita, donde incluso asistimos al producirse esta identificación entre el I y el VII tratado.

I.1

Leamos, ante todo, las resabidas palabras con que Lázaro alude, con cínica brevedad y parodiando el Evangelio, a la condena sufrida por el padre ladrón:

> [...] *fue preso, y confessó y no negó, y padeció persecución por justicia. Espero en Dios que está en la gloria, pues el Evangelio los llama bienaventurados* [4].

ınquisición de Toledo, el único tribunal del Santo Oficio cuya documentaۥión nos queda en su integridad y, por nuestra ventura, precisamente el que uzgará a Aldonza en el *Buscón* (I,7, pp. 46-56). Cfr. además S. CIRAC ESTOPAÑÁN, *Aportación a la historia de la Inquisición española. Los procesos de hechicerías en la Inquisición de Castilla la Nueva (Tribunales de Toledo y Cuenca),* Madrid, 1942, y J. CARO BAROJA, *Las brujas y su mundo,* Madrid, 1966 (1.ª ed., publicada por la *Revista de Occidente,* en 1961).

[3] En realidad, las sogas de ahorcado tenían frecuente empleo en la brujería, sobre todo para inducir el amor en las personas; lo cual puede bien verse en la *Celestina,* autos I y III (cfr. *Tragicomedia de Calixto y Melibea, libro también llamado «La Celestina»,* edición crítica por M. Criado de Val y G. D. Trotter, Madrid, 1965[2], pp. 44,17 y 77,6. Citaré por este texto). Además, servían genéricamente para propiciar la suerte; empleo, éste, tan difundido, que la expresión *tener soga de ahorcado* acabó por indicar corrientemente la buena suerte de una persona (cfr. REAL ACADEMIA ESPAÑOLA, *Diccionario de Autoridades,* Madrid, 1739; edición facsímil, Madrid, 1964, VI, pp. 135/b). Lo mismo testifica CIRAC ESTOPAÑÁN, *op. cit.,* p. 67: *Tanto en el distrito de Toledo como en el de Cuenca se dan casos de llevar pedazos de soga de ahorcados para tener dicha en general.*

[4] Cfr. *La vida de Lazarillo de Tormes y de sus fortunas y adversidades,* edición crítica, prólogo y notas de J. Caso González, Anejo XVII del *Boletín de la Real Academia Española,* Madrid, 1967, pp. 63-64. Citaré por esta edición.

Los versículos de los Evangelios remedados aquí burlescamente son: *San Juan*, I,20: *Et confessus est, et non negavit*, y *San Mateo*, V,10: *Beati qui persecutionem patiuntur propter iustitiam: quoniam ipsorum est regnum caelorum*.

De la desviación desde el sentido originario de *por justicia* (las dos posibles significaciones de la expresión latina *propter iustitiam* son: «a consecuencia de su rectitud» o «en nombre de la justicia») al sarcástico sentido traslaticio propuesto por Lázaro («por parte de la justicia como institución», o tal vez «por parte de sus ejecutores materiales») brota paradójicamente la esperanza de la eterna salvación para un ladrón rematado.

El razonamiento llevado a cabo por Lázaro es el mismo que rige la breve afirmación de Aldonza, aunque en el *Lazarillo* el discurso queda mucho más explícito, arrancando de la vanalización de dos frases de la Sagrada Escritura.

Pero el hecho de que los dos pasajes, respectivamente del *Lazarillo* y del *Buscón*, ofrezcan aspectos lingüísticamente muy distintos, el hecho de que los contextos más próximos en el ámbito de cada obra no se parezcan entre sí, y el de que la consideración de Aldonza surja con motivo de unos ahorcados mientras que la de Lázaro brota a propósito de un castigo de menor alcance impuesto al padre, nos llevaría a dudar fuertemente de que Quevedo haya sacado de aquel paso, sin más, las palabras de Aldonza.

I.2

Sin embargo, emparejando el pasaje del *Lazarillo* que acabamos de citar con otro sacado del mismo texto, podemos encaminarnos hacia una hipótesis de derivación. En el tratado VII, Lázaro le describe a *Vuesa Merced*, el señor a quien dedica el libro, el vil empleo en el que, finalmente satisfecho, acaba por establecerse: el oficio de pregonero.

Su trabajo —explica Lázaro— consiste en pregonar los vinos puestos en venta y las cosas perdidas, y en acompañar a *los que padecen persecuciones por justicia*[5], voceando sus delitos.

A esta segunda reminiscencia del Evangelio de *Mateo*, V,10, que reproduce en forma abreviada la frase del tratado I, la edición de Alcalá añade un pasaje que se acerca mucho más al *Buscón*:

> *En el cual oficio un día, que ahorcábamos un apañador en Toledo, y llevaba una buena soga de esparto, conocí y caí en la cuenta de la sentencia que aquel mi ciego amo había dicho en Escalona, y me arrepentí del mal pago que le di, por lo mucho que me enseñó, que, después de Dios, él me dio industria para llegar al estado que ahora estó*[6].

---

5 *Ibid.*, p. 142.
6 *Ibid.*, p. 142, nota 10.

El añadido, que puede con buena probabilidad adscribirse al editor de Alcalá, Salcedo [7], está caracterizado por un elemento decisivo: la yuxtaposición de la expresión *los que padecen persecuciones por justicia* con el tema del ahorcado y de la soga para ahorcar. De aquí, por tanto, debió de arrancar Quevedo para llegar, en un progreso de extremada implicitación, a la concisa frase de Aldonza, donde se da por previamente alcanzada la identidad entre los *ahorcados* y *los que padecen persecuciones por justicia:* los que, en conclusión, se salvan.

I.3

Salcedo había reparado en el valor estructural de la simetría I-VII en el *Lazarillo*, y, por tanto, había reforzado esta característica hasta el punto de apretar el texto en una exagerado juego de paralelismos. Así que, en consonancia con esta interpolación, había añadido en el tratado I una profecía del ciego sobre el papel que jugarían, en la vida futura del pícaro, las *sogas y otras cosas que de esparto se hacen* [8].

Sin embargo, había descubierto en la obra un rasgo al que, hoy, la más destacada crítica contemporánea sobre el *Lazarillo* guarda cierta afición [9].

Lo cual prueba que la conciencia de este rasgo estructural en el *Lazarillo*, es —¡más o menos!— tan antigua como el libro mismo [10].

I.4

Pues bien: para explicitar la breve y hasta algo enigmática afirmación de Aldonza desde el punto de vista conceptual, hemos contado

---

[7] La hipótesis es de A. BLECUA, quien nos ha proporcionado otra edición del *Lazarillo*, Madrid, 1972; y, además de encontrarse repetidas veces a lo largo de su *Introducción crítica*, queda ilustrada en las pp. 57-59, nota 97.

[8] *Ibid*, p. 147.

[9] Cfr. F. COURTNEY TARR, «Literary and Artistic Unity in the *Lazarillo de Tormes*», en *PMLA*, XLII, 1927, pp. 404-421; M. BATAILLON, *El sentido del «Lazarillo de Tormes»*, Paris-Toulouse, 1954, pp. 17-22; C. GUILLÉN, «La disposición temporal en el *Lazarillo de Tormes*», en *Hispanic Review*, XXV, 1957, pp. 264-279; S. AGUADO-ANDREUT, *Algunas observaciones sobre el «Lazarillo de Tormes»*, Guatemala, 1965, pp. 130 y ss.; S. GILMAN, «The Death of *Lazarillo de Tormes*», en *PMLA*, LXXXI, 1966, pp. 149-166; F. RICO, *La Novela Picaresca Española*, Barcelona, 1967, pp. XLII y ss.; F. LÁZARO CARRETER, «Construcción y sentido del *Lazarillo de Tormes*», en *Abaco*, I, 1969, pp. 45-134; ahora en «*Lazarillo de Tormes» en la picaresca*, Esplugues de Llobregat, Barcelona, 1972, pp. 59-192 (citaré por este libro).

[10] En el empleo delicado y poco transparente de la simetría vaticinio-cumplimiento del vaticinio por parte del autor anónimo, Fernando Lázaro Carreter ha notado, muy fina y acertadamente, una tentativa de emancipación frente a la tradición folklórica a la que este rasgo, por su naturaleza, pertenece. Por tanto, acaba por conferir a las interpolaciones de Alcalá, que en cambio refuerzan la simetría I-VII, subrayando el marco profético del *Lazarillo*, el valor que suele atribuirse a las *lecciones faciliores*. De esta forma, Lázaro llega a individuar, en el distinto modo de obrar de autor e interpolador, *la oposición entre dos actitudes distintas ante el relato: tímidamente inventiva la del primero, y ritual, tradicional, la del segundo.* (*Construcción ...*, cit., p. 90.)

con dos pasajes que se sitúan, no tanto a lo largo del eje sincrónico que representa idealmente el texto del *Buscón,* sino más bien a lo largo del eje diacrónico que simboliza, con la debida aproximación, el género literario al que pertenece nuestra obra: la picaresca, cuya representación simbólica vendría a ser, por tanto, una línea recta dispuesta verticalmente, cuyos puntos, a partir de lo alto, simbolizan las distintas novelas en sucesión cronológica [11].

He dicho« aproximación», porque, a mi parecer, no se puede aplicar a la novela picaresca el término de género en la misma acepción canónica que podemos referir, en cambio, al poema épico. De hecho, hoy, aunque se han desechado por completo aquellas ópticas erróneas que prescindían del elemento temporal en la definición y estudio del género, quedan todavía, entre los estudiosos, disparidades y contrastes sobre la inclusión o exclusión de determinadas obras en el género [12].

---

[11] No se me escapan las dificultades de situar en dicho eje una obra como el *Buscón* que, además de haberse escrito en dos etapas bastante lejanas, llegó a la imprenta muy tarde, favorecida por una nueva boga del género. Sobre el asunto, véanse las fundamentales páginas de F. Rico, *La novela picaresca y el punto de vista,* Barcelona, 1970, pp. 130-132.

[12] Sólo con los fundamentales trabajos de Francisco Rico *(La novela picaresca y el punto* ..., cit., pp. 108-141) y de Fernando Lázaro *(Para una revisión del concepto «novela picaresca»* [1968], *Actas del III Congreso de la Asociación Internacional de Hispanistas,* México, 1970, ahora en *Lazarillo de Tormes* ..., cit., pp. 193-228), se ha impuesto tajantemente, en los estudios sobre la picaresca, la necesidad metodológica de tener en cuenta rigurosamente el factor «tiempo». Ambos sitúan la formulación de la poética picaresca precisamente en aquel momento en que Alemán, después de un intervalo de medio siglo, volvió a tomar en su *Guzmán de Alfarache* temas y estructuras del *Lazarillo,* los unos estricta e imprescindiblemente ligados con las otras. A partir de ese momento, el género no requiere ya definición crítica, ni tampoco ópticas inductivas, y por tanto reductivas, para otorgar o negar, a ésta o aquélla obra, el carné de identidad picaresca. Al género, pues se ha ido formando en el tiempo, se le debe tan sólo describir, ya que la llamada poética picaresca, una vez sentada en el *Guzmán,* actuó exclusivamente como punto de referencia: para ser imitada, en todo o en parte, o bien para ser corregida y hasta incluso negada. Gracias a esta perspectiva diacrónica, los dos eminentes críticos han subrayado en la constitución del género dos etapas —una creativa y otra repetitiva, a la que pertenecen los epígonos—, despejando además el terreno de toda operación inadecuada: como lo habían sido, por ejemplo, la búsqueda de factores comunes en el *corpus* picaresco, o bien al haber atribuido demasiada importancia a los contenidos *(est. cit.,* p. 197; del mismo F. Lázaro léase también a este propósito el art. «Glosas críticas a *Los pícaros en la literatura* de A. A. Parker», en *Hispanic Review,* XLI, 1973, pp. 469-497). Pero, por otra parte, hay que notar que tanto a Rico como a Lázaro la primera fase es la que de hecho les interesa, mientras que a la segunda dedican ambos tan sólo una mirada bastante rápida. Es así como Rico, al abordar el capítulo de los epígonos, privilegia aquellas obras en que pudo averiguar la presencia de un rasgo para él imprescindible del canon picaresco: el empleo sistemático de la perspectiva autobiográfica. De aquí que haya excluido del género *La Vida de don Gregorio Guadaña* y las novelas de Castillo Solórzano. De aquí, también, que haya definido el *Buscón,* «*pésima novela picaresca*» (p. 120), lo cual no logro entender si quiere decir «novela picaresca pésima» o más bien «novela que difícilmente podría llamarse picaresca». Algo distinto es el criterio de Lázaro, el cual acoge en el género a Castillo de Solórzano, excluyendo, en cambio, terminantemente a Cervantes, a quien califica de *debelador del gé-*

Y además, la novela picaresca, aunque contaba con muchas obras a la fecha del *Buscón* (cuya primera redacción se remonta, según F. Lázaro, a un período de tiempo inmediatamente anterior a 1604, y, según F. Rico, al año 1605, mientras que la segunda redacción pertenece a un intervalo entre 1609 y 1614, y la primera edición a 1626) quedaba todavía un género *in fieri*.

Por otra parte, los preliminares de la *princeps* del *Buscón* nos proporcionan algunos datos —que, por tanto, son de 1626—, en que consta una clara conciencia, al menos a nivel comercial, de pertenecer el libro al grupo de las obras picarescas. Estos datos son:

— la definición, por parte del librero Duport, del libro como *Emulo de Guzmán de Alfarache* (p. 6), y
— el empleo, que se hace en la dedicatoria *Al lector*, de los términos *picardía* y *pícaro* (p. 7).

De una conciencia, a comienzos del siglo XVII, de que existía una corriente picaresca que abarcaba obras afines, al menos desde el punto de vista temático, nos habla clara y ejemplarmente la celebrada lámina que encabeza la *princeps* de *La pícara Justina* (1605), donde queda representada la *Nave de la vida picaresca*: allí se encuentran, dejando aparte los elementos simbólicos que caracterizan el género desde el punto de vista temático y expresivo, los siguientes personajes: *la Madre Celestina, la pícara Justina, el Pícaro Alfarache* y *Lazarillo*.

Ahora bien, para nuestro propósito hay que señalar dos cosas:

— que en este grabado Celestina se encuentra llevando, además de un capelo cardenalicio, unas lentes del tipo que Quevedo solía llevar: lo cual, aunque por sí solo resulte una prueba demasiado débil, llevaría a pensar que a la novela de Quevedo, que por entonces circulaba manuscrita y, por tanto, tenía una difusión semiclandestina, se la tenía por novela propiamente picaresca;
— que también a la *Celestina*, que por su estructura se parece más a una obra teatral que a una novela, se la acogía en el grupo, y en posición de absoluta preeminencia [13].

nero (pp. 227-228). Lo cual no deja de sorprendernos, ya que, en fuerza de sus propias afirmaciones (véase lo que escribe en la p. 200: [...] *un escritor está en el ámbito de un género mientras cuenta con su poética, mientras la aprovecha para su propia creación, cualesquiera que sean las maniobras a que la someta)*, hubiera podido admitir en el género al *Coloquio de los perros*. Sobre esta cuestión, léase el muy persuasivo de G. SOBEJANO, «El *Coloquio de los perros* en la picaresca y otros apuntes», en *Hispanic Review*, XLIII, 1975, pp. 25-41.

[13] Lázaro subraya oportunamente la pervivencia de lo celestinesco a lo largo del género *(Para una definición...*, cit., p. 201), refiriéndose, sobre todo, a SALAS BARBADILLO y a su novela *La hija de Celestina*. Del mismo autor merecería un estudio aparte *El sagaz Estacio, marido examinado*: obra que Francisco de Icaza incluye entre las novelas dialogadas, es decir, en un ámbito estrictamente celestinesco, y que Alonso Zamora Vicente, en cambio, coloca

En resumidas cuentas: mientras por una parte me parece absolutamente necesario actuar con la más rigurosa cautela al momento de dar por terminantemente sentado el problema de la definición de la picaresca en cuanto género literario, por otra parte me parece que el hecho de plantear la hipótesis de un eje diacrónico *Celestina* > *Lazarillo* > *Buscón* constituye una operación no sólo nada original, sino absolutamente lícita, desde el punto de vista metodológico.

En efecto, negar *a priori* esta posibilidad, además de rechazar en conjunto las adquisiciones hasta aquí alcanzadas por la crítica, significaría también olvidar lo difundida que estaba entonces la conciencia de un género literario en vías de afirmación, tan clara ya en las escasas pruebas que he aducido. (Si he recordado tan sólo los preliminares del *Buscón* y la lámina con la *Nave de la vida picaresca*, ha sido esencialmente para rozar cuanto más de cerca los límites cronológicos —1604/5 y 1626— en que se sitúa la novela que estoy estudiando).

Si, en cambio, al dicho eje diacrónico le aplicamos un valor experimental, a fin de proponer una lectura sincrónica que pueda aclarar la función y el sentido de determinados pasajes en el texto del *Buscón*, esto nos puede servir para dos objetivos: para una correcta comprensión del texto, en cuanto lograda a la luz de su más propio contexto cultural, y para una más precisa definición de este mismo contexto, es decir, el tan discutido género de la novela picaresca, o sea, aquel sistema que primeramente determina, o modifica, la obra para luego quedar determinado, o modificado, a su vez.

Pero me doy cuenta ahora de que, para legitimar mi proposición de eje diacrónico, he hablado de la *Celestina* un poco antes de lo diando.)

I.5

Antes quiero evidenciar en el *Buscón* algunos rasgos que al parecer proceden del *Lazarillo:* se trata, en primer lugar, de la afinidad que une, ya por analogía ya por oposición, los capítulos primero y

---

entre las *formas menores de la picaresca* (*Qué es la novela picaresca*, Buenos Aires, 1962, p. 62). Lo que me importa subrayar aquí es que en un pasaje de *El sagaz Estacio* (cito por la edición prologada por F. A. de Icaza, Madrid, 1958, pp. 141-142) volvemos a encontrar, en clara asociación con los ahorcados, la expresión *padecer por justicia* con el dúplice sentido de «ser ejecutado» y de «ser sacado a la vergüenza». Un hallazgo de este tipo, en una obra que salió a las prensas antes del *Buscón* (en 1620), puede constituir un objeto muy interesante de investigación, a la luz de tres factores principales: 1) la circulación manuscrita, que, antes de ser publicadas, tuvieron en aquella época la mayoría de las obras literarias; 2) el hecho de que aquel pasaje del *Buscón* en que Aldonza da por cierta la salvación de los ahorcados (I,1, pp. 45-52) se encuentra sólo en los manuscritos C y S, que atestiguan la segunda redacción de la novela; y 3) la fecha de composición de *El sagaz Estacio*, que ignoro si fue anterior o posterior a la segunda redacción del *Buscón*, contándose tan sólo con las fechas de los privilegios y aprobaciones, que se remontan a los años 1613 y 1614.

séptimo del libro I del *Buscón,* lo mismo que los tratados I y VII del *Lazarillo.*

Sin embargo, hay que reparar en que, a diferencia del *Lazarillo,* el *Buscón* no se concluye de ningún modo con el séptimo capítulo. Así que la función estructural de las correspondencias 1-7 viene a ser muy distinta en las dos obras; pero, tal vez justamente por esto, viene a reforzar la hipótesis de la imitación por parte de Quevedo, en el sentido de una precisa intención de hacer referencia al *Lazarillo* para diferenciarse luego en todo lo demás, destacando así su propia autonomía y originalidad.

Si el capítulo séptimo no remata el *Buscón,* cierra, en cambio, su libro I: sección que, sin duda, guarda en el propio interior cierto tipo de homogeneidad, y encierra, frente a los libros siguientes, experiencias que actúan sobre el carácter del protagonista todas concordemente en la misma dirección [14].

De hecho, Pablos, a quien en el primer capítulo se le podía definir como un niño inexperto y desde el principio malogrado en su deseo de mejorar socialmente por culpa de su infame ascendencia, gracias a estas experiencias, en el capítulo séptimo ha llegado, por fin, a ser un bellaco redomado.

El I libro del *Buscón* significa, además, una etapa bien definida en la existencia de Pablos: la de la vida guiada por los demás, antes por la familia y luego por su amo, Don Diego.

Su emancipación se realizará justamente en el capítulo séptimo, cuando, al llegar la nueva de la muerte de sus padres, Pablos se resolverá a abandonar a Don Diego.

Ahora bien, los capítulos que respectivamente abren y finalizan el I libro del *Buscón,* aunque instalados en diferentes situaciones narrativas, manifiestan simetrías bien visibles:

— si en el primer capítulo los padres de Pablos se nos presentaban por primera vez, en el séptimo capítulo el argumento principal es el de su muerte, que el verdugo de Segovia, Alonso Ramplón, le comunica al sobrino Pablos;
— como en el primer capítulo se caracterizaba en dos momentos distintos al padre y a la madre del pícaro, diferenciando cuidadosamente sus actividades y esferas de acción, así, análogamente, en el séptimo capítulo hallamos descritos, por separado y luego en contraposición, los diferentes tipos de muerte que les tocaron al uno y a la otra.

---

[14] Concuerdo perfectamente con lo que afirma sobre este punto E. Cros: *En effet, tout dessein de composition n'est pas absent du «Buscón»: le Premier livre (7 chapitres) est consacré à l'éducation des deux camarades de jeux que son devenus Pablos et Diego, en trois volets (l'école primaire, la pension de Cabra, la vie étudiante à Alcalá). Cette période est envisagée comme une phase initiatique de déniaisement qui, par certains côtés, peut être considerée comme le complément ou l'envers de toute éducation (L'aristocrate et le carnaval des gueux. Etude sur le «Buscón» de Quevedo),* Montpellier, 1975, p. 91.

Y, por fin, vemos que en el séptimo capítulo se vuelven a encontrar motivos que habían aparecido ya en el primero:

— si en el primer capítulo (27-33) se describía la dignidad y gravedad del padre del pícaro durante el suplicio de la fustigación, en el séptimo (20-41) se narra aún más detalladamente su ejemplar comportamiento en el momento de la ejecución;
— y como en el primer capítulo se destacaba el tema de las artes extraordinarias practicadas por Aldonza (34-49), así en el séptimo las volvemos a encontrar, mencionadas por el verdugo (48-52).

De esta forma he intentado explicar, con la ayuda del dicho eje diacrónico, no ya un pasaje aislado del texto (cfr. I.O., I.1, I.2), sino sino un rasgo que pertenece más resueltamente a la sincronía, en cuanto atañe al principio organizador de la obra, es decir, al que regula la partición del texto en capítulos y libros, y sobre la distribución de sus materiales según determinadas frecuencias, paralelismos, simetrías.

I.6

Una prueba de la eficacia de este método, que procede según la intersección continua de ejes sincrónicos y diacrónicos, o sea, horizontales y verticales, brota, casi sin que se busque, de la comparación, orientada esta vez en sentido vertical, entre el tratado VII del *Lazarillo* y el capítulo I,7 del *Buscón*.

En la primera obra —ya lo vimos— el oficio en que Lázaro acaba por establecerse, muy ufano, es el de pregonero. Oficio, por cierto, de lo más vil, que consistía también en auxiliar al verdugo en las ejecuciones. Papel, este último, que, aunque pasado casi en silencio por el anónimo autor del *Lazarillo,* fue, en cambio, subrayado por el editor de Alcalá en la interpolación citada hace poco.

Además, M. Bataillon nos documenta algo que es para nosotros de extraordinario interés: nos informa, por ejemplo, que el reglamento militar excluía entonces *del honroso servicio militar a los negros, mulatos, carniceros, pregoneros públicos y verdugos,* y que el de pregonero era *el único «oficio real» accesible a la chusma de los «cristianos nuevos» de origen judío* [15].

En el tratado VII del *Lazarillo,* el buen Lázaro, con un candor que sólo puede explicarse a la luz de lo dicho por Bataillon, se jacta de haber alcanzado un *oficio real,* presumiendo haber subido, de esta manera, en la escala social, hasta el nivel de los cristianos viejos.

En el capítulo I,7 del *Buscón* destaca Alonso Ramplón, el verdugo de Segovia, cuyo oficio nos recuerda de por sí el del pregonero; y,

---

[15] *Novedad y fecundidad del «Lazarillo de Tormes»,* Salamanca, 1968, p. 67, nota 57.

si consideramos el afán que atormenta al personaje, notamos claramente su procedencia del *Lazarillo*.

De hecho, la carta con que el verdugo comunica a su sobrino la muerte de sus padres queda por entero bajo el signo de una sola preocupación: la de guardar su propia honra, que él requiere para sí por el simple hecho de desempeñar un *oficio real*.

Y en este pensamiento hace hincapié una y otra vez, al comienzo y al final de la carta.

Pero hay algo más: como he intentado comprobar en un artículo actualmente en plan de publicarse[16], el afán de A. Ramplón arranca precisamente del miedo a que se le descubran sus poco limpios parentescos. Lo cual resulta patente por lo que quiere dejar en claro al notificar la muerte de Aldonza en la hoguera del Santo Oficio:

> *Pésame que nos deshonra a todos, y a mí principalmente que, al fin, soy ministro del Rey y me están mal estos parentescos.* (54-56.)

II.1

Ha llegado ahora, según mi parecer, el momento de remontarse, a lo largo del eje diacrónico, más allá del *Lazarillo*: o sea, a la *Celestina*, de la que procede, con seguridad, el burlón juego polisémico con el vocablo *justicia* actuado en el *Lazarillo*. Leamos el pasaje del *auto* VII, en que la alcahueta, para hecharle en cara a Pármeno sus infames orígenes, le recuerda la madre Claudina, difunta amiga y maestra suya, y, entre otras cosas, refiere las palabras con las cuales el cura la iba consolando mientras se encontraba presa en la cárcel, por bruja:

> *Sabialo mejor el cura, que Dios aya, que viniendola a consolar [le] dixo que la Sancta Escriptura tenia que bienauenturados eran los que padescian persecucion por la justicia, y que aquellos posseerian el reyno de los cielos*[17].

Celestina, sin acudir ya al juego verbal sobre *justicia*, volverá poco después, una y otra vez, sobre el concepto de la salvación eterna, apoyándolo siempre en la oposición sistemática entre las dos justicias:

> *Mira si es mucho passar algo en este mundo por gozar de la gloria del otro*[18].

---

[16] «La *negra honrilla* di Alonso Ramplón (*Buscón*, I,7)», en *Studi Ispanici*, 1976, pp. 53-61.

[17] *Tragicomedia...*, *cit.*, p. 138, 1-5.

[18] *Ibid.*, p. 138, 5-6.

Y luego:

> *Assi que todo esto passo tu buena madre aca, deuemos creer*
> *que le dara Dios buen pago alla, si es verdad lo que nuestro*
> *cura nos dixo: y con esto me consuelo* [19].

Aquí —explica oportunamente S. Gilman [20]— *en lugar del pres-*
tidigito si bien bastante inofensivo padre de Lázaro, nos encontramos
con lo mucho más repulsiva madre de Pármeno, bruja dotada de dia-
bólicos poderes, superiores incluso a los de Celestina, y que por esta
tan sospechosa senda logra entrar en el reino de los cielos.

II.2

Nada, hasta ahora, nos autoriza a afirmar que la frase de Aldonza sobre la salvación de los ahorcados, por proceder del *Lazarillo,*
deba de proceder en absoluto también de la *Celestina;* antes bien, el
hecho de que se hayan encontrado en el *Buscón* más rasgos sacados
del *Lazarillo,* nos llevaría a pensar lo contrario.

Lo que en cambio me incita, a pesar de todo, a doblar el cabo
del *Lazarillo* con rumbo a la *Celestina* es el hecho de que, en los pasajes del *auto* VII de la *Celestina,* contextualmente próximos a los
tres que acabo de citar sobre la justicia, encontramos dos temas que
vuelven también en el capítulo I.1 del *Buscón,* en proximidad absoluta respecto a las palabras de Aldonza.

Trataré, ahora, de resumir el largo pasaje que nos ha de interesar
del *auto* VII de la *Celestina* [21]. Celestina y Pármeno se dirigen hacia
la casa de Areusa, y, mientras caminan, van hablando de Claudina, la
madre de Pármeno. A fin de alabar aparentemente a la mujer, y de-
sacreditando de hecho la ascendencia de Pármeno, la alcahueta recuerda, con gran abundancia de pormenores, la muy intensa actividad de Claudina, sobre todo como nigromante y bruja, pero también
como alcahueta, partera y remendona de virgos; y a la vez que se
declara inferior a la ingeniosa Claudina, trata de desviar de sí la tacha de bruja. Pármeno, percibiendo rápido el intento de autodefensa
por parte de Celestina, contraataca al instante para abrumarla a su
vez: antes le menciona pérfidamente la primera vez que ella, con
Claudina, tuvo que vérselas con la justicia, y luego pasa a tratar, de
manera aparentemente genérica, de la reincidencia en la brujería, lo
que el Santo Oficio castigaba con rigurosa severidad. Pero Celestina
logra escapar pronto de la presa de Pármeno, aplastándole otra vez
con el recuerdo del infame pasado de su madre.

Después de aquella primera vez, le dice, Claudina fue presa cuatro
veces más, y sola; una vez, en particular, había sido castigada justa-

---

[19] *Ibid.,* p. 138, 14-17.
[20] Cfr. S. GILMAN, «Evang. Mateo V,10 en bromas y veras del castellano»,
en *La Celestina: arte y estructura,* Madrid, 1974, IV Apéndice, p. 355.
[21] *Tragicomedia...,* cit., pp. 143-138,20.

mente por reincidencia. Y se alarga en la descripción, en son de encomio, de cuando Claudina fue sacada a la vergüenza:

> En todo tenia gracia: que en Dios y en mi conciencia, avn en aquella escalera estaua y parecia que a todos los debaxo no tenia en vna blanca, segun su meneo y presencia [22].

Por fin el diálogo, después de comparar Celestina la pena de su amiga con la burla a la que, según la leyenda, fue sometido Virgilio, viene a concentrarse sobre el tema de la justicia.

Pero sobre este asunto volveremos más adelante (II.5).

Lo que me importa sentar ahora es que en el lugar del que tratamos, contamos con dos temas situados inmediatamente antes del tema de la justicia, ya en cierto modo dominante: el de las artes practicadas por una bruja, y el de un castigo afrentoso que se sufre con orgullo y valentía. Lo mismo, aunque en orden inverso, ocurre en el *Buscón*, I.1, donde la frase de Aldonza con alusión a la justicia está inmediatamente precedida por:

1) el tema del padre de Pablos sacado a la vergüenza (27-33), y
2) la mención de las múltiples actividades de Aldonza: de bruja y hechicera, y también de medianera y remendona de cuerpos. Párrafo que, según lo han subrayado varios estudiosos, se ha modelado por entero en la pauta del citado pasaje sobre Claudina (34-50).

Así que nuestra hipótesis, según la cual este capítulo del *Buscón* procedería de *Celestina* VII, ha podido comprobarse cuando, en el eje sincrónico de cada obra, hemos alargado la mirada desde el primer pasaje hacia los pasajes concomitantes.

La conclusión que podríamos sacar es que en el *Buscón*, I,1 el recurso que se ha hecho de un tema ya previamente tratado en la *Celestina,* ha puesto en marcha una actividad memorial más o menos consciente que ha arrastrado consigo también los pasajes espacialmente próximos en el texto celestinesco.

II.3

Pero hay más todavía: si desplazamos nuestra atención sincrónicamente, a lo largo del texto del *Buscón*, desde el capítulo I,1 hacia los capítulos siguientes, podemos ver que los tres temas encontrados al comienzo del libro vuelven en el capítulo I,7, según una técnica que —como ya probamos (I.5)— procede del *Lazarillo*.

En resumen, aquel lugar de la *Celestina* que nos daba la impresión de haber actuado, trámite el *Lazarillo*, como fuente para el capítulo I.1, se nos manifiesta ahora incluso como un núcleo de irradiación actuando hacia un pasaje más del texto del *Buscón:* el capítulo I,7.

---

[22] *Ibid.,* 137, 17-20.

II.4

Después de habernos remontado primeramente por vía de hipótesis de *Buscón* I,1 a *Lazarillo* I y VII, y de allí a *Celestina* VII, luego, una vez que se ha comprobado una efectiva dirección imitativa *Celestina VII* > *Buscón* I,1, y una muy posible derivación de la simetría I-VII *Lazarillo* > *Buscón*, bajamos esta vez de *Celestina* VII a *Buscón* I,7 con el intento de averiguar los temas que hayan confluido allí.

En *Buscón* I,7, como ya recordamos, está la descripción del noble comportamiento del condenado durante una pena infame (aquí una pena capital).

El trozo, en un punto, se acerca a la *Celestina* también en el léxico:

> *Y como tenía aquella presencia, nadie le veía* [...] *que no le juzgase por ahorcado.* (23-25.)

En la *Celestina* leemos:

> [...] *a todos los debaxo no tenia en vna blanca, segun su meneo y presencia* [23].

En el mismo capítulo (48-52) vuelve la referencia a las artes de Aldonza trazadas en la pauta de las de Claudina.

Y, finalmente, esta lectura que he intentado ofrecer del *Buscón* a la luz de la *Celestina* y del *Lazarillo* nos proporciona un resultado inesperado en cuanto que acaba por conferir una significación más a la carta del verdugo (13-62).

II.5

Pero, para entenderlo bien, hay que llevar a cabo el resumen del diálogo entre Pármeno y Celestina [24].

Al reparo opuesto por Pármeno de que la burla hecha a Virgilio no fue *por justicia*, a diferencia de la vergüenza sufrida por su madre, Celestina contesta:

> *¡Calla, bovo! Poco sabes de achaque de yglesia y quanto es mejor por mano de justicia que de otra manera* [25].

Y luego recuerda las palabras de consolación del cura, deteniéndose a reflexionar con cierto asombro sobre las ventajas que se pueden sacar del contraste entre la justicia divina y la terrenal.

Consideraciones, éstas últimas, que, como ya sentamos, fueron

---

[23] *Ibid.*, p. 137, 18-20
[24] *Ibid.*, pp. 137,26, 138,20.
[25] *Ibid.*, pp. 137,28, 138,1.

repetidas con síntesis creciente en *Lazarillo* I y VII y vueltas a evocar e*n Buscón* I,1 casi en cifra, por medio de las palabras de Aldonza.

S. Gilman, en el notable estudio que acabo de citar (cfr. nota 20) y al que mucho debe la presente comunicación, ha aclarado magistralmente el valor de la alocución de Celestina, que Rojas articula en dos momentos sucesivos:

En el primero se expresa repulsión por el modo de obrar de la justicia inquisitorial frente a los métodos de la justicia civil. (Aunque Gilman atribuye este sentido de repulsión a Rojas, yo, en cambio, lo justificaría, en conformidad con el texto, en la más angosta mentalidad de Celestina.)

En el segundo, aprovechando el lenguaje de la Sagrada Escritura, Rojas opone dos tipos de justicia: la de los hombres y la de Dios, con la dúplice intención de ensalzar burlescamente a Claudina a nivel de mártir, y de expresar —él, Rojas— un escéptico juicio sobre *lo problemático de la recompensa ultraterrena* [26].

Gilman, fundándose en una importante serie de ejemplos que atestiguan que *el pasaje de Mateo V,10 era usado muy a menudo como tópico consolador de los «conversos» perseguidos* [27], aclara ejemplarmente el valor «cultural» que tuvo, en la España atormentada por el problema de los conversos y por la presencia de la Inquisición, el recurso al pasaje del Evangelio *Beati qui persecutionem patiuntur propter iustitiam: quoniam ipsorum est regnum caelorum.*

De esta forma viene a demostrar que *el texto de Mat. V,10, si insertado en un contexto inadecuado, vino a quedar considerado como herético, pues de hecho se había convertido en una expresión —tan subversiva como trivial— negadora de la «justicia» inquisitorial* [28].

Luego, por lo que atañe a la parodia realizada por Rojas, lleva a la conclusión que hay que atribuirle el sentido de *un escepticismo irritado hasta la raíz* [29] contra aquellos ingenuos, entre los conversos, que utilizaban este versículo como fórmula confortadora.

Resumiendo brevemente: los juegos verbales que Celestina dedica a la justicia son dos: en el primero opone la justicia civil a la inquisitorial, en el segundo opone a la justicia humana la justicia divina.

Y aunque —como escribe Gilman— *los dos juegos de palabras que Rojas se permite con el vocablo «justicia» no guardan conexión lógica* [30], sin embargo los dos razonamientos proceden de una única matriz sentimental e ideológica: la mentalidad de los conversos.

---

[26] Son palabras, éstas, de María Rosa Lida de Malkiel, que Gilman vuelve a coger en el *est. cit.*, p. 357.
[27] *Ibid.*, p. 358.
[28] *Ibid.*, p. 361.
[29] *Ibid.*, p. 361.
[30] *Ibid.*, p. 358.

II.6

Volvamos ahora al capítulo I,7 del *Buscón*, donde, ya en los primeros renglones, encontramos un nuevo juego verbal —diríase en competición con sus modelos— con el vocablo *justicia*. El juego brota a propósito del verdugo, a quien Pablos define

> *hombre allegado a toda virtud y muy conocido en Segovia por lo que era allegado a la justicia, pues cuentas allí se habían hecho, de cuarenta años a esta parte, han pasado por sus manos.* (6-9.)

Aquí vemos enfrentadas, y luego opuestas, al menos dos significaciones: la justicia en cuanto valor moral, y la justicia en cuanto ejecución, o sea, pena capital; pero no podemos excluir que la expresión *conocido en Segovia por lo que era allegado a la justicia* no aluda también a los ejecutores materiales de la justicia, de los cuales A. Ramplón, en cuanto verdugo, de hecho formaba parte.

Lo grotesco es la tonalidad dominante en el capítulo, como se puede apreciar por el intento, que no puede dejar de causar un efecto cómico, de ennoblecer al verdugo por boca de Pablos:

> *Verdugo era, si va a decir la verdad, pero una águila en el oficio; vérsele hacer daba gana a uno de dejarse ahorcar.* (9-11.)

Pero luego lo grotesco se traspasa a lo absurdo y a lo cómico en la carta de A. Ramplón, en donde la preocupación por la honra afecta precisamente al que ocupa el más vil entre los oficios.

Piénsese, por ejemplo —en prueba del valor por antonomasia infamante que se aplicaba comúnmente a este oficio— en el romance del *hijo del verdugo*, recogido por J. Caro Baroja entre los *Romances de ciego* [31] y por M. Alvar en su antología malagueña de pliegos de cordel [32].

Dicha carta, bajo el signo de este afán que va a ser el eje del razonamiento, está dominada por la comparación entre la muerte del padre —en la horca— y la muerte de la madre de Pablos —en la hoguera del Santo Oficio—, y señoreada por la convicción de que cuanto más deshonrosa y deshonradora es la muerte de Aldonza, tanto más honrosa es la de Clemente Pablos.

He aquí, asomando desde el fondo, las palabras de Celestina, en que ya reparamos:

> *¡Calla, bovo! Poco sabes de achaques de yglesia, y cuantó es mejor por mano de justicia que de otra manera.*

---

[31] Madrid, 1966.
[32] *Romances en pliegos de cordel (siglo XVIII)*, Málaga, 1974.

Palabras que al parecer no debían volver a tomarse en el *Buscón,* y que, en cambio, nos esclarecen ahora el valor de la carta del verdugo, cuyo sentido fundamental, como acabamos de entender, es el de volver sobre la comparación de Celestina entre ambas justicias: la civil y la inquisitorial.

Lo cual sin embargo es una escarnecedora respuesta al afán de justicia expresado por Rojas. Las dos justicias, le replica al parecer Quevedo, no son la una mejor que la otra, como bien puede verse por el fin hacia el que están encaminadas, que, sea como sea, es el de castigar y de matar; sino más bien son tenidas por tales por los que están más gravemente agobiados por la obsesión de la honra y de la opinión; los cristianos nuevos [33].

En conclusión: el singular fenómeno que acabamos de observar en este I libro del *Buscón* cuaja en una iteración, aunque según una perspectiva original, de temas estrechamente unidos en el *auto* VII de la *Celestina,* y que repiten, en los capítulos primero y séptimo, la simetría procedente de los tratados I y VII del *Lazarillo.*

¿Organización fortuita del material narrativo, o, como el arte complicado de Quevedo llevaría más bien a pensar, armonía preestablecida entre paralelismos y simetrías, jugando con el número 7?

---

[33] Según esta perspectiva, la función del personaje Ramplón vendría a ser análoga a la desempeñada por Celestina en el diálogo con Pármeno. Una prueba de esto puede hallarse en el particular, al parecer insignificante, del dinero que los dos deben a sus «pupilos». En efecto, Celestina, para atraer a Pármeno hacia su causa (que es la seducción de Melibea), le notifica debérsele una suma que su padre le destinó; y análogamente, Ramplón, a la vez que comunica a Pablos estar en posesión de unos cuatrocientos ducados que le dejaron sus difuntos padres, trata de encaminarle hacia su propio oficio.

LA VEROSIMILIZACION DE LA FORMULA NARRATIVA PICARESCA EN *EL BUSCON*

Gonzalo Díaz-Migoyo
St. Peter's College
Jersey City, New Jersey

Desde un punto de vista atento a la verosimilitud de la postura narrativa, así como la pregunta natural respecto del narrador en tercera persona sería, ¿cómo sabe él eso?, la pregunta que se impone respecto del narrador en primera persona es, en cambio, ¿por qué cuenta él eso? Muchos relatos, quizá la mayoría, no consideran necesario contestar expresamente a estas preguntas; unos pocos, en cambio, entienden que la justificación que tales interrogantes piden es materia narrable. En este segundo caso, la contestación a la segunda pregunta, ¿qué razón tiene el narrador para contar hechos de su propia vida?, adopta su forma más satisfactoria cuando es parte integral de la narración en vez de darse como marco exterior a ésta. Escribir se convierte entonces en otro acto de vida más. El último va seguido de los demás actos relatados, formando una cadena ininterrumpida. Esta situación ideal se puede lograr bien por mención expresa de la actividad narrante en el relato, bien de modo implícito, permitiendo que lo relatado sugiera la posibilidad de la escritura ulterior, bien, en el otro extremo de este eje de posibilidades, de modo totalmente exterior al relato. En cualquier caso, esta justificación verosimilizante no debe contradecir ni expresar, ni tácitamente, el tenor de lo narrado.

La adopción de un protagonista narrador plantea, además, la necesidad de un final de relato que permita relacionar al narrador con su vida pasada. Del yo actuante al yo narrante la relación ha de ser, en primer lugar, cronológica; lo idealmente satisfactorio vuelve a ser que el presente narrante coincida con el último momento narrado; pero a falta de esta continuidad temporal, el final del relato debe, al menos, permitir cierta congruencia lógica: por más que exista una vida intermedia narrativamente en blanco, y aceptando que sea durante ella cuando se produzca la decisión de escribir, las razones que

justifiquen esta decisión deben ser consecuentes con la personalidad
conocida del protagonista y los hechos de su vida relatada.

Resulta, pues, un doble pie forzado del uso de un personaje narrador de su propia vida y de la consiguientemente necesaria relación entre su yo actor y su yo narrador: uno, el relativo al final del
relato, y otro, el relativo a la naturaleza de la justificación de la escritura. La fórmula narrativa picaresca, tal como la inicia el *Lazarillo* y la confirma el *Guzmán,* no parece armonizar satisfactoriamen-
te estos dos requisitos.

En el *Lazarillo* el tránsito de una a otra actividad, de la narrada,
que culmina en el caso, a la narrante, el relato es resuelto mediante
el recurso consistente en hacer que un tercero se interese en conocer
los detalles de ese caso; caso y narración quedan así relacionados,
sindo el uno, al mismo tiempo, la causa y la materia de la otra. El
recurso no deja de ser acertado: la economía con que el interés del
caso queda realzado por el interés que en conocerlo muestra un tercero es de una eficacia notable y, sobre todo, admirable es la tensión
unidireccional, que, gracias a ese caso, adquiere toda la narración.
La naturaleza del relato como explicación del caso no permite entender, sin embargo, que la labor de escritura sea consecuencia de la
personàlidad de Lázaro, sino de un avatar más de su precaria existencia, que ocurre fuera del tiempo del relato; y ello es la razón de
que no se pueden considerar completamente resueltos en el *Lazarillo* los problemas específicos de estas dos trampas de la narración
en primera persona.

Este puente tendido entre la vida y la escritura da lugar, por
ejemplo, a una contradicción flagrante entre el tenor de ciertas observaciones del narrador y, otras del actor. Dice el primero en el pró-
go: «Confesando yo no ser más sancto que mis vecinos, desta nonada, que en este grosero estilo escribo, no me pesará que hayan parte y se huelguen con ello todos los que en ella algún gusto halla-
ren» [1]. El actor, en cambio, afirma al final del relato —el punto, nótese, a continuación del cual encuentra su momento real el prólogo—:

> Hasta el día de hoy nunca nadie nos oyó sobre el caso;
> antes, cuando alguno siento que quiere decir algo della, le ata-
> jo y le digo:
> —Mirá, si sois amigo, no me digáis cosa con que me pese,
> que no tengo por mi amigo al que me hace pensar. Mayormen-
> te, si me quieren meter mal con mi mujer, que es la cosa del
> mundo que yo más quiero y la amo más que a mí, y me hace
> Dios con ella mil mercedes y más bien que yo merezco. Que
> yo juraré sobre la hostia consagrada que es tan buena mujer

---

[1] *La vida de Lazarillo de Tormes y de sus fortunas y adversidades,* edición
de Francisco Rico en *La novela picaresca española,* I, Barcelona, Planeta,
1967, pp. 6-7.

como vive dentro de las puertas de Toledo. Quien otra cosa
me dijere, yo me mataré con él.
    Desta manera no me dicen nada, y yo tengo paz en mi
casa [2].

El contraste entre ambas afirmaciones no puede ser más escandalosamente cotradictorio: el narrador desea que otros oídos que los de
vuestra merced se huelguen con su relación, mientras que el actor
no conoce mayor pesadumbre que la de sacar a relucir los entresi-
jos de su bochornosa situación marital; y no sólo existe bochorno,
sino peligro de que la publicidad dada a su situación llegue a oídos
de su mujer y desequilibre la inestable paz del hogar, dando al tras-
te seguramente con la buena fortuna de Lázaro.

Este puente tampoco resuelve la incongruencia de que Lázaro ex-
hiba como narrador ciertos rasgos de personalidad que nada durante
su vida relatada hacía presumibles: así el prurito de vanidad literaria, que paladinamente confiesa en el prólogo que se ha citado más
arriba, y, también, su predicador propósito de que «consideren los que
heredaron nobles estados cuán poco se les debe, pues Fortuna fue
con ellos parcial, y cuánto más hicieron los que, siéndoles contraria, con fuerza y maña remando, salieron a buen puerto» [3]. La posibilidad de entender estas contradicciones entre el actor y el narrador
como generadoras de la rica ironía de la obra; incluso, quizás, por-
tadoras de la lección de la obra, no es suficiente para negar el hecho
de que la ambigüedad que crean se debe más a una falta de solución
de ciertos problemas técnicos que a un ensamblaje narrativo verosímil. ¡Féliz culpa! quizás, pero culpa al cabo; y culpa especialmente visible a la luz de la siguiente obra picaresca, el *Guzmán*, que resolverá el aspecto técnico de esta cuestión narrativa de modo impecable, aunque, paradójicamente, con resultados prácticos mucho menos satisfactorios.

Aquellas dos condiciones narrativas ya mencionadas encuentran
una contestación teóricamente perfecta en el *Guzmán*: por un lado,
el narrador es el actor mismo en su último momento narrado, sin
que se produzca solución de continuidad entre ambos; por otro, Guzmán justifica su actividad narrativa con la última coyuntura a que
su vida le ha abocado, su arrepentimiento. Gracias a ello, si bien el
narrador es un hombre distinto del Guzmán pícaro, lo es porque el
pícaro actor se convierte previamente en actor arrepentido, y ello, ante
los ojos del lector, dentro de la vida misma objeto del relato. La verosimilitud de la postura narrativa de Guzmán no parece dejar nada
que desear: perfecta razón para escribir; perfecta relación cronológica entre actor y narrador; perfecta inclusión de ambos aspectos en
el relato mismo. Todo perfecto, salvo que, sorprendentemente, ello
obligaba a un peligroso apartamiento de la línea narrativa pura: con
objeto de convencer al lector de la seriedad de su arrepentimiento —o

---

[2] *Ibid.*, p. 80.
[3] *Ibid.*, p. 7.

como consecuencia de ello— y, por ende, de la impecable justificación de su escritura, Guzmán no pierde ocasión de adobar sus aventuras con ingentes cantidades de moralizaciones; hasta el punto de
que se llega a no saber qué es adobo y qué carne. Se crea así un híbrido de novela y sermón que ya causaba inquietud a su mismo
creador:

> Oh, ¡válgame Dios! ¡Cuándo podré acabar comigo no en-
> fadarte, pues aquí no buscas predicables ni doctrina, sino un
> entretenimiento de gusto, con que llamar el sueño y pasar el
> tiempo! No sé con qué desculpar tan terrible tentación, sino
> con decirte que soy como los borrachos, que cuanto dinero ga-
> nan todo es para la taberna. No me biene ripio a la mano, que
> no procure aprovecharlo [4].

Híbrido, por otra, que quedó en el recuerdo y la afición de los
lectores como la historia de un pícaro no arrepentido, del pícaro por
antonomasia, que es con quien la pícara Justina tiene pensado casarse. La falta de verosimilitud se debe en este caso a razones distintas
de las que existen en el *Lazarillo*. Ocurre, sin duda, que la relación
de la vida de un pícaro no interesa más que en la medida en que sea
contada pícaramente, es decir, con el desgarro, el ingenio y la despreocupada alegría a que el pícaro actor tiene acostumbrado al lector. O quizá también sea que cuando el protagonista se apicara lo
logra tan completamente y, sobre todo, tan convincentemente, que
hace impertinente y postizo su cambio de sentir. La misma bondad
de la descripción del apicaramiento impide la marcha atrás.

Ninguno de los dos modelos que Quevedo habría de seguir más
de cerca logra, pues, una solución que satisficiera con igual suficiencia el problema técnico narrativo y el exigente gusto lector: si se
unía el final del relato al momento de la escritura sin solución de
continuidad, es decir, si se cumplía meticulosamente la obligación de
relacionar al actor con el narrador, haciendo el tránsito insensiblemente natural, se corría el peligro de oponer peligrosamente la personalidad del pícaro a la del escritor. En efecto, si el escritor seguía
siendo pícaro, ¿qué razón podía tener para descubrir su juego y aver-
gonzarse públicamente? Si el escritor, en cambio, había dejado de ser
pícaro, ¿cómo creer que su apicaramiento hubiera sido verdadero?
Por otra parte, la justificación de la escritura debía darse como parte integral de la vida relatada y no como marco exterior a la misma, mas, ¿qué pícara justificación podía tener un pícaro para escribir su propia vida? Finalmente, la escritura debía mantener un tono
apicarado y alegre, el único verdaderamente entretenido y que encontraba favor entre los lectores.

Ante estas aparentes antinomias y, desde luego, beneficiándose de

---

4 MATEO ALEMÁN, *Segunda parte de La vida de Guzmán de Alfarache,
atalaya de la vida humana*, edición de FRANCISCO RICO en *La novela picaresca
española*, I, Barcelona, Planeta, 1967, p. 610.

los ensayos de sus predecesores, Quevedo ataca el problema resuelto, en primer lugar, a no abandonar la popular línea narrativa que había marcado el *Lazarillo*. Dispuesto, por tanto, a resolver el problema en su raíz narrativa, sin atajos ni postizos, exclusivamente en los límites marcados por la personalidad de su protagonista narrador. Pablos como actor es un caso extremo de susceptibilidad a la vergüenza pública; como narrador Pablos será, precisamente, un caso también extremo de desfachatez narrativa. Mas esta contradicción por semejanza, este colmo de inverosimilitud llevaba dentro el germen de su propia solución. Creo entender que la clave decisiva de esta problemática situación la había señalado ya el *Guzmán* al hacer que la escritura fuera la consecuencia natural e inevitable de la vida: si el pícaro no podía dejar de ser pícaro, quería ello decir que el narrador tenía que adoptar la misma línea de conducta al escribir que al vivir; Pablos, en el caso de Quevedo, había de ser, pues, un pícaro narrador que llevara a cabo con su escritura una picardía del mismo tipo que las cometidas durante su pasado. Dado este primer paso las consecuencias se suceden en cascada: habiendo consistido su picardía pasada casi exclusivamente en el engaño, su narración sería otro engaño más; puesto que sus engaños del pasado estaban siempre dirigidos a la meta de hacerse pasar por lo que no era, la narración sería también un intento de hacerse pasar por lo que no es; como lo que no es, decididamente, es un honrado, lo que le interesará hacernos creer con su narración es justamente eso, que ahora ya es un honrado o, al menos, un hombre que ha dejado de ser pícaro; más sutilmente y al cabo de esta cadena de consecuencias, puesto que su picardía no ha sido más que la consecuencia a que le ha abocado una causa única, la vergüenza de su infamante origen, su último engaño consistirá en hacernos creer que ya está libre de preocupaciones de este tipo.

El problema adicional de este planteamiento estriba en que el engaño tenía que quedar neutralizado; de lo contrario, de tener éxito, el lector creería que Pablos, efectivamente, había dejado de ser pícaro, en cuyo caso estaríamos de vuelta a la situación inverosímil inicial. Era preciso, pues, que el narrador se portara de manera tan evidentemente pícara que el lector advirtiera la trampa y no se dejara atrapar por sus fintas.

Los pasos constructivos de la narración eran, así, los siguientes: la exageración, por la vía de una insistencia selectiva, de aquel rasgo de la personalidad de actor y narrador que más claramente simbolizara el sentido de su vida; con ello se oponía, en apariencia irreductiblemente, su pasada actividad a la presente actividad narrativa; la resolución de la así creada contradicción se lleva a cabo mediante la transformación de su actual actividad narrativa en una labor capaz de ser entendida al mismo tiempo como opuesta y como consecuente con su vida pasada; esto es, el engaño; finalmente, la revelación de la naturaleza de este engaño frustra su propósito, sin desdecir de la pícara habilidad del narrador.

El primer paso se lleva a efecto atribuyendo al actor una preocupación absorbente por la vergüenza de su pasado familiar, cuyo reverso es el deseo de aparentar honra. El narrador, a su vez, exhibe vocingleramente una actitud contraria: una desvergüenza que le permite revelar su pasado con aparente indiferencia respecto de la opinión del lector. La medida en que los rasgos aparecieran al lector como opuestos entre sí sería justamente la medida en que el narrador tuviera éxito en su engañoso propósito; pues, si tan clara distancia media entre las preocupaciones del actor y la despreocupación del narrador, hemos de concluir que es que ya no se trata del mismo hombre; que el narrador ha dejado de ser como el actor y que a ello, sin duda, se debe el que sea capaz de enjuiciarse ahora tan desaforadamente.

El segundo y tercero de estos pasos son imposibles de distinguir entre sí no ya en la ficción de la obra, sino incluso en una explicación de la misma. En efecto, el relacionamiento verosímil de la personalidad actora a la personalidad narradora tiene un efecto inevitablemente doble: desde el momento en que quede claramente establecido que el pícaro tiene que continuar sindo pícaro, su picardía actual se convierte en una actividad de doble sentido contradictorio y queda frustrada al ser reconocida como tal.

En primer lugar, se imponía la necesidad de establecer esa ininterrumpida continuidad en la naturaleza pícara del protagonista-narrador. El proceso de apicaramiento de Pablos se cierra conclusivamente con el último incidente relatado: a esas alturas el protagonista se ha convertido en un asesino en cuadrilla, perseguido por la Justicia y amancebado con una prostituta. El prólogo de la obra intima, además, que su vida y hazañas están en boca de muchos. Circunstancias éstas que son inescapablemente similares de aquéllas mismas que caracterizan a sus padres, y éstos eran, ya se sabe, la causa principal de su crónica vergüenza, así como el modelo de que tan vehemente había querido huir Pablos toda su vida. A él es, sin embargo, al que más se acerca tras una línea de avance vital que, aunque a él pueda haberle parecido recta, es decir, de alejamiento de sus padres, ha sido circular y le ha devuelto a sus infamantes orígenes. Este cerrarse del círculo no deja resquicio por donde se pueda entender que el protagonista haya cambiado de manera de ser, haya abandonado su estado deshonroso y deshonrado. La concluyente clausura hace irreversible el proceso y, por ende, prolongable sin cambio alguno hasta el futuro, afectando al narrador. Pero es que, además, queda ello expresamente remachado por la última frase del relato. Aunque de manera superlativamente económica, se puede decir que el *Buscón* relata todo el tiempo que media entre la partida del protagonista para América y el momento de la escritura, al decir: «Y fuéme peor, como v. md. verá en la segunda parte, pues nunca mejora su estado quien muda solamente de lugar y no de vida y costumbres»[5]. Con ello su vida pícara se hace extensible hasta el presente

---

5 FRANCISCO DE QUEVEDO, *La vida del Buscón llamados don Pablos*, edi-

mismo, hasta el momento de la escritura, impidiendo imaginar que en el interín haya habido un cambio de estado, de vida o de costumbres. El escritor sigue siendo, efectivamente, un pícaro de la misma calaña que el sujeto de la vida relatada.

A continuación se trataba de lograr una más particularizada identidad de circunstancias personales entre actor y narrador. Este, aunque naturalmente lo pase cuidadosamente bajo silencio, había de seguir siendo tan avergonzable, tan susceptible a la opinión pública y tan deseoso de hacerse pasar por lo que no es, como lo era antaño. De los varios ejemplos textuales que a mi parecer dan pie para entender que tal es el caso escojo aquellas palabras del narrador que reflejan más indudablemente su actual estado de ánimo: las de la «carta dedicatoria» de su relato. Basta con parte de la primera frase: «Habiendo sabido el deseo que v. md. tiene de conocer los varios discursos de mi vida, por no dar lugar a que otro (como en ajenos casos) mienta, he querido enviarle esta relación...» [6]. Pablos envía la relación a su corresponsal con objeto de establecer la verdad acerca de su ya conocida vida y, sobre todo, para adelantarse a posibles biógrafos indiscretos. La envía a un solo corresponsal y como involuntariamente, a pedido suyo, no por decisión propia, pero de sobra sabe él que tendrá otros lectores: aquéllos que expresamente menciona en el último capítulo como «los que leyeren mi libro» [7]. Por otra parte, el narrador tiene que darse cuenta de que su confesión es tanto o más dañina para su buen nombre que cualquier otra imaginable versión, incluso esa versión que dice tener. Tanto el prurito de exactitud como la transparentemente velada vanidad de ser su propio y primer biógrafo, intiman esa preocupación actual por la opinión ajena que tan ajustadamente concuerda con la preocupación principal de su pasado: la relativa al «qué dirán».

El narrador no nos es conocido de manera concreta y fehaciente más que a través de su manejo del lenguaje, que es la única señal de su presencia ante el lector. Por tanto, sólo respecto de este aspecto de su personalidad cabe establecer una identificación conclusiva y probante con su manera de ser en el pasado. El último requisito para una perfecta congruencia entre ambos hombres es que la habilidad verbal que el narrador necesita para poner por obra su engañoso propósito exista ya en el pasado, sea producto de su vida misma. Previsiblemente, así como el narrador destaca a lo largo de la narración por su atrevido y brillante uso del idioma, el actor ha destacado a lo largo de su vida por la pericia adquirida en materias de lengua. Desde los primeros ejemplos infantiles de agudeza hasta el momento en que, habiendo aprendido la jacarandina en pocos días, se convierte en rabí de los rufianes sevillanos —rabí, título de magisterio indicativo de sabiduría preeminente—, Pablos lleva a cabo un

---

ción crítica por Fernando Lázaro Carreter, Salamanca, Consejo Superior de Investigaciones Científicas, 1965, p. 280.

[6] *Ibid.*, p. 11.
[7] *Ibid.*, p. 273.

aprendizaje que más tiene de retórico que de experiencial. Aprendizaje y habilidad que siempre, indefectiblemente, están polarizados hacia el engaño interesado.

Las líneas de tensión del relato convergen, así, en un punto exterior a éste, pero, al mismo tiempo, íntimamente relacionado con él: el de la actividad narrativa. El avance de lo narrado está focalizado, como en el *Lazarillo*, por un caso, el caso de la actividad narrante misma, que, de este modo, no es sólo medio para re-presentar el pasado, sino, también, medio para presentar el presente; un presente, desde luego, que, fatídicamente, estaba implícito en aquel pasado. Esta última picardía de Pablos, la consistente en añadir a sus pasadas picardías una más de la misma índole, mediante la tarea de relatar aquéllas, agota las posibilidades de la fórmula narrativa lazarillesca, llevándola a sus últimas consecuencias. Con ello creo que la novela de Quevedo cumple el desiderátum expresado recientemente por un novelista moderno: «... un libro como una de esas pinturas, *Las Meninas,* por ejemplo, donde la clave de la composición se encuentra, de hecho, fuera del cuadro» [8].

---

8 LUIS GOYTISOLO, *Recuento,* Barcelona, Seix-Barral, 1973, p. 631.

EL CASO DEL *BUSCON*

Eduardo Forastieri Braschi
Universidad de Puerto Rico

Un reciente debate entre Fernando Lázaro Carreter y Alexander Parker ha contribuido significativamente a deslindar dos claras vertientes críticas en torno al *Buscón* [1]. Se trata de una bifurcación interpretativa que todo estudiante de Quevedo agradece, puesto que del cotejo de ambos maestros podemos delinear conmutativamente nuestra propia orientación; por el lado de Lázaro Carreter: hacia la tesis esteticista, y por el lado de Parker: hacia la tesis moral.

En lo que va de la década del 70, sin embargo, se observa, por parte de los que advierten una ética de fondo en la controvertible obra, cierto intento de conciliar dicho fondo con la superficie alucinante del lenguaje de Quevedo, aunque ya lo advirtieron hace años Parker y May [2]. Nos importa consignar el supuesto de Parker según el cual: si bien es cierto que el móvil para el afán de medro y para la delincuencia de Pablos es alentado por la inferioridad social y por un sentimiento de culpa, también es cierto que dicha dinámica sicosocial se desenvuelve narrativamente «en un mundo estilizado por la caricatura» [3]. Se trata de lo que algunos llaman lo «moral grotesco» [4]. No hay más que recordar al Bosco, que, como es sabido, suele asociar-

---

[1] FERNANDO LÁZARO CARRETER, «Glosas críticas a *Los pícaros en la literatura*», de Alexander A. Parker, en *Hispanic Review*, 41 (1973), pp. 469-497. Véase la réplica de Parker y la contrarréplica de LÁZARO CARRETER en «Letters to the Editors», en *Hispanic Review*, 42 (1974), pp. 225-241.

[2] ALEXANDER A. PARKER, «The psychology of the "pícaro" en *El Buscón*», en *The Modern Language Review*, 42 (1947), pp. 58-69. Ver también ALEXANDER PARKER, *Literature and the Delinquent*, Edinbourgh, 1967, pp. 56-74 y 160-167. Hay traducción española de RODOLFO ARÉVALO, *Los pícaros en la literatura, La novela picaresca en Europa* (1599-1753), Gredos, Madrid, 1971. T. E. MAY, «Good and evil in the *Buscón:* A survey», en *The Modern Language Review*, 45 (1950), pp. 319-334.

[3] ALEXANDER PARKER, *Literature and the Delinquent*, p. 72. La importancia que Parker adscribe al deterioro hacia la delincuencia («path of delinquency», p. 67) de la movilidad psico-social de Pablos es corroborado por ALBERT J. BAGBY, «The conventional Golden Age pícaro and Quevedo's criminal pícaro», en *Kentucky Romance Quarterly*, 14 (1967), pp. 311-319. Como comple-

se, *precisamente*, con el arte verbal de Quevedo [5]. Se trata, pues, de un conceptismo caricaturesco de base sustantiva frente al conceptismo adjetival del lenguaje por el lenguaje mismo. En lo moral grotesco, la expresión caricaturesca de la piel del lenguaje o del lienzo, está en función coeficiente a un contenido de sustancia moral.

También May propuso en su. problemático trabajo de 1950 y reiteró en 1969 [6] que el sentido moral del *Buscón* no podía divorciarse de la fantasía literaria. De acuerdo a May, Quevedo carga las tintas en los tropiezos del figurón de Pablos en correspondencia a una analogía de comportamiento moral. Quevedo crea y se recrea en su monstruo, que es de embuste [7]: ni le condena ni le exculpa, sino que —añadimos nosotros— le «con-figura» si acogemos en el término «figura» el sentido tradicional de personaje representativo junto al sentido de caricatura entremesil que el término obtuvo después del 1600, como

---

mento a dichas interpretaciones es imprescindible PETER DUNN, «El individuo y la sociedad en *La vida del Buscón*», en *Bulletin Hispanique*, 52 (1950), pp. 375-396.

4 PAUL ILIE, «Gracián and the Moral Grotesque», en *Hipanic Review*, 39 (1971), pp. 30-44; PAUL ILIE, «Grotesque portraits in Torres Villarroel», en *Bulletin of Hispanic Studies*, 45)1968), pp. 16-37; ver además, ROBERT D. F. PRING-MILL, «Some Techniques of Representation in the *Sueños* and the *Criticón*», en *Bulletin of Hispanic Studies*, 45 (1968), pp. 270-284.

5 MARGHERITA MORREALE, «Quevedo y el Bosco. Una apostilla a *Los sueños*», en *Clavileño*, 7 (1956), pp. 40-44; R. P. SEBOLD, «Torres Villarroel, Quevedo y el Bosco», en *Insula*, 159 (1960), p. 3.

6 T. E. MAY, *loc. cit.*,; también, «A narrative conceit in *La vida del Buscón*», en *The Modern Language Review*, 64 (1969), pp. 327-333.

7 Véase ALEXANDER PARKER, *op. cit.*, p. 60. Resulta, a este propósito, muy interesante el trabajo de HUGH A. HARTER, «Language and mask: the problem of reality in Quevedo's *Buscón*», en *Kentucky Foreign Language Quarterly*, 9 (1962), pp. 205-209, quien puntualiza cómo algunos personajes y episodios de la novela posan máscaras y figuras y cómo el propio estilo de Quevedo es una gran mascarada. Igualmente interesantes es el de E. W. HESSE, «The Protean changes in Quevedo's *Buscón*», en *Kentucky Romance Quarterly*, 16 (1969), pp. 243-259, quien explica, muy a propósito, cómo el deseo de medro que motiva el comportamiento de Pablos e informa la estructura del personaje en la coherencia del relato, obliga protéicamente a Pablos a cambiar de vestidos y conducta. A la larga, «the moral is implicit throughout the work and emerges from the clash between illusion and relality» *(Op. cit.*, p. 259.) Ver, además, FRANCISCO AYALA, «Observaciones sobre el *Buscón*», en *Experiencia e invención*, Madrid, 1960, p. 164. Todavía pesan con sobrada autoridad los señalamientos de LEO SPITZER, «Zur Kunst Quevedo's in seinem *Buscón*», en *Archivum Romanicum*, 11 (1927), pp. 511-580: la tensión entre el anhelo realista del mundo y la concomitante fuga ascética del mundo (con sus correspondientes rasgos estilísticos) que nos remite a la dialéctica del engaño-desengaño, también fínamente apuntada por RAIMUNDO LIDA, «Sobre el arte verbal del *Buscón*», en *Hispanic Studies in Honor of Edmund de Chasca*, Iowa, 1972, p. 259: «Desengaño y, en primer lugar, despliegue del engaño: lo que a Pablos parece tenerlo obsedido es el engaño, y el language como su instrumento favorito». También LIDA, «Pablos de Segovia y su agudeza. Notas sobre la lengua del *Buscón*», en *Homenaje a Casalduero*, Madrid, Gredos, 1972, pp. 297-298, establece un equilibrio entre ambas vertientes críticas aquí señaladas. Lida, sin embargo, vuelve a insistir en el carácter entremesil del *Buscón* en «Tres notas al *Buscón*», en *Estudios de Hispanistas Norteamericanos dedicados a Helmut Hatzfeld con motivo de su LXXX aniversario*, Barcelona, Ediciones Hispam, 1974, pp. 457-469.

nos enseña Eugenio Asensio [8]. Queremos así subrayar que los más controvertibles exponentes de la tesis moral reconocen la fiesta de Quevedo. Más aún: en dicho reconocimiento se apoya la sutil interpretación de May. La caricatura, además, no recae exclusivamente en los figurones de Pablos o Cabra [9], sino también en la figura de don Diego Coronel, como han sugerido recientemente Agustín Redondo y Caroll Johnson, en discrepancia con May y Molho [10]. Don Diego también participa en la francachela por la genealogía notoria del apellido Coronel que aludía al famoso «caso Coronel»; apellido converso segoviano que también fue objeto de la diatriba de Quevedo.

Esta caricatura, pues, no responde llanamente a la epidermis de la agudeza verbal ni al puro deleite del ingenio *per se* (tampoco exclusivamente al traspié entremesil), sino que marca, desde un fondo al que todavía tenemos que allegarnos, una sustantiva correspondencia de contenido y expresión. Hasta el momento, los estudios que parten de este reconocimiento auscultan un refuerzo moral en el antisemitismo expresado en la parodia conceptista de situaciones y en la caricatura onomástica, entre otras [11]. Pero aun así, Quevedo se lleva la palma en la *elocutio* retórica, en la evidente maestría de su lenguaje, mientras aceptamos, con Lázaro Carreter, que posiblemente no era

---

[8] EUGENIO ASENSIO, *Itinerario del entremés*, Madrid, Gredos, 1971, pp. 77-86. Escribe Asensio en pp. 84-85: «*Figura* designaba primariamente una apariencia estrambótica, una exterioridad provocante a risa. Pero su campo semántico se dilataba en la *esfera moral* y *social*, abarcando desde el vicio a la monomanía...» (Subrayados nuestros.)

[9] ELIZABETH S. BOYCE, «Evidence of Moral Values Implicit in Quevedo's *Buscón*», en *FMLS*, 12 (1976), pp. 336-353. La autora analiza minuciosamente las implicaciones morales del conceptismo caracterizador durante la trayectoria narrativa: no sólo de Pablos, sino de todos los personajes. Clasifica una tipología de caracteres apareados por sus correspondientes vicios. Se desprende de su análisis una correspondencia de contenido y expresión por vía de la caracteriología. Entre los vicios se destaca la «soberbia» (el máximo pecado capital) como móvil de la obra en figura de Pablos. A juicio nuestro (que la autora se reserva de aceptar) la «soberbia» es traducible al móvil del ascenso social que motiva a Pablos *supra*. En la mentalidad señorial y estamental de Quevedo correspondería a una caricatura grotesca de la *superbia*. La interpretación moral, además, ha obtenido un giro bastante clarificador gracias a RICHARD BJORNSON, «Moral Blindness in Quevedo's *El Buscón*», en *Romanic Review*, 67 (1976), pp. 50-59. Señala en las pp. 50-51 que «it would be a mistake to separate the comic and serious elements of *El Buscón*, because they are so inextricably woven togther... In *El Buscón*, Pablos and all other characteres are "clowns"... As literary caricatures, they, of course, provoke laughter, but their absurdity is a part of Quevedo's commentary upon people who practice a similar vice or folly».

[10] AGUSTÍN REDONDO, «Del personaje de don Diego Coronel a una nueva interpretación de *El Buscón*», ponencia leída el lunes 2 de septiembre de 1974 en el *V Congreso Internacional de Hispanistas*; CARROL B. JOHNSON, «*El Buscón*: Don Pablos, Don Diego y don Francisco», en *Hispanófila*, 17 (1974), pp. 1-26. Compárese con MAURICE MOLHO, *Introducción al pensamiento picaresco*, trad. de Augusto Gálver-Cuñero y Pidal, Madrid, Anaya, 1972, pp. 128-159.

[11] HERMAN IVENTOSCH, «Onomastic invention in the *Buscón*», en *Hispanic Review*, 29 (1961), pp. 15-32. Para la interpretación antisemita como refuerzo moral, véase T. E. MAY, «A narrative conceit in *La vida del Buscón*», en

«su fuerte la *inventio*» [12]. Nos preocupa, sin embargo, su *dispositio,* su talento combinatorio para la sintaxis del ensamblaje narrativo del *Buscón.* Nos preguntamos, antes que nada, por qué no allegarnos a una gramática narrativa picaresca que acoja la sintaxis del relato de Pablos junto a una semántica de base que reinvindique el caso narrativo del *Buscón.*

Si bien el «caso» final del *Lazarillo* ha sido convincentemente presentado por Lázaro Carreter y Francisco Rico, son, precisamente, estos dos admirados estudiosos los más que problematizan —con el respaldo del maestro Bataillon [13]— los méritos narrativos del «caso« del

---

The Modern Language Review, 64 (1969), pp. 327-333. R. M. PRICE, «On religious parody in the *Buscón*», en *Modern Language Notes,* 86 (1971), pp. 273-279, parte de las sugerencias de May sobre el conceptismo paródico antisemita con resonancias de problemática religiosa y emprende un documentado y excelente análisis de las alusiones religiosas en el *Buscón.* Sugiere, por ejemplo, que «religious references take on a deeper significance and point to the moral intention of the author; or at least to the moral impact of the novel». *(Op. cit.,* p. 274.) Ver, además, VICTORIO E. AGÜERA, «Notas sobre las burlas de Alcalá de *La vida del Buscón llamado Pablos*», en *Romance Notes,* 13 (1972), pp. 503-506; también de AGÜERA, el muy incitante «Dislocación de elementos picarescos en *El Buscón*», en *Estudios de Hispanistas Norteamericanos dedicados a Helmut Hatzfeld,* pp. 357-367. (Referencia completa en la nota 7, *supra.*) Sentimos, en fecha de esta redacción, no haber consultado de AGÜERA, «Nueva interpretación del episodio "rey de gallos" del *Buscón*», en *Hispanófila,* 16 (1973).

12 FERNANDO LÁZARO CARRETER, «Glosas críticas a *Los pícaros en la literatura* de Alexander A. Parker», p. 488.

13 FERNANDO LÁZARO CARRETER, «Originalidad del *Buscón*», en *Estilo barroco y personalidad creadora,* Madrid, Anaya, 1966, pp. 109-141; FRANCISCO RICO, «Cuestión disputada: la fama del *Lazarillo*», en *La novela picaresca y el punto de vista,* Barcelona, Biblioteca Breve, 1079, pp. 122-125; MARCEL BATAILLON, *Défense et Illustration du Sens Littéral,* Modern Humanities Research Association, Cambridge, 1967, pp. 26-29. Estudiosos jóvenes como MICHEL y CÉCILE CAVILLAC, «A propos du *Buscón* et de *Guzmán de Alfarache*», en *Bulletin Hispanique,* 72 (1973). pp. 114-131, cotejan de nuevo al *Buscón* con el *Guzmán* y rechazan la tesis esteticista al sostener que una motivación aristocrática anti-burguesa de fondo acusa narrativamente la redención del pícaro burgués de Mateo Alemán, que se confiesa y sanciona a sí mismo. El prejuicio de clase que alienta a Quevedo guía la construcción narrativa del *Buscón,* que es «moins anarchique qu'on l'a dit parfois». *(Ibid.,* p. 122.) Una análoga interpretación concibe la obra entra la binarista oscilación del orden aristocrático y el desorden del hampa de acuerdo a un plan ideológico y narrativo restaurado al final por la justicia aristocrática, en EDMOND CROS, *L'Aristocrate et le carnaval des gueux, études sur le «Buscón» de Quevedo,* Montpellier, Centre d'Etudes Sociocritiques, 1975, p. 25. Otro reciente indicio del rechazo esteticista es ANDREASS STOLL, *Scarron als Ubersetzer Quevedos. Studien zur Rezeption des pikaresken Romans «El Buscón» in Frankreich («L'aventurier Buscón»,* 1633), Frankfurt, 1970, especialmente pp. 248-276. CÉCILE CAVILLAC, «El pícaro amante de José Camerino et *L'aventurier Buscón* de La Geneste: étude d'un cas de médiation littéraire», en *Revue de Littérature Comparée,* 47 (1973), pp. 399-441, contribuye notablemente a esclarecer la importancia del final del *Buscón* al revisar cómo La Geneste (primer adaptador francés del clásico de Quevedo) captó la importancia de dicho final «par lequel les aventures du protagoniste rejoingent le présent du conteur, et plus précisement, de l'instant ou se confondent «Je» narrateur et «Je» narré... (p. 398).

Buscón: si entendemos por su caso la tesitura narrativa para el sentido del relato de una vida.

No cabe lugar a dudas de que el «caso» de Pablos continúa y compendia una secuencia narrativa [14] diferente del punto de partida y de llegada, que es el caso del *Lazarillo* en las ediciones de Burgos y Amberes de 1554. (Y valga esta distinción que no comparte la edición de Alcalá ni las continuaciones a partir de la continuación de Amberes del 1555, que abren, tópica y futuriblemente, la secuencia.) Precisamente como tópico es que la recoge Quevedo en la reflexión final del *Buscón:*

> ... determiné consultándolo primero con la Grajal, de pasarme a Indias con ella, a ver si mudando mundo y tierra mejoraría mi suerte. Y fuéme peor, como Vuestra Merced verá en la segunda parte, pues nunca mejora su estado quien muda solamente de lugar, y no de vida y costumbre [15].

Este tópico final, ya es, a su vez, tópico en los que recientemente reafirman la interpretación moral [16]. Recuerda textos desde Horacio hasta San Jerónimo; pero es, sobre todo, un fundamental pasaje del propio Quevedo, finamente apuntado hace años por Edmund Wilson y José Manuel Blecua en su edición de las *Lágrimas de Hieremías Castellanas* el que merece detenida consideración:

> Necio es quien siendo malo y vicioso peregrina por ver si muda con los lugares las costumbres. El que así lo hace, está, si peregrina, en otra parte, pero no es otro. La jornada ha de ser del que es al que debe ser y fuera razón que hubiera sido. Al que castiga Dios en Jerusalem por malo, también le castigará donde fuere; y así es bien mudar de vida y no de sitio [17].

[14] Por «secuencia narrativa» retomamos la suscinta definición de ROLAND BARTHES en *Análisis estructural del relato,* trad. de Beatriz Dorriots, Buenos Aires, Editorial Tiempo Contemporáneo, 1970: «Una secuencia es una sucesión lógica de núcleos unidos entre sí por una relación de solidaridad: La secuencia se inicia cuando uno de sus términos no tiene antecedente solidario y se ciera cuando otro de sus términos ya no tiene consecuente» (p. 25), mientras se entiende que la función que sustenta una secuencia debe ser una que abra (o mantenga o cierre) una alternativa consecuente para la continuación de la historia, en una palabra, que inaugure o concluya una incertidumbre» (p. 20).

[15] FRANCISCO DE QUEVEDO, *La vida del Buscón llamado don Pablos,* edición crítica y estudio preliminar de Fernando Lázaro Carreter, Salamanca, Acta Salmanticensia, 1965, p. 280.

[16] DALE, B. J. RANDALL, «The Classical Ending of Quevedo's *Buscón*», en *Hispanic Review,* 32 (1964), pp. 101-108. Ver también FRITZ SCHALK, «Uber Quevedo und *El Buscón*», en *Romanische Forschungen,* 74 (1962), p. 30; ALBERTO DEL MONTE, *Itinerario de la novela picaresca española,* trad. de Enrique Sordo, Barcelona, Editorial Lumen, 1971, p. 125; CONSTANCE HUBBARD ROSE, «Pablo's *Damnosa Heritas*», en *Romanische Forschungen,* 82 (1970), pp. 94-101; JENARO TALÉNS, *Novela picaresca y práctica de la transgresión,* Madrid, Editorial Júcar, 1975, p. 77, nota 46.

[17] FRANCISCO DE QUEVEDO, *Lágrimas de Hieremías Castellanas,* edición,

Se trata del aforismo que anotó Quevedo a propósito de la letra Gimel. Se trata, además, en el texto mismo de las *Lágrimas,* de un pasaje dominado por la reflexión moral en torno a la peregrinación y al cautiverio. Traduce Quevedo del texto hebreo: «Cautivóse Judá de aflicción y de muchedumbre de servitud», y explica luego su traducción de «Galta» por «cautivóse» (usualmente interpretado como «peregrinar»), ya que «peregrinar por aflicción y multitud de servidumbre es lo mismo que ir cautivo» [18]. Así, Jeremías llora «a la gente peregrina y cautiba sin Jerusalem» [19].

El caso del *Buscón,* a juicio nuestro, descansa en tal concepto de la vida peregrina, «sin Jerusalem», recogida también en su final. Nos parece, además, que el desarraigo geográfico y moral de este final abre una indeterminada cadena narrativa que explica el sentido y la estructura del *Buscón.* No se trata de una preconcebida visión de mundo, atalaya de la vida humana, sino de un relato sobre la a-ventura narrado desde la a-ventura misma, si entendemos etimológicamente *adventura:* «lo que vendrá», que en el caso de Pablos será el fracaso [20].

El resumen narrativo de dicho final que oscila entre los adverbios «mejor» y «peor» compendia así las «desgracias encadenadas» que traban la espina dorsal de la estructura del relato a modo de una dialéctica del fracaso en la que el afán de un futuro *mejor* tropieza con el pasado para caer en un desenlace *peor* [21]: la *damnosa heritas,*

prólogo y notas de Edward M. Wilson y José Manuel Blecua, Madrid, Consejo Superior de Investigaciones Científicas, 1953, p. 30. Ver, además, *Ibid.,* p. CXXXII, nota 93. El pasaje es aprovechable al máximo por CONSTANCE HUBBARD ROSE, *op. cit.,* pp. 100-101, y es sugerido por RAIMUNDO LIDA en *Sobre el arte verbal del «Buscón»,* p. 269, nota 49, a quien le debemos nuestro ulterior interés en este pasaje gracias a una fina atención suya.

18 FRANCISCO DE QUEVEDO, *op. cit.,* p. 47.

19 *Loc. cit.*

20 Así entendemos la promesa de que le irá peor en la segunda parte preconizada desde el final. Compárese nuestra interpretación con FRANCISCO RICO, *op. cit.,* p. 126. Tampoco estamos de acuerdo con el agudo análisis de W. M. FROHOCK, «The *Buscón* and current criticism», en *Homenaje a William L. Fichter,* Castalia, Madrid, 1971, pp. 223-227, que entiende el final del *Buscón* como «anything but perfunctory» *(op. cit.,* p. 226). Apunta Frohock que la comprensión de todo el género picaresco depende aparentemente de cómo se interprete el final del *Buscón.* Aduce que un «current criticism», que lamentamos no cite al calce para beneficio del lector, se ve en la disyuntiva de tan trascendental valoración. Así, «how one reads the terminal paragraphs of the *Buscón* does indeed affect one's entire understanding of the picaresque. For as soon as the questions one naturally raises about the ending resist answering, other questions about the novel as a whole come crowding in». *(Op. cit.,* p. 227.) Nos entusiasma un desacuerdo tan diametral, pues estamos tocando un nervio. La idea de la picaresca como *peregrinatio* fue sugerida por AMÉRICO CASTRO al comparar en su edición de 1954 de *La realidad histórica de España* al *Libro de Buen Amor* con la picaresca como «el caminar de uno a otro lugar... Las peripecias del "mozo de muchos años" son, en última instancia, como las andanzas del Arcipreste, un pasar por pasar sin demora posible» (p. 430). JUAN BAUTISTA AVALLE-ARCE define muy sugestivamente «a la picaresca como la *peregrinatio famis»* en el prólogo a su edición de LOPE DE VEGA, *El Peregrino en su patria,* Madrid, Castalia, 1973, pp. 30-32.

21 Aprovechamos el análisis de C. B. MORRIS, *The Unity and Structure of*

el determinismo hereditario del que escribía Américo Castro [22]. Si entendemos que dicho final es el único momento moralmente reflexivo del *Buscón* que también compendia su estructura itinerante, aceptamos que es el pivote de su estructura narrativa y de su sentido moral [23]. Pero tenemos todavía que precisar lo que entendemos por sentido moral. Partimos del supuesto que todo juicio o reflexión moral implica necesariamente una elemental estructura finalista: ya sea la orientación teleológica como causa final del comportamiento (el *êthos* y el *telos* aristotélicos) o ya la axiología que postulamos como imperativo categórico o como juicio de valor (Kant o Hartmann, respectivamente). Estructura finalista y sentido moral son así perfectamente reversibles e identificables. Este reconocimiento es el que nos condujo a proponer que el final del *Buscón* es a modo de un *terminus a quo* desde el que se estructura (en la *adventura*) el sentido abierto del relato de Pablos; no el *finis qui* moral, es decir, la causa final guía a modo de *terminus ad quem,* que clausuraría la secuencia, como sucede en el *Guzmán* [24]. Se narra, en cambio, una vida de desplazamiento espacial itinerante (Segovia-Alcalá-Segovia-Madrid-Toledo-Sevilla-Indias) desde el desplazamiento mismo. Es cierto que la secuencia narrativa comprendida en el final se abre, en frase de Lázaro Ca-

---

«El Buscón»: *«desgracias encadenadas»*, Occasional Papers in Modern Languages, I, University of Hull Publications, 1965.

[22] AMÉRICO CASTRO, «Perspectiva de la novela picaresca», en *Hacia Cervantes*, Madrid, Taurus, 1960, pp. 117-118.

[23] RAIMUNDO LIDA, en *Sobre el arte verbal del «Buscón»*, pp. 268-269, escribe: «Pablos de Segovia *ve* sus propios reveses de fortuna también enlazados unos con otros, pero, aunque empieza por calcar la reflexión de Guzmán de Alfarache, la imagen que escoge es la de una serie rectilínea, la de los eslabones de una larguísima cadena..., cadena bien *previsible* de trabajos, que el protagonista remacha con las *palabras finales de su autobiografía.*» (La cursiva es nuestra.)

[24] En el coloquio que sigue a la ponencia de CHARLES AUBRUN, «La miseria en España en los siglos XVI y XVII y la novela picaresca», en *Literatura y Sociedad*, traducción de R. de la Iglesia, Ediciones Martínez Roca, S. A., Barcelona, 1969, pp. 133-158; LUCIEN GOLDMAN *(ibid.,* p. 155), de acuerdo a las categorías lukacsianas de «héroe problemático», «mundo degradado» y «búsqueda de valores auténticos», formuló tentativamente la hipótesis de que en la novela picaresca nos encontramos con un héroe y un mundo degradados. Este aserto del fallecido maestro de la sociología de la literatura, implica que toda problematización ética es ajena al pícaro y que se trata, efectivamente, del antihéroe. Aunque GOLDMAN aclara en otro lugar («Introducción a los primeros escritos de Georg Lukacs», en Georg Lukacs, *Teoría de la novela*, Ediciones Siglo Veinte, Buenos Aires, 1966, pp. 165-166) que los valores que rigen la obra no se manifiestan en ninguna parte de manera explícita: ni en el mudo ni en la conciencia del héroe... es una forma de ausencia. Y no obstante, esos valores obran efectivamente en el universo de la obra que ellos rigen de un modo implícito... Es, pues, la insuficiencia, el carácter problemático de esos valores, no sólo en la conciencia del héroe, sino también en la conciencia del autor lo que explica el nacimiento de la forma novelesca. Sin sacarle más partido a palabras tan ricas en reflexiones para la novela picaresca, nos basta, por tanto, remitirnos a la posibilidad de que Pablos y Lázaro, además del Guzmán, *sí* son «héroes problemáticos» en busca de «valores auténticos» en un «mundo degradado»; lo que les incribiría en una dimensión moral problemática.

rreter «por la vía muerta de la sarta indefinidamente prorrogable» [25], pero entendemos que el desplazamiento espacial geográfico [26] arranca de otro concomitante desplazamiento vertical ascensional, es decir: del intento de medro social. En dicha movilidad social, el narrador se reconoce a sí mismo transversalmente en los desplazamientos social y geográfico. Se proyecta, así, la reflexión propia del pícaro; y es en la proyección propia del vector transversal a la verticalidad del ascenso social por la movilidad de horizontes que se compendia la reflexión moral del pícaro Pablos. Interpretamos así a Pablos como el vagante sin fin, en frase de Quevedo, traduciendo a Jeremías: «sin Jerusalem», que recuerda la comparación de la vida como romería; como «Galta». Pablos es incluso hermanado al «judío errante» con la mochila de su *damnosa heritas* en un hermoso y documentado estudio de Constance Hubbard Rose [27]. Se trata, en fin, de perfilar a Pablos frente al *homo viator* de la tradición cristiana, que lo destacaría contrastivamente frente a obras itinerantes, definitivamente finalistas, como el *Persiles* o *El Criticón*. El sentido moral de su autobiografía, en cambio, reside en la estructura misma de su vida transeúnte. Para el lector del siglo XVII, orientado por siglos a obras «encaminadas» resultaba bastante claro el sentido descarriado de la vida que recuerda Pablos [28]. El final delincuente es, pues, un puntal para el sentido moral y para la estructura narrativa del *Buscón* al oscilar entre los paradigmas adverbiales «mejor» y «peor». Compendia su secuencia narrativa: la base de una sintaxis y de una semántica de fondo expresadas, a piel de lenguaje, por el aforismo tópico del final. Las recurrencias narrativas que el final epitomiza no son, a juicio nuestro, «automatismos reiterativos» [29]. Estamos tocando fondo. Lo

---

25 FERNANDO LÁZARO CARRETER, «Para una revisión del concepto "novela picaresca"», en *Actas del III Congreso Internacional de Hispanistas*, México, 1970, p. 44.
26 Aprovechamos el análisis de CLAUDIO GUILLÉN, «Toward a Definition of the Picaresque», en *Literature as System*, Princeton University Press, 1971, pp. 84 y 89, a propósito de su reflexión sobre el *homo duplex*.
27 CONSTANCE HUBBARD ROSE, *op. cit.*, pp. 100-101.
28 Afirma, en esta conciencia, uno de los alcaldes del episodio picaresco de los falsos cautivos (dos pícaros) en *Los trabajos de Persiles y Segismunda*, ed. de Juan Bautista Avalle-Arce, Madrid, Castalia, 1969 (capítulo X del Tercer Libro), p. 349: «... que los tengo de llevar a mi casa y ayudarles para su camino, con condición que le lleven derecho, sin andar surcando la tierra de una en otras partes, porque, si así lo hiciesen, más parecerían viciosos que necesitados.» Este aserto hay que entenderlo de perfil a la *peregrinatio* de los propios Persiles y Segismunda, que encarnan al *homo viator*. Tampoco olvidemos la «picaresca pura» que adujo Montesinos a propósito de la peregrinación de Critilo y Andremio en *El Criticón*. (JOSÉ FERNÁNDEZ MONTESINOS, «Gracián o la picaresca pura», en *Cruz y Raya*, 4 (1933), pp. 39-63.)
29 LÁZARO CARRETER, *Glosas críticas a «Los pícaros en la literatura»* de *Alexander Parker*, p. 497, nota 46. Menos, si recordamos los otros «automatismos» que antes apuntara LÁZARO CARRETER en *Originalidad del «Buscón»*, pp. 109-110. RAIMUNDO LIDA en *Pablos de Segovia y su agudeza. Notas sobre la lengua del vBuscón»*, pp. 297-298, recalca que «más que el mecánico fracaso a que el escritor somete a su pícaro, es la tensión verbalista la que presta relativa unidad al *Buscón*...». ANTONIO PRIETO, a su vez, en «De un

que está en juego interpretativo es si otorgamos o no al afán de medro social de Pablos el rango picaresco. Lo que está sobre la mesa es su matrícula en el género. El punto de vista metodológico que proponemos lo ha expresado claramente Fernando Lázaro Carreter al sugerir dos niveles de inventario sistemático:

> aquel en que surgen determinados rasgos, y un segundo, en que se advierte la fecundidad de aquellos ragos, y son deliberadamente repetidos, anulados, modificados o combinados de otro modo [30].

En otras palabras, se trata de sistematizar, tanto las variantes como las constantes del *corpus*. Insistimos por eso con el formalista ruso Vladimir Propp (quien ya fuera introducido en los estudios picarescos por Lázaro Carreter) en el abordaje metodológico de la «clasificación» para marcar las fronteras constantes de un género. Propp insiste en que, siendo la clasificación el primer paso de la descrición científica de la que depende, además la exactitud de todo estudio posterior, ésta debe ser reducida a partir del *corpus;* no introducida desde fuera [31]. Al consultar por lo menos cinco autores recientes, que enumeran rasgos picarescos, casi todos reconocen la secuencia narrativa que nos ocupa. Oldrich Belic la incluye como el principio del «viaje»; Claudio Guillén y Alberto del Monte la expresan como odisea y peregrinación [32]. Lázaro Carreter, al retomar la función «alejamiento» de Propp la consigna como fundamental en el plan narrativo del *Lazarillo* [33]. Añade, con fina perspicacia, la fun-

símbolo, un signo, un síntoma (Lázaro, Guzmán, Pablos)», en *Ensayo semiológico de sistemas literarias*, Barcelona, Planeta, 1972, pp. 15-65, explora las herramientas semiológicas en sus análisis del *Buscón* y admite que los elementos estructurales del «síndrome picaresco» en «aparente» inconexión (*op. cit.*, p. 59) dependen de la función unificadora del personaje Pablos (*op. cit.*, p. 60). Sin embargo, Prieto entiende esta función como mero «síntoma» de la caricaturización quevedesca al interpertarla como herencia tipificada del género. Lo sintomático ahoga lo narrativo en el análisis de Prieto. Es, sin embargo, una sugestiva y nueva aproximación.

[30] FERNANDO LÁZARO CARRETER, «Para una revisión del concepto "novela picaresca"», en *Lazarillo de Tormes en la picaresca*, Barcelona, Ariel, p. 199.

[31] VLADIMIR PROPP, *Morfología del cuento*, trad. de Lourdes Ortiz, Madrid, Editorial Fundamentos, 1974, p. 17.

[32] OLDRICH BELIC, «Los principios de composición de la novela picaresca», en *Análisis estructural de textos hispánicos*, Madrid, Prensa Española, 1969, pp. 26-30; CLAUDIO GUILLÉN, *op. cit.*, pp. 84 y 98-99; ALBERTO DEL MONTE, *op. cit.*, pp. 59-60. Ver, además, ULRICH WICKS, «The nature of picaresque narrative: a modal approach», en *Publication of the Modern Language Association*, 89 (1974), pp. 240-249. En dicha aproximación «modal», entendida como una relación de mejoramiento o empeoramiento con el mundo, el modo «peor» es una «essential picaresque situation» (*ibid.*, p. 242), de manera que el pícaro se desenvuelve «on an eternal journey of encounters that allow him to be alternately both victim of the world and its exploiter» (*loc. cit.*).

[33] VLADIMIR PROPP, *op. cit.*, p. 38; FERNANDO LÁZARO CARRETER, *op. cit.*, p. 105. La versión española que usamos traduce «alejamiento». Lázaro Carreter, a partir de la traducción inglesa, traduce «ausencia».

ción de la «salida»[34]. Se trata esta última de la función que caracteriza al «héroe-buscador». De acuerdo a Propp, la salida es en función de la búsqueda, que es su fin[35]. La estructura es, pues, finalista, orientada a la búsqueda que puede ser de cualquier objeto de valor. Confesamos que es pura casualidad que el algoritmo de Propp sea una flecha ascendente, lo que no nos cohíbe de conciliar al «héroe-buscador» de Propp con el *Buscón* de Quevedo. Buscador - Buscón: es lo mismo en su estructura elemental-funcional y nos remite a la referencia social de los conatos de movilidad ascensional de plebeyos, que tan bien nos ha documentado la reciente historia social[36]. ¿Y por qué no referirnos a dicho parámetro histórico-social para un corte sincrónico, al menos del *Lazarillo* al *Estebanillo* y así allegar un *corpus* y por fin inventariar sistemáticamente las fronteras del género? Propp sigue siendo el modelo, a pesar de todo lo que han añadido estudiosos del talento de un Lévi-Strauss, por ejemplo, entre tantos que intentan universalizar los sintagmas proppianos más allá del cuento de hadas ruso. Se trata de una empresa internacional a la cual se afilian cada día más estudiosos, mientras proliferan las revistas de cuño especializado. Esta empresa se resiste a la fórmula fácil de «moda estructuralista», que delata un prejuiciado *ignorabimus*. Lo que está sobre la mesa es allegar por fin una clasificación, en base a un estudio sistemático de invariancia. El caso del *Buscón* —*mirabile dictu*— se nos presenta modélico, si no por lo problemático, al menos por lo que a su propósito se ha escrito en lo que va de la década del 70[37]. Observamos un insistente esfuerzo por reivindicar su coherencia narrativa. A partir de los controvertibles estudios de Morris y de Harry Sieber en la segunda mitad de la década del 60[38] importan, entre los que conocemos en los últimos cinco años, las aproximacio-

---

[34] VLADIMIR PROPP, *op. cit.*, p. 49; FERNANDO LÁZARO CARRETER, p. 110. Lázaro Carreter traduce «salida». La versión española, en cambio, prefiere «partida». Importa aclarar que la *aparente* sinonimia entre «alejamiento» y «partida» es resconocida por el mismo PROPP en *ibid.*, p. 49.

[35] *Loc. cit.*

[36] ANTONIO DOMÍNGUEZ ORTIZ, *La sociedad española en el siglo XVII*, Madrid, Consejo Superior de Investigaciones Científicas, 1963. Ver, por ejemplo, el documento aducido en la p. 47 y la reflexión de la p. 180. Ver, además, ENRIQUE TIERNO GALVÁN, *Sobre la novela picaresca y otros escritos*, Madrid, Tecnos, 1974, especialmente pp. 28-31.

[37] La herencia de Propp desborda hoy día cualquier intento de referencia bibliográfica mínima. Los círculos franceses, italianos o norteamericanos que, en la antropología o en la semiótica literaria (particularmente el análisis estructural del relato) aprovechan su primera incursión basta referirlos a las revistas internacionales que divulgan lo que ya no es una «moda» auspiciada por *Tel Quel: Semiotica, VS- Quaderni di Studi Semiotici, Poetique, Poetics*, además de un sinúmero de tiradas especializadas o de estudios sueltos en *New Literary History, Lingua, Zeitschrift für Literaturwissenschaft und Linguistik* o la española *Prohemio*, entre tantas.

[38] C. B. MORRIS, *op. cit.*; HARRY SIEBER, «Apostrophes in the *Buscón*: an approach to Quevedo's narrative technique», en *Modern Language Notes*, 83 (1968), pp. 178-211. Sobre todo, el papel de la memoria selectiva (pp. 194-199) y de la extensión del pasado en el supuesto presente de la narración (pp. 209-210) destacan la importancia del final.

nes estructurales de Jenaro Taléns, José Luis Alonso Hernández y Philippe Berger[39], además de las incitantes propuestas que se han leído en esta misma Comisión del Congreso. El caso del *Buscón*, su estructura, su carga moral, su referencia histórico-social, nos conduce así al problema del género y del *corpus* picaresco, es decir, a la importancia de una gramática narrativa picaresca que se fije como estructura canónica y secuencia narrativa luego del inventario sistemático de rasgos. Nos sospechamos que la función «salida-búsqueda» de Propp promete ser una primera aproximación sintáctica para dicha gramática narrativa. Sugerimos, pues, que la salida de Pablos a América, además de ser decisiva para el sentido moral del *Buscón* y además de epigramatizar su estructura narrativa representa una macro-secuencia[40] de decisiva carga semántica para el género. Puede representar una canon sintáctico narrativo que debemos auscultar en la superficie protéica del relato picaresco. A juicio nuestro, puede representar con el punto de vista narrativo del yo autobiográfico, la secuencia elemental y la espina dorsal del sintagma narrativo del género.

---

[39] JENARO TALÉNS CARMONA, «Para una lectura del *Buscón* de Quevedo, I: La estructura narrativa», en *Cuadernos de Filología*, Valencia, diciembre de 1971, pp. 83-97; JOSÉ LUIS ALONSO HERNÁNDEZ, «Para una sintaxis del significado en el *Buscón* (el estatuto del objeto)», en *Les Langues Néolatines*, 67 (1973), pp. 1-30; PHILIPPE BERGER, «Remarques sur l'action dans le *Buscón*», en *Les Langues Néolatines*, 68 (1974), pp. 1-23.

[40] Redacta el plan de trabajo, entre tantos otros, TEUN A. VAN DIJK en «Grammaires textuelles et structures narratives», en *Sémiotique narrative et textuelle*, Paris, Larousse, 1973, pp. 204-206: «L'hypothèse centrale de notre grammaire textuelle était la présence d'une *macro-structure*. Cette hypothèse implique aussi des macro-structures narratives... C'est le statut même de la (logico-) sémantique qui est ici en jeu: se laisset-elle étendre en dehors du domaine proprement linguistique?...» Como estructura profunda semántico-sintáctica, dicha secuencia debería fundamentar las exploraciones de la piel narrativa. Se ha sugerido el famoso «modelo fundamental» de A. J. GREIMAS, *Du Sens*, Paris, Seuil, 1970, pp. 160-1603, pero todavía se vuelve a los esquemas de Propp, como el indispensable trabajo de PAUL LARIVAILLE, «L'analyse (morpho) logique du récit», en *Poétique*, 19 (1974), pp. 368-388, y su macro-secuencia narrativa (*ibid.*, p. 387). Ver, además, las valiosas sugerencias de MORTON W. BLOOMFIELD, «Stylistics and the theory of literature», en *New Literrary History*, 7 (1976), pp. 271-311. Ya no es prorrogable una gramática narrativa en base a una estructura profunda de carga semántica normativa. A nuestro propósito, en p. 290: «We will need, say, narrative universals, then, say, novel universals, picaresque (or what have you) novel universals, all of them resting on linguistic or semantic universals, in order to begin to investigate Thomas Mann's *Felix Krull* or to compare *Felix Krull* with *Gil Blas* or to classify a novel which looks as if it might be a picaresque one.»

LA ESTRUCTURA TEMPORAL DEL *BUSCON*
ENSAYO EN METODOLOGIA DE CIENCIA LITERARIA

Joseph V. Ricapito
Indiana University
Bloomington, U.S.A.

Uno de los grandes alcances del *Lazarillo de Tormes* es de haber utilizado un elemento formal entre los más sutiles y sofisticados. Me refiero a la utilización del tiempo en el *Lazarillo*. Este recurso fue usado no sólo por sus elementos cronológicos, sino también por sus aspectos bergsonianos, en el sentido del tiempo humano. El uso del tiempo fue esbozado por Guillén y Zamora Vicente [1], quienes subrayan los aspectos humanos del tiempo, y por Willis [2], quien mostró un uso muy complicado del paso del tiempo con respecto al proceso de maduración del personaje. Yo pensaba que los estudios sobre este tema del *Lazarillo* se habían agotado con el trabajo de estos críticos, pero me encuentro con que la señora Alatorre, en un excelente artículo, vuelve sobre el tema utilizando un *approche* formalístico muy útil y exitoso. Con escasas excepciones, la crítica no ha adentrado lo bastante en el problema temporal de otras novelas picarescas. En otra ocasión [4], y en otro ensayo traté de mostrar hasta qué punto Mateo Alemán, siguiendo hasta cierto punto el ejemplo del *Lazarillo,* se formuló un esquema temporal supeditado a sus metas tridentinas. Desde luego,

---

[1] C. Guillén, «La disposición temporal del *Lazarillo de Tormes*», en *HR,* XXV (1957), pp. 264-279. A. Zamora Vicente, «Gastando el tiempo. (Tres páginas del *Lazarillo)*», en *Voz de la letra,* Madrid, 1958, pp. 91-94.

[2] R. Willis, «Lazarillo and the Pardoner: The Artistic Necessity of the Fifth *Tratado*», en *HR, XXVII* (1959), pp. 267-279.

[3] M. F. Alatorre, «Tiempo y narrador en el *Lazarillo* (Episodio del Ciego)», en *NRFH,* XXIV (1975), pp. 197-218. Su análisis arranca del método esbozado por J. Genette, «Discours du récit. Essai de méthode», en *Figures,* III, Paris, 1972. Deben verse como siempre dos obras fundamentales sobre el tratamiento del tema del tiempo: G. Poulet, *Etudes sur le temps humain,* Paris, 1953 (trad. inglesa, *Studies in Human Time,* Baltimore, 1956, 1966. H. Meyerhoff, *Time in Literature,* Berkeley-Los Angeles, 1955, 1960.

[4] Modern Languages Association Meeting, Nueva York, 1974. «The Temporal Structure of the *Guzmán de Alfarache*».

quedaba por hacer semejante estudio temporal del tercero de las obras maestras de la picaresca, el *Buscón* de Quevedo. Pero antes de analizar este elemento habrá que establecer un eje organizador con que se pueda identificar este elemento, puesto que el aspecto temporal no puede funcionar en medio de nada. Es mi profunda creencia que el *Buscón* fue ideado y creado por Quevedo dentro de la polémica ascética de la Contrarreforma. No puedo ignorar el hecho de que acaso el más perceptivo de los quevedistas modernos, don Fernando Lázaro Carreter, no comparta esta opinión. Según el ilustre académico, el *Buscón* fue el producto del ingenio de Quevedo, acaso en sus mocedades, quien, con el ejemplo del éxito de varias novelas de este género delante de sí, siente la necesidad de ejercitar su grande e indudable ingenio sobre la materia picaresca como campo de acción [5]. El profesor Lázaro Carreter no admite principios satíricos, ascéticos ni didácticos en la elaboración de la obra que es, según él, «... charla sin objeto, dardo sin meta, fantasmagoría» [6]. Con esta frase reduce el profesor Lázaro Carreter la visión quevedesca en cuanto al tema y a la intención artística. Las siempre agudas opiniones del profesor Lázaro Carreter recibieron la plena aceptación de otros críticos no menos distinguidos, entre ellos Raimundo Lida y Francisco Rico, por mencionar solamente a algunos [7].

Podría preguntarse, el *Buscón* de Quevedo, ¿libro de entretenimiento o libro de desengaño? Siguiendo las perspectivas de Américo Castro, Leo Spitzer y Manuel Durán [8] yo tendré que optar en favor de la perspectiva que favorece el acercamiento que se identifica con el ascetismo. «Trascendentalistas» los llama el profesor Lázaro Carreter, y será desde esta perspectiva que arrancará mi análisis.

Básicamente, Quevedo adopta el esquema temporal del *Lazarillo* para su propia obra. Indirectamente, su tratamiento del asunto temporal apuntaría a otros problemas también, pero el objeto principal de Quevedo es darnos una idea del *Buscón*, de la vida de Pablos, en

---

[5] F. Lázaro Carreter, «Originalidad del *Buscón*», en *Studia Philologica*. Homenaje ofrecido a D. Alonso..., II, Madrid, 1960-63, pp. 319-338.

[6] *Ibid.*, p. 335.

[7] R. Lida, «Tres notas al *Buscón*», en *Estudios literarios de hispanistas norteamericanos dedicados a H. Hatzfeld con motivo de su LXXX aniversario*, Barcelona, 1974, pp. 457-469. F. Rico, *La novela picaresca y el punto de vista*, Barcelona, 1970, pp. 120-129.

[8] A. Castro, *Vida del Buscón*, Madrid, 1911; *Historia de la vida del Buscón*, N. Y.: Paris, 1917. L. Spitzer, «Zur Kunst Quevedos in Seinem *Buscón*», en *ARom*, XI (1927), pp. 511-580. Cf. las varias traducciones de esta obra capital: *Cinque Saggi di Ispanistica*, eds. G. M. Bertini y R. Radicati di Marmorito, Torino (Univ. de Torino), 1962, pp. 129-220, trad. de G. Fenati; «L'Art de Quevedo dans le *Buscón*», trad. M. y Mme. Dauer (Travaux de l'Institut d'Etudes Ibériques et Ibéro-Amér. de l'Université de Strasbourg), Paris, 1972. Existe una traducción española de Jorge Guzmán, que desafortunadamente es todavía inédita. M. Durán, *Motivación y valor del estilo literario de Quevedo*. Tesis doctoral inédita, Princeton University, 1953. El lector interesado debe ver la obra reciente de gran valor de Edmond Cros sobre el *Buscón: L'Aristocrate et le Carnaval des Gueux. Etude sur le Buscón* de Quevedo. Etudes Socio-Critiques, Montpellier, Francia, 1975.

una visión totalizadora. La gran limitación formal a este deseo es la imposibilidad de poner toda una vida en un libro. Frente a esta dificultad, el autor tiene que escoger, compresionar, adaptar los procesos vitales y terminar con una idea, reduciéndola a un símbolo o hasta una abstracción de la vida de su personaje. En este proceso de adaptar lo imposible a lo posible, formalmente, entra el aspecto del tiempo; sobre todo cuando se trata de una autobiografía. En un primer nivel, Quevedo tendrá que adaptar todos los elementos temporales a su disposición para darnos una muestra de la vida de Pablos. En un segundo nivel, el esquema temporal que escoge poseerá contornos y signos, inconfundiblemente ascéticos, para mí, que ofrecen una perspectiva autorial a la acción. Doble trabajo y propósito, pues, de Quevedo, quien a su vez quiere divertir a su lector, pero que al mismo tiempo asocia esta risa y todo el proceso cómico a una visión filosófica y religiosa.

Quevedo no variará del método de hacer hablar a un narrador de las acciones de un personaje y luego seguir marcha adelante hacia el presente del narrador. La dualidad entre narrador y personaje quedará bastante patente y delante de nosotros estas dos posiciones convergerán en un punto.

Quevedo utiliza el motivo de «yo... soy» del narrador, lo cual localiza bien el presente narrativo, y luego salta a un punto en el pasado, donde describe a sus padres. Nos refiere la profesión del padre utilizando tiempos verbales del pasado:

> «*Fue*... de oficio barbero; aunque *eran* tan altos sus pensamientos, que se *corría* de que le *llamasen* así, diciendo que él *era* tundidor de mejillas y sastre de barbas. Dicen que *era* de muy buena cepa, y, según él *bebía*, es cosa para creer» [9].

Aunque el narrador se vale de otros tiempos, la idea prominente, llevada a cabo por estos imperfectos y pretéritos, establece la primacía de la dimensión del pasado. Hace lo mismo con respecto a la madre, dando así algunas de las características esenciales de la vida de los padres. Tampoco vacilará el narrador en ir desde la narración de las cosas muertas en el pasado a la consideración de las mismas en su propio presente, dando al lector la impresión de algo que está pasando vivamente delante de los ojos. El narrador utilizará una técnica de «mover, parar y enfocar»: pasa en el tiempo, luego se para y somete una acción debajo de la vista de lupa y disecciona un acontecimiento.

El consejo del padre de que «Quien no hurta en el mundo, no vive» es un dato fundamental para el entendimiento básico de la experiencia picaresca del personaje. Será una de las piezas epistemológicas fundamentales de la obra y entre las que guiarán la conduc-

---

[9] Todas las citas referentes al *Buscón* que se usan en este trabajo están tomadas de la finísima edición del mismo F. LÁZARO CARRETER, *La Vida del Buscón llamado Pablos*, Salamanca, 1965, p. 15.

ta de Pablos. En medio de esta escena se inculcarán en la conciencia del hijo sus sentimientos contra sus propios padres que luego se convertirán en sentidos de vergüenza hacia ellos y toda la familia.

Sutilmente, el autor ha construido una serie de episodios que arrancan desde el pasado, pero que el autor lo hace de una manera vital, quebrando la inercia temporal del pasado hacia un presente y futuro vital.

En el segundo capítulo vemos otro aspecto de la técnica temporal de Quevedo en esta obra. Ya localizada la acción en un pasado general pasa a la narración de las experiencias de Pablos, entre ellas algunas con función formativa. Esencialmente, Quevedo enfocará en cuatro experiencias principales en esta época de la vida del personaje: su experiencia en la escuela, la riña que tiene defendiendo el «honor» de su madre, el episodio concerniente a Poncio de Aguirre y el Rey de Gallos, el cual es seguido por la caída de Pablos en un privado. Estas experiencias tienen la función de delinear a Pablos como un niño simplecico, cuyo proceso de alumbramiento y desengaño va a culminar en el episodio del escupimiento en Alcalá. Estas experiencias tienen, además, la función del delineamiento de la identidad del personaje en un plano social —anti-honor, pobreza material y moral—. No es fortuita la asociación de la caída del personaje al final del episodio y su vuelta a la familia. Los símbolos, personales y afectivos, parecen ser claros.

Técnicamente, Quevedo precisa estos acontecimientos en el tiempo con frases tales como «otro día» y «aquella mañana». Desde estos puntos precisos da al lector la sensación general de la experiencia total empleando un número de tiempos verbales imperfectos. Después de

«Fui ... a la escuela» hay «*Sentábame ...* ganava la palmatoria los más días ... *íbame* el postrero ... *Favorecíanme* demasiado» (p. 21).

Crea así el paso del tiempo y la impresión de la ocurrencia de hechos en el tiempo. Después de este momento enfoca en «hasta un día» y relata el episodio de recibir el insulto relacionado a su madre. Esto enlaza con otros episodios —su venganza, su vuelta a la escuela, el elogio irónico de su maestro—. Los imperfectos nos informan que el obsequio de Pablos con respecto a don Diego Coronel ocurrió por algún tiempo, y luego se precisa el episodio de Poncio de Aguirre. Este método establece un trasfondo de un tiempo que está evolucionando continuamente. De vez en cuando enfoca en un episodio y luego lo empuja a primer término para que el lector lo pueda saborear en su precisión y detalles. Parte de la «picardía» quevedesca con este recurso es cegar al personaje —y al lector— al hecho de que el tiempo pasa inexorablemente; un tema de neta raigambre ascética y casi fundamental a toda la literatura barroca española. La sustancia de la vida de Pablos se nos consumirá delante de nuestros ojos. Para volver a la matriz cronológica el narrador precisa el tiempo en el episodio del Rey de Gallos, aludiendo a «el tiempo de las Carnestolendas». Luego como quiere el autor procede al desarrollo de este episodio particular lo cual ocupa un espacio interesantemente de más o menos cuatro páginas. Esta experiencia con todas sus peripecias conduce a la reacción que tal experiencia causa en la casa y culmina en la salida de Pablos. Se va, desde luego, desde el episodio individual a varios, lo cual logra efectuar una impresión de la multiplicidad de las experiencias en el tiempo, aunque en realidad se trata de ver esta etapa de la niñez del personaje a través de solamente cuatro experiencias fundamentales.

El episodio en casa de Dómine Cabra empieza en una nota temporal precisa «el primer domingo después de Cuaresma» (p. 32). Pablos y Diego llegan de noche y comen su comida exigua. Pasa la noche, y al día siguiente los niños todavía tienen hambre. Se dedica mucha atención a la figura de Cabra y a su avaricia para con los chicos y con los demás de su casa. Luego, el narrador toma el hilo temporal y lo extiende, «Y prosiguió siempre en aquel modo de vivir...» (p. 42). Añade un tiempo imperfecto para reflejar una extensión de tiempo, «pasábamoslo» (p. 43) y hace lo mismo con respecto a la vieja en casa, «Pasábamos con la vieja». Enfoca en un tiempo específico «Dijimos, al fin, que nos dolían las tripas, y que estábamos muy malos de achaque de no haber hecho de nuestras personas tres días...», refiriéndose, obviamente, a su llegada. Se refuerza el lazo cronológico yendo desde «el primer domingo después de Cuaresma» a Cuaresma [10]. Para ensanchar el aspecto temporal en esta etapa de la vida de Pablos se alude a algunos acontecimientos repetidos, «Quejábamonos nosotros a Don Alonso y el Cabra le hacía creer» (p. 45). Cabra alude al haber despachado «un viernes» a un criado por llevar mendrugos en el chaleco y luego se menciona «Los viernes solían enviar...» (p. 45) [11]. A Cuaresma muere uno de los estudiantes. Con esto se termina el capítulo. Lo importante de esta etapa de su vida es el hambre que pasa. Al mismo tiempo hay que notar que el hambre como dato de conocimiento llega a ser más importante que cualquier edad cronológica del personaje.

La convalecencia en casa de don Diego, que representa otra imitación lazarillesca, es un período transitorio entre dos experiencias importantes y formadoras —Cabra y el próximo episodio en Alcalá—. En este período de transición, el lector tiene la impresión de

---

[10] Hay que notar un pequeño problema aquí con esta referencia. Parece curioso que se vaya desde «entramos primer domingo *después* de Cuaresma» (énfasis mío), al principio del capítulo, hasta «Pasamos en este trabajo hasta la Cuaresma» (p. 46), casi al final del capítulo. ¿Es posible que Quevedo se refiera al paso de un año? La elaboración interior del capítulo no parece sustentarlo. Podría ser que el «después» debiera ser «antes», o que la segunda alusión de Cuaresma debiera ser Pascuas. En fin, me quedo con la lectura del paso de casi un año.

[11] Otras frases de este tipo dentro de la narración de este capítulo son «Mil veces topé yo...» (p. 46) y «todo lo metía...» (p. 46).

que Pablos y Diego son todavía jóvenes o por lo menos en edad de ser estudiantes.

Salen de noche para Alcalá y se paran en la primera venta. Esta experiencia, aunque tiene una función específica dentro de la idea picaresca —encuentro y choque con la sociedad, tanto para Diego como para Pablos— todavía sirve con la experiencia anterior como una transición, puesto que en Alcalá pasarán cosas de mayor significado social y personal para Pablos y su formación. Al mismo tiempo hay que notar lo importante que es el episodio de la Venta de Viveros. Quevedo ha puesto en su narración algunos de sus mejores esfuerzos artísticos, sobre todo con respecto al aspecto de la insuficiencia de la conducta humana. Y para mayor consideración, todo esto pasa en una noche, y de ahí su valor como símbolo dentro de la negativización. Desde este momento en adelante las experiencias se sucederán lógicamente a base de cosas que pasan de día en día. Después de la experiencia de la venta, descrita con sus contornos quevedescos oníricos, se pasa a Alcalá, donde los dos jóvenes serán víctimas del mismo tratamiento anticipado ya en la experiencia de la venta. Al llegar se acuestan. La mañana siguiente son despertados por los demás estudiantes, y esto es seguido por la experiencia del escupimiento. Don Diego vuelve y reprocha a Pablos. Este se acuesta de nuevo y cuando se despierta es todavía víctima de sus congéneres. A las ocho del día siguiente don Diego llega y hay el episodio escatológico. Comenta Pablos: «Yo no hacía a solas sino considerar cómo casi era peor lo que había pasado en Alcalá en un día, que todo lo que me sucedió con Cabra» (p. 72). Es un día repleto de aventuras en lo feo y lo asqueroso. Son las doce, se viste y encuentra a Diego. Estos dos días describen el tiempo desde su salida hasta la llegada como se notó antes, minuciosamente, paso por paso, hora por hora. Quevedo formuló esta experiencia sobre esta base detallada para impresionar al lector y al mismo personaje, de cuál ha sido el carácter, doloroso por lo visto, de sus experiencias desde cuando salió de la casa de Diego. Como la aventura en casa de Cabra, cuya esencia está grabada en el personaje, éste también de manera igual existirá como un dato simbólico y abstracto en la experiencia y conciencia de Pablos. En la escuela, simplicidad; en casa de Cabra, hambre; en Alcalá, victimización burlesca, pero no por eso menos dolorosa. Tiempo y experiencia coenvueltos en dolor.

Dos alusiones en el capítulo siguiente revelan que la estancia en Alcalá fue un año. Pablos habla del dinero que ganó «todo el año» (p. 88). Hay también una referencia a «las Pascuas». Dentro de esta experiencia el autor presenta muchos acontecimientos. Libertado ya de su simpleza, Pablos se dedica ahora a la exaltación de su persona, cometiendo una serie de actos que demostrarán el desarrollo de su persona y el estreno de una personalidad social. Describe la muerte de los puercos, la complicidad del ama. La repetición y multiplicidad de estas experiencias se ven en los verbos «dábanmelos y vendíamosles», «comprábamos y sisábamos». Con el episodio burlesco de «pío, pío» cada episodio sigue al otro en una secuencia, pero no ligada a ningún tiempo definido. Todo esto pasa delante del trasfondo de «todo el año». Dentro de este esquema hay experiencias individuales y un tiempo aludido; v. g., cómo el ama se confesaba cada semana y los robos que cometía. Enfoca luego en «una noche» y describe el robo de un cofín de pasas. Esto es seguido por el episodio del robo de las espadas de la ronda una noche. Con estas últimas experiencias tenemos la sensación de un tiempo rápido, lo cual corresponde a la idea del adolescente travieso que no se da cuenta del significado de sus actos; hasta confunde el verdadero sentido moral estos actos [12]. Al final, se puede decir que el personaje es un poco más que un adolescente, cronológicamente.

Al comienzo del capítulo VII Pablos revela que «en este tiempo» llega una carta para él. La frase «Llegó el día de apartarme de la mejor vida que hallo haber pasado» abre el capítulo I, Libro II. Esto da lugar a una escena de viaje y movimiento. Encuentra a los varios personajes, el loco arbitrista, el maestro de esgrima y termina el día en Rejas. Al día siguiente encuentra al loco clérigo-poetastro y llega a Madrid. Recitan la premática, y son las dos. Sale de Madrid. Encuentra al soldado y luego al hermitaño. Juegan a cartas y se duermen en Cercedilla; es viernes. Al día siguiente encuentran al genovés y llegan a Segovia. En este punto valdría la pena subrayar un aspecto de este ritmo lento y deliberado. Estas experiencias que corresponden a una secuencia diaria, son narradas en muchas páginas. Como hemos notado ya en otra parte, técnicamente, Quevedo toma un episodio, lo ensancha, lo exagera, lo distorsiona; en esencia, alarga la experiencia para nosotros para que notemos algunos signos —locura, mentira, engaño, etc.—. Es una elaboración paradójica donde tanto pasa dentro de un momento particular. Basta decir que cada momento sobrepasa al anterior hasta formar grupos [13].

En el episodio de la casa del tío el narrador utiliza un ritmo lento para darnos un cuadro para saborear en toda su integridad. Después de ver al tío vuelve con él a su casa. Llegan los demás amigos. Después de comer, la escena termina en una riña. Para no presenciar todo esto, Pablos va a pasearse por su pueblo nativo. Claro que esto provoca lo obvio —la comparación entre este presente y su pasado como también el cuadro del niño, Rey de gallos, simplicico

---

[12] Dice Pablos: «Yo, como era muchacho y oía que me alababan el ingenio con que salía destas travesuras, animábame para hacer muchas más», p. 84.

[13] Los grupos que hay se refieren a experiencias claves en la vida de Pablos. Son, a mi parecer, los siguientes: la época en la escuela (momento de simplicidad y de descubrimiento); estancia con Cabra (hambre y sufrimiento); transición (recuperación en casa de don Alonso y viaje a Alcalá); estancia en Alcalá (se deshace de su simplicidad, y evidencia una nueva identidad basada en las experiencias anteriores); transición (para ir a cobrar su herencia del tío en Segovia); su primera estancia en el hampa (vida de hombre); estancia en la cárcel; segunda tentativa en una nueva vida (fracaso, descubrimiento por don Diego, palizas); época de mendigo (acaso comienzo de su verdadero descenso moral); vida como actor; pretendiente de monjas; vida en la baja vida de Sevilla; final de la obra.

de la experiencia con Poncio de Aguirre y demás experiencias de su niñez [14]—. Es la confrontación del mozo-Pablos frente al ya sepultado niño-Pablos. El tiempo pasa. Lo único que sabemos de su historia personal es la muerte de Cabra; seguro indicio de lo transitorio de las cosas. A las once describe más aventuras de los borrachos amigos del tío y ahí termina ese día. Al día siguiente, Pablos y su tío pasan el rato charlando.

Durante el día, el tío juega a cartas con sus amigos. Al día siguiente tempranito Pablos se va con toda esperanza de ya no ver nunca al tío. El tiempo lento que encontramos en este episodio responde a varias necesidades temáticas. Primero, refuerza el sentido de vergüenza que Pablos tiene para con su familia. El tío es, entre otras cosas, el verdugo de su propio hermano. Al mismo tiempo Quevedo se aprovecha de esta ocasión para darnos una visión de la vida, que, mediante estos personajes, no es nada agradable. Responde de nuevo a la técnica onírica, estrenada, en parte, en el episodio de la Venta de Viveros. Estos personajes no son cómicos, sino grotescos, y es aquí que se refuerza esta visión negativa que Quevedo quiere subrayar de la vida.

Cuando Pablos sale revela el contenido de su carta al tío, lo cual, en sentido temporal, cierra por completo esa etapa de su vida. Ya no volverá ni puede volver. Las experiencias gastadas no sólo se acaban, sino se concluyen en sentido terminante. Encuentra en el camino a Toribio. Puesto que Toribio es un personaje clave para el desarrollo del tema del *ser:parecer* será necesario desarrollar el personaje lentamente para mostrar hasta el punto de que Toribio es un engaño vivo, en el sentido de apariencias falsas. Puesto que Toribio será también un ejemplo de otros como él, Toribio nos contará su propia vida, revelará, en sus propias palabras, las decepciones en que se basa su vida y la de otros embusteros como él. Toribio será el núcleo de atención en los capítulos V, VI y el primero del Tercer Libro, donde Pablos se asocia con los hampones. Llegan a la corte a las diez de la mañana. Para los próximos días se mide el tiempo en horas. Quevedo somete este mundo al escudriño microscópico. Parece como si no quisiera perder la oportunidad de notar todo lo de este mundo. Una proyección rápida de acción favorecería totalmente al hampa, puesto que el lector y el personaje no podrán observar el verdadero mundo de estos embusteros. ¿A quién se le ocurriría averiguar que los guantes de estos caballeros de confianza son los dos de la misma mano, o que las capas y la ropa están hechas de remiendos? Es solamente en esta técnica lenta, microscópica, que estas faltas se descubrirán. Llega mediodía, luego se nota las doce y media, y entran en el grupo del hampa. Se repite la descripción de cómo se quitan la ropa. Al día siguiente Pablos conoce más embustes y a más embusteros. La llegada de Pablos y Toribio al mundo del hampa es acompañada por un tiempo medido en horas, y como en el caso de Cabra, se puede postular

---

[14] Dice Pablos: «... entré algo desconocido de como salí, con punta de barba, bien vestido» (p. 132).

un «tiempo de hambre». Pablos está sintiendo los dolores de su hambre. A la una, Pablos se separa de su compañero y se encuentra con Flechilla, de quien consigue una comida. Después de comer, como es de esperar, el tiempo pasa rápidamente.

El capítulo IV tiene lugar en la cárcel. La narración del día siguiente continúa el hilo descriptivo del hampa. Es posible que el narrador se dé cuenta de que no puede seguir adelante en este paso y ritmo tan intenso. Vuelve desde luego a la técnica de aludir al tiempo por repetición. Después de sobornar a varias personas en la cárcel, consigue, gracias a una bribonada, varias libertades. Describe estos episodios por imperfectos —«Dejábame entrar en su casa» (p. 202) y «Al fin, con estas cosas, el alcaide me daba de comer y cama en su casa» (p. 205)— se rellena el tiempo indeterminado que Pablos debía pasar en la cárcel por castigo. Crea también un tiempo vital y gastado. Durante este tiempo el personaje «crece». El autor puede suponer que entre este tiempo no específico el personaje está madurando cronológicamente. El episodio termina con la sentencia de los amigos a seis años de cárcel, creando una nueva parábola temporal, pero Pablos va libre.

En el capítulo V Pablos va a su posada. Una alusión indirecta al desarrollo psicológico del personaje se ve en el interés que tiene Pablos en asuntos de amor y el enamoramiento. Hace algunas cosas para impresionar a la hija del posadero, lo cual demuestra ya su madurez sexual. La acción general del capítulo tiene que ver con muchas experiencias que infieren el paso del tiempo. Después del episodio anterior en que el tiempo se medía en días y horas estamos frente ahora a una situación total que coenvuelve varios acontecimientos («contábales cuentos... traíales nuevas... servíales en todo», p. 208). En este asunto el autor añade un toque indirecto para aludir a la metamorfosis física del personaje en el tiempo. Un amigo viene buscándole pidiendo a «un hombre de negocios, rico, que hizo agora tres asientos con el Rey» (p. 209). La descripción está hecha dentro del marco picaresco del engaño. El perspectivismo desengañador se ve en la contestación: Pablos es visto como «don Ramiro, más roto que rico, pequeño de cuerpo, feo de cara y pobre» (p. 209). Fuera de una descripción que hay de Pablos («cara de hombre agudo y de buen entendimiento», p. 21) ésta última es una de las pocas con que podemos visualizar al hombre, y esto está siempre supeditado a una visión temporal. Ya no es el niño travieso de Alcalá. Es ya un hombre maduro. Ha pasado la barrera de la inocencia. Además, la calidad de sus picardías han dejado de ser las de un niño.

En esta etapa en que se delinea, entre otras cosas, la personalidad psico-sexual de Pablos se alude también a algunas experiencias individuales: «una noche» cuenta y vuelve a contar el dinero. Alude al paso del tiempo con frases tales como «Al fin, la moza me *hablaba* y *respondía* a mis billetes... Al fin, *llegamos* a los túes...» (p. 212). Se narra una serie de episodios en un paso rápido. Hay que notar una diferencia entre la narración de burlas y la mera descripción: las burlas se describen rápidamente, puesto que tienen la función de hacer correr el tiempo rápidamente sin que el lector ni el personaje se den cuenta; la descripción tiene a veces una función particular de desenmascarar la hipocresía o el engaño. Va lenta y con intención corrosiva. Culmina estos episodios con el último que introduce como «Con esto...» (p. 214) y describe su caída y sus consecuencias con la justicia.

Con el capítulo VI el narrador vuelve a la técnica descriptiva, minuciosa de día por día, utilizando la trepa nocturna de Pablos como punto de partida. Pasa la noche sujetado y al día siguiente se dedica a descubrir la corrupción del escribano. Vuelve a la posada, y esto marca una vuelta al elemento temporal más característico del capítulo —tiempo general y experiencias repetidas—. En su casa Pablos tiene que aguantar los insultos y burlas de los demás: «reíase el catalán mucho», «Si entraba a visitarlos, trataban luego de varear; otras veces, de leña y madera» (p. 218). El narrador termina este episodio haciendo que Pablos ejecute una burla —unos amigos vienen a buscarle disfrazados como miembros de la Inquisición para llevarlo. Esto se especifica como «me viniessen *una noche* a prender» (p. 219).

Sin aludir a un tiempo determinado, Pablos, con ayuda de sus amigos, se dedica a buscar un buen casamiento. Empezando *a tabula rasa,* se alude a un primer día, encuentro con los caballeros; descripciones de engaños y embustes; descripción precisa de un día típico entre los cortesanos; el encuentro con las dos mujeres y al final el conseguimiento a las diez de la comida. Al día siguiente empieza con los preparativos para el paseo campestre. Esto es, temporalmente, un episodio de suma importancia, puesto que nos vemos frente al maduro Pablos, ávido por su situación personal y sexual. Ya es hombre entre los demás hombres, que además se verifica mediante un paralelismo con Diego, quien en esta escena es culpable de un yerro de amor. Es un día muy largo; tiene muchos asuntos. Después del paseo campestre, Pablos vuelve a su casa y juega a cartas. Se encuentra con sus amigos, y arreglan un engaño. Cuando vuelve es la una y treinta de la mañana. Pablos vive en una rueda de andar donde un episodio sigue al otro sin cesar. Si se parara, tendría que juzgarse a sí mismo; de ahí, el paso rápido del tiempo y de la acción. Es solamente al final del episodio del galán de monjas y al final del libro que tendremos un momento de reflexión y consideración sobre su vida; y ahí es donde termina la acción activa. Durante toda la acción el tiempo sigue moviéndose. Al día siguiente presenciamos la catástrofe con el caballo, el robo de sus amigos y 'las dos palizas que recibe en el curso del día. En dos días, Pablos experimenta toda suerte de aventuras, que culminan en la paliza que recibe a manos de los bravucones de Diego. El enfoque minucioso sigue hasta el día siguiente a la casa de María de la Guía, que pasa en una semana —descripción de su trabajo como medianero y el episodio de la Inquisición que viene a cogerla y la paliza que Pablos recibe—. Detrás de esta narración de tiempo general hay el sentido de mucho tiempo «una semana» que pasa adelante. La técnica de tiempo general se usa en la experiencia de Pablos como mendigo: «Esto *decía* los días de trabajo, pero los días de fiesta... *Venían* con esto los ochavos trompicando» (p. 250). Luego Pablos se asocia con otro mendigo y Pablos alude a la ganancia «en menos de un mes». La impresión del paso de mucho tiempo se ve en la alusión a oraciones por días de entresemana y fiestas, lo cual implica una multiplicidad de tiempo, inclusive la mañana mendicativa para «los días de los Santos» (p. 252).

El tiempo general es la nota temporal predominante del episodio de Pablos como actor en el capítulo XIX. Pablos menciona cómo se agregó a la compañía «el primer día» que se montó una comedia. Más tarde menciona rápidamente una referencia a su residencia por un mes con la compañía. El paso del tiempo en este episodio se ve en la acción sugerida y aludida («habían llegado a llamarme Alonsete», p. 259). Se ve la acumulación del tiempo en expresiones como «Al fin, animado con este aplauso» (p. 259). Sus talentos se ven también por la multiplicidad de gente que busca sus dones «*acudían* a mí enamorados» p. 260). Se sobreinmpone en este momento el episodio cómico de la gallega. Cuando la compañía teatral se descompone, Pablos se hace galanteador de monjas. Después de enfocar en este episodio como acción específica con su referencia de ver a la monja «este día», hace una larga descripción de la comunidad de amantes, lo cual sugiere el paso de mucho tiempo refiriéndose a las prácticas de la monja «en verano y en invierno». Quiere crear la impresión de un tiempo que pasa y ha pasado. El narrador alude a ello también usando algunas frases tales como «al fin yo llamaban ya ''Señora'' a la abadesa...» (p. 270). Pablos nota cómo el día de San Juan Evangelista decide abandonar esa vida. Aquí muy cerca al final se empieza a oír las lamentaciones de Pablos como hombre escarmentado. Hecho esto, el autor puede proseguir hacia el final, donde puede desarrollar este tema plenamente.

Fijada ya su partida a una fecha específica (el día de San Juan Evangelista) puede ir a otro episodio con cierto realismo. Después de la disquisión sobre cartas y tahúres va a Sevilla. Ya no hay la necesidad de presentar tipos estrafalarios como hizo en los primeros episodios itinerantes, como lo hizo camino a Segovia. En un día vemos desplegada delante de nuestros ojos la banda y se presencia una orgía de borrachos y la alusión al asesinato de algunos corchetes. Lenta e imperceptiblemente nos conlleva a la escena de la iglesia y su encuentro con la Grajales. En un párrafo el autor consigue un efector, diré, insólito e inaudito con respecto a la manipulación temporal. Va desde un acontecimiento experimentado (llega a ser «rabí de los otros rufianes») a otra vida *vivida,* aunque no delante de nosotros —habiéndose ido ya a las Indias y al final concluye *también* que aquella vida le *fue* mal. Todo lo que hay se refiere a hechos, a una vida gastada y acabada. Es importante fijarse bien en esta técnica quevedesca. El mundo artístico de Quevedo es a veces un mundo sintético. Otros escritores practicantes del género picaresco expanderán su creación infinitamente añadiendo nuevas e infinitas aventuras. Quevedo, muy a la manera del *Lazarillo* y del *Guzmán de Alfarache,* ya tenía su meta deslindada de antemano. Dentro de este esquema arreglado puede cumplir con todas las piruetas artísticas que se le ocurran. Opta en favor de la estructura de una vida acabada dentro de la otra más vasta y larga, que es la vida de Pablos, que se está llegando a su final, y con los mismos distingos del fracaso. Quevedo ha presentado ya todos los aspectos de su mundo. Al añadir algunos otros puede correr el riesgo de destruir su creación estética. A mi parecer, el carácter ascético y de desengaño del personaje se ve en la brevedad con que se describe, temporal y espacialmente, otra experiencia total: «Fuime peor». Nada más. Cierra toda la experiencia con la última moralización de la obra. En un momento, el personaje, preparado por su toma de conciencia en el episodio de los galanteadores de monjas, se da cuenta de que la vida le ha pasado delante. Ya no se puede ir a ninguna otra parte. Ha vivido su vida. El tiempo, que es irreversible, ha dejado sus huellas en él. Uno de los propósitos de la novela es llevar al personaje, después de toda una suerte de experiencias, a cierto punto de conocimiento —de que ha vivido su vida de tal o cual manera y que no se puede volver a vivir. Las últimas palabras de Pablos son las de un viejo triste, no de un pícaro despreocupado o regocijado; y es un final lógico a la vida que vivió. No tenemos una idea fija de la edad de Pablos al final de la novela, y esto no es importante. Pablos ya es un símbolo, casi una abstracción, diré. El detalle de una edad, de una cifra, se pasa por alto en favor del *sentido* de la edad y de la vida.

En conclusión, vemos que Quevedo se enfrenta con la tarea de la construcción temporal de su obra, conociendo desde el principio la primacía del ser en el tiempo. Para llevar a cabo una idea que tiene con respecto a su personaje sabe que para describir una vida tendrá que manipular todos los elementos a su disposición para darnos no sólo la impresión de una vida vivida, sino también el sentido y valor como abstracción simbólica de esa misma vida, que, como hemos visto, es la narración de la formación y deformación de una persona en sentido moral. A veces, para hacernos conscientes de tiempos o momentos importantes en la vida del personaje utiliza frases y signos precisos. Para hacer pasar el tiempo desapercibidamente, Quevedo manipula varios tiempos lentos y tiempos rápidos. La vida del Buscavidas se gasta hasta llegar a un punto donde ya no se puede recobrar esa vida, y de ahí en gran parte el mensaje moral de este gran moralista.

Es un toque genial de Quevedo de haber visto y notado la función del tiempo en las dos obras precedentes, el *Lazarillo* y el *Guzmán,* y de haber sabido utilizar tal procedimiento constructivamente en la creación de su obra, cerrando así el ciclo abierto por el *Lazarillo* y de haber preservado con su obra la integridad artística y epistemológica de lo mejor de este género literario.

IX

LA NOVELA PICARESCA EN EL
SIGLO XVII, DESPUES DEL "BUSCON"

"Estebanillo González".

ESTEBANILLO GONZALEZ: LA PICARESCA Y LA CORTE

REINALDO AYERBE-CHAUX
Syracuse University

No intento ni tengo por qué reivindicar el valor del *Estebanillo*.
Si comúnmente se lo había considerado como el punto de eclipse o
como el triste y lamentable final del género picaresco, Juan Goytisolo ha demostrado que en esta obra adquiere nueva vida una forma
literaria ya gastada y en fatal proceso de degradación. La vida vuelve en él a impregnar y a modificar lo que se había convertido en artificio y procedimiento literario [1]. Quiero, sin embargo, presentar una
nueva lectura que viene a secundar y a confirmar el encomioso juicio de Juan Goytisolo.

La novela, claro está, no es todo perfección. En más de un pasaje
se dejan ver las suturas del género y la influencia de los viejos moldes en la elaboración del personaje [2]. La anécdota narrada queda a

---

[1] JUAN GOYSOLO, en su prólogo a la *Vida y hechos de Estebanillo González*, editada por Antonio Carreira y Jesús Antonio Cid (Madrid, Narcea,
1971), p. 18, dice que en el *Estebanillo* «se produce la ruptura milagrosa provocada por esa inesperada invasión de la realidad, de elementos reales de la
vida en la estructura formal del relato que tanto nos admira en *Lazarillo* y
asegura al cabo de los años su vigencia y frescura. (...) Estebanillo representa
no sólo la culminación del género desde el punto de vista de su primitivo
designio (*Guzmán de Alfarache* y el *Buscón* son obras más ambiciosas, pero
en ellas la estructura no se plega jamás a la vida); es, asimismo, la mejor
novela española escrita en el siglo XVII (si exceptuamos, claro está, el *Quijote*)». *Estebanillo* es, además, la única novela picaresca que con el *Lazarillo* y
el *Guzmán* pasa el riguroso análisis que. Francisco Rico hace del punto de
vita consistente y el sentido de la autobiografía en la picaresca; FRANCISCO
RICO, *La novela picaresca y el punto de vista* (Barcelona, Seix-Barral, 1970),
pp. 136-137.

[2] Cf. JUAN GOYTISOLO en el prólogo ya citado, p. 21. En adelante cito
el *Estebanillo* por la edición ya mencionada de Carrera y Cid, y pongo la página en paréntesis incluida en el texto. Quiero expresar mi reconocimiento y
gratitud al Prof. Jaime Ferrán, con quien discutí y examiné lo expuesto en esta
comunicación y quien tuvo la bondad de leerla y corregirla.

veces completamente al margen, sin llegar a ser parte natural e integrante de la forma autobiográfica. Así, por ejemplo, cuando celebran con una comedia de Lope el cumpleaños del Cardenal de Oria y Estebanillo, vestido de rey de León, se huye con el suntuoso traje, sigue mencionando todos los detalles de lo sucedido en la escena y en el palacio a donde nunca volvió, como si todavía estuviera allí presente (ps. 126, 127). Sus locuras de barbero en Roma suenan a simples chuscadas, lo mismo que la grotesca anécdota de los duelistas en el intenso frío de Flandes (p. 150), o los despistes del postillón borracho (p. 398).

¿Cuáles son, entonces, los elementos de renovación del género, de vitalidad propia que caracterizan esta obra? ¿En qué consiste esa nueva vida que con tanto acierto renueva la forma autobiográfica y que en el fondo picaresco hace resaltar la figura del personaje con nueva fuerza y autónoma personalidad?

Antes de responder me parece importante aclarar la errónea opinión del carácter verdaderamente histórico del personaje. Iniciada por Willis Knapp Jones y por la erudita edición anotada de Millé y Giménez, se reafirmó luego con las notas suplementarias de Arthur Bates y Richard Moore[3]. A pesar de que este último admite que la obra incluye muchos pasajes ficticios para deleitar al lector, se ha sostenido que el libro es histórico y que, por tanto, no se puede llamar novela. Se trata de la autobiografía de un pícaro de verdad. Las consecuencias han sido funestas. Jones llegó hasta negarle al autor del *Estebanillo* la capacidad de crear e imaginar. La historicidad envolvió en tal forma la interpretación de la obra que se perdió de vista la verdadera realidad cambiable y polifacética, en la cual resalta la nobleza, como clase social. En medio de las alabanzas del bufón queda ésta absurdamente bufonizada y apicarada. Si el autor pudo estar presente en los lugares que menciona y haber presenciado los acontecimientos históricos; si el autor pudo ser en verdad bufón del Duque de Amalfi (y López de Ubeda fue también médico-bufón de la corte), ello no implica que el personaje no pueda ser todo ficción: un personaje creado que si se mueve en un determinado momento histórico, al vivir en él lo analiza, satiriza y devasta con esa sutileza inmisericorde propia tan sólo de los entes de ficción. Las malas

---

3 Willis Knapp Jones, «Estebanillo González», en *Revue Hispanique*, LXXVII (1930), pp. 201-245. *La vida y hechos de Estebanillo González, hombre de buen humor, compuesta* [sic.] *por él mismo*. Edición, prólogo y notas de Juan Millé y Giménez (Madrid, Espasa-Calpe, 1934). Richard E. Moore, «*Estebanillo González's* travels in Southern Europe», en *Hispanic Review*, VIII (1940), pp. 24-45. Arthur Bates, «Historical Characters in *Estebanillo González*», en *Hispanic Review*, VIII, (1940), pp. 63-66. Años antes había anotado muy juiciosamente Frank Wadleigh en *Romances of Roguery* (New York: MacMillan, 1899), I, p. 244: «it is probable that the autobiography, if such it really were, took as much from romances of roguery and the author's invention as it did from fact».

palabras y maldiciones que no dicen nunca los autores educados, las dicen por ellos sus personajes en cuentos y novelas.

En el *Estebanillo* hay dos períodos, dos ciclos claramente marcados[4]. En el primero, el personaje ensaya diversas formas de vida: barbero, criado de cardenal, peregrino, pescador, soldado, etc. Es en esta parte en donde abundan los tópicos ya usados, en donde se ven las andanzas del personaje pícaro moviéndose en un mundo ya hecho, ya gastado, tratando de hallar nuevas maneras de picardía para poder ser, para lograr sobrevivir como ente de ficción. Es muy significativo que cuando este ciclo está para terminar venga el encuentro con el ciego y diga Estebanillo: «Tuve propuesto de ser su Lazarillo de Tormes, más por parecerme ser ya grande para mozo de ciego me aparté de la pretensión» (p. 204). Esta parte de su vida se cierra *muy simbólicamente* con su condenación a muerte. Estebanillo tiene que morir por asesino, ajusticiado en Barcelona, y, yo diría, tiene que morir como pícaro a la antigua. El tópico pedía su arrepentimiento, a la manera de Guzmán; de allí las súplicas del fraile «trasudado y fervoroso» que con el crucifijo en la mano y recordándole la ovejuela perdida y el buen ladrón lo exhorta llorando a la confesión y al arrepentimiento. Mas Estebanillo rehúsa confesarse, rehúsa arrepentirse, quiere vivir. Y ante los nobles que lo juzgan dice sus chuscadas, hace de bufón y el Cardenal Infante, su Alteza, lo pone en libertad. La nueva forma, la nueva existencia del personaje, el Estebanillo auténtico, original, se ha iniciado. «Echéme a los pies de Su Alteza Serenísima, dile las gracias por la recibida, y, después de haberme oído algunas agudezas y contádole algunos chistes graciosos, quiso premiar mis servicios haciéndome Grande de España, pues me mandó que me cubriese, prometiéndome que con el tiempo me haría de la llave dorada de las despabiladeras. En efecto, me trató como a bufón y me mandó dar de beber como a borracho» (p. 237).

El nuevo Estebanillo, Grande de España, señor de llave dorada, pícaro en la corte apicarada es el que da funcionalidad e importancia a toda la serie de aventuras de los cinco capítulos primeros y a las repetidas y conscientes referencias a los diferentes pasos de Lázaro o de Guzmán. No se trata de la conversión de Estebanillo en los términos tradicionales abogados por el fraile, sino que por obra y gracia de un Cardenal Infante, el pícaro a lo Lázaro o Guzmán se cambia de fósil literario en personaje capaz de medir la realidad social que lo rodea y comprender su relatividad y absurdo[5]. Es el único

---

[4] IDALIA CORDERO DE BOBONIS, «La vida y hechos de *Estebanillo González*», en *Archivum* (Oviedo), XV (1965), p. 171, considera que hay tres momentos en la vida de este pícaro: «el primero es aquel en que desempeña un sinfín de trabajos sueltos (...). El segundo momento se inicia con sus servicios a un Virrey (...). Este ascenso culmina con su conocimiento de Octavio Piccolimini, duque de Amalfi». Sin embargo, el servicio del Virrey (p. 154) va seguido de una serie de aventuras semejantes a las que lo preceden. Además, se ignora la importancia en la vida de Estebanillo del Cardenal Infante don Fernando de Austria, con el cual, según lo demuestro a continuación, se inicia la nueva existencia del personaje.

[5] AMÉRICO CASTRO, «Cómo y por qué fue dualmente conflictiva la litera-

pícaro que en su amargura, ni se margina ni se aisla, para ignorar, desde su soledad, los diversos puntos de vista de las vidas de los demás, especialmente de la nobleza. El pícaro anti-héroe y anti-noble se había creado su propio mundo, desde el cual juzgaba el mundo[6]. Es lo que hace el Estebanillo del primer ciclo, plenamente consciente de ello: «Echaba mi barriga al sol, daba paga general a mis soldados y me reía de los puntos de honra y de los embelecos del pundonor, porque, a pagar de mi dinero, todas las demás son muertes y sola es vida la del pícaro» (p. 211). En el segundo ciclo, en cambio, ya no se presenta el tema del anti-héroe o anti-noble. En la relatividad de la existencia, se encuentran Estebanillo-ennoblecido y los nobles-apicarados. No es la nobleza de sangre la que le abre las puertas de los palacios, ni sus grandiosas acciones, sino que los nobles, en el fondo, son tan pícaros y tan bufones como el propio Estebanillo. Esto da la clave para la comprensión de porciones que han dejado sorprendidos a críticos y a lectores.

Examino primero las carrozas de los tres carnavales. En Viena, Estebanillo representa la pantomima del sacamuelas y lo acompañan en la farsa cuatro hebreos. Al llegar frente a Sus Majestades, para «hacerles reír a costa del llanto ajeno», tira de verdad con el gatillo y le destroza la mandíbula al judío que hace de paciente. Las risas se aumentan cuando Estebanillo dice en alta voz: «Adviertan vuesas mercedes que el dolinte es judío y sus camaradas hebreos, y que he hecho a posta lo que se ha visto y no por ignorar mi oficio» (p. 318). Sus Majestades ríen a costa del llanto ajeno y, al hacerlo, son tan malos y tan crueles como el propio bufón que los entretiene. Esta es la crítica, la sátira a una realidad compleja y dudosa, en donde las acciones del pícaro van secundadas y aplaudidas por otros pícaros. Ya no tenemos la soledad y marginalidad de Lázaro o de Guzmán. El carro triunfal de Baco en el carnaval de Bruselas lo arregla Estebanillo para echar alabanzas y hurras y brindis cada vez que se encuentran con los grandes. Lo grotesco no es sólo el Baco desnudo que bebe y se muere de frío y sus acompañantes borrachos que toman cerveza y orinan, sino que son grotescos los nobles que aplauden y gozan con esta clase de alabanzas y representaciones y pagan luego los gastos de la fiesta y las salvas de cerveza que se les han hecho (p. 335). Lo realmente extraordinario de la obra es que somos los lectores quienes, a través de los siglos, hacemos el juicio moral de estas acciones. El libro mismo sólo presenta los hechos y plantea la ecuación de

---

tura del siglo XVI», en *Papeles de Son Armadáns*, XLII (1966), p. 230, ha escrito algo que se puede aplicar al *Estebanillo:* La «nueva literatura ponía el acento, no en el suceso o en el acontecer sino sobre el intento de persistir la figura literaria en su propio ser, con ánimo tan tenso y tan en guardia como el del velador que vela en la almena de su castillo, en este caso el del propio ser quien era. (...) Las obras más destacadas en aquella nueva literatura semejarían también un campo de batalla en donde unas extrañas figuras lidiaban en torno al problema de su vida secular o espiritual».

[6] Cf. CARLOS BLANCO AGUINAGA, «Cervantes y la picaresca. Notas sobre dos tipos de realismo», en *Nueva Revista de Filología Hispánica*, II (1975), p. 315.

igualdad. Si el Cardenal Infante es el león español que se vuelve a su leonera, Estebanillo es el oso colmenero que lo va acompañando para lamerse los dedos en la cueva de la corte (p. 328). Tan animal es el uno como el otro. Si hay nobles que quieren perros, monos y otros diferentes animales, el Duque de Amalfi da en querer bien a Estebanillo, porque «hay ojos que de sus lagañas se enamoran» (p. 329). Así, se combinan los polos antes distantes y son unas las acciones del bufón y de su Alteza el Duque.

Hay en las tres carrozas de carnaval un crescendo grotesco, que culmina en la del asno enfermo, al cual Estebanillo pone lavativas. Su sentido simbólico es devastador si se considera que los médicos de la corte eran con frecuencia también bufones [7]. El asno simboliza la nobleza, la corte, y así lo apunta Estebanillo taimadamente cuando dice: «Alquilé una cama con todos sus adherentes y un jumento de buen tamaño, que no fue poca suerte el hallarlo en esta corte, donde hay tanta falta (y sobra) dellos» (p. 342).

Estas farzas mordaces son la respuesta de Estebanillo a sus dos humillaciones sufridas en la corte. El príncipe Tomás lo ha hecho entrar de «cornudo» en Bruselas, después de recorrer así adornado con «las insignias de marido consintiente» las comarcas intermedias entre el bosque donde cazaba su Alteza y la capital. Paga con ello el haberle dicho al príncipe que no ha de buscar cornamentas en el campo habiendo ya tantas en la corte (p. 304). Estebanillo tiene momentos de querer vengarse a puras cornadas del escarnio y burla que de él se hace. La segunda chanza, más que pesada y aún de peor gusto, es la del castillo de Rupelmunda, en donde, como castigo por no haber seguido prontamente al Duque de Amalfi, éste lo deja encarcelado para que lo castren [8]. La escena revela en un todo el carácter picaresco y bufonesco de la nobleza que la ordena y la aplaude. Además, en esta forma quieren hacerle pagar a Estebanillo su intromisión en la corte. Puede uníserles, pero castrado: «porque podría ser —dice el Duque— guardadamas en casa de un príncipe, músico en una capilla real, o privado de un sultán» (p. 309). Nótese que los términos en esta frase se han invertido: son los príncipes cristianos los que tienen privados y los sultanes los que necesitan eunucos para sus harenes. En las palabras del Duque se igualan las cortes cristianas y las paganas y se manifiesta, una vez más, una visión de la realidad, en donde los absolutos han desaparecido y en donde los contrarios se combinan y armonizan. Finalmente, es muy significativo que las tres carrozas sigan inmediatamente en la estructura de la novela a las dos humillaciones de Estebanillo para probar que éste

---

[7] MARCEL BATAILLON, «Les nouveaux chretiens dan l'essor du roman picaresque», en *Neophilologus*, XLVIII (1964), p. 290, dice que López de Ubeda fue «médicin bouffon de palais» y que escribió su *Pícara Justina* «comme divertissement offert aux courtisans de 1605». La lectura de *La Pícara Justina* bajo esta luz está todavía por hacer.

[8] El tema ya existía y es aún más grotesco en el viejo *Fabliau* de «La dame que fu escoilliée», Marbazan et Meon, *Fabliaux et Comtes* (París: 1808), vol. IV, p. 365.

juega entonces las mismas cartas de los nobles y, si de vulgaridad se trata, se hallan ambos en un mismo plano [9]. No hay en esta visión de la realidad ambigua los absolutos de la picaresca anterior: noble y pícaro no se excluyen, sino que se combinan en una síntesis de fuerza y goce vital [10].

Las acciones consideradas hasta entonces nobles y grandes se presentan también bajo el nuevo prisma de la relatividad. Las glorias de la España de entonces, como lo han sido siempre para cualquier potencia en el cenit de su poder, eran las conquistas y las victorias en el campo de batalla. No hay duda de que la guerra (como ya lo ha apuntado Juan Goytisolo) se analiza en el libro desde una posición de protesta, casi pacifista a lo moderno: «Salí a recorrer la campaña para ver dónde había mi amo emprendido tan gran resolución, obrado tan grande hazaña y ganado tan gran renombre; halléla toda cubierta de cadáveres sangrientos que movían a piedad aun a los mismos homicidas. Vi una multitud de prisioneros, adonde, demás de estar en ellos la mayor parte de la nobleza de Francia, estaban sus más valientes y animosos soldados» (p. 324) [11].

Sin embargo, al tratar de la guerra, se vuelve a establecer, más de una vez, una nueva ecuación de igualdad, en la cual las batallas campales van paralelas a las batallas que Estebanillo libra en contra de las ollas y marmitas: «ni quise arriesgar mi salud —escribe Estebanillo— ni poner en contingencia mi vida, pues la tenía yo tan buena que mientras los soldados abrían trinchea abría yo las ganas de comer, y en el ínter que hacían baterías se las hacía yo a la olla, y los asaltos que ellos daban a las murallas los daba yo a los asadores» (p. 255) [12]. Las expresiones «abrir trinchea», «hacer baterías» y «dar asalto», antes exclusivamente militares y gloriosas, adquieren nuevos significados, que si disminuyen su prestigio, dignifican la nuevas pícaras acciones que ahora designan. Estebanillo libra su batalla para satisfacer el hambre y los soldados luchan por un par

---

9 SEGUNDO SERRANO PONCELA, «Ambitos picarescos», en *Insula*, XVI (feb. 1961), ha escrito: «Esta fauna (picaresca) fue plural y variada en gustos, recorriendo toda la escala social, desde el aristócrata hasta el estudiante.»

10 CARLOS BLANCO AGUINAGA, *op. cit.*, p. 341, escribe del realismo de Cervantes: «En esta frase ("suciedad limpia") como en la palabra "baciyelmo", tan bien comentada por Castro, los contrarios en vez de enfrentarse para la lucha —"milicia es la vida del hombre en la tierra", y sólo milicia—, se unen para subrayar la ambigüedad de la realidad, para demostrarnos que "realismo" no significa necesariamente desengaño y suciedad absolutos frente a la limpieza y engaño absolutos de las novelas de fantasía; que no significa rechazo de la materia ni del espíritu, es decir, de la vida, sino fusión de ambos en goce vital; que no significa Sancho contra don Quijote, sino Sancho y don Quijote, conviviendo y viviéndose, haciéndose ante nuestros ojos y oídos, en su historia.»

11 Esta cita bastaría para poner en tela de juicio la aseveración del Prof. ALEXANDER PARKER, *Literature of the Delinquent* (Edinburg: 1967), p. 77, de que el libro carece de todo sentido humano y del menor sentido de compasión.

12 Véanse también otros pasajes de esta índole: pp. 97, 99, 246, etc.

de doblones con que comer. El movimiento de los ejércitos se convierte para él en ocasión de negocio, como es negocio, en otra escala, la guerra propiciada por los grandes: don Antonio de Oquendo pide dos compañías «prestadas como libreas» para salir a recibir la flota (p. 202). Así, las glorias militares quedan vistas desde una nueva perspectiva y la realidad no es ya la realidad absoluta, establecida por viejos valores intocables y propiciada por una literatura «vibrante de grandiosidades presentes y pretéritas» (la frase es de Américo Castro), sino una realidad cambiable y polifacética.

El ser correo de su Alteza es un honor, un importante servicio a sus Majestades; mas ello adquiere nuevos significados al convertir en mensajero al más cobarde de los hombres y al encargar su Majestad, la Reina de Polonia, que Estebanillo le traiga una muñeca vestida a la francesa para que su modista pueda confeccionarle trajes de otro estilo. La grande y santa acción del Emperador Carlos V, agobiado por la gota, retirándose al Yuste a pasar los últimos días de su vida preparándose para la eternidad, la toma Estebanillo y la equipara a su propio retiro en la casa de juego y de conversación en donde sabrosamente va a pasar el pícaro en descanso la última etapa de su vida (p. 496).

Las normas y patrones morales de las acciones humanas, claro está, se vienen abajo y somos nosotros, los lectores del siglo xx, quienes seguimos viendo esta obra sutilísima y extraordinaria en los términos absolutos de la contrarreforma y, por tanto, la tildamos de cínica. No vemos que así la sátira del *Estebanillo* cuanto más sutil es más amarga y más mordaz.

No quiero terminar sin traer a cuento un último caso de realidad ambigua en el *Estebanillo*. La novela (y así lo requería la forma literaria) se inicia dando cuenta al lector de la ascendencia del pícaro. Castro estableció la relación causa-efecto entre los autores conversos y la tonalidad de su obra; Marcel Bataillon examinó el hecho de que Lázaro y Pablos, Guzmán y Justina, como conversos que son, muestran no sólo las costumbres de los bajos fondos de la sociedad en que viven, sino, sobre todo, las preocupaciones sociales dominantes, casi obsesivas, sobre la «pureza de sangre» del público al cual se presentan dichos personajes [13]. Ahora bien, si el *Estebanillo* pone en un mismo plano de igualdad las maneras de entretenimiento del noble y del pícaro; si las glorias tradicionales van en armonioso contrapunto al lado de acciones consideradas como baladíes o simplemente inmorales, el linaje del pícaro demuestra, más que su semitismo o vieja cristianía, la «impura limpieza» de lo presente y lo pasado.

---

[13] Cf. MARCEL BATAILLON, *op. cit.*, pp. 283-295. J. CORRALES EGEA, «La novela picaresca», en *Insula*, XXIV (enero de 1969), p. 3, dice: «Lo importante es el sentido grave, la significación sombría que adquiere la filosofía del pícaro, su dialéctica del honor y el antihonor; el sentimiento de exclusión, de marginalidad y repulsa que hiere al héroe, sentimiento que debía ser harto frecuente y estar sumamente extendido en la España de los conversos y cristianos "nuevos" frente a la hidalguía, la limpieza de sangre y el menosprecio por todo trabajo manual y por toda profesión industrial y comercial.»

Estebanillo es español trasplantado y gallego injertado en romano; nace en Salvatierra y es bautizado en Roma, a donde lo llevan sus padres, recién nacido, «para que Su Santidad en pleno consistorio, a fuerza de exorcismos» le saque los demonios (p. 72). Su padre tiene una carta de hidalguía de la cual se burla Estebanillo en estos términos: «Tenía una ejecutoria tan antigua, que ni él la acertaba a leer, ni nadie se atrevía a tocarla, por no engrasarse en la espesura de sus desfloradas cintas y arrugados pergaminos, ni los ratones a roerla, por no morir rabiando de ataque de esterilidad» (p. 74). Por su madre, viene de Fernán González, pero su ascendencia inmediata son los Muñatones, cálifa de pícaros y de cobardes. En su juventud lo apodan «el Judas españoleto»; pero otros le dan el título de «Monsieur de la Alegreza». Llama a los judíos «hidalgos», «hidalgos del prendimiento de Cristo» (p. 79). La novela, en cuestión del linaje de Estebanillo, se presta a diversas interpretaciones y los críticos no han llegado a una fórmula definitiva[14]. Pero es que no tienen por qué llegar a ella, ya que el autor también en esto ha minado las viejas actitudes. La hidalguía y nobleza de sangre no es ya un concepto abstracto, sino una simple ejecutoria que esteriliza los ratones. No hay angustia de casta ni vergüenza o amargura de converso. Los judíos son conciudadanos si se puede explotar su racismo y generosidad; si no, hay que ponerlos en el pozo de la nieve, como al rabí italiano, para que se hielen y abran la despensa (p. 299). La existencia no se fundamenta ya en lo que otros fueron, sino en lo que cada uno es momento a momento. En el *Estebanillo* no hay ya actitudes absolutas que fuerzan al distraz y al disimulo ante una realidad compleja y cambiable.

La picaresca, pues, en lugar de declinar con el *Estebanillo* recibía una infusión genial de vida que desgraciadamente no tuvo resonancias. El antihéroe se presenta ya en una nueva síntesis, en la cual concuerdan los contrarios de la picaresca tradicional y un nuevo ciclo debiera haberse abierto. La obra es, desde este aspecto, grandiosa y revolucionaria, y España, madre ignorada de tantas maravillas literarias, puede sentirse orgullosa de su *Estebanillo*.

---

14 Cf. W. K. JONES, *op. cit.*, pp. 224-233.

BIBLIOGRAFIA DE AUTORES CITADOS

BATAILLON, MARCEL, «Les nouveaux chrétiens dans l'essor du roman picaresque», en *Neophilologus*, XLVIII (1964), pp. 283-295.

BARBAZAN ET MEON, *Fabliaux et Comtes* (París, 1808).

BATES, ARTHUR, «Historical Characters in *Estebanillo González*», en *Hispanic Review*, VIII (1940), pp. 63-66.

BLANCO AGUINAGA, CARLOS, «Cervantes y la picaresca. Notas sobre dos tipos de realismo», en *Nueva Revista de Filología Hispánica*, II (1957), pp. 313-342.

CASTRO, AMÉRICO, «Cómo y por qué fue dualmente conflictiva la literatura del siglo XVI», en *Papeles de Son Armadans*, XLII (1966), pp. 229-246.

CORDERO DE BOBONIS, IDALIA, «*La vida y hechos de Estebanillo González*» en *Archivum* (Oviedo, XV (1965), pp. 168-189.

CORRALES EGEA, J., «La novela picaresca», en *Insula*, XXIV (enero de 1963), p. 3.

CHANDLER, FRANK WADLEIGH, *Romances of Roguery* (New York, MacMillan, 1899).

GOYTISOLO, JUAN, «Estebanillo González, hombre de buen humor», en *Ruedo Ibérico*, 8 (agosto-septiembre de 1966), pp. 78-86. Sirve de prólogo a la edición de *Estebanillo* de Carreira y Cid.

JONES, WILLIS KNAPP, «*Estebanillo González*», en *Revue Hispanique*, LXXVII (1930), pp. 201-245.

La Vida y hechos de Estebanillo González, hombre de buen humor, compuesta [sic.] por él mismo. Edición, prólogo y notas de Juan Millé y Giménez (Madrid, Espasa-Calpe, 1934).

MOORE, RICHARD E., «*Estebanillo González's* travels in Southern Europe», en *Hispanic Review*, VIII (1940), pp. 24-45.

PARKER, ALEXANDER, *Literature of the Delinquent* (Edimburg, 1967).

RICO, FRANCISCO, *La novela picaresca y el punto de vista* (Barcelona, Seix-Barral, 1970).

SERRANO PONCELA, SEGUNDO, «Ambitos Picarescos», en *Insula*, XVI (febrero de 1961), p. 3.

Vida y hechos de Estebanillo González, comentado por Antonio Carreira y Jesús Antonio Cid. Prólogo de Juan Goytisolo (Madrid, Narcea, 1971).

LAS «VIDAS» PICARESCAS EN *ESTEBANILLO GONZALEZ*

NICHOLAS SPADACCINI
University of Minnesota

Los estudios críticos acerca del desarrollo y las características que definen a la novela picaresca, generalmente pasan por alto un importante documento literario. Me refiero a *La vida y hechos de Estebanillo González, hombre de buen humor* (Amberes, 1646, Madrid, 1652), que, paradójicamente, es considerado como la culminación del género y ha sido llamada, por el novelista y crítico Juan Goytisolo, la novela más importante del Siglo de Oro, después de *Don Quijote* [1]. La virtual exclusión de *Estebanillo González* de la mayoría de las discusiones sobre la estructura y la historia de la narrativa picaresca es algo desafortunado, porque el autor anónimo de la novela proporciona una definición clara de lo que es o puede ser un pícaro [2]; también ofrece la evaluación crítica más importante, después de los comentarios de Cervantes en *Don Quijote* (I,XXII) y en *El coloquio de los perros,* acerca de la naturaleza y defectos de las «Vidas» autobiográficas picarescas.

---

[1] «Estebanillo González, hombre de buen humor», en *El furgón de cola* (París, Ed. Ruedo Ibérico, 1967), pp. 64-65. Entre los críticos que consideran el *Estebanillo* como la última muestra auténtica de la picaresca del Siglo de Oro destacan CLAUDIO GUILLÉN, «Toward a Definition of the Picaresque», en *Proceedings of the Third Congress of the International Comparative Literature Association* (The Hague: Mouton, 1962), pp. 252-66; rpd. en versión ampliada y revisada en *Literature as System* (Princeton, 1971), pp. 72-106; FRANCISCO RICO, *La novela picaresca y el punto de vista* (Barcelona, Seix-Barral, 1970), esp. pp. 135-37, y A. A. PARKER, *Los pícaros en la literatura: la novela picaresca en España y en Europa, 1599-1753* (Madrid, Gredos, 1971), p. 127.

[2] CARLOS BLANCO AGUINAGA, «Cervantes y la picaresca, notas sobre dos tipos de realismo», en *Nueva Revista de Filología Hispánica*, XI (1957), pp. 313-42, observa atinadamente que el pícaro es un hombre sin profesión: «no es soldado, no es ladrón profesional, no es mendigo, no es criado. El pícaro

Estebanillo aparenta ser la autobiografía de un pícaro real que recuerda, de modo burlesco, las desgracias que ha sufrido en Europa durante los difíciles tiempos de la Guerra de Treinta Años [3]. A pesar de las declaraciones irónicas del autor sobre su autenticidad histórica, el parentesco de la obra con las «Vidas» de soldados, y sus conexiones con la tradición *Moria,* la estructura de la *Vida y hechos* es una imitación consciente de la narrativa episódica de las novelas picarescas: como las de *Lázaro de Tormes* (1554), *Guzmán de Alfarache* (1599, 1604) y Pablos, el «héroe» del *Buscón* de Quevedo (1626), cuyas historias él imita y rechaza, Estebanillo recuenta su propia vida. Comienza su narración con un resumen burlesco de la presente situación en su vida: parece que en remedo del emperador Carlos V, quien se había retirado en 1558 a los pacíficos confines de un monasterio en Yuste, el pícaro-bufón Estebanillo planea pasar el resto de sus días en un garito en Nápoles. Para financiar su viaje, él dedica el libro de su vida a su último amo y benefactor, Ottavio Piccolomini, y a los nobles de Flandes.

Lo importante y en muchos aspectos único en *Estebanillo* es la manera en que se resumen o elaboran conscientemente los problemas socio-éticos, temáticos y estructurales de la novela picaresca. En este trabajo me limitaré a la discusión de algunos elementos claves: 1) la situación del pícaro como narrador —lo que introduce la problemática relación entre el autor y el protagonista de una novela picaresca—; 2) la falta de ocupación o profesión del pícaro —lo que contribuye al caos y adversidades de su vida—, y 3) finalmente, el tratamiento dado a los temas de la «libertad», «supervivencia» y «desengaño» —lo que establece la actitud del pícaro hacia la vida y la sociedad—. Un examen de estos temas en las principales novelas picarescas españolas hasta *Estebanillo* nos permitirá centrarnos en la evolución de la novela picaresca en España (1554-1646) y también

---

hace de todo esto, pero es, en verdad, un *hombre sin profesión alguna»* (p. 315, n. 2; la *cursiva* es mía). No menciona, sin embargo, el *Estebanillo,* en donde se alude conscientemente a ese rasgo caracterizador del pícaro. En palabras del narrador, «procuré de valerme de uno de tantos oficios como sabía y había ejercitado». (*La vida y hechos de Estebanillo González,* ed. Antonio Carreira y Jesús A. Cid, Madrid, Narcea, 1971), p. 240. (Las subsiguientes citas textuales de *Estebanillo* aluden a esta edición e incluirán la página de donde se cita.) Véase también la reflexión de Estebanillo sobre su aceptación del oficio de bufón (en este mismo artículo).

[3] La explicación más convincente sobre la génesis de la novela y el problema de su autoría parece ser la del maestro M. BATAILLON, «Estebanillo González, bouffon "pour rire"», en *Studies in Spanish Literature of the Golden Age, presented to E. M. Wilson,* ed. R. O. Jones (London, Tamesis, 1973), p. 30: «composée pour le divertissement de le petite cour bruxelloise du Duc D'Amalfi [Piccolomini] par un auteur qui cachait son vrai nom, mais dont l'identité, ni pour le Duc ni pour son entourage, ne pouvait être un secret.» Bataillon tiene razón al sugerir que hace falta analizar la obra, «comme création littéraire» (p. 43). Para una re-evaluación del *Estebanillo* como novela picaresca, véase NICHOLAS SPADACCINI y ANTHONY N. ZAHAREAS, «Introducción», *La vida y hechos de Estebanillo González, hombre de buen humor* (Madrid, Clásicos Castalia, 1978).

puede aclarar algunas interrogantes con respecto a los destinos y direcciones subsiguientes del género en Europa.

Detengámonos a examinar la situación del pícaro como narrador. Lázaro de Tormes, el pregonero de Toledo, compelido por un anónimo «Vuestra Merced» a dar una versión escrita de cierto caso matrimonial —un *triángulo* que implica a Lázaro, a su mujer y a un arcipreste— no puede, dentro de la estructura de la novela, ser el «escritor» de *La vida de Lazarillo de Tormes y de sus fortunas y adversidades.* Tal como a menudo se ha establecido, siguiendo las sugerencias de Claudio Guillén, Lázaro podría ser, a lo más, el autor de una «epístola hablada» [4].

Los autores posteriores de novelas picarescas añaden mayor credibilidad al pícaro como narrador. Mateo Alemán, por ejemplo, explica en un prefacio a su *Primera parte del pícaro Guzmán de Alfarache* (1599) que él —Alemán— es el autor real de la «poética historia» que sigue. Sin embargo, él pide al lector que presuma que Guzmán es el que cuenta su propia historia: «Guzmán mismo escribe su vida desde las galeras, donde queda forzado al remo, por delitos que cometió habiendo sido ladrón famosísimo» [5]. Para añadir plausibilidad a la historia del pícaro y a sus habildades narrativas, Alemán explica que su galeote ha sido «muy buen estudiante, latino, retórico y griego», y que ha estado «con ánimo de profesar el estado de la religión» (p. 96). En la *Segunda parte de Guzmán de Alfarache, atalaya de la vida humana* (1604), es Guzmán mismo, en vez de Alemán, quien se dirige al lector. Como «atalaya de la vida humana», él subraya el propósito aleccionador de su vida al mismo tiempo que discurre sobre la naturaleza y los orígenes del vicio, el cual —dice— surge de una falta de entendimiento de la pasión del hombre por la «libertad»:

> Y aunque conozco ser el *vicio* tan poderoso, por nacer de un *deseo de libertad,* sin reconocimiento de superior humano ni divino, ¿qué temo, si de mis trabajos escritos y desventuras padecidas tendrán alguna fuerza para enfrenar las tuyas, produciendo el *fruto* que deseo? (p. 486; la *cursiva* es mía).

---

[4] «La disposición temporal del *Lazarillo de Tormes*», en *Hispanic Review,* XXV (1957), pp. 264-79. Sobre el problema de la verosimilitud en *Lazarillo,* EDMOND CROS, *Protée et le gueux: recherches sur les origines et la nature du récit picaresque dans Guzmán de Alfarache* (Paris, Didier, 1967), p. 95, argumenta que, «le personnage [Lázaro] qui publie les vins dans les rues de Tolède ne saurait avoir écrit l'histoire de sa vie; il s'agit bien de ce que nous appellerions volontiers une sorte de *vraisemblance externe,* incompatible avec les données fondamentales de la fiction qu'elle en vient à détruire».

[5] Ed. FRANCISCO RICO en *La novela picaresca española I* (Barcelona, Ed. Planeta, 1967), p. 96. Las subsiguientes citas textuales de *Guzmán* aluden a esta edición e incluirán la página de donde se cita. Cf. CROS, *Protée et le gueux,* p. 95: «le personnage auquel il [Alemán] cèdera dans quelques instants la parole... a fait de longues et solides études, détail capital, non pas d'ailleurs contrairement à ce qui nous est dit, pour la compréhension du texte, mais sur le plan de la recherche de la vraisemblance.»

Lo que le da verosimilitud a la transición de Guzmán —primero actor delincuente, después autor reformado o arrepentido— es el recuerdo sistemático de las diversas etapas del desarrollo intelectual del protagonista [6]. En este respecto, la diferencia entre Guzmán y Pablos es clara: mientras Guzmán es un resultado lógico de los diálogos de Guzmanillo con su conciencia (en especial en temas tan importantes como el honor y la libertad), Pablos, aparentemente, experimenta una repentina conversión al fin de su «Vida». Esto es, como narrador de su «Vida» de «desgracias», parece estar totalmente —y, para algunos críticos de modo no convincente— distanciado del ingenuo actor Pablillos. Francisco Rico *(La novela picaresca y el punto de vista* [Barcelona, Seix-Barral, 1970], pp. 122-24), argumenta que Pablos carece de razón para contar su historia, mientras que otro crítico reclama, con cierta justificación, que Quevedo crea la ilusión de un pícaro como narrador, haciendo que Pablos apostrofe al lector mientras él —Quevedo— «constantemente sugiere al lector que Pablos es el único autor» (traducción mía) [7].

Al examinar *Estebanillo González,* se nota un contraste esencial con las precedentes «Vidas» picarescas: no hay una palabra en el texto que no sea atribuible al pícaro-bufón, que resulta ser —junto con el desafiante galeote, Ginés de Pasamonte— uno de los narradores más conscientes en la tradición picaresca española. Al principio de la narración, discutiendo su genealogía, Estebanillo habla de su «buena memoria» y explica que a temprana edad «aprendió a leer, escribir y contar», añadiendo que esas habilidades le han ayudado en el arte de la bufonería que profesa en el presente: «Era mi memoria tan feliz que, venciendo a mi mala inclinación (que siempre ha sido lo que de presente es), supe leer, escribir y contar..., lo que me ha valido para continuar el arte que profeso» (p. 75). Posteriormente, cuando escribe las últimas páginas de su libro (en las propias palabras de Estebanillo, y «estando en los últimos pliegos desta obra» [497]), el pícaro-bufón explica que se convirtió en escritor para despedirse de su amo y amigo Piccolomini: «porque [este libro] sirva de despedida de mi amo y señor» (p. 497). Tales reflexiones no son pensamientos aislados; constituyen parte de un patrón que apunta a la total autoconsciencia del narrador. Más aún, la relación entre el pícaro-bufón como actor y como narrador de esas acciones es elaborada hasta el punto de ser totalmente creíble.

Como narrador, Estebanillo insinúa, en su Prólogo «Al Lector», que él domina completamente el material historiable de su vida al tiempo que rechaza a Lazarillo, Guzmán y Pablos como meros portavoces de las experiencias e imaginación de otros:

---

[6] Véase Francisco Rico, *La novela picaresca y el punto de vista* (Barcelona, Seix-Barral, 1970), p. 98.

[7] Harry Sieber, «Apostrophes in the *Buscón:* An Approach to Quevedo's Narrative Technique», en *MLN,* 83 (1968), No. 2, p. 180.

Y te advierto que [mi vida] no es la fingida de Guzmán de
Alfarache, ni la fabulosa de Lazarillo de Tormes, ni la supuesta
del Caballero de la Tenaza, sino una relación verdadera con
parte presente y testigos de vista y contestes, que los nombro
a todos para averiguación y prueba de mis sucesos, y el dónde,
cómo y cuándo, sin carecer de otra cosa que de día, mes y
año, y antes quito que no añado (p. 57).

Con ironía de doble filo, él rechaza las historias de sus predecesores como falsas —«fingidas», «fabulosas» y «supuestas»—, hacién-
dolo tanto en el terreno hitórico como en el artístico. Luego sigue
afirmando su propia autenticidad como autor y protagonista de una
«relación verdadera» [8]. La veracidad de sus desventuras y actos grotescos pueden, supuestamente, ser corroboradas por «testigos de vista», es decir, las docenas de figuras históricas que él menciona («que
lo nombro a todos...»), que son los mismos personajes y, en algunos
casos, futuros lectores de su Vida y hechos. Pero la verdad del arte
de Estebanillo como «escritor», tal como la novela muestra claramente, depende de la verosimilitud de su relato, o bien de la manera en
que reconstruye y moldea su vida. Las reflexiones de Estebanillo sobre el problema de la verosimilitud están contenidas en la irónica advertencia «antes quito que no añado» [9]. Aquí, el autor anónimo de la
Vida y hechos de Estebanillo proporciona la primera de muchas claves a la conciencia de su narrador y, por supuesto, a su propio arte
de contar [10].

El galeote cervantino, Ginés de Pasamonte, también había desafiado a Lazarillo de Tormes y otros libros de «aquel género» [11], se-

---

[8] Para el uso de este mismo recurso en Don Quijote, véase BRUCE W. WAR-
DROPPER, «Don Quijote: Story or History?», en Modern Philology, 63 (August, 1965), pp. 1-11, según el cual Cervantes llama «historia verdadera» a su
novela para «privarle al lector del escrutinio crítico de la evidencia» (traducción mía). Hasta cierto punto, lo mismo podría decirse del autor anónimo del
Estebanillo.

[9] Algunos autores usan la expresión convencional, «sin quitar ni añadir»,
para lograr un distanciamiento u objetividad narrativa. Así, en su Segunda parte de Lazarillo de Tormes (1620), el «cronista» Juan de Luna no inventa su
historia, sino que la reproduce, «sin quitar ni añadir, como la vi escrita en
cartapacios, en el archivo de la jacarandina de Toledo» (La novela picaresca
española, 4.ª ed., ed. A. Valbuena Prat [Madrid, Aguilar, 1962], p. 114). Para
el uso de este recurso en Don Quijote, véase E. C. RILEY, Cervantes' Theory
of the Novel (Oxford, Clarendon Press, 1962), pp. 205-12. Al invertir la
convención, i.e., al declarar entre burlas y veras que él «quita» detalles de
su relato, Estebanillo comenta de modo irónico sobre el problema inherente
a toda tentativa de convertir la historia en ficción. Cf. mi estudio, «History
and Fiction: The Thirty Years War in Estebanillo González», en Kentucky
Romance Quarterly, XXIV (1977).

[10] Sigue las teorías neo-aristotélicas de ALONSO LÓPEZ PINCIANO, quien
había sostenido en su Philosophia antigua poética (1596) que «La obra principal de la poesía no está en decir la verdad de las cosas, sino en fingirla
que sea verosímil y llegada a la razón.» (Ed. Alfredo Carballo Picazo [Ma-
drid, 1953], I, p. 265).

[11] CLAUDIO GUILLÉN, «Genre and Countergenre: The Discovery of the
Picaresque», en Literature as System, esp. pp. 142-46 (este capítulo es una

ñalando que su vida «verdadera», titulada como una novela picaresca —*La vida de Ginés de Pasamonte*—, trataba de hechos (es decir, historia) tan divertidos que las mentiras inventadas (es decir, ficción) no podían igualarlos:

> Es tan bueno —respondió Ginés— que mal año para Lazarillo de Tormes y para todos cuantos en aquel género se han escrito o escribieren. Lo que se decir a voacé es que trata de verdades, y que son verdades tan lindas y tan donosas, que no puede haber mentiras que se le igualen *(Don Quijote,* I, XXII).

Cuando Don Quijote le pregunta a Ginesillo si ha completado el libro, su respuesta está dirigida a destruir la ilusión —perpetrada por la estructura y los títulos de las «autobiografías» («Vidas») picarescas— de que un libro publicado pueda corresponder a una biografía completa: «¿cómo puede estar acabado si aún no está acabada mi vida?» El criminal convertido en autor sugiere una contradicción básica en la ecuación de ficción con biografía: mientras una «Vida» picaresca es una historia de desgracias y una visión de las inconsistencias de la vida, contada episódicamente, también presenta —como en el caso de Guzmán, el galeote reformado— un individuo con una identidad completa y un punto de vista moral y consistente. En contraste con Guzmán, que es el verdadero blanco de las críticas de Pasamonte, Ginés es criminal y autor al mismo tiempo; él es un delincuente cuya *Vida* «concluye» prometiendo «terminación».

Puesto que la «Vida» de Ginés de Pasamonte queda no sólo fragmentada e incompleta (se nos dice que será continuada en la prisión), sino también «no publicada», y como el autor-criminal existe sólo dentro de los límites ficticios de *Don Quijote,* es posible que *La vida y hechos de Estebanillo González* sea la primera novela picaresca auténtica en Europa —muy anterior al *Félix Krull* de Thomas Mann—, que presenta una completa fusión del delincuente-como-protagonista y del artista-como-anormal. Más aún, esta «Vida» literaria

traducción y elaboración de su artículo, «Luis Sánchez, Ginés de Pasamonte y los inventores del género picaresco», en *Homenaje al Prof. Rodríguez-Moñino* [Madrid, Castalia, 1966], I, pp. 221-31), atribuye a Cervantes la primera formulación de «la idea de género picaresco» (traducción mía), al que opondría su *Don Quijote* —la obra engendradora de un «contragénero». Esta misma idea se sugiere, implícitamente, en el trabajo de BLANCO, «Cervantes y la picaresca», en *op. cit.,* y, en otro de JOAQUÍN CASADUERO, *Sentido y forma de las novelas ejemplares* (Madrid, Gredos, 1962), donde se arguye que a diferencia de Cervantes, «la picaresca da una visión parcial de la vida y de la sociedad, una visión parcial del hombre como ser moral» (p. 44). Existen suficientes pruebas, sin embargo, que Cervantes sigue (y, añadiría yo, de modo paródico) el «diseño estructural» del nuevo género. Cf. GONZALO SOBEJANO, «*El Coloquio de los perros* en la picaresca y otros apuntes», en *Hispanic Review,* 43, número 1 (Winter, 1975), pp. 25-41, quien adopta el método de análisis propuesto por FERNANDO LÁZARO CARRETER en «Para una revisión del concepto "novela picaresca" [1968] (*Actas del III Congreso de la Asociación Internacional de Hispanistas,* México, 1970), pp. 24-45. Rpd. en «*Lazarillo de Tormes* en la picaresca» (Barcelona, Ariel, 1972), pp. 195-229.

de un bufón-delincuente convertido en en autor —*Vida y hechos de
... un hombre de buen humor, escrita por él mismo*— quizá se acerca más que cualquier otra previa narración picaresca a resolver las objecciones de Ginés acerca de la relación entre «historia» y «ficción», o acerca de la estructura narrativa de una *Vida* picaresca. Porque la historia de Estebanillo tiene lo que podría llamarse un comienzo, un desarrollo y un fin, precisamente porque es un libro escrito acerca de, y controlado por, el *hombre de buen humor*. Desde la primera línea de su narración («Yo Estebanillo González, hombre de buen humor, hijo de mis obras...») hasta el momento decisivo de su vida en que es forzado a convertirse en payaso (véase más adelante, p. 103), a algunos de los reveladores versos del último poema del libro, es la situación social del pícaro-bufón, que, expresado entre burlas y veras, ensombrece todo su relato. Los versos de despedida de Estebanillo a Piccolomini y la nobleza de Flandes hacen clara la intención irrevocable del pícaro-bufón de terminar de practicar la bufonería en cuanto termine su libro:

> Esteban se parte a Italia
> Y antes de partir *renuncia*
> El alegría y la chanza
> Y la gala de *la bufa*.
>
> (p. 502; la cursiva es mía).

Gracias a la licencia que recibió antes de Felipe IV, Rey de España (p. 472), y el respaldo financiero que espera de Piccolomini (véase más adelante, p. 11), el embaucador planea retirarse a Nápoles y vivir de las ganancias de su casa de «conversación». Su futuro rol como dueño de casino es —se implica— el final que la doliente, gotosa y proteica figura quiere asumir:

> A Vuescelencia suplica
> Le de licencia, si gusta,
> Pues que sus *males* y *achaques*
> La *muerte* y *vejez* anuncian.
>
> A reveder en el valle [de Josafat]
> Pues ya mi merced se afufa.
> A tener *casa de naipes*
> Y a vivir de *garatusa*.
>
> (p. 502; la cursiva es mía).

A la edad de treinta y ocho años, lisiado y melancólico, el pícaro-bufón busca un retiro permante. El «hombre de buen humor» no volverá a ejercer como protagonista e, implícitamente, tampoco como narrador: «... el partirme es para siempre / ... la vuelta para nunca» (p. 502).

La total consciencia de Estebanillo como narrador de su «Vida» y como crítico de la picaresca se extiende también a su redefinición del tema de la libertad, a través de un examen de las prerrogativas ocupacionales del pícaro. En muchas de las novelas del género, el pícaro es un individuo sin una profesión fija, quien, debido a su ociosidad o naturaleza frívola, es objeto de abusos físicos y de risa. Lazarillo, por ejemplo, recibe palizas de sus primeros dos amos, perdiendo dientes y pelo (pp. 19, 24, 40). A Pablos le arrojan legumbres [12], lo hacen caer en una letrina (p. 28), y más tarde es cubierto con excrementos por unos estudiantes universitarios que se ríen con ganas de la cruel broma cuando Pablos proclama sus miserias (pp. 69-73); Guzmán es objeto de tratamiento similar al ser obligado a defenderse del vaso de noche de una afligida y vengativa dama romana (p. 546f.). En la pluma de Alemán y, especialmente, de Quevedo el pícaro no resulta digno de compasión (como sucede con el joven Lazarillo, forzado por la necesidad económica a aceptar los valores torcidos de aquellos que tienen autoridad sobre él). Al contrario, es mostrado en caricatura como un personaje ingenuo, detestable y, a menudo, grotesco, cuya cadena de desgracias y sufrimientos físicos pueden ser atribuida a su baja condición social o la ausencia de una dirección apropiada en su vida espiritual o social. Así, Guzmán, progresivamente se hace más simpático y menos objeto de mofas cuando se orienta hacia el despertar espiritual y la salvación —nótese la creciente importancia de las discusiones dialécticas con respecto al significado de «honor » y «libertad» [13]; Pablos deja de ser objeto de risa sólo cuando implícitamente acepta su anti-honor heredado; esto es, cuando se da cuenta, después de una serie de desgracias encadenadas», de que no puede negar su propia sangre (p. 148), rechazando así la vanidad y abandonando estoicamente todas las pretensiones de llegar a ser caballero [14]. El Lázaro adulto, por otra parte, progre-

---

[12] *La vida del buscón llamado don Pablos*, ed. Fernando Lázaro Carreter (Salamanca, Universidad de Salamanca, 1965), p. 28. La subsiguientes citas textuales aluden a esta edición e incluirán la página de donde se cita.

[13] Cf. MAURICE MOLHO, *El pensamiento picaresco* (Madrid, Anaya, 1972), p. 155: «La conversión final de Guzmán rechaza la hipótesis del pecado capitalista... El antihonor humano se resuelve a honor espiritual»; FRANCISCO RICO, *Punto de vista*, p. 68: «los dicterios del narrador contra el fantasma de la honra están en perfecta armonía con los del protagonista: significan justamente la culminación de un episodio decisivo de su historia, el desarrollo lógico y bien motivado de una faceta de su personalidad», y, finalmente, A. A. PARKER, *Los Pícaros*, pp. 86-87: «no pudiendo ya ofrecerle nada la libertad [i.e., la falta de disciplina moral], Guzmán puede aceptar voluntariamente su regeneración espiritual».

[14] Cf. C. B. MORRIS, «The Unity and Structure of Quevedo's *Buscón:* ''desgracias encadenadas'' », en *Occasional Papers in Modern Languages* (University of Hull, 1965), I, pp. 5-31. La novela de Quevedo, más que ninguna otra novela picaresca, ha dado origen a una serie de polémicas en cuanto a su sentido. Las interpretaciones oscilan entre las de F. LÁZARO CARRETER («Originalidad del *Buscón*», en *Studia Philologica. Homenaje ofrecido a Dámaso Alonso*, Madrid, Gredos, 1961, pp. 319-338) y F. RICO *(Punto de vista*, pp. 120-129), quienes ven la importancia del *Buscón* puramente al nivel del lenguaje —sería para ellos poco más que un «libro de ingenio»—, y la de A. A. PARKER («The Psychology of the Pícaro in *El Buscón*», en *Modern Lan-*

sivamente se vuelve menos simpático, en la medida que alcanza una apariencia de estabilidad económica: como aguador al servicio de un capellán, ahorra dinero para desperdiciarlo en símbolos huecos —en la mismas pretensiones del «honor» del hambriento escudero, su tercer amo [15], y, a pesar de la adquisición de un ínfimo oficio real —el de pregonero— continúa buscando su «buena» fortuna («provecho») en el *triángulo* maquinado por el desvergonzado arcipreste, su último amo (pp. 78-79).

Como los pícaros anteriores, Estebanillo es presentado en caricatura. Pero la diferencia con sus precedesores es notable: él es un «loco» intencional. Si los otros se ríen de sus actos absurdos es también porque él ha buscado conscientemente hacerles reír. En palabras del narrador, la profesión de bufón no es una ocupación para idiotas («no es oficio para bobos» [p. 75]). Así cuando Estebanillo alude a su iniciación como bufón, recuerda, sobre todo, una broma de castración que sufrió a manos de un noble y el consejo que recibió de un sirviente («Hermano Esteban, el oficio del gracioso tiene del pan y del palo, de la miel y de la hiel y del gusto y del susto, y es menester pasar cochura por hermosura» [p. 314]). El hablo de su miedo inicial a aceptar la «librea» por temor de ser subyugado en su nuevo rol, comentando que la «librea» no es otra cosa que «un vestido de esclavitud» (p. 295). Pero también continúa diciendo que sus funestas circunstancias —hambriento, menesteroso y obligado a Piccolomini— no le dejaron otra alternativa que aceptar el ofrecimiento de su amo:

> Me fue fuerza al encajármelo por no contradecirle en su gusto y por remediar mi desnudez (p. 295).

Ninguna otra novela picaresca, que yo sepa, expresa la situación social del pícaro con tal claridad: Estebanillo hizo lo que tenía que hacer para sobrevivir a las durezas de la guerra; él fue forzado a abandonar la vida «libre» y azarosa de pícaro para convertirse en un «payaso» profesional. En el ejercicio de esa profesión, subyugado a un amo, no sólo se transformó en exponente de ideas agudas y bromas irreverentes, sino también en el blanco de crueles y pesadas bromas; sus recompensas eran mitigadas por el castigo físico y la tortura mental. De ahí la tristeza del payaso y sus constantes alusiones a la melancolía [16].

---

guage Review, LXII [1947], pp. 56-59; rpd. en *Los pícaros*, esp. pp. 110-119), para quien «se trata de una novela de gran verdad humana, donde encontramos un estudio psicológico del delincuente, que supone un enorme avance sobre su época» (p. 110). Véanse también los estudios de P. N. DUNN, «El individuo y la sociedad en la vida del *Buscón*», en *Bulletin Hispanique*, LII (1950), pp. 375-96; T. E. MAY, «Good and Evil in the *Buscón*: A Survey», en *Modern Language Review*, XLV (1950), pp. 319-35, y C. B. MORRIS, *op. cit.*

[15] Ed. FRANCISCO RICO, en *La novela picaresca española I* (Barcelona, Ed. Planeta, 1967), p. 76. Las subsiguientes citas textuales aluden a esta edición e incluirán la página de donde se cita.

[16] Para un estudio de las dimensiones fisiológicas, sociales y económicas

Así que la alabanza de Estebanillo a la vida libre del pícaro debe ser vista en el contexto de su apenada situación presente; es el bufón cínico antes que el joven despreocupado quien exalta la libertad que una vez gozó como «pícaro de jábega» en las pescaderías de atún de Andalucía (las mismas pescaderías que frecuentó Tomás de Avendaño, el inquieto hijo de un noble en la *Ilustre Fregona* de Cervantes). De aquellos días, él ahora dice:

> Echaba mi barriga al sol, daba paga general a mis solda-
> dos y me reía de los puntos de honra y de los embelecos del
> pundonor, porque, a pagar de mi dinero, todas las demás son
> muertes y sola es vida la del pícaro (p. 211).

Entonces vivía una vida libre de todas las convenciones y obligaciones sociales.

El uso y significación de este lugar común en la literatura española ha sido discutido recientemente por A. A. Parker *(Los pícaros en la literatura. La novela picaresca en España y Europa*, 1599-1753 [Madrid, Gredos, 1971], pp. 51-55), quien argumenta que en el contexto de las letras del siglo XVII español, el tema de la libertad no tiene tanto que ver con la nostalgia por la libertad social como con la «disciplina moral» (p. 55). Esto es, por supuesto, cierto del *Guzmán* (véase lo anterior), y sin duda de una literatura que es abiertamente moral y ejemplar. Pero no es el caso de *Estebanillo González*. Porque mientras la alabanza de Estebanillo a la «vida libre» surge de una convención picaresca, las palabras del bufón también revelan una nota de nostalgia inconfundible: la de un payaso melancólico que depende de un amo para satisfacer sus necesidades básicas, principalmente comida y refugio, y que anhela volver a ganar su libertad perdida [17]. De ahí la decisión del payaso, a la edad de treinta y ocho años, de recordar sus experiencias por escrito; él planea dedicar su libro («el libro de mi vida» [p. 55]), al General Piccolomini, de quien, a su vez, se espera cumpla con una promesa que hizo hace muchos años después de su victoria en Thionville contra los franceses —una promesa de ayudar a financiar su retiro de bufón:

---

del *buen humor* de Estebanillo, véase mi *Estebanillo González and the New Orientation of the Picaresque Novel* (Tesis doctoral de la Universidad de New York, 1971), esp. pp. 68-102. Cf. RICHARD BJORNSON, «Estebanillo González: The Clown's Other Face», en *Hispania*, vol. 60 (1977), 436-442. Véase también lo que dice Guzmán (Ed. cit., pp. 492-98) sobre la naturaleza del oficio de bufón. Entre otras cosas, le asegura al lector «que fuera muy de menor trabajo y menos pesadumbre para mí cualquiera otro corporal» (p. 492). El mejor libro sobre la historia social y literaria de los bufones sigue siendo el de ENID WELSFORD, *The Fool: His Social and Literary History* (London, 1935, 2.ª ed., 1968).

[17] MAXIMILIAN NOVAK («Freedom, Libertinism, and the Picaresque», en *Studies in Eighteenth-Century Culture. Proceedings of the American Society for Eighteenth-Century Studies, vol. 3* [Cleveland: Case Western Reserve, 1973]. pp. 35-48), deja que se le escape de entre las manos la oportunidad de examinar el tema de la libertad en *Estebanillo*.

Hizo aquel día mercedes a todos sus criados y, demás de ser yo uno de los favorecidos, me prometió dar en el dicho estado de Amalfi con que pudiese descansar y vivir en marchitándose la flor de la joventud y llegando a los umbrales de la vejez (p. 325).

La doble perspectiva del «Yo» narrativo y el «Yo» recordado o experimentado es, por supuesto, un aspecto importante de la naturaleza narrativa de la ficción picaresca. Pero el acto de contar la historia no siempre implica la forma «confesional», ni tampoco el «Yo» recordante está necesariamente «atrayendo al lector a su mundo a través de modelos ostensiblemente morales» (traducción mía) [18]. *La vida y hechos de Estebanillo* ofrece la mejor prueba entre las narraciones picarescas españolas de que ambas suposiciones necesitan ser modificadas. Porque tenemos aquí una versión narrativa de los actos bufonecos del pícaro-payaso dirigida a los mismos nobles —Piccolomini y otras personalidades de la Guerra de Treinta Años—, quienes vieron sus bufonadas en los palacios de Flandes y en los campos de batalla de Europa. Más impotrante aún, los trucos de Estebanillo, tanto en la vida del personaje como en la escritura del narrador, tienen una unidad de propósito: agradar y divertir a su selecto auditorio con la esperanza de recibir asistencia financiera y liberación de la servidumbre.

Un examen del punto de vista de Estebanillo, tal como se revela a través de la elaboración del autor anónimo sobre otros dos temas picarescos —«supervivencia» y «desengaño»— muestra hasta qué punto *La vida y hechos de Estebanillo González* es tanto una imitación como una crítica a las «Vidas» autobiográficas picarescas. En las novelas picarescas anteriores, a menudo se nos hace observar la revulsión del pícaro hacia su pasado delincuente o descarriado. Esa revulsión se manifiesta en forma de conversión auténtica o como un cambio irónico. Las conversiones auténticas de Guzmán y Pablos parecen seguir el patrón medieval: un hombre cuenta su historia como si fuera otro. En el caso de Lazarillo, el cambio es irónico, porque él consigue la seguridad económica y una apariencia de respetabilidad social sólo después de llegar a ser cornudo e hipócrita. Estebanillo difiere de Guzmán y Pablos en que él rechaza explícitamente una conversión de carácter moral. Este rechazo, más aún, no es sólo un juego estético; es la toma de postura del escritor frente a situaciones sociales e históricas concretas. En medio de una guerra europea que conduciría a la secularización de la política y la derrota de la noción de una cristiandad unida [19]; con normas sociales e instituciones tradicionales que pasan por un acelerado proceso de desintegración, la visión serpenteante del pícaro-bufón sobre la vida es consistentemente ma-

---

[18] ULRICH WICKS, «The Nature of Picaresque Narrative: A Modal Approach», en *PMLA*, 89 (1974), pp. 240-49.
[19] Véase GEORGE PAGÈS, *La guerre de Trente ans* (Paris, Payot, 1939).

terialista y empírica, y sus necesidades personales son siempre económicas, sociales y psicológicas; nunca son metafísicas. Entre las grotescas acciones de guerra, Estebanillo practica diariamente el juego de la supervivencia. Siempre se aplica a sí mismo la ética de la autoconservación, y, en una repuesta aparente a la dialéctica picaresca del honor *versus* el anti-honor heredado, opera bajo la máxima «mi gusto es mi honra» (p. 290). El honor, ya sea social o espiritual es, en la filosofía materialista de Estebanillo, una mercancía intercambiable.

Es significativo que la falta de creencia de Estebanillo en los valores tradicionales se manifiesta especialmente en sus cínicos comentarios durante momentos claves en su vida. Por ejemplo, a punto de ser colgado en Barcelona, es abordado por un cura franciscano que quería hablarle acerca de su salvación («Hijo, ahora es tiempo de tratar de su salvación... y así, esto poco de vida que le queda es menester emplearla en confesar sus culpas y en pedir a Dios perdón de sus pecados» [p. 232]). Estebanillo rechaza el lloroso alegato del cura sobre el arrepentimiento y la contemplación, e ignorándolo pide de comer y beber» (p. 232). Tal como Meursault en *L'Etranger* de Camus, él no intercambiará las realidades reconocibles por posibilidades metafísicas. Por eso, cuando el cura insiste en predicar la parábola de la oveja perdida, Estebanillo está totalmente desinteresado. En las propias palabras del narrador, «más gana tenía de comer que de oír sermones» (p. 232). Estaba más interesado en llenar su estómago que en el solaz espiritual.

El punto de vista de Estebanillo es consistemente cínico y sus visiones y acciones siempre se conforman con un ideal secular. Así su *Vida y hechos* representa una modernización de la novela picaresca. A diferencia de Guzmán y Pablos antes (y *Simplicius Simplicissimus* unos veinte años más tarde), Estebanillo ni mira apologéticamente hacia su vida pretérita ni tampoco lamenta sus malas acciones. Lo deja muy en claro en un momento central de la narración cuando recuerda como, siendo vivandero, engañaba a las tropas con la ayuda da una mujercilla: «Volví a mi cuartel, planté el bodego y empecé a hacer lo que siempre había hecho, y *lo mismo que hiciera agora* si volviera a tal *oficio*» (p. 277; la cursiva es mía). Es decir, dadas similares circunstancias históricas, Estebanillo sería tan inescrupuloso ahora como lo fue en aquel entonces. Esta cándida afirmación es un repudio implícito de las vidas de aquellos pícaros que recuentan sus desgracias cuando ya han dejado de ser delincuentes; es un desaire a Guzmán, a Pablos y a otros «escritores» de sus propias «Vida», quienes aceptan toda la responsabilidad por un estilo de vida anterior que ahora consideran un error.

Al no mirar a su pasado apologéticamente, Estebanillo confronta al lector con una seria cuestión social: en medio de una desintegración económica, moral y social —en una guerra de intereses creados y alianzas que cambian constantemente— un mercenario marginal (o según las palabras de Estebanillo, una «humilde sabandija») no podría esperar sobrevivir actuando honorable o moralmente [20]. En la batalla de Nordlingen (septiembre, 1634), él señala esto a su capitán —un tal don Pedro de Ulloa—, quien le había instado a pelear por el Catolicismo y el Imperio («mi capitán... me dijo que por qué no me iba a la infantería española a tomar una pica para morir defendiendo la fe o para darle al Rey una vitoria» [p. 259]). Más tarde, cuando el capitán, herido a muerte, quiere saber por qué él huyó mientras los otros peleaban, el pícaro claramente señala que no quiso exponerse a la misma suerte: «Señor, por no verme como vuestra merced se ve» (263). Al recordar ese episodio en 1646, el pícaro-narrador se burla de la locura de su amo, constrastando la conducta «heroica» de Ulloa y la consiguiente muerte con su propio modo cobarde, pero «cuerdo», de permanecer con vida: «Lleváronlo a la villa, adonde, por no ser tan cuerdo como yo, dio el alma a su Criador» (p. 263). El creador de Ulloa («su Criador») no es el de Estebanillo; esto es, el pícaro no reconoce la visión cristiana de la vida eterna después de la muerte. El tipo de «honor» y reconocimiento que él busca es material y tangible antes que espiritual. La gloria eterna es ilusoria, mientras que el honor en un nivel temporal no es equiparado con los «ideales» nacionales o imperiales, sino con el propio interés económico.

Tal como la infatigable Courasche de Grimmelshausen y Brecht, Estebanillo participa en el negocio y ganancias de la guerra; lo hace como vivandero, vendedor en el mercado negro, mensajero y bufón para algunas de las personalidades más importantes del lado Imperial (Piccolomini, el Cardenal-Infante de España, el Archiduque Leopoldo, hermano del Emperador Fernando III). Sin embargo, él no está dominado por la ilusión (como en *Madre Coraje*, de Brecht) de que la guerra es la solución a sus miserias, y no arriesga su vida —a ningún precio—. Ese es el mensaje que transmite a su amo, Piccolomini, cuando el general le pide que muestre coraje y gane honor en la batalla: «Certifico a Vuecelencia que no me falta otra cosa, y que no busco en este mundo pundonores, sino dineros en serena calma» (p. 379). Fuera de salvar su propio pellejo, él sólo está interesado en dinero y ganancia. No hay otras lealtades o responsabilidades. La actitud de Estebanillo aquí refleja una visión de la vida totalmente anti-idealista y anti-heroica. Igualmente importante es que sugiera un total rechazo del pensamiento picaresco tradicional —especialmente el tipo ejemplificado en *Guzmán*, donde el dinero y el comercio son asociados con el anti-honor—. Porque la visión mercantil de Estebanillo, es decir, sus actitudes hacia el dinero y el comercio, están mucho más cerca de las de Moll Flanders y Gil Blas, el héroe de la famosa novela de Lesage [21], que las de cualquier otro pícaro español— con

---

[20] Dice JEAN DUCHÉ, *Historia de la humanidad* (Madrid, Guadarrama, 1964), IV: «Bajo la máscara de la religión, lo que realmente se jugaba en aquella lucha era la soberanía despótica del Emperador sobre los príncipes, la posesión de Flandes, y en último término, la seguridad nacional para los franceses, neerlandeses y daneses» (pp. 260-61).

[21] LESAGE re-escribió el *Estebanillo* en una versión francesa, dándole un

la posible excepción de Lazarillo, cuya necesidad de juzgar la bondad («bueno») como ganancia y ventaja personal («provecho») Estebanillo lleva a su fin lógico.

En conclusión, *La vida y hechos de Estebanillo González, hombre de buen humor* resume la historia de las «Vidas» picarescas en España (1554-1652) —desde su génesis y desarrollo hasta su decadencia y su posterior reorientación a lo largo de los siglos—. Debido a la cronología de la novela y a la manera en que re-define la poética de la picaresca —asimilando, desafiando o dando una nueva dirección a temas claves, tales como la autobiografía, delincuencia, libertad y azar, honor y desengaño— y, sobre todo, debido a la consistencia del punto de vista cínico del pícaro, la *Vida y hechos de Estebanillo* debe ser parte de todo estudio que pretenda trazar la evolución de la novela picaresca en España o investigar las direcciones ulteriores del género en Europa. Porque mientras Guzmán, el pecador arrepentido, tiene su contraparte europea en Simplicius Simplicissimus, que comparte sus preocupaciones metafísicas [22], la postura básica de Estebanillo frente a la vida (despojada de su humor) es reafirmada y elaborada en Moll Flanders. De hecho, lo que Denis Donoughe ha dicho acerca de Moll se aplica parcialmente a Lazarillo y casi totalmente a Estebanillo: «La vida es una cuestión primero de supervivencia y luego de competencia: no hay reconocimento de ninguna "promesa de vida" más allá de la próxima comida...; sus imágenes [las de Defoe] sólo declaran que la vida es un asunto mezquino y horrible, en el cual el mal significa pérdida y el bien significa ganancia y nada más» (traducción mía) [23]. Hemos visto que para Estebanillo el

---

título parecido al original español *(Historie d'Estevanillo González, surnommé le garçon de bonne humeur,* 2 vols. [Paris, Chez Proult, 1734]).

[22] A. A. PARKER, *Los pícaros,* esp. p. 129, destaca la influencia que ejercieron las «traducciones» alemanas del *Guzmán* en *Der abenteuerliche Simplicissimus* de HANS JACOB CHRISTOFFEL VON GRIMMELSHAUSEN (1621?-76). MARCEL BATAILLON, *Bouffon,* pp. 43-44, n. 35, habla de una posible influencia de *Estebanillo* sobre el mismo autor: «je ne la nierais pas aussi catégoriquement que A. A. Parker... en dépit des profondes différences marquées avec raison par celui-ci entre le personnage du "bouffon" espagnol et celui de Simplicissimus, et je jurerais pas que les trafics de Courasche aux armées... ne s'inspirent pas de ceux d'Estebanillo». La preferencia de Parker por el *Simplicissimus* sobre el *Estebanillo* es compartida por CHRISTINE WHITBOURN («Introduction», ed. *Knaves and Swindlers* [University of Hull-Oxford Univ. Press, 1974], p. XII), quien opina que en la novela alemana, el tema de la guerra resulta totalmente integrado al desarrollo interno del protagonista, mientras que en el *Estebanillo,* el mismo tema sería «más un trasfondo que un elemento absolutamente necesario» (traducción mía). Véanse, sin embargo, mis observaciones sobre la «librea» de Estebanillo y, esp. mi artículo, *History and Fiction,* donde examino la importancia de la guerra en cuanto a la unidad, la estructura y el estilo de su *Vida y hechos.*

[23] «The Values of Moll Flanders», en *Sewanee Review,* LXXXI (1963), pp. 287-303. Aunque no es esta la ocasión de discutir las influencias literarias en Defoe, me parece razonable suponer que el novelista inglés leyó el *Estebanillo,* si no en el original, por lo menos en la famosa traducción de John Stevens (en *The Spanish Libertines: or, the Lives of Justina, the Country Jilt; Celestina, the Bawd of Madrid; and Estebanillo González, the Most Arch and*

aquí y *ahora* es la única realidad de la vida. Los «valores morales» tradicionales basados en los conceptos trascendentales de lo recto y de lo incorrecto, del bien y del mal, Dios o Demonio (lo que al menos Moll Flanders reconoce) son meros instrumentos manejados por ciertas clases o instituciones que ejercen un control sobre otros o les roban su libertad. A la luz de estas conclusiones, necesitamos re-examinar el concepto de «novela picaresca» desde una perspectiva más comprensiva, es decir, en términos de los problemas suscitados por la última obra representativa del género en el siglo XVII español[24].

Comical of Scoundrels. To which is added a play call'd An Evenings Adventure [London, Samuel Bunchley, 1707]), publicada unos quince años antes de *The Fortunes and Misfortunes of the Famous Moll Flanders* (1722). De hecho, parece que Defoe conocía la literatura picaresca española mucho mejor de lo que la crítica moderna —especialmente la no-Hispanista— ha hecho resaltar. Se sabe, por ejemplo, que había leído el *Lazarillo* (véase *Mercator*, núm. 83; citada por MAXIMILIAN NOVAK, *Economics and the Fiction of Daniel Defoe* [Berkeley, 1962], p. 165, n. 1) y que un ejemplar de *La pícara Justina* de López de Ubeda —y ésta no en traducción, sino en el original— aparece en el «Catálogo de Ventas» (1731) del librero Olive Payne (véase *The Libraries of Daniel Defoe and Phillips Farewell*. Ed. Helmut Heindenrich [Berlín, 1970]). Hay, además, el claro testimonio de su «Prefacio» a *Moll Flanders*, inconcebible para mí sin un conocimiento del *Guzmán de Alfarache*, o bien en el original o en la versión de JAMES MABBE, *The Rogue* (1620). Cf. la evaluación crítica del novelista sir Walter Scott: «sea cual fuera la manera en que Defoe adquirió su conocimiento del bajo mundo... lo aplica en la composición de varias obras de ficción, en un estilo llamado por los españoles *Gusto Picaresco*...» (traducción mía). (Citado por PAT ROGERS, ed. *Defoe: The Critical Heritage* [London, Routledge and Keegan Paul, 1972], p. 67). Entre las obras incluidas por Scott dentro de esta corriente está precisamente *Moll Flanders* (*ibid.*, p. 68).

[24] Ya a punto de entregar este trabajo a la dirección del «Congreso», llega a mis manos el reciente libro de JENARO TALENS, *Novela picaresca y práctica de la transgresión* (Madrid, Ed. Júcar, 1975), donde el autor se propone demostrar, entre otras cosas, «cómo la autobiografía de Esteban González responde a un plan bastante coherente en su trabajo previo y en su realización» (p. 108). Su conclusión, «que el autor compone su libro del mismo modo que si se tratara de una novela» (p. 108), coincide, en general con la de nuestra «Introducción» a la ed. de *Estebanillo*, en Clásicos Castalia. Por otra parte, no convence su tesis de que «*La vida de Estebanillo González* no es una novela picaresca» (p. 109).. Limitar el «género» a tres muestras, eso es, al *Lazarillo*, al *Guzmán* y al *Buscón* (pp. 39 y 75), es negar su carácter dinámico (sobre problemas de aproximación al género, véanse, respectivamente, los estudios citados de F. Lázaro Carreter y de Ulrich Wicks), y afirmar que «*El pícaro sólo lo es en su intento de ascenso social extra-clase*» (p. 31) parece reducirlo aún más. El trabajo de Talens sobre el *Estebanillo*, valioso en muchos aspectos, también presenta problemas en cuanto a la valoración de datos. Si puede tener razón, hasta cierto punto, al decir que a Esteban, «Nadie le impone su carrera [de pícaro]» (p. 157), es debatible su afirmación de que Estebanillo «ni siquiera tiene un origen social bajo» (p. 157). Las burlescas alusiones de Esteban a la promiscuidad de su madre, a la raída carta ejecutoria de su padre y el hecho de que éste sólo aspiraba a que él fuera barbero (véase esp. Cap. I), nos lleva a diferentes conclusiones. Y si bien se podría argüir que Estebanillo recibe una herencia al morir su padre, también la recibe Pablos el buscón. Lamento no poder extenderme, por ahora, sobre este estudio con el detenimiento que merece.

X

LOS TEMAS PICARESCOS EN LA LITERATURA CLASICA NO NOVELESCA

Poesía satírica.

Antonio de Guevara.

Dr. Constantino Ponce de la Fuente.

Sebastián de Orozco.

Agustín de Rojas Villandrando.

Luis Vélez de Guevara.

Calderón.

José de Cañizares.

ELEMENTOS PICARESCOS EN LA POESIA SATIRICA DEL SIGLO DE ORO

José Almeida
Department of Romance Languages
University of North Carolina
Greensboro

Nuestro propósito en este ensayo es encontrar los paralelos existentes entre la picaresca y la poesía satírica durante el período que sigue a la publicación de la *Celestina* y de *Lazarillo de Tormes,* cuando ya no se trata de orígenes, sino de influencias. Con el fin de condensar la comunicación y de enfocar el tema donde predomina el interés general, evitamos hacer una compilación y estudio de las sátiras que se encuentran esparcidas en los cancioneros y nos concentramos en los principales poetas satíricos del Siglo de Oro. La sátira propiamente dicha no se puede restringir a ningún género porque se aprovecha de todos ellos [1]. Aun más, la sátira aparece en las distintas formas de cada género, como es el caso de la poesía con el soneto, el romance, la canción, la redondilla, el epigrama, etc. En este estudio cuando hablamos de género nos referimos a la novela o a la poesía.

En el Siglo de Oro, como en la época medieval, la poesía satírica tiende a ser amplia en su crítica, no siempre burlesca o picaresca. Incluye tanto crítica social como política, o sea, que puede considerarse poesía de protesta. Sin embargo, es de notar que los poetas del Siglo de Oro eran conscientes de la vena picaresca, lo cual se refleja en sus obras. Por ejemplo, en la poesía de Cervantes encontramos un soneto donde relaciona al pícaro con la pica, con el servicio soldadesco, con volverse pordiosero y con ser cobarde [2]. Salvador Jacinto

---

[1] KENNETH R. SCHOLBERG, *Sátira e invectiva en la España medieval* (Madrid, Gredos, 1971), p. 9.

[2] MIGUEL DE CERVANTES SAAVEDRA, *Obras completas,* ed. Angel Valbuena Prat (Madrid, Aguilar, 1965), p. 51. El *Diccionario de Autoridades* (Real Academia Española, 1737; ed. facsímil, Madrid, Gredos, 1969) con base en Covarrubias sugiere como una de las posibles fuentes de la palabra *pícaro* el que había en la guerra individuos que se vendían como esclavos que estaban encadenados a una pica.

Polo de Medina usa la palabra *pícaro* en su sentido femenino, lo que nos recuerda *La pícara Justina* (1605). Góngora y Quevedo, así como también Polo de Medina, emplean la palabra *picardía*[3]; demuestran así que tenían concepto del fenómeno picaresco en términos abstractos. Baltasar de Alcázar nos presenta un excelente ejemplo picaresco empleando la técnica autobiográfica en verso. El poema se titula *Diálogo entre dos perrillos;* Zarpilla, un gozque (perrillo que sólo sirve para ladrar a los que pasan[4]), relata los buenos tiempos y los infortunios de su vida a otro perro: los amos que ha tenido, el hambre que ha pasado y cómo vino a parar en tan mal estado, todo esto expuesto en una poesía corta[5].

Cuando comparamos la poesía satírica con la novela picaresca, observamos que el poeta dispone de ciertas ventajas que son consecuencias del género que emplea. Por ejemplo, si quiere, se permite cambiar de objeto en cada estrofa, sin transición y sin preocuparse por relacionar el verso anterior con el que sigue. Con tal de que haya declarado su propósito al principio de la poesía, queda relativamente libre para formar una hilera de críticas. Así lo hace Francisco de Trillo y Figueroa en dos de sus sátiras. A una le da unidad con un refrán que implica cierto humorismo picaresco y que le sirve también de estribillo: «Mas mal hay en el aldegüela / Que se suena». Este refrán le permite criticar uno de sus objetos favoritos, las mujeres: ya sean doncellas, casadas, viudas, solteras o monjas. Continúa con el mismo tono picaresco en otra sátira (IV), en la cual reúne toda su crítica con la afirmación: «Ya en el mundo no hay verdad». Procede entonces a censurar a los ricos, a los prebendados, una vez más injuria a las doncellas y solteras; luego, a los soldados cobardes, etc. (BAE, XLII, p. 89). En el *Cancionero de 1628* encontramos un ejemplo ingenioso de esta estructura encadenada. En este caso, el poeta invierte la situación que él cree existente en el mundo: «Todo el mundo irá al reués, / el baxar será subir, / valdrá barato el mentir / y reinará el interés.» Al crear esta situación, el satírico puede hablar mal de cualquier circunstancia sólo con describr el cambio que ocurrirá: «aurá amor do no ai engaño», «Viudas aurá lloriconas / (...) procurarán a personas / ricas vender sus haciendas, / andarán mui reuerendas / mirando continuo al suelo, / mas quando la noche velo /

---

[3] La palabra *picardía* aparece en Adolfo de Castro, ed., *Poetas líricos de los siglos XVI y XVII*, en *Biblioteca de Autores Españoles*, 4.ª ed., vol. XLII (Madrid, 1923), p. 202, y *pícaras* se encuentra en la p. 210. Citaremos este tomo en el texto de aquí en adelante. LUIS DE GÓNGORA, *Obras en verso del Homero español*, ed. Juan López de Vicuña (1627; ed. facsímil con prólogo e índices de Dámaso Alonso, Madrid, CSIC, 1963), fol. 108. FRANCISCO DE QUEVEDO, *Obra poética*, ed. José Manuel Blécua, vol. II (Madrid, Castalia, 1970), pp. 14 y 155.

[4] *Diccionario de Autoridades, op. cit.*

[5] ADOLFO DE CASTRO, ed., *Poetas líricos de los siglos XVI y XVII*, en *Biblioteca de Autores Españoles*, 4.ª ed., vol. XXXII (Madrid, 1921), p. 413. De aquí en adelante se citará este tomo en el texto.

negro y obscuro escondiere, / *será lo que Dios quisiere*» [6]. Una estructura de este tipo es natural en la poesía, pero cuando el novelista la adopta surgen problemas, como se ve cuando los críticos tienen dificultad en justificar las numerosas digresiones que se encuentran en *Guzmán de Alfarache* y *Gil Blas* [7].

También hay otras distinciones importantes entre la poesía y la novela como géneros. La estructura de la novela picaresca se justifica a base de la unidad que le da el pícaro. Sin embargo, para el poeta no es necesario crear tal personaje; no precisa, tampoco, un argumento verosímil dentro del cual el antihéroe existe y critica. El poeta satírico no hace otra cosa más que ver y criticar. En la mayoría de los casos el poeta es el pícaro, aunque padece diferentes limitaciones de expresión. Le restringe la forma: número y rima. Una vez que domina este aspecto restringente de su arte, el poeta se expresará libremente sobre cualquier aspecto de la sociedad que le interese al momento. No tiene que ser pícaro siempre. Puede serlo un día, caballero el próximo, enamorado otro día o, si desea, utilizar sólo elementos picarescos en poesías que no son del todo picarescas, como lo hace Cervantes en su novela ejemplar *Rinconete y Cortadillo*.

La estructura de las novelas picarescas no reflejan la unidad que se encuentra uniforme en la *Celestina*, sino que exhiben más la estructura de las novelas caballerescas, como también la de la sátira poética, esta última en el sentido de que narra una serie de cuadros satíricos. Con respecto a la *Celestina*, el autor picaresco, desde el punto de vista técnico, parece haberse interesado más en su tono conversacional, el cual se halla plenamente desarollado en ella.

Pasamos ahora a considerar la actitud y el punto de vista del pícaro dentro de la poesía satírica. Polo de Medina expresa este aspecto picaresco en su *Romance a un sabañón*... cuando dice que «Quien tan hambriento le mira / Le pregunta si es poeta», y él contesta, «Pues morder huesos ó uñas / Todo es una cosa mesma» (BAE, XLII, p. 176). Una de las características más destacadas del pícaro es que siempre tiene hambre. El mismo autor demuestra lo goloso y picaresco que es él en una poesía burlesca, *Romance a una manzana*. Después de elogiar la manzana, dirigiéndose a la dama quien le dio la fruta, declara con ironía:

> Si no estimare el favor,
> Me llamen con justa causa
> El *pícaro* manzanero,
> Y no merezca tu gracia.

---

[6] José Manuel Blécua, ed., *Cancionero de 1628* (Madrid, CSIC, RFE, Anejo XXXII, 1945), pp. 496-499.

[7] J. A. Jones, «The Duality and Complexity of *Guzmán de Alfarache*: Some Thoughts on the Structure and Interpretation of Alemán's Novel», en *Knaves and Swindlers*, ed. Christine J. Whitbourn (New York, Oxford Univ. Press, 1974), p. 43. Véase también Stuart Miller, *The Picaresque Novel* (Cleveland, The Press of Case Western Reserve Univ., 1967), p. 51.

Pero, porque mas esté
La manzana venerada,
Me la comí, y estará
Eternamente en el alma.

(BAE, XLII, p. 180.)

Igualmente, Francisco de Trillo y Figueroa se retrata como pícaro cuando unas damas le piden que se pinte en verso. En su poesía,
como buen pícaro, se da cuenta de que es malvado y picante. Se caricaturiza él mismo; cuenta que ha ejercido diferentes profesiones y
pretende, de una manera burlesca, ser muy sabio. Le gusta el beber
y la vida ociosa, y no vacila en llamarse o considerarse cobarde (BAE,
XLII, pp. 82-84).

El pícaro es una persona vulgar o una que se ha vuelto vulgar,
pero, a la vez, aguda y lista. Lo que nos sorprende más de su picardía es que se da cuenta, ya en aquella época lejana del Siglo de
Oro, que la conducta moral es relativa, o sea, que el pícaro puede
ser inmoral si lo necesita para sobrevivir o para darse gusto o porque
le da la gana ser malo; se convierte en mendigo cuando precisa hacerlo, engaña a la gente, hurta objetos de valor, pretende ser cura o
se mete a barbero, a médico o a lo que sea, si le conviene. Aun en
el primer pícaro que conocemos bien desarrollado, al fin de la novela, Lazarillo, penitente y arrepentido de su vida picaresca, todavía se
sigue adaptando a las circunstancias prácticas de la vida. Hace un
acuerdo con el arcipreste: Se casa con su criada y luego permite que
su mujer siga sirviendo al señor para recibir de él todo favor y
ayuda [8].

Esta actitud penetrante, materialista y a la vez cómica y antiidealista del pícaro se refleja en la poesía satírica del Siglo de Oro: En

---

[8] Tenemos presente el hecho de que, en sus orígenes (siglos XVI y XVII), las
circunstancias sociales que formaron la personalidad, actitud y punto de vista
del pícaro eran diferentes de las que conocemos hoy en el siglo XX. También
nos damos cuenta de la importancia de precisar esa atmósfera social antigua
de los Siglos de Oro con el propósito de definir al pícaro según el ambiente
en que vivía. Sin embargo, creemos que es igualmente importante considerar
al pícaro con los valores y conocimientos de nuestra propia época presente
para descubrir qué significaciones puede tener para nosotros en el siglo XX:
Advertimos que el pícaro, con cierta intuición perspicaz, percibe que muchas
de las personas a quienes observa actúan según sus propios intereses y no
toman en cuenta el bien del prójimo, la conducta moral y, aún menos, los
mandamientos de Dios. Cuando traslada esta concepción del mundo a su propio
comportamiento, sigue la corriente inmoral de la vida y se acomoda a las circunstancias que le son más provechosas. A pesar de que distingue entre el
bien y el mal, continúa obrando como pícaro, pues reconoce que la conducta
moral es relativa. Al concebir al pícaro con esta perspectiva, advertimos que
el desarrollo de este personaje literario equivale en su trascendencia universal
a L'Etranger de Alberto Camus. El concepto moderno del pícaro como personaje universal nos ayuda a comprender el interés que despierta en nuestra época
presente; nos permite explicar esa relación que existe entre los pícaros antiguos
y los modernos, esa afinidad entre los hipies, Barry Lyndon y Tom Jones, como
también el hecho de que Camilo José Cela hubiera recreado el personaje en
Las nuevas andanzas de Lazarillo de Tormes.

una poesía, *Razonamiento de un capitán general á su gente*, de Cristóbal de Castillejo, el capitán general le dice a sus soldados que tienen que retraer o morir, y termina el discurso con estas palabras:

> Pero diga quien dijere;
> Que si es honra el combatir,
> No es menos saber huir
> Cuando el tiempo lo requiere.
> Aperciba pues cualquiera
> los pies, si quereis salvaros,
> Porque yo pienso llevaros,
> Si puedo, la delantera.
>
> (BAE, XXXII, pp. 162-163.)

Vemos claramente esa actitud, entre cómica y cínica, de adaptarse a la situación práctica de la vida, sin tener recelo de admitir su cobardía. También, estos versos nos recuerdan el soneto de Cervantes, donde asocia la vida picaresca con el servicio militar.

Como es de esperar, la actitud propia del pícaro se encuentra frecuentemente en la poesía satírica de Francisco de Quevedo, pues escribió una de las obras maestras de la picaresca, *Vida del Buscón*. Al mismo tiempo no nos sorprende tampoco encontrar la actitud del pícaro mezclada con el punto de vista de Quevedo en poesías que expresan sentimientos estrechamente relacionados con los sucesos en la vida turbulenta del famoso autor. Lo vemos en su soneto *Felicidad barata y artificiosa del pobre*, cuyo primer cuarteto reza así:

> Con testa gacha toda charla escucho;
> dejo la chanza y sigo mi provecho;
> para vivir, escóndome y acecho,
> y visto de paloma lo avechucho [9].

Asimismo, en una *Letrilla satírica*, Quevedo expresa estos sentimientos:

> Siempre he mentido después
> del señor a quien mentía,
> y en ley de cortesanía,
> peor que aun la verdad es
> una mentira tardía.
> Di en mentir en profecía,
> y aun no alcanzaba a mis amos [10].

En otra *Letrilla satírica*, Quevedo observa el vaivén en la vida ajena, he aquí el estribillo: «Pícaros hay con ventura / de los que no conozco yo, / y pícaros hay que no» [11].

En sus orígenes, la picaresca se manifesta como una reacción contra las idealistas novelas pastoriles y caballerescas. Como paralelo,

9 FRANCISCO DE QUEVEDO, *Obra poética*, ed. José Manuel Blecua, vol. II, *op. cit.*, p. 14.
10 *Ibíd.*, p. 183.
11 *Ibíd.*, p. 155.

observamos que la poesía satírica del Siglo de Oro también muestra tendencias antiidealistas. Aunque todos los ejemplos citados anteriormente pudieran servir de ejemplo, mencionaremos otros interesantes, porque parecen ser, además, antipoéticos. En *Oda al amor,* Baltasar del Alcázar, dirigiéndose a Cupido dice: «Suelta la venda, sucio y asqueroso, / Lava los ojos llenos de legañas, / Cubre las carnes y lugares feos, / Hijo de Venus» (BAE, XXXII, p. 412). Entre otras cosas llama al dios de amor «pícaro hecho». En otra poesía compara el amor con la enfermedad de la gota *(Redondillas,* BAE, XXXII, pp. 414-415).

Siguiendo la misma tendencia antipoética, Antonio de Solís y Rivadeneyra, en un soneto dedicado a la rosa, se expresa así en los tercetos:

> Nace la rosa pues, y apenas deja
> El boton, cuando un lodo la salpica,
> Un viento la sacude, otro la acosa.
> Ajala un lindo, huélela una vieja,
> Y al fin viene á parar en la botica;
> Si esto es ser rosa, el diablo que sea rosa.
>
> (BAE, XLII, p. 444.)

Otro de sus sonetos que también manifiesta esta vena antipoética es *Habiéndose hecho á la desgracia de Milan mas de doscientos sonetos en Madrid* (BAE, XLII, p. 445), como ya lo indica irónicamente el título.

Como es de esperar, la poesía satírica coincide más con la novela picaresca en la crítica de las costumbres. Se sabe bien, por ejemplo, que Quevedo, para su desgracia, fue lo suficientemente audaz para censurar las altas dignidades de su época. Pero, en general, más que a cualquier otro grupo se ataca a las mujeres entre ellas, por supuesto, a las prostitutas y a las alcahuetas. Se acusa mucho a los clérigos y a los esposos cuyas mujeres le son infieles como también a los médicos y a los barberos. Abundan las caricaturas, algunas de ellas nos recuerdan la que hizo Quevedo del licenciado Cabra. No es necesario dar ejemplos porque ya son bien conocidos estos tipos de reprueba y de reproche satíricos. No hay más que pensar en la semejanza que existe con la picaresca. No obstante, para concluir vale la pena señalar un pequeño *Epigrama* de Polo de Medina, porque nos recuerda tanto al escudero de *Lazarillo de Tormes:*

> Tu piensas que nos desmientes
> Con el palillo pulido,
> Con que, sin haber comido,
> Tristan, te limpias los dientes;
> Pero la hambre cruel
> Da en comerte y en picarte,
> De suerte que no es limpiarte,
> Sino rascarte con él.
>
> (BAE, XLII, p. 177.)

EL ELEMENTO PICARESCO EN LAS *EPISTOLAS FAMILIARES* DE ANTONIO DE GUEVARA

Pilar Concejo

Antonio de Guevara es un escritor de la primera mitad del siglo XVI, a quien la crítica ha ignorado por muchos años y a quien necesistamos redescubrir para valorar la riqueza de su personalidad y la actualidad de su obra. Por la circunstancia histórica que le tocó vivir, es un escritor de encrucijada. Asiste al ocaso del mundo medieval y al nacimiento de una nueva valoración del mundo y de la vida, de aquí que sobre su obra abunden tanto las críticas como los elogios. Figura contradictoria en sí mismo por la doble condición de cortesano y franciscano, le gusta moralizar y al mismo tiempo entretenerse en una temática escabrosa. Usa el lenguaje pulido de la oratoria sagrada y se recrea en un lenguaje popular y picaresco, evocador de la realidad cotidiana y de su experiencia vital. Observa los signos de los tiempos y su mente peregrina de un lugar a otro con avidez de desvelar verdades, compartir inquietudes y denunciar tipos y costumbres. Dotado como pocos del don de hablar y escribir bien, juega con el lector y con las palabras, dejando correr la pluma al fluir del pensamiento. En Guevara vemos plasmada esa tendencia tan española que Gracián llama «discurrir a lo libre». Observa, reflexiona y reacciona por escrito, unas veces con la severidad del monje franciscano, otras con la ironía picaresca del cortesano experimentado. Es precisamente en el cruce de estos contrarios donde se encuentra el elemento picaresco de las *Epístolas familiares,* el cual aparece generalmente a manera de desahogos espontáneos, reflexiones ingeniosas, digresiones o anécdotas pintorescas en medio de un tema serio.

El «yo» guevariano, como el del pícaro, es el eje axial alrededor del cual gira la crítica social. Abunda el elemento autobiográfico y la narración en primera persona, siendo el «yo» lo que unifica lo disperso y variado de su obra. Guevara nos hace, a su manera, un relato de sus fortunas y adversides, ofreciéndonos, como el pícaro, su pretendida autobiografía. Llega a la corte de los Reyes Católicos a los doce años, aquí se educa al lado del príncipe D. Juan y experimenta los primeros amoríos cortesanos. «Yo confieso que nascí en el mundo, anduve por el mundo y aun fui solo uno de los muy vanos del mundo. También confieso que gasté mucho tiempo en ruar calles, ojear ventanas, escrebir cartas, requestar damas, hacer promesas y enviar ofertas, y aun en dar muchas dávidas» (I,34, 219)[1]. A los veinticinco años, cuando se le abría un futuro prometedor, abandona la corte y entra en el convento de S. Francisco de Valladolid. Aquí se dedica a leer, predicar y mendigar hasta que regresa a la corte veinte años más tarde, para desempeñar los cargos de predicador real y cronista imperial. Su vida vuelve a cambiar de rumbo; acompaña al Emperador en varios viajes y es enviado como inquisidor a resolver el problema de los moriscos de Valencia y Granada. Por último, es nombrado obispo, primero de Guadix y luego de Mondoñedo, en cuya sede episcopal muere.

Guevara gusta autorretratarse «largo, alto, seco y muy derecho», conciliador, lento en el decir Misa y largo en sus sermones. Se recrea estéticamente en hablarnos de su linaje antiquísimo, de tal forma que «primero hubo condes en Guevara que no reyes en Castilla» (I,10, 73) y se enorgullece de descender «de la más limpia sangre de Castilla» (II,21, 267), de ser religioso «y de los muy observantes» y de su calidad de escritor. A don Antonio de Zúñiga le estimula a obras grandes, así: «Si vuestra lança fue cual fue la de Aquiles, mi pluma será cual fue la de Homero» (I,7, 57). Como el pícaro, desprecia el mundo y hace frente a la vida con actitud de estoica resignación, «porque el mayor bien de los hombres es que ni en la prosperidad se ensoberbezcan, ni en la adversidad desesperen» (I,64, 454). Partiendo de su experiencia vital, critica el mundo de la apariencia y a los que ponen la honra en el parecer y no en las obras. «No vemos otra cosa cada día, dice, sino filósofos contra filósofos, artífices contra artífices y maestros contra maestros, tener contiendas, sustentar opiniones y vivir en disputas sobre quién sabe más y entiende más; lo cual todo proviene de lo poco que sabemos y de lo mucho que presumimos» (II,2 19-20).

La crítica moderna ve en el mito de la hidalguía y de la pureza de sangre la motivación histórica de la novela picaresca[2]. Bataillon señala cómo los temas favoritos picarescos se organizaban no alrededor del tema del hambre ni de la lucha por la vida, sino alrededor de la honra, es decir, alrededor de la respetabilidad externa, que se funda en el traje, el tren de vida y la calidad social heredada[3]. Guevara entreteje su obra alrededor de este tema y distingue cómo Lázaro o el Guzmán, entre la honra verdadera y la falsa, de ahí el recurso constante a la antítesis razón-opinión, apariencia-realidad. «Es

---

1 Todas las citas de esta comunicación están tomadas de las *Epístolas familiares de Antonio* de Guevara, edición de José María de Cossío, Madrid, Biblioteca selecta de clásicos españoles, 1950. El paréntesis hace referencia al volumen, número de la epístola y a la página.

2 ALBERTO DEL MONTE, *Itinerario de la novela picaresca española*, Barcelona, Editorial Lumen, 1971, p. 71.

3 MARCEL BATAILLON, *Pícaros y picaresca*, Madrid, Taurus, 1969, p. 215.

de tal calidad este triste de mundo, exclama, que antes de cumplir los hombres con la opinión que no con la razón» (II,6, 70). Critica, con gracia e ironía, a los que ponen su honra en títulos vanos y en fórmulas de cortesía.

Yo verguença he de oìr decir «besoos las manos», y muy grande asco he de decir «besoos los pies», porque con las manos limpiámonos las narices, con las manos nos limpiamos la lagaña, con la mano nos rascamos la sarna y aun nos servimos con ella de otra cosa que no es para decir en la plaça. Cuanto a los pies, no podemos negar sino que la mayor parte andan sudados, traen largas las uñas, están llenos de callos y andan acompañados de adrianes y aun cubiertos de polvo o cargados de lodo (II,3, 51-52).

Guevara inicia el camino de la picaresca a través de la descripción naturalista y de la crítica alegre y agresiva. Observa, reflexiona y comparte por escrito su inquietud.

Acá en esta nuestra Castilla, es cosa de espantar, y aun para se reír, las maneras y diversidades que tienen en saludar, así cuando se topan como cuando se despiden, y aun cuando se llaman. Unos dicen «Dios mantenga»; otros dicen «Manténganos Dios»; otros «Dios os guarde» ... otros «enhorabuena estéis» y otros «enhorabuena vais»; otros, «a Dios, paredes», y aún otros dicen «¿hao, quién está acá?». Todas estas maneres de saludar se usan solamente entre los aldeanos y plebeyos y no entre los cortesanos y hombres polidos, porque si por malo de sus pecados dixese uno a otro en la corte «Dios mantenga» o «Dios os guarde», le lastimarían en la hora y le darían una grita (II,3, 51).

El hidalgo del *Lazarillo* confiesa que se enfrentó en Castilla con un oficial porque le saludaba diciendo: «Mantega Dios a vuestra merced», como si fuera un cualquiera. «A los hombres de poca arte dicen eso; mas o los altos, como yo ,no les han de hablar menos de "Beso las manos de Vuestra Merced" o por los menos "Besoos, señor, las manos", si el que me habla es caballero» [4]. Ante tal orgullo exclama Lázaro en un desahogo íntimo: «Oh, señor, y cuantos de aquestos debeis Vos tener por el mundo derramados, que padescen por la negra honra lo que por Vos no sufrirán» [5], idea que subraya Guevara con una frase casi lapidaria. «No inmerito, digo, que vivimos como paganos, aunque creemos como christianos» (I,42, 268).

Arremete con ironía contra el hombre avaro, el cual «no él a las riquezas, sino las riquezas a él tienen y poseen», y se recrea en des-

[4] «Lazarillo de Tormes», en *La novela picaresca*, ed. de Francisco Rico, Barcelona, Planeta, 1967, p. 60.

[5] *Ibid.*, p. 50.

cribírnoslo con detalle, adelantándose a la sátira caricaturesa de Quevedo.

> Miento si no conoscí, siendo yo guardián de Arévalo, a un ricazo, el cual no comía de toda su hacienda sino la fruta caída, la uva podrida, la carne enferma, el trigo mojado, el pan ratonado, el queso gusaniento y el tocino rancio, por manera que no se atrevía a comer sino lo que no podía vender (I,50, 315).

Con la misma ironía amonesta al príncipe a ser generoso como Alejandro y no como Vespasiano, «el cual de puro mísero, avaro y codicioso mandó en Roma hacer letrinas públicas, a do los hombres se proveyesen, y orinasen, y esto no con intención de tener la ciudad limpia, sino para que le rentasen alguna cosa» (I,2, 18).

En las epístolas guevarianas coexisten el interés por los libros y el interés por la vida; la cultura adquirida y la experiencia acumulada, lo cual explica el recurso a la cita y a la anécdota. La anécdota personal intensifica el tono coloquial y picaresco y subraya el elemento autobiográfico:

> Miento si no me acontesció en Arévalo siendo yo guardián, con un juez nuevo y inexperto, al cual, como yo riñese porque era tan furioso y cruel, me respondió estas palabras: «Andad, cuerpo de Dios, padre guardián, que nunca da el rey vara de justicia sino al que de cabeças y pies y manos hace pepitoria.» Y dixo mas: «Vos, padre guardián, ganáis de comer a predicar, y yo lo tengo de ganar a ahorcar, y por Nuestra Señora de Guadalupe, prescio más poner un pie o una mano en la picota que ser señor de Ventosilla.» Como yo oí mentar a Ventosilla, repliquele esta palabra: «A la verdad, señor alcalde, justamente os pertenesce el señorío de la Ventosa, porque vos no cabriades en Ventosilla» (I,29, 190).

En otra ocasión, atacando el vicio del juego, recuerda cómo «el alcaide de Montanchez, se estaba muchas veces en la cama, no porque estaba malo, sino porque en Mérida había todo cuanto tenía jugado y perdido» (1,9, 71). Y en otra, como tuvo que enfrentarse con la mujer de un juez para que intercediese en el pleito de un amigo, la cual le respondió: «¿Rogar o qué? No penséis, señor Guevara, que tiene mi marido muger que le ha de rogar, sino de mandar» (I,39, 249).

Quevara asocia lo cotidiano y popular a lo histórico, pero usa de la historia y de los clásicos con gran libertad. Frente a los humanistas de su tiempo, cita de memoria y enreda deliberadamente las fuentes bibliográficas. No pretende falsificar en serio, sino autoejercitarse y dar rienda suelta a su espíritu crítico y creador. Cuenta que el emperador Galieno pagó a su médico Fabato no porque le curó, sino para que nunca más le curase, lo cual le hace exclamar con picardía: «Oh, a cuántos y cuántos médicos podríamos hoy decir lo que dixo el emperador Galieno a su médico Fabato, los cuales, si no se llaman Fabatos, los podríamos llamar con razón bobatos, porque ni conoscen el humor de que la enfermedad peca, ni aplicar la medicina necesaria» (I,54, 362).

Considera el que los hombres se perfumen un «infame vicio» y se apoya en que en la antigua Roma se castigaba lo mismo a los hombres que andaban oliendo, que a las mujeres que tomaban bebiendo. Actualizando lo histórico se desahoga así: «Si esta ley hoy se guardase, y a debida execución se llebase, tengo para mí creído que no se pasase día en el qual alguna muger no fuese justiciada, porque en caso de beber, yo no digo que beben vino, mas digo que tan bien muerde la perra como el perro» (II,42, 446).

Guevara es pícaro en la forma curiosa de fechar sus *Epístolas*. Unas veces hace alusión a hechos ocurridos posteriormente a la fecha que lleva la carta; otras, la carta de respuesta esta fechada con anterioridad a la enviada previamente. Escribe al gobernador Luis Bravo desde Toledo, 1524, recriminándole su conducta y sus amoríos. «Averiguada la edad que tenéis y sabida la vida que hacéis, ni en vos hay nobleza ni en vuestra vida limpieza» (I,34, 218). La enviada posteriormente, alegrándose de que haya enmendado su vida y restituyéndole el título de «muy noble», la fecha en Burgos en 1523. La libertad creadora de fray Antonio desborda el marco epistolar renacentista.

Un recurso estilístico usado con maestría es el sazonar los temas de mayor respeto con notas de acentuado realismo. Trata lo divino a lo humano y nos habla de Dios como el enamorado más antiguo del mundo y «caudillo de enamorados» (II,16, 227). «En la casa de Dios todo se da sano, entero, sin contrapeso y cogolmado »(I,8, 64). Los hombres no son más que los vinos, «los cuales saben algunas veces a la buena pega, otras al mal lavado y otras al buen viduño» (I,10, 75). Con frecuencia cambia el tono de expresión con una repentina salida de tono, como cuando le aconseja al Dr. Manso ser prudente en el negociar, «porque querer despachar un negocio fuera de tiempo es cortar por los huesos el pavo» (I,39, 247), o cuando dice que ser cristiano es estar en la casa de Cristo muy bien enamorado y «no estimar todo lo del mundo en lo que vale un pelo» (I,16, 234). Dios en el perdón es muy piadoso y en el dar es un manirroto (II,2, 45).

La nota de picante malicia se acentúa al hablar de los viejos, en los cuales respeta su experiencia, pero ridiculiza sus amoríos y sus achaques. Desengaña a un viejo enamorado de su amores tardíos diciéndole: «En tal edad como la vuestra, no se sufre ya dar cuenta de lo que hacéis, ni descubrir a nadie los negocios que tratáis, lo cual vuestra enamorada no podrá sufrir ni menos disimular, porque si cada noche no le dais cuenta de los pasos en que andáis y de los pensamientos que tenéis, teneos por dicho que os ha de volver las espaldas en la cama, y aun estar muy rostrituerta a la mesa» (I,34, 222). Usa la repetición anafórica para exagerar y caricaturizar los privilegios de la vejez:

Es previlegio de viejos ser cortos de vista, y tener en los
ojos legañas..., zumbarles siempre algún oído, y quexarse mucho que oyen poco..., caérseles los cabellos sin que se los pei-
nen, y nascerles en los pescuecos sarna sin que la siembren...
Es previlegio de viejos, digo de viejos podridos, que muchas
veces, pensando de escupir en el suelo se escupan así mismos en
el manto o sayo, lo cual no hacen ellos de sucios, sino porque
no pueden echar la escupitina más lexos (II,36, 389-90).
Es privilegio de viejos entre bocado y bocado tomar dos sor-
bos de vino, de manera que si va lo que comen mal maxcado,
va a lo menos bien remojado (II,36, 398).

El elemento picaresco se consigue también a base de comparaciones, símiles y juegos de palabras, con los cuales consigue intensificar
la expresividad de sus ideas y elevar lo no artístico a calidad literaria
al incorporar lo vulgar y cotidiano en una frase de estructura retórica. Las cartas llegan a la corte tan frescas como las truchas o los
salmones de Bayona, o tan retrasadas, «que si como era carta fuera
cecina, ella hubiera tomado la sal y aun descolgándose del humo» (I,9,
66). Amonesta a los religiosos a despreciar totalmente el mundo, porque «más daña que aprovecha el sacarnos alguna muela, si dentro de
las encías queda alguna raíz podrida» (II,7, 78). Las damas que visitan el templo de la enamorada Flora, «iban en hábitos de romeras y
se volvían rameras» (I,63, 447). Los letrados recién graduados, «como
presumen de alegar muchos testos vienen a ser grandes tiestos» (II,18,
247). Guevara no sólo usa un lenguaje realista, sino que se recrea en
él. El uso del diminutivo subraya su ironía y humor picaresco. Para hablar con Dios, dice, no son necesarias palabras altisonantes, sino «un
memorialito pequeñito» (II,43); Judas traicionó a Jesús porque tenía
«bolsicos» (II,91); «el arte de la medicina son muchos los que la
aprende y muy poquitos los que lo saben» (I,354); «en la corte hacen muchos lo que quieren y muy poquitos lo que deben» (I,2120).
Junto a razonamientos graves sobre textos de la Sagrada Escritura, escritos en «muy alto estilo», Guevara se recrea en una temática escabrosa, «muy sabrosa de leer», pero no muy en consonancia con
su condición de predicador y obispo. Cervantes, en el prólogo del Quijote, remite a su autoridad: «Si tratáredes de mujeres rameras, ahí
está el obispo de Mondoñedo, que os presentará a Lamia, Layda y
Flora, cuya anotación os dará gran crédito» [6]. El mismo Guevara lo
reconoce en carta a un amigo. «Le juro que no ha faltado caballero
que me daba una muy generosa mula porque le diese una carta de
alguna enamorada» (I,64, 451). A su hermana, que le pide le explique la inscripción de una medalla que le ha regalado un amigo en
la corte, le advierte que lo hará, aunque sea en detrimento de su
gravedad y a un a riesgo de ser murmurado por los maliciosos, los
cuales al leerlo dirán: «Rabia que le mata al fraile capilludo, y como

---

[6] Miguel de Cervantes Saavedra, *El ingenioso hidalgo Don Quijote de la
Mancha*, Primera Parte, Madrid, Taurus, 1967, p. 10.

debía ser enamorado pues también habla en amores y en las penas de enamorado» (II,21, 271). En efecto, Guevara no sólo habla de amores y rameras, sino que se recrea en ello, describiendo, con detalle los encantos de las tres rameras más famosas del mundo, Lamia, Flora y Layda: «... hermosas de rostros, altas de cuerpos, anchas de frentes, gruesas de pechos, cortas de cinturas, largas de manos, diestras en el tañer, suaves en el cantar, polidas en el vestir, amorosas en el mirar, disimuladas en el amar y muy cautas en el pedir» (I,63, 438-39). El elemento picaresco está en que su amigo D. Enrique Enríquez venera a estas tres mujeres como santas en unas tablas recién adquiridas. El aclarar tal confusión le da pie al autor para describir la técnica que cada una de ellas tenía para enamorar. Layda primero se hacía pagar que se dexase gozar; Flora, jamás consentía gozar, ni aun llegar a su persona, sino a hombre de sangre esclarecida (I,63, 446). De la misma manera se detiene en describir los encantos de la reina Cenobia, la cual de su propio natural era «de cuerpo, alta; la cara, aguileña; los ojos, grandes, la frente, ancha, los pechos, altos; el rostro, blanco; las mexillas, coloradas; la boca, pequeña, los dientes menudos; de manera que todos la temían por ser recia y la amaban por ser hermosa» (II,26, 310).

¿Qué debe, pues, la novela picaresca a Guevara? La contemplación crítica e irónica de la sociedad desde la perspectiva existencial del «yo» y el presentarse a sí mismo como el blanco de su humorismo. La visión barroca del mundo como un contraste entre apariencia y realidad, entre opinión y razón. El entretejer su obra en torno a la honra y el decir verdades con gracia y audacia expresiva: el recurrir a lo anecdótico para satirizar y a las digresiones y desahogos íntimos para compartir una inquietud o llamar la atención sobre alguna verdad.

Por último, es propio de Guevara el abarcar lo alto y lo ínfimo, y el recrearse en describir aspectos mínimos de la realidad hasta llegar a la caricatura. Con todo ello inicia el camino de la picaresca y de ciertas formas del arte de Quevedo.

LA *CONFESION DE UN PECADOR*, DEL DR. CONSTANTINO: UNA AUTOBIOGRAFIA DEL SIGLO XVI SIN PICARO

MARÍA PAZ ASPE
Fordham University
New York

Quisiera en esta ponencia presentar una obra que ha permanecido casi desconocida durante cuatrocientos años. Se trata de la *Confesión de un pecador,* que apareció anónima en Sevilla en 1547, y en 1548 ya fue reconocida por su autor, el Dr. Constantino Ponce de la Fuente, entonces predicador famoso en Sevilla.

Como el autor también es casi un desconocido, me voy a referir en primer lugar a su vida, para después estudiar su libro, la *Confesión de un pecado,* y su relación con la literatura picaresca, especialmente por su forma autobiográfica.

Al Dr. Constantino hay que situarlo en una época conflictiva, que acertó a vivir de manera singular. Arrastró el peso de su origen judío y vivió intensamente la renovación del humanismo cristiano que defendía la Universidad de Alcalá, cuyo favor por la «philosophia Christi» y las corrientes erasmistas es bien conocido.

En Sevilla alcanzó el favor público a través de su obra de predicador. En sus viajes por Europa, acompañando al príncipe Felipe, recorrió los centros culturales más importantes de la época. Inmerso en la tensión reformista vio comprometida su obra y su existencia. Finalmente se vio enfrentado con la Inquisición, que le condenó por «hereje-luterano».

Podría decirse que la vida del Dr. Constantino representa, como en síntesis, el mundo religioso del siglo XVI.

En el auto de fe celebrado en Sevilla el 22 de diciembre de 1560 fue condenado el Dr. Constantino. Como ya había muerto en la cárcel de la Inquisición, fue quemado en efigie en el mismo traje que solía vestir y en su ademán típico de predicador.

La sentencia, leída antes del trágico momento por el notario del Sto. Oficio, lo declara «hereje apóstata, fautor y encubridor de herejes, excomulgado de excomunión mayor», y lo entregaba a la justicia y brazo secular para que desenterraran su cuerpo y quemaran sus huesos. Determinaba la condena que se quitara todo título de su sepultura para que «no quede memoria de dicho Constantino sobre la tierra, salvo de nuestra justicia y de la ejecución que nos, por ella, mandamos hacer».

La orden inquisitorial fue realizada puntualmente, pero fracasó el intento de borrar de la memoria al ilustre predicador, que comenzó a ser citado por los protestantes con admiración y entusiasmo por su obra de reformador, y vituperado por los católicos a causa de su herejía.

Las noticias acerca de la vida del Dr. Constantino están envueltas en contradicciones y oscuridades[1]. Se desconoce su testimonio personal acerca de sí mismo y la *Confesión de un pecador,* aunque escrita al modo autobiográfico, mantiene un tono de distante objetividad lejana al dato vital concreto.

En las referencias a su persona, que se hallan en obras contemporáneas, en las Actas del Cabildo de la catedral de Sevilla y en los documentos inquisitoriales, quedan manifiestos los juicios contradictorios, que ya en su tiempo provocaba la personalidad y la obra del predicador famoso.

Nació Constantino Ponce de la Fuente en San Clemente de la Mancha, provincia de Cuenca, hacia 1502. Nada se sabe sobre su niñez. Acerca de la familia solamente se conserva una frase en la que, de manera ingeniosa, parece referirse a su ascendencia.

Al ser invitado por el Cabildo de la catedral de Toledo, donde regía el estatuto de limpieza de sangre, a ocupar el puesto de canónigo magistral, el Dr. Constantino, entonces ya famoso predicador, rehusó cortésmente diciendo que: «les quedaba muy agradecido por haberle juzgado digno de tanta honra... Pero, que los huesos de sus padres y abuelos descansaban sepultados ya hazia muchos años, y que él no quería admitir ningún cargo, por ocasión del cual se turbase aquel reposo»[2].

Con su negativa, Constantino manifestaba su oposición hacia este sistema discriminatorio, al tiempo que se negaba al examen sobre unos orígenes que podían comprometerle. Como tantos otros de la misma «casta», mantuvo el silencio acerca de sus antepasados durante toda su vida.

El primer dato que se puede documentar en la vida de Constantino lo sitúa en Alcalá, y se refiere a su afición humanística: son unos versos latinos publicados en honor de Lorenzo Balbo.

No conocemos las razones que motivaron al joven conquense a elegir la Universidad de Alcalá frente a la tradicional salmantina. Tampoco consta cuándo se incorporó a sus aulas, dado que se han perdido los libros registros de aquellos años; pero su colaboración

---

[1] Puede verse una documentada biografía de Constantino en mi obra *Constantino Ponce de la Fuente. El hombre y su lenguaje,* María Paz Aspe, Madrid, 1975.

[2] REINALDO MONTES, *Arte de la Inquisición,* Madrid, 1851, p. 309.

con el humanista Lorenzo Balbo permite situar a Constantino en 1524 como estudiante.

La Universidad Complutense constituía un foco de renovación en la vida cultural y espiritual de aquel tiempo. En sus aulas, junto a las doctrinas tomistas, se explicaban las escotistas y nominalistas. Se intensificaba el estudio de las lenguas antiguas, en las que se escribió la Biblia, para conocer la Revelación en sus fuentes. Se buscaba una espiritualidad nueva, más interior, menos atada a ritos, ceremonias y preceptos externos. Se leía y comentaba Erasmo, propulsor del humanismo-cristiano y sus proposiciones se estudiaban en las cátedras de teología.

En este ambiente renovador, pero donde no faltaban las actividades picarescas de los estudiantes, deseosos de gozar de la alegría juvenil, pasó Constantino sus años de estudiante, participando de ambos.

Según su primer biógrafo y panegerista, Reinaldo de Montes, su juventud fue «no muy laudable, según la libre y suelta educación de los jóvenes estudiantes». Se le ha llegado a considerar no sólo un estudiante «pícaro», sino disoluto, aunque caremos de datos que comprueban esta afirmación.

Por otra parte, la obra posterior de Constantino, escritos y sermones, prueba que se aprovechó de la renovación cultural y espiritual. Logró amplio conocimiento de la Biblia y de las lenguas en que fue escrita. Conoció y gustó de la «philosopía Christi» erasmiana y buscó una espiritualidad más interior, concebida en términos menos abstractos y más cercanos al hombre.

Antes de terminar sus estudios, Constantino abandonó Alcalá. Las razones de su marcha están abiertas al interrogante: ¿Se marchaba el estudiante conquense para evitar el estatuto de limpieza de sangre, a punto de ser implantado en la Universidad? ¿Trataba de alejarse de las persecuciones que comenzaban en Alcalá contra los más avanzados en ideas renovadoras? ¿O era alguna aventura «picaresca» —juego, amor, honor— la que le obligaba a alejarse?

Aunque las respuestas no se conocen, se sabe el destino de su marcha: el estudiante complutense marchó a Sevilla, donde terminó sus estudios, y en 1534 recibió el grado de licenciado en teología en la Universidad sevillana.

Para Constantino Ponce de la Fuente, como para tantos españoles del siglo XVI, Sevilla era un tentador horizonte geográfico, económico, cultural y espiritual. La ciudad, centro de intenso comercio, interior y exterior con las Indias, vivía un momento de auge y crecimiento. La nobleza, los mercaderes, las cofradías y el municipio rivalizaban en la construcción de asilos, hospitales, escuelas y monasterios. El auge intelectual y espiritual se materializaba en una profusión de libros que producían las imprentas sevillanas, dirigidos a difundir «la nueva cultura» y «la nueva espiritualidad» a quienes no conocían el latín.

Esta prosperidad económica favorecía la laxitud de costumbres públicas y privadas y hacían también de Sevilla el paraíso de los pícaros, el centro de fraudes e intrigas, la «Babilonia castellana», en frase de Vélez Guevara.

Constantino, aunque castellano por su origen y educación, encajó muy pronto en este ambiente urbano comercial y cultural de la ciudad andaluza. Sevilla se convirtió en su segunda patria.

Las actividades de Constantino se centraron en la predicación y la escritura. Enseguida se relacionó con el Cabildo de la catedral hispalense empeñado entonces en una tarea de renovación eclesiástica, cultural y social que él veía con agrado y estaba dispuesto a secundar. Las *Actas Capitulares* recogen puntualmente las actividades del predicador y por ellas conocemos las fechas de sus sermones, los salarios asignados y sus salidas de la ciudad.

Constantino gozó muy pronto de gran fama, que se vio acrecentada con la publicación de sus libros, especialmente los tratados de doctrina cristiana para provecho de la gente sencilla. De 1543 a 1547 aparecen sus obras con numerosas reediciones hasta 1556: *Suma de doctrina christiana*, editada seis veces. *El Sermón de Christo nuestro redemptor en el Monte*, cuatro veces. *La confesión de un pecador*, la *Exposición del primer Psalmo de David* y la *Doctrina Christiana*, tres veces cada una, y el *Catecismo christiano*, editado dos veces.

Atraído por la fama del Dr. Constantino, el emperador Carlos V, amigo de rodearse de buenos oradores, le invitó a incorporarse a la corte como predicador real. En 1548, Constantino dejaba Sevilla para acudir junto al emperador. Allí fue nombrado miembro del séquito del príncipe Felipe en su recorrido por las posesiones imperiales de Italia, Alemania y Flandes. Más tarde acompañó al emperador a Ausburgo y pasó de regreso a España a Trento. En 1555 acompañó al príncipe Felipe a Inglaterra y Bruselas, donde estuvo presente —con toda probabilidad— a la abdicación del emperador.

La incorporación al séquito del monarca significó un cambio en la vida del predicador sevillano, pero desconocemos lo que realmente supuso para él, ya que las noticias son escasas.

Los viajes que realizó por Europa han sido considerados definitivos para la orientación posterior de sus ideas, especialmente por los posibles contactos con protestantes, que pudieron influir en su pensamiento. Pero todo queda en conjetura.

Al volver definitivamente a Sevilla comenzó para el Dr. Constantino la última y más sorprendente etapa de su vida.

En contraste con las anteriores, esta etapa es más conocida y se halla documentada en los archivos catedralicios sevillanos, en los legajos de la Inquisición y en las primeras historias sobre la fundación de la Compañía de Jesús en Sevilla. Los biógrafos del Dr. Constantino la han estudiado con detalle y a ella se han referido muchos historiadores de la Inquisición española. Esta etapa es la que ha dado lugar a los juicios más contradictorios sobre el significado de la vida y la obra de nuestro autor.

Constantino continuó sus actividades como predicador y se presentó a las oposiciones para la canonjía magistral de la catedral, de las que salió triunfante. En estas oposiciones se vio envuelto en la lucha entre el Cabildo catedralicio y el arzobispo de Sevilla, entonces inquisidor general, Fernando Valdés, en la persona de su representantes, el provisor Ovando. Con objeto de derrotar al opositor Constantino, favorito del Cabildo, el provisor insistía en la necesidad de un examen para entender la doctrina de los pretendientes y pedía una revisión de los informes de linaje de los opositores.

El Cabildo se negó a estas peticiones y defendió calurosamente al Dr. Constantino de las acusaciones directas que se le hicieron, entre ellas estar casado y sin dispensa. Tras varias vicisitudes de las oposiciones, el predicador conquense fue elegido unánimemente canónigo magistral de la catedral de Sevilla.

Por aquellos años comenzaron las sospechas sobre la pureza de la doctrina que predicaba el Dr. Constantino, y tras un infructuoso intento de entrar en la Compañía de Jesús, comenzaron los jesuitas una oposición abierta contra el predicador.

Coincidió este enfrentamiento con un momento decisivo para la Inquisición española, empeñada en exterminar la amenaza protestante concretada en los «focos luteranizantes» de Valladolid y Sevilla que acaban de ser descubiertos.

Menudearon las denuncias y pronto las obras de Constantino fueron presentadas a la Inquisición como sospechosas de herejía. Así, en el «Indice de libros prohibidos», de Valdés, aparecieron todos los del predicador. Comenzaron los autos de fe para quemar no sólo herejes, sino obras heréticas. En enero de 1558 se publicaba la lista de los libros que debían ser quemados en Valladolid. En ellas aparecen los *Catecismos* del Dr. Constantino y la *Confesión de un pecador*.

Pero todavía la «heterdoxia» de estas obras no estaba muy patente y curiosamente aparecía en la lista una advertencia junto a ellas: «Estos libros de Constantino se detengan y no se quemen».

La persecución a su persona no tardó en llegar. Primero fueron los interrogatorios por los jueces inquisitoriales sobre los que comentaba festivamente el predicador: «Quisiéranme quemar estos señores, pero me hallan muy verde». Luego la detención y el encarcelamiento. En agosto de 1558 era conducido a la prisión inquisitorial del Castillo de Triana, donde pronto murió.

Las noticias sobre su estancia en la cárcel son contradictorias. Se desconoce exactamente la fecha de su muerte, ni como fue ésta. Sus apologistas afirman que fue natural y la causa fueron los malos tratos. Sus enemigos, que se suicidió con un cuchillo o un trozo de vidrio. Algunos llegan a asegurar que murió quemado.

La historia consigna que el 22 de diciembre de 1560 se celebró en Sevilla un auto de fe, donde fueron quemados en persona 21 herejes y tres en efigie. Entre ellos el Dr. Constantino, cuya sentencia decía:

> «Debemos declarar y declaramos que el dicho Constantino Ponce de la Fuente al tiempo que murió y vivió haber perpetrado y cometido los delitos de herejía y apostasia, y de haber

sido y muerto hereje apóstata, fautor y encubridor de herejes, excomulgado de excomunión mayor, y por tal lo declaramos, y pronunciamos, y dañamos su memoria y fama. Y mandamos que el día del auto sea sacada al cadalso una estatua que represente su persona, con coraza de condenado y con un sambenito... y sus huesos sean desenterrados y entregados a la justicia y brazo seglar para que sean quemados públicamente en detestación de tan graves y tan grandes delitos, y quitar y caer cualquier título si lo tuviese puesto sobre su sepultura; por manera que no quede memoria del dicho Constantino sobre la faz de la tierra...»

Por fortuna, la memoria del Dr. Constantino no se ha borrado y todavía hoy podemos celebrar la figura de este gran predicador con inquietudes espirituales, víctima cruenta de la represión inquisitorial, y nos deleitamos en la calidad artística de sus escritos.

Entre las obras de Constantino, del presunto hereje-luterano, hay una cuyas características especiales la relacionan con la novelística picaresca. Me refiero a la *Confesión de un pecador*, que la publicó en Sevilla por el año 1547, anónimamente.

Se desconocen hoy en día los ejemplares de la primera edición. Esta se halla citada en la Relación de libros que se quemaron en el auto de fe de Valladolid el 2 de enero de 1558. Dice así la Relación: «Otro que se intitula *Confesión de un pecador delante de Jesucristo*, impreso en Sevilla sin autor por julio 1547.»

El anonimato de la *Confesión* duró poco tiempo. Un año después de la aparición de este libro, el Dr. Constantino pide los derechos exclusivos para imprimir y vender sus obras. En el privilegio real en que se le concede el permiso, fechado el 22 de agosto de 1548, la primera obra que figura como suya es la *Confesión de un pecador*.

Durante la vida del Dr. Constantino aparecieron otras dos ediciones, ya con su nombre, pero ambas fuera de España. La segunda, en 1554, en Evora, y la tercera, en 1556, en Anvers, unida al *Catecismo Christiano*.

En los círculos europeos, la *Confesión de un pecador* pronto fue conocida y traducida. Jean Cisprin la incluyó en francés en su *Histoire des martyrs*. Varios autores protestantes se sirvieron de esta versión francesa para traducir algunos párrafos al inglés. En 1869 apareció la primera traducción inglesa completa: *The Confession of a Sinner*.

El título de la obra como aparece en la segunda edición, *Confession de un pecador delante de Iesu Christo, redemptor y juez de los hombres* adelanta el contenido del libro. Constantino escribe su autoconfesión estructurada, no en episodios a la manera picaresca, sino en un cuasi-examen de su conducta en relación al Decálogo y al Símbolo de la fe. Comienza el libro con una invocación a Cristo:

«Delante del juyzio de vuestra misericordia parezco unigenito hijo de dios dado por mano del eterno padre para ser precio y redencion, para se rsacrificio y juez de los hombres. Vengo para que oygais no de mi justicia sino de mis pecados, no de mis derechos sino de mis culpas...»

Cierra la *Confesión* con una plegaria emotiva:

«Criad nuevo coraçon en mi:
renovad en mis entrañas spiritu de
verdadero conoscimiento, esfuerço
para serviros, para vencer a mis
enemigos, para menospreciar mis
perdidas todas: pues ningun bien
puedo perder quedando en vuestro
servicio. Convertidme señor, y
quedare de verdad convertido...
     Dad me el alegria que vos
soleys dar a los que de verdad se
buelven a vos. Hazed que sienta
mi coraçon el officio de vuestra
misericordia, la uncion con que
soleys untar las llagas de los que
sanays: porque sienta yo quan
dulce es el camino de vuestra
cruz, y quan amargo fue aquel
en que me perdí.»

La distribución simétrica de la *Confesión* podría ser comparada metafóricamente a un tríptico. La tabla central correspondería a la exposición, de tipo doctrinal, de todos los pecados cometidos contra el dogma y la moral. Las tablas laterales estarían formadas por la invocación y la petición, ambas de tono más personal. La de la izquierda correspondería a la oración del reo, postrado ante su Juez y Creador; la tabla de la derecha sería el ruego apremiante que el pecador arrepentido, dirige a su Redentor misericordioso para alcanzar la gracia de la conversión.

El Dr. Constantino emplea en su obra un lenguaje sencillo y llano que corresponde al vocabulario religioso de la época. Evita los tecnicismos teológicos que pueden dificultar la comprensión de los lectores.

En la prosa de la *Confesión* queda patente el modo peculiar del escritor-predicador. Con frecuencia utiliza los recursos estilísticos propios de la prosa oratoria. Adorna la descripción de sus pecados con antítesis, enumeraciones, paralelismos, hipérboles, símiles y preguntas retóricas. El resultado es un estilo directo, emotivo, en ocasiones patético y siempre de gran belleza.

La obra está presentada desde el punto de vista del autor-protagonista que expone sus propias culpas. En este aspecto formal, la *Confesión* del predicador sevillano sigue la tradición literaria inaugurada por San Agustín con sus *Confesiones*. Y es esta forma autobiográfica la que relaciona la obra del Dr. Constantino con las «confesiones» que los pícaros van a escribir años más tarde. De una manera especial con la «confesión» del pícaro por antonomasia Guzmán de Alfarache.

Cuando Guzmán se dirige al lector al comienzo de la segunda parte de su vida le señala abiertamente lo que persigue con su relato: «Digo —si quieres oirlo— que aquesta *confesión general* que hago, este alarde público que de mis cosas te represento, no es para que me imites a mí; antes para que, sabidas, corrijas las tuyas en ti» [3].

Constantino Ponce de la Fuente se presenta delante del juicio divino a «dezir y a confessar delante de los hombres, delante de los angeles, en presencia de la tierra, en presencia del cielo... que justamente merezco ser condenado a perpetuo destierro de los bienes del cielo».

Hay en ambos autores-protagonistas un deseo explícito de confesar públicamente todas sus maldades. De exponerlas a modo de purificación y catarsis personal cuando cada uno ha llegado al punto de realizar o desear intensamente la conversión.

«El penitente Guzmán, un católico —ha escrito Alexander Parker en *Literatura and the Delinquent*—, tiene la compulsión espiritual y psicológica de decir sus pecados y él mismo llama a la historia de su vida una «confesión general». El lector, por su parte, se siente como si estuviera en el lugar del sacerdote, no para juzgarle y menos aún para condenarle, porque es el penitente el que se condona a sí mismo, sino para darle, como algo equivalente a la absolución, el don de su compasión y de su comprensión; por esto el lector toma o debe tomar parte en la confesión, ya que en el marco en que Alemán la coloca, la confesión no es tanto la de un delincuente individual, cuanto la de la humanidad delincuente» [4].

El Dr. Constantino, cincuenta años antes que Mateo Alemán creara a su «penitente Guzmán, siente el impulso de manifestar sus pecados. Lo hace de un modo peculiar. No recurre a la invención de un personaje, pecador, sino que él mismo se ofrece como personaje en una auto-confesión, en la que evita la narración de la anécdota temporal de su vida. De esta manera, el lector puede asumir como suyos los sentimientos de pesar y arrepentimiento de este penitente no plenamente concretizado. Se convierte Constantino en paradigma del hombre-pecador, igual que Guzmán aparece como ejemplo representativo de la humanidad delincuente.

Francisco Rico, en su obra *La novela picaresca y el punto de vista*, ha examinado los factores que pudieron haber inclinado a Mateo Alemán a elegir la forma autobiográfica para su *Guzmán de Alfarache*.

Cita el ejemplo de las *Confesiones* agustinianas, en las «que el santo se propone edificar al lector exponiendo los yerros propios

---

[3] Mateo Alemán, *Guzmán de Alfarache*, Espasa Calpe, 5v, Madrid, 1968, vol. III, p. 73.

[4] Alexander Parker, *Literature and the Deliquent. The Picaresque Novel in Spain, 1599-1753*, Edimburgh, 1967, p. 34. (He traducido el original inglés.)

a la vez que glosándolos e interpretándolos como etapas de una conversión» [5].

Se refiere también a la doble mira literaria y ejemplar que guiaba a Alemán y pudo haberle inclinado a elegir la forma autobiográfica: «En tercera persona —comenta Francisco Rico— la doctrina explícita habría parecido sobrepuesta demasiado artificialmente al relato... En primera persona; en cambio, la doctrina explícita quedaba fundida con la ficción... Así, crear un carácter y dar un puñado de lecciones, literatura y pedagogía, se refuerzan mutuamente en la autobiográfica» [6].

También se refiere el crítico catalán que Mateo Alemán, al «dar como núcleo del asunto novelístico un dilema religioso, resuelto en la conversión, le obligaba a profundizar en el alma del personaje» [7]. Añade que: «La vida y la literatura piadosa favorecían el empeño: no en balde eran comunes la meditación espiritual y el examen de conciencia, y no en balde el cristianismo contaba con una tipología bien establecida para la comprensión de los estados psíquicos» [8]. Saca la consecuencia de que la forma autobiográfica con implicaciones afectivas del narrador se le ofrecía a Alemán como la más adecuada para su propósito de presentar la interiorización del personaje de la manera más atrayente.

En el caso del Dr. Constantino, los estímulos que le indujeran a elegir la forma autobiográfica para la *Confesión de un pecador,* pudieran haber sido semejantes. La diferencia que les separa radica en que la obra del predicador sevillano más responde a una intención religiosa y ejemplar que a un fin literario. De ahí que Constantino no busque la creación de un ente de ficción que se autoconfiesa, sino que en su afán de ejemplaridad él mismo se presenta como el pecador-penitente. Sigue así de cerca al santo de Hipona, que expresa sus yerros propios para mejor edificar al lector. Llevado por el deseo de ejemplaridad, que él nunca declara explícitamente, como lo hace el pícaro de Alemán, no vacila Constantino en declararse reo de todos los pecados. Sigue en esto a Agustín o Guzmán, que «cargan las tintas» (en frase de Rico) a la hora de describir las maldades o las desgracias y los ridículos.

Para el predicalor hispalense, la autobiografía se le ofrece como vehículo de profundización en los sentimientos del protagonista-peniente, y sobre todo medio de ofrecer al lector piadoso una meditación espiritual y un examen de conciencia. Esta intención pastoral puede explicar el desinterés que muestra en relatar datos concretos de su anécdota personal y en reflexionar sobre ellos. El autor-personaje no habla con el lector, ni siquiera consigo mismo. Toda su «confesión» aparece como un diálogo unilateral con el Juez Supremo, a

---

[5] Véase FRANCISCO RICO, *La novela picaresca y el punto de vista,* Seix Barral, Barcelona, 1973, p. 82.
[6] *Ibid.,* pp. 82-83.
[7] *Ibid.,* p. 83.
[8] *Ibid.,* p. 88.

quien confiesa sus pecados. Diálogo que se ofrece como pauta de plegaria personal para el devoto lector que desee recitarla como propia.

La enumeración que hace Constantino de sus pecados, siguiendo puntualmente el orden de los preceptos del Decálogo y de las verdades de la fe, puede servir al lector como examen de conciencia. Pero Constantino se aleja de la fría exposición casuística de faltas, tan propia de la época, para ahondar en las actitudes del corazón, y expresa su confesión de modo existencial y directo.

Como buen predicador, el Dr. Constantino conoce la eficacia de la expresión directa, basada en el uso de la primera persona, recurso utilizado frecuentemente por los predicadores moralistas, y se sirve de él para influir más eficazmente en los lectores. La forma autobiográfica le ofrece el medio adecuado para comunicar mejor —con su pública confesión de pecados personales y generales— la doctrina evangélica de la misericordia divina hacia el pecador convertido.

El éxito de la *Confesión* en su tiempo, tres ediciones desde 1547 a 1556, y las traducciones al francés e inglés, prueban que Constantino consiguió la realización de su intento pastoral con un recurso literario, la autobiografía, del que iban a servirse quizá con móviles no ajenos a la edificación los novelistas de la picaresca.

¿Conocieron éstos la *Confesión de un pecador?* La pregunta, hasta el presente, no parece tenga una respuesta afirmativa. Quizá, en el caso del sevillano Mateo Alemán, no sea aventurado sospechar que llegó a saber de la fama del Dr. Constantino como predicador y hasta pudo haber asistido, siendo un muchacho de trece años, al auto de fe donde fue póstumamente condenado como hereje-luterano. Pero le resultaría difícil leer ninguna de sus obras, condenadas también por la Inquisición e incluidas en el «Indice de libros prohibidos».

El interrogante queda ahí. Su resolución podría quizá ser materia para otra ponencia.

SOBRE EL LINAJE DE SEBASTIAN DE OROZCO

JACK WEINER
Department of Foreign Languages and Literatures
Northern Illinois University

Emilio Cotarelo y Mori, en su estudio sobre Sebastián de Orozco (¿1510-1581?), propone el origen cristiano viejo de nuestro autor y atribuye los rumores que lo emparentaban con los conversos toledanos al odio que le guardaban a nuestro autor [1]. Pues según varias fuentes, Horozco era el mayor perseguidor de ellos en Toledo y por eso ellos se querían vengar de él.

En este estudio yo sugiero que la limpieza de Sebastián de Orozco está en duda, y más que nada las pruebas existentes tienden a indicar que él era de origen converso [2]. Y a causa de su estado, Horozco y su prole sufrieron por el mal trato que recibían los cristianos nuevos en aquel entonces. Esta mancha racial fue el obstáculo en su carrera profesional y vida social, del cual ellos jamás pudieron escaparse.

Nuestro autor nació en el mundo artístico de Toledo, donde su padre era alarife, oficio superior al de albañil, pero inferior al de arquitecto o maestro de obras como también se llamaba [3]. Maestro de obras de la catedral toledana y gran arquitecto era Alonso de Covarrubias.

La mujer de Alonso de Covarrubias, María Gutiérrez de Egas, era hija del famoso escultor Egas Cueman, hermano de Hanequín [4].

---

[1] EMILIO COTARELO Y MORI, «Refranes glosados de Sebastián de Horozco», en BRAE, 11 (1915), pp. 668, 670 y 671.

[2] *El Cancionero de Sebastián de Horozco*, ed. de Jack Weiner, «University of Utah Studies in Literature (Salt Lake City and Bern)», 3. Todas las citas a este *Cancionero* remiten a esta edición. En la introducción trato de este tema, pp. 21-32.

[3] JOSÉ GÓMEZ-MENOR FUENTES, «Nuevos datos documentales sobre el licenciado Sebastián de Horozco», en *Anales Toledanos*, VI (1973), p. 263.

[4] Dato que debo al ilustre historiador del arte español, José María Azcárate, al cual agradezco muy encarecidamente.

Este llegó de Bruselas a Toledo para ser maestro de obras de la catedral [5], y en varias ocasiones los Horozco, los Covarrubias y los Egas
trabajaron en conjunto [6]. Y así sin duda ayudaron a crear el ambiente en que se crió nuestro autor.

Los hijos de Alonso de Covarrubias eran Diego (1512-1577) y
Antonio (1523-1601), oidores de la Chancillería de Granada y representantes de España en el Concilio de Trento. En Toledo, Antonio
fue maestrescuela de la catedral. Diego era uno de los mayores juristas de su siglo [7], obispo de Ciudad Rodrigo, Segovia, nombrado arzobispo de Santo Domingo y murió obispo electo de Cuenca [8]. Fue presidente del Consejo de Castilla y reformador de la Universidad de
Salamanca [9], donde su vida como estudiante había sido tan brillante
como lo fue su carrera de profesor, en el Colegio Mayor de San Salvador de Oviedo [10], institución que les exigía limpieza de sangre a
sus colegiales [11].

Estos dos hermanos también estudiaron con su tío, racionero de
la catedral salmantina, Juan de Covarrubias, y recibieron una preparación académica espléndida. Y por eso obtuvieron puestos de grandísima importancia y su sangre jamás les fue obstáculo para desarrollar sus dotes. Este tío, Juan, también educó a Sebastián de Horozco y a sus dos hijos [12].

Nuestro autor tenía antecedentes muy parecidos a los que tenían
los hermanos Covarrubias, pero jamás llegó él a ocupar puesto que
exigiera limpieza de sangre, ni en Toledo ni en otra parte alguna.
Después de bachillerarse (1525-1527) y licenciarse en Derecho (1534)
en la Universidad de Salamanca [13], se dedicó a la abogacía en su ciudad natal. Cuando aún era bachiller se casó (c. 1532) [14].

En Toledo también era consultor o asesor de la Santa Hermandad [15], el Santo Oficio y el Ayuntamiento. Seguramente sirvió a los

---

5 COTARELO Y MORI, op. cit., pp. 656-666.
6 SEBASTIÁN DE HOROZCO, Cancionero, ed. de Bibliófilos Andaluces (Sevilla, 1874), p. xi.
7 LUCIANO PEREÑA VICENTE, Misión de España en América (1540-1560) (Madrid, 1956), p. 151.
8 ANGEL GONZÁLEZ PALENCIA, «Datos biográficos del licenciado Sebastián
de Covarrubias y Horozco», en BRAE, 12 (1925), p. 40, nota 3.
9 FLORENCIO MARCOS RODRÍGUEZ, «Don Diego de Covarrubias», en Sal-
manticensis, VI (1959), p. 51.
10 JOSEF REZÁBAL Y UGARTE, Biblioteca de los escritores... (Madrid, 1805),
pp. 96-98.
11 FERNANDO DE ALARCÓN Y HOROZCO, «Prueba de limpieza de sangre», en
AHN: Ordenes, Santiago, Caja 30, n.º 102 (1603-1608). Para Diego de Covarrubias se hizo limpieza de sangre según la segunda información de esta prueba
—en Albarracín—, folio 4.
12 GÓMEZ MENOR, op. cit., p. 264. Estando en Salamanca escribió coplas en
honor de la muerte de Isabel de Valois. En aquel entonces era racionero de la
Catedral de Salamanca. AGUSTÍN G. DE AMEZÚA Y MAYO, Isabel de Valois.
Reina de España (Madrid, 1949), III, parte 2, pp. 385-405.
13 RICARDO ESPINOSA MAESO, «Los estudios universitarios de Sebastián de
Horozco», en BRAE, XIII (1926), pp. 286-290.
14 GÓMEZ MENOR, op. cit., p. 263.
15 HOROZCO, Cancionero, copla 35, p. 58.

Cifuentes y a otras familias nobles [16], hecho que Horozco confirma en varias coplas suyas (173-177, 192-193).

Los hermanos Covarrubías eran primos hermanos de la esposa de nuestro autor, María Valero de Covarrubías, y tíos segundos de los tres hijos de este matrimonio: Sebastián (1539-1613), Juan (difunto en 1610) y Catalina. Figuraban los dos varones entre los más destacados ingenios de su época [17].

¿A qué se podría atribuir esta relativa falta de categoría profesional y social de nuestro autor? No podría ser por falta de dotes intelectuales o de influencia de parte de sus parientes, pues era reconocido como gran conocedor de la historia de Toledo, y como poeta participó muy activamente en la vida intelectual, cultural [18] y en la beneficencia pública de su ciudada natal [19]. También Horozco es una de las autoridades de la lengua española. Por eso yo creo que tendríamos que concluir que la falta de categoría se debe a su probable origen converso.

Por ejemplo, nuestro autor pretendía ser cofrade de San Miguel y San Pedro, como sus parientes los Egas, también feroces enemigos de los conversos [20]. Pero éstas, después de 1529, exigían limpieza de sangre, y por eso Sebastián de Horozco nunca se atrevió a pedirlas, porque bien sabía él que no sería admitido a ninguna de las dos [21].

Juan de Horozco y Covarrubias, segundo hijo varón de nuestro autor [22], se bachilleró en Salamanca el 22 de abril de 1562 y se li-

[16] GÓMEZ MENOR, op. cit., p. 266. Varios testigos en las pruebas de limpieza de sangre de los nietos de nuestro autor han dicho que sirvió en la Inquisición de Toledo. Aunque sí es posible que él haya sido consultor no fue oficial de ella. Lo que sí podría haber ocurrido fue que algunos testigos se hayan confundido a nuestro Horozco con otro: el licenciado Francisco de Horozco de Arce, malagueño y colegial de Santa Cruz de Valladolid. MARIANO ALCOCER, «Catálogos de la Biblioteca Universitaria y provincial» (Valladolid, 1918). Archivo de la Biblioteca de Santa Cruz, «Papeles Varios», MS. 320, folio 269v. Fue inquisidor en Toledo entre 1552-1555. AHN: Inquisición, Legajo 23, número 11, Legajo 26, número 5, Legajo 25, número 4, Legajo 35, números 22 y 26. Este Francisco de Horozco no es el que cita como alguacil mayor de la Inquisición de Toledo (GÓMEZ MENOR, op. cit., p. 257).

[17] Sobre Sebastián de Covarrubias véase también la introducción a su Tesoro de la lengua castellana o española, ed. de Martín de Riquer (Barcelona, 1943).

[18] Luis Hurtado de Toledo así opina de él. Relaciones de los pueblos de España ordenadas por Felipe II, Reino de Toledo, tercera parte, ed. Carmelo Viñas y Ramón Paz (Madrid, 1963), p. 491. Véase El Cancionero de Sebastián de Horozco, ed. Bibliófilos Andaluces, LXII, ítem sobre el pleito entre la ciudad de Toledo y el duque de Béjar.

[19] Horozco era cofrade de la Santa Caridad. Véase su Cancionero, pp. 210, 235, 292, y no gustó de la cofradía de San Pedro. Ibid., copa 179, p. 117.

[20] Véase mi estudio, «Sebastián de Horozco y los Hegas», de próxima aparición en Bulletin Hispanique.

[21] Un documento sobre la limpieza de sangre y estas cofradías figura en una colección de documentos manuscritos de Sebastián de Horozco en la Biblioteca Nacional (Madrid), MS 1975, folio 81.

[22] Así figura en el testamento de Sebastián de Horozco. FERNANDO DE ALARCÓN y NIÑO DE ZÚÑIGA, «Prueba de caballero de Alcántara», en AHN: número 1.335, folios 114-115.

cenció en el Colegio de San Antonio de Portacoeli de Sigüenza en abril de 1571 [23]. Bajo la tutela de su tío, Diego de Covarrubias, llegó a ser prior en la catedral de Segovia, donde permaneció desde mayo de 1573 hasta 1591 [24]. Entre 1593 y 1605 fue obiso en Agrigento, Sicilia, donde parece que tuvo muchos problemas y pleitos. Desde el día 8 de octubre de 1606, hasta su muerte en 1610, fue obispo de Guadix (Granada) [25].

En 1574, estando en Segovia, Juan de Horozco conoció a Santa Teresa de Avila cuando ella fundaba conventos en aquella ciudad. Ella aceptó su generosa ayuda recordándole: «Sepa v.m., señor prior, que Dios le ha traído a esta casa y que tiene obligación de hacerme merced. Porque aunque yo no precio de las noblezas del mundo, no dejo de estimar lo que es razón. Y sepa que la Sra. D.a. María de Tapia, su tía, es mi prima» [26]. Según Gómez-Menor Fuentes, la santa se refiere al parentesco que tenía con la madre del prior, «María de Soto, también toledana, con probables relaciones de consanguinidad con los Sotos yepesinos» [27].

La primera vez que Juan de Horozco hizo prueba de limpieza de sangre fue hacia 1569, año en que pidió y perdió el Colegio de San Salvador, de Oviedo. Esta pérdida no sólo ayudó para eliminarlo de cualquier puesto que exigiera limpieza de sangre, sino que también afectó muy mal a su sobrino, Fernando de Alarcón y Horozco, cuando pidió y casi perdió el hábito de Santiago (1603-1608).

Entre el 21 de mayo y el día 4 de junio, una comisión del Consejo de las Ordenes visitó El Viso (trece testigos), Illescas (ocho testigos), Uxena (seis testigos) y Palomares del Campo (catorce testigos). Todos ellos hablaron muy en favor de la limpieza y nobleza del pretendiente y de su ascendencia.

En Toledo, del 6 a 14 de junio (veinticinco testigos), el clima cambia. Pasan ocho testigos, quienes declaran la limpieza, nobleza e hidalguía de los Alarcón y los Horozco. El testigo número nueve, el doctor Martín Campo, también declara limpios a los Horozco. No obstante, advierte que ha oído rumores en contra de dicha limpieza.

Las voces decían que nuestros Horozco eran parientes de los conversos Antón Diente y de sus descendientes Baltasar de Toledo y su su hijo Juan de Quirós, escribano, jurado y dramaturgo. Pero este testigo explica que según su parecer eran voces echadas contra los Horozco por ser Sebastián de Horozco tan enemigo de los conversos

---

[23] Archivo Histórico Nacional: Universidades, Libro 1.254, folio 224v.

[24] Agradezco muy encarecidamente la ayuda que sobre Juan de Horozco me ha ofrecido el señor canónigo archivero de la Catedral de Segovia, don Hilario Sanz y Sanz.

[25] Agradezco muy encarecidamente la ayuda sobre Juan de Horozco que me ha ofrecido el señor canónigo archivero de la Catedral de Guadix, don Manuel Ballesteros.

[26] Efrén de la Madre de Dios y OTGER STEGGINK, *Tiempo y vida de Santa Teresa* (Madrid, 1968), p. 496.

[27] FRANCISCO MÁRQUEZ VILLANUEVA, *Espiritualidad y literatura en el siglo XVI* (Madrid, 1968), p. 168, y GÓMEZ MENOR, *op. cit.*, p. 255.

y el mayor perseguidor de ellos, conducta que para muchos afirmaba su origen cristiano viejo.

Otro testigo, el canónigo de la catedral toledana, Gerónimo Mexía, depuso lo siguiente: «Y sabe testigo que no avía en esta ciudad mayor perseguidor de judíos ni que más ásperamente los tratase en público y en secreto y que jamás se comunicara con los dicho Baltasar de Toledo y los suyos, ni con otro ninguno confeso, antes los que lo eran lo querían de muerte y huyan dél como del fuego por la viva lengua que tenía con ellos» (folio 61). Horozco se burlaba de ellos, motejándolos de conversos en coplas muy crueles, «Salga fulano y fulano y Antón Dientes y sus parientes» (folio 58) [28].

La comisión examinó a unos dieciséis testigos más, los cuales concuerdan con que los Horozco son limpios y que las palabras contra su limpieza eran un acto de venganza de los conversos. Ellos explicaban que el único deudo entre Horozco y los Toledo era que Francisca de Soto, su tía materna, se había casado con un fulano Burujón, bonetero. Pero después de enviudarse se casó con un fulano de Alcaraz, hermano de Juan de Toledo. Y a nuestro Horozco le chocó mucho el segundo matrimonio de su tía (folio 63). De todas maneras, este deudo no era consanguíneo.

Pero también se habló de que Sebastián de Horozco era descendiente de una tal Marina Alvarez, hija de Antón Diente, reconciliada con la Inquisición, sin que nadie supiera explicar este parentesco [29]. Y así lo expresa la comisión el día 14 de junio de 1603 (folio 72v). Hasta este momento, al pretendiente le van bien las cosas. Final de la primera jornada de este drama.

Sin embargo, en la misma hoja, del 85 de junio, hay una nota que habla de la mala opinión que tiene el licenciado Juan de Ocón, del Consejo Real, de la limpieza de don Fernando de Alarcón y Horozco. El día 30 del mismo mes, en Valladolid, el señor don García de Medrano examinó al dicho don Juan de Ocón sobre la limpieza e hidalguía del pretendiente y declaró que estando en Salamanca oyó que un fulano de Horozco (Juan) había perdido la Inquisición y el Colegio de Oviedo. No obstante, Ocón confiesa que no sabe la razón por qué los perdió, aunque sí cree que fue por sospecha de falta de limpieza.

Por sugerencia de este testigo, la Comisión fue a Medina del Campo para hablar con el licenciado Figueroa de Maldonado, oidor de la Chancillería de Valladolid, compañero del pretendiente. Pero en el interrogatorio no tocaron la cuestión de Juan de Horozco, sino que se habló exclusivamente en favor de la nobleza de los Alarcón.

El 14 de enero de 1604 se establece una comisión encargada de ir a Toledo, Valladolid, Medina del Campo e Illescas para averiguar

---

[28] En su *Cancionero,* Horozco incluye muchas coplas antisemitas mientras que en su teatro es totalmente pro converso, conducta aunque contradictoria, no insólita. *Cancionero,* p. 36.

Sobre Quirós y su familia, véase RACHEL ALCOK, «*The Famosa Toledana by Juan de Quirós*», en *Revue Hispanique,* 41 (1917), pp. 336-362.

[29] Véase *Cancionero de Sebastián de Horozco,* p. 344, nota al pie de la p.

por qué Juan de Horozco había perdido las dos instituciones y de averiguar el deudo entre los Horozco y los Toledo. Entre el 18 de febrero y el 15 de marzo esta comisión interrogó a veintinueve testigos.

En Toledo la comisión examinó principalmente a los descendientes de Antón Diente, algunos de los cuales decían que nunca habían oído hablar del deudo entre las dos familias. Otros testigos decían que el parentesco no era consanguíneo. Pero Juan de Quirós (folio 22) y Gaspar Castellano (folio 27), hablan de que el licenciado Horozco era nieto de Juan Guas, esposo de Marina Alvarez.

En este mismo interrogatorio, el otro grupo de testigos se componía principalmente de antiguos colegiales del Colegio de Oviedo, y todos ellos tenían en muy buena opinión al licenciado Juan de Horozco de Covarrubias y le guardaban respeto y amistad. Casi todos sabían que él había opuesto al Colegio y que lo había perdido, sin saber las razones, aunque algunos fueron de la comisión que hizo la dicha información de Juan de Horozco. Algunos explicaron a la comisión que habían jurado guardar secreto y que no podrían, de ninguna manera, hablar de la dicha información. Tal fue la deposición de Francisco Albornoz, del Consejo de su Majestad, ante el licenciado don Egas Venegas Jirón, en Valladolid, el 20 de marzo de 1604.

Para mí es más que sorprendente que Juan de Horozco perdiera el Colegio, porque tenía el apoyo de su tío Diego, quien recibió un gran disgusto a causa de esta pérdida. «El licenciado Pedro de Tudanca fue a dar satisfacción de la dicha pérdida al señor obispo de Segovia, Covarrubias.» Así reza el testimonio del doctor Domingo de Mendieta, canónigo doctoral de la Santa Iglesia de Toledo.

Los datos sobre el posible linaje no limpio de Sebastián de Horozco y las sospechas ocasionadas por las dos pérdidas de Juan de Horozco influyeron muy mal en el negocio de su sobrino. Así es que el 1 de abril de 1604, en Valladolid, la comisión llegó a concluir: «El señor don Juan Ydiáquez, presidente de este Consejo y del Consejo del Estado y comendador mayor de León y por los señores Antonio de Pedrosa, don García de Medrano, don Egas Venegas reprobaron esta información. Y declararon no concurrir en el dicho don Fernando de Alarcón las calidades necesarias para tener el ávito de Santiago.» Triste final de la segunda jornada.

Sin embargo, el 14 de marzo de 1606, el Consejo de las Ordenes pide las genealogías que habían hecho los hermanos Horozco al pedir la Inquisición de Toledo y la de Cuenca. Y dos días después Felipe III manda hacer los negocios otra vez. Un año más tarde —el 16 de marzo de 1607— se forma una comisión que irá a hacer una información en Albarracín y Teruel, en el reino de Aragón, de los Valero, familia de la esposa de Sebastián de Horozco. Entre el 15 de mayo y el 17 de junio de 1608 se hace un interrogatorio de la limpieza de sangre de los Valero con treinta y nueve testigos. Este examen confirma «la limpieza de este linaje de Valero», y en él no figura nada en contra de la limpieza de los Horozco. Final feliz de la tercera jornada.

En Madrid, el 20 de octubre de 1608, el Consejo de las Ordenes vio esta tercera y última información y juzgó que hacía falta pedir una dispensación «a su Sanctidad sobre las bastardías de padre y de agüelo del dicho don Fernando de Alarcón y en lo demás se declaró concurrir en el susodicho las calidades necesarias para poder tener el hábito de Santiago». Dicha dispensación vino de Roma el día 5 de abril de 1609, y «así se le mandó despachar el título del hábito de Santiago que su majestad le hizo merced».

La prueba de Fernando de Alarcón duró casi seis años y la aprobó casi la misma comisión que cinco años antes había fallado en contra del mismo pretendiente. ¿No es ésta una conducta contradictoria? Sin duda alguna ayudó el hecho de que don Diego Fernando de Alarcón, padre del pretendiente, fuera del Consejo Real, aunque nunca se puede saber qué hizo para ayudar a su hijo.

El lector ve fácilmente el ambiente misterioso y secreto en el Colegio de Oviedo en torno a las informaciones de limpieza de sangre, no sólo las que tratamos aquí, sino las dichas informaciones en general. Podemos sentir la ignominia, las frustraciones y agonías del pretendiente en todos estos casos donde se exigía dicha información. El susodicho drama nuestro seguramente se pareció a un sinnúmero de ellos más. Pues era una obsesión ciega de purificación imposible, única en su época en el Occidente [30].

Pero después fue más fácil para el hermano menor de Fernando de Alarcón, Francisco, quien pidió, con éxito, la Inquisición de Cuenca [31]. El nació en Valladolid, se crió en Madrid y después vivió y se educó en Cuenca con su tío, Sebastián, a quien sucedió como maestrescuela de la catedral conquense. En todo su expediente no se dice nada de los Horozco que sea en contra de su limpieza y su nobleza. Ni uno de los testigos se refiere al probable origen converso de su línea materna, distracción u olvido para mí posible sólo por la mala memoria de los testigos.

En 1625, Fernando Ruiz de Alarcón y Niño de Zúñiga, otro hijo de Fernando de Alarcón y de Catalina de Horozco, pide el hábito de Alcántara. Y surge de nuevo el mismo espectro de su limpieza. Se entera la comisión también de que una vez el cardenal Quiroga no quiso aceptar para la Inquisición de Sevilla a un hermano (Juan) de Catalina de Horozco, sin que se entere de la razón y causa de ello.

La comisión viaja a la Villa del Viso, Illescas ya Toledo, donde el 14 de julio de 1628 oye la misma historia de que Catalina de Horozco es descendente de Pedro (Juan) Guas y de su mujer fulana (María) Alvarez, penitenciada por el Santo Oficio e hija del confe-

[30] Luis Sala Balust, «Constituciones, estatutos y ceremonias de los antiguos colégios seculares de la Universidad de Salamanca», en Acta Salmanticensia..., Historia de la Universidad, V (Salamanca, 1966). Sobre las informaciones para el ingreso de los colegios, véanse pp. 46-57.
[31] AHN: Inquisición, Legajo 2.548, número 143.

so Antón Toledo. Sin embargo, se dice que el parentesco no es consanguíneo y por eso los Horozco son limpios, nobles e hidalgos.

Sin embargo, se habla de que Baltasar de Toledo y su pariente Francisco Langayo eran tratados por Sebastián de Horozco como deudos, porque estos dos conversos fueron convidados a las bodas de Catalina de Horozco y de Fernando de Alarcón.

La comisión recibe en una segunda declaración al doctor Salazar de Mendoza el 17 de agosto de 1628 (folio 135), en que afirma que doña Catalina de Horozco era descendiente de Pedro Guas y María Alvarez, sin decir que su parentesco careciera de consanguinidad. Casi simultáneamente (folio 125), la comisión aprende que el nombre de Sebastián de Horozco no figura en los libros de la Inquisición, ni como letrado ni como familiar.

De todas maneras, la comisión aprobó dicha información y dijo que sólo hacía falta recibir una dispensación por la bastardía de Fernando Ruiz de Alarcón, el 7 de septiembre de 1628, pero que en lo demás tenía, «las calidades necesarias para obtener el dicho hábito».

La primera información de limpieza de sangre de Juan de Horozco es de 1573, año en que pidió y perdió la Inquisición de Toledo [32]. En esta prueba surge el rumor sobre el parentesco entre los Horozco y los Toledo. Se habla de que los Horozco y los Toledo vienen de Antón Diente y su hija Cataliana Alvarez, y según el segundo testigo, Diego Vázquez de Contreras. «El dicho Sebastián de Horozco, padre que dizen ser del dicho licenciado Juan de Horozco, tenía una descendencia de un linaje de conversos que tenían por apellido F. Dientes.»

El sexto testigo, el licenciado Gaspar de Santa María, jurado de Toledo, que «tenía deudo o parentesco con Horozco, alarife, que fue de Toledo y padre que fue del dicho licenciado Horozco y que el parentesco hera que una hermana de su agüelo o visagüelo deste declarante avía sido casada con un fulano pedrero que era agüelo del dicho licenciado de Horozco o otro ascendiente que no lo tiene bien en la memoria, y que el declarante conoció al dicho Horozco, alarife, padre del dicho licenciado... y vía entre su padre deste declarante y él se trataban y comunicaban mucho como deudos».

El jurado Baltasar de Toledo, testigo decimotercero, dijo que su padre, Juan de Toledo, y Juan de Horozco, padre de Sebastián de Horozco, se trataban como deudos y que juntamente veían las fiestas en la plaza del Zocodover desde la casa del cuñado de este testigo, Cristóval de Angulo. «E entiende que como pariente suyo, su padre [Juan de Toledo], le llevava allá.»

Además, dice que entre algunos papeles muy antiguos de su familia vio que una hermana de su abuelo Antón Diente, «era casada con un pasado del licenciado Horozco», y su mujer, Catalina Alvarez, fueron reconciliados según el *Libro de Reconciliados en Tiem-*

---

[32] «Genealogía del licenciado Juan Horozco de Covarrubias (1573)», en AHN: Inquisición, Legajo 1.469, número 21. Forma un apéndice de mi edición del *Cancionero* de Sebastián de Horozco, pp. 325-345.

po de Gracia (folio 57, y que también figura el proceso del dicho Baltasar de Toledo.

Otro hecho, muy en contra de la limpieza de Sebastián de Horozco, era su ausencia de las dos cofradías toledanas, que después de 1529 exigían limpieza de sangre de los dos cónyuges: San Pedro y San Miguel. Sebastián de Horozco había pensado varias veces pedir San Miguel, pero sabiendo él que fracasaría nunca lo hizo. Por eso el licenciado Graviel de Quemada dijo: «Tiene escrúpulo de Sebastián de Horozco..., porque ay dos cofradías de xpianos viejos en esta ciudad de padre e madre. Y los que lo pretenden ser, siempre procuran de pedirlas... Y el dicho Sebastián de Horozco no lo a pedido, por donde pone escrúpulo de su limpieza.»

Otro testigo, Juan Fernández, declaró que hacía tres o cuatro años un hijo de Sebastián de Horozco pidió una colegiatura en Salamanca y la perdió. «Y vino el licenciado Horozco a el declarante y le dijo: Yo no he dicho tal. Quizás el que os ha dicho la copla, os la ha.» El mismo testigo explica que después de este diálogo con el licenciado Sebastián de Horozco salió por la nave de San Cristóval de la catedral diciendo: «Estos borrachos de la cofradía de San Miguel a todos quieren hacer confesos.»

El cofrade de San Miguel, Toribio Hernández, decía que Diego Rodríguez, abuelo materno de Horozco, no era limpio y que hablando Horozco con Hernández muy enojadamente le acusó de andar diciendo que él era confeso; Hernández le respondió: «Sabéis que veo que nunca os aveys atrevido a pedir ninguna de las cofradías de San Miguel ni de San Pedro. ¿Qué queréis que diga?»

Era tanta la sospecha contra la limpieza de·los Horozco que ni siquiera siguió la comisión la prueba. En una carta del 13 de agosto de 1573, al Consejo de Inquisición, los examinadores dijeron: «... hemos hecho su información de lo que toca a su padre del dicho licenciado cuya naturaleza es aquí, la qual enviamos con ésta. Y por lo que los testigos dizen· en daño de su limpieza del dicho su padre, no nos a parecido pasar adelante hasta que vuestra señoría la vea y mande lo que fuese servido» [33]. Que yo sepa, Juan de Horozco nunca ocupó puesto que exigiera limpieza de sangre [34].

Su hermano, Sebastián de **Covarrubias**, fue racionero en Salamanca, sin duda ayuda por su tío Juan [35], y llegó a ser capellán de la Capilla Real de Felipe II. en 1578, en este caso por la ayuda de su tío Diego [36]. El año siguiente empezó su carrera en Cuenca, siendo

---

[33] AHN: Inquisición, Legajo I, número 2.
[34] La Inquisición era una carrera muy buena para subir. JULIO CARO BAROJA, *El señor inquisidor y otras vidas por oficio* (Madrid, 1968), pp. 18 y 30.
[35] FLORENCIO MARCOS RODRÍGUEZ, *op. cit.*, p. 39.
[36] El día 2 de febrero de 1578, don Luis Manrique de Lara, Capellán Mayor de Felipe, secribe: «Digo que en el Licenciado Sebastián de Covarrubias concurren las calidades de limpieça, vida y costumbres y sufficiencia, que para ser capellán de su magestad, conforme a las Constituciones de su Capilla Real son nescesarias porque me consta por la ynformación que por mi comisión se hizo», Archivo General de Simancas, C. y S. Reales, Legajo 104, folio ......
El día 27 de enero de 1578, Felipe II escribe a sus capellanes: «... rescibi-

primero canónigo y después maestrescuela de la catedral conquense, ciudad donde vivió hasta su muerte, el 1 de octubre de 1613 [37]. Sin duda llegó a Cuenca también por la ayuda de su tío, quien no llegó a tomar posesión de la dicha silla catedralicia [38].

Aunque el puesto de capellán de la Capilla Real exigía limpieza de sangre, es obvio que la información que se hizo para Sebastián de Covarrubias no podría haber sido rigurosa, porque ya existía la negativa de su hermano Juan del año 1573.

Sebastián de Covarrubias era bachiller en 1565 y licenciado en 1573, y trabajó desde 1594 hasta 1606 entre los moriscos de Valencia para cristianizarlos. Su fama como teólogo y persona era excelente y su carrera allí se caracterizó por su gran éxito en todos los asuntos. Y en 1606 pide la Inquisición en Cuenca, a lo mejor animado porque Felipe III mandó continuar el negocio de su sobrino Fernando de Alarcón y Horozco.

El día 5 de abril de 1606, en respuesta a la solicitud de Sebastián de Covarrubias, la Inquisición en Valladolid le escribe a la de Cuenca: «Convendrá que en recibiendo ésta nos embiéis el testimonio authéntico de la genealogía que dio de sus padres y abuelos y sus naturales Sebastián de Cobarrubias, dignidad y canónigo en esa Sancta Iglesia para ser ministro de la Inquisición» [39].

El día 14 del mismo mes, la Inquisición de Cuenca escribe a la General a Valladolid: «El testimonio en forma authéntica que Vuestra Señoría me manda embiar por carta del 5 del presente, recivida, en 12 dél de la genalogía del licenciado Sebastián de Covarrubías, maestrescuela y canónigo de la Catedral desta ciudad será en ésta en la misma forma que él le dio escripto de su mano a lo que por él parece aun no firmado» [40]

mos y tomamos por nuestro capellán al licenciado Sebastián de Covarrubias...: Por ende yo vos mando que constándoos que en el dicho licenciado Sebastián de Covarrubias concurren las calidades deseadas, limpieza de linaje y suficiencia que por las constituciones fechas el año de myll y quinientos y sesenta y uno cerca de las calidades que han de tener nuestros capellanes», Archivo General de Simancas: Casas y Sitios Reales, Legajo 104, folio 8.

Agradezco mucho al director don Armando Represa, del Archivo General de Simancas, el permiso para publicar estos datos.

[37] González Palencia, op. cit., pp. 42 (1579) y 239.
[38] Ibíd., p. 40.
[39] Archivo Diocesano de Cuenca: Inquisición, «Cartas», número 347.

Agradezco muy encarecidamente al canónigo archivero de este Archivo la gran ayuda que me ha ofrecido con este estudio y por el permiso para publicar estos documentos de Sebastián de Covarrubias.

[40] Archivo Histórico Nacional: Inquisición, Legajo 2.548, número 13.

Agradezco muy encarecidamente a los directores del Archivo Histórico Nacional el permiso para publicar estos documentos.

La genealogía de Sebastián de Horozco que aquí publicanos es idéntica a la de su hermano Juan en su prueba de limpieza de sangre (1573). La única diferencia entre las dos es un pariente, Juan Pérez Valero, familiar de la Inquisición de Cuenca, quien sólo aparece en la genealogía de Sebastián. Las dos genealogía figuran en la prueba de Fernando de Alarcón y Horozco.

Archivo Diocesano de Cuenca: Inquisición, «Cartas», número 348.

Yo, Pedro Pérez de Uribarrí, notario público apostólico y secretario del

Tres años después, el 26 de septiembre de 1609, el doctor Claudio de la Cueva y el licenciado Quiroga, de la Inquisición conquense, escriben a la General: «La información de la genealogía y limpieza del licenciado don Sebastián de Covarrubias, maestrescuela y canónigo de la Sancta Iglesia de Cuenca, que por carta del 15 del presente, recivida a los 23 del mesmo, nos manda vuestra señoría remitir, enbiamos con ésta como V. S. lo manda» [41]. Aun después de buscar yo mucho, tanto en Cuenca como en otros lugares, no he encontrado jamás rastro de esta información, la cual no figura en ningún catálogo y que por lo visto desapareció. En la Inquisición de Cuenca tampoco figura Sebastián de Covarrubias como oficial, lo cual me hace sospechar que por la falta de limpieza él no recibió el deseado puesto.

Así es que volvemos a mi tesis. Aunque sí había casos en que los de origen converso podían vencer este obstáculo racial, Sebastián de Orozco y sus dos hijos aparentemente no lo pudieron hacer. Los primeros descendientes de nuestro autor al principio no pudieron escaparse de su origen, o si lo hicieron, fue con muchísima dificultad, apariencias y fachadas, enchufe y sin duda sobornando a testigos.

Tal fue el caso del sobrino de nuestro autor, Fernando de Alar-

Santo Officio de la Inquisición que reside en la noble e muy leal ciudad de Cuenca do yo hago fee e verdadero testimonio a los señores que el presente vieron como el liçenciado Sebastián de Covarrubias, maestrescuela, canónigo que al presente es en la Iglesia catedral de la dicha ciudad, dio en el dicho Santo Officio su genealogía para efecto de se le recivir ynformación de su genealogía y limpieza del tenor siguiente:

El liçenciado Sebastián de Covarrubias Horozco, canónigo en la Santa Iglesia de Cuenca, tubo por padres al liçenciado Sebastián de Horozco y a María Valera de Covarrubias, vezinos de Toledo.

Abuelos de parte de padre: Juan de Horozco y María de Soto, vezinos de la dicha ciudad y naturales.

Abuelos de parte de madre: Marcos de Covarrubias. Fue hermano de Alonso de Covarrubias, padre del presidente, y Catalina Valero, vezino de Toledo.

La dicha Catalina Valero, fue hija de Juan Pérez Valero, abuelo de otro Juan Pérez Valero, familiar desta Santa Inquisición de Cuenca, vezino de Traide, en cuya prouança avrá claridad de los bisabuelos del dicho canónigo, los quales viuieron primero en Teruel o en Alvarracín.

Por manera que Marcos de Covarrubias es natural de Toledo y Catalina Valero, su mujer de la raya de Aragón, como tengo dicho, según que de la dicha genealogía y memorial consta que pareze estar escrita de letra y mano del dicho Sebastián de Covarrubias a que me refiero y de mandamiento del señor doctor Francisco de Arganda, canónigo de Toledo, inquisidor appostólico que al presente reside sólo en el dicho officio, dí el presente que he hecho en la dicha ciudad de Cuenca a treze días del ms de abril de mill e seyscientos y seys años. E hice mi signo que es a tal en todo mío de verdad. Pedro Pérez de Uribarrí Secretario.

Es intersante ver esta idea de Covarrubias de colocar entre sus parientes un familiar de la Inquisición. Su sobrino Fernando, incluyó entre los suyos a varios que tenían pruebas de limpieza de sangre. Algunos son: Francisco Gutiérrez de Luxán, hidalgo y cofrade de San Miguel y de San Pedro (folios 56 y 61v), Fernando de Vega (folio 61v) y Alonso de Chaves Cañizares, familiar de la Inquisición de Toledo, y Antonio Egas, alguacil mayor de la misma (folio 62v). Prueba de Fernando de Alarcón y Horozco.

[41] AHN: Inquisición, Legajo 2.548, número 143.

cón y Horozco. Toda la oposición contra este pretendiente giraba alrededor del susodicho parentesco de su abuelo materno. Y por más que este pretendiente quisiera y por más linaje limpio que él tuviera por la línea materna, no había manera de escaparse de su sangre materna. Era una mancha indeleble. Algo mágico que no salía.

El enlace entre los varones Horozco y Covarrubias, no pudo ayudar a los dos hijos de nuestro autor para saltar la barrera racial. Este amor que sentían los dos hijos de nuestros autor por sus tíos se ve claramente en sus escritos. Adoraban a los Covarrubias, principalmente a Diego de Covarrubias [42].

Sin embargo, esta adoración aparentemente no existe entre nuestro autor y sus dos hijos. Apenas he encontrado alusión a su padre en las obras de sus dos hijos, a no ser que sea el testamento de Sebastián de Covarrubias [43]. Hasta en una biografía inédita suya, citada por Gómez Menor, se evita escrupulosamente toda alusión al origen converso de los Horozco [44]. Sugiero que entre padre e hijos hubo choques y conflictos, en gran parte para Horozco debido a su propia agonía e impotencia [45]. No pudo ayudar no sólo a sí mismo, sino tampoco a sus propios hijos. No pudieron salvar el abismo racial, hecho que sin duda alguna les amargó la vida a los tres.

Un examen de varias copas de su *Cancionero* descubre este antagonismo y se ve que sus propios hijos le son una fuente de tristeza. Horozco y sus hijos hicieron todo lo posible para quitar esta mancha y se negaban a reconocer y ver su propio origen.

En *El Lazarillo de Tormes* hay un magnífico ejemplo, análogo, que refleja los sentimientos de los Horozco y de muchos otros conversos sobre su origen mixto. La ceguedad de Horozco y de sus hijos me recuerda mucho el episodio de Lázaro con su hermano mulato, quien no comprendía y no veía que él mismo era manchado. «Como el niño vía a mi madre y a mí blancos y a él no, huía dél con miedo para mi madre y señalando con el dedo decía, ¡Madre, coco.» Y Lázaro observó: «Yo aunque bien mochacho, noté aquellas palabras de mi hermanico y dije entre mí: "¡Cuántos debe de haber en el mundo que huyen de otros porque no se veen a sí mesmos!"»» [46]. En el caso de los Horozco la mancha era invisible, pero existía [47]. Sin duda la situación de Horozco en relación a su propio padre y sus propios hijos, a él era como la del hermanico de Lázaro. Ellos también negaban a su propio padre y lo excluían. Y así negaban a su origen, escondiéndose de una realidad que ellos no querían ni podían enfrentar [48]. Los Horozco forman un gran contraste con algunos conversos

---

[42] GONZÁLEZ PALENCIA, *op. cit.,* pp. 40-41 y 387.
[43] GONZÁLEZ PALENCIA, *op. cit.,* p. 385.
[44] GÓMEZ MENOR FUENTES, *op. cit.,* p. 261.
[45] «Los Horozco y los Hegas.»
[46] *La vida de Lazarillo de Tormes...,* ed. Alberto Blécua (Madrid, 1974), p. 93.
[47] Sobre la intención moral de este episodio, véase FERNANDO LÁZARO CARRETER, «Sobre *El Lazarillo de Tormes*», *Abaco I* (1969), p. 77.
[48] Esta idea sobre la negación del padre por su hijo me la había sugerido

que ellos conocían. Me refiero por ejemplo a Francisco López de Villalobos y a Baltasar de Toledo, quienes, al contrario, se enorgullecían de su sangre. Así lo afirman varias coplas en el *Cancionero* (164-165), de Horozco, y otras del mismo Baltasar.

Este Baltasar de Toledo componía versos, pero que afirmaban su origen converso. Y en vez de ocultarlo, él se jactaba de él. Algunos de estos versos figuran en la dicha información de Fernando de Alarcón y Horozco. Dicen: «Otros tienen un con, y yo tengo dos, que son confitero y confeso.» Y según un testigo, Alonso de Salazar, clérigo y capellán del coro de la catedral toledana: «y esto dezía el dicho Baltasar de Toledo con mucha risa (folio 58v).» En resumen, he tratado de mostrar que los Horozco eran cristianos nuevos cuyo estado impidió una existencia justa y tranquila.

Como apéndice, publicamos la segunda prueba en la información de Fernando de Alarcón y Horozco por echar mucha luz sobre la genealogía de los Horozco y de los Toledo [49].

el profesor Oscar Hernández en un trabajo aún inédito —creo—, «*El Lazarillo de Tormes* y la pintura», p. 13. Le agradezco al profesor Hernández por haberme prestado su valioso estudio.

[49] Agradezco mucho al Archivo Histórico Nacional por el permiso para publicar este documento.

EN TOLEDO

Testigo 1. El doctor Mendieta, colegial de Oviedo.

En la ziudad de Toledo en diez y ocho días del mes de hebrero de mil
y seiszientos y quatro años, nosotros don Manuel Francisco de Hinojosa y el
doctor Varroeta Gamboa, en cumplimiento de lo que se nos manda por la
prouisión e instrucción de los señores del Consejo de las Hórdenes, que son
la caueza de estas diligencias, rezibimos juramento en forma deuida de derecho de el doctor Domingo de Mendita, canónigo doctoral de la Santa Ynquisición de esta ciudad y colessial del Collessio de Ouiedo el cual juró *in veruo
sacerdotis* que dirá verdad y guardará secreto. Y preguntado por qué causa
perdió el Collesio de Oviedo el licenciado Orozco de Covarrubias, dijo que
este testigo no la saue ni la pudo saber porque quando entró en el Colessio
de San Salvador de Oviedo dos o tres elecciones antes auía perdido el dicho
licenciado Orozco de Covarruuias. Sólo sabe que tratando desta pérdida este
que depone con otros collegiales dijo este testigo, «Por zierto que somos
desdichados. Que pareçe que siempre pierden en el Collessio los deudos de
personas que valen y pueden y a quien el Collesio tiene mayor obligación como
entonces la tenía el señor don Diego de Cobarrubias, obispo de Segovia», al
cual respondió dicho collesial de cuyo nombre se acuerda diziendo, «Luego
que perdió el dicho licenciado Orozco de Covarrubias, por orden del Collessio,
fue el licenciado Pedro Díaz de Tudanca a dar satisfación de la dicha pérdida
al señor obispo Cobarruuias y que quedó satisfecho y conseruada la amistad
del Collessio». Y que no saue ni a oydo que el dicho licenciado Orozco de Covarrubias perdiese por falta de limpieza ni otra causa porque perdiese, saluo
auer oydo que no satisfiço en la ... deposición como se esperaua. Preguntado
do a quién oyó dezir esto, dijo que no se acuerda, mas de auerlo oydo por
tradición de el Collesio. Preguntado si saue o a oydo dezir si la ynformación del dicho licenciado Orozco de Covarrubias fue aprouada o reprouada,
dijo que no lo saue ni a oydo. Y que le parece a este testigo lo sabrán los
colesiales que fueron de aquel tiempo que son los liçenciados don Francisco
de Contreras, Francisco de Albornoz y Pedro López de Aldaya. Preguntado
en qué opinión de xpiano viejo y limpio tiene al dicho licenciado Orozco
de Covarruuias, dijo que siempre le a tenido y tiene en opinión de xpiano
viejo y limpio contra lo cual no saue ni a entendido cosa alguna. Y que todo
lo depuesto es la verdad de lo que saue en cargo del juramento hecho debajo
del cual declaró que no le toca ninguna de las jenerales de la ley y que es de
hedad de zinquenta y tres años. Leyósele su dicho. Ratificóse y firmóle.

Manuel Francisco de		Domingo de Mendieta		El doctor Varrueta Gamboa
Hinojossa y Montaluo

Testigo 2 Juan de Quirós, hijo de Baltasar de Toledo.

En la dicha ciudad de Toledo hicimos diligencia para saber si en ella auía
otro algún colesial de el Colesio de Ouiedo, informándonos para ello del

doctor Mendieta y de otras personas y hallamos no auer en ella otro ninguno. Y así procediendo al cumplimiento de lo demás que se nos manda en la ynstrución, en este dicho día, mes y año, reciuimos juramento en forma deuida de derecho de Juan de Quirós y Toledo, vecino y natural desta dicha ziudad, el cual preguntado si tiene deudo con el licenciado Orozco, vezino que fue desta ciudad y con sus descendientes, dijo que saue por auerlo oydo dezir a su padre deste testigo que se llamó Baltasar de Toledo que era y él es deudo del dicho licenciado Orozco a quien conoció este testigo. Preguntado si saue o oyó dezir al dicho su padre en qué grado o por qué línea tenían el dicho deudo con el dicho licenciado Orozco y qué decendientes, dijo que a su padre nunca oyó dezir con particularidad el parentesco que tenían con el dicho licenciado Orozco, ni por qué línea fue. Mas de cuanto en jeneral le oyó dezir que era deudo suyo. Pero que después él a procurado saver este testigo de personas de noticias por qué parte o línea fuesen deudos del dicho licenciado Orozco y de sus decendientes. Y a entendido que el deudo que tenía su padre y este testigo tiene con el dicho licenciado Orozco y con sus decendientes era por esta rasón: Que el dicho licenciado Orozco tuvo una hermana o tía —que no se afirma en si era lo uno o lo otro— la qual cassó con un fulano Burujón. Y siendo viuda dél la casó segunda vez con un tío deste testigo, hermano de Juan de Toledo, su abuelo, padre de Baltasar de Toledo, su padre. Y que por esta parte este testigo y los dichos su padre y abuelo y sus dezendientes eran deudos del dicho licenciado Orozco y de sus deçendientes. Preguntado a qué personas a oydo dezir que era por esta línea el deudo que tiene con el dicho licenciado Orozco, dijo que a don Juan Pacheco de Rojas, cauallero de Calatraua y a el licenciado Pacheco, comisario del Santo Oficio, vecinos desta ciudad. Preguntado si saue o a entendido aora o en algún tiempo que sea deudo o su padre y pasados lo fuesen del dicho licenciado Orozco por otra parte o línea differente de la que a oído, dijo que no saue que lo sean por otra parte aunque lo podrían ser si el dicho licenciado de Orozco es verdad que deziende de un Juan Guas, vizcaíno y maestro mayor de las obras de los señores reyes católicos y emperador nuestro. Con una hija o hermana del dicho Juan Guas se cassó, según este testigo a oydo, Juan Alonso Abendino que a oydo era gallego. Y fue padre de Antón de Toledo, bisabuelo de este testigo, padre de Juan de Toledo, su abuelo. Y que así por esta parte podrían tanbién ser deudos del dicho licenciado Orozco este testigo y los demás decendientes de sus pasados. Y no saue si por otra parte lo sean ni puedan ser. Preguntado a qué personas a oydo dezir lo que dicho tiene, dijo que a un primo suyo que se llama Jerónimo de Toledo y a un scriuano que fue del número de esta ciudad que es muerto y se llamaua Hernando de Santa María. Y que no saue otra cosa de lo que le a sido preguntado más de lo dicho, lo qual es la verdad en cargo del juramento hecho. Y dixo ser de edad de cuarenta y ocho años poco más o menos. Leyósele su dicho. Ratificóse y firmólo de su nombre. Va testado, «su padre y emperador nuestros» y entre renglones «los señores reyes católicos».

Manuel Francisco de   Juan de Quirós   El doctor Varrueta y Gamboa
Hinojossa y Montalvo

Testigo 3. Gerónimo de Toledo, primo de Juan de Toledo y sobrino de Baltasar.

Este dicho día, mes y año en la dicha ciudad de Toledo reciuimos juramento en forma deuida de derecho de Gerónimo de Toledo, jurado y vecino desta dicha ciudad y nieto de Juan de Toledo el cual auiéndose hecho de dezir

verdad y guardar secreto y siendo preguntado si tiene deudo con el licenciado Orozco, vezino y natural desta ciudad y con sus decendientes, dijo que
con el dicho licenciado no saue que tenga deudo alguno si no es que fuese
dezendiente de un Juan Guas que fue maestro mayor de las obras de los
señores reyes católicos como este testigo lo oyó dezir a un Toribio· Hernández, hombre antiguo desta ciudad que es difunto, el qual lo dijo al licenciado Santa María, que era hijo de Juan de Toledo y padre deste declarante. Y
que siendo el dicho licenciado Orozco dezendiente del dicho Juan Guas como
a dicho que lo oyó, sería deudo deste testigo y de su padre y mayores porque
Juan Alfonso Auendino, reuisabuelo deste testigo, abuelo del dicho Juan de
Toledo, su abuelo, casó con una hija o hermana del dicho Juan Guas de cuyo
matrimonio ubo a Antonio de Toledo, bisabuelo deste testigo, lo qual saue
por tradición de sus mayores. Y que sin esto que dicho tiene, este testigo es
deudo de los dezendientes del dicho licenciado Orozco y que por tal se a tenido siempre. Preguntado en qué grado y por qué línea heran sus deudos los
descendientes del dicho licenciado Orozco, si él no hubiese deçendido del dicho
Juan Guas, dijo que el grado será conforme en el que estuvieren los descendientes del dicho licenciado Orozco en decendencia suya. Y que la raçón por
qué lo serán y lo son aunque el dicho licenciado Orozco no sea decendiente
del dicho Juan Guas, es porque una hermana del dicho licenciado Orozco
cuyo nombre no saue, casó segunda vez, abiendo enviudado de Juan Burujón, con un hermano de Juan de Toledo, abuelo deste testigo, lo qual sabe
también por tradición y oydas a sus mayores. Preguntado si an quedado o ay
en esta ciudad algunos decendientes de la dicha hermana del licenciado Orozco y del hermano del abuelo deste testigo, dijo que no saue que al presente
aya ningún decendiente suyo. Preguntado si saue o a oydo dezir que el otro
padre o abuelo ayan o puedan aver sido deudos del dicho licenciado Orozco
por dicha parte o línea más de por las raçones dichas, dijo que no save ni jamás a oydo que por otra ninguna parte puedan ser sus deudos y que lo dicho
tiene y no otra cosa es la verdad de lo que save en cargo del juramento hecho.
Declaró ser de hedad de más de quarenta años. Leyóselo su dicho. Ratificóse
y firmólo de su nombre.

Manuel Francico de   El doctor Varrueta Gamboa   Gerónimo de Toledo
Hinojoso Montalvo

*Testigo 4. Don Juan Pacheco, testigo a quien se refirió Juan de Quirós en
su dicho.*

En la ciudad de Toledo en diez y nueve días del mismo mes de hebrero
de mil y seisientos y quatro años, reziuimos juramento en forma de derecho
de don Juan Pacheco, cavallero de la horden de Calatraua, vezino y natural
desta ciudad, el qual le hiço, poniendo su mano derecho sobre la cruz de su
pecho. Y preguntado si saue que Baltasar de· Toledo y Juan de Toledo,̲ su
padre, fuesen deudos del licenciado Orózco, vezino que fue desta ciudad, dijo
que no saue lo sean. Antes a oydo lo contrario siempre a todos quantos desta
materia a oydo hablar, lo qual tiene por público y notorio. Preguntado si a
dicho Juan de Quirós, y su padre del licenciado Orozco y de sus descendientes, dijo que lo que save desto a pasado con el dicho Juan de Quirós en otra
materia. Es que un día ofreciéndose conuersación teste testigo, le dijo al dicho
Juan de Quirós, «vení acá pues, sois pariente del licenciado Orozco», a lo
cual le respondió el dicho Juan de Quirós que él por tal se tenía porque lo
avía oydo decir assí a Baltasar de Toledo, su padre, y que esplicándole este

testigo que en qué sondavan él y su padre el serlo o por qué parte era el dicho parentesco, le respondió el dicho Juan de Quirós que era porque Antón de Todelo, visabuelo suyo, auía casado con una hija de Juan Guas, que fue maestro de obras, y con otra hija del dicho Juan Guas auía casado Juan de Orozco, padre del dicho licenciado Orozco. Que le parecía que desta manera y por esta parte auía oydo dezir al dicho Baltasar de Toledo, su padre que era el dicho parentesco, a lo qual este testigo le respondió que esto no era ni podía ser assí porque la verdad, según la opinión pública era que el dicho Juan Guas auía casado una hija suya con Juan de Orozco, hermana de su madre, auía casado con un fulano Burujón, y siendo viuda dél, con un hermano de Juan de Toledo, abuelo del dicho Juan de Quirós. Y que esto era la verdad. Y siéndolo assí que no podía él de ninguna manera ser dezendiente y ni pariente del licenciado Orozco. Y que esto fue lo que passó con el dicho Juan de Quirós y no otra cossa. Preguntado si esto que a dicho le dijo lo tiene por cossa cierta e yndubitable, dijo que sí, porque siempre lo a entendido assí por tradición de mayores y en las conversaciones que se a ofrecido para dar deste parentesco sin auer jamás entendido lo contrario. Y que de algunos días a esta parte que se vino a esta ziudad a hacer una ynformación para don Fernando de Alarcón se a hablado más en esto y a probado con más certeça ser la verdad lo que tiene depuesto. Preguntado si saue o a oydo o entendido que por otra parte o línea sean o puedan ser deudos del dicho licenciado Orozco y de sus decendientes el dicho Baltasar de Toledo y los suyos, dijo que no lo saue ni jamás a oydo ni entendido tal. Y que si lo fueran no pudieron dejar de auerlo oydo o entendido por auer visto muchas veces tratar desta materia en differentes ocasiones en las quales antes a oydo siempre culpar al dicho Baltasar de Toledo por auer dicho algunas vezes que era deudo del dicho licenciado Orozco no lo siendo. Y que esto es la verdad de lo qual a sido preguntado en cargo del juramento hecho. Y declaró ser de hedad de sesenta años. Leyósele su dicho. Ratificóse y firmólo. Va testado, «decendiente y decendencia», y entre renglones, «pariente y parentesco y parientes», Valga.

Don Juan Pacheco Manuel   Francisco Hinojosa y Montalvo   El doctor Varrueta
y Gamboa

Testigo 5. Licenciado Pacheco, testigo a quien se refiere Juan de Quirós en su dicho.

Este dicho día, mes y año en la dicha ciudad de Toledo, reziuimos juramento en forma deuida de derecho del licenciado Andrés Pacheco de Chaves, vezino y natural desta ciudad y comissario del Sancto Officio, el cual auiéndole hecho de dezir verdad y guardar secreto, fue preguntado si saue que Baltasar de Toledo y Juan de Quirós, su hijo, sean deudos del licenciado Orozco, vezino que fue desta ciudad. Y dijo que abrá como un año o poco menos que un cauallero de nuestra horden y el licenciado Blanco, administrador del Hospital desta ciudad, le examinaron debajo de juramento para la ynformación que huuieron para don Fernando de Alarcón. Y le preguntaron este mismo parentesco por comisión que trayan de los señores del Consejo de las Hórdenes y quien la declaración que ante ellos hiço y declaró no tener el dicho Baltasar de Toledo ni sus decendientes deudo con el dicho licenciado Orozco y los suyos porque una hermana del dicho licenciado Orozco que casó con un Burujón, bonetero, siendo biuda dél cassó con un primo o hermano de Juan de Toledo, padre de Baltasar de Toledo, de forma que a sus nietos

y decendientes no les puede tocar parentesco ninguno con el dicho licenciado ni con sus descendientes como más largamente lo dijo. Y declaró en la dicha
declaración que se llevó al Consejo a que se refiere porque es la verdad de
lo que saue en cargo del juramento que entonces y agora hiço. Prguntado si
a tratado deste deudo con Juan de Quirós, hijo del dicho Baltasar de Toledo,
y lo que con él a pasado en esta raçon, dijo que abrá pocos días que este
testigo le preguntó al dicho Juan de Quirós si era deudo de don Diego de
Alarcón y de sus decendientes, a lo qual le respondió el dicho Juan de Quirós
que ni él sauía ni auía oydo deçir a Baltasar de Toledo, su padre, que fuesen
deudos suyos, pero que le parecía que le auía oydo decir assí confusamente,
que de muy atrás por una cuarta o quinta abuela podrán serlo por deçender
él y ellos de una hija de un Juan Guas. Y que esto y no otra cossa es lo que
con él a passado. Preguntado qué sintió y creyó para sí de lo que Juan de
Quirós le dijo en esta raçón de poder ser deudo del dicho licenciado Orozco
y de sus deçendientes por esta parte de serlo todo de aquella hija de Juan
Guas, dijo que ni lo creyó ni para sí lo admitió. Antes creyó y tiene por
cierto lo contrario porque esta cuarta abuela del dicho Juan de Quirós no
pudo ser hija del dicho Juan Guas en ninguna manera. Preguntando cómo saue
que no lo pudo ser, dijo que en raçón del tiempo que es desta manera porque Antón de Toledo, bisabuelo del dicho Juan de Quirós, saue este testigo
por tradición de su padre que fue un hombre muy antiguo, que entró en un
auto del martirio de Santa Catalina en el año de onçe y que murió en el veinte y dos. Y que auiendo venido el dicho Juan Guas a esta ziudad a labrar la
Iglesia de San Juan de los Reyes como es cierto el año de diez y siete, no
pudo conforme a esta cuenta tener hija que fuese de hedad para casar con
el padre del dicho Antón de Toledo que son los que el dicho Juan de Quirós
dio a entender que era sus quartos abuelos. Y que assí este testigo lo tomó
y tiene por cosa ridícula e ymposible. Y esto es la verdad de lo que saue y
le a sido preguntado. Y declaró ser de hedad de más de zincuenta años. Y
preguntósele si en caso que el dicho licenciado Orozco fuese dezendiente del
dicho Juan Guas, como quiso dar a entender el dicho Juan de Quirós, en
qué opinión le tendrá de xpiano viejo y limpio. Y dijo que aunque sea el
dicho licenciado Orozco decendiente del Juan Guas le tendrá por xpiano y limpio por auer visto dezendientes del dicho Juan Guas con háuitos como le
tuvo el licenciado Ribadeneyra, que fue del Consejo, porque aunque no saue
determinadamente en qué grado de la deçendencia estuviese saue y es público y notorio que decendía dél. Leyósele su dicho. Retificóse. Firmóle. Vase
testado, «a caso que lo sea este testigo/y dijo». y Entre renglones, «en» y
«deudo». Valga.

Don Manuel Francisco   El doctor Varrueta y   El licenciado Andrés
Hinojosa y Montalvo   Gamboa   Pacheco

Testigo 6. Doña Jerónima de Toledo, nieta de Juan de Toledo.

En veinte días del dicho mes y año en la dicha ciudad de Toledo por
no hallar otros deçendientes ni deudos de Juan de Toledo y de Baltasar de
Toledo que sean varones sino los dos examinados que son Juan de Quirós y
Jerónimo de Toledo, auiéndonos ynformado con todo ciudadano y diligencia
de los que auía y no hallando que ay otros sino algunas mugeres, nos pareçió
examinar algunas por ser dezendientes de Juan de Toledo y los deudos más
çercanos. Y assí este dicho día reziuimos juramento en forma deuida de derecho de doña Jerónima de Toledo, vecina y natural desta ciudad, hija del li-

cenciado Santa María y nieta de Juan de Toledo. Y preguntada por el deudo que tiene y su padre tuvo con el licenciado Orozco, vecino que fue desta ciudad y con sus deçendientes, dijo que no tiene noticia de tal parentesco, ni saue que ella ni su padre ni abuelo fuesen deudos del dicho licenciado Orozco ni de sus deçendientes, porque nunca lo oyó dezir, ni a su padre ni a dicha persona y que como muger poco extremetida en estas cosas, nunca oyó hablar en esta materia. Y que le parece que si algún deudo tuvo su padre con el dicho licenciado Orozco —que como tiene dicho esta testigo ni lo saue ni lo a oydo— lo sabrán Juan de Quirós y Jerónimo de Toledo, que son dezendientes varones que an quedado de su abuelo desta testigo. Y ellos como hombres tendrán noticia de lo que le a sido preguntado. Y debajo del juramento declaró no sauer otra cosa. Y que es de hedad de treynta años poco más o menos. Leyósele su dicho. Ratificóse. Y firmóle.

Doña Jerónima de   Don Manuel Francisco de   El doctor Varrueta y Gamboa
Toledo   Hinojosa Montalvo

Testigo 7. Doña Madalena del Castillo, nieta de Juan de Toledo.

Este dicho día, mes y año en la dicha ciudad de Toledo, reziuimos juramento en forma deuida de derecho de doña Madalena del Castillo y Gaytán, vecina y natural desta ciudad, nieta de Juan de Toledo, hija del licenciado Santa María, al que auiéndole hecho fue preguntada por el deudo que tiene y su padre y abuelo tuvieron con el licenciado Orozco, vezino que fue desta ciudad y con sus dezendientes. Y respondió que no saue ni se acuerda auer jamás oydo a su padre ni a otra persona alguna que él ni sus dezendientes fuesen deudos del dicho licenciado de los suyos en ningún grado ni por parte alguna ni tiene noticia dél. Y que le parece que si le tienen lo sabrán Juan de Quirós y Jerónimo de Toledo que como hombres tendrán más curiosidad de sauerlo. Preguntada si an quedado otros decendientes barones del dicho Juan de Toledo, su abuelo, dijo que no an quedado, ni ay otros que lo sean sino los susodichos. Y que esto y no otra cossa es la verdad de lo que saue en cargo del juramento hecho. Y declaró ser de hedad de treynta y ocho años. Leyósele su dicho. Ratificóse en él y firmóle de su nombre.

Doña Madalena del Castillo   Manuel Francisco Hinojosa y Motalvo

Testigo 8. Doña Ana de Ribera, hija de Baltasar de Toledo.

Este dicho día, mes y año en la dicha ciudad de Toledo, debajo del juramento deuido, preguntamos a doña Ana de Ribera, vezina e natural desta ciudad, hija de Baltasar de Toledo si tiene noticia o sabe que el dicho su padre fuesse deudo en algún grado del licenciado Orozco, vezino que fue desta ciudad y de sus dezendientes. Y declaró que no saue ni tiene noticia, por oydas ni de otra manera de que tengan deudo con el dicho licenciado Orozco en ningún grado assí por ser mujer que no a tratado destas cosas por auerse criado en una aldea. Y que le parece que si ay algún deudo o le tienen esta testigo y sus deudos con el dicho licenciado Orozco y sus descendientes lo sabrán Juan de Quirós y Gerónimo de Toledo que son los dezendientes varones que an quedado de sus abuelos desta testigo. Preguntado si saue que otros deudos suyos dezendientes de su abuelo aya en esta ciudad, dijo que no saue aya al presente otro ninguno que sean varones porque otros dos hermanos que tiene esta testigo que son los que an quedado que an quedado varones están en Lisboa. Y así no saue de otros sino de los que tiene dicho, lo qual es la verdad de lo que le a sido preguntado para el juramento que hiço. Leyósele su dicho. Ratificóse en él. Y firmóle y declaró ser de más de treynta años.

Doña Ana de Rybera   Manuel Francisco Hinojosa y   El doctor Varrueto y
                          Motalvo   Gamboa

En la dicha ziudad de Toledo, hicimos diligencia y nos ynformamos de los deudos que en ella o fuera de ella ay de Baltasar de Toledo para examinarlos sobre lo que se nos mandó. Y hallamos no auer quedado otro ningún deudo suyo varón si no es otros hijos que ay suyos, sin Juan de Quirós, de los cuales el uno es frayle dominico y otro soldado. Están en Lisboa y otro clérigo en Roma y sus primos por relación de personas ancianas y de crédito no auer otro ningún deudo, hijo ni hembras que lo sean en grado conjunto si no es una sobrina del dicho Baltasar de Toledo, hija de Ynés Alvarez de Toledo, su hermana que es monja en Santa Ursula y de más años que las otras mujeres que se an examinado a la qual se llama Madalena de Castro y a otra prima suya, monjas en el dicho Convento que se llama doña María de Rivera, hija del dicho Baltasar de Toledo. Debajo del juramento les preguntamos si tenían noticia del parentesco que hubiessen con el licenciado Orozco y sus descendientes y ninguna dellas la tuvo. Ni se acordó de auer jamás oydo dezir que ellas ni sus pasado ubiessen tenido ningún deudo con el dicho licenciado Orozco en lo qual se remitieron ambas a Juan de Quirós y declararon debajo del juramento que no sauían de otro deudo ninguno varón del dicho Baltasar de Toledo, su padre y tío. Y con estas diligencias las hicimos para buscar a Langayo, el que litigó su hidalguía en la Chancillería de Valladolid, e como se nos manda en la ynstrucción. Y supimos que anda hujido desta ciudad. Y no se saue en ella dónde está, mas de que huyó por estar condenado e por falsario y otros delitos que le acumularon porque le obieran haorcado si no se obiera ausentado. Y assí no pudimos hallar otro rastro dél y con esto probábamos buscar algunos deudos y parientes zercanos del dicho Yangayo para examinarlos en la forma que se nos manda y en fe desto lo firmamos.

Manuel Francisco de Hinojossa y Montalvo   El doctor Varroeta y Gamboa

Testigo 9. Pero Ortiz Delgado, primo hermano de Francisco Langayo que litigó y anda huido.

En la dicha ciudad de Toledo en veynte y un días del dicho mes y año reciuimos juramento en forma deuida de derecho de Pero Hortiz Delgado, vecino y natural desta ciudad y escribano público que a sido del número della, el qual declaró ser primo hermano de Francisco Langayo el que litigó su hidalguía en Valladolid por auer sido la madre deste declarante y el padre del dicho Francisco Langayo, hermanos, por el cual le fue preguntado. Y dijo que no sauía dél ni dónde estaua mas de que estaua ausente desta ciudad por algunos pleitos que a tenido en ella. Y debajo del dicho juramento, fue preguntado si entiende que el dicho Francisco Langayo y su primo sean deudos del licenciado Orozco, vecino que fue desta ciudad o de sus decendientes y lo que del dicho parentesco supiere. Y respondió que ni saue ni entiende que él ni el dicho su primo sean deudos del dicho licenciado Orozco ni de ninguno de sus dezendientes en ningún grado ni por ninguna parte o línea ni se acuerda aver oydo tal agora ni en tiempo alguno. Y antes saue y tiene por cierto lo contrario que es no tener deudo alguno con el dicho licenciado Orozco ni sus descendientes este testigo ni el dicho Francisco Langayo. Y si no fuera assí y ubiera tenido algún deudo con ellos no pudiera este testigo dejarlo de sauer o auer oydo o entendido. Y que lo que dicho tiene es la verdad de lo que le a sido preguntado y no otra cossa para el juramento hecho so cargo del cual declaró que es de edad de más de setenta y cinco años. Y por ser tantos le parece ymposible que si obiera algún deudo con el dicho licenciado Orozco y no pudiera dejar de tener noticia dél. Leyósele su dicho. Ratificóse en él. Y firmóle de su nombre/ va enmendado, «en»/ y entre renglones «o de sus decendientes».

Manuel Francisco de Hinojosa y Montalvo   El doctor Varroeta y Gamboa   Pero Ortiz Delgado

Testigo 10. Pedro Degaldo, sobrino de Francisco Langayo.

Este dicho día, mes y año reciuimos juramento en forma deuida de derecho en la dicha ciudad de Toledo de Pedro Degaldo, jurado y veçino desta ciudad, el qual auiéndole hecho y prometido de dezir verdad y guardar secreto, declaró que es sobrino de Francisco Langayo, vecino desta ciudad que es el que litigó su hidalguía en la Chancillería de Valladolid en este grado. Que la abuela deste declarante, madre de su padre, era hermana del padre del dicho Francisco Langayo. Y siendo preguntado si tiene algún deudo o saue que el dicho Francisco Langayo, su tío, le tuviesse con el licenciado Orozco, vecino que fue desta ciudad, y con sus dezendientes y lo que del dicho parentesco supiere por oydas o de otra manera. Dijo que no saue ni tiene noticia en manera alguna que el dicho Francisco Langayo ni este declarante tengan deudo alguno en ningún grado ni por ninguna línea con el dicho licenciado Orozco ni con ninguno de sus dezendientes y tiene por cierto que no le tienen porque si lo tuvieran deste testigo lo supiera por conozerlo mucho en esta ciudad los que son deudos unos de otros. Y assí por lo menos lo uviera oydo decir. Y preguntado si saue que Baltasar de Toledo fuese deudo del dicho licenciado Orozco vecino, de sus decendientes, dijo que assí vulgar y confussamente oyó dezir que el dicho Baltasar de Toledo era deudo del dicho licenciado Orozco pero no con particularidad por qué parte era o si tenía el deudo con el dicho licenciado Orozco sólo o con sus dezendientes porque esto nunca lo oyó mas de con la generalidad que a dicho de oírlo dezir que a dicho. Preguntado en qué tiempo y a qué personas a oydo decir lo que dicho tiene. Dijo que de muchos años a esta parte lo a oydo a diferentes personas en general, de quién no se acuerda y en particular al dicho Francisco Langayo, su tío. Preguntado si saue dónde está el dicho Francisco Langayo, dijo que saue que anda ausente desta ciudad por ciertos pleitos y desterrado de ella. Y que no saue dónde está al presente ni otra cosa de que le a sido preguntado mas de los que a declarado so cargo del juramento hecho. Y dijo ser de hedad de quarenta años. Leyósele su dicho. Ratificóse. Y firmóle.

Manuel Francisco Hinojossa y Montalvo   El doctor Varrueta y Gamboa   Pedro Degaldo

812   JACK WEINER

Testigo 11.   Pero Ortiz de Angulo, sobrino de Francisco Langayo.

En la dicha ciudad de Toledo este dicho día, mes y año reciuimos juramento en forma deuida de derecho de Pero Ortiz de Angulo, vecino y natural
desta ciudad y scribano del número de ella el cual le hiço y declaró que es
sobrino de Francisco Langayo, vecino desta ciudad, hijo de un primo hermano suyo. Y preguntado si el dicho Francisco Langayo o este testigo son deudos en algún grado del licenciado Orozco, vecino de esta ciudad, o de sus
decendientes y de lo que del dicho parentesco supiere, dijo que ni de oydas
ni por tradición de mayores, ni de otra manera ni saue que él ni el dicho
Francisco Langayo, su tío, tengan deudo en ningún grado, próximo ni remoto, con el dicho licenciado Orozco ni con ninguno de sus dezendientes. Y cree
si con él o que con alguno de ellos hubieran algún deudo ni pudieran dejar de
sauerlo y tenerse por deudos. Preguntado si a oydo dezir que Baltasar de Toledo, vecino que fue desta ciudad, hijo de Juan de Toledo, fuese deudo del
dicho licenciado Orozco, o de sus decendientes, dijo que tanpoco esto saue ni
jamás lo a oydo. Preguntado si saue dónde está al presente el dicho Francisco
Langayo, su tío, dijo que sólo saue que anda ausente desterrado desta ciudad pero no dónde resida, ni esté al presente. Y que esto es la verdad de lo
que le a sido preguntado. Y declaró debajo del juramento hecho de ser de
hedad de cinquenta y quatro años. Leyósele su dicho. Ratificóse. Y firmóle
de su nombre.

Manuel Francisco de   El doctor Barrueta Gamboa   Pero Ortiz de Angulo
Hinojosa y Montalvo

Testigo 12.   Doña Ysabel de Castro, hermana de Francisco Langayo.

Este dicho día, mes y año en la dicha ciudad de Toledo, reziuimos juramento en forma deuida de derecho de doña Ysabel de Castro, vezino y natural desta ziudad y hermana de Francisco Langaio el que litigó su hidalguía en
Valladolid, pareciéndonos que como hermana del dicho de oydas suyas sabrá
el deudo que preguntamos. Y assí debajo del juramento le preguntamos si save
por oydas de su hermano o de otra manera alguna que tengan algún deudo
y en qué grado con el licenciado Orozco, vezino que fue desta ciudad o con
sus decendientes. Y dijo que nunca a entendido que este testigo ni su hermana
tengan deudo alguno por ninguna parte con el dicho licenciado Orozco ni con
sus dezendientes. Antes a entendido siempre lo contrario no tener deudo ninguno con ellos. Y assí lo fue y tiene por cierto. Y que nunca a oydo dezir a
su hermano cossa alguna en raçón del dicho deudo. Preguntada si el dicho su
hermano está en esta ziudad o fuera de ella y dónde, dijo que al presente no
está en esta ziudad y no saue con certeça dónde está. Preguntada si a oydo al
dicho su hermano que el dicho licenciado Orozco o sus dezendientes tuviesen
o tengan deudo con Baltasar de Toledo, vezino que fue desta ciudad, y dijo
que tampoco esto a oydo ni a su hermano ni a otra persona alguna ni tiene
noticia de que tuviesen deudo alguno. Y no supo otra cosa alguna de lo que
le fue preguntado. Y declaró ser de hedad de más de treynta años. Leyósele su dicho. Ratificóse en él y dijo que no sauía firmar.

Manuel Francisco de Hinojossa y Montalvo   El doctor Varroeta y Gamboa

Testigo 13. Gaspar Castellano, sobrino, hijo de hermano de Baltasar de Toiedo.

Andándonos y informando si çerca desta ciudad auía quedado otro algún deudo de Baltasar de Toledo, decendiente de Juan de Toledo, su padre, tubimos noticia que en el lugar de Olías, dos leguas desta ciudad auían un nieto del dicho Juan de Toledo, hijo de Melchor de San Pedro Castellano, que fue hermano del dicho Baltasar de Toledo, que se llama Gaspar Castellano. Y assí en veynte y tres días del dicho mes y año, le examinamos auiendo primero reciuido dél el juramento en forma de dezir verdad y guardar secreto. Y siendo preguntado si su padre y abuelo fueron deudos y él lo es del licenciado Orozco, vezino que fue desta ciudad y de sus dezendientes, dijo que como persona que a viuido siempre fuera desta ciudad tiene poca noticia de los deudos que en ella tiene, pero que cree que el dicho licenciado Orozco era deudo del dicho Melchor de San Pedro, su padre, y del dicho Juan de Toledo, su abuelo. Y esto por auer oydo al dicho su padre algunas veces que tenían deudo con el dicho licenciado Orozco y assí sólo de oydas suyas tiene noticia del dicho deudo y no por otra raçón alguna. Preguntado si al dicho su padre o a otra persona alguna a oydo dezir en qué grado de parentesco estaua con el dicho licenciado y por qué parte y línea era el dicho deudo. Dijo que a su padre oyó dezir que el parentesco era porque el dicho licenciado Orozco era nieto de un Juan Guas, maestro mayor que fue de las obras de los señores reyes, y que Juan Alfonso Auendino, abuelo del dicho Juan de Toledo, abuelo deste declarante casó con una hermana del dicho Juan Guas y que por esta parte era el dicho deudo conforme a lo cual tendría su abuelo deste testigo, deudo en tercer grado con el dicho licenciado Orozco de lo cual no tiene más certeça que auerlo oydo assí algunas veces a su padre como a declarado. Y que a otra persona nunca a oydo el dicho deudo ni tiene más raçón dél de la dicha. Y que por otra parte nunca a entendido que tengan deudo alguno con el dicho licenciado Orozco ni con sus decendientes ni cree le pueden tener si no es por esta parte. Preguntado qué deudos varones tiene en esta ciudad por parte del dicho padre y abuelo paterno, y dijo que sólo an quedado varones Juan de Quirós y Jerónimo de Toledo. Y que esto y no otra cossa es la verdad de lo que saue y le a sido preguntado. Y declaró ser de hedad de más treynta años. Leyósele su dicho. Ratificóse en él y firmóle de su nombre. Va testado...

Manuel Francisco de   El doctor Varrueta y Gamboa   Gaspar Castellano
Hinojosa y Montalvo

Testigo 14. Juan Langaio, sobrino de Francisco Langaio.

Este dicho día, mes y año en la dicha ciudad de Toledo reziuimos juramento en forma deuida de derecho de Juan Langayo, vecino y jurado desta ciudad, y auiéndole hecho de dezir verdad y guardar secreto, declaró que es sobrino de Francisco Langayo, el qual litigó su hidalguía en Valladolid, porque Melchor Langayo, padre deste testigo, hera primo hermano del dicho Francisco Langayo. Y fue preguntado si tiene o sabe que el dicho su padre y Francisco Langayo, su tío, tengan algún deudo con el licenciado Orozco, vecino que fue desta ciudad y con sus decendientes y lo que acerca del dicho deudo supiere por oydas o de otra manera alguna que tenga deudo en ningún grado con el dicho licenciado Orozco ni con sus decendientes y que este testigo cree no tienen ninguno porque si le tuvieran, le parece no lo pudiera dejar de auer oydo o entendido. Preguntado si saue dónde está el dicho Francisco Langayo, su tío, y dijo que sabe que anda ausente desta ciudad pero no dónde está al presente. Preguntado si tiene noticia de que Baltasar de Toledo, vecino desta ziudad, al qual dijo que conoció fuesse deudo del dicho licenciado Orozco y de sus decendientes, dijo que no lo saue ni jamás a entendido ni oydo que el dicho Baltasar de Toledo fuesse deudo del dicho licenciado Orozco, ni de sus decendientes y que lo que ha dicho es lo que saue de lo que le a sido preguntado, so cargo del juramento que hiço debajo del qual declaró ser de hedad de cuarenta años, antes más que menos. Leyósele su dicho. Ratificóse en él. Y firmóle.

Manuel Francisco de   El doctor Varroeta Gamboa   Juan Langayo
Hinojossa y Montalvo

En la dicha ciudad de Toledo en veynte y quatro días del dicho mes, y año reciuimos juramento en forma deuida de derecho del capitán Pedro de Castro, vecino y natural desta ciudad el cual le hiço y declaró que es primo hermano de Francisco de Langayo el qual litigó en Valladolid. Y preguntado si es deudo o saue que el dicho Francisco Langayo, su primo, lo sea del licenciado Orozco, vecino que fue desta ciudad y de sus dezendientes, y dijo que ni saue ni hasta aora a tenido noticia por oydas ni de otra manera alguna de que el dicho licenciado Orozco ni sus decendientes sean deudos en ningún grado del dicho Francisco Langayo ni deste declarante. Y dijo que ni aun del dicho licenciado Orozco no tiene noticia ni le a oído nombrar. Y que como este testigo a estado cuarenta años fuera de España siruiendo a su magestad, tiene poca noticia de cossas desta ciudad y deste deudo ninguna como dicho tiene. Preguntado si el dicho Francisco Langayo está en esta ciudad o fuera de ella, dijo que no saue dónde esté mas de que anda ausente por algunos pleytos y deudas que tiene. Preguntado si tiene noticia de que Baltasar de Toledo, vecino desta ciudad a quien dijo que conoció, fuesse deudo del dicho licenciado Orozco, o de sus decendientes, dijo que tanpoco desto tiene noticia alguna, ni lo a aydo jamás agora ni en tiempo alguno ni saue otra cosa alguna de lo que le a sido preguntado so cargo del juramento hecho. Y declaró de ser de hedad de zinquenta y ocho años, poco más o menos. Leyósele su dicho. Ratificóse en él. Y firmóle de su nombre.

Manuel Francisco de   Pedro de Castro   El doctor Varroeta Gamboa
Hinojossa y Montalvo

Testigo 16. Francisco Langayo el qual litigó en Valladolid.

Queriéndonos partir de Toledo con las diligencias suprascriptas por acabarlas como se nos manda, tuvimos noticia de que Francisco Langayo, el qual litigó su hidalguía en Valladolid, estaua retornando en la Villa de Yllescas. Y assí en veynte y zinco días del dicho mes de hebrero de mil y seisscientos y quatro años vinimos a la dicha villa de Yllescas y en ella buscamos al dicho Francisco Langayo. Y auiéndole hallado, reciuimos dél juramento en forma deuida de derecho y auiéndole hecho de dezir verdad y guardar secreto, fue preguntado si tiene algún deudo con el licenciado Orozco, vecino que fue de la ciudad de Toledo o con sus dezendientes. Y respondió que saue que no

fue de la ciudad de Toledo o con sus dezendientes. Y respondió que saue que no fue deudo ni lo es en ningún grado próximo o remoto por línea recta ni transuersal del dicho licenciado Orozco, vecino que fue de la ciudad de Toledo o con sus dezendientes. Y respondió que saue que no fue deudo ni lo es en ningún grado próximo o remoto por línea recta ni transuersal del dicho licenciado Orozco, a quien conoció, ni de ninguno de sus decendientes. Y que si algún deudo tubiera con él o con ellos no pudiera dejar de sauerlo este testigo y tener noticia de cuál fuesse por tenerla muy grande de los que son sus deudos. Y assí si lo fueran el dicho licenciado Orozco e sus decendientes no fuera posible que lo dejara de sauer. Preguntado si saue que Baltasar de Toledo, vezino que fue de la dicha ciudad de Toledo, fuesse deudo del dicho licenciado Orozco o de sus decendientes, dijo que no saue de cierta ciencia que el dicho Baltasar de Toledo, a quien conoció, fuesse deudo del dicho licenciado Orozco, pero que lo a oydo en Toledo por cosa pública y notoria ser el dicho Baltasar de Toledo deudo del dicho licenciado Orozco y de sus decendientes. Preguntado qué tanto tiempo a que lo oyó y a qué personas. Dijo que lo a oydo de más de treynta y cinco años a esta parte a muchas personas en jeneral como cossa pública y zierta de las cuales con particularidad no se acuerda aunque se acuerda auérselo oydo al mismo Baltasar de Toledo que era deudo del dicho licenciado Orozco. Preguntado si saue en qué grado fuesse el dicho deudo y por qué linea le tocase al dicho Baltasar de Toledo, dijo que no lo saue. Preguntado si al dicho Baltasar de Toledo o a las demás personas a quién oyó dezir que eran parientes les oyó dezir el grado del deudo y por qué parte fuesse, dijo que tanpoco se lo oyó dezir con claridad ni distinción mas de que le vino el dicho deudo por Antón de Toledo, abuelo del dicho Baltasar de Toledo y por un Juan Guas que fue cantero y que esto tanbién oyó con jeneralidad y sin raçón particular del deudo que el Antón de Toledo tuviese con el dicho licenciado Orozco ni en qué grado ni tampoco con el dicho Juan Guas sino que jeneralmente oyó dezir que por ellos era el deudo que tenía el dicho Baltasar de Toledo con el dicho licenciado Orozco y con sus dezendientes. Preguntado si para consigo por las raçones que a oydo, ynfiere o conjetura por qué parte y línea fuesse el deudo que el dicho Baltasar de Toledo tenía con el dicho licenciado Orozco y sus deçendientes, dijo que no se determina a conjeturar cosa zierta en ella por no sauer más de auer oydo públicamente que eran deudos sin auer oydo raçón distinta de por qué parte como dicho tiene. Preguntado quién le parece que podrá dar raçón de la parte y línea por donde eran deudos los dichos Baltasar de Toledo y el licenciado Orozco, dijo que le parece que sabrá lo que en esto se le a preguntado con claridad y distinción un hijo del dicho Baltasar de Toledo que al presente está en Toledo y es escribano del secreto que se llama Juan de Quiróga al qual tiene por hombre de verdad y que tendrá noticia desto. Y dirá la que tuviere. Y que no saue otra cossa de lo que le a asido preguntado para el juramento que hecho tiene en cargo deel cual declaró ser de hedad de sesenta y zinco años. Leyósele su dicho y auiéndose ratificado en él lo firmó de su nombre. Va enmendado, «dicho». Valga. Y entre renglones, «de que es vecino y jurado de la dicha ciudad de Toledo». Valga.

Manuel Francisco de   El doctor Varroeta Gamboa   Francisco Langayo
Hinojosa y Montalvo

Este testigo parece algo maldiciente y aun deseoso de decir mal. Y en esta última declaración y en la primera se contradice.

Auiéndose examinado el testigo próximo pasado, miércoles a veynte y zinco de hebrero en la noche, luego el jueues por la mañana, vino el dicho Francisco Langaio a buscarnos donde estáuamos. Y dijo que auía recorrido su memoria en la noche que a passado acerca de lo que se le preguntamos de si auía oydo dezir por qué parte tuviesen deudo el licenciado de Orozco y Baltasar de Toledo por ser cosa que declaró debajo de juramento y auer dicho que no auía oydo cossa zierta y que por agora con la reflexión que auía hecho de su memoria se acordaua auer oydo el dicho parentesco con más claridad, venía a dezírnoslo porque estaua con escrupulo de lo dicho. Y que esto era por cumplir con su conciencia. Y debajo del juramento que hiço en el cual le volvimos a retificar y debajo dél le preguntamos lo que de nuevo se acordave en raçón del dicho deudo. Y dijo que se acordava aver oydo dezir al dicho Baltasar de Toledo y a un Juan de Bargas del Molino, vecino que fue de Toledo que es ya diffunto, que dezendían el dicho licenciado Orozco y Baltasar de Toledo de una misma dezendencia por un Juan Alfonsso que era padre de Antón de Toledo, abuelo del dicho Baltasar de Toledo y que eran primos segundos o terceros y que esto les oyó y declara por auérsele preguntado si oyó dezir el grado del parentesco. Preguntósele si esto lo a oydo a otra persona alguna más de al dicho Baltasar de Toledo y Juan de Vargas y dijo que no se acuerda auerlo oydo a otra persona sino a los susodichos. Ratificósse en esta declaración que voluntariamente vino a hacer y en la primera que lo voluimos a leer. Y firmóla.

Manuel Francisco de   El doctor Varroeta y Gamboa   Fracisco Langayc
Hinojossa y Montalvo

Testigo 17. Don Juan de Zúñiga, colesial de Oviedo y oydor en Medina del Campo.

Con estas diligencias vinimos a la villa de Medina del Campo en cumplimiento de lo que se nos manda. Y en ella reciuimos juramento en forma deuida de derecho del licenciado don Juan de Zúñiga del Consejo de su Magestad y oydor en la Chanillería que reside en esta villa, colessial que fue en el Collesio de San Saluador de Ouiedo, al qual auiéndole hecho de decir verdad y guardar secreto, fue preguntado por qué causa perdió el Colesio de Ouiedo el licenciado Orozco de Covarrubias. Dijo que no sólo no saue por qué ocasión perdiesse el dicho licenciado Orozco de Covarruuias, pero que ni hasta aora que le fue hecha esta pregunta no sauía ni tenía noticia de que el dicho licenciado Orozco ubiesse sido opositor del dicho Colessio. Y assí no saue si su ynformación se aprouó o reprobó. Preguntado si por oydas o por tradición de el Colessio tiene alguna noticia de lo que le a ssido preguntado. Dijo que no tiene noticia ni a tratado, ni oydo hablar desta materia. Preguntado en qué opinión de xpiano viejo tiene al dicho licenciado Orozco de Covaruuias, dijo que este testigo no le consta ni tiene noticia de quién sea, pero que por berle en la dignidad que a oydo dezir tiene, lo tiene en buena opinión y por no sauer ni auer oydo nunca cossa alguna contra ella. Preguntado quién le paresce podía sauer lo que le a ssido preguntado, dijo que le parece lo sabrá el licenciado Francisco de Albornoz, por ser collesial muy antiguo y los que ubiere de aquel tiempo que por ser cossa antigua no tendrán noticia los más nuebos. Y le parece que los obispos de Córdoba y Plasencia le podrán sauer también por la antigüedad del Colessio. Y que esto y no otra cossa es la verdad de lo que saue que le a sido preguntado so cargo del juramento hecho debajo del cual declaró que no le toca ninguna de las generales de la ley y que es de hedad de cuarenta y seis años. Leyósele su dicho. Ratificóse en él. Y firmóle de su nombre, en siete días del mes de marco, de mil y seiscientos y quatro años.

El licenciado don Juan de Çúñiga	Manuel Francisco Hinojossa y Montalvo	El doctor Varrueta Gamboa

Testigo 18. El doctor Messa Sotillo, oydor de Medina y colesial de Oviedo.

Este dicho día, mes y año en la dicha villa de Medina del Campo, reziuimos juramento en forma deuida de derecho del doctor Alonso de Messa Sotillo, oydor en la Chancillería que reside en esta villa y colesial que fue en el Colessio de San Saluador de Ouiedo, el qual lo hiço y prometió dezir verdad y guardar secreto. Y preguntado si saue por qué caussa perdió el Collessio de Ouiedo el licenciado Orozco de Covarruuias al dicho Colessio en tiempo a lo que cree este testigo que era collejial el doctor Mendieta, canónigo de Toledo y el licenciado Francisco de Contreras. Y que oyó dezir que auía perdido el Collessio como otros suelen perder pero que nunca dentro del Collessio ni fuera de él oyó dezir que perdiesse el dicho Collessio por defecto de su limpieza y linaje. Y entiende este testigo que si ubiera sido la pérdida por falta de su limpieza que no dejara de auer algún rumor o voz en el Collesio o en la Universidad de ello como este testigo lo a oydo dezir de otras personas que an perdido en otros colessios. Preguntado si saue o oydo dezir a las personas a quién oyó que auía sido opositor el dicho licenciado Orozo de Covarrubias que su ynformación se aprouó o reprouó, dijo que no saue si fue aprouada o reprobada ni lo puede sauer este testigo porque en los collessios mayores es cossa ynviolable el guardar el secreto en esta materia. Preguntado si con más particularidad a oydo hablar en esta pérdida o tiene noticia de su causa por tradición de el Collesio o por oydas de fuera dél mas de lo que tiene dicho, dijo que no. Preguntado en que opinión tiene de limpieza al dicho licenciado Orozco de Covarrubias, dijo que aunque este testigo no conoce a sus dezendientes siempre le a tenido y tiene en buena opinión de limpio y xpiano viejo por no auer oydo nunca cossa contra su limpieza. Preguntado qué personas le pareçe sabrán lo que le a ssido preguntado, dijo que le pareçe que los que a dicho en cuyo tiempo le pareçe deuió de ser la oposición del dicho licenciado Orozco de Covarrubias. Y delcaró que no le toca ninguna de las generales y que es de hedad de cuarenta y siete años. Leyósele su dicho. Retificóse en él. Y firmóle de su nombre.

El doctor Alonso de Mesa Sotillo	Manuel Francisco de Hinojossa y Montaluo	El doctor Varrueta Gamboa

Testigo 18. El licenciado Paulo Brauo, colesial de Ouiedo.

Este dicho día, mes y año en la dicha villa de Medina, reziuimos juramento en forma deuida de derecho del licenciado Pablo Bravo de Córdova y Sotomayor, alcalde en la Chancillería de esta villa, collesial que fue en el Colesio de San Saluador de Oivedo, el qual auiéndose hecho de dezir verdad y guardar secreto fue preguntado si saue por qué causa perdió el Collesio de Ouiedo el licenciado Orozco de Covarrubias. Dijo que lo que este testigo puede dezir y saue es que siendo ... en la Universidad de Salamanca este testigo, perdió el colegio el dicho licenciado Orozco de Covarruuias. Y era a la sazón collessial del dicho Colessio el doctor Gregorio Brauo e Sotomayor, hermano deste testigo y aunque [Horozco] perdió el Collessio —porque no debió auer lugar para dársele— supo y entendió este testigo era hábil para poder entrar en él por tener todas las calidades con su linaje necessarias para poder tener aquella beca y ser su persona muy merecedora de que se le diera. Y por esto supo este testigo que el Collessio, pesándole de no auer dado la veca de prinera opositión al dicho licenciado Orozdo de Covarruuias, embió en su nombre al dicho don Gregorio Brauo, su collesial, a la ziudad de Segovia, donde a la sazón era obispo el señor Diego de Covarrubias, que después fue presidente para que de parte del Collessio suplicase al dicho señor obispo, como a collesial que auía sido del dicho Collessio y tío que era del dicho licenciado Orozco de Covarrubias, le hiciesse volver a oponer ofreciendo el Collessio se la daría en él la beca por la jeneral satisfasión que en el Collessio auía de las buenas partes del linaje y persona del dicho licenciado Orozco de Covarrubias como dicho tiene aunque por lleuar el dicho señor obispo yntento de tenerle junto a ssí y darle el arcedianato y dignidad que le dio en la dicha Iglesia de Segovia no admitió ni quiso que se voluiesse a oponer al dicho Collessio. Y se acuerda este testigo que cuando fue el dicho doctor Gregorio Brauo a hacer la dicha embajada le salió este testigo aconpañando como hermano suyo que es y que esto responde. Preguntado si saue que la ynformación del dicho licenciado Orozco de Covarruuias se aprouó o desaprouó, dijo que por las raçones que tiene dchas tiene por cossa sin duda que su información se aprouó y porque siempre le a tenido y tiene por xpiano viejo limpio de toda mala raça y por hombre noble hijodalgo. Y tal a entendido y entiende. Es público y notorio y pública voz y fama sin que jamás aya entendido ni oydo cossa en contrario en el Colessio cuando este testigo fue collesial ni fue de él. Y que esto es lo que saue de lo que le a sido preguntado en cargo del juramento hecho y delcaró que no le toca ninguna de las jenerales y que es de hedad de cuarenta y siete años. Leyosele su dicho. Ratificóse y firmóle.

| El licenciado Paulo | Manuel Francisco de Hinojossa | El doctor Barrueta y |
| Brauo de Córdova | y Montaluo | Gamboa |

EN VALLADOLID

Testigo 19. Don Thomás de Rivera, collesial de Oviedo.

En la ziudad de Valladolid en once días del mes de março de mil y seiszientos y quatro años reciuimos juramento en forma deuida de derecho de don Thomás de Ribera, collessial que fue en el Collessio de San Saluador de Ouiedo el qual auiéndole hecho de dezir verdad y guardar secreto fue preguntado si saue o a oydo dezir por qué causa perdió el Collesio de Ouiedo, el licenciado Orozco de Covarruuias. Y dijo que no lo pudo sauer por no auer hecho la petición en su tiempo deste testigo aunque a oydo dezir que fue opositor y que perdió, pero que la caussa por qué perdió nunca la a oydo ni la a procurado ynquirir ni sauer por no se auer nunca persuadido a que fuesse la caussa de perder falta de limpieza. Preguntado si saue o a oydo dezir que la ynformación del dicho licenciado Orozco se reproausse o aprouasse.

Y lo que en raçón desto saue por oydas y tradición del Collessio ni en otra manera no saue ni jamás a oydo que fuesse aprouada ni reprouada la ynformaçión del dicho licenciado Orozco de Covarruuias ni otra cossa de lo que a ssido preguntado mas de lo que tiene declarado. Preguntado en qué opinión tiene para consigo y a visto tener al dicho licenciado Orozco de Covarrubias en raçón de ser xpiano viejo, dijo que siempre le a tenido y visto tener en buena opinión de limpieza y que contra ella jamás a oydo ni entendido cossa alguna pública ni secretamente. Y que esto es la verdad de lo que saue y declaró so cargo del juramento que hizo que no le toca ninguna de las jenerales y que es de hedad de treynta y quatro años. Leyósele su dicho. Retificóse en él. Y firmóle de su nombre.

Manuel Francisco de   El licenciado don Thomás ...   El doctor Varrueta
y Montalvo   de Ribera   y Gamboa

Testigo 20. El licenciado Francisco Márquez, oydor en Medina y collesial de Oviedo.

Este dicho día, mes y año en la dicha ziudad de Valladolid reziuimos juramento en forma deuida de derecho del licenciado Francisco Márquez, oidor en la Chancillería que reside en Medina del Campo, collessial que fue en el Collessio de Ouiedo, el qual le hiço de dezir verdad y guardar secreto. Y fue preguntado por qué causa perdió el Collesio de San Saluador de Oviedo el licenciado Orozco de Covarrubias y dijo que no saue ni a entendido jamás por qué ocassión perdiesse el Collegio el dicho licenciado Orozco. Preguntado si ssaue o a oydo dezir que la ynformación del dicho licenciado Orozco de Cobarruuias fue aprouada o reprouada en el dicho Collessio. Dijo que esto no saue ni pudo sauer por no auer sido en su tiempo. Y que después nunca a entendido si su ynformación se aprouó o reprouó. Preguntado que diga lo que en raçón de la dicha pérdida supiese o ubiere entendido por tradición del Collesio por oydas de otras personas o en otra manera alguna, dijo que ni por tradición del Collessio ni en otra manera alguna saue ni nunca a entendido la causa que ubiera para auer perdido el dicho licenciado Orozco de Covarruuias ni otra cossa en raçón della. Preguntado en qué opinión tiene para consigo y a visto tener al dicho licenciado Orozco de Covarrubias en raçón de su limpieza y ser xpiano viejo, dijo que siempre este testigo le a tenido y tiene y a visto tener por xpiano viejo y limpio sin auer jamás oydo ni entendido rumor ni sospecha alguna contra su limpieza pública ni secretamente. Y que esto y no otra cossa es la verdad de lo que saue y le a ssido preguntado para el juramento que hiço so cargo del qual declaró que no le toca ninguna de las jenerales de la segunda pregunta de nuestro interrogatorio. Y que es de hedad de treynta y seis años. Leyósele su dicho. Ratificóse en él y firmóle. Va testado, «Villa de Medina y sobre que la ziudad de Valladolid». Valga.

Manuel Francisco de Hinojossa   El licenciado Francisco   El doctor Varroeta
y Montalvo   Márquez de ...   y Gamboa

Testigo 21. Don Juan Varrientos, collesial de Ouiedo.

Este dicho día, mes y año en la dicha ziudad de Valladolid reziuimos juramento en forma deuida de derecho de don Juan de Varrientos, collesial que fue en el Collesio de San Saluador de Ouiedo el qual auiéndose hecho y prometido de dezir verdad y guardar secreto fue preguntado por qué caussa perdió el Collessio de Ouiedo el licenciado Orozco de Couarrubias y dijo que no sólo no saue por qué occasión perdiesse la veca del dicho Colessio el dicho licenciado Orozco de Cobarruuias, pero que ni aun sauía que ubiesse sido opositor al dicho Collessio hasta aora que le fue preguntada la caussa de auer perdido. Y que assí como cossa que no sauía ni auía oydo ni tiene ni puede tener noticia de si la ymformación del dicho licenciado Orozco de Cobarruuias fue aprouada o reprouada. Preguntado si por tradición del Collessio a oydo alguna cossa en esta raçón que fuera de el Collessio a otra persona y que dijo lo que acerca de esto hubiera oydo, dijo que no tiene noticia alguna por tradizión de el Collessio ni en otra manera como declarado tiene de la dicha pérdida. Preguntado en qué opinión le tiene para consigo al dicho licenciado Orozco de Cobarruuias en raçón de su limpieza, dijo que este testigo no saue quién sea el dicho licenciado Orozco ni tiene noticia de sus ascendientes. Y assí por no auer oydo cossa alguna de su calidad y limpieza este testigo no puede dezir cossa en pro ni en contra della sino que para ssí por no auer oydo cossa en contrario, se ynclina más a tenerle en buena opinión que en mala. Preguntado qué personas le paresce que podrán sauer lo que le a sido preguntado, dijo que los que le parece que sabrán más en este caso son el licenciado Aldaya del Consejo de contaduría y el doctor Herrera, deán de Burgos. Y declaró so cargo del juramento que hiço que no le toca ninguna de las jenerales de la segunda pregunta de nuestro ynterrogatorio y que es de hedad de quarenta años. Leyósele su dicho. Retificóse en él. Y firmóle de su nombre. Va enmendado... Valga.

Don Juan de Barrientos   Manuel Francisco de   El doctor Varroeta y Gamboa
                          y Montalvo

Testigo 22. El doctor Gómez de Arçe, collesial de Ouiedo.

Este dicho día, mes y año en la dicha ciudad de Valladolid, reziuimos juramento en forma deuida de derecho del doctor Gómez de Arçe, capellán de su magestad y juez de su Real Capilla, collesial, que fue en el Collessio de San Saluador de Ouiedo, el qual juró *in veruo sacerdotis* que dirá verdad y guardará secreto. Y fue preguntado por qué ocassión perdió el Collesio de Oueido el licenciado Orozco de Covarrubias, dijo que a entendido que por auer auido fuerte competencia entre los collegiales en aquella oposición, hecharon mano del dicho y dejaron al dicho licenciado Orozco de Covarrubias con ánimo según este testigo a entendido de admitir al dicho licenciado Orozco de Cobarruuias en otra oposición. Y que ynstaron con él para que se opusiese segunda vez. Y ofreciéndole le darían la beca. Y que el dicho obispo Cobarruuias, su tío, no tubo gusto dello aunque el dicho licenciado Orozco según a oydo este testigo se boluió a oponer. Y le admitieron aunque no vino a tomar la veca, ni la tomó por no yr contra el gusto y voluntad de su tío. Preguntado a quién a oydo lo que desto tiene o si fue en su tiempo, dijo que no fue en su tiempo desde testigo pero que a oydo al mismo licenciado Orozco de Cobarruuias antes de agora tratando a casso de que era collejial en el voto de todos y que assí lo deuía mostrar en las obras y fauor que deuía hauer a los collejiales de aquella cassa como hijo de ella. Y que también oyó en sustancia lo que dicho tiene al licenciado Egas de Guzmán, collessial que fue del dicho Collessio de Ouiedo y oydor de Indias. Y en el Collejio lo oyó a otros collejiales en jeneral de cuyos nombres en particular ni especificadamente no se acuerda. Preguntado si saue o a entendido si la ymformación que se hiço al dicho licenciado Orozco de Covarrubias cuando perdió el Collejio fue aprovada o reprovada, dijo que esto no lo saue ni puede sauer por no auer sido en su tiempo, pero que entiende y tiene por zierto que fue aprouada la dicha ynformación porque si no lo fuera ynstara el Collejio con el dicho licenciado Orozco de Cobarruuias como es público y fama auer ynstado con él para que se boluiesse a oponer. Preguntado si tiene noticia por tradición de el Collesio o por oydas de otras formas de que el dicho licenciado Orozco de Cobarruuias ubiesse perdido el Collejio por falta de limpieza, dijo que de ninguna manera a entendido que ubiesse perdido por esta falta, sino por la raçón que dicha tiene la qual es más verosímil y conforme a raçón. Pues no ynstara el Collejio con él que se boluiera a oponer si en la primera oposición ubiera perdido por la falta de limpieza. Preguntado en que opinión tiene para consigo y a visto tener al dicho licenciado Orozco de Cobarruuias en raçón de ser xpiano viejo, dijo que siempre le a tenido y tiene y le a uisto tener en opinión de hombre xpiano viejo y noble. Y que contra su limpieza jamás a oydo ni entendido cossa alguna pública ni secretamente. Y que esto y no otra cossa es la verdad de lo que saue y le a sido preguntado. Y declaró que no le toca ninguna de las jenerales de la ley y que es de hedad de zinquenta y zinco años poco más o menos. Leyósele su dicho. Retificóse en él y firmóle de su nombre.

Arce   Manuel Francisco de Hinojossa   El doctor Varrueta y Gamboa
          y Montalvo

Testigo 23. El licenciado Pedro López de Aldaya, collesial de Ouiedo.

En la ziudad de Valladolid, en doce días del mes de março de mil y seiszientos y quatro años reziuimos juramento en forma deuida de derecho del licenciado Pedro López de Aldaya del Consejo de contaduría de su magestad y colessial que fue en el Collesio de Ouiedo el qual le hiço de dezir verdad y guardar secreto. Y fue preguntado si saue por qué caussa perdió el Colessio de San Saluador de Ouiedo el licenciado Orozco de Cobarruuias y dijo que no saue por qué caussa perdiesse el Colessio el dicho licenciado Orozzo porque no perdió en su tiempo deste testigo y que pudo perder por muchas caussas sin que fuesse por falta de limpieza. Preguntado lo que saue o a oydo dezir en raçón de la dicha pérdida por tradición del Collessio por oydas de otras personas o en otra manera, dijo que nunca a entendido por tradición de el Collesio ni en otra manera alguna que perdiesse el dicho licenciado Orozco de Cobarruuias por falta de limpieza. Antes oyó dezir y entendió en el dicho Collessio que se auía hecho ynstancia con el señor obispo de Cobarruuias para que mandasse al dicho licenciado Orozco de Covarrubias se bolbiesse a oponer al dicho Collessio aunque no quisso oponerse después. Y que tratando de la pérdida del dicho licenciado Orozco con el doctor Herrera, deán de Burgos, collessial del dicho Collessio, le oyó dezir que no auía perdido por falta de limpieza el dicho licenciado Orozco de Cobarruuias. Y que él lo auía sauido de muy cierto. Preguntado si le dijo el dicho doctor Herrera por qué otra caussa perdió el dicho licenciado Orozco de Cobarruuias o si de otra persona lo a entendido, dijo que no le dijo más de que sauía antes ... que no auía perdido por falta de limpieza y que no la a oydo a otra persona. Preguntado en qué opinión tiene para consigo y a uisto tener al dicho licenciado Orozco de Covarruuias en raçón de ser xpiano viejo y limpio, dijo que nunca le a tenido en mala opinión y que le tiene por muy xpiano viejo mayormente después que oyó dezir al dicho doctor Herrera lo que dicho tiene al qual tiene por la persona que más sabrá y mejor podrá dezir en este casso. Demás de lo qual le tiene en esta buena opinión de limpieza porque auiendo este testigo hecho la ynformación en Toledo para entrar en el Collessio el licenciado Egas de Guzmán, que era deudo del dicho licenciado Orozco de Cobarruuias, y auiendo examinado en ella mucho número de testigos, nunca entendió cossa contra la limpieza del dicho licenciado Orozco de Cobarruuias. Antes quiso este testigo examinar al padre del dicho licenciado Orozco por tenerle por persona limpia. Preguntado si saue o a oydo dezir al dicho doctor Herrera lo que dicho tiene y que assí entiende y tiene por zierto por eso y las demás raçones dichas no auer perdido por falta de limpieza. Y que esto es lo que saue de lo que le a ssido preguntado, en cargo del juramento hecho y declaró que no le toca ninguna de las jenerales y que es de hedad de zinquenta y nueve años. Leyóse su dicho. Retificóse en él. Y firmóle de su nombre.

Testigo 24. El licenciado don Francisco de Contreras.

Este dicho día, mes y año en la dicha ciudad de Valladolid reziuimos juramento en forma deuida de derecho de el licenciado don Francisco de Contreras, cauallero de nuestra horden, comendador de la Hinojossa, del Consejo de su magestad y collesial que fue del Collessio de San Saluador de Ouiedo, el qual le hiço y fue preguntado si saue por qué ocassión perdió el Collessio de Oviedo el licenciado Orozco de Cobarruuias. Y dijo que no lo saue ni fue en su tiempo deste testigo ni aun saue con zerteza se perdió. Preguntado si por tradición de el Collessio o por oydas de otras personas saue si la ynformación del dicho licenciado Orozco de Cobarruuias se aprouó o reprouó o la caussa por qué perdió el dicho Collesio y lo que en esta raçón supiere por tradición, dijo que no saue ni a oydo dezir cossa ninguna de las que se le pregunta porque aunque es assí que oyó dezir que el dicho licenciado Orozco de Cobarruuias auiendo sido opositor al dicho Collesio ni fue en tiempo de este testigo ni saue si lleuó al cavo su oposición perdiendo el Collessio o desistiendo de ella ni a oydo dezir la caussa por qué no consiguió el ser collejial. Preguntado en qué opinión le tiene para consigo al dicho licenciado Orozco de Cobarruuias en raçón de su limpieza, dijo que le tiene en opinión de xpiano viejo y limpio y que contra esto no a oydo cossa alguna y declaró que no le toca ninguna de las jenerales de la segunda pregunta de nuestro interrogatorio. Y que es de hedad de sesenta años y auiéndose leydo su dicho se retificó en él. Y le firmó de su nombre.

El licenciado Francisco de Contreras | Manuel Francisco de Hinojossa y Montalvo | El doctor Barrueta y Gamboa

Testigo 25. El señor don Jerónimo de Herrera, collejial de Ouiedo.

En la ciudad de Valladolid en trece días del mes de março de mill y seiszientos y quatro años reciuimos juramento en forma deuida de derecho del doctor Gerónimo de Herrera, deán y canónigo majistral de la Sancta Yglesia de Burgos, collejial que fue en el collejio de San Saluador de Ouiedo el cual juró *in veruo sacerdotis* que dirá verdad y guardar secreto. Y fue preguntado si save por qué caussa perdió el Collejio de Ouiedo el licenciado Orozco de Cobarruuias y dijo que saue que el dicho licenciado Orozco de Cobarruuias fue opositor al dicho Collejio porque siendo este testigo collejial y rector de él estauan en su aposento los libros de las oposiciones y reçepción de los collejiales que en él an entrado y a él han opuesto. Y entre otras oposiciones de los que se an opuesto al dicho Collejio vio lo que hiçó el dicho licenciado Orozco de Cobarruuias. Y en lo que toca a la raçón y caussa por qué perdió este testigo no la saue porque no era collejial a la saçón en el dicho Collejio ni lo fue muchos años después. Y tiene por zierto que el auer perdido deuió de ser o fue porque juzgó el Collejio tenían más justicia los que proueyeron en aquella elección que fueron el señor don Francisco de Contreras del Consejo de Castilla y el licenciado Juan de Pinedo Barrientos y el licenciado Toribio Morgovejo que oy es arçobispo de los Reyes en el Perú. Y ansí mismo cree y tiene por zierto que el susodicho licenciado Orozco no pudo perder por otra raçón ni por defecto de cualidad de su persona porque este testigo a más de veinte y seis años que conoce al dicho licenciado Orozco de Cobarruuias y tiene noticia de él antes por auer sido opositor al dicho Colegio como porque siendo este testigo collejial en Zigüença se acuerda auerse ydo allí a graduar de licenciado en cánones. Y en todo este tiempo nunca oyó ni entendió que el susodicho licenciado Orozco de Cobarruuias, ubiese tenido algún defecto de limpieza ni de otra calidad alguna de las que son neçesarias tenga cualquier opositor del dicho Collejio para ser hávil y meterle en votos. Y cree que si otra cosa fuera se le ubiera translucido alguna vez de mucho que a oydo tratar de la persona del dicho licenciado Orozco de Cobarruuias. Preguntado si saue de la ynformación del dicho licenciado Orozco se aprouó o reprobó en el dicho Colejio, dijo que no lo saue y que por no auer sido en su tiempo este testigo como dicho tiene no pudo sauer si fue aprouada o reprouada su información del dicho licenciado Orozco. Preguntado si por tradición del Collesio o por oydas de otras personas tiene noticia alguna de la dicha pérdida y de la causa de ella, y dijo que no tiene ni saue más de lo que a respondido tiene a las preguntas passadas. Preguntado en qué opinión tienen en raçón de limpieza al dicho licenciado Orozco de Cobarruuias, dijo que le tiene en buena opinión de xpiano viejo por las raçones que dichas tiene contra lo qual no saue ni a entendido cossa alguna. Y que lo que dicho tiene es la verdad de lo que saue y le a ssido preguntado en cargo del juramento que hecho tiene debajo del cual declaró que no le toca ninguna de las jenerales de la ley y que es de hedad de más de zinquenta años. Leyósele su dicho. Retificóse en él. Y firmóle de su nombre.

Manuel Francisco de   El doctor Varroeta y Gamboa   Gerónimo de Herrera
Hinojossa y Montalvo

En Valladolid en quince días del dicho mes y año pedimos al licenciado Francisco de Albornoz del Consejo de su magestad y collejial que fue en el Collejio de San Saluador de Ouiedo que dijese su dicho al tenor de la ynstrucción del Consejo de las hórdenes que en el negozio en ella conthenido. Y dijo que no puede dezir su dicho en ningún negocio sin particular licencia de su magestad y del Consejo y que en raçón de cossa tocante al Collejio en que tiene hecho inviolable juramento de guardar secreto tanpoco podrá dezir cossa contra él. Y esto dio por su repuesta. Y lo firmó de su nombre.

Manuel Francisco de   El licenciado Francisco   El doctor Varrueta y Gamboa
Hinojossa y Montalvo   de Albornoz

En Valladolid, en el Consejo de las órdenes en 1 de abril de 1604 años, se vio la primera ynformación de don Fernando de Alarcón y ansí mismo se vio la segunda ynformación y el dicho de don Juan Ocón y de Francisco de Albornoz que están en pliegos sueltos y aparte. Y ansí mismo se vio el testimonio de la Jeneral Ynquisición que se trujo en virtud de la cédula de su majestad que él trasladó de capítulo y orden de la respuesta que se avía de dar en el Consejo de Inquisición queda yncluso en esta ynformación y pruebas, todo lo qual visto por el señor don Juan de Ydiáquez, presidente de este Consejo y del Consejo de Estado y commendador mayor de León y por los señores don Antonio de Pedrosa, don García de Medrano, don Egas Venegas Girón, reprobaron esta ynformación y declararon no concurrir en el dicho don Fernando de Alarcón las calidades nescesarias para tener el ávito de Santiago. Y la copia de el capítulo de la cédula real dirijida a el Consejo de Inquisición de que ariba se hace mención queda agora metida en el pliego en que está escrito el dicho testimonio de que tanbién en este auto se hace mención. Y tanbién se vieron la familiatura de el dicho don Fernando y la consultoría y comisaría de su tío.

Don Juan de Idiáquez
licenciado don García de Medrano

licenciado don Antonio de Pedrosa
el licenciado don Egas Venegas Girón

UN FALSO LIBRO PICARESCO: SOBRE EL GENERO LITERARIO DE *EL VIAJE ENTRETENIDO* DE AGUSTIN DE ROJAS VILLANDRANDO *

JACQUES JOSET
Universidad de Amberes.—U.I.A.

La clasificación de las obras dentro de lo que también es género literario, o sea, dentro de la «historia literaria», siempre ha planteado problemas que, si a veces bien pueden parecer cosquillas de erudito, no carecen de transcendencia, tanto más cuanto se relacionan con la problemática actual de la morfología genética o, de ser el caso, de la narratología.

Buen ejemplo de una historia de la literatura española del Siglo de Oro mejor trabada sería la correcta ubicación de la obra conocida (aunque no sé si leída) de Agustín de Rojas Villandrando, *El viaje entretenido*. Esta, compuesta, según creo, en 1602 y publicada el año siguiente [1], se ha clasificado generalmente en la cómoda categoría de los libros «costumbristas», de lo que dudo mucho por lo evanescente de sus contornos morfológicos [2]. Incluso no lo es por su contenido: ¿cuáles son las descripciones de costumbres?, ¿dónde están los retratos pintorescos? Por supuesto, hay en *El viaje* de Roda dos o tres anécdotas sobre la vida de los representantes, un ensayo de clasificación de los mismos y algún que otro esbozo de un tipo humano, ni más ni menos que en otras obras «no costumbristas». Poco es en un libro tan voluminoso. Y dejando el error, que consiste en definir una

---

* Esta comunicación es parte, modificada y ampliada, de la introducción a mi edición del *Viaje entretenido,* Madrid, Espasa-Calpe, Clásicos Castellanos, pp. 210-211, 1977, todavía no aparecida al presentar esta investigación en el Congreso sobre la Picaresca.
[1] Los argumentos de estas aserciones se verán en la introducción a mi edición.
[2] Por ejemplo, J. L. ALBORG, *Historia de la literatura española*, Madrid, Gredos, 1970², t. II, p. 493, aún clasifica la obra de Rojas en el género y subgénero: «Otras formas de la novela en el siglo XVII: El costumbrismo».

obra desde el solo contenido, sospecho que se le ha pegado el letrero
«costumbrista» al libro de Rojas porque de él los críticos leyeron las
mismas partes desenfadas, «entretenidas» y, dicen, históricamente interesantes, que se reproducen en antologías y selecciones.
Los que buscaban informaciones sobre *El viaje entretenido* hasta
ahora en los manuales literarios también podían encontrar unos datos
en un capítulo dedicado a la inconsistente «materia picaresca». Hasta lo leyeron modernamente en una «colección de libros picarescos[3].
¿Huelga decir que dicha obra no es una novela picaresca? No lo es
por su personaje principal, el propio Rojas, quien no es un pícaro,
a no ser que se extienda abusivamente a unos pocos rasgos de su
personalidad los caracteres de un personaje literario. Hasta el autor
se defiende de serlo:

> No digo que nací en el Potro de Córdoba, ni me crié en el
> Zocodover de Toledo, aprendí en el Corrillo de Valladolid, ni
> me refiné en el Azoguejo de Segovia; mas digo que nací en la
> villa de Madrid [...] I, 28.

No cabe duda que todos estos lugares fuesen famosos entre los pícaros literarios y el hampa real[4]. Pero la referencia de Rojas es esencialmente literaria, ya que saca su enumeración de las *Epístolas familiares* de Guevara[5]. Más importante para nuestro propósito es que
esta enumeración sea negativa. Rojas, pues, rechaza la condición de
«pícaro», aunque en lo que sigue de su prólogo, «Al vulgo», se identifica con un héroe novelesco. Renueva la temática, apenas naciente en
su tiempo, de los orígenes bajos de la picaresca. Quiere dar como
verdadero el relato de su vida y se vale de procesos literarios negán-
dolos. Su verdad va más allá de la ficción, por tanto, parodia la literatura. Por eso hay que desconfiar en absoluto de lo que dice: la
forma paródica implica exageración, y ésta, a su vez, mentira en cuanto a la realidad real. En este marco interpretativo hay que colocar el
texto del mismo prólogo de Rojas tantas veces aducido por los historiadores del género picaresco:

> Sabrás, pues, que yo fui cuatro años estudiante, fui paje,
> fui soldado, fui pícaro, estuve cautivo, tiré la jábega, anduve
> al remo, fui mercarder, fui caballero, fui escribiente y vine a

---

3 Se trata de la edición *El viaje entretenido, reproducción de la primera
edición completa de 1604*, estudio crítico de Manuel Cañete, noticia bibliográfica de Adolfo Bonilla y San Martín, Madrid, B. Rodríguez Serra, «Colección
de libros picarescos» (dirigida por A. Bonilla), vols. III y IV, 1901.
4 Véanse M. DEFOURNEAUX, *La vie quotidienne en Espagne au Siècle d'Or*,
París, Hachette, 1964, p. 269; J. DELEITO PIÑUELA, *La mala vida en la España
de Felipe IV*, Madrid, Espasa Calpe, 1967, pp. 100 y ss., 181 y ss.
5 Cfr. G. CIROT, «Valeur littéraire du "Viaje entretenido"», en *Bulletin
Hispanique*, XXV, 1923, p. 206; el texto de Guevara en la edición de las *Epístolas familiares*, de A. CORTINA, Buenos Aires (México), España Calpe Argentina, «Colección Austral», 1946², p. 82.

ser representante. Dolencia larga y mujer encima, mala noche y parir hija.

¿Qué azuda de Toledo ha dado más vueltas?, ¿qué Guzmán de Alfarache o Lazarillo de Tormes tuvieron más amos ni hicieron más enredos?, ¿ni qué Plauto tuvo más oficios que yo en el discurso deste tiempo? [I, 31-32].

En este fluir continuo entre vida real y literaturizada y ficciones literarias reconocidas sitúa Rojas el episodio picaresco de su pasado. Para él ser pícaro no es sino un «estado» u «oficio» entre los demás, con que se distingue del pícaro literario, el cual siendo estudiante, paje, soldado, cautivo, pícaro de jábega [6], remero, mercader, caballero, escribiente o representante, no deja de ser existencialmente «pícaro».

Las referencias al *Guzmán* y al *Lazarillo* [7] se insertan en una serie de preguntas retóricas no muy homogéneas en cuanto a sentido, entre una alusión a la máquina que levantaba las aguas del Tajo a la ciudad de Toledo y otra a la fabulosa figura de Plauto. Lo que quiere Rojas es crear una distancia entre los personajes ficticios y su propia persona de carne y hueso, con un fin de autopropaganda evidente. No estamos lejos del «mal año para *Lazarillo de Tormes* y para todos cuantos de aquel género se han escrito o escribieren» cervantino (*Don Quijote,* I, 22).

Las demás ocurrencias de la voz *pícaro* en el *Viaje entretenido,* aunque en sí interesantes y sabrosas, no nos permiten vincular la obra de Rojas ni siquiera con la llamada «materia picaresca». Remiten sea al ya mencionado oficio:

... ya procurando a qué el ser pícaro, a qué sabe el ser religioso, a qué sabe el ser soldado, y aun a qué sabe el ser representante, como yo lo he sido algún poco tiempo [I, 38-39].

Las mondongueras compran menudo, hacen morcillas, cuecen tripicallo, venden mondongos, y los pícaros hinchen el pancho [II, 192].

Sea a una generalización despectiva a partir del referente «oficio» (vale «sinvergüenza, deshonrado»):

...y un pícaro como aqué y otros de su trato gozan del mejor entretenimiento [I, 221].

---

[6] Que fue una clase particular dentro de la jerarquía picaresca, cfr. *Estebanillo González,* ed. J. Millé Giménez, Madrid, Espasa Calpe, Clásicos Castellanos, 108, 1973 (1.ª, 1946), pp. 47, 201 y ss.

[7] No deja de ser interesante el orden de aparición de los personajes literarios. Contra la cronología, Rojas menciona primero a *Guzmán,* cuyas aventuras acababa probablemente de leer al escribir su *Viaje.* En 1602 no podía conocer sino la primera parte de la obra de Mateo Alemán y, quizá, la segunda apócrifa de Mateo Luján Sayavedra.

Sea a una situación miserable sin connotación moral peyorativa (vale casi algo como «pobre»):

Viéndome tan pícaro, determiné servir a un pastelero [...].
Como nos vio tan pícaros, no sé si le pesó de vernos [I, 120].

Descartadas las personas de Rojas y las ocurrencias de la palabra *pícaro* como posibles vías de interpretación picaresca del *Viaje entretenido,* nos quedamos con el relato de dos aventuras de comediantes de la lengua que le ocurrieron al «autor» Nicolás de los Ríos (quien las cuenta en la obra de Rojas) con dos representantes de su compañía, Solano [véase I, 117-122] y Ramírez [*ibid.,* I, 218-222]. Estas anécdotas, bien conocidas de los historiadores del teatro español, no bastan para que se pueda hablar de picarismo de la obra en conjunto. Ni siquiera son en sí picarescas. Se parecen más a cuentecillos graciosos del género «sobremesa y alivio de caminantes». Creo que el rótulo picaresco que se les ha pegado viene del que posiblemente —aunque no seguramente— ambos episodios fueron imitados por Le Sage en su *Gil Blas,* el de la representación burlesca de una *Resurrección de Lázaro* al narrar las aventuras de Escipión (*Gil Blas,* X, 10) [8] y el del estudiante «medio capigorrista», al principio de la novela francesa *(Gil Blas,* I, 2) [9]. Además, esta anécdota podría ser la fuente de una peripecia del *Buscón* (I, 4).

No repetiré aquí que el *Gil Blas* es el peor criterio de picarismo que hay [10]. Tampoco insistiré en el que la investigación de fuentes no sirve para nada en cuanto a determinación de géneros literarios.

Dudo mucho de que otros análisis de contenido del *Viaje entretenido* —que siempre son posibles en vista del tamaño de la obra— demuestren su índole picaresca. Tampoco lo es por su forma: basta decir que *El viaje entretenido* no es obra formalmente autobiográfica [11].

J. P. Ressot, también rechaza la doble caracterización costumbrista y picaresca del *Viaje.* Distingue en él tres formas de expresión literaria —dramática, dialogada y narrativa—, que corresponden a tres géneros: teatro (las loas), misceláneas (los diálogos del *Viaje)* y novela preciosa (cuento de Leonardo y

---

[8] Véase la nota de A. BONILLA en su edición de *El viaje entretenido,* en M. MENÉNDEZ PELAYO, *Orígenes de la novela,* t. IV, Madrid, N.B.A.E., vol. XXI, 1915, pp. 490a, n. 1.

[9] *Ibid.,* p. 517a, n. 1. También hay un episodio parecido en la *Vida de Marcos de Obregón,* Descanso 9, ed. S. GILI GAYA, Madrid, Espasa Calpe, Clásicos Castellanos, 43, 1969⁵, pp. 145-146.

[10] Véase M. MOLHO, *Introduction à la pensée picaresque,* en *Romans picaresques espagnols,* París, Bibliothèque de la Pléiade, 1968, pp. XCVII-CXXVIII.

[11] Sobre la forma autobiográfica como requisito de la novela picaresca, véanse F. RICO, *La novela picaresca y el punto de vista,* Barcelona, Seix Barral, 1970, y F. LÁZARO CARRETER, *«Lazarillo de Tormes» en la picaresca,* Barcelona, Ariel, 1972.

Camila) [12]. Esta perspectiva nos parece más bien didáctica que estructural. Primero, al entrar en el relato ficticio de un viaje, las loas pierden un tanto su carácter teatral originario y adquieren el de discurso —o larga réplica— de Rojas. Integran, pues, la parte que llama Ressot «miscelánea», la cual, hablando más rigurosamente, es, en realidad, una variante de un género literario muy bien representado en las letras españolas del Renacimiento: el diálogo. Lo mismo ocurre con la novela «preciosa» (yo diría más bien bien «pastoril») de Leonardo y Camila, que desempeña un papel parecido al de los cuentos integrados en el *Quijote* o en el *Guzmán de Alfarache.* Al dividirla en tres, Rojas la moldea hábilmente en la ficción del *Viaje.*

Tales son los componentes reales del *Viaje entretenido.* Pero todavía no hemos alcanzado la estructura.

No valdría la pena plantearse el problema si el libro de Rojas fuera único en cuanto a la disposición de los materiales. Bastaría un buen resumen. Pero comparte con otras obras del tiempo características estructurales propias de un género que propongo llamar *miscelánea dialogada.* De momento sólo menciono dos de las obras muchas veces reunidas bajo el falso letrero de costumbrismo [13]: *El pasajero* (1617) de Cristóbal Suárez de Figueroa y la *Guía y avisos de forasteros* (1620) de Antonio Liñán y Verdugo.

Las tres obras tienen como clave formal el diálogo entre cuatro personas [14], entre las cuales una desempeña el papel primordial de juez, arbitrio, maestro: es quien suscita la conversación, le da otro rumbo, hace largos discursos, cuenta la mayor parte de las anécdotas. Es Rojas en *El viaje entretenido,* el Doctor (o sea, el propio Figueroa) en *El pasajero* y el Maestro en Artes y Teología (que, con toda probabilidad, representa al propio autor) en la *Guía y avisos de forasteros.* La forma dialogada opera, pues, una muda del punto de vista narrativo desde la primera persona hacia la tercera.

Las tres obras tienen como propósito declarado «enseñar entreteniendo y entretener avisando», según escribe el prologuista de la *Guía y avisos de forasteros* [15]. Se conforman, pues, con la doctrina literaria imperante. Ahí no está la originalidad, sino en la diversidad buscada de la materia enseñada, la variedad que origina el entretenimiento.

Quieren, ante todo, los autores dar una información máxima, sin preocuparse mucho por jerarquizarla ni siquiera verificarla. En la miscelánea, la cantidad es la calidad. De ahí su carácter erudito, enciclopédico, las referencias cultas y un sinúmero de citas. De ahí también el empleo recurrente, hasta provocar la.náusea en el lector, de la enumeración.

---

[12] J. P. Ressot, ed. de *El Viaje entretenido,* Madrid, Clásicos Castalia, 44, 1972, p. 25.

[13] J. L. Alborg, *op. cit.,* pp. 497-498.

[14] J. L. Alborg, *op. cit.,* p. 498, menciona tan sólo tres intrelocutores en la *Guía y avisos de forasteros.* Se le escapó uno que interviene cuando la obra ya está avanzada.

[15] *Guía y avisos,* Barcelona, Biblioteca clásica española, 1885, p. XVIII.

No se confunda esto con monotonía estilística. Muy al contrario, a la copia del contenido corresponde un contraste de tonos y estilos, una mezcla de lo culto a lo popular, de lo rebuscado a lo llano, de lo serio a lo cómico. En breve, es la *miscelánea dialogada* un género esencialmente «impuro», propio de la edad barroca.

Finalmente hay que destacar el papel que desempeña el espacio en las tres obras. La ficción del *Viaje entretenido* se fundamenta en el desplazamiento de cuatro cómicos de la legua desde Sevilla a Burgos; la del *Pasajero*, en el viaje que realizan los cuatro interlocutores desde Madrid a Barcelona; en la *Guía* de A. Liñán y Verdugo no hay cambios de lugares, sino que la obra se construye entera con miras al espacio multitudinario de Madrid.

Por tanto, habría que examinar las conexiones indudables de nuestras *misceláneas dialogadas* con la literatura llamada *Alivio de caminantes* y su hermana, la de *Sobremesa*, a las cuales tanto acudieron los grandes escritores del Siglo de Oro [16].

También la *miscelánea dialogada* (es decir, estructurada) tiene evidentemente algo que ver con las *misceláneas* informales (recopilaciones de historietas, anécdotas o apotegmas) o mínimamente organizada, tales como las colecciones de cartas más o menos reales, más o menos literarias, que tanto éxito tuvieron en el Renacimiento [17]. En el caso de Rojas, clarísima es la cosa. Para él, el *nec plus ultra* literario es don Antonio de Guevara, a quien cita, copia, adapta, pilla en el sentido más literal de la palabra. Las *Epístolas familiares* figuran entre sus principales fuentes. Creo que no hace falta una larga demostración para afirmar que coinciden la estructura profunda de una colección de epístolas, como la de Guevara, y la de un miscelánea dialogada, como la de Rojas.

* * *

El hallazgo de Rojas fue, pues, ordenar la materia proteiforma que tenía a mano mediante el diálogo y el criterio espacial. Ya recordamos que en el Renacimiento, el diálogo, sencilla técnica narrativa, se convirtió en verdadero género literario bajo la influencia de los famosos *Coloquios* de Erasmo. Así también se reanudaba con la tradición lucianesca. Basta mentar los *Diálogos* de los hermanos Alfonso y Juan de Valdés. Rojas debió de ser consciente de la existencia de un género dialogado autónomo; sin embargo, creo que tal influjo, si lo hay, hubo de ser muy indirecto. Los diálogos de Rojas se inspiran en otra técnica que conocía de sobra por la práctica cotidiana de los textos teatrales. Poniendo en escena a cuatro comediantes, se valió nuestro autor del proceso teatral *par excellence:* el encadenamiento de réplicas. Vertido el proceso al servicio de una obra narrativa, no dramá-

---

[16] Véanse E. CROS, *Protée et le gueux*, París, Didier, 1967, pp. 282-288, y sobre todo, MAXIME CHEVALIER, *Cuentecillos tradicionales en la España del Siglo de Oro*, Talence, Institut d'études ibériques et ibéro-américaines de l'Université de Bordeaux, III, 1971.

[17] Cfr. E. CROS, *op. cit.*, pp. 156-162.

tica, con el propósito de ordenar los materiales de una miscelánea, topaba Rojas con las ventajas literarias del coloquio de tradición lucianesca. Al escoger el mismo modo de expresión en el *Coloquio de Cipión y Berganza,* iba a resumir Cervantes el principio técnico asencial de la forma dialogada en la narración:

... púselo en forma de coloquio por ahorrar de *dijo Cipión, respondió Berganza,* que suele alargar la escritura [18].

Lo mismo hubiera podido escribir Rojas: el diálogo anima la materia enciclopédica del *Viaje,* funciona como elemento del entretenimiento que desea provocar en el lector.

---

[18] CERVANTES, *Novelas ejemplares,* ed. R. Rodríguez Marín, t. II, Madrid, Espasa-Calpe, Clásicos Castellanos, 36, p. 207.

EL GALEOTE DE VELEZ DE GUEVARA Y EL ESCARMIENTO PICARESCO ALEMANIANO

EDWARD NAGY
Rutgers University, U.S.A.

En su novela *El diablo cojuelo,* donde todo parece pasar como en un sueño o semisueño, Vélez, jugando con las palabras, dice en la «Carta de recomendación al cándido o moreno lector» lo siguiente: «pasándome de la jineta de los consonantes a la brida de la prosa». Pero cuando toca la materia picaresca o hampesca, el ingenio del ecijano se extiende libremente, ya se trate de la «brida» o de la «jineta», de la prosa o del verso, como veremos en *El águila del agua.*

El águila del agua de Luis Vélez de Guevara [1] tiene por desenlace la victoriosa batalla de Lepanto, bajo el mando de don Juan de Austria. En edición a don Juan, Vélez incluye a otros personajes, como el rey Felipe II, el príncipe Carlos y don Lope de Figueroa, el famoso general de *El alcalde de Zalamea* calderoniano. No lejos de esta alta jerarquía se mueve el mundo del hampa y de la picardía que podría suministrar elementos cómicos siempre presentes en una *comedia.* Forman parte de dicho mundo Pero Vázquez de Escamilla, que con su compañera Almendruca tuvo que huir a Madrid a causa de cuatro muertes del hampa [2]. Perseguido por la justicia sevillana, Escamilla será echado a unas galeras que se preparaban para la guerra. En el tercer acto descuella la cubierta de la galera real, «donde —se-

---

[1] Usamos la edición de A. PAZ Y MELIÁ, [*El*] *Aguila del agua y batalla naval,* en *RABN,* X, 1904, pp. 182-200, 307-25; XI, pp. 50-67. La fecha de la aprobación es de 29 de julio de 1642. Según Spencer y Schevill, está escrita cerca de 1627. F. E. SPENCER y R. SCHEVILL, *The Dramatic works of Luis Vélez de Guevara, Their Plots, Sources and Bibliography,* Univ. of California, 1937. La incluyen entre las comedias histórico-novelescas (p. viii).

[2] *Escamilla:* célebre matón del hampa sevillana que murió «de enfermedad de cordel». El Tuerto de Ronda, el Malasmigas, el Gallego y el Crespo.

gún A. Paz y Meliá— Vélez hace hablar con su competencia en escenas picarescas al abigarrado mundo de galeotes» (p. 181).

El objetivo de nuestro estudio es mostrar cómo el papel que desempeña el mencionado delincuente andaluz en esta obra no se limita a lo meramente cómico. Veremos por qué Vélez le dotará de mayor significación, pero sin diluir el carácter de *comedia,* cuyo fin es la diversión. Para llegar a esta conclusión estudiaremos el hundimiento «alemaniano» de Escamilla en «el mundo de galeotes», su relación con las «escenas picarescas» en la cubierta de la galera real y la ascensión heroica de este hampón-galeote en la batalla de Lepanto. No olvidemos, para el propósito de nuestro trabajo, que la vida delincuente del pícaro Guzmán, de Mateo Alemán, le condujo a galeras, símbolo de máxima miseria y degradación, pero también lugar de su regeneración.

Los dramaturgos que escribieron comedias cuyo escenario es la guerra sacaron del anonimato de la masa a soldados a quienes dotaron de fuertes dosis de picardía y de comicidad. Así, en vez de un criado gracioso tenemos un soldado apicarado llamado «pícaro», «picarón» o «picarazo». Este, sin ser un pícaro por antonomasia —Guzmán—, tendrá en común con él algunas características como el humor, la falta de pudor ante las necesidades biológicas o gastronómicas y el léxico. Si tal soldado es español, o precisamente por serlo, será en el desenlace, a diferencia del pícaro, ejemplo de heroísmo, como lo fue siempre de fe, patriotismo o lealtad.

Vélez pudo también dotar de papel cómico a alguien de entre la soldadesca, y lo hizo en cierto grado con el legendario don Lope, pero el plan que había trazado para esta comedia desvió su atención hacia los remeros, la chusma de galeotes. Pero un típico galeote, aherrojado y bajo el látigo de cómitre, no sería una fuente fácil de humor, a pesar de representar lo más ínfimo que necesitaba Vélez. Habrá de ser un galeote especialmente señalado, que desprenderá su desgarrada energía cómica ya antes de la batalla, o que ya entre los conducidos a galeras descuelle —como Ginesillo en el *Quijote*— por su picardía. Se trata de la gente del hampa o de la picardía, cuyas vidas pasadas o conducta actual encierren elementos que «espectacularmente tratados» les harán potencialmente galeotes con el necesario tipo de humor [3]. El pícaro Guzmán hecho galeote hace el papel del privado y del gracioso en las galeras, pero termina desengañado: «Entonces conocí qué cosa era ser forzado y cómo el amor y rostro alegre que unos y otros me hacían era por mis gracias y chistes, empero no me lo tenían» [4].

La comedia se abre con la conversación entre Escamilla y Almen-

---

3 Comp. «Considerados en sí y artísticamente, los pícaros son "nonada"; espectacularmente tratados pueden tornarse interesantes. Nos hace sonreír el jaque si lo contemplamos envuelto en su ingeniosa bravuconería, cargado de hierro, bigotes buídos», AMÉRICO CASTRO, *El pensamiento de Cervantes* (Ed. Noguer, S. A., Barcelona-Madrid, 1972), p. 233.

4 En ANGEL VALBUENA PRAT, *La novela picaresca española* (Aguilar, Madrid, 1956), p. 571.

druca, que huyeron de Sevilla no precisamente en busca de amo a quien servir, sino para. llegar después de «tantas tormentas» (I), al puerto del golfo de Madrid. La técnica de muchos amos está sustituida por los azares que acompañan al perseguido delincuente. Hasta que «un viento próspero» (I) les vuelva a Sevilla, lo pasarán mejor que puedan. Guzmán, también, en la segunda del libro, en vez de buscar y servir a varios amos, desempeñará varios papeles y el último será el de galeote, la culminación descendiente-ascendiente de su proteimorfismo.

A pesar de la distancia entre el hampa sevillana y la corte, Sevilla seguirá siendo para ellos una realidad amenazadora, con la zozobra del pícaro-delincuente. Lo que les ocurrirá en Madrid será como un sueño o una farsa donde serán representantes, como diría Guzmán. Tal es la dimensión tan bien utilizada por Vélez en su *El diablo cojuelo*. Todo es inesperado, el «topar» picaresco, como lo es el juego de pelota a su llegada a Madrid, donde conocen «de Castilla lo más bueno» (I), don Juan, don Carlos y don Lope. Así, Almendruca expresa su asombro al presenciar el choque entre don Juan y don Carlos: «Parece que estoy soñando / lo que escucho y lo que veo» (I). Y su compañero, al ver que el juego se malogró, dice: «Aquí / dio fin la historia del sueño» (I). Pero, fijémonos en que el sevillano está consciente de su realidad, al continuar: «A la posada, Almendruca, / a cenar nuestro carnero» (I).

Con la requisitoria del´alcalde para capturar a Escamilla, la temida realidad sevillana va a invadir el dominio del «sueño», dando énfasis al plan bajo que precedió la huida a Madrid. La aparición de don Diego en *El buscón,* de Quevedo, invadió el mundo de ilusión de Pablos, pero el caso no es el mismo. Don Diego representa el decreto (o la requisitoria) de la vengativa sociedad de clase cuya misión es humillar y castigar al pícaro mal nacido. Escamilla se queda con su pasado, pero también con su fe de buen andaluz, lo que es la afirmación y la sublimación de su mundo dentro del plan trazado por Vélez.

Un demonio o un comisario vino de Sevilla con un decreto de su Majestad para que echen a remos a los delincuentes «de los más enormes casos» (II). Como el turco bajaba, se necesitarán ese verano los forzados. Es una oportunidad para algún delincuente de decir con ironía picaresca que él irá para servir a Dios y al rey, pero tal sería un remero anónimo. El forzado de Vélez, como el de Alemán, es más que un remero forzado.

La hampona quiere que don Juan interceda con el rey para la liberación de Escamilla, que está preso. El *status* de Escamilla no puede ser el de un soldado, no pertenece a ningún tercio. El delincuente tiene que ir a Lepanto conforme al decreto real y al plan ideado por Vélez. El tema de la penitencia y de la ausencia por haber cometido un galán un «delito honrado» en la corte, tan frecuente en las obras, se refiere más a Flandes que a Lepanto. Vélez necesita a Escamilla propiamente por haber cometido delitos deshonrados o de honra de baja estofa, como el caso de Guzmán. Guzmán, el otro delincuente «de los más enormes casos», tiene que ir a galeras, conforme con la ley y con el plan teológico de Alemán.

La salida de los forzados, asidos a una larga cadena, y el último Escamilla, constituye un miserable espectáculo callejero que podría compararse con la degradación del pícaro forzado Guzmán. La participación de Escamilla, singularizado por Vélez para la jornada, podrá «redimirle» dentro de la comedia. El gracioso heroísmo físico será el sustituto libertador para la sobría conversión de Guzmán.

Vélez no corta sus raíces con la realidad del valentón del hampa, a lo cual debemos la preservación de su humor germanesco. El turco tiene por «ratoneras» más de doscientas heroicas galeras. Si sube por el «rollo de Lepanto» (III) habrá de pagarlo. Para Escamilla el galeote, es una palabra ventajosa. Como se escapa la «nuez», galeras son «papasal». Tal es el galeote que se necesita en esta comedia. Con la hinchazón de salvar la vida de la horca, pero arriesgarla en el mar, las galeras serán la salvación personal y pronto será la salvación de una causa al combinarse la historia (Lepanto) con el sueño de su grandeza. No encajaría aquí un galeote lleno de desengaño como Guzmán, cuya batalla que tiene que ganar es la salvación de su alma [5]. La batalla de Lepanto es una empresa común ante el peligro común. El juramento («Boto a Dios») de don Lope anticipa el aviso de este peligro al ver la riña entre don Juan y el príncipe: «que emos de perdernos todos» (I). Como Lepanto es una batalla para la cristiandad, el «todos» incluye a la gente baja, los galeotes.

Vélez comprendió bien que si la condición actual de un galeote no es la más propicia fuente de humor, lo será mejor su pasado dramatizado en la cubierta, poco ejemplar, desde luego, pero lleno de color y de pasiones extraviadas. Los cuatro forzados, introducidos por su «generalísimo» Escamilla, cuentan en el sollado de la galera real los delitos que los trajeron a las galeras. Son cuatro viñetas sacadas de la ficción picaresca o del entremés, con sólida base en las malas costumbres. Si miramos bien estos delitos, la manera de contarlos o el comentario de Escamilla, veremos que descuellan por su peso más cómico sin soslayar lo criminal. Son delitos «simpáticos», como son muchas de las aventuras del *Guzmán*.

Como un maese del retablo de las fechorías picaresco-hampescas, Escamilla presentará a los echados a galeras. Al primer forzado, Argandona, por ser testigo falso, le sacaron en Ronda ocho dientes y ahora, irónicamente, viene haciendo palillos. Ha almorzado unas gachas que sirvieron de turrón. El Zurdillo de la Costa es palmeado cuatro veces por ladrón cuatrero. Ahora está haciendo dados —como el pícaro galeote Guzmán—, pero como hay falta de elefantes se gasta sólo «marfil» de carnero y vaca. Un poeta forzado está allí por una sátira. Gasta tiempo en consonantes y los cómitres de los corrales de

---

5 Ni el ignorante y cobarde soldado de los trapos, Magazo, en *El buscón*, de Quevedo: «Lepanto fue un moro muy bravo» (Libro II, cap. II).

España silban sus comedias. El último, un vejete, Lesmos, está en galeras por casado cuatro veces.

A. Paz y Meliá comenta estas confesiones picaresco-entremesiles diciendo que Vélez «hace hablar con competencia en escenas picarescas al abigarrado mundo de galeotes» (p. 181). Las palabras «picaresco» y galeotes» traen a nuestra memoria los últimos capítulos del *Guzmán*. Los dos sevillanos, Guzmán y Escamilla, descuellan entre los forzados. La categoría de algunas fechorías del pícaro-galeote Guzmán no dista de lo que hemos oído de los cuatro forzados, que podrían complementar la parte de la vida no narrada por Escamilla. El héroe de Alemán estaba casado dos veces, fue el tercero el que prostituyó a su propia mujer, el ladrón «famosísimo», el amancebado con una esclava y condenado a galeras, donde hacía dados y palillos.

Claro está que hay diferencia entre la galera real desde donde Escamilla nos hace relatar las vidas de sus cuatro forzados y las galeras desde donde se nos confiesa el Guzmán humillado y martirizado, como la hay entre la ficción picaresca y la *comedia*. Las galeras del *Guzmán* son el aviso moral de no seguir su mal ejemplo, de escarmentar en su cabeza. Los forzados en la cubierta tampoco son un ejemplo a seguir, pero nos extienden la invitación de participar en entremés.Las frases que anunciarían el aviso moral para el don Juan tirsiano o el escarmiento alemaniano, como «quien tal hace que tal pague» (III), dicho por el poeta galeote, o las que Escamilla contesta a don Lope, diciéndole que él es «el conbidado de piedra», son usadas con intención cómica, porque para terminar la misma frase Escamilla añade: «Soy el coco / del pendón verde y la feria» (I) [6].

En el sollado de Vélez no hay lugar para la conversión nocturna de un Guzmán, la doctrina moral y el escarmiento. Vélez sacará a la luz viva del Mediterráneo el pintoresco grupo de estos medio hermanos de Guzmán con su jefe Escamilla. La confesión de ellos cubrirá aspectos cómicos de sus vidas delictivas, que corresponden a la parte narrativa en el *Guzmán*, para crear una atmósfera de regocijo. Pero, a pesar de las diferencias, hay algo más profundo que notamos en ambas galeras. La posibilidad de salvación o de ascensión de un ser más bajo señalado por el artista, si sigue el camino de gracia o la estela del heroísmo en una causa tenida por santa. La una se consuma en la intimidad de una solitaria y angustiada noche; la otra, entre la gritería de la batalla y el jolgorio de la victoria.

Durante el estreno entremesil en el sollado, Escamilla ostentaba la jefatura de la «plaza de armas», pero lo hacía en función de galeote, ínfimo ser humano como el pícaro-galeote Guzmán o, como dijo un personaje al verle asido a una cadena en camino hacia los carros: «De las desdichas de acá / ésta es el maior extremo» (II). En la seve-

---

[6]   «¿Hay más que ver que le den
         parias los más arrogantes
         de la feria los matantes,
         los bravos de San Roldán?» (I)
MIGUEL DE CERVANTES, *El rufián dichoso*, Ed. E. Nagy (Cátedra, Madrid, 1975).

ridad de la batalla, Escamilla, siempre divertido, podrá valer como cualquier hombre. Recordemos cómo en la ficción picaresca Guzmán estaba recapacitando el sermón (p. 304) pronunciado por un docto agustino durante la misa mayor que oyó el futuro galeote. El pícaro es «alguien» porque es «igual con todos en sustancia» (aunque no en calidad).

Si tiene en cuenta su conciencia «no faltará quien levante su corazón y los ojos al cielo, diciendo: bendito sea el señor, que *aun en pícaros hay virtud*». *(Ibid.)* Escamilla exclama con la ingenuidad ampulosa, pero dando ejemplo de la heroica virtud, en Lepanto:

> Este medio remo sobra
> *(para)* si Dios, llubiese Turquías,
> que por esta causa sola
> las prisiones e ronpido,
> [y las] y ronpiera las mazmorras
> del cosario Becebú (III).

Y tampoco faltará aquí quien levante voz y brazos, porque *aun en hampones-galeotes hay virtud de heroísmo*, Y será el generalísimo de La Liga quien se dirija al victorioso galeote: «Bolbed en buen hora / a mis brazos, capitán» (III). Le sigue don Lope, sustituyendo el honor de baja estofa del hampa con el limpio de Andalucía: Ea, Pero Vázquez, onrra / de los andaluzes» (III).

En la jurisdicción moral del predicador se cuenta con Guzmán por ser alguien, y él lo demostró en las galeras con la conversión picaresca. En la jurisdicción castrense de don Juan —y de don Lope— se cuenta con Escamilla, que está remando y luchando por la causa moral de La Santa Liga. Recordemos que en la misma comedia el rey advirtió al soberbio príncipe:

> Y aueis de advertir que todos,
> Carlos, somos en las almas
> por naturaleza iguales,
> si el cielo nos desiguala
> en las fortunas, que son
> unas mismas las humanas
> pasiones y sentimientos (I).

Guzmán, hablando de la fortuna dice: «y en cuanto vivimos, obligándonos como a representantes a estudiar papeles y cosas nuevas, que salir a representar en el tablado del mundo» (p. 320). El proteico Escamilla es un representante. En el tablado de Lepanto, cuya grandeza se parecerá al sueño, saldrá a representar su más decisivo papel. El otro tema de la comedia es «el ser alguien» por «ser igual en sustancia (almas)».

Todos estos temas —sueño, viento próspero, perdernos todos, ser alguien-ser igual— son más fuertes que la intriga amorosa (don Juan-Hipólita-don Carlo). Además, el amor aquí es más de carácter picaresco-entremesil («el cuatricasado»). Desde el mencionado juego de pelota la conducta de los personajes del plan alto no es elevada. No se comportan mejor que el futuro galeote. Don Lope no dista mucho de Escamilla. El rey le reprocha su jurar. El generalísimo de La Liga estima la oferta de Hipólita de ser ella su camarada. Don Carlos, de noche, codicia a Hipólita, queriendo entrar en su casa. Escamilla codicia dinero en el garito. Ambos pierden. El pícaro Guzmán lo explicaría diciendo que los demás no son mejores que él o su medio hermano Escamilla.

Así tenemos no sólo el entretejido de distintos temas, sino los distintos niveles del proteico Escamilla: hampesco (prehistoria), cortesano-picaresco (juego e intriga en Madrid), hampesco-picaresco-entremesil (galeote, sollado) y el último, que falta en el *Guzmán*: heroico (Lepanto). El hampa andaluza es el fondo, y la corte y la milicia son la envoltura que se alimenta de las semillas positivas que encierra el fondo del más bajo ser humano: la posibilidad del arrepentimiento (Guzmán) o del heroísmo (Escamilla). La dimensión del «sueño» emana de la corte y de la milicia. El humor y la diversión provienen del hampa y la picardía, igual que la regeneración. La pareja hampona se quedará asombrada ante la magnificencia de la galera real, pero anhela los albures de Sevilla y no olvida a su Giralda. Sevilla-Lepanto. La grandeza de Sevilla hampesca: la Giralda. La grandeza dentro del grupo de forzados: la galera real.

En la galera real Escamilla aparece con arropa, camisola y bonete colorado. Pero, bajo el vestido del galeote subsistirá el plan bajo de «buen andaluz», mas humorísticamente acrisolado en el fuego de Lepanto. Don Juan, al ver las corvas cuchillas de los genízaros brillar por la crujía de la real española, pide socorro a don Lope. Saldrá Escamilla con medio remo. Escamilla rompe las cadena, que también simbolizan las pasiones delincuentes. Guzmán las romperá con el arrepentimiento y la conversión. Escamilla rompe las cadenas no para dejar o sustituir un mundo por el otro, sino para poner su mundo bajo junto al otro maravilloso a donde le empujó el azar. En ocasión más notable, la conducta de Escamilla representa una mezcla de picardía y de valentía. Sale «con más escamas i conchas / que una vallena» (III), pero también con «ropería turquesca» (el botín) y con el estandarte de la real del Gran Turco (el botín, que simboliza la victoria cristiana y el honor español).

Escamilla dice que dará por bien empleado ser espalder y vogabante, y que por él la galera real hará inmortal fama. Pero, él, a su vez, debe su fama a la oportunidad de estar en el «bajel» de Lepanto, en cuyo tablado representó su más importante papel, el de hampón-galeote hecho capitán:

> Don Juan.—Con hazañas más que umanas
> se eterniza en las memorias
> de los onbres, Escamilla (III).

¿No es éste el fin, mencionado al comienzo de este trabajo, de tantos solados apicarados-vueltos-héroes proclamado por el mismo don Juan o algún representante de la milicia dentro de la ficción de una comedia? Sí lo es, pero Vélez, con su competencia en el mundo picaresco-hampesco, se vale de este mundillo en vez de la mera soldadesca. Con esto no sólo subsana la ausencia de la figura estereotipada del donaire, sino que asciende a uno que es «el mayor extremo de las desdichas», el galeote. Alemán regenera al otro ínfimo sujeto en la ficción picaresca dentro de su marco doctrinal. Ambas soluciones son optimistas y humanas dentro de la poética de su género, el uno tétrico, el otro divertido.

Charles V. Aubrun en el capítulo sobre las «Leyes internas» dice que «el *hampa* no puede ser tema principal de una comedia: pero considerada como reverso del mundo heroico, galante o espiritual se siente que está presente en las actuaciones del gracioso»... [7]. En *El águila del agua,* el hampa no es el tema principal, pero su representantes, Escamilla, no será considerado como «reverso» de dicho mundo, sino su graciosa adición, es decir, sin anular el del hampa y de su baja comicidad. Sigue Aubrun: «Nada de *pícaros* ladrones, de ganapanes de baja estofa... Como ganapanes vagabundos no son reductibles a ese orden social que se propone restaurar la comedia, lo que hace es ignorarlos» (pp. 213-14). A Escamilla apodado de «pícaro», pero no de ladrón [8], Vélez le atesta la oportunidad («el viento próspero») de mostrarle «reductible» a un orden heroico maravilloso, aunque sin despojarle por entero del mundo que le condujo a las galeras. Vélez lo logra «hundiéndole» hasta lo más degradado del galeote, como Alemán a Guzmán, pero no con miras al escarmiento alemaniano, sino a la diversión.

---

[7] Charles Vincent Aubrun, *La comedia española* (1600-1680, Taurus, Madrid, 1968), p. 203.

[8] Don Lope: «valiente es el picarazo» (II); don Carlos quiere ver al «pícaro» en las galeras o ahorcado.

EL GRACIOSO PICARO EN CALDERON

JUAN PORTERA
California State University
Northridge, California, U.S.A.

Calderón de la Barca había heredado la figura del pícaro tras una larga tradición literaria en el género narrativo, y no ha de asombrar, pues, sí ese personaje se cala en su obra dramática con algunas de las características que habían venido evolucionando dentro de la picaresca[1]. Es probable que los rasgos rebajados del pícaro se realicen en algunos de sus graciosos menos famosos; por ejemplo, Paulin, el descarado esposo de una hembra no menos descarada en el *Purgatorio de San Patricio;* o el paje del ruin protagonista de *La niña de Gómez Arias,* Ginés. De todos modos, el gracioso que más cabalmente sintetiza las cualidades esenciales del pícaro es Clarín; no el siervo de *El mágico prodigioso,* sino el de *La vida es sueño.* Al personificar tales propiedades, Clarín trasciende la función de observador o comentarista risueño que Micheline Sauvage atribuye al gracioso calderoniano, esto es, ridiculizar el lado serio de la cosa[2]. En verdad, él es un pícaro, y como tal, no observa lo cómico, sino que lo determina; no tiene el don del humor, sino que es objeto de risa. Más que un simple gracioso, es un gracioso pícaro; esto es, un pillo que gesticula sin alevosía opaca, una canalla superficial sin fines siniestros.

Como el protagonista de la picaresca, también él es un desplazado social, metido a criado por no tener ni arte ni parte. Lo captamos, de buenas a primeras, metido en un itinerario que no es suyo. Clarín se mueve con la inestable andanza del pícaro que halla las aventuras sin buscarlas. Su aventura es el reflejo de la del sueño. Como

---

[1] Para una mirada panorámica de las relaciones entre el teatro áureo y la picaresca, véase el trabajo básico de CHARTES K. LEY, *El gracioso en el teatro de la península. Siglos XVI-XVII* (Madrid, Revista de Occidente, 1954). Cf. también el breve ensayo de AZORÍN, «El teatro y la novela», en *Obras completas,* vol. XI (Madrid, Caro Raggio, 1919-23).

[2] MICHELINE SAUVAGE, *Calderón* (París, L'Arche Editeur, 1959), p. 73: «C'est la fonction cathartique du *gracioso* de tourner en dérision les choses sérieuses.»

satélite desorbitado en alternancia de planos espaciales, se mueve de Rusia a Polonia, de la torre a la corte y viceversa, de la cárcel al campamento, del campo abierto al escondrijo. Vaga exteriormente porque vaga interiormente, puesto que carece de móviles que lo eleven por encima del instinto básico de la autoconservación. Por ese itinerario espacial discurre su itinerario existencial, y halla su único consuelo en no hallarse solo para aguantar peripecias y desdichas:

> Dos hemos sido
> los que de nuestra patria hemos salido
> a probar aventuras,
> dos los que entre desdichas y locuras
> aquí hemos llegado,
> y dos los que del monte hemos rodado [3].

Si de hecho Clarín no es el mozo de muchos años de la tradición picaresca, demuestra serlo, potencialmente, por su carácter cínico y tornadizo, pues se siente atado a su ama por una simple relación de oficio y no por un vínculo de genuina lealtad. Cuando Segismundo ase a Rosaura para ahogarla y suprimir así a todo testigo de su momento de debilidad, Clarín busca ponerse en seguro mintiendo por la barba: «Yo soy sordo, y no he podido / escucharte» (I,II, 186-87). Más tarde, al demostrarle Segismundo cierta simpatía en la corte, él trata de congraciárselo con esa volubilidad de carácter que le permite adoptar a uno u otro dueño: «Señor, / soy un gran agradador / de todos los Segismundos» (II,III, 352-54). Con igual servilismo se granjea el favor de Clotaldo, pese a que los críticos hayan querido ver en ello un triunfo de su ingenio listo, agudo y algo aprovechador [4]. En realidad, Clarín no es un aprovechador, sino un hombre servil por poca fuerza de voluntad y ambición, que hace un contraste implícito con Clotaldo, el cortesano que llama lealtad a su servilismo y llega al punto de ahogar su humanidad para cumplir al pie de la letra las órdenes de un rey sin compasión, agrandando así su influencia en la corte por gozar la confianza real.

Clarín tendrá abulia, pero la suya no es un acto de renuncia, sino

---

3 CALDERÓN DE LA BARCA, *La vida es sueño* (ed. Augusto Cortina, Madrid, Espasa Calpe, 1960), I, pp. i, 25-30. Las citas de este drama se indicarán en el texto de nuestro trabajo haciendo referencia al acto, la escena y los versos correspondientes.

4 EVERETT W. HESSE, *Calderón de la Barca* (New York, Twayne Publishers, Inc., 1967), afirma, bajo ese concepto, que «the clever, witty servant of Rosaura is under the impression that he can achieve everything he wants through the use of his wit» (pp. 147-48). También ALBERT E. SLOMAN, *The Dramatic Craftmanship of Calderón* (Oxford, The Dolphin Book Co., Ltd., 1958), insiste sobre ese aspecto: «He prides himself of his cleverness, and by means of flattery rises to the services of Clotaldo; but he pays for his temerity and impudent words by being made to accompany Segismundo to the prison tower» (p. 271). En cierto sentido, parece algo exagerado ver en Clarín el adulón socaliñero que sabe lo que quiere y aprovecha los resortes de la vanidad ajena para lograr sus fines.

una característica de pícaro que cruza la sociedad sin identificar ningún objetivo al cual dedicarse o sobre el cual formular su plan de
vida. También Gerstinger ve a este gracioso como un ser desprovisto de voluntad: «A human being who lacks will»[5]. En efecto, su
voluntad se identifica con las directrices básicas de una vida casi instintiva y se afirma en una lucha elemental para sobrevivir, no para
imponerse en el seno de las estructuras sociales. El propio Clarín no
sabe definirse en cuanto al carácter, pero sí se reconoce en la conducta por haber individualizado el hibridismo de su naturaleza[6]. Porque es propio de semejantes bellacos inocuos autodefinirse en forma
pintoresca. Es así como vamos explorando su personalidd de pícaro
a medida que él mismo se revela: por cierto no en los esquemas del
autobiografismo narrativo tradicional, el cual no tiene cabida en una
pieza dramática, sino a través de confesiones que ponen de manifiesto los rasgos con que él se asocia con los exponentes de la picaresca.

Llama, ante todo, la atención su sinceridad en hacer hincapié en
el hambre. Al pedirle Clotaldo noticias sobre Rosaura, él no desperdicia la ocasión de señalar el vacío de sus entrañas: «Y hay que viniendo con ella, / estoy yo muriendo de hambre» (II,II, 220-21).
Luego, encerrado en la torre por medidas preventinas, vuelve a decir,
con una antítesis conceptista, cómo le ladra el estómago: «Que un
hombre con tanta hambre viniese a morir viviendo» (III,I, 5-6). También conceptista es el humor con que congloba la rastrera alusión a su
inherente hambre forzosa con una referencia culta, jugando con el
doble sentido de la misma carga fónica de *Nicomedes*=ni comedes,
ni coméis) y *Niceno*=ni ceno. Escuchemos su risueña queja:

> Mas yo, la verdad diciendo,
> de no comer me desmayo;
> que en una prisión me veo
> donde ya todos los días
> en el filósofo leo
> Nicomedes, y las noches
> en el Concilio Niceno. *(Ibid.)*

Su experiencia consta de pequeñas astucias, y discurre en una vida
gregaria que por faltarle la concentración de pensamiento y el auto-
dominio ético, se vuelca en una incontenible necesidad charlera. Para
Clarín (para el pícaro), hablar es una exigencia genética, connatural
con el étimo del nombre que define al hombre: «Pues para mí este

---

[5] HEINZ GERSTINGER, *Pedro Calderón de la Barca* (New York, Frederick
Ungar Publishing Co., 1973), pp. 84-85. El que este autor considere abúlico a
Clarín no quita que esté pegado a la vida. En verdad, todo el drama tiene
una fuerte adhesión a la vida —aun su mismo problema—, según señala ALE-
XANDER A. PARKER, *The Allegorical Drama of Calderón. An Introduction to
Autos Sacramentales* (Oxford, The Dolphin Book Co., Ltd., 1968), p. 225:
«Dogma in *La vida es sueño* is brought into close contact with the realm of
human experience.»

[6] Cf. las propias palabras de Clarín: «Ni humilde ni soberbio, / sino entre
las dos mitades, / entreverado» (I, pp. iv, 351-354).

silencio / no conforma con el nombre / Clarín, y callar no puedo» *(Ibid.)*. Mantener el secreto le cuesta grandes esfuerzos, y llega al punto de amenazar con que va a vaciar el costal por el mezquino propósito de conseguir de comer, comprometiendo así «al rey, a Astolfo y a Estrella, / porque Clarín y criado / son dos cosas que se llevan / con el secreto muy mal» (II,II, 226-29). Con razón, pues, Clotaldo lo encarcela, pese a sus ridículas protestas de trocarse en corneta y callarse la boca. Tan fragmentaria es su visión de la vida que se niega a comprender las razones por las cuales lo tienen preso. Eso no quita que sea víctima de la injusticia de un sistema social con el cual él se roza sin entenderlo. En el fondo, ve las cosas a la manera de Lazarillo y Marcos de Obregón, con lo cual descubre que en su medio todo es farsa, hipocresía y juego de intereses. Y si no se aleja de ese medio, es porque no concibe, o no conoce, otro mejor. Por eso, desconfía de todo y de todos. Su naturaleza sospechosa y carente de introspección acentúa la curiosidad por los acontecimientos insignificantes que ocurren a su rededor, siendo eso una manera de adaptarse al medio, o mejor dicho, de adaptar el automatismo de su existencia al fluir de los hechos. Por tanto, sigue siendo un extraño aun cuando parezca adaptado. Estará al tanto de los acontecimientos, pero no conoce los motivos que los desencadenan; o a lo sumo, los interpreta a la luz de su restringido ángulo de visión. Su curiosidad epidérmica —no la mental, que es esfuerzo y acto voluntario— le parece el método más cómodo para sobrevivir, un atajo en la ruta de la existencia que desgraciadamente oculta sus zancadillas. Y el efecto es siempre cómico, porque su precio corriente y moliente se cobra a golpes sobre sus lomos agachados: «A costa de cuatro palos / que el llegar aquí me cuesta / ... tengo que ver cuanto pasa» (II,II, 181-85).

Clarín es el intruso gratuito; nunca oportuno, aunque importuna muy pocas veces. Es el entrometido barato, y eso que se las echa de campeón significante de ese talento insignificante. A Segismundo, que quiere saber quién es, le contesta con sobrado orgullo: «Entremetido, / y deste oficio soy jefe, / porque soy el mequetrefe / mayor que se ha conocido» (II,III, 347-50). La seguridad con que pregona esa parodia del mérito es parte de su inseguridad. Al mezclarse con las clases superiores, las imita haciendo alarde ostentoso del vicio disfrazado de virtud. Es la sátira sin intención satírica. Es el ademán que encubre la inconsistencia; es el afán de ser jefe de algo en quien es siervo de todos; la necesidad de hacer un papel aun cuando siente que no lo siente, y por eso acaba por ser un papelón. Es el farsante de la vida, no de la farándula. A ello se debe que no tenga un papel fijo, y asuma cualquier papel que las circunstancias le impongan. Nótese cómo al empezar la revolución, las tropas rebeldes se acercan a la torre y declaran que allí ha de estar el prisionero que buscan. Clarín no cobija duda alguna de que pueda tratarse de otro: «¡Vive Dios! / que a mí me buscan, es cierto, / pues que dicen que aquí estoy» (III,II, 45). Su falta de identidad personal le permite identificarse con todo papel que le llegue de balde, atribuyéndole el significado que mejor cuadre con su egocentrismo elemental. ¿Que lo proclaman príncipe? Pues esa es la costumbre del reino de Polonia y hay que conformarse: «Fuerza es hacer mi papel» *(ibid.)*. ¿Que lo apellidan Segismundo? Otra costumbre del reino de Polonia: «Segismundo llaman (a) todos los príncipes contrahechos» *(ibid)*. ¿Que lo acusan de haberse arrogado un privilegio ajeno? Culpa del mundo, culpa de otros. El tiene su verdad: «vosotros fuisteis los que / me segismundeasteis...» (III,III, 85-6).

. Bien mirado, su carácter no es inmoral. Es amoral; o por así decirlo con Honig, representa «a nonmoral point of view» [7]. Por su falta de compromiso ético, su vida se agita por pocas emociones, entre las cuales prevalece el miedo. Oye el ruido de cadenas en la torre y anticipa lo peor: «Bien mi temor lo dice» (I,I, 77). Rosaura alude a nuevas penas, y él subraya su característica dominante: «Yo con nuevos temores» *(ibid.)*. Por miedo trata de evitar toda complicación y acaba por meterse en otras peores. Es el destino del pícaro. Falto de iniciativa, a veces le falta ánimo para hacer hasta lo que normalmente hace —huir—. No sorprende, pues, que en ese estado de aprensión la vida se le antoje como una pesadilla quevedesca a la manera de los sueños que lo asedian por la noche [8]. La única manera de poner cierto orden en ese caos es salir a flote. Es la filosofía del listo que se pasa de listo. Cuando la pasión política enciende a las masas con un torbellino frenético, Clarín se queda insensible frente a las nobles palabras palpitantes de grandes ideales. El mundo está enloquecido; pero él se cree el único que no haya perdido los estribos y se dispone al juego habitual de gritar al momento justo al viva quien vence:

> ¡La libertad y el Rey vivan!
> Vivan muy enhorabuena;
> que a mí nada me da pena
> como en cuenta me reciba
> que yo, apartado este día
> en tan grande confusión,
> haga el papel de Nerón,
> que de nada se dolía.
> Si bien me quiero doler

---

7 EDWIN HONIG, *Calderón and the Seizures of Honor* (Cambridge, Harvard University Press, 1972), p. 173.

8 Cf. la palabra de Clarín aislado en la torre: .
> «De los sueños desta noche
> la triste cabeza tengo
> llena de cien chirimías,
> de trompetas y embelecos,
> de procesiones de cruces
> de disciplinantes; y éstos
> unos suben y otros bajan;
> unos se desmayan viendo
> la sangre que llevan de otros» (III, pp. i, 17-25).

de algo, y ha de ser de mí.
Escondido desde aquí
toda la fiesta he de ver.

(III,XII, 853-64)

Hasta este punto Clarín actúa en conformidad con sus móviles de pícaro y se manifiesta como tipo conspicuo en la tipología de los personajes secundarios de Calderón [9]. Pero luego la fatalidad le hace una mala jugada, porque el tiro final le sale por la culata. El que había vivido de contradicciones sucumbe a la contradicción. Con confianza había proclamado su habilidad de prevenir la muerte, gesticulando acaso con los puños cerrados, «dos higas para la muerte» *(ibid.)*. Y lo que consigue es un fin trágico, que no llega a convertirse en tragedia. El clima se recarga de pesimismo envolvente, pues el humor de la picaresca no disipa ese opaco talante. Pero el final ya no pertenece a la picaresca. Clarín se muere sermoneando, esto es, convirtiéndose en vocero intempestivo del autor. Sus palabras finales contradicen su vida y hasta arrojan una nota contradictoria en la temática de una obra que don Marcelino ha definido cabalmente «antifatalista» [10]. En punto de muerte, el cobarde predica el valor y descubre en la fatalidad cierto fatalismo ambivalente. No hay modo de evitar la llegada de la muerte. Ineludible es el destino humano, y no queda salida contra su decreto:

Pues no hay seguro camino
a la fuerza del destino
y a la inclemencia del hado;
y así, aunque a libraros vais
de la muerte con huir,
mirad que vais a morir,
si está de Dios que muráis.

(III,XIII, 898-904)

La ironía final añade un nuevo contorno a la caricatura antiheroica que delinea la figura de Clarín. Esa ironía no aviva los ecos sordos con que su corazón había reaccionado ante los ideales humanos, como tampoco rodea con un halo moral a una conciencia que había estado constantemente sumida en la ambigüedad existencial. Por eso, repetimos, su caso trágico no constituye una tragedia. Con todo, sus palabras finales, al resonar en la sensibldad apremiada del rey Basilio, dan una virada trágica al planteamiento de su problema. Confiado en el determinismo astrológico, el rey había causado aquella tragedia que hubiera podido evitar con un acto de libertad. En el instante en que

---

[9] Cf. Angel Valbuena Prat, *Calderón. Su personalidad, su arte dramático, su estilo y sus obras* (Madrid, Ed. Juventud, 1941), p. 27: «Una gran parte de figuras calderonianas se mueve en el orden de los "tipos" sociales, o encarnación de cualidades.»

[10] Marcelino Menéndez y Pelayo, *Calderón y su teatro* (Madrid, Imprenta de A. Pérez Dubrull, 1884), p. 253.

se desmorona el orden por él representado, Basilio descubre la libertad de elegir. ¿Escaparse o enfrentarse? Decidir es escoger. «Mirad que vais a morir, / si está de Dios que muráis», medita el soberano, repitiendo las últimas palabras del siervo moribundo. Otra vez acude a su libertad de elección para dejarse de correr y enfrentarse al destino. Y ahí los opuestos se encuentran, pues la libertad humana parece modificar la forma, no el contenido del destino. Libre albedrío y predestinación, en un plano teológico, quedan como enigmas irresolubles. Irónicamente, la solución llega en el plano artístico por boca de Clarín, quien ignora el conflicto filosófico o teológico, pero revela que el destino es algo distinto del fatalismo, y la libertad ha de entenderse como liberación del miedo. En el último instante, el pícaro gracioso parece —¿qué diré?— despicarizarse, ciertamente no para redimirse, sino para destacar en un trance contradictorio la tesis catártica de Calderón, con la cual se sugiere poéticamente que la libertad no se adhiere a la vida oponiéndose al destino, sino purificándola de todo espurio sentido que no permita vivirla por el miedo de perderla.

EL PICARILLO EN ESPAÑA, DE JOSE DE CAÑIZARES

Enrique Rull

1. Cuestiones previas

La inscripción del teatro de Cañizares en la primera mitad del siglo XVIII confiere a éste unas características especiales no siempre suficientemente reconocidas. La crítica, que a menudo procede por síntesis muy generales, sobre todo cuando se enfrenta con épocas no bien conocidas en pormenor, ha querido englobar las manifestaciones artístico-teatrales de los años 1700 a 1750 en un restrictivo título de «prolongación del barroco», «tendencia tradicionalista», «etapa de la fórmula», etc. Y no es que estas denominaciones sean ilegítimas, sino que impulsan a una consideración generalmente superficial de sus contenidos. Ello ha permitido que un crítico actual haya llegado a sospechar repetidamente que este teatro no ha sido leído, o lo ha sido insuficientemente. La losa del descrédito que ha pesado sobre la literatura del siglo XVIII español está siendo levantada gracias al esfuerzo conjunto de hispanistas de habla principalmente francesa e inglesa. Pero el terreno de las reivindicaciones se hace extensivo casi con exclusividad a la literatura neoclásica o de tendencia ilustrada, y el periodo del post-barroco, por el contrario, sobre todo en el teatro, ha sido objeto de menos llamadas de atención. Con todo ello no vamos nosotros a descubrir latitudes completamente nuevas, sino a reconsiderar brevemente algunos hechos que afectan a la técnica y a la visión del mundo de un autor de la época referida, tomando como base el tema picaresco, del que este autor ha sido relativamente pródigo.

2. Cañizares

José de Cañizares cierra el periodo de su vida justamente en el año 1750, y aproximadamente por esas fechas el teatro post-barroco cumple su periplo; las prohibiciones de comedias y autos de 1765 son la consagración oficial de dicho cumplimiento. Aparentemente no hay grandes diferencias entre el teatro de este autor y el de los grandes dramaturgos del Barroco. Imitador consciente de ellos, Cañizares propone como soluciones originales las técnicas más frecuentes de las épocas de decadencia: la imitación y la refundición. No hay que insistir demasiado en ello. El Barroco en el teatro había llegado ya hacia finales del siglo XVIII a una fórmula estereotipada del género y los autores se imitaban entre sí y se repetían de forma habitual. No es éste el camino bueno por donde caracterizar un teatro, sobre todo teniendo en cuenta que es un camino negativo. A nosotros lo que nos interesa es la peculiaridad de ese teatro frente a la fórmula general.

Cañizares se sintió atraído por géneros muy distintos, dentro de las posibilidades que le ofrecía la comedia nueva tradicional. La comedia religiosa, la histórica, la novelesca, de costumbres, de magia, mitológica, las zarzuelas y hasta las adaptaciones de las nuevas tragedias francesas al molde hispánico fueron sus actividades más regulares. De todo lo tópico que hay en ello, no cabe la menor duda que lo más interesante es lo que se refiere a sus afanes de renovación, aunque siempre desde unos moldes convencionales. Pero pensamos que estos logros no se hallan del lado de la adaptación de las tragedias extranjeras, adaptación fallida, por creer que una visión del mundo involucrada en un arte específico es conservable variando dicho arte; sino que los aciertos residen en las variantes, que, a pesar de la horma artística, potencian la nueva visión del mundo que creemos existente en Cañizares con respecto a la época precedente. Precisamente lo que queremos destacar es la continuidad de la línea evolutiva del teatro del Barroco durante el siglo XVIII, dentro de la cual el teatro neoclásico fue un esfuerzo no plenamente conseguido por integrar en esa línea la corriente artística europeísta, que, por otro camino, se conseguirá con el romanticismo. No es, por consiguiente, el teatro del post-barroco una mera prolongación del anterior, sino un intento, formalmente no conseguido, por describir una nueva visión de la realidad con unos rígidos medios convencionales. Veamos cómo se realiza esto en Cañizares.

3. EL PÍCARO EN EL TEATRO BARROCO. DE CALDERÓN A CAÑIZARES

El estudio clásico de Charles D. Ley sobre el gracioso en el teatro [1] nos ponía frente a una caracterización del pícaro como elemento ineludible en el teatro del Siglo de Oro. Está clara la relación del gracioso con el pícaro, pero lo que a nosotros nuevamente nos interesa no es el tópico en sí mismo, sino la peculiaridad en la trayectoria de esta relación. Es cierto que esta peculiaridad puede partir de una desviación del papel del pícaro como gracioso, por una proyección más trascendente de éste en el contexto dramático; ejemplo visible de lo cual

---

[1] CHARLES D. LEY, *El gracioso en el teatro de la península*, Madrid, Revista de Occidente, 1954.

sería el Clarín de *La vida es sueño*[2]. No es este nuestro objeto ahora. El pícaro sigue siendo el mismo, pero el contexto eleva su personalidad a un haz de significaciones paralelas al valor intrínseco del drama. La dignificación del personaje se realiza por vía estrictamente artística, pero su realidad social resta intacta, y su papel en el contorno estructural del mundo en que vive sigue siendo idéntico al de cualquier pícaro.

No obstante, en Calderón, en el que creemos que empiezan a darse los graciosos-pícaros más conflictivos del barroco, existen otras posibilidades de caracterización independientes del ámbito dramático y sí relacionables con la particular visión del personaje que tiene su autor. Esto, naturalmente, es más perceptible en la comedia intrascendente que en el drama, porque este último tiende a crear un clima cohesivo de tensiones, de las que no escapa ni siquiera el gracioso; por el contrario, la comedia tipifica los personajes en mayor libertad, porque éstos pueden quedar más fácilmente liberados del posible círculo de significaciones trascendentes.

Esto acontece, por ejemplo, en la primera escena de la comedia calderoniana *No hay burlas con el amor*. Y es muy significativo de lo que venimos diciendo que la caracterización, el papel del gracioso, ya quede delimitado desde el comienzo. Ello implica que dicha significación es previa al contexto dramático. Sin que intervenga ningún elemento de la tensión significativa del conjunto, el personaje queda presentado independiente y libremente. Permítasenos la transcripción de esta primera escena:

«(Salen don Alonso de Luna y Moscatel, éste muy triste.)

ALONSO.—¡Válgate el diablo! ¿Qué tienes,
que andas todos estos días
con mil necias fantasías?
Ni a tiempo a servirme vienes,
ni a propósito respondes;
y por errarlo dos veces,
si no te llamo, pareces,
y si te llamo, te escondes.
¿Qué es esto? Dilo.

MOSCATEL.—¡Ay de mí!
Suspiros que el alma debe.

ALONSO.—Pues ¿un pícaro se atreve
a suspirar hoy así?

MOSCATEL.—Los pícaros ¿no tenemos
alma?

---

[2] Vid. nuestro estudio preliminar a la edición de esta obra en Clásicos Castalia.

ALONSO.—Sí, para sentir,
y con rudeza decir
de su pena los extremos;
mas no para suspirar;
que suspirar es acción
digna de noble pasión.

MOSCATEL.—¿Y quién me puede quitar
la noble pasión a mí?

ALONSO.—¿Qué locuras!

MOSCATEL.—¿Hay, señor,
más noble pasión que amor?

ALONSO.—Pudiera decir que sí;
mas para ahorrar la cuestión,
que no, digo.

MOSCATEL.—¿Qué no? Luego
si yo a tener amor llego,
noble será mi pasión.

ALONSO.—¿Tú, amor?

MOSCATEL.—Yo amor.

ALONSO.—Bien podía,
si aquí tu locura empieza,
reírme hoy de tu tristeza
más que ayer de tu alegría.

MOSCATEL.—Como tú nunca has sabido
qué es estar enamorado;
como siempre has estimado
la libertad que has tenido
tanto, que a los dulces nombres
de amor, fueron tus placeres
burlarte de las mujeres
y reírte de los hombres,
de mí te ríes, que estoy
de veras enamorado.

ALONSO.—Pues yo no quiero criado
tan afectuoso. Hoy
de casa te has de ir

MOSCATEL.—Advierte...

ALONSO.—No hay ahora que advertir.

MOSCATEL.—Mira.

ALONSO.—¿Qué querrás decir?

MOSCATEL.—Que se ha trocado la suerte
 al paso, pues siempre dio
 · el teatro, enamorado
 al amo, y libre al criado.
 No tengo la culpa yo
 desta mudanza; y así
 deja que hoy el mundo vea
 esta novedad, y sea
 yo el galán, tú el libre» [3].

He traído aquí este texto intencionadamente, porque supone un planteamiento inédito, y el autor bien lo sabía. El resto de la obra no interesa a nuestro propósito. Aun tratándose de una comedia deliciosa, sigue más adelante unos derroteros ajenos a este interesante comienzo. Moscatel será un gracioso más, y el enamorado verdadero será don Alonso, aunque al principio se muestre reacio a este sentimiento.

Del presente texto nos interesan dos cosas: 1.º) La asimilación del gracioso al pícaro, realizada explícitamente por el autor; 2.º) la inversión de papeles del galán y el pícaro, que supone una usurpación de la dignidad noble por parte del pícaro, lo cual motiva la irritación de su amo. De aquí podemos partir para entender esto como una tentativa frustrada de nivelación de dignidades sociales, que parece preludiar tiempos más modernos. Ahora bien, todo queda en mera tentativa ocasional. La actitud de Cañizares, como veremos, es parecida, pero alcanza relieve mayor y una funcionalidad dramática total.

4. EL TEMA PICARESCO EN CAÑIZARES

Cañizares no se limita a manejar graciosos-pícaros, sino que introduce la novedad de hacer de la temática picaresca columna central de un grupo de obras dramáticas. Epoca la suya de grandes refundiciones, nada tiene de extraño que el costumbrista material picaresco interesase a un teatro que se abría cada vez más a la vertiente jocoso-popular y sainetera. Algunas de sus comedias se inspiran directamente en una tradición semi-picaresca, como por ejemplo *La más ilustre fregona*, que toma como base la novela cervantina y una comedia de Lope de semejante título [4]. Hay que hablar aquí de refundición. Pero también se da el caso de una adaptación recreadora de un material picaresco, como sucede con *La vida del gran tacaño*, ins-

---

3 *Obras completas de Calderón*, t. II, ed. de Valbuena Briones, Madrid, Aguilar. p. 494.
4 Es la comedia titulada *El milagro por los celos y Don Alvaro de Luna*.

pirada quizá en el propio Cervantes y, por supuesto, en Quevedo (un personaje se llama incluso Pablos), pero de trama enredosa original de Cañizares. Finalmente estamos frente a una creación auténtica: *El picarillo en España*, de tema no propiamente picaresco, pero sí de aprovechamiento de una idea original vinculada al género. Podemos hablar, pues, de tres soluciones: 1.ª) refundición, 2.ª) adaptación recreadora, 3.ª) creación original. Para nuestro estudio hemos elegido la tercera vía, aunque sabemos el valor totalizador que supondría el abarcar las tres realizaciones, pero esto rebasaría con mucho las dimensiones exigibles a nuestra comunicación.

5. «EL PICARRILLO EN ESPAÑA»

a) *El término «picarillo» y el valor del concepto*

Posiblemente *El picarillo en España* sea la comedia de Cañizares más alabada por la crítica. Ya don Alberto Lista la reputó como valiosa y luego los manuales de historia literaria han repetido el concepto, aunque no sé con qué alcance. A nosotros hoy la obra nos interesa fundamentalmente desde la perspectiva histórica en que se inserta y hacia donde apunta. Con ello pretendemos abarcar dos problemas; uno, la evolución del tipo picaresco en el teatro; otro, el sentido histórico del género teatral mismo de Cañizares.

En *El picarillo en España* ya ha desaparecido el ambiente picaresco perceptible en las demás obras del género. La obra puede ser clasificada dentro de las comedias históricas. Ya veremos luego hasta qué punto participa de una verdadera historicidad.

Con respecto al título, ya se hace explícita intención de caracterizar al personaje como pícaro. El término «picarillo», según indicaba el *Diccionario de Autoridades*, era textualmente «lo mismo que pícaro, aunque con más energía». La forma de aparente diminutivo denota en realidad un refuerzo de intensidad, que da un valor más relevante al contenido semántico del término. Ya en el siglo XVIII el vocablo había adquirido amplísima divulgación y, por consiguiente, una gran variedad de acepciones. De ellas, hay dos, por lo menos, que creo convienen a nuestra obra; la primera sería, «astuto, taimado y que con arte y disimulación logra lo que desea», la segunda, «chistoso, alegre, placentero y decidor».

Las razones en las que se apoya Cañizares para llamar a su personaje «pícaro» se basan fundamentalmente en el equívoco de su origen y en su carácter paradójico y chusco, añadamos a esto que el propio protagonista se autodenomina «pícaro» constantemente, y así tendremos tres razones, la última puramente onomástica, pero las otras dos más sustanciales. Efectivamente, el origen familiar en el pícaro es fundamental. Es bien sabido que al pícaro le suele caracterizar su procedencia ilegítima, cuestión que sirve para poner a prueba la dignidad del héroe y convertirle automáticamente en un ser indigno. Por supuesto que Cañizares no quiere llegar tan lejos, sino situarse sencillamente en una perspectiva de intriga misteriosa, para establecer el contraste entre el comportamiento y el origen desconocido, y situar al personaje en un camino de dignificación por las obras exclusivamente o por las manifestaciones externas de su personalidad. Así sucede con Federico de Bracamonte, autollamado «picarillo en España». Desde el principio de la comedia, sus actos se imponen a su posible origen. Aparece «mal vestido», según reza la acotación, en un duelo con el infante don Enrique, y cuando éste, asombrado de su atrevimiento, le demanda quién sea, Federico contestará:

> «¡Oh, cuánto, Enrique, te engañas,
> parándote en los adornos,
> y estás viendo las hazañas!
> *Tan noble soy como tú*
> pues desde mi tierna infancia
> fue mi padre el cielo y fue
> la fortuna mi madrastra» [5].

Después de la batalla, cuando han vencido los partidarios de don Juan II y Federico es presentado a éste, vuelve a insistir en su origen desconocido:

> «Señor, hoy por estos campos
> por casualidad pasaba
> a solo buscar mi vida:
> tan oscura es mi prosapia
> que ni sé quién soy ni quién
> me dio aun el ser que me falta;
> tan hijo de la fortuna,
> que por donde ella me arrastra
> camino sin elección...
> ....
> No sé, Señor, que en mí haya
> más principio, más blasón,
> más lustre, más circunstancia
> que ser mozo de fortuna
> yo, y que la he de hacer mi patria;
> tomando nombre desde hoy,
> soy el *Pícaro en España*» [6].

La autodenominación y el origen desconocido sitúan al personaje dentro del concepto «pícaro», pero insuficientemente. Se necesita verdaderamente un carácter y éste lo otorga el autor al personaje fijándose en sus respuestas chuscas y sorprendentes. Federico utiliza la chanza como medio de comunicación con los demás, o al menos lo que éstos entienden como tal chanza. Aparace entonces la técnica muy

5 BAE, t. 49, *Dramáticos posteriores a Lope de Vega*, p. 529.
6 *Ibid.*, p. 531.

barroca de las *burlas-veras;* Federico, ya en su primera conversación con Leonor, la dama, hace un poco bufonescamente (así lo entenderá ella), su declaración de amor, pero ésta es efectivamente sincera. La burla no reside, tanto en el lenguaje como en lo inapropiado del contexto, así parecen darlo a entender todos los personajes. Tan gracioso les parece, que el verdadero gracioso, Bambute, acompañante de Federico, exclamará:

> «BAMBUTE.—Usted busque desde hoy
> amigo, criado o haca,
> que yo echo por otro lado.
>
> FEDERICO.—Dime, necio, ¿y por qué causa?
>
> BAMBUTE.—Porque usted con ese genio
> a gracioso se me encaja,
> y yo no he de consentir
> que se me usurpe mi plaza» [7].

Con esto se alcanza la nivelación de los personajes por la función que desempeñan. Bambute cree que su amo le está usurpando el puesto. No se crea, sin embargo, que Federico actúa con indignidad en algún momento, todo lo contrario, parece quedar claro que la actitud de Federico es siempre noble, lo que no es adecuado es la oportunidad aparente de sus conceptos, pero el espectador sabe que está hacindo el papel de pícaro, no que lo sea. Lo que sucede es que el protagonista quiere revalidar para sí títulos de nobleza por sus actos y sus habilidades, antes que por su alcurnia y su origen.

Pero, ¿cuál es el misterio que rodea su figura? Hasta el final de la comedia no lo sabremos. Federico, el pícaro, no es tal pícaro, sino hijo de Monsieur de Bracamont, almirante de Francia y descubridor de las islas Canarias, quien después no quiso someterse a la soberanía española y el rey le declaró traidor. Federico, a la muerte de su padre, vino a la Península. Aquí encontró un retrato de Leonor, de la cual se enamoró. Movido por esto trató de alcanzarla situándose en la corte, bajo la apariencia de un pícaro a quien todos dieran confianza, y sólo después de la realización de méritos suficientes, como salvar al propio rey, decide confesar su identidad. La merced que alcanza al final la ha conseguido hábilmente demandando a los reyes, entre burlas-veras, el perdón, que por fin no puede menos de serle otorgado, y también, por supuesto, el amor de Leonor.

Aquí, en esta historia de Federico, es donde vemos la justificación más clara de su título de pícaro. Efectivamente, en varias circunstancias el protagonista se preparara inteligentemente y con astucia su perdón y el logro de sus propósitos. A Leonor le hace prometer en broma que casará con él cuando él sea superior a sí mismo, cosa que demuestra. El condestable don Alvaro de Luna dijo que conce-

[7] *Ibid.*

dería indulto a quien encontrase a Federico, como éste se entrega a sí mismo debe ser perdonado. A la reina le rogó que intercediese ante el rey para que le restituyese su reino; la reina cree que está loco, pero accede; luego, al descubrirse la verdad, tendrá también que cumplir su palabra, etc.

La dimensión del pícaro en esta obra presenta también un claro perspectivismo. Federico, siendo pícaro, está *al margen de la vida cortesana* y por tanto puede enfocar la existencia con una *ética* y una *libertad* que no le podría proporcionar el compromiso. Así, *El picarillo en España*, para nosotros, debe inscribirse en esa literatura perspectivística, de signo crítico y didáctico que se da a fines del Barroco y en época ya dieciochesca. El pensamiento que induce esta técnica perspectivística está penetrado de filosofía moral, más concretamente estoica o incluso cínica. Muy claro ejemplo de ello es el diálogo que mantiene Federico con don Alvaro de Luna. El famoso condestable y privado omnipotente es el cortesano por excelencia, acaparador de poder. Federico le aconseja que se prevenga de la desgracia de esta manera:

> «FEDERICO.—Pues, señor, como yo estoy
> a pícaro destinado,
> pintar veo a la fortuna,
> porque estoy fuera del cuadro:
> ella usa sombras y lejos
> luces y matices, dando
> en la plana superficie
> su imagen a los acasos;
> pero es torpe como ciega
> y al tiempo sólo estampando
> lo que imprime con la una,
> lo borra con la otra mano.
> ....
> En vos ya pintó la suerte
> cuanto pudo, pues pasando
> la línea de cuantos fueron
> favorecidos vasallos,
> no tenéis más que ascender;
> no sé si fuera acertado
> apartar el lienzo antes
> que ella pueda tocarlo
> con la mano con que borra» [8].

Pero este estar «fuera del cuadro», como dice Federico, que le permite una independencia insobornable, no podrá durarle mucho en la vida cortesana; por ello, el mismo «picarillo», que ha entrado a formar parte del séquito del rey como escudero de maza suyo, lamentará su suerte así:

---

[8] *Ibid.* p. 536.

«... si cuando era
sujeto más olvidado
era todo el tiempo mío,
y hoy soy un dichoso esclavo?
Entonces sin más deseo
que vivir; hoy dispertando,
con cada aumento un anhelo,
y con él un sobresalto.

BAMBUTE.—Sólo la media tinaja
le falta a este estrafalario
Diógenes de la lengua» [9].

Comentario este último suficientemente gráfico para que haya necesidad de más explicación.

De lo que llevamos dicho se desprende el plural sentido del pícaro en esta obra. En primer lugar, el autor se ha servido de este concepto para crear una dimensión social nueva: la del hombre que hace valer sus méritos por encima de su origen. En segundo lugar, la del filósofo que se distancia del medio para ejercer una actividad de perspectivismo crítico. En tercer lugar, tácticamente, el autor lo utiliza como recurso puramente humorístico, de tal manera que obliga a hacer manifestaciones de protesta al auténtico gracioso por la usurpación del papel. Todo esto no es un anquilosamiento de la tradición dramática, sino que intelectual y sociológicamente indica una mirada hacia el presente y futuro y no exclusivamente hacia el pasado.

Es cierto que el tema moral no es totalmente nuevo, ya lo habían tratado en esta medida perspectivística Quevedo, Vélez de Guevara y Fernández de Ribera, entre otros, pero también es cierto que la perspectiva, tal como aquí está creada, hace pensar en algo más moderno: un extranjero que llega a la corte para hacer comentarios críticos se asemeja al distanciamiento de aquellos personajes de las *Cartas marruecas* o, incluso, de algunos artículos de Larra. Por otra parte, en Cañizares el recurso crítico de las vanidades cortesanas y sociales, principalmente la crítica a los linajes y ejecutorias, es fácil de encontrar en muchas de sus obras. Recordemos, a título de ejemplo, la más famosa, *El dómine Lucas,* en donde se realiza una aguda sátira de los vanos valores del linaje, sin otro trasfondo de virtud. Y en la comedia titulada *El honor de entendimiento y el más bobo sabe más* se hace burla de otro concepto tradicional muy arraigado en España, el honor. Lo mismo sucede en *La más ilustre fregona.*

Hay otro hecho sobre el que se apoya la crítica de Cañizares: la descalificación de la dignidad real cuando ésta delega sus atribuciones en validos ambiciosos. Así sucede con don Juan II. Además del aspecto histórico del hecho, interesa el papel dramático que juega el personaje del rey en la obra. Creemos que no ocupa el puesto destacado de las obras barrocas de Lope o Calderón, sino que está a una

---

[9] *Ibid.*

altura y dignidad circunstanciales, junto a un grupo de personajes que absorben sus iniciativas, así el condestable, el cardenal, el infante don Enrique, la propia reina, etc. Este cierto sentido de reserva con la institución mediante el personaje, nos recuerda inevitablemente *La Raquel* de García de la Huerta, obra a la que el tipo del rey se aproxima sin duda. Juan II o Alfonso VIII, en cualquiera de los dos casos, la visión es paralela. Sería interesante analizar el personaje real en otra obra de Lope de Vega sobre el tema de don Alvaro de Luna y observar la diferencia de pinturas. Pero esto queda para otra ocasión. No obstante, si el propio Lope trató con un sentido legendario, bien distinto a García de la Huerta, el tema de Alfonso VIII en *Las paces de los reyes,* no sería difícil pensar que sucediera algo semejante en su obra sobre el condestable.

b) *Historicidad*

. Por otra parte, no se puede hablar de una estricta historicidad del asunto. Es cierto que hay una parte importante de acontecimientos históricos relativos a las disensiones entre el rey don Juan II, el infante don Enrique y don Alvaro de Luna, pero el episodio de Federico de Bracamonte parece completamente ficticio. Existe una tesis doctoral, de la que sólo he podido ver el resumen, que trata sobre el teatro de Cañizares. En dicha tesis se afirma explícitamente la falta de autenticidad de las atribuciones de Federico de Bracamonte, «a quien se supone hijo del conquistador de las islas Canarias, sin que exista base histórica para ello, como queda demostra en la tesis» [10]. No vamo a poner en duda tales afirmaciones, que suponemos basadas en criterios serios de investigación. Por nuestra parte, tampoco hemos dado con la certidumbre del hecho que afirma Cañizares respecto a su personaje. Pero queda una importante materia argumental que es la concerniente al ambiente cortesano, a las tensiones políticas y a la franca guerra con el infante. Estos hechos sí están, sin duda, inspirados en la historia. No vamos a profundizar aquí en tales hechos porque quizá este no es el lugar adecuado, pero sí vamos a considerar precisamente el material histórico para establecer una doble estructura dramática.

c) *Estructura*

Tenemos en rigor dos vertientes para situar la comedia. Una, puramente histórica, relacionada con los acontecimientos en la corte de Juan II durante su mayoría de edad, hacia mediados del siglo xv; otra, de mera ficción, las hazañas de un héroe apicarado por hacer triunfar sus pretensiones aventureras y lograr el perdón real. La unidad de ambiente y personaje (lo histórico y lo ficticio) está realizado con extraordinaria habilidad por el autor. En cualquier caso, está

---

[10] ONRUBIA DE MENDOZA, JOSÉ, *El teatro de José de Cañizares.* Extracto de la tesis doctoral así titulada, Barcelona, 1965, p. 12.

claro que lo histórico está al servicio de la ficción y no a la inversa. Desde el comienzo, con la presentación de la batalla, lo que interesa a Cañizares es hacer patente el valor del héroe en tal empresa, valor que permite cambiar el sentido de los acontecimientos a favor de don Álvaro y el rey. La batalla que se libra tiene lugar en Olmedo:

«... ya está la villa
de Olmedo desocupada;
y fugitivo el Infante
con pocos que le acompañan
marchando va»[11].

Hemos de pensar que este es un intento de ubicar el acontecimiento en la verdadera batalla de Olmedo, que significó efectivamente la derrota para el infante y los suyos, pero no parece coincidir el hecho con una estricta historicidad, dado que el infante murió de resultas de las heridas en Calatayud, y en nuestra comedia las artimañas de don Enrique se prologan casi hasta el final de la obra. La intervención de Federico en los acontecimientos históricos tiene un realce totalmente increíble. No sólo es el autor del triunfo en dicha batalla, luchando cuerpo a cuerpo con el infante don Enrique, sino que más adelante retendrá contra su voluntad al mismo infante[12], estorbará sus bodas con Leonor e impedirá que don Enrique haga prisionero al propio don Juan II[13]. En conclusión, la parte puramente histórica parece supeditada al refuerzo expresivo de los acontecimientos que giran en torno al héroe Federico de Bracamonte. Se puede hablar de una estructura jerárquica, que tendrá como máxima relevancia las hazañas del personaje central. Pero de dicha estructura son destacables por lo menos dos hechos convergentes: uno, la pintura de un ambiente heroico y cortesano, con la sobrecarga de elementos satíricos y moralizantes; otro, las intrigas habilidosas del pícaro, que se convierte en un verdadero aventurero al estilo romántico por superar la circunstancialidad del ambiente e imponer su personalidad al conjunto total.

Desde el punto de vista del género literario, esta comedia de Cañizares sería un híbrido de comedia historial y de fábrica, si hacemos caso a la clasificación del género hecha por Bances Candamo, contemporáneo suyo[14]. También es observable cierto carácter de comedia de «figurón» por el personaje de Federico, aunque no llega a tal, más que en el doble juego de planos de la escena: la realidad figurada en la escena y la ficción representada en la misma escena por el

11 BAE, *ibid.*, p. 530.
12 BAE, *ibid.*, pág. 534.
13 *Ibid.*, pp. 546 y 547.
14 FRANCISCO DE BANCES CÁNDAMO, *Theatro de los theatros de los passados y presentes siglos*, prólogo, edición y notas de Duncan W. Moir, Tamesis Books, London, 1970, pp. 33 y ss.

protagonista. Federico, para el espectador, nunca es un pícaro, sino un auténtico héroe.

De aquí partimos para recoger una serie de observaciones esparcidas en nuestro estudio y extraer provisionalmente unas conclusiones.

6. CONCLUSIONES

Según hemos tratado de mostrar, *El picarillo en España* recoge la tradición picaresca del teatro del Barroco para darle una nueva magnitud, fundamentalmente perspectivística. El pícaro Bracamonte es el protagonista absoluto, dentro de un sentido jerárquico barroco, sin duda, pero que se proyecta hacia un incipiente romanticismo al hacer del héroe un resultado del esfuerzo y del ingenio personales. La dignidad y el respeto conseguidos por él en la corte se deben a «sus» propios méritos y no a su alcurnia (que se ignora). Se gana la confianza de todos por su astucia y consigue rodear a su figura de un halo misterioso y equívoco semejante al de algunos personajes del teatro prerromántico, como, por ejemplo, el Torcuato de *El delincuente honrado* de Jovellanos, o incluso del romántico, como el don Alvaro, Manrique, don Gabriel de Espinosa, etc. Como en estos casos también se utiliza el recurso de la anagnórisis. El misterio del personaje viene además reforzado por otro recurso moderno, hacer del protagonista un ser foráneo, exótico, de procedencia extranjera o semi-extranjera. La dimensión de perspectivas que hemos señalado emparenta la obra con algunas muestras de literatura ilustrada de tipo crítico y moralizante, igualmente la visión del rey participa de las posiciones conflictivas neoclásicas, p. e., de García de la Huerta. Creo que se puede hablar, sin extremar la nota, de ciertos caracteres precursores del teatro posterior. Si la estética de la obra es proyección del Barroco, el alcance de la visión del mundo mira hacia adelante, con balbuceos y timideces sin duda, pero con cierto aire de novedad.

Creemos, en suma, que debería prestarse una mayor atención a esta época, cuyo análisis pormenorizado daría resultados globales que bastarían para imponer un nuevo concepto más positivo del momento literario.

XI

LA PICARESCA EN LA LITERATURA MODERNA Y CONTEMPORANEA DE ESPAÑA

Pío Baroja.

Manuel de Heredia.

J. A. de Zunzunegui.

Rafael Alberti.

Camilo J. Cela.

E. Giménez Caballero.

Ramón J. Sender.

ESTRUCTURA DE UNA NOVELA PICARESCA DE BAROJA, *LA BUSCA*

ANTONIO RISCO
Université Laval
Québec, Canadá

Entre las novelas de Baroja que más se acercan al género picaresco es, sin duda, *La Busca* (1904) una de las más interesantes. Cierto es que forma parte de una trilogía cuyos componentes mantienen estrechas relaciones temáticas y estructurales, pero también no pocas diferencias, la de *La lucha por la vida.* Pero el escaso desarrollo que nos permiten las normales dimensiones de una ponencia de este orden impide que nos ocupemos de las otras dos *(Mala hierba* y *Aurora roja)* con el detalle que nos hemos propuesto. Quede, pues, este trabajo como la primera parte de uno de más empeño extendido al conjunto de semejante trilogía.

Integrar *La busca* en la tradición de la novela picaresca puede parecer abusivo, ya que en rigor no responde del todo, ni mucho menos, al modelo canónico de la misma. No está escrita en forma autobiográfica, por ejemplo, lo que algunos consideran esencial al género. Pero lo más grave es que su protagonista o, si se preferie, el personaje (o actante) coordinador de los múltiples pasajes que pautan la novela, no es siquiera un verdadero pícaro: excesivamente apático a lo largo de casi toda la obra, no burla ni engaña a nadie; él mismo se considera con escasa capacidad para ello y, por añadidura, lo frena una excesiva conciencia moral, pese a que muestra una visión de la vida netamente pragmática y desengañada. Tampoco esta novela adopta la sátira directa que tradicionalmente caracteriza al género. Todo en ella pretende ofrecerse con la neutralidad de un simple reportaje, por lo que el narrador ni siquiera aspira a suplantar al pícaro autobiógrafo en su apasionado compromiso con las incidencias vividas.

¿Por qué referir *La busca* entonces a la picaresca? Porque se trata de una novela costumbrista de bajos fondos, de hampa, y sabido es que este tipo de narración mantiene estrechas conexiones históricas con la picaresca. En rigor, puede decirse que la novela picaresca supone una variedad, acaso claramente definida, de aquel género más amplio y que nació y se desarrolló a la par de él. Aunque sólo sea, pues, por estas razones históricas, *La busca* ha de mantener, necesariamente, ciertas relaciones importantes con la tradición picaresca, y lo cierto es que el análisis las va reconociendo al paso, aunque algunas de ellas se mantienen a un nivel oculto, secreto, por ejemplo en el de su estructura íntima. Esto, sin duda, nos ayudará a ahondar en las conexiones que a lo largo de la historia ha mantenido aquel género con su prestigioso subgénero. Y dentro de esta perspectiva, no menos interesantes son las consideraciones de lo que los separa. En lo que toca concretamente a esta novela de Baroja, no deja de ofrecer una viva sugestión el ver cómo, manteniéndose íntegra en calidad de rigurosa novela de hampa, roza a cada paso importantes dimensiones picarescas, que al fin rechaza o no se atreve a asumir. Desearíamos que esta ponencia, al situarse en esa perspectiva, contribuyese eficazmente a la historia del género.

Manteniéndonos en este enfoque histórico, recordaremos que en Baroja confluyen principalmente dos tradiciones de novela costumbrista de bajos fondos, la española y la inglesa, las cuales, como se sabe, están estrechamente imbricadas. Y esta doble tradición incluso puede verse un tanto simbolizada en la novela que tratamos por sus dos personajes más destacados: Manuel Alcázar, el protagonista o elemento conductor del hilo novelesco, y su amigo el estudiante Roberto Hasting. A la idea de la vida realista, cruda y desilusionada del muchacho castellano, opone el anglo-español Roberto Hasting su voluntarismo no menos pragmático, ávido de dinero, pero nutrido de una fantasía desbordada de estirpe romántica, aunque no le impide actuar, ni mucho menos.

De este modo se expresa en *La busca* la estrecha relación histórica entre la novela de aventuras de tradición tan inglesa y la de hampa y picaresca hispano-británica, relación que tan extensamente ha estudiado Alexander Parker. Pero en el presente caso, tal conexión se ofrece irónicamente, ya que aquí el aventurero imaginario que es Roberto Hasting está visto desde la perspectiva desmitificadora e incrédula de Manuel, que encuentra a su amigo absurdo en su delirio, casi demente. Así, ambos componen, sobre todo en el capítulo III de la Tercera Parte, una pareja semejante a la de Lázaro y el escudero. Como éste, Roberto se ve en posesión de grandes fortunas cuando no tiene nada que llevarse a la boca y ha de mendigar el rancho en los cuarteles. Sólo que Manuel Alcázar sería un Lázaro muy poco risueño y no más tierno o piadoso. Realmente lo que enfrenta a Roberto es esa misma apatía con que encara el mundo entero.

Pero esta desmitificación antiheroica del tema aventurero —que en el Cap. III de la Tercera Parte traza el esquema de lo que podría madurar en una compleja novela de semejante género— empuja *La busca* claramente hacia el plano picaresco. Porque típico también de esta literatura es ese carácter paródico, burlesco, a la vez de una actitud vital antiutilitaria y de un género literario que se considera *irreal*. En este caso se trataría del folletín que narra aventuras y herencias fabulosas, heredero precisamente de la novela de origen bizantino, que también se cultivaba enormemente en la época de la picaresca.

La novela picaresca y la de hampa en general parodiaban, en efecto, a menudo, aquella novela de aventuras fantásticas, como también la sentimental y la pastoril, la de caballerías y hasta la literatura religiosa. Y semejante carácter desmitificador asimismo lo encontramos en otros momentos de *La busca,* hasta al nivel del estilo, verbigracia en los primeros capítulos, cuando el narrador emplea algunas expresiones retóricas con intención claramente burlesca que tanto contrastan con el estilo del conjunto, tan llano y natural, como que incluso se quiere neutro. Pero ya nos ocuparemos de esto con más detalle dentro de un momento.

Dado el juego del narrador con el pastiche en estos primeros capítulos, llegamos a sospechar si no hay uno deliberado de Dickens —por cierto, que un autor también emparentado con la tradición picaresca— en el canto del grillo que cierra el Cap. I y que inicia el II, así como en la sugestiva enumeración de los sonidos de los relojes al comienzo del I, ya que hacen evocar los detallados sonidos nocturnos con que se inicia *El grillo del hogar:* ello confirmaría, simbólicamente, el entronque de Baroja con aquellas dos tradiciones. Pero otras parodias nos ofrece al paso, por ejemplo de novela pasional con la trágica historia de Leandro, y asimismo de géneros populares y castizos, tal la zarzuela en la kermesse de la calle de la Pasión (Cap. VII, 2.ª parte), en los amores de Justa con el Carnicerín (3.ª parte), etc.

Este carácter paródico es típico desde luego de la picaresca y de la novela costumbrista de bajos fondos, aunque no exclusiva de ellas ni mucho menos, como el *Quijote* prueba, por ejemplo, pero a ambas les es esencial para que su sátira se marque ya de entrada en el plano de los significantes, para que así se finja aniquilar toda convención excesivamente artificial descubriendo la cruda y ruda realidad, y porque el personaje del pícaro, en su extrema indigencia, en su total falta de abolengo, de estatuto social y de misión heroica, sólo puede afirmarse negativamente, en un mundo en escombros —y he aquí, en realidad, cuanto esta literatura puede acarrear tradicionalmente de revolucionario.

Así situada *La busca* en la historia literaria, y en razón de sus propios contenidos, vamos ahora a tratar de considerarla en su estructura íntima, empezando por la significación del título. Este, como es habitual en la obra literaria, abre un campo semántico específico, fuertemente individualizado, que el desarrollo de la novela concreta en sus varias acepciones.

Al referirse la integridad de la obra al vocablo que la señala y distingue, aquélla lo reelabora a su modo, configurándolo en un campo significativo nuevo, autónomo, en el que la palabra en cuestión —*La busca*— se singulariza casi a punto de confundirse con un nombre propio. *Busca* aquí —ya individualizada además por el artículo— designa entonces un cúmulo de elementos que sólo se encuentran en esta novela o, mejor dicho, sólo en la forma, en la manera que ella los recoge y combina. *La busca* es, ante todo en este caso, el signo distintivo de un libro y de un libro único, irrepetible. Por lo mismo también semejante palabra es irrepetible en la última concreción que él le presta. Pues en toda obra literaria cada nombre sustantivo que se cargue de particular significación —lo que ocurre inevitablemente al título— parece situarse entre el nombre común y el nombre propio. Individualizado por la obra para que la represente en su singularidad, conserva, sin embargo, los principales elementos de su significación general, aunque traducidos al universo específico de aquélla y, por consiguiente, notablemente modificados.

Entonces *La busca* significa aquí la de las gentes miserables que forman la capa más baja de la sociedad y que viven en los arrabales de una gran ciudad, por lo que acarrea en sí la idea de vagabundeo ciudadano, prospector de desechos de alimentos y de oportunidades, al igual que los perros, los gatos y las ratas del núcleo urbano —«... los de la busca, randas y prostitutas», concreta el narrador—. Y dentro de esta dimensión ha de relacionarse tal concepto con el importante título de la trilogía que integra la novela —*La lucha por la vida*— por cuanto connota de biologismo darwiniano. Pero este vagabundeo ciudadano indaga también desechos que luego tratará de recuperar poniéndolos de nuevo a producir; así, especula con los detritus de las clases acomodadas, que es en lo que consiste el oficio de trapero, por lo que el personaje del señor Custodio (y hasta su nombre nos parece ahora significativo) adquiere una notable importancia simbólica al efecto. Representa, sin duda, uno de los más importantes hitos semiológicos del libro, un núcleo fundamental de relaciones o indicios. Pero es *La busca* también, y sobre todo, el vagabundeo concreto de Manuel Alcázar en busca de trabajo, de recursos, de solución a su propia vida como a su personalidad, y asimismo el de Roberto Hasting en función de una herencia fantástica, soñada. Con lo que el concepto se configura en dos caras, una rudamente material, elemental, casi zoológica —como hemos visto— y otra de libre vuelo imaginativo, que acaso tiende a confundirse con la misma creación artística o literaria en calidad de elemento compensador de esa triste realidad. Ambas señalan un idéntico voluntarismo vital de raíz schopenhaueriana, tan noventayochista —por lo que aquí cabe evocar las schopenhauerianas *La Volunta*, de Azorín, y otras muchas novelas de Baroja—. Todo esto significa el sustantivo *La busca* en la obra estudiada y significa también bastante más, significa, en rigor, como acabamos de indicar, la integridad del libro.

Reelaborando semejante concepto, esta novela reinventa a la vez el de picaresca, así como el género literario que vehicula, pues aunque el protagonista no sea un verdadero pícaro, la dimensión picaresca impregna la integridad de la obra en un plano colectivo. El género es, consiguientemente, individualizado a través del filtro del sustantivo *busca,* tal como esta misma novela lo configura.

Y tal busca o búsqueda encuentra la del narrador y del lector en su propio vagabundeo inquisidor de detritus humanos, de desechos sociales, de miserias purulentas a lo largo de los diferentes caminos que el libro entreteje. Busca o búsqueda del mal, de la deterioración de la materia, de la descomposición de la vida y de la sociedad, quién sabe con qué secretas pulsiones, como dos traperos ávidos. Y esta prospección azarosa también puede desenvolverse a través de una actitud picaresca en cuanto ambos juegan a burlarse y a dejarse prender en el engaño con el escamoteo del relato tras falsas apariencias. Porque el narrador trata de vapulear a su gusto al lector, y éste ha de fingir la conveniente sorpresa y hasta el escozor de la burla para que la obra logre su eficacia picaresca al nivel del significante.

El narrador empieza, por ello, falseando su perspectiva cuando finge acogerse a manidas convenciones de la novela tradicional en sus artificialidades más aparentes, verbigracia en lo que toca a los juegos de estilo. Inicia su relato parodiando a, Dickens y a otros, como hemos indicado. Y tras la referencia a las campanadas de los tres relojes, se pregunta el narrador y pregunta a la vez al lector: «¿Cuál de los tres relojes estaba en lo fijo? ¿Cuál de aquellas tres máquinas para medir el tiempo tenía más exactitud en sus indicaciones?» A lo que responde con la siguiente bufonada: «El autor no puede decirlo y lo siente. Lo siente, porque el tiempo es, según algunos graves filósofos, el cañamazo en donde bordamos las tonterías de nuestra vida; y es verdaderamente poco científico el no poder precisar con seguridad en qué momento empieza el cañamazo de este libro.» Para añadir esta absurda y cómica frase grandilocuente: «Pero el autor lo desconoce: sólo sabe que en aquel minuto, en aquel segundo, hacía ya largo rato que los caballos de la noche galopaban por el cielo. Era, pues, la hora del misterio.» Y prosigue la descripción nocturna sin abandonar del todo su tono bufón. Tono que se reproduce al comienzo del Cap. II, en que el narrador continúa las frecuentes referencias a sí mismo como los guiños dirigidos al lector.

Pero su ironía triunfa. sobre todo, al comienzo del Cap. I de la Segunda Parte, cuando, tras una breve descripción, muy académica, de los barrios pobres próximos al Manzaranares, comenta: «En este y otros párrafos de la misma calaña tenía yo alguna esperanza, porque daban a mi novela cierto aspecto fantasmagórico y misterioso; pero mis amigos me han convencido de que suprima los tales párrafos, porque dicen que en una novela parisiense estarán bien, pero en una madrileña, no. (...) Yo, resignado, he suprimido esos párrafos, por los cuales esperaba llegar algún día a la Academia Española, y sigo con mi cuento en un lenguaje chabacano» *(Obras Completas,* I, pp. 71-72).

Aguijoneando de este modo al lector con su burla, pretende el narrador mostrarle cómo quiere ser leído. Del mismo modo quería ser leída tradicionalmente cierta novela picaresca o, sencillamente, de hampa, esto es, desde una perspectiva «realista», directa, pragmática, desmitificadora. Tratando de *desilusionar* al lector para así prenderlo en una nueva ilusión más eficaz. Por eso se empeñará en desprestigar por la parodia la literatura que considera más artificial y amanerada. Así, la literatura picaresca se afirma como *antiliteratura* a la vez que el pícaro se confiesa cínicamente un antihéroe. Mas aquí las bases realistas que quiere imponer el narrador aun son más radicales que las de sus antiguos modelos, pues que incluso finge escribir como un simple cronista o reportero, por lo que se expresa en un estilo sumamente llano, que hasta se quiere antiestilo, lenguaje limitado a transparentar el mundo, aunque, como sabemos, no existen tales antiestilos, y el de Baroja precisamente se impone más como tal —esto es, en calidad de espectáculo en sí mismo—, que, por ejemplo, el de un Galdós. El tono objetivo tampoco nos parece hoy tan radical, sobre todo después de la notable experiencia de *El Jarama*, de Sánchez Ferlosio, que ya tampoco lo resulta tanto si lo comparamos con ciertos textos muy próximos a la literatura, pero elaborados ya por procedimientos resueltamente científicos, tales los de Oscar Lewis.

Lo que ocurre es que esta novela se acoge todavía al magisterio naturalista y, consecuentemente, el narrador ha de fingir en su escritura la manera científica de un zoólogo o de un biólogo. A lo que se une el ejemplo ecuánime de la fotografía. Sabido es que a favor de tales estímulos se desarrolló dentro del naturalismo, tanto en las artes plásticas como en la literatura, el movimiento impresionista. Y semejante voluntad de captar la realidad en *flashes* de determinados ambientes, en trozos de vida fijados en sus más sutiles variaciones, la reconocemos en el acusado carácter fragmentario que muestra esta novela, cuyos segmentos un tanto autónomos han sido designados por el propio Baroja como «apuntes del natural».

Pero este fragmentarismo impresionista es característico de la novela de Baroja en general, como de la de Azorín, lo que, por cierto, ha despertado no poco la incomprensión de los críticos. Naturalmente, un texto impresionista exigía una lectura diferente de un texto tradicional, del mismo modo que los cuadros impresionistas solicitaban un tipo distinto de mirada. También en literatura la mirada global y alejada favorece la integración de todos los elementos que al principio se nos antojaban inconexos, rotos, porque al fin, como Roland Barthes expone en su famoso artículo *Introduction à l'analyse structurale des recits (Communications 8)*, el ruido— tal como lo considera la informática— no existe en literatura ni en arte en general. Pues cada obra compone un universo abarcable en su totalidad —y no como el real, en el que estamos inmersos y que necesariamente nos supera—, por lo que siempre podemos poner en relación sus mínimos elementos. Y así, lo que no encuentra sentido en la coordenada sintagmática en que se articulan las unidades narrativas, lo hallará en la paradigmática en que las unidades más heterogéneas y dispersas se relacionan a distancia por analogía y que el propio Barthes designa como «indicios» e «informantes».

Buena parte de la novelística de Baroja —asindética, discontinua, divagatoria— ha de ser leída de esta segunda manera para que cobre toda su significación, por cuanto ir a buscar a ella la apretada causalidad lineal que rige las de un Balzac o de un Galdós está por entero fuera de lugar. Sin quererlo seguramente, Baroja se ha vuelto así contra el causalismo de la física mecanicista. De modo que en *La busca*, por ejemplo, bastante más interés que el encadenado lógico y cronológico de las incidencias que multiplica tiene la imagen de la tienda del Zurro en su variedad heteróclita (2.ª parte), reflejando las auténticas prenderías humanas que son la fonda de doña Casiana (que cubre la 1.ª parte) y los sórdidos barrios bajos madrileños, hacinamiento incongruente y turbador que se repite luego en las descripciones del rastro y de la hondonada en que habita el señor Custodio. Tales elementos —desorden humano y de objetos— se relacionan, por tanto, analógicamente de un punto a otro de la obra en un entretejido apretado de significantes y significados. Detritus de objetos, así, pero al fin recuperables, corregibles, reformables; pues por eso los recoge el señor Custodio y se venden en la tienda del Zurro y en el rastro: del mismo modo se abre una esperanza para Manuel Alcázar —que evidencia a la vez su proyección colectiva— al final de la obra, final acusadamente moralizador, recuperador: «Comprendía [Manuel] que eran las de los noctámbulos y las de los trabajadores vidas paralelas que no llegaban ni un momento a encontrarse. Para los unos, el placer, el vicio, la noche; para los otros, el trabajo, la fatiga, el sol. Y pensaba también que él debía ser de éstos, de los que trabajan al sol, no de los que buscan el placer en la sombra» (idem, p. 373). Semejante final es anunciado claramente por el orden pulcro a que somete el señor Custodio los objetos que salva de la basura. Por ello Manuel se siente tan bien, tan a gusto en su miserable cabaña.

Ya se ve que es ésta una manera muy distinta de contar una historia que la de ir siguiendo la línea argumental en sus consecuciones y consecuencias. Y, sin embargo, no por eso deja de ser una narración. Tal estructuración discontinua, asindética, encuentra las de las colecciones tradicionales de cuadros de costumbres. Claro que éstas, en la mayoría de los casos, y tal como se nos presentan a partir de Larra, no pretende de ningún modo ser novelas; en realidad, no suponen otra cosa que colecciones de crónicas periodísticas. Pero en la novelística del Siglo de Oro hay obras que anuncian y preparan este género, como es sabido, tratando de conciliar la yuxtaposición de secuencias independientes con la unidad de una narración. En el mismo *Coloquio de los perros* cervantino, Cipión y Berganza son, en buena parte, meros pretextos para ligar los distintos ambientes que quieren darse a conocer al lector. Entre las obras que más se aproximan a la picaresca, Oldrich Belic, en su *Análisis estructural de textos hispánicos* (Madrid, El Soto, 1969, p. 58), cita al respecto *La pícara Justina*, el *Marcos de Obregón*, *El donado hablador* y *Estebanillo González*. Pero por lo mismo añade que tales novelas no pertenecen al género picaresco como tal. Para O. Belic, la novela picaresca tiene por eje estructural al protagonista, y creo que tiene razón. Dice que el panorama social no aparece con estructura propia, sino más bien como una especie de mosaico cuya disposición está subordinada a la figura del pícaro. Mientras que —añado por mi cuenta— en la novela costumbrista de hampa la estructura básica se encuentra en la relación de paralelismo, analógica, metafórica entre los determinados medios que se exponen.

Y así ya tenemos un criterio estructural para distinguir la picaresca en concreto de aquella novela calidoscopio de aspiración colectivista: la primera, ligada estrechamente a la personalidad del protagonista y a sus andanzas, funciona, preferentemente, en la coordenada sintagmática a favor de una relación de contigüidad o metonímica, mientras que la segunda halla su sentido o coherencia en la coordenada paradigmática, elaborando un entrelazado de relaciones metafóricas, en las que la narración, por tanto, no obedece a una lógica unilateral, lineal, sino quebrada en varias dimensiones, en volumen; de modo que su temporalidad también se enmaraña y pierde en una suerte de anacronía. Resumamos que el texto se espacializa, puesto que impone una lectura en todos los sentidos, tal como ha apuntado T. Todorov en su *Poétique*, refiriéndose a Roman Jakobson.

En ello apunta, pues, un germen de la novela contemporánea, esto es, de la más audaz y ambiciosa que se cultiva hoy día. Puede pensarse por lo mismo que tales textos imponen una lectura muy próxima a la poética. Es posible, pero obsérvese, sin embargo, que aquí la escritura, a pesar de todo, sigue siendo tan *representativa* como en la novela más canónica —lo que en poesía es, cuando menos, secundario— y, por consiguiente, la anécdota sigue teniendo notable importancia; sólo ocurre que se articula de otro modo.

En lo que toca a *La busca*, desde esta perspectiva ocupa, en realidad, un lugar intermedio o, acaso más propiamente, indeciso, ya que en ella tales unidades sintagmáticamente sueltas, autónomas, es decir, las ambientales, están ligadas, sin embargo, a la acción verbal de un sujeto o actante que es el protagonista Manuel Alcázar, aunque a menudo su presencia sea tan pasiva, gris y semánticamente secundaria. No, no es ésta, desde luego, la novela de Baroja que invita con más rigor a una lectura de aquel orden que acabamos de describir. Hemos dicho que ofrece al respecto una estructura indecisa porque evidentemente ésta ha sido condicionada por las vacilaciones del autor con relación a su protagonista: colocándolo en una situación que parece forzarlo francamente a convertirse en pícaro o «randa», como aquél prefiere decir, no se resolvió a que asumiese de veras esta condición. Cada cual parece, pues, reflejar la inhibición del otro. Que conste que cuando aludimos aquí al autor no nos referimos de ningún modo al Pío Baroja histórico, sino a aquel escritor que se simula al escribir concretamente esta novela. Mas, por otro lado, ese autor tampoco se atrevió a emprender una obra asindética del tipo de la de John Dos Passos, por ejemplo. Prefirió acogerse esta vez a la tradición picaresca y ligar todas las secuencias por los pasos de un personaje que viaja al azar, esto es, que vagabundea, buscándose su vida y sirviendo a muchos amos. Tal es la razón de que la novela se haya quedado a mitad de camino en su elección genérica. Pero advirtamos que ello no entraña el menor juicio de valor.

Respetando esta indecisión o inhibición, empecemos por considerar la dimensión asidéntica desde la coordenada paradigmática. Es un fragmentarismo que se anuncia ya en el marcado carácter discontinuo de los títulos de los capítulos. Un ejemplo: «Dolores la *Escandalosa.*—Las engañifas del *Pastiri*— Dulce salvajismo.—Un modesto robo en despoblado» (Cap. IV de la Tercera Parte). Sucesión de ambientes fuertemente personalizados por lo general y en función de los cuales se desarrolla cada secuencia. Tales espacios tienen en común un caotismo exasperado y deprimente, el que preside toda la novela, como ya hemos indicado. Son: la fonda de doña Casiana, el barrio extremo donde se halla enclavada la zapatería del señor Ignacio, junto a la Ronda de Segovia, y que da ocasión al narrador para aludir a otros semejantes; la Corrala del Rilo, en que vive la familia del zapatero —«Era la Corrala un mundo en pequeño, agitado y febril, que bullía como una gusanera» (idem, p. 288)—, la Doctrina, en cuyo patio se acumulan los mendigos que asisten a la enseñanza del catecismo para obtener los regalos que le dan las señoras devotas, toda una corte de los milagros; la bulliciosa y trágica taberna de la Blasa; la «kermesse» de la calle de la Pasión, en la que se impone un clima suscitador de varias escenas de zarzuela; el barrio de las Injurias, la disparatada familia del tío Patas, el panadero; la tahona en que se halla el pintoresco alemán Karl Schneider; el Cuartel de la Montaña, a cuyas puertas se acumulan, asimismo, los mendigos que van a tomar el rancho, así como la compleja golferancia que se refugia de la lluvia en el Observatorio; el Rastro, sucesión de barrios bajos en su extremo abigarramiento: las Ventas, la Prosperidad, el barrio de doña Carlota, el Puente de Vallecas, los Cuatro Caminos y pueblos próximos a Madrid; el teatro y sus alrededores, las cuevas de la montaña del Príncipe Pío, la curiosa hondonada del señor Custodio, el baile en una explanada próxima a la Ronda de Segovia, los toros, una boda y la golferancia que se amontona para dormir contra las calderas del asfalto, en la Puerta del Sol, para protegerse del frío.

Espacios animados, vivos, narrados, «novelados», pero bastante autónomos en su sucesión horizontal, cada cual sirviendo de escenario a una secuencia acusadamente independiente, y que en su caotismo expresan la visión de la ciudad por parte del autor, de su sociedad, del mundo entero y, por consiguiente, de la novela. Recordemos cómo Baroja definía la novela, replicando a Ortega: «La novela, hoy por hoy, es un género multiforme, proteico, en formación, en fermentación; lo abarca todo: el libro filosófico, el libro psicológico, la aventura, la utopía, lo épico; todo absolutamente.» (Prólogo a *La nave de los locos*). Novela ultrapermeable, extremadamente impura, eco fiel de la impura realidad que pretende representar. Y he aquí que en esta ocasión esa referencia es forzada a apurar aún más su corrupción. Caos-laberinto tenebroso en que se pierde el protagonista.

En cuanto a la coordenada sintagmática, al contrario de Zalacaín, que se aprovechará de otro río revuelto para obtener su mejor ganancia de pescador, con lo que se erige en sujeto activo e incuestionable de una novela de aventuras, pero que se aproxima un tanto, por otro lado, a la picaresca, el protagonista de la presente busca no llega a someter los indicios a sus funciones, o sea, la coordenada vertical a la horizontal, en suma, la significación de aquellos espacios vivos que hemos enumerado al hilo de su propia aventura. Lo que temáticamente significa que su viaje naufraga en el desorden laberíntico de lo real. Muchos críticos ya han observado que se trata Manuel Alcázar de un personaje de muy escasa entidad, borroso incluso en no pocos pasajes, mero testigo de las desventuras, afanes, pasiones y tropiezos de los demás, pero que alimenta, sin embargo, una decidida apetencia vital bajo su apatía y pesimismo prematuro. Por eso intenta incluso llevar a cabo su aprendizaje de pícaro en la Tercera Parte de la novela, pese a sus firmes convicciones morales, pero con muy escaso éxito. Se siente poco capaz para ello frente a su primo Vidal, que admira, y al Bizco, que desprecia; le faltan habilidad y el necesario cinismo. «En el interior luchaban oscuramente la tendencia de su madre, de respeto a todo lo establecido, con su instinto antisocial de vagabundo, aumentado por su clase de vida» (idem, p. 347). Su personalidad se sitúa en esta encrucijada psicológica, agravada por su condición de adolescente y de adolescente extremadamente pobre, por cuanto en su caso la crisis de conciencia de la edad, el sentimiento de la dificultad de ser y de existir adquiere una acuciante concreción física.

Su problemática psicológica se concreta al final de la obra en estas tres fases: caído en la más extrema indigencia, sin trabajo ni medios de subsistencia de ninguna clase, se ve obligado a defenderse del frío de una noche apretándose con otros golfos junto a las calderas del asfalto en la Puerta del Sol, y entonces desafía a los curiosos que se detienen a observarlos con un abrupto sarcasmo: en él aquella miseria colectiva se despliega en espectáculo dentro del que los ronquidos de los durmientes supondrán ejercicios de canto. Pero el comentario negativo que acerca de sí mismo y demás muchachos del arroyo oye a un guardia municipal («Créame usted a mí: éstos ya no son buenos») quiebra al instante su insolente rebeldía y lo empuja hacia un hondo sentimiento dolorido del que no está ausente la conciencia de culpabilidad. Por fin tratará de superar esta mala conciencia con los buenos propósitos de regeneración que ya hemos citado.

Es un personaje notablemente lúcido, pero falto de energía vital, por lo que podría muy bien considerarse Manuel Alcázar como la cabal versión picaresca de ese típico personaje de la novela del 98 cuya voluntad es devorada por la poderosa inercia del medio. Y evoquemos al respecto a un Antonio Azorín de La voluntad, al que ya hemos aludido, a un Fernando Ossorio de Camino de perfección, a un Andrés Hurtado de *El árbol de la ciencia,* incluso a un Augusto Pérez de *Niebla.* Como ellos, Manuel se anega en sus frustraciones, en su pesimismo castrador. Cara al pícaro Lázaro de Tormes, afirmando el poder de la vida por encima de toda norma social, este pícaro frustrado, abortado ya en su embrión, podría entonces simbolizar la fatiga orgánica, psíquica, histórica, de una raza vieja, decadente y vencida.

Por lo mismo acaso resulte más interesante considerar este personaje negativamente, en su enfrentamiento con los demás y en razón de sus deficiencias o faltas respecto a lo que los otros afirman. Esto es, considerar lo que significa frente a sus amos, familiares y amigos, a aventureros y golfos y a las mujeres, que son los grupo principales en que podríamos distribuir a los otros personajes. Así, su apatía se pone notablemente en relieve por contraste con las aventuras fabulosas que narra el artista circense don Alonso o con las delirantes fantasías referentes a tesoros y herencias de Roberto Hasting, así como con el arrojo viril de la prima inglesa de éste, Fanny; con la astucia notable de su propio primo Vidal, con la torpe perversidad del Bizco, con la trágica pasión amorosa de su otro primo, Leandro, ó con la avarienta del tío Patas (que representaría aquí al avaro tradicional de toda obra picaresca). Y se manifiestan su cortedad e inhibición eróticas frente a las mujeres, su lánguida melancolía, que parece reflejar un tanto la de su propia madre, la Petra, pero también su claridad mental mediterránea —provocada en parte por su misma insuficiencia vital—, cara a los soñadores espíritus nórdicos de Roberto Hasting y del curioso alemán Karl Schneider.

De este modo, Manuel se definiría frente a tales personajes por sus carencias vitales, y entonces vendría a significar, en suma, un pícaro en negativo afirmando por contraste el triunfo de la vida en todas sus formas. De ello hemos de deducir que este protagonista tiende a funcionar más en la coordenada paradigmática que en la sintagmática. Como sujeto real de núcleos o funciones cardinales se impone en la breve Primera Parte y un tanto en la Tercera. Pero en muchos otros momentos de ésta y en casi toda la Segunda viene a significar, más bien, como acabamos de señalar, una página o pantalla diferentemente coloreadas, en que se escriben o proyectan los semas que adelantan aquellos personajes episódicos.

Sujeto más bien pasivo, antipícaro, antiaventurero, confirma su escaso valor sintagmático en los finales de secuencias. Si cada secuencia en la picaresca suele recoger una aventura completa en un medio determinado, que ha de coincidir, naturalmente, con un *servicio* del en protagonista —y que en el caso del *Lazarillo,* por ejemplo, viene a coger un antiguo e independiente cuento popular— cada cambio de amo y de ambiente ha de estar definido por una ruptura —despido o huida— suficientemente enérgica, divertida, sorprendente, esto es, lo bastante atractiva para que el pasaje alcance a la vez una eficacia en sí mismo y estimule al lector a emprender con ganas la lectura de la secuencia siguiente. Pero tales rupturas tienden a vigorizar, por lo mismo, la figura del pícado en cada uno de sus *actos.* Pues bien, Manuel

remata las secuencias en esta obra en forma muy débil y anodina por
lo general —como que en la mayoría de los casos ocurre que otros le
invitan sencillamente a que les acompañe en la visita de determinados ambientes—, salvo excepciones —la pelea con el periodista al final de la Primera Parte, que ocasiona su expulsión de la fonda o su
huida por despecho amoroso de la casa del señor Custodio—. Con lo
que completa su demisión de auténtico protagonista.

El elemento picaresco de *La busca* queda así, pues, definido por
la inhibición, por la ausencia de compromiso vital, tanto por parte del
personaje principal como del narrador, y tanto al nivel del tema como
de la estructura y del estilo. Narrador y lector tratan así de orientar-
se y leer en un mundo emborronado, caótico y cínico, tal un tenebroso laberinto-minotauro devorador, siguiendo el frágil hilo de Ariadna
de un adolescente que ha emprendido su camino antiheroico y de imperfección —cara opuesta del viaje idealista del caballero andante o
del iluminado del místico— en busca de su propia entidad o significado. Y aquí el título *busca* se identifica con esta triple y paralela
lectura: lectura en negativo, de blancos, en mero molde de un vaciado posible. Los tres tratan, tímida y torpemente, de hallar un sentido
o salida en semejante ciénaga —que parecen considerar como irremediable—, poniendo su afán en el trabajo individual y «sano», pero
sin que tampoco encuentren nada que lo garantice. Las otras dos novelas de la trilogía, si quisiéramos salir de los límites de esta obra, nos
lo confirmarían. En todo caso, en esta actitud tan generalizada a todos
los planos de la novela es posible reconocer una imagen clara de la
perplejidad socio-política que impregna la obra entera de Pío Baroja. Si la picaresca puede ser la necesaria escuela de una clase determinada en una sociedad determinada, el autor aquí ni siquiera se atreve a asumir la responsabilidad de esa convicción.

«LA LUCHA POR LA VIDA»

María Embeita
Sweet Briar College
U. S. A.

La crítica literaria, siguiendo a Ortega[1], clasificó unánimemente de novela picaresca la trilogía de Baroja, *La lucha por al vida (La busca, Mala hierba, Aurora roja,* 1904).

No es nuestro propósito ahora analizar lo certero de tal clasificación e intervenir en la polémica que la novela picaresca contemporánea o *neopicaresca* ha suscitado en los últimos quince años[2]; sabemos que el género nunca poseyó cánones claramente delineados, características precisas.

La crítica ya apunta diferentes categorías, aun dentro de lo que podríamos denominar la picaresca clásica, la picaresca de los siglos XVI y XVII[3]; y aun en ésta no hay una sola novela que responda a las rígidas normas literarias que se le han asignado, no lo olvidemos, muy posteriormente.

Tomemos en cuenta los rasgos esenciales del género picaresco como aparecen en *El Lazarillo,* y recordemos que Baroja conocía muy bien la novela picaresca, como se evidencia en su polémica sobre la misma con Ortega[4].

En *El Lazarillo* y en la trilogía se cuenta los avatares de un mozuelo de ínfimo estrato social en su contienda por subsistir; es cria-

---

[1] «Ensayos sobre Pío Baroja», en *El Espectador* (Madrid, 1966), *Obras Completas,* 11, pp. 69-121.

[2] W. M. Frohoc, «Polémics: The Failing Center: Recent Fiction and the Picaresque Tradition», en *Novel: A Forum on Fiction,* vol. 3, n.º 5, Fall, 1969, pp. 62-69. Véase también *Knaves and Swindlers: Essays on the Picaresque Novel in Europe,* edición de Christine J. Whitbourn (London, 1974).

[3] Carlos Blanco-Aguinaga, «Cervantes y la picaresca, notas sobre dos tipos de realismo», en *Nueva Revista de Filología Hispánica,* 11 (1957), pp. 313-342.

[4] Pío Baroja, «Comentarios a unas observaciones», en *La caverna del humorismo, Obras Completas,* V, pp. 410-415.

do de varios amos, ensaya varios oficios, pasa mil calamidades en la más negra miseria y roba para no morirse de hambre; en este proceso va descubriendo la maldad del mundo, con la que debe reconciliarse de alguna manera para sobrevivir y mejorar su estado, aunque, como apunta Bataillon en *El Lazarillo,* la superación de estado tiene un significado irónico. Además de las concomitancias de *El Lazarillo* y la trilogía, hay en ella ecos profundos del *Guzmán,* de los que hablaremos oportunamente. Es esencial tener en cuenta que la trilogía barojiana brota de ese pensamiento protestario y dialéctico que alienta en *El Lazarillo* y *Guzmán,* como muy agudamente advierte Molho[5].

La trilogía crea un mundo hampesco de clara hechura lazarilloguzmanesca, un mundo de criados, rufianes, rameras, mendigos, estudiantes y gentes que cubren sus lacras morales con una máscara fraudulenta de respetabilidad; aun lo sano y rubusto de la sociedad revela úlceras grangrenosas ante los zarpazos de la sátira y la censura social de Baroja. Hay en la trilogía un clamor bronco e indignado, que sin concesiones embiste contra un sistema que permite la injusticia, la corrupción y la degradación del hombre en la miseria; no le arredra herir a las clases poderosas, profundiza en los problemas sin eludirlos en sus diferentes aspectos.

Creemo, con Lázaro Carreter, que un autor, cuando se dispone a escribir se ve forzado por su propósito a escoger del repertorio de propuestas que le hacen los géneros y las obras anteriores[6]; es decir, la intención del autor Baroja condicionó la estructura novelesca de la trilogía, que es la estructura abierta y lineal congénita del género; su finalidad es el efecto artístico de una narración, que surge al unísono de una vida que se fragua, que brota del devenir cronológico. Esta forma abierta, que en tono ligeramente paródico percibimos también en Cervantes, es una técnica de la novela picaresca; como otras modalidades que la atañen, se origina en *El Lazarillo,* y consiste en dejar deliberadamente el libro «in media re»[7].

La riqueza de materiales dispares encubre el cañamazo estructural de la trilogía, dificultando precisar el entramado sobre el que se edifica, por lo que se ha dicho erróneamente que el protagonista, Manuel Alcázar, «es el hilo que une los diferentes episodios»[8]. Todos los elementos de la trilogía, perfectamente estructurados en sí mismos,

---

[5] Maurice Molho, *Introducción al pensamiento picaresco* (Salamanca, 1968), pp. 121-143.

[6] Fernando Lázaro Carreter, *Estilo barroco y personalidad creadora* (Madrid, 1974), p. 65.

[7] J. A. Jones, «The Duality and Complexity of *Guzmán de Alfarache:* Some Thoughts on the Struture and Interpretation of Aleman's Novel», en *Knaves and Swindlers,* pp. 25-47.

[8] Gonzalo Torrente Ballester, «La lucha por la vida», en Fernando Baeza (ed.), *Baroja y su mundo* (Madrid, 1961), I, pp. 125-137. La crítica moderna ha estudiado ahora la sensibilidad del pícaro como foco de la novela picaresca. Véase el profundo estudio de Alexander A. Parker («The Psychology of the "pícaro"», *MLR,* XLII [1947], pp. 58-69) y el ensayo sugestivo de Sherman Loff («The Picaresque Psychology of Guzmán d Alfarache», en *HR,* XXI [1953], pp. 107-119).

se hallan vinculados temáticamente con el pícaro en su carácter aleccionador; los elementos no presentan pues caprichosa superposición heterogénea, sino que se agrupan en armoniosa conjugación, según un plan consciente en unidad artística.

La trilogía, *La lucha por la vida,* es una obra compleja, que supera su filiación naturalista, implicada en su título; plantea el problema del proletariado industrial, aunque no lo lleva a sus últimas consecuencias. Los dos primeros tomos giran en torno a Manuel Alcázar, un golfo —el golfo aquí es el pícaro contemporáneo de la gran tradición hispánica— por subsistir en un medio hostil; *Aurora roja* presenta, sobre todo, el fracaso del anarquismo como programa político para corregir los males sociales, al mismo tiempo que reitera las acusaciones más amargas y su oposición al sistema capitalista vigente. *Aurora roja,* en consonancia con la estética realista de la reaparición de personajes en distinta perspectiva narrativa, hace avanzar al primer plano a Juan Alcázar, a quien se le presenta, indirecta y brevemente, en *La busca* como el hermano menor de Manuel y muy distinto a éste en temperamento y aficiones; la trilogía, pues, exhibe una bifurcación, un doble plano y dicotomía en su estructura.

En la trilogía no se quiebra nunca, sin embargo, la unidad caracterológica de Manuel y de Juan, su coherencia psicológica; así se insiste a lo largo de la trilogía en la índole esencialmente honrada y generosa de Manuel —hablaremos oportunmente de Juan— en su valentía, en su innato sentido de justicia, en su índole compasiva.

A diferencia de Lázaro de Tormes y Guzmán de Alfarache, estigmatizados por su nacimiento, Manuel ha heredado sus buenas cualidades de su padre: «[Manuel] no se parece a mí —pensaba la Petra—. En cambio, tiene bastante semejanza con mi marido... Manuel Alcázar [padre] había sido un hombre enérgico y fuerte, y en la última época de su vida, malhumorado y brutal» (263) [9]. No basta, pues, tener un buen natural y rasgos encomiables si no se sabe aprovecharlos para la plena autorrealización de la personalidad. El padre de Manuel termina mal. El hombre se define, pues, como un ser de posibilidades no predeterminadas; hay un elemento imprevisible y arbitrario en el ser más condicionado por la naturaleza o las circunstancias. Baroja expone así el carácter problemático del destino del hombre, un antideterminismo en función de la voluntad libre, responsable, en último término, de sí mismo, y que corresponde al libre albedrío, como aparece en el *Lazarillo* y el *Guzmán;* el concepto del hombre responsable de su destino, merced al ejercicio de su voluntad, lo postula Hasting, personaje de raíz nietzscheana: «Nada hay imposible para un voluntad enérgica» (394).

La superación, sin embargo, entraña esfuerzo poderoso de la voluntad. Manuel con la Junta continúa encenagado en su vida culpa-

---

[9] Entre paréntesis la cifra de la página correspondiente a las *Obras Completas* (Madrid, 1946), 1.

[10] Véase mi ensayo sobre este tema, «Aurora Roja: una interpretación», en *Hispanófila,* núm. 46 (Chapel Hill, septiembre 1972), pp. 12-27.

ble, a pesar de sus buenos propósitos, porque únicamente «hablaban de sus ilusiones, de un cambio de vida, que vendría para ellos sin esfuerzo, como una cosa providencial» (489). La rehabilitación de Manuel no comienza hasta que después de intentarlo muchas veces, finalmente «sintió en su alma bríos para comenzar una nueva vida», y «la misma violencia que tenía que hacerse le animaba a perseverar» (490). Es decir, el hombre no puede superar sus circunstancias hasta que por esfuerzo de voluntad inquebrantable se erija sobre ellas.

Hay un momento de profundo dramatismo en el que Manuel contemplo lo que pudo haber sido su paradero, cuando llevado de un impulso compasivo visita al Bizco en su calabozo, condenado a morir en el patíbulo: «Se miraron los dos atentamente» (589). El Bizco examina a su antiguo compinche con indiferencia mezclada de estupor; Manuel al Bizco con compasión; ambos han recorrido un largo trayecto, pero de sentido inverso durante los años en que no se han visto; el de Manuel ha estado jalonado de caídas, arrepentimientos y enmiendas. El Bizco ha seguido «el fatalismo de su manera de ser» (589) hasta el aniquilamiento final. Tampoco la Justa ha podido resistir la llamada a su propia destrucción.

Manuel Alcázar es el protagonista del núcleo dramático de la obra; su sensiblidad proyecta, desde el comienzo, la realida subjetivizada que la novela capta:

> Cuando ya estaba en Madrid, Manuel sintió verdadera angustia; un crepúsculo rojo esclarecía el cielo, inyectado de sangre como la pupila de un monstruo (265).

Se describe aquí, no la nitidez de una percepción concreta sensorial, puesto que nada sensorial une la esfera de la realidad física con la esfera de la percepción mental, sino la intensidad en el sentimiento y en la imaginación, que el crepúsculo provoca en el protagonista; su equiparación con «la pupila de un monstruo» es puramente emotiva y de tipo angustioso; proyecta el contenido psíquico estremecido del muchachuelo, el temor y el desaliento ante la ciudad desconocida; la realidad física se trasmuda así para comunicarnos un estado anímico que descubre la índole monstruosa de esa realidad sobrepticia, como se revela en el transcurso del acontecer novelesco. La ciudad es un lugar de peligro, un lugar amenazador y torvo de explotadores y explotados, verdugos y víctimas, de fuerzas malvadas y poderosas, que atentan contra el desheredado indefenso, como Manuel. Manuel, que viene de la plácida y familiar monotonía del pueblecito rural, se halla, de pronto, en un ámbito poblado de incertidumbres, donde no reconoce el dintorno de la realidad consuetudinaria. La ciudada aparece ante Manuel con su hacinamiento, su revuelta mezcolanza, su tráfico furioso y su movimiento incesante de gente; es un escenario atomizado, vertiginosamente dinámico. Las diversas y rápidas impresiones visuales, y auditivas, que experimenta Manuel le provocan hondo desconcierto y estupor primero; luego, un sentimiento de profunda soledad —la soledad del individuo aislado en medio de la enorme muchedumbre—. La soledad es la condición humana prevalencia en la trilogía.

El carácter metafórico de la experiencia de Manuel es evidente ya en la pensión de Doña Casiana. La pensión es un microcosmos, réplica, con sus huéspedes heterogéneos, del mundo exterior sombrío; participa, por tanto significativamente, de su misma índole caótica y desconcertante. La descripción apunta la correlación entre la sordidez física del interior de la pensión y la miseria moral de sus moradores; el ambiente físico corresponde al ambiente moral; la suciedad, la lobreguez, el hedor, el desorden, forman un complejo de elementos conceptuales sensoriales y afectivos, que es la expresión de un contenido anímico.

La acumulación de objetos repulsivos —orinales, calcetines y cuellos postizos sucios, camas sin hacer, zapatillas rotas— intensifica la aversión del lugar, al herir nuestra imaginación con sugerencias sensoriales y táctiles, pero tales objetos repulsivos son, al mismo tiempo, vehículos que transmiten una realidad interna, revelando la índole moral del complejo sensorial descriptivo.

En la pensión, donde cada personaje y acontecer entrañan una lección, principia la iniciación de Manuel en el mundo.

> Las reflexiones de doña Violante abrían los ojos de Manuel; pero tanto como ellos colaboraran en este resultado las escenas que diariamente ocurrían en la casa.
> Era también buena profesora una sobrina de doña Casiana... (270).

Manuel se halla en el punto cero de su trayectoria, al comienzo de una nueva etapa transcendental, en la que el adolescente-niño pierde paulatinamente la inocencia al confrontar la corrupción humana.

Lo que Manuel ve, oye y siente los primeros días en la pensión le resulta inteligible; palabras, sonidos y acciones le son indescifrables. Historias lupanarias de la vieja prostituta y sus canciones románticas, escenas brutalmente eróticas de la pensión y del burdel de enfrente, blasfemias, riñas, golpes, lectura del libro de oraciones, musiquilla sentimental e idílica son para el muchacho una realidad multiforme e incoherente, de sucesiva y simultánea pluralidad conceptual, visual y auditiva; es un mundo también de movimiento y acción vertiginosos, que estallan en violencia: «de repente se armó una trapatiesta de voces y risas alborotadoras, que terminó con una imprecación de triple blasfemia y una bofetada que resonó estrepitosamente» (266). La realidad tiene para Manuel una forma fragmentada e incoherente. Manuel no sabe exactamente dónde está, qué pasa, qué le ocurre. No entide lo que sucede dentro y fuera de sí mismo; su atención se esparce en la superficei de las cosas en torno. La multiplicidad de las diversas concepciones interfieren unas con otras para formar un todo indiferenciado e incomprensible de actividad acelerada y desordenada en la conciencia de Manuel.

Manuel no halla ninguna relación entre él mismo y las gentes de su alrededor; las gentes son para él inescrutables, porque, aunque el muchacho ve lo que hacen, no sabe la razón o el significado de su quehacer, no su causa o naturaleza; los personajes aparecen momentáneamente dentro del foco de su visión desvinculados y casuales; algunos sólo efectúan, antes de desaparecer, una breve pantomina: «[las prostitutas] solían asomarse al balcón... se hacían señas con los vecinos... bailaban y enseñaban las pantorrillas» (270). Lo que es secreto para todos, por ser conducta prohibida, aparece a la vista en un ritmo rápido, en muda agitación, sin propósito para Manuel.

Manuel se siente ajeno al entorno en que se halla sumergido; es un observador pasivo, que no participa en la acción y que al principio nadie toma en cuenta; su sorpresa y estupor afirman su carácter espectante, su distancia esencial del enigmático espectáculo, del que es testigo desapasionado. Sin embargo, pronto el entorno no permanece en espectáculo neutral, sino que muestra su hostilidad y amenaza a Manuel física y espiritualmente: «a Manuel le chillaba todo el mundo, cuando no le daban algún puntapié» (276).

Manuel deambula en la trilogía en un mundo de angustioso confinamiento, de atmósfera pestilente, donde no penetran la luz y el aire; la claridad se filtra, turbia, a través de cristales polvorientos; las habitaciones, angostas, malolientes, oscuras, dan a patios tétricos nauseabundos; la atmósfera es irrespirable.

Ya antes de subir a la pensión de doña Casiana comienza la angustiosa sensación de ahogo. El portal es largo y estrecho; el interior de la portería, ahogado y repleto de muebles; en la escalera, en densa oscuridad y de paredes mugrientas, hay unas ventanas altas enrejadas, sobre un patio lóbrego; el tufo es fétido. En el interior de la pensión se existe en profundas tinieblas; el comedor es «tenebroso»; la cocina, «sumergida en oscuridades»; las habitaciones, largas y estrechas, obstruidas por trastos mugrientos. Manuel y su madre ocupan un cuartucho sin ventilación, un «agujero de calor horrible» (259). Doña Violante y sus hijas viven hacinadas en un «cubil», en un «chiscón sofocante» (268); por su única ventana entra un olor pestilente a establo.

La tienda del tío Patas también es angosta, el hedor a berza podrida, insoportable; los vasares, sucios; la atmósfera de confinamiento y tinieblas, opresiva. La escasa luz llega indirectamente a través del montante del portal; los objetos aparecen vagos al resplandor difuso del quinqué de petróleo. La pensión y la tienda tienen el mismo empapelado roto y mugriento con manchas de grasa, de color verdoso amarillento (color que lleva una carga inconsciente de asociación con la fiebre, la bilis).

La oscuridad y el horror se intensifican en la tahona, que se halla separada del exterior por un patio lóbrego y un corredor negro y húmedo; el paso está interceptado por pilas de leña; las pocas ventanas, cegadas por el polvo y las telarañas; la escasa luz que se filtra es turbia y amarilla. La tahona, un sótano por debajo del nivel de la calle, es una «caverna», donde arde un mechero de gas «sin iluminar apenas nada» (327).

La imprenta es «un sótano negro»; el interior parece «barnizado de negro», se amontonan «una porción de cosas polvorientas», no hay ventanas, la luz entra por la puerta «de un patio húmedo y sucio» (425). A medida que progresa la acción de la novela, el círculo de soledad se ensancha alrededor de Manuel. Su madre muere; la desgracia desbarata la zapatería de su tío; sus hermanas se desentienden. Las condicones de trabajo son cada vez más inhumanas. En la pensión la faena es llevadera; en la zapatería le parece dura, pero se adapta; en la tienda del tío Patas la situación es «insoportable»; en la tahona el trabajo resulta «superior a sus fuerzas», «horriblemente penoso», enfermo y para no morir sale «sin saber cómo, casi arrastrándose» (429); en la imprenta «por la tarde se podía aguantar el trabajo en el sótano, pero de noche, imposible. Entre el motor de gas y los quinqués de petróleo quedaba la atmósfera asfixiante» (427).

En el universo fétido y tenebroso de Manuel, la imagen reiterativa es la dificultad de respirar, que enfatiza, con intensidad alucinante, la muerte por asfixia; se existe en peligro de muerte. El aparato social conspira abiertamente contra el desheredado en un proceso de exclusión y un mecanismo de agresión; le acorrala en lugares confinados de deshecho humano, no le consiente salidas, le pone sitio, le niega posibilidades, le aplasta, le ASFIXIA. El horror de la muerte del desheredado por asfixia en las tinieblas y en la soledad es constante en la trilogía; su muerte puede ocurrir en un interior negro, o a manos del verdugo si infringe la ley; el condenado al garrote vil —muerte por estrangulamiento y asfixia, como la del Bizco— muere también sólo y en la oscuridad tras la negra caperuza que le separa de un público, que presencia su ejecución. Manuel es consciente de ello: «La vida del Bizco y de Vidal le daba miedo» (333); «Pensó que al final podían encontrar el palo o el presidio» (347). Vidal intuye, con angustia, la inminencia del patíbulo, que sólo evita su muerte a manos del Bizco.

El delincuente existe también bajo la amenaza de la prisión y la muerte por asfixia, que recurre obsesivamente en la obra. El submundo de la delincuencia es sombrío y violento. Vidal, el Bizco, el Cojo y sus cómplices deambulan en las tinieblas; son «noctámbulos» que buscan desesperadamente «el placer, el vicio, la noche» (373). Manuel es vagamente consciente del horror de sus vidas tenebrosas. A cambio de «una vida de *chipendi*» (331) la delincuencia exige al golfo su alienación definitiva de «El Madrid trabajador y honrado» (373) al que Manuel instintivamente aspira pertenecer: «Y pensaba también, que él [Manuel] debía de ser de éstos, de los que trabajaban al sol, no de los que buscaban el placer en la sombra» (373). La Sociedad de los Tres y el Círculo son, sin embargo, una parodia de fraternidad humana, aunque momentáneamente ofrecen a Manuel la protección de pertenecer a un grupo humano. No puede existir verdadera solidaridad en la delincuencia por su misma naturaleza inesta-

ble; su lealtad es ilusoria, irreal, porque está basada en la sobrevivencia de cada uno a expensas de los demás, sin vínculos afectivos
ni morales; el delincuente, guidao por el más inhumano y feroz de los
egoísmos, sólo reconoce la obligación hacia su propia seguridad, por
la que sacrifica, sin escrúpulos, a los demás en el momento difícil.
(Vidal traiciona al Bizco, el Bizco asesina a Vidal, el Cojo abandona
a Manuel cuando éste se ve en dificultades.) La delincuencia, con su
disolución de todo deber moral, es la disociación última de los valores
en los que se funda la civilización, y en manera alguna puede ser una
solución a la problemática que presenta una sociedad capitalista injusta y cruel; por el contrario, la delincuencia presenta el fantasma
del hombre entregado a sí mismo, su ʼextrema e insalvable enajenación, el desenfreno, el desorden y el caos espirituales.

Cuando Manuel escapa del mundo negro y asfixiante de subterráneo no halla la libertad; vaga por las afueras hambriento y sin techo.

Cuando despertó sintió el frío, que le penetraba hasta los
huesos. Alboreaba la mañana, ya no llovía; el cielo aun oscuro,
se llenaba de nubes negruzcas. Por encima de un seto de avóni-
mos brillaba una estrella, en medio de la pálida franja del horizonte y sobre aquella claridad de ópalo se destacaban entre-
cruzadas las ramas de los árboles, todavía sin hojas.

Se oían silbidos de las locomotoras en la estación próxima; hacia Carabanchel palidecían las luces de los faroles en el
campo oscuro entrevisto a la vaga luminosidad del día naciente.

Madrid, plano, blanquecino, bañado por la humedad, bro-
taba de la noche con sus tejados, que cortaban en una línea
recta el cielo ...el pueblo y, el paisaje lejano tenían algo de lo
irreal y de lo inmóvil de una pintura (338).

El desamparo de Manuel es absoluto en el vasto vacío extra-social; se halla desvinculado, desasido del contorno, sin esperanza de auxilio en una situación de marginación límite, en una tierra de nadie.
La ciudad que ofrece seguridad y bienestar a sus escogidos es tan inclemente y remota como la lejana estrella. La soledad, el silencio, la
visión de la urbe lejana contribuyen a la espectralización del paisaje,
a su carácter fantasmal; estas imágenes se erigen sobre un plano real
para expresar, metafóricamente, el abandono y rechazo total que sufre el golfo, forzándole a volver al subterráneo.

Se acercaron al agujero; salía del interior un murmullo de
voces roncas...

Un vaho pestilente se exhalaba del interior del agujero...

En un hueco algo resguardado de la lluvia, se metió y se
acurrucó a dormir (355).

... en un agujero abierto en la pendiente del terraplén, Manuel
se guareció (356).

No hay escape para Manuel. El nervio estructural de la obra es el temor del aprisionamiento, que alterna con el temor de la exclusión; por un lado, el temor de que el mundo acorrale al paria, le encierre en su interior, le aniquile, le entierre vivo, le sofoque arrancándole vida y libertad; por otro lado, el temor de que le arroje fuera de su seno, al vasto espacio vacío extra-social, donde las cosas han retrocedio a insalvable distancia, donde hasta el suelo cede a su peso. En un nivel más profundo que el de la coherencia de los acontecimientos narrados, y donde los personajes se reducen a representaciones isomórficas de probabilidades esenciales, la novela es la búsqueda de una forma de vida, que evita lo dos extremos; aprisionamiento y exclusión son extremos que se tocan y significan, desde el punto de vista de la existencia humana, la destrucción. En ambos casos hay el fracaso de *ser*, y de ser reconocido en su identidad, de existir sin culpa en la seguridad protectora de la sociedad.

La cuestión que se le propone a Manuel no es la de triunfar, sino la de sobrevivir en una sociedad que le niega el derecho de respirar, es decir, el derecho de vivir. El desheredado, aun antes de transgredir las leyes, subsiste en peligro constante de su ser elemental y físico. Lo justo, dice Baroja, sería que todos los hombres tuvieran al empezar medios idénticos de trabajo y oportunidad; que el éxito o el fracaso dependieran del mérito intrínseco personal. El programa anarquista, que aboga por la equidad social, expresa, significativamente, su programa con la metáfora de la luz [11], que vence a las tinieblas y purifica la atmósfera enrarecida: «Nosotros [los anarquistas], queremos aligerar esta atmósfera pesada, abrir los balcones, que entre la luz para todos» (622).

No hay alternativa para Manuel: sólo cuenta con su buen natural para no sucumbir a la corrupción y a la violencia del mundo. Es su innata honradez y sus propósitos de vida digna la que, a pesar de sus caídas, le hacen merecedor de nuestra simpatía, y al final, de su redención; pero en Manuel hay poca volición y ninguna decisión para labrarse un lugar en la sociedad: «"Y es lo que desbe hacer tú [Manuel]: buscar, preguntar, correr, trotar; algo encontrarás." Manuel pensó que aunque le hubiesen prometido ser rey, no era capaz de desenvolver una actividad semejante» (382). En Manuel sólo hay una voluntad de resistencia pasiva. Manuel quiere, sobre todo, vivir, y soporta, con obstinación pasiva y sin deterioro psicológico ni brutalizarse, la miseria, con su secuela de crímenes, debilidades, robos y estallidos sangrientos de la pasión o del alchol; Manuel es, esencialmente, un superviviente de la violencia de la alienación, que la máquina social perpetra en el desposeído.

---

11 No es el propósito de este estudio apuntar la influencia de Nietzsche en Baroja, objeto de prólija crítica (véase GONZALO SOBEJANO, *Nietzsche en España* [Madrid, 1967], pp. 347-395); tampoco subrayar los elementos naturalistas, que ya el mero título de la obra, *La lucha por la vida*, descubre (véase FEDERICO DE ONÍS, «Pío Baroja», en FERNANDO BAEZA, II, pp. 162-169; del mismo autor, «Contemporary Movements in Literature. Spanish Literature», en *Hispania*, II [1916], pp. 166-168).

El Bizco, Vidal y Hasting encarnan los caminos y formas de vida que se presentan ante Manuel. El Bizco es el camino de la delincuencia brutal, la vida azarosa del criminal endurecido. Vidal es el camino fácil de la delincuencia inteligente; su vida, la del infractor hábil de la ley, que la esquiva con desenvoltura; Hasting, el camino del hombre honrado, de vida digna.

Manuel rechaza, con aversión, al Bizco, a quien califica de «bestia fiera», donde no han entrado «ni aun vagamente ideas de derechos y deberes» (323). Vidal, con su «innata inteligencia» y su «superioridad... para todo» (352), ejerce una influencia irresistible, y es la verdadera tentación para Manuel. Vidal, además, puede justificar el delito ante una sociedad inicua, cruel con el desheredado: «Ganarlo [dinero] no se puede; a mí no me vengan con historias. Para tener algo hay que meterse en un rincón y pasarse treinta años trabajando como una mula. ¿Y cuánto reúnes? Unas pesetas cochinas; total na» (471-2). Es Vidal el único que auxilia a Manuel en la situaciones extremas de hambre y abandono, el postrero recurso al que Manuel se acoge cuando todo lo demás le falla.

Vidal, un chico de la calle, vive de su ingenio y sabe todo lo que su primo ignora, y necesita conocer para sobrevivir; que las apariencias no son realidades, que la sociedad se encarniza con las criaturas de la pobreza, que la existencia es un binomio inclusión-exclusión y que ello implica la presencia, en el universo de la inclusión, de los que tienen dinero; que los fuertes engañan y explotan a los débiles, que hay que aceptar la injusticia, lo absurdo e inexplicable de la vida. Vidal posee un intuitivo *savoir faire* y resuelvo con soltura las situaciones desesperadas de Manuel, a quien, a su manera, tiene cierto afecto y estimación: «Mira, yo por ti haría cualquier cosa y no tengo inconveniente en ponerte al tanto de cómo vivimos nosotros. Tú eres un barbián; no eres un bruto de esos que no quieren más que matar y asesinar a las personas» (471). Vidal posee una conciencia reflexiva, que le capacita para comprender las diferentes modalidades sociales de marginación económica. Vidal se erige en el mentor y guía de Manuel en el submundo sombrío del hampa, donde a ambos les confina la sociedad. El consejo de Vidal, siempre eficaz y práctico, es esencial para subsistir en un medio cruel.

Manuel no comprende las lecciones teóricas del estudiante-maestro Roberto Hasting; le resultan ininteligibles simplemente, y las escucha «con asombro», convencido de que «empieza a desbarrar», de que está «chiflado» (339); sus palabras le parecen a Manuel «chaparrón de frases necias e insoportables de escuchar» (382).

Manuel comenzó a sentir odio por Roberto... le daba rabia, que en vez de proporcionarle algo, cualquier cosa, saliera del paso con un consejo metafísico imposible de llevar a la práctica (385).

No hay comunicación posible entre Hasting y Manuel en la época difícil de éste; ambos se desenvuelven en diferentes niveles mentales y de experiencia. Manuel debe ascender primero al nivel moral de Hasting y elaborar su propia sabiduría con dolor y esfuerzo —no servirse simplemente de la de otro—, pues nada le es dado al hombre gratuitamente.

Manuel soporta una larga serie de penosas pruebas, experiencias dolorosas, que le darán un conocimiento del mundo; al principio no es consciente de su situación, obra simplemente a impulsos de su instinto de conservación; vive en el islote del momento, asido a cada instante, que le separa de la nada; únicamente posee su existencia presente y el sentimiento de su existir discontinuo, sin pasado ni futuro; lentamente, a lo largo de años no especificados, se forma la conciencia de su destino individual y su propósito.

El examen de su conducta le enfrenta a Manuel consigo mismo, planteando así una problemática ética que debe resolver; toda la obra se dirige precisamente a su resolución, como en el *Guzmán,* y a diferencia del *Lazarillo.*

> Manuel sentía el malestar de haber bebido demasiado el día anterior y un profundo abatimiento. Pensó seriamente en su vida: «Yo no sirvo para esto —se dijo—; ni soy un salvaje como el Bizce, ni un desahogado como Vidal. Y ¿qué hacer?»... [ellos] son más afortunados que yo: no tienen vacilaciones ni reparos...
> A pesar de sus escrúpulos y remordimientos, el verano lo pasó Manuel protegido por el Bizco y Vidal... (347).

Manuel, en contraposición con sus cómplices, comprende instintivamente que no es posible vivir dando rienda suelta a los instintos, que hay deberes y leyes, que ¡debe acatar la pragmática del trabajo honrado y superar sus claudicaciones.

Manuel es el agonista, en pugna consigo mismo y contra todo lo que conspira por reducirlo en la inseguridad radical de la existencia; es también Manuel el hombre encadenado a una humanidad contradictoria y claudicante, braceando con sus impulsos descendentes en su perseverancia de hacerse un hombre. Bajo el tema de la aspiración y voluntad de superación, se plantea el problema de la responsabilidad. Manuel, el golfo sin familia, al margen de toda clase social estructurada en la tradición española de la iglesia y el estado, debe construir su propio concepto del mundo y aprender a ordenar la experiencia, que se presenta caótica y tumultuosa; si la existencia es una sucesión de sombríos y penosos momentos, es, en un sentido profundo, el lento descubrimiento en medio de la confusión de un secreto, que hace al mundo inteligible; la clave del secreto es cómo lograr tener una vida digna y auténtica, cómo desentrañar su propio destino y la esencia de su identidad. Así, cuando Manuel descubra su inherente humanidad, su naturaleza intrínseca, adquirirá un lugar en la sociedad; ésta ya no podrá rechazarle.

La muerte es la lección sobrecogedora que conmueve hondamente a Manuel; es ante la muerte que el espectáculo múltiple y confuso

de la existencia y la propia experiencia adquieren sentido. Hay cuatro muertes cruciales en el desarrollo psicológico del muchacho: la
de Leandro, la de su madre, la de Vidal, la de Juan; cada una de estas muertes es un paso progresivo en la formación de la conciencia
reflexiva y el sentido de responsabilidad de Manuel.

La muerte violenta e inesperada de Leandro deja a Manuel «des-
pavorido» (323), «asustado» (324); le encara con las fuerzas irracionales e inexorables de la existencia: «Y mientras lloraban dentro, en
la calle las niñas cantaban a coro; y aquel contraste... daba a Manuel
una sensación confusa de la vida, algo que pensaba él que debía ser
muy triste, algo muy incomprensible y extraño» (324). Manuel es todavía el observador pasivo, que no participa en la acción; su perplejidad, su asombro y desconcierto corroboran la distancia entre el muchacho y la escena, que presencia; sólo puede captar sonidos, palabras, imágenes visuales desconectadas, pero es esta la primera tentativa de Manuel de hallar una explicación racional al sufrimiento. La
muerte de su madre agudiza su desconcierto, le hace vertirse sobre
sí mismo, meditar sobre su destino; la muerte de Vidal le sirve de
poderoso reactivo, sacude su pasividad, le fuerza a tomar una decisión, que será inquebrantable, de tener un empleo honrado; ante
la muerte de su hermano Juan, Manuel ya no es el muchachuelo irresoluto e ignorante; ha sufrido una larga serie de pruebas y ha salido
de ellas con dignidad y entereza, ya es un hombre digno, que reflexiona con sabiduría sobre el concepto que le merece la existencia; en
ella no hay providencia, el hombre actúa empujado por circunstancias fortuitas, entregado a las fuerzas ciegas de la contingencia, lo
esencial es obrar noblemente, VIVIR en paz con uno mismo.

Los avatares de Manuel terminan cuando llega «a encarrilarse, a
reglamentar su trabajo y su vida» (5253; concluye Manuel en el centro de su pequeño universo personal, resquicio y tregua en el espacio
y en el tiempo del resto del mundo. Baroja resuelve la soledad de su
personaje con el matrimonio; el conflicto, que plantea su explotación
de obrero, lo resuelve con el regalo de las quince mil ptas. de Hasting,
que le convierte en dueño de una imprenta, y asegura su independencia económica: «Yo [Manuel], entre explotado o explotador, prefiero ser explotador, porque eso de que se pase uno la vida trabajando
y que se imposibilite uno y se muera de hambre...» (543). Manuel,
casado con la Salvadora —nombre simbólico— se refugia en el hogar
virtuoso, en el círculo acogedor de sus amigos amados y leales; evita
así toda perturbación del exterior inclemente. El final feliz de Manuel no representa un análisis adecuado de la complejidad del tema,
de la relación directa e íntima del desposeído en la sociedad industrial capitalista; más bien, es la evasión de este tema, aun concendien-
do que para Baroja lo importante es el individuo y lo que hace de
su vida en relación con otros, cómo puede transceder us aislamiento,
el egoísmo, la pereza mental y la hipocresía colectivos.

En *Aurora roja* se ofrece una crítica acerba del anarquismo como programa político viable de ponerse en práctica, tema con el que concluía *Mala hierba:*

> [Soy anarquista] desde que he visto las infamias que se cometen en el mundo; desde que he visto cómo se entrega fríamente a la muerte un pedazo de Humanidad; desde que he visto cómo mueren desamparados los hombres en las calles y en los hospitales —contestó Jesús con cierta solemnidad.
> Luego habló con una voz serena de un sueño de humanidad idílica, un sueño dulce y piadoso, noble y pueril... (507).

Baroja reprocha al anarquismo de ingenuo optimismo y romanticismo sentimental, de tener un concepto rectilíneo y simplista del hombre y del mundo, de no tomar en cuenta la complejidad de la naturaleza humana y de la realidad, de no reconocer las fuerzas oscuras e irracionales de la existencia. Según Baroja, la lucha es inherente del universo de los organismos vivos, grandes y pequeños, y no hay forma de sustraerse a ella; deben haber pues vencedores y vencidos, verdugos y víctimas. El hombre está enzarzado en una lucha eterna, sin esperanza de victoria, en su perenne anhelo de superación, más conmovedor por ser irrealizable (concepto éste que le aleja del naturalismo estricto). Las soluciones colectivas no son viables. Si el mismo anarquismo se apoderara del poder sería otra forma más de gobierno inicuo:

> Tuvo un sueño extraño y desagradable. Estaba en la Puerta del Sol y se celebraba una fiesta, una fiesta rara. Llevaban en andas una porción de estatuas; en una ponía «La Verdad», en la otra «La Naturaleza», en la otra «El Bien»; tras ellas iban grupos de hombres de blusa, con una bandera roja. Miraba asombrado aquella procesión, cuando un guardia le dijo:
> —¡Descúbrete compañero!
> —¿Pues qué es lo que pasa? ¿Qué procesión es ésta?
> —Es la fiesta de la anarquía.
> En esto pasaron unos andrajos... y gritaron: «¡Muera la Anarquía!» y los guardias los persiguieron y fueron dándoles sablazos por las calles (643-644).

La masa debe continuar atenazada por la ley, que es injusta y arbitraria. El hombre sólo puede liberase por su pensamiento y su conciencia independientes.

Juan Alcázar es el rendentor social que muere por una causa eterna; es el ideal de perfectibilidad, que redime al hombre a la hora del juicio moral. Juan Alcázar es indudablemente el personaje central de *Aurora*, que se inicia con la huida de éste del seminario y concluye con su entierro. Juan es el Cristo [12] de la conciencia moderna,

---

12 La asociación del día, el sol, el principio de la vida y la fuerza a un simbolismo maniqueísta aparece por vía instintiva. La noche, las tinieblas, se vincular con el mal, por lo que es contrario al desarrollo de vida normal. Sólo un pensamiento científico analítico llega a separar la naturaleza de los fenó-

el consolador de los miserables y abandonados, el exponente de un anarquismo incorrupto, que aboga por la piedad y la protección de los débiles; es también el cruzado de los derechos de los desamparados; su paralelismo con la figura del Cristo de Renan es evidente (la pureza de su vida, la atracción irresistible que ejerce en la infancia, el amor que le profesa la prostituta Manila y su ofrenda final). Baroja parece haber reservado el papel de Redentor al obrero Jesús, como su nombre nos hace pensar, y creer luego que su carácter y vida no eran lo bastante edificantes. Ya sabemosq ue Baroja no seguía un plan rígidamente trazado en su novelar, sino que éste iba surgiendo con cierta espontaneidad flexible.

La metáfora del anarquismo como una religión de carácter cristiano es inequívoca: «[A Manuel] la anarquía le parecía más seductora; pero no le veía ningún lado práctico; como religión estaba bien; pero como sistema político-social, lo encontraba imposible de llevarlo a la práctica» (595).

Juan Alcázar siegue siempre al camino recto, sin desfallecimientos. No es el protagonista típico barojiano, abúlico e irresoluto; tiene voluntad férrea, no claudica ni compromete su autenticidad jamás; abandona el seminario y un porvenir brillante en la Igelsia para seguir el dictado de su conciencia; su muerte se le presenta como un holocausto, «un bautismo purificador de sangre» para salvar a los hombres.

Baroja no supera, en la trilogía, las contradicciones internas de su ideología social; pinta el cuadro de la gran metrópoli en gris y negro, como un lugar de miseria oscura y sin color, pero a pesar de su crítica amarga acepta las premisas del sistema capitalista vigente.

Baroja presenta en la trilogía una contradicción entre su rebeldía exasperada y su posición indecisa de pequeño burgués; a pesar de su sentimiento crítico, libre de toda ligereza e ingenuidad, no es un revolucionario; así, aunque comprende que el asalariado, tras una vida de sacrificio y economía sólo halla la pobreza, postula ardientemente el trabajo, la perseverancia, el ahorro, el ascenso a la seguridad como las directrices de la vida; la felicidad estriba en alcanzar una mediana prosperidad y en una casa cómoda, en el círculo familiar; simultáneamente presenta en la trilogía la bancarrota de la relación del individuo con la sociedad como ésta existe, dada su estructura de valores y la victoria final del individuo —Manuel Alcázar— sólo por sí mismo. A pesar de la profunda simpatía que Juan le inspira, Baroja le analiza severamente; le critica implacablemente por su sentimentalismo, y aunque le da la razón en el planteamiento de los problemas sociales le reprocha sus soluciones fantásticas. Es en el personaje Roberto Hasting donde se refleja más claramente la contradicción anárquico-burguesa de Baroja; Hasting, paradigma del triun-

---

menos físicos de un significado moral. Véanse JULIO CARO BAROJA, «Concepción primaria del mundo», en *Las brujas y su mundo* (Madrid, 1969), pp. 17-35; B. MALINOWSKI, *Magic, Science and Religion and other essays* (New York, 1955), p. 125.

fo de la voluntad, de resabios nietzscheanos, es la encarnación del individulismo racionalista burgués, con su pragmatismo a toda prueba; es muy significativo que el autor haga de él el protector, la conciencia viviente, el educador de Manuel; es Hasting el que le recompensa al antiguo golfo por escoger la senda dificultosa y perseverar en ella.

En la trilogía se repiten constantemente varias imágenes; la de la vida como largo y arduo viaje, la del laberinto y la de la prisión; en la primera se expresa el concepto clásico del tiempo como río, del constante fluir de seres, cosas y acontecimientos, del entrelazamiento de las criaturas y su quehacer. El vagabundeo de Manuel por Madrid —a donde ha llegado de un pueblo— corresponde a los viajes del pícaro por España o por el mundo. La imagen, que recordamos más vívidamente es la del muchachuelo perdido en la ciudad; la ciudad es un laberinto [13], como en la obra de Kafka se presenta la consciente universalización del laberinto, símbolo de la alienación metafísico del hombre, de que éste se halla irremediablemente perdido en una maraña inextricable. Manuel, con un sentimiento de ansiedad y orfandad se pregunta constantemente, «Y ¿qué hacer?» (347), «¿Qué rumbo tomar?» (356); la imagen de la prisión expresa metafóricamente el concepto de la vida humana confinada, aprisionada entre muros físicos y espirituales; a pesar de que Manuel va de un lugar a otro y cambia empleos y amos domina la impresión de confinamiento asfixiante en la soledad. Ninguna otra obra de Baroja se halla tan profundamente dominada por un complejo imaginativo de claustrofobia, ni presenta una visión tan obsesiva de habitaciones interiores, angostas, oscuras y sucias de atmósfera irrespirable; es un mundo que parece subterráneo, aunque no lo sea por su intenso confinamiento. Laberinto y prisión se entralazan; la búsqueda de Manuel en el laberinto se trueca en huida cuando le persiguen injustamente para complicarle en el asesinato de Vidal. El tribunal de justicia se transforma también en una prisión laberíntica, para los desheredados «obreros y desharrapados, mujeres de vestidas de negro, viejas tristes con el estigma de la miseria, gente toda asustada, tímida y humilde» (497), porque «tan tupida y espesa era la trama de las leyes que resultaba muy difícil no tropezar con ella, aunqu se anduviese con mucho tiento» (498).

La cárcel es para Baroja la institución más eficaz en el proceso de marginación de la sociedad para el pobre; perpetra la extrema marginación; es un claro ejemplo de la violencia del aparato social de la exclusión. Expresa Baroja su profunda compasión por el Bizco, compasión muy dostoiewskiana; la sociedad no tiene derecho a matar a un miembro a quien ha abandonado, y que se encuentra además sin posesión de su conciencia. La muerte del Bizco es la del paria, odiado por la sociedad y aniquilado por ella.

Baroja es un impresionista. La visión impresionista es esencialmente discontinua y fragmentaria. La frase no sigue una progresión ló-

---

[13] «A Manuel su vida pasada le parecía un laberinto de callejuelas que se cruzaban, se bifurcaban y se reunían sin llevarle a ninguna parte» (552).

gica, sino que registra, más que el razonamiento discursivo, lo que capta la mirada; las impresiones vienen tumultuosas y aparecen mezcladas, indiferenciadas, sin orden de prioridad; registra el impacto directo de la escena sin pausa para la reflexión, en su prístino impacto en la sensibilidad; de esta manera se logra una extraordinaria fuerza expresiva. La trilogoía es la novela impresionista *par excellance* de Baroja; la construcción descuidada y suelta, que tanto se le ha reprochado, obedece a una técnica narrativa episódica, intrínsecamente picaresca, y en lo esencial no dramática. Aunque Manuel es el núcleo de la acción dramática, los momentos dramáticos están repartidos por toda la obra y forman varios puntos independientes en el relato. El principio formal de la novela impresionista es su calidad rapsódica, la discontinuidad de la trama y el dinamismo de la acción y las escenas; una de las escenas que ejemplariza esta técnica narrativa es la técnica narrativa es la lucha a navaja entre Leandro y el Valencia, verdadera joya en el arte de narrar. Es hora, pues, de desechar el lugar común de la sintaxis y la gramática defectivas de Baroja; la prosa creativa, verdaderamente moderna, corresponde poco a la lógica gramatical, que se sacrifica por las exigencias expresivas y humanas de la situación relatada. Baroja también en esto se adelantó a su tiempo, con intuición admirable, maestro consumado de su propio estilo, personalísimo.

BIBLIOGRAFIA ADICIONAL CONSULTADA

ALVAREZ, DICTINO, «La picaresca española y la literatura existencialista», en *Humanidades*, 10 (1958), pp. 207-212.

AUBRUN, CHARLES, «Picaresques: A propos de cinq ouvrages recents», en *Romanic Review*, 59 (1968), pp. 106-121.

BATAILLON, MARCEL, *Pícaros y picaresca*, Madrid, 1969.

BENÍTEZ CLAROS, RAFAEL, *Existencialismo y picaresca*, Madrid, 1958.

CASTRO, AMÉRICO, *España en su historia*, Buenos Aires, 1948.

CHANDLER, FRANK, *The Literature of Roguery*, 2 vol., Cambridge, Mass., 1907.

DEL MONTE, ALBERT, *Itinerario de la novela picaresca española*, Barcelona, 1971.

FERNÁNDEZ ALVAREZ, «El hidalgo y el pícaro», en *Arbor* (Madrid, 1957), 38, pp. 362-374.

GILI GAYA, SAMUEL, «Apogeo y desintegración de la novela picaresca», en DÍAZ PLAJA, *Historia General de las Literaturas Hispánicas*, Barcelona, 1953, pp. 1-xxv.

GOYTISOLO, JUAN, *Problemas d ela novela*, Barcelona, 1959, pp. 87-106.

HERRERO GARCÍA, MIGUEL, «Nueva interpretación de la novela picaresca», en *Revista de Filología Española*, 24 (1937), pp. 334-362.

LÁZARO CARRETER, FERNANDO, *Tres historias de España*, Salamanca, 1966.

LEWIS, R. W. B.: *The Picaresque Saint*, Philadelphia, 1956.

PARKER, A. A., *Literature and the Deliquent*, Edinburg, 1968.

PÉREZ MINIK, DOMINGO, *Novelistas españoles de los siglos XIX y XX*, Madrid, 1957, pp. 9-65.

RICO, FRANCISCO, *La novela picaresca y el punto de vista*, Barcelona, 1970.

J. GARCÍA MERCADAL, *Antología Crítica, Baroja en el Banquilo*, 2 vols. (Zaragoza [s. f.]).

LA NOVELA PICARESCA EN LA GUERRA CIVIL ESPAÑOLA: *EL CHEPA* DE MANUEL DE HEREDIA

Fernando de Toro-Garland
*Universidad Nacional de Educación
a Distancia*
Madrid

Muy pretencioso sería de mi parte tratar de exponer en una simple comunicación, con la brevedad que éstas suponen, el tema de la picaresca en la novela de la guerra civil de España.

Como tendrán oportunidad de escuchar más adelante, este tema es sumamente complejo por lo que respecta a la significación del período abarcado en relación a la evolución del género y a su posible continuación o proyección no solamente hacia el futuro, sino su existencia en la novela o en la narrativa —mejor dicho— que ya no está conectada con el episodio bélico.

Ante esta circunstancia he preferido, por las razones que se verán, escoger una novela que me parece reúne varias de las características esenciales para el estudio del género en el presente.

Sin duda que la obra seleccionada contiene los elementos componentes esenciales de la novela picaresca: *a)* está relatada en primera persona y en forma autobiográfica; *b)* hay un pícaro, el «Chepa»; *c)* la vida del personaje se desarrolla en forma «lineal»; esto es, consiste en una serie de acontecimientos que se suceden unos a otros «sin plan ni proyecto definidos»; *d)* la existencia de estructuras narrativas picarescas tradicionales como, por ejemplo, la situación inicial del relato (la explicación del origen de la «chepa» de Vicente, pp. 11-12). La *ausencia,* en el presente caso constituida por la muerte de los padres de «El Chepa» (p. 17: «Cuando la señá Filo se vio con las boqueadas, que todo fue en cosa de cuatro días, me llamó; y sin gimotear mucho, me dijo que ya era un hombre, que no me pusiera triste, que fuese honrao y que ella y mi padre velarían por mí desde el cielo. Me dio un beso, pasó su mano por la jiba y se quedó en un suspiro»), y como consecuencia de lo anterior una situación de *escasez* y la subsiguiente *salida,* que le conduce a la necesaria lucha por la subsistencia. etc... No considero aquí otros elementos que se estiman por algunos constitutivos y característicos de la novela picaresca, como la parodia y la sátira jocosa, lo gracioso o divertido.

A mí me parece —y en ello sigo a más de un crítico— que estos elementos no son siempre necesarios para determinar un género literario. En algunas novelas, como el *Guzmán de Alfarache,* lo jocoso o divertido no es, ni mucho menos, importante, y podríamos —sin temor a errar— llamar a ésta una novela picaresca «seria» por muchos conceptos de sobra conocidos y comentados y, si ésta viene a ser, en opinión del profesor Parker *(Los pícaros en la literatura)* y muchos otros, la novela picaresca ejemplar, ¿qué quedaría para las otras en materia de risa?

Por otro lado, novelas como *El Buscón* de Quevedo, son más bien exponentes del «humor negro» castellano, que deja siempre tras de risa fácil un sabor amargo y casi deprimente.

El humor del *Lazarillo,* por mencionarlo como es costumbre al hablar de la novela picaresca, no sale de este cuadro grotesco y amargo. En *El Chepa,* también encontramos más de alguna manifestación de este humor, de escenas graciosas, pero que no nos dejan olvidar —como en el resto de la picaresca— que detrás de esta gracia, de ese humor, hay un trasfondo dramático que está siempre en el subconsciente del personaje autobiográfico y que éste traspasa al lector, «Andrés se incorporó y así, al pronto, se rio con todas sus tripas:

—Vicente..., eres un macho. Si yo fuese ateo, te respondería que hablas como Dios. Lo que dices es el Evangelio. Te comprendo, chaval... y te comprendo, porque por todo eso, yo soy anarquista.

—¡Arrea!» (p. 103).

Es quizá ésta la característica que podríamos aceptar en relación al humor; la terrible paradoja del humor del hambre, de la pobreza y del desarraigo social.

El propio autor nos lo dice en sus memorias:

> «... Era cuando el humor negro; no el negro humor de los ingeniosos caricaturistas que saben dar humor crítico a un tema doloroso, sino cuando la desdicha humana, con sólo sacarla al aire, causaba regocijo en todas las clases sociales. Humor negrísimo y divertido, de manera muy especial para los lectores inteligentes de las revistas de postín. Humor inspirado en las cesantías que dejaban con el puchero en el alero a numerosas familias de la clase media, dramáticas cesantías que movían a risa y se celebraban porque, entre otras cosas, daban ocasión a mostrar su ingenio a los buenos comediógrafos...» *(Memorias,* p. 16).

Pero, en todo caso, ni con mucho podríamos decir que el humor constituye una característica fundamental de la novela picaresca.

En cuanto a la parodia, considero que es una característica relativa. Su relatividad depende de las circunstancias más bien personales del autor real, y en su reacción frente a las realidades socio-económicas o político-religosas existentes en una tradición literaria, que puedan determinar la intención de éste más que del momento histórico, ya que si se refiere sólo a esto último, la novela perdería transcendencia para convertirse en un relato convencional e intrascendente. Lo que no es, por cierto.

Podríamos decir que hay dos estructuras en juego; una socio-económica, ajena por entero a la expresión literaria, y otra puramente literaria, que podría expresarse por una «inversión», a la que me referiré más adelante y que constituye, en su esencia, el plano de creación. El Chepa es indudablemente un pícaro, y su ambiente y vida relatados en la novela de Manuel de Heredia, «picarescos». Al decir esto, quiero aclarar que no es mi intención entrar en el debate de los orígenes de la picaresca; materia que creo hoy está bastante clara si utilizamos la denominación de «picaresca *literaria*», diferenciando así el hecho histórico-social, común a la mayoría de los pueblos de la Europa Occidental, de la temática que se desarrolla como nuevo género literario dentro de la evolución del realismo y de los orígenes de la novela moderna en general.

Dice J. L. Alborg que la novela picaresca es el resultado de «una actitud vital» ... «una categoría humana», sin duda especial y producto de los elementos transcendentes del ser hispánico, que, sujeto en diversos períodos de su devenir histórico a los controles, esquemas y represiones de la estructura social que le rodean, se vuelva, se «invierte» —diría yo— en este tipo de novela. Viene a ser como el resultado de un ejercicio en psicoanálisis freudinano, en el cual el hombre, en su medio vital, se expresa a través de una literatura de ficción, en la que expone una especie de otro yo, creando un personaje, protagonista de una literatura de ficción, en la que expone una especie de otro yo, creando un personaje, protagonista de una literatura a la que convierte en un género, dentro de sus circunstancias vitales, que no necesariamente se identifican con sus condicionamientos socio-económicos o socio-políticos, sino que constituyen su ser esencial en relación a unas situaciones que pueden ser (y lo son en muchos casos) individuales y muy particulares (el caso de Proust —por ejemplo—), sin desligarlas del trasfondo inevitable del medio vital, que puede tener mayor o menor reflejo y transcendencia en la novela, pero que no condiciona ni determina su creación, sino que quizá le «permite» —por así decirlo— su nacimiento.

La «picaresca literaria» es pues, para mí, un producto genuino de creación *realista* y *verosímil*, distinguiendo, en este caso, estos términos de lo *verídico* y real, que serían —o deberían ser— los del relato o narración periodística, que no crea arquetipos, sino que «retrata» personajes.

El Chepa, de nuestro comentario, cuenta en su apoyo, confirmación o prueba objetiva de la tesis que sostenemos con un libro recién aparecido, de su propio autor, Manuel de Heredia, y que está constituido por un tomo de *memorias,* titulado *Monarquía, república y guerra,* que cubre precisamente en la realidad viviente del autor y el período vital del personaje creado por él mismo.

Como en el caso de muchos autores, la «vida» de su personaje es más interesante que la de su creador.

La imaginación creadora del autor «vive», como vivía Baroja sus conspiradores, con una intensidad que desconoce el ambiente y personalidad burguesa del que escribe. Es lógico, el protagonista de la obra, antes que nada, no tiene que escribir, no tiene que estar detrás de una mesa pensando aventuras, las vive intensamente y así van saliendo de la pluma del autor.

Mientras Vicente Fernández, «El chepa», es el hijo de un picador y de una pantalonera, Heredia, el autor, es hijo de un modestísimo militar de carrera y de un ama de casa burguesa.

Mientras «El chepa» se lanza al mundo pobre y más encima jorobado, el autor es también pobre, «con pobreza digna del militar mal pagado que debe aparentar»; además, «no era mal parecido».

«El chepa», vive en el bajo mundo madrileño de la Segunda República; es cerillero y limpia botas de un famoso café de la calle de Alcalá, donde escucha y observa las «peñas» de los toreros, escritores, militares y fascistas, en un estado de despego («detachment») no indiferente, pero sí no participante.

Cuando más tarde se ve envuelto por las circunstancias en los sucesos políticos, él actúa, como lo hace el pícaro tradicional, por inercia y simpatía, pero sin identificarse con las tendencias, odios y rencores de una sociedad que no sólo no comprende, sino que hasta le es indiferente en aquello que no sea su propia subsistencia.

Como se habrá podido advertir desde el comienzo de esta comunicación, he insistido en dejar en claro la separación o distinción entre la picaresca como fenómeno social, que estimo (y no creo errar) tan antiguo como el hombre, y que subsiste y subsistirá mientras el ser humano viva en sociedad, cualquiera que sea el sistema socio-económico que le gobierne, de la «picaresca literaria» como puro producto artístico, que no tiene que ser el reflejo histórico y *real* —dentro del valor relativo a esta palabra— del ambiente social en que vive el autor, ni siquiera de su propia experiencia individual (que en el caso presente existió, como lo confirman las *Memorias* (aunque sin «chepa»). Como todo género literario, su nacimiento se debe a causas estéticas directamente relacionadas con la historia del hombre social.

No podemos negar, naturalmente, el hecho de ser la novela el trasunto de una manifestación histórico-social en determinado momento, pero sí también el trasunto de un fenómeno abstracto, puramente creativo, que puede ser o no la consecuencia de una circunstancia histórica, pero no necesariamente su reproducción real. De ahí que se haya querido ver —y muchas veces con razón— en la novela picaresca una sátira, un género satírico, por así decirlo; lo que yo llamo «inversión» de la creación en relación al ambiente en que posiblemente vive el autor.

Toda novela debe contener, por preceptiva, una trama central, o varias conexas, y éstas deben reunir las dos características de *verosimilitud* y *realismo*.

Ahora, eso no hace, que al relatar en primera persona, el lector deba encontrarse ante una versión reporteril, ello le quitaría de inmediato su calidad de obra literaria, a la vez que impediría al autor dar a su obra de creación la orientación que ha pensado al proyectarla.

Este tema está para mí muy claro.

En el análisis de *El Chepa* y la novelística de postguerra se me ha planteado un gran interrogante. ¿Es posible la continuación del género, frente a otros valores y a otras circunstancias?

No hay duda —como ya lo he dicho— que la picaresca seguirá existiendo como fenómeno humano en sus múltiples facetas, pero, ¿y en literatura? ¿Qué valor puede tener para el hombre de la sociedad de consumo un género literario cuyo personaje principal es un antihéroe, frente a un «James Bond», propio de la sociedad industrializada y económicamente fuerte, a la que no le interesa el pequeño problema de la subsistencia diaria por sí mismo? Me parece que la actual novela de espionaje, por ejemplo, de escritores tan excepcionales como Allastair McLean y John Le Carré, nos han creado personajes tan humanos como el pícaro, pero que no tienen ninguna de sus características, respondiendo sí a un estado espiritual e intelectual del hombre contemporáneo.

Me parece, y los hechos nos lo confirman, que el género picaresco español, que es el genuino, ha agotado sus recursos; lo que nos lleva aún más lejos, a preguntarnos si estamos presenciando la desaparición de la narrativa.

Las preocupaciones de «El Chepa», que no difieren mucho de las del Lazarillo o de Rinconente, ya no caben en la mente española de hoy, literariamente hablando, aunque subsistan en la realidad de uno u otro modo.

Los valores y las esencias han cambiado, y el creador español no busca ya la «inversión» o el «relief» freudiano en una picaresca que resultaría, de todo punto de vista, forzada y anacrónica. Debe dirigir su «realidad literaria» por otros caminos donde pueda explorar realidades más acordes a su actual condición espiritual.

En una época totalmente iconoclasta, el creador quizá torne a crear los valores que la sociedad le niega y por tanto a construir una novela que, bajo un aparente realismo, se vierta hacia la búsqueda de valores superiores con que reemplazar los que han fenecido.

Un García Márquez, un Vargas Llosa, un Caballero Calderón, nos lo demuestran sin lugar a dudas.

Hasta la última guerra —e incluyo en ella a la española— aún subsistían más bien los valores tradicionales, producto de la civilización cristiana occidental. A partir de ella, todo tambalea a derechas e izquierdas, y a partir de los años sesenta se puede decir que lo que se escriba siguiendo los géneros y tendencias anteriores, constituirá una continuación de la literatura de pre-guerra, pero los valores en que

esta literatura se apoyaba ya carecen de fuerza, y es a los literatos
—poetas y novelistas— a quienes corresponde, en su campo, más que
a nadie buscar esos posibles nuevos valores que la sociedad les niega.

El Chepa, a mi juicio, dentro del ámbito de la novela española,
viene a ser como el punto final de su género. No creo que sea posible
escribir más novelas picarescas sin caer en la repetición o en lugares
comunes.

BIBLIOGRAFIA DE MANUEL DE HEREDIA

«Evocaciones». Ensayo. 125 págs. Ed. Casado. Madrid, 1931.

«Figuras de la Revolución Española» (Semblanzas). Editorial Minerva. Madrid, 1933.

«La Emoción del Reportaje». Aire, mar y tierra, con Juan Bautista Campos. Ed. Minerva, Madrid, 1933.

«Verdades y Mentiras del Teatro». Ed. Minerva. Madrid, 1934.

«Seis mentiras en novela». (Con Jorge Campos). Ed. Bernés. Valencia, 1939.

«666 bajo el signo de Escorpio». Ed. Pueyo. Madrid, 1939.

«Bajo Bandera Extranjera». Ed. Novel Patriótica. Valencia, 1939.

«La Reina María de Rumania y España». Distribuidora M. Aguilar. Madrid, 1940.

«Sara Rey». Novela. Ed. Aldecoa. Madrid, 1941.

«Rommel». Biografía. Ed. Aldecoa. Madrid, 1942.

«Un Hombre». Ed. Aldecoa. Madrid, 1942-1943.

«Manolo en el Paraíso». Novela. Ed. Sol. Madrid, 1943.

«Cuando el Amor Manda». Novela. Ed. Sol. Madrid, 1943.

«Historia de William O'Nill o Memorias de un hombre triste». Novela. Ed. Sol. Madrid, 1944.

«Tormenta en el Trópico». (Estrenada en el Teatro Argensola de Zaragoza, 1945).

«Lanng King el Acusador». Novela. Ed. Reglada. Gran Vía. Madrid, 1945.

«Pensión Pictures». Novela. Ed. Sol. Madrid, 1945.

«Raza y Literatura». Ed. El País. Panamá, 1950.

«Cuentos». A. Aguado, S. A. Madrid, 1952.

«Cuentos chinos». Ed. El Condor Blanco. San Juan de Puerto Rico, 1953.

«Barro». Premio Internacional de Novela del Club España de México. 1.ª ed. 1959; 2.ª, 1960; 3.ª, en España, 1965.

«El y yo». Versos. C. Heredia (†) y M. Heredia. San Juan de Puerto Rico, 1962.

«Caminando». Poesías. Ed. Coalla. Madrid, 1963.

«Este día... y todos los días». Ed. F. Domenech, 1964.

«La Razón del Poder o el Dictador». Escelicer, núm. 378. Colección Teatro.

«Relato de un Crimen». Ed. Alfaguara, 1966. Madrid.

«El Chepa», A. Aguado, 1969.

«Atención, Guatemala». Prensa Española, 1963.

«A beneficio del mundo». Prensa Española, 1972.

«Luis Muñoz Marín». Biografía abierta. Ed. Puerto. San Juan de Puerto Rico, 1973.

«Teatro». Ed. S.E.R.E.S.A. Madrid, 1974.

«El jorobado de Madrid». Ed. Rodas, S. A. (Nueva edición corregida de *El Chepa*). Madrid, 1974.

«El Hombre, ese Imbécil». Estrenada en Madrid, 1974.

«La Casa de la Nica». Prensa Española, 1975. (Es reedición con nuevo título de «A beneficio del mundo».)

«Monarquía, República y Guerra». Memorias. Ed. Rodas, 1976.

Hay, según el autor, *catorce títulos más* de novela corta y ensayo, editados por Bernes, Valencia; Pueyo, Madrid; Suárez; la novela Patriótica, Valencia. Algo. Barcelona, etc.

LO PICARESCO EN *ESTA OSCURA DESBANDADA*

Enrique Ruiz-Fornells

La novela española de los años posteriores a 1939 nos ofrece casos claros en que la picaresca y el pícaro tienen un lugar importante. No podía ser de otra manera, dada la ascendencia y tradición de este género en la narrativa de España desde el siglo XVI. La diferencia, como es natural, es que ahora nos encontramos con pícaros que conviven con nosotros y son parte de nuestra sociedad, evolucionados, desde luego, en sus tretas y objetivos.

Aunque podríamos citar otros nombres concretos, entre los novelistas contemporáneos está Juan Antonio de Zunzunegui, que con su estilo directo y realista nos pone en contacto con muchos de los obstáculos que tuvo que afrontar el hombre del período inmediatamente posterior a la guerra civil de 1936-1939.

Quizá Zunzunegui nos recuerda a los novelistas de la segunda mitad del siglo XIX por la forma de presentar a los personajes y su problemática. Sin embargo, no es así en cuanto a la vigencia de los temas que enfoca con valentía en su obra, hablándonos de algo que comprendemos y de situaciones que vivimos.

Los años que siguieron a la paz de 1939 fueron, como corresponde a un conflicto que fue la antesala de la segunda guerra mundial, inquietos, movidos, expectantes y desagradables para todos, tanto vencidos como vencedores. El retrato que se hace en *Esta oscura desbandada* [1] no puede ser más realista y verdadero. La descripción de la angustia de los personajes, de su falta de moral y de su cotidiano vivir nos radiografía la vida de unos seres dentro de unas condiciones que afectan a ambos bandos por igual. Abandonados en un mar de inmoralidades, picardías, estraperlos y pasiones, se van desbandando, sin darse cuenta de que la salvación es recuperar el equilibrio vital perdido y encontrar el camino que dejaron al iniciarse una contienda en la que se sumergieron sin calibrar los efectos.

---

[1] Juan Antonio de Zunzunegui, *Esta oscura desbandada,* Madrid, Ed. Noguer, 1965, 355 págs.

En esta situación, todos tratan de salvarse —unos, mediante el olvido, otros, mediante el abandono de sus principios, y algunos siguiendo la única vía que les sugirió su peculiar manera de ver la vida: la perversidad.

Considerando que todos perdieron a causa de la guerra, hay otro grupo de vencidos, que sin haber tomado propiamente parte en ella lo fueron por fuerza de las circunstancias. Fueron aquellos que por su edad, condiciones físicas u otras razones no participaron en la lucha. En realidad, fueron víctimas inocentes que en justica no merecieron la época de sufrimientos y desorientación que se inició al terminar ésta y que en cualquier caso padecieron como todos los demás. Lógicamente, su resignación tuvo que ser diferente. Con probabilidad fue callada y silenciosa, pero no por ello justa. Entre las personas que aparecen en este tercer grupo encóntramos a Roberto y Lola, principales protagonistas de *Esta oscura desbandada*.

Ya con la asociación de las palabras *oscura* y *debandada*, Zunzunegui sugiere suficiente como para indicar que su novela no va a versar sobre temas optimistas. Es la *desbandada* de una sociedad que por fuerza de unas premisas anteriores ve su mundo deshecho y decide vivir sin reglas ni leyes que condicionen su conducta. Y junto a *desbandada*, *oscura*, que indica, sin paliativos, el tono sombrío de la historia. Es el acontecer de una ciudad que ha estado sitiada por el ejército enemigo durante tres años y que vuelve de repente a tratar de llevar una actividad normal. Tanto los vencedores como los vencidos tienen su puesto bien definido. Los que no tomaron parte fueron las víctimas inocentes —inocentes porque tuvieron que vivir en un ambiente arruinado física y moralmente por la guerra sin haber sido causa del destrozo general.

El argumento está construido sobre tres frases dichas por tres personas distintas en momentos también distintos. En la «primera acción» se dice: «Ella no es mala chica; tiene la moral acomodaticia del momento en que vivimos»[2]. Estas palabras se refieren a Paloma. El «momento en que vivimos» y «la moral acomodaticia» marcan ya una pauta que va a sentar la base para otros acontecimientos posteriores. La segunda cita, también en la «primera acción», hace ya una referencia directa a la guerra civil al expresar Roberto: «¿Y qué es uno después de la guerra sino un cesante en tantas y tantas cosas?»[3]. El concepto «cesante» como tónica moral de la sociedad concreta a que nos referimos indica la destrución incalculable que el conflicto produjo y la variedad de posiblidades de orden negativo que se dejan abiertas con esta declaración. Por último, la tercera frase que aparece en la «segunda acción» subraya el significado de las dos primeras, añadiendo una nota personal de tristeza en la existencia de esos seres oscuros de la narración: «¡Ay, qué difícil se está poniendo en nuestro país ser persona decente!...»[4]. Aparte de la

2 *Ibid.*, p. 121.
3 *Ibid.*, p. 133.
4 *Ibid.*, p. 244.

amargura que esta declaración expresa, pues chorrea por sí sola un hondo desgarramiento, nos sitúa con las otras dos anteriores en el trasfondo de la verdadera vida en que se˙mueven solitariamente los protagonistas. Están abandonados y olvidados de sus principios morales y tratan de salvarse a su modo, viviendo para el momento, dejándose llevar por su inclinaciones a las que no se opone freno alguno. Este estado anímico, propio de la oscura sociedad de los cuarenta en Madrid, tiene un cuadro oportunísimo como es el barrio de Salamanca. Zunzunegui conoce bien la capital de España y el barrio que describe. Para que todo tenga˙ olor a realidad, menciona detalles exactos como bares, iglesias, calles... Es un marco magnífico donde situar a los protagonistas. Y en esta descripción física y espiritual de esta sociedad angustiada es posible todo: desde la picaresca en todas sus formas de desvergüenza, maledicencia, estraperlo y otros adjetivos asociados con el concepto hasta inmoralidades de individuos abandonados a sí mismos en espera de la muerte.

Juan Luis Alborg, al referirse a Zunzunegui, expresa que dentro de la serie de «sus novelas de Madrid», con *Esta oscura desbandada* se instala ya en el tiempo actual y «dentro de ese torrente de arribistas y vividores de toda laya que la postguerra ha multiplicado» [5]. Por tanto, se pinta una serie de escenas madrileñas junto a la descripción de tipos propios del tiempo en que transcurre la acción de la novela: toda una galería de «tipos mezquinos» como el señorito, el nuevo rico, el arribista, el pícaro [6]. A estos podemos añadir aquellos, en cierto modo opuestos a este grupo, como Roberto, León o incluso Lola.

Según el Diccionario de la Real Academia Española, *pícaro* significa algo «bajo, ruin, falto de honra y vergüenza, astuto, taimado, dañoso y malicioso, tipo de persona descarada, traviesa, bufona y de mal vivir que figura en obras magistrales de la literatura española» [7]. *Inmoral,* por el contrario, dice asimismo el Diccionario, es «aquello que se opone a la moral o a las buenas costumbres» e *inmoralidad,* «falta de moralidad, desarreglo de las costumbres, acción inmoral».

Con estas dos palabras, pícaro e inmoral, podemos dividir los personajes que aparecen en esta obra de Zunzunegui en dos bandos. Es decir, inmorales y pícaros. A lo largo del libro, el vivir de unos y otros se confunde y se entremezcla en ocasiones a tal extremo, que hace difícil el poder diferenciarlos. Al grupo segundo, claramente delimitado, pertenecen, sin duda, entre los más destacados, los siguientes: la baronesa, Encarna, Cel, Alfonso, Susana, Godofredo, Bruno, Potito, etc. En cuanto al primero, el de los pícaros, se presenta, en general, de manera difusa. Es costoso definirlos y encontrar su lugar exacto. ¿A qué grupo pertenecen algunas de esas personas? Sus

[5] Juan Luis Alborg, *Hora actual de la novela española*, Madrid, Taurus, vol. II, 1962, p. 172.

[6] J. García López, *Historia de la literatura española*, Barcelona, Ed. Vicens-Vives, 1962, p. 672.

[7] *Diccionario de la lengua española*. Décima sexta edición. Madrid, Real Academia Española, 1936.

acciones son confusas. Es casi imposible calificarlas en un lado u otro, a no er en el caso de que estén descritas con trazos muy vigorosos y aun así difícilmente se encuentra claridad suficiente en este aspecto de la descripción zunzuneguiana. Por ejemplo, Paloma, dibujada con acierto, es según Alborg «una de esas mujeres valientes, enérgicas e inteligentes, negociantes y vividoras» [8], a la que es arduo encasillar en un grupo determinado. Se trata de una mujer que tiene escrúpulos verdaderos unas veces, otras muestra una actitud descarada y abierta y otras se vale de medios «pícaros» para llegar a los presuntos clientes en su tráfico de comprar y vender todo lo que le sale al paso.

Otro caso parecido, aunque mejor definido, es el de la baronesa, Ramonita, como se la conoce familiarmente. Es una de las personas más perversas, y denota, sin lugar a dudas, algunas de las características de la picaresca. En su inmoralidad goza y se recrea para conseguir el fin último, que es la venta de estupefacientes y pagar las deudas de juego, para lo que tiene que recurrir a tretas y posturas, que denotan además del estado de su condición espiritual su condición «ingenua» de pícaro, cuya definición en el Diccionario puede aplicársela de lleno. En la segunda parte de esa definición se dice «ni a pícaro descalzo, ni a hombre callado, ni a mujer barbada les des posada», y continúa «que advierte el riesgo de admitir en casa, sin cautela, a persona de las cualidades que en él se expresa». Se advierte aquí el terror de Lola, al dejar entrar en su casa a la baronesa y a su marido, y cómo este hecho en el transcurrir del tiempo influirá en ella hasta, incluso, hacerla cambiar en sus ideas, conduciéndola a lo que ella cree ser la salvación cuando en realidad es su perdición.

Es decir, toda la novela está como envuelta en un ambiente «especial» en que el escrúpulo, la moralidad y los principios han desaparecido o desaparecen lentamente para crear un vacío en que, en completo olvido de todo, se vive en un mundo sin lindes, donde lo bueno y lo malo se entrecruza de tal forma que no puede adivinarse su comienzo ni su fin. Consecuentemente, la picaresca tiene libertad absoluta para moverse en esta atmósfera flexible y sin cortapisas y al mismo tiempo amplio espacio donde tender sus redes. Todos los personajes, precisamente por ser «auténticos seres humanos, entes de carne y hueso, producto de nuestro siglo xx» [9], llenos de angustia comprensible por las circunstancias en que se desenvuelven y por la guerra pasada, en busca de una parada final que no signifique *desbandada* y mucho menos *oscura,* se pierden en el abismo, al no encontrar conexión con el camino perdido, al no poder iniciar una vida adaptada al nuevo sistema.

Existen varios instantes en que los pícaros y su picaresca apare-

---

[8] ALBORG, *op. cit.,* p. 173.
[9] DELFÍN CARBONELL BASSET, *La novelística de Juan Antonio de Zunzunegui*, Madrid, Ed. Dos Continentes, 1965, p. 121.

cen perfectamente retratados dentro de un enfocamiento claro y directo. Casi todos están en relación estrecha con Roberto y Lola, aunque hay otros que el autor utiliza indirectamente para probar un punto, incluso con un fin didáctico. Entre los primeros y más preciosos surgen dos momentos que no ofrecen duda. El primero es cuando Lola se pone en contacto con elementos turbios para comprar cartillas adicionales de racionamiento y el segundo cuando Lola huye con Julián el estraperlista al final de la historia, abandonando a su marido y a su hija. Estos dos hechos tienen importancia, pues marcan dos etapas en el desarrollo y transformación en su propio espíritu. Esta evolución, motivada por la triste circunstancia de su existencia, hace que Lola entre en el mundo inmoral y a su vez en el mundo de la picaresca.

Sin embargo, aparte de que Lola venda sus alhajas para comprar por quinientas pesetas dos cartillas de abastecimiento y con ello se cree una de las escenas picarescas específicas del libro, se relatan otros hechos que asimismo podemos incluir dentro de este grupo de lo picaresco. Merece citarse el caso de la Iglesia Católica y el modo de cómo los españoles oyen misa tachándoseles de «católicos en demasía, católicos pasados de serie» [10], lo que mueve a pensar en la manera un tanto pícara que se tiene de cumplir con el precepto, creyendo que «nos está permitido cumplir tan mal» [11] con él. Otros ejemplos son: la venta de los libros de la biblioteca de Roberto, en que pueden apreciarse estos rasgos en el estira y afloja para disponer de la mercancía comprada a bajo precio; la escena del Parador en que Martín, Paloma y la baronesa conversan sobre la carestía de la vida y la mala calidad de los productos, en especial, en cuanto al vestir y a la alimentación; el trabajo de Lucía, la asistenta, para la baronesa en la propia casa de Roberto y la actitud de ésta hacia Lola; y por último, la aparición de Julián el estraperlista, por el que Lola abandona a su familia.

Otras veces, Zuzunegui nos muestra una nota picaresca indirecta, como hace en la «segunda acción» con un cuadro estadístico en que se enseña que es prácticamente cero el número de españoles que trabaja. Lo que no explica es si esta falta de voluntad para trabajar se debe a pura vaguería o a simple picaresca, cosa que deja decidir al lector, de acuerdo con su preferencias.

Aparte de estos ejemplos concretos, el ambiente picaresco está presente a lo largo de toda la historia. Muy pocos personajes se salvan, en un momento u otro, de tener cierta relación con él, aunque algunos por sus características y su propia idiosincrasia representan con mayor vigor el elemento picaresco de la novela.

Lo que es importante es la manera en que Zunzunegui usa la picaresca. En primer lugar, la emplea para crear un ambiente lo más similar posible al de la época en un intento de reflejarla real y ver-

---

[10] ZUNZUNEGUI, op. cit., p. 159.
[11] ZUNZUNEGUI, op. cit., p. 159.

daderamente. En ciertas instancias son sólo pinceladas mostradas a través de los personajes o del relato, pero que se emplean para enriquecer la acción o permitir entrar de lleno en la atmósfera que sirve de trasfondo al argumento. Sin embargo, donde esta nota picaresca ayuda mejor al autor a conseguir su propósito es, en general, en la configuración de las personas. Particularmente el retrato está plenamente conseguido en la descripción de ciertos personajes secundarios, como en el caso de los componentes de la sociedad dedicada a la venta de las cartillas de abastecimiento. Asimismo, sirve para obligar a ciertos protagonistas a reaccionar de un modo determinado, otras veces caracteriza su manera de vivir, y, finalmente, en otras, se usa para mostrar tipos castizos del propio Madrid. Claro está que se señalan casos concretos que significan excepciones, aunque el trafondo general de la novela es el que debió prevalecer en ese tiempo. En él se crearon unas condiciones especiales y como consecuencia situaciones anormales.

El elemento picaresco en *Esta oscura desbandada* tiene casi tanta importancia en el desarrollo de la acción como el elemento inmoral que predomina. En ocasiones se les describe claramente, otras mezclado con la inmoralidad reinante, pero siempre se le encuentra cuando se trata de radiografiar con detalle una parte de la sociedad madrileña de esos años cuarenta.

LA LOZANA ANDALUZA: VOLUNTAD FEMENINA INDIVIDUAL EN LA PICARESCA ALBERTIANA

Yara González Montes
University of Hawaii

La obra de Alberti, objeto de nuestro estudio, se basa en la novela *Retrato de la Lozana Andaluza*, escrita por el presbítero Francisco Delicado, en Roma, en 1524, y publicada en Venecia sin nombre de autor en 1528. «Resulta así muy tradición nuestra el que sea un clérigo quien, siguiendo la línea de los arciprestes alegres y desenfadados de la Edad Media, se deje ganar por el renacimiento italiano, liberal en sus costumbres, realista en su erotismo, para escribir el libro inicial de la picaresca española» [1], según nos dice Rafael Alberti. De dicha obra no se conoce más que un ejemplar impreso que se haya en la biblioteca imperial de Viena. Allí fue encontrada por don Pascual de Gayangos, que la dio a conocer junto con el nombre de su autor.

No son muchas las noticias que tenemos de Delicado. Se sabe que era natural de Córdoba y vicario del Valle de Cabezuelas. Parece haber sido discípulo de Antonio de Nebrija. Habiendo ingresado en el estado eclesiástico, se traslada a Italia, permaneciendo en Roma desde 1523 hasta 1527, año del asalto y saqueo de la ciudad por los ejércitos de Carlos V. Al evacuar las tropas españolas, abandona la ciudad. Se traslada a Venecia, en donde, falto de recursos, se decide a publicar *La Lozana*, en 1528. La Lozana vive de su arte y de su astucia y en medio del ambiente corrupto de Roma pasea su gracia y su labia convirtiéndose en una de las mejores curanderas para los que padecen las «desventuras causadas por Venus» [2].

Esta brevísima introducción nos sirve simplemente para colocar la obra dentro de su pasado literario. En el presente trabajo vamos a ocuparnos simplemente de la versión de Alberti, que tiene, a nues-

---

[1] Rafael Alberti, *Teatro* (Buenos Aires, Losada, 1964), p. 10.
[2] Alberti, p. 10.

tro modo de ver, particular actualidad. Aunque no vamos a discutir el asunto, Alberti coloca a la Lozana dentro de la picaresca mediante una reafirmación que pasa por alto el predominio del factor femenino, que en alguna ocasión ha sido utilizado para negar su carta de naturaleza a la obra. Por ejemplo, Thomas Hanrahan se hace la siguiente pregunta: «¿cómo puede aducirse como influjo una obra con protagonista femenino?»[3]. Después agrega: «Si *La Andaluza* tuvo un influjo directo, ¿por qué hubo de esperarse tres cuartos de siglo para ver tal influjo?»[4]. Las respuestas a estas preguntas residen precisamente en lo femenino. Vista la picaresca desde una mirada masculina y como un mundo del hombre y sus aventuras, es natural que el influjo de una obra concentrada en lo femenino demorase en observarse. Además, sin intentar tampoco entrar en el tópico «feminista» y otros enfoques de moda, lo cierto es que la *Lozana* cobra un particular interés, una gran actualidad, que invita a su obligada presencia en este Congreso. La actualidad es tal que en lugar de irnos hacia la fuente que la origina, hemos preferido concentrar su atención en una versión teatral contemporánea, que sirve para la revitalización del *Retrato de la Lozana Andaluza*. Desde el prólogo de la obra, Alberti establece las bases fundamentales sobre las que se va a desarrollar el personaje de Aldonza, indicando con claridad el predominio de lo femenino sobre lo masculino. Los elementos de poder permanecen a través de toda la obra en manos de la mujer, respondiendo algunos de ellos a imperativos biológicos, mientras que otros responden a actos de voluntad de ser.

Antes que se inicien las aventuras de la Lozana, lo femenino queda establecido en un diálogo que sostiene Aldonza con su tía en Sevilla.

> ALDONZA.—Señora, son mis bragas.
>
> TÍA.—¡Las manos de tu tía, querrás decir, la mejor lavandera de Sevilla, y este sol andaluz que en un santiamén deja la ropa que es una hermosura! Estas bragas estaban ayer rojas, como si sobre ellas hubieran degollado diez corderos.
>
> ALDONZA.—Mucha debe haber sido la sangre... ¿Sabe usted, tía, que la primera que se me derramó fue saltando una tapia sin licencia de mi madre?[5]

Un hecho biológico distintivo de la mujer es el que inicia la obra. Alberti lo expone directamente al público y nos coloca frente a frente con Aldonza. Si observamos detenidamente el diálogo citado notaremos cómo el autor integra la sangre a la naturaleza. Es el

---

[3] THOMAS HANRAHAN, S. J., *La mujer en la novela picaresca de Mateo Alemán* (Madrid, José Porrúa Turanzas, 1964), p. 25.

[4] HANRAHAN, p. 26.

[5] ALBERTI, p. 13. Futuras referencias a *La lozana andaluza* corresponden a la misma edición.

sol andaluz, el mismo que hace brillar la modesta casita de paredes blancas, el que purifica la ropa interior de Aldonza. El efecto lumínico es utilizado para presentar aspectos de la existencia femenina con un resplandor poético difícil de lograr. Alberti lo logra eficazmente estableciendo un término equidistante entre realismo y poesía, en la más efectiva tradición de las letras hispánicas.

Después de establecer la base biológica, que resulta fundamental en el desarollo de la obra, pasa el autor a establecer la base económica. Ni la una ni la otra constituyen hechos voluntarios. Las dos existen; y si en lo biológico es imposible alterar los hechos, en lo económico es difícil hacerlo, aunque no imposible. Es aquí donde nos encontramos la línea que sigue la más pura tradición picaresca. Los personajes, en este caso la mujer, tienen que actuar por imperativos económicos. El hambre es hecho básico determinante de los móviles de la conducta. Se crea así en la obra uno de los momentos dramáticos más efectivos en un diálogos sumamente ingenioso. Desde el punto de vista escénico, observemos que Alberti volverá a utilizar sucesiones como las que pasamos a anotar en otros momentos de la obra, aunque generalmente lo hará en relación con el sexo.

ALDONZA.—Que si mi abuela viviera, sabría yo más cosas de las que ahora sé, pues ella me enseñó a guisar, aprendiendo a hacer fideos, empanadillas, arroz entero y seco, albondiguillas redondas y apretadas con culantrillo verde... ¿Pues y adobado? Cómo sería que cuantos traperos había en el barrio lo querían probar, sobre todo cuando era un buen pecho de carnero.

TÍA.—¡Calla, calla, sobrina!

ALDONZA.—Sabía también hacer hojuelas, rosquillas de alfajor, hojaldres, cazuela de berenjenas, rellenos, pepitorias y cabrito apedreado con limón de Ceuta, y cazuelas de todos los pescados.

TÍA.—¡Ay, sobrina, no sigas!

ALDONZA.—¡Pues y los dulces! Sabía prepararlos de arrope, de membrillo, de cantueso, de uvas, de nueces y de flor de nogal, para el tiempo de peste; de orégano y hierba buena, para quien pierde el apetito.

TÍA.—¡Ay, sobrina, que ya me entró sólo con escucharte! (pp. 14-15).

La sobrina es la comida imaginada, la tía es la representación del hambre real. Con extraordinaria gracia y hábil manejo del lenguaje escénico, el autor nos presenta una realidad colectiva. Es, pues, en lo biológico y en lo económico en donde se basa el desarrollo de la obra, factores que se mantienen en un perfecto ajuste.

Es importante señalar que el hecho fisiológico de ser mujer, independiente de la voluntad y de la circunstancia económica, constituye una base real determinante desde el punto de vista colectivo. Aparece relacionado en la obra con un acto voluntario de naturaleza individual. Gesto rebelde además de parte de Aldonza, que relaciona su existencia fisiológica con su rebeldía. Lo dice claramente desde el primer diálogo entre tía y sobrina. Veamos: «... la primera que se me derramó, fue saltando una tapia sin licencia de mi madre» (p. 13). Desde el momento en que Aldonza es mujer, lo ha sido con voluntad. Tenemos pues la mujer, factor individual; dentro de una circunstancia colectiva, con dominio absoluto de sus actos. Si ella está regida por factores del sexo, también lo está por otros que dependen de su voluntad de ejecutar o no un acto. Estos elementos son básicos en el personaje femenino, que en ningún momento aparecerá dominado por las fuerzas del instinto, sino por las de su inteligencia, de acuerdo con el hecho de ser mujer y las circunstancias que la rodean. Biología, circunstancias y voluntad se ponen en juego al final del prólogo para establecer otros rasgos básicos de Aldonza. La tía, en funciones de alcahueta no profesional, hace que su sobrina conozca a Diomedes, que será el primer amante de la muchacha. El sexo y la necesidad entran en juego en los planes de la tía, la que piensa, al parecer, con buena lógica. Aldonza acepta la situación, comprendiendo los postulados básicos de su subsistencia. Ella va a cumplir los imperativos que le impone la necesidad, pero el hecho voluntario («saltando una tapia sin licencia de mi madre»), también va a entrar en juego, tal como ocurrió con la referencia ya mencionada. El plan de la tía no se cumplirá en la medida de los deseos de ésta, ya que si existen realidades que la muchacha no puede controlar, otros hechos dependen de su voluntad, y Aldonza está dispuesta a actuar dentro de sus posibilidades. Es en este sentido donde vemos la actitud rebelde frente al estado de cosas establecido por la sociedad. La protagonista no intentará cambiarlo, pero sí va a tratar, valiéndose de su voluntad, de sobrevivir dentro de ese medio de la mejor manera posible.

El prólogo termina con el encuentro entre Aldonza y Diomedes.

DIOMEDES.—¡Ay, que me siento herido, que algún ser invisible me ha atravesado el corazón con un dardo dorado!

ALDONZA.—¡Ay, no os maravilléis, que debe ser el mismo que me ha tirado a mí no sé con qué! (p. 17).

Los dos jóvenes han sido heridos en el pecho por el dios del amor, en una especie de romanticismo apicarado, pagano y burlón. Diomedes, apasionado, bautiza a Aldonza: «¡Ay, Aldonza Lozana, ya me la mostrarás luego, pues debe ser grande la herida! Tan buen flechero es, que nos hirió a los dos de un mismo tiro» (p. 17). Aldonza, con su criterio de acción independiente decide saltar la tapia sin licencia de su tía, escapa con Diomedes, convertida, por obra y gracia de su biología y la del hombre, no en Aldonza, sino en Lozana, dejando a su tía sumida en una desesperación que también tiene que ver con el poco provecho económico que puede representar esta partida.

La importancia de esta huida no reside solamente en el deseo biológico, aunque es innegable que es fuerte. «Me hormiguea ya la sangre por conocerlo» (p. 16). La sexualidad precoz de la muchacha se pone de manifiesto desde el primer acto, cuando dice: «Puedo jurarles, señoras mías, que desde chica me he comido lo mío, pues viendo hombre me calentaba toda, y me hubiera marchado con alguno, si mi poca edad no me lo hubiese impedido» (p. 22). Vemos biología y circunstancia tal como hemos venido señalando. Ambos factores se relacionan con una decisión individual: la de escaparse con Diomedes. Ella no es pues un simple hecho de su naturaleza y de su ambiente, sino que es una mujer responsable de sus actos. Cuando ella se entrega lo hace porque quiere. Si lo hace profesionalmente su entrega se basa en que su realidad sexual puede ser utilizada dentro de lo social —es su voluntad dentro de lo colectivo—. Si su entrega tiene lugar, diremos, fuera de la profesión, se basa en una voluntad de ser ella misma; su sexo puede satisfacer los deseos de su yo —es la voluntad dentro de lo individual—. Como prostituta, es colectiva, como mujer, es individual. Esto lo logra por la voluntad de dominio que tiene sobre sus actos, por el control absoluto que ejerce sobre ellos.

El primer acto nos presenta a Aldonza convertida en Lozana. Acaba de llegar a Roma. El padre de Diomedes, valiéndose de poderosas estratagemas, ha logrado separarla de su hijo, y Lozana se encuentra a merced de las circunstancias, contando únicamente con su entidad física para hacerle frente a las mismas. Lo primero que hace el personaje es volverse consciente de su realidad y de sus posibilidades dentro de ella. Alberti lo presenta mediante un efectivo monólogo.

LOZANA.—Yo sé mucho. Guardo secretos raros. Maravillosos. Y ahora que mi desgracia me ha traído por suerte a esta ciudad, quiero sacar provecho de mi saber. Da, Lozana, da, pero sácate más de lo que des, para ser siempre libre y no sujeta a nadie. Yo sé que aquí, en Roma, hay gente de mi patria. Y de todas partes. Ya has recorrido mucho, Lozana. Has andado toda la Berbería. Y conoces Damasco. Y Siria. Y Chipre. Y El Cairo. Y Constantinopla. Y Corinto. Y Tesalia. Y Bujía. Y Candía... ¿Qué no habrás conocido tú en dos años pasados con tu lindo Diomedes? A cuantos me pregunten, daré señas de todo. Y seré de donde me convenga. Señora, ¿es usted de Castilla? ¿De dónde? De allí cerca soy yo. ¿Andaluza? ¿De Alcalá la Real? Allí tengo una prima... ¿De Mallorca? ¡Cul de santarnao! Veniú ací, bona dona, per la mare de Deu. ¿De Turquía sois, señor? ¡Alajá alcuzcuz landiláj! ¿Que sois griega, decís? ¿Sois puta de Tesalia? Lozana, tú nunca has de ser menos. Dirás que fuiste cortesana en Corinto. Y lo dirás en griego, para

que no te pongan en duda. Habla, habla, Lozana,
que labia de tu tierra tienes. Da a todos esperanzas,
aunque no la haya. Promete y certifica. Maravilla y
emboba. Embauca y aprovecha. Y no perdones tu interés a ninguno. Ni a hombre ni a mujer. Ni a casada ni a virgos. Hermosa soy. Negros ojos tengo.
Lindas piernas. Redondos muslos. Caderas anchas.
Costados largos. Ombligo hundido (pp. 20-21).

El monólogo puede ser considerado desde dos puntos de vista: el
formal y el temático. Desde el punto de vista formal, los mejores momentos de la obra en un sentido teatral y a la vez literario, se encuentran en la sucesión rápida de frases cortas, oraciones que a veces hacen referencia a un motivo. Al principio es el de la geografía. Debido
a sus relaciones con Diomedes, la Lozana ha tenido que trasladar-
se de un lugar a otro. Esto que comenzó en el momento en que se escapó con el joven, crea una especie de relación en cadena por la que
la muchacha va adquiriendo una serie de experiencias que la convierten en mujer que, aunque andaluza, ha acumulado elementos cognos-
citivos ajenos que le van permitiendo luchar contra el hecho prefijado
de su nacimiento. No podemos elegir el lugar de nuestro nacimiento. Esto pertenece al grupo de circunstancias existenciales ajenas a
nuestro control. Pero la Lozana, rebelándose y ajustándose a la necesidad de sobrevivir característica del hombre y en particular de los
protagonistas de la picaresca, está dispuesta a crearse a sí misma partiendo del momento de su nacimiento y de sucesivas experiencias.
Esta actitud le da al personaje un rasgo vigoroso que será más importante que el hecho exterior de la prostitución. Es éste, detalle que nos
llamó profundamente la atención cuando nos enfrentamos con *La Lozana andaluza*. Ya desde aquí se anticipa una serie de hechos futuros que ella ajustará voluntariamente a sus propios intereses. Ella
está dispuesta a construir el mundo a su modo; no que el mundo dis-
ponga de ella a su antojo. Contando sólo consigo misma, su voluntad
(la acción) necesita de su cuerpo (el objeto). Alberti por medio de una
sucesión de elementos físicos va edificando a la Lozana ante nuestros ojos. En el monólogo que analizamos debemos observar la primera oración y la última. Al comienzo la Lozana ha dicho: «Yo sé
mucho» (p. 20). Afirmación que es básica, ya que ella no se enorgullece sólo de su belleza física, sino que para ella resulta más importante su capacidad intelectual. Es como si la mujer que generalmente
aparecía subordinada al sexo, se elevara aquí mediante la voluntad y
el intelecto. El personaje tiene una categoría que ha sido pasada por
alto y que está presente ya en la obra de Delicado. En ningún momento de la obra se niega esta reafirmación. Los actos de la protagonista
son producto de su conocimiento. Ella, hábilmente, aplica los únicos
recursos que posee, su cerebro y su cuerpo, que luchan contra la inmutable realidad exterior. Al final del monólogo se nos da una sucesión rápida de actos paralelos que serán el producto de la inteligen-

cia de Lozana, los que va a ejecutar con la colaboración de su cuerpo.
Por encima de la sexualidad está la inteligencia, que aunque será aplicada a menesteres de valor discutible, responde, dentro de la obra, a
la crudeza de las circunstancias. Frente a la ciudad, Roma, la Lozana
opone su propia personalidad y aquel «yo sé mucho» con que comenzó
su monólogo se cierra con una exclamación extremadamente individualista, que se coloca frente a la realidad colectiva de la ciudad: «Toda
Roma, muy pronto, sólo me llamará por este nombre: Lozana, Lozana. ¡La Lozana andaluza!» (p. 21).

Estas normas de conducta expuestas por Lozana en el monólogo
se ponen en práctica en el primer acto. La escena que tiene lugar
después del diálogo es, desde el punto de vista del movimiento y de
la gracia del diálogo una de las mejores. Estamos en casa de la sevillana, prostituta y camisera que vive con tres sobrinas que comparten
con ellas las tareas mencionadas. Observamos aquí una aplicación
práctica de los moldes de acción de Lozana, que cambia de lugar de
acuerdo con el desarrollo de la conversación.

SEVILLANA.—Señora mía, ¿es usted española? ¿Anda buscando algo?

LOZANA.—Señora, aunque vengo vestida a la genovesa, soy
española y de Córdoba.

SEVILLANA.—¿De Córdoba? ¡Por San Rafael Arcángel! Ahí todas tenemos parientes. Pero yo soy sevillana, camisera de oficio.

LOZANA.—¿De Sevilla, señora? De allí soy yo también, pues
tengo una tía lavandera, que me amparó cuando
en Jerez murió mi madre (p. 21).

La capacidad de traslación de que ya hemos hablado anteriormente, reaparece aquí. Esto, por una parte, nos da la sensación de aventuras episódicas características de la picaresca, por otra crea un personaje en constante movimiento. Como característica esencial posee
la capacidad de adaptación, que es un recurso fundamental de la
subsistencia. Cada uno de los lugares mencionados por la protagonista se encadena con el otro como eslabón que une las diferentes aventuras entre sí. El personaje adquiere vigor y dominio sobre sí mismo.

SEVILLANA.—¿Que conoce Levante? Yo pensé que venía de
Génova.

LOZANA.—¡Ay, señoras! Puedo contarles maravillas de Damasco, Chipre, El Cairo, Constantinopla y otras
ciudades y países de Oriente, en donde fui ad-
mirada por cuantos señores me conocieron, que
no sabían qué apreciar más en mí: si mis dientes, si mi habla graciosa, si mi hermosura y lozanía, que de ahí nació mi nombre de Lozana...
(p. 23).

Así como la geografía se sucede, los encantos de Lozana se suceden también. Para triunfar en un mundo en extremo difícil y complicado, ella tiene que adaptar la enumeración de los mismos al de una geografía llena de aventuras. La Sevillana comprende inmediatamente las normas de conducta de Lozana, dispuesta a lograr lo suyo (lo individual) por encima de lo ajeno (lo colectivo). El mundo que está formado por entidades masivas, se opone a la realización de lo individual, pero el personaje está dispuesto a vencer (individuo frente a la masa) y la Sevillana intuye la voluntad de mentir de la Lozana como forma de afincarse a la existencia.

> SEVILLANA.—Pienso que a ésta antes de ocho días la conocerá toda Roma, pues con los cristianos será cristiana, y con los judíos judía, y con los turcos turca, y con los hidalgos hidalga... pues para todos tiene salida. No veo el momento, hijas, en que se largue ya de aquí, porque si aquí se queda, nos arruinará a todas (p. 25).

El primer acto nos presenta un rápido proceso de cambio constante de Lozana, que siempre se mueve por necesidad adquisitiva. El concepto de la libertad es fundamental en ella, y para lograrla parte de un principio utiliario: sacar el máximo provecho de cada ocasión que se le presente. Cuando abandona la casa de la Sevillana, sale con Rampín, pícaro adolescente que será su amante; al dejar la casa de la tía de éste, se llevará consigo una cesta de comida y no habrá perdido nada; cuando sale de casa de Trigo, el judío usurero que sigue un principio de subsistencia semejante al de Lozana, se llevará un vestido que le hará cambiar de categoría, que será el principio de sus futuras inversiones y que allanará el camino para nuevas conquistas. Este cambio de indumentaria es sumamente importante en el desarrollo de este acto, ya que representa la evolución de Lozana. La mujer que entró a escena pobremente vestida de genovesa (estrato inferior entre las clases sociales de la obra) aparece ahora con un traje nuevo y diferente que hace resaltar su juventud y su belleza. Aunque no todos los episodios de este acto tienen el mismo nivel escénico ni igual interés, la evolución del personaje está muy lograda.

Debemos señalar el tipo de relaciones que mantiene Lozana con Rampín. A través de estos tres actos, y después de su experiencia con Diomedes, Rampín es el único hombre con el que comparte Lozana plenamente la experiencia sexual. Además, él es compañero y auxiliar excelente en los negocios de Lozana. Pero la obra mantiene la supremacía femenina. Es ella la que decide todo lo que hay que hacer, incluyendo lo relacionado con el sexo. Su voluntad controla su biología. Anotemos que la edad de Rampín crea una diferencia significativa, a pesar del atractivo sexual que parece ejercer sobre la protagonista. Para ella esta diferencia quizá resulte muy importante, pues ayuda a garantizar su libertad e independencia dentro de su conducta. Cuando selecciona a Rampín como el hombre con el cual compartirá su vida, evita la Lozana caer en el peligro de una voluntad masculina más fuerte que la de ella y que ésta se le imponga. Tal vez podríamos afirmar que aquí ella actúa calculando la situación, aunque sin lugar a dudas el cálculo funciona de acuerdo con el gusto. Su goce va a funcionar bajo control, de lo contrario su libertad peligraría. Es por eso que desde el principio de sus relaciones ella le advierte a Rampín que nunca la cele, pues sólo así podrá lograr «libremente lo que busco» (p. 38). Cuando a la mitad del segundo acto Rampín da señales de celos, ella se altera. «¡Ay, por la luz de Dios, que este muchacho está celoso! Y mira que le he dicho que me deje tranquila, que cuando hago lo que hago, es sólo para ganar, pues yo quiero vivir de mi sudor...» (pp. 58-59). Ni el amor ni el placer deben interferir con los principios que dirigen sus actos. La situación de Rampín es, por todo esto, siempre inferior a la de Lozana en la obra y su actitud de aceptación y sumisión ante ella es permanente. Sólo como manso cordero puede funcionar dentro de la esfera de acción de la andaluza. El dominio femenino va ascendiendo hasta el punto que al final del tercer acto va a ponerse de manifiesto no sólo en el plano individual, sino en el colectivo.

La unidad de acción se mantiene en el segundo acto de la obra. Lozana sigue practicando el principio de obtener más de lo que ella ofrece. Existe además, en su modo de actuar, cierto paralelismo con los rasgos de conducta de Trigo, el usurero. El movimiento escénico utilizado por Alberti en el segundo acto en relación con la Lozana es similar al que nos presentó en el primer acto al tratar a Trigo en la visita que le hace la joven cuando trata de vender la única joya que tiene. De la experiencia que viven Lozana y Rampín en ese momento, parecen haber aprendido algo, aplicándolo a la situación que inicia este acto. En aquella ocasión Trigo entraba y salía afirmando que había visto y hablado con alguien que le ofrecía una suma determinada por la joya. La verdad es que el usurero, en su afán de obtener más de lo que da, inventa toda esta acción con un personaje imaginario para sacar el mayor provecho posible a la situación. El efecto es de mucha gracia. Aprendiendo la lección, es esto mismo lo que hace Rampín con el Maestresala, el Macero y el Valijero. El propósito es el mismo, y la técnica de la oferta y demanda que se utiliza en los asuntos económicos, es puesta en práctica en relación con el sexo.

MACERO.—¡Hola, Rampín! ¿Vive aquí una señora que se llama Lozana?

RAMPÍN.—Sí, señor, aquí vive

RAMPÍN.—(*Yendo y volviendo, sin hablar nada con la Lozana.*) Señores, dice que no tiene tierra, porque ha sido criada en tierras ajenas.

MACERO.—Pues dile que venimos a hablarla, que somos de su misma tierra.

MACERO.—¡Vamos, que ha dicho bien, pues el hombre es de
donde nace y la mujer de donde va!
VALIJERO.—Dile a su señoría que deseamos verla.
RAMPÍN.—*(Yendo y volviendo.)* Señores, dice que otro día
que haga claro la veréis.
MACERO.—¡Por Dios que tiene razón! Pero no está tan claro
como ella piensa.
VALIJERO.—Dile a su señoría que somos dos caballeros que de-
sean servirla.
RAMPÍN.—*(Yendo y volviendo.)* Dice que no podrá servir a
dos señores.
MACERO.—¡Por Dios, que es letrada la señora! (pp. 43-44).

En este diálogo comprobamos, en primer lugar, la habilidad de
Alberti en el desarrollo del movimiento escénico; en segundo, cómo
los personajes utilizan todos los artificios posibles para sacar los mayores resultados prácticos; en tercero, que sexo, inteligencia e intereses funcionan al unísono y tienen un denominador común. Rampín
es el que ejecuta la acción, pero el plan responde a principios de conducta previamente establecidos entre los amantes. La eficacia sexual
del criado corre pareja a la eficiencia que demuestra en estas actividades, dirigidas al beneficio económico de ambos.

Después de esta escena, el resto del acto se hace más grosero que
ingenioso. Característica permanente de los episodios sexuales del mismo es que la Lozana hace del sexo arma de combate para la subsistencia. Ahora bien, ella no quiere establecer su reputación teniendo como
base solamente el hecho de la prostitución; lo que la distingue es su
voluntad de imponerse por otras vías algo diferentes. De la prostitución y el acto sexual en sí mismo surgen otros factores que entran
en los planes de acción de Lozana. Ella va a convertirse en una de
las mejores curanderas de Roma y su especialidad serán las enfermedades relacionadas con el sexo. Como diría el Macero, ella es «letrada» en la materia. Su dominio, por eso, no se impondrá sólo sobre la
base de lacto sexual que ella ejecuta, sino también sobre la base de la
vida sexual de los demás.

Al final del segundo acto su fama ya se ha extendido por toda
Roma y el acto termina de una manera entre grotesta y esperpéntica, presentándose a la protagonista haciendo hablar a un asno.

LOZANA.—¿Qué os sucede, señor Porfirio, que andáis tan penoso?
PORFIRIO.—Pues que este asno que se llama Robusto no quiere aprender a leer. Ese es mi gran tormento, señora.
LOZANA.—¿Qué no quiere aprender a leer? Señor, eso es cosa
fácil (p. 63).

La estultucia general permite a la andaluza sacar provecho de una
sociedad estupidizada. Mientras el asno rebuzna, lo hace también su

amo, logrando invertir la situación de tal modo que en lugar de ponerse al servicio del hombre hace que éste se ponga al servicio de ella. Colocando el dinero por delante, convence a Porfirio de que el burro al rebuznar, habla. «Me maravilláis, señora. Tomad estos otros ducados, que vos los merecéis más que si fuérais Sócrates o hasta el mismo Avicena» (p. 64). Porfirio, después de oír «hablar» a Robusto, el burro, en medio de su euforia, la invita a montarse en él y toda Roma rinde tributo a la muchacha, y como si verdaderamente ella fuera capaz de hacer milagros, recorre las calles sobre Robusto, en medio de una lluvia de monedas y de un grotesco de voces.

> —¡Señora Lozana, para que me cure la solitaria!
> —¡Señora Lozana, para que me volváis hermosa!
> —¡Para que a mi muchacha le salgan los pezones!
> —¡Para que me curéis las lombrices!
> —¡Para que me sanéis el mal de Nápoles!
> —¡Para el dolor de muelas!
> —¡Para la sordera! (p. 65).

Cae el telón en medio de este final algo apoteósico, en el cual Alberti, como si hiciera una inversión de los valores más tradicionales, coloca a la Lozana, prostituta milagrera, por encima de todos ellos.

Hacia el principio del tercer acto el éxito de la protagonista ya está consumado y va en aumento. Todavía más. Si en el primer acto el cambio de ropa señaló la transición de una categoría a otra en relación con la Lozana, en este acto el cambio de casa se hará indicación de lo mismo. Ya aquí ella ha logrado todo lo que se proponía, mediante su esfuerzo individual, su cuerpo y su talento; la Lozana se ha impuesto en Roma. Las circunstancias ceden ante la fuerza de su voluntad. Ha ganado al instinto, logrando dominar el suyo y utilizando el ajeno en su provecho. Su victoria intelectual ha sido tal, que ha desplazado a los médicos que ya casi están sin clientela y le piden que haga un arreglo con ellos para reparar de algún modo el daño que les ha ocasionado. El sexo ha sido desplazado por la inteligencia.

Es interesante observar la constante referencia a la cura de las enfermedades venéreas por la Lozana. Se crea así un círculo dominado por la mujer. Es ella la que produce el goce, pero a la vez el mal derivado del mismo. Aprovechándose de este juego de contrarios trata de sacar partido del placer que necesita el hombre para satisfacer sus apetitos. Como resultado de esa satisfacción surge el dolor, que ella ayuda a aliviar y a erradicar para de nuevo caer en el goce que conducirá nuevamente al mal. El hombre tiene todas las de perder, prisionero en la red que se le tiende, mientras la mujer, si sabe utilizar los medios a su alcance, saldrá vencedora.

Las cortesanas más famosas de Roma visitan a la Lozana, hecho que nos da la medida del triunfo de sus aspiraciones. Ella ha llegado a la posición que deseaba obtener. Sin embargo, su éxito no lo podrá disfrutar por mucho tiempo. Existe una realidad colectiva sin control que desajusta el orden social, produciéndose el desequilibrio. Esa realidad es la guerra.

> Marzoco.—Dicen que Roma está cercada y se avecina una gran guerra.
> Badajo.—Por eso llevo aquí esta espada para metérsela a esa perra (p. 71).

En medio del grotesco hay una verdad histórica. Lozana, que logró el triunfo dentro de una realidad social de carácter económico, tiene que enfrentarse ahora a una situación de carácter político. Las tropas de Carlos V sitian la ciudad. El mundo de la Lozana está a punto de caer en el momento en que pare haber hecho realidad sus sueños. «¡Ay, amarga Lozana, qué va a ser de nosotros, ahora que tienes casa rica y vives libremente después de tantos míseros trabajos! Pero no será cierto, o sí que lo será, pues todo según cuentan anda corrupto en esta Roma y Dios seguramente querrá mandarle este castigo» (p. 69). Por un momento, ella ve la situación como castigo del cielo, como la ven otros personajes, pero a la larga acabará sobreponiéndose a la adversidad por medio de sus usuales recursos y procedimientos. El fraile, otro de los personajes, que entra en escena, alarmado por los hechos que están teniendo lugar, también interpreta lo ocurrido como consecuencia de la corrupción social imperan. «¡Ay, Roma meretriz! ¡Ay Babilonia! ¡Concubina de forasteros! ¡Capa de pecadores! ¡Por tus muchos pecados vas a ser destruida! ¡Arrepiéntete, Roma! ¡Arrepiéntete, Roma» (p. 72). La presencia del canónigo, que aparece vestido de mujer y con toquilla y peluca, ofrecerá los caminos hacia la solución de los problemas. El predominio de lo femenino se establece una vez más con el ropaje que en estos momentos llevan Rampín y el canónigo. El primero no pudo regresar a la casa como hombre, sino disfrazado de mujer; lo mismo el segundo, que tiene la respuesta ante la crisis: «Miles de mujeres lindas y generosas como vos, podéis hacer que Roma, que esta patria común, lleve del cielo, cabeza de santidad, colegio de doctrina, cámara de sacerdotes, no sea del todo destruida por esos renegados» (p. 75). «Señoras, son hombres los que vienen… Pienso que me entendéis… ¿Qué más bellos escudos que vuestras señorías? Me atrevo a aseguraros que es el alma de Roma la que os suplica ayuda en este trance» (p. 75). Al arma del hombre, el canónigo opone la de la mujer, considerándola más poderosa y estableciendo una especie de batalla de los sexos. Se contrapone a lo colectivo masculino, lo colectivo femenino. Pero no es un acto que realizarán las mujeres instintivamente, sino con voluntad. Clarina, una de las cortesanas, opina que «el consejo no es malo, y que muy poca va a ser mi resistencia» (p. 76). Lozana, por su parte, afirma: «más quiero guerra que peste» (p. 76), y adoptando una actitud que se pudiera calificar de heroica, nos dice: «pienso y declaro que si el devoto sexo femenino puede salvar a Roma, debe gustosamente hacer tan noble sacrificio» (p. 76). De este modo se convierte en líder del grupo de prostitutas romanas dispuestas a ganar la guerra.

LOZANA.—Ahora vienen soldados, sí... ¡Soldados! Pero vienen hambrientos, saqueándolo y quemándolo todo... Y es cosa que nosotras les demos de comer... *(Gran rechifla.)* Hermanas mías, sí, pero ya sabéis cómo...

LOZANA.—No sois vosotras solamentes Somos miles... Algo tenemos...

LOZANA.—¡La que más y la que menos tenemos lo nuestro, ya sabéis, y todo lo demás...! Yo seré la primera, con estas damas que aquí veis, en distraer por nada a esos soldados, echándome con ellos si fuera menester, y vosotras debéis hacer lo mismo... (p. 77).

Un ejército de sardas, sicilianas, napolitanas, florentinas, venecianas, tudescas y, sobre todo, «españolas, pues éstos que aquí vienen soldados son de esos lenguajes y ellas harán mejor su oficio» (p. 78), se pone en marcha para hacerle frente a la realidad masculina. La mujer gana por su sexo que tiene aquí voluntad bélica. Es por estos motivos que los diálogos que desarrollará Alberti estarán a tono con una circunstancia donde la prostitución está en franca armonía con la campaña militar que se avecina.

LOZANA.—¡Animo, señoras mías, que por la facha que traen estos soldados, nuestra primera batalla va a comenzar ahora!

CLARINA.—Pienso ser ascendida en la refriega.

MONTESINA.—Pues yo no he de ser menos. Firme, en mi puesto, aguardo. Hacedlos pasar (p. 79).

Al llegar los soldados, Alberti continúa manejando el mismo tipo de diálogo. Frente a los hojaldres y faisanes de la cena, y al final respecto a las mujeres, el capitán habla en el mismo tono de operación militar que estamos observando.

CAPITÁN.—¡A escalar ahora esos hojaldres! Sean todos muertos. ¡No se salve ni uno!

SOLDADOS 1 y 2.—*(Comiéndoselos con el capitán.)* ¡A la orden mi capitán!

CAPITÁN.—¿Y ese bicho, señora?

LOZANA.—Restos de un faisán, señor.

CAPITÁN.—¡Arrestos tenemos para acabar con él! ¡Al faisán, soldados!

SOLDADOS 1 y 2.—*(Comiéndoselos con el capitán.)* ¡A la orden mi capitán!

CLARINA.—¡Bravo! ¡Bravo!

MONTESINA.—¡Victoria! ¡Viva el Emperador!

LOZANA.—¡Ganasteis la batalla, mi capitán! ¡Seréis ascendido a condestable!

CAPITÁN.—¡Señoras mías, no, que ahora viene el asalto al castillo del Papa!

LOZANA.—¡Ay, señor capitán!, ¿seréis capaz de eso?
CAPITÁN.—¡Sus, muchachos! ¡En alto las banderas!
¡En ristre las lanzas! ¡Cercadas las tene-
mos! ¡A la carga! ¡A la carga! (p. 80).

Alberti integra el lenguaje propio de una campaña guerrera
al del ataque sexual. Al hacerlo une dos factores: la guerra y el sexo.
La agresión es masculina, pero el plan que se desarrolla es femenino. Los gritos de «Viva el Emperador» (p. 81) se mezclan con la
acción prostibularia, mientras el plan de la Lozana se ejecuta y ella
es levantada en andas. En medio del estruendo la Lozana llama a Rampín, pero es llevada por el capitán y la soldadesca. El sexo, que encierra en sí mismo el goce y el sufrimiento, es victoria donde será derrotado el hombre. La aparición de Rampín, al final de la obra, no hace
más que corroborar lo ya dicho. Entra en escena desgarrado y herido,
con la espada rota, hecho jirones su disfraz de mujer; gritando, cayendo y levantándose llama inútilmente a Lozana, que ya no puede oírle.
Representación individual del hombre derrotado en masa por la voluntad femenina y triunfante de la Lozana andaluza.

UTILIZACION DE LA TRADICION PICARESCA POR CAMILO JOSE CELA

Ignacio Soldevila-Durante
Université Laval
Québec, Canadá

Cualquier texto literario puede ser considerado limitándose al análisis de sus estructuras formales y de contenido, y concluyendo acerca de la relación funcional entre ambas estructuras. Actitud fundamentalmente inmanentista, si bien es evidentemente utópico poder considerar lo que hemos llamado estructuras de contenido haciendo abstracción de la circunstancia histórico-social en que se insertan.

Este acercamiento inmanentista se puede completar en otros dos asedios, ambos trascendentistas, que denominaremos genético y hermenéutico respectivamente. En el primero, se estudiarán las relaciones entre el texto y su autor, de una parte, y de otra, entre el texto y la circunstancia histórico-social en la que se origina. En el segundo —el hermenéutico— se considerarán las relaciones establecidas entre el texto y sus destinatarios reales, que resultarán, por la naturaleza fundamentalmente polisémica de la relación entre texto y lector, en una serie de interpretaciones y de respuestas por parte de los lectores.

Es obvio que el acercamiento inmanentista cuyas pretensiones analíticas son puramente formalistas, no puede darse sino como resultado de una decisión previa equivalente a la de aseptización del campo operatorio en las ciencias que experimentan sobre la materia orgánica o inorgánica. Pero la aseptización y el aislamiento *in vitro* no pueden realizarse completamente en el caso de un producto cultural, y tanto menos cuanto más cercano esté del complejo espacio-tiempo cultural del analista.

Así, si tomamos como ejemplo la génesis de la presente comunicación, ésta es el resultado de una mezcla de vectores transcendentes e inmanentes a nuestro conocimiento previo de un subgénero en general —la narrativa picaresca— y de las obras narrativas de un autor en particular. El acercamiento entre ambos es a la vez resultado: *a)* de la actitud explícita del autor, cuando menos en lo tocante a una de sus obras, según constaría a quien sólo la conociera por su título —*Nuevas andanzas y desventuras de Lazarillo de Tormes; b)* de las interpretaciones de los lectores anteriores de la obra de Cela, puesto que al menos desde 1948 se viene diciendo que *La familia de Pascual Duarte* se inscribe, en buena parte, en la tradición del relato picaresco [1].

Tras todo esto, pretender que nos acercamos a esas dos novelas de Cela, prescindiendo de todas esas actitudes y previos juicios, para proceder a un análisis de sus estructuras inmanentes, sería evidente fingimiento. En efecto, el complejo estructural de una obra de cierta extensión es vastísimo, y el analista, aunque no sea consciente de ello, va escogiendo entre las muchas y posibles maneras de iniciar el análisis, las que mejor pueden servir de base a las respuestas críticas correspondientes a las intenciones con las que se aproximó a la obra.

Debido a lo límites estrictos de tiempo en que debe completarse nuestra comunicación, prescindiremos de la exposición de los resultados completos de nuestro análisis estructural de las dos novelas celianas, para extraer algunos datos que nos permitan establecer una relación entre ellas y el *Lazarillo de Tormes.*

El título

1. *Nuevas andanzas y desventuras de Lazarillo de Tormes* es un título adecuado, en primer lugar, al motivo genérico del texto, del que anuncia su doble sumisión a un subgénero —el picaresco—, y a su prototipo, *La vida de Lazarillo de Tormes y de sus fortunas y adversidades.* En segundo lugar, a su construcción carente de eje genético interno, y en este sentido es más adecuado que el del texto anónimo del XVI. Es cierto que la obra adquiere una estructura progresiva en la organización temporal. (El viejo Lázaro, desde su atalaya cronológica, rememora su pasado, tejiendo el relato con frecuentes comentarios y proyecciones catastróficas, estableciendo así el perspectivismo característico de los relatos autobiográficos.) Pero, por otra parte, nada parecido aquí a la motivación jurídica del relato de Lazarillo tradicional —autodefensa de un cómplice—, o a la motivación didáctico-moral del *Guzmán de Alfarache.* El débil motivo tradicional («para que deleite o aproveche a otros») no justifica la selección del narrador, quien, entre los innumerables episodios de su vida, escoge algunos de los que corresponden a una sola etapa: la que va de su nacimiento a su mayoría de edad.

Por otra parte, el título celiano encierra una inadecuación funda-

---

[1] J. M. DE COSSÍO, prólogo a *Nuevas andanzas,* 2.ª edición, reproducido en el 1.er tomo de *Obras Completas* de C. J. Cela. El mejor y más reciente ejemplo de dichas interpretaciones es sin duda el luminoso análisis de *La familia de Pascual Duarte* por Gonzalo Sobejano *(PSA,* núm. 142, enero 1968).

mental con su texto, puesto que, contra lo que se dice explícitamente, no se trata de *nuevas* andanzas del clásico Lazarillo, sino de las de un Lázaro López contemporáneo nuestro (nacido en los años de la guerra de Cuba y prematuramente viejo en vísperas de la guerra civil del 36), al que, por otra parte, nunca se le llama Lazarillo, diminutivamente, en el texto.

2. *La familia de Pascual Duarte*. Si nos atenemos a lo que tradicionalmente se ha visto en este texto, habría una inadecuación entre el título, que alude a un protagonista colectivo y el texto, que se dice centrado en una historia personal.

A la luz del excelente análisis de Gonzalo Sobejano, habrá que reconsiderar este título, viéndolo no como un falso anuncio de una historia familiar que luego no se realiza en el texto, sino como definitorio de la visión determinista que el narrador básico —no el narrador protagonista— tiene de la existencia del personaje central.

LAS ESTRUCTURAS

Como ya apuntamos antes, por su construcción axiológica, es el *Pascual Duarte* el texto que, de los dos, más se aparenta al *Lazarillo* clásico, a pesar de la contraria apariencia de los títulos. Como en el texto del XVI, el de *Pascual Duarte* es un escrito o pliego de descargo, y en la explotación de esta forma no literaria está, en buena parte, el secreto de la unidad del Lazarillo anónimo, que supera así la categoría más simple de cuentos ensartados.

El anónimo y la novela de Cela se distinguen en que no hay diferencia entre la intención implícita y la explícita en el primero. La explícita del Lázaro narrador era la de excusarse y presentarse como inocente víctima, y al término de una detenida lectura del texto, no se transparenta ninguna inadecuación que nos permita suponer otras intenciones no confesadas. Si al final se nos aparece culpable, es por la acción de la ironía del narrador básico y no por la voluntad del personaje.

En cambio, aunque la intención explícita de Pascual es confesarse y auto-denunciarse, resignado, arrepentido y deseoso de que su caso sirva de ejemplo, lo cierto es que hay otra intención implícita, no confesada, que resulta ser la misma del Lazarillo tradicional: autojustificarse y evitar el castigo. Ambos personajes narradores son, por la voluntad de sus respectivos narradores básicos (o de sus autores, esto queda a gusto de preferencias de inmanentistas y de autoriales), narradores torpes que descubren, a pesar suyo, el trasfondo de fingimiento que subyace en sus alegatos. El del Lazarillo clásico ha sido amplia y minuciosamente detallado por sus editores y comentaristas más recientes y a ellos me remito. Veamos aquí el de Pascual o Pascualillo.

El engaño aparece patente en la ficción editorial y en el texto autobiográfico: *a)* Comparando algunos de los documentos anejos de la ficción editorial vemos la discordancia entre los testimonos del cura del presidio y del número de la guardia civil, que dan versiones contradictorias de los sucesos y conducta final del reo. *b)* Las incongruencias del relato del propio Pascual, tal y como indirectamente nos las deja descubrir el narrador de la ficción editorial, son: 1) la carta a don Joaquín Barrera está escrita al tiempo de los capítulos XII y XIII, y no al final, como afirma Pascual a don Joaquín en su carta— el dato contradictorio de la tinta utilizada es la pista para esta incongruencia—; 2) la afirmación de que «preparó la carta con todo cálculo para que surtiese su efecto a su debido tiempo». Indicación clara de que buscaba disculparse para obtener un indulto; 3) al iniciar su capítulo XIII, escrito a renglón seguido del XII, según nos asegura el narrador de la ficción editorial, Pascual afirma: «Cerca de un mes entero he estado sin escribir»; 4) en la carta a don Joaquín, Pascual dice que se lo envía a él sin más razón que la de ser este señor el único de los amigos de su víctima del que recuerda las señas. Y dándole a entender que la confesión es pública y la intención «descargar la conciencia». Esta carta está así en abierta contradicción con el texto-confesión, puesto que desde su principio él se dirije ya a una persona determinada: «Yo, señor, no soy malo...»

Alguien puede objetar que estas puntualizaciones pecan de ingenuidad en un riguroso atenerse al texto, y que esas contradicciones pudieran ser —y yo no lo negaré— resultado de lo que el mismo Cela llama «pifias» del autor. Cela mismo cita la «pifia» que en su día le señalara Pedro de Lorenzo: la de hacer que Pascual suba al tren en Trujillo, donde no hay estación de ferrocarril. Pero así como Cela corrigió cuidadosamente su texto, lo cierto es que nada de lo señalado por nosotros ha sido modificado en sus sucesivas ediciones, incluyendo la muy ciudada de sus obras completas. En todo rigor, pues, podemos usarlas para señalar una profundidad irónica del texto, que está indudablemente en él, independientemente o no de la voluntad de su creador.

LAS SITUACIONES ÉPICAS

Tanto los dos *Lazarillos* como el *Pascual Duarte* comparten una misma situación épica, que implica un narrador que es a la vez protagonista de sus memorias. Este narrador escribe (a diferencia de otros que narran o que dictan) desde un punto de vista restrospectivo a partir del cual recuerda y comenta su pasado. La distancia entre el narrador recordante y el narrador recordado disminuye a medida que la historia progresa, hasta o bien un punto de distancia cero, que es aquel en que da por terminada su historia —es el caso del Lazarillo renacentista—, o bien un punto de distancia que permita la posibilidad de una segunda parte en el relato, como en las dos novelas de Cela.

En cuanto a la motivación del acto narrativo, es explícita y amplia en el *Lazarillo* del XVI («Y pues V.M. escriue se le escriua y relate el caso muy por extenso...»), explícita y equívoca en *Pascual Duarte* y muy ligera y *a posteriori* (en el breve epílogo) en el nuevo *Lazarillo*.

Por lo tocante a la ficción editorial, inexistente en el *Lazarillo* primero, es cuidada y compleja en el *Pascual Duarte*, enmarcando, *a priori* y a *posteriori*, el texto del narrador-protagonista, incluyendo no sólo una introducción y un epílogo del pseudoeditor, sino también documentos complementarios, como las cartas de los testigos y el testamento del destinatario del manuscrito de Pascual. En una situación intermedia se encuentra, a este respecto, *Nuevas andanzas,* al que se le añadió, como ya señalamos, una ficción editorial en forma de epílogo, que sólo aparece a partir de la segunda edición, y en ella no se explica cómo llegó a manos del pseudoeditor el manuscrito del viejo Lázaro.

Respecto al destinatario de los textos, tanto el primer *Lazarillo* como el *Pascual Duarte* van dirigidos a un lector ficticio, que es, en cierto modo, «personaje» de la novela, ya que el protagonista cree depender de él en lo tocante a su destino feliz o adverso. En cambio, las *Nuevas andanzas* se dirigen simplemente a todos aquellos lectores reales que pudieran sacar provecho o pasatiempo de la lectura.

TIPOLOGÍA

El protagonista del anónimo está emparentado a la vez con Pascual y con el nuevo Lazarillo. Como ya había señalado J. M. de Cossío en el prólogo a la segunda edición de las *Nuevas andanzas...*, los comienzos de Pascual, tal como él los relata, hacen pensar en un nuevo Lazarillo. Pero es evidente que un mismo arranque tipológico puede dar origen tanto a la carrera faceciosa de un pícaro como a la historia más o menos violenta y tenebrosa de un criminal homicida, como señalara ya Sh. Eoff[2]. La posibilidad está ilustrada particularmente en la historia de la expansión del género picaresco, que evoluciona en una de sus ramas hacia la biografía de criminales. Quizá el lugar en que la transición se hace más evidente es en la literatura inglesa, como lo ha probado Parker en una de las partes menos sujetas a controversia de su libro sobre el género.

La estrategia narrativa adoptada por Pascual y sus motivaciones para escribir son lo que hace posible establecer el parentesco entre este personaje y el Lazarillo anónimo. Por lo demás, se puede ver que es, sobre todo, debido al diferente «carácter» de ambos personajes por lo que uno de ellos deriva hacia una carrera trágica: a diferencia del pícaro, Pascual no es capaz de aceptar a cada uno de sus antagonistas por lo que son; Pascual tiene un apego animal al corral, una querencia diametralmente opuesta a la dromomanía del pícaro; carece

---

[2] «The tragedy of the unwanted person...», en *Hispania,* 39, mayo 1956, pp. 190-196.

enteramente de imaginación y no tiene ningún sentido del humor: se toma en serio a sí, a todo cuanto le rodea, a la vida en general. De todos esos rasgos caracterológicos procede la agresividad instintiva y matona con que el personaje reacciona frente a lo que él supone ser la actitud de los demás frente a él: indiferencia, desprecio, malevolencia.

Por otra parte, la relación tipológica entre el Lazarillo anónimo y el Lázaro de las *Nuevas andanzas* es a la vez mayor y superficial. Mayor, evidentemente, en lo tocante al *tipo,* que es voluntariamente una transposición del original. El nuevo Lázaro tiene siempre presente la historia de su antepasado literario, con la que compara la suya y, sobre todo, la tiene en cuenta al narrarla. Pero, curiosamente, de los dos niveles del Lazarillo original —el facecioso y el satírico— es el primero el que ha sido retenido y fomentado celosamente. No que la sátira está ausente de la autobiografía del nuevo Lázaro, pero ésta, apuntada siempre dentro del despliegue de una galería de «casos estrambóticos», queda prácticamente invalidada por el carácter excepcional de los tipos. El trío de músicos ambulantes, el grupo de saltimbanquis, el peregrino, el poeta de las nubes y los pájaros, la bruja hechicera, son presentados y subrayados, como el boticario capón y marica, por su pintoresquismo y no por su tipicidad. Frente a la profundidad satírica que impone la tipicidad del clérigo avaro, del pseudoescudero, del buldero y del cura amancebado, la sátira en el Lazarillo de Cela se centra más bien en personajes o situaciones muy episódicas, y el resultado, si se compara con otros textos del mismo autor, se sitúa a un nivel preferentemente facecioso.

LA LECTURA

La reacción del lector frente a los dos textos de Cela es, en primer lugar, resultado de las actitudes previas que su conocimiento del autor y de la historia literaria le permiten. Así, es evidente que *La familia de Pascual Duarte* fue recibida primero sin actitudes previas, ya que, de una parte, se trataba de un escritor novel, y de otra, el título nada dejaba presagiar de su inscripción en una estirpe literaria. En cambio, *Nuevas andanzas...* goza ya del doble privilegio de ser obra de autor aclamado —es su tercera novela publicada— y de anunciar, de manera clara —aunque ligeramente engañosa—, su inserción en una tradición genérica acreditada y a una obra en particular, de la que hacía presagiar una continuidad más estrecha que la que verdaderamente corresponde a la realidad del texto.

Independientemente de los juicios de valor, es plausible atribuir el despego con que el lector crítico ha recibido *Nuevas andanzas...* a esa distensión que provoca de una parte el título demasiado explícito («Nunca segundas partes fueron buenas»), y de otra, la comprobación de que la sumisión al modelo no va más allá del nivel facecioso. En cambio, el descubrimiento de la relación entre el *Pascual*

Duarte y el *Lazarillo* clásico (y en general, el género picaresco) ocurre de manera sorpresiva, a medida que el lector va avanzando en la contextura textual, provocando de ese modo una tensión creciente y una receptividad mayor y de signo positivo. La utilización del género picaresco aparece al lector como creativa y renovadora en el *Pascual Duarte,* pero como pura «academia» o tributo pagado a la tradición en las *Nuevas andanzas...* La interpretación que el propio autor hace de su obra dieciséis años más tarde, con motivo de la reedición en las *Obras Completas,* va en ese mismo sentido: «Todas las esquinas del saber o del adivinar literarios valen para elegir, entre sus sombras y recovecos, el tema de una tesis doctoral... Con estas *Nuevas andanzas...* quise ensayar mi madurez en el oficio de escritor»[3].

GÉNESIS DE LOS TEXTOS

Con la precedente opinión del autor entramos ya en el tercer y úitimo aspecto que nos proponemos considerar: la génesis textual, territorio sin duda el más resbaladizo por el que transita la ciencia literaria, a la vez por su cualidad transcendente y por su carácter hipotético, pero que, paradójicamente, es el territorio tradicional de la crítica literaria. De esta génesis textual consideraremos dos aspectos: la actitud generacional y la personal, comenzando por ésta última.

La actitud del autor implícito del *Pascual Duarte* ha sido objeto de estudio desde la aparición de la novela, y en particular desde el prólogo de G. Marañón a la cuarta edición (1946). El *Pascual Duarte,* como alegato y sátira social, acusadora de la sociedad culpable de tal engendro, es un lugar común de la interpretación, que culmina en el luminoso estudio de Gonzalo Sobejano, especialmente pp. 29-30. Todas las demás —la patológica, la moral, la existencialista y la tremendista— no sólo se basan, como indica Sobejano, en «pretextos razonables», sino que secundariamente pueden servir de apoyo a la socio-política. Cuando se comparan las actitudes del autor implícito en esta novela con las del responsable de *Nuevas andanzas...*, resulta que, paradójicamente, no es este último texto el que resulta más emparentado por las intenciones con el *Lazarillo* clásico, sino el *Pascual Duarte.*

Cabría preguntarse si, al otro extremo de la curva histórico-social y biológica de la burguesía, no hay en la intención del autor implícito de las *Nuevas andanzas...* un alegato antibugués, como lo hay en la del primer *Lazarillo.* Pero esta vez no en nombre de una sociedad estamental y teocrática, como la del XVI, que se ve en peligro, sino como reacción ante el materialismo de esa sociedad burguesa, por cuyo advenimiento, de modo ciertamente inconsciente, combatía el personaje de la novela renacentista. La nostalgia de una «nueva» sociedad que recupere los valores de antaño y particularmente su acti-

---

3 *Obras Completas.* t. I, 357.

tud idealista, ¿no está detrás de la postura de tantos jóvenes arrastrados en las haldas equívocas de la contrarrevolución del 36?

Y con ello tocamos ya el aspecto generacional en la génesis de las *Nuevas andanzas*. Y nos parece plausible apuntar una relación entre la motivación de esta novela y lo que se vino a llamar «garcilasismo» en poesía: ambos responderían a lo que se puede considerar como un retorno colectivo a la actitud neo-imperialista, que en el nivel cultural tiene una manifestación en el redescubrimiento de la España imperial y católica de los Austrias. El expansionismo político y religioso de los césares españoles servía a la vez de estímulo y de justificación tradicional al nuevo modelo del imperialismo cultural, ideológico de la *inteligenzia* falangista.

En la literatura, esta necesidad de arraigamiento y de re-conocimiento de la comunidad en su pasado tradicional se manifiesta en la poesía por el regreso a las formas líricas del XVI, y particularmente al soneto garcilasista; en el teatro, por la reanudación de la prédica ideológico-alegórica del auto sacramental y en la prosa por el retorno a la historia heroica y al uso del período amplio y a la abundancia de la frase subordinada, si bien la persistencia del modelo azoriniano palió aquí los excesos posibles de un ricardo-leonismo nuevamente prestigiado.

El hecho de que Cela tomase como modelo de su prosa al *Lazarillo* es a la vez prueba de sumisión al aire del tiempo y demostración de la marginalidad típica de su voluntad creadora. Cela no sigue por la calzada del idealismo cesarista, sino por sus cunetas. No en carroza señorial, sino a zancadas de trashumante peregrino; no en posición heroica, sino en actitud antiheroica, tomando como modelo no la prosa atildada del guevarismo o de los prosistas ascéticos del XVI, modeladores de la prosa oficial en nuestra posguerra, sino la prosa «castellana de raíz popular, que, apoyándose en la lengua hablada y no en la escrita, pudiera servir de herramienta a mis fines», como dice el mismo Cela. Fines que, como dijimos, y, paradójicamente, son más patentes en su *Pascual Duarte* que en sus *Nuevas andanzas,* posiblemente por estar el uno más cercano al espíritu informativo y el otro a la letra formativa de su común antecesor.

NOTAS PARA UNA INTERPRETACION DE *PASCUAL DUARTE* —LA NOVELA VIRTUAL—

Hortensia Viñes
Universidad Complutense
Madrid

I

¿Es pertinente una comunicación sobre *La familia de Pascual Duarte*, de C. J. Cela, en el I Congreso Internacional sobre Picaresca, Madrid, 1976?

Mi respuesta es que *La familia de Pascual Duarte* puede traerse legítimamente a este Congreso porque sus presupuestos ideológicos, sociales, políticos, formales, históricos y literarios lo admiten.

En esta afirmación hay que distinguir entre la novela total, *la historia de la familia de Pascual Duarte* y el *personaje* protagonista, Pascual Duarte.

¿Pascual Duarte es un pícaro?

Nos hallamos ante la dificultad de delimitar el término *pícaro*, *pícaros* [1], sus connotaciones y sinónimos, dificultad que continúa abierta hoy día aún, debido al origen, fecha de aparición del término, etc. Pero entre toda la variedad de pícaros podemos decir de cada uno que es un protagonista único, personalizado, casi freudiano, por tanto, complejo y, en su complejidad, distinto; los pícaros son seres que actúan en situaciones límite y por tanto enormemente diferenciados: Lázaro, Guzmán de Alfarache, el Buscón, Justina, Rinconete y Cortadillo, Picardía, en Martín Fierro, y todo el cortejo que se ha evocado aquí en estos días; figuras independientes entre sí, aunque se les puedan trazar coordenadas comunes.

---

[1] Cf. Alexander A. Parker, *Los pícaros en la Literatura. La novela picaresca en España y Europa* (1599-1753), Madrid, 1971, pp. 36 y ss.; F. Rico, *La novela picaresca y el punto de vista,* Barcelona, 1970, pp. 108 y ss.

En la esencia de todos, un rasgo común, el ANTIHEROE, y Pascual Duarte lo es, no nos queda sino recordar lo que se cuenta de su muerte [2].

Por otro lado, el pícaro es el ASOCIAL DENTRO DE LA SOCIEDAD [3]. No es un troglodita, un individuo aislado —un *Einzelgänger,* como dicen muy expresivamente los alemanes—; pertenece o surge de una sociedad determinada que padece *atrofia,* en convivencia con otra que goza de *hipertrofia* (así las anguilas del río del pueblo de Pascual Duarte engordaban con los desperdicios sabrosos y abundantes de la mesa del Conde —comenta Lola, la mujer de Pascual Duarte— [4]), y el comentario sirve de símbolo de desigualdad social. El pícaro vive en una sociedad de oprimidos y opresores, de CRIADOS Y DE AMOS, dicotomía que se observa claramente en nuestro texto. El amo del pueblo y los demás; hasta el cura dice la misa para él.

Sobre todo, el pícaro es el DELINCUENTE, reincidente, aunque no tenga que ser necesariamente criminal; delincuente quizá en función del YO, su defensa como primera cualidad del pícaro [5], defensa indiscutible en Pascual Duarte. Porque el delincuente, en la picaresca como en el *Pascual Duarte* hay que verlo no como un salvaje, tampoco como un enfermo; su delincuencia está en función del carácter injusto de una sociedad [6]. Así, Pascual Duarte mata siempre en defensa de sus propios fueros, ahogado por un ambiente que no le ofrece *ninguna prospección.*

Pícaro también es el vagabundo, criado de muchos amos, y aquí Pascual, en principio, parece que no nos sirve; es un labrador, tiene compañeros de labranza; por ser labrador hace diversos oficios: caza, pesca, aunque prefiere la caza a la pesca por ser oficio más de hombres; cuida también de los guarros, tiene un burrillo para las faenas del campo; en la novela no se oye hablar de hambre, tiene un buen pasar. Pero durante dos años y medio de su vida, Pascual Duarte lleva la vida de un pícaro vagabundo, en un intento por emigrar a América, y de esa época cuenta Pascual Duarte: «Me agarré a todo

---

[2] C. J. CELA, *La familia de Pascual Duarte,* Barcelona, 1974[3] (Ed. Dedium), pp. 158 y ss.

[3] El pícaro pertenece al hampa, pero «el hampa nace en el seno de la sociedad española: es un desprendimiento, una represión, una inadaptación», R. SALILLAS, *El delincuente español* (Antropología picaresca), Hampa, Madrid, 1898, p. 6; J. L. VARELA, «El realismo cervantino en Rinconete», en *La transfiguración literaria,* Madrid, 1970, p. 57.

[4] C. J. CELA, cit., p. 26.

[5] Cf. R. BENÍTEZ CLAROS, *Existencialismo y picaresca,* Madrid, 1958, p. 33.

[6] R. SALILLAS, cit. Traducido a una expresión orgánica lo de «Míseros habitantes y lugares míseros o al día donde lo más necesario faltaba, alzándose sobre todo esto una aristocracia y un clero potente, pero más ostentoso y derrochadores todavía tendremos la representación de un estado hipertrófico y de un estado atrófico en la constitución nacional. La potencia aristocrática y teocrática corresponde a la impotencia popular. La riqueza de los magnates y del clero se compagina con la pobreza del país. La ostentación y el derroche dependen obligadamente de la conexión de los estados de potencia è impotencia de riqueza y pobreza», pp. 375 y 376.

lo que pasaba, cargué maletas en la estación y fardos en el muelle, ayudé a la labor de cocina en el hotel Ferrocarrilana, estuve de sereno una temporadita en la fábrica de Tabacos, e hice de todo un poco, hasta que terminé mi tiempo de puerto de mar viviendo en casa de la Apacha, en la calle del Papagayo, subiendo a la izquierda, donde serví un poco para todo, aunque mi principal trabajo se limitaba a poner de patitas en la calle a aquellos a quienes se les notaba que no iban más que a alborotar» [7].

Si esencialmente picardía significa engaño, tendríamos que extraer de ella a Pascual, «cordero acorralado», que va siempre con la verdad y la íntima protesta por delante, *«rosa en medio de un estercolero»*, como dice de él el cura. Pascual Duarte filiosofa como el mejor de los pícaros, y su filosofía se desenvuelve, la mayor parte de las veces, en el plano inclinado del determinismo pesimista, «el destino se complace en variarnos como si fuésemos de cera y en destinarnos por sendas diferentes al mismo fin: la muerte» [8].

El amor no es tema de las novelas picarescas; Pascual Duarte sabe querer a sus dos mujeres, muestra capacidad de ternura, pero el amor tampoco en la familia de Pascual Duarte es tema de debate [9].

Lo religioso aflora, repetidas veces, como en la mejor época clásica de la picaresca y del que se desprende el tema del pecado, del arrepentimiento. Pascual Duarte está, sobre todo, arrepentido y en todo momento cumple con la iglesia.

En cuanto a género de la novela, podemos decir que los rasgos formales arrojan muchos paralelismos con la novela picaresca: *Autobiografismo* que tipifica el género; la confesión de un *Yo a un El* de clase superior. Al Vuesa Merced de Lázaro, corresponde el Señor o Usted de Pascual.

> *Yo, señor, yo no soy malo...* (Pascual Duarte) [10].
> *Pues será vuestra merced, ante todas cosas...* (Lázaro) [11].

También el carácter de los prólogos [12] y todo el entorno familiar, normal en las familias de los pícaros; padre Esteban, ex presidiario por contrabandista; la madre, poliandria, borracha, alcahueta de la mujer de Pascual; su hermana vive en dos casas de prostitución. Los personajes que conoce en su estancia en La Coruña, antihéroes, por supuesto, enjambre de seres a modo de anticipo de la posterior novela de C. J. Cela *La Colmena.*

---

[7] C. J. CELA, cit., p. 117. Sobre el vagabundaje del pícaro, cf. SALILLAS, cit., p. 6.
[8] *Ibid.* CELA, p. 21.
[9] Cf. G. ALVAREZ, *El amor en la novela picaresca española,* La Haya, 1958.
[10] C. J. CELA, *cit.,* p. 21.
[11] *El Lazarillo de Tormes* (anónimo), Tratado primero.
[12] Cf. J. LAURENTI, *Estudios sobre la novela picaresca española,* C.S.I.C., Madrid, 1970; especialmente el prólogo en la novela picaresca española, pp. 3 y ss.

II

Pero el objeto de mi trabajo sobre *La familia de Pascual Duarte* no ha sido ver sus rasgos picarescos, sino estudiar la significación del texto, su idiologema, y las causas que me han inducido a ello son de tres tipos:

Causas de tipo docente: Mi interpretación se debe a las reflexiones surgidas a raíz de un curso de Literatura Española Contemporánea en la Facultad de Ciencias de la Información a un grupo de alumnos de Publicidad. Mis alumnos, creativos ellos, han interpretado a algunos personajes en dibujos.

Causas de tipo personal-profesional: La invitación a participar, de Alberto Porqueras, al que saludé en la histórica residencia, hoy del C.S.I.C.; por último, el interés que despertó en mí *la propia figura del personaje,* Pascual Duarte, quien se presenta, en todo momento, como un ser enormemente personalizado, con un destino, valga la redundancia, trágico y singularmente personal.

La novela permite adentrarnos en su personalidad porque Pascual Duarte escribe, habla, mantiene un diálogo constante con las cosas, consigo mismo, con su suerte, con la sociedad, con los hombres, con los animales, con Dios, y su decir está salpicado de metáforas, de comparaciones, de descripciones de un mundo imaginario que son testigos de su sensibilidad.

Pascual Duarte, delincuente, asesino, criminal de guerra o de revolución, el ejecutado a garrote vil, el pícaro por delincuente y asocial, el machista, aparece a través de su lenguaje como un soñador, como un héroe de imaginación vivísima. Invita a la clemencia, porque si es verdad que lo vemos matando bajo el impulso de una pasión incontrolable en pro de una justicia que él se toma por su mano, también lo vemos tierno con los niños, con algunos animales, con deseos de ser mejor, pero su signo fatídico, en el que él cree, así como la sociedad en la que vive se lo impide.

Pascual Duarte escribe sus memorias para que sirvan a otros de escarmiento, se confiesa al representante de la clase social a la que ha agredido últimamente, no quiere ocultar nada, no tiene por qué; al fin y al cabo, todo ha sucedido, según él, porque tenía que suceder, «está escrito»; podía decir también como su segunda mujer, Esperanza, sobrina de la comadrona del pueblo, la señora Engracia. SUS CRIMENES HAN SIDO CASOS DE FUERZA MAYOR.

Pascual es transparente en su idiosincrasia, la penetramos al escucharle hablar, al prestar oído atento a su lenguaje, lenguaje traspasado de toda la gama de elementos metafóricos, lenguaje de un hombre que ha pasado muchos años en la cárcel y que muere en ella ajusticiado, pero que cuando estaba libre pisa el suelo real de Torremejía, a dos leguas de Almendralejo, atento al destino que se cierne sobre la tierra, a sus animales, a los árboles, y que camina por

Mérida, viaja a Madrid y recorre La Coruña con el deseo de emigrar a América, y lo hace dentro de una cronología precisa, anterior a 1937 en plena guerra civil española.

La limitación espacial de la comunicación no permite explicitar lo que acabo de decir, sólo hacer referencia a los elementos, que a modo de estilemas, dan carácter propio al hablar de Pascual Duarte: *metáforas lexicalizadas, metáforas nuevas,* «Un nido de alacranes se revolvió en mi pecho, y en cada gota de sangre de mis venas, una víbora me mordía la sangre» [13]; *sinestesias, comparaciones introducidas por el adverbio como, comparaciones en las que interviene el verbo parecer. Antropomorfismo* en los que los *talles agradecen,* las *cigüeñas saben,* la piedra de la que guarda un recuerdo como de un amigo; la escopeta se dejaba *acariciar.*

Asistimos a expresiones de una vivencia intensa de la realidad sobre la que se proyecta la imaginación de Pascual Duarte, en donde hay que mencionar una serie de minirrelatos de una extraordinaria belleza y ternura, como el de la *cigüeña cojita,* el momento en que Pascual y Lola recién casados se *adornan mutuamente el pelo* con margaritas y el relato *del hombre en función de las guias de su bigote.* La intencionalidad irónica tras la ingenuidad de Pascual Duarte, el realismo, «La perra tenía una sangre oscura y pegajosa que se extendía poco a poco por la tierra» [14]. El dramatismo en la súplica de Lola por su hijo, «Mi vida entera, ojos, sangre, pechos, madeja de pelos, dientes» [15]. Junto al machismo, la ternura, que le hace emplear una profusión de diminutivos, *perrilla, cigüeñita, burrillo, las nalguitas desolladas de Mario, su corbatita malva,* una vez muerto *como una mariposa.* Y un modo de fijación del personaje en la historia, en un estilo a través de arcaísmo, vulgarismo, refranes: *mujer de parto lento y con bigote...*

Constante en Pascual Duarte la filosofía: «La cosa fue tan sencilla, tan sencilla, como siempre resultan ser las cosas que más vienen a complicarnos la vida» [16], y ante todo, el determinismo, al que el destino persigue no se libra, aunque se esconda debajo de las piedras» [17], y junto a él el mundo del crimen, entre determinado e instintivo «... olor a bestia muerta... Es extraño pero, de mozo, si me privaban de aquel olor me entraban unas angustias como de muerte» [18].

III

En cuanto a la interpretación total de la significación de la H. de *Pascual Duarte,* hemos de decir que al finalizar la lectura de la novela, el lector queda con la impresión de no haber entendido, le

[13] C. J. CELA, cit., p. 125.
[14] *Ibid.,* p. 14.
[15] *Ibid.,* p. 171.
[16] *Ibid.,* p. 178.
[17] *Ibid.,* p. 52.
[18] *Ibid.,* p. 255.

resuenan una serie de interrogantes, que en vano trata de ver contestados en posteriores lecturas; no lo consigue, y es porque hay una serie de cosas que no se cuentan, de ellas nos quedan indicios que se pueden rastrear. Es decir, que puede probarse que el autor ha utilizado una técnica de fragmentarismo en su obra. Esta técnica de fragmentarismo que está pidiendo una explicación de la novela virtual, en una segunda parte, entronca la novela de nuevo con el género picaresco; su inclusión en este género sirve de rasgo aclaratorio en la interpretación socio-política del texto.

VAGABUNDEO POR LA PICARESCA

Ernesto Giménez Caballero

Al que pueda interesarle esta comunicacion

Si la picaresca tiene algo de esencial es que su protagonista, el pícaro, vague por el mundo. Su vagamundeo o vagabundeo. Por eso me parece afin a los fines de OFINES sobre este tema: vagabundear por él.

Comenzando por una revelación: la de mí mismo como pícaro. Al ofrecer el primer y último verso de mi vida de escritor. Un soneto sobre mi pícara vida.

El segundo vagamundar es algo que sólo a los pícaros —aunque sean de ocasión como yo—, estará siempre reservado: el descubrir a otro. Y en este caso: a Camilo José Cela en su primer libro revelador. (Algo así como un Valera a un Rubén Darío. Aunque ni Cela un vate nicaragüense ni yo un vaticinador cordobés.) Pero: ahí está.

El tercer girovagar será el de Estebanillo por Europa que la hizo suya cuando Europa se llamaba González.

El cuarto deambuleo: hasta Méjico. Para entrañar al más genial pícaro de la pantalla hispánica: el tradicionalísimo Cantinflas.

Y, finalmente, una divagación para intentar que los demás no divaguen sobre la picaresca. Poniéndola a punto. Y haciendo punto, con ella, a mi vagamundición.

I

La picaresca y yo

He anticipado que el primer y último verso de mi vida fue picaresco. Un soneto titulado «DE LA EDAD DE ORO» publicado a los quince años en la revista madrileña «Blanco y Negro» e ilustrado por

E. Varela. Y que me valió 15 pesetas, una para cada uno de mis años. Y con las que adquirí en el Casón de Madrid o Museo de Reproducciones, una de la Venus de Milo, que tuve siempre ante mí, hasta que encontrara una auténtica y florentina, con dos brazos ya completos para abrazarme y hacerme, así, padre y abuelo. Con lo cual, la otra, aunque clásica provisoria, desapareció.

Ese soneto lo perdí. Pero gracias a mi primera biógrafa y estudiosa Miss Lucy Tandy, de la Universidad de Oklahoma, pudo ser recobrado. Y helo aquí:

> Me llamo Lesmes y nací en Toledo.
> Cursé la Teología en Salamanca.
> Jugué a las pintas, me quedé sin blanca.
> y a Flandes me marché sin darme un bledo.
>
> En Flandes peleé con gran denuedo.
> Fui soldado y mi suerte nada franca
> topóme de fullero en una banca
> y a Italia me marché cantando ledo.
>
> En Nápoles fui pícaro y poeta
> mil damas engañé y en mi gaveta
> se vio lo que robé y alampar hube
>
> Ahora voy a las Gradas por las tardes
> y entre bobos y necios hago alardes
> de bienes y grandezas que no tuve.

Lo cierto de tal soneto es que por mi sangre materna soy toledano. Y que en Salamanca si no cursé Teología si algo más peligroso durante la guerra civil española. Y tuve también que marchar a Italia. Sólo que allí no engañé a nadie. Y los bienes y grandezas que recobré al volver a España no necesité aventarlos ante necio alguno. Sólo conservé de la picaresca la sed de vagar el mundo y por eso lo recorrí. Y a donde no llegara de él: sí, mi imaginación.

II

ANUNCIAMIESTO DE UNA PICARESCA NUEVA: LA DE CAMILO JOSÉ CELA

Camilo José Cela publicó su primera novela *La familia de Pascual Duarte* en la Imprenta Aldecoa, de Burgos, a fines de 1942. A primeros del 43 me lo ofreció y vino a verme.

Mi revelación, publicada el 1 de abril, precisamente en una revista llamada «Lazarillo», de Salamanca, núm. 1, fue: la de que nacía un gran escritor, y, con él, una picaresca nueva. Algo así como debió sucederle a mi paisano y colega Don Juan Valera con Rubén Darío (y llamo paisano a Valera porque cuando yo gané el Premio de su nombre, 1974, y realicé un Documental sobre «Cabra la cordobesa (Balcón poético de España») me hicieron egrabrense honorario. Y en cuanto a lo de colega, va por lo de Embajador que ambos lo fuimos para España. En lo de Rubén para Cela, no creo que éste se moleste por la comparación, ya que sus canciones aún vuelan más que aquellas del poeta de Metapa.

Pero lo que de veras me sorprende a mí mismo no es el haber podido anticipar el talento literario que tenía ante mí, el de Camilo, sino el haber intuido, a través de su libro, la España libre, revolucionaria (y picaresca) en que iba a desembocar aquélla de 1943, donde todo eran triunfalismos e imperialidades. La España actual.

Por eso, yo me puedo sumar, hoy, mejor que nadie, con el más supremo derecho que es el bautismal, a pedir, para aquel crismado mío, el Nobel de la Fama. El Nobel de la Novela. Sin novelería alguna.

(Como en la gloria poética que ahora se dedica a Miguel Hernández alguna parte también me cabe por haberlo presentado y presentido antes que nadie el 1 de abril de 1932 «Un nuevo Poeta, pastor» en mi «Robinsón Literario de España» o Gaceta Literaria.)

He aquí mi revelación de 1943:

Lazarillo se ha levantado y anda otra vez por España

«El genio español que encarnara *Lazarillo el del Tormes* no ha muerto. Se ha levantado y anda otra vez por España. Anda redivivo, con forma brutal, nueva y alarmante: en el *Pascual Duarte,* de un autor —Camilo José Cela— hasta ahora tan desconocido como lo fuera el autor del *Lazarillo.*

Una mañana salía yo de cierta dependencia oficial. Me encontré con un amigo que iba con un muchacho alto, extrañamente encarado, pálido. Este último, sin apenas presentación, me dijo:

—Te voy a mandar mi *Pascual Duarte.*

Lo recibí con una dedicatoria positiva y violenta.

No hice caso del libro, pues desde la guerra tengo cierta superstición contra la literatura.

Pero no sé por qué, una noche se me ocurrió hojearlo. Y, angustiosamente, lo devoré de un tirón. Aquella noche dormí mal.

No había leído páginas más atroces. Pascual Duarte era un condenado a muerte que contaba su vida momentos antes de ser ajusticiado. En un estilo directo, bárbaro, impasible.

Si César Borja hubiese escrito sus Memorias (antes de morir comido de perros en Navarra) y en vez de haber vivido en el Vaticano hubiese vivido en un poblacho de Badajoz, esas memorias serían las de Pascual Duarte.

Pascual Duarte, pobre y buscón como Lazarillo: pero ambicioso y asesino como César Borja.

Un pícaro extremeño, haragán, vagabundo, sin oficio conocido, pero que tienta a la Fortuna con navaja, a falta de veneno y de sicarios. Un chulo —quizá de fondo bueno— que termina por asesinar a su propia madre. Como seguramente César Borja asesinó a su propio padre Alejandro VI, para heredar su solio pontificio y ser César y Papa: el sueño más grande que tuvo la humanidad desde que sucumbiera Julio César, el impar ejemplar humano que logró reunir en su individual figura el Poder temporal y el Poder espiritual: siendo Caudillo y Pontífice.

Pascual Duarte no aspiró a tanto. Su chulería repugnante quizá tenía un fondo decente. No nació quizá malo del todo. Como no nacieron del todo canallas Lazarillo, ni Pablos, ni Guzmán, ni Estebanillo, ni Justina, ni Alonso, ni la Garduña. Fue el origen infame de su nacimiento, tal vez. Hijo de mala madre y de peor padre. (La madre de Pascual prostituye a su propia hija y ve morir a su marido de hidrofobia, sin llorar.) La mala hierba de la Picaresca clásica surgió del ambiente derrotista, miserable y desilusionado de las postguerras imperiales de España. El pícaro —que iba siempre para señorito, para hidalgo—, al ver que no logra nada, se encanalla, y por no trabajar pasa los peores trabajos de un hombre. El pícaro quisiera ser noble y heroico como Amadís, pero al comprobar que el heroísmo y la nobleza sólo sirven para que la gente se ría como de Don Quijote, tira de cuchillo y se abre paso hasta el patíbulo.

Pascual Duarte, metido a tiempo en la Legión, hubiese ganado la Laureada. Escapado a América, hubiese llegado a cabecilla de revolución mejicana. Pero al llegar a La Coruña para embarcarse a Buenos Aires y ver que no tenía bastante para el pasaje, se vuelve a su pueblo y allí estuvo su perdición.

Mató al que había perdido a su hermana y querenciaba a su mujer. Después, ya el instinto de matar le lleva a apuñalar a su propia madre, por odio, como en venganza indecible de haberle parido, de haberle dado aquella vida y aquellas ganas de matar. Precisamente cuando, casado por segunda vez, todo parecía que se le iba a arreglar en la vida...

Yo llamé en seguida al autor de *Pascual Duarte*. Y me lo puse cara a cara. Era un mozo bigardo y espigado.

—Sabes, tu *Pascual Duarte,* que ya siendo joven mató a su pobre perro (a quien quería) por el gusto, por la fatalidad, por una querencia oscura de matar, se aparta de la línea clásica de los pícaros españoles en eso, pues casi ninguno fue criminal. Casi ninguno pasó de ladrón,

—¡Psh! —me contestó encendiendo un pitillo.

—Cuéntame tu vida.

En pocos rasgos me contó su vida. Había nacido en Padrón (la vieja Iria Flavia). Pero tenía, además de sangre gallega, mezclas inglesas e italianas. Estuvo muy enfermo del pecho cuando nuestra guerra. Medio derrengado, se pasó un día a las líneas nacionales desde su zona roja. Por su enfermedad no le admitieron en una bandera de Falange para ir al frente. Y se las arregló de modo que se enroló en la Legión a ver si le pegaban un tiro. No le pegaron un tiro. Pero vivió la dureza del legionario, por tierras extremeñas. Licenciado tras la guerra, estando en una oficinilla de pueblo, se le ocurrió utilizar el cuadernos de cuentas para escribir las hazañas de *Pascual Duarte y su familia*. Le salió un breve libro. Una novela autobiográfica que nadie quiso publicar. Por fin la imprimió en Burgos con pocos ejemplares, que regalaba a los amigos.

Estaba muy pálido. Acababa de hacer en un Sanatorio una larga cura de reposo. Y sin embargo, mientras me hablaba, no dejaba de fumar y beber anís. Como si aún estuviese en la Legión.

—¿Sabes que has escrito algo de verdad? ¿Sabes que has escrito la única novela importante en España desde que se acabó la guerra?

—¡Psh!

Aquel desdén medio cínico, medio trágico, terminó de alarmarme. Porque la aparición de una literatura así —desgarrada, cruel, brutal, desesperada— quizá era un síntoma como la otra vez, de malos augurios nacionales.

De este chico enfermo —con sangre internacional en las venas que le empujara instintivamente al Tercio extranjero— acababa de salir la visión de una Extremadura increíble, aunque la sospechábamos desde años, desde los crímenes rojos excitados por la Nelken. Su ojo crudo y sin pestañear de legionario había descubierto no sólo la Extremadura roja, ibérica, atroz, sino también aquella que fue riñón de conquistadores americanos, con entrañas rapaces e insaciables. En *Pascual Duarte* revivía un anhelo inextinguido de botín y sangre, de crueldad, muerte y posesión.

Como en toda esa literatura clásica y genial de España que se ha llamado «picaresca» vibraba en Pascual Duarte «la vida» en su brote más elemental: más allá del bien y del mal, sin conciencia moral alguna, pura, brutal, existencialmente. El Lazarillo, el Buscón, Guzmán procuraron cubrir las apariencias con reflexiones morales y pedantes. Pascual Duarte a lo más que llega es a confiarse a un cura antes de morir. Su vida hubiese entusiasmado a Nietzsche y a Kirkergaard. Es la vida más vitalmente cruenta que ha publicado la picaresca española. Los buscones anarquista de Pío Baroja son unas pobres almas piadosas y timoratas al lado de Pascual Duarte. En los buscones de Baroja hay un ideal oculto. En Pascual Duarte, nihil.

En el patibulario, Pascual Duarte —repulsivo a fuerza de querer ser macho y débil por eso mismo— hay, sin embargo, un efluvio tradicional, un destello genuino del realismo español. Hay raíces de aquel «mintroso, ladrón e mesturero, tafur, refertero, reñidor, perezoso», de que hablara el arcipreste de Hita. Recuerda algo en su vida «la del hampa alegre y cerril» a que aludía Pedro de Urdemalas. Y como Guzmán de Alfarache comprueba, una vez más, «que nunca pudieron ser amigos la hambre y la vergüenza». Desilusión trágica la suya como la de Mateo Alemán: «dar al mundo lición de desengaños».

Tiene la vena autobiográfica que hizo escribir sus memorias turbulentas al duque de Estrada, a Alonso de Contreras, a Carlos García, a J. de Luna, a Cristóbal de Villalón, a Espinel.

Y es que Pascual Duarte lleva un no sé qué en su alma de ex combatiente. De hombre que soñó glorias y al fin se ve abandonado, preterido. Y amargamente se pone a beber, a jugar, a olvidar, a olvidar. Y a resbalar —con mala suerte, con fuerza de sino— hasta el crimen.

Pascual Duarte es un síntoma alucinante de guerra. (Como lo es otro relato que leí después, de Cela, titulado «El capitán Jerónimo Expósito». Gangster a la española, bandolero. Otro subvertido.)

Cuando a una juventud se le ha hablado, de idealidad, de Imperio, del noble Amadís o del puro José Antonio, y luego encuentra en la realidad renuncias, aburrimientos, codicias, estraperlos, traiciones y burlas..., ¿qué se le puede pedir? Sólo se le puede pedir que evite, en lo posible, terminar como Pascual Duarte: en capilla y con un cura al lado antes de ir al paredón. Pascual Duarte es un Lazarillo, un guía, que al fin pierde el miedo a su amo a fuerza de verle ciego, avaro y desconfiado, empujándole a que salte y se parta la cabeza contra una piedra y así acabe de una vez y le deje en libertad. ¡En libertad! Secreto indecible de toda la picaresca.

El pícaro, al no lograr ser héroe ni caballero, busca el destrozar toda norma y toda ley. ¡Libertad para triunfar como canalla y miserable! ¡Libertad para volver a ser miliciano! ¡Para robar y matar otra vez! Para descargar contra alguien el rencor de un destino truncado. ¡Libertad! Sin dar ya cuenta a nadie de sus pasos: no ya a un pobre ciego. Ni siquiera al mismo Dios.

III

CUANDO EUROPA SE LLAMABA GONZÁLEZ

Eran los tiempos

Allá por 1608 en que naciera —¿lo habéis olvidado?—, *Esteban González López*, Salvatierra de Miño, raya de Portugal. Y, bautizado al poco ¡en Roma! («La una rabo de Castilla y la obra cabeza del mundo»). Justo cuando naciera Milton, Lope escribiera «Peribáñez» y Shakespeare «Coriolano».

Aquel galleguito

Al que la fama llamara «Estebanillo» —y nosotros más respetuosos «González»—. Por ser «hijo de sus obras» estudiaría tan mal que su padre le puso de barbero con Benito Vadia, del duque de Alburquerque. Pero como al ensayar tal oficio achicharrara los mostachos en punta de un Dalí de entonces, sólo que con espada, tuvo que escapar y unirse a unos fulleros con sólo doce años de edad. Mientras los Países Bajos católicos juraban a Felipe III, moría Cervantes y se iniciaba la guerra de Treinta Años.

El Mediterráneo, lago hispánico, surcado por González

En 1621 embarca como criado de un alférez en la expedición de Filiberto de Saboya. Recorre Livorno, Mesina, se arrima a un esclavo negro, con el que le va mal y luego con un navarro de «jerigonza avascuenzada» conociendo las tierras que hablaban griego pero chupaban los dineros en genovés. Sirve a un Secretario de la hija de Don Juan de Austria, «espanto del otomán y prodigio del mar de Lepanto». Torna a Roma, insiste unos días en rapar barbas, se hace enfermero en Nápoles, se enrola dos veces y deserta para embarcarse a conocer su tierra de España, con quince años. Tras señorear, este González, el Mar Nuestro que lo sintió como suyo.

La España de González

Llega a Sevilla y prosigue a Compostela, sin duda para ver luego su pueblo y pasar a Portugal. Mientras (1625), Campanella utopiza nuestra América —y la de González— como Ciudad del Sol, otorgando a España el cetro del mundo. La España de González. Y Velázquez pinta «La rendición de Breda». González, en Portugal, entonces provincia española, hace de aguador y baratijero. También mozo de comediantes. Y se larga a Córdoba y pasa por Cabra, vendiendo cintas y cantando coplas a las mozas que ha de dejar para tirar la jábega en Málaga y Cádiz.

Bretaña, Francia, Lombardía

Pero le va mal y embarca para Bretaña, engañando a unos judíos en Rouen. Recorre Francia de buhonero y se enrola en el Ejército francés, del que deserta. Pasándose a las tropas españolas en Lombardía. Años de 1627 al 28. El Duque de Feria había ocupado Monferrato. Y el pirata holandés Piert Heyn capturado un tesoro que venía de Méjico.

Roma

Como en Roma estaba bautizado y le quedaba familia, pasa una temporada. Se alista en Nápoles, marcha otra vez a España y en Barcelona es condenado a muerte pero perdonado por el Cardenal Infante. Trasladándose a Milán.

Norlinguen

Con la expedición del Duque de Feria recorre Alsacia y Baviera. Han asesinado (1634) al gran Wallenstein. Y la Infantería española se cubre de gloria, por vez última, en Norlinguen contra los suecos protestantes. Batalla en la que González participa metido en un agujero y acuchillando cadáveres después del combate. Tras ser capturado por holandeses, entra como bufón al servicio de Duque de Amalfi, al que dedicaría después sus Memorias.

Viaja por Viena y por Praga. Y regresa a Bruselas, donde le burlan en Rupelmonde (1636). Don Fernando de Austria recibe en Bruselas la Declaración francesa de guerra, rechaza una invasión en Flandes, ocupa Picardia y llega a las puertas de París (Calderón ha estrenado «La Vida es sueño», que no lo es para González, la vida europea de González).

A los treinta y un años

González se pasea por Viena. Maltrata a unos judíos en una mascarada. Asiste a la batalla de Thionville y se hace pasar por herido. España va ya en declive. Oquendo ha sido derrotado en las Dunas y se sublevan Portugal y Cataluña. Y en el 41 lo intenta Medina Sidonia con Andalucía.

1643

Se acerca Westfalia con la batalla de Rocroy que a González se la cuentan dos evadidos. Cae Olivares. Nuestro González, al servicio de Amalfi, va como correo a Polonia y Lituania, siendo obsequiado por el Rey Ladislao. Regresa a Italia y pasa a España. En Zaragoza le recibe Felipe IV y le concede una licencia para una Casa de juego en Nápoles. Para reunirse con Amalfi viaja a San Sebastián y de allí, por tempestad a Cornwall, en Inglaterra, donde le meten en la cárcel.

1646

Se escapa como pirata y llega a Bruselas. El Conde de Turena invade Baviera. Y Esteban se despide de Amalfi para escribir sus Memorias y dedicárselas. Publicándolas la Viuda de Juan Cnobbart en Amberes (1646). Al terminar la Guerra de los Treinta Años. Independízase Holanda y prepáranse las Paces de Westfalia y de Munster, 1649, en que termina la Cristiandad y surge Europa, la Europa recién señoreada por González.

El libro más europeo de un español

Esas Memorias constituyen el libro más europeo de un español por no proponérselo sino vivir la Europa española, de González.

Desde entonces esas Memorias se imprimen una treintena de veces con estudios españoles e internacionales al frente.

Quizá fuera la hora de exhumar y imprimir otros Relatos, autobiográficos de otros González, de que habla el Duque de Baena en su «Rompecabezas holandés».

«Existen muchas cartas escritas por los soldados y servidores del Rey de España durante su estancia en los Países Bajos. Pero son documentos privados nunca publicados hasta la fecha y que espero dar a conocer algún día. Están guardados en un Museo de Madrid y se refieren principalmente a la vida privada y a las aventuras de sus autores.»

Cuando Europa se llamaba González

Es cuando Estebanillo españoliza «Andernaque» (Andernach) «Bodu» (Bosque de Baudur) «Brique» (Brzeg) «Brisague» (Breisach) «La Chapela» (La Chapelle» «Coma» (Como) «Chavamburque» (Aschaffenburg) «Chavena» (Chiavenna) «Gueldres» (Gelderland) «Henao» (Hainaut) «León» (Lyon) «Lucemburque» (Luxembourg) «Mastrique» (Maastrich) «Norlinga» (Nordlingen) «Odra» (Oder) «Ruan» (Rouen) «Tionvila» (Thionville) «Sisa» (Asis) «Woormes» (Worms) «Valmur» (Falmouth)... Y habla de un «brandevinero» (vendedor de aguardientes) y se llama a sí mismo «Monsieur de la Alegreza» y «Macarone qui manga uno manga dos», «Matresa» (Maitresse) «teta a teta» (Tete a tete) «hacer buena chera» (Bonne chere) «Alon, alon» (Allons, allons) «barrachel» (bargello) «rendibuy» (rendez vous) «miñona» (mignonne) «caramesa» (Kermesse) «tur» (tour» «za gardoa» (sidra) «esquizaro» (suizo)...

Y cuando España quiso llamarse Europa

Rota la «Invencible» en el mar y la Infantería en Rocroy el español comienza a hacerse escéptico y empieza a reflejarlo Esteban González López: «Con el alemán soy alemán, con el flamenco, flamenco y con el armenio, armenio... Y así me daba tres pitos que bajase el turco, ni un clavo que subiese el persiano ni que cayese la torre de Valladolid... Yo iba ya a la guerra tan "neutral" que no me metía en dibujos ni trataba otra cosa que de henchir mi barriga.» Con Estebanillo González López, natural de Salvatierra de Miño y terminado de tahur Europa se llamó aún González pero terminó González jugando a llamarse europeo.

IV

UN PÍCARO MEJICANO

Cantinflas es el artista de esa raza menuda, fuerte y graciosa de los chamacos, como él llama a los muchachos vagabundos y pícaros. ¡Los pícaros de Méjico!

* * *

Si Jorge Negrete representó, un cierto tiempo, el símbolo del genio caballeresco, del Hidalgo o Caballero, Cantinflas fue —y sigue siendo— el heredero de la casta de pícaros o «escuderos» que, el contacto con España despertó en la pereza metafísica del indio aborigen. Si aquel Negrete continuó en la pantalla mejicana las hazañas de romance de nuestras gentes castellanas, Cantinflas resultó el sucesor de aquellos españoles aventureros y hampones que cayeron allá por la época virreinal. De un Pablo el Buscón que se fue, por fin, a Indias. De un Julianillo Valcárcel, el vástago ilegítimo de Olivares. De un Enrique Felipe de Guzmán. A su vez, continuadores de Alfarache, Estebanillo, Urdemalas y del auténtico Lazarillo. De aquellos hombres de aventuras que se hacían pícaros y ganapanes sufriendo mil trabajos sólo por el «bebedizo de la libertad y no trabajar». Que eso es lo que nadie obligará a Cantinflas en sus películas. Así tenga que hacerse como el truhán o escudero descrito por el Arcipreste de Hita: «mentiroso, beodo, ladrón, mesturero, tahúr, peleador, goloso, reyertero, adivino, sucio, agorero, necio, perezoso».

Esta tradición del «pícaro español» es la que distinguió definitivamente a Cantinflas sobre los demás cómicos de la pantalla internacional y le hizo tan enormemente atractivo para nuestros públicos.

* * *

Se cuenta que Mario Moreno, antes de llamarse Cantinflas, teniendo que ganarse la pícara vida, entró un día en una carpa mejicana, un barrancón de arrabal, y salió a escena pobre y harapiento para decir algo. Pero se intimidó tanto, con tal azoramiento que —olvidándosele lo que debía decir— empezó a balbucear tales circunloquios entrecortados, insignificantes y absurdos que, lejos de promover un escán-

dalo de mal humor, lo produjo del bueno, del reír y no acabar. Y el
público que no le había entendido nada, se quedó entusiasmado, convencido de haberle entendido todo. (Lo que no pasó desapercibido a
la perspicacia de un empresario, Santiago Reachi, que tras utilizar a
Mario en el Teatro, le llevó al Cine, al verdadero reino de la mímica y
del romance sin palabras.) Cantinflas comenzó, pues, la carrera de su
comicidad «queriendo decir mucho» y terminando «por no decir
nada». O, si queréis, al revés, empezó por no decir nada y terminó
diciendo mucho.

* * *

El más hondo secreto cómico y picaresco de Cantinflas está, indudablemente, en el lenguaje. Lenguaje expresado por vocablos sin otro
sentido que aquel que le dan las manos de Cantinflas, los ojos ingenuos y maliciosos de Cantinflas, la gabardina y el chapeo de Cantinflas, la camiseta pegada al cuerpo de Cantinflas y hasta los obscenos
pero simbólicos pantalones de Cantinflas. Indumentos que logran imprimir a sus palabras el máximo valor que, según los poetas, deben
tener las palabras: el valor de lo indecible, de lo inefable. Casi del
silencio. Se cuenta de Zuloaga que, pintando cierto tipo castellano se
quedó estupefacto: «¡Qué sabiduría la suya! ¡Sabe todo! ¡No habla
nada!» Es la misma estimación que los viejos pueblos orientales tuvieron siempre de la Palabra como engaño e ilusión. Y que aún hacía a Dostoyewski despreciar todo discurso que no llevase algo de borrachera, es decir, de íntima música balbuciente. Y a ciertos líricos
chinos proclamar el Silencio como la más sonora y clarísima de las
voces.

Sólo el europeo, con su afán racionalista, aristotélico y cartesia-
no se empeñó en dar a las Palabras una valoración lógica, objetiva y
gramatical. Hasta clasificar el lenguaje en categorías fijas, abstractas,
logarítmicas, estructurables entre sí, como los términos de una ecuación o los datos de un problema geométrico. Desdeñando aquel otro
lenguaje que se basara en lo íntimo, en lo emocional, es decir, en lo
inclasificable. La Lingüística, luego, en una interpretación romántica
y liberal, reaccionó, exagerando su valor contrario, el subjetivo, irracional, subconsciente. Y es que el Lenguaje —como expresión humana—, no es Razón sólo ni sólo Pasión. Es las dos cosas a la vez. Y,
según la que predomine, así ese lenguaje será más o meno culto o popular, personal o colectivo, académico... o mejicano.

El lenguaje de Cantinflas es para mí la expresión genuina de Méjico. Y, si me apuráis, la esencia del americanismo hispanida, monolo-
gado.

Un lenguaje que pudiéramos llamar «piramidal», pensando en los
teocalíes o templos piramidales aztecas, mayas y otros aborígenes pre-
colombinos. O sea: de bloques superpuestos en escalinata, con terrazas en disminución. Un discurso de Cantinflas empieza siempre por
una gran base. Poco a poco, tras muchos escalones se va reduciendo,
hasta terminar en un vértice, al fin, significativo: el vértice silencio-
so de su gesto.

Otro ejemplo aún del paralelismo cantinflista con el arte de su tierra: si observáis las pirámides de Teotihuacan, las terrazas de Papantla, el Teocali de Zempoala o de Tepoztlan en Xochicalco, veis que sobre unas someras líneas constructivas, lo que predomina en ellas es el adorno hasta la exacerbación. Caracoles extraños, conchas desmesuradas, monstruosas testas, ojos redondos de obsidiana, grotescos dientes. Lo mismo en el Palacio de Mitla en Oaxaca. El arte mejicano —y en general, el indoamericano— se caracteriza por su carencia de simetría y de unidad, al modo oriental. Los relieves son pesados: las masas arquitectónicas con miedo a los racionales vanos. Las pinturas, hieráticas, rígidas. Los tejidos de plumería, recargadísimos. Los collares, plurimorfos, la cerámica zigzagueada. Como el lenguaje de Cantinflas.

Se sabe que la lengua nahoa del viejo Anahuac carecía de sonidos fuertes, prescindía del artículo, multiplicaba las sinonimias. Con cierta mansedumbre melancólica, cierta pereza supresora de nexos sintaxiales. Y un ansia de enturbiar el sentido con reiteraciones abrumadoras: lengua a base de circunloquios. Y en el «Diccionario azteca» de nuestro Alonso de Motolinia pueden advertirse parecidos rasgos lingüísticos, de un congénito barroquismo indio: la polisintesis, las incorporaciones lexicales, las aglutinaciones, la expresión de ideas-frases en un solo vocablo polisilábico. El famoso «Vampun» de tipo iroqués. El habla jeroglífica de los viejos sacerdotes o «chilams» de los mayas, que, perdido su sentido religioso, esotérico, fue quedando en una reliquia tradicional hasta llegar a los labios arrabaleros de Cantinflas.

Tomemos un texto cualquiera de Mario Moreno. Le preguntan: «¿Cuál ha sido su mayor éxito?» A lo que ,textualmente responde: «Mi bagardina... es decir... no... bueno sí... porque después de todo... usted me entiende...»

Obsérvese que para un solo sustantivo y un solo verbo —formas lineares directas— emplea todo el resto de la frase con adornos adverbiales y conjuncionales, entrecortándolos con breves espacios suspensivos.

Analizado lógicamente da un resultado imposible y negativo. De pura fraseología incipiente, de psicosis intimidada. De un perezoso tímido. Y, sin embargo, nuestros públicos hispanidas, esto lo entienden y lo ríen a carcajadas: «Porque, como usted comprende... al llegar y sentirse... como si dijéramos en de repente... es natural... que en cualquier momento... uno esté dispuesto a cualquier forma...» Las palabras inician el sentido: la mímica lo completa. Lenguaje de asustado o de borracho embriaga pánicamente a las masas. Elevando así la embriaguez a cierto rito mágico, tradicional y respetable quizá en recuerdo inconsciente de que, al máximo dios mejicano Quetzalcoatl le emborrachó con pulque Tezcatlipocan. Lo que originó la destrucción de Tula. Y en las películas cantinfleñas, los mayores estropicios. Pícaro trascendental.

* * *

Cantinflas no sólo ha puesto al día —estilizadamente— la arcanidad originaria lingüística de Anahuac, sino también ha sabido dar signo a su propia indumentaria. «La gabardina» —inverosímil bufandilla que como amuleto ha de llevar siempre liada al cuello— tiene algo de la «coatl» o serpiente sagrada mejicana. Pero, en rigor, no es sino la estilización del popular «sarape», el «timatli» o poncho o sayo indígena. Sus zapatos alpargatosos son el recuerdo de las «catli» o sandalias de los «pelados» o pícaros. La «camiseta» pegada al cuerpo quizá sea un vestigio del «huipilli» o camisa primaria. Y en cuanto al «pantalón» es el «Chinacnoc» o bragas de los mayas, cruzadas o abrochadas bajo el ombligo. (Esta tendencia a los pantalones con cintura baja se da hasta en el norteamericano. Si Cantinflas no llevara camiseta enseñaría el ombligo: justamente como Buda.)

* * *

Rasgos tremendamente budistas, asiáticos, en Cantinflas. Uno más: su bigotejo de mongol. Yo he visto un antecedente en un famoso actor ruso-judío que trabajaba en el Teatro hebreo de Moscú: Suskin, en su papel de «El viaje de Benjamín III». Parecido alucinante. Sabido es que Mario Moreno estaba casado con una rusa, Valentina Subaroff. Y que su característica de arte es siempre elegir el mundo cómico de los humildes, del proletariado, de los «pelados», único en el que su inspiración adquiere plenitud de caridad.

(Su tipo mismo responde a esa caracteriología asiática que señalaran Hrlicka y Holmes para el amerindo: estatura media, ágil, pelo negro y áspero, casi barbilampiño, pómulos pronunciados, ligera oblicuidad en los ojos, mesocéfalo, piel mate.)

* * *

Su inspiración con plenitud de caridad... En este pícaro mejicano. En el que se adivina un fondo religioso, de un cristianismo perdurable, franciscano, que espiritualizó todo aborigenismo oriental, indiánico... Franciscanismo. El Santo, Francisco, cuya Orden seráfica llevaran los españoles para fundar el alma católica de Méjico. Y cuyo recuerdo hace aún —a los mejicanos— llamarse «hermanitos» entre sí.

Por eso, cuando Cantinflas llegó a España yo le saludé, íntimamente, con un «¡Salve, hermano Mario!», dicho a la castellana: porque a la mejicana hubiera tenido que decir: «¡Salud, manito!»

V

¿Y QUÉ ES LA NOVELA PICARESCA?

Si en vez de dirigirme a especialistas tuviera que enfrentarme con mentes sin especialidad literaria alguna ante la Novela Picaresca, ¿cómo se la explicaría? ¿Y hablar de sus vagos sin vaguedad alguna?

*   *   *

La novela «realista» (de «res»=cosa, materia) es aquella que a diferencia de la «idealista» (originada en las leyendas épicas medievales y de raíz nórdica, aria y platónica) narra «hechos vulgares, cotidianos: reales».

La novela realista, procedente de un remoto origen oriental (fabulístico, apológico) dio en la Edad Media española ,a través de la cultura arábiga, Fabularios como el de «Calila y Dimna» (siglo XIII), una obra maestra como «El Conde Lucanor» (siglo XIV) y una prosa costumbrista, llena de refranes y consejos, como la del «Corbacho» (siglo XV). Pero ninguna de estas narraciones —tanto idealista como realistas— se llamó aún «novela».

La palabra «novela» se introdujo en España a primeros del siglo XV, por influjo de los «novellieri» italianos (Boccaccio, Bandello, Cintio, Straparola). Y entonces —de la unificación del «medieval apólogo oriental» con el «relato renacentista italianizante»— tipo «Disputa del asno» de Turmeda surgió la «novela realista o costumbrista» de España. La cual no fue un género noble, como la Epopeya o la Tragedia, por no tener para los Humanistas «antecedentes antiguos». Quedando, como diría Santillana, para la «gente de baja y servil condición». O como Lope, para la gente «mecánica e ignorante» (en lo que el *Quijote* tuvo de «realista» el propio Cervantes reconocía que eran los pajes o criados quienes más lo leían).

Por eso la «novela» no tuvo Preceptiva o Reglas como para escribir un Soneto o un Drama. Cervantes recomendaba «la verosimilitud»: «que tire lo más que fuere posible a la verdad». Y Lope de Vega proclamó, una vez más, la libertad de inspiración, como en su Teatro: «tienen las novelas los mismos preceptos que las comedias, cuyo fin es haber dado su autor contento y gusto al pueblo, aunque se ahorque el arte».

Dentro de la novela realista —la Picaresca fue aquella en que el protagonista era un Pícaro—. Es decir, un ser de baja condición social, bien por nacimiento, bien por degeneración.

La palabra «Pícaro» tendría tres interpretaciones: latina (de «pica»: los esclavos atados a una «pica»; o de «picus»: picar, mendigar);

arábiga (de «bicaron»: vagabundo). Y flamenca (de «picardo» o «bigardo»; ex combatiente andariego de la Picardía en Flandes).

El tipo de «Pícaro» —con varios nombres— existió ya en la literatura medieval. Fue descrito por el Arcipreste de Hita: «mintroso, ladrón, tahúr, sucio, reñidor, perezoso». En el siglo XVI la palabra «Pícaro» se usó como «ganapán» y «esportillero». En el XVII como vagabundo sin oficio fijo. Y en la decadencia imperial de España, los «pícaros» formaron ya una clase social específica de jugadores, ladrones, aventureros, lacayos, escuderos, mutilados y ex combatientes arruinados.

Históricamente fue el *Pícaro* la contraposición social del *Héroe* o *Caballero*. Frente al tipo «esforzado y virtuoso» del Caballero, el Pícaro era «perezoso y vicioso y roto y asqueroso». Frente al Amor: el Hambre. Frente a la Batalla, la riña. Frente al Valor, la astucia. Frente a la ascética disciplina cortés, la Libertad y la Rebeldía. Frente a la Amada ideal, la Mujer despreciada y mala. Y frente a la «ilusión por la vida»: la «lición de desengaño del mundo», como dijo el autor del Buscón.

Tres son las fundamentales novelas picarescas españolas: el *Lazarillo de Tormes,* iniciador del género. *El Buscón* de Quevedo. Y el *Guzmán de Alfarache* de Mateo Alemán. 1554, el *Lazarillo.* 1599-1603, *Guzmán de Alfarache.* 1626, el *Buscón.*

Entre la Novela picaresca o realista y la idealista hay un género tardío que yo he llamado la «novela cortesanesca» en el Barroco, de cortesanos. Como *la Dorotea* de Lope. *Las noches de invierno* de Eslava. O la *Guía de Forasteros* de Liñán y Verdugo.

Pero la síntesis universal entre Idealismo y Realismo en la Novela sería el *Quijote.*

Por una parte: el *Quijote* recogió la mítica aria y cabelleresca procedente de la antigua Epopeya e infiltrada en los Libros de Caballerías (sobre todo el *Amadís*), que el *Quijote* continuó irónicamente. Así como las corrientes platónicas sentimentales de tal mítica idealista. Por otra parte: con la figura de Sancho Panza y el sentido concreto de paisajes y personajes, el *Quijote* recogió la tradición, también milenaria, del viejo Realismo apológico del Oriente (o sea, la tradición del Calila y Dimna, Don Juan Manuel, Arciprestes de Hita y Talavera, Refranero, Celestina). Y, por último: el *Quijote* fusionó genialmente esas dos antítesis (Idealismo, Realismo) ya iniciada en el siglo XIII por el *Caballero Cifar* —gracias ahora a la inspiración humanista de la «novela» italiana del Renacimiento. Entre lo *ideal* (mítica, aria y platónica) y lo *real* (influjo del Oriente), el *Quijote* significó el triunfo supremo de lo Humano. De ahí su eterna ejemplaridad para el hombre de todos los tiempos.

Como resumen de esta *Vagabundeo sobre la Picaresca* (y sin vaguedades) ofrecría la siguiente visión sintética:

SINTESIS
sobre
LA NOVELA EN ESPAÑA DURANTE SU EDAD DE ORO

I. Orígenes espirituales

Novela idealista		*Novela realista*
«Epopeya»: aria y heroica.	«Apólogo»: oriental y gnómico.	

II. La Novela en España

	Novela idealista	*Apólogo*	*Novela realista*
Medievo: (XIII-XIV)	«Crónicas caballerescas» (La de Turpín)	Antecedentes del Quijote «El Caballero Cifar» (Hidalgo)	«Libro de Exemplos» El Conde Lucanor. Ribaldo (Escudero)
Renacimiento: (XV-XVI)	Epopeya más Idealismo platónico. Novela de Caballerías: «Amadís». Novela sentimental: «Cárcel de Amor». Novela bizantina: «Selva de Aventuras». Novela pastoril: «Diana». Novela legendaria: «Abencerraje».		Gnómica más humanismo italiano — Consejos, Cuentos, Patrañas, Dichos, Apotegmas, Florestas, Facecias... Novelas de Turmeda, Timoneda, Mey, Horozco, Mexía... «El Lazarillo de Tormes».

	Escudero	QUIJOTE de Cervantes	Hidalgo.
Imperio: (XVI-XVII)		(De cortesanos)	
Barroco (XVII)	*Novela picaresca* (De pícaros) Antecedentes del XVI - XVII «Lazarillo de Tormes», Anónimo. «Guzmán de Alfarache», de Alemán. Texto típico: «El Buscón», de Quevedo. Otras muestras: «Marcos de Obregón», «Pícara Justina», «Donado hablador», «Estebanillo González»… Y costumbrismos de Zabaleta, Santos…		*Novela cortesanesca* Barroquismo alegórico: «Los Sueños», de Quevedo. Barroquismo erótico: «La Dorotea», de Lope. Barroquismo legendario: «Las noches de invierno», de Eslava. Barroquismo localista: «Guía de Forasteros», de Liñán y Verdugo.

Preceptiva de la Novela en España

1) Uso tardío (siglo XVI) de la palabra italiana «novella» («noticia», «nueva»); en francés: «nouvelle», noticia frente a «román» (relato o romance).

2) Género literario sin categoría humanista (sin reglas o preceptos fijos: como la Epopeya o la Tragedia.

3) Creación variable: «Mentira artificiosa», «en prosa», para «deleitar» y «ejemplarizar» al «vulgo», mereciendo censuras de los moralistas y desdenes de los poetas.

4) Este género logra conquistas técnicas de profundidades sociales y psicológicas que preparan el triunfo burgués de la novela en el siglo XIX.

LA NOVELA PICARESCA EN ESPAÑA EN EL SIGLO XX
EL VERDUGO AFABLE, DE RAMON J. SENDER

Alan L. Kalter
Dept. of Romance Languages & Literatures
Ohio State University

Gran parte de la confusión acerca de la definición del término «novela picaresca» surge del infeliz matrimonio de estas dos palabras, «novela» y «picaresca». En las palabras de un crítico, «en el uso contemporáneo, el término "picaresco" parece aplicarse siempre que algo "episódico", unido por un "antihéroe" necesita un nombre» [1], y, agrego yo, el paso a denominar a la obra en cuestión «novela picaresca» es demasiado fácil e ingenuo. Parece ser razonable hablar de una *tradición* picaresca literaria dentro de la cual caben muchísimas obras, pero el número de obras que de veras unen lo novelesco con lo picaresco es bastante reducido [2]. Aún menor es el número de obras que tienen, en combinación con la presencia de un pícaro, una estructura semejante a la de las dos primeras grandes novelas picarescas clásicas, el *Lazarillo de Tormes* y el *Guzmán de Alfarache.* Ahora bien, la novela picaresca en el siglo XX no puede ser una «copia al carbón» de la picaresca clásica ni en cuanto a la estructura ni respecto a la temática: en tal caso carecería de sentido, tanto artístico como trascendente. En los últimos años, un par de críticos españoles han tratado de manera convincente el problema de la definición de la novela picaresca. En este estudio de *El verdugo afable* de Ramón J. Sender [3], me atengo en lo esencial a las ideas de Francisco Rico y de

---

[1] Ulrich Wicks, «The Nature of Picaresque Narrative: A Modal Approach», *PMLA,* 89 (1974), p. 240.

[2] Véanse Fernando Lázaro Carreter, «*Lazarillo de Tormes» en la picaresca* (Barcelona, Ediciones Ariel, 1972), pp. 215-216, y Francisco Rico, *La novela picaresca y el punto de vista* (Barcelona, Editorial Seix Barral, S. A., 1970), p. 132.

[3] He manejado la edición de Santiago de Chile: Nascimento, 1952. Todas

Fernando Lázaro Carreter en cuanto a consideraciones formales; para el significado de la obra en el siglo XX me remito al concepto del «santo pícaro» («the picaresque saint») de R. W. B. Lewis [4].

Rico, en *La novela picaresca y el punto de vista,* afirma que «nuestro pícaro [literario] surgió asociado a un esquema narrativo, en síntesis capaz de estructurar unitariamente infinidad de materiales que antes sólo habían tenido existencia inconexa, episódica» [5]. Los elementos fundamentales de este esquema, por lo menos en el *Lazarillo* y el *Guzmán,* pueden resumirse así: «los ingredientes principales tendían a explicar la situación final del protagonista, de la que era elemento notabilísimo el hecho de redactar una autobiografía: los núcleos mayores del conjunto daban cuenta del personaje como narrador, justificando la perspectiva que, a su vez, decidía la existencia y el contenido de las memorias, de suerte que la novela quedaba rigurosamente cerrada. En ambas obras, la autobiografía presentaba toda la realidad en función de un punto de vista» [6]. Rico pregunta, «¿hacia dónde hubiera caminado [la novela picaresca] de seguir las huellas de *Lazarillo* y *Guzmán?* Pues derecha hacia la novela moderna» [7]. Para mí, *El verdugo afable* es un paso lógico en la evolución de la novela picaresca como la define Rico.

Todos conocemos la clave interpretativa del *Lazarillo:* Lázaro escribe su autobiografía para explicarle el «caso», ya aludido en el prólogo», a «Vuestra Merced»; lógicamente, todo lo que relata ha de ayudar a que «se tenga entera noticia de mi persona» [8], puesto que dicha información es necesaria al entendimiento de la situación «presente» del autobiógrafo. A primera vista, las semejanzas entre este esquema y el empleado por Sender en *El verdugo afable* no son muy evidentes. El relato empieza narrado en primera persona por un periodista. Este llegó a conocer a un verdugo; los dos se reunieron para hablar. El verdugo le contó su vida al periodista; éste, a su vez, se la cuenta al lector. Al terminar este relato, el periodista narra lo pasado hasta el momento de la separación de los dos. Se sugieren tres lógicas divisiones estructurales del libro: primero, casi como prólogo, todo lo que pasa anterior al relato de la vida del verdugo (pp. 5-27); segundo, este relato, reelaborado por el periodista, el cual, naturalmente, ocupa la mayor parte de la novela (pp. 27-419, y último, casi a manera de epílogo, lo ocurrido después de terminada la historia (pp. 419-27) [9]. Pues bien, si en el *Lazarillo* se menciona el «caso» en el prólogo, en

---

las citas en el cuerpo de este trabajo son de la edición citada. Esta edición es algo difícil de encontrar en España.

[4] *The Picaresque Saint: Representative Figures in Contemporary Fiction* (Philadelphia and New York: J. B. Lippincott Company, 1959).

[5] RICO, p. 131.

[6] RICO, p. 116.

[7] RICO, p. 140.

[8] Anónimo, *Lazarillo de Tormes* (Zaragoza, Editorial Ebro, S. L., 1965), p. 24.

[9] Estas divisiones son mías: corresponden a la «estructura interna» de la novela y no a ninguna división física (i. e. capítulos) hecha por el autor.

lo que he llamado la primera parte de *El verdugo afable* se plantea lo que es, en efecto, otro «caso». El periodista piensa, «Quiero acabar de entender... la razón de existir de los verdugos. Si no la hay estamos todos perdidos» (p. 21). El «caso», entonces, es la historia de cómo llegó el verdugo a su situación «actual», y un detenido análisis de la obra demuestra que «los ingredientes principales tienden a explicar la situación final del protagonista» [10], y que Sender ha «estructurado unitariamente infinidad de materiales» que bien podrían haberse presentado de manera episódica o inconexa. La acción de las dos obras tiene la misma función: la de dar una aclaración para comprender a un personaje ya hecho.

Es evidente la mayor diferencia entre la estructura narrativa de El *verdugo afable* y la del *Lazarillo*. En ésta, el punto de vista es único; el anónimo autor se esmera en crear el efecto deseado: «Lázaro cuenta, con adecuada lógica, lo que sólo puede saber...» [11]. «Lázaro separa con el máximo cuidado lo cierto de lo dudoso, prodigando los *debía*... conjeturales» [12]. *El verdugo afable* no es una fingida autobiografía, pero un análisis del yo narrante en lo que he llamado las tres divisiones de la novela demuestra que la técnica empleada aquí tiene muchas afinidades con la usada en el relato anónimo. En la «primera parte» de *El verdugo afable,* el autor se esmera en la elaboración del narrador ficticio para dar una perfecta verosimilitud a la situación presentada. El narrador lee un artículo que ha escrito para establecer el hecho de ser él periodista. Este artículo relata el acontecimiento que permitió el encuentro inicial entre el periodista y el verdugo: la ejecución de cuatro reos a la cual asistió el periodista como testigo. Esto establece la habilidad del narrador para redactar un informe objetivamente y con exactitud; el hecho es importante por ser él el narrador de la vida del verdugo. La consistencia del punto de vista narrativo se mantiene perfectamente.

En la página 21 empieza la transición hacia la segunda parte con la aparición del verdugo, Ramiro Vallemediano. Esta transición hacia una nueva técnica para el yo narrante es lenta, ocupando unas seis páginas. Hay una especie de diálogo entre el periodista y Ramiro —unas veces el narrador emplea citas directas y otras veces indirectas—. Esto permite que Ramiro narre unos trozos de su vida en primera persona; el periodista interpone unos comentarios mentales propios juntos con trozos de narración de la vida del verdugo en tercera persona. En la página 27, el yo del narrador y el de Ramiro desaparecen por completo, dando lugar a un relato biográfico en tercera per-

---

[10] Cfr. y contrástese con Marcelino C. Peñuelas, *La obra narrativa de Ramón J. Sender* (Madrid, Editorial Gredos, S. A., 1971), pp. 164 y 166. El crítico dice que «no hay trama propiamente dicha», opinión que no puedo compartir, puesto que la trama es precisamente lo que he llamado el «caso». Sí concuerdo con lo que opina más tarde: «La integración orgánica de todos estos elementos ... comunica a la novela firmeza estructural y unidad de significado.»

[11] Rico, p. 21.

[12] Rico, p. 38.

sona, que dura hasta la página 419. El lector sabe que todo este relato es directamente atribuible al periodista, al «testigo», y sólo indirectamente a Ramiro Vallemediano, al «actor», pero de no saberlo de antemano, el lector no podría adivinar la «presencia» del periodista en absoluto. Si se lee con cuidado, se da cuenta de que este artificio biográfico es casi tan perfecto como el artificio autobiográfico del *Lazarillo*. El punto de vista es único, es el de Ramiro, sólo traspuesto a la tercera persona por el narrador-testigo [13]. Si en el *Lazarillo* «prodigan los *debía* conjeturales», encontramos lo siguiente en *El verdugo afable*, cuando Ramiro no puede presenciar una conversación: «—No sé qué pensar —debió decirle más o menos el guarda—» (p. 131). Para presentar los sucesos de Benalup, el autor hace que Ramiro, quien no estuvo presente durante el tiempo en cuestión, escriba un informe; hay advertencias como «Se dio cuenta de lo difícil que era escribir una narración» (p. 286). En otra ocasión, se emplea el artificio de «Según Ramiro averiguó más tarde...» (p. 364). El relato de lo ocurrido en la casa de Curro Cruz se rompe en el punto en que ya no había sobrevivientes adentro con las víctimas. Es significativo que nunca nos enteramos de lo que nadie que no sea Ramiro piense de la aureola de éste; sólo, en varias ocasiones, que Ramiro cree que otros la ven y que le están juzgando a causa de ella (pp. 131, 133, 321-22) [14]. Es evidente el interés del autor en mantener una ilusión al servicio de la verosimilitud de la obra. En cambio, no tiene ningún interés en crear una ilusión autobiográfica. La ilusión biográfica parece estar al servicio de otra ilusión, ésta de objetividad. Como ya noté,

---

[13] Contrástese con Peñuelas, pp. 181-182: «... la novela se convierte en una exposición en tercera persona en la que cabe todo lo que el autor quiera incluir... El cambio del diálogo ... a la narración impersonal..., la lleva a un nivel neutro de objetivación en el que se amplía el horizonte de la primera persona, y en donde el autor puede incluir toda clase de comentarios y digresiones.» Esto sencillamente no corresponde al texto. No hay ninguna «digresión» que no sea atribuible a lo dicho al periodista por Ramiro. Hay dos comentarios ambiguos y cuatro casos en los cuales nos es dada información que no sabemos cómo la llegó a poseer Ramiro, pero que bien puede deberse a conjeturas suyas o a lo que otros le dijeron. (Los comentarios ambiguos: «La naturaleza nos ayuda a olvidar las cosas que el alma no puede soportar» (p. 117). «Nuestra mente olvida las cosas demasiado terribles como una reacción de defensa» (p. 343). Los cuatro casos aludidos: la observación de Santolalla a sí mismo» (p. 185). «Los pensamientos de Curro Cruz» (p. 293). «Los pensamientos de Lucía» (p. 365). «Ramiro no recordaba al sacerdote [era el canónigo que había visto una vez en casa del duque]» (p. 256). La técnica aquí empleada no tiene nada que ver con un perspectivismo de tipo cervantino, que presenta la misma «realidad» desde varios puntos de vista. El narrador-periodista no es un narrador intruso: presenta objetivamente lo que le ha contado Ramiro.

[14] A pesar de la opinión de Peñuelas —p. 167, nota 5— sólo Ramiro ve la aureola. Una cuidadosa lectura lo demuestra claramente. Por ejemplo: «No sé qué pensar —debió decirle más o menos el guardia—. Iba haciendo la ronda cuando vi un resplandor al pie de un árbol. Me acerqué y la luz desapareció, pero me encontré durmiendo a ese joven. De lejos juraría que vi como un resplandor» (p. 131). El «debió» conjetural hace claro que todo esto es suposición de Ramiro.

el lector puede tener confianza en el periodista como narrador; a la vez, la desaparición del yo del narrador crea cierta ilusión: la de un narrador omnisciente. En el *Lazarillo* y el *Guzmán,* el yo es la medida de todo; en *El verdugo afable* el lector está a una distancia del yo. Una posible razón de este distanciamiento estético» [15] se encuentra en lo dicho por Rico respecto al *Lazarillo* y al *Guzmán,* «uno de cuyos asuntos esenciales es justamente mostrar la conversión del protagonista en escritor...» [16]. No hay tal conversión en *El verdufo afable,* pero sí hay una elaborada ficción que establece por qué Ramiro cuenta su vida y cómo la biografía ha llegado a las manos del lector (cosa esta últimamente ausente del *Lazarillo):* es fácil imaginar al narrador-periodista en la tarea de transcribir y publicar el relato autobiográfico que le ha hecho un verdugo. Aunque los artificios son algo distintos, la ilusión producida es esencialmente la misma en las obras clásicas y en la moderna: de la ficticia razón de ser de la obra en cada caso. Aunque la acción de *El verdugo afable* continúa en lo que he llamado el epílogo, después de que termina el relato reelaborado de la vida de Ramiro, «la novela queda rigurosamente cerrada», porque el «caso» está explicado una vez que Ramiro está firmemente establecido como el verdugo de Ocaña.

La primera y segunda divisiones de *El verdugo afable,* entonces, tienen la misma función que el prólogo y los siete «tratados» del *Lazarillo.* El prólogo de éste y la primera división de aquél establecen sendos «casos» como la razón de ser de la narrativa; cada «caso» tiene que ver con la «actual» situación del protagonista. Todos los elementos de los siete «tratados» y de la segunda división ayudan a explicar los «casos» respectivos; es decir, explican a protagonistas ya formados. El lector sigue a los dos personajes desde su nacimiento, mientras acumulan experiencias y adquieren los conocimientos que son las claves de lo que cada uno llega a ser en la vida. Esto es verdad tanto en cuanto a la acción con respecto a los sueños y la voz interior de Ramiro en *El verdugo afable* [17].

La tercera división de *El verdugo afable* comienza al terminar la biografía de Ramiro, y se distingue por la vuelta a una narración en primera persona del periodista. Esta corta sección —ocho páginas— es muy necesaria a la estructura de la obra: deja al lector con una ambigua ironía final, semejante a lo que hace la última frase del *Lazarillo* («Pues en este tiempo estaba en mi prosperidad y en la cumbre de

---

[15] Peñuelas, p. 182.

[16] Rico, p. 10.

[17] Peñuelas opina que los sueños y la voz interior forman parte de un plano narrativo imaginativo dentro de la obra (p. 158); el sueño del molino es «una anticipación lírica al sentido interno del relato...» (p. 173). Este empleo de material alegórico recuerda dos técnicas estructurales usadas por Mateo Alemán en el *Guzmán:* el empleo de cuentos alegóricos para ilustrar varios puntos, y la interpolación de cuantos tipo *novella* que bajo análisis resultan formar parte de un plano narrativo coherente. De manera semejante, sólo bajo cuidadoso análisis, se ve que el material alegórico de *El verdugo afable* resulta caber en el plano total de la obra.

toda buena fortuna» [18]), y da énfasis al hecho de que el dilema de Ramiro no tuviera una solución satisfactoria: ¿es que uno debe sumergirse en la colectividad al precio de la propia integridad? ¿O es que el individuo debe mantenerse al margen de la sociedad, un consciente «outsider», y mantener una superioridad moral lograda por la perspectiva, producto del aislamiento de la corriente de la sociedad? El objetivo narrador deja que el lector decida para sí mismo el sentido último del hecho de elegir Ramiro la profesión de verdugo, y así también el sentido último de la novela, como el lector del *Lazarillo* ha de decidir si Lázaro de veras estaba «en la cumbre de toda buena fortuna».

Lázaro Carreter, en «*Lazarillo de Tormes*» *en la picaresca*, dice que «sobre la posible comprensión de la "novela picaresca", han actuado, dificultándola, varios elementos perturbadores. Por lo pronto, una abrumadora atención a los contenidos y un nocivo olvido de que a un género lo caracteriza tanto o más su diseño estructural. Después, el considerar esa literatura como un todo ya construido, y no como un organismo que fue haciéndose en virtud de tensiones internas y de condicionamientos exteriores» [19]. Según este crítico, «resulta necesario, para comprender qué fue la "novela picaresca", no concebirla como un conjunto inerte de obras relacionadas por tales o cuales rasgos comunes, sino como un proceso dinámico, con su dialéctica propia, en el que cada obra supuso una toma de posición distinta ante una misma poética» [20]. Lázaro Carreter opina que «múltiples rasgos formales y semánticos del *Lazarillo* vertebran, con carácter distintivo, toda la picaresca», y que «en el juego de acciones y reacciones que se entabla entre... [el *Lazarillo* y el *Guzmán*], nace, realmente, la poética del género...» [21]. Esta poética incluye lo siguiente: «*a)* la autobiografía de un desventurado sin escrúpulos, narrada como una sucesión de peripecias...; *b)* la articulación de la autobiografía mediante el servicio del protagonista a varios amos, como pretexto para la crítica, y *c)* el relato como explicación de un estado final de deshonor» [22]. «Con el *Guzmán*..., termina la fase constituyente del género: lo que sigue son actos de elección, combinaciones más o menos habilidosas, a cargo de autores que juzgaron fecundos los supuestos fundamentales de aquella poética» [23].

Desde esta perspectiva, es fácil comprender *El verdugo afable* como la reacción, consciente o no, de Ramón Sender ante una poética que él seguramente conocía. Ha empleado una estructura cerrada, que no permite ninguna proyección del protagonista al futuro, por lo menos ninguna proyección que no sea una simple continuación de su estado «actual», es decir, el relato es una «explicación de un estado final de

---

18 Anónimo, p. 102.
19 Lázaro Carreter, p. 197.
20 Lázaro Carreter, p. 199.
21 Lázaro Carreter, p. 203.
22 Lázaro Carreter, pp. 206-207.
23 Lázaro Carreter, p. 228.

deshonor»[24]. ¿Qué posibilidades había para una innovación estructural? Pues Sender ha encontrado unas variantes interesantes: si las novelas picarescas clásicas tienen prólogo, Sender empleará tanto epílogo como prólogo, unidos los dos al cuerpo de la obra sin divisiones físicas, separados de él por cambios sutiles en el yo narrante. La primera persona no será ya la del protagonista, sino la de una especie de testigo; esta primera persona desaparecerá, aunque el lector sabe que el relato se debe al testigo[25]. El resultado es una pseudobiografía en lugar de una pseudoautobiografía. El protagonista es un desventurado en el hecho de ser hijo ilegítimo impulsado por su mala fortuna, cuando todavía adolescente, a abandonar el hogar y a ganarse la vida como pueda. Desde el punto de vista de los miembros de la «estructura del poder» que él desdeña, Ramiro carecerá de escrúpulos (hace los hurtos necesarios para sobrevivir; «se consideraba con derecho a cualquier clase de transgresión mientras ésta quedara impune» —p. 78; se asocia con anarquistas). Pero desde el punto de vista de un compasivo lector, nada de lo que hace Ramiro es inmoral, salvo acaso su decisión final. Su vida se nos presenta, en efecto, como una sucesión de peripecias, o sea, una serie de inesperados cambios de circunstancias: la muerte del boticario y su hija, que motivan su huida, el incendio en el circo, la ayuda del duque, etc. Su servicio a varios amos tiene lugar principalmente antes de su partida del pueblo natal y no está tratado extensamente; no sirve de pretexto para la crítica social. Sender se desvía de este enfoque de la picaresca clásica, como también se desvía de un tratamiento de latrocinio de Ramiro, apenas aludido. Sin embargo, Ramiro sí ocupa varias posiciones subordinadas después de su serie de aprendizajes: es novicio, electricista en un circo, peón, fichador de pinturas; estas posiciones sirven para proporcionarle la oportunidad de adquirir mucha experiencia en poco tiempo. La experiencia que gana le conduce a sus opiniones respecto a la estructura de la sociedad; en la expresión de estas opiniones aparece una crítica social que es una condenación general de las bases de la llamada sociedad civilizada.

R. W. B. Lewis opina que la reacción de la novela picaresca en el siglo XX fue un acontecimiento lógico: «En un tiempo, cuando dadas la cualidad de las leyes y las tendencias del poder, la figura del héroe así tiene que estar, de alguna manera, en oposición a las leyes, la novela picaresca es especialmente apropiada para los fines de la ficción. Y en una época caracterizada tan completamente por el sen-

---

[24] Es interesante que Lázaro, en una de sus funciones de pregonero, es ayudante de verdugo; Ramiro termina como verdugo. Sender invierte la ironía final del *Lazarillo*: Lázaro se cree «en la cumbre de toda buena fortuna», pero sospechamos que sus vecinos no compartían esta opinión; Ramiro se cree desgraciado, pero el extraño jubileo con que termina la obra demuestra que la sociedad aprueba su decisión de hacerse verdugo.

[25] Un artificio narrativo algo semejante se emplea en *La desordenada codicia de los bienes ajenos*, de Carlos García. En esta obra ,el narrador en primera persona desaparece, para no volver, dando lugar a un relato autobiográfico.

timiento de "cosmic homelessness», la imagen del ansioso viajante
—de la vida misma como una sucesión de encuentros provisionales—
se sugiere fácilmente al vigilante novelista»[26]. Según Lewis, ha habido
dos —quizá tres— generaciones literarias en el siglo xx. El se ocupa
de la segunda de ellas: la de Camus y Malraux, de Steinbeck y Faulkner, de Greene, de Moravia y Silone. Estos escritores se vieron «necesitados a encontrar o a tratar de encontrar, ciertas bases para la vida
en la vida misma... el asunto principal de su obra [son] las fuentes
accesibles de la existencia humana»[27]. Dice Lewis que «una creencia en el acto de vivir se consigue por medio de una desesperada lucha, y que las fases sucesivas de esta lucha proporcionan la trama
representativa de la novela contemporánea»[28].

Tal lucha es la historia de Ramiro Vallemediano. En busca de dicha creencia, Ramiro rechaza todas las soluciones fáciles, como la conversión religiosa y el suicidio físico para llegar a una postura muy distinta de la de los protagonistas de los escritores mencionados. Según
Lewis, Camus afirmó que el asesinato legal es el rasgo capital de nuestro tiempo. Pero no era el asesinato, clarifica el autor de *The Picaresque Saint,* sino el nihilismo que hace legal el asesinato, que era
el mayor desafío con que la segunda generación tuvo que enfrentarse[29]. Una y otra vez surge esta idea de la inevitabilidad del asesinato en *El verdugo afable,* hasta convertirse en el problema más grave
de Ramiro, el problema que él es incapaz de superar. Por ejemplo,
el alcaide de la Cárcel Modelo intentó demostrar que las ejecuciones eran inevitables porque «la vida era una serie de violencias inin-
terrumpidas y que nunca sería mejor...» (p. 20). La voz interior de
Ramiro le dice que «Todos hieren y todos matan. Todos, por acción
o por omisión» (p. 229). Ramiro se da cuenta de que, después de la
matanza de Benalup, «Todos se inclinaban a comprender mejor a los
guardias que a los campesinos... porque los guardias mataban en nombre de una ley, justa o no, y las responsabilidades se diluían en una
colectividad» (p. 305). Frente a tales condiciones surge «*La* figura representativa de la novela contemporánea. Es la figura de un santo:
una especie de santo muy peculiar»[30]. Es un héroe paradójico que
al mismo tiempo que tiene algo de santo, también tiene algo de pícaro. Es «un santo rebelde; a causa del mundo en que vive y lucha,
un santo fuera de la ley...»[31]. Este «santo pícaro [picaresque saint]
intenta mantener en equilibrio, por las mismas contradicciones de su
carácter, tanto las verdades evidentes de la experiencia contemporánea como la aspiración vital a superarlas»[32]. La diferencia entre Ramiro y los otros «héroes» de la novelística de la segunda generación
es el renuncio de aquél de «la aspiración vital a superar» estas ver-

[26] Lewis, p. 150.
[27] Lewis, p. 27.
[28] Lewis, p. 28.
[29] Lewis, p. 24.
[30] Lewis, p. 31.
[31] Lewis, p. 159.
[32] Lewis, p. 31.

dades. Pero también «la imagen de la santidad es la de la participación en el sufrimiento de la humanidad —como una manera de alcanzar y de someterse a lo que es más *verdadero* en el mundo hoy en día. [El santo pícaro] está dispuesto a compartir no sólo las miserias de la humanidad, sino sus debilidades más serias, también, y hasta sus pecados» [33]. Esta última descripción podría ser de Ramiro; el verdugo afable hace suya la conciencia colectiva, llevando él mismo la carga más pesada de la sociedad contemporánea. Sender tenía evidentemente la intención de sugerir la posible santidad de Ramiro, pero no da ninguna explicación de lo que sea la santidad: el lector ha de decidir para sí mismo el sentido de las ambigüedades que rodean al protagonista. La indicación más obvia de la «posible» santidad de Ramiro es la aureola que aparece de vez en cuando por encima de su cabeza [34]; este halo desaparece para siempre después de la decisión de Ramiro de hacerse verdugo. Al tomar esta decisión, Ramiro necesariamente tiene que renunciar a comprender la vida, cosa ésta la única a la cual había aspirado. Pasa, quizá, de una dimensión de la santidad a otra: si antes buscaba desinteresadamente una explicación de la vida que le satisficiera, después se sacrifica al interés colectivo.

Antes de renunciar a la rebelión, Ramiro, ya a los veinte años, ha llegado a poner en tela de juicio los fundamentos de la sociedad contemporánea. El siglo xx ha sido una época de gran progreso tecnológico; no obstante, no se ha podido establecer un sistema de justicia válido para todos. Los intereses creados, los personales y los colectivos llevan a todos a aceptar las ventajas proporcionadas por la injusticia social. Los casos de gran barbarie colectiva se suceden, como señala Ramiro al afirmar que «lo que he visto en Benalup no es sino un incidente más en la gran fatalidad» (p. 312). ¿Cuáles son las alternativas del individuo frente a tales condiciones? Según Marcelino C. Peñuelas, «un hombre puro, como Ramiro, no tiene más remedio que separarse de la misma [sociedad] para mantenerse íntegro; que no cabe la vida social sin alguna especie de contaminación o corrupción» [25]. No le valía ningún heroísmo a Ramiro, porque «cada día la generosidad de un hombre aislado tenía menos probabilidades de triunfar frente a una sociedad basada en el cinismo utilitario y provista de todos los elementos de defensa» (p. 310). Se rechaza precisamente lo que era el proyecto vital de Don Quijote: «¿Y quién era él para proclamar una forma de justicia y aplicarla a otros hombres? Si él tenía ese derecho, todos los hombres lo tenían también y ejercerlo sería un llamamiento al caos» (p. 195). Para Peñuelas, Ramiro se purifica al hacerse verdugo [36], opinión que yo no comparto, puesto que

---

[33] Lewis, p. 32.
[34] Recurso por cierto muy ingenuo ,que Sender no incluyó en la edición inglesa de la novela (Peñuelas, p. 167).
[35] Peñuelas, pp. 89-90.
[36] «En este estado de cosas la mejor forma de purificarse es —paradójicamente invirtiendo los valores aceptados— penetrar en los fondos más humillantes y despreciados del orden convencional de convivencia. Por eso se

Ramiro evidentemente no se siente purificado («Soy feliz... como puede serlo una roca o un árbol. Sin voluntad. Sin deseo alguno de ejercitar mi voluntad en una dirección moral» (p. 402). Ramiro buscaba el aniquilamiento moral al hacerse verdugo, a la vez que hacía lo más útil posible para la colectividad, según comprendía él, y el jubileo al final es la prueba de que acertó. Ramiro es un símbolo de toda la humanidad. (Hay varios indicios de esta intención: Ramiro dice en una ocasión que «todo el mundo es más o menos como yo» (p. 320); «Ramiro sentía dentro de sí cinco razas humanas buscándose y arguyendo...» (p. 416), y al hacerse parte de la colectividad, hace, en efecto, lo que hacemos casi todos nosotros: entra en el círculo vicioso que es la sociedad civilizada y acepta sin cuestionar los beneficios de aprobar, tácitamente o no, la injusticia social.

Ramón Sender no da ninguna respuesta a los problemas planteados en *El verdugo afable*. El lector de esta encuesta en las justificaciones morales y sociales del asesinato legal ha de entender que el libro le acusa a él, también, de tomar provecho de la injusticia social. Esto, entonces, es el verdadero alcance de esta novela picaresca moderna: aunque la estructura es la de un universo cerrado en donde no puede penetrar la luz de la esperanza, el lector ha de meditar sobre el propio papel social y quizá llegar a una postura más satisfactoria que la de Ramiro Vallemediano.

---

hace verdugo, para recibir sobre sí mismo todo el **desprecio que los demás merecen**. Busca su redención al asumir la culpa colectiva, en un acto supremo de renuncia, de sacrificio purificador» (p. 90).

XII

LA PICARESCA EN HISPANOAMERICA

Teoría general.
Los pícaros en la evangelización.
El tema del hidalgo.
El "Lazarillo de ciegos caminantes".

LA NOVELA PICARESCA HISPANOAMERICANA: UNA TEORIA DE LA PICARESCA LITERARIA

María Casas de Faunce
Universidad de Puerto Rico

Sería temerario hablar de novela picaresca hispanoamericana sin haber resuelto previamente un problema fundamental que afecta al género: el de su definición. Conscientes de esta realidad, hemos tratado de despejar primeramente la incógnita «qué es novela picaresca» y, así, resuelto el conflicto, aplicar su fórmula a la literatura hispanoamericana para averiguar si efectivamente existe esta modalidad en ella y cuáles son sus características dentro del género.

El género picaresco ha originado una copiosa literatura crítica que, no obstante, ofrece un reducido número de estudios globales que lo analicen dentro de todas sus dimensiones y posibilidades. Todavía más parco es el total de sus definiciones, inadecuadas en su mayoría. Inadecuada, decimos, porque suelen basarse en la estructura de un solo título. Ajustar estas definiciones exclusivistas a todo un *corpus* picaresco origina una serie de errores que, a su vez, nos sumen en un mar de confusiones sin solución aparente.

Otro problema capital con respecto al estudio de la picaresca estriba en que el término frecuentemente se aplica en un doble sentido, no siempre especificado. A nuestro entender, existen dos realidades picarescas: una, de filiación literaria, y otra, de índole social. Ambas componen la fauna genérica de lo picaresco. Definiríamos el género picaresco como aquella filosofía que acomodaticiamente acepta el orden establecido, en beneficio propio, y que se burla o critica, a la vez, el convencionalismo social que permite esta situación.

La filosofía picaresca se rie de la sociedad, de sus prejuicios y, en ocasiones, de lo que considera sus mitos (amor, honor, patriotismo, trabajo, virtud...) con amable sonrisa o punzante sarcasmo penetra en la sustancia de la realidad para liberarla reflexivamente de lo superfluo y presentarla al desnudo, como una serie de valores puros y universales, desprovistos de artificio.

La picaresca social está integrada por una serie de tipos vivos pertenecientes a una determinada categoría, la baja en una u otra de sus modalidades: la económica, la moral o ambas combinadas. A este grupo pertenecen don Lope Ponce, hijo del Vicario de Carmona, Alonso de Contreras, el Duque de Estrada o Torres Villarroel. En ocasiones, hallamos pícaros de filiación quijotesca. Pícaros que vivieran moldes literarios similares a los del hidalgo manchego en el ámbito caballeresco, aunque, claro está, sus enfoques difieran.

Documentan la picaresca social una serie de obras redactadas en diversas lenguas, como, por ejemplo, la *History of Vagrants and Vagrancy* (London, 1887) en inglés, de Ribton-Turner y, en español, quisiéramos destacar *Sociedad y delincuencia en el Siglo de Oro* (Granada, 1971), basada en el manuscrito granadino del padre Pedro de León (S.I., 1545-1632) y editado por Pedro Herrera Puga.

La literatura picaresca es simplemente una categoría estética. Sus manifestaciones siguen corrientes y modalidades literarias de diversas índoles (poética, dramática, narrativa, etc.), aunque en ocasiones se habla de «género picaresco» como sinónimo de «novela picaresca».

La picaresca literaria es exponente de la filosofía anteriormente expuesta y corresponde al grupo de la denominada «literatura comprometida». Así considerada, tan picaresca es la obra de Luciano de Samosata (¿125-192?) titulada *El Parásito,* como *Lazarillo de Tormes.* En ambas obras, sus respectivos autores exponen paradójicamente el valor de lo acomodaticio, haciendo que sus protagonistas traten de justificar su «libertad de estado» y su «cumbre de buena fortuna» por medio de unas experiencias vitales aprendidas del medio social correspondiente. Varía la indumentaria del pícaro. Y unas veces puede llevar toga, otras calzas, armadura, tricornio, hábito, faldas, pantalones, sarape..., lo que quiera vestir, pero la apariencia externa no altera su esencia de observador y analista que acusa y, para mayor impacto, divierte.

La aportación española al género consiste en haber cristalizado elementos dispersos, presentándolos en forma ventajosa a sus propósitos y fijar pautas. Es decir, populariza el género literario bajo la forma de novela picaresca. No menos significativa es la segunda contribución española: bautizar al protagonista. Provisto de una aureola de incienso español, pasará el nuevo personaje a otras literaturas, aunque los críticos, abrumados por su fuerte y novedoso aroma, hayan tratado de asociar al *pícaro* como producto inmanente de esa eclesiástica España en el momento de su descomposición total. El resto, la materia picaresca, puede hallarse en vetas de diferentes geologías.

Finalmente, no podemos adentrarnos en el tema «novela picaresca hispanoamericana» sin tratar de resolver previamente el caótico panorama que presenta el término «novela picaresca». Para ello proponemos una solución basada en principios establecidos por Claudio Guillén en su trabajo *Toward a Definition of the Picaresque*[1]. Esta

---

[1] C. GUILLÉN, «Toward a Definition of the Picaresque», en *Proceeding of the III Congress of International Comparative Literature,* pp. 253-266. The

elección no es arbitraria. Se justifica en el análisis comparativo de los estudios críticos dedicados a la picaresca y en el convencimiento de que, a nuestro juicio, Guillén es el autor que ha tratado el tema con rigor científico, con abarcadora profundidad, no limitándose al ámbito español, y con una visión general que incluye las grandes literaturas europeas. Su estudio fundamental, *The Anatomy of Roguery: A Comparative Study in the Origines and Nature of Picaresque Literature* (tesis doctoral presentada ante la Universidad de Harward, Cambridge, Mass., 1958), está inédito aunque son numerosos los investigadores que lo han consultado, tanto en América como en Europa.

Defino *novela picaresca* como una narración ficticia, de cierta extensión y en prosa, expuesta desde el punto de vista de un ente acomodaticio cuya filosofía existencial, subjetiva y unilateral enfatiza el instinto primario del individuo que no ha desarrollado las funciones espirituales, ni la sensibildad anticipada en el hombre. En principio, se ocupa de narrar una vida que podríamos denominar *vulgar* en oposición al personaje heroico que destaca por sus méritos espirituales. Técnicamente, la narración suele ofrecer la complejidad de dos puntos de vista narrativos: el del protagonista como tal, que a su vez puede presentar dos matices: *a)* el del pícaro, y *b)* el del ex pícaro, y un segundo punto de vista que corresponde al narrador intruso. El relato, generalmente, sigue un proceso lineal, en el que se indican los antecedentes, estado y desenlace o suspenso de la experiencia del pícaro. El ingenio del personaje es el ingrediente que sirve para poner de manifiesto su astucia y presta a la obra el tono festivo de la burla que divierte mientras penetra en el lector, produciendo, reflexivamente, la catarsis moralizante o didáctica inherente al género.

La novela picaresca puede clasificarse, según Guillén, en tres categorías: 1) *novela picaresca en un sentido estricto o clásica,* 2) *novela picaresca en sentido lato* y 3) *novela míticamente picaresca.* Sirviéndonos de los ejemplos que ofrece la literatura española del Siglo de Oro serían modelos del primer grupo *El Lazarillo* o *Guzmán;* del segundo, *Hija de Celestina,* y del tercero *El Diablo Cojuelo.* Existe otra modalidad que yo propongo, que se compone de obras en las que se incluyen elementos picarescos sin que su propósito fundamental fuese escribir una novela picaresca, como en el caso de *El Quijote.*

La novela picaresca en un sentido estricto o clásica, destaca, a juicio de Guillén, por ocho elementos característicos: 1) el *pícaro,* 2) la pseudoautobiografía, 3) una visión parcial de la realidad, 4) un tono reflexivo, 5) un ambiente materialista, 6) observaciones relacionadas con ciertas clases sociales, 7) un movimiento ascendente en un plano social o moral y 8) una aparente falta de composición. En mi examen de la literatura encontré que tres de estas categorías son comunes

Hagpe, Chapel Hill (N. C.), International Comparative Literature Association, 1962.

a todas las obras: 1) visión de la realidad, 2) el tono reflexivo y 3) las observaciones relacionadas con ciertas clases sociales. A esta categoría creo debe añadirse otra que es el elemento de comicidad.

El *pícaro* se distingue de otros tipos literarios en que es producto de su ambiente social y, por tanto, no puede existir como ente aislado. La psicología del pícaro literario presenta un síndrome de colocación final, «cumbre de toda buena fortuna», que diría Lázaro de Tormes, enfrentado con una incompetencia vocacional que se pretende soslayar por medio del ingenio. El *pícaro* se guía por el instinto de unos impulsos primarios en busca de gratificaciones sensoriales y no de goces espirituales. Producto de un ambiente, el pícaro se proyecta en su mundo como un prisionero del mismo. Su salida significa el fin del pícaro: un cambio de personalidad o la muerte del individuo. Personaje y ambiente, repetimos, son inseparables en la picaresca literaria.

Para evitar un desenlace fatal, que teñiría la obra con un posible sentido trágico, tradicionalmente impropio de la categoría artística, correspondiente a un héroe, y no a un ser ínfimo como el pícaro, se prefiere explicar su «caso» particular después de cuyo examen el personaje queda justificado como parásito social que se nutre a expensas de incautos. Otras veces, el autor se permite concretar el intento moralizador de su narración. Explica el «caso» en términos de un proceso literariamente patológico: orígenes, síntomas y cura.

En la novela picaresca, el pícaro representa varios papeles funcionales: determina el punto de vista narrativo, establece la subjetividad del asunto, mantiene las unidades de acción y tono y, con su ingenio, es autor de la burla que origina el elemento de comicidad, frecuentemente captado por los lectores como una impresión de ligereza y diversión. La comicidad mitiga la intención didáctica de la obra cuyo propósito, de estirpe clasicista, es enseñar deleitando.

Entre tantos juicios dispares como ha originado la novela picaresca, se destaca rotunda, incuestionable, definitiva una unanimidad con respecto a su punto de vista narrativo en su modalidad autobiográfica que contribuye a crear el plano unilateral, subjetivo y personal de la visión picaresca. Además, genera una atmósfera de íntimo acercamiento entre pícaro y lector, sin barreras que perturben su inmersión en el mundo del narrador, de un impacto directo en la mente receptora.

La novela picaresca *sensu lato* es aquella en que las características previamente esbozadas se transforman, preservando ciertos rasgos que son indispensables para que la novela continúe siendo picaresca. Compartimos las opiniones de Claudio Guillén y de Lázaro Carreter en la creencia de que un cambio en el punto de vista narrativo, el elemento autobiográfico, no debe ser razón para que una novela deje de ser picaresca.

Por otra parte, una aventura, narración episódica, una sátira social o un caso de necesidad material, tampoco constituyen un ejemplo de esta categoría. A esta breve lista, añadiríamos que tampoco son

picarescas las novelas en torno a un personaje socialmente marginado (ladrón, criminal, pirata, usurero, trapisondista o arribista), ni a
un individuo perteneciente a las bajas esferas (un criado —por más
amos que tuviera—, un mendigo, un proletario, etc.). Quisiéramos establecer que la conducta delictiva del pícaro admite gradaciones.

El ingrediente sustancial de esta categoría sigue siendo la existencia y la filosofía vital picaresca, preservada en una unidad estructural, personaje ambiente, siempre permaneciendo la burla como exponente del ingenio picaresco. Las mutaciones admisibles corresponden
más bien al nivel de la técnica narrativa, permitiéndose tranposicio-
nes de la materia picaresca (de un hombre a una mujer o grupo de
personas), o del punto de vista narrativo (de una primera persona a
tercera), o de una serie de episodios que pueden reducirse a una sola
ilustración (implícitamente explicativa del «caso»).

Nos resultaría oportuno recordar el proceso evolutivo tal y como
fuera expuesto por Lázaro Carreter: en la primera etapa se establecen
los rasgos definidos de la novela picaresca y en la segunda se modifican a un supeditado nivel de originalidad [2].

Llamamos novela *míticamente picaresca* aquella que utiliza la definición cotidiana del término pícaro expuesta con un toque de ligereza, comicidad, burla o sarcasmo. La definición cotidiana ha sido desarrollada por la Real Academia Española al llamar al pícaro: bajo,
ruin, doloso, falto de honra y vergüenza, chistoso, alegre, placentero y decidor. Esta lista puede ampliarse con otros sinónimos de pícaro como: bellaco, bribón, granuja, canalla, rufián, vaina, zascandil,
pillo, bribón, astuto, disimulador, sagaz, taimado, travieso, enreda-
dor, golfo, guaja, quídam, badulaque, andarrio, modrego, paría, mal
criado, infame, ladino, arrastrado, truhán, galopín, tuno, menguado,
fresco, caradura, vil, ruin, follón, charrán, belitre, tronera, calavera,
«pinta», perdulario, apache, «bala», polizón, indeseable, maleante y
«atorrante». Podríamos consultar más y más diccionarios de sinónimos hasta completar la nómina de variantes en torno a pícaro, pero
no es tal nuestro propósito, pues con examinar lo ya expuesto nos
basta para comprender la historia del vocablo y su evolución semántica. Observamos, en la serie anterior, como la palabra pícaro conserva su matiz peyorativo original, aunque trasciende del ámbito social
al moral. También dulcifica su tono con la acepción de «travieso» y
se americaniza en «apache» y «atorrante». *Atorrante* devuelve a la
palabra su aspecto social, mientras *apache* le añade una dosis de crueldad que no tuviera anteriormente. Así, pues, el término *pícaro* oscila entre significados tan aparentemente dispares como travieso y cruel,
dependiendo de la interpretación recibida por parte de un crítico, de
un autor o, simplemente, de un lector. El fenómeno, lógicamente, ope-

2 FERNANDO LÁZARO CARRETER, «Para una revisión del concepto "novela
picaresca"», comunicación leída al III Congreso Internacional de Hispanistas,
en la sesión plenaria del 30 de agosto de 1968. Actas del III Congreso Internacional de Hispanistas celebrado en México, D. F., del 26 al 31 de agosto
de 1968. Pp. 27-45. México, El Colegio de México, 1970.

ra en forma inversa y así se explica que, dependiendo de los criterios individuales de un intérprete, una obra pueda ser considerada como picaresca o rechazada como tal.

El examen riguroso del *corpus* picaresco nos ha revelado que los únicos intentos realizados para estudiar el género en la América Latina fueron los del escritor uruguayo Ildefonso Pereda Valdés en un esfuerzo de pionero, ambicioso en tema y superficial en tratamiento pues pretendía analizar toda la novela picaresca en lengua española a uno y otro lado del Atlántico en sólo ciento cuarenta páginas. Margarita Blondet Hogan con su *Picaresque Literature in Spanish America* también demostró grandes aspiraciones y la importancia del tema, pero ambos trabajos carecían de una definición adecuada y, por ello, se perdían en contradicciones que truncaban tan loables deseos. Por otra parte, en los dos casos, el número de novelas estudiadas resultaba muy reducido.

Todavía faltaba un estudio que, resueltos problemas esenciales y de índole general, se dedicase exclusivamente al análisis de la novela picaresca hispanomericana y éste ha sido nuestro intento, justificando el preámbulo de su definición. El resultado final de nuestras investigaciones está en proceso de publicación y el trabajo que hoy presentamos es un esquemático resumen de esta obra.

Los primeros vestigios picarecos en la narrativa hispanoamericana se remontan a la época virreinal, son de índole extranovelesca y aparecen en *El Carnero* (1936), *Los infortunios de Alonso Ramírez* (1690) y en *El Lazarillo de ciegos caminantes* (1773). La primera obra es una crónica de Juan Rodríguez Freire (1566-1640?), en la que se relatan leyendas, tradiciones e historias delictivas sazonadas con maliciosa socarronería salpicada de moralizante erudición. La segunda fue redactada por don Carlos de Sigüenza y Góngora (1645-1700) con el propósito de socorrer al protagonista. Finalmente, *El Lazarillo de ciegos caminantes desde Buenos Aires hasta Lima,* también conocida por el nombre de *Concolorcorvo,* apodo con el que trata de encubrir el autor, Santiago Carrió de la Vandera, es un libro no exento de valores literarios, aunque trate de la descripción de un viaje de postas.

Las tres obras que acabamos de mencionar, con su intención más o menos picaresca, aunque no sean novelas propiamente, pueden servir a manera de prólogo al libro que verdaderamente abre el primer capítulo del género novela picaresca en Hispanoamérica: *El Periquillo Sarniento* (1816-1831). Esta obra, escrita por José Joaquín Fernández de Lizardi, también corresponde, dentro de las categorías anteriormente expuestas a la novela picaresca en un sentido estricto o clásica. A esta modalidad pertenece además otra novela del mismo autor, titulada *Don Catrín de la Fachenda* (1832) y, siguiendo un orden cronológico, *Las divertidas aventuras del nieto de Juan Moreira* (1910), de Roberto Payró, *El Lazarillo en América* (1930?) de José N. Lasso de la Vega y *Oficio de vivir* (1958) de Manuel de Castro.

Como ejemplos representativos de la novela picaresca en sentido lato nos encontramos con el «caso» sintetizado al mínimo de una experiencia en *El casamiento de Laucha* (1906); también presenta *un estado* dentro de la carrera del pícaro la historia de *Suetonio Pimienta* (1924), aunque en esta ocasión, el período de tiempo sea más amplio y los detalles estén descritos con mayor minuciosidad. El punto de vista narrativo en tercera persona queda ilustrado con *Quince Uñas* y *Casanova, aventureros* (1945).

La primera obra de este grupo es de Roberto Payró, la segunda es de Gustavo Adolfo Navarro, mejor conocido bajo el pseudónimo de Tristán Marof y la tercera fue escrita por Leopoldo Zamora Plowes, quien nos anticipa en el subtítulo, *Novela histórico picaresca,* que se trata de un relato histórico dentro del género que nos ocupa. Lo peculiar de esta novela estriba en que uno de su pícaros es nada menos que el presidente de la República mejicana: el general Santa Anna, a quien se conocía también por «Quince Uñas», porque le faltaba una pierna y «por su fama de ladrón» [3]. Otra particularidad de esta novela es la presencia de otro personaje, quien, junto al protagonista forma una especie de antinomia protagonista-antagonista difícil de fijar, ya que a pesar de la preferencia establecida en el título de la obra y el hecho de concederle el primer lugar a «Quince Uñas», en el desarrollo de la misma, se percibe una cierta simpatía por Casanova. Este segundo pícaro lleva el nombre del famoso caballero veneciano Giovanni Giacomo Casanova de Seingalt (1725-98), que de personaje real se convierte en la obra en un símbolo de la picardía colectiva, de ascendencia europea, pero no exclusivamente española, del pueblo mejicano.

El término *pícaro* se ha convertido en mito y a medida que ha ido haciéndose «más abstracto, más vehículo de ideas, ha perdido contacto con la experiencia directa o inmediata» [4], como dijera Marcelino C. Peñuelas en su obra *Mito, literatura y realidad.*

Así, pues, el pícaro ha crecido, multiplicando sus posibilidades literarias, que oscilan, como ya dijimos, entre travieso y cruel, mientras, por otro lado, la novela picaresca del Siglo de Oro ha modificado su sentido original para convertirse en vehículo de nuevas experiencias. Para comprender esta evolución conviene recordar sus ambigüedades y las posibilidades ya presentes en los clásicos español: aspecto ético, valor moral, crítica social, sátira, diversión, vida vulgar, etc.

Estos problemas se han manifestado en el proceso de este estudio, remitiéndonos a obras ajenas por completo a nuestro tema, si bien en ellas encontramos vidas vulgares, que oscilan entre el proletariado y la perversión, la travesura y el alegato. Los elementos picarescos de estas novelas merecerían, sin duda, nuestra consideración, aunque nos desviarían por completo del propósito fundamental de nuestro trabajo, prolongando el total de novelas incluidas, para, a fin de cuentas, decir de ellas que no son novelas picarescas, si bien se-

---

[3] L. ZAMORA PLOWES, *Quince Uñas y Casanova, aventureros: Novela histórico picaresca,* México, Talleres Gráficos de la Nación, 1945, t. I. p. 23.
[4] MARCELINO C. PEÑUELAS, *Mito, literatura y realidad,* Madrid, Gredos, 1965, p. 104.

rían obras como *Un perdido* de Eduardo Barrios, *El huérfano* de Daniel Barros Grez, *El Roto* de Joaquín Edwards Bello, *Buscón poeta* de Eduardo Dieste, *Hombres en soledad* de Manuel Gálvez, *Historia de un bribón dichoso* de Ramón Piña, e *Hijo de ladrón* de Manuel Rojas, entre otros tantos títulos tan sugestivos como los mencionados.

Las obras seleccionadas como representativas de la novela hispanoamericana *míticamente picaresca* se caracterizan por servir como portavoz de la filosofía y de aquellos elementos formales exigidos al género. Considerando lo expuesto al definir esta moralidad, podemos decir que se diferencia de las anteriores por su énfasis en lo social o costumbrista y porque el punto de vista no es el del pícaro, ni el de su picardía, sino el de un observador que ha interpretado subjetivamente la filosofía picaresca y la utiliza como medio expositivo de su ideología, olvidándose de las relaciones y de la función del pícaro y su ambiente, en la justificación del «caso» individual de un estado de picardía.

Integran esta variedad las siguientes obras: *El Cristiano Errante* (1846-47) por Antonio José de Irisarri; *Historia del Perínclito Epaminondas del Cauca* (1863), del mismo autor; *El falso Inca* (1905) y *Chamijo* de Roberto Payró; *Don Pablos en América* (1932) de Enrique Bernardo Núñez; *La vida inútil de Pito Pérez* (19383 de José Rubén Romero; *Tata Lobo* (1952) de Ermilo Abreu Gómez y *Aventuras de Perico Majada* (1962) de Ildefonso Pereda Valdés.

Para finalizar, podemos decir que el examen de la novela hispanoamericana nos ha afirmado en el hallazgo definitivo de la existencia indudable de una novela picaresca hispanoamericana cuyo carácter, de acuerdo con los libros estudiados, se nos presenta, en general, estrechamente ceñido a los patrones peninsulares del género. Junto a estas tendencias encontramos rasgos particulares, entre los que destacan la aportación del tema político y una cierta dependencia del personaje en su autor como si éste quisiera compartir de algún modo la picardía de la obra, presente en varias novelas.

Por otra parte, conviene recalcar una preferencia de parte de la novelística hispanoamericana por la narración indirecta, predominando el autor omnisciente en la mayoría de las obras examinadas, con una inclinación combinatoria de las nuevas tendencias narrativas vigentes en el momento de su creación.

El estrato social predominante entre los pícaros es la clase media baja, si bien entre los hispanoamericanos existen casos de posición más elevada, como diplomáticos, generales, incluso un presidente. Ejemplos insólitos entre los protagonistas de la literatura picaresca peninsular, por otra parte, presentes en la fauna picaresca social. Curiosamente, no encontramos ejemplos de mujeres pícaras como protagonistas, aunque la picardía se manifiesta en algunos personajes secundarios.

Por tratarse de un género híbrido desde sus orígenes y no falto de ambigüedad, la novela picaresca permite la manifestación del mestizaje comúnmente atribuido a la literatura hispanoamericana, aclimatando personajes, ideologías y técnicas con un localismo propio, tanto en el lenguaje y en las costumbres como en las condiciones y problemas de un país o de una época determinada.

El fluir del tiempo y las nuevas corrientes artísticas que han ido apareciendo, tanto dentro como fuera de Hispanomérica, se han aclimatado estéticamente a la picaresca hispanoamericana para mantener vigoroso un género tan tradicional y enriquecerlo con asuntos y técnicas de actualidad. Es esta, a nuestro modo de ver, la contribución más significativa de la novela picaresca hispanoamericana. En Hispanoamérica, la novela picaresca demuestra el mestizaje principalmente en el trasplante de personajes y tipos clásicos del género, de situaciones, de ideas y de técnicas que han sido asimiladas y adaptadas dentro de una ubicación autóctona por medio del lenguaje vernáculo, de las costumbres locales, de las condiciones regionales y de todo aquello que sea familiar al ambiente y a la idiosincrasia del mundo hispanoamericano. Muchos casos muestran, además, la proyección de la realidad y problemática local o nacional hacia preocupaciones universales.

Geográficamente, se destacan las contribuciones aportadas al género por países como Méjico y Argentina, mientras otros, entre ellos Puerto Rico, no han cultivado esta modalidad literaria.

Son destacables, en nivel de gran mérito dentro del género picaresco, Fernández de Lizardi, Payró y Zamora Plowes.

Hasta donde hemos estudiado e investigado, la novela picaresca hispanoamericana tiene un vigor y una consistencia que la definen como un género propio; faltaría comprobar hasta dónde la novelística española contemporánea ha continuado este género con igual pujanza y voluntad. La verificación de esto queda propuesta para futuras investigaciones, ya que nuestro campo se ha limitado por hoy a estudiar la novelística picaresca hispanoamericana.

LOS PICAROS EN LOS COMIENZOS DE LA EVANGELIZACION DE AMERICA

Leandro Tormo Sanz

En los comienzos de la cristianización americana se encuentran realizando tareas auxiliares, preparatorias, personas que no sabiéndolas como clasificar les di el título de «pecadores públicos». Entendí como tales aquellos cuyas infracciones de las leyes divinas también lo eran de las humanas de manera pública y notoria. Sin embargo, no se trataba de cualquier tipo indiscriminado de malhechor, sino de aquellos que cometieron una serie de delitos, propios de la delincuencia picaresca, y por ello me atrevo a presentarlos ante esta asamblea internacional de especialistas en la materia para su oportuna discusión.

Estos pícaros, si es que lo son, realizaron labores que hicieron posible y efectiva la acción sacerdotal evangelizadora, predicando incluso entre los indios verdades fundamentales de la Buena Nueva, tales como: la existencia de un solo Dios, padre de todos los hombres, creador y remunerador; de su Hijo Jesucristo, nacido de la Virgen María, que murió en cruz por salvarnos, y que con el Espíritu Santo, forman las tres personas de la Santísima Trinidad. Predicación fundamental, junto con la unidad del género humano, a las que añadieron las particularidades propias de la devoción y formación personal de cada uno. Es más, incorporaron nuevos miembros, infantes o adultos, a la Iglesia, administrándoles el bautismo y lo hicieron en algunos casos de tal modo que nos parece, a primera vista, «picaresco», porque antes de entrar en relación carnal con las indias las bautizaban. Bautismo que ha sido piedra de escándalo para moralistas rigurosos o puritanos. También bautizaron los hijos ilegítimos que engendraron y en algunas ocasiones lo extendieron hasta la parentela de sus esposas naturales o de sus concubinas.

Los condenados a muerte del primer viaje colombino

De algunos de estos pícaros, patriarcas o no de mestizos cristianos, tenemos noticias que no dejan de ser interesantes. Los condenados a muerte que van en el primer viaje de Colón a las Indias se llamaban: Bartolomé de Torres, Alonso Clavijo, Juan de Moguer y Pero Izquierdo. Entre ellos sólo había un homicida, o como entonces se decía homiciano; los otros tres podían ser compañeros de farándula, de monipodio o de juerga, pero también verdaderos amigos, abnegados que arriesgaron su vida por salvarle. Alicia B. de Gould publicó su real cédula de perdón; fue dada por los Reyes Católicos en Barcelona el 26 de mayo de 1493. Dice así:

> «Por cuanto por parte de vos, Bartolomé de Torres, vecino de la villa de Palos, nos fue fecha relación diciendo que, puede haber año y medio, que por ciertas palabras que hubo Juan Martín, pregonero de la dicha villa de Palos, hovistes cierta cuestión y les distes una cuchillada de que dis que murió, sobre lo cual dis que vos, estando en la cárcel pública de dicha villa, algunos amigos vuestros quebraron la dicha cárcel, e vos sacaron della e vos delibraron, por lo cual dis que fue procedido contra vos por la justicia de la dicha villa, y en absencia fuisteis condenado a pena de muerte e perdimiento de vuestros bienes, y después dis que, veyendo los parientes del dicho pregonero ser en alguna culpa de la dicha muerte vos perdonaron y remitieron, y se apartaron y quitaron de la querella y acusación contra vos interpuesta, y habíades ido por nos servir, poniendo vuestra persona a mucho peligro con don Cristóval Colón, nuestro Almirante del Mar Océano, al descobrir las islas de las Indias por vuestra parte, nos fue suplicado e pedido por merced que acatando que estabades perdonado de la dicha muerte, y por los servicios que nos habíades fecho, vos perdonásemos e remitiésemos nuestra justicia, y Nos acatando lo susodicho... vos perdonamos... e quitamos toda mácula e infamia en que por lo susodicho hayáis caído o incurrido y vos restituimos en toda vuestra buena fama...» [1].

Siendo perdonado el autor del crimen también lo fueron sus amigos. Los cuatro pudieron embarcarse con Colón gracias a que el Almirante tenía una real cédula, que le dieron el 30 de abril de 1492, en virtud de la cual podía llevar consigo cualquier criminal, aplazándose todo procedimiento contra él hasta dos meses después de su regreso.

No hay noticias suficientes sobre estos cuatro hombres como para permitirnos la inclusión en el gremio de los pícaros. Entre los muchos testigos que depusieron en los pleitos de Colón sólo dos hablan

---

[1] ALICIA B. GOULD, «Nuevos datos sobre Colón y otros descubridores», en *Boletín de la Real Academia de la Historia*, LXXVI, Madrid, 1920, pp. 208-209.

de ellos, pero lo hacen de una manera vaga y general. Diego Fernández Colmenero afirmó en 1515 que Colón «porque no fallaba gente salvo los del crimen, que falló en esta villa, en la cárcel della, e que non fallaba a otra persona alguna»[2]. El otro, Fernán Pérez Camacho, en 1535, dijo, que «oyó decir entonces que querían sacar ciertos presos de la dicha villa de Palos, para llevarlos al dicho viaje, porque decían que el dicho Colón traía poder para ello»[3].

Miss Gould nos dice que de la «cuestión» que originó las cuchilladas nada logró averiguar. Supo que Bartolomé Torres asentó en el segundo viaje como ballestero; permaneció, al parecer, más de tres años en Indias, no volviendo hasta unos cinco meses después de la vuelta de Colón en 1496[4]. Ninguna noticia posterior tenemos de Alonso Clavijo. De Juan de Moguer sabemos que volvió de inmediato a Indias en el segundo viaje colombino como marinero de la nao capitana; debió regresar con Antonio Torres, volvió con Aguado como piloto el año 1495 en la nao del maestro Bartolomé Colín y es posible que retirado en tierra se avecindase en el pueblo de Bonao de la isla Española[5].

No está claro si a estos tres condenados a muerte los podemos clasificar como pícaros. Un homicida a quien los parientes del occiso consideran que su víctima tuvo su parte de culpabilidad en lo ocurrido permite considerar el hecho más como fortuito que como producto de una vida marginada. El último de sus compañeros, Pero Gutiérrez, caería dentro de lo aventurero de ser cierta la hipotética identificación que hace Alicia Gould con el marinero de Lepe que dio la voz de «¡lumbre!, ¡tierra!», y, según Fernández de Oviedo, «un criado de Colón, llamado Salcedo, replicó diciendo: Eso ya lo ha dicho el almirante mi señor. Y encontinenti Colón dixo: Rato ha que yo he dicho y he visto aquella lumbre que está en tierra..., tornado después en España, porque no se le dieron las albricias, despechado de aquesto, se pasó en Africa y renegó de la fe»[6].

En el aspecto religioso nos encontramos que, admitiendo hipotéticamente los hechos que se les atribuyen, uno de los cuatro renegó de la fe, otro desapareció sin dejar rastro y los otros dos volvieron a Indias radicándose allí definitivamente uno de ellos. De ese uno podemos decir que contribuyó, aunque sea indirectamente, al establecimiento de la Iglesia, pues siendo piloto de la ruta de Indias, como lo fue, aseguró un nuevo camino a la expansión de la Iglesia, e incluso contribuyó a al evangelización de los indios, aun siendo de modo cluso contribuyó a la evangelización de los indios, aun siendo de modo indirecto, al establecer su residencia definitivamente en la Española, vivir allí el cristianismo, aun con sus infidelidades a la ley de Dios, y tener un trato humano con los indios, que presuponemos.

---

2 ALICIA B. GOULD, «Nuevos datos...», en *B.R.A.H.*, LXXVI, p. 204.
3 ALICIA B. GOULD, «Nuevos datos...», en *B.R.A.H.*, LXXVI, p. 204.
4 ALICIA B. GOULD, «Nuevos datos...», en *B.R.A.H.*, LXXXV, pp. 375-376.
5 ALICIA B. GOULD, «Nuevos datos...», en *B.R.A.H.*, LXXXVIII, pp. 728-729.
6 ALICIA B. GOULD, «Nuevos datos...», en *B.R.A.H.*, XCII, p. 793.

Los primeros colonos

En el primer viaje de Colón se quedaron en la isla Española unos cuantos españoles que pueden aparecer como pícaros, pues se dice que su desaparición fue ocasionada por las muchas picardías que cometieron en el corto espacio de tiempo que medió entre los dos primeros viajes colombinos al Nuevo Mundo.

Bartolomé de Las Casas nos da la siguientes versiones indígenas de lo ocurrido:

1.ª) El 27 de noviembre llega Colón al puerto de la Navidad y pregunta a unos indios «por los cristianos, que era lo que le dolía, respondieron que algunos eran muertos de enfermedad y otros se habían ido la tierra adentro con sus mujeres y aun con muchas mujeres» [7].

2.ª) El día 28 encontró Colón «un hermano del rey Guacanagarí con algunos indios que ya sabían hablar y entender nuestra lengua algo [...]. Dijeron que luego que el Almirante se partió dellos, comenzaron entre sí a reñir a tener pendencias y acuchillarse y tomar cada uno las mujeres que quería y el oro que podía haber, y apartarse unos de otros; y que Pedro Gutiérrez y Escobedo mataron a un Jácome, y aquéllos con otros nueve se habían ido con las mujeres que habían tomado y sus hatos, a la tierra de un señor [Caonabó...], el cual los mató a todos diez o once. Dijeron más, que después de muchos días vino el dicho rey Caonabó con mucha gente a la fortaleza, donde no había más de Diego de Arana, el capitán, y otros cinco que quisieron permanecer con él para guarda de la fortaleza, porque todos los demás se habían desparcido por la isla, y de noche puso fuego a la fortaleza y a las casas donde aquellos estaban, porque no estaban por ventura en la fortaleza, los cuales huyendo hacia la mar se ahogaron» [8].

3.ª) Los cristianos que Colón envió al pueblo de Guacanagarí recogieron esta otra versión, que concuerda con la anterior, según Las Casas: «que la muerte dellos había sido, porque luego que el Almirante se fue comenzaron a rifar y a tener discordias entre sí, tomaban las mujeres a sus maridos y hijas a sus padres, iban a rescatar otro cada uno por sí. Juntáronse ciertos vizcaínos contra los otros, y así se dividieron por la tierra, donde los mataron por su culpa y malas obras; y esto es cierto, que si ellos estuvieran juntos estando en la tierra de Guacanagarí e so su protección y no exacerbaran los vecinos tomándoles sus mujeres y hijas, que es con lo que más se injurian y agravian, como dondequiera, nunca ellos perecieran» [9].

---

[7] BARTOLOMÉ DE LAS CASAS, *Historia de las Indias*, cap. LXXXV, en *Biblioteca de Autores Españoles*, XCV, Madrid, 1957, pp. 249-250.
[8] LAS CASAS, *Historia de las Indias*, cap. LXXVI, en BAE, XCV, p. 250.
[9] LAS CASAS, *Historia de las Indias*, cap. LXXVI, en BAE, XCV, pp. 250-251.

4.ª) Colón en su entrevista con Guacanagarí entendió «que uno de los treinta y ocho que dejó, había dicho a los indios y al mismo Guacanagarí algunas cosas en injuria y derogación de nuestra sancta fe» [10].

Fernando Colón y Las Casas tienen la misma fuente y dan, por tanto, estas mismas razones, que aparecen extractadas en López de Gómara, según las cuales estos primeros colonos eran, a excepción de Arana y otros cinco, mujeriegos, pendencieros, matones, jugadores, inquietos, andariegos, indisciplinados, díscolos, avaros, tumultuosos, injuriosos, agraviadores, descreídos e incluso herejes, cualidades éstas de las que participaba en gran medida la picardía, lo que nos permitiría suponer que Colón dejó en la Navidad los pícaros que cargó en su expedición, si no supiésemos que ninguno de los condenados a muerte se quedó en aquella fatídica fortaleza.

Estas noticias, tomadas del propio Colón y no redactadas de inmediato, pueden incluir caracteres y apreciaciones de acontecimientos posteriores desfiguradores de lo allí acontecido. Es por ello conveniente ver las relaciones del segundo viaje colombino que se escribieron durante él o inmediatamente después. Tenemos dos; una escrita por un testigo presencial de los hechos y otra de oídas. La primera es del Dr. Chanca, y en ella aparecen las siguientes referencias a lo que pudo acontecer a los colonos de la Navidad:

«Andando veyendo el río e tierra hallaron algunos de los nuestros en una parte dos hombres muertos junto con el río, el uno con un lazo al pescuezo y el otro con al pie, esto fue el primero día. Otro día siguiente hallaron otros dos muertos más adelante de aquellos, el uno destos estaba en disposición que se le pudo conocer tener muchas barvas [...].

«Esa tarde, viniendo para allí de lejos, salió una canoa en que parescían cinco o seis indios [...] preguntándoles por los cristianos que tales estaban: aquel pariente dijo que estaban todos buenos, aunque entre ellos había algunos muertos de dolencia e otros de diferencia que había contecido entre ellos, e que Guacamari estaba en otro lugar ferido en una pierna e por eso no había venido, pero que otro día vernía; porque otros dos reyes, llamados el uno Caonabó y el otro Mayrení, habían venido a pelear con él e que le habían quemado el logar [...]. Otro día [...] fueron al lugar donde solían estar, e halláronle quemado un cortijo algo fuerte con una palizada, donde los cristianos habitaban, e tenían lo suyo quemado e derribado [...] preguntaron por los cristianos dijeron que todos eran muertos, aunque ya nos lo había dicho un indio de los que llevábamos de Castilla que los habían hablado los dos indios que antes habían venido a la nao con su canoa, pero no le habíamos creído. Fue preguntado a este pariente de Guancamarí quién los había muer-

[10] LAS CASAS, *Historia de las Indias*, cap. LXXXVI, en BAE, XCV, p. 251.

to; dijo que el rey de Caonobó y el rey de Mayrení, e que le
quemaron las cosas del lugar [...]. Otro día de mañana salió
el Almirante e algunos de nosotros, e fuimos donde solía estar
la villa, la cual nos vimos toda quemada e los vestidos de los
cristianos se hallaron por aquella yerba [...] todos [los indios]
hablaban por una boca que Caonabó e Mayrení los habían muerto; pero con todo eso asomaban queja que los cristianos uno
tenía tres mujeres, otro cuatro, donde creemos quel mal que les
vino fue de celos» [11].

La segunda versión coetánea que tenemos es de un autor cortesano, Pedro Mártir de Anglería. Este, el 13 de noviebre de 1493, dijo
que Colón «dejó con el reyezuelo [...] treinta y ocho de sus hombres,
para que averiguasen, en tanto él regresaba, la naturaleza de aquellos
lugares» [12]. Según esta referencia estaría justificada la dispersión señalada por Fernando Colón y Las Casas como una de las causas de
su muerte. Las primeras noticias que llegan a Castilla de los desapa-
recidos colonos de la Navidad las recoge, en Valladolid, Mártir de
Anglería, y el 29 de abril de 1494 escribe: «los mensajeros que el
Almirante había enviado a Guacanasil regresaron con la respuesta siguiente, a lo que pudo colegirse: que existían en la isla, habida cuenta de su gran extensión, muchos reyes de más poderío que el suyo;
que dos de éstos, tras de reunir grandes tropas, según su costumbre,
alborotados por la fama de los recién llegados, habían acudido, y tras
de vencer a los nuestros y de darles muerte, habían reducido a cenizas sus defensas, habitaciones y mobiliario; que a él, por haber intentado acudir en ayuda de los asediados, lo habían herido de un fle-
chazo. Esta cita cambia por completo la panorámica presentada por
Colón y Las Casas. La causa de la desaparición de los primeros colonos de la Española no son sus defectos, sino los de los indios, que si
viven «en una verdadera edad de oro —tal como sigue diciendo Anglería—, sin jueces calumniosos y sin libros, satisfechos con los bienes
de la naturaleza, y sin preocupaciones por el porvenir, sin embargo,
atorméntalos la ambición del mando, y se agotan en mutuas guerras,
peste, a lo que creo, de la que no se vio libre ni siquiera la edad de
oro, como tampoco dejó de tener vigencia entre los mortales el «dame»
y el «no te doy» [13].

Una posición intermedia entre Las Casas y Mártir de Anglería es
la que mantiene Gonzalo Fernández de Oviedo al decirnos:

«Y quedó por capitán con esta gente, como tengo dicho, un
buen hidalgo, natural de Córdoba, llamado Rodrigo de Arana,

---

[11] MARTÍN FERNÁNDEZ NAVARRETE, *Colección de los viajes y descubrimientos que hicieron por mar los españoles desde fines del siglo XV*, en BAE, LXXV,
pp. 190-193.
[12] PEDRO MÁRTIR DE ANGLERÍA, *Decadas del Nuevo Mundo*, lib. I, en
Ed. Porrúa, México, 1964, I, p. 109.
[13] ANGLERÍA, *Décadas*, lib. II, en E. Porrúa, I, 121.

e asimismo quedó con ellos otro hombre de bien, llamado maestre Juan, gentil cirujano. Pero, como los más de aquellos hombres que así quedaron eran marineros, y estos tales es gente sobre sí, e tan diferentes de los de la tierra como lo es su oficio, muy pocos dellos o ninguno hubo capaz para lo que el Almirante los quería: que era saberse comportar e regirse entre los indios, e aprender la lengua e sus costumbres, e comportar los defectos e bestialidades que en los indios viesen. Más en verdad, hablando sin perjuicio de algunos marineros que hay, hombres de bien, e comedidos e virtuosos, soy de opinión que por la mayor parte, en los hombres que ejercitan el arte de la mar, hay mucha falta en sus personas y entendimiento para las cosas de la tierra; porque, demás de ser, por la mayor parte, gente baja y mal doctrinada, son cobdiciosos e inclinados a otros vicios, así como gula, e lujuria, e rapiña, e mal sufridos. E como no cupo en los que Colom dejó en esta isla, alguna parte de prudencia, ni vergüenza para se sostener, obedesciendo a los preceptos de tan prudente varón, ni quisieron estar quedos donde él los había dejado, dieron mala cuenta de sus personas, o no dieron ninguna, pues no les quedó vida para ello.

Luego se supo de los indios cómo aquellos cristianos les hacían muchos males, e les tomaban las mujeres e las hijas e todo lo que tenían, según lo querían hacer. Y con todo eso, vivieron en tanto que estuvieron quedos e acaudillados; mas, así como se descomidieron con el capitán que les quedó y se entraron la tierra adentro, pocos a pocos y desviados los unos de los otros todos los mataron sin que ninguno quedase. Súpose así mismo que la elección de los dos capitanes que el Almirante mandó que quedasen para después del primero, fue mucha causa de su separación, porque, según los indios decían, cada uno de los otros quiso ser capitán; e así como el Almirante se partió para España, comenzaron a estar diferentes e dividirse, e cada uno dellos quiso ser la cabeza y el principal; y la señoría de muchos no es útil en los hechos de guerra, según dice Livio. E así hubo lugar su perdición por sus diferencias; y no teniendo en nada a los indios, de dos en dos, e tres en tres, e pocos juntos, se desaparecieron en diversas partes, usando de sus ultrajes en tal manera, que los indios, no lo pudiendo ya comportar, e durmiendo unos e otros descuidados dejando las armas, o cuando mejor aparejo se hallaba, a todos les dieron muerte, sin que ninguno dellos quedase» [14].

El madrileño Fernández de Oviedo nos acaba de dar en esta larga cita una opinión, que no compartimos, vinculando la gente de mar con la picardía, achacando como propio de los oficios del mar las cuali-

[14] Gonzalo Fernández de Oviedo, *Historia General y Natural de Indias*, lib. II, cap. XII, en BAE, CXVII, p. 46.

dades morales peyorativas que hemos entresacado anteriormente, deduciéndolas de las citas lascasianas referentes a la muerte de los primeros colonos. Los pujos intelectuales y cortesanos de Oviedo traicionaban su equidad cuando enjuiciaba determinados grupos humanos, y así, por ejemplo, de los militares dijo, refiriéndose a Hernando de Soto, lo siguiente:

«¡Oh gente perdida, oh diabólica cobdicia, oh mala conciencia, oh desventurados mílites, cómo no entendíades en cuánto peligro andábades, y cuán desasosegado vuestras vidas y sin quietud vuestras ánimas! [...]. Oíd, pues, lector, católico, y no lloréis menos los indios conquistados que a los cristianos conquistadores dellos, o matadores de sí y de esotros, y atended a los subcesos deste gobernador mal gobernado, instruido en la escuela de Pedrarias de Avila, en la disipación y asolación de los indios de Castilla del Oro, graduado en las muertes de los naturales de Nicaragua y canonizado en el Perú, según la orden de los Pizarros. Y de todos esos infernales pasos librado, y ido a España cargado de oro, ni soltero ni casado supo ni pudo reposar sin volver a las Indias a verter sangre humana, no contento de la vertida, y a dejar la vida de la manera que adelante se dirá; y dando causa a que tantos pecadores, engañados de sus vanas palabras, se perdiesen tras él» [15].

Y en este mismo pasaje Oviedo nos dice de Soto «que las mujeres las querían también para se servir dellas e para sus sucios usos e lujuria, e que las hacía baptizar para sus carnalidades más que para enseñarles la fe» [16]. Cita esta que nos permite suponer actuase de modo parecido los marineros-colonos en la Navidad. Si así fue tendríamos unas primeras mujeres indígenas bautizadas, cuyo cristianismo no se consolidó debido a la prematura desaparición de sus consortes.

Entre las causas que provocaron la muerte de estos españoles está, tanto para Colón y Las Casas como para Chanca, Mártir, Oviedo y Gómara el rapto de mujeres, que exacerbó a los varones indios, como a los de cualquier otra comunidad donde esto acontece. Ahora bien, es muy posible que ese rapto no fuese violento en bastantes casos, lo cual puede ser motivo de una mayor injuria y de ahí un mayor deseo también de eliminar aquellos molestos visitantes que sus propias mujeres intuían ser los definitivos poseedores de sus tierras. Pero ésta no es la única causa, y es conveniente tener presente las demás para hacer el cálculo aproximado de la contribución de las picardías al desenlace final de aquella incipiente colonia.

De modo general podríamos agrupar las causas en: materiales, mo-

---

[15] Oviedo, *Historia General y Natural de Indias*, lib. XVII, cap. XXVI, en BAE, CXVIII, pp. 172-173.

[16] Oviedo, *Historia General y Natural de Indias*, lib. XVII, cap. XXVI, en BAE, CXVIII, 172.

rales y militares. Entre las primeras tenemos las enfermedades; éstas actuaron de dos modos: biológico y psicológico. El primero, alteración orgánica debido a gérmenes patógenos que pueden llegar a producir la muerte, es la primera causa alegada por los indios. El segundo no está recogido por las fuentes y es interesante el que nos detengamos en él. La mayoría de las afecciones de las que se contagiaron aquellos españoles eran nuevas para ellos: enfermedades tropicales, parasitosis, sífilis, etc. Se hallan, por tanto, ante síntomas extraños que su médico no puede diagnosticar ni pronosticar, que desconoce su evolución y su terapéutica y que lógicamente produce un desconcierto en el científico y el pavor en los pacientes. No es difícil suponer que este solo hecho diese lugar a un desequilibrio psicológico más o menos colectivo. Que estas nuevas enfermedades dieron en principio una alta morbidad y mortalidad está comprobado por la segunda expedición colombina, en la que sabemos enfermaron casi todos y murieron casi la mitad.

También entre las causas materiales hay que tener en cuenta la nueva situación climática: calor tropical enervante, huracanes, lluvias tropicales. Hay, asimismo, nuevas plantas y nuevos animales, algunos de los cuales son ponzoñosos. Todo este comienzo del proceso de adaptación produce desequilibrio psíquico y si a él añadimos la irritabilidad de determinadas parasitosis intestinales y la debilidad subsiguiente, junto con las molestias producidas por insectos, tendremos un cuadro de anormalidades somáticas que inciden enmascarando y alterando las cualidades morales.

Así pues, tanto la excitabilidad, irritabilidad, susceptibilidad, violencia, inquietud y desasosiego como la abulia, irresponsabilidad, pereza y desacatamiento que pudieron presentar estos hombres eran más producto de desadaptación ambiental indiana que secuela de una «picaresca del mar», como la pintada por Fernández de Oviedo, para intentar comprender un enigma en el que aún vamos todos a tientas.

Si pasamos a las causas morales, teniendo en consideración lo que acabamos de apuntar, nos encontramos que la mayoría de las alegadas tienen más valor entre los europeos que entre los indígenas, por más que las fuentes nos digan que las recibieron por boca de estos últimos. La primera de las alegadas es que se fueron «la tierra adentro con sus mujeres y aun con muchas mujeres». La poligamia era un grave defecto para el cristianismo monogámico, pero no para aquella sociedad indígena. Anglería nos dice que al enviado de Colón, «Guacanagarí lo había recibido en la cama, fingiendo estar enfermo, y que en su alcoba se hallaban los lechos de siete concubinas» [17]. La poligamia era lujo propio de los poderosos y si los españoles la ejercieron era por la consideración de prepotencia que les otorgaron las mujeres que con ellos se fueron. No fue la violencia ejercida con ellas, que probablemente apenas existió, sino la envidia de los caciques que presentían la disminución de su poder, la principal causa

---

[17] ANGLERÍA, *Décadas*, lib. II, en E. Porrúa, I, 121.

de su muerte. La matanza de los principales miembros de la primera expedición española que llegó a Filipinas, después de la muerte de su jefe, Fernando de Magallanes, puede servirnos para vislumbrar lo que aconteció en la Navidad. En Cebú fue la presión de los rajás vecinos sobre Humabon, que se sometió a los españoles, la que le obligó a tramar el asesinato, invitando a la oficilidad española a un banquete, donde permitió su masacre casi general. En la Española, Caonabó y sus amigos, debieron presionar de modo parecido y por causas similares sobre Guacanagarí por haber permitido en sus tierras el asiento de aquellos huéspedes, que el instinto femenino, para asegurar el porvenir de su prole, señalaba como los futuros dueños de toda la isla.

Pudieron aquellos españoles acuchillarse y tener pendencias por la mujer indígena, o por cualquier otra cuestión, y el hecho de que Jácome el Rico hallase muerte violenta sólo pudo contribuir indirectamente en el desastre total; ese homicidio pudo quitar de los indios el concepto de la inmortalidad española, si es que alguno creía en ella, como al principio les sucedió a los mejicanos, hasta que fueron ahogados por orden de Moctezuma unos confiados soldados de Cortés.

La rapiña del oro también pudo influir, pero no sé hasta dónde, porque visiblemente no tenían mucho los tahínos. Da la impresión el texto lascasino de ser una acusación colombina ese «rescatar oro *cada uno por sí*», del que parece deducirse que si el rescate aurífero hubiese sido para los Reyes y para Colón, en tal caso no se hubiese producido su muerte.

Las luchas de los vascos entre sí, gamboinos y oñacianos, de los vizcaínos y los andaluces o extremeños, están tan probadas en la Historia de allende y aquende de los mares que es una de las causas militares que desgraciadamente tiene más posibilidad de ser cierta, pues en la lista que elaboró Alicia Gould de los que murieron en la Navidad hay en efecto bastantes vizcaínos y bastantes andaluces.

Las mismas probabilidades de ser cierta tiene la supuesta rivalidad por el mando militar, pero está menos clara. No da la impresión de haber perdido Arana el mando supremo de la fortaleza. La disputa pudo ser por mandar alguna expedición al interior del país para tomar noticias, tal como decía Mártir de Anglería, pero no parece que fuese entre los capitanes nombrados por Colón para suceder a Diego de Arana, que eran Pedro Gutiérrez, repostero de estrados del Rey, y Rodrigo de Escodo, pues según Las Casas, ambos fueron los que mataron a Jácome el Rico, genovés casado en Huelva. Tal vez el más grave error castrense en que incurrieron fue el mismo que le costó la vida a Magallanes, a Nuflo de Chávez y a tantos capitanes de América: el exceso de confianza, el no tener «en nada a los indios», que decía Oviedo, el dormir descuidados dejando las armas, ese sentirse ya como en casa propia, que siendo grave pecado militar es paradójicamente gran virtud colonizadora. Este vivir confiadamente entre los indios que costó la vida a los primeros expedicionarios, fue el mismo que la conservó a los componentes de la segunda expedición colombina, que acaudillados por Roldán se sublevaron contra Colón.

Primeros «hippies»

Pocas noticias existen sobre la acción evangelizadora de aquellos colonos. Tal vez bautizaron a sus concubinas, tal vez también les enseñaron los rudimentos de la doctrina cristiana y las oraciones fundamentales, es posible que siguieran adorando la cruz como lo habían hecho cuando llegó Colón; todo posible, pero todo hipotético. Lo único que nos consta es que por lo menos uno de aquellos españoles murió con una especie de cruz en sus manos, pues así encontraron su cadáver sus compatriotas que fueron en el segundo viaje de Colón [18].

Los frutos materiales y morales, si es que los hubo, entre las indias, pudieron ser recogidos por los miembros de la segunda expedición, que imitándoles, dejaron el campamento castellano y se fueron a vivir entre los indios. El primero fue Miguel Díaz de Aux, que «hubo palabras con otro español, y con un cuchillo dióle ciertas heridas; y aunque no murió de ellas, no osó atender, puesto que era criado del adelantado Bartolomé Colón, y ausentóse por temor al castigo, y con él, siguiéndole y haciéndole amigable compañía, cinco seis cristianos». Es decir, le aconteció algo parecido a lo que pudo ocurrir a los que se quedaron en el viaje anterior, pero con un desenlace feliz. Fernández de Oviedo lo cuenta así:

«E huyendo de la Isabela, fuéronse por las costa arriba hacia el Leste o Levante, e bojáronla hasta venir a la parte Sur, adonde agora está aquesta ciudad de Santo Domingo, y en este asiento pararon, porque aquí hallaron un pueblo de indios. E aquí tomó este Miguel Díaz amistad con una cacica, que se llamó después Catalina, e hobo en ella dos hijos, andando el tiempo. Pero, desde a poco que aquí se detuvo, como aquella india principal le quiso bien, tratóle como amigo que tenía parte en ella, e por su respeto, a los demás; e dióle noticia de las minas que están siete leguas desta ciudad, e rogóle que ficiese que los cristianos que estaban en la Isabela que él mucho quisiese, los llamase e se viniesen a esta tierra que tan fértil y hermosa es, e de tan excelente río e puerto; e que ella los sostendría y daría lo que hobiesen menester. Entonces este hombre, por complacer a la cacica, a más porque le paresció que llevando nueva de tan buena tierra e abundante, el adelantado, por estar en parte tan estéril y enferma le perdonaría, e principalmente porque Dios

---

[18] «Vido muertos dos hombres, uno mancebo y el otro viejo, a lo que parecía, y el viejo tenía una soga de esparto de las de Castilla a la garganta, tendidos los brazos y atadas las manos a un palo como en cruz» (LAS CASAS, *Historia de las Indias, cap. LXXXV,* en BAE, XCV, p. 249.

quería que así fuese e no se acabasen aquellos cristianos que quedaban» [19].

De ser cierta esta versión habría que cambiar la opinión respecto a la muerte de los primeros colonos, pues aquí nos encontramos con que una riña similar a la que pudo existir entre Jácome el Rico y Pedro Gutiérrez, seguida de una fuga parecida y subsiguiente amancebamiento, no sólo no es causa de la muerte, sino que es la salvación de los españoles. Es más, se podría de aquí sacar una especie de regla general, según la cual el asentamiento definitivo de los españoles entre pueblos cultivadores de tipo matriarcal exogámico se hizo posible gracias a las alianzas matrimoniales entre indias y españoles. Pero es el caso que Mártir nada nos dice de Miguel Díaz, y tanto Las Casas como Hernando Colón desautorizan y contradicen esta narración de Oviedo. Fray Batorlomé lo hace con estas palabras:

«Lo que dice de Miguel Díaz, que huyó del Adelantado por cierta travesura y vino a parar aquí a este puerto y provincia, pudo ser, pero nunca tal oí, siendo yo tan propincuo a aquellos tiempos, más de tener por amiga a la cacica o señora del pueblo que aquí estaba, y rogalle que fuese a llamar a los cristianos para que se pasasen de la Isabela a vivir aquí, es tan verdad, como ser escuro el sol a medio día. Donosa fama los españoles por sus obras tan inhumanas tenían, para que la cacica ni hombre de todos los naturales desta isla los convidasen a vivir a su tierra; antes se quisieran meter en las entrañas de la tierra por no vellos ni oillos» [20].

Lo mismo Las Casas que Oviedo se están basando, al historiar lo que ambos no vieron en hechos posteriores por ellos conocidos. Los dos se apoyan en experiencias personales, los dos nos dan unas generalizaciones de verdades parciales; ninguno ha pretendido darnos toda la verdad, porque se trata de una realidad paradójica, donde aparecen íntimamente unidos aspectos contradictorios. Las Casas no niega la travesura de Díaz de Aux, admite su posibilidad, pero pone en duda su veracidad al afirmar que «nunca tal oí», lo cual podemos interpretar como que fray Bartolomé nunca tuvo oídos para noticias que fuesen en contra de sus tesis. Sin embargo, sabemos que Miguel Díaz de Aux es un personaje real y que el eminente investigador y gran partidario de Las Casas, Manuel Giménez Fernández, admite la versión de Oviedo al decirnos que «el hallazgo por Miguel Díaz de Aux de los ricos yacimientos del Ozama y el subsiguiente traslado de la capitalidad a Santo Domingo, fundada por el Adelantado D. Bartolomé Colón, tan decidido y eficaz como gris e irresoluto era su

---

[19] OVIEDO, *Historia General y Natural de Indias*, lib. II, cap. XIII, en BAE, CXVII, p. 50.
[20] LAS CASAS, *Historia de las Indias, cap. CIX*, en BAE, XCV, p. 299

hermano D. Diego, juguete de Boly y Margarit, hizo a Don Fernando rectificar la política del desentendimiento» [21].

Las Casas no puede admitir el amigamiento de la cacica con el español huido, de cuya posibilidad yo no dudo, así como de tomar el nombre de Catalina al recibir el bautismo. De lo que más o menos podemos poner en duda es de que llamase a los españoles la tal cacica, pues bien pudo ser obra del propio Miguel Díaz y a la que no se opuso su amiga Catalina. No sabemos si ambos contrajeron matrimonio canónico y si ésta murió al poco tiempo, lo que sí nos consta es que Miguel Díaz de Aux estuvo casado con Isabel Cáceres, la cual al morir éste, siendo «rica mujer», se volvió a casar con Antonio de la Gama [22].

Esa posibilidad de amigamiento está totalmente probada en la rebelión del Alcalde Roldán, acontecida poco después y a cuyos seguidores no es muy difícil aplicarles el epíteto de los «primeros hippies americanos», pues tenían como lema, para reclutar adeptos, según Mártir de Anglería, un *slogan* muy parecido al actual. El humanista milanés escribió al cardenal Luis Aragón sobre cómo se incorporaron a la rebelión roldanistas los expedicionarios de dos naves que se le desgaritaron a Colón en su tercer viaje, estas palabras:

> «Seducit illos Roldanus, pro ligone, puellarum papillas tractandas: pro labore: voluptatem, pro fame, affluentia pro lassitudine et vigiliis, quietem promittens» [23].

Esto es, acariciar indias y no acariciar azadones, hacer el amor y no hacer el trabajo. No sabemos si además en señal de protesta contra las duras tareas a las que los sometía Colón se dejaron crecer los pelos de la cara, pero, según Oviedo, el Visitador Juan de Aguado «dijo al Almirante que se aparejase para ir a España, lo cual él sintió, por ser cosa muy grave, e vistióse de pardo, como fraile, y dejóse crecer la barba» [24]. Hecho este que contradice también Las Casas como los anteriores, y por ello no podemos aplicar a Colón el calificativo de hippy. Se puede deducir que la vinculación entre barba y protesta tiene larga tradición, y en América la encontramos desde el momento en que llegan a este Nuevo Mundo hombres con posibilidad de que les crezca el pelo en la cara.

La rebelión «hippy» de Roldán Jiménez, anatematizada por Ursula Lamb, cambió, según Pérez de Tudela, el régimen de factoría por el de asentamiento en la tierra, estableciendo una conjunción del orden señorial europeo y del caciquismo aborigen. Los descamisados hidalgos basaron su dominación en la alianza matrimonial —poligámica, en muchos casos— entre ambas razas. El servicio indígena, que

21 Manuel Giménez Fernández, *Bartolomé de las Casas,* I, Sevilla, 1953, p. 25.

22 Giménez Fernández, *Las Casas,* II, Sevilla, 1960, p. 1065.

23 Petrus Martyr de Angleria, *Opera,* Graz, 1966, p. 61.

24 Oviedo, *Historia General y Natural de Indias,* lib. II, cap. XIII, en BAE, CXVII, p. 52.

había sido con Colón usufructo generalmente colectivo, quedaba entablado como privilegio personal; y, lo que es más, los «hidalgos hippies» se consideraron de hecho y hasta de derecho herederos de los caciques, sus suegros»[25]. El propio Las Casas dijo de ella:

«Y cosa fue esta, cierto, maravillosa, y juicio de Dios muy claro, si con ojos limpios entonces lo vieran y agora lo miramos, que aquel Roldán, sin saber quién lo movía mediatamente, que era la Divina Providencia, pero inmediata su propia ambición, cudicia y maldad, fuese profeta en la obra»[26].

Pero fue también Las Casas el que dijo:

«Tuvo principio este levantamiento porque uno de los principales que consigo siempre trujo Roldán, se echó con la mujer del rey Guarionex y porque le quiso el Adelantado castigar, o porque era bullicioso..., acordó quitar la obediencia al dicho don Bartolomé, y levantarse contra él con hasta setenta hombres»[27].

Esta truhanería está en contradicción con la supuesta alianza de Roldán y Guarionex que Charles Verlinden y Florentino Pérez-Embid sostienen con estas palabras:

«Roldán había huido al "maquis" al interior de la Isla. Bartolomé había hecho una salida contra él y contra su aliado, el cacique Guarionex. Este había pagado en lugar del español, pero a Roldán no había modo de echarle el guante»[28].

En 1516 varios dominicos residentes en la Española escribieron a Xevres lo siguiente:

«Acaesció eso mesmo, M.I.S., en esta isla en tiempo del Almirante viejo, que estaba aquí uno con él que se llamaba Francisco Roldán, el cual por no estar sujeto al Almirante o por mandar él en su parte en la isla, alzóse con parte de la gente que el Almirante viejo tenía e como esta isla es muy grande, que tiene de largo doscientas leguas, estando el Almirante con la gente hacia la parte de Levante de esta isla, fuese él hacia la parte del Poniente, que se dice la provincia de Xaragua, e

[25] JUAN PÉREZ DE TUDELA, «Significado Histórico de la vida y escritos del Padre Las Casas», en *Obras escogidas de Fray Bartolomé de las Casas,* vol. XCV de la BAE, p. XI.

[26] LAS CASAS, *Historia de las Indias,* cap. CXVII, en *BAE,* p. 315.

[27] LAS CASAS, *Historia de las Indias,* cap. CXVII, en *BAE* XCV, p. 314. En el cap. CXVIII vuelve a decir: «Vino Francisco Roldán con sesenta o setenta hombres, muy armados, en forma de guerra, al pueblo del gran señor y rey Guarionex (cuya mujer y reina se dijo, y el Almirante lo escribió a los Reyes, este Roldán tomó y usó mal de ella).»

[28] CHRALES VERLINDEN y FLORENTINO PÉREZ-EMBID, *Cristóbal Colón y el Descubrimiento de América,* Madrid-México, 1967, p. 126.

aunque en aquellas partes desta isla no hay oro, empero los indios tenían aquella por la más principal parte de la isla, donde había muchos e grandes caciques, mucho de comer, muchas mujeres fermosas, etc., que eran todas las cosas que aquellos fugitivos habían menester para tender sus velas por los vicios, e todos los que acá en las partes do estaba el Almirante viejo hacían algunos insultos, se acogían con el otro alzado; e como no castigaba los vicios, más antes los favorecía porque se les allegase gente, cada uno hacía entre los indios lo que le parescia e plácia, principalmente en comerles sus haciendas e tomarles sus mujeres e hijas, de forma que los indios muchas veces si pudieran los mataran, por las injurias que dellos recibían, sino que no osaban por el miedo que les habían» [29].

No voy a narrar la controvertida historia de la rebelión roldanista, cuya importancia ha puesto de manifiesto Juan Pérez de Tudela, tan sólo quiero mostrar que estos hombres, tachados con todos los vicios por la documentación colombina o por los moralistas, realizaron una extraña pero real tarea cristianizadora. En primer término, tenemos que los roldanistas no construyen fortificaciones como los colombistas para mantenerse entre los indios, no les hacen la guerra, sino el amor, que suprimen la tributación indígena como imposición obligatoria por temor, sustituyéndola por una contribución fraternal, que viven aislados entre los indios, formando las primeras familias mestizas cristianas y que de este modo, aun en pecado, establecen la fe en Cristo y en su Iglesia.

En una materia tan tenue como ésta, donde no quedan rastros documentales, pues no hay partidas de butismo, ni sacerdote que administre los sacramentos, ni registro civil, ni más datos o noticias que las apasionadas acusaciones que se lanzan mutuamente leales y rebeldes, sólo la interpretación de unas escasas noticias me permiten sostener mi hipótesis. En primer término, parto del hecho generalizado de que los españoles antes de tener relaciones sexuales con las indias las bautizaban, aunque fuese, como hemos visto que decía Oviedo, más «para su carnalidades que para enseñarles la fe», porque aun así y todo hay un «menos», y ese menos es que realmente se les enseñó la fe. La Doña Marina de Cortés puede servirnos de punto de referencia, entregada como esclava para todo uso, bautizada de este mismo modo, cuando los españoles apresan a su madre, que de hija de cacique la redujo a esclava, Marina le perdona sus culpas «porque esto es lo que me han enseñado mis señores». Ese perdón es la manifestación de un cristianismo vivido, vivo y transgredido por el pecado, como el de todos los cristianos del mundo, y que en sus circunstan-

[29] *Colección de Documentos inéditos relativos al descubrimiento, conquista y organización de las antiguas posesiones españolas de América y Oceanía,* tomo VII, Madrid, 1867, pp. 408-409. En el tomo XXXV, pp. 214-215, se repite este mismo texto en la relación de los Dominicos a Xevres fechada el 4 de diciembre de 1519.

cias, la transgresión del sexto mandamiento estuvo tan generalizada como en nuestros días la del octavo o el décimo.

En segundo lugar, que entre «lo que se acuerda y capitula con el Alcalde mayor Francisco Roldán y su compañía, para su despacho y viaje a Castilla» se encuentra esta significativa petición y concesión:

> «Asimismo hará que se les den los esclavos de la merced que se hizo a la gente, por los trabajos que ha padecido esta isla, y por el servicio que han hecho, con nota de la concesión de ellos; y porque algunos de la compañía tienen mujeres preñadas, o paridas, si éstas quisieran irse con ellos, sea en lugar de los esclavos que habían de llevar, y los hijos sean libres y los lleven consigo» [30].

Nos encontramos en este texto que lograda la equiparación de los roldanistas con los colombinistas en la concesión gratuita de unos indios esclavos y su pasaje a España, antes de que la reina Isabel pronunciase aquellas célebres palabras de «que poder mío tiene el Almirante para entregar mis súbditos por esclavos», unos cuantos de la compañía rebelde prefieren el afecto de la mujer india al lucro del esclavo. Resalta, asimismo, en ellos, de modo natural, una cualidad que en nuestros días ha requerido una declaración pontificia: la paternidad responsable. Si estos hombres eran solteros, la confirmación eclesiástica de su unión natural, en el caso de ser monogámica, sólo dependía de la buena habilidad del cura especializado en restablecer el orden sacramental entre «amigados»; si por el contrario eran casados, aquellos hijos naturales que su padre llevaba consigo a España quedaban incorporados a su antiguo hogar en la medida que su mujer comprendía las circunstancias que habían dado lugar a la infidelidad del marido. En casos difíciles o violentos, esos mestizos cristianos se criaban y educaban en casas de los parientes o amigos del padre. La vida en España del inca Garcilaso en la mansión de sus tíos, o la de la hija de Andrés de Urdaneta en el hogar de la hermana de éste pueden servirnos de ejemplo.

En tercer lugar nos hallamos ante el hecho que la marcha lenta de la evangelización indígena llevada a cabo por los elementos eclesiásticos: Pané, Tisin (o Cosin) y Deledeule (o de la Duela), sufre un brusco salto al llegar con Bobadilla unos franciscanos en cuyas cartas se muestran adversos a la política colombina. Uno de ellos, fray Juan de Robles, el 12 de octubre de 1500 dice a Cisneros:

> «... todos enfermamos poco o mucho, empero todo lo damos por bien empleado en padecerlo por Cristo, y en hallar en estas gentes el aparejo que deseábamos para los bautizar que

---

[30] HERNANDO COLÓN, *Historia del Almirante Don Cristóbal Colón*, II, Madrid, 1932, p. 212.

en esta tardanza aquí de los navíos, aunque como dije estábamos todos ocupados, se bautizaron más de tres mil almas» [31].

En esa misma fecha el veterano fray Juan de le Deule escribe también a Cisneros:

«... sabrá como de la conversión de los indios, a la cual vuestra señoría tiene tanto afecto, de tal manera lo traía Ntro. Señor que todos sin poner objeto alguno reciben el bautismo: en que en este tiempo que las caravelas aquí han estado, aunque había hartas ocupaciones a causa del Almirante y sus hermanos, se han bautizado más de dos mil ánimas» [32].

No es posible atribuir esta cristianización masiva de los indios a los roldanistas, pero tampoco se puede negar su contribución a ella. Hasta el momento de esos bautismo colectivos el proceso evangelizador ha seguido estos dos métodos: uno directo sobre las élites indígenas y otro indirecto sobre las masas aborígenes. El primero va a cargo de elementos eclesiásticos, apoyados por las autoridades civiles (Almirante, Adelantado, capitanes de las fortalezas, etc.) y la nobleza colonial, dando lugar a un cristianismo indígena selecto, como el de Juan Mateo Guaticaba, jefe de una casa aristocrática nativa de la provincia de Macoris, que se bautiza con los diecisiete miembros de su familia, actúan de catequistas, colaboran con el misionero y con las autoridades españolas, adquieren cierto nivel cultural europeo, cuidan con esmero la capilla cristiana y los cuatro varones mayores dan su vida en testimonio de la fe que profesan diciendo que ellos eran los «Naborías de Dios». El otro método, el indirecto, actúa indiscriminadamente sobre las distintas capas sociales indígenas, más que una evangelización propiamente dicha es una preparación para ella; se realiza por medio de seglares no encuadrados en organizaciones misioneras, de moral dudosa, fe sencilla y externa, fe con múltiples defectos, pero fe tan de veras como para morir con la cruz en las manos como uno de la Navidad, o besando la hecha con la propia sangre, tal cual hizo Francisco de Pizarro. Estos misioneros seglares actúan más como ambiente, como continuación de la vida toda que hasta entonces han llevado, que a tenor de unas normas especiales dirigidas a la propagación de la fe; entre éstos hay de todo, hombres sencillos y buenos, del montón con más o menos vicios y virtudes, y pícaros, como los de la cofradía de Monipodio.

---

[31] ANGEL ORTEGA, *La Rábida. Historia Documental Crítica*, II, Sevilla, 1925, p. 304.
[32] ORTEGA, *La Rábida*, II, 303.

Los «homicianos» del tercer viaje

En este desfile de extraños misioneros seglares que hemos presentado hubo algún que otro pícaro, pero no todos lo fueron por más que según los textos que hemos copiado podríamos incluir a la mayoría. Ahora bien, en el tercer viaje de Colón a las Indias, lleva consigo unos cuantos que sus picardías están legalmente comprobadas por los juicios donde fueron condenados a muerte o a mutilación. Se libraron de estos graves castigos gracias a un curioso perdón otorgado por los Reyes Católicos, que creyendo en la efectividad del segundo de los métodos antes esbozados establecieron una igualdad o correlación entre poblar y cristianizar. De la misma manera que durante la multisecular lucha de moros y cristianos en la Península, estos últimos consideran que conquistar es poblar, así mismo para ellos en América poblar no sólo es conquistar sino también evangelizar. Consideran que las campanas colgadas de un apamate, o de una espadaña de barro, al llamar a la oración o regular cristianamente la vida de los fieles, evangeliza también a los infieles porque les crea centros de interés, porque despierta su curiosidad y así los templos, las cruces, las imágenes, la música, el canto, el santiguarse o el arrodillarse, los cuadros, los libros, las procesiones, la vida toda de un poblado cristiano invita al cristianismo, es instrumento que puede preparar los extraños caminos por donde Dios llega a los hombres.

El 22 de junio de 1497 los Reyes Católicos dirigieron a las Justicias «de todas las ciudades, villas y lugares» de sus reinos la siguiente carta:

«Sepades que Nos habemos mandado a D. Cristóbal Colón, nuestro Almirante de las Indias del mar Océano que vuelva a la Isla Española, e a las otras islas y tierra firme que es en las dichas Indias, a entender en la conversión e población de ella, e para ello Nos le mandamos dar ciertas naos o carabelas en que va cierta gente pagada por cierto tiempo, e bastimentos e mantenimientos para ella; e porque aquella no puede bastar para que se faga la dicha población como cumple a servicio de Dios e nuestro, sino van otras gentes que en ellas esten e vivan e sirvan a sus costas, acordamos de mandar dar esta nuestra carta para vos e cada uno de vos en la dicha razón; porque vos mandamos que cada e cuando alguna o algunas personas, así varones como mujeres de nuestros Reinos hobieran cometido o cometieren cualquier delito o delitos porque merezcan y deban ser desterrados, según derecho e leyes de nuestros Reinos para alguna isla o para labrar y servir en los metales, que los desterreis, que vayan a estar e servir en la dicha Isla Española en las cosas que el dicho Almirante de las Indias les dijere e mandare por el tiempo que habían de estar en la dicha isla a labor de metales. E asi mismo todas las otras personas que fueren culpantes en delitos que no merezcan pena de muerte, seyendo tales los delitos que justamente se les pueda dar destierro para las dichas indias según la calidad de los delitos, los condeneis y desterreis para la dicha Isla Española para que esten allí e fagan lo que por el dicho Almirante les fuere mandado, por el tiempo que a vosotros paresciere...» [33].

Nos encontramos aquí con que a estos delicuentes con pena de destierro se les envía a las Indias Occidentales con estas tres finalidades: económica («para labrar y servir en los metales»), política («como cumple al servicio de Dios e nuestro») y religiosa («a entender en la conversión y población»). Las dos últimas finalidades tienen carácter supletorio pues se les envía ya que la gente que iba con Colón pagada «no puede bastar para que se haga la dicha población como cumple al servicio de Dios y nuestro». Al ser enviados por los Monarcas castellanos, que tienen la obligación de escoger y destinar a las Indias varones probos, temerosos de Dios y peritos para instruir a sus habitantes por mandato del Papa Alejandro VI, los tales delicuentes adquieren un carácter que yo calificaría de misioneros seglares suplentes forzosos o temporeros hasta tanto y cuanto se encuentren varones más probos, temerosos y peritos. Hay aquí un «menos» de probidad, de temor de Dios o de pericia, que no se puede menospreciar ni olvidar sobre todo si tenemos en cuenta que estos hombres con sus lacras tenían fe como lo demuestra y ridiculiza Cervantes en su *Rinconete y Cortadillo*.

Las excepciones de los delitos no incluidos en el indulto que con la misma finalidad se dio también el 22 de junio de 1497, nos demuestra que la mayoría de estos seglares enviados forzosamente a colaborar en la evangelización de Indias eran pícaros. En el tal perdón dicen Fernando e Isabel:

«... de nuestro propio motu e ciencia cierta queremos e ordenamos, que todos e cualesquier persona varones, e muchos nuestros súbditos e naturales que hobieren cometido fasta el día de la publicación desta nuestra Carta cualesquier muerte e feridas, e otros cualesquier delitos de cualquier natura e calidad que sean, ecepto de heregía a Lesae Majestatis, o perduliones, o traición, o aleve, o muerte segura, o fecha con fuego o con saeta, o crímen de falsa moneda o de sodomía, o hobieren sacado moneda o oro o plata, o otras cosas por Nos vedadas de nuestros Reinos, que fueren a servir en persona a la Isla Española, e sirvieren en ella a sus propias costas, e sirvieren en las cosas que el dicho Almirante les dijere e mandare de nuestra parte, los que merecieren pena de muerte por dos años,

---

[33] FERNÁNDEZ NAVARRETE, *Colección de Viajes*, II, Madrid, 1825, pp. 207-208, en BAE, LXXV, p. 425.

e los que merecieren otra pena menor que no sea muerte, aunque sea perdimiento de miembro, por un año, sean perdonados de cualesquier crímenes e delitos, e de cualquier manera e calidad e gravedad que sean, que hobieren fecho o cometido fasta el día de la publicación desta nuestra Carta, ecepto los casos susodichos» [34].

De este texto se desprende que son los desgraciados y no los económicamente poderosos quienes, al contrario de lo que sucede en nuestros días, pueden alcanzar legalmente el perdón de su culpa. En el concepto de la época, fines del siglo xv, reflejado en esta disposición dada por los Reyes Católicos, no sirven para poblar y evangelizar la capa alta de la delincuencia, aquellos cuyo delito tiene un marcado matiz de superioridad frente a los demás, de orgullo individual y por ello sus transgresiones van contra el sentir y el obrar de la comunidad. Así los traidores que lo hacen contra el sentido y la vida política de su pueblo; el herege que va contra la creencia de su comunidad religiosa; el que mata por querer matar, sin riesgo inmediato, que atenta contra la humanidad en general; los que fugan capital que dañan al bien común de los lugares donde hicieron sus fortunas... Los delitos que no se exceptúan son los de la clase baja en los que incurren los pícaros delicuentes, los que el bajo pueblo considera más una desgracia que un delito.

Pasados los siglos nuestra mentalidad ha cambiado tanto que hoy consideramos ese perdón con finalidad subsidiaria misionero-pobladora una monstruosidad aberracional. Sin embargo los hechos nos demuestran que somos nosotros los equivocados, que ese incomprensible método de llevar la Buena Nueva a las Indias por medio de unos hombres que hasta públicamente habían obrado mal, fue eficaz, y es que encerrados dentro de nuestro orgulloso ambiente actual olvidamos, con harta frecuencia, el carácter de volubilidad que tiene la vida haumana, que quienes hoy obran mal mañana pueden obrar bien y viceversa. Y en América aconteció que hombres de bien en Castilla se tornaron allí hombres de mal y de los malhechores que fueron en ese tercer viaje de Colón, acogidos al perdón que se acaba de copiar, Fr. Bartolomé de las Casas encontró alguno de estos desorejados «harto hombre de bien» [35].

[34] Fernández Navarrete, *Colección de Viajes,* II, Madrid, 1825; p. 213, en BAE, LXXV, pp. 428-429.
[35] Alicia B. Gould, «Nuevos datos...», LXXVI, p. 205, nota 1.

UN EPISODIO DE LA PICARESCA AMERICANA: HIJOS DE ALGO, HIJOS DE NADA

STASYS GŎSTAUTAS

> *No puede ser hijo de algo el que no tiene nada.*

QUEVEDO

> *No hay sino sólo dos linajes: el uno se llama tener,*
> *y el otro no tener.*

LÓPEZ DE UBEDA

El tema del hidalgo como hijo de nada se repite en la literatura española desde la época de Erasmo. Ejemplos abundan, y para no buscar más lejos, ahí están las tres obras maestras de esa literatura: *Lazarillo, Don Quijote* y *El Buscón.* Estas son verdades bien conocidas y no habría para qué perogrullar sobre ellas, si no fuera por el descubrimiento de un manuscrito , compuesto en el Perú, de principios del siglo XVII, titulado *La endiablada,* que nos hubiera obligado a replantear el problema. Se trata de un texto narrativo, mitad cuento, mitad «sueño», escrito en Lima, por los años de 1626, el mismo año de *El Buscón,* por un madrileño de ilustre casa, don Juan Mogrovejo de la Cerda (1600?-1670?), quinto nieto del primer Duque de Medinaceli, alcalde y regidor de Cuzco, y autor de por lo menos seis obras, dos literarias (una comedia *La dama muda* y *La endiablada*), una religiosa *(El predicador),* dos de historia *(Memorias de Cuzco* y *De los hijos ilustres...)* y una de genealogía *(Arbol de los Veras,* Milán, 1636), de las cuales sólo tres han sido localizadas y una publicada [1].

---

[1] Poco o nada sabemos sobre la vida de don Juan Mogrovejo de la Cerda. La primera referencia sobre el autor la encontramos en una carta del obispo

El manuscrito de *La endiablada* se conserva en la casa de Antonio Rodríguez Moñino, y fue dada a conocer por el mismo bibliófilo en varias publicaciones y congresos[2]. El dicho manuscrito está dedicado y perteneció a Juan de Solórzano Pereira, quien aparentemente lo trajo consigo del Perú en 1627 y más tarde llegó a formar parte de los 47 textos encuadernados a la muerte de su dueño, quien los legó a su hijo «para estudio, y no para venta», según reza en su testamento[3]. Nada se sabe sobre la fortuna del manuscrito durante casi tres siglos, hasta que en 1947, Rodríguez Moñino lo adquirió al librero de la calle de San Bernardo, Isidro Gómez, en presencia de Azorín y Conrado del Campo. Aquel «...vio estos papeles y un grueso volumen que había sido de Solórzano Pereira, no les dio maldita importancia», escribe Rodríguez Moñino en el interior de la cubierta del manuscrito[4].

El presente discurso se limitará a estudiar una sección del texto y a señalar dos aspectos de la picaresca que la lectura de *La endiablada* ha inspirado: primero, sus coincidencias con un texto de Erasmo; segundo, el papel del hidalgo, como hijo de nada, en la picaresca española y americana.

El episodio en mención, es el tercero de la primera parte de *La endiablada,* que por conveniencia hemos titulado «el falso caballero de Panamá»[5], es la historia de un pícaro «hecho caballero»[6], narrada por un demonio chapetón, llamado Asmodeo a un demonio baquiano, es decir, americano, apellidado Amonio[7]. Aquel, después de contar sus experiencias en Madrid, su azaroso viaje a las Indias

---

de Cuzco, don Fernando de Vera a su sobrino el coronel Jacinto de Vera, publicada en *Epistolario español* (B.A.E., t. LXII, pp. 69-70). La segunda referencia la descubrimos en otro manuscrito de Mogrovejo, titulado *Memorias de la Gran Ciudad del Cuzco, Cabeza de los Reynos del Perú.*

[2] «Cancionerillo peruano del siglo XVII», en *Mar del Sur* (Lima, vol. VII, Nr. 20, marzo-abril de 1952, pp. 38-43) y una ponencia «Manuscritos literarios peruanos en la biblioteca de Solórzano Pereira», leída en el Congreso Internacional de Peruanistas en Toulouse y publicada en *Caravelle* (Toulouse, Nr. 7, 1966, pp. 93-125).

[3] JAVIER MALAGÓN y JOSÉ M. OTS CAPDEQUÍ, *Solórzano y la Política Indiana* (México, Fondo de Cultura Económica, 1965, p. 37).

[4] No sólo Azorín «no les dio maldita importancia», pues a casi treinta años de su descubrimiento, el manuscrito permanece casi inédito, fuera de una transcripción no siempre exacta, hecha recientemente por Raquel Chang-Rodríguez y publicada por la *Revista Iberoamericana,* Núm. 91 (abril-junio de 1975), pp. 273-285.

[5] La obra se puede dividir en dos partes, una narrativa o episódica y la segunda dialogada. La primera parte tiene cuatro episodios, de los cuales, el tercero es el más desarrollado y uno de los más curiosos. Véase la transcripción en el apéndice.

[6] Todas las citas que no digan lo contrario son tomadas del manuscrito de *La endiablada,* conservando la ortografía original.

[7] Nótese cuán pronto se generalizó el uso de las palabras *chapetón* por español y *baquiano* por criollo. En cuanto a los nombres de los diablos, Asmodeo es el legendario Diablo Cojuelo y Amonio es un nombre que varias veces aparece en las obras de Erasmo.

y su paso por Cartagena («sótano del ynfierno») y Puerto Velo, se detiene en Panamá, donde tiene lugar el episodio del caballero «endiablado», «un chapetón tan soberuio y desbanecido, que entranuos estáuamos aforrados en lo mismo», dice Asmodeo[8].

I

No es coincidencia que la estructura del episodio del «falso caballero de Panamá» se asemeje a los varios consejos dados por Néstor a Hárpalus del Coloquio de Erasmo *Ementita nobilitas*, o el caballero sin caballo, como se deduce de su título del griego (ιδηπευς α νιππος). No queda claro si el autor cuzqueño se inspiró para su episodio en el coloquio de Erasmo o en la gran tradición de la picaresca española, que a su vez le debe tanto a la influencia erasmista, o en la experiencia personal del autor. La coincidencia, sin embargo, a cien años de distancia con los picarescos consejos de Néstor son demasiado notables, como se verá en seguida[9].

Hárpalus de Erasmo y el pícaro sin nombre de *La endiablada* «como estaua pobre sin tener qué vender ni qué empeñar» dice Asmodeo, deciden hacerse caballeros inventándose un linaje y un nombre ilustre. Para ello, el primer consejo de Néstor es irse lejos, donde no puedan ser reconocidos: «Primum fac procul te abducas a patria»[10]. El chapetón ya había dado ese paso inicial, pues de España se había refugiado en Panamá, donde de nadie era conocido y por ninguno delatado, además, «finxió que uenía por una desgracia, como si dejar a España fuera dureza».

El segundo consejo de Néstor es la necesidad y utilidad de cambiar o ennoblecer el nombre. En lugar de llamarse vulgarmente Hárpalus Comensis debía transformarlo en Hárpalus de Como («ne plebejo more te patiaris vocari Harpalum Comensem, sed Harpalum a Como: hoc enim Nobilium est»). El falso caballero de Panamá va un poco más lejos, pues no sólo transforma su nombre sino que se roba uno, porque como dice Asmodeo «auía en Panamá, como suele, barata de Dones», es decir, que los dones se repartían barato en

---

[8] Gran parte de *La endiablada* reproduce las experiencias del autor, quien en sus años mozos hizo un viaje similar de Madrid a Lima, como consta por el prólogo de las *Memorias*, escrito por el hijo de Mogrovejo, Toribio Alfonso: «... y después, en mayor años, habiendo bajado al Perú en compañía de su padre que vino por Alcalde del Crimen en la Real Audiencia de Lima...»

[9] El coloquio de Erasmo fue publicado en 1529 y *La endiablada*, aparentemente, fue escrita alrededor de 1626. Sobre la fecha de ésta, véase mi ponencia «Un escritor del Perú virreinal: Juan Mogrovejo de la Cerda», en las *Memorias* del XVII Congreso Internacional de Literatura Iberoamericana, celebrado en Madrid, marzo de 1975.

[10] Citaremos por la edición de Leiden de las *Opera Omnia* de Erasmo, publicadas en 1703, tomo I, columnas 834-837.

Panamá, como suele, barata de Dones», es decir, que los dones se repartían baratos en Panamá. Así, «ynformóse de los apellidos del Pirú, y como oyó de todos los de España (sean çiertos o apóchrifos) pareciole que auía pocos deste, y llamóse Don Suero Pimentel», sin molestarse en dar su nombre propio que alguno tendría. Por esta época, no en el Perú sino en México gobernaba un don Diego Carrillo de Mendoza y Pimentel, Marqués de Gelves, de la casa de los Condes de Benavente, apellido que pudo servirle de inspiración al pícaro caballero, quien llegó a ufanarse de su nuevo linaje y «no se contentó con menos que con no poderse cassar con el Conde de Venauente sin dispensación», obvia referencia a su pretendido impedimento de consaguinidad [11]. El mensaje de Mogrovejo parece claro: en América todo era posible, incluso el utilizar impunemente el nombre de una de las familias más ilustres de España. El falso caballero de Panamá encuentra el consejo de Pablos muy cómodo, pues como dice el Buscón «no era de costa el mudarse de nombres, antes muy útil» [12]. Siguiendo el consejo de Erasmo, aunque por otros motivos, hasta Alonso Quijano hace algo semejante [13].

La mobilidad social que representó la Conquista contribuyó a que muchos advenedizos halagados por las distancias y desplazamientos, de plebeyos pasaran a hidalgos, cubriendo su pasado con el nuevo oro de América. El caballero de La endiablada utiliza el recurso de la hidalguía para enriquecerse, al revés de lo que se hacía en España, donde la limpieza de sangre y la hidalguía se probaban con la fortuna [14].

El tercer consejo picaresco de Néstor corresponde al dado por don Toribio a Pablos: «encajamos duques y condes en las conversaciones, unos por amigos, otros por deudos...» [15].

> Iam quo firmior sit hominum opinio, fingito literas a magnatibus ad te missas, in quibus identidem appelleris Eques clarissimus, magnarumque rerum fiat mentio, de feudis, de arcibus, de multis florenorum millibus, de praefecturis, de matri-

---

[11] También por esta época parece que un Pimentel fue ahorcado por ladrón en las costas peruanas. De ser así, hecho que no he podido comprobar, el uso de este apellido por Mogrovejo tendría una doble ironía.

[12] QUEVEDO, *Vida del Bucón*, Barcelona, Juventud, 1968, p. 198. Citaremos por esta edición de F. Lázaro Carreter.

[13] No es una exageración la frase de Marcel Bataillon (*Erasmo y España*, México, F.C.E., 1966, p. 805): «Si España no hubiera pasado por el erasmismo, no nos habría dado el *Quijote*.»

[14] Sobre este asunto ya hay una literatura abundante. Además de las obras de don Américo Castro, véase la bien documentada obra de ANTONIO DOMÍNGUEZ ORTIZ, *La sociedad española en el siglo XVII* (Madrid, 1963, 1970, 2 volúmenes) y los ensayos de Bataillon (en *Pícaros y picaresca*, Madrid, Taurus, 1969, pp. 53-121), donde, paso a paso, el gran crítico francés describe los esfuerzos del mercader Rodrigo Calderón para probar su limpieza de sangre.

[15] *Buscón*, ed. cit., p. 158.

monio opulento. Curabis, ut hujusmodi literae tibi velut elapsae, aut per oblivionem relictae ad aliorum manus.

Don Suero, maestro de todas las artes picarescas, se sabía los árboles genealógicos de toda España, como se desprende del texto: «Añadió a esto mi ipochrita de la cauallería, el sauer de memoria la copia de los duques, el calendario de los marqueses y la letanía de los condes» [16]. Nótese cómo el autor califica a su falso caballero de hipócrita, y en una forma un poco rebuscada, con una densidad rayana en la oscuridad, típica de un escritor del barroco, pero no por eso menos clara en su intención burlona, describe la preparación del pícaro para hacerse caballero y para lidiar con las armas de su siglo lo hace experto en el conocimiento de los linajes.

El cuarto consejo de Néstor es uno de los más irónicos y tan típicos de las burlas de Erasmo, donde enumera una serie de características del falso caballero:

> Ni sis bonus aleator probus chartarius, seortator improbus, potator strenuus, profusor audax, decoctor et conflator aeris alieni, deinde scabie ornatus Gallica, vox quisquam te credet equitem.

El decálogo del moderno caballero, sátira de la caballería antigua ejemplarizada por don Quijote, es un buen resumen de las virtudes picarescas. El decálogo compuesto por Mogrovejo no corresponde exactamente a los preceptos de Néstor, pero en más de uno de ellos son idénticos. Si trazáramos un paralelo veríamos que el pícaro americano «guardaua todos los mandamientos de la cauallería moderna», según dice Asmodeo, teniendo en cuenta no sólo los mandamientos de Erasmo sino los de Mateo Alemán y Quevedo. Para facilitar su entendimiento, vamos a desglosarlo.

«El primero, porque no beuía vino», puede significar o que era tan pobre que no podía comprarlo, pues efectivamente en Panamá solía costar un Potosí, o que era tan tacaño que no quiería gastar.

«El segundo, porque no escriuía bien, que está en rreputaçión de uajeça» no tiene paralelo con los mandamientos de Erasmo, aparece en El Buscón, donde Pablos dice «...aunque no sabía bien escribir, para mi intento de ser caballero lo que se requería era escribir mal» [17]. Nótese cómo los dos textos se complementan y significan lo mismo y lo bajo a que había llegado la llamada «caballería moderna».

---

[16] Hay que tener en cuenta que nuestro autor fue un aficionado de las genealogías, como lo prueba su único libro publicado, Arbol de los Veras, escrito en su primera parte por Alonso López de Haro con una introducción y una segunda parte por Mogrovejo de la Cerda, quien además figura como el editor del hermoso ejemplar, publicado en Milán, en 1636.

[17] Buscón, ed. cit., p. 57.

«El tercero, porque tenía azares de qualquiera cossa, y esto de ser azañeros está uedado a los de menor esphera», es decir, que era un cobarde del peor cuño, inconcebible aun en los plebeyos.

«El quarto, porque mentía», va con la definición del falso caballero. Lo mismo que el quinto, el no pagar las deudas, uno de los consejos más importantes de Néstor, y el que más acerca al príncipe con el pícaro, cuya grandeza burlonamente se medía por el caudal de sus deudas, «nulli magi obaerati sunt, quam magni Principes» dice Erasmo en su coloquio [18]. Asmodeo, como haciéndose eco de estas palabras, añade: «y esto demás de ser comodidad en los que señorizan, es ya costumbre aun en los pleueyos», clarificando el origen bajo del falso caballero de Panamá.

«El sesto, porque no obedecía al sesto». Mogrovejo, con esa densidad y recato que lo caracteriza a través de toda la sátira, no elabora su definición, en contraste con el vocabulario mucho más fuerte y explícito de Erasmo: «scortator improbus».

«El séptimo, porque oya missa en pie», no corresponde a ningún mandamiento de Erasmo y su sentido es ambiguo, pues puede significar oírla sin respeto en algún rincón o que era un penitente a quien la Inquisición distinguía haciéndole oír misa en pie. El siguiente mandamiento. sin embargo, clarificar un poco diciendo «el otauo, porque la parlaua toda», es decir, confirma su falta de respeto por las ceremonias religiosas, caso inaudito en la picaresca española, como en el Lazarillo, quien acompaña al hidalgo escudero a oír misa, aunque no dice que él la vaya a oír, y que insinúa la posibilidad de que nuestro falso caballero sea además ateo. Asmodeo termina el mandamiento diciendo «que en fin entre los caualleros no se a de dezir callar como en misa sino hablar como en missa», juego de palabras, típico del barroco entre el «callar» y el «hablar», como aparece en Quevedo: «...ordenamos que haya cátedra para callar, como las hay para hablar» [19].

«El noueno, porque se lauanteua tarde», es decir, era perezoso va con la definición del pícaro y una de las recomendaciones de Néstor, ya que todo el fin de la vida del pícaro es vivir bien sin trabajar.

«El décimo, porque ueuía frío o lo desseaua, que lo primero era ynposible en Panamá». Recordemos que en el Perú, los ricos se hacían bajar la nieve de las cumbres de los Andes para enfriar sus bebidas. Obviamente, en Panamá no había nevados ni posibilidad en aquel entonces de este lujo, así se comprende que sólo quedaba el desearlo. Esto si la interpretación ha de ser literal, pero frío tiene

---

[18] El texto de *Guzmán* (seguimos la edición de FRANCISCO RICO, *La novela picaresca española,* I, Barcelona, Planeta, 1970, p. 294) es muy claro al respecto: «Y no hay titulado más empeñado, que el rey no lo esté más...»

[19] QUEVEDO, «Premática del tiempo», en *Obras Completas*, I, Madird, Aguilar, 1974, p. 116.

también otras connotaciones, como el dar gato por liebre o vivir sin amigos. Reconozco que se me escapa un poco el significado de este precepto. Amonio lo comenta diciendo: «Ese último mandamiento es el de más buen gusto», pues ciertamente no hace daño al prójimo, y luego resume el decálogo con una ironía poco apropiada para diablos: «y esos diez se ençierran en dos: en ser malquisto y mal cristiano». Aunque suena extraño en boca del diablo baquiano el resumen, la intención satírico-moral de Mogrovejo es bastante obvia y muy en consonancia con su época moralizante, donde todos, hasta el diablo predicaban [20].

No termina aquí el paralelo con el coloquio de Erasmo, pues en el quinto consejo Néstor, así como por casualidad, le dice a Hárpalus:

> Istud propius quidem accedit ad sycophanticam: sed tamen juvat et hoc in partem. Sed heus, Harpale, pene exciderat, quod dictum in primis oportuit; puella quaepiam bene dotata in matrimonii nassam illaquaenda est. Habes apud te philtrum, juvenis es, candidulus es, lepidus nugator es, rides blandum. Sparge, the magnis promissis adscitum in aulam Caesaris. Amant puellae Satrapis nubere.

Buscarse una mujer rica no es la idea más original de Erasmo ni de Mogrovejo de la Cerda, pero en éste llega a ser el tema central del episodio, pues mientras en Erasmo es sólo un paso más para lograr un perfecto falso caballero, en Mogrovejo todo converge a este fin:

> Ansí, quísose cassar en Panamá, porque como estaua pobre sin tener qué vender ni qué enpeñar —y cassarse es la postrera mohatra que a de haçer vn hombre de vien— penssó por este camino viuir rico y contento, no adbirtiendo que es la galera del matrimonio la que más forçados tiene.

La solución tiene paralelos en la novela picaresca española, particularmente en *El Buscón*. Así como Pablos trató de embaucar con su falsa nobleza a unos parientes de su amo, don Diego Coronel, cambiando de nombre y de apariencia, así el falso caballero de *La endiablada* cambia de nombre y de linaje para servir de señuelo a las ricas baquianas y vivir a costa de su dote. La mercancía de los linajes tenía mucha demanda en las Indias, pues el sueño de todo acaudalado americano era ver ennoblecido su nombre casando a sus hijas con algún «don», como se desprende de la burlona frase de Amonio, dirigida al diablo chapetón: «... aunque es verdad que no podrán cassarte como suelen a todos quantos vienen», el éxito estaba asegura-

---

[20] Este descuido del diablo (o del autor) nos recuerda la famosa frase de Quevedo (*Los sueños*, Clásicos Castellanos, 1954, vol. I, p. 84): «Cuando el diablo predica, el mundo se acaba.»

do, pues los casaban «aun sin verlos»[21]. Al revés de lo que ocurrió a Pablos en España, don Suero, en las Indias, logra su propósito con demasiada facilidad, porque «los suegros no se ynformaron más que del nombre y el hierno más que de la haçienda (cordura de los maridos deste tiempo)», comenta Asmodeo con socarronería.

Este «mal casado», como diría Quevedo[22], muy pronto tiene su «galeras»[23], y no sólo porque «la mujer era colérica, la suegra asperísima, el marido soberuio, el padre miserable, los cuñados cuñados», sino porque al seguir el sexto consejo de Néstor, don Suero muy pronto se informa de que su nombre y el de su mujer anda en boca del pueblo «gran jente del vecerro», como califica Asmodeo a los ociosos de las plazas. El resultado es que el que pudo haber vivido «rico y contento»[24], termina viviendo rico pero no contento. Al falso caballero no le queda sino una alternativa, o huir, como en caso extremo aconseja Néstor («tum mature tibi de migrando cogitandum est») o condenarse a vivir con una mujer más enfadosa que las dueñas de Quevedo.

El tema del matrimonio engañoso, inmortalizado por Cervantes, se vuelve a dar en este episodio picaresco con un doble engaño, como le ocurrió a Guzmán: «Mas yo todo era mentira, nunca le dije verdad. Y pensándola engañar, me cogió en la ratonera...»[25]. Pues ni el marido tenía el linaje que se decía ni la esposa era hija de padres del todo limpios. Tanto el yerno como el suegro vinieron a las Indias a buscar fama y fortuna, consiguiendo mala fama y buena fortuna. Don Suero no sólo engaña a su yerno con su falsa nobleza —que el suegro no estaba muy ansioso de investigar—, sino que tenía un prontuario criminal por el cual fue merecedor de la horca, como se desprende del texto:

> A pocos días linajeando en la plaça los ociosos, gran jente del vecerro, hallaron que el suegro hauía sido penitente y el hierno diçiplinante. El uno sin morirsse con la candela en la mano por ser de aquellos de tan mal gusto que no rreduçen siquiera por no esperar; y el otro, con el açote a las espaldas y

---

[21] En *El sueño de la muerte* (O. C., I, p. 219), Quevedo hace decir a Diego Moreno: «En mi tiempo hacía tanto ruido un marido postizo, que se vendía el mundo por uno y no se hallaba. Ahora se casan por suficiencia y se ponen a maridos como a sastres y escribientes.»

[22] En la «Premática del tiempo» (O. C., I, p. 118), Quevedo se burla: «Item, para alivio de los presos de la cárcel y forzados de galera, declaramos que los mayores presos y forzados son los mal casados.»

[23] *Guzmán* (ed. cit., p. 881) ya amarrado al banco de la galera se consuela de su mal presente: «Que, aunque sea verdad ser la suma miseria la de un galeote, no lo hallaba tanta como mi primero malcasamiento, y consoléme cor. los muchos que semejante tormento quedaron padeciendo.»

[24] Curioso contraste con el mote grabado en la portada de *La pícara Justina* (1605), donde Guzmán aparece con una inscripción en la mochila que dice «pobre y contento».

[25] *Guzmán*, ed. cit., p. 326.

cassi la soga a la garganta sin cumplir años, por gran maestre de poner áuitos en las caras.

El texto, con su afán burlesco, es oscuro y cuyo suginificado habría que buscar en los legajos inquisitoriales, pero no hay duda que ambos eran unos criminales ante los ojos de la sociedad de su tiempo, aunque por distintos motivos, pues si el yerno era disciplinante, es decir, un criminal vulgar sacado a la vergüenza, el suegro no le sequía de lejos, pues era penitente, que es como decir que era de aquellos que habían sido castigados públicamente por la Inquisición. Curiosamente, en la mentalidad de Mogrovejo —que es la de su tiempo— el criminal se identificaba con el hereje, como parece que era el suegro de don Suero. En aquellos tiempos, aun para un hijo de nada el verse inmiscuido en asuntos de dudosa reputación dogmática era un castigo en sí mismo. Este hijo de nada, que había atropellado linajes y haciendas, podía considerarse al final el engañado, pues fue castigado por donde más le dolía a un castellano.

La importancia del episodio, sin embargo, no está en el castigo ejemplar del falso caballero, sino en el éxito de los consejos de Erasmo en un pícaro de América. Donde había fracasado Guzmán y Pablos, don Suero Pimentel triunfa penetrando con sus engaños en el círculo social prohibido por su nacimiento. Mientras los hidalgos en España —según la novela picaresca— se desvivían por un pedazo de pan, don Suero, el falso hidalgo, con rapidez y eficacia, encuentra la solución a todos sus problemas económicos. Donde los pícaros españoles fracasaron, el americano, siguiendo al pie de la letra los consejo de Néstor, sin mucho esfuerzo y ninguna vergüenza, logra hacerse con el «don» y la «fortuna».

II

Si nos atenemos a que la novela picaresca fue escrita por hombres cultos para ser leída por hombres cultos, como se desprende del posible autor de *Lazarillo,* el mismo Mateo Alemán y, sobre todo, Quevedo y Mogrovejo de la Cerda, la historia de los pícaros es sólo relativamente importante comparada con la de los hidalgos que aparecen en ella. En las obras hasta aquí mencionadas, el tema del hidalgo aparece de una manera constante, aunque con algunas variantes. Veamos algunas.

Don Quijote no es el primer hidalgo hijo de nada, pues ya el hidalgo de *Lazarillo* está descrito de una manera total e inmejorable. Es verdad que nuestro hidalgo tiene «un solar de casas, que a estar en pie y bien labradas... valdrían más de doscientas veces mil maravedís» [26], confiesa a Lazarillo el hidalgo-escudero, revelando, tal vez, por

---

[26] *Lazarillo* (ed. de Francisco Rico, *La novela picaresca española,* I, Barcelona, Planeta, 1970), p. 61.

primera vez en la literatura moderna, una relación humana verdaderamente democrática. El texto del hidalgo en el *Lazarillo* es bien conocido y analizado *ad nauseam,* pero para nuestro caso vale la pena preguntarse: ¿qué le pasa a nuestro hidalgo? Teniendo propiedades, aunque en ruinas («Y tengo un palomar que, a no estar derribado como está, daría cada año más de doscientos palominos») [27], va buscando suerte a merced de quien quiera emplearlo, es decir, el destino de un asalariado. Este hidalgo, que en tan alto tiene su honor, que come a escondidas de lo que le mendiga su mendigo, ni por un instante piensa volver a sus tierras por ver si las trabaja y las mejora, sino que va buscando señor a quien servir, cometiendo todos los atropellos contra el honor y la hidalguía —mentir, adular, malsinar, ser hipócrita, chismoso, etc.— [28]. ¿En qué se diferencia, entonces, este hidalgo de los pícaros? Económicamente en nada, pues ambos son hijos de nada, pero aun moralmente, las diferencias son pocas, pues entre la hipocresía del hidalgo y la malicia del pícaro, la única diferencia es de clase, permitiéndole hacerlo con impunidad.

La sociedad de hidalgos ociosos tuvo que vestir su mendicidad con la capa de la hipocresía y trampas para evitar ser expulsada de su clase, ávidamente reemplazada por la fortuna de los plebeyos ricos y pícaros astutos. El caso de Suero Pimentel es ejemplar de esta astucia picaresca. Hay que llegar a la conclusión de que el hidalgo utiliza los medios de supervivencia de los pícaros, mientras los pícaros por todos los medios tratan de cobijarse bajo la capa de los caballeros y de los hidalgos. Un hidalgo, pues, se asemeja a un pícaro, hijo de ladrones y prostitutas, cuya condición social se ve amenazada de ser muy pronto nivelada a la par de los pícaros. Por algo, Lazarillo, que no pudo trabar relaciones con el ciego ni con el cura, es digno interlocutor del hidalgo escudero.

¿Y qué es Don Quijote sino un hidalgo caído en la pobreza sin ninguna función en la vida? Es casi un labrador que con penas y esfuerzos trata de sostener su solar y su palomar, o mejor dicho, como el hidalgo de la Mancha no puede ocuparse en menesteres tan bajos, otros tienen que hacerlo por él. Don Quijote, como buen hidalgo, se dedica a la lectura, es decir, al pasado, ya que ni presente ni futuro existen para él. Su misión caballeresca terminó hace un siglo, con la

---

[27] *Ibid.*
[28] Recientes estudios sobre la economía española de los siglos XVI y XVIII (ENRIQUE TIERNO GALVÁN, *Sobre la novela picaresca y otros estudios,* Madrid, Tecnos, 1974; CHARLES V. AUBRUN, «La miseria en España en los siglos XVI y XVII y la novela picaresca», en *Literatura y Sociedad,* Barcelona, Martínez Roca, 1971, 2.ª ed., y M. FERNÁNDEZ ALVAREZ, *La sociedad española del Renacimiento,* Salamanca, 1970) hacen dudar la tan generalizada afirmación de la pobreza de España en su mejor momento histórico. Cabe también preguntarse de si la miseria pintada en la novela picaresca —tanto de los pícaros como de los hildalgos— no sería más bien un recurso de crítica social y, por lo tanto, una exageración intencionada para probar que aun los bien nacidos ante unas circunstancias adversas podían recurrir a los medios más infames, como los protagonistas de la novela picaresca, para salir del paso.

toma de Granada. Su única ocupación permitida por las leyes de la hidalguía es la ociosidad, y dentro de la ociosidad, el soñar en la biblioteca de su casa o en los campos de la Mancha. El hidalgo del *Lazarillo* todavía busca amo a quien servir; Don Quijote, en cambio, al no aceptar la nueva realidad de España se vuelve «loco». Don Quijote es un hidalgo en vías de desaparecer. El no puede competir con la caballería moderna, cuyos mandamientos poco tienen que ver con las severas normas de la caballería antigua de las que se burlan los falsos caballeros de Quevedo y Mogrovejo.

El tercer caso del hidalgo en la miseria —y este sí es un caso esperpéntico de miseria total— es don Toribio de *El Buscón*. En la burla quevedesca no hay lugar para la compasión de *Lazarillo* ni idealismo de Don Quijote, sino la triste realidad descrita en la forma más grotesca. Y es que un hidalgo «que no tiene nada» «no puede ser hijo de algo», fulmina Quevedo[29]. Si el hidalgo de *Lazarillo* todavía conservaba algo de su dignidad pasada, al hidalgo de Quevedo sólo le queda el desengaño de su siglo y la mueca del Bosco. Don Toribio se encuentra en peores condiciones que Pablos, quien otra vez, como en *Lazarillo,* le da de comer, pero ya no por compasión, sino por interés. ¿Y qué decir de la vestimenta? El encuentro de don Toribio con Pablos ocurre cuando éste acaba de recoger una pequeña fortuna de sus padres, mientras que aquél no puede recoger ni sus andrajos, que se le caen por el camino. Y este don nadie introducirá al Buscón en la *vita nuova,* un cambio esperpéntico de Quevedo, claro está, pues la nueva vida que le promete el hidalgo desharrapado es la vida picaresca de los falsos nobles, dispuestos a vender su «don» si encontraran a quien.

Hay pues un cambio, un deterioro, en la condición del hidalgo desde que por primera vez aparece en el *Lazarillo*. Mientras los hidalgos van degenerando, los pícaros van medrando, buscando a golpes cómo mejorar su suerte, como tan a la perfección lo lleva a cabo el falso caballero de Panamá.

Hay un incidente en *El Buscón* que pinta a las maravillas el cambio social tan profundo por el que estaba pasando España. Cuando la escuela de los falsos nobles (falsos, porque no podían sostener su hidalguía) es descubierta y sus miembros llevados a la cárcel, ¿quién se salva de la deshonra pública? Pablos. Mientras el Buscón sale más o menos fiado de la cárcel, los hidalgos —los hijos de nada— son paseados por las calles de la ciudad como penitentes. Así pues, el pícaro, que pasa por un «hijosdalgo desgraciado», se salva de la deshonra por su dinero, los hidalgos son sacados a la vergüenza y desterrados porque no lo tienen[30].

---

[29] *Buscón,* ed. cit., p. 151.
[30] Ya lo había observado Juan Ruiz en su libro del *Buen Amor:*
«El dinero face caballeros de necios aldeanos
Condes e ricos omes de algunos villanos.» (Versos 500-501.)
Quevedo explotó el tópico medieval al revés, como se puede ver en su *Buscón* y en algunos sonetos morales (QUEVEDO, *Obra poética,* ed. de Blécua, Barcelona, Planeta, 1969, pp. 201 y ss.).

Ya se había dicho que la pobreza no es el tema de la picaresca, sino su pretexto [31], porque, al fin y al cabo, sólo en el *Lazarillo* el hambre es real. En los demás casos, incluyendo *El Buscón*, el hambre que sufren los pícaros es incidental y sus causas, muchas veces, son los vicios y las estafas de que son objeto de parte de otros. Buscón y Guzmán siempre tienen algo de dinero en su faltriqueras y tratan de usarlo para adquirir reputación y crédito, como textualmente se desprende de Guzmán, quien dice: «como mi casa estaba bien puesta, mi persona tan bien tratada y mi reputación en buen punto, no faltó un loco que me codició para yerno» [32], matrimonio que resultó en su ruina y su definitiva recaída en la vida picaresca. El caso de Guzmán, hecho «gentil mohatrero» no es aislado, Pablos también cae en la trampa y termina en ridículo, aunque en este caso él se las busca [33]. Y don Suero Pimentel de *La endiablada* trata de llegar a su buena ventura por medio del matrimonio para el cual se fabrica un origen noble, para luego caer en la trampa.

Así pues, los únicos que siempre pasan hambre en la picaresca son los hidalgos; los únicos que salen siempre burlados, siempre huyendo de sus acreedores, siempre disfrazados son los hidalgos, falsos o ciertos. Es como si ellos, los hidalgos y no los pícaros, fueran los verdaderos personajes de la novela. No en vano, tanto en el *Lazarillo* como en *El Buscón* ocupan el puesto central de las novelas [34], y gran parte de la acción gira alrededor de él, porque al fin, ese hidalgo —hijo de nada— todavía es hijo de algo, aunque ese algo no sea sino «un palomar derribado» y un «solar de casas» en ruinas. El hidalgo moría de hambre, pero su prestigio continuaba: Lazarillo lo escucha con respeto, Buscón trata de aprender de él y el falso caballero de Panamá cubre sus harapos con la máscara y el nombre de la nobleza.

Lo que aparentemente ocurre en la novela picaresca es una nivelación de clases, muy sutil y que de hecho ya existía, pues económicamente los hidalgos y los pícaros compartían las mismas necesidades. Lo que *Lazarillo*, *El Buscón* y *La endiablada* tratan de insinuar es que los hidalgos y caballeros que no tienen nada son nada, y los otros, los nuevos ricos, aunque hayan salido de nada son algo, y en alguna parte el hidalgo y el pícaro se encuentran. Los hidalgos a la

---

[31] Véase AUBRUN, *op. cit.*, y el ensayo de FÉLIX BRUN, «Hacia una interpretación sociológica de la novela picaresca», en *Literatura y Sociedad, loc .cit.*
[32] *Guzmán*, ed. cit., p. 765.
[33] A diferencia de Guzmán, Pablos como don Suero Pimentel busca el matrimonio para solucionar sus problemas económicos.
[34] Francamente es tan central el puesto que esos hidalgos ocupan en las obras picarescas —incluyendo a *La endiablada*, claro está—, que nos obliga a reconsiderar su puesto en la novela y lanzar la hipótesis que de confirmarse obligaría a reevaluar la definición de la novela picaresca. En el *Lazarillo*, por ejemplo, el episodio del hidalgo escudero ocupa el lugar central de la obra y es el más extenso de la novela; en *El Buscón*, el episodio del hidalgo ocupa seis largos capítulos centrales de la novela; el falso caballero de Panamá de *La endiablada* también es el más extenso y central de la obra. No creo que esto sea una mera coincidencia, sino que el hidalgo es el personaje que complementa el mundo social del pícaro.

antigua rehúsan formar parte de ese esquema del «nuevo mundo» de la realidad económica y caen en el ridículo. Recuérdese lo que el mesonero le dijo a Don Quijote. Nunca se vio al hidalgo manchego más indignado que cuando Sancho le exigió su salario, porque lo que el mesonero y Sancho trataban de hacer era pervertir el orden antiguo que el hidalgo quería a toda costa conservar.

Mogrovejo de la Cerda está muy lejos de aprobar esta situación. Para él, como para Quevedo, un linaje adquirido por medio del dinero o el engaño es ridículo. Bien lo sabía Hárpalus del coloquio, quien le dice a Néstor: «vulgo ridetur emptitia nobilitas». La burla de Quevedo se dirige a los hidalgos que al dejar de tener «algo» han pasado a ser «nada», mientras que para Mogrovejo, el pícaro que con estafas llega a ser caballero, aunque llegue a medrar materialmente debe recibir un castigo en su honor. Un Quevedo, muy ufano de su hábito de Santiago, o un Mogrovejo, descendiente al fin de duques, no podían tolerar que un advenedizo, verdaderamente hijo de nada, tuviera los mismos derechos que los hijos nacidos de familias ilustres [35].

En la novela picaresca española siempre quedó un poco en el misterio lo que le había ocurrido al pícaro al pasar el mar océano. Y aunque Quevedo, sin dar más detalles, claramente dice que le fue peor, y Mateo Alemán que pasó por lo menos los últimos cinco años de su vida en México no se ocupa del asunto, de haberse escrito la continuación americana de El Buscón o Guzmán de Alfarache, es muy probable que sus picardías hubieran dado resultados más positivos. Don Suero triunfa donde Pablos fracasa, porque todos estaban interesados en que así ocurriera, pues los suegros no se informaron más que del nombre, y el yerno más que de la hacienda.

América resultó un lugar próspero para los pícaros, que una vez acomodados dejaban de serlo y formaron la nueva élite de los señores, es decir, ya eran hijos de algo. Fue así como los hijos de nada, al cambiar de continente, pero no de conducta, se volvían hidalgos o caballeros, porque como decía La pícara Justina «no hay sino sólo dos linajes: el uno se llama tener, y el otro no tener» [36]. Y Mateo Alemán, en el famoso soliloquio de Guzmán, pregunta: «Dime, ¿quién les da la honra a los unos que a los otros quita? El más o menos tener» [37]. Lo que tratan de decir los autores de la picaresca española es que con dinero se pueden vencer todas las dificultades, incluso las de clase. En España, el pícaro que «tiene» dinero deja de ser pí-

---

[35] El afán de probar la antigüedad del linaje llegó al extremo de falsificar libros de genealogía y publicar volúmenes con autores ciertos y apócrifos que hacían descender a sus ocultos mecenas de emperadores romanos y dioses griegos. Hay fundamento para sospechar que Juan Antonio de Vera, el Conde de la Roca, haya utilizado los servicios de Mogrovejo de la Cerda para publicar el Arbol de los Veras. Sobre este personaje, véase la excelente obra de mi colega BRUNA CINTI, Litteratura e Politica in Juan Antonio de Vera, Ambasciatore Spagnolo a Venezia, Venecia, Libreria Universitaria Editrice, 1966.

[36] FRANCISCO LÓPEZ DE UBEDA, La pícara Justina, en La novela picaresca española, Madrid, Aguilar, 1943, p. 667.

[37] Guzmán, ed. cit., p. 273.

caro, y al revés, el hidalgo que no «tiene» nada es nada. A diferencia de los pícaros españolęs, don Suero Pimentel, el pícaro americano, consigue fortuna siguiendo el esquema trazado por Erasmo, es decir, se alza con la hacienda a base de una falsa nobleza. Los «nuevos ricos» de España tuvieron que sudar su fortuna para lograr un título [38]. No es Mogrovejo de la Cerda el único en burlarse de la falsa nobleza. Erasmo y luego Quevedo también se burlaban de aquellos que recurrían a mil trucos para subir de clase. A diferencia de Quevedo, el propósito de Mogrovejo es pintar una situación en la que el falso caballero triunfa, aunque a su manera. De Hárpalus sólo conocemos sus pasos iniciales sin que Erasmo deje de entrever el éxito o el fracaso de su empresa. Mientras Quevedo, en *El Buscón*, al jugar el juego de la nobleza lo hace caer de su caballo, Mogrovejo lo hace caer en la herejía, o familiar de herejes. Y si no estaba en la intención de Quevedo hacer triunfar a un pícaro, el pícaro hecho caballero de *La endiablada* triunfa, por lo menos en apariencia, aunque lo paga a un precio que en su momento social lo significaba todo.

En los ricos virreinatos del Perú y Nueva España, la sociedad ya no estaba tan ligada al código del honor y la hidalguía, aunque no dejaba de codiciarlo. Los despreciados baquianos y los orgullosos chapetones muy pronto descubrieron el principio nivelador del dinero. De allí que todos se enriquezcan de una manera desvergonzada —picaresca—, como se desprende de las crónicas. Por eso, cuando Asmodeo de *La endiablada* le pregunta al diablo peruano de si «¿son bien ganadas las haziendas...?», Amonio le contesta: «Si lo fueran, más desocupado estuuiera el ynfierno.» Y luego enumera la mejor fórmula para granjearse hacienda en las Indias: «Con dos baras, la una de juzgar y la otra de medir, quiero decir, siendo correjidores o mercaderes (si bien todo es vno).» Hacer fortuna en América es una expresión proverbial válida todavía. No es ficción ni la fortuna ni los privilegios concedidos por los reyes de España a los villanos de Potosí [39]. Una vez que hay abundancia de bienes, disputada por algunos autores [40], los nuevos ricos ambicionan títulos, se buscan un remoto origen, y como todo está en venta, allí están los nuevos pícaros de América que con engaños y trucos venden títulos y linajes que

---

[38] De particular interés es la obra de fray Benito de Peñalosa y Mondragón, *Libro de las cinco excelencia del Español* (Pamplona, 1629), quien con rencor confiesa «no se puede negar, sino que las riquezas, por la mayor parte, dan causa de ennoblecer a los que las tienen por lo mucho que el dinero puede...»

[39] Véase el estudio introductorio de Lewis Hanke a la obra de LUIS CAPOCHE, *Relación general de la Villa Imperial de Potosí* (Madrid, B.A.E., LXXII, 1959), y el monumental trabajo de BARTOLOMÉ ARZÁNS DE ORSÚA Y VELA, *Historia de la Villa Imperial de Potosí* (Providence, Rhode Island, Brown University Press, 1965, 3 vols.).

[40] Es curiosa al respecto la carta del obispo de Cuzco, don Fernando de Vera, mencionada antes *(Epistolario español*, p. 71), quien contradice esta generalización sobre la fortuna de los españoles en América: «... porque las riquezas de las Indias es todo mentira..., y como los españoles no trabajan, hay muchísimos pobres a quien dar limosna y muchísimos bellacos perdidos.» El texto confirma la sátira de Mogrovejo de la Cerda, amigo del obispo de Cuzco.

no tienen [41]. Esta situación llegó a causar indignación de parte de los «verdaderos» hidalgos, como Mogrovejo de la Cerda y Fernando de Vera, obispo de Cuzco, quien explícitamente se queja al respecto: «En tiempos que tantos hombres indignos se lo han puesto —el hábito de Santiago—, sabiendo negociar así con informantes como con testigos...», «sería irreparable daño... que por no diligenciar bien este negocio, se empatase nuestro hábito...» [42].

Mogrovejo observó la situación de los villanos ricos con pretensiones de hidalguía y de los pícaros hechos caballeros. Sabía el valor de los títulos y linajes en la sociedad de su tiempo, sin los cuales nadie podía aspirar a ser un «alguien». Por otra parte, Mogrovejo de la Cerda, castellano viejo, con indignación, veía desmorronarse el orden social tan caro a un descendiente de duques y no quería aceptar la proliferación de falsos caballeros en América, quienes creían que «sólo el nacer en España fuera general nobleza» [43].

El episodio del falso caballero de Panamá sólo confirma la sospecha de que no únicamente en libros pasaron los pícaros el mar océano. El caso de los pícaros americanos llegó a ser tan escandaloso que Mogrovejo les dedicó su única obra de ficcion. A *La endiablada* pueden faltarle muchas de las características de la picaresca tradicional, pero no el espíritu que impulsó su creación. Faltan los episodios, los sermones —en esto se parece un poco al *Lazarillo* y al *Buscón*—, los refranes, aunque no las agudezas del lenguaje, y hasta un pícaro bien desarrollado. Pero dentro de la densidad esquemática de la sátira hay un conato de novela sin elaborar con intención socarrona de un *exposé*. Mogroveyo de la Cerda utiliza los recursos de la picaresca diseñados por Erasmo y presentes en la llamada novela picaresca, como el engaño, la trampa y una desmesurada ambición de medrar social y económicamente, es decir, de ascender y beneficiarse de una fortuna adquirida ilegalmente y el deseo burgués de compartir el bienestar del establecimiento. Lazarillo llega a ser un empleado, Guzmán se arrepiente y después de purgar sus pecados en las galeras se integra a la sociedad, Buscón se ambarca a las Indias

---

[41] Así lo hizo Pedro Mexía de Ovando con su obra *Quatro Libros de la Ovandina* (Lima, Geronymo de Contreras, 1621), quien fue acusado a la Inquisición de vender títulos nobiliarios, y de acuerdo a la paga hacía descender a sus clientes criollos de duques, marqueses, condes, etc. El escándalo se armó cuando los de menos título —por haber pagado menos— se quejaron de sus vecinos —que por haber pagado más, tenían más nobleza—. La Inquisición intervino y condenó el libro, no al autor, a la hoguera. Sobre este pícaro, contemporáneo de Mogrovejo, véase la tradición de RICARDO PALMA, «Un libro condenado», en *Tradiciones Peruanas* (Madrid, Aguilar, 1968, pp. 322-326).

[42] *Epistolario español*, ed. cit. Lo que el obispo de Cuzco trata de decir aquí es que en cuestión de limpieza de sangre no hay que ir con miramientos, y claramente se lo da a entender a su sobrino Jacinto de Vera, hijo ilegítimo, a quien trata de obtener el hábito de Santiago. En el negocio de limpieza de sangre, escribe el obispo de Cuzco «no basta serlo, sino que se pruebe sin tropiezo» y para el caso «no hay más camino de perpetuarse que los escritos» y ya «yo pagara de muy buena gana lo que os costara».

[43] ARZÁNS DE ORSÚA Y VELA, *op. cit.*, vol. I, p. 96.

y don Suero Pimentel se casa para vivir rico y contento. Don Suero, sin decirlo, tiene el mismo deseo de Buscón, quien llegó a exclamar una vez: «Yo sé que siempre tuve pensamientos de caballero desde chiquito» [44].

En ningún momento hay que interpretar la sátira de Mogrovejo como una burla de la nobleza. Como Quevedo, la sátira del autor va dirigida contra los falsos caballeros, a los que por razones económicas son nadie, pero quieren ser alguien, porque el pícaro, el personaje más consciente de la literatura de sus derechos, dice lo que Guzmán dijo en uno de los momentos más lúcidos de su vida: «¡Válgame Dios!... que aún a mí me toca y yo soy alguien» [45].

En la literatura española es muy frecuente el caso de nobles disfrazados de villanos [46] y menos frecuente el de plebeyos disfrazados de nobles, aunque siempre sin éxito [47]. De allí que el éxito del falso caballero de *La endiablada* sea el más extraño y casi único, razón que lo hace aún más interesante. Mogrovejo de la Cerda, cuya hidalguía proviene de cientos de años de hechos honrosos en armas y religión [48], no puede aceptar otro medio de arribar a la hidalguía, sobre todo por dinero; para él como para Erasmo un título adquirido por dinero o por engaño era ridículo.

La endiablada es, pues, un documento extraordinario, por cuanto sugiere un estado de cosas que se sabían por otros medios históricos y literarios, pero que se desconocían en forma de ficción. Y la ficción siempre tiene un poder de sugerencia y de fantasía poética que la simple historia no puede transmitir. *La endiablada* es también una pieza escrita con intención de ficción a diferencia de tantas narraciones escritas con pretensiones históricas, como *El carnero* o la *Historia de la Villa Imperial de Potosí*.

El episodio analizado aquí sugiere un extraordinario mundo social tan vivo y tan humano en América como en la Península. En este mundo social que estaba tomando forma, los únicos que podían ser objeto de burla en forma literaria eran los de abajo o acercándonos lo más cerca de la nobleza, los falsos hidalgos y los falsos caballeros. Dentro de este esquema, una vez más, la figura central del episodio picaresco no es el pícaro, sino el caballero, aunque en este caso se trate de un «pícaro hecho caballero», como tan bien lo define Asmodeo. La conclusión es discutible, pero del ensayo adelantado

---

44 *Buscón*, ed. cit., p. 46.

45 *Guzmán*, ed. cit., p. 267.

46 Noël Salomon dice que sólo en las comedias de Lope ha contado ochenta casos de nobles disfrazados de villanos y algo menos se puede encontrar en Tirso. Véase *Sur quelque problèmes de sociologie théâtrale posés par* «La humildad y la soberbia», «comedia» de Lope de Vega, Burdeos, p. 18 n.

47 Véase el soneto de QUEVEDO «Solar y ejecutoria de tu abuelo», donde se burla de los que «para probar que descendió de Apolo, / probó cayendo descender del cielo» (*Obras poéticas*, ed. cit., p. 213)

48 Ya por esta época, la fama de santidad del arzobispo de Lima, Toribio de Mogrovejo (1536-1606), se había extendido por América y Europa, y que hacía enorgullecer al alcalde de Cuzco, cuyo familiar era.

aquí, claramente se desprende que hay buenas razones para creer que lo que la literatura llamada *a posteriori* picaresca, había tratado de describir no es sólo la trágica situación del pícaro, sino la miserable condición de los hidalgos convertidos en «hijos de nada».

APENDICE

(Transcripción literal del episodio de «El falso caballero de Panamá», tomado del manuscrito de *La endiablada.*)

—Bine a Panamá, prima hermana de Cartajena, por el camino, digo, por el despeñadero, a quien unos llamauan de ángeles y otros de diablos, y todos tenían rrazón, porque sólo diablos o ángeles podían pasarle. Iba yo en el cuerpo de un chapetón tan soberuio y desbaneçido, que entranuos estáuamos aforrados en lo mismo. Auía en Panamá, como suele, barata de Dones. Ynformóse de los apellidos del Pirú, y como oyó de todos los de España (sean çiertos o apóchrifos), parecióle que auía pocos deste y llamóse Don Suero Pimentel, y no se contentó con menos que con no podersse cassar con el Conde de Venauente sin dispensación. Finxió que uenía por vna desgraçia, como si dejar a España fuera dureza. Añadió a esto mi ipóchrita de la cauallería, el sauer de memoria la copia de los Duques, el calendario de los Marquesses y la Letanía de los Condes. Guardaua todos los mandamientos de la cauallería moderna. El primero, porque no beuía vino; el segundo, porque no escriuía bien, que está en rreputación de uajeça; el terçero, porque tenía azares de qualquiera cossa, y esto de ser azañeros está uedado a los de menor esphera; el quarto, porque mentía; el quinto, porque no pagaua las deudas, y esto demás de ser comodidad en los que señorizan, es ya costumbre aun en los pleueyos; el sesto, porque no obedeçía al sesto; el séptimo, porque oya missa en pie; el otauo, porque la parlaua toda, que en fin entre los caualleros no se a de dezir callar como en misa sino hablar como en missa; el noueno, porque se leuantaua tarde; el décimo, porque ueuía frío o lo desseaua, que lo primero era ynposible en Panamá.

—Ese último mandamiento —dijo Amonio— es el de más buen gusto y esos diez se ençierran en dos: en ser malquisto y mal cristiano. Si los guardare tu chapetón o otro qualquiera, le lleuarás al ynfierno de las señorías y a las penas de las exçelencias, para que los ymite después de su muerte en los trauajos, si acá en su uida en las costumbres. Si uiene a Lima (que es un Obidio en transformaçiones) tu chapetón hecho de pícaro cauallero, no le faltarán hartos del mismo suçeso con quien comunique.

Prosiguió Asmodeo: —Ansí, quísose cassar en Panamá, porque como estaua pobre sin tener qué vender ni qué enpeñar —y cassarse es la postrera mohatra que a de haçer vn hombre de vien —penssó por este camino viuir rico y contento, no adbirtiendo que es la galera del matrimonio la que más forçados tiene. Ofreçiéronle algunas mujeres rricas, sin que ni para que cassóse, en fin, para tenerle por este camino. Y los suegros no se ynformaron más que del nombre y el hierno más que de la haçienda (cordura de los maridos deste tiempo). La mujer era colérica, la suegra asperísima, el marido soberuio, el padre miserable, los cuñados cuñados, con que me paresçió que sobraua en aquella casa. Y assí dejé a don Suero aun más endiablado. Dieron los dos en dos disparates. El, en preçiarse de entendido siendo dichosso, y ella en creer que siendo aguda no auía de ser fea. Rrenían porque quería el uno lo que quería el otro, y aunque pareçe conformidad ésta no hrea sino que quería él mandar y ella tanuién. A pocos días linajeando en la plaça los ociosos, gran jente del vecerro, hallaron que el suegro hauía sido penitente y el hierno diçiplinante. El uno sin morirse con la candela en la mano por ser de aquellos de tan mal gusto que no se rreduçen siquiera por no esperar; y el otro, con el açote a las espaldas y cassi la soga a la garganta sin cumplir años, por gran maestre de poner áuitos en las caras.

—En esa venta —dixo Amonio— hacen noche los casamientos que caminan tan por la posta.

EL LEXICO AMERICANO EN *EL LAZARILLO DE CIEGOS CAMINANTES* DE CONCOLORCORVO

Segismundo Woyski

El título completo de la obra que ha servido de base para nuestro trabajo es *El Lazarillo de ciegos caminantes desde Buenos Aires hasta Lima.* Debajo del título hay una nota explicativa del autor, que dice lo siguiente:

> «Con sus itinerarios, según la más puntual observación, con algunas noticias útiles a los nuevos comerciantes que tratan en mulas y otras noticias. Sacado de las memorias que hizo don Antonio Carrió de la Vandera, en este dilatado viaje y Comisión que tuvo por la Corte para el arreglo de correos y estafetas, situación y ajuste de postas desde Montevideo. Por don Calixto Bustamante Carlos Inca, alias «Concolorcorvo», natural del Cuzco, que acompañó al referido comisionado en dicho viaje y escribió sus extractos.»

Esta nota resume, a grandes rasgos, el contenido del texto, cuyo título podría sugerir que se trata de una obra picaresca al estilo de *El Lazarillo de Tormes.* Sin embargo, no es así. Aquí la palabra «lazarillo» se emplea en el sentido metafórico, con el significado de guía para viajeros no introducidos en la realidad americana. No obstante, la obra abunda en alusiones a los pícaros locales, sobre todo gauchos rioplatenses y mestizos peruanos. Veamos un ejemplo: «El pasajero necesita llevar todas las providencias, menos el agua. Estas provisiones son las más expuestas a los insultos de los peones, en particular las de vino y demás licores, que no hacen ecrúpulo en romper una frasquera para beberse un par de frascos de vino, aguardiente o mistela, haciendo pedazos de frascos y derramar algún licor, para dar a entender al amo que sucedió esta desgracia por la caída de una mula o encuentro con otra o con algún peñasco» (*El lazarillo de ciegos caminantes,* Ed. Atlas, Madrid, 1959, p. 281).

Muchas descripciones y comentarios del autor tienen el carácter burlesco y satírico, lo cual, unido a la presencia de los pícaros locales en la obra, permite considerarla como primera obra picaresca hispanoamericana (recordemos que por primera vez se publicó en Lima aproximadamente en 1775), continuadora de la picaresca española. Y decimos hispanoamericana, porque describe y refleja el ambiente de una amplia región de América hispana. En cambio, su autor no nos parece que fuera el Inca Concolorcorvo. Ha habido algunas discusiones al respecto, y nosotros compartimos la opinión de José Real Díaz (autor del prólogo a la edición que hemos utilizado), quien afirma que el autor de *El lazarillo* es precisamente Antonio Carrió de la Vandera, asturiano, comisionado y visitador de correos en América. Concolorcorvo le acompañó como escribano en su referido viaje de Buenos Aires a Lima, y a Antonio Carrió le pareció conveniente (las razones son demasiado complejas como para exponerlas aquí) que su libro se publicara con el nombre de Concolorcorvo como autor.

Independientemente de las razones expuestas por José Real Díaz en su prólogo, opinamos que la lengua y el estilo de *El lazarillo* demuestran claramente que su autor tuvo que ser de origen español. Se trata de un lenguaje pulido, característico de los textos españoles del siglo XVIII. En el texto aparecen citas de autores clásicos griegos y se hace referencia a dos novelas picarescas españolas: *Guzmán de Alfarache* y *Estebanillo González,* lo cual hace suponer que el autor deseaba mantenerse dentro de la línea marcada por dichas novelas. Con esto no queremos descartar, por supuesto, la posibilidad de que un indio culto, sobre todo después de haber permanecido algún tiempo en España, como fue el caso de Concolorcorvo, tuviera capacidad de escribir una obra literaria destacada, pero en tal caso dicha obra hubiera tenido características idiomáticas y estilísticas diferentes, propias de América. Aquí, en cambio, sorprende la cantidad de giros típicamente castizos, un manejo muy hábil de estructuras sintácticas castellanas características de la época. Además, hay una actitud inconfundible hacia la realidad americana: todo lo típico de esta realidad lo destaca el autor de manera muy especial (en vista del objetivo del libro), incluidos los americanismos lexicales, que es lo que nos interesa principalmente en el presente trabajo.

No es fácil que un indio pueda tomar una actitud semejante y que sepa distinguir entre una infinidad de elementos que le son familiares, aquellos que puedan resultar exóticos a los europeos. Por todo ello, hasta sorprende el que hasta el momento pueda haber dudas con respecto a la procedencia del autor de *El lazarillo de ciegos caminantes.*

El léxico americano es todo el caudal de voces que se han utilizado y se utilizan en cualquier país hispanoamericano y en Hispanoamérica en general. Por consiguiente, el concepto del léxico americano no puede limitarse, en modo alguno, a los americanimos lexicales, ya que éstos se caracterizan por su origen americano y constituyen un porcentaje relativamente bajo de todo el léxico americano.

En general, el léxico americano abarca:

— el caudal de voces comunes para España e Hispanoamérica;
— indigenismos;
— voces derivadas en América de raíces castellanas;
— voces compuestas en América de palabras castellanas;
— arcaísmos castellanos;
— voces de origen extranjero, asimiladas en América.

En el primer grupo hay una parte considerable de vocablos que, al ser trasladados al continente americano y en los siglos posteriores sufrieron cambios semánticos manteniendo la misma forma. Estos vocablos, aunque no son de origen americano y según José Pedro Rona no se pueden considerar como americanismos, sí son característicos del léxico americano, puesto que su significado en América no es el mismo que en España. Es decir, su forma nació en España y su nuevo contenido semántico en América. ¿El origen americano de este nuevo significado no podría constituir aquí razón suficiente para considerarlos también americanismos? A nuestro entender, sí, al menos como americanismos «semánticos». Así pues, teniendo en cuenta el origen americano, serán americanismos aquellas voces comunes para España e Hispanoamérica, que en América sufrieron un cambio semántico, los indigenismos, las voces derivadas en América de raíces castellanas y las voces compuestas en América de palabras castellanas. También los arcaísmos y las voces de origen extranjero dan una nota característica al léxico americano, aunque no nacieron en Hispanoamérica. De todas maneras, el problema del origen es muy complejo, ya que es muy difícil determinarlo con precisión: un supuesto indigenismo puede resultar, por ejemplo, un arabismo, una voz que pueda parecer derivada o compuesta en América puede descubrirse, por ejemplo, en algún rincón de Castilla o Extremadura. Lo mismo el problema de los arcaísmos, que se cree se mantienen sólo en algunas zonas de América.

El léxico americano constituye una parte mínima de todo el texto de *El lazarillo*, debido a la procedencia española del autor y al carácter literario de la obra, cuyo objetivo es introducir a los futuros viajeros en el ambiente americano, explicándoles unas veces el significado de los términos desconocidos para ellos, y otras veces, empleando las voces propias de América con la convicción de que éstas deben ser ya conocidas. Al examinar el léxico americano en *El lazarillo de ciegos caminantes* no podemos olvidar que se trata de una obra escrita a finales del siglo XVIII y que algunas voces empleadas en ella resultan, por tanto, anticuadas. Unas veces eso está claro y comprobado, y otras veces, sólo hipotético, por falta de datos seguros que lo confirmen. Sin embargo, la importancia de los datos que nos proporciona el autor de *El lazarillo* acerca de algunos vocablos es indudable. Creemos incluso que podrían ser de utilidad a los autores de los glosarios del léxico americano, ya que algunas voces citadas por Carrió no aparecen, por ejemplo, en el «Diccionario Manual de Americanismos», de Marcos Morínigo.

Habiendo seleccionado previamente el vocabulario que nos interesa en el texto de *El lazarillo,* hemos tratado de comprobar el significado y la etimología de estos vocablos básicamente en dos diccionarios: 1) «Nuevo Diccionario Ilustrado de la Lengua Española», Ed. Sopena, Barcelona, 1970, y 2) «Diccionario Manual de Americanismos», de Marcos Morínigo, Muchnik Editores, Buenos Aires, 1966. Nos hemos servido también, en algunos casos, de la obra de Martha Hildebrandt, *(La lengua de Bolívar,* I, Léxico, Universidad Central de Venezuela, Caracas, 1961), por tratarse del léxico de una época no muy posterior a la de Carrió, y de una autora peruana. Hemos utilizado también los «Diccionarios Etimológicos de la Lengua Española», de Corominas y de García de Diego. Para justificar la elección de los dos primeros Diccionarios diremos que el de Sopena es práctico, preciso y bastante completo; hace muchas referencias al uso americano, y el de Morínigo, es el más reciente de los llamados diccionarios de americanismos; además, teniendo en cuenta el lugar de origen del autor, que se aproxima bastante a la región que nos interesa, hemos esperado de él una mayor atención al léxico de esta región.

Nuestro método ha consistido en identificar el significado de las voces y en precisar su etimología con ayuda de estos diccionarios. El primero de ellos, el de la Ed. Sopena, nos ha servido de base en casos de dudas, cuando no sabíamos si realmente un vocablo era propio de América o no. La falta de alusión al uso americano en la definición nos indicaba que se trataba de una voz «común» o exclusivamente española, y así la descartábamos. El diccionario de Morínigo, en cambio, nos ha proporcionado más datos acerca de la etimología y unas definiciones más precisas y completas del significado.

Algunas veces el significado definido por Carrió no coincide con los significados de los diccionarios, aunque se trata de la misma forma lexical. Por último, en algunos casos, los vocablos citados en la obra no figuran en los diccionarios consultados. ¿Se trata de una omisión o de unos arcaísmos? Es difícil responder.

Todo el vocabulario investigado lo hemos ordenado en campos semánticos. En primer lugar, en cuanto al número de voces se sitúan, como es de suponer en una obra de esta clase, los topónimos de origen indígena, es decir, los americanismos indudables. En su mayoría, de procedencia quechua. En el texto aparecen aproximadamente 80-90 topónimos quechuas.

Fijémonos en algunos prefijos y subfijos que se repiten:

*Jauja,*Atun*jauja*　　*Huan*cayo,*Huan*cavelica
*Huan*cayo,Aban*cay*　　Soro*palca,*Toro*palca (palca*=aguacate)
*Huan*cayo,Aban*cay*　　Soro*palca,*Toro*palca (palca*=aguacate)
Tambo-Urco,Laja*tambo,*Lima*tambo　(tambo*=posada)
Uru*bamba,*Cota*bamba,*Cocha*bamba　(bamba*=pampa, la *p* se sonoriza en los topónimos)
*Vilca*pugio,*Vilca*nota,*Vilca*huamán.

Además, hay diminutivos españoles de algunos topónimos quechuas, por ejemplo, de *Andahuaylas, Andahuaylillas.*

El autor explica el significado de algunos topónimos quechuas, por ejemplo, *Tiay-Huanaco* (hoy, Tiahuanaco, pequeño pueblo del Altiplano, entre La Paz y el lago Titicaca, donde están las célebres ruinas preincaicas): «La segunda posta situada en un corto pueblo nombrado *Tiay-Huanaco,* que significa "siéntate, Huanaco"», que es un animal que corre tanto como un venado. Este nombre quedó de uno de los incas, que hallándose en aquel sitio recibió un correo con tanta velocidad como si lo hubiera conducido un huanaco» (p. 353). *Turpu:* «Este sitio es puna rígida, y antes y después de él hay muchas leguas de poca profundidad..., a excepción de la nombrada *Turpu,* que significa profunda» (p. 390).

En la p. 302 del libro aparece un topónimo de origen quechua, pero con el subfijo colectivo castellano. Se trata de *El Totoral,* que como sustantivo común indica el sitio poblado de totoras (planta acuática, especie de junco). En la misma página, el autor menciona un lugar llamado *El Simbolar,* que procede del sustantivo común que designa el paraje donde abunda el simbol (gramínea americana de talla tubular, según Morínigo, p. 587). La etimología de la última palabra no aparece en los diccionarios consultados.

En cuanto a los topónimos que no son de origen indígena, veamos lo que dice el autor sobre *Montevideo:* «... voz bárbara, o a lo menos viciada o corrompida del castellano, Monteveo, o portugués Monteveio, o del latín Montemvideo» (p. 289).

Es curiosa la observación del autor acerca de los nombres de las haciendas en la jurisdición de Salta: «A una legua de distancia está el caudaloso río con el nombre del Rosario, de que comúnmente usan los naturales, aplicándole el de la hacienda más inmediata» (p. 310).

En segundo lugar se sitúa el campo semántico relacionado con *los instrumentos, útiles e indumentaria.* Aquí hemos detectado 28 americanismo lexicales, de los cuales 18 son de raíz castellana y sólo 10 son indigenismos, en su mayoría de origen quechua. Entre los más comunes aparecen:

petaca (del náhuatl *petlacalli), poncho* (del araucano *pontho),*
mate (del quechua *mati,* pequeña calabaza redonda),
jícara (del náhuatl *xicalli,* de un significado parecido al de *mati).*

Pero los restantes son mucho menos conocidos:

Bola.—Arg. y Urug. *Bola* pampa. Bola de piedra atada a un cordel, que se usa como arma defensiva (Mor. 97). Sospechamos que se trata del antiguo nombre de las *boleadoras* actuales.

Guampar.—Morínigo (290) incluye *guampa* (del quichua *huampuru,* a través del mapuche *huampar).* Arg., Bol. y Urug. Cuerno vacuno.

Chuse.—(Del quichua *chusi,* frazada.) Arg. Tejido basto de lana, de industria campesina, para mantas y tapetes (Mor. 206).

Carreta.—Ningún diccionario incluye esta palabra como propia de América, y sin embargo, es un americanismo semántico, tratándose de las carretas del Tucumán o de Mendoza, por ejemplo, pues son bien diferentes que. las carretas europeas. Carrió las describe detalladamente en las pp. 306 y 307.

Petacón.—No aparece en los diccionarios consultados. Aumentativo de *petaca* (caja, baúl).

Retobo.—Mor. (563).«Amér. Forro de cuero lonjeado.» Sop. (886): «Amér. En Chile, harpillera, tela basta.» En el texto, más bien en la segunda acepción, pero conocida no sólo en Chile, sino también en el noroeste argentino.

Pellón.—Mor. (475): «Amér. Centr. y Merid. Pelleja curtida, generalmente de oveja, que se pone sobre la silla de montar para hacerla menos dura.»

Chicote y *chicotazo.*—Mor. (184): «(De la voz marina *chicote,* trozo inútil de la cuerda de las velas.) Amér. Látigo.»

Balsa de totora.—Balsa característica del lago Titicaca, hecha de *totora.* Mor. (336): («Del quich. *totora,* espadaña), Thypha angustifolia» (planta acuática, especie de junco).

Picana.—Mor. (485): «(De *picar,* más la terminación quichua *-na.)* Arg., Chile, Perú y Urug. Aguijada o garrocha de caña. Tiene de cuatro a nueve metros y sirve para espolear a los bueyes que tiran de una carreta o de un arado.» Observamos aquí un curioso modo de formar nuevos vocablos en América, de raíz castellana y terminación indígena.

El autor se detiene en describir las costumbres de los gauchos y la carreta de los troperos de las provincias del Tucumán y de Mendoza, ofreciéndonos unas definiciones muy interesantes de algunos americanismos que nos interesan y que en varios casos no aparecen en los diccionarios consultados:

Quipo.—Carrió dice *quipu:* «Las cifras de los peruleros (en este caso, indios peruanos), en *quipus,* o nudos de varios colores...» p. 287). Mor. (573): «(Del quich. *quipu,* nudo.) Dispositivo mnemotécnico de los antiguos peruanos para recordar y comunicar los hechos...» Parece que en el siglo XVIII esta voz quechua no se había castellanizado aún, manteniéndose la terminación original.

Rosario.—Sólo el texto nos explica su significado americano: «Si pierden el caballo o se lo roban, les dan otro o lo toman de la campaña, enlazándolo con un cabestro muy largo que llaman *rosario*» (p. 290).

Ramales.—No lo hemos encontrado tampoco en los diccionarios. Carrió dice: «... muchas veces son de piedra (las bolas) que forran de cuero, para que el caballo se enrede en ellas, como asimismo en otras que se llaman *ramales,* porque se componen de tres bolas» (p. 290). Se trata, pues, de las boleadoras de tres bolas.

Chifle.—Mor. (186): «(De *chiflar* por *silbar* que dio el postverbal *chifle,* por *silbato,* que se hacía de cuerno...) Arg., Par. y Urug. Botella hecha de cuerno de vacuno para llevar líquidos en viajes.» En el texto: «... con sus *chifles* de agua, que así llaman a los grandes cuernos de buey en que la cargan y que es mueble muy usado en toda esta provincia» (p. 304).

Tirador.—No aparece en los diccionarios. Carrió lo define así: «Estos (los bueyes cuarteros) tienen su tiro desde el pértigo, por un lazo que llaman *tirador,* el cual es de grosor correspondientes al ministerio, doblado en cuatro y de cuero fuerte de toro o novillo de edad» (p. 306).

Picana de cuarta.—No aparece en los diccionarios. En el texto: «... la *picana* que llaman *de cuarta,* que regularmente es de caña brava de extraordinario grosor o de madera que hay al propósito. Se compone de varias piezas y la ingieren los peones, y adornan con plumas de varios colores» (p. 306). Se trata de la picana para esploear a los bueyes cuarteros, de ahí su nombre.

Picanilla.—Mor. (485). «Arg. y Par. Caña tacuara larga. Se usa para hacer picanas...» Su significado en el texto es distinto: «... con la otra, que llaman *picanilla* (pican) a los pertigueros, porque es preciso picar a todos cuatro bueyes casi a un tiempo» (p. 306). Aquí, la picana más corta que la de cuarta, para picar a los bueyes pertigueros que están más cerca.

Tropa.—«... las *tropas* del Tucumán, que así llaman, como en otras partes, una colección de carretas que van juntas...» (texto, p. 308). Lo confirma Morínigo (646): «Arg., Par. y Urug. Grupo de carretas en tránsito.»

Nazarenas.—«... de cuando en cuando le mete las *nazarenas,* que allí llaman a sus monstruosas espuelas...» (texto, p. 325). Morínigo da esta palabra por anticuada (421): «Arg., Bol., Chile y Urug.: antic. Espuelas grandes usadas por los gauchos. Hoy son piezas de museo.»

Atapinga.—No aparece en los diccionarios. El texto define esta voz así: («a las mulas para la carga) las ensayan poniéndoles una ligera carga, que llaman *atapinga* o *cartacuenta,* que se reduce a sus maletillas y otros chismes de poco peso» (p. 326).

Cartacuenta.—Tampoco aparece en los diccionarios. Véase *atapinga.*

Mamacona.—«... una *mamacona,* que en la realidad es una jáquima de cuero bruto torcido, para que su cabeza (la de la mula) se vaya acostumbrando a este género de sujeción y que no le sirva de embarazo, cuando sea preciso montarlas o cargarlas» (texto, p. 326). Mor. (385): «(Voz quich.) Bol. Jáquima de cuero torcido que se pone a las caballerías de reata.» Es decir, la define como propia de Bolivia, mientras que Carrió la emplea hablando de la provincia del Tucumán.

Bramadero.—«...las amarran fuertemente, en los patios o corrales, a un fuerte tronco que llaman en toda la América *bramadero.* Allí dejan la mula, o macho, a lo menos veinticuatro horas sin darle de comer, ni beber, y al cabo reconocen si la bestia está o no domada...» (texto, 326). Mor. (104): «Amér. Centr., Arg., Colm. Cuba, Ecuad., Méx., Perú y R. Dom. Poste al cual se atan los animales para herrarlos, domesticarlos o matarlos».

Oroya.—«...un gran río, que se pasa por un puente de sogas y palos, que llaman *Oroyas,* en lengua quichua» (texto, 358). Mor. (458): «(Del quich. *uruya*) Bol. y Perú. Cesta comúnmente de cuero, que pendiente de dos argollas corre a lo largo de una maroma o tarabilla para pasar personas o cargas de una parte a otra de algunos ríos». Como podemos observar, el sentido no es exactamente igual.

A veces Carrió va demasiado lejos insinuándonos que algunas voces son propias de la gente de América, cuando resulta que dichas voces se usan en España con el mismo significado. Tal es el caso, por ejemplo, de *pértigo* y *telera* que el autor define así: «(el lecho de la carreta) se compone de una viga que se llama *pértigo,* de siete y media varas de largo, a que acompañan otras dos de cuatro y media, y éstas, unidas con el pértigo, por cuatro varas o varejones que llaman *teleras,* forman el cajón...» (306). De allí podemos deducir que conocía poco la vida del campo en España antes de su viaje a América y por eso tiende a adjudicar a los americanos todas las palabras nuevas.

Los calificativos de los habitantes y sus profesiones constituyen el tercer grupo semántico en cuanto al número de palabras clasificadas por nosotros como americanismos. Este grupo reúne 22 vocablos, entre ellos, 16 indigenismos, 4 vocablos de raíz castellana y 2 de origen desconocido.

Los de raíz castellana son:

Bombero.—«Estos pampas, y aun las demás naciones, tienen sus espías, que llaman *bomberos*...» (texto, 296). Sop. (182) Amér. En la Arg., explorador del campo enemigo, espía».

Bueyero.—No aparece en los diccionarios.

Picador.—Tampoco aparece en los diccionarios. Ambos calificativos se mencionan en el siguiente fragmento del texto: «...cada *picador,* después de hecho el rodeo..., desuncen sus cuatro bueyes con gran presteza y el *bueyero* los junta con las remudas para que coman, beban y descansen...» (307). Suponemos que el picador es el que espolea a los bueyes con la picana, y del texto se deduce que el bueyero es el mozo que cuida de los bueyes durante las paradas.

Tropero.—Mor. (646): «Arg., Par. y Urug. Persona que lleva una tropa de ganado o carretas».

Los de origen desconocido:

Chanverí.—Creemos que será la forma antigua de *chamberí*: Sop. (342). «En el Perú, aplícase a la persona ostentosa.»

Gauderio.—Mor. (283): «R. de la Plata. antic. Nombre que recibió en el siglo XVIII el más tarde llamado *gaucho*». También Mor. (281): «Esta extensa zona (Uruguay, los siete pueblos de misiones de guaraníes y las provincias argentinas de Corrientes y Misiones) estuvo infestada durante todo el siglo XVIII de ladrones de ganado —changadores, *gauderios*— reunidos en cuadrillas, que hacían vida nómada. Eran en su mayor parte fugitivos de la justicia o desertores de los ejércitos, españoles y portugueses, negros y mulatos, mestizos o indios guaraníes fugitivos de las misiones, e indios charrúas que se les unían para el merodeo».

Los indigenismos:

Chimbador.—«Esta buena gente... se ejercita en el servicio de *chimbadores,* porque el paso común de los que van de Potosí a Chuquisaca, que es el mayor número, atraviesan el río por el vado...» (texto, 344). Sop. (348). En el Perú, indio perito en vadear los ríos». De *chimba,* Mor. (188): «(Del quich. *chimpa,* el otro lado, lo que está opuesto). Chile y Perú. La banda opuesta de un río. Perú. Vado».

Cholo.—Mor. (198): «Arg., Bol., C. Rica, Chile, Ecuad. y Perú. Mestizo de indio y blanco en cuyos caracteres étnicos prevalecen los rasgos indígenas. Obs. Garcilaso, buen conocedor de estas cosas, afirma que *cholo* es voz de las islas de Barlovento, que quiere decir perro...».

Mitayo.—Sop. (691): «Indio americano a quien tocaba trabajar en la *mita*».

Mita.—«...la coca, que aunque actualmente está a precio bajo, rinde muchos miles a los hacendados de la ciudad, porque hacen todos los años tres cosechas, que llaman *mitas*» (texto, 352). Sop. (691): Repartimiento que en América se hacía en los pueblos de indios, para sacar el número de los que debían ser empleados en los trabajos públicos. / Tributo que pagaban los indios del Perú». Como podemos observar, los tres significados de la palabra *mita* son diferentes, y el diccionario de Sopena no incluye el primero que es el que aparece en el texto. Morínigo no cita esta palabra. *Mitayo* está relacionado con la segunda acepción de la voz *mita,* que a su vez no aparece en el texto.

Canchero.—De *cancha*: Mor. (121): «(Del quich. *cancha,* lugar abierto). Arg. (NO).
«Patio o corral en las casas de campo». *Canchero,* aquí: Mor. (121): «Perú. Clérigo de misa y olla que sólo se ocupa de sacar provechos materiales de los servicios de su ministerio».

Coya.—Mor. (156): «(Del quich. *coya,* mujer legítima del Inca, emperatriz). Colom. Moza de partido, ramera. / Persona irascible, aludiendo a la irritabilidad del arácnido así llamado *Latrodectes.* Según el uso de esta palabra en el texto, optaríamos por la segunda acepción más bien, modificándola un poco: enfadado, malhumurado. Sospechamos al mismo tiempo que su uso no está limitado a Colombia y que probablemente se pueda encontrar también en el Perú y en Bolivia. El texto dice: «Dos primas mías *coyas* conservan la virginidad, a su pesar, en un convento del Cuzco...» (284).

Abipón.—«El río que pasa a orillas de esta ciudad (Santiago del Estero)... es caudaloso y de él se hacen tres formidables lagunas en tierras de los *Avipones*, indios gentiles, y en cuyos contornos hay copiosas salinas» (texto, 304). Mor. (19): «Amér. Dícese del pueblo indígena sudamericano, perteneciente a la familia mbaya-guaicurú, que en la época histórica habitó el Chaco paraguayo y argentino y el norte de la actual provincia de Santa Fe, a lo largo de la margen derecha de los ríos Paraguay y Paraná».

Indios *Lules.*—«...el pueblo nombrado Miraflores, que ocupa algunas familias de indios *Lules,* descendientes de los primeros que voluntariamente abrazaron la religión católica, manteniéndose siempre fieles vasallos de los Solipsos, aun en tiempo de las guerras de los indios del Chaco» (texto, 311). Mor. (368): «Arg. Indios que vivieron en estado de nomadismo en los confines occidentales del Chaco, en la zona en que actualmente se encuentran los límites de las provincias de Tucumán, Santiago del Estero y Salta».

Chichas.—«Esta provincia (de Chichas) tiene tres nombres, que son el de Santiago de Cotagaita, Tarija y *Chichas,* que es el nombre de los indios que la ocupaban y ocupan actualmente» (texto, 339). Según el «Glosario de voces relativas al trabajo minero», publicado en el Apéndice III de la «Relación general de la Villa Imperial de Potosí» de Luis Capoche (201): «*chichas,* etn. Parcialidad de indios quechuas en la provincia de Charcas».

Chalcas.—«...el honrado ejercicio de *Chalcas,* que son unos ladrones de metales que acometen de noche las minas, y como prácticos en ellas, sacan los (metales) más preciosos, que benefician y llevan al banco que el Rey tiene de rescate, siendo cierto que estos permitidos piratas sacan más plata que los propietarios mineros» (texto, 341). Morínigo no incluye este vocablo. Sop. (345): *charcas*: «etnogr. Indios de la América Meridional sujetos al imperio de los incas». Glosario, Relación general (201): «Parcialidad de indios quechuas en la provincia del mismo nombre». Es notable la diferencia entre el significado de este vocablo en el texto y en las dos obras citadas. Creemos que el primero es ya desusado. Hay también una contradicción entre los dos significados citados de la voz anterior: *chichas.* Posiblemente se hiciera una reforma de la división administrativa del territorio boliviano y la región que en la época de Carrió formaba parte de la provincia de Chichas, se integrara posteriormente a la provincia de Charcas.

Huamanguinos.—Gentilicio de *Huamanga,* uno de los raros gentilicios utilizados en el texto y creados de los topónimos indígenas.

Indios coyotes.—No aparece en los diccionarios, tal vez, por anticuado. En cambio, el texto nos sugiere que se trata de indios mejicanos puros: «Esta nación (los negros) solamente se conoce en poco número de Veracruz a México, porque es muy raro el que pasa a las provincias interiores, en donde no los necesitan y son inútiles para el cultivo de los campos y obrajes, por la abundancia de *indios coyotes* y mestizos...» (380).

Curaca.—Mor. (166): «(Del quich. *curaca,* cacique o señor de vasallos). Bol., Ecuad. y Perú. Autoridad indígena». Carrió comete una redundancia, empleando dos sinónimos más de esta palabra en la misma frase: «Sus caciques, *curacas* y mandones, son muy culpables en la disminución de los indios...» (381).

Tambero.—Dueño del *tambo*: Mor. (606): «(Del quich. *tampu*). Amér. Posada construida al borde de los caminos reales de los Incas para albergue de los viajeros y chasquis. / antic. Durante la época colonial los *tambos* se transformaron en ventas y posadas con corrales para animales de los trajinantes y arrieros».

Indios pampas.—Mor. (451): «(Voz quich.) Amér. Designación genérica aplicada por los españoles del Río de la Plata desde principios del siglo XVII, a los indios nómadas que frecuentaban las grandes llanuras del sur y oeste de Buenos Aires...».

Ayllo.—Mor. (77): «(Del quich. *ayllu*). Bol. y Perú. Linaje, casta o familia. Parcialidad en que se divide una comunidad indígena». Lo confirma el texto: «...a las diez precisamente han de estar los hombres en el cementerio, con división de *ayllos,* y las mujeres dentro de la iglesia...» (371).

El grupo de palabras relacionadas con *la comida y los víveres* ocupa el cuarto lugar en cuanto al número de americanismos. Hemos seleccionado aquí 19 voces: 9 indigenismos claros y el resto de raíz castellana, aunque con algunas dudas en cuanto al origen de dos palabras: *Chalona* y *chinguirito*.

Los indigenismos son:

Ají.—Mor. (39): (Del taíno *así*) Amér. Merid. y Ant. Planta herbácea de la familia de las solanáceas..., *Capsicum annuum,* y otras variedades. Su fruto es usado abundantemente en las cocinas nacionales americanas y bastante en la española. / Nombre del pimiento de Indios, guindilla o chile, fruto del *ají*... Aunque el nombre es usual en todas partes para designar muchas especies, se nota la preferencia de llamar *ají* a las variedades picantes, y *pimiento* a las otras, sobre todo a las de gran tamaño...».

Chile.—Mor. (187): «(Del náhuatl *chilli*). Amér. Centr. y México. Nombre genérico de todas las variedades de ají o pimiento». Carrió confirma el uso de ambas palabras, dando además su equivalente español: «...mucho *chile* molido, que equivale a nuestro *ají* y en España al *pimentón*...» (284).

Chuño.—Mor. (204): «(Voz quich.) Perú. Papa helada y seca. / Argentina, Bolivia, Chile, Perú y Uruguay. Fécula de la papa». En el texto aparece en la primera acepción.

Papa.—Mor. (454): «(Del quich. *papa*) Amér. Solanácea tuberosa originaria de la América del Sur, *Solanum tuberosum.*

Caracú.—«...se les antojan *caracuces,* que son los huesos que tienen tuétano, que revuelven con un palito, y se alimentan de aquella admirable sustancia...» (texto, 291). En otra parte del texto: «...unos trozos de carne entre fresca y seca, con algunos *caracúes...*» (332). Es decir, Carrió emplea aquí dos formas del plural: la correcta *caracúes* y la vulgar *caracuces.* Mor. (126): «Del guaraní *caracú,* lengua del hueso). Arg., Bol., Par. y Uruguay. Tuétano de los huesos de los animales».

Mate.—Mor. (403): «(Del quich. *mati,* calabaza chica redonda) América Central y América Meridional. Calabacín o vasija para tomar el *mate* y para otros usos. / Infusión de hojas del árbol *Ilex paraguayensis,* llamado *yerba mate...*». Es decir, la bebida lleva el nombre del recipiente en que se bebe.

Chicha.—Mor. (184): «(Parece voz de los indios cunas de Panamá). Bebida alcohólica... de maíz fermentado, pero también de otros granos, raíces o miel... En el noroeste argentino... se conoce y usa popularmente la voz *chicha,* pero se usa también constantemente el de *aloja,* sobre todo para referirse a la chicha local que se hace de algarroba».

Mezcal.—Mor. (413): «(Del náhuatl *mezcalli*) Guat., Hond. y Méx. Aguardiente que se extrae por destilación de la cabeza o pencas del *mezcal* (variedad de *maguey, Agave mexicana*)». En el texto aparece en plural *mescales,* con s en lugar de z (379).

Chupe.—Mor. (204): «(Del quich. *chupe*) Arg., Bol., Colom., Chile, Ecuador., Pan. y Perú. Guisado generalmente de queso, ají y papas». Nos consta que esta palabra se conoce también en Venezuela, por ejemplo, *chupe de gallina,* plato que, por cierto, también lleva queso.

Los no indigenismos:

Quesillo.—Mor. (532): «Arg., Chile y México. Queso casero, moldeado a mano, que se consume apenas hecho». ¿Será el equivalente del *queso de mano* en Venezuela.

Picana.—Mor. (485): «(De *picar,* más la terminación quich. *na*) Argentina, Chile y Uruguay. Carne del anca de la res vacuna». Otra acepción del mismo americanismo comentado anteriormente en el grupo de voces relacionadas con *instrumentos, útiles e indumentaria.*

Matambre.—Mor. (402): «(De *mata hambre*) Arg., Bol., Chile, Ecuador, Paraguay y Uruguay. Carne de la res que cubre las costillas y la barriga y que se encuentra inmediatamente bajo la piel».

Carne descansada y *carne cansada.*—Ninguno de los dos términos aparece en los diccionarios. Carrió los define así: «...*carne* gorda y *descansada,* que así llaman ellos (los troperos del Tucumán) a la que acaban de traer del monte y matan sobre la marcha, porque en algunas poblaciones grandes, como en Buenos Aires, sucedía antes y sucedió siempre en las grandes matanzas, arrean una punta considerable, desjarretándola por la tarde, y tendidas en la campaña o playa aquellas míseras víctimas braman hasta el día siguiente, que las degüellan y dividen ensangrentadas; y a ésta llaman *carne cansada,* y yo envenenada» (308).

Aloja.—Mor. (45): «Arg. y Chile. Bebida refrescante hecha de semillas machacadas y ligeramente fermentadas. / Arg. (NO). La chicha de algarroba, chañar o quina». En el texto, en la segunda acepción.

Lenguaje.—No aparece en los diccionarios. «...gastan los socorros del camino, que llaman *lenguaje*» (354). El autor adjudica esta voz a los mitayos de las provincias de Pacages y Chucuito, en el actual territorio boliviano, entre La Paz y el lago Titicaca.

Chalona.—Sop. (342): «Amér. En Bolivia, carne de oveja, salada y seca al sol». Lo confirma el texto: «...algunos trozos de *chalona,* que así llaman a la salada carne de oveja...» (357). Sospechamos que puede ser de origen quechua y casi seguro lo es. Podría ser el resultado de la unión de *chala* y la terminación quechua *na* (véase: *picana*). *Chala.*—Mor. (171): «(Del quich. *ch'alla,* hoja seca y paja de maíz)...».

Chinguirito.—Mor. (191): «(Dim. de *chinguere*) Cuba y México. Aguardiente de calidad inferior». Pero Morínigo no cita la palabra *chinguere* aparte y no dice nada sobre su significación. La encontramos en el «Diccionario enciclopédico abreviado», Espasa Calpe, Madrid, 1957, tomo III, pág. 223, con el acento esdrújulo: *chínguere*: «Méx. Aguardiente de caña de clase y calidad ínfimas». Sospechamos que sea de origen indígena.

Mazamorra.—Sop. (671): «Comida compuesta de harina de maíz, con azúcar o miel, de que se usa mucho en el Perú. Mor. (406): «América Meridional y Puerto Rico. Comida de maíz hervido.»

Seguidamente tres grupos de americanismos reúnen cada uno de ellos 16 voces. Nos referimos a los campos semánticos relacionados con *establecimientos, viviendas y sus contorno, el ganado,* y *la fauna.* Quizá lo más interesante sea el que haya tantos americanismos relacionados con el ganado. Sin embargo, este hecho no debe sorprender en un texto de esta clase, en que el autor dedica un amplio capítulo a la descripción de la carreta de Tucumán y a su atelaje, otro capítulo, al comercio de mulas y a las ferias de Salta, el mayor mercado mulero de América. Con gracia y picardía explica el origen de estos animales y describe detalladamente el modo de amansar las mulas de los tucumanos y de los indios. Dentro del léxico relacionado con el tema, en el grupo de los 16 americanismos, encontramos sólo una palabra de origen quechua:

Chúcaro.—Mor. (201): «(Probablemente del quich. *chucru,* duro) América Central y Meridional. Arisco, bravío, aplicado al ganado». Y en el texto (324): «Fuera asunto prolijo referir todas las extravagancias de las mulas tiernas, y que llaman *chúcaras* en estas provincias (del noroeste argentino)...».

Todas las demás son de raíces castellanas:

Cimarrón.—Mor. (136): «América. Alzado, montaraz, aplicado a los indios, negros y animales huidos a los montes y cerros... Probablemente deriva de cima de los montes, hacia donde huían los cimarrones».

Pertiguero.—Mor. (481): «Arg., Chile, par. y Urug., adj. Dícese de la bestia de tiro uncida al pértigo del carro o de la carreta».

Cuartero.—No aparece en los diccionarios. Bueyes que forman la *cuarta.*

Cuarta.—Mor. (160): «Arg., Par. y Urug. Yunta de bueyes o caballo que se añade, en los malos pasos, a los que ya van tirando el carro o carreta». Así la define Carrió: «...sólo a fuerza de *cuartas* se camina. Estas se reducen a echar dos o cuatro bueyes más, que sacan de las otras carretas, y así se van remudando, y a la bajada, si es perpendicular, ponen las *cuartas* en la trasera de la carreta para sostenerla y evitar un vuelco o que atropelle y lastime a los bueyes pertigueros».

Con el fin de fijar bien el significado de los adjetivos: *pertiguero* y *cuartero,* veamos lo que dice Carrió al respecto: «...un yugo ...en que se uncen los bueyes, que regularmente llaman *pertigueros.* En viajes dilatados, con carga regular de 150 arrobas, siempre la tiran cuatro bueyes, que llaman a los de adelante *cuarteros*». Según Carrió, los bueyes *pertigueros* se uncen al yugo, y éste a su vez está sujeto al pértigo. Los bueyes *cuarteros* van generalmente adelante, y en algunos casos, como hemos visto en la cita referente a la *cuarta,* detrás de la carreta, aparte de los *pertigueros* que siempre van directamente delante del peón o picador.

Rocín.—«...bueyes diestros que (los mendocinos) llaman *rocines*» (texto, 308). Mor. (567): «Bol. Buey adiestrado para el tiro». Es decir, Morínigo la califica como propia de Bolivia, nada más, mientras que Carrió afirma que es característica de la provincia de Mendoza.

Despeo, despearse.—No aparece en los diccionarios con el significado americano. Sop. (385), *despearse*: «Maltratarse los pies por haber caminado mucho».

Sólo el texto nos explica su significado americano: «...las (mulas) de estos valles se cansan mucho en la subida de empinadas cuestas, y regularmente *se despean,* que es lo mismo que el mal del vaso» (392). Aquí Carrió se refiere a los valles cercanos a Lima, pero anteriormente emplea la misma palabra hablando de las mulas en la provincia de Salta y en sus limítrofes peruanas hoy bolivianas): «Sabido ya el principal motivo porque se pierden muchas mulas en el violento arreo de la salida de Salta hasta entrar en los estrechos cerros del Perú por el *despeo* de las mulas, es conveniente advertir a los tratantes en ellas que no solamente *se despean* las que invernaron en potrero húmedo, sino todas las criollas de la jurisdicción, las que comúnmente también se cansan, por no estar ejercitadas en el trabajo...» (314, 315). Es decir, la voz se empleaba entre los comerciantes de mulas y los muleros al menos desde Salta hasta Lima.

Ganado aperreado.—Su significado americano no aparece en los diccionarios. Sop. (107), «*aperrear*: Fatigar y molestar mucho a una persona». Sop. (107), «*aperreado*: Trabajoso, molesto». Hubo un claro cambio semántico en América en relación con el prototipo español, lo cual se observa en el siguiente fragmento del texto: «...a las (mulas) criollas de Buenos Aires y chilenas que han pasado a Córdoba, y de estos potreros a los de Salta, llaman *ganado aperreado,* que es lo mismo que ejercitado en trabajo violento...» (315).

Sacar las mulas del pie de las madres.—No aparece en los diccionarios. El texto lo aclara así: «...las mulas nacen y se crían en las campañas de Buenos Aires hasta la edad de dos años, poco más, que comúnmente se llama *sacarlas del pie de las madres;* se nutren y fortaleza (!) en los potreros del Tucumán y trabajan y mueren en el Perú» (315). Se trata de una expresión muy especial, difícilmente localizable, a pesar de su estructura formal muy sencilla (¿o, tal vez, por eso?).

Rocina.—Mor. (567): «Bol. Mula acostumbrada a llevar cargas». Primero, Morínigo limita el alcance del empleo de esta voz a Bolivia, mientras que el texto indica que se conocía también en la provincia de Salta, y creemos que, en general, entre los comerciantes de mulas y los muleros desde Salta hasta Lima. En segundo lugar, se trataba también de las mulas para montar: «...las que llaman *rocinas,* esto es, muy mansas y diestras para carga y silla...» (texto, 317). Finalmente, el autor realza el adjetivo *mansas,* haciendo la definición más completa.

Maganto.—No aparece en los diccionarios con el significado americano. Sop. (650): «Triste, pensativo, macilento». El texto: «...aunque (las mulas) lleguen flacas y *magantas,* que es lo mismo que debilitadas, cojas y mancas» (320). En otra frase de la misma página Carrió explica esta voz por medio de su sinónimo que es flaco: «...su tropa debilitada por flaca, a que se da el título de *maganta*...» Hay una inconsecuencia, o una redundancia, por tanto.

Punta.—Sop. (824): «Pequeña porción de ganado». Mor. (527): «Amér. Multitud, partida, manga: ...una punta de yeguas, etc.». Çomparando estas dos definiciones, observamos que la diferencia entre ellas es de tipo cuantitativo. La «pequeña porción de ganado» en España, se convirtió en «multitud» en América, o al menos, creció en cantidad, pues parece que la *punta* en América es una cantidad de ganado más bien indefinida, pero considerable, nunca pequeña. Sería el sinónimo de manada, rebaño. Carrió usa esta palabra más bien con el significado español, oponiéndole en cierto modo la palabra *pelotón,* equivalente de tropel: «...una tropa de dos mil mulas, casi locas, ocupa más de una legua, y con todo el trabajo y vigilancia de los incansables tucumanos no se puede sujetar, y muchas *puntas* o pelotones enteros comen el garbancillo, o mala yerba...» (321).

Hechor.—«Los burros, que llaman *hechores,* son tan celosos que defienden su manada y no permiten, pena de la vida, introducirse en ella caballo alguno capaz de engendrar, y sólo dan cuartel a los eunucos, como lo ejecuta el Gran Señor, y otros, en sus serallos» (texto, 323). Mor. (304): «Arg., Colom., Cuba, México.,Nicar., Par. y Ven. Garañón. Se dice especialmente del burro».

Quebrar.—«Si el pobre animal quiere huir para desahogarse y sacudir la impertinente carga, le detiene el peón con el cabestro, torciéndole la cabeza y el pescuezo, que ellos (los tucumanos), con mucha propiedad, llaman *quebrárseles*» (texto, 325). Mor. (530): «Arg. y Urug. Empezar a domar un potro». Efectivamente, la práctica descrita por Carrió constituye la primera etapa de la doma, pero la voz *quebrar* se conoce en España con el mismo sentido y se aplica, por ejemplo, a los toros. Sop. (827): «Doblar, torcer». Cabe suponer que Carrió desconocía su uso español, o que simplemente la palabra le parecía muy apropiada para unos movimientos tan bruscos. No nos parece un americanismo evidente. La cita del texto, en lugar de aclarar la supuesta acepción americana, lo que hace es despistar.

Estampida.—Mor. (254): «Amér. Centr., Bol., Colom., Méx. y Ven. Carrera impetuosa y desordenada del ganado». Empleando este vocablo, Carrió se refiere a las mulas de la provincia de Tucumán, por lo que suponemos que se conoce también en el noroeste argentino que Morínigo no cita en su definición.

Mansaje.—«En este arreo no se necesita *mansaje,* porque los caballos son los que hacen todas las faenas» (texto, 316). Mor. (393): «(Arg. En las arrias, tropilla de animales que se llevan de repuesto». Un claro ejemplo de americanismo de raíz castellana, creado por medio del sufijo colectivo *aje.*

CONCLUSIONES

Hemos analizado aquí los americanismos perteneciente a cinco campos semánticos que contienen el mayor número de ellos. Exceptuando los topónimos indígenas, tratados aquí (por falta de datos) de manera superficial, todos los demás americanismos han sido analizados detenidamente, tanto desde el punto de vista de su etimología y significado, como en cuanto a su formación y difusión territorial. Nuestro deseo ha sido agotar todos los ejemplos de americanismos que aparecen en *El lazarillo de ciegos caminantes,* con el fin de presentar un cuadro completo, al menos, en los campos semánticos más importantes y más característicos del texto.

Significado.—Las definiciones de los vocablos en el texto facilitan la tarea de su identificación y contribuyen a especificar su significado. Por otra parte, permiten descubrir los americanismos que no aparecen en los diccionarios consultados. Así, para un total de 85 vocablos y expresiones investigados (sin contar los topónimos), hemos detectado 19 que no figuran en los diccionarios como americanismos, y 6 vocablos que sí, aparecen como tales, pero con otra acepción, diferente de la que tienen en el texto. Hay que señalar, sin embargo, que las «definiciones» de Carrió llevan cierto peligro, pues insinúan que se trata de una voz local, cuando resulta que dicha voz se conoce en España con el mismo significado (compárese: *pértigo, telera, quebrar*).

Etimología.—La mayoría de los vocablos estudiados —44, son de raíces castellanas, 36, de origen indígena, y 5, de procedencia incierta. El mayor porcentaje relativo de voces de procedencia castellana lo encontramos en el campo semántico relacionado con el ganado (15, contra un indigenismo). En cambio, los indigenismos abundan principalmente en el grupo de palabras relacionadas con los calificativos de los habitantes y sus profesiones (15, contra 4 de origen castellano).

Formación.—Algunos vocablos se caracterizan por su formación «mixta», es decir, se componen de raíz castellana y sufijo indígena (omo *picana*), y en la mayoría de los casos, viceversa (como *petacón, chimbador, mitayo, canchero, tambero, huamanguino*). Tenemos también un ejemplo de lo que podríamos llamar «americanismo descriptivo»: *balsa de totora,* compuesto de una palabra castellana y otra, indígena, unidas con la preposición *de*.

Difusión territorial.—Comparando los datos del texto con los del «Diccionario manual de americanismo» de Marcos Morínigo, observamos que existen algunas divergencias con respecto a la localización geográfica de cierto número de americanismos:

	retobo	mamacona	coya	rocín	rocina	estampida
Morínigo:	Chile	Bolivia	Colom.	Bol.	Bol.	A. Centr., Bol., Col., Méx. Ven.
Carrió:	NO Arg.	NO Arg.	Perú	NO Arg.	NO Arg. y Perú	NO Arg.

Por otra parte, sabemos que la voz *chupe* se emplea también en Venezuela, mientras que Morínigo no lo indica en su diccionario.

Ortografía.—Hemos hecho también observaciones sobre la ortografía de algunos vocablos estudiados. Por ejemplo, Carrió escribe: *quipu* (manteniendo aún la terminación indígena), *mescales* (con *s*), *Avipones* (con *v*), mientras que actualmente se escribiría *quipo, mezcales* (con *z*), *Abipones* (con *b*). Además, hay un caso de pronunciación incorrecta que se refleja en la grafía de Carrió: *Chalcas,* en lugar de *Charcas,* y otro, de plural formado incorrectamente: *caracuces* (a pesar de que luego vuelve a utilizar la misma palabra en su forma correcta: *caracúes*).

Para terminar, queremos señalar la necesidad y la importancia de fijar bien el significado y la etimología de los americanismos lexicales, de delimitar su localización geográfica de manera más precisa, de describir su formación y de indicar los arcaísmos. El presente trabajo pretende contribuir a la solución de estas amplias y difíciles tareas.

ABREVIATURAS UTILIZADAS

Mor.: Morínigo (Diccionario manual de americanismos).
Sop.: Sopena (Nuevo diccionario ilustrado de la lengua española).
(306): número de la página en el texto o en uno de los diccionarios.
No Arg.: Noroeste argentino.

XIII

LA NOVELA PICARESCA EN HISPANOAME-
RICA

La novela Picaresca en México.

José J. Fernández de Lizardi.
José Rubén Romero.

La Picaresca en Colombia.

La Picaresca en Perú.

Ciro Alegría.
Mario Vargas Llosá.

La Picaresca en Ecuador.

Jorge Icaza.

La Picaresca en Argentina.

Roberto J. Payró.
Ricardo Güiraldes.
Roberto Arlet.

La Picaresca en Chile

Manuel Rojas.

La Picaresca en Cuba.

Alejo Carpentier.

PÍCAROS Y LÉPEROS EN LA NARRATIVA MEXICANA

LUIS LEAL
Universidad de Illinois

El pícaro mexicano es un descendiente directo de su congénere el español. Sin el pícaro de la novela del Siglo de Oro, el mexicano no existiría. Pero que sea su descendiente no significa que sea exactamente igual. Nos proponemos en esta comunicación investigar las características que dan autonomía al pícaro mexicano. El lépero, como personaje original en la narrativa mexicana, no tiene antecedentes españoles. Sin embargo, su presencia ha contagiado el carácter del pícaro, y por tanto su estudio es necesario para comprender la índole de éste; sin el lépero ese pícaro sería más parecido a sus parientes españoles; con la amalgama del lépero y el pícaro se produce en la narrativa mexicana un nuevo personaje, distinto de sus antepasados.

Los primeros pícaros que aparecen en la literatura mexicana son aquellos que cronistas como Bernal Díaz del Castillo describen en sus obras, donde también encontramos truhanes y chocarreros; entre éstos es famoso Maese Rodas, verdadero precursor del Periquillo, de Lizardi, en la práctica de la medicina sin conocimientos ni licencias [1]. Hacia fines del siglo de la conquista aparece en México un poeta popular nacido en España, Mateo Rosas de Oquendo, que se mueve entre pícaros y fregonas. En su *Carta de las damas de Lima a las de México* (1598?) encontramos el uso de las palabras *pícaro* y *picaño*:

> Y despúes como hombre mozo
> salió al campo a refrescarse
> entre pícaras fregonas
> en su picaño lenguaje [2].

---

[1] BERNAL DÍAZ DEL CASTILLO, *Historia verdadera de la conquista de la Nueva España* (México, 1944), III, p. 187. Ver también LUIS GONZÁLEZ OBREGÓN, «La fortuna de Maese Roa», en sus *Croniquillas de la Nueva España* (México, 1936), pp. 76-82.

[2] A. PAZ Y MELIA, «Cartapacio de diferentes versos y diversos asuntos compuestos o recogidos por Mateo Rosas de Oquendo», en *Bulletin Hispanique*,

La presencia del pícaro indio en la sociedad novohispana —que
primero convive con sus primos el español y el criollo y con el tiempo se ha de unir a ellos para procrear al lépero— es lo que da originalidad al personaje central de la picaresca mexicana. Entre los indios mexicanos que Fray Bernardino de Sahagún tan bien describe,
había chocarreros, rufianes, truhanes y otros hampones. «El chocarre-
ro —dice— es atrevido, desvergonzado, alocado, amigo del vino y
enemigo de la buena fama.» El rufián, en cambio, es «mozo desbaratado, anda como hechizado o muy beodo, fanfarronea mucho, ni puede guardar secreto, es amigo de mujeres, perdido con algunos hechizos, o con algunas cosas que sacan al hombre de su juicio, como son
los malos hongos, y algunas yerbas que desatinan». Y el viejo putañero, en fin, dice Sahagón, «es de poca estima y de mala fama, alocado, tonto y necio» [3]. La influencia de esos personajes sobre los españoles y criollos la observó el mismo Sahagún, si bien atribuye sus malas costumbres, como era común durante esa época, al clima tropical:
«No me maravillo —dice— de las tachas y dislates de los naturales de
esta tierra, porque los españoles que en ella habitan, y mucho más
los que en ella nacen, cobran estas malas inclinaciones muy al propio de los indios: en el aspecto parecen españoles, y en las condiciones
no lo son. Los que son naturales españoles, si no tienen mucho aviso,
a pocos años andados de su llegada a esta tierra se hacen otro, y
en esto pienso que lo hace el clima o constelaciones de esta tierra»
(X, p. xxvii).

A pesar de la presencia, en la sociedad, del pícaro y otros tipos
semejantes, en la literatura de la Nueva España no encontramos auténticas novelas picarescas, aunque sí es verdad que los *Lazarillos*
y los *Guzmanes* eran muy leídos. El primer personaje que puede ser
considerado como pícaro es Alonso Ramírez, el protagonista de la obra
que en 1690 publicó don Carlos de Sigüenza y Góngora (1645-1700).
Alonso es un pícaro a medias, ya que a partir del momento que se
embarca en Acapulco para darle una vuelta al mundo deja de comportarse como tal. Nacido en Puerto Rico, pasa a vivir a México,
donde sirve a varios amos. Su código moral, sin embargo, no es el
del pícaro: no se vale de su ingenio para vivir sin trabajar. Es, como
ha dicho Raúl Castagnino, un pícaro a la inversa [4]. A pesar de haber
residido en México y de tener gran devoción a la Virgen de Guadalu-
pe, a quien da gracias por haberlo salvado de los piratas ingleses,
Alonso Ramírez no es un personaje representativo del pícaro mexicano. A través de su psicología se transparenta el carácter de su
creador, el erudito polígrafo. Además, cuando llega a la ciudad de
México por segunda vez —después de haberle dado una vuelta al
mundo—, es dueño de un esclavo, hecho que le destierra de la cofra-

---

VIII (1906), pp. 154-62, 257-78; IX (1907), pp. 154-85. La cita en IX, p. 167.

[3] Fr. BERNARDINO DE SAHAGÚN, *Historia general de las cosas de Nueva España* (México, 1946), X, p. xi.

[4] Ver RAÚL H. CASTAGNINO, «Carlos de Sigüenza y Góngora o la picaresca
a la inversa», en *Razón y Fábula*, 25 (mayo-junio 1971), pp. 27-34.

día picaresca. Y es signifcativo también que la crítica mexicana no considere los *Infortunios de Alonso Ramírez* como novela picaresca, y ni siquiera como novela. Antes de 1916, año en que Luis González Obregón publica un estudio sobre la novela colonial [5], los pocos críticos que se habían ocupado del tema no incluyen el libro de Sigüenza entre las novelas novohispanas. La obra era considerada como libro de viajes, o autobiografía de un personaje que se ha creído que es histórico. Alfonso Reyes, en 1948, al hablar de Sigüenza, dice: «Sus *Infortunios de Alonso Ramírez,* un natural de Puerto Rico, son una biografía, apenas novelada a lo sumo, de aquella existencia real y tormentosa. Ramírez habla en primera persona y nos cuenta lo que padeció en poder de los piratas ingleses que lo apresaron en las Filipinas, y después, las aventuras de su navegación» [6].

El lépero, como personaje de novela, aparece primero en la obra del queretano José M. Acosta Enríquez, *Sueño de sueños* (1801?) [7], en donde también encontramos una conciencia de la sátira y la picaresca; se menciona el *Rinconete y Cortadillo* de Cervantes (p. 125) y el *Gil Blas de Santillana* (p. 150). El narrador, en su sueño, acompaña a Quevedo, Cervantes y Torres Villarroel en un viaje por los espacios de la muerte, en el cual desfilan una serie de personajes literarios y populares. En la procesión aparece una comitiva de léperos; uno de ellos dice: «Esas que acaban de pasar son las de la hoja, tras de quienes vamos los léperos, que por ser muy parcias los tres que presentes estamos, siempre andamos juntos y somos los tres de la vida airada,pero no porque seamos iracundos ni amigos de la ira, como creen algunos, sino porque nos gustó siempre andar paseando y tomando aire» (p. 183). Quevedo, que acompaña al narrador, hace esta observación: «Esta es gente alegre y aguda y viven como dicen, a la birlonga, sin dárseles un pito de nada; así se aplicaran al trabajo y tuvieran vergüenza, que de otra manera anduvieran las cosas, pero ya se hace gala de la ociosidad, zanganería y leperuscada en el mundo. Esto lo digo así porque decir lépero y zángano es tenido por una misma cosa, y de lépero se deriva leperusco, y a los leperuscos también llaman macutenos, y advierte que esta gente y este estilo en que te voy hablando no es de mi tiempo, ni de la tierra donde viví, sino del tuyo y de la tierra que habitas» (p. 183).

Ese lépero de Acosta Enríquez, que en su *Sueño* nos parece una sombra, cobra vida en las novelas picarescas de José Joaquín Fernández de Lizardi (1776-1827), cuya contribución al género es la crea-

[5] LUIS GONZÁLEZ OBREGÓN, «De otros tiempos. Los novelistas de la colonia», en *El Universal Ilustrado,* México (agosto 2, 1918), p. 4. Recogido en *Croniquillas...,* pp. 166-172.

[6] ALFONSO REYES, *Letras de la Nueva España* (México, 1948), p. 92.

[7] JOSÉ MARIANO ACOSTA ENRIQUEZ, *Sueño de sueños* en BERNARDO MARÍA DE CALZADA, *Gil Blas de Santillana en México* [y] José Mariano... Prólogo y selección de Julio Jiménez Rueda. Biblioteca del Estudiante Universitario, México, 1945. Las páginas que citamos entre paréntesis se remiten a esta edición. Ver JOSÉ MARÍA GONZÁLEZ DE MENDOZA, «La fecha del *Sueño de sueños*» en sus *Ensayos selectos* (México, 1970), pp. 95-98.

ción de prototipos picarescos originales; además del lépero, allí tenemos al catrín, a la pícara pomposa y al pelado, todos ellos genuinamente representativos de la nueva sociedad mexicana. Las diferencias entre estos tipos han sido estudiadas por Agustín Yáñez, quien dice: «El *pícaro* reacciona con ingenio, muchas veces inmoral y antimoral, no exento de hipocresía,para amoldarse a las circunstancias y poder vivir sin trabajos; el *lépero* —incapaz de nada noble, ni siquiera de los recursos ingeniosos del *pícaro*— reacciona con villanía y bajeza; y el pelado propiamente dicho reacciona sin otra malicia que su voluntad libertaria, su cansancio de postergación y su miseria orgullosa, no para insertarse o acomodarse en ajeno estilo de vida, como el *pícaro,* o para desahogar su cloaca como el lépero, sino para defender su género de existencia y su aspiración autonomista y autárquica. El *pícaro* es cobarde y mendaz; el *lépero,* alevoso y montonero; el *pelado,* valiente e individualista» [8].

La crítica no ha sido benévola con el héroe de Lizardi. Antes de que apareciera el estudio de Yáñez se consideraba al *Periquillo* como una simple imitación del *Guzmán* o de *Gil Blas.* El primer crítico de Lizardi, el bibliógrafo Beristáin, apunta en su *Biblioteca Hispano-Americana* (1816-1821) que el Pensador «tiene entre los dedos la Vida de Periquillo Sarniento, que según lo que he visto de ella, tiene semejanza con la del Guzmán de Alfarache» [9]. Otro contemporáneo de Lizardi, M. Terán, publica en el *Noticioso General* una crítica en la que compara al pícaro mexicano con el Gil Blas de *Lesage* [10]. Entre esos dos prototipos de la picaresca europea se ha venido colocando al Periquillo, sin considerar que pueda representar el tercer ángulo, el ángulo americano del triángulo picaresco: Guzmán, Gil Blas, Periquillo. Y no son los críticos europeos los que consideran a Periquillo como una copia de los pícaros europeos, sino los mexicanos. Ignacio Manuel Altamirano, defensor de lo mexicano frente a lo europeo, observa que las aventuras de Periquillo «están narradas con método y conservan su interés hasta el fin, como las del *Gil Blas,* con el que tiene mayor semejanzas» [11]. Guillermo Prieto, otro escritor nacionalista, consideraba al héroe de Lizardi imitativo del de Lesage, pero, añade, «con reminiscencias del pícaro *Guzmán de Alfarache,* o del *Lazarillo de Tormes*» [12].

[8] Agustín Yáñez, «El Pensador Mexicano», cap. V de *Fichas mexicanas* (México, 1945), núm. 39 de las *Jornadas* de El Colegio de México, pp. 60-94; la cita en la p. 74.
[9] José Mariano Beristáin y Souza, *Biblioteca Hispanoamericana Septentrional* (México, 1947), III, p. 129, *sub* Lizardi.
[10] Ver Alfonso Reyes, «*El Periquillo Sarniento* y la crítica mexicana», *Revue Hispanique,* XXXVIII (1916), pp. 232-42; recogido en *Simpatías y diferencias,* 3.ª serie (Madrid, 1922) y en *Obras completas de Alfonso Reyes,* IV (México, 1956), pp. 169-78.
[11] Ignacio Manuel Altamirano, *La literatura nacional,* 3 vol., ed. de José Luis Martínez (México, 1949), I, p. 43.
[12] Los juicios de Prieto sobre Lizardi fueron recogidos por Luis Gonzá-

Los críticos Francisco Pimentel y Carlos González Peña, en sendos estudios sobre Lizardi en los que tratan de demostrar los defectos del *Periquillo,* indirectamente, y sin proponérselo, señalan los rasgos que dan originalidad a la obra. Pimentel quiso demostrar que por varias razones la novela de Lizardi no se deriva de Lesage; una de esas razones es el uso de un lenguaje vulgar, ausente en el *Gil Blas.* Después de citar un ejemplo del estilo de Lizardi, Pimentel añade: «Lo que sí debió haber omitido Fernández de Lizardi, sin perjuicio de la obra y en obsequio del buen gusto, es la palabra asquerosa *cursiento,* que usa después del párrafo antes citado; bien pudo haber dicho 'descompuesto del estómago', u otra frase semejante que no causara asco [...]. En *Gil Blas* no se encuentra el defecto que ahora censuramos y esta diferencia entre *Gil Blas* y *Periquillo* [...] demuestra no ser exacto, como algunos suponen, que Fernández Lizardi imitó especialmente la obra de Lesage» [13].

Además del uso de un lenguaje vulgar, del pueblo, distingue a la novela de Lizardi la tendencia del pícaro a sacar lecciones de moral de toda aventura cotidiana, por insignificante que sea. Esa característica es precisamente lo que induce a González Peña a decir que el *Periquillo* no desciende de la novela picaresca española, en la cual sus autores no se propusieron, como lo hace Lizardi, filosofar, ni moralizar, ni enseñar, sino deleitar a los lectores. La única excepción sería el *Guzmán de Alfarache,* novela que según González Peña «está lejos de constituir un modelo en el género, y es la única en la cual las moralidades tengan sitio preponderante» [14]. Aunque Periquillo es un «pícaro hampón tan desordenado y andariego como sus parientes de hispana tierra [...] tenía el feo hábito de no contentarse con la narración de variados sucesos [...]. No hubo acción, aventura o palabras de su vida que no le moviera a convertirse en predicador de los más ledos y fútiles. Tenía la obsesión del *dómine;* era un *Fray Gerundio* disfrazado de tuno» [15].

Alfonso Reyes ya se ha encargado de refutar la tesis de González Peña. En su estudio «El *Periquillo Sarniento* y la crítica mexicana», después de citar lo dicho por González Peña, comenta: «Creemos, por el contrario, que la Novela Picaresca es responsable de nuestro *Periquillo;* que de aquellos *Guzmanes* vienen estos *Periquillos.* Sin la Novela Picaresca, ¿qué habría escrito nuestro *Pensador*?» (IV, pp. 70-71). Pero lo que es más significativo, para nosotros, es lo que añade en seguida: «Lizardi ha venido a ser con el tiempo un símbolo histórico; ahí están, todavía, los *léperos* que pintó su pluma».

lez Obregón en *Don José Joaquín Fernández de Lizardi* (México, 1888); la cita en la p. 54.

[13] FRANCISCO PIMENTEL, «Novelistas y oradores mexicanos», en *Obras completas,* V (México, 1904), p. 283.

[14] CARLOS GONZÁLEZ PEÑA, «El Pensador Mexicano y su tiempo», en *Conferencias del Ateneo de la Juventud* (México, 1910), p. 100.

[15] *Ibid.*

El mismo año que González Peña escribía su estudio, otro crítico mexicano, Luis G. Urbina, también se ocupaba de Lizardi, pero con mayor simpatía. Como Reyes, acepta la idea de que el «héroe de Lizardi desciende de la picaresca española». Después de decirnos que el Periquillo «es un truhán de la familia de *Lazarillo* y de *Guzmán de Alfarache*», añade una observación original: «Es un mestizo; pero en él se reconocen los ímpetus de la sangre española. Es audaz, pendenciero, jugador, amigo de la holganza y del vicio; y no obstante, un fondo de generosidad y nobleza lo hace simpático. Indudablemente que Fernández de Lizardi había leído las novelas picarescas; y asimismo, aquel genial resumen galo: el *Gil Blas*. Usa de los procedimientos narrativos de estas obras, a las cuales se asemeja por la copia brutal pero vigorosa y franca de la vida, sin engañifas, sin ambajes, sin tapujos ni hipocresías» [16].

Otros críticos se han ocupado de trazar las influencias de la picaresca europea en la obra de Lizardi [17]. Pero hay que recordar que la novela del Pensador pertenece a una nueva época, una época durante la cual las ideas de Rousseau se dejan sentir [18], una época que comienza a ser cambiada por la nueva ciencia, por las nuevas ideas políticas en torno a la libertad, la igualdad y la fraternidad. *El Periquillo* fue escrito después de las revoluciones norteamericana y francesa, después de que Hidalgo y Morelos habían comenzado a luchar por la independencia política de México. Ya Agustín Yáñez se ha encargado de demostrar la mexicanidad del héroe de Lizardi, al decir: «Periquillo no choca contra sí mismo cuando viaja por geografías irreales, a la manera de Persiles, ni arrebatado entre una chusma de bandidos, ni converso en el claustro de la Profesa: hay vivencias inmutables a través de las más variadas situaciones: no otra cosa que el mismo sentimiento de la vida, como fisonomía nacional sujeta a mútiples circunstancias, pero siempre bajo un común denominador étnico [...]. Este, sin duda, es el motivo del éxito popular, del *Periquillo*: su riqueza vital, sus diferencias de contenido y su acoplamiento absoluto con los estilos de vida mexicanos, rechazan el cargo de una imitación picaresca servil: el molde no afecta las íntimas esencias» [19].

Si acaso la crítica vacila en su interpretación del *Periquillo*, no ocurre lo mismo con el *Pito Pérez* de José Rubén Romero, considerado como el arquetipo del pícaro mexicano de nuestros días, perso-

---

[16] Luis G. Urbina, «Estudio Preliminar», en *Antología del Centenario* (México, 1910), I, p. cxl.

[17] Ver, por ejemplo, el estudio de Carlos Lozano, «El *Periquillo Sarniento* y la *Histoire de Gil Blas de Santillane*», en *Revista Iberoamericana*, XX, 40 (sept. 1955), pp. 263-74.

[18] Ver Bernabé Godoy, *Corrientes culturales que definen al «Perriquillo»* (Guadalajara, México, 1938), y J. R. Spell, «The Intellectual Background of Lizardi as Reflected in *El Perriquillo Sarniento*», PMLA, LXXI, 3 (junio 1956), pp. 414-32.

[19] Ob. cit., p. 68.

naje que reúne las características tanto del pícaro como del lépero, además de añadir otras que no encontramos en la historia de la picaresca. Pito Pérez es un personaje al margen de la sociedad, motivado no por el hambre, sino por la bebida, que toma para olvidar. La gran diferencia entre Pito Pérez y el pícaro tradicional la encontramos en la actitud tan diferente que tienen ante la sociedad. El antihéroe de Romero es un ser con conciencia social, esto es, Pito Pérez sabe que la sociedad lo ha desechado y la culpa por mantenerlo en un estado de pobreza y miseria indigno de los hombres libres que viven en una democracia. Periquillo quiere reformar al pueblo dándole consejos de buena conducta e instándolo a que se amolde al orden establecido; quiere al mismo tiempo mejorar las escuelas, los hospitales, las cárceles. Pito Pérez, en cambio, lanza un reto a esa sociedad y antes de morir, en vez de legarle consejos, como Periquillo, le deja un acre testamento condenando los procedimientos que mantienen al hombre en la miseria hasta el punto de convertirlo en pícaro degradado. Sobre la libertad, igualdad y fraternidad de Lizardi dice Pito en su testamento: «¡Qué farsa más ridícula! A la Libertad la asesinan todos los que ejercen algún mando; la Igualdad la destruyen con el dinero, y la Fraternidad muere a manos de nuestro despiadado egoísmo». Pito se da cuenta de que la sociedad lo ha sacrificado: «¡Humanidad, te conozco; he sido una de tus víctimas; De niño, me robaste la escuela [...]; de joven me quitaste el amor, y en la edad madura, la fe y la confianza en mí mismo. ¡Hasta de mi nombre me despojaste para convertirlo en un apodo estrafalario y mezquino»[20].

Al aparecer *La vida inútil de Pito Pérez* en 1938, era natural que la crítica hiciera comparaciones entre el héroe de Lizardi y el de Romero. Ya en 1939 Gastón Lafarga, en su libro *La evolución literaria de Rubén Romero* hace ésta:

«Las ideas de Periquillo son de dos órdenes: crítica social y enmienda de errores e injusticias. Periquillo carece de filosofía. Se mueve dentro del marco de la realidad como ante un espejo que reproduce junto a su imagen, la imagen de la sociedad de su tiempo». En cambio, continúa Lafarga, «el testamento de Pito Pérez condena a la humanidad entera, que juzga su verdugo. Condena a los ricos por ladrones y soberbios; a los pobres por cobardes. Pito Pérez quisiera ser vengado y, no pudiendo cooperar a la venganza, injuria a la humanidad»[21].

Ambas novelas picarescas, el *Periquillo* y *Pito Pérez*, marcan un hito en el desarrollo de la novela mexicana; ambas aparecen en momentos críticos en la historia de México: la primera al filo de la Independencia, y la segunda durante los años que el presidente Cárdenas lucha por cambiar la estructura social del país. *Periquillo* y *Pito Pérez*

---

[20] *La vida inútil de Pito Pérez*, en JOSÉ RUBÉN ROMERO, *Obras completas* (México, 1963), p. 409.
[21] GASTÓN LAFARGA, *La evolución literaria de Rubén Romero* (México, 1939), pp. 144-45.

son representativos de dos momentos significativos en la historia de México: el primero representa el anhelo de libertad política y reforma de la vida social; el segundo, el completo desengaño con la humanidad. Así ambos novelistas se valen de un personaje que, sacado de la tradición narrativa hispana, les sirve admirablemente para dar expresión primero a los anhelos sociales y después a la angustia de ver que esa sociedad no tiene redención; con el héroe optimista de Lizardi se inicia la novela picaresca mexicana y con el antihéroe pesimista de Romero tiene su renacimiento.

LA PICARESCA COMO UNICA POSIBILIDAD LITERARIA O *EL PERIQUILLO SARNIENTO*

CATHERINE BEROUD

Hasta 1816, cuando publicó su primera novela *El Periquillo Sarniento,* José Joaquín Fernández de Lizardi se había dado a conocer como periodista. Escribió entonces una obra que algunos califican de picaresca, lo que otros niegan. Y hasta ahora continúa la polémica. Sin embargo, me parece evidente que la obra presenta rasgos picarescos en su estructura y en lo que toca al personaje y las situaciones que protagoniza.

Podemos preguntarnos por qué en 1816 Lizardi recurrió a la novela picaresca, dos siglos después de su auge en España. Algunas causas son externas— aunque por eso no de menos peso— y otras son internas.

Las causas externas son extraliterarias y sin embargo llevaron al autor a elegir esta forma.

El Pensador Mexicano nació en 1776 en México, capital de la Nueva España y murió en 1827 en México, capital de la recién nacida República Mexicana. Al presenciar el final de la época colonial con sus tentativas para sobrevivir, y los albores de la Independencia, le tocó ser testigo de una transición que se manifestaba en toda la vida nacional.

La organización política colonial se desmorronaba. Los virreyes mandados por España se sucedían a un ritmo cada vez más acelerado y no conseguían controlar la situación. El paso de Napoleón por la Península dio el golpe de gracia a la administración colonial, que había resistido mal que bien los ataques sucesivos que fueron para ella la independencia norteamericana y la revolución francesa, cuyos ecos llegaron en breve a la colonia española.

Los moldes sociales se iban rompiendo. Las ideas francesas se propagaban entre la clase social acomodada o semiacomodada que había tenido acceso a la cultura y se sentía frustrada al verse apartada del poder. Mientras tanto, las ideas tradicionales seguían aceptadas por muchos, conscientemente o no, según pertenecían a la clase alta o baja. Los «antiguos» pugnaban con ahínco para mantener la situación vigente y los «modernos» con igual energía para imponer a favor suyo sus normas.

En la misma época se iba desarrollando un sentimiento de americanismo. Rechazadas todas sus pretensiones —incluso las más razonables—, el criollo empezó a sentir odio al gachupín, aunque no a España. Este odio se fue transformando en un sentimiento de americanismo acompañado por un deseo de independencia. El criollo quiso pasar de oprimido a liberado reconociéndose como americano.

En esta sociedad en crisis que buscaba su identidad, varias clases seguían sin moverse: los indios que vivían apartados de la vida política y algunos representantes típicos de la sociedad mexicana: quiero hablar de los léperos, a los que Lizardi nos presentó tantas veces en sus periódicos y novelas. A estos personajes se les suele considerar como pícaros mexicanos o, mejor, acriollados.

Podemos notar que Lizardi situó todas sus novelas en el ambiente colonial. El proceso histórico como tal no le interesó. Prefirió fijarse en la sociedad en descomposición en la que vivía. En esto, podemos compararle con autores picarescos.

En toda su obra, Lizardi quiso enseñar deleitando a sus lectores. Hombre del Siglo de las Luces, quiso denunciar vigorosamente las injusticias, como lo hacía Jovellanos en España, y proponer reformas. Con este propósito docente daba indicaciones muy precisas para aplicar las reformas por él propuestas.

En todos sus periódicos y novelas no dejó de insistir en la situación social pre-revolucionaria. Uno de los síntomas era el número creciente de mendigos y léperos. La observación de estos hombres le proporcionó a Lizardi material para su obra.

A raíz de un acontecimiento político: vuelta de Fernando VII, restauración de la Inquisición y de la censura, el Pensador se vio sin su modo preferido de expresión, el periodismo. Al no querer quedarse mudo, llevado su por afán reformista, se dirigió hacia otra forma y eligió la picaresca.

Al carecer de la expresión más conveniente para él, Lizardi se volvió hacia una fórmula conocida que le parecía adecuada para «enseñar deleitando». Para ahorrarse problemas con la censura, eligió un modelo que tenía buena fama entre los lectores y gozaba de una reputación literaria intachable. Así su intención crítica y docente podía expresarse con bastante libertad: prueba de ello fue que no tuvo problemas con la censura hasta el cuarto volumen.

La picaresca presentaba muchas ventajas: además de ser reconocida como literatura de entretenimiento, le proporcionaba un marco ya hecho y admitido que le autorizaba cierto tipo de crítico y la expresión de una visión del mundo que no todos compartían.

En el *Periquillo Sarniento* Lizardi presenta muchas clases sociales y muchas instituciones que critica severamente.

Aprovechando el carácter seudoautobiográfico de la picaresca, Lizardi arremete primero contra la familia. La de su personaje no supo proporcionarle una educación que le permitiera salvar los obstáculos de la vida a causa de los prejuicios y el loco orgullo que predominaba.

En los capítulos consagrados al segundo círculo social frecuentado por Periquillo, las críticas se dirigen más a la Institución que a los hombres, aunque censura violentamente la actitud de algunos maestros. No deja ni un hueso sano al sistema universitario que tacha de atrasado e ignorante. Constata con amargura el fracaso del sistema, ya que éste concede títulos a los ignorantes más necios como Periquillo.

Al salir de la Universidad, Periquillo tiene que decidir de su porvenir. Su ideal ya es «pasarlo bien sin hacer nada». Sus fracasados estudios de Teología y su desastrosa y breve estancia en el convento de los Dieguinos le permiten al autor expresar sus ideas sobre la vida religiosa —secular y conventual— y mostrar en qué quedaban en la mente de la gente: en oposición a lo que explica el padre de Periquillo, portavoz del Pensador.

Después de esta experiencia malograda —para que la novela no acabe apenas comenzada—, el ritmo se acelera. El autor critica sucesivamente: el juego, el hospital, la cárcel, la justicia, el médico, el barbero, el comerciante, los mendigos, los ladrones, el ejército, los curas, etc...

Después de esta experiencia malograda —para que la novela no acabe apenas comenzada—, el ritmo se acelera. El autor critica sucesivamente: el juego, el hospital, la cárcel, la justicia, el médico, el barbero, el comerciante, los mendigos, los ladrones, el ejército, los curas, etc...

A todo lo largo de la novela, Lizardi no desaprovecha ni una ocasión para criticar y aconsejar después. No sólo censura el funcionamiento de las instituciones, sino también a sus representantes, responsables o no, para mostrarnos que todo depende de la educación que se recibe en la niñez o juventud.

Esta crítica Lizardi la expresa a través de su personaje, Periquillo Sarniento.

Hijo de una familia acomodada, el niño fue mimado por una madre imbuida en los prejuicios de la nobleza. Su padre, aunque inteligente, culto y bueno, era tan débil de carácter que no consiguió imponer sus ideas a la madre, que siempre se salía con las suyas. Entre una madre aferrada a sus ideas rancias y un padre ilustrado, el niño vivía en su casa el conflicto que opuso los dos grupos sociales, históricamente hablando.

Muerto el padre, el joven derrochó su herencia. Muerta la madre, sin norte ni guía, se dejó llevar por las circunstancias.

En toda la novela el protagonista revela tener poca personalidad: una natural inclinación hacia lo bueno, contrarrestada por una mala educación que no le permite distinguir lo conveniente de lo desastroso. Sin más ideal que vivir sin hacer nada, se dejará influir por los otros. Esta poca personalidad le llevará a conocer situaciones apremiantes, pero tiene un aspecto positivo: le permite adaptarse a todas las situaciones que se le ocurren a su creador. Con lo cual podemos topar con representantes de todas las clases sociales, que van a contarnos su vida y van a actuar delante de nosotros.

Inconsistente, caótico, Periquillo se deja llevar por una sociedad caótica, hasta encontrar algo que le obligue a situarse definitivamente en la sociedad.

En la estructura propuesta por la picaresca, en particular en *Guzmán de Alfarache* y *Marcos de Obregón,* el autor mexicano encontró lo adecuado para satisfacer su afán educativo y reformador. Siguiendo el camino trazado por Alemán y Espinel, Lizardi tenía una meta clara: mostrar que la sociedad mexicana necesitaba reformas cuya base debía ser la educación del pueblo.

Para exponer su visión del mundo, Lizardi se valió de la dualidad estructural de la novela picaresca que intercala reflexiones moralizadoras en su relato. Dentro de este marco estructural, empleó varios procedimientos. Uno de ellos es la actitud variable de Periquillo respecto a los demás.

En diversas ocasiones más que actor, Periquillo es testigo. Testigo de la vida de la hacienda: su participación considerada como inadecuada le llevó a ser rechazado por el grupo. Testigo también de la vida de los marineros.

Otras veces, Periquillo actor se verá convertido en oyente, por ejemplo cuando, en la cárcel, don Antonio le cuenta su vida.

Como actor, podemos notar que su poca personalidad se hace evidente: más que actuar de una manera personal lo que hace es imitar, por ejemplo, a Juan Largo en los trucos, a los mendigos, o bien imtar lo que suponer ser la actitud de un noble, en la isla del Chino.

Otro recurso que ofrecían *Guzmán de Alfarache* y *Marcos de Obregón* era la digresión. A raíz de una aventura el autor se pierde en largas digresiones. Un ejemplo: cuando Periquillo decide ingresar en el convento, su padre diserta páginas enteras sobre lo que deben ser las obligaciones de los religiosos.

En estas digresiones, además de unos cuantos términos latinos, el autor recurre a citas más o menos largas de autores antiguos y modernos como si temiera que no le entendieran o que se rechazaran sus ideas sin este respaldo.

El mexicano se valió también de un recurso frecuente en la picaresca: el viaje. Periquillo, recién liberado, permanece algún tiempo en la isla del Chino. Esta parte de la novela podía satisfacer meramente un gusto del público por lo exótico. Sin embargo, Lizardi le confiere una función capital. En esta isla que no existe geográficamente, se hace todo lo que el autor quisiera ver hacerse en su país. Es el contrapunto a todo lo que criticaba y criticara Lizardi en la novela. En esta isla se cifran todas sus esperanzas para su país.

En el universo caótico que le rodeaba, Lizardi buscó la fórmula literaria que le permitiera expresar sus ideas pintando un cuadro que salía de la realidad y resultaba familiar a sus lectores.

En Alemán o Espinel, encontró un marco estructural que adaptó a la realidad mexicana de entonces: empezó por situarse en un ambiente mexicanísimo.

Dado su propósito educativo y el contorno social, el personaje picaresco le convenía: no es un «fuera de la ley», tampoco un revolucionario. Intenta aprovechar las circunstancias, eso sí. Pero el deseo de su personaje, deseo inexpresado, semiconsciente es integrarse en la sociedad, a ser posible al lado de los pudientes. Le escapan los métodos para alcanzar este sitio, para que se reconozcan sus méritos, sus cualidades y derechos de criollo.

Para adaptar la picaresca a la realidad mexicana y a su propósito, el Pensador creó un tipo de novela. La primera fase es narrativa y sencillamente autobiográfica hasta llegar al momento en el que el personaje empieza a tomar clases de la vida cuando decide de su porvenir. Entonces comienza una fase educativa empírica. Al romperse el molde familiar, viene la vida picaresca: huérfano, mozo de muchos amos cuyo problema es sobrevivir lo mejor posible sin deshonrar sus manos, sin perder de vista que es y seguirá siendo un criollo bien nacido.

Su vida picaresca acaba con su reinserción en la sociedad. Esta reinserción se debe a un fenómeno de redención que cabría analizar con más detalle. Esto, por supuesto, se aparta del modelo picaresco clásico, pero corresponde al ideal del autor y a su visión del mundo.

Creo que para esta novela tenemos que hablar de obligación de la picaresca y su mexicanización.

Picaresca para expresar dentro de un marco aceptado por todos, ideas nuevas que pertenecían al Siglo de las Luces. Mexicanizada para que los lectores capten las nuevas ideas, el propósito del autor y se reconozcan en los personajes, en su modo de vivir y así tomen contacto con las ideas. Y obligado se vio el autor a elegir esta forma por carecer de otra y parecerle la más adecuada dentro de lo que conocía.

EL PERIQUILLO SARNIENTO: UN PICARO CRIOLLO

JACQUELINE VAN PRAAG - CHANTRAINE
Universidad de Mons
Bélgica

Son varios los dominios en los que Lizardi tiene fama de precursor. Al mérito de ser el primer escritor que ensayó, con pleno éxito, la novela en América latina con la publicación de su *Periquillo Sarniento* [1], en 1816, se añade el hecho de haber sido el primer periodista del Méjico libre [2] y el patriarca de la literatura popular en su país [3].

E. Anderson Imbert ve en la aparición tardía de la novela hispanoamericana un acontecimiento esperado desde hacía mucho tiempo y declara: «Lo cierto es que, de pronto, el género nació en Méjico, robusto y chillando originalidad» [4]. Numerosos son los especialistas de la literatura hispanoamericana que hacen resaltar la importancia histórica y artística de *El Periquillo:* Andrés Amorós [5], Luis Hars [6], Jorge

---

[1] Esta opinión hay que matizarla porque no podemos pasar por alto obras más antiguas conteniendo «pasajes que tienen valor de novela» (E. ANDERSON IMBERT, *Historia de la literatura hispanoamericana,* p. 87). Entre estas obras, que impiden una postura demasiado absoluta, citaremos *El Carnero,* nombre con el que se conoce la crónica que el criollo bogotano, Juan Rodríguez Freyle, consagró a la conquista y descubrimiento del Nuevo Reino de Granada.

[2] MOISÉS OCHOA CAMPOS, *Reseña histórica del periodismo mejicano,* Méjico, ed. Porrúa, 1968, p. 101. El autor señala que el 1.º de septiembre de 1921 se publicó el primer diario de la vida independiente de Méjico, el *Diario Político Militar Mejicano.* Se asegura que el iniciador fue J. J. Fernández de Lizardi.

[3] RAIMUNDO MANCISIDOR y J. J. FERNÁNDEZ DE LIZARDI, *Selección y prólogo,* Méjico, Secretaría de Educación Pública, 1945, p. 74.

[4] E. ANDERSON IMBERT, *Historia de la literatura hispanoamericana,* p. 185.

[5] A. AMORÓS, *Introducción a la novela hispanoamericana actual,* Salamanca, Anaya, 1971, p. 14.

[6] LUIS HARSS, *Los Nuestros,* Buenos Aires, ed. Sudamericana, 3.ª ed., 1969, Prólogo arbitrario, p. II.

Lafforgue [7], Giuseppe Bellini [8], Jean Camp [9], Luis Alberto Sánchez [10], Rafael Conte [11], por no citar más que algunos de ellos.

En cuanto a Angel Valbuena Prat, ya en 1943 saludó en *El Periquillo Sarniento*: «una obra curiosa y rica en elementos costumbristas interesantísimos» [12]. Sin embargo, en el quinto volumen de la *Historia de la literatura* que éste consagra a la literatura hispanoamericana ni siquiera cita el nombre de la obra, así como a su autor.

La publicación de *El Periquillo Sarniento* suscita varias preguntas y en primer lugar: ¿Por qué su autor, poeta lírico y dramático, y periodista de talento y vocación, esperó hasta los cuarenta años para consagrarse a un género inédito hasta entonces en su país: la novela? Para responder a ello habría que situar la obra, y a su autor, en el ámbito de la época, pero recordando antes ciertas circunstancias históricas.

La Nueva España carecía en sí de novela colonial. La novela surgiría coincidiendo con el movimiento insurgente [13].

En una salida rebosante de convicción, Luis Alberto Sánchez afirma que la época colonial «tendía a hacer, no a re-crear» [14], porque la realidad cotidiana era épica y asombrosa, cualquier ficción sólo podía decepcionar.

A menudo se hace referencia a los decretos prohibiendo la entrada en el Nuevo Mundo de «libros de romances e historias fingidas». Según Imbert «estos decretos no se cumplieron sino a medias» [15] y J. L. Martínez manifiesta que «a pesar de estas disposiciones se introdujeron en Hispanoamérica, por lo menos ·desde el siglo XVIII, muchas novelas de caballería, novelas picarescas y aún *La Celestina*, según se desprende de las investigaciones realizadas por el profesor Irving A Leonard [16]. No cabe duda que si Lizardi eligió, o casi diríamos, se refugió en la novela a la edad de cuarenta años, no fue por inclinaciones personales sino debido a ciertas circunstancias de la época en que le tocó vivir. No olvidemos que Lizardi nació en 1776,

---

[7] JORGE LAFFORGUE, *Nueva novela latinoamericana*, Buenos Aires, ed. Paidós, p. 17.

[8] GIUSEPPE BELLINI, *La letteratura spanoamericana*, Milano, Sansoni Accademia, 1970, p. 161.

[9] JEAN CAMP, «Littérature mexicaine», en *Revue Europe*, París, nov.-dic. 1959.

[10] LUIS ALBERTO SÁNCHEZ, *Proceso y contenido de la novela hispanoamericana*, Madrid, Gredos, 1968, p. 110.

[11] RAFAET CONTE, *Lenguaje y violencia*, Introducción a la narrativa hispanoamericana, Madrid, Al-Borak, 1970, p. 45.

[12] A. VALBUENA PRAT, *La novela picaresca*, Madrid, 1943, p. XXV, en un artículo que se refiere a una crítica de Alfonso Reyes publicada en la *Revue Hispanique* en 1914. Citado por Jefferson Rea Spell en la edición y prólogo a *El Periquillo Sarniento*, Méjico, ed. Porrúa, t. I.

[13] CARLOS GONZÁLEZ PEÑA, *Historia de la literatura mejicana*, México, ed. Porrúa, 1969, p. 131.

[14] LUIS ALBERTO SÁNCHEZ, ob. cit., p. 73.

[15] E. ANDERSON IMBERT, ob. cit., pp. 85, 94, 113 y 114.

[16] J. L. MARTÍNEZ, *F. de Lizardi y los orígenes de la novela en Méjico*, en la revista *Letras patriae*, julio-septiembre 1954.

en la ciudad de Méjico, de padres criollos, y que efectuó sus estudios en un medio impregnado de las ideas liberales del siglo de las luces. Tenía diez y ocho años cuando Nariño tradujo *La declaración de los derechos del hombre y del ciudadano,* declaración ansiosamente leída por los criollos que se quejaban de no participar en la alta administración del país.

Apóstol de las nuevas ideas en una sociedad en que predominaban el fanatismo y la ignorancia [17], el movimiento revolucionario francés fue para él el anuncio de una edad de oro. Además, sintió con verdadera obsesión «ese resquemor criollo» de que nos habla Carlos González Pena, y que se refleja en toda su obra, pero sobre todo en las novelas [18].

«Paladín del progreso y reformador innato»[19], no estaba de acuerdo con las instituciones de la Nueva España, que atentaban contra la razón y la libertad. Para difundir sus ideas usaba del folleto como una forma literaria de predilección. A los tres días de haber sido promulgada la Constitución de Cádiz otorgando la libertad de prensa, fundó su primer periódico *El Pensador Mejicano* (1812), de cuyo nombre procede su pseudónimo. Como atacó varias veces al gobierno español, éste no tardó en «cortarle las alas» y fue encarcelado durante seis meses. En aquella época de continuas guerrillas, la ironía de Lizardi parecía sumamente peligrosa: «... aquella sonrisa, en su cara roja y ceniciento de mestizo lampiño, inquietaba más a los gachupines que las noticias de los alborotados insurgentes» [20].

Al final de *El Periquillo Sarniento,* su portavoz declara que le sería muy fácil hacer una reseña de la historia de América, pero «es muy peligroso escribir sobre esto y en Méjico, el año de 1813» [21]. En 1814, la situación se empeoró aún, con el regreso de Fernando VII, y, con él, el antiguo régimen absolutista. Ante la obstaculización de los censores, Lizardi comprendió que debía renunciar momentáneamente al periodismo, medio de información sumamente vulnerable, y así fue como se puso a escribir su primera novela.

En 1816 se publicó *El Periquillo Sarniento,* en 1818 *La Quijotita y su prima* y *Noches tristes.* Su cuarta novela, *Vida y hechos del famoso caballero don Catrín de la Fachenda* no fue publicada hasta después de su muerte, en 1836 [22].

---

17 L. G. Obregón, *Los novelistas de la Colonia en «Croniquillas de la Nueva España»,* Méjico, Botas, 1936, pp. 166-172.
18 S. Hoxland Bustamante, *Historia de la literatura mejicana,* Méjico, ed. Trillas, p. 160.
19 Jefferson Rea Spell, *Prólogo de Don Catrín de la Fachenda,* Méjico, ed. Porrúa.
20 Luis G. Urbina, *La vida literaria de Méjico,* p. 77.
21 J. J. Fernández de Lizardi, *El Periquillo Sarniento,* Méjico, ed. Porrúa, 1966, t. 3, p. 251.
22 Jefferson Rea Spell, Prólogo a la edición de la obra. La novela fue publicada por entregas y salieron 3 tomos en 1816. El cuarto, el último volumen, se publicó debido a la prohibición de la censura, a la que no le agradaban las ideas contenidas en la obra contra la esclavitud.

¿Cuáles son las causas que indujeron a Lizardi a elegir, entre las varias posibilidades narrativas, la forma y motivos de la picaresca, cuando este gran periodista, siempre al acecho de novedades, estaba al corriente de la novelística europea del siglo XVIII, anunciadora del romanticismo? [23]. ¿Por qué este criollo atacó a la organización impuesta por la madre patria valiéndose de modelos típicamente españoles?

En primer lugar, existe cierta afinidad entre el periodismo y la forma de la picaresca.

Hasta los cuarenta años, Lizardi se enfrentó a la realidad mejicana valiéndose del periodismo. Tanto en el periodismo como en la novela picaresca ,el narrador es un observador, un escudriñador, un testigo de la realidad, tenido por imparcial. En ambos géneros es imprescindible el aspecto costumbrista.

En segundo lugar, la estructura de la novela picaresca, «autobiografía de un mozo de muchos años» ofrece las mejores posibilidades para hacer la crítica global de una sociedad, en un período de tiempo que abarca la vida de un hombre.

En tercer lugar, la novela picaresca siempre ha ofrecido armas privilegiadas a los perseguidos.

Lo capital de la novela picaresca, el hecho que explica tanto el relato en la primera persona —ese yo tremendamente solo frente a los demás [24]— como el destino inseguro y arriesgado del narrador —protagonista es la marginación social.

Hombre humilde y vagabundo, el pícaro descubre poco a poco, gracias a sus aventuras, la hipocresía de los que, en este bajo mundo, detentan todos los poderes, incluso el de hurtarle la libertad. Tiene su ética, de honda raíz estoica.

No puede ser considerado como un pesimista radical, sino pondría punto y final a su dolorosa existencia. Hombre indestructible, parece disponer de siete vidas.

Su destino se resume a testimoniar, y para realizar esta tarea debe sobrevivir, es decir, ha de integrarse a la sociedad, cueste lo que cueste.

Para soportar la vida que le imponen, recurre al humor y a la narración picaresca, que es como una purificación de las pasiones sufridas y aceptadas.

A comienzos del siglo XIX y en vísperas de una independencia aún

---

[23] El mejicano José Mariano Acosta Enríquez (1779-1816) nos proporciona en *Sueño de los sueños* datos sobre los gustos predominantes de sus contemporáneos. Los libros más recientes que éste menciona son las traducciones de las novelas epistolares de Richardson, de H. y S. FIELDING, el *Telemaque* de FENELON, *La Nouvelle Héloïse* de J. J. ROUSSEAU sin olvidar la traducción al español del *Gil Blas* de LESAGE y el éxito de la *Autobiografía* de don DIEGO TORRES Y VILLARROEL.

[24] M. BUTOR, *L'usage des pronoms personnels dans le roman*. Problèmes de la personne. Colloque du Centre de Recherche de Psychologie comparative publié sous la direction de I. Meyerson. París-La Haye, Mouton, 1973, p. 281.

insegura, los criollos vivían ansiosamente en la Nueva España la transformación ideológica y social de Europa.

Producto de una sociedad mestiza, a base de elementos españoles e indígenas, formado en un ambiente impregnado de ideas revolucionarias e igualitarias, Lizardi no veía con buenos ojos la organización colonial. La narración picaresca, cuyos temas, formas y motivos se inspiraron en una rebeldía tácita y hábilmente disimulada en el humor y el chiste, le brindó un arma de calidad.

A Lizardi debió gustarle el aspecto estético del género, su perspectiva irónica y el humor, elementos básicos e imprescindibles de la peculiar visión picaresca.

Hay que añadir que los criollos de la Nueva España se vieron poco favorecidos desde el punto de vista social y económico.

Marcel Niedergang señala en su obra *Las veinte jóvenes Américas* lo humildes que fueron los héroes que lucharon por la independencia de Méjico: curas de aldeas desautorizados por sus superiores.

«En Venezuela, en Perú, en Colombia o en Chile, los jefes que arrancaron la independencia del sur a los amos españoles eran criollos que solían ser oficiales y que siempre fueron aristócratas. En Méjico era gente humilde» [25].

Veamos ahora a qué familia de pícaros pertenece el mestizo Periquillo Sarniento.

Entre el pícaro peninsular y el pícaro mejicano existe evidentemente un parentesco espiritual. Aquél hereda de sus antepasados la condición de impostor, siendo engañado a su vez por otro más ducho que él, así como su situación al margen de la sociedad y su vocación para ser testigo y cronista de su época.

Posee también ese gusto insaciable por la aventura que hace de su vida un despido eterno y renovado constantemente.

Para el caso de Periquillo, el término aventura significa también experiencia espiritual. Periquillo se busca a sí mismo. En la escuela, sus compañeros le hurtaron el nombre reduciéndolo a una especie de anonimato, de «vacío» y lo apodaron: Periquillo Sarniento.

A estos rasgos generales hay que añadir ciertos aspectos propios del lépero.

Tampoco escapa a la influencia de sus antepasados inmediatos. Se ve influenciado por el *Gil Blas* de Lesage, que el Padre Isla tradujo al español afirmando que así restituía a España lo que Francia le habían robado. Pero la obra que más impresionó a Lizardi fue, sobre todo, la de Torres y Villarroel, que sirve de epígrafe al tercer tomo de la primera novela del continente hispanoamericano.

La Autobiografía de Torres y Villarroel no tiene nada de ficticio, puesto que el escritor y el pícaro constituyen una misma persona.

En Torres y Villarroel, la realidad supera la ficción, pues no hay que olvidar que en una sola vida fue estudiante, ermitaño, bailarín, guitarrista, médico-curandero, boticario y —¿cómo no?— torero, y

25 M. Niedergang, *Las veinte jóvenes Américas*, Madrid-Méjico-Buenos, Ed. Rialp, p. 790.

1052 JACQUELINE VAN PRAAG-CHANTRAINE

ello, antes de obtener el título de catedrático de matemáticas en la Universidad de Salamanca.

Y lo mismo que el diablo harto de carne se metió a fraile, él se hizo sacerdote.

Don Diego de Torres y Villarroel publicó durante su vida cinco ediciones de su graciosa y poco edificante existencia, sin suscitar escándalo. Esta mansedumbre demuestra que el pícaro supo aprovechar también de la mejora política y social. Los padres del pícaro del siglo XVIII son burgueses. Se pone a estudiar. Además, a partir del siglo de las luces, no parece que el pícaro hambriento y haraposo [26] sea ya el portavoz exclusivo de las reivindicaciones sociales. Debido al progreso moral no es ya raro que los anticonformistas más estruendosos sean reclutados entre las jóvenes capas de la sociedad privilegiada.

La obra de Lizardi está marcada por las ideas y el estilo del siglo de las luces. A través de la metrópoli, una nueva ola europeísta invade a la Nueva España, de la que Lizardi recoge diversos elementos para su crónica de la sociedad mejicana.

En primer lugar: su optimismo. Aspira a otra cosa que a describir la sociedad. Quiere mejorarla. Su vocación es reformadora. No fué un filósofo ilustrado (como los que rompieron con la Iglesia), sino un filósofo cristiano (como los que proponían conciliar el catolicismo con el liberalismo).

Aunque en el *Periquillo* abundan ejemplos de los alborozados excesos de la libertad, sigue siendo un héroe sumamente moderado con respecto a la jerarquía social.

Crítico y satírico, partidario de una evolución harmoniosa: sí; relucionario: ¡jamás!

Para parodiar a Jean Paul Sartre, podría hablarse a veces de «los pícaros respetuosos».

Los críticos mejicanos insisten sobre la autenticidad genuina que se desprende de la obra y que explica el enorme éxito de esta novela en dicho país.

Entre los más entusiastas cabe citar a J. Luis Martínez [27] y a Carlos González Pena, para quien «El Periquillo resulta incomparable como cuadro de su época y ... es el mejor museo de nuestras costumbres en el ocaso virreinal» [28]; a Bustamante, que hace, ante todo, un elogio del retrato del protagonista: «un joven desenfadado, con una moral no muy severa, cuya vida de aventuras risueñas unas, trágicas y amargas otras, narra con indudable gracia y sabor mexicanísimo» [29]. Los nuevos elementos, con los que el Periquillo contribuye al caudal picaresco son, además de la denuncia contra el despotismo

---

[26] AMÉRICO CASTRO, *Hacia Cervantes*, Madrid, Ed. Taurus, 1960, p. 117.

[27] J. L. MARTÍNEZ, *La emancipación literaria de Méjico*, Méjico, Autigua Librería Robredo, p. 14.

[28] C. GONZÁLEZ PENA, *Historia de la literatura mejicana*, Méjico, Ed. Porrúa, 1969, p. 133.

[29] BUSTAMANTE, ob. cit., pp. 161-162.

y la evocación acertadísima de la existenca colonial, sus reivindicaciones de índole racial. Protesta abiertamente, y repetidas veces, contra los prejuicios y contra la explotación de los negros y de los indios.

«Es una locura el despreciar al negro por negro, una crueldad venderlo y compararlo y una tiranía indisimulable el maltratarlo» [30], y más adelante: «Maltrataban y golpeaban a los indios con más libertad que si fueran esclavos» [31].

Respeta el derecho a la diferenciación y además está seguro que de esta diferenciación, sus compatriotas podrían sacar provecho y enseñanzas. Por ejemplo, uno de sus innumerables amos, un chino, le informa que en su país, la medicina es una ciencia global: «Así, el que cura es médico, cirujano, barbero, boticario, asistente ... los médicos chinos se aplican a consultar la Naturaleza en una parte tan necesario a la medicina como el conocimiento de las clases y virtudes de las plantas» [32].

En cuanto a los enfermos, «si curan, lo pagan; y si no, lo echan noramala» [33].

Periquillo se entera también que en China las leyes de la patria están escritas en las paredes.

A pesar de algunos episodios sentimentales y lacrimosos, inspirado por sus lecturas inglesas, y a despecho de digresiones moralizadoras y eruditas abundantísimas, inspiradas en sus buenas intenciones reformadoras, *El Periquillo*, al igual que *El Lazarillo*, está lleno de páginas joviales [34].

Con sus antecesores, comparte el sentido del humor que brota con gran vigor en los peores momentos. Cuando se ve «molido a golpes, hecho pedazos y sin blanca», reacciona diciendo de sí mismo: «Más entumecido que perro en barrio ajeno, yo afectaba la más cariñosa humildad». Le gustan los refranes: «No hay más amigo que Dios, ni pariente que un peso.» Saca provecho de esta sabiduría popular: «Al saber que era rico, mis parientes acudieron como moscas a la miel.»

Demasiado holgazán para aprender un oficio, Periquillo aumentará el número de los ociosos que contribuyeron a la decadencia económica del país, como en el Siglo de Oro, el desdén por el trabajo manual fue una de las causas mayores del marasmo general. Los refranes «Poderoso caballero es don dinero» y «Más vale un din que un don» ponen de relieve el estado de desmoralización de la época.

Para eludir la miseria, Periquillo, lo mismo que Torres y Villarroel, se hace curandero e irá a aumentar, según su propio testimonio, el número de «los matasanos», «matamoros» y «matacristianos».

---

[30] LIZARDI, *El Periquillo Sarniento*, Méjico, Ed. Porrúa, 1966, t. 3, p. 21.
[31] *Ibid.*
[32] *Ibid.*, p. 55.
[33] LIZARDI, ob. cit., p. 55.
[34] GUZMÁN ALVAREZ, *En el texto de Lazarillo de Tormes*. (La picardía de Lazarillo.) Actas del Segundo Congreso Internacional de Hispanistas. Nimega, 1967, p. 179; HENRYK ZYOMEK, *El Lazarillo de Tormes y la vida inútil de Pito Pérez*. Actas del Tercer Congreso Internacional de Hispanistas, México, Colegio de México, 1970, p. 945.

Se da cuenta que su éxito inicial en esta improvista carrera de médico no es debido a sus cualidades, sino a la novedad que él representa: «Algunos curaban por accidente, muchos morían, pero, con todo, no se minoraba mi crédito.»

E. Anderson Imbert es a veces severo con Lizardi y le reprocha el aspecto demasiado ostensible de sus propósitos a favor de una reforma pedagógica, que. le fue inspirada por Jean-Jacques Rousseau.

En la obra no faltan, sin embargo, esbozos rápidos en la mejor tradición periodística. He aquí la evocación de una antigua escuela: «la disciplina, la palmeta, las orejas de burro y todos los instrumentos punitorios estaban en continuo movimiento».

Por otro lado, cuatro substantivos son suficientes para evocar la escuela moderna: la sala rebosaba «luz, limpieza, curiosidad y alegría». Periquillo Sarniento rehúye la estructura abierta del género picaresco desde un punto de vista preciso: toda la novela está escrita en el pretérito definido, es decir, se refiere a acontecimientos que se sitúan en un momento anterior y consumado.

Por eso, la autobiografía de *Periquillo Sarniento* se presenta como un testimonio espiritual confiada a un cierto Lizardi para que la publique.

Al final de la obra, vemos que el autor y su protagonista forman una sola persona. Durante toda su vida, Periquillo no fue más que un segundón, la sombra pasajera de sus diferentes amos, la cobardía de algunos de ellos permitía al criado tomar a veces cuerdas. Cuando el amo no es nada, el criado llega a ser algo...

Para que la novela de ruines aventuras de este pícaro mestizo pudiese llegar a ser positiva, necesitaba la garantía del autor.

Al final de la novela, el hijo bastardo de Lizardi recupera su identidad y un puesto en la sociedad.

Periquillo Sarniento se vuelve a llamar, como se debe, Pedro Sarmiento. El modesto novelista, todopoderoso e invisible en su novela, como Dios en la creación, interviene al final de la narración para dar a su personaje la respuesta que, desde hace tres siglos, espera todavía el pequeño Lazarillo de Tormes.

LA VIDA INUTIL DE PITO PEREZ

RAYMOND L. CORRO
University of Montana
Misssoula, Montana, U.S.A.

Después de leer las obras de José Rubén Romero y de pasar recientemente varios meses en Michoacán, México, conviviendo con aldeanos, recorriendo los parajes que el autor describió y admirando el paisaje que él contempló, me acerqué con curiosidad a sus críticos para ver si sus opiniones concordaban con las impresiones que yo había sacado. Se le alaba la facilidad de expresión, el costumbrismo sincero, el humor sano, el amor a la gente ignorante y ruda, niños y viejos. En otros casos, se le concede poco espacio. En cuanto a la novela picaresca que nos ocupa, sugieren que el propósito del autor es hacer reír o llorar al lector; que expresa su ideario político, y algunas curiosas amenidades [1]. Arturo Torres Ríoseco afirma que después de la tardía aparición del *Periquillo Sarniento* de Fernández de Lizardi, «la picaresca nace y muere en América con este autor. Tenía que ser así, ya que el género no da para más» [2]. Años más tarde, sin embargo, el mismo crítico considera la novela picaresca de Romero como novela picaresca típica [3].

Por otra parte, el tomo de las *Obras completas* principia con un discurso leído en La Habana en 1942, titulado «Breve historia de mis libros», en el cual Romero explica que no escribió, sino que dictó su primera novela, *Apuntes de un lugareño,* y que en unas cuantas noches «hilvanó» *La vida inútil de Pito Pérez*. Esta observación podría ena-

---

[1] F. ALEGRÍA, *Historia de la novela hispanoamericana,* 3.ª ed. (México, Ed. De Andrea, 1966), p. 154. Menciona remordimientos, imprecaciones, parábolas sardónicas, trasnochados aforismos.

[2] A. TORRES RIOSECO, «La novela en la América Hispana», *University of California Publications in Modern Philology,* XII (Berkeley, University of California Press, 1944), p. 176.

[3] A. TORRES RIOSECO, «Humor in Hispanic Literature», *Aspects of Spanish American Literature* (Seattle, University of Washington Press, 1963), pp. 21-23.

jenar el interés de un lector serio, pensándolas superficiales. Por eso es conveniente añadir que la imagen del personaje Pito Pérez, perfilado ya en 1932, persiguió al autor hasta 1938, año en que vio la luz el libro de las andanzas de tan pintoresco protagonista.

Sería erróneo e injusto juzgar a un autor por una sola de sus obras, sin tener en cuenta la posible evolución, los cambios y las causas que los motivaron, en breve, su trayectoria literaria. Esta condición es de suma importancia en el caso de Romero, porque es de notar, que la gran ilusión juvenil que tuvo fue la de ser poeta, y encontró su mayor halago en el hecho de que un Presidente de México aprendiera de memoria su librito de poesía titulado *Tacámbaro* (1922). A partir de 1930, cuando llega a España como Cónsul General de México en la Ciudad Condal, su actividad literaria cambia de rumbo al descubrir su talento de narrador. Habían transcurrido más de cuarenta años dedicados en su mayoría a la poesía. ¿Y en qué quedó su ideal poético? cabe preguntar. La lectura de sus novelas indica, a mi juicio, que no desapareció, sino que permanece en el trasfondo, encubierto sí, pero vivo, y que aparece diseminado por doquier, ya en forma de versos, ya en la evocación de los días felices de su juventud, ya en cierta desilusión y amargura, manifiesta abiertamente en la novela de Pito Pérez. «Es posible —dice M. P. González— que la crítica haya sido injusta con el poeta y acaso el silencio y el olvido a que lo mantuvo relegado... haya influido en su abdicación a la poesía»[4]. Es en realidad difícil aceptar la desaparición instantánea de aquella ilusión formada y alimentada en su juventud con la lectura asidua, principalmente la del Siglo de Oro español, resultando su esfuerzo en la soltura y elegancia del lenguaje que le adorna.

Al leer a Romero, se deben tener en cuenta estos elementos: a) su ideal poético, b) su admiración por los clásicos españoles y su posible imitación, c) su gran habilidad de narrador nato, d) el entrañable amor a su tierra michoacana.

En el presente quiero entretenerme en dos puntos concretos. Primero, *La vida inútil de Pito Pérez* y su obra en general son como un canto, un himno dedicado a la tierra y al hombre de Michoacán. Segundo, del ideal poético sublimado brota en Romero la ambición de crear una novela picaresca mexicana del siglo xx, que casi se hermane al *Lazarillo de Tormes*, pero preservando una fuerte originalidad en medio de las divergencias debidas al tiempo y al lugar.

1. *Michoacán y J. R. Romero*

El estudio de una novela picaresca del siglo presente, tiene ciertamente una ventaja con que no cuentan los estudiosos del Siglo de Oro, y es que se puede observar tanto el escenario físico como el

---

[4] M. P. GONZÁLEZ, *Trayectoria de la novela en México* (México, Ed. Botas, 1951), pp. 227-228.

riormente por el mismo Berganza (pp. 236-237), la cual moraleja se reduce a *Quod licet Iovi, non licet bovi*. Pues las distancias siguen siendo insuperables, por lo que se podrá concluir del consejo que prodiga aquella moza después de haberle hurtado la carne a Berganza: «decid a Nicolás el Romo vuestro amo que no se fíe de animales» (p. 220). La igualdad o, sea, identificación de hombres y animales se propone tan sólo en lo negativo: «Pero ninguna cosa me admiraba más ni me parecía peor que el ver que estos jiferos con la misma facilidad matan a un hombre que a una vaca: por quitarme allá esa paja, a dos por tres, meten un cuchillo de cachas amarillas por la barriga de una persona, como si acocotasen un toro» (p. 217). La misma idea se encuentra también en Ciro Alegría: «el hacendado empleaba el foete que tenía colgado junto a la puerta del escritorio y le servía para tundir a perros y peones. Estos le tenían más miedo que los primeros» (p. 38).

Aceptados los perros como símbolos, parece ser que un pesimismo, hasta más profundo que el del *Coloquio* cervantino, basado éste en experiencias individuales de un solo can, se desprende de *Los perros hambrientos,* que adopta una visión más amplia y colectiva, a nivel de la especie canina. Es un panorama genealógico, un tipo de saga perruno, donde los canes quedan bien identificados, con un valor muy concreto, dentro de un ambiente preciso y determinado, tanto temporal como espacialmente. «La vida de los perros, que nos cuenta Ciro Alegría, se parece mucho a la de los hombres con quienes comparten penas y alegrías. Diríase que antes de acometer la gran empresa de formular el *mensaje fundamental* del indio peruano quiso el novelista, a la manera de los médicos de su sanatorio, experimentar en los perros lo que aplicaría luego a los hombres» [17]. En fin, lo que hace Alegría no es otra cosa sino proponer cierto concepto de *vidas paralelas,* paráfrasis retorcida del Plutarco, por haber querido introducir a los perros como contrapratida de los hombres. Conviene hacer constar que a lo largo de la obra se nota la presencia continua e insistente de los perros en todas las actividades humanas; incluso en la procesión religiosa, formada para implorar la lluvia, no faltan los perros cerrando la marcha. La humanidad y la canidad comparten el bien y el mal, sobre todo éste último. «Hablando en plata, ser hombre o perro es, después de todo, un bello asunto; pero cuando hay comida» (p. 82). El paralelismo casi abtoluto salta a la vista en muchos capítulos. El niño Damián y el perro Mañu crecieron, vivían y casi murieron juntos. «—Si parece su hermano —dijo un día la Martina. —Mañu, Mañu —repitió el Damián en su media lengua. Entonces le pusieron ese nombre» (p. 45). Al perro, se entiende. Muy pronto Güeso «descubrió que era terco e implacable el hombre» (p. 67), como, a su vez, se dan cuenta de ello también los peones: «Pertenecía a esa clase de señores feudales que supervive en la sierra del Perú y tiene para su siervos, según su propia expresión, "en una mano la miel y en otra la hiel", es decir, la comida y el látigo» (p. 115). La reclutación

---

[17] *Los perros hambrientos,* prólogo a H. Bonneville, p. 15.

de Mateo, efectuada a poder de foetazos administrados al cholo en-
listado y ya bien amarrado, no difiere en nada del modo en que los
Celedonios raptaron a Güeso. Antes se diría que, a pesar de todo, de
la actitud de los dos bandoleros emana cierto calor humano. «El Julián cabalgó y luego dio un débil tirón de la soga. —Güeso, Güesito,
camina hom... —¿Hom? —bromeó el Blas—. Hasta cristiano lostás
haciendo ondel perro... Rieron ambos» (p. 66). Los perros envene-
nados por el hacendado mueren de la misma suerte que los Celedonios, considerados como dañinos humanos, y éstos últimos por haber
comido papayas en las que el alférez Chumpi, apodado de Culebrón,
había inyectado ponzoña. Adviértase que un semejante truco fue intentado igualmente con Berganza: «Pero la negra, por acabarme de
una vez, me trujo una esponja frita con manteca; conocí la maldad;
vi que era peor que comer zarazas, porque a quien la come se le hin-
cha el estómago, y no sale dél sin llevarse tras sí la vida» (pp. 258-
259). La invasión de la casa-hacienda fue causada por el hambre, en
hombres tanto como en canes, lo que explica Simón Robles: «Peyor
que perros tamos... Nosotrus sí que semos como perros hambrientos»
(p. 165). Mas, los dos ataques, el perruno y el humano, quedaron rechazados y ahogados en la sangre derramada de los menesterosos. Un
destino paralelo persiste incluso *post mortem;* el perro Güenamigo y el
bandolero muerto obtuvieron misma sepultura: «El Crisanto fue conducido al río —¡no había que darse el trabajo de cavar sepultura por
un cholo así!— y librado a las aguas» (p. 101). No hay que extrañarse entonces de que a profusión, y refiriéndose a los seres humanos,
se empleen ciertas expresiones derivadas del universo canino: *hacerse
el perro rengo, ¡cholo perro!, ¡perros!, perradas, matar como a perros,* etcétera.

En el relato de Alegrías se da hasta el caso de unos hombres que se
vieron constreñidos a jugar el papel de canes, ladrando como éstos,
para espantar a los dañinos. Y, como colmo de degradación humillan-
te que puede experimentar un hombre hambriento, llega éste a arre-
batar a los perros los restos de una carroña.

*   *   *

Las dos obras, *El coloquio de los perros,* tanto como *Los perros
hambrientos,* entre otras cosas, en última consecuencia, tratan esencialmente también del bien y del mal. La moral que profesan los canes se presenta, empero, bajo dos luces distintas. Bien que los perros
desempeñan el papel de testigos, sus testimonios acerca de la condición
humana no son idénticos. En Cervantes, los canes, seres sumamente
individualistas, hacen sus propias declaraciones; testimonian incluso
sin ser invitados por los humanos, más bien, a menudo hasta a despecho de éstos. Cuando los canes cervantinos moralizan, por cierto
no formulan ni expresan nueva moral alguna, aunque fuera de tipo
perruno; recurren, a no dudarlo, a una moral humana existente y ya
añeja —si bien no aplicada siempre con rigor necesario—, que les

sirve como punto de referencia en su justiprecio del universo antropocéntrico. Aquí «alternan, en el encadenamiento de los episodios, *escenas de la vida privada* con *escenas de la vida pública*» [18].

Alegría parte del hecho que el perro es, al igual que el hombre, un ser social, aunque impulsado por los instintos con los que lo ha dotado la Naturaleza, determinado por la herencia y los atavismos, más que por convenciones de tipo social o por una moral cualquiera. He aquí, pues, la razón por la cual el comportamiento cinoforme de los canes peruanos no sorprende en nada, mientras, en contra, los perros cervantinos —que son más bien sosias de perros verdaderos— pueden hasta chocar al lector por algunas de sus conductas premeditada, inesperadas en los animales. Tal vez el único caso en que Berganza actúa como perro real de carne y hueso, se da en el episodio, sobremanera tragicómico, cuando, al perquirir los follados del malaventurado bretón caído en la trampa del alguacil apicarado, el travieso de Berganza comete un leve latrocinio muy de su talle canino. «Así como yo entré en el aposento, llegó a mis narices un olor de tocino, que me consoló todo; descubríle con el olfato, y halléle en una faltriquera de los follados: digo que hallé en ella un pedazo de jamón famoso, y por gozarle, y poderle sacar sin rumor, saqué los follados a la calle, y allí me entregué en el jamón a toda mi voluntad» (p. 263), confiesa Berganza, no sin añadir «pues a mí no me aprovechaba nada el dinero» (p. 264).

Al fin y al cabo, por tener mucho de fábulas literarias, el *Coloquio* sin embargo no pudo prescindir de cierta moraleja a título ejemplar. A lo largo del escrito cervantino, se nota una progresión gradual de Berganza con respecto a su deseo de combatir contra el mal. En el primer episodio, lo vemos a él también ser cómplice activo del mal, siendo sus víctimas las reses ingresadas en el matadero; en el segundo episodio, el de los pastores, Berganza descubre el latrocinio, pero no reacciona y, pasivamente, prefiere marcharse; luego, ataca, a hurtadillas y de noche, a la esclava negra, por ser ésta una reencarnación de la maldad; acusa, y esta vez en público, al alguacil apicarado y ladronesco... [19]. Aún más pudiera alargarse la lista de ejemplos, pero baste con esto para darnos una idea cabal de cómo medra Berganza. La misma progresión se observa en cuanto se refiere a su orientación hacia el activismo caritativo que lo conduce por fin hasta el Hospital de la Resurrección para asistir, junto con Cipión, a los hermanos de la Capacha. En resumen, la obra entera lleva impreso un hondo sello de dos virtudes buscadas por Berganza y preconizadas por Cervantes, una cardinal y otra teologal, a saber: la justicia y la caridad.

Al contrario, Ciro Alegría no moraliza, ni a través de sus perso-

---

[18] O. BĚLIČ, *op. cit.*, p. 13.

[19] Sobre este y muchos otros problemas, con gran provecho se leerá el ya citado texto magistral de M. Molho así como la edición crítica de *El casamiento engañoso y el coloquio de los perros* por el benemérito Agustín González de Amezúa y Mayo (Madrid, 1912).

najes humanos y aún menos valiéndose para ello de animales. Prefiere describir, ir pintando la injusticia social y la falta obvia de toda caridad, dos males que claman al cielo. De cuando en cuando se advierten tan sólo unas finas insinuaciones. Sus hombres son buenos o malos, debido a las circunstancias de la vida; los perros, que van de par con sus dueños y en pos de ellos, son un fiel reflejo de lo que ocurre en el plan humano. Figuran en la obra para dar más relieve a la narración esencialmente antropocéntrica.

* * *

Vistos ya los principales presupuestos en los que reposan la obra cervantina y la del peruano, quédanos todavía por esclarecer cuál es la actitud de los dos autores frente a lo real y lo imaginario en sus respectivas novelas. «El *Coloquio de los perros* viene a ser lo que pudiéramos llamar *fantasía realista,* muy típica del doble plano —objetividad, imaginación, evasiva— en que se mueve Cervantes en sus mayores creaciones. La gran novedad de esta obra está en resolver el tema picaresco en coloquio de personajes no humanos. Desde el comienzo del diálogo queda abierto un portillo a la aventura, tinta de sobrenaturalidad, que se cerrará con el final de la novela misma» [20]. Es, a no dudarlo, una novela con marco, en la que se propone un diálogo ejemplar como moraleja, después de una narración humana hecha en primera persona también. Mas, los que platican son ahora los perros y, dentro del cuerpo mismo de la novelista, Cervantes tuvo a bien dar claros indicios de que se trata de unos animales muy descomunales. La prueba de ello son, pues, las frecuentes digresiones que los dos canes hacen para encarecer el maravilloso don suyo que es el de hablar. Luego, también, se busca una explicación plausible hasta en el ambiente de brujerías y hechicerías. Nótese, además, que el alférez Campuzano sorprendió a los dos perros dialogando una noche, al encontrarse él medio endormecido y medio desvelado. Es decir, que el sueño y la ficción gratuita tienen larga cabida en el proceso de gestación del texto cervantino [21]. El resultado, sin embargo, es una obra basada en parte en hechos históricos o reales, que no se presentan siempre de un modo explícito. En el trasmundo de sus páginas, o sea, detrás de un texto aparente, hay todo un contexto subyacente, indicándolo de vez en cuando una que otra señal sutilísima; pero este contenido implícito, que debe leerse entre los renglones, en la mayoría de los casos hay que intuirlo o ir rastreándolo, aprovechando todo el aparato de la erudición. De tal suerte se abren nuevos horizontes interpretativos, insospechados en un texto aparentemente unívoco y sin ambigüedades. Así, por ejemplo, el dueño del hato re-

---

[20] A. Valbuena Prat, *op. cit.,* p. 46.
[21] No con poca razón insiste L. J. Woodward en que *tropelía* es la palabra clave para la comprensión de la obra cervantina. Cf. *El casamiento engañoso* y *El coloquio de los perros,* «Bulletin of Hispanic Studies» (Liverpool), XXXVI, 1959, pp. 80-87.

presentaría la Mesta; el mercader sevillano tendría mucho que ver con don Rodrigo Calderón; el elogio que Cervantes hace de los jesuitas pudiera leerse también de otra forma, etcétera [22].

Sin embargo, la obra entera es un continuo desengaño y, en eso, sigue la trama del *Casamiento engañoso,* revelándose ciertas verdades crudas y nada agradables. Bien lo pinta Berganza que se iba imaginando el universo pastoril como una Arcadia libresca y, de pronto, se encontró en medio de un ambiente que olía a todo menos a un idilio. Mas sería un error lamentable leer las *Novelas ejemplares* como novelas de tesis [23]. Entonces, para Cervantes, el truco consiste en presentar verdades inverosímiles como si estuvieran realmente ocurriendo o, al revés, como ficticias pincelar ciertas realidades, imaginadas o conocidas por experiencia propia. Estos rasgos del contenido, tan típicos del procedimiento barroco, se combinan con una rigurosísima estructuración arquitectónica, de obvia inspiración renacentista. Las distancias que toma Cervantes con respecto a sus personajes caninos, se notan en sus descripciones esquemáticas de la Naturaleza, porque ésta aparece tan sólo marcando el cuadro —urbano de preferencia— en que se desarrolla la acción, únicamente para implantar mejor el hilo de la narración.

Ciro Alegría, en contra, allí por el año 1938 iba publicando su novela de tesis, novela que nace en un ambiente rural peruano, con muchos trozos descriptivos de la Naturaleza y del entorno en que viven los protagonistas. El relato, sin marcos formales, quiere salvar las apariencias de una narración objetiva, por lo que el autor se sirve de tercera persona, la de un narrador más o menos imparcial. Pues, todo lo que está destinado al lector se le ofrece en una serie de cuentos que todos tienen un denominador común: hay hombres que viven como unos perros, y no hace falta buscar otro sentido más allá del texto propuesto a la lectura.

* * *

Llegando ya al término de estas apostillas marginales, resultado y consecuencia de unas lecturas sabrosas, véome obligado recurrir a dos citas más. Primero repetiré las sensatas palabras del sapientísimo perro Cipión: «es que los cuentos unos encierran y tienen la gracia en ellos mismos; otros, en el modo de contarlos; quiero decir que algunos hay que aunque se cuenten sin preámbulos y ornamentos de palabras, dan contento; otros hay que es menester vestirlos de palabras, y con demostraciones del rostro y de las manos y con mudar la voz, se hacen algo de nonada, y de flojos y desmayados se vuelven agudos y gustosos» (p. 219).

Luego concluiré con una anécdota narrada por Ciro Alegría: «Acaso sean puestas en duda [muchas importantes historias], ya que la verdad es, en algunas ocasiones, tan paradojal o tan triste, que el hom-

---

[22] Cf. M. MOLHO, *op. cit.,* pp. 24 y ss.
[23] J. CASALDUERO, *op. cit.,* p. 71.

bre busca razones para el ingreso de la incertidumbre. Y en esto se
parece —hablando en genérico y salvando, en cada situación, las distancias precisas— a cierto curita de la provincia de Pataz. Era un sacerdote humilde e ignaro, de la cuerda de aquellos indios beatos a
quienes el obispo Risco de Chachapoyas, después de enseñarles unos
cuantos latinajos, tonsuró y echó por el mundo —en este caso el mundo era la sierra del Norte del Perú— a desfacer entuertos de herejía. Nuestro buen curita predicaba una vez el famoso Sermón de Tres
Horas en la iglesia del Distrito de Siguas. Puso mucha emoción, gran
patetismo, en relatar los padecimientos y muerte de Nuestro Señor.
El resultado fue que casi todos los aldeanos feligreses, en especial las
viejas pías, se pusieron a gemir y llorar a moco tendido. Confundido
el curita por el efecto de sus palabras y no sabiendo cómo remediar
tanto dolor, dijo al fin: —No lloren, hermanitos... Como hace tanto tiempo, quién sabe será cuento...» (pp. 40-41).

ELEMENTOS DE LA PICARESCA EN *PANTALEON Y LAS VISITADORAS* DE MARIO VARGAS LLOSA

Jorge García Antezana
Simon Fraser University
Vancouver, Canadá

Introducción

Nos proponemos analizar la novela *Pantaleón y las Visitadoras* [1] en relación con las estructuras de la «novela picaresca española» y con la evolución del género en la narrativa contemporánea.

Es aparente que ciertos aspectos de *Pantaleón y las Visitadoras* no corresponden estrictamente a la norma comúnmente aceptada como «picaresca»: narración autobiográfica, acción episódica, origen social ínfimo del protagonista, su carácter peripatético, la lucha por la supervivencia, el tema del hambre. No obstante, un examen más detenido de la obra nos irá revelando que la desviación del modelo, que la alteración de estos rasgos presuponen, es solamente periférica a la «picaresca» y exigida por la evolución de la técnica narrativa y por las circunstancias de la realidad del mundo contemporáneo. En cambio, otras características como: la polarización entre «individuo positivo» y «sociedad negativa», la visión reversa de la sociedad establecida, el sentido antiheroico y antipatético, la soledad, ingenuidad, amoralidad e incorruptibilidad del protagonista, el elogio del «deshonrado», la parodia ,la comicidad y el doble sentido del lenguaje popular, la establecen formalmente en la «picaresca contemporánea»; no sólo como una obra más, más o menos sujeta a la norma tradicional, sino como una creación de ingenio originalísimo y de lectura de las más divertidas y que documenta el resurgimiento del género picaresco en la ficción lationamericana.

NOTA: La generosa ayuda «leave fellowship» del «Canada Council» me permitió conocer a Mario Vargas Llosa e iniciar la investigación básica para este artículo.

[1] M. VARGAS LLOSA, *Pantaleón y las Visitadoras*, Seix Barral, Barcelona, 1973, 2.ª ed. (Todas las citas subsiguientes del texto se refieren a esta edición.)

Consideraremos a continuación: El resurgimiento de la «novela picaresca» y las circunstancias político-sociales que la condicionan. La polarización entre *individuo* y *sociedad* como eje estructural del género; el antihéroe solitario frente a una serie de condiciones colectivas. La perspectiva narrativa: el lector, centro de convergencia de documentación multidireccional; niveles del lenguaje. El mundo picaresco: la cohorte de *Pantaleón;* el mundo prostibulario.

I

La tradición «picaresca» emerge en la España del *Siglo de Oro* con tres obras fundamentales: *Lazarillo de Tormes*[2], *Guzmán de Alfarache*[3] y *La Vida del Buscón*[4]. Las cuales motivaron la aparición de un número considerable de obras del mismo género en España[5] y en el resto de Europa[6], particularmente durante los siglos XVII y XVIII.

El siglo XIX vio disminuir el empuje del género picaresco hasta su casi total desaparición. Claudio Guillén lo constata:

> «The nineteenth cenutry did not welcome the ambiguous outsider.
> ... By and large, the ninetteth century was the time for the full outsider, the dreamer and the bohemian, the revolutionary and the ideologist, the man of courage, the rebel against man and God»[7].

Reconociendo a Dickens, Gogol y Stendhal como posibles excepciones.

---

[2] *La Vida del Lazarillo de Tormes: y de sus fortunas y adversidades,* anónimo, editio princeps, Antwerp, 1554.

[3] MATEO ALEMÁN, *Primera Parte de Guzmán de Alfarache,* Editio Princeps, Madrid, 1599; *Segunda Parte de la Vida de Guzmán de Alfarache, Atalaya de la Vida Humana,* Editio Princeps, Barcelona, 1605.

[4] FRANCISCO DE QUEVEDO VILLEGAS, *Historia de la Vida del Buscón, llamado Don Pablos: Ejemplo de Vagabundos y espejo de Tacaños,* Editio Princeps, Zaragoza, 1616.

[5] F. LÓPEZ DE UBEDA, *La pícara Justina* (1605); A. J. SALAS BARBADILLO, *La hija de la Celestina* (1612); A. DE CASTILLO SOLÓRZANO, *La niña de los embustes* (1632); *Las aventuras del bachiller Trapaza* (1637); *Vida y hechos de Estebanillo González,* anónimo (1646). (Los datos de estas notas han sido tomados de H. PETRICONE, «Zur Chronologie und Verbreitung des spanischen Schelmenromans», en H. HEINDENREICH, *Pikarische Welt,* Wissenschaftiche Buchgesellschaft, Darmstadt, 1969, pp. 64-65.)

[6] H. J. C. GRIMMELSHAUSEN, von, *Der abenteuerliche Simplicius Simplicissimus* (1668); A. R. LESAGE, *Le Diable boiteux* (1707); *Histoire de Gil Blas de Santillane* (1715-1735); D. DEFOE, *The Fortunes and Misfortunes of the famous Moll Flanders & C.* (1722); T. SMOLLETT, *The Adventures of Roderick Random* (1748).

[7] CLAUDIO GUILLÉN, *Literature as System,* Princeton University Press, 1971, pp. 104.

En el siglo xx, especialmente desde la novela de postguerra, presenciamos el resurgimiento del género picaresco y un interés creciente de la crítica. Este resurgimiento presupone, naturalmente, una desviación de la norma de la «picaresca del Siglo de Oro»; modificaciones que, como en todo género literario, obedecen a circunstancias de preferencias estéticas, acontecimientos históricos sociales, lugar y tiempo en que se escriben.

La causalidad de tal resurgimiento es atribuida a factores más o menos relacionados con la *crisis* «existencial» y económica-social de la sociedad contemporánea. Claudio Guillén se expresa en los siguientes términos:

> «The picaresque would return during days of irony and discouragement... In the twentieth century, as in the Spain of Philip II and the Germany of the Thirty Years' War, the career of the rogue would once more disclose an awareness of civilization as oppression... Together with irony, there was «discouragement» —the devaluation of courage...
>
> Threatened with events which no one controls, the novelist hesitates to show men truly risking, or even shaping, their own lives. In the mist of bankrupt revolutions and the orthodoxy of disbelief. Camus' *homme révolté* is no more the hero of our time than the powerless antihero. From *Lazarillo* to our day, it seems to me, the picaresque has been an outlet for the expression human alienation» [8].

Stuart Miller lo atribuye al sentido caótico de la circunstancia humana contemporánea:

> «There is no doubt that the twentieth century, like the seventeenth, in which the picaresque began, is unussually sensitive to the chaos of experience. The revival of picaresque patterns in recent fiction probably arises from our need to find vehicles to express our own sense of disorder» [9].

Wilfried van der Will, comentando sobre la novela picaresca alemana, la relaciona con las tensiones entre el individuo y la máquina burocrática-social de la postguerra, y sobre todo a la crisis inmediata, que obligó a muchos individuos a valerse de medios no totalmente legales para asegurar su supervivencia:

> «Zudem ist es das Land, das in den Jahren nach 1945 ausserordentliche Anforderungen an das Uberlebenwollen stellte, das oft nur mit illegalen oder halblegalen Mitteln möglich war. Die Vorraussetzungen für die Verwirklichung pikaresker Lebensweisen waren algo gegeben. Aber auch in anderen Literatu-

---

[8] *Ibid.*, pp. 105-106.
[9] S. MILLER, *The Picaresque Novel*, Western Reserve U. Press, 1967, p. 167.

ren vornehmlich in der englishen und in der nordamerikanis-
chen, tauchen die Figuren des modernen Pikaro und des Clowns
auf» [10].

B. Schleussner en su estudio de la novela inglesa caracterizada
como *neopicaresca,* examina el rol del antihéroe y cita a William van
O'Connor:

> «English fiction in the years since World War II has pro-
> duced a new kind of protagonist... There is nothing heroic
> about him, unless it is his refusal to be taken in by the hum-
> bug. He is a comic figure, with an aura of pathos about him.
> *Lucky Jim* was one of the first, and is probably still the best,
> of these novels. Keith Waterhouse's first novel *Billy Liar* is
> among the most recent». («Two Types of Heroes in Post-War
> British Fiction», *PMLA,* 77, 168) [11].

Ihab Hassan reconoce un renacimiento de la picaresca en la novela estadounidense contemporánea, como una de las respuestas del escritor de hoy a su circunstancia. Habla también de la transformación
del héroe literario en antihéroe (rebelde-víctima):

> What we are witnessing, therefore, is not simply a scatte-
> ring of trends and unrelated fictional forms. These trends and
> forms find a common impulse in an attack on the accepted
> view of reality... And it has ocasioned, as we saw, a recrudes-
> cence of the naturalistic and picaresque novel».
> «The political and social experiences of our century reveal
> two opposite tendencies at work: the unremitting organization
> of society and the unleashing of vast destructive energies against
> civilization. Both tendencies are incarnated by the superstate
> which is at once utopian and demonic».
> «The possibilities of rebellion against that trend are still
> viable in mass democracy and the welfare State, as the works
> of the so-called Beat and Angry writers suggest. Rebellion against
> unrelieved terror of the Fascist and Communist State however,
> can only result in self-annihilation» [12].

Volvamos la mirada a la realidad latinoamericana de hoy. Aunque
no inmune a la crisis de la cultura occidental de postguerra, parece
entrar en una etapa climática de su propia crisis de identidad. Diversos factores han agudizado esta crisis: la dualidad cultural, el desafío

---

10 W. VAN DER WILL, *Pikaro heute: Metamorphosen des Schelms bei Th.
Mann, Döblin, Brecht, Grass.,* Kohlhammer Verlag, Stuttgart, 1967, p. 72.
11 B. SCHLEUSSNER, *Der Neopikareske Roman: Pikareske Elemente in der
Struktur Moderne Englischer Romane,* H. Bouvier u.CO. Verlag, Bonn, 1969,
p. 73.
12 I. HASSAN, *Radical Innocence: Studies in the Contemporary American
Novel,* Princeton University Press, 1961, pp. 103, 114 y 115.

y rechazo de los valores establecidos, la migración a las ciudades, el desempleo, el subempleo, la pobreza abyecta de grandes masas de marginales indios y campesinos, el sincretismo religioso, la emergencia de nuevos profetas, el establecimiento del militarismo dictatorial como denominador internacionalizante en el poder, los movimientos de «liberación nacional», el uso de la tecnología más avanzada al servicio de la represión, la violación de los derechos humanos, la presión e intervención política, económica y cultural del imperialismo; crean en Latinoamérica esta situación «utópica y demónica» campo fértil para el *antihéroe*.

Vargas Llosa ya se había compenetrado, e iniciado un profundo conocimiento de esta realidad en su obra novelística anterior. Los hitos del «viaje», horizontal en el espacio y vertical en la sociedad, de su antihéroe picaresco serán las zonas topográficas peruanas (Lima, la costa; Iquitos, la selva amazónica; Puno, la sierra); y el supermundo de la maquinaria jerárquica militar, y el submundo prostibulario. *Pantaleón y las Visitadoras* establece un enlace entre la tradición picaresca del *Siglo de Oro* español y la nueva narrativa hispanoamericana. La ironía, la parodia y la comicidad serán su comentario a la realidad deslumbrante y desconcertante de nuestra América Latina.

II

La base estructural de la *picaresca* es, sin duda alguna, la tensión resultante de la confrontación entre «individuo» y «sociedad». Más aún, la sociedad conceptuada como una permanencia no equitativa y opresiva, dentro y contra la cual el individuo hace su aprendizaje y «sale a buen puerto».

> «The picaresque is based on a situation, or rather, a chain of situations. Its hero is involved from the start in ... and entanglement with the relative and the contemporaneous; and it leads to further situations or "adventures" » [13].

> «The elements that may be considered indispensable ...: the radical solitude of the orphan as a child or young man; and his lasting but ambiguous estrangement from society, «reality» or established beliefs and ideologies. (One could add roguish behaviour —a moot point: but ordinarily such estrangement will lead to a break with conventional ethics)» [14].

El final abierto y la ambigüedad situacional son los resultados de esta confrontación. El antihéroe, caracterizado por Guillén como

---

[13] C. GUILLÉN, *op. cit.*, p. 77.
[14] *Ibid.*, p. 95.

«half-outsider», no acepta totalmente la sociedad ni logra alterarla, pero tampoco es destruido totalmente por ella. La ironía, la sátira y la .parodia descubren la inconsistencia de los «valores» de ésta.

En la picaresca contemporánea el individuo no está a la «ofensiva» contra la sociedad, como en la tradicional, sino que. aparece como «víctima» de ella. Esta reversión direccional es estudiada acertadamente por Schleussner, quien propone el siguiente organigrama estructural:

«PIKARESQUER ROMAN

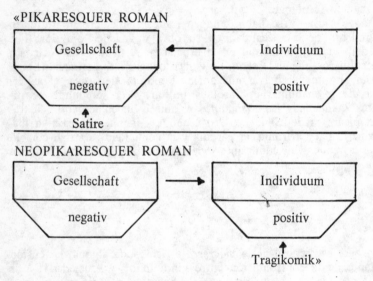

Y explica:

«An dem Schema hat sich nichts geändert, selbst die Wertigkeiten (Gesellschaft negativ - Individuum positiv) sind gleich geblieben. Dagegen hat sich die Perspektive verschoben, und die Aktivität der beiden pole Gesellschaft und Individuum hat sich umgekehrt. Beide Phänomene stehen in einer Beziehung zum geistigen Klima der jeweiligen Zeit, zu der Weise, wie man Welt und Individuum sieht» [15].

La ironía, la comicidad y la parodia son las armas del antihéroe contemporáneo, ya que la sátira implica una toma de posición previa, un código moral o una escala de valores, desde la cual la crítica es posible.

««Students of satire have pointed out that the satirist often becomes contaminated by his own rectitude» [16].

[15] B. SCHLEUSSNER, *op. cit.,* pp. 171-172.
[16] C. GUILLÉN, *op. cit.,* p. 84.

«For a writer and a reading public that hold sacred some strict ideal of social conformity and propriety, the picaresque novel is no longer a possibility» [17].

«The modern hero is not trying to learn the laws, but insisting that there are no laws to be found» [18].

«To play tricks on everything respectable, powerful institutions, noble traditions, established values, that is ... the picaro's chief mission» [19].

Van der Will [20] afirma que el antihéroe picaresco contemporáneo desempeña una doble función en la novela: como catalizador de la problemática social de hoy y como una toma de posición de resistencia, aunque utópica, al poder corruptor de ésta.

Veamos ahora cómo se desarrolla esta polarización estructural en *Pantaleón y las Visitadoras*. El capitán Pantaleón Pantoja es seleccionado entre ochenta oficiales del Ejército peruano, por sus dotes especiales:

«ni fumador, ni borrachín, ni ojo vivo» [21];
«organizador nato, sentido matemático del orden, capacidad ejecutiva» [22];

para solucionar un problema grave en la Amazonía:

«En síntesis, la tropa de la selva se anda tirando a las cholas ... Hay violaciones a granel y los tribunales no se dan abasto para juzgar a tanto pendejón. Toda la Amazonía está alborotada» [23].

«Soldado que llega a la selva se vuelve un pinga loca» [24].

«Vamos a llegar a la raíz del problema y a liquidarla en su mata...» [25].

«Hay que dar de comer a esos hambrientos, Pantoja... ahí

---

[17] R. ALTER, *Rogue's Progress,* Cambridge, Mass., 1964, p. 114 (citado por Schleussner, B., *op. cit.,* p. 166).
[18] D. J. DOOLEY, «Some uses and mutations of the Picaresque», en *The Dalhousie Review,* 37, 1958, p. 376.
[19] O. SEIDLIN, «Picaresque elements in Thomas Mann's work», *Modern Language Quarterly,* XII, p. 195.
[20] W. VAN DER WILL, *op. cit.,* p. 7.
[21] M. VARGAS LLOSA, *op. cit.,* p. 13.
[22] *Ibid.,* p. 14.
[23] *Ibid.,* p. 14.
[24] *Ibid.,* p. 17.
[25] *Ibid.,* p. 19.

entra usted, ahí es donde va a aplicar su sentido organizador» [26].

«De usted depende que esto no perjudique al ejército. Tiene sobre sus hombros una responsabilidad del tamaño de un
volcán» ... «El ejército es lo que más respeto y quiero en la
vida» [27].

«En resumidas cuentas, debo ocultar mi condición de oficial..., vestir como civil, juntarme con civiles, trabajar como
civil. Pero pensar siempre como militar» [28].

El núcleo situacional está establecido y producirá una riqueza argumental extraordinaria. La posición semi-marginal (half-outsider) del
protagonista es también clara: No es civil ni militar completo, ambas
categorías sociales lo reconocen como suyo y lo rechazan como foráneo. Y también su ambigüedad esencial, pues se verá obligado a transgredir la ley (de la sociedad civil establecida) y vivir al margen de
ella, precisamente por ser fiel a otra ley de la sociedad militar: la
obediencia.

«... el general Escavino. —Me opuse desde el comienzo y
sigo pensando que es una barbaridad.
—Y, sobre todo, una inmoralidad sin nombre —se abanica
con furia el padre Beltrán.
—El comandante (Beltrán) y yo nos hemos callado porque
la superioridad manda...» [29].

Su misión secreta se concretiza con el establecimiento del
(S.V.G.P.F.A.) Servicio de Visitadoras para Guarniciones, Puesto de
Frontera y Afines. Pantaleón se encuentra en una carrera paradójica
vertiginosa: Cuanto mayor éxito tenga la institución por él fundada,
tanto más segura y más próxima será su destrucción.
Simultáneamente con el Servicio de Visitadoras aparece otra institución en la Amazonía: la «Hermandad de los hermanos del Arca»,
fundada por otro personaje «marginado», el Hermano Francisco.

«... el santo de la cruz. Se vino desde el Brasil a patita, dicen, y también que hace milagros» [30].

También su carrera es arrolladora y paradójica, pero a la inversa que la de Pantaleón: Su destrucción física asegura su triunfo final:

---

26 *Ibid.*, p. 20.
27 *Ibid.*, p. 25.
28 *Ibid.*, p. 26.
29 M. VARGAS LLOSA, *op. cit.*, pp. 22-23.
30 *Ibid.*, p. 31.

«Se murió, lo mataron, no se sabe... Dicen que está clavado en las afueras de Indiana. ... —Y dicen que en el mismo monte se pusieron a gruñir, a rugir, y los peces se salían del agua para despedir al Hermano Francisco que subía» [31].

El Servicio de Visitadoras ha llegado a crecer más allá de las espectativas y del control de las Fuerzas Armadas:

«Si al menos hubiera organizado la cosa de una manera mediocre, defectuosa. Pero este idiota ha convertido el Servicio de Visitadoras en el organismo más eficiente de las Fuerzas Armadas» [32].

«... esta cojudez se está poniendo tenebrosa» [33].

En esta encrucijada, el antihéroe tiene una doble opción, una, propuesta por la jerarquía militar, y otra, por el mundo protibulario:

«Le juro que se va a lamentar haber llevado esa escolta al entierro de la puta» [34].

«Su carrera está terminada, profesionalmente se suicidó con la broma del cementerio ...Y, si no ha perdido la razón, siga mi consejo. Pida su baja y búsquese algún trabajo en la vida civil» [35].

El chino Porfirio Wong le sugiere la oportunidad del triunfo en la sociedad civil:

«—Usted es un genio pa estas vainas ... todas las chicas lo dicen: encima del señol Pantoja, sólo el Hemano Fancisco... —Sálgase del Ejército, que le pega tan mal sus esfuerzos, y quédese con nosotros... —Nos vamos a hacer ricos, señor Pantoja, no desperdicie la gran opotunidad... Será nuestro jefe y usted ya no tendrá jefes» [36].

Pantaleón es víctima de la sociedad y de su propia inhabilidad de cambio. Fracasa como militar por no haber aprendido a disimular y mantener en el secreto su misión. Fracasa en la sociedad civil por ser el maestro de la disimulación e inmoralidad al haber construido el imperio de «Pantilandia». Su destrucción no es trágica sin embargo; termina en una posición intermedia a las dos opciones: se niega a pedir su baja del Ejército y también se niega a levantar el «impelio» propuesto por el chino:

---

31 M. VARGAS LLOSA, *op. cit.*, pp. 296-297.
32 *Ibid.*, p. 225.
33 *Ibid.*, p. 245.
34 *Ibid.*, p. 283.
35 *Ibid.*, p. 289.
36 *Ibid.*, p. 293.

«—Ya te he explicado, Chuchupe, esto lo organicé por orden superior, como negocio no me interesa. Además, yo necesito tener jefes. Si no tuviera, no sabría qué hacer, el mundo se me vendría abajo» [37].

«Si quiere seguir en el Ejército, es indispensable que la gente se olvide de la existencia del famoso capitán Pantoja» [38].

Es enviado a la guarnición de Pomata, en el frío altiplano, cerca del lago Titicaca. El antihéroe se apaga en el olvido de la degradación militar, pero vive mitificado en la memoria del pueblo:

«—¿No le importaría firmarme otro autógrafo?... Usted es más famoso que cualquier artista, con las cosas que ha hecho, jajá» [39].

«—En estos momentos, el capitán Pantoja es uno de los hombres más populares del Perú —coge un recorte, señala el titular "Elogia Prostitución Capitán del Ejército: Rindió Homenaje a Polilla Loretana"... —Es el discurso más leído en la historia de este país... La gente recita párrafos de memoria, se hacen chistes sobre él en las calles. Hasta en el extranjero se habla de usted» [40].

La sociedad permanece inmutable. El Ejército permanece y los prostíbulos seguirán su existencia previa:

«—En fin, en fin, las dos pesadillas de la Amazonía terminaron de una vez por todas... Pantoja mutado, el profeta muerto, las visitadoras hechas humo... Esto va a ser otra vez la tierra tranquila de los buenos tiempos» [41].

«¿Volver a abrir un bulín en Navy? ... Ojalá en el nuevo negocio podamos enchufales ese optimismo, ese espílitu. Es lo fundamental, ¿no?» [42].

Solamente la riqueza humorística y paródica ha expuesto su condición caótica y la inconsistencia de sus sistema de valores. El Ejército alaba y denuesta las cualidades de Pantaleón, la prensa y radio condenan y exaltan el «Servicio de Visitadoras», la Iglesia (el comandante Beltrán) acepta y rechaza la prostitución organizada para el Ejército; los civiles de la Amazonía se escandalizan de «Pantilandia» y luego piden que se hagan extensivos y a su alcance sus servicios.

---

[37] M. VARGAS LLOSA, op. cit., p. 294.
[38] Ibid., p. 308.
[39] Ibid., p. 301.
[40] Ibid., p. 304.
[41] Ibid., p. 304.
[42] Ibid., pp. 296-297.

Para completar nuestra visión del *antihéroe* y de la *sociedad* delineamos a continuación algunas de sus características más resaltantes.

No sabemos detalles acerca de la *progenie* del protagonista, pero la ironía es obvia cuando declara a la «Brasileña» en la intimidad del «examen de presencia»:

«—Mi nombre de pila es Pantaleón, como mi padre y mi abuelo, dos miltares ilustres»[43].

Los apodos y apelativos que le definen y caricaturizan son, entre otros: «Panta», «Pantita», «Pan-Pan», «Faraón criollo», «Emperador del vicio», «Gran macró de la Amazonía», «Gran cafiche del Perú», «Califa de Pantilandia», «Zar de Pantilandia», «el Einstein del cache», «Gran alcahuete de Perú».

Sus calificaciones y experiencias para la misión «secreta» son desconcertantes:

«—Un oficial sin vicios —se admira el general Victoria—. Ya tenemos quien represente al arma en el Paraíso, junto a Santa Rosa y a San Martín de Porres»[44].

«Soy un buen administrador, eso sí. Pero me han sacado de mi elemento y en esto no sé atar ni desatar»[45].

«¿Te acuerdas cómo ha sido él siempre tan formalito desde que nos casamos que tú te burlabas tanto y me decías estoy segura que con Pantita tú ayunas, Pocha»[46].

La única cualidad permanente en Pantaleón es su adhesión incondicional e incuestionada a la Institución Militar, y una inercia dinámica de acción y pragmatismo:

«Tú sabes lo cumplidor y maniático que es Panta con su trabajo...»[47].

«Es algo muy misterioso... Un sentido de obligación malsano, igualito a una enfermedad. Porque no es moral sino biológico, corporal»[48].

A este respecto Guillén comenta:

«*Lazarillo* is characteristic of the kind of picaresque narra-

---

43 *Ibid.*, p. 133.
44 *Ibid.*, p. 13.
45 *Ibid.*, p. 27.
46 *Ibid.*, p. 70.
47 *Ibid.*, p. 67.
48 *Ibid.*, p. 217.

tive in which the protagonist gradually vanishes as an individual and dissolves into a role, a social status, a mask» [49].

A fin de cumplir su «misión» con *eficiencia,* viola técnicamente las leyes morales de la sociedad establecida, con aplomo y total amoralidad:

«... su ayudante el enano repartió estas inmundicias: *Dos noches de Placer* y *Vida, pasión y amores de María la Tarántula.* —A fin de acelerar la erección... y ganar tiempo, mi comandante —explica Pantoja» [50].

«Hice una evaluación incorrecta de los pros y los contras... tomando esa iniciativa creí servir al Ejército.
—Rindiendo honores militares a una puta, llamándola heroína, agradeciéndoles los polvos prestados a las Fuerzas Armadas... No nos defiendas compadre. Con otro servicio como éste, nos desprestigias para siempre» [51].

En su conducta personal es sujeto y agente de corrupción. Pero todo ello con una ingenuidad total y sin malicia. Todo lo que tiene que hacer es funcionalmente necesario al éxito de su «misión»: mentira, borrachera, hipocresía, chantaje, soborno, prostitución, experimentación y excesos sexuales, infidelidad matrimonial. El antihéroe es a la vez: santo, loco y bufón.

La «santidad» picaresca está definida por Van der Will como la oposición de la «inocencia básica del hombre, como respuesta al dogma de la *culpa original»* [52].

Esta aparente dualidad del *pícaro* es analizada por Guillén en términos de distinción entre «being and appearance» y entre «inner and outer man»:

«This profound division of the hero is, I think, one of the most significant achievements of the picaresque, and perhaps its most substantial contribution to the thematics of the modern novel...» [53].

Su carácter de *loco* y de *bufón* está muy bien determinado en la novela:

«—Se está volviendo demente. El Ejército tendría que dejar de comprar armas para contratar más rameras» [54].

---

[49] C. GUILLÉN, *op. cit.,* p. 88.
[50] M. VARGAS LLOSA, *op. cit.,* p. 120.
[51] *Ibid.,* p. 305.
[52] W. VAN DER WILL, *op. cit.,* p. 75. Ver también R. W. B. LEWIS, *The Picaresque Saint: Representative Figures in Contemporary Fiction,* J. B. Lippincott, Nueva York, 1961.
[53] C. GUILLÉN, *op. cit.,* p. 89.
[54] M. VARGAS LLOSA, *op. cit.,* p. 223.

«... esa idea de rendir honores a una puta, precisamente por lo demencial resulta tan fascinante...»[55].

«—Creíamos que no mataba una mosca y resultó un pendejo de siete suelas...»[56].

«Todavía no descubro si es usted un pelotudo angelical o un cínico de la gran flauta»[57].

«Panta dice que es culpa del clima... que la selva vuelve a los hombres unos fosforitos... Imagínate que la otra noche lo chapé tomando tiempo con un cronómetro mientras hacíamos cositas...»[58].

«... a riesgo de su salud física y de su estabilidad familiar, el suscrito decidió probar en su persona algunas recetas ... vulgarmente llamadas, con perdón de la expresión, levantamuertos, peor todavía, parapingas...»[59].

El protagonista es solitario, su soledad puede ser considerada como orfandad social. Nadie comparte su visión de la realidad. No tiene amigos, el único amigo que va haciendo es el teniente Bacacorzo, pero él lo considera fuera de su juicio a causa de la pena causada por la muerte de la «brasileña». Bacacorzo pierde el ascenso que le correspondía a causa de su adicción a Pantaleón:

«Es el único amigo que he hecho aquí hasta ahora, por esta situación tan rara que tengo...»[60].

Su familia lo abandona:

«Si no fuera por ustedes, no habría perdido a mi esposa, a mi hijita»[61].

Es el reverso del héroe épico. Su corte está compuesta por marginales cómicos:

«Todas las pes de Iquitos en el aeropuerto, todas llorando, todas abrazándote»[62].

---

55 *Ibid.*, p. 280.
56 *Ibid.*, p. 303.
57 *Ibid.*, p. 307.
58 *Ibid.*, p. 70.
59 *Ibid.*, p. 90.
60 *Ibid.*, p. 282.
61 *Ibid.*, p. 229.
22 *Ibid.*, p. 300.

«—De modo que aparecer vestido de oficial del Ejército en un cortejo de meretrices y de cafiches es un incidente sin importancia» [63].

«Antes de salir, límpiese otra vez los mocos y séquese los ojos. Caracho, nadie me va a creer que he visto llorar a un capitán del Ejército porque clausuraban una casa de putas» [64].

Es un «cafiche» en reverso, paga de su propio salario en vez de vivir de su querida:

«... cada mes te doy el 15 por 100 de mi sueldo para reforzar tus ingresos» [65].

Su función es no solamente ridiculizar al héroe y hacer aceptables las debilidades ajenas, sino poner también en ridículo el mito de la grandeza heroica del hombre y la aceptación ingenua de las instituciones de la sociedad establecida [66].

La *sociedad,* en *Pantaleón y las Visitadoras* podemos clasificarla en dos grupos. La sociedad *primacial:* las Fuerzas Armadas, y la sociedad *periférica:* la sociedad civil o «no-armada».

Las *Fuerzas Armadas* han desplazado en su función primacial (y también como polo negativo en la tensión de la picaresca) a la *Iglesia* y la *nobleza* del proverbio del Siglo de Oro: «Iglesia, o mar, o casa real».

En la realidad latinoamericana del siglo xx no hay institución que se pueda comparar con las FF. AA. funcionalmente. Ni en cuanto a su organización, eficacia y hegemonía. Su campo de acción ha rebasado la «defensa» o la «guerra», y su presupuesto, influencia e «inteligencia» se pierden en las dimensiones del mito. No hay problema, por grave que sea, que un plan «logístico» no lo pueda solucionar. Aquí está el eje de la ironía y parodia de Vargas Llosa.

Vemos a la sociedad primacial con toda su jerarquía: ministro de Guerra, jefe de Estado Mayor, generales de división, comandantes, oficiales de menor graduación y tropa de soldados «números»; y sus tres cuerpos: Infantería, Marina, Aviación.

Pantaleón Pantoja funciona y hace funcionar el S.V.G.P.F.A. solamente cuando lo hace en nombre de la jerarquía y mantiene esa conexión *cuasi* umbilical con la Institución Armada.

---

[63] *Ibid.,* p. 284.
[64] *Ibid.,* p. 290.
[65] *Ibid.,* p. 228.
[66] «Die Transformation der komischen Person, dern literarischer Stammbaum mit dem antiken Satyr beginnt, hat im zeitgenössischen Roman mit dem intellektuellen Pikaro und dem oppositionellen Clown Varianten erreicht, die nicht nur, wie. den Heldem und die liebenswürdige Schwäche der Mitmenschen, sondern den Mythos von der heldischen Grösse des Menschen selbst ebenso wie die verblendete Hinnahme etablierter gesellschaftlicher Institutionen lächerlich macht» (W. van der Will, *op. cit.,* p. 75).

La prioridad en la escala de valores es para el pragmatismo y la eficiencia, como la parodia Pantaleón en el parte número quince:

«El S.V.G.P.F.A. utilizó su potencia operativa al máximo de su rendimiento —ambición suprema de toda empresa productora...»[67].

Los valores de la «moral convencional» son adoptados o rechazados según las conveniencias y con supeditación a esta prioridad.

Las FF. AA. son el núcleo de la *sociedad negativa,* que amenazan, en última instancia, la libertad e identidad del *individuo.*

La sociedad *periférica* en la novela es la sociedad «civil» (no-mimilitar), con sus instituciones y categorías.

La sociedad *religiosa,* con la religión cristiana establecida, la «católica», con su jerarquía, y la «protestante» con sus misioneros norteamericanos. La nueva religión de la «Hermandad del Arca» con su profeta y sus «santos».

La *autoridad política,* el alcalde de Iquitos.

Los *medios de comunicación,* la prensa local y capitalina y la radio. El diario *El Oriente* y *Radio Amazonas.*

Los *lugareños,* hombres y mujeres de la Amazonía.

El submundo marginal *prostibulario,* con sus protectores, cafiches, mujeres y clientela.

Hay, en la novela, interacciones multidireccionales entre los varios segmentos de la sociedad «civil» y entre ésta y la sociedad «militar».

La Iglesia Católica está representada por los dos curas castrenses adscritos al Ejército: El P. Beltrán, comandante, y el P. Rojas, capellán, y por el obispo de Iquitos. El padre Beltrán encubre el establecimiento del «Servicio de Visitadoras», y cuando el escándalo es grande pide su baja del Ejército:

«Que nuestro Ejército fomente la prostitución y asuma ... la degradante función de la tercería... Si la disolución ética hace presa de la columna vertebral de nuestro país, que son las Fuerzas Armadas, en cualquier momento la grangrena puede extenderse por todo el organismo sacrosanto de la Patria»[68].

El cura Rojas es el «hazmereír» de la soldadesca:

«... y no pasa día sin que me hagan víctima de alguna vileza, a veces tan impía como encontrar un ratón en lugar de hostias ...en plena celebración de la Misa ... me ha sido pegoteado sin que yo lo notara un dibujo obsceno a las espaldas, o invitarme a beber cerveza que luego resulta ser orines, y otras cosas todavía más humillantes, ofensivas y hasta riesgosas para mi salud»[69].

---

[67] M. Vargas Llosa, *op. cit.,* p. 153.
[68] *Ibid.,* p. 179.
[69] *Ibid.,* p. 110.

El obispo de Iquitos aparece brevemente en la novela en un «vis a vis» con la jerarquía militar y amenaza con excomunión al «Servicio de Visitadoras».

«Esta mañana se me presentó aquí el obispo, con su estado mayor de curas y monjas» [70].

Los misioneros norteamericanos aparecen presentados con ironía mordaz. Los padres y madres canadienses fundan el pueblo «Indiana», que es donde aparece el Hermano Francisco. El joven misionero adventista McPherson, fuga con la «brasileña» y luego se suicida por remordimientos.

La nueva religión del *Arca* es un sincretismo de barbarie, brujerío y cristianismo. Sus rituales se celebran en la selva, a media noche, e implican sacrificios y crucifixiones de animales, abluciones con su sangre, asesinato y crucifixión de personas que luego pasan a ser los nuevo «santos». Las «visitadoras» de Pantaleón son fieles seguidoras del nuevo culto, e incluso su madre se hace seguidora del profeta.

La autoridad política encubre y beneficia la prostitución y no tiene más moral que su propio interés.

La prensa y la radio que dicen estar al servicio de la verdad y la información, sirven a intereses creados y están abiertos al soborno y al chantaje:

«La Voz del Sinchi... Terror de autoridades corrompidas, azote de jueces venales, remolino de la injusticia, voz que recoge y prodiga por las ondas las palpitaciones populares» [71].

Los hombres y mujeres de la Amazonía reaccionan ante la fama de Pantilandia:

«Es usted el hombre más famoso de la ciudad..., el más odiado por las mujeres, el más envidiado por los hombres. Y Pantilandia... el centro de todas las conversaciones» [72].

El mundo prostibulario, con humor y doble sentido extraordinarios. Los nombres de los prostíbulos son los siguientes: «el Sanjuancito», «el vergel florido», «el camu-camu», «las tinieblas», «Mao Mao», «la selva», «el paraíso», «el gato tuerto», «el 007» y, naturalmente, «Pantilandia», descrita por el Sinchi como «la más insospechada y multitudinaria casa de perdición del país y, tal vez, de Sudamérica» [73].

La negatividad de la *sociedad* hasta ahora descrita está implicada en la ecuación de los servicios prestados por las prostitutas con los prestados por el Ejército y la Iglesia:

---

[70] *Ibid.*, p. 224.
[71] *Ibid.*, p. 135.
[72] *Ibid.*, p. 139.
[73] *Ibid.*, p. 201.

«De modo que rendir honores a una mujerzuela, como si se tratara... De un soldado caído en acción... Pantoja, Pantoja, vuelva a la tierra.

Las visitadoras prestan un servicio a las Fuerzas Armadas no menos importante que el de los médicos, los abogados o los sacerdotes asimilados» [74].

La madre de Pantaleón tiene un sueño que es un símbolo onírico de la «sociedad establecida»:

«En su sueño una cucaracha es comida por un ratón, que es comido por un gato, que es comido por un lagarto, que es comido por un jaguar, que es crucificado y cuyos despojos devoran cucarachas...» [75].

III

Pantaleón y las Visitadoras tiene un enmarque estructural muy semejante al del *Coloquio de los perros* de Cervantes. El «coloquio» es leído por el licenciado Peralta mientras el alférez Campuzano duerme, y cuando éste despierta, el «coloquio» ha terminado. Dos diálogos entre Pochita y Pantaleón, al despertar del sueño, enmarcan la narración:

«—DESPIERTA, Panta —dice Pochita—. Ya son las ocho. Panta, Pantita.
—¿Las ocho ya? Caramba, qué sueño tengo...» [76].

«Panta, despierta, ya son las cinco... Es muy temprano, me muero de frío. Ay, idiota, me arañaste otra vez con esa esclava... Te he dicho que son las cinco. Despierta, Panta» [77].

La novela principia y termina con las mismas palabras, hay sólo una diferencia, «la esclava», que es como el «manuscrito» del *Coloquio*, la evidencia. Evidencia, ¿de qué?... Este es el comentario de Cervantes y Vargas Llosa sobre la naturaleza de la *ficción narrativa*.

Vargas Llosa nos entrega múltiples versiones de la realidad, desfiguradas y cómicas, pero quiere que a través de ellas la descubramos y nos adentremos en ella.

En la *picaresca* tradicional, la perspectiva autobiográfica y el relato en primera persona son la norma. Su función es la de presentar la realidad al lector sin intermediarios. No es la realidad total, ya que hay disimulación e ironía. Guillén habla de *pseudoautobiográfica*:

---

[74] *Ibid.*, pp. 285-286.
[75] *Ibid.*, p. 277.
[76] *Ibid.*, p. 11.
[77] *Ibid.*, p. 309.

«... a way of inserting the entire tale into a double perspective of self-concealment and self-revelation» [78].

«the narrator's view is also partial and prejudiced. The practice of impersonation imposes certain restrains on the *picaro*-narrator, but also liberates his imagination» [79].

El lector de *Pantaleón y las Visitadoras* es el centro convergente de documentación múltiple que llega sin intermediarios. Es a la vez oyente, testigo, espectador, lector y psicoanalista de la realidad de la ficción. El narador actúa como editor de segmentos magnetofónicos de transcripción dialogística, como colector de recortes de periódico, como divulgador de documentos «top secret».

La desviación de la *norma* es de carácter estético y no estructural. Vargas Llosa utiliza tres enfoques principales para revelarnos la visión multifacética de la realidad: La interpolación dialogística, la divulgación documental, el simbolismo onírico.

La interpolación dialogística presenta varios hilos de acción simultánea, correspondientes a subargumentos. Con el uso del «flash-back» y la ruptura cronológica, presenta al lector varias perspectivas de la realidad. La evidencia documental: transcripciones de cartas, partes oficiales (confidenciales), emisiones radiales, artículos de prensa, todo en sus textos completos. Las cartas, algunas de carácter íntimo y confidencial (Pochita a su hermana Chichi), o cartas de demanda de favores (Maclovia a Pocha), o de chantaje (Sinchi a Pantaleón), o abierta a la readioemisora (Tus Ollentes a Sinchi); oficial de renuncia (Beltrán a alto comando).

Los partes oficiales constituyen una parodia del lenguaje burocrático. La mayoría son partes de Pantaleón a sus superiores, describiendo el proceso del establecimiento del S.V.G.P.F.A. y su progreso y proyecciones; detalles escabrosos de su investigación del mundo prostibulario, su experimentación sexológica y con afrodisíacos; todo descrito con lenguaje oficial lleno de eufemismos.

Las emisiones radiales se hacen eco del escándalo de «Pantilandia», pero también de la necesidad biológica de los «servidores de la patria».

Los titulares de la prensa son de tipo sensacionalista y tienen que ver con el asesinato de la «brasileña», su «vida y milagros», con las distorsiones acostumbradas.

El elemento onírico comunica una visión caótica de la realidad y es sugerente y simbólico. Pantaleón sueña y el narrador omnisciente lo relata en sus detalles más íntimos. En su sueño del 16 de agosto [80] presencia la transformación progresiva de los soldados en marcha en *Visitadoras* uniformadas. En el del 29 de agosto [81] revive sus días

---

[78] C. GUILLÉN, *op. cit.*, p. 82.
[79] *Ibid.*, pp. 92-93.
[80] M. VARGAS LLOSA, *op. cit.*, p. 53.
[81] *Ibid.*, p. 79.

en la escuela militar y la humillación que le causaron unas almorranas, la visión es escatológica y sugiere la sordidez del mundo. Uno de sus sueños más interesantes es el que tiene dos años después, ya en pleno auge del «Servicio de Visitadoras» [82]. Lo personajes de su sueño se van transformando, en una simbiosis extraña, en otros. Adquiriendo poco a poco los rasgos de éstos, pero sin dejar de ser de su identidad original: Chupito, el enano, ayudante de lupanar, adquiere lo rasgos del general Escavino. Chuchupe, la «madame» de prostíbulo y jefa del Servicio de Visitadoras, se transforma en Leonor, madre de Pantaleón. La mascota del prostíbulo adquiere rasgos de Gladicita, hija de Pantoja. El chino, cafiche, se transforma en el padre Beltrán. La brasileña, la querida de Pantaleón y la mejor prostituta de Pantilandia, se transforma en Pochita, la mujer de Pantoja. Estas simbiosis sugieren el caos y la carencia total de un sistema de valores.

El lenguaje en *Pantaleón y las Visitadoras* lleva sus posibilidades de comunicación hasta su límite. Marcel Bataillon, comentando *La pícara Justina*, habla de un «audaz sistema de dobles sentidos a lo largo de toda la obra» [83]. Sería larguísimo ilustrar el uso de lenguaje equívoco y paródico, los apodos y nombres locales, las expresiones y proverbios, el lenguaje procaz, los eufemismos cómicos, la terminología sexual, la comicidad y burlas de que está llena la obra.

IV

El mundo prostibulario se encuentra ya en la tradición picaresca española más antigua, basta que recordemos a las «serranas» del *Libro de Buen Amor*, los personajes de *La Celestina*, las «mujerzuelas» que alimentan a *Lazarillo*, *La pícara Justina*, *La Hija de la Celestina*, *La Lozana andaluza*, *La Niña de los embustes*, etc.

Pantaleón, durante su «misión secreta» confiada por las Fuerzas Armadas, y que constituye el argumento principal de la novela, está rodeado de una serie de adjuntos y ayudantes de la sociedad primacial (militar), y también por un grupo de personajes de la sociedad prostibularia. Varios de estos personajes secundarios son verdaderos marginados (outsider), viven y actúan fuera de la ley; su función es antiheroica y conforman más de cerca la norma y la función picaresca tradicional. Como individuos con cualidades positivas (dentro de su ilegalidad) se hacen simpáticos al lector, menos detestables y hasta agradables sus «debilidades». Veamos algunos de ellos.

El teniente *Bacacorzo*:

«He designado un teniente para que nos sirva de enlace. ... no soy un especialista pero haré lo posible. No se queje, muchos

[82] *Ibid.*, p. 205.
[83] M. BATAILLON, *Pícaros y Picaresca, La Pícara Justina*, Taurus. Madrid, 1969, I. VADILLO, tr., p. 34.

oficiales darían cualquier cosa por estar en su pellejo. Piense la libertad que va a tener, usted mismo decidirá sus horarios... aparte de otras cosas ricas, mi capitán» [84].

Bocacorzo ve la realidad objetiva y se lo recuerda continuamente a Pantaleón, que la ve siempre desde su semi-marginalidad.

Chuchupe, «madame» y administradora del contingente de Visitadoras:

«¿Sabe qué es una chuchupe?... la víbora más venenosa de la Amazonía. Ya se imagina las cosas que dilá del género humano esta señola para ganarse semejante apodo» [85].

«Una perica tan llena de pintura que no le cabía una gota más ni en las orejas, con unas teteras y un pompis que rebalsaban del asiento... es la mujer de más mala fama de todo Iquitos» [86].

El *chino*, ex cafiche y reclutador del Servicio de Visitadoras:

«El chino está en su querencia donde hay puterío... lo llaman el Fumanchú det Belén...
No gané plata pelo sí expeliencia. Boletelo de cine, motolista de lancha, casadol de selpientes pa la expoltación...
y de todos los empleos lo botaron por putañero y pendejo...
Cuéntale al señol lo que profetizó tu mamacita: "Chino que nace pobletón, muele cafiche o ladlón" » [87].

«Yo creí que los chinos eran finitos, éste es Frankenstein. Tiene fama de gran foragido. Que explota mujeres, que es vividor y un vago...» [88].

Chupito, alias «el Chupo o Pupo», ayudante personal de Chuchupe:

«Este enano se llama Chupito y es la mascota del local señol... Más bien di capataz, barman y guardaespaldas, conchetumadre...» [89].

«Un hombrecito a medias tan retaco que los pies no le llegaban al suelo, y encima con unos aires de castigador increíbles» [90].

---

[84] M. VARGAS LLOSA, *op. cit.*, pp. 26-27.
[85] *Ibid.*, p. 33.
[86] *Ibid.*, p. 68.
[87] *Ibid.*, pp. 31-32.
[88] *Ibid.*, p. 69.
[89] *Ibid.*, p. 32.
[90] *Ibid.*, p. 68.

El *sanitario*, ayudante de Pantaleón y a cargo de la higiene del «centro logístico»:

> «Oficio... detectar... liendres, chinches, piojos, ladillas y ácaros en general, enfermedades venéreas y afecciones vulvo-vaginales infecto-contagiosas en las visitadoras» [91].

> «La revista médica es su gran viveza para aprovecharse. Con el pretexto de buscar enfermedades nos mete la mano hasta el cerebro» [92].

Los *ayudantes*, dos soldados seleccionados por:

> «Dotes de excelente comportamiento, docilidad y cierta indiferencia ante personas del otro sexo» [93].

La *brasileña*, la estrella del servicio de visitadoras:

> «Tumba al suelo de buena moza, y además de ojos, tetitas y piernas, que toda la vida fuelon de escapalate, ha echado un magnífico culo... se entiende que dos tipos se matalan pol ella» [94].

Su madre ejerció oficios diversos y fue sucesivamente despedida de ellos por su «afición a la bebida».

> «Olguita fue caritativamente recogida por los adventistas del Séptimo Día en su pequeño orfelinato... llevó una vida modesta pero sana y pulcra, regulada por los severos preceptos morales de esa Iglesia» [95].

> «La sensacional fuga de la bella quinceañera con uno de sus celadores, el joven pastor adventista Richard Jay Pierce Jr., recién llegado desde su lejana tierra, Norteamérica, para hacer aquí sus primeras armas misioneras» [96].

> «Desdichada mártir del cumplimiento del deber y víctima de la soecidad y villanía del hombre... que habías caído como valeroso soldado al servicio de tu Patria» [97].

---

[91] *Ibid.*, p. 95.
[92] *Ibid.*, p. 118.
[93] *Ibid.*, p. 38.
[94] *Ibid.*, p. 115.
[95] *Ibid.*, p. 266.
[96] *Ibid.*, p.267.
[97] *Ibid.*, pp. 248, 253.

CONCLUSION

Creo que el análisis de los elementos de la *picaresca* en *Pantaleón y las Visitadoras* ha comprobado que esta obra está firmemente cimentada en la tradición de la picaresca española, y que la reversión de direccionalidad del eje estructural «individuo vs, sociedad», la sustitución de la sátira por la comicidad y parodia, el abandono del estilo estrictamente autobiográfico, del tema del «mozo de muchos amos» y la reducción del carácter proteico del antihéroe constituyen desviaciones de la «norma», que presentan una evolución del género, corespondientes a las circunstancias de la realidad y a las exigencias de la técnica narrativa contemporáneas.

Tal vez el mayor logro de Vargas Llosa estriba en su dominio magistral del lenguaje popular y en su sentido de comicidad. Nos recuerda a los Fernando de Rojas, Francisco Delicado, López de Ubeda y Francisco de Quevedo.

Tal vez, con justificación, podríamos añadir la Nave motorizada «Eva» y su tripulación a la «Nave de la Vida Picaresca» de la «madre Celestina» y la «Pícara Justina», y a la «barca de Lazarillo». Y el río Amazonas, al Tormes, y al «mar de la Vida».

ELEMENTOS PICARESCOS EN LA NOVELA *EL CHULLA ROMERO Y FLORES* DE JORGE ICAZA

J. Enrique Ojeda
Boston College

La lectura, por desatenta que sea, de la novela *El chulla Romero y Flores* del ecuatoriano Jorge Icaza, evoca en el lector reminiscencias de personajes y situaciones de las novelas picarescas clásicas. Ya en 1961, Francisco Alborz, en su prólogo a la edición *Obras escogidas* de Jorge Icaza, se refirió a un posible entronque de *El chulla Romero y Flores* con el género picaresco, al afirmar que «los antecedentes humanos y psicológicos y también literarios, por el realismo y la fuerza del estilo, de este personaje, hay que buscarlos, y podemos hallarlos en la novela picaresca española...»[1]. No parece, pues, descaminado poner de relieve aquellos elementos de la novela que parecen aproximarla a los modelos clásicos. Mis observaciones se limitarán a tres temas: la forma de la novela, el personaje central y la intención social de la obra.

Comenzaré por sintetizar su trama. Luis Alfonso Romero y Flores, hijo ilegítimo de un empobrecido aristócrata español, don Miguel, y de una india servicia, mama Domitila, ha venido subsistiendo mediante una vida de engaños y fraudes en espera del golpe de fortuna (preferentemente un matrimonio con mujer acaudalada) que le permita mejorar de categoría social y solucionar para siempre sus problemas económicos. Cierta noche conoce en una fiesta de barrio a Rosario Santacruz, moza de clase baja, pobre como él. Esta relación que para Romero y Flores comienza como tantas aventuras eróticas pasajeras, crece y madura al calor de la pasión que ha despertado en Rosario, no obstante los sobresaltos del mozo, que ve en ella una amenaza para su «porvenir de gran señor»[2]. Cuando pasando las semanas se entera de que Rosario está en cinta, se ve precisado a buscar empleo y consigue, por un golpe de audacia y engaño, un cargo de fun-

---

[1] Jorge Icaza, *Obras escogidas*, México, Aguilar, 1961, p. 60.
[2] *Ibid.*, p. 680.

cionario público. Se le encarga investigar las irregularidades financieras de altos personajes, entre los que figura un candidato a la presidencia de la república. Su celo de fiscalizador novato, que obedece en un principio a un espíritu de rectitud, desusado en él, se inspira luego en venganza contra los que le humillaron, sacando a relucir lo bastardo de su origen en una fiesta de sociedad. Sin embargo, los esfuerzos del chulla se estrellan contra la invulnerabilidad de los poderosos y el servilismo de sus superiores, quienes, ante el escándalo creado por el mozo, se apresuran a despedirle del empleo. Apremiado por las necesidades ocasionadas por el inminente parto de Rosario, gira un cheque sin fondos. Alertada la policía persigue al mozo que logra escapar en prolongada y frenética huida gracias a la gente pobre del barrio a la que antes había despreciado, mientras Rosario, inatendida, padece una hemorragia al dar a luz. El nacimiento del hijo y la muerte de la amante consolidan la incipiente transformación del mozo, que llena su vida de autenticidad al reconciliarle con el mestizaje de su origen y con su destino de hombre humilde de barrio arrabalero.

La forma de la novela

El breve esbozo que acabo de trazar muestra a las claras que Icaza no sigue en esta novela aquel «procedimiento lineal» que los críticos han juzgado esencial al relato picaresco: el chulla Romero y Flores no es «mozo de muchos amos» [3]. Icaza no podía adoptar esa estructura porque no correspondía a la visión del tipo humano ecuatoriano que él quería interpretar en su novela. En realidad, el tipo del chulla está más cerca del escudero que del Lazarillo, porque sus pretensiones hidalgas le vedaban servir a ningún amo. Incluso el cargo burocrático, Romero y Flores lo acepta a regañadientes y sólo por necesidad, pues va contra su prurito de libertad y su indolencia, éstas sí características del clásico personaje picaresco.

Puesto que lo que al autor interesa es narrar los acontecimientos que provocan el profundo cambio psicológico en su personaje, no se detiene a contarnos la vida de éste, en lo cual difiere sustancialmente de las novelas picarescas clásicas. El relato de Icaza se desarrolla en el lapso de un año, dentro del cual se inicia y completa la transformación del chulla. La economía de su intención no permite al autor desarrollar una larga trayectoria de actividades picarescas; temprano en su novela, deja en claro el origen sórdido (por lo bastardo y mestizo) de Romero y Flores, y en una frase sintetiza el historial truhanesco del mozo. La sustancia narrativa de la obra está construida sobre dos ejes de interés: *a)* los sucesos que paulatinamente van a provocar y justificar la marcha de Romero y Flores hacia la autenticidad, y *b)* los acontecimientos que, sin ser necesarios para explicar el desenlace,

³ Gonzalo Sobejano, *Forma literaria y sensibilidad social,* Madrid, Editorial Gredos, 1967, p. 13.

contribuyen a iluminar el alma del chulla como personaje y como tipo. Entre los primeros hay que mencionar el encuentro con Rosario, el desarrollo de la pasión amorosa, la preñez, la obtención del empleo, el fracaso de la fiscalización, la pérdida del cargo, el episodio del cheque sin fondos, la persecución del mozo por la policía, el nacimiento del hijo y la muerte de Rosario; entre los segundos, la visita al ropavejero Contreras y su museo de vestuarios, «Cáscara que va dejando la leyenda y la historia... para cubrir a medias el vacío angustioso de las gentes que no se hallan en sí» [4], el «baile de las embajadas», donde por obra del licor «surgió el fondo real de aquellas gentes chifladas de nobleza» [5], las escenas del chulla con la dueña de casa, etc. El núcleo de la novela se halla en su conclusión: es allí donde la expectación creada por el autor queda plenamente satisfecha y donde el protagonista, aleccionado por la experiencia del dolor, toma conciencia de sí y deja de ser chulla.

Se ha señalado como característica igualmente necesaria del género picaresco el relato autobiográfico en primera persona. Lázaro Carreter juzga que la verosimilitud de la novela picaresca depende precisamente de su forma autobiográfica [6]. Es claro que Icaza no se ha ceñido a este arbitrio, pues su novela está narrada en tercera persona. No deja de sorprender que ello sea así porque en varias ocasiones el autor ha declarado que *El chulla Romero y Flores* es una obra esencialmente autobiográfica. La sorpresa sube de punto al recordar que Icaza ha escogido el relato en primera persona para su más reciente novela, *Atrapados,* aparecida en 1972. La explicación quizá pueda hallarse en la intención con que Icaza configuró su novela: revelar, a través de un haz de acontecimientos, el periplo de un alma que se busca y se halla al término de una jornada de sinsabores. Para descubrir en el personaje apicarado la escisión interior de las dos razas en pugna, trauma de mestizaje irresoluble, Icaza no puede escoger la forma confesional de la primera persona; heriría sensibilidades poco dispuestas a escuchar intimidades de primera mano. Precisamente porque aspira a la verosimilitud completa, ha de relatar la historia a través de un narrador omnisciente, que en este caso no es otro que el mismo Icaza. Así, personaje y autor se identifican y el caso humano del chulla está contemplado desde su propio punto de vista, si bien velado por el discreto anonimato de la tercera persona. Así se explica también la intensidad afectiva del relato. Refiriéndose a las novelas ecuatorianas de su generación, Icaza emitió un juicio, que puede, con justeza, aplicarse a su propio caso: «En esas obras..., el contenido emocional era más transparente y sincero que cualquiera experiencia estética llegada de Occidente. Era más elemental, más nuestro —a

---

4 JORGE ICAZA, *op. cit.,* p. 688.
5 *Ibid.,* p. 695.
6 Para una revisión del concepto «Novela Picaresca», *Actas del Tercer Congreso Internacional de Hispanistas,* Carlos H. Magis, ed., México, El Colegio de México, 1970, pp. 37-38.

pesar de su pobreza de recursos técnicos, a pesar de su ingenuidad primitiva, a pesar de su precipitación»[7].

El personaje central

Es obvio que el tipo del chulla constituye el centro de interés de la novela; lo dice así el título de la obra, *El chulla Romero y Flores,* y, sobre todo, el hecho de que el personaje llene, de modo absorbente, el ámbito de la historia. Que el autor dirija su atención más que al individuo, al tipo humano del chulla se evidencia por esta constelación de chullas menores que a lo largo de la novela matizan la imagen dibujada por el personaje central.

Precisemos el significado del término «chulla», palabra de origen quechua que ha cobrado una particular acepción al ser incorporada en el hablar cotidiano del Ecuador. Según Paulo de Calvalho Neto en su *Diccionario de Folklore Ecuatoriano* es una abreviación de «chulla-leva», o sea, «el que no tiene más que una levita» y se aplicaría a «jóvenes de uno y otro sexo que no pertenecen a la clase rica ni noble, pero que, por su vestido, aspiraciones, cuidado de la persona, educación o trato frecuente con ricos y nobles, pueden pasar por uno de ellos»[8]. Más sobriamente define Icaza el término en el «Vocabulario» que insertó al final de la novela: «Chulla: solo. Impar. Hombre o mujer de clase media que trata de superarse por las apariencias»[9]. Estas definiciones y otras que se han intentado[10] destacan en el tipo del chulla ciertas características básicas: lo bajo de su origen, su obsesión por subir de categoría social, su recurso a las apariencias y por ende a las truhanerías, circunstancias que le fuerzan a profesar una vida la inautenticidad y claramente le aproximan al prototipo del pícaro. Ha observado L. Carreter que «La vida de unos personajes, aunque sea extraña y azarosa, no constituye una novela en el sentido actual del término, si estos personajes no asumen su vida anterior y obran condicionados por ella en todos y cada uno de los momentos sucesivos de su existencia»[11]. En el caso del chulla Romero y Flores lo vil de su origen constituye el núcleo emocional sobre el que gira la novela. Su nacimiento está marcado por lo que el autor llama el pecado original del chulla: sordidez inicial e incurable, no sólo porque es hijo ilegítimo, sino porque sus progenitores —español e india— son fuerzas antagónicas que mantienen su alma en perpetua contienda. Si lo bajo de su origen le aproxima en varios aspectos a Lazarillo, Guz-

---

[7] Jorge Icaza, «Relato, espíritu unificador en la generación del año 30», *Revista Iberoamericana,* vol. XXXII, núm. 62, julio-diciembre de 1966, p. 213.

[8] *Diccionario del Folklore Ecuatoriano,* Quito, Casa de la Cultura Ecuatoriana, 1964, p. 180.

[9] Jorge Icaza, *Obras escogidas,* p. 825.

[10] Por ejemplo, Agustín Cueva, *Jorge Icaza.* Buenos Aires, Centro Editor de América Latina, 1968, p. 51.

[11] Lázaro Carreter, *op. cit.,* p. 39.

ambiente social donde se mueve el protagonista, sin tener que recurrir a documentos históricos o crónicas de la época para probar la verosimilitud u objetividad de un autor realista, como se ha hecho con el *Lazarillo*[5]. Con respecto a Romero puede afirmarse que el ambiente rural michoacano descrito por el autor es un retrato fiel del paisaje y del carácter del hombre sencillo y rudo del pueblo. Se ha dicho que «El rasgo original de la novelística de Romero es su temática aldeana»[6]. Yo añado que dicho tema es exclusivista porque el autor se encerró en él de una manera hermética del que no se apartó nunca. En efecto, Romero se siente tan aferrado a su tierra natal provinciana que, estando en Barcelona, se considera desterrado y trata de revivir sus experiencias patrias haciéndose «servir platillos mexicanos y antojitos del terruño»[7]. En su vida de novelista no escribe nada que no se relacione con su pueblo, aunque pasa numerosos años en España, Brasil y Cuba, representando oficialmente a su país. «De no vivir en una gran metrópoli, preferí siempre los poblados pequeños a las capitales provinciales»[8] afirma, pero en el momento de comparar ciudades como Madrid, París y otras con su pueblo, se inclina a lo suyo. Para que quede bien grabada esta idea, la cincela en estos versos:

> Cuando vivo en tierra extraña
> tan solo pienso en la mía:
> cielo azul, verde campaña,
> fresco gajo de alegría.
> ¡Estoy en la bella España!
> Pero no es mía[9].

Lo suyo es la campiña, el rancho, el pueblo y los hombres que contempla desde la torre, desde la atalaya, en el primer encuentro que tiene con su protagonista, Pito Pérez. Allí va en busca de inspiración para componer un himno a lo que hay de universal en el alma campesina del mexicano y de sí mismo. Su intento es abarcar física y espiritualmente toda la región. De los ciento seis municipios que existen hoy en Michoacán, Romero nombra una quinta parte en *La vida inútil de Pito Pérez*. Junto a los de nombre español como Quiroga, Zamora, Santa Clara del Cobre, saltan otros de ascendencia purépecha o tarasca: Patzcuaro, Yuriria, Tzintzuntzan, Irimbo. En

---

[5] M. MORREALE, «Reflejos de la vida española en el "Lazarillo"», *Clavileño*, XXX (1954), pp. 28-31.

[6] G. LAFARGA, *La evolución literaria de Rubén Romero* (México, s/e, 1939), p. 60. Lafarga cita muchas veces la obra de PEDRO DE ALBA, *Rubén Romero y sus novelas populares*, pero no me ha sido accesible.

[7] J. R. ROMERO, *La vida inútil de Pito Pérez*, ed. de W. O. Cord. Introducción de L. C. de Morelos (Englewood Cliffs, Prentice-Hall, 1972), p. xvi. He usado esta edición por la facilidad en el manejo y por el acopio de notas que aporta.

[8] *Ibid.*, p. 56.

[9] J. R. ROMERO, *Obras completas* (México, Ed. Porrúa, 1975), p. 778.

serie ininterrumpida desfilan tiendas, calles, personajes, que traen a su mente recuerdos felices del pasado. La naturaleza y el hombre se confunden en un escenario vivo, no tan exuberante como el de Rómulo Gallegos en *Canaima*.

El Romero de la torre es el mismo poeta que en las fiestas populares o con motivo de algún acontecimiento extraordinario componía versos y los declamaba frente a una muchedumbre o en un corro de amigos, ávidos de regocijo y de escuchar a un vate que les hablaba en un lenguaje bello, que entendían y apreciaban. Esa es la parroquia de la que habla al explicar la génesis de su novela picaresca escrita «para situarme en el corazón de mi parroquia y corresponder al favor de mis viejos lectores» [10] por los que siente un profundo cariño.

> Por no haberse divorciado de su medio ni repudiado su ambiente y su herencia, José Rubén Romero, sin alcanzar el rango de creador genial ni mucho menos, es uno de los novelistas mexicanos de más «universal appeal» que hoy tiene el país. Es uno de los pocos narradores que el extranjero lee con gusto y al leerlo se descubre a sí mismo en estos humildes personajes michoacanos que Romero pinta [11].

A través de ese descubrimiento de sí mismo, el lector extranjero y en mayor grado el mexicano, ríe o llora, se conmueve y simpatiza con el desvalido de Pito Pérez, guiado diestramente por la pluma del autor que dice lo que quiere con una facilidad asombrosa. Y es que el lenguaje de Romero es natural y espontáneo, zafio si se quiere, cuando la ocasión lo pide, para imitar el habla rústica del aldeano.

La escena que me parece particularmente significativa, por ir cargada de simbolismo, es la aparición de Pito Pérez cargado de campanillas distinguibles entre sí por el tamaño, el son y el nombre que llevan. De ellas dice el protagonista: «Cada una de las campanas resucita en mi mente el panorama de un pueblo, tal como lo abarcaron mis ojos, y sus voces remedan las de mis amigos que, por su conducto, me cuentan sus andanzas» [12].

La importancia de esta escena, que está ya en la segunda parte, es obvia. Además de abarcar casi todo el capítulo nueve, nos aproxima al fin con el deterioro progresivo de las borracheras de Pito Pérez, que cae repetidamente en un «delirium tremens» con el consiguiente acarreo de visiones de un tono apocalíptico. La «Caneca», esqueleto robado en el hospital, personifica a la muerte, el remate trágico de una vida considerada inútil. Ante la inminencia de este momento solemne, Romero se apresura a poner el colofón a su canto atrayendo hacia sí el compendio de todas las voces amigas que suenan juntas y dispares al alcance de sus oídos.

---

10 *Ibid.*, p. 8.
11 M. P. González, *op. cit.*, p. 225.
12 J. R. Romero, *La vida inútil de Pito Pérez*, p. 159.

Por otra parte, la presencia del autor se hace sentir constantemente recordándonos que él es el cantor, el poeta. Sus versos populares de tipo juglaresco aparecen en cuatro ocasiones barajados entre frases como estas: «Yo vengo a forjar imágenes en la fragua del crepúsculo»; «Nuestra conversación podría titularse: *Diálogo entre un poeta y un loco*»; «usted, el poeta»; «usted presume de poeta»; «Es usted más poeta que yo».

Cuando Gastón Lafarga compara la arquitectura de *La vida inútil de Pito Pérez a una sinfonía*[13], llega a afirmar que el primer capítulo es un canto de amor filial a su tierra nativa. Para mí, toda la obra tiene ese carácter.

2. *Pito Pérez y el Lazarillo*

Todas las novelas de Romero cuentan con abundante material picaresco y están salpicadas de anécdotas personales y de chistes contados con gracia y donaire, como dirigidos oralmente a un grupo de amigos. Pero el elemento que separa a *La vida inútil de Pito Pérez* del resto es la voluntad manifiesta del autor en acercarse y seguir las huellas del *Lazarillo de Tormes,* la cual ha sido llamada primera novela picaresca española, por unos, y precursora de la picaresca, por otros. En mi opinión, la ambición romeriana nació de la sublimación de su ideal poético juvenil que le impulsó a querer crear una obra pareja a las que tanto admiró en el Siglo de Oro de la literatura castellana.

En su juventud, Romero se sentía capaz de imitar el estilo de cualquier poeta, como puede constatarse a través de la lectura de sus poemas. En cierta ocasión se encontró con un amigo que leía Hai Kais de Taboada y exclamó Romero: Eso lo puedo hacer yo. Ya sabemos, por otra parte, que sus actividades poéticas cesaron con la entrada en la narrativa, pero sus anhelos concebidos antes, junto con la confianza del poeta todopoderoso, no desaparecieron. Por el contrario hacen su aparición en varias ocasiones: «Yo soy un gran envidioso, un envidioso hasta el sacrificio: me dejaría cortar los brazos por escribir el Quijote»[14]. Dado su temperamento, lo que calzaba mejor con sus aspiraciones era la picaresca y hacia ese río condujo sus aguas con la buena fortuna de conocer a un personaje real en quien vio semejanzas con el famoso Lázarillo. De él se sirvió para muchos fines, pero principalmente el de satisfacer el ansia que le acuciaba de imitar a sus maestros con una obra original. Seguramente habría preferido imitar a Cervantes, cuya influencia se nota palpablemente, pero tal empresa le parecería inalcanzable, porque según dice «si se reunieran todos los escritores contemporáneos para colaborar en la empresa de escribir el 'Quijote'» —y nombra nueve auto-

---

[13] G. LAFARGA, *op. cit.,* pp. 123-131.
[14] J. R. ROMERO, *Obras completas,* p. 761.

res— no serían capaces de dar «vida a lo creado tan fácilmente por Miguel de Cervantes Saavedra, Rey y Señor de todo un universo: el de las letras» [15].

El parentesco entre la novela de Romero y el *Lazarillo* es tan patente que no se puede dejar al azar. No obstante, presento a continuación una lista esquemática e incompleta de detalles de ambas para hacer ver en forma de sinopsis lo que los críticos mencionan como filiación picaresca en la novela de Romero.

1) Narración biográfica: Lázaro cuenta el «caso» a su amo y protector; Pito narra sus andanzas a Romero. En ambos casos hay bienes materiales de por medio.

2) Descripción de la familia del protagonista en el primer capítulo o tratado.

3) Los dos monagos: Lázaro con el clérigo de Maqueda; Pito en su pueblo natal.

4) El aprendizaje conduce a la degradación: Lázaro aprende del astuto ciego; Pito tiene por maestro a un compañero ladrón apodado San Dimas.

5) Episodio del vino: Ambos usan el mismo procedimiento. Lázaro la paja de centeno y el agujerito tapado con cera; Pito una tripa de regar y un pegote de cera. En Romero la constante es la bebida y en el *Lazarillo* la comida, si bien Lázaro afirma: «Yo, como estaba hecho al vino, moría por él» [16].

6) Sátira anticlerical dirigida a la ignorancia del eclesiástico y a los mañosos artificios que tienen para sacar dinero. Lázaro habla de clérigos que «con más dineros que con letras se ordenan» [17] mientras que el padre Pureco de Pito tiene fama de Lerdo. El uso del latín por parte del buldero tiene su contrapartida en el que Pito enseña al padre Pureco del cual se reía mandíbula batiente.

7) Sátira a la práctica vulgar de la religión que tiende a justificar los medios por el fin. Lázaro cree ser iluminado por Dios para robar el pan del clérigo y al ayudar al clérigo en el sacramento de la extrema unción Lázaro «rogaba a Dios que cada día matase el suyo» [18] para poder comer; Pito pide a la Virgen de beber aparentando devoción de una forma exagerada, con la conclusión «y si realmente es milagrosa, ella proveerá lo necesario» [19]. Naturalmente el prodigio llegó a repetirse diez veces.

8) Se equiparan a los animales en la degradación: Lázaro, hambriento, se asemeja a un ratón y a una culebra en la casa del clérigo; Pito iba en sus borracheras «unas veces maullando como gato, y otras

---

[15] *Ibid.*, p. 819.
[16] *Lazarillo de Tormes*, ed. de E. W. Hesse y H. F. Williams, Introducción de Américo Castro (Madison, University of Wisconsin Press, 1966), p. 10.
[17] *Ibid.*, p. 49.
[18] *Ibid.*, p. 21.
[19] J. R. ROMERO, *La vida inútil de Pito Pérez*, pp. 80-81.

ladrando como perro, de modo tan real, que los auténticos animales me seguían pretendiendo jugar conmigo» [20].

Las comparaciones podrían continuar y extenderse al engarce de los acontecimientos, a los motivos por los que cambian de amo, al uso del material folklórico, etc. Sin embargo huelga lista tan larga para probar que tantas coincidencias no deben ser meramente casuales.

A pesar de estas concomitancias, los dos protagonistas conservan actitudes distintas frente a la vida desde un principio. Lázaro no es un rebelde que condene y combata con sus medios los abusos de una sociedad hostil, es más bien un simple aprendiz que con mucha moderación y precaución lucha por subsistir, evitando cuanto puede los peligros que le acechan y obstaculizan el paso para poder llegar a buen puerto, el de la prosperidad. Aprende de sus amos y los clasifica: el ciego es un farsante que explota al pueblo rústico y supersticioso con sus engañosas plegarias; el clérigo es avaricia e incomprensión cristiana, al par que, como los demás, es también un parásito social; el escudero, por quien siente compasión por ser más pobre que él, está atado a las ridículas pretensiones de la honra; el buldero representa un modo más refinado en la explotación del pueblo. Ante este cuadro de parasitismo social, el mozuelo se escabulle entre todos para medrar progresivamente.

Pito Pérez, por otra parte, salta a la escena ya hecho, con un aprendizaje corto y efímero. La rebeldía se ha adueñado de su ser de un modo irrevocable que no le dejará cambiar ni buscar el medro. Se emborrachará por gusto y para encontrar valor y proclamar su verdad delante de quien sea. Por esa valentía, recalca F. Alegría, «es moralmente superior a los pícaros tradicionales, pues reconoce en sí mismo una víctima de la 'sociedad y no vacila en acusar a los culpables de su desventura y protestar sosteniendo ciertas verdades eternas» [21]. Quien recibe las invectivas del rebelde es el déspota en general, sea rico, clérigo o juez. Pito profesa odio a las clases privilegiadas, que esclavizan al pobre engañándolo con promesas, exigiendo mucho sin dar nada. Mas al fin, en un testamento terrible e impresionante, llega a despreciar a los pobres tachándolos de cobardes por dejarse sujetar a una vida de injusticia y engaño. Antes había atribuido su desventura a la mala suerte; aquí descarga su amargura en la humanidad que le robó el gozo de vivir cuando en su mente brillaba un rayo de ilusión. Nadie creyó en él ni le respetó, por el contrario lo convirtieron en una piltrafa humana.

Como puede verse, la novela de Romero contiene una fuerte dosis de preocupación social, poco clara en el *Lazarillo*. Este por el contrario, tiene más posibilidades de moralizar que aquél, debido a su actitud frente a la vida, a su carácter y al contacto con los diversos

---

[20] *Ibid.*, p. 11.
[21] F. ALEGRÍA, *op. cit.*, p. 155.

amos, que por tradición debían proveer educación a sus sirvientes [22].

Al terminar las novelas ambos protagonistas se hallan en el polo opuesto: Lázaro, próspero y satisfecho, narra su vida en un círculo completo; Pito Pérez ha muerto en un completo abandono.

Además de estas diferencias, Romero ha establecido otras que separan su novela del *Lazarillo,* al llevar a su protagonista a cárceles y hospitales; haciéndole enamorarse y probar el amor sensual; poniéndole a trabajar de boticario, para ampliar así el horizonte. Estos lugares han proporcionado al autor la oportunidad de entrar en contacto con una mayor variedad de personas y de problemas que atañen al mundo de hoy, tan lejano del siglo XVI en muchos aspectos. Así distante, se ha adentrado Romero en el carácter del hombre mexicano, dando a la vez contemporaneidad y originalidad a su obra, enmarcando al mismo tiempo al individuo en su ambiente natural, dotado de lenguaje propio.

Rasgo típico de México es, por ejemplo, lo que Romero califica de «suplicio de las antesalas» que explica con una anécdota al final del capítulo V. «¡Antesalas y credenciales! Otras dos instituciones tan típicamente mexicanas», exclama M. A. Almazán en su popularísimo libro *El rediezcubrimiento de México* [23]. También dicho país, como todos, tiene ciertas frases vulgares que lo caracterizan, como éstas que oye Pito Pérez en la cárcel de Yuriria: «Jijo, por nada me tizna!»; «¡Yo conozco a mi cuate, y no me le rajo!»; o bien palabras sueltas como: «fíjese», «ándele», «apapachar», etc., cuyo uso es en verdad muy escaso en la novela. A esto se puede añadir los nombres locales de comidas y bebidas; la docena de personajes rigurosamente históricos —el *Lazarillo* nombra sólo uno—, y todo lo que del paisaje michoacano mencionamos anteriormente. Todos estos detalles, una vez desperdigados en las anécdotas y en las descripciones fijan la novela de Romero en el México del siglo XX.

---

[22] M. J. Asensio, «La intención religiosa del "Lazarillo de Tormes" y Juan de Valdés», HR, XXVII (1959), p. 87.

[23] M. A. Almazán, *El rediezcubrimiento de México,* 27.ª ed. (México, Ed. Jus, 1975), p. 174.

DOS PERSPECTIVAS DE LA PICARESCA COLOMBIANA

Ramiro Lagos

La picaresca de Colombia, como captación realista del mundo circundante apicarado o como reflejo psicológico de determinados ambientes en que deambula una diversificada galería de pícaros y picaruelos, marca una larga trayectoria que abarca varios siglos. Arranca desde la fundación de Bogotá con la obra de Juan Rodríguez Freile, *El Carnero* [1]. La obra de Rodríguez Freile no sólo se la concibe emanada del fontanal clásico, saturada a la vez del movimiento barroco del siglo XVII, sino que, proyectadas las memorias del autor setentón como inspiradas en otras cuantas memorias de personajes conquistados y conquistadores, sirve para situarnos retrospectivamente en el marco de una sociedad que comienza a perfilar sus máscaras y sus aureolas desde el siglo XVI. Clasificada de picaresca [2], *El Carnero,* no sólo por sus elementos picarescos, sino por el picarismo social que en la obra se amalgama, sirve la misma para establecer el primer foco urbano de la picaresca colombiana. Y al hablarse del primer foco, salta a la vista la posibilidad del segundo como parte de nuestro enfoque: presentar la trayectoria de la picaresca colombiana desde la perspectiva de dos ciudades representativas: Bogotá y Medellín, cuya cultura y cuya sociedad representan y tipifican, con rasgos notorios, dos actitudes del pícaro o «pinta» [3] colombiano.

Sin pretender posar de dogmáticos, se nos ocurre pensar que Bo-

---

[1] Juan Rodríguez Fraile, *El Carnero* (Bogotá, Imprenta Nacional, 1942).

[2] Véase la obra de Margarita Blondet, Ph. D., *Picaresque Literature in Spanish America* (New York: Columbia University, 1953). En dicha obra se dice: «During the colonial Periodo history is contamited with picarism. The chronicler preoccupied with the news of the moment approached history with a picaresque attitude, getehering gossip and scanl of colonial life. *El Carnero* by Juan Rodríguez Freile is the most characteristic example of the chonicle of scaldal.

[3] Usase el término de «pinta» o «pinteja» según el argot madrileño con el que se ejemplariza a un tipo de pícaro gracioso o vivaracho.

gotá y Medellín son los focos del picarismo colombiano: respectivamente, el foco capitalino y el de la provincia, representada ésta por esa gran meca de pioneros y patriarcas, que es Medellín, frente al altiplano capitalino, docto, iluminado de castellanías. Habrá de advertirse que tales diferencias acusan, desde luego, perspectivas sociológicas, psicológicas y literarias con que a los «paisas» de Medellín y a los «cachacos» de Bogotá se les ve dentro del panorama nacional [4]. Ello fácilmente se puede advertir en las obras clásicas del costumbrismo o realismo apicarado de los autores que representan estas dos capitales culturales de Colombia: Bogotá y Medellín. Obras como las de Rodríguez Freile, *El Carnero*, y las de José Manuel Marroquín, tituladas *El Moro* y *Blas Gil* [5], aciertan a confirmar la existencia de un centro de la picaresca bogotana, picaresca en sentido amplio, que refleja el lenguaje, la actitud y la psicología ambiental del mundo social que sus autores enfocan. Es el mundo de Santa Fe de Bogotá, ciudad solemne, vestida de gramática castellana como lo diría Rubén Darío. Pero hay otra Santa Fe de Medellín, capital de Antioquía, cuna de «paisas» y «judíos» a lo antioqueño, cuya alma vibrante alienta la obra total de sus epónimo de las letras, Tomás Carrasquilla. Baste un cuento suyo, *En la diestra de Dios Padre* [6] para que su nombre se imponga como el gran creador del costumbrismo apicarado regional. Cítese otrosí, *Antioqueñada y media* de Carlos García Prada [7] y hagamos caso omiso por ahora de otros cuantos autores, para confirmarse la existencia de una literatura antioqueña jaspeada de picaresca. Culmina la trayectoria picaresca con *Las Memorias de un tal Pastrano* [8] de Dionisio Arango Vélez, obra escrita en 1931, novela definitivamente picaresca porque es la que más se ciñe a los moldes clásicos.

Pero no es el hecho de que existan ya obras que ejemplaricen un pretendido estereotipo capitalino o regional que acaso los autores traten de confirmar al arbitrio de sus plumas. No. Hay dos medios ambientes vivos tradicionales y personajes característicos también vivos dentro de la tradición real y folklórica de las dos capitales. El elemento unitivo de los dos estratos sociales es quizá el humor con que

[3] Obviamente «paisa» es una abreviación de paisano. Así se le llama al originario del Departamento de Antioquía, Colombia. En cuanto al término «cachaco» se empleó en el siglo pasado y aún se sigue empleando entre los costeños de Atlántico cuando se refieren a las personas del interior de Colombia, especialmente a los bogotanos. Se les atribuía «chistes escogidos, ocurrecias afortunadas, elegancia en el vestir, maneras finas, aventuras galantes, calaveradas de buen tono». Varios autores han escrito sobre «Los Cachacos», como Laureano García Ortiz y Nicolás Bayona Posada.

[5] JOSÉ MANUEL MARROQUÍN, *El Moro* (Bogotá, Ministerio de Educación, 1938); *Blas Gil* (Bogotá, Instituto Caro y Cuervo, 1973).

[6] TOMÁS CARRASQUILLA, *Seis Cuentos* (México, Ed. Andrea, 1959). Introducción y notas de Carlos García Prada.

[7] CARLOS GARCÍA PRADA, *Cuentos y Sainetes* (Madrid, Ed. Iberoamericanas, S. A.), 1965.

[8] DIONISIO ARANGO VELEZ, *Memorias de un tal Pastrano* (Bogotá, Ed. Cromos, 1931).

cada tipo social se solaza en manifestar sus actitudes o en expresar sus picardías. El humor une, igualmente, a los autores, pero también los diferencia cuando se trata de captar todo el tipismo o caricaturizar o idealizar a sus personajes, y es entonces el humor, usado como recurso estilístico, el que sirve para crear sus criaturas por medio de un perpectivismo humorístico. Ha de entenderse la diferencia que autores como Evaristo Acevedo [9] o como Santiago Vilas [10] establecen entre lo que es humor propiamente hablando y humorosidad. Se comprenderá entonces la diferencia entre el humor bogotano y antioqueño cuando se le concede al humorismo cierta dosis de poetización, intelectualización, de altura y hasta de idealización, mientras la homorosidad acusa comicidad, broma pesada, burla, chistosería con sal y pimienta para el consumo de las masas populares. No quiere decirse con esto que el humorismo sea, ni mucho menos, privilegio de los «cachacos» bogotanos, porque en las obras antioqueñas de Tomás Carrasquilla, por ejemplo, el humorismo apicarado contribuye a la idealización de algunos de sus personajes. Tronco del mismo árbol son el humorismo y la humorosidad y, por tanto, repetimos, que el humor es el elemento unitivo de las dos expresiones picarescas: la antioqueña y la bogotana. Sin embargo, en la expresión y el contenido del chiste y del cuento picaresco, que recrea los ambientes de las dos capitales, se acusa un lenguaje, un tono y hasta unos logros reactivos, emocionales o intelectuales diferentes. Los chistes tradicionales de los «paisas» y de los «cachacos», no así de los «rolos» de clase baja bogotana, si bien están marcados de humor, este humor es más fino en los «cachacos» que en los «paisas», que lo expresan con lo que en Colombia se llama una «antioqueñada» [11]. Tiende, en consecuencia, el humor antioqueño a ser más humorosidad con salidas extrovertidas, a efectar más la emocionalidad recreativa, a despertar la carcajada a mandíbula batiente. Lxiste en el «paisa» la guasa, el chascarrillo, la tomadura de pelo, lo que en Colombia quiere decir «mamagallismo», pero también se impone en el «paisa» el choteo al estilo andaluz, en contraste con el bogotano, cuyo choteo sería al estilo madrileño. Si el uno es un chiste o broma campechana, la otra es una guasa con buenas maneras, ambas graciosas, desde luego. Con todo el «rolo» bogotano tiene también su chiste característico con su argot peculiar que desciende de los estratos sociales inferiores hasta llegar al «gamín» (o golfillo) o al «embolador», muy típico de la Atenas de Sur América, que es un lustra-botas que se da tono de académico de clase baja, porque como los de la

[9] EVARISTO ACEVEDO, *Teoría e interpretación del humor español* (Madrid, Ed. Nacional, 1966).

[10] SANTIAGO VILAS, *El humor y la novela española contemporánea* (Madrid, Ed. Guadarrama, 1968).

[11] GARCÍA PRADA, *op. cit.* En su cuento se revela con fondo de humor, como un antioqueno le gana la parada a un «descendiente de conquistadores», cacique regional, cuando éste abusa cruelmente del antioqueno, y el «paisa» se da sus mañas picarescas para ganarle doblemente la parada. Es un cuento escrito por un santandereano de Colombia pero a la manera carrasquillesca.

Real, este embolador bogotano, picaruelo al mismo tiempo, «limpia, brilla y da esplendor». El humorismo bogotano apicarado llega hasta las columnas periodísticas de Klin (Lucas Caballero Calderón), y se entroniza en los ensayos de Germán Arciniegas, como lo glosa analíticamente Cecilia Hernández de Mendoza al referirse a las obras de Arciniegas, *Diario de un peatón* y en *Este pueblo de América*[12]. De las obras de Arciniegas podría anvanzarse, buscándole rumbo a la picaresca humorística o satírica, hasta 1974, con *Un tal Bernabé Bernal*, obra de Alvaro Salomón Becerra, cuyo humorismo, costumbrismo vivo, unido a su éxito editorial, nos hace pensar, si nos lo propusiéramos, en una constante colombiana que toca los días que vivimos de apogeo del lagarto y del politiquero colombiano, para dar paso a una tradición consagrada: los episodios de la picaresca viva desde la perspectiva de sus escritores apicarados.

Pero dicha tradición, como ya lo anunciamos, arranca de *El Carnero* de Rodríguez Freile. Precursor de la narrativa hispanoamericana, este autor se destaca casi con la importancia de un Infante Juan Manuel, porque al iniciarse con él un género mestizo novomundano, amalgamado de historia, historietas, crónica roja y elementos literarios con reflexiones morales, nos induce a descubrir en su obra el germen de la cuentística hispanoamericana[13], siendo su género apicarado con elementos realistas criollos un remoto antecedente de las *Tradiciones Peruanas* de Ricardo Palma.

El Carnero, considerado como obra puente de dos literaturas, la peninsular y la novomundana, obra escrita entre 1636 y 1638, es la respuesta al *Buscón*, escrita diez años antes, y cuyo protagonista, después de consultar con la Grajales, determinó pasarse a las Indias con ella, «a ver si mudando mundo», mejoraba de suerte. Y fuéle peor, según dice, «pues nunca mejora su estado quien muda solamente de lugar y no de vida y costumbres»[14]. Así que con el simbólico Bus-

---

[12] CECILIA HERNÁNDEZ DE MENDOZA, «Humorismo bogotano en Germán Arciniegas», en *Noticias Culturales,* Instituto Caro y Cuervo de Bogotá, núm. 76, 1967. Se citan allí las obras de GERMÁN ARCINIEGAS, *Diario de un peatón* (Bogotá, Imprenta Nacional, 1936, y *Este pueblo de América* (México, Fondo de Cultura Económica, Ed. Tierra Firme, 1946).

[13] Oscar Gerardo Ramos, al estudiar la tendencia cuentística de *El Carnero,* confirma dicha tendencia al hacer un intento clasificador de sus cuentos, aportando la denominación de sus títulos tomados del contexto. Se catalogan como historietas así: «El indio dorado», «Cómo un clérigo engañó al diablo», «El Tesoro de Guatavita», «Un negocio con Juan García», «El Encomendero de Chivata», «Prisión cuaresmal», «Los líbelos infamatorios contra la Real Audiencia», «Falsificación de tejuelos», «Juan Roldán, Alguacil de corte», «El mal latín de su marido», «El robo de una india», «El Gentil hombre Francisco de Ontanera», «El hombre sin narices», «El indio del Perú», «Pérez de Salazar, oidor justo», «Mestizo, sordo y mudo», «El Arzobispo y la Real Audiencia», «Doña Luisa Tafur, gallarda y hermosa», «El emplazamiento del visitador Galierna de Mariaca», «Frustrado parricidio», «Doña María de Vargas, encomendera de Toca», «Bustamante, el escribano de Mompos», «El Alcalde fratricida». Véase OSCAR GERARDO ROAMOS, *El carnero,* libro de tendencia cuentística», en *Boletín Cultural y Bibliográfico,* Bogotá, vol. IX, núm. 11, 1966, p. 2186.

[14] Cita de obra de Quevedo, capítulo final.

cón de conquista, llegaron a América los busca mundos y los busca Dorados, y con ellos se multiplicaron los pícaros y las Grajales con la obstinación en el pecado y picardía de su protagonista. Dichos personajes, reencarnados en las nuevas castas criollas, son los que comienzan a retratar la obra de Rodríguez Freile, interpretada como una proyección del picarismo metropolitano, cuyos elementos mestizos adquieren en el nuevo mundo características especiales dentro de su amplia dimensión [15]. Desde Freile se perfila una nueva perspectiva del mundo picaresco, el cual, en ausencia de un pícaro tipificado como el Lazarillo, la mirada de denuncia o protesta irónica, no se tiende desde el pícaro bajo, sino desde el autor apicarado hacia el pícaro alto. Su mirada se cierne a través de la historia, de las consejas, de los chismes y de las experiencias personales, recorriendo a la redonda esa bola del viejo mundo hispánico que siguió rodando entre nosotros, empujada por inveterados patrones medievales. Pero Freile no generaliza ni se estrella contra la bola total del viejo mundo, siendo él mismo hijo de conquistadores. Porque su prurito es el de relatar «casos». Y posiblemente incluya algunos en los que él, no ya como moralista, sino como ex seminarista díscolo, aventurero por Castilla, pinteja acaso de aventuras del viejo y del nuevo mundo, pudo ser el protagonista o el testigo cómplice. Casos hay en *El Carnero* de personajes que parecen escapados de la picaresca tradicional. Es por eso por lo que *El Carnero*, en medio de tantos casos de pícaros, véseles como apuntando sus últimas cornadas celestinesca en tierras de conquista, para colonizarlas de otros cuantos cuerno, floreciendo en ilustres testas de encomenderos, oídores y caballeros de *El Dorado*. Contra ellos cornea también el autor con asta punzante de mordacidad, con su denuncia irónica, con sus reflexiones morales, con su protesta rotunda. La protesta como nota predominante de la literatura hispanoamericana surge allí, en *El Carnero*, para dejarla incrustada posteriormente en lo que sería la primera novela picaresca hispanoamericana: *El Periquillo Sarniento* de Lizardi, culminando, luego, con *La vida Inútil de Pito Pérez* de Rube Romero. No es, con todo, la de Rodríguez Freile una protesta contra la sociedad total, sino contra los malos representantes de sus castas dirigentes. Se impone en él una responsabilidad de escritor como defensor de la verdad, y aunque recurre al arte, cuando trata de ser auténtico y veraz como cronista, parece insinuar que no estaría dispuesto a perdonarle ni siquiera al Papa (p. 151). Como no perdona en su obra a los representantes de la «picaresca palaciega», que son en el Nuevo Reino los miembros de la Real Audiencia, los oídores, encomende-

---

[15] Como proyección hispánica pero con características especiales es enjuiciada *El Carnero*, por José A. Núñez Segura, cuando al mencionar las tradicionales obras picarescas (*El Lazarillo, El Guzmán* y el *Buscón*) dice: *El Carnero* concuerda en parte y no en todo con las características de tales novelas. Encaja *con el tema:* hechos reales; *con el sabor:* expuestos con gracia maliciosa y burlona; con el resultado general: *el retrato* de una época» (Núñez Segura, *Literatura colombiana*, Bogotá, Ed. Bredout, S. A., 1964, décimotercera ed., p. 83).

ros y demás prebendados. A todos los desenmascara. A todos los pone
en la picota de sus escritos punzantes, denunciando su crimen, su vicio, su escándalo, sus engaños. No se salva ni el cura pícaro, que con
el pretexto de llevar la luz de la verdad, siembra la confusión entre
los indios, para sembrar la picardías, como nueva cizaña, y aumentar
la malicia indígena de los nativos. Alternando la historicidad de sus
relatos con la cuentística, narra, en el capítulo V, cómo un clérigo
pícaro engaña al diablo para robarle el oro a su guardián, el Jeque,
especie de sacerdote indio, célibe y austero. Irónicamente se refiere
al pícaro ensotanado como un «doctrinero», para calificarlo, a renglón
seguido, de «gran lenguaraz» (p. 54), capaz de engatusar con sus sermones al mismo Lucifer. En síntesis, el cuento relata cómo el clérigo se hizo diestro en el engaño, ganándose la amistad desinteresada
de los indios, dejándose llevar sus haberes, para convencerlos más
de su desprendimiento y magnanimidad en tanto iba ganando su confianza y descubriendo sus entierros de oro. La picardía del Fraile se
describe con tales visos de ironía que se le visualiza colocando cruces para hacer un camino de estaciones que lo condujera cerca del
santuario indio, donde se ocultara el tesoro. Las cruces le servían de
padrones para estar más orientado hacia el tesoro. Y para darle un
sentido religioso al derrotero lo asperjaba de agua bendita. Lo gracioso del cuento, lo que despierta una reacción de humor y de ironía al mismo tiempo, es ver al cura subido en un árbol donde se suponía que el diablo hablaría con el jeque indio. Convencido éste de
que era el mismísimo demonio que le hablaba de viva voz, por haber
el clérigo imitado su estilo, el pícaro ensotanado, «conquista», por
fin, cinco cargas de oro que él logra situar en una cueva sobre la
cual hace levantar una gran cruz (pp. 53-57).

Los líos amorosos y casos celestinescos [16] ocupan la mitad del libro, y las narraciones históricas que pecan de inexactitud parece
que sólo se emplean para apuntalar el realismo, logrando que el lector
se interese más intensamente en los casos que en la historia. Se emplea el suspenso para relajar la tensión, y cuando el hilo se corta se
expone alguna reflexión moral o filosófica, anunciándose la sorpresa
de un escándalo más o del engaño o desengaño del engañador pícaro.
Se perfila en sus relatos la imagen de una celestina mestiza, ducha
en el arte de la brujería, y es cuando aparece la negra Juana García,
aconsejando, como la madre Celestina, a una preñada, que teme el regreso de su marido, engañador y engañado: «Ya habéis visto cuán
despacio está vuestro marido; bien podéis despedir esa barriga y aun
hacer otra más» [17].

El papel celestinesco de Juana García sirve como recurso de denuncia, porque ventilado su caso ante la Santa Inquisición, salieron a

---

16 Las influencias de *La Celestina* en *El Carnero* son vistas por Gabriel Ja-
ramillo Giraldo: «Don J. R. F. y La Celestina», en *Boletín de Historia Antigua*, XXXVII, núms. 308-309 (1940), 582-586; *Estudios históricos*, Bogotá, ediciones de la *Revista Bolívar*, 1954.
17 RODRÍGUEZ FRAILE, *op. cit.*, p. 114.

relucir el de otros nombres ilustres, pues dice Rodríguez Freile: «corrió la voz que eran muchos los que habían caído en la red, y tocaba en personas principales». Tantas borlas y bandas reverenciales se sacaron al sol, que hasta el propio fundador de Bogotá, don Gonzalo Jiménez de Quzada se le vio intervenir para lograr deponer el caso o los casos ante el mitrado de entonces. Sólo la celestina mestiza, Juana García, pagaría la culpa de todas las mujeres al exponerlas a la vergüenza pública con un dogal y una vela encendida. Ante su luz, ella pudo exclamar la verdad: «Todas, todas lo hicimos y yo sola pago» [18].

Los líos amorosos tejen toda una red de intrigas, infidelidades, revanchas, emboscadas, manchas de sangre, deshonor, tragicomedia, picardías a troche y moche bajo el gran mascarón de una sociedad que pone una vela a Dios y otra al demonio. Los trazos contrastados, propios del barroco, unido a la ironía y a la caricatura fugaz o marcada con tinta gorda son frecuentes en las pinceladas de Rodríguez Freile. Es notoria que la tinta se cargue más de rojo-negro cuando se apasiona en describir la delincuencia de los de arriba dentro de una narrativa de casos delictivos aptos para tópicos de novelas policiacas. Es cuando más se acumulan los elementos de humorosidad, de sarcasmo y de regodeo en los casos de sus relatos. Toda una delincuencia por lo alto. señala en El Carnero el enfoque de ser una picaresca palaciega. Es una perspectiva que se aparta de los mundos bajos, propios de la picaresca tradicional para engendrar el venenete de su punto de vista a considerar por lo insistente: que los pícaros no son los de abajo, sino los de arriba, los prebendados, como se colige en el cuento El Encomendero de Chivatá. Los de abajo, cuales fueron los indios en el Nuevo Reino, ni pinchan ni cortan en sus relatos, si se exceptúa aquel cuento del indio ladrón del Piru, cuyas pequeñas picardías son menos latrocinios en comparación de los grandes negociados y componedas de la clase alta. Hay casos en El Carnero de víctimas inocentes, como en el cuento del mestizo mudo que acostumbraba a cabalgar sobre una caña y que por no poder hablar hubo de inventarse unas señales digitales en forma de cuerno sobre su cabeza, para darle a entender a su amo, el interlocutor, que venía de donde habían matado a un novillo, en tanto que el amo le interpretaba que venía de donde se le estaban poniendo los cuernos a su mujer [19].

El donjuanismo picaresco aumenta sus casos en cada página de El Carnero, y es notorio que la mayoría de los personajes, comenzando por el autor, se llaman Juan. Juana es la celestina mestiza, Juan el Príncipe Chibcha, Juanes algunos pueblos y juanes también 85 de los personajes mencionados. Lo que impota señalar a nuestro propósito es que Juan Roldán es el nombre del carácter central de mitad de la obra, y con él se desarrollan cinco de los capítulos más apasionantes. La galería onomástica de los Juanes trae a la memoria la evocación de la Celestina, a quien por otra parte Rodríguez Freile cita en algún rincón de su obra, pero no para repetir lo que ella dice de

18 *Ibid.*, p. 118.
19 *Ibid.*, p. 248.

los Juanes: «Cuatro hombres que he topado, a los tres llaman Juanes y a los dos cornudos» [20].

No era Juan Roldán, el carácter central de *El Carnero,* un don Juan de mala muerte. No era ni don. Era simple alguacil de la corte virreinal, hombre de buena fe, leal con sus amos, abanderado de la justicia, aventurero como todos, pero sus aventuras eran de circunstancias, por haberse visto metido dentro de la picaresca palaciega. Líos de faldas, celos, rivalidades, crímenes espeluznantes, intrigas palaciegas, torturas y hasta insurrecciones inventadas para el logro de depravados propósitos, todo lo protagonizan aquellos dos bandos de antagónicos que el pícaro Juan Roldán llama bandos de Güelfos y Gibelinos. El, como alguacil palaciego es testigo y actor del picarismo vivo de su época, instigado por la Real Audiencia de Bogotá en el año de 1581. Pícaro, otrosí, por los episodios que le toca vivir, por los papeles que juega, por sus triquiñuelas justificadas, por su vida tensa, por sus fugas, por sus infortunio y por su desesperanza, se le pone la soga al cuello para que cante la verdad de los unos, pero cuando canta la verdadera verdad, que es la de los otros, se le apalea y se le lleva a la mazmorra, no sin antes haber sentido el golpe de los palos, tanto de los unos como de los otros. Por eso, al dársele libertad se dirige a los bandos de la picaresca palaciega y les grita:

«Vosotros sois Güelfos y Gibelinos, no más con vosotros, no a par de vosotros.»

Siguiendo la trayectoria de la picaresca colombiana, nos encontramos con otro autor importante del altiplano bogotano: José Manuel Marroquín. Sus obras *El Moro* y *Blas Gil* son definitivamente obras costumbristas de finales del siglo pasado. Obras picarescas, no; pero sí de tendencia apicarada. Marca *El Moro,* en su trotar aventurero, ciertas reminiscencias del *Asno de Oro* de Apuleyo, ambos fingiendo, huyendo o engañando para defenderse del picarismo episódico que los acecha [21]. Picaruelo el Moro, es un caballo tordo, que ríe, que siente como caballo que habla el lenguaje culto de Bogotá, que mira el mundo con gran tribulación, y que expuesto al regateo, a las mañas y al trato bestial de sus diferentes amos, se rinde desde el principio a su destino con tal decaimiento de ánimo que llega a pensar que sus amos le tratan peor que a un caballo. Por eso este moro sabanero, de cabeza levantada, cuando la da la real gana, engaña a sus amos y huye y se embosca, brinca de rebeldía y se vuelve coleador. Entre otras cosas, porque el hombre le ha enseñado a ver la vida con repugnancia. Y lo que le repugna al Moro sabanero, como le repugna al pobre hombre colombiano, es verse siempre tratado como

---

[20] Fernando de Rojas, *La Celestina* (Buenos Aires, Ed. Sopesa, 1963, p. 43.
[21] Apuleyo, *El Asno de Oro* (Barcelona, Ed. Bruguera, 1970). Confróntense *El Moro* con el *Asno Dorado,* especialmente con referencia al tópico «Lucio en la cueva de los ladrones» (libro IV) y el final de *El Moro,* que cae abatido por los palos a la manera del compañero del *Asno de Oro.*

bestia de carga. La crítica contra los diferentes amos, su tiranía, su despotismo, sus triquiñuelas, ridiculeces y pillajes hace entrever las relaciones biográficas que hay en el Moro y su amo-autor, hacendado culto de la sabana de Bogotá. Ambos apicarados, también lo son los caballos compañeros del Moro: don Morgante, pseudointelectual, y Merengue, caballo cómico, el ·títere de la familia caballar. Morgante, como característica, es un caballo que tiene la cabeza bien puesta, no así Merengue, que es cabeceador. Y si el Moro tiene la cabeza levantada es porque es un caballo de linaje, «de raza noble» [22]. Su gran defecto es ser coleador, pero colea pícaramente cuando no le gusta el amo. Y además de brincar y colear, huye cuando se estrella contra su negra estrella: el Tuerto Garmendia, el más pícaro de los pícaros. El era el rey de los pícaros: asesino, borracho, libertino, abusador de mujeres, salteador de caminos. La sombra negra del Tuerto le persigue de episodio en episodio, mientra el Moro huye asiduamente ante la posibilidad de caer en las garras del verdugo. Huyendo de él y de su sombra a través de toda la obra, tiene la mala suerte de parecerse a él en el último episodio vital al quedar tuerto, lo que irónicamente contribuye a rememorar más a su amo cruel, sin que se hubiese olvidado tampoco de todos los otros amos de clase media, de clase alta, de clase pobre, cual más, cual menos, pícaros de todos los pelambres, bellacos de la sociedad, explotadores de hombres y caballos. El, ya en el último episodio, viéndose convertido en rocín de molinero, se rinde a su destino y cae bajo sus fardos. Tendido en el suelo de largo a largo, deja de colear sus apicaradas protestas, fingiéndose muerto.

Con la publicación de *El Moro* y de *Blas Gil*, se establece, por primera vez, un gran puente literario entre la capital de Colombia y el centro más importante de la provincia colombiana: Medellín. Hay, de una parte, un reconocimiento de dos grandes maestros antioqueños, Marco Fidel Suárez y Tomás Carrasquilla, a la obra de José Manuel Marroquín. Ambos ponderan sus obras: Suárez en sus *Sueños de Luciano Pulgar* [23], y Carraquislla en una crítica del *Blas Gil*, considerada por el escritor antioqueño como «síntesis de toda la fantochería sangrienta y vergonzosa de nuestra historia política, y la de todos los países latinoamericanos» [24], cuyo protagonista no hace sino encarnar las intrigas, la farsa y la audacia del politicastro, pícaro alagartado de nuestra democracia criolla.

Autor de *Frutos de mi tierra* [25], con Carraquislla hay un cambio en el panorama literario: surge un lenguaje vernacular y una literatura antioqueña que sin divorciarse de la tradición hispánica, son los frutos nativos de la región más importante de Colombia: Antioquía. Su intérprete epónimo es Carrasquilla, en cuya obra total sus

---

[22] Marroquín, *El Moro,* p. 62.
[23] En la obra, *Blas Gil,* de Marroquín, se reproduce el «sueño» de Luciano Pulgar (Marco Fidel Suárez), titulado: «Sueño de Blas Gil y el Moro», p. 365.
[24] *Ibid.* (Carta de Tomás Carrasquilla), p. 347
[25] Tomás Carrasquilla, *Frutos de mi Tierra* (Bogotá, Instituto Caro y Cuervo, 1972).

personajes van desde el pionero, el patriarca y el apóstol hasta el pillo, el granuja y el «paisa» buscavidas. No pretendemos destacar a Carrasquilla como autor picaresco, pero muchos de sus personajes lo son al estilo de lo que podríamos denominar la picaresca antioqueña, aparte de que muchos de sus cuentos se saborean con sal y pimienta apicarados. Entre sus personajes sobresalen los perfiles definidos o caricaturizados de la picaresca regional: «arrieros vivarachos», «usureros codiciosos», «aventureros bellacos», «curas juerguistas», «mozas fregonas y alcahuetas», «brujas engañabobos», «tinterillos y buscapleitos», «arribistas y oportunistas sin escrúpulo», avivatados de todas las esferas sociales, gamonales abusones, «caballeretes de paco, tilla, señorones de tuerca y zancadilla»[26].

Entre los personajes carraquillescos se impone el pueblo humilde de campesinos y aldeanos. Uno de ellos adquiere altura de idealización en el cuento magistral: «En la diestra de Dios padre»[27]. Allí Peralta, el carácter carrasquillesco por excelencia, es el antipícaro más pobre del mundo, preocupado más por la tragedia y el pauperismo extremo de sus semejantes que por sí mismo. Por su acendrada solidaridad humanitaria con los pobres del mundo, Peralta es capaz hasta de jugarse el alma con el diablo para salvar a los pobres de la tierra. Lo picaresco del cuento es que el protagonista en plan de picaruelo ideal, al obtener cinco gracias de su Merced, que es su Divina majestad, actúa como un pícaro en el juego y así le gana las partidas a lo tahúres más duchos en el arte de la engañifa. Y ni hay diablo que le gane, porque el mismísimo Patas se rinde ante sus artimañas de engañador honrado. Picaruelamente se le ve haciendo el papel de perdedor para empecinar más a los tramposos del juego. Capaz de ganarle la parada al diablo y de engañar a la muerte, Peralta se mueve dentro de los hilos que urde el autor para hacer más picaruelo y simpático a su personaje. El humor del cuento es tan fino, a la par que burbujeante, que hace reír hasta al mismo Dios por las simplezas y ocurrencias de Peraltica. Paradigma de extrema humildad hasta querer verse transformado en el bicho más insignificante para poder estar siempre «en la diestra de Dios Padre», su contraste es la Peraltona, que, sacando ventajas de las ganancias celestiales de su hermano, logra escalar la sociedad para meterse a matrona de coturno y peinetón, caricaturizada por el autor a la manera de la aristocracia provinciana, hinchada de orgullo, ridiculez y jullería.

La culminación de la narrativa picaresca o apicarada de la literatura colombiana es, dentro de sus dos perspectivas, la obra de Dionisio Arango Vélez, escritor de raigambre antioqueña que, trashumante por los altiplanos bogotanos, nos legara la única y verdadera novela picaresca, inspirada en los patrones clásicos. *Memorias de un tal Pastrana* refleja la actitud anticlerical del autor y también su

---

[26] Carlos García Prada acierta a caracterizar los tipos carrasquillecos en su Introducción a los *Seis Cuentos de Carrasquilla,* publicados por Ed. Andre en México en 1959. Véase p. 19.
[27] *Ibid., Seis cuentos* de Carrasquilla.

protesta contra todo lo malo, viciado y ridículo, de la sociedad colombiana, así de pueblo como de la capital. El pícaro Lucas es el instrumento del autor para darnos la imagen falsaria de un cura glotón y despiado con los pobres. Pícaro el cura, pícaro el alcalde, pícara la alta sociedad bogotana que conociera más tarde el protagonista, éste se había impuesto la tarea investigativa de meter las narices en todas partes, de fisgar por dondequiera, para ir descubriendo episódicamente los entretelones de una sociedad dominada por falsos conceptos de catolicidad, por la politiquería «manzanillesca»[28] y por las ridiculeces heráldicas. Tenía el pícaro el mujeril defecto de la curiosidad, por medio de la cual hace verdaderos cursos de picardía, al conocer sus secretos, hasta vérsele graduado de gran pícaro voluntario. Su bagamundaje lo lleva a recorrer los diferentes estratos sociales desde la provincia hasta la capital. Vésele primero en Sutateusa, siendo allí víctima del cura y del alcalde. Luego, tras una interesante experiencia al servicio de un magnetizador, el Dr. Buenafe, pícaro profesional, especializado en ciencias ocultas, libremente graduado en París y en Berlín, aprende a burlarse de la clase dirigente, que mangentizada por su amo, confiesa mecánicamente todas sus fechorías y pecados. También aprende Lucas con el Dr. Buenafe a fustigar a quienes desenmascarados como prevaricadores, falsos apóstoles, perversos administradores de justicia, cantan subconscientemente sus picardías. La eterna farsa del arribista y del engañatonto en una «patria boba», donde el gran lagarto[29] medra hasta verse de dignatario, es lección que el pícaro Lucas aprende para programar su destino a la manera como lo coronaron sus amos más conspicuos en el arte de engañar a título de titularse de lo que no son: hombres pro. Fácil le fue entonces con las artimañas que aprendió, hacerse gobernador a Lucas el de Sutateusa, que por estar en la capital y codearse con los más lagartos de la política y del periodismo, ya había ganado el «don», don Lucas. Un don que había heredado de la pícara sociedad palaciega de la que procedieran sus anteriores amos, los de la ilustre familia Verduguillo y Ventaquemada, de los grandes de España[30]. Ya don Lucas, de gobernador, había dejado en el recuerdo del olvido lo que antes había sido «ayudante de barbero, coime, heraldo de chuchería, repartidor de programas, tamborero de regimiento, barrendero de convento» (p. 122) y otros oficios más de ese ambiente picaresco donde «magüer fueron pocas las blancas acumuladas, muchas fueron las negras que supo durante tales andanzas y menesteres»[31].

---

[28] Manzanillo es el cacique de la politiquería colombiana, docto en el arte de la intriga, la demagogia barata y la hábil maniobra para imponerse entre sus parroquianos, pícaro de la política, al fin y al cabo.

[29] Otro término colombino con que se designa al entremetido o metido a grande, que medra a la sombra de los grandes, y cuyo oportunismo y osadía le hace fácilmente ascender en los escalafones sociales y políticos. Es un pícaro sin méritos con tales pretensiones que causan grima y repudio.

[30] ARANGO VELEZ, *op. cit.*, p. 123.

[31] *Ibid.*, p. 122.

Las andanzas de un tal Pastrana, en síntesis, es una novela picaresca escrita con estilo, técnica y hasta con dichos y expresiones de
los ambientes picarescos, renacentistas y barrocos, pero con enfoque
y temática moderna. Fue una obra escrita en España en el año de
1931, y es de presumirse que la terminología picaresca y cervantina que
el autor emplea con propiedad sorprendente, fue fruto de sus lecturas de autores clásicos en los patios mismos donde el Lazarillo de
Tormes se preparaba a reanudar sus nuevas andanzas por los dos
mundos, el peninsular y el hispanoamericano. Harto ya de su pobreza («jarto diríase en Bogotá para hacer más énfasis en su estado de
pauperismo») el nuevo pícaro de aquí y de acullá trataría de revo-
lucionarse, pero lo que consigue el pícaro sabanero del Nuevo Mundo es levantar cabeza como gobernador antes que verse decapitado
como Galán, el comunero. Es así como el protagonista, Pastrano, de
clase humilde, logra penetrar en todos los medios sociales, clericales,
políticos. Logra pasearse de provincia a capital y de capital a provincia, y si regresa a su aldea es como gobernador, para vengarse de
sus opresores de juventud, dictando su primera «Programática moral
número 7» [32], especie de decreto justiciero por medio del cual el cura,
el alcalde, el juez, el secretario y todos sus cómplices pasan a la picota de los ajusticiados y se les expone a la vergüenza pública por fal-
sarios, opresores, injustos y bellacos. Se convierte así el gobernador,
pícaro por necesidad de justicia, en vengador de sus victimarios, pese
a los consejos de su presector. Irónicamente, vese a un refinadísimo
miembro de la familia aristocrática vistiendo librea reluciente de paje
elegante al servicio del señor gobernador en un cambio de papeles
entre el pícaro don Lucas y el señor Verduguillo, aristócrata venido
a menos por los cambios sociales que el nuevo pícaro a lo grande
introduce en el altiplano.

Lecciones de picardía abundan en las *Memorias de un tal Pastrano*, y si bien es cierto que en otra obra picaresca, *La vida inútil de
Pito Pérez*, la protesta estalla con estruendo revolucionario y si su carácter no logra triunfar sobre sus amarguras y pesimismo em-
puzonado, en la obra colombiana, su protagonista triunfa sobre
todos los pícaros, con la idea de que para pícaro, pícaro y medio.
Si su sed de venganza es censurable, la intención del autor revela
una gran verdad latinoamericana: que la sola protesta no basta allí
donde una sociedad sorda tiene oídos de piedra fría, y como secuela, a la protesta ha de seguir la acción cuando aquélla no logra su
cometido. He ahí la lección de picardía revolucionaria que propugnan y anticipan las programáticas decretadas por un pícaro venido
a más, por un Sancho criollo como nuevo gobernador del Nuevo Reino,
paradigma de pícaros contra los pícaros del mundo.

---

[32] Las programáticas que el autor pone en la acción del protagonista, revelan de una parte el conocimiento profundo del novelista de la problemática
políticosocial colombiana cuyos vicios no se curan (así parece sugerirlo el
autor), sino con una serie de programáticas revolucionarias como las de Don
Lucas.

ASPECTOS DE LA PICARESCA CANINA EN CERVANTES Y EN CIRO ALEGRIA

KARL BUDOR

La lectura del cervantino *Coloquio de los perros* y, luego, su comparación con *Los perros hambrientos*, novela ésta salida de la pluma del peruano Ciro Alegría, produjeron en mí una vaga sensación de haberme encarado con dos obras que —a mi modo de ver, y a pesar de ser muy distintas por su estilo y temario, escritas, además, en tiempos y espacios sumamente distanciados— brindan ciertas analogías, susceptibles de suscitar no poca curiosidad en el que quisiera esclarecer algunos aspectos, marginales, tal vez, de la literatura picaresca. Los dos títulos respectivos ya ponen de manifiesto el carácter cinomorfo de las narraciones mencionadas, cuyos protagonistas principales, junto a los seres humanos, serán los perros. Igualmente ocioso resultaría el empeñarse en el deseo de querer demostrar la naturaleza fundamentalmente picaresca de las dos novelas como, también, insistir en apodar de pícaros a los canes que, en esas creaciones literarias, juegan un papel tan eminente [1].

* * *

El coloquio de los perros constituye, pues, una verdadera piedra de toque para los que enfrentábanse con el problema de cómo clasificar esta obra maestra de Cervantes, ya que las opiniones de los ilustres cervantistas iban muy divididas en cuanto a este pormenor. Valbuena Prat lo incluye en su antología de la novela picaresca española por «la técnica autobiográfica del mozo de muchos amos, pero dentro de un diálogo entre seres animales, lucianesco y fantás-

---

[1] Salvo otra indicación, se citarán: MIGUEL DE CERVANTES SAAVEDRA, *El casamiento engañoso* y *Coloquio de Cipión y Berganza,* en *Novelas ejemplares,* vol. II, ed. y notas de Francisco Rodríguez Marín (Clásicos Castellanos, 36), Madrid, 1917; CIRO ALEGRÍA, *Los perros hambrientos,* Ed. Hispanoamericanas, París, 1962.

tico, de plena *superpicaresca*», añadiendo que «Berganza es un auténtico pícaro en cuanto narra sus aventuras con diversos amos, pero, a diferencia de la fatalista pasividad de los hombres en otras novelas, su picardía va tinta de sed de justicia, incluso quijotesca, y llena un sentido socialmente revolucionario, en el bueno y afirmativo sentido del término. Dentro de la inocencia del bruto, Berganza actúa dentro de la moral más estricta, e incluso, en detalles con una idealización remedo de lo caballeresco» [2].

Según Laín Entralgo, «Un perro de buena ley, en suma... Berganza, perro de andar y ver, de acción y visión... con su honrada voluntad de servicio y una punta de leve picarismo por todo arreo, salta, despedido por el medio, de una situación vital a otra» [3]. A su vez, Rufino José Cuervo admite que «en el *Coloquio* que tuvieron los dos perros Cipión y Berganza, el paso sucesivo de un amo a otro recuerda la trama fácil de las novelas picarescas; pero ahí para la semejanza, porque los dos perros no son pícaros, antes bien son gente buena, si la hay» [4].

Es, de cierta manera, también la opinión de Américo Castro [5], corroborando éste el juicio de Menéndez Pelayo: [6] «Creo que la más fina observación que Menéndez Pelayo hizo acerca de Cervantes se refiere a la infinita distancia que establece entre aquél y la novela picaresca... Es innegable que hay un equívoco cuando se habla de Cervantes como autor picaresco. Ese equívoco se refleja en la vaguedad de las opiniones cuando llega el momento de considerar este punto, o en el error manifiesto de aquéllas. Las resumiríamos así: Cervantes escribió novelas picarescas; escribió algo parecido, pero no propiamente picaresco, diferente de aquéllas por la perfección del estilo; en fin, Cervantes no escribió novelas picarescas, pensó escribir una, siguiendo la moda, y fue gran lástima que no lo hiciera... *Danse* en la obra cervantina, parcial y externamente, ciertos elementos de novela picaresca. Por lo pronto hay pícaros... Pero esos pícaros son siempre objeto de las manipulaciones artísticas del autor, que los maneja como figuras de retablo... El pícaro es, pues, *un objeto* en manos de Cervantes, subordinado a su compleja visión del mundo... el autor no nos abandona nunca en manos de ningún pícaro; Cipión y Berganza dominan los seres que tratan moral y artísticamente. Si por su carácter autobiográfico la genial no-

---

[2] *La novela picaresca española,* estudio preliminar, selección, prólogos y notas por Angel Valbuena Prat, Ed. Aguilar, Madrid, 1968, pp. 42 y 46, respectivamente.

[3] PEDRO LAÍN ENTRALGO, *Coloquio de dos perros, soliloquio de Cervantes,* en *La aventura de leer,* 2.ª ed., Espasa-Calpe, Madrid, 1964, pp. 140, 141 y 143, respectivamente.

[4] CERVANTES, *Cinco novelas ejemplares,* prólogo de Rufino José Cuervo, ed. Bibliotheca Romanica, Estrasburgo, 1905, p. 15.

[5] AMÉRICO CASTRO, *El pensamiento de Cervantes,* ed. Revista de Filología Española, Anejo VI, Madrid, 1925, pp. 230 y ss.

[6] MARCELINO MENÉNDEZ PELAYO, *Cultura literaria de Cervantes,* citado por A. Castro, *op. cit.,* p. 230.

velita recuerda la traza de la novela picaresca, la analogía no pasa de la superficie... Y basta para que se note la esencial diferencia entre el *Coloquio* y la novela picaresca, tanto estética como ideológicamente... Rasgos sueltos de apicaramiento que acá y allá se encuentran cabrían dentro de explicaciones semejantes: surgen como contraste, como detalle que da variedad a la acción... En conclusión: presentar pícaros o rozar motivos picarescos es cosa que nada tiene que ver con escribir una novela picaresca... El espíritu inquieto y ascendente de Cervantes no hubiera podido reposar en la visión que un mozo de muchos amos proyectaba sobre la vida. Un pícaro, ser andariego y a su hora divertido, era un tema para ser tratado como a Cervantes conviniera, bajo luz humorística o moralizadora, o sencillamente tomando como espectáculo su activa exterioridad, con gran cuidado de que nunca hable en serio y por su cuenta. Lo que el pícaro piense no interesa a Cervantes». El mismo parecer es el de Casalduero, al afirmar ése que «en varias obras roza Cervantes el género picaresco sin querer entrar en él» [7]. Por fin, Belic concluye que «en efecto, *El coloquio* es considerado a veces como una novela picaresca «sui generis», y aunque no lo es, tiene algunas de sus características» [8].

En cambio, *Los perros hambrientos,* novela de Ciro Alegría, presenta aún menos elementos concomitantes, tanto formales como los surgidos en el plan del contenido, para que pudiéramos aparentarla al género picaresco. Esta constatación se muestra certera siempre que la obra quede enfocada sólo de un modo global, pero, al intentarse una aproximación más minuciosa a los personajes caninos contenidos en la narración del peruano, se echan de entrever considerables similitudes relativas al método que ambos, tanto Cervantes como Ciro Alegría, emplean con el propósito de construir sus universos novelísticos, parcialmente picarescos, en los que, junto a los seres humanos, conviven —e incluso, a veces, dictando el tono general de las obras en cuestión— unos perros, es decir, los seres irracionales.

Negándome en absoluto a ir atribuyendo, o hasta suponiendo, la posibilidad poco verosímil de que Alegría se inspirase directamente en Cervantes, aunque fuera de una manera más que remota o superficial, opino que, en este caso, algunas analogías, aparecidas alrededor del temario perruno, se deben pura y sencillamente a meras coincidencias inherentes a ciertas influencias literarias procedentes acaso de unas fuentes comunes y, sobre todo, de algunas vicisitudes de sus respectivas vidas personales.

* * *

---

7 Joaquín Casalduero, *Sentido y forma de las Novelas Ejemplares,* ed. Gredos, Madrid, 1962, pp. 43-44.

8 Oldrich Belic, *La estructura de «El coloquio de los perros»,* en «Romanística Pragenesia» (Praga), IV, 1966, p. 6.

Interpolado en un otro coloquio, éste entre dos seres humanos
—a saber: el alférez Campuzano y el licenciado Peralta, que son los
dos interlocutores del *Casamiento engañoso*—, *El coloquio de los
perros* tiene lugar en el vallisoletano Hospital de la Resurrección.
Después de haber sudado las «catorce cargas de bubas» que le
había echado a cuestas, como recuerdo de una alucinante aventura
picaresca, la doña Estefanía de Caicedo en sueños y medio desvelado y atento, con «delicado el juicio, delicada, sotil y desocupada
la memoria (merced a las muchas pasas y almendras que había comido)»—, tuvo la oportunidad de sorprender la maravillosa conversación nocturna de los dos canes de Mahudes.

No será acaso totalmente desprovisto de cierto interés notar el
hecho de que la inspiración y la idea principal a las que se debe
la factura de *Los perros hambrientos*, hubiera que trazarlas tomando
como su punto de arranque también un ambiente hospitalero. En
el caso de Ciro Alegría, se trataba de una embolia. «Una burbuja
subió desde la pleura al cerebro. El pequeño émbolo de aire impidió la circulación sanguínea y caí muerto. No en definitiva, por
lo visto, porque a las dos horas resucité. Pero estaba ciego y con
medio cuerpo paralizado.» En su lecho de enfermo, el novelista
se empeña en dar forma a una obra literaria. «Con la noche solían
aullar algunos perros encerrados en la caseta ubicada en medio del
pinar que rodea el sanatorio. Eran broncas sus voces pero una de
ellas, débil, pequeña, alargaba su agudo acento. Su lamento nocturno martillaba mis oídos con una incansable pertinacia. Y entonces recordé. En los tiempos lejanos, siendo un niño de cuatro
o cinco años, había escuchado yo voces parecidas a la pequeña y
aguda, mientras la sombra ceñía apretadamente la cordillera andina.
Había escrito también un cuento llamado *Los Perros Hambrientos*.
Viendo el asunto con más amplitud, una novela saldría de allí» [9].

Cervantes, empero, con su pluma está pintando «un cuadro pa-
norámico de la España de entonces, con sus tipos más representativos, con sus lacras y vicios, y no confiando en la sinceridad de los
hombres, encomienda a los canes que en un nocturno diálogo hablen
por él, fiscalicen a aquella sociedad y vuelven finalmente por los
fueros de la verdad. Pero este *Coloquio* requiere un prólogo, una explicación más o menos fantástica del inaudito y maravilloso hablar
de dos canes» [10]. He aquí esclarecida la interdependencia estructural
y arquitectónica del *Coloquio de los perros* y del *Casamiento engañoso*. «Es, claro está, una sola novela, no dos; el primer título

[9] CIRO ALEGRÍA, *Novela de mis novelas*, «Sphinx» (revista del Instituto
Superior de Lingüística y Filosofía de la Universidad de San Marcos, Lima),
año II, núm. 3, citado por Henry Bonneville en su artículo *L'indigénisme littéraire andin*, «Les Langues Néo-Latines» (París), núm. 157, abril 191, pp. 32-
33; y, también, en su prólogo a *Los perros hambrientos*, ed. Hispanoamericanas, París, 1962, pp. 12-13.

[10] AGUSTÍN GONZÁLEZ DE AMEZÚA Y MAYO, *Cervantes, creador de la novela
corta española. Introducción a la edición crítica y comentada de las Novelas
ejemplares*, vol. II, Madrid, 1958, p. 388.

destaca el episodio que sirve de introducción y que da la tónica de conjunto, mientras el segundo subraya la forma dialogada del cuerpo principal de la obra»[11]. Cervantes y también Ciro Alegría tienen en común procedimientos casi idénticos, que consisten en fundar la narración esencialmente en los perros y en admitir a los seres humanos en segundo lugar o tan sólo como trasfondo o hasta como máximo, introducirlos en plan de protagonistas en nada privilegiados con respecto a los animales. A juzgar por la confesión del propio Alegría, «así una novela planeada sobre perros, fue dando ingreso, página a página, a los hombres»[12]. Al fin y al cabo, como es natural, los hombres llegaron a dominar.

* * *

¿Quiénes son esos perros? En Cervantes, son «dos perros que con dos lanternas andan de noche con los hermanos de la Capacha, alumbrándoles cuando piden limosna... si acaso echan limosna de las ventanas y se cae en el suelo, ellos acuden luego a alumbrar y a buscar lo que se cae, y se paran delante de las ventanas donde saben que tienen costumbre de darles limosna; y con ir allí con tanta mansedumbre, que más parecen corderos que perros, en el hospital son unos leones, guardando la casa con grande cuidado y vigilancia... uno se llama Cipión y el otro Berganza...» (pág. 202). Comúnmente los llaman «los perros de Mahudes». Son los dos únicos canes que llevan nombres y que intervienen a lo largo de la novelita como interlocutores, uno de ellos siendo el protagonista principal, mientras todos los demás representantes de la especie canina conservan su anonimato de animales desprovistos del talento hablador y, en consecuencia, hay que considerarlos como animales irracionales en absoluto. Al contrario, en épocas distintas de su vida, Berganza aparece apodado hasta con tres *alias* más; Gavilán, Barcino y Montiel. Del otro perro, Cipión, y de sus aventuras no se sabe casi nada porque así lo quiso el autor. Tampoco pierde palabras Cervantes en las descripciones de sus perros. Y ¿por qué lo haría?, si son los canes mismos los que hablan.

Por su parte, el autor peruano introduce unos perros de una morfología inconfundible: «El alargado cuerpo, cubierto de plomizo y denso pelambre, se levantaba tres cuartas sobre el suelo. Era coposa la cola. Las delgadas y lacias orejas, siempre alertas, se erguían ante la menor novedad. El hocico agudo era capaz de oler un rastro de diez días. Los colmillos de reluciente blancura podían romper un madero» (pág. 35).

Berganza, el individuo que vio el sol en el matadero de Sevilla, a fuer de pícaro cumplido, no tiene *pedigree* y opina que sus «padres debieron de ser alanos de aquellos que crían los ministros de

11 J. CASALDUERO, *op. cit.*, p. 237.
12 *Los perros hambrientos*, prólogo de H. Bonneville, p. 13.

aquella confusión, a quien llaman jiferos» (pág. 215). Alegría, en cambio, afirma que los perrillos de Simón Robles «provenían de Gansul, de la afamada cría de don Roberto Poma» (pág. 33). Una genealogía bien establecida y digna por cierto, aunque, inmediatamente y a no dejar lugar a duda alguna, se echa de ver que esa aparente nobleza canina resulta ser desde luego menos linajuda y que, también, comporta un no sé qué de abolengo plebeyo y de mestizajes bastardos con certeras e inconfundibles ascendencias picarescas. «¿Raza? No hablemos de ella. Tan mezclada como la del hombre peruano. Esos perros esforzados que son huéspedes de la cordillera andina no se uniforman sino en la pequeña estatura, el abundante pelambre y la voz aguda. Suelen ser plomos, como negros, rojizos, bayos o pintados. Su catadura podría emparentarlos con el zorro, pero sin duda alguna se han cruzado con el viejo alco familiar al incanato. Esta especie de perro, a la que se juzga desaparecida, seguramente late aún en el can de hoy, mestizo como su dueño, el hombre. Ancestros hispánicos y nativos se mezclaban en Wanka y Zambo, tal como en el Simón Robles y toda la gente atravesada de esos lados» (pág. 35).

Ciro Alegría confiere a sus perros un estado y una vida social y —además— sin extraerlos de su categoría animal, atribuyéndoles ciertas cualidades que, ya de antemano, los situarían dentro de la esfera de lo inverosímil. Todos, hasta aquellos que juegan un papel de meras comparsas, también tienen nombres propios. Con mucho esmero inventan los indios nombres pintorescos, a veces incluso mitológicos, para sus canes. Adviértase, por otro lado, el laconismo con que Cervantes menciona este particular: «Andad, Gavilán, o como os llamáis...» (p. 220); «y asimismo me puso nombre, y me llamó Barcino» (p. 223); «y para poder conoceros, a todos los perros que veo de tu color los llamo con el nombre de tu madre, no por pensar que los perros han de saber el nombre, sino por ver si respondían a ser llamados tan diferentemente como se llaman los otros perros» (p. 294).

Zambo, así como Wanka y sus numerosos vástagos —entre otros: Güeso, Pellejo, Mañu (a los que fue reservada una posición central en la narración) y, luego, Güendiente, Máuser, Tinto, Chutín, Shapra (que tienen un papel más bien episódico)— son todos perros de carne y hueso que establecen relaciones distintas con otros canes de su raza, con Güenamigo, Manolia y Rayo. Llegan incluso a formar verdaderas familias, teniendo cada uno su vida privada. «Y cierta noche en que Wanka y Shapra deambulaban fuera del redil, vieron pasar, con talante de llevar rumbo fijo, a Manolia y Rayo. Los conocían bien. Shapra sobre todo. El, Zambo y Pellejo, tiranos de la región, cesaban las hostilidades cuando Manolia —que pertenecía, tanto como Rayo, a un campesino de la vecindad— despedía un olor que emocionaba y hacía hervir la sangre. Entonces hacían las paces y Manolia era dócil. De lo contrario, los tiranos mordían y correteaban a cuanto perro se cruzara en su camino, excepción hecha de Raffles y toda la población aleve de la casa grande» (pp. 85-86).

La confrontación social con los de otra raza o, mejor dicho, con los *enemigos de clase*, viene descrita de un modo bastante parecido en los textos del alcalaíno y del peruano. Cuenta Berganza que la aristocrática y anónima perrilla de falda «cuando me vio, saltó de los brazos de su señora y arremetió a mí ladrando, y con tan gran denuedo, que no paró hasta morderme de una pierna. Volvíla a mirar con respecto y con enojo, y dije entre mí: "Si yo os cogiera, animalejo ruin, en la calle, o no hiciera caso de vos, o os hiciera pedazos entre los dientes." Consideré en ella que hasta los cobardes y de poco ánimo son atrevidos e insolentes cuando son favorecidos, y se adelantan a ofender a los que valen más que ellos» (p. 338). En la novela de Alegría, a cada momento late una acusada desproporción racial y social. «De las peñas situadas ascendiendo el cerro, un poco más arriba de sus lares, rebotaban los ladridos lanzados por los enormes perros de la casa grande. Nuestros amigos pusieron mucha furia en los suyos, pero nunca pudieron salirles tan gruesos y terroríficos, y los cerros les devolvieron solamente agudos acentos» (p. 35). La representación del conflicto directo, empero, llega a ser muchísimo más violenta: «Y un día llegó por allí cabalgando su mula bruna y seguido de Raffles, don Cipriano Ramírez, hacendado de Páucar... Raffles era un perro amarillo de imponente estampa. Tinto, el muy osado, se atrevió a gruñirle, Raffles lo tiró al suelo de una sola pechada, mostrándole los colmillos. El caído comprendió su error y se rindió levantando las patas y aovillándose. Pero Raffles no conocía el perdón. De una dentallada le quebró el gañote» (p. 37).

* * *

Harto sabido es que, a lo largo de su carrera vital, el pícaro se hace mozo de muchos amos, mientras que aquí —en las obras propuestas para el análisis— aparecen unos perros de muchos amos, brindando varios rasgos característicos que tienen en común con su congéneres humanos. A través del *Coloquio* entero, seguimos a Berganza sirviendo a toda una serie de personas pertenecientes a diferentes clases sociales y conviviendo en ambientes distintos. ¿Cuál fue, pues, su fórmula para encontrar a un hombre adecuado? Es la pregunta que le hizo Cipión, no sin agregar algunas palabras bien amargas sobre las condiciones y disposiciones de los amos. «A lo que me preguntaste del orden que tenía para entrar con amo, digo que ya tú sabes que la humildad es la base y fundamento de todas virtudes, y que sin ella no hay alguna que lo sea» (p. 234). A continuación, el buen perro desarrolla una descripción detallada de su método, fundado exclusivamente en esa virtud. La trayectoria de Berganza, perro de varios dueños, está marcada por estos jalones: nace en el matadero de Sevilla, donde, bajo el nombre de Gavilán, sirve al jifero Nicolás el Romo; cambiando su nombre por Barcino, pasa a servir a unos pastores; se encuentra luego en Sevilla, en casa de un mercader; volviendo a adoptar otra vez el *alias* de Gavilán, asciende a ayudante del alguacil; con atambor de tropa, sustituido éste por una tribu de gita-

nos, lleva vida ambulante; entra en la huerta de un morisco grañadi-
no; cierto período convive con un autor de comedias y, al fin, bajo
el nombre de Berganza, lo vemos asistir al buen cristiano Mahudes
y residir en el Hospital de la Resurrección en Valladolid. Ni decir tiene que, aparte de esos amos principales y reconocidos como tales
por el perro mismo, se mencionan también algunos otros personajes
comparsas, cuyo papel es de suma importancia para la narración, a
saber: el dueño del hato, el asistente de justicia Sarmiento de Valla-
dares, los jesuitas, la Cañizares, el poeta, los cuatro enfermos, etcétera.

Los canes del peruano asimismo prestan sus servicios a varios dueños, si bien cabe notar que el pasaje de un amo a otro no suele ser
tan brusco ni tan fácil como en el texto cervantino, y esto debido al
hecho fundamental de que Ciro Alegría, en su narración, jamás se sale
de lo real, de lo verosímil, caso que no se da siempre en Cervantes,
cuyo héroe canino es de pasta sumamente individualista y va empujado por principios morales. En *Los perros hambrientos,* parangonan-
do el universo humano, paralelamente existe también un mundo canino, cuyos moradores tienen una intensa vida social. Los seres humanos, con los que conviven o sólo entran en casuales contactos, no aparecen movidos por el gratuito azar perruno, fruto éste de la pura imaginación novelística. Arrancando de unas situaciones vitales, pinceladas
de una mano certera y a base de unas probabilidades reales, en Alegría, los que escogen y gobiernan los destinos animales son generalmente
mente los hombres. Compárese, por ejemplo, la actitud de Berganza,
prueba patente de su libre albedrío: «servía bien, queríanme luego
bien, y nadie me despidió, si no era que yo me despidiese, o, por mejor decir, me fuese» (p. 235), con la descripción del rapto de Güeso
cometido por los dos bandoleros, que lo consiguieron únicamente a
fuerza de muchos latigazos, de modo que hubo que transcurrir bastante tiempo antes que el perro mostrara cariño a sus nuevos patronos. Ciro Alegría, por tanto, no pasa revista de un gran número de
amos que cada uno de sus perros llegaría a tener a lo largo de su
vida, y eso por la sencilla razón de que los canes, comprendidos como
una entidad, se encuentran divididos ya entre varios hombres que los
poseen a título de bienes muebles y así sujetos a compra, venta o trueque. Además, Cervantes cuenta la vida de un solo perro, mientras que
en la obra del peruano hay varios perros, sustituyéndose lo que yo
llamaría —por falta de unos términos más apropiados— la narración
picaresca tradicional y de tipo *lineal* por la otra, menos frecuente, siendo ésta de índole *radial.* El primer procedimiento limítase a observar, de una manera más o menos rigurosa, la ordenación cronológica de los hechos relatados, mientras la segunda técnica hace posible un
enfoque simultáneo de varios hechos o personajes. Casi todos los perros descritos por Alegría pertenecían al campesino cholo Simón Robles y a su familia. A Mañu, Robles lo regaló a su yerno. Güendiente estuvo destinado a un repuntero de vacas y caballos. Máuser y
Chuto o Chutín pararon en casas de hacendados, mientras Güeso pasó

a ser perro del bandolero Julián Celedón. Vista la relativamente escasa complejidad de la sociedad humana en que se desarrolla la acción de la novela, será lícito sacar la conclusión de que el autor ha logrado colocar a sus protagonistas animales en sitios más privilegiados para facilitar una observación y una comparación a la vez precisas y objetivas.

* * *

Pícaro también suele ser mozo de muchos oficios, porque las numerosísimas peripecias de la vida le fuerzan a ganársela de mil maneras distintas. Forzoso es que lo mismo se cumpla en el caso de perros de muchos oficios. Como los amos suelen ser de condiciones y profesiones distintas, es natural que sus perros adopten también carreras profesionales muy diversas. Sucesivamente, Berganza llega a desempeñar papeles tan disparatados como los de: perro jiferro en el matadero sevillano, salido todo un águila —según confiesa— en eso de maltratar a las reses y llevar en su boca una espuerta llena de carne hurtada; perro pastor de ovejas; perro guardián de casa de un mercader y, luego, compañero alegre que iba distrayendo a los estudiantes; perro de ayuda, asistiendo a un alguacil truhán y ladronesco; perro sabio, actuando en espectáculos pueblerinos organizados por el atambor y, también, por los gitanos; perro de guardia en la huerta del morisco; perro actor de entremeses y, finalmente, perro alumbrador del buen fraile en sus nocturnas colectas de limosna para el Hospital. Berganza tiene plena consciencia de los reversos de su destino: «Considera, Cipión, ahora esta suerte variable de la fortuna mía: ayer me vi estudiante, y hoy me ves corchete», a lo que Cipión reacciona añadiendo unas palabras preñadas de filosofía resignada: «Así va el mundo, y no hay para que te pongas ahora a exagerar los vaivenes de fortuna, como si hubiera mucha diferencia de ser mozo de un jifero a serlo de un corchete» (p. 260).

En Alegría, la mayoría de los personajes animales y caninos son perros ovejeros ayudando a sus dueños a guardar los rebaños por la puna andina. Tal es, pues, el oficio de Zambo, Wanka, Pellejo y, también, de Güeso antes de que éste se convirtiera en perro de bandolero. «Sabían su oficio. Jamás habían inutilizado un animal e imponían su autoridad a ladridos por las orejas. Sucede que otros perros innobles a veces se enfurecen si es que encuentran una oveja terca y terminan por matarla. Zambo y los suyos eran pacientes y obtenían obediencia dando una pechada o tirando blandamente del vellón, medidas que aplicaban sólo en último término, pues su presencia ceñida a un lado de la oveja indicaba que ella debía ir hacia el otro, y un ladrido por las orejas, que debía dar media vuelta» (p. 29). Berganza, que luego tendrá también experiencias con ovejas, en el matadero hace todo lo contrario: «este tal Nicolás me enseñaba a mí y a otros cachorros a que, en compañía de alanos viejos, arremetiésemos a los toros y les hiciésemos presa de las orejas. Con mucha facilidad salí un águila en esto» (p. 215). Más parecidas a esas bravatas son las fae-

nas que corren a cargo de Güendiente y de otros perros vaqueros pertenecientes a los repunteros de ganado vacuno y caballar. Güeso que,
junto con Güenamigo, sirve a cuatreros y bandoleros, también tuvo
que aprender todos los secretos de ese oficio doble. «Güeso, desde
luego, no arreó ya ovejas. Hubo de entenderse con vacas. Unas eran
ariscas, otras mansas, pero todas remoloneaban para tomar el camino
y se volvían frecuentemente contra el ladrador. Además, no entendían
el lenguaje a que Güeso estaba acostumbrado. Al ladrarlas por las orejas, embestían. Pero Güenamigo fue un maestro eficaz, y Güeso hizo
el descubrimiento de la jeta y las corvas. El aprendiz recibió muchas
coces y cornadas, pero rápidamente se perfeccionó en el difícil arte
de mordisquear las corvas y sostener la jeta eludiendo las contundentes respuestas de las agredidas. Pero, generalmente, con ladrar a cierta distancia obtenía la marcha del animal, lo que, como ya hemos
apuntado, no pasaba cuando lo hacía de muy cerca. Entonces la vaca,
exasperada, se detenía y estaba midiendo y embistiendo al perro mucho rato. El Julián o el Blas intervenían en ese momento repartiendo
latigazos y regañando a Güeso por retardar la marcha. Pero Güeso
acabó por darse cuenta cabal de todas las necesidades y la tropa avanzaba rápidamente» (p. 73).

Shapra y Tinto son perros guardianes de casa. Los más canes, entre ellos Mañu, alternan ora vigilando la casa ora cuidando de ovejas. Chutín, pluriempleado también, incluso aprendió a cazar perdices.
Pues el único perro sin oficio definido es Máuser, cuya curiosidad torpe le hizo perder la vida en una explosión de dinamita.

* * *

Desde siempre compañera inseparable de todo pícaro, el hambre
es su *alter ego* y su *spiritus movens,* así que, sin las hambrunas eternas que constituyen unos tópicos temáticos, no fuera siquiera posible
imaginarse una obra picaresca cualquiera. Por definición casi, pícaro
es un ser hambriento, ya que el hambre agúzale la astucia. En suma,
basta recordar las sugestivas y, con respecto a ese particular, las más
que instructivas andanzas de *Lazarillo de Tormes.* Ahora bien, la verdad es que, en el *Coloquio* cervantino, se alude al hambre con moderación discreta. Berganza apenas hace mención de ella algunas pocas
veces, y de una manera muy esquemática, empleando escasas palabras
para pintarla: «Digo, en fin, que volví a mi ración perruna, y a los
huesos que una negra de casa me arrojaba, y aun éstos me dezmaban dos gatos romanos; que, como sueltos y ligeros, érales fácil quitarme lo que no caía debajo del distrito que alcanzaba mi cadena» (p.
247); «sin ellas se me apretarían las ijadas y daría de mastín en galgo» (p. 253); «alzóseme con la ración y los huesos, y los míos poco a
poco iban señalando los nudos del espinazo» (p. 258); «sustentábame con pan de mijo y con algunas sobras de zahinas» (p. 319); «grande es la miseria de los poetas; pero mayor era mi necesidad, pues me
obligó a comer lo que él desechaba» (p. 323); «sobró en mí la ham

bre, tanto, que determiné dejar al morisco y entrarme en la ciudad a buscar ventura, que la halla el que se muda» (p. 324).

No cabe la menor duda de que la novela de Ciro Alegría, amén de otras conclusiones, pudiera interpretarse también como «la trágica cantata del hambre» [13]. Nótase en la obra un crescendo del hambre, tanto humana como canina, para acabar el relato recobrando al fin unas proporciones de cataclismo. La graduación será paulatina, empezando por lo que se pudiera definir como una subalimentación general. «Porque lo que comió siempre —cuando comió—, durante el resto de su vida, fue maíz molido o también shinte, comida típica que es un aguado revoltijo de trigo, arvejas y habas, donde las papas juegan el papel de islas solitarias. Verdad que también pudo, cuando los hados eran muy propicios, roer un hueso. Mas era frugal como todos los de su raza y sus mismos dueños, conformándose alegremente con lo que había» (p. 45). En los extremos, el hambre puede llegar incluso a incurrir en canibalismo.

«El animal ama a quien le da de comer. Y, sin duda, pasa lo mismo con ese animal superior que es el hombre, aunque éste acepte la ración en forma de equivalencias menos ostensibles. De allí el antiguo gusto por los amos. Y seguramente el sentimiento de la querencia no es otra cosa que el recuerdo físico, la adhesión primaria a la tierra, el agua, el aire y todas las cosas que hicieron vivir. Después de todo, el hambre es una contingencia vital y así resulta completamente lícita la búsqueda del alimento. Pero el animal de presa se ha acobardado, la aspereza del camino le royó las garras y la zarpa tornóse cuenco. En una ligera vuelta de la muñeca se encuentran condensados muchos capítulos de la historia» (p. 135). Sin embargo, con el recrudecer del hambre y por falta de comida, los hombres no suelen ir criando, sino —más bien— prefieren arrojar los vástagos perrunos. Los canes, a su vez, se vuelven dañinos. «Fue corriendo y no quiso creer lo que pasaba. Habían muerto una oveja y se la estaban comiendo. Regañó a los perros, gesticuló, alzó la rueca, pero todo fue en vano. A sus gestos y voces respondían con gruñidos sordos y seguían atragantándose vorazmente. Ya no era la dueña quien daba de comer. Era la que quitaba» (p. 136). Amparados por la oscuridad de la noche, hasta se atrevieron a cometer una incursión en los maizales pertenecientes al hacendado y bien defendidos por trampas, por toda una jauría de grandes perros caseros y por guardias armados con garrotes y fusiles. Después de quedar suprimida la benéfica protección humana, fue forzoso que los perros se encontraran en posición de forajidos. «Recordó el Simón que en la pasada hambruna, cuando los perros comenzaban a devorar el ganado, había que matarlos o echarlos, pues, de lo contrario, lo hacían siempre que tenían hambre» (pp. 137-138).

Enfurecidos por la caninez, perdido ya el miedo, los animales hicieron una verdadera invasión de la casa-hacienda. Pero el hombre les iba reservando otro subterfugio —el veneno—, combinándose éste

---

[13] *Los perros hambrientos*, prólogo de H. Bonneville, p. 13.

con el canibalismo perruno, de modo que las víctimas se multiplicaron. «Otros también comieron a sus hermanos, y así la tarea de don Cipriano multiplicó sus efectos. Pero no en balde hay ojos alertas y seguro instinto. Muchos se abstuvieron cautelosamente y se salvaron. Si es que podemos llamar salvarse el hecho de esperar muerte a largo plazo o retrasar el encuentro de un bocado también traicionero. El hacendado seguía esparciendo pedazos de carne fresca» (p. 162).

* * *

Con el cundir del hambre, según apunta Ciro Alegría, «comenzaron a deslindarse fronteras entre hombres y animales, y entre hombres y hombres, y animales y animales» (p. 135). Estos últimos límites, en *Los perros ·hambrientos,* son los que demarcan una línea divisoria entre el perro, animal acompañando al hombre en casi todas las actividades de su vida cotidiana, y otros animales, tanto domésticos como salvajes, que en la existencia humana —al menos, en esta novela— juegan un papel no tan destacado y, a veces, incluso accidental. Si bien es certero que, entre todos los animales, en este relato un lugar privilegiado está reservado a los perros, no es menos cierto que la descripción se limita a rasgos sobriamente genéricos y esenciales. El dramatimo de las relaciones inter-animales no se funda tanto en sus dimensiones agónicas ni en la relativa riqueza de la fauna descrita, cuya presencia se nos indica, sino que las verdaderas proporciones recobra, pues, en función de la dependencia y solidaridad canina con respecto al hombre. Aquí está la clave del problema, porque el comportamiento de los perros, tanto de la especie entera cuanto de sus individuos tomados aisladamente, se armonizará compasadamente y siempre a partir del hombre como punto de referencia. Los hombres son los que escogen la futura carrera vital para sus perros, preparándoles entonces el destino de pastores de ovejas o vacas, de guardianes o en vista de suplir en cualquier otro oficio o menester, ya según sus propias necesidades, y así los educan. «En medio de sus sombras infantes, lactaron allí de unos pezones tiesos y pequeños durante muchos días. El hombre, ayudado por la ceguera, niega al perro pastor la teta materna y le asigna la ovejuna. El perro crece entonces identificado con el rebaño» (p. 33). Luego, guarda ovejas o rodea vacas. Mas, cuando, debido a la hambruna, se rompe el tácito contrato entre el hombre y el can, éste se vuelve primero contra los demás animales confiados a su cuidado. «¿Qué fiebre súbita le caldeó el cuerpo y la aventó sobre el descuido y la inocencia de su víctima? Olvidó las viejas y maternales tetas. De una pechada tumbó a la oveja y ésta no tuvo tiempo ni de balar, pues un feroz mordisco le rompió el cuello» (p. 136). Deja de existir el equilibrio de convivencia, sostenido a base de las costumbres establecidas y las necesidades mutuas. «Habían sido criados para cuidar, su vida entera lo hicieron, y de pronto dieron, sin comprenderlo casi, la muerte. Sin duda una nueva actitud tomaría el hombre... Cuando cayó la noche, los perros se reunieron y trataron, una vez más, de volver, de ganar nuevamente al hombre o la casa o por lo menos el redil para sí. Y no porque en ese momento pensaran en seguir comiéndose las ovejas. Pero velaba el hombre» (p. 137). Entre los demás animales, aparte de los domésticos y, también, de las perdices y vizcachas que son de vez en cuando presa de sus exploraciones cazadoras, los perros indígenas tienen encuentros casuales con los dañinos —pumas, zorros, un que otro canchaluco—, y asimismo con cóndores y gallinazos, aves que son presagio funesto de la muerte, tanto animal como humana.

En el *Coloquio* cervantino, está platicando Berganza con su congénero Cipión, éste igualmente perro descomunal como lo es también su interlocutor. Por sus dones de habla y de razonamiento, estos dos seres, bien que cinomorfos, no son chuchos de carne y hueso, encontrándose estos dos super-canes a mitad del camino entre hombres y animales. Resulta, pues, que poco en común tienen con éstos últimos. Debido a puro azar y en sucesivas aventuras, entra Berganza en contacto con las vacas en el matadero, maltrata los toros; guarda ovejas y, junto con otros perros pastores, caza al lobo que apenas divisan; dos gatos romanos le hurtan la comida, y, por fin, la perra faldera le da un mordisco. Pero estas pocas relaciones en el plan inter-animal, aparentemente, no pasan de la superficie, ya que otros vínculos, más sutiles y profundos, conectarán los canes con los seres humanos.

* * *

¿Cuál es entonces la relación entre perros y hombres en las dos obras propuestas al cotejo? Ni decir tiene que el *Coloquio de los perros* viene interpolado, a título ejemplar, en un otro coloquio que pasa entre los hombres. Uno de ellos, el alférez Campuzano, relata sus tristes experiencias, que revelan muchas concomitancias con la picaresca y, por tanto, con un mundo al margen de la sociedad humana. Por otro lado, valiéndose Cervantes de unos animales fuera de serie —de dos super-canes, a ser más exactos—, procede a una comparación implícita y, en algunas páginas, hasta explícitamente con las figuras pertenecientes a la humanidad. En consecuencia, se da el caso de un parangón narrativo; se hace hincapié en las vidas paralelas del alférez Campuzano y del perro Berganza, vidas que transcurren cada una en su plan propio. Así se forman dos oposiciones binarias, cuyas ambas partes son bimembres (Campuzano / Peralta: Berganza / Cipión), repartiéndose en dos planes: plan humano / plan infra-humano [14]. Además, Cervantes construye su obra en la ejemplaridad, ya que los canes, presentados con un grado considerable de abstractización, aparecen en función de una narrativa medio imaginaria y de un valor universal. A lo largo del *Coloquio*, Cervantes varias veces insiste en que no se trata de perros comunes, encontrándose los suyos en pose-

---

[14] Cf. Maurice Molho, prólogo a la edición bilingüe en español y en francés del *Casamiento engañoso* y *Coloquio de los perros*, ed. Aubier-Flammarion, París, 1970, p. 70.

sión del maravilloso don del habla. Los canes, a su vez, no dejarán de ir comentando a cada paso esta su inaudita ventaja que los eleva por encima de su especie perruna. Además, admitiendo en el seno de la narración la posibilidad de la intervención sobrenatural de una hechicera, es decir, al insinuar Cervantes que Berganza y, tal vez, Cipión también pudieran ser hijos de la Montiela, convertidos luego en cachorros por la Camacha, se explica en parte la maravillosa virtud parlera de los dos perros. Mas, por otra parte, con la introducción del mundo hechiceril y brujeril, se embrolla al extremo el enigma de su condición doble de caninos o humanos. Esta última ellos la rechazan clara y abiertamente. Declara Cipión: «con perdón sea dicho, si acaso es nuestra madre de entrambos, o tuya; que yo no la quiero tener por madre» (p. 311), y Berganza concluye: «vengo a pensar y creer que todo lo que hasta aquí hemos pasado, y lo que estamos pasando, es sueño, y que somos perros; pero no por esto dejemos de gozar deste bien de la habla que tenemos y de la excelencia tan grande de tener discurso humano todo el tiempo que pudiéramos» (p. 312).

Ahora bien, ¿por qué la infra-humanidad está representada por dos perros? En el pensamiento humano el can es un animal contradictorio. Imagen y símbolo de fidelidad, sirve al hombre en caza, habita y guarda su morada; su bajeza animal, templada por su ligazón al dueño, lo sitúa, dentro de la familia a que pertenece, en márgenes de la humanidad. Con estar más cerca del hombre, está más alejado también, porque por más cercano que esté, no por eso deja de ser perro, confinado a su natural inferioridad. Así, para rebajar a su prójimo, basta identificarlo con el perro [15]. Nótase este procedimiento de identificación degradante al referirse Berganza a la esclava negra, tratándola de «mi perra» (p. 258). Incluso después de que Berganza y Cipión convinieran en las cualidades caninas en general, de vez en cuando a Berganza se le escapa alguna que otra comparación antropomorfa, a modo de «como si fuera persona» (p. 215). La identificación puede ir hasta más lejos; acabando Cipión de mentar a Jesucristo, Berganza se le encomienda, lo que irritará un poco a Rodríguez Marín, así que apostillará: «Cervantes se olvida tal cual vez de que son perros sus interlocutores... ¿No será demasiado encomendarse los perros al Salvador del mundo?» [16]. Una vez se le ocurrió a Berganza la idea de conversar con un hombre, pero «digo que queriendo decírselo, alcé la voz, pensando que tenía habla, y en lugar de pronunciar razones concertadas, ladré con tanta priesa y con tan levantado tono, que, enfadado el Corregidor, dio voces a sus criados, que me echasen de la sala a palos; y un lacayo que acudió a la voz de su señor, que fuera mejor que por entonces estuviera sordo, asió de una cantimplora de cobre que le vino a la mano, y diómela tal en mis costillas, que hasta ahora guardo las reliquias de aquellos golpes» (p. 337). En resumen, es el buen perro, y no Cervantes, que parece que haya olvidado la moraleja de una fábula de Esopo, citado éste ante-

---

[15] M. MOLHO, *op. cit.*, p. 79.
[16] *Coloquio...*, p. 240, nota 17.

mán y Pablos, el trauma de su mestizaje intensifica, de modo dramático, la inconformidad del chulla, impulsándole ciegamente a huir de su destino: «Aquel diálogo que le acompañaba desde niño, irreconciliable, paradójico —presencia clara, definida, perenne de voces e impulsos—, que le hundía en la desesperación y en la soledad del proscrito de dos razas inconformes, de un hogar ilegal, de un pueblo que venera lo que odia y esconde lo que ama, arrastró al chulla por la fantasía sedante de la venganza» [12]. He ahí lo peculiar del protagonista hispanoamericano, la intensidad patética de su destino trágico.

Vida de delincuencia

Lázaro Carreter ha afirmado que «pícaro fue también el individuo astuto, bellaco y artero, aunque no desempeñara aquel "oficio" urbano» [13]. Que Romero y Flores cumpla esta definición se concluye por la síntesis de su vida anterior que hace Icaza: «Después de la muerte de mama Domitila, antes de conocer a Rosario y mucho antes de enrolarse en la burocracia, Romero y Flores aprendió a escamotear las urgencias de la vida en diferentes formas: préstamos, empeños, sablazos, bohemia de alcahuetería a la juventud latifundista, complicidad en negocios clandestinos —desfalcos, contrabandos» [14]. Y en el transcurso del relato son innumerables los casos en que el chulla con habilidad suprema sale al paso de sus urgencias económicas por el engaño. Sin embargo su delincuencia no obedece a un espíritu de maldad ni manifiesta propensión a la violencia, sino simplemente a un apego a la vida poltrona. Incluso cuando se ve forzado a obtener el puesto de funcionario público, se promete así mismo que sólo trabajará unos meses, lo suficiente para cubrir los gastos del parto de Rosario.

Arribismo social

Caracteriza a los protagonistas de las novelas picarescas clásicas su pugna constante por «picar más alto». Dice Tierno Galván que «el pícaro... es un ejemplo excepcional del proletariado que quiere ascender» [15]. No puede ser de otra manera dado el origen bajo de estos personajes y su convencimiento de que en este mundo los únicos que lo pasan bien son las gentes de dinero y de prestancia social. Se ha visto que el elemento esencial en las definiciones de «chulla» arriba citadas es la urgencia desorbitada por integrarse a las clases elevadas de la sociedad o al menos aparentarlo. En la novela, no sólo Rome-

---

[12] JORGE ICAZA, op. cit., p. 670.
[13] LÁZARO CARRETER, op. cit., pp. 40-41.
[14] JORGE ICAZA, op. cit., p. 705.
[15] ENRIQUE TIERNO GALVÁN, Sobre la novela picaresca y otros escritos, Madrid, Tecnos, 1974, p. 26.

ro y Flores, sino todos los chullas menores se consumen con esta ansia de subir de categoría y no ciertamente por el trabajo y los méritos personales, sino por la estafa o por un golpe de fortuna; uno de
ellos sintetiza las posibles alternativas de este modo: un desfalco al
gobierno, una herencia o un matrimonio con mujer acaudalada. El
mestizaje racial de Romero y Flores complica el problema psicológico
del personaje: por la sangre de su padre, por el retintín de su apellido
y por su buena estampa se cree acreedor a una posición social aventajada pero desinflan sus ínfulas de caballero el pecado original de su
origen: su sangre india, el fantasma de su madre, su pobreza.

La intención social

Desde su primera novela, Icaza ha hecho clara su intención de
interpretar la realidad ecuatoriana y exponer la injusticia de una estructura social en la que una minoría encopetada edifica su vida sobre la opresión de los indios y menesterosos que, vergonzantes o no,
constituyen las mayorías ecuatorianas. Pero en *El chulla Romero y
Flores* lo que el autor contempla en el fondo, no es sino el recuento
de su propio destino. Por eso su crítica pierde su acerbidad habitual,
se toca de ternura y, a diferencia de sus novelas anteriores, concluye
en una nota de dolorida esperanza con la transformación del protagonista. El final de *El chulla Romero y Flores* sitúa a su personaje
muy por encima del Lázaro, que acaba aceptando, por intereses materiales, el torpe arreglo de su esposa con el arcipreste, y de Pablos,
que se despide para América sin indicio de que cambiará la truhanería de sus costumbres. El chulla está más próximo a Guzmán, también él un convertido, excepto que el cambio de éste se opera sobre
los postulados religiosos de su época, mientras que el chulla se enfrenta con su destino de tejas abajo. De ahí el carácter patético y solitario de su esfuerzo y el original y profundo sentido ético de la novela de Icaza.

PROGENIE HISPANA E INDIVIDUALIDAD CRIOLLA EN EL PÍCARO «LAUCHA» DE ROBERTO J. PAYRÓ

HEBE NOEMÍ CAMPANELLA GALLO
Universidad de Buenos Aires

El gran tema de Roberto J. Payró, escritor que vivió entre 1867 y 1928, es «el poderoso espinazo de la realidad argentina», según afirma el crítico Anderson Imbert. Pero el enfoque de esa realidad es diverso según consideremos la novela breve —o extenso relato— titulada «El casamiento de Laucha», las narraciones de «Pago chico», o la novela mayor «Las divertidas aventuras del nieto de Juan Moreira». El autor se asoma a la realidad argentina desde tres miras: la del pícaro en el primer relato, la del humorista y la del sociólogo, respectivamente, en las restantes obras. Tanto Laucha, el personaje central de «El casamiento...», como Mauricio Gómez Herrera, protagonista de «Las divertidas aventuras...», son dos pícaros, pero mientras el primero es un alma solitaria que vale por sí misma, y al que Payró creó sin otro interés que el de dar una visión individualizadora de un tipo humano con algunas particularidades argentinas, el segundo es el pícaro encumbrado, el del exitismo, representativo de medio siglo de vida nacional. Mauricio Gómez Herrera, mezcla de gaucho y ciudadano, se sitúa ante la sociedad de su época y se fabrica, frente a los valores éticos convencionales, su propia moral al revés:

> «Estudien mi ejemplo sobre el que nunca insistiré bastante —nos dice—: desde niño he logrado, detalle más detalle menos, todo cuanto soñaba o quería porque nunca me detuvo ningún falso escrúpulo, ninguna regla arbitraria de moral, como ninguna preocupación melindrosa, ningún juicio ajeno. ¡Aprovechar las circunstancias! ¡Pero si es sólo saber vivir la vida! ¡Vislumbrar las que han de producirse! ¡Pero si eso es tener talento polémico!».

Payró nos describe la vida de este pícaro con mirada de sociólogo o de moralista; el escritor dibuja, con actitud de juez, el cono de sombra que el personaje, a la luz de una existencia ética, proyecta sobre la realidad argentina. Esta mira obliga al novelista a adoptar determinadas estructuras formales y lingüísticas diversas de las que utiliza en «El casamiento de Laucha», donde la mira es exclusivamente la del pícaro: aquí el novelista no juzga, funde estéticamente la picardía del arte de narrar con la del personaje.

El mundo que discurre por el relato es caótico —reflejo del período de transformaciones que sufre el país— y carente de normas, porque está enfocado con la lente del pícaro Laucha, holgazán, nómade y estoico:

> «Pues, señor, después de andar unos años por Tucumán, Salta, Jujuy y Santiago, ganándome la vida perra como Dios me daba a entender, unas veces de bolichero, otras de mercachifle, de repente de peón, de repente de maestro de escuela, aquí en un pueblo, allí en una ciudad, allá en una estancia, más allá en un ingenio, siempre pobre, siempre rotoso, algunos días con hambre, todos los días sin plata, comencé por fin a temar con que puede ser que me fuera mejor en Buenos Aires, en donde nunca me podría ir peor, porque esas provincias nunca son buenas para hombres así como yo, sin un peso, ni mucha letra menuda, ni mucha fuerza..., ni muchas ganas de trabajar tampoco[1]».

Laucha nos cuenta con fruición sus peripecias de vago, se jacta de la supremacía de su naturaleza, de su instinto, en un mundo al que no respeta y de cuyos principios éticos se burla cínicamente:

> «¡Bueno! ¿Y qué hay con eso? Me parece que no hay que asustarse por tan poco... Yo no soy el primero que haya olvidado sus juramentos por seguir sus gustos. Ni el último tampoco... Así es el hombre, caballeros, y hasta el más pintado, si no es un hipócrita, confesará que ha sabido olvidarse muchas veces de sus buenas intenciones...
> ....
> Lo que hay, es que algunos saben pararse a tiempo, a lo mosca muerta, sin que nadie diga nada»[2].

De ese derrumbe que sufren, a través de la óptica del pícaro, los valores consagrados, no se salvan ni el amor ni la muerte, pues, en última instancia, ésta no es sino fatalidad, y el hombre, una brizna que el destino mueve a su arbitrio:

---

[1] Los textos están extraídos de la edición Losada (6.ª), Buenos Aires, 1952, y corresponden a las páginas citadas. Pp. 9-10
[2] P. 44.

«La miseria como buena vieja brava hace con el hombre lo que se le antoja... Válgale a la suerte que juega con el hombre como el viento con la paja voladora... A mí me hizo llegar hasta el casorio» [3].

Ese sentido fatalista de la vida y de la muerte no lo atormenta; la muerte es aceptada como algo natural, ineludible, sobre lo que no debe detenerse el hombre a lucubrar, ni siquiera a llorar. Así, el entierro del viejo paisano Ño Cipriano, sólo le arranca estas irreverentes consideraciones:

«Ño Cipriano estaba muy viejo, y cualquier día tenía que estirar la pata... ¡Vaya!, vamos a tratar de divertirnos un poco —le dice a Carolina, la viuda a la que acaba de mentir matrimonio—. Los muertos no quieren andar estorbando a los vivos sino que los dejen quietos. Récele si quiero, pero vamos a ver si comemos, ¡y bien!

....

Desde el otro día principió la vidorria y La Farra, después de enterrar a ño Ciprino, que resultó bien muerto y sin culpa de nadie» [4].

Poseído de ese sentido fatalista frente a los acontecimientos —el mundo es así y no tiene compostura— Laucha considera que al hombre sólo le resta procurarse alguna comodidad del cuerpo, entre tantas cosas que se desvencijan; y su estoicismo frente a la adversidad. —«¡Y el hombre qué va a hacer!», reflexiona a menudo— se vuelve calculador y socarrón. Su quemasdá se transforma, cuando la ocasión le es propicia, en exultante egoísmo, en descarado cinismo: después de haber engañado a Carolina con un falso matrimonio y de haberle confesado el engaño con todo desparpajo, huye con el dinero de la viuda y se justifica con cierta ingenua jactancia:

«Yo saqué los pocos pesos que por casualidad había en el cajón, ensillé el maceta, ¡y si te he visto no me acuerdo! Agarré para otro lado, después de hacer pedazos el papel de Papagna [el falso papel del casamiento] muy tranquilo y segurito de que no me iba a perseguir... ¡Qué!, ¿y se afligen por tan poco?... Pero fijensé, y verán que era muchísimo mejor para mí... y también para Carolina...» [5].

Este pícaro, como el clásico, es, pues, un caballero revesado, un antihéroe: no siente las exigencias de la honra; es cobarde e incapaz de amar. Como el protagonista de tantas novelas de caballería es un trotamundos, pero no corre como aquél a luchar contra dragones, monstruos y hechiceros, para ganar gloria y liberar a su dama, sino que.

3 P. 12.
4 P. 36.
5 P. 46.

como el pícaro español, pone al servicio de una musa inspiradora más vital, el hambre, las armas más anticaballerescas: engaño, astucia, agudeza:

«Yo aproveché la bolada:

—¡Qué lástima, tan joven! —y en seguida le soplé más despacito:— ¡Y tan hermosa!

A la verdad, doña Carolina no tenía entonces nada de fea, y era grande y gorda, como a mí me gustan, puede ser por lo que soy así flacón y bajito.

....

E hice la farsa de limpiarme los ojos con un pañuelo de seda celeste —¡ah criollo!— que ella me había regalado en los primeros días y que tenía limpito y muy planchado» [6].

Ese cuentista inimitable que fue Payró, se revela así como el heredero de la novela picaresca, aunque su Laucha tiene particularidades típicamente criollas que los distinguen dentro de la tipología general del pícaro, y que señalaremos rápidamente. Hay en él menos amargura y resentimiento social que en Lázaro y mayor gozo de la vida, o al menos una buena dosis de resignación. De allí que su mirada no sea sarcástica ni humorística, sino sencillamente regocijante, a pesar de «esta perra vida». Lázaro de Tormes usa el ingenio para subsistir, pero no se vanagloria de él; Laucha, en cambio, es un cínico, hace alarde de su agudeza para el engaño y se jacta de ella:

«Bueno, pues, como las cosas iban tan bien, me la animé a la gringa. Ya hacía tiempo que la andaba pastoreando para eso, pero no me hallaba cómo principiar la declaración y me daba miedo de pegar una rodada... En fin, aquella tardecita me dije: «Amigo Laucha» (yo también me he acostumbrado a lo de Laucha), «amigo Laucha, lo que es de esta hecha, que no se te escape». Y así fue nomás...» [7].

Y logrado el propósito nos dice con sorna:

«¿Eh?, ¿qué tal?, ¿qué me dicen? Me parece que los primeros golpes estaban bien dados, ¿Eh» [8].

Finalmente observemos que Lázaro roba o engaña para satisfacer una necesidad elemental: el hambre; no tiene otras ambiciones, y conseguido un trabajo firme deja su nomadismo y forma su familia. Laucha, en cambio, es un aventurero ambicioso que se aferra a su libertad y despilfarra el dinero de la viuda, como buen criollo, en la bebida y el juego:

---

[6] Pp. 24-25.
[7] P. 23.
[8] P. 22.

«¡Vieran qué lindas farras! Los paisanos caían que era un gusto y el beberaje y el fandango duraba desde la mañana hasta ya anochecido. Pero compré un potrillo zaino, parejero, y esa fue mi perdición...

....

En fin, el caso es que el droguis y la jugarreta, me volvieron a agarrar de lo lindo, y como, de sonso, sabía jugar bastante en trinquis, ¡todo el mundo me aprovechaba como a una criatura!» [9].

Evidentemente, este pícaro nacido en la Argentina es vástago de aquel que viera la luz a orillas del Tormes, pero también es indudable que a su progenie hispana une una buena dosis de ascendencia criolla: en la configuración de su idiosincrasia no podemos desestimar la influencia que debieron ejercer los consejos del Viejo Vizcacha, el ladino mentor del «Martín Fierro», preceptor de la «viveza criolla», al decir de Luis Emilio Soto.

En resumen, Roberto J. Payró nos da, en «El casamiento de Laucha», una visión regocijada del mundo a través de su protagonista, en cuya alma se instala, no para juzgar, sino para mirar con los ojos del pícaro criollo, una parcela de la realidad argentina.

Buenos Aires, 31 de mayo de 1976.

---

[9] P. 37.

DON SEGUNDO SOMBRA: DE NOVELA PICARESCA A «BILDUNGSROMAN»

Sara M. Parkinson de Saz
Universidad de Southampton

Precisamente en estas fechas se celebra el cincuentenario de la novela de Ricardo Güiraldes, *Don Segundo Sombra,* impresa en los talleres de Francisco Colombo el 1 de julio de 1926. La obra, que fue anunciada en su día antes de su publicación como un libro de aventuras gauchescas [1], ha soportado la prueba de estos cincuenta años, y lejos de caer en el olvido, ha ganado su lugar como un clásico de la literatura argentina, siendo todavía objeto de numerosos estudios críticos, estudios que empezaron con los elogios de Leopoldo Lugones desde las páginas de «La Nación», nada más publicarse el libro.

Si ha perdurado esta obra y si a la distancia de medio siglo sigue teniendo validez no es por tratarse de un documento social de una época ya perdida de la Argentina. El gaucho que desaparece al final de *Don Segundo* estaba ya en vías de desaparecer cuando escribió Güiraldes. La pampa estaba ya invadida por maquinaria, como testifica Larreta en *Zogoibí,* publicado el mismo año que *Don Segundo Sombra* [2], y la vida que describe Güiraldes estaba cediendo a otra más mecanizada y moderna. La novela trata temas de validez universal, como se comentará más abajo, y esto lo que ha situado a *Don Segundo Sombra* entre los clásicos de la literatura de su país.

---

[1] Adelina del Carril, esposa del autor, en una carta inédita a Valéry Larbaud y fechada La Porteña, el 8 de octubre, 1926, comentó que todos los gauchos en San Antonio de Areco estaban leyendo *Don Segundo Sombra* y a continuación dice: «Ramón Cisneros, viejo capataz de La Porteña, me decía: "Tan bien que está el libro señora, el gaucho como es, el gaucho trabajador y y honrao, no como en el Martín Fierro, el matrero, pendenciero, éste es el gaucho de güena ley, sencillo y trabajador... y cuando pelea es porque no tiene otro remedio, pa defenderse... sí señora, el gaucho como es no más".» (Carta en los archivos del Ayuntamiento de Vichy.)

[2] El ambiente de la estancia de Federico de Ahumada, en *Zogoibí* es bien distinto al de las estancias de *Don Segundo Sombra:* «Continuando la obra pa-

Como si estuviese anticipando la crítica adversa que había recibido Güiraldes al publicar todas sus obras anteriores, Enrique Larreta
le escribió después de leer *Don Segundo,* diciendo: «Algunos le harán
tal vez el reproche de que su libro no tiene trama, ni tiene organización de novela. Sin embargo, así lo pide, por castiza tradición, asunto como ése, picaresco y andante»[3]. Larreta, evidentemente, toma la
palabra «picaresco» en el sentido más amplio, en un sentido quizá
más cerca de la palabra inglesa «picaresque»[4] que de la interpretación
tradicional de la palabra española. Sin embargo, la novela, por lo menos en su comienzos, tiene ciertas características que permite relacionarla con la tradición picaresca.

La historia la narra Fabio Cáceres en primera persona, ya mayor
pero mirando hacia su niñez, y relata las aventuras que le han conducido hasta su posición actual. La autobiografía cubre un período
de años en la vida de Fabio durante el cual se desarrolla desde un
chico libre totalmente de preocupaciones morales o sentido de responsabilidad hasta un hombre maduro que se ha realizado física e
intelectualmente y que a la vez ha evolucionado su propio código
moral. Esta técnica es más bien frecuente en la literatura moderna[5].

También se utiliza esta técnica en la novela picaresca, donde se
dan detalles del nacimiento del protagonista, de su familia y su ambiente. Lazarillo, por ejemplo, se introduce de esta forma y también
el Buscón[6]. Las aventuras de la novela picaresca suelen cubrir un

---

terna, plantó más y más árboles; subdividió potreros; aumentó el área de la-
brantío para mejorar el campo y defender a los ganados por medio de vastas
rastrojeras contra las penurias del invierno; ayudó a los puesteros a que formaran cada uno su granja; regaló telares a las mujeres, y fundó, para las muchachas una pequeña escuela de faenas ıgrícolas, a fin de enseñarlas a vencer
las condiciones de su vida semisalvaje... Introdujo, por fin, en la administración de El Mirador, los últimos adelantos, respetando hasta donde era posible el poético sello que don Francisco, guiado por despreocupada y natural
elegancia, había puesto en todos los pormenores», ENRIQUE LARRETA, *Zogoibí,*
Espasa Calpe, Colec. Austral, Madrid, 1960, p. 23

[3] Carta inédita fechada el 1 de agosto, 1926, y en la posesión de Doña
Leonor Pividal de Güiraldes, cuñada del autor.

[4] Según A. A. Parker, «picaresque novel»: «Denota... la etapa anterior a
la "moderna" en el desarrollo de la estructura novelística: no la narración unificada de una vivencia que se ve desarrollando en la interacción de relaciones
personales, sino una trama "episódica" que consiste en una serie de "aventuras" más o menos inconexas». *Los pícaros en la literatura. La novela picaresca en España y Europa (1599-1753),* Gredos, Madrid, 1975, p. 8.

[5] Wayne D. Booth *(The Rhetoric of Fiction,* Chicago, 1961) escribe de esta
tendencia y dice: «Ever since Shakespeare taught the modern world what the
Greeks had overlooked in neglecting character change... stories of character
development or degeneration have become more and more popular. But it was
not until authors had discovered the full uses of the third person reflector that
they could effectively show a narrator *changing as he narrates»,* op. cit., p. 157.
Booth cita la obra de Dickens: *Great Expectations,* en que el hombre, Pip,
recuerda su niñez, como un ejemplo. Güiraldes posiblemente leyó esta obra.
Desde luego leyó las obras de Dickens (véase *Obras completas,* EMECE,
Buenos Aires, 1962, p. 27. De aquí en adelante se referirá a esta edición como
OC). También admiraba *David Copperfield* (OC 728).

[6] «Pues sepa vuestra merced, ante todas cosas, que a mí llaman Lázaro
de Tormes, hijo de Tomé González y de Antonia Pérez, naturales de Tajares,

período largo en la vida del pícaro así ocurre también en el caso de *Don Segundo Sombra*.

Hay importantes diferencias, sin embargo. El pícaro, por regla general, no evoluciona moral ni espiritualmente. Al final de la novela, quizá se haya mejorado materialmente, pero sigue siendo igual de pícaro que al principio [7]. Este no es el caso, como ya hemos notado, de Fabio, quien al final del libro no se parece en nada al pícaro que promete ser al principio. Es esta evolución de carácter lo que aparta a *Don Segundo Sombra* de ser un simple relato de la vida gauchesca.

Güiraldes, amante de la literatura francesa desde joven, también se interesaba por las grandes obras clásicas de la literatura española, como muestra el inventario de su biblioteca. Las obras que más nos interesan en este caso son las picarescas y sabemos que poesía una edición del *Lazarillo* y las obras de Quevedo [8].

Es al primer capítulo de *Don Segundo Sombra* a donde nos tenemos que remontar para ver los elementos picarescos de esta novela. Fabio tiene catorce años cuando empieza el relato, pero en uno de sus momentos de reflexión recuerda o cuenta su vida hasta ese momento. No sabe quién es su padre y su madre, resulta un recuerdo borroso, ya que fue separado de ella entre los seis a ocho años, cuando fue llevado al pueblo «so pretexto de que debía ir al colegio» [9]. Tenía un «protector», Don Fabio Cáceres, quien, mucho más adelante, cuando ya es mayor, aprende que es su padre, y dos tías o, por lo menos, que se hicieron llamar tías. Fabio, aún de niño, es perspicaz y sabe distinguir entre la hipocresía y la realidad, como los pícaros en la línea tradicional. «Las mujeres me trataban de "mi hijito" y dijeron que debía yo llamarlas tía Asunción y tía Mercedes. El hombre no exigió de mí trato alguno, pero su bondad me parecía de mejor augurio» [10].

Las mujeres se aburren del juguete que resulta el niño y se vuelven despreocupadas hacia él. Viven por las apariencias. Le llevan a la

---

aldea de Salamanca», *Lazarillo de Tormes*, Espasa Calpe (Colec. Austral), Madrid, 1960, p. 39.

«Yo, señor, soy de Segovia; mi padre se llamó Clemente Pablo, natural del mismo pueblo... Estuvo casado con Aldonza Saturno de Rebollo, hija de Octavio de Rebollo Codillo y nieta de Lépido Ziuraconte», FRANCISCO DE QUEVEDO, *Historia de la vida del buscón. Obras completas*, t. I, Aguilar, Madrid, 1961, p. 287.

[7] El buscón emigra a América donde confiesa que «fuéme peor, pues nunca mejora su estado quien muda solamente de lugar, y no de vida y costumbres», ed. cit., p. 350. Lazarillo, por su parte, se casa con la querida de un Arcipreste.

[8] Güiraldes menciona el *Lazarillo* como un ejemplo de la novela picaresca en sus *Notas y apuntes* (OC 723), y poseía la edición siguiente de la obra: *La vida de Lazarillo de Tormes y de sus fortunas y adversidades,* ed. y notas de Julio Cejador y Frauga, Clásicos Castellanos, Madrid, 1914. También poseía: *Obras festivas*, de don Francisco de Quevedo y Villegas, con una noticia de su vida. Garnier Hermanos, ed. París, sin fecha, y *Obras serias*, de don Francisco de Quevedo y Villegas, Garnier Hermanos, ed. París, 1890.

[9] *Obras completas*, p. 347.

[10] *Ibid*.

1132   SARA M. PARKINSON DE SAZ

iglesia, «para soplarme el rosario y vigilar mis actitudes, haciéndose de cada reto un mérito ante Dios» [11] y pronto, «Ya mis tías no hacían caso de mí sino para llevarme a misa los domingos y hacerme rezar de noche el rosario [12]. Es decir, aparentan ser religiosas, pero de la religión no han cogido más que lo más superficial. Les falta completamente la caridad cristiana. Es el tipo de moralidad expresada en la descripción de Lobos al principio de *Rosaura,* la novela corta de Güiraldes.

Fabio va al colegio solamente tres años y le resulta como la cárcel, alegrándose de verse libre cuando por algarme de mil comisiones que me hacían vivir continuamente en la calle [13]. Empieza una vida de verdadero pícaro. Su alma se ensancha de verse libre y tiene una alegría y espontaneidad que le hace ganar la simpatía de la gente a pesar de sus trucos [14].

El Fabio aquí retratado podría encajarse en cualquier novela picaresca. La inspiración para su figura la encontró Güiraldes posiblemente en el personaje de *Kim* de Kipling, libro que admiraba mucho hasta el punto que le dijo una vez a Borges que le envidiaba su dominio del inglés porque así podría leer a *Kim* en el original [15].

La broma que le gasta a Juan Sosa, el borracho del pueblo, sirve de botón de muestra de la picardía de Fabio en esta época de su vida. Imita la voz de la mujer de Juan, regañándole por estar borracho, para el deleite de los que le rodean. Fabio parece ya encaminado haci la delincuencia y así lo interpretan los que le conocen: 'Decía la gente que era un perdidito y que concluiría, cuando fuera hombre, viviendo de malos recursos [16]. Estos comentarios solamente sirven para que Fabio gane en popularidd entre los chicos de mal vivir del pueblo: 'Esto, que a algunos los hacía mirarme con desconfianza, me puso en boga entre la muchachada de mala vida, que me llevó a los boliches convidándome con licores y sangrías, a fin de hacerme perder la cabeza; pero una desconfianza ntural me preservó de sus malas jugadas. Pencho me cargó una noche en ancs y me llevó a la casa públic. Recién cuando estuve dentro me di cuenta, pero hice de tripas corazón y nadie notó mi susto [17].

---

11 *Obras completas,* p. 348.
12 *Ibid.*
13 *Ibid.*
14 «La calle fue mi paraíso, la casa mi tortura; todo cuanto comencé a ganar en simpatías afuera, lo convertí en odio para mis tías. Me hice ladino. Ya no tenía vergüenza de entrar en el hotel a conversar con los copetudos, que se reunían a la mañana y a la tarde para una partida de tute o de truco. Me hice familiar de la peluquería, donde se oyen las noticias de más actualidad, y llegué pronto a conocer a las personas como a las cosas. No había requiebro ni guasada que no hallara un lugar en mi cabeza, de modo que fuí una especie de archivo que los mayores se entretenían en revolver con algún puyazo, para oírme largar el brulote», *Obras completas,* 348.
15 Hemos tratado este tema con extensión en el artículo: «Güiraldes and Kipling — A Possible Influence», *Neophilologus,* Amsterdam, julio 1971, número 3, pp. 270-284.
16 *Obras completas,* p. 350.
17 *Ibid.*

Fabio no vive, sin embargo, totalmente entregado al mal vivir porque tiene la influencia y apoyo de Don Fabio quien le visita y le lleva a su estancia, regalándole además un par de caballos que le hacen una gran ilusión. Cuando sus tías se lo arreglan para deshacerse de los caballos y de sus aparejos, Fabio se encuentra con un enorme vacío. No tiene ya ilusión por nada y hasta en el pueblo ha dejado de tener la popularidad que tenía antes.

Es con este estado de ánimo con el que tropieza por primera vez co Don Segundo y su vida cambia radicalmente al hacer la decisión de huir del pueblo y marcharse con el gaucho. La novela tambien toma un giro decisivo en este punto y lo que había empezado en cierta manera como la historia de un pícaro se convierte en novela picaresca solamente en el sentido más amplio de la palabra como señala Larreta. Es decir, se exponen una serie de episodios y aventuras más o menos relacionados, pero en vez de tratarse de un «pícaro» resulta la obra una verdadera «Bildungsroman» o «novela de formación».

Hasta aquí Fabio, como hemos comentado, ha sido una criatura libre de preocupaciones morales y si hablaba de 'la desvergüenza del gringo Culaso que había vendido por veinte pesos su hija de doce años al viejo Salamovich, dueño del prostíbulo' [18] era porque sabía que era buen tema de conversación. Cuando aparece Don Segundo por primera vez en la vida de Fabio se da cuenta más que nunca de la vida restringida que tiene con sus tías y le infunde un deseo de una libertad más grande que aquella que había encontrado en las calles del pueblo: 'Más fuerte que nunca vino a mí el deseo de irme para siempre del pueblecito mezquino. Entreveía una vida nueva hecha de movimiento y espacio' [19]. Es el principio del desarrollo espiritual del chico.

Inicia su viaje simbólico con Don Segundo. Con los gauchos se da cuenta de su falta de experiencia. Al principio no sirve en absoluto para las faenas del campo y tiene que aprender al lado de Don Segundo. Es una educación eminentemente práctica. Fabio opina que lo que aprendió en sus tres años de colegio no le han servido de nada [20]. Güiraldes quizás tenía en cuenta la obra de Spencer de gran influencia, *Education: Intellectual, Moral and Physical,* que él leyó y poseía [21] y en la cual Spencer aboga por una educación que prepare de verdad al niño para enfrentarse con la vida, a base sobre todo de la experiencia y no el tipo de educación memorística que había recibido Fabio.

---

[18] *Ibid.*
[19] *Obras completas,* p. 352.
[20] «¿Para qué diablos me sacaron al lado de "mama" en el puestito campero, llevándome al colegio a aprender el alfabeto, las cuentas y la historia, que hoy de nada me servían?», *Obras completas,* p. 369.
[21] «En matière d'éducation, on se préoccupe donc bien moins de la valeur réele du savoir que de l'effet qu'il produira sur autri», HERBERT SPENCER, *De l'éducation intellectuelle, morale et physique,* Librairie Germer Bailliere et Cie., París, 1878, p. 7. «Naturellement, l'idéal de l'éducation serait d'obtenir une complète préparation de l'homme a la vie toutte entière», ed. cit., p. 17. Güiral-

Las lecciones que aprende Fabio con los gauchos no están, ni mucho menos, limitadas a aspectos prácticos de la vida gauchesca, sino que recibe sobre todo a través de Don Segundo, una forma de comportarse en la vida, una manera de enfrentarse con las dificultades que ésta puede presentar, y, sobre todo, una actitud hacia la muerte. La transformación de Fabio de 'guacho' en 'gaucho' no consiste en cambios exteriores ni en aprender las faenas de la vida que ha elegido, sino en cambios profundos de espíritu. Güiraldes admiraba profundamente las cualidades del gaucho, igual que Lugones, y es la adquisición de estos valores, estoicismo, valor ante la vida y la muerte, compañerismo, honor, la que convierte a Fabio de pícaro en gaucho y hace que la novela se transforme de una incipiente novela picaresca a una novela de formación.

El tono del primer capítulo de la novela es muy distinto al del último. Muchas veces se ha comentado el aparente pesimismo del relato cuando Don Segundo se aleja por última vez de Fabio: 'Se fue reduciendo como si lo cortaran de abajo en repetidos tajos. Sobre el punto negro del chambergo, mis ojos se aferraron con afán de hacer perdurar aquel rezago'[22] y el final es desgarrador: 'Me fui, como quien se desangra'.

Se ha interpretado la ida de Don Segundo como una elegía a la desaparición definitiva del gaucho y así parece ser. Había, sin embargo, razones personales para que este final resulte más patético aún. Cuando Güiraldes acabó *Don Segundo Sombra* le quedaba poca vida, muriéndose al año siguiente de su aparición de cáncer de los ganglios, una enfermedad que le dejó 'desangrado' como Fabio. Había empezado a escribir *Don Segundo Sombra* hacía muchos años, y con alegría. En realidad, la idea de escribir sobre los gauchos le había acompañado desde sus primeros intentos de escritor. Se deleitaba con los recuerdos de su niñez en la estancia y su contacto durante toda su vida con los gauchos. Su visita al escritor Juan Carlos Dávalos en Salta en 1921 le reavivó la convicción de que la Argentina no tenía por qué mirar hacia Europa para temas literarios, porque tenía un caudal de valor literario incalculable en las costumbres y las gentes de su propio país, y era su deber cantar los valores de su tierra.

La redacción de *Don Segundo* le causa dificultades sin embargo. La abandona temporadas largas e irónicamente, cuando lo coge por fin con ganas, su falta de salud le impide dedicar el tiempo necesario para terminarlo pronto[23]. Durante la redacción de *Don Segundo*, Güi-

---

des poseía la edición siguiente de esta obra: *L'éducation intellectuelle, morale et physique,* traducción por Marcel Guymiot, Schleicher Freres, París, 1908.
22 *Obras completas,* p. 497.
23 En una carta a Valéry Larbaud fechada el 27 de julio, probablemente de 1925, escribe Adelina del Carril: «En este momento [Ricardo] está sometido a un régimen de sanatorio en que pasa gran parte del día acostado de espaldas, con los pies de la cama levantada 45 centímetros y esto le imposibilita para escribir, cosa que lo mortifica pues había retomado su Don Segundo con entusiasmo y tiene mil cartas que contestar.» Al mes siguiente escribe: «Mi pobre Ricardo desmoralizado con su régimen latoso, exagerado y abu-

raldes estuvo aquejado por fuertes dolores y numerosas molestias. Una carta de su viuda, Adelina del Carril, escrita el 2 de marzo de 1926, precisamente cuando estaba terminando de escribir *Don Segundo Sombra,* muestra la medida de sus sufrimientos [24]. Para Güiraldes, el concepto de estoicismo del gaucho ante el sufrimiento atroz y ante la muerte misma tenía forzosamente que tener un sentido muy personal. Sus *Poemas solitarios,* escritos en 1924 cuando estaba trabajando en *Don Segundo Sombra,* forman la expresión literaria y personal de su sufrimiento [25], mientras que en *Don Segundo Sombra,* encontramos la universalidad de los conceptos. No se trata aquí de una situación personal, sino una manera de enfrentarse con la vida, de aplicación sumamente amplia, que es lo que da su dimensión moral a la obra y explica la razón por la que ha perdurado.

Dada su evolución espiritual cuando escribía la última parte de *Don Segundo Sombra,* Güiraldes no pudo haber hecho meramente una novela picaresca. Había avanzado para entonces demasiado en el terreno intelectual y del espíritu. La obra que tanta ilusión le había infundido al principio, por fin le resultaba una lastre del que se quería librar. No podía expresar en esa obra y en ese estilo todo lo que había aprendido de la vida y de su sufrimiento. Quería escribir obras más profundas y en una carta a Valéry Larbaud, su gran amigo francés, en una fecha tan sorprendente como 1923, dijo: 'Si estuviese libre hoy, emprendería algo de índole muy diferente. ¿Le leí a Vd. alguno de los Poemas Solitarios? En ese sentido mi vida necesita abrir una canilla y confiese Vd... que es fastidioso el verse continuamente

---

rrido eso en cuanto al físico, ¿y en cuanto al moral?» Al año siguiente, mientras Güiraldes sigue escribiendo *Don Segundo,* escribe: «Este último tiempo Ricardo me ha tenido mortificada porque ha estado molesto sufriendo de la boca, naturalmente que Don Segundo aguanta una "pause" y vaya uno a saber hasta cuando» (fechada La Porteña, el 30 de enero de 1926). (Cartas en los Archivos del Ayuntamiento de Vichy.)

[24] «Mi Valerio muy querido: Hace días que tengo muchas ganas de escribirle pero hemos pasado por tantísimas tribulaciones y tormentos, corriendo de un médico a otro que no teníamos tiempo para otra cosa. Los ganglios del cuello de Ricardo estaban tomando proporciones alarmantes y ya no estaban encontrando otro remedio que operar, sin ocultar la seriedad de la aventura por la colocación de estos señores, bastante profundos y vecinos de la carótida y la yugular. Por gracias de Dios nos dicen, que con dos aplicaciones de rayos X es casi seguro que vuelvan a su estado normal y con este veredicto se me ha vuelto el alma al cuerpo... pues ya me lo veía a mi tesoro de Ricardo, degollado.» (Carta inédita de Adelina del Carril, fechada La Porteña, el 2 de marzo de 1926. En el Ayuntamiento de Vichy.)

[52] En su diario privado inédito escribió Güiraldes el 31 de agosto de 1924 que tenía un fuerte dolor de cabeza. A continuación menciona que acaba de escribir su *Poema solitario* «solo / para soportar el peso de mis palabras». Dos de los *Poemas solitarios* fechados en septiembre de 1924 son expresiones de dolor físico y mental: «Tengo miedo de mirar mi dolor» y «Me he acostumbrado a estar solo». Aquél es especialmente interesante porque afirma, como en el caso de *Don Segundo,* la necesidad de enfrentarse uno con la situación: «Prefiero calzar mi deber como una valentía de espuelas e hin- / cando mi pereza, que quisiera morir cobardemente, andar con / frente firme ante la pampa yerma del dolor de los otros», *Obras completas,* p. 506.

ligado a algo anterior inconcluso' [26]. En la misma carta muestra una preocupación con el espíritu y un sentido de soledad, comentando más adelante otra vez sobre su deseo de verse libre de *Don Segundo Sombra.*

Brandán Caraffa, el amigo y colaborador en *Proa,* la revista que habían fundado con Borges y Rojas Paz, expresó la opinión de que la obra póstuma de Güiraldes, una vez publicada, 'tendrá más trascendencia para nuestro país que su 'Don Segundo''. Y afirmo esto no sólo por su valor intrínseco..., sino porque coincidirá con la maestranza que empieza a perpetuarse en nuestros espíritus' [27]. Ve, sin embargo, la filosofía que se encuentra al fondo de estas obras (sus poemas y su diario) como el resultado lógico de la última novela de Güiraldes [28].

Los valores que se expresan en *Don Segundo Sombra,* pueden plasmarse en algunas de las últimas palabras que escribió Güiraldes en *El sendero:* 'Lo importante es encontrarse en la cima de uno mismo. En la cima de sí mismo se está como en el vichadero de un rancho, en contacto con más mundo' [29].

[26] Fechada el 19 de agosto de 1923 y citada en parte por Sylvia Molloy en su artículo «Historia de una amistad», *SUR,* Buenos Aires, sept.-oct. 1963, p. 77.
[27] A. BRANDÁN CARAFFA, «Güiraldes inédito», en *El Mentor,* San Antonio de Areco, 1928, p. 55.
[28] «El quería su perfección no para que Dios la viera y le dictara su premio, sino como el único poder para intuir a Dios. Su perfección es un camino esencial para llegar a El, "aún cuando Dios no reparara en su presencia". Virilidad sólo posible en un retoño de los *Fierro* y de los *Sombra*», id., loc. cit.
[29] *Obras completas,* p. 544.

UNA PICARESCA PORTEÑA: *EL JUGUETE RABIOSO* DE ROBERTO ARLT

Luis Martínez Cutiño
Universidad Católica Argentina

Norma Carricaburo
Universidad de Buenos Aires

En 1926, cuando todavía no se ha acallado la crítica a *Don Segundo Sombra* de Ricardo Güiraldes y a *Zogoibi* de Enrique Larreta, se publica *El juguete rabioso* de Roberto Arlt, al que la crítica permanece indiferente.

Desde principios de siglo la novela urbanística había entrado en competición con aquella que tomaba sus temas del campo. Ahora, la ciudad empieza a imponer su realidad y los porteños encuentran fuentes de inspiración en los sucesos cotidianos y en el medio circundante.

El juguete rabioso, es la primera obra de Roberto Arlt. Empezada cuando su autor tenía diecinueve años y publicada a los veintiséis, es ampliamente autobiográfica. Su personaje, Silvio Astier, hilvana episodios del final de su infancia y de su adolescencia y nos introduce con ellos en el ámbito del Buenos Aires de principio de siglo que le tocó padecer.

La figura de Arlt, aislada de grupos literarios, pero con ciertas concomitancias con los escritores de Boedo, tiende al realismo, expresándose con una voz nueva que no puede menos que disonar a los lectores acostumbrados a las riquezas verbales de los modernistas y posmodernistas. Pero a Arlt no le interesa demasiado el instrumento lingüístico —apenas sí corrige—, lo que le importa es la verdad psicológica de sus personajes.

Así como *Don Segundo Sombra* era la experiencia vital de un adolescente en el ámbito pampeano, guiado por la mano segura de don Segundo Sombra, sostén y paradigma, *El juguete rabioso,* es la misma experiencia de un adolescente de la ciudad, pero totalmente falto de la guía que tenía el personaje de Güiraldes. Ambos adolescentes se mueven como pícaros en un mundo al que no pueden integrarse de otro modo. Sin embargo, en Güiraldes los elementos picarescos dejan pronto de tener importancia, pues el muchacho encuentra no el amo de la novela picaresca, sino el maestro en el oficio de vivir, y esta escuela de vida toma los cauces ideales que llevan indefectiblemente a la integración del hombre y su tierra.

O sea, que la picaresca de la literatura rural, que desde Hernández a Roberto J. Payró había cristalizado en relevantes páginas, no prosperó en la obra de Güiraldes quedando en la frescura de ciertos tonos picarescos que no cuestionan el medio social.

Con Roberto Arlt volvemos a la literatura picaresca, aunque, desde ya, el pícaro porteño tiene muy poco en común con sus hermanos de los siglos XVI y XVII españoles.

Silvio Astier llega a la delincuencia guiado más por influjos literarios que por motivaciones vitales. La lectura de los libros de Ponson du Terrail, la admiración desmesurada por Rocambole, que alternaba con la de los bandidos más famosos de la tierra de España, le hace soñar con ser, a su vez, bandido y estrangular corregidores libidinosos, enderezar entuertos, proteger a las viudas para que lo amen singulares doncellas. Pero este bandidaje se concreta a robar grifos, cables y lamparillas eléctricas en casas deshabitadas para hacerse de un pequeño capital que le permita tomar un coche en días de lluvia y poder así seguir soñando, mientras una cortina de agua lo separa de la ciudad que atraviesa.

Este primer capítulo del libro, «Los ladrones», está netamente separado de los que vienen a continuación. Es el final de la infancia. En realidad, los cuatro capítulos que componen la novela son una «sucesión de peripecias»[1], como en la mejor tradición picaresca e, igualmente, como en ella, se van sucediendo de acuerdo con un plan que los adecua y enriquece. En este capítulo inicial el personaje está integrado a su grupo y su acción está impulsada por el espíritu de aventuras. La influencia libresca pesa sobre la acción hasta tal punto que, mientras revisa con sus amigos los ejemplares de la biblioteca que están robando, Silvio lee algunos versos de Baudelaire y se siente identificado con el poeta maldito.

Esta iniciación como ladrón y su posterior renuncia al robo no apuntan a un problema moral y lo que Arlt busca y consigue es la traza psicológica de su protagonista.

En el capítulo segundo, que lleva por título el del libro de Hesíodo, *Los trabajos y los días,* conoce Silvio a su único amo. (Otra diferencia con la picaresca clásica y que nos lo actualiza.) La pobreza familiar lo ha obligado a emplearse en una tienda de libros usados. Aquí el amo, don Gaetano, le da una cama imposible, sin colchón, y un compañero de pesadumbre, el viejo Dio Fetente, que, en el otro extremo de la vida, comparte con Silvio el hambre y la humi-

---

[1] Usamos la terminología, que tan acertada nos parece, de FERNANDO LÁZARO CARRETER, «*Lazarillo de Tormes*» *en la picaresca,* Madrid, Ed. Ariel, 1972).

llación. El gran protagonista de la novela picaresca, el hambre, hace su aparición, pero curiosamente —y por razones que luego analizaremos— no parece hacer mucha mella en nuestro héroe. Atormenta, en cambio, terriblemente al viejo compañero.

Lo que más lamenta Silvio, sin embargo, es el camino de la humillación que recorrre todos los días al acompañar, con una gigante cesta roja, a Don Gaetano al mercado, donde el ridículo se acrecienta con las discusiones entre el amo y los vendedores.

Empero, parecería que el personaje se va amoldando poco a poco a la humillación como a una única posibilidad de vida y este adolescente que despreciaba lo mediocre se resigna a fregar suelos y a hacer sonar una campana irrisoria pregonando los libros en la puerta de la tienda. Esta humillación —de evidente raíz dostoievskiana— es uno de los condicionamientos que se reiteran en los otros capítulos.

El capítulo tercero, que lleva el nombre del libro, nos muestra al adolescente intentando pertenecer al ejército y su fracaso, porque, como le explica. el Director de la Escuela de Mecánica donde quiere ingresar, allí no hace falta gente inteligente sino brutos que trabajen. Se había postulado como inventor. Uno de los orgullos de Silvio: ser inventor o poeta, criminal o ladrón, pero lograr distinguirse de los otros.

Esa noche, al regresar a Buenos Aires, tiene otra experiencia importante. Conoce a un joven homosexual. En el impudor con que éste expone su necesidad de ser amado, Silvio reconoce su propia necesidad de ser amado, Silvio reconoce su propia necesidad de amor. Al otro día vaga por la zona portuaria en buscar del barco que lo acepte para llevarlo a lejanas tierras. Aquí la incomprensión de la sociedad se acrecienta con la idiomática, y el personaje ve rostros impasibles que sólo aciertan a repetir gestos negativos. Intenta suicidarse y despierta en su casa, velado por su madre.

El capítulo cuatro, «Judas Iscariote», es el final de esta breve novela. En su nuevo trabajo de vendedor de papel, Silvio visita mercados, ferias, tiendas de alimentos y farmacias. Comienza un nuevo aprendizaje, el de la impersonalización para servir a la venta.

En este nuevo oficio hay, sin embargo, algo que agrada a Silvio: la libertad. Puede vagar por las calles porteñas, bordeadas de plátanas, ver el cielo azul sobre las casas chatas. Ahora conoce nuevas gentes. Por ejemplo, el cuidador de carros de una feria del barrio de Flores, apodado el Rengo, a causa de su cojera.

El Rengo es el personaje más próximo a la picaresca española. Arlt nos dice de él:

> El Rengo además de cuidador tenía sus cascabeles de ladrón, y siendo «macró» de afición no podía dejar de ser jugador de hábito. En substancia, era un pícaro afabilísimo, del cual se podía esperar cualquier favor y también alguna trastada.

El Rengo vive de su popularidad en la feria. Cuando llega el mediodía recorre los puestos en busca de algunas sobras:

—Vení, Rengo, tomá— y él recogía grasa, huesos carnudos; de los verduleros, quien no le daba un repollo, le daba patatas o cebollas, las hueveras un poco de manteca, las mondongoneras un chirle de hígado, y el Rengo jovial, con el sombrero inclinado sobre una oreja, el látigo a la espalda y la bolsa en la mano, cruzaba soberbio como un rey ante los mercaderes, y hasta los más avaros y los más viles no se atrevían a negarle una sobra, porque sabían que él podía perjudicarles en distintas formas.

Pero este pícaro a su vez tiene su lazarillo, el Pibe, un niño de unos diez años a quien el Rengo recogió como se recoge a un perro y a quien enseñó a robar para él. Del niño nos hace Arlt el siguiente retrato:

No tenía diez años de edad, y menos de cuatro pies de estatura, pero en su rostro, romboidal como el de un mongol, la miseria y toda la experiencia de la vagancia habían lapidado arrugas indelebles.

Y su retrato psicológico nos lo da el mismo Rengo:

—Fíjate, el otro día, al abrir la cartera una mujer en un puesto, se le caen cinco pesos. El Pibe los tapa con el pie y después los alza. Vamos a casa y no había ni «medio» de carbón.
—Andá a ver si te fían.
—No hace falta —contesta el loco, y pela los cinco mangos.

Además el Rengo lo ha adiestrado para que «pesque» en la limosnera de la iglesia.

Estamos en pleno ámbito picaresco. El novel vendedor de papeles se deja arrastrar por la personalidad y las historias de su infancia que cuenta el Rengo. La amistad parece afianzarse, pero el adolescente en la búsqueda de sí mismo necesita alcanzar su propia identidad. De aquí surge el desenlace imprevisto: el Rengo lo invita a participar de un robo y le propone la mitad del botín. Silvio aparenta estar de acuerdo y lo delata. Las motivaciones de Silvio se aclaran posteriormente. No lo ha delatado por la recompensa ni porque rechace el robo. La causa ha sido humillarse, humillarse hasta el punto de transformarse en otro. Así lo explica el personaje:

Hay momentos en nuestra vida en que tenemos necesidad de ser canallas, de ensuciarnos hasta adentro, de hacer alguna infamia, yo qué sé... de destrozar para siempre la vida de un hombre... y después de hecho esto podremos volver a caminar tranquilos.

Y después de esta humillación, que ya ha llegado a su grado sumo, proque lo que importa es la decisión de traicionar, no la confe-

sión de la traición, se siente feliz como recién nacido a la vida, tan
contento de vivir como cuando creía que había incendiado la tienda de don Gaetano:

> A veces me pa_.ce que tengo un alma tan grande como la
> iglesia de Flores... y me dan ganas de reír, de salir a la calle
> y pegarle puñetazos amistosos a la gente (...) y yo me digo: ¿qué
> hago de esta vida que hay en mí? Y me gustaría darla... rega-
> larla... acercarme a las personas y decirles: ¡Ustedes tienen que
> ser alegres! ¿Saben?, tienen que jugar a los piratas... hacer ciu-
> dades de mármol... reírse... tirar fuegos artificiales.

Esta es la historia de Silvio. No sabemos cuál es la suerte posterior del muchacho. El relato de Arlt es autobiográfico en gran medida y la proximidad temporal a los hechos que relata favorece esta
indecisión. Roberto Arlt comienza a escribir la historia cuando tenía
diecinueve años, sólo tres más que la edad de su protagonista en
el momento que finaliza *El juguete rabioso*. Esto determina características peculiares de su estructura. El relato, que aparece en primera persona, tiene un enfoque retrospectivo: «Cuando tenía catorce
años...» es el principio de la historia. Pero a veces la proximidad
entre el momento vivido y su narración se acercan tanto que parecen converger en un mismo tiempo. Así sucede, por ejemplo, en la
duermevela que padece en la incómoda cama la primera noche en
casa de don Gaetano. Del pretérito indefinido pasa a un presente
que parece ser la fusión del presente del narrador y del personaje, todavía íntimamente ligados:

> De pronto me conturbó un sollozo sofocado. Era el viejo
> que lloraba, de pena y de hambre. Y ésa fue mi primera jor-
> nada.
> Algunas veces en la noche, hay rostros de doncellas que
> hieren con espada de dulzura. Nos alejamos, y el alma nos
> queda entenebrecida y sola, como después de una fiesta.
> ... ...
> Rostros... rostros de doncellas maduras para las desespe-
> raciones del júbilo, rostros que súbitamente acrecientan en la
> entraña un desfallecimiento ardiente, rostros en los que el de-
> seo no desmiente la idealidad de un momento. ¡Cómo vienen
> a ocupar nuestras noches!

Estamos ante una modificación esencial en la estructura de la novela picaresca. Tradicionalmente el autor fingía una autobiografía.
Aquí Arlt integra datos autobiográficos en un relato en primera persona al que, sin embargo, no reconoce explícitamente como autobiografía y la escasa proyección temporal sobre los sucesos vividos justifica la rabia del título y las pasiones del personaje que aún laten
en el autor, así como los interrogantes del Silvio que aún siguen in-
quietando a Arlt:

¿Saldría yo alguna vez de mi ínfima condición social, podría convertirme algún día en un señor, dejar de ser el muchacho que se ofrece para cualquier trabajo?

… … … … … … … … … … … … … … … … … …

En el futuro, ¿no sería yo uno de esos hombres que llevan cuellos sucios, camisas zurcidas, traje color vinoso y botines enormes, porque en los pies les han salido callos y juanetes de tanto caminar, de tanto caminar solicitando de puerta en puerta trabajo en que ganarse la vida?

O sea, que en *El juguete rabioso* el tiempo del personaje y el tiempo del autor se aproximan hasta converger por momentos y el autor se siente tan invadido por la acción que ambos confluyen en un presente inconcluso y abierto.

Esta apertura final es una innovación en cuanto a estructura, que cuenta con otra paralela en el plano del contenido. Silvio, traidor, se encuentra deshonrado ante sí mismo. Es decir, que, como los personajes de la picaresca española, tiene un estado final de deshonor, pero éste adquiere en *El juguete rabioso* las proyecciones de una catarsis a partir de la cual el héroe podría salvarse:

—Vea; yo quisiera irme al Sur… al Neuquén… allá donde hay hielos y nubes… y grandes montañas… quisiera ver la montaña…

La serie de sucesos biográficos tienen una gradación psicológica y así se integran en el libro. El episodio inicial de «los ladrones» es importante interpretado desde la delación final. La picaresca española nos mostraba la fluctuación social del personaje. Para Silvio Astier no importa el ascenso o descenso social, lo que importa es romper la mediocridad, destacarse, de algún modo burlar la muerte. El afán de individuación propio de los adolescentes es el móvil. Lo impele a abandonar la irrealidad, la idealidad propia del mundo literario y arribar, aunque sea a través de una experiencia degradante, al mundo del hombre y asimilarse a él. No olvidemos que el título original del libro era justamente *La vida puerca*. El adjetivo revela la tonalidad con que el vivir se presentaba al adolescente.

En la picaresca española el personaje está condicionado por la realidad circundante que lo convierte en actor y espectador, activo o pasivo, en un gradual aprendizaje que le lleva a un fracaso final.

En *El juguete rabioso* el personaje se siente condicionado por la imaginación al tiempo que por la realidad. La literatura, desde los folletines sobre la vida de Diego Corrientes a los poemas de Baudelaire o al descubrimiento de Dostoievski, pesa más que las necesidades primarias. Es sintomático que el personaje nunca se queje de hambre ni de frío y que las contrariedades de las ventas infructuosas lo lleven a soñar, tras la ventana de una lechería, que los cipreses del cementerio de Flores son los de los cármenes que se recortan sobre un cielo granadino. A las ficciones literarias se suman las ensoñaciones del despertar sexual del adolescente. Esta será otra de las formas de la imaginación que lo rescata de la realidad exterior.

Esta dialéctica imaginación-realidad va constituyendo la identidad del personaje, con un flujo propio que lo aleja irreversiblemente de los pícaros de la literatura de siglos anteriores. En *El juguete rabioso* confluyen en la biografía de Silvio Astier elementos de la picaresca tradicional pero se integran indestructiblemente al antihéroe de la novela moderna.

LO IRONICO Y LO PICARESCO EN *HIJO DE LADRON*

MYRON LICHTBLAU
Syracuse University

Entre los numerosos rótulos que se pueden poner a la célebre novela chilena *Hijo de ladrón* (1951)[1], el de «picaresco» necesita más clarificación. Si por su forma narrativa la obra de Manuel Rojas corresponde al neo-realismo, por la manera de concebir y presentarla cabe dentro de una modalidad neo-picaresca. Llamarla categóricamente una novela picaresca sería arriesgado y quizá erróneo, a no ser que admitamos algunas modificaciones en la definición del término. Mas si *Hijo de ladrón* no satisface todos los requisitos de la clásica novela picaresca, por cierto se aproxima a ella en sus rasgos más fundamentales. El interés narrativo gira en torno a las aventuras y desventuras de Aniceto Hevia, aquel afable «hijo de ladrón»,, quien lleva la estampa de muchacho desamparado y a la deriva, no obstante sus esfuerzos por contrarrestar su destino. Y su condición de chico pobre, hambriento y abandonado, casi podemos decir su condición de pícaro, no se nos presenta llana y directamente, sino desde una perspectiva oblicua, evasiva, sesgada, en fin, irónica[2]. La ironía resulta un elemento básico e imprescindible de la novela y determina la peculiar visión picaresca, que contribuye mucho a su valor estético. Ya que Aniceto es quien refiere su historia, la relación entre la ironía y su estado de pícaro está controlada por entero por el propio muchacho. La creación de la ironía, pues, es función de las impresiones de un adolescente arrojado despiadadamente a un mundo hostil que no puede comprender.

Todo pícaro, por su condición de quedarse incongruentemente fuera de las normas sociales, encierra una cierta ironía. Es la ironía de la incompatiblidad entre sus más elementales deseos de satisfacer su

---

[1] La edición que utilizo en este trabajo es la de Zig-Zag, Santiago de Chile, 1961. Todas las citas se refieren a esta edición.

[2] Para un estudio general de la ironía, consúltense D. C. MUECKE, *Irony* (Norfolk: Methuen & Co., 1970).

hambre y la necesidad de burlar las restricciones de una sociedad que no reconoce otra ley que sus propias instituciones y reglamentos imperfectos. La ironía picaresca en *Hijo de ladrón* es también la de la disimulación de los sentimientos y acciones de Aniceto para sobrevivir en un ambiente que lo rechaza. Y por fin es la ironía de un chico que se ve obligado a competir con uñas y dientes en el mundo de los mayores cuando son éstos quienes deben instruirle a él. El padre de Aniceto no sólo deja de ser quien le guía y le sirve de modelo, sino que le desvía su sistema de valores hasta que empieza a sentirse enajenado en su propio mundo adolescente. El padre es ladrón de los más peritos y se ufana de la exactitud y la disciplina con que ejerce su profesión. Esto, en irónico contraste con lo fútil y lo desordenado de los actos del hijo. Irónicamente, el padre se siente más cómodo en su condición de felón y proscrito que Aniceto de pícaro, precisamente porque esta condición arranca de su propia voluntad y designio. El padre es capaz de controlar su destino; el hijo tiene que resignarse a lo poco que le depara la sociedad.

Aniceto es un pícaro vestido con indumentaria moderna y sujeto a las presiones de la sociedad contemporánea chilena. Irónicamente, pese a la excesiva libertad de que goza a raíz del descuido paternal, no se halla libre para llevar otra forma de vida que la de vagabundo. Y en efecto su estado de ser pícaro se ve como un largo proceso de adaptación a la picardía a medida que observamos la desunión de la familia y el juego de fuerzas sociales que le conduce a una vida desorientada. De manera que el concepto de pícaro en *Hijo de ladrón* es el de llegar a serlo, es toda la transformación paulatina por la cual pasa Aniceto mientras se le desatan los lazos familiares. Los múltiples ejemplos de incongruencias e incompatibilidades en cada capítulo constituyen la ironía y a la vez la penosa iniciación de Aniceto en el mundo real.

Aunque Aniceto no sirve una serie de amos en el curso de sus peripecias, sí sirve a uno de la típica manera picaresca. Durante un par de semanas, vive en casa de Isaías Bartola, ladrón nocturno que lleva una pierna de palo y «se dedicaba a comprar pequeños robos, que vendía luego a clientes tan miserables como él»[3]. A duras penas, Aniceto aguanta el mal trato que recibe a manos de Isaías, hasta que un buen día no puede más y toma su venganza. El chico narra el incidente así:

> Una semana después, convertido en sirviente, hambriento, mal tratado, sucio y rabioso, comprendí que existía algo peor que perder la madre y tener al padre en Sierra Chica o en Ushuaia y que se algo peor era el estar expuesto a que cualquiera, sin necesidad y sin derecho, lo tratara a uno con la punta del pie. La patada de Isaías, recibida inesperadamente y en pleno sacro, pareció partirme la espalda. El dolor me dejó sin pala-

---

[3] *Hijo de ladrón, op. cit.*, p. 77.

bras y sin lágrimas, aunque después lloré bastante, más que de dolor, de vergüenza y coraje. No pude comprender por qué a un muchacho que ha comido dos panes en vez de uno solo, como se espera, se le pueda dar una patada. Pero mi coraje no fue pasivo; busqué, mientras lloraba, un trozo de ladrillo, y lo dejé en un sitio que me quedara a mano en cualquier momento: encima de uno de los horcones del gallinero. Días después recibí la segunda patada. Isaías, ignorante de mis propósitos, eligió mal el lugar en que me soltó y pegó la segunda coz: el trozo de ladrillo estaba al alcance de mi mano. Reteniendo los sollozos lo tomé y casi sin apuntar lo disparé, dándole en el cráneo. Cuando vi que la sangre empezaba a correrle por una de las mejillas, me refregué las manos, como quien se las limpia de algo que las ha ensuciado, y hui hacia el fondo del terreno [4].

La mayor parte de la narración en *Hijo de ladrón* es picarescamente episódica. En la ausencia del amo (salvo en el caso de Isaías), Aniceto se enreda con otros vagabundos, con la policía y los carceleros, y con otra gente que encuentra fortuitamente. En los variados episodios y anécdotas observamos cómo la astucia, la ingeniosidad o la fácil palabra se emplean como recursos prácticos en la lucha cotidiana de la vida. De la misma manera que los lances ocurridos entre Lazarillo y sus amos le sirven de indoctrinación a la sociedad española, los episodios irónicos en *Hijo de ladrón* le abren los ojos a Aniceto a la dura realidad de su ambiente. Una vez, en Valparaíso, los inspectores chilenos le exigen su certificado de nacimiento. No tiene los documentos oficiales para probar su ciudadanía argentina, pero sí es un hecho irrefutable de que nació en Buenos Aires. Cuando las autoridades no le dejan pasar, comenta Aniceto con una lógica absurda pero a la vez con gran ironía:

¡Tipos raros estos funcionarios! A mí no me creían, pero le habrían creído el papel, que podía ser falso, en tanto que mi nacimiento no podía ser sino verdadero. No es difícil fabricar un certificado que asegure, con timbres y estampillas, que se es turco; no es fácil, en cambio, nacer en Turquía [5].

Se ha señalado repetidas veces que el tema fundamental de *Hijo de ladrón* es la dignidad el hombre, el valor intrínseco de cada persona, aun frente a las circunstancias más adversas [6]. Hasta cierto punto, lo pícaro en Aniceto resiste ser pícaro; las contradicciones e injusticias irónicas le hacen ver claramente la necesidad de no abandonar

---

[4] *Ibid.*, pp. 79-80.
[5] *Ibid.*, p. 13.
[6] Véase el artículo de FERNANDO ALEGRÍA, «Manuel Rojas: Trascendentalismo en la novela chilena», en *Cuadernos Americanos,* vol. CIII, marzo 1959, pp. 246-262.

jamás la fe en sí mismo ni su dignidad personal, aun cuando todo va a contrapelo. La ironía constante es que un pícaro exija el derecho de no sacrificar su dignidad a los valores falsos e hipócritas de una necia sociedad. La ironía está también en que el ser hijo de ladrón no sea conocido a sus compañeros de clase, quienes creen que es como los demás. En un sentido, pues, la ironía de su estado de pícaro depende de la inter-relación entre Aniceto y las personas con quienes tiene contacto personal, que sean miembros de su familia u otras que encuentra en sus andanzas.

Uno de los mayores encantos de *Hijo de ladrón* reside en la relación antitética entre la inocencia y la vulnerabilidad de Aniceto y la hostilidad e indiferencia del medio social a su alrededor. El choque resultante engendra la ironía. Aunque Aniceto es inocente de la red de engaños y trampas de la sociedad, sí sabe bien enmascarar sus sentimientos y mostrar una actitud irónica y disimulada hacia todo aquello que más directamente le hace mella, que sea su azarosa adolescencia, la debilidad de su madre, la irresponsabilidad del padre, los insensibles funcionarios o los bastos carceleros. Su aparente estoicismo es quizá un disfraz para encubrir un arraigado resentimiento y rencor contra la sociedad. Su descomunal ecuanimidad e indulgencia es magnífica disimulación. Aunque a veces parece deleitarse en la narración de su mala suerte, sospechamos que la aparenta aceptación complaciente de su sino como hijo de ladrón acarrea más amargura de la que desea admitir. Hasta el título mismo de la obra tiene trazas de ser un áspero comentario o un cruel epíteto. Es irónico que la vida precaria e indisciplinada que tanto le perjudica al mismo tiempo le enseña a arrostrar sus problemas e injurias. Aniceto ve que la sombra de su padre es más alargada y dañosa de lo que la sociedad le hace creer.

Existe una estrecha relación entre la sátira y la ironía. La sátira es más bien un modo narrativo; la ironía es un recurso narrativo que la sátira puede emplear para lograr sus fines. En *Hijo de ladrón,* la ironía sirve a Rojas de la misma manera que la sátira a los clásicos autores de la picaresca, es decir, de instrumento para la crítica social. Es innegable que hay ejemplos de pura sátira en nuestra novela, pero es la ironía la que da la nota saliente. Raras veces se encuentra Aniceto en situaciones en que el tono predominante es la exageración satírica, la burla, la hilaridad cómica o la irrisión. Antes bien, el chico se halla en situaciones paradójicas, incompatibles o antitéticas, en un mundo en que los valores y las recompensas parecen estar trastornados, en fin, en un mundo de ironías. Se ha creado en la novela un marco de referencia en que las normas y las reglas de la vida se discrepan mucho de lo que estamos acostumbrados a observar. Lo que produce la ironía es la disparidad entre la naturaleza de las experiencias de Aniceto y las nuestras. En una palabra, el mundo heviano es, a nuestros ojos, ladeado, descoyuntado, fuera del centro; de ahí lo extraño, lo incongruente y lo irracional de algunas de sus andanzas. Basta un ejemplo. Puesto en libertad, Aniceto no tiene a dónde ir, ni con quién juntarse. La cárcel, cuando menos, era abrigadora; el mundo de afuera es hostil y aterrador. Comenta Aniceto con irónica seriedad:

> No podía quedarme para siempre ante la puerta de la cárcel. El centinela me miraba con insistencia y parecía entre curioso y molesto, curioso porque era yo un raro ex carcelado: en vez de irme a grandes pasos, me quedaba frente a la puerta, inmóvil, como contrariado de salir en libertad, y molesto porque mi figura no era, de ningún modo, decorativa, y ya es suficiente ser gendarme de un edificio como aquél para que además se le plante allí un ser, macilento y mal vestido, sin miras de querer marcharse. La verdad, sin embargo, es que de buena gana habría vuelto a entrar: no existía, en aquella ciudad llena de gente y de poderosos comercios, un lugar, uno solo, hacia el cual dirigir mis pasos en busca de alguien que me ofreciera una silla, un vaso de agua, un amistoso apretón de manos o siquiera una palmadita en los hombros. En la cárcel, en cambio, el cabo González me habría llevado a la enfermería y traídome una taza de caldo en que flotan gruesas gotas de grasa o un plato de porotos como fideos. Y allí me habría quedado, en cama, hasta que mis piernas estuviesen firmes y mi pulmón no doliera ni sangrara al toser con violencia. Pero no podía volver: las camas eran pocas y El Terrible había recibido, por amores contrariados, una puñalada en el vientre; necesitaban esa cama; estaba más o menos bien y la libertad terminaría mi curación. Estás libre. Arréglatelas como puedas [7].

El fin ético o moral implíctio en toda novela picaresca también sufre un cambio en *Hijo de ladrón*, convirtiéndose en lecciones pragmáticas de la vida, en penosos escarmientos, aun en golpes recibidos en los talleres de aprendizaje —el hogar, la calle, la tienda, la cárcel, el burdel. En un sentido, la ironía misma sirve de mentor, de maestro y de predicador. Mas faltan la moraleja directa y el dedo acusador. Falta también la digresión de índole moral, aunque aparece una intercalación de unas nueve páginas, en que se discurre metafóricamente sobre toda clase de heridas o llagas que simbolizan los golpes sufridos por Aniceto en la vida. Pero este paréntesis moral, que Rojas insertó en parte para variar el tono narrativo de la novela, está tan lejos de la estética que rige el resto de la obra que no es más que un trozo aislado y excepcional.

En los últimos capítulos aparecen dos nuevas figuras de gran importancia: El Filósofo y Cristián, vagabundos que pasan horas enteras en las playas de Valparaíso buscando trozos de metal para vender. Recién salido de la cárcel, Aniceto tropieza con ellos en la caleta y pronto entabla una estrecha amistad. Los dos comparten con Aniceto su extraña vida, recogiendo objetos de día y durmiendo en

---

[7] *Hijo de ladrón*, pp. 85-86.

un conventillo de noche. Abundante ironía hay en la vida de esta pareja y en su relación con Aniceto. Ambos representan diferentes manifestaciones de la misma rebeldía contra una sociedad injusta e indiferente. El Filósofo es extrovertido, dominante, voluntarioso, individualista, iconoclasta. Cristián es el callado, el ensimismado, el pasivo, quien guarda para sí tremendo resentimiento y odio. Aniceto ve la irónica incongruencia de esta amistad y al mismo tiempo intuye la ironía de que una parte de El Filósofo y Cristián esté presente en su propio carácter. Es irónico que el encuentro de Aniceto con los dos ocurra en los primeros días de su libertad, cuando se espera que el muchacho quisiera separarse de su pasado y labrarse una nueva forma de vida. El juntarse con ellos significa un retorno a su vagabundaje de antes y tal vez un empeoramiento de la imagen que proyecta ante la sociedad. La ironía está también en que la libertad tan anhelada por Aniceto lleva cierta dependencia de la voluntad de otro —de El Filósofo— y cierta compulsión de imitar su estrafalaria vida. Es todavía mayor el toque irónico. Puesto en libertad, Aniceto ve crecer su apatía hacia la vida misma, un espíritu letárgico, incluso un sentido de futilidad cuando en efecto debe sentirse más aliviado y contento.

Por lo que se refiere a El Filósofo, la capa externa que revela al mundo —su oficio de recogedor de chatarra— es enigmática y llena de sutil ironía. Como hombre inteligente y avispado, parece mofarse de las convenciones sociales al elegir adrede su mísera manera de vivir. La aceptación de esta despreciable condición social es una forma exagerada de disimular la rebeldía que yace tumultuosa en su espíritu. Y su extraña amistad con Cristián es una relación de polos opuestos. Pero la ironía además es que el fuerte, El Filósofo, dependa tanto de Cristián, como éste de él, y El Filósofo necesita más la presencia y la amistad de Cristián que al revés. Aunque su asociación con Cristián abrigue gran compasión y simpatía, sospechamos que esta relación encubra móviles menos altruistas de los que se patentizan.

A modo de conclusión. Se puede leer *Hijo de ladrón* de muchas maneras: como simple novela realista de gran interés narrativo; como fuerte denuncia de la sociedad chilena; como un análisis existencialista de un muchacho abandonado; o como un profundo estudio de la dignidad del hombre. Pero en cualquier interpretación, tienen que figurar importantemente los rasgos picarescos y el tono irónico, no sólo como elementos aislados, sino también como un conjunto narrativo hábilmente aprovechado por Manuel Rojas. Sin entender lo irónico, se aprecia sólo a medias la novela; sin reconocer lo picaresco se pierde gran parte de la delectación.

LO PICARESCO Y EL PUNTO DE VISTA EN *EL RECURSO DEL METODO* DE ALEJO CARPENTIER

RITA GNUTZMANN
Universidad Tübingen

La publicación en nuestro siglo de varias novelas de carácter en mayor o menor grado picaresco muestra que no se puede restringir este tipo de novela a un tiempo pasado, ni a un país determinado [1]. Ese hecho ha llevado a algunos críticos a hablar de un auténtico «renacimiento de la novela picaresca desde 1950» [2].

Recordamos las características esenciales de la picaresca. En cuanto al comienzo de la novela, la picaresca clásica suele coincidir en situar a un niño pobre, normalmente huérfano, o «hijo de padres sin honra», que abandona el lugar de su nacimiento por necesidades materiales. A esta nota podemos añadir las que Claudio Guillén recoge en su ensayo *Toward a Definition of the Picaresque:* [3]

---

[1] Recordemos aquí sólo algunos títulos bien conocidos: *The Horse's Mouth* (1944), de Joyce Cary; *Hurry on Down* (1953), de John Wain, y *Room at the Top* (1957), de John Braine en Inglaterra. Alemania está presente con *Bekenntnisse des Hochstaplers Felix Krull* (1945), de Thomas Mann; *Die Blechtrommel* (1959), de Günter Grass, y *Halbzeit* (1960), de Martin Walser. En Checoslovaquia apareció *Josef Svejk,* de Jaroslav Hasek (1921-23), y en Francia en 1957 *Le clown,* de Alfred Kern. *The Adventures of Augie March* (1953), de Saul Bellow, y *Catcher in the Rye* (1951), de J. D. Salinger representan los Estados Unidos. En España en la mente de todos están *La busca* (1904), de Pío Baroja; las *Nuevas andanzas de Lazarillo de Tormes* (1944), de Camilo José Cela, y una de las más recientes, *Retablo de picardías* (1973), de Manuel Barrios.

[2] ULRICH BROICH, «Tradition und Rebellion. Zur Renaissance des pikaresken Romans in der englischen Literatur der Gegenwart», *Poética,* 1 (München, 1967), p. 216.

[3] En *Actes du IIIᵉ Congrès de l'Association Internationale de Littérature Comparée,* 1961, en Utrecht (The Hague, 1962), pp. 252-66. F. W. Chandler, el crítico pionero de la picaresca, da una definición todavía demasiado general: «... the picaresque novel is the comic biography (or more often autobiography) of an anti-hero who makes is way in the world through the service of masters, satirizing their personal faults, as well as their trades and professions. It possesses, therefore, two poles of interest —one, the rogue and his tricks;

— la naración en forma de autobiografía ficticia implica una perspectiva subjetiva y parcial de todos los acontecimientos;

— siempre se pone el acento en una situación social dinámica ,haciendo hincapié en las carencias materiales: el hambre, penurias, enfermedades, etc.;

— la psicología del antihéroe viene determinada en gran parte por su reacción «picaresca» para superar esas dificultades;

— por la actitud crítica y satírica del pícaro, en la mayoría de los casos estas novelas tienden a ser «romans à antithèse»;

— para dibujar una panorámica más amplia de la sociedad, el pícaro se mueve de lugar en lugar, de lo cual resulta una novela constituida por episodios.

Veamos hasta qué punto se dan estos rasgos en *El recurso del método* [4].

De los padres del protagonista nada se dice, pero indirectamente se puede colegir que fueron humildes campesinos (235, 237), y de su niñez sólo se sabe que fue al colegio de los Maristas, y luego se dedicó al estudio de la historia y del francés. Un elemento picaresco aparece en su afición a recorrer el barrio portuario con sus buhoneros, prostitutas y tabernas. Luego lleva una pobre vida de periodista provinciano, sufriendo verdaderas penurias y viviendo muchos años en concubinato con la madre de sus hijos. Este pícaro moderno no es empujado al mundo por presiones exteriores y a una edad en que aún está indefenso por inexperiencia e ingenuidad [5], sino que su propia voluntad y ambición están al comienzo de su vida «trepadora» (70) y de la «epifanía de la fortuna» (68), puesto que cuando se nos presenta en la novela ya está en la cumbre de su poder y asimismo de las riquezas materiales.

Lógicamente no se presenta aquí un elemento fundamental de la antigua picaresca: el hambre; por el contrario, la vida del Primer Magistrado se desenvuelve en un ambiente de gran lujo (cf. 15 y ss., 138 y ss.). Ha cambiado la posición desde la cual se observa la sociedad. El Primer Magistrado se sitúa en la cúspide de la misma. En realidad este punto de vista sólo invierte el del modelo antiguo (en vez de la perspectiva desde lo más bajo, ahora de lo más alto), pero

---

the other, the manners he pillories», *Literature of Roguery,* vol. I, Burt Franklin Bibliographical Series IX (New York, 1907), p. 5.

[4] Ed. Siglo XXI Editores, Madrid, 1974.

[5] Por lo tanto falta la clásica escena de «iniciación» del pícaro al mundo. Igualmente es poco ortodoxo que termine la novela con la muerte del protagonista. Lo mismo ocurre con otros pícaros modernos: Oskar Matzerath, un niño prodigio, decide por oposición al mundo corrompido de los mayores no crecer más y quedarse enano. Por rebelión contra la sociedad Charles Lumley *(Hurry on Down)* rechaza una carrera segura después de unos estudios universitarios, para trabajar de limpiacristales y rompe con sus padres (que de ninguna forma son ni un ladrón ni una prostituta) por su propia decisión.

conserva lo esencial: la distancia y la soledad desde las que el narrador contempla la realidad humana [6].

Desde un principio ha sido difícil y muy discutida una caracterización en general de la psicología del pícaro. A veces nos muestra su lado defensivo, ladino, despreocupado y astuto, divirtiéndose con tretas inofensivas [7]. En el otro extremo puede ser agresivo, cínico, bellaco y vil. En general el pícaro se distingue por una buena porción de autoironía y humor. Sobre todo en cuanto al carácter de su protagonista, Alejo Carpentier ha logrado la meta que se había propuesto: escribir una novela picaresca, con un pícaro engrandecido en el inmenso continente sudamericano [8]. El «Primer Magistrado» (o «el Mandatario») es un dictador bufón y actor, general de título usurpado, que muestra su auténtico espíritu picaresco y la autoironía cuando después de su caída se llama él mismo «el Ex». Sus bufonerías ante el Senado (83, 171s.), el truco con que se salva de las invectivas telefónicas de D'Annunzio (93) o la imagen del gran dictador, jugando con el trencito alemán (164) pondrán al lector en su favor. Además es gran conocedor no sólo de todas las bellas artes, sino también del ron y de los vinos franceses. Pero no por ello carece de rasgos cínicos y brutales: Al general rebelde que suplica por su vida le corta la palabra secamente con la orden: «¡Que lo truenen!» (71, cf. 52), y las matanzas y brutalidades contra los rebeldes son repugnantes e nauditas (81 y s.). Un «pícaro engrandecido», por tanto, significa también una mayor escala de crímenes y barbaridades, y ya no se puede hablar de simples travesuras. En toda la novela no se cambia su carácter, lo que está conforme con la picaresca tradicional [9].

La novela de Carpentier mantiene el elemento del cambio de escenario. En la picaresca clásica esta vida errante estaba motivada por los cambios de empleos y dueños que llevaban al protagonista a través de los países (movilidad horizontal) y a través de todos los estratos

---

[6] Cf. los pícaros Krull y Matzerath, que relatan desde la prisión y desde el manicomio.

[7] Cf. el mismo Carpentier, «Los Domingos de *ABC*», 2 de febrero de 1975: «Ese pícaro español, ocurrente, tramposo, fullero, mentiroso, grato en algunos momentos, ingenioso siempre» (29).

[8] Cf. la entrevista citada del autor con Miguel R. Roa (28ss.). También se encuentran varios elementos picarescos en la juventud de los cuatro hijos del dictador: Ofelia, malhablada, viajera impenitente que nunca permanece en el mismo lugar; Ariel que «mentía que era un gusto y engañaba a los curas»; Radamés que voló al cielo por una estafa demasiado genial y Marco Antonio, que después de una crisis «mística» se dedica a la gran vida, con títulos comprados, entre «aristocracias ketchupianas de la Libby» (67ss.).

[9] Aunque algunos críticos, como ROLAND GRASS, «Morality in the Picaresque Novel», en *Hispania*, XLII (1959), pp. 192-198, cf. BRUNO SCHLEUSSNER, *Der neopikareske Roman. Pikareske Elemente in der Struktur moderner englischer Romane 1950-1960* (Bouvier u. Co Verlag, Bonn, 1969), pp. 35, 44, constatan una evolución psíquico-moral, tendemos a la opinión de otros como ROBERT ALTER, *Rogue's Progress. Studies in the Picaresque Novel* (Harvard Univ. Press, Cambridge, Mass., 1964) que subrayan el carácter estático del pícaro, a pesar de una posible ruptura —no integrada— al final (e. g. en Moll Flanders, Guzmán).

de la sociedad (movilidad vertical). Lógicamente, no son estas necesidades materiales las que mueven al Primer Magistrado en sus desplazamientos, pero aunque parece viajar por puro gusto desde su país imaginario de la América Latina a París y a Nueva York [10], en realidad es empujado por fuerzas exteriores, levantamientos y revoluciones que estallan contra él con bastante regularidad.

Como es de imaginarse, ha cambiado el tipo de sociedad que un pícaro moderno encuentra. En general —a pesar de los diferentes grupos sociales— se puede hablar de una homogeneidad en la picaresca clásica por el aspecto negativo que les envuelve a todos (la corrupción, los fraudes, el cinismo...). En los viajes «turísticos» del Primer Magistrado se ofrece la posibilidad de apuntar a la sociedad europea y estadounidense de los años 1913 a 1927 con la flecha crítica y satírica, denunciando la grandilocuencia vacía de la inteligencia, la corrupción del periodismo, la manía por los títulos, etc. Los diferentes grupos sociales del mundo sudamericano se presentan en las varias maniobras militares del presidente. Conforme con la orientación fundamental de la novela, estos grupos están descritos principalmente en su función política, y sólo secundariamente en su significación socio-económica [11]. Los oponentes son muy generalizados: tres generales, el caudillo popular, un doctor de filosofía. Aunque no sean figuras explícitamente negativas —corrompidas o inmorales de la picaresca clásica—, sin embargo, tienen toques de egoísmo o ridiculez [12]. Tal vez se podría hablar en este momento de un cierto fallo en la novela, precisamente el de la vaguedad y falta de talla de la sociedad como adversario. El protagonista ha resultado tan enorme que no encuentra su par igual para una confrontación. Tampoco el único personaje positivo, el estudiante comunista, con su mensaje para un futuro nuevo, cobra suficiente relieve, sino que queda reducido a un símbolo abstracto (186 y s.). No hay persona alguna que quede en la memoria, como el dómine Cabra.

Los episodios no tienen entre ellos relación causal, sino en el fondo son —igual que en el arquetipo picaresco— variaciones sobre el mismo tema, en este caso sobre la represión y el intento de rebelión, que lleva a una nueva represión [13]. En los episodios (en total veintidós) se encuentran personajes secundarios que fuera de «su propio» epiosodio vuelven a aparecer en toda la novela. Aparte de éstas

[10] Se menciona igualmente viajes a Berlín, Viena, Berna, Roma y Madrid (95s.).

[11] Se informa al lector con sutil ironía sobre el «boom» económico», favorecido por la guerra europea (147 ss.) y se satiriza la adopción de modos y estilos de vida yankis (213 ss.) quese imponen en los países sudamericanos, hasta que llega la inevitable crisis, con su secuela de estafas, usuras, etc. (245ss.).

[12] En otras novelas (e. g. *Hurry on Down*) el oponente, la sociedad, tampoco es desalmada, sino más bien negativo por su conformidad.

[13] Cf. la enumeración generalizante de sus guerras: «El viaje al frente de guerra, esta vez hacia el sur del mapa —hace meses, había sido hacia el norte; otras, hacia el este, el oeste» (121);«era historia que se repetía, se mordía la cola, se tragaba a sí mismo, se inmovilizaba cada vez» (128).

hay otras figuras constantes que acompañan al protagonista: el doctor Peralta sobre todo, el Cholo Mendoza, la Mayorala y la hija, Ofelia. Sin embargo, la soledad básica en la vida del pícaro no se rompe por las breves visitas de la hija nómada, ni por el embajador Mendoza. (El caso de Peralta se discutirá en el capítulo sobre la perspectiva) [14].

El punto de vista en la novela

Una de las características fundamentales de la picaresca, generalmente aceptada como tal, es la narración en forma de autobiografía ficticia [15].

Alejo Carpentier observa esta norma al comienzo de su novela, empezando *in medias res* con las reflexiones de algún personaje desconocido que se establece como «yo». Despertándose a duras penas de su cuarto en París compara este momento con otros en algún lugar «allá», «la-bàs», con la vista sobre un volcán majestuoso y alguna mujer, la Mayorala Elmira, a su servicio. Pasa revista el narrador, de forma detallada, a los quehaceres de esa mañana: trae el sirviente Sylvestre el café, vienen el barbero y el sastre de visita, llega el secretario, el doctor Peralta y luego se anuncia al ilustre Académico. Entre estos pormenores, contados mediante el verbo en presente, el personaje evoca momentos pasados de su vida en este lugar (las ceremonias en honor del rey búlgaro), igual que la noche que acaba de pasar con una falsa hermana de San Vicente de Paul y otros acontecimientos en su país remoto. Sus reflexiones acerca de algunos objetos que le rodean o a propósito de las noticias del barbero se dan entre paréntesis. Para resumir la discusión con el ilustre Académico, el narrador en primera persona cambia al pasado del verbo y a veces al subjuntivo (24 y s.). Resulta de esta forma un relato desde el punto de vista del «yo», que alterna continuamente entre la realidad palpable, el pasado recordado y las ideas simultáneas. Por los medios (paréntesis, cursiva, puntos suspensivos) y los adverbios de lugar y de tiempo («ahora», «allá») es fácil seguir el hilo de la narración [16].

---

[14] En una novela como *Lucky Jim* de Kingsley Amis, que se ubica sólo en la sociedad universitaria de la provincia, es natural que las mismas personas vuelvan a aparecer, así que los episodios se enlazan en vez de yuxtaponerse.

[15] HELMUT PETRICONI, «Zur Chronologie und Verbreitung des spanischen Schelmenromans», en *Volkstum und Kultur der Romanen*, I (1928), pp. 324-42, aún arranca la picaresca con *La lozana andaluza* (1528), pero en general se ha llegado a considerar *El Lazarillo de Tormes* (1554) como primera novela picaresca por la perspectiva del «yo» como narrador; cf. MARCEL BATAILLON, *Le roman picaresque* (París, 1931); H. R. JAUSS, «Ursprung und Bedeutung der Ich-Form im *Lazarillo de Tormes*, *Romanistisches Jahrbuch*, 8 (1957), pp. 290-311.

[16] Lo mismo es cierto para la cronología de la novela, dada a través de alusiones a acontecimientos (caída de Porfirio Díaz, hundimiento del «Titanic», Sarajevo, etc.) y a personajes conocidos como Enrico Caruso, Mussolini,

Continúa el relato del «yo» hasta la salida del académico visitante y la llegada del embajador. Con la lectura del telegrama que éste entrega al narrador se cambia de repente el punto de vista: «—¡coño de madre... —aulló el Primer Magistrado—» (31). Por primera vez el lector se informa acerca del personaje que le ha estado narrando lo anterior [17]. Se mantiene el punto de vista de tercera persona para trazar una panorámica de la situación política en su país. Las imprecaciones y los reproches, igual que la forma «decimos», seguida de una frase en estilo directo permiten pensar que se trata de un resumen de las palabras vociferadas por el Primer Magistrado. Sus recuerdos acerca de la falsa monja (33 y s.) y los subsiguientes propósitos penitenciales («allá» en su país) son introducidos por el verbo «pensó», que deja lugar al estilo indirecto libre con breves frases yuxtapuestas sin verbo.

En todo el relato, el autor emplea esa técnica de cambio en la perspectiva y en los tiempos del verbo. El segundo segmento empieza con el relato en tercera persona para resumir, irónicamente, las palabras del ausente general Ataúlfo Galván: «ahora como siempre, hoy como mañana, hic et nunc». Se sospecha que la perspectiva, muy personal e irónica, es la del Primer Magistrado (a pesar del verbo en tercera persona), lo que se comprueba con la exclamación: «—¡qué riñones, mi hermano!» (37). Luego el lector está situado directamente en el escenario del teatro al que acude el protagonista. Al principio se enumeran todos los movimientos y ruidos sin verbo alguno, luego se continúa el relato en presente: «Y ahora —cambio de decoración— una señora medieval... que lee una carta. Un viejo que escucha...» (38). A continuación se anuncia el estilo indirecto libre con una alusión a las «punzantes observaciones» del Primer Magistrado sobre la aristocracia neoyorquina. Pronto el verbo cambia a la primera persona del plural: «...costas vistas por otros y que nosotros no veíamos» y en seguida el Primer Magistrado estalla en un comentario abusivo (39).

Este vaivén casi imperceptible entre técnicas narrativas tradicionales y medios nuevos se repite a lo largo de la novela.

Muchas veces es difícil decir a quién pertenece el punto de vista de un repentino posesivo como «nuestras tierras» o a quiénes se refiere el «debíamos» (40). Puesto que siempre se trata de una perspectiva muy próxima a la del protagonista y desde su misma nacionalidad, se sospecha que se podría tratar de su secretario, el doctor Peralta. Esta conjetura se consolida cuando el secretario toma el hilo del relato, mientras el Primer Magistrado se ha retirado con la mulata (43 y s.).

---

etcétera. Termina la novela con la Primera Conferencia Mundial contra el Imperialismo en Bruselas (326).

[17] Queda anónimo en toda la novela, llamándose simplemente «Primer Magistrado, el Mandatario, el-Ex»; sólo una vez, en el grito de las masas, se menciona su verdadero nombre: Valverde (199).

Sin transición alguna para anunciar el cambio de lugar (traslado de Nueva York a su país latinoamericano), y con ello el pasar del tiempo, el siguiente párrafo enfrenta al lector repentinamente con otro mundo: «Y henos aquí, ya en Puerto Araguato» (44). Poco a poco el lector descubre su error al haber tomado estas palabras por las del secretario por seguir inmediatamente al relato de éste en primera persona. Por el estilo afectado y patético y las referencias a su posición como «Jefe de Estado» las evocaciones que suscita se identifican como las del Primer Magistrado durante el viaje desde el puerto a la capital. A continuación la descripción del presidente la hace el secretario que le acompaña [18], igual que el comentario sobre su primer discurso, con los epítetos: «bien articulado, sonoro, preciso» (47).

Para completar el cuadro de técnicas narrativas citamos un ejemplo del monólogo interior. En la entrevista del presidente con su oponente, el Estudiante, se alternan los pensamientos del uno con los del otro, escritos en cursiva y separados por rayas oblicuas:

«No sabe hasta qué punto está en su papel /más parece poeta provinciano que otra cosa / ...» (primera frase — pensamientos del Estudiante; segunda — del Primer Magistrado; 236 y s.).

Al final, en la hora de la muerte, se vuelve al comienzo de la novela en dos sentidos. Otra vez el protagonista es el narrador en primera persona; además se repiten las mismas reflexiones de cuando se despertó por primera vez en París: «Seis y cuarto...» (p. 11, p. 337) [19].

Conclusión

Alejo Carpentier no se sujeta en *El recurso del método* a la norma clásica del relato en forma de autobiografía con la consiguiente ausencia de escenas y diálogos, sino que varía los tipos de narración, las perspectivas narrativas, los tiempos de los verbos y los pronombres personales. A ratos el narrador es el mismo protagonista (perspectiva del «yo»; sólo en una ocasión se refiere el «yo» a Peralta). Pero, igual que el narrador tradicional, puede penetrar en el estado anímico del personaje desde el punto de vista omnisciente («el pensó») o se aleja, observando y describiendo los personajes y acontecimientos desde fuera (behaviorismo, perspectiva de «él») [20]. También se emplean las técnicas narrativas modernas; se relata desde el interior del personaje sin interferencia alguna (monólogo interior) o bien se presenta la misma conciencia con el pronombre de tercera persona (monólogo interior indirecto o estilo indirecto libre).

También en cuanto a los elementos esenciales del argumento hemos

---

[18] «Y presidente de verdad era, erguido... tiesa la figura, endurecido el semblante, fusta en mano, hosco el gesto...» (46).

[19] Ya a la mitad del relato se habían repetido las mismas frases con alguna variación (132).

[20] De esta forma nos enteramos por primera vez acerca de su apariencia física: «la figura espesa, cargada de hombros, a la vez lenta y colérica» (32).

notado una modificación del molde clásico. El autor ha ajustado el
relato picaresco al mundo moderno, en este caso latinoamericano, donde se encuentra el tema del dictador y de las revoluciones. El conflicto, la confrontación entre el pícaro (el dictador) y la sociedad ha
sido trasladado del nivel social a un nivel político, lo que exige una
posición jerárquica distinta del protagonista y otro arranque de la
novela, igual que diferente enfoque de la sociedad [22].

Si el lector se pregunta sobre la intención del autor, buscará en
vano un comentario explícito y aun un epíteto que condene las brutalidades o fustigue las injusticias sociales. Sin embargo, desde el
principio, es decir, con el título y las citas del *Discurso del método*
de Descartes que encabezan cada capítulo, se expresa un juicio sobre
el contenido de la novela. Con todo eso el lector debe tener en cuenta que el autor no presenta los razonamientos cartesianos como ideal
absoluto, sino que los incluye en la ironía general que recorre toda la
novela. Es precisamente este tono satírico el que contribuye tanto al
aspecto picaresco de la novela y que deja ver que el propio autor
no cree en el «triunfo de la razón».

---

[21] Lo mismo es cierto para otras novelas picarescas modernas: *Die Blechtrommel* apunta a la sociedad «nazi» de Danzig. Los «Angry Young Men»
acusan el «establishment», la institucionalización de la vida privada, el confor-
mismo y la mediocridad. Igual en Francia, donde al pícaro le deprime la estu-
pidez, la auto-satisfacción y la empleomanía de la gente.

XIV

LA PICARESCA EN NORTEAMERICA

Mark Twain.
Johm Barth.
Saul Bellow.
J. D. Salinger.

MARK TWAIN Y LA TRADICION PICARESCA

Hugh A. Harter
Ohio Wesleyan University
Delaware

Se ha señalado varias veces la influencia del *Quijote* en la creación de *Las aventuras de Huckleberry Finn* [1]. En el capítulo tercero
aparece el pasaje tan frecuentemente citado, una conversación entre
Huck y Tom Sawyer, en la cual éste afirma su conocimiento de la
obra inmortal de Cervantes. Huck, el realista, el escéptico, no cree
a Tom cuando anuncia la próxima llegada de «todo un grupo de mercaderes españoles y de árabes opulento ... con doscientos elefantes,
seiscientos camellos y más de un millar de mulas acémilas, y que todo los animales iban cargados con diamentes ...». Huck declara: «Yo
no vi diamantes por ninguna parte, y se lo dije así a Tom Sawyer.»
Efectivamente, aun la imaginación creadora de un Tom Sawyer
no podría fingir un escenario semejante sin hallar otra fuente que la
vida insular y estrecha de un pueblecito a orillas del Mississipí, por
los años 1830, tan improbable como en una Argamasilla de Alba de
las llanuras de la Mancha en el siglo xvi. El Caballero de la Triste
Figura tenía su libros de caballerías. Tom Sawyer conocía la sin par
historia del hidalgo manchego. Regaña a su compañero iletrado, como
nos lo cuenta Huck mismo:

> Me contestó que, si yo no fuese tan ignorante, y hubiese leí-
> do un libro que se titula *Don Quijote,* sabría a qué atenerme sin
> preguntar nada. Todo aquello era obra de encantamiento. Había
> allí centenares de soldados, elefantes, un tesoro y lo demás;
> pero nosotros teníamos unos enemigos, que eran los encanta-

---

[1] Se puede decir que todos los estudios recientes generales hacen mención
de la influencia del *Quijote* en la obra de Twain. El artículo que lo estudió
por primera vez es de OLIN HARRIS MOORE, *Mark Twain and «Don Quixote»*,
pp. 324-346, en PMLA, vol. 37, 1922.

dores, y éstos habían convertido todo aquello en una escuela dominical de párvulos, de pura malquerencia contra nosotros [2].

Si este pasaje no existiera para darnos una orientación segura, tendríamos amplia evidencia en otros episodios de la obra de Twain para persuadirnos. Las primeras páginas de *Huck Finn,* como las del segundo volumen del *Quijote,* sirven para resucitar la memoria de su precedente y para proporcionar al propio autor unos momentos de autocrítica. Empieza el libro con las siguientes líneas:

> Si ustedes no han leído un libro que se titula *Las aventuras de Tom Sawyer,* no sabrán quién soy; pero esto no importa. El libro de que hablo fue escrito por el señor Mark Twain, y este señor exageró en ocasiones, pero, en términos generales, contó la verdad [3].

Además, Twain declaró su admiración por Cervantes en cartas como aquélla a su hermano Orion, donde dice que el *Quijote* es su «beau ideal» y en otras obras, como *La vida en el Mississipí,* donde elogia a Cervantes como contrapeso a los efectos perniciosos de la obra de sir Walter Scott.

Así no cabe duda de la profunda influencia de la obra cervantina en la génesis de las dos obras más famosas de Mark Twain. Tom Sawyer se reparte en el papel de Quijote juvenil, el que insiste en transformar sus sueños literarios en realidad, y Huckleberry Finn, el Sancho Panza del pan, pan y del vino, vino. Para buen número de americanistas y eruditos ingleses este parentesco es suficiente para incluir a *Tom Sawyer* tanto como a *Huckleberry Finn* en el canon de obras picarescas. Claro está que si se acepta al *Quijote* como novela picaresca, se resuelve la cuestión sin problema, pero para nosotros hispanistas para quienes no lo es, el asunto todavía provoca nuestra atención.

Primero hay que abordar las definiciones. En la crítica anglosajona, una novela picaresca no tiene trama formal ni estructura tramada. Es el conjunto de una serie de episodios o aventuras que se pueden transponer a voluntad. Se llama «la novela del camino», y su única unidad viene de la participación de un protagonista o, como en el caso del *Quijote,* de los dos personajes principales. Que sea el protagonista héroe o antihéroe no entra en la cuestión. Tampoco cuenta en este criterio elementos como el tono, el estilo o la filosofía fundamental que la obra transmite, directa o indirectamente. Es decir, que la tradición anglo-americana encierra ciertos elementos esenciales del concepto hispánico mientras que carece de otros que consideramos igualmente fundamentales, el más importante de los cuales sería la imprescindible inclusión de un protagonista que sea un antihéroe o pícaro

[2] MARK TWAIN (Samuel Langhorne Clemens), *Las aventuras de Huckleberry Finn (El Camarada de Tom Sawyer),* versión directa del inglés, prólogo y notas de Amando Lázaro Ros (Barcelona, Ed. Ramón Sopena, S. A., 1966), pág. 29.
[3] *Ibíd.,* p. 15.

reconocible, por medio de cuyos ojos se nos transmite la visión de un mundo cínico y cruel, donde se sobrevive sólo con la astucia y el engaño. Al mozo de muchos amos español se le permiten pocos momentos de ternura o de reflexión. Una sociedad hipócrita y sin moralidad le brinda pocas consolaciones e infrecuente reposo en la lucha cotidiana.

Si consideramos a Tom Sawyer desde este criterio, vemos, sin larga reflexión, que no es una novela picaresca. Tampoco es Tom un pícaro en el sentido tradicional. Podemos decir que es más bien un don Quijote incipiente que un Guzmán o un Pablos. Sin embargo, es un muchacho dado a travesuras en el sentido del joven Lazarillo. Sabemos que Twain conoció al *Lazarillo* por medio de su gran amigo William Dean Howells, quien tenía una profunda admiración por la literatura castellana y, sobre todo, por la rica vena realista desde Cervantes hasta sus contemporáneos: Valera, Palacio Valdés y Galdós. Twain le escribió a Howells sobre la composición de *Tom Sawyer* que se había equivocado quizá al no escribir la obra en primera persona, cosa que hizo, como sabemos, en *Huckleberry Finn*. En el mismo lugar habla de la importancia de la forma de autobiografía empleada con tanto éxito en el *Gil Blas de Santiallana* de Le Sage, obra que, como bien se ha reconocido, se ha tomado de la picaresca castellana a manos llenas.

Sin embargo, hay episodios auténticamente picarescos, incluso el capítulo más conocido del libro, el del blanquear de la cerca de la tía Polly. Recordemos que esto pasa el sábado, día ilustre para los párvulos norteamericanos, día para la pesca y la natación en los pueblos a orillas de los ríos. Tom no quiere blanquear la cerca, pero como no hay remedio, la quiere terminar lo más pronto posible. Consideremos el núcleo de este episodio tan famoso:

—¡Hola, compadre! —le dijo Ben—. Te hacen trabajar, ¿eh?
—¡Ah! ¿Eres tú, Ben? No te había visto.
—Oye, me voy a nadar. ¿No te gustaría venir? Pero, claro, te gustará más trabajar. Claro que te gustará.
Tom se quedó mirando un instante y dijo:
—¿A qué llamas tú trabajo?
—¿Qué? ¿No es eso trabajo?
Tom reanudó su blanqueo y le contestó, distraídamente:
—Bueno, puede ser lo que sea y puede ser que no, lo único que sé es que le gusta a Tom Sawyer.
—¡Vamos! ¿Me vas a hacer creer que a ti te gusta?
La brocha continuó moviéndose.
—¿Gustar? No sé por qué no va a gustarme. ¿Es que le dejan a un chico blanquear una cerca todos los días?
Aquello puso la cosa bajo una nueva luz. Ben dejó de mordiscar la manzana [4].

---

[4] *Ibíd.*, Las aventuras de Tom Sawyer (Colección Austral, 8.ª ed., 1974).

Twain mismo añade la moraleja: «Tom había descubierto, sin darse cuenta, uno de los principios fundamentales de la humana conducta, a saber: para hacer que alguien, hombre o muchacho, anhele cosa, sólo es necesario hacerla difícil de conseguir.»

El libro de *Huckleberry Finn* es algo muy distinto de su predecesor. Pretende ser una prolongación, pero después de pocas páginas, adquiere su propio rumbo y su propia voz, la voz auténtica e inolvidable del muchacho que se llama en *Tom Sawyer* «el paria de la aldea», frase que le reparte el papel de pícaro. Es un pícaro, además, que narra su propia historia y sigue no el camino de la tierra, sino el majestuoso y misterioso río, el Mississipí. Su motivación fundamental es la supervivencia. Su astucia proviene de la necesidad. Ha vivido al margen de la sociedad de su aldea; no participa del código moral de sus habitantes conformistas. Es, después de todo, el hijo del vagabundo que, según Ben Rogers, «solía dormir, cuando estaba borracho, en la curtiduría, con los cerdos» [5].

De este padre, Twain nos ha dejado un retrato que sorprende por su afinidad a pasajes de obras picarescas españolas. La técnica nos recuerda la famosa descripción de dómine Cabra en el *Buscón*. Dice así:

> Mi padre era de unos cincuenta años, y los representaba. Sus cabellos eran largos, enmarañados y grasientos; le caían por delante, de modo que se le veían los ojos al través de ellos como si mirase desde detrás de una enredadera. Eran negros, y no tenía canas; tampoco las tenía en sus patillas, largas y revueltas. Donde se le veía la piel de la cara no tenía color; era blanco, no con la blancura de otros hombres, porque la suya daba náuseas y ponía la carne de gallina; era una blancura de tipo de árbol, de tripa de pescado. Sus ropas eran simples harapos, ni más ni menos. Descansaba ahora el tobillo de una pierna en la rodilla de la otra; la suela del zapato del pie que tenía en alto estaba reventada, y con el agujero le salían dos dedos, que él movía de cuando en cuando. Había dejado su sombrero en el suelo, un desastrado chambergo negro, con la parte superior hundido lo mismo que una tapadera [6].

Además, si nos adelantamos un poco en la novela encontramos una narrativa cuya auténtica participación en la tradición picaresca no se puede dudar, aquella que llena más de una tercera parte de la obra, comprendiendo catorce capítulos del libro y cuyos protagonistas son los llamados «Delfín» o «Rey» y el «Duque». En los principios del episodio son igualmente impresionantes las semejanzas no con el *Buscón*, en este caso, sino hasta con el *Rinconete y Cortadillo* de Cervantes. Los personajes difieren en la edad. No son adolescentes, sino hombres ya maduro; el «Rey», viejo ya, de unos setenta años,

---

5 *Op. cit., H.F.,* p. 23.
6 *Ibíd.,* p. 36.

y el otro de unos treinta. No se conocían antes de su encuentro con Huck en su canoa y, como los dos jóvenes pícaros del siglo XVI, se cuentan quiénes son. El viejo da su autorretrato así:

> —Mi oficio es impresor de periódicos: trabajo un poco en medicinas específicas; soy actor teatral ..., actor trágico, ¿sabes?; sé echar una baza en mesmerismo y frenología, si se tercia; coloco, en ocasiones, una conferencia ...; hago un sinfín de cosas! ... todo lo que se presenta ... [7].

Luego viene la historia del más joven:

> —En mis buenos tiempos trabajé bastante en cuestiones médicas. Mi punto fuerte es la imposición de manos ... para la cura del cáncer, la parálisis y otras cosas por estilo; puedo hacer de profeta con bastante soltura, siempre que tenga alguien que se encargue de sonsacar datos y me lo cuente. También se me da el predicar, especialmente en las misiones y en las reuniones religiosas al aire libre [8].

En estos capítulos no cabe duda; estamos en el mundo espiritual de la picaresca castellana con todos los fraudes, las trampas, los engaños y disfraces que allí tradicionalmente encontramos, desde la descripción del «Delfín» —«se cubría la cabeza con un sombrero de fieltro muy estropeado; llevaba una camisa grasienta de lana azul»— hasta el famoso espectáculo de la Sin Par Realeza y su triste pero inevitable fin «cubiertos por completo de brea y de plumas, y no ofrecían aspecto de seres humanos, sino que daban la impresión de un par monstruoso de penachos de soldado» [9]. Roban despiadadamente los pueblecitos de su sendero donde la gente aparece en muchos casos como salvaje y brutal. Sin embargo, las cínicas y crueles acciones de estos insensibles tramposos en su explotación de unas inocentes y confiadas orfelinas o la sigilosa venta de los esclavos negros —incluso el magnánimo y querido Jim— deja poco lugar para compasión. No obstante, Huck Finn tiene la última palabra, palabras de conmiseración cuando nos dice: «Aquel espectáculo me puso malo; sentí compasión de aquellos pobres y desgraciados pícaros, y nunca más desde entonces he podido sentir indignación contra esa clase de gente.» Huck termina el pasaje con una declaración que define la sociedad de la picaresca: «los hombres llegan a conducirse, unos con otros, de una manera terriblemente cruel» [10].

Este despligue de sentimientos de parte de Huck es un problema. ¿Cómo podemos incluirle en la galería de despiadados antihéroes que pueblan las páginas de la picaresca española? Huck tiene un co-

---

[7] *Ibíd.*, p. 154.
[8] *Ibíd.*, pp. 154-155.
[9] *Ibíd.*, p. 279.
[10] *Idem. Ibíd.*, p. 279.

razón; tiene aún más: tiene una consciencia. Es un joven que siente y que piensa. No abandona la lígica de su pueblo ni su supuesto tiempo en el pensamiento racional, pero esto hace su sacrificio y su devoción al negro Jim muchísimo más intenso e impresionante. Huck tiene dimensiones humanas que constituyen el corazón de la obra y que le proporciona su vida y su grandeza. Huck no es el pícaro tradicional; es mucho más, y por eso tiene más relieve. Quizá podamos llamarle el pícaro sentimentalizado en una novelística donde el sentimiento es ingrediente esencial.

Además, no debemos juzgar una obra de la segunda mitad del siglo XIX según los criterios del siglo XVI. Sería un error. Lo cierto es que esta vena tan rica que ha sido la picaresca ha engendrado a *Huckleberry Finn*. Vale la pena especular sobre lo que hubiera sido de Lazarillo si se hubiera quedado con su tercer amo, el pobre hidalgo. ¿No se hubiera humanizado a la manera de Huck con su amado amigo el negro Jim? Yo creo que sí, y toda la tradición picaresca habría, quizá, tomado otro rumbo, pero Lazarillo no tuvo tanta suerte. La lealtad, el afecto profundo y la amistad que halla Huckleberry Finn en el esclavo Jim hacen vislumbrar un mundo muy ajeno al de la picaresca en su sentido estricto, pero, ¿no sería provechoso reconsiderar el siglo XIX con su rica vena novelística con criterios más amplios? Puede ser que allí encontremos, como en el caso de *Huck Finn*, otros pícaros sentimentalizados y humanizados, pero todavía en sus fundamentos de la misma tradición.

LAZARILLO DE TORMES Y *HUCKLEBERRY FINN*

JOHN B. HUGHES
New York University

Esta ponencia se basa en la convicción de que a veces el crítico literaria puede llegar a conocer y penetrar en un texto a través de la lectura intensa de otro y que la comparación detenida de dos textos revela aspectos de ambos que no podría verse de un modo tan claro en otro contexto. Desde luego, para este tipo de comparación hay que escoger textos que ofrecen una cierta afinidad, por mínima que sea, para hacer destacar semejanzas y diferencias que tengan un sentido descriptivo y valorativo comunicable. En este caso, no pretendo tratar del problema mayor de la influencia picaresca, como la de Cervantes, en la obra de Mark Twain. Me limito a la confrontación de dos textos de muy diversos contextos históricos y culturales. Salvando las evidentes diferencias y distancias que hay que reconocer, quedan aspectos centrales de concepcióny estructura literaria dignos de comparación y sumamente reveladores de ambas obras. Mi comunicación se concentra en la voz y perspectiva del narrador-protagonista, la índole del personaje, el lenguaje y el sentido de su «mensaje», la relación del personaje al autor y al lector, las estructuras de ambas obras y las ventajas que sacaron Mark Twain y el desconocido autor del *Lazarillo* de su modo o modos de narrar.

En cuanto a su construcción literaria, el aspecto central que tienen en común *La vida de Lazarillo de Tormes y de sus fortunas y adversidades* y *The Adventures of Huckleberry Finn* [1] es que ambos textos en su totalidad dependen de la voz y perspectiva del narrador-personaje —ente de ficción— que narra su propia historia. La presencia constante de esta primera persona es el hecho fundamental que determina todo lo demás. Lenguaje, estilo, «mensaje» —la estructura del todo— se derivan de las personas y modos de contar de Lázaro y Huck Finn.

---

[1] Cito al *Lazarillo* en la edición crítica de José Caso González, Madrid, 1967, y Mark Twain, *The Adventures of Huckleberry Finn*, London, *Penguin Books*, 1966.

El «yo» de ambos se impone en la primera frase de los dos textos. Lazarillo: «Yo por bien tengo que cosas tan señaladas y por ventura nunca oídas ni vistas, vengan a noticia de muchos y no se entierren en la sepultura del olvido, pues podría ser que alguno que las lea halle algo que agrade, y a los que no ahondaren tanto los deleite» (p. 63). Huckleberry Finn: «You don't know about me without you have read a book by the name of *The Adventures of Tom Sawyer* but that ain't no matter» (p. 49)[2].

En las páginas que siguen, este control personal de los dos narradores —control, a la vez, psíquico y verbal— se intensifica y se mantiene, en sus formas bien distintas, a través de toda la narración, llegando a constituirse en el eje de unidad artística de ambas obras.

Los dos personajes-narradores tienen mucho en común. Por motivos bien distintos pero relacionados, ambos son parias, pobres y víctimas que se encuentran fuera, o marginales, con respecto a la sociedad establecida, dentro y fuera de los textos. Ambos atacan y critican sus sociedades respectivas desde abajo y desde una perspectiva independiente y radicalmente enajenada. Ambos pretenden decirnos la verdad de su vida y del mundo, por su mayor parte, una verdad amarga y unilateral, pero una verdad basada en la experiencia directa y personal de los narradores mismos. Al narrar su propia historia, tanto Lázaro como Huck desarrollan un estilo y un lenguaje propios e inconfundibles. Ambas obras se desarrollan a base del diálogo. Por un lado, un diálogo incitante entre personajes (Lazarillo y el escudero, Huck y Jim), y por el otro, un diálogo implícito entre el narrador y el lector. En ambos casos, como dice Américo Castro del *Lazarillo:* «aparece ahí un individuo que nos invita, sin más, a penetrar en su intimidad, a contemplarla desde el interior de su propia existencia»[3]. En ambos casos, el lector recibe la impresión —ilusión del arte— de la espontaneidad y de la lengua hablada. Detrás de la máscara ficticia de los narradores-habladores, sus autores construyen y elaboran a dos personajes insignificantes, con respecto a sus sociedades respectivas, que se atreven a escribir sus autobiografías para el gran público de su época.

Los protagonistas y las obras mismas poseen una frescura juvenil. Huckleberry Finn no llega a la madurez en el contexto de la narración y a lo mejor, si de Mark Twain dependía, no llegaría nunca. Lázaro es Lazarillo en el título y en todo el libro menos el prólogo y el último tratado, y aunque el pregonero maduro, en última instancia, es el que prevalece, el lector siempre ha de recordar al muchacho travieso y de gran ingenio que se defendía de las adversidades como podía.

«La forma audazmente autobiográfica» que señala Amério Castro en el *Lazarillo,* en donde «sentimos la ilusión de contemplar la vida

---

[2] «No sabes nada de mí si no has leído un libro llamado *Las aventuras de Tom Sawyer,* pero eso no importa nada.» (Traducción mía.) No pretendo reproducir en español los errores intencionales en inglés o en sabor coloquial del original.

[3] AMÉRICO CASTRO, «El *Lazarillo de Tormes»,* en *Hacia Cervantes,* Madrid, Taurus Ediciones, S. A., 1967, p. 143.

misma sin ningún intermedio» [4], no se vuelve a repetir en el *Guzmán de Alfarache* (tipo bien distinto de autoconfesión y autobiografía) ni en ninguna de las novelas picarescas del siglo XVII, aunque sí en los diálogos de Rinconete y Cortadillo y de Sancho Panza y Don Quijote y, desde luego, tres siglos y medio después en *Huckleberry Finn*. El episodio maravilloso del escudero no tiene paralelo en ninguna novela picaresca pero sí anticipa el tema de la amistad de Don Quijote y Sancho, como también la de Huck y Jim en el «raft», como tantas otras amistades en la novela del siglo XIX. La generosidad y compasión naturales y sentidas en su circunstancia por Lazarillo en ayudar y darle de comer al hidalgo tienen un paralelo cercano en la decisión y actuación de Huckleberry Finn, para él mismo, en proteger y defender al esclavo Jim, también paria y prófugo de la justicia.

El humor es un ingrediente muy importante en ambas obras con una gama muy amplia que va desde la burla y el truco crueles (hay un paralelo entre Huckleberry y su padre borracho y Lazarillo y el ciego), pasando por la caricatura (el ciego y el buldero en *Lazarillo,* el duque y el delfín en *Huckleberry Finn),* hasta la compresión y la compasión irónicas. Los dos muchachos son traviesos, astutos y graciosos y como narradores a menudo ironistas. Desde luego, la burla feroz, como la de Lázaro para con el ciego, no llega a ser tan central en *Huckleberry Finn*. Tampoco la hostilidad del mundo externo con que se enfrenta Huck llega a ser tan total ni tan sádico y perverso como el mundo ambiental del *Lazarillo*.

Ambas son obras de espacio. El viaje y las andadas comunican un sentido de movimiento y horizontes abiertos. La influencia de Cervantes es patente en Twain y, desde luego, la presencia del *Lazarillo* es igualmente patente en el *Quijote*. Es muy posible, gracias al estímulo de William Dean Howells que Twain tuviera un contacto más directo con la picaresca española, pero sólo encuentro con *Huckleberry Finn* una semejanza en profundidad con el *Lazarillo* y no con las demás obras de su género. Consta que muchos críticos norteamericanos e ingleses han utilizado (erróneamente desde luego) el término «picaresco» para caracterizar al *Quijote* y a *Huckleberry Finn,* refiriéndose tan sólo al aspecto episódico de ambas obras.

Habría que insistir en que el *Lazarillo,* además de ser la fuente principal y arquetipo de la novela picaresca, es un experimento audaz y un paso notable hacia la novela moderna en un sentido más amplio y profundo. La índole del héroe, su estilo de contar y la estructura de la obra son descubrimientos del autor. Igualmente audaces y originales en su nueva estructuración humana son dos obras agenéricas del Renacimiento español que anticipan al *Lazarillo, La Celestina* y *La Lozana Andaluza*. Como obra literaria, el *Lazarillo* tiene tanto que ver con estas obras y con el *Quijote* como con el *Guzmán de Alfarache*. En fin, a pesar de ser en plenitud la primera novela picaresca, el *Lazarillo* lo es en un sentido muy diferente que todas las demás y sus cualidades literarias mucho rebasan la fórmula picaresca.

---

[4] *Ibid.,* p. 143.

Hasta tal punto las semejanzas entre el *Lazarillo* y *Huckleberry Finn*. Ningún texto es igual a otro, cuando los miramos de cerca, y las diferencias y contrastes revelan mucho más de la índole individual de las obras comparadas.

Además de dirigirse al gran público, que es el lector implícito del libro, el *Lazarillo* se dirige particularmente a una persona importante, a un tal «vuestra merced», como nos han hecho ver Claudio Guillén, Fernando Lázaro Carreter, Francisco Rico y otros [5]. Tal individuo misterioso puede muy bien relacionarse con la tradición literaria de la carta. También puede ser un conocido de Lázaro no muy claramente identificado en el texto. Pero esta misma falta de claridad me sugiere otra solución. ¿No podría dirigirse Lázaro en su carta-informe a un personaje tanto fuera como dentro del texto? ¿Y específicamente al representante del «establecimiento» o del «bunker» de la época de Carlos V? *Digamos que se dirige al cristiano viejo.* Porque no podemos dejar de comentar el fondo humano y social del *Lazarillo* ni el misterio del anonimato de su autor. Si, como dice Américo Castro, «el autobiografismo del *Lazarillo* es solidario de su anonimato» [6] y si este comentario se justifica en términos puramente literarios, no es tan difícil hoy en día, gracias precisamente al estudio en profundidad, la penetración y la persistencia de don Américo, de identificar la casta y posición social del disfrazado autor. Aquí se juega a la ficción en serio. La rebeldía y la agresividad de Lázaro son más radicales e interesadas que las de Huckleberry Finn. La retórica del pregonero traza un esquema bien pensado y calculado. Su lenguaje, a pesar de su pretendido «grossero estilo», es mucho más formal que el de Huckleberry Finn. «Epístola hablada» lo llama Claudio Guillén [7]. En fin, es evidente que el *Lazarillo* es también letra escrita. Y nos presenta un «mensaje» cifrado pero clarísimo para quien quiera descifrarlo. Sin duda, se capta aquí una nota de crítica erasmista y también algo de la expresión del fracaso de la rebelión de los comuneros por un simpatizante de ella, menos específico aún, un anticlericalismo feroz. Pero por todos estos motivos, y ante todo, desde la herencia determinista de su familia literaria y desde su perversa y oportunista colocación al final «en la cumbre de toda buena fortuna», con todo su resentimiento muy elegantemente a cuestas, *canalizado en su narración*, sin duda alguna, se nos presenta tras la figura de Lázaro a su autor, converso con modales de hidalgo. ¿No podría ser el *Lazarillo,* entre otras cosas, una contestación gratuita e irónica a la exigencia omnipresente de presentar pruebas de limpieza de sangre?

[5] Véanse CLAUDIO GUILLÉN, «La disposición temporal del *Lazarillo de Tormes*», en *Hispanic Review*, XXV, 1957, pp. 264-79; FERNANDO LÁZARO CARRETER, «Construcción y sentido del *Lazarillo de Tormes*», en *Abaco*, 1, Madrid, 1969, pp. 45-134; «La ficción autobiográfica en el *Lazarillo de Tormes*», en *Literae Hispanae*, Munich, 1966, pp. 195-213; FRANCISCO RICO, *La novela picaresca y el punto de vista*, Barcelona, Seix Barral, 1973.

[6] AMÉRICO CASTRO, ob. cit., p. 145.

[7] CLAUDIO GUILLÉN, ob. cit., p. 268.

«Y pues vuestras merced escribe se escriba y relate el caso muy por extenso, parecióme to tomalle por el medio, sino del principio, porque se tenga entera noticia de mi persona, y también porque consideren los que herederon nobles estados cuán poco se les debe, pues fortuna fue con ellos parcial, y cuánto más hicieron los que, siéndoles contraria, con fuerça y maña remando, salieron a buen puerto» (p. 62).

Cincuenta años más tarde, Mateo Alemán no tuvo ninguna dificultad en descifrar el mensaje y en encontrar la utilidad humana y literaria del arquetipo, del esquema cerrado del pícaro, para sus propias finalidades más totales y nihilistas. Y Miguel de Cervantes supo aprovechar lo que había de libertad y apertura en el *Lazarillo* como en toda la literatura anterior para forjar sobre la marcha su épica irónica de *Don Quijote*. En fin, encuentro plenamente convincentes las conclusiones de Américo Castro al respecto en la versión final de sus ensayos *Perspectiva de la novela picaresca* y *El «Lazarillo de Tormes»*, como también las conclusiones generales de *Hacia Cervantes* y *Cervantes y los casticismos*.

Por los motivos aducidos, Lazarillo es más y menos que un *doppelgänger* de su autor, como Huckleberry Finn lo es para Mark Twain. Es el que las circunstancias y la sociedad le han obligado a ser y que él ha sido capaz de transformar en arte. El estilo pseudoheroico y altisonante del *Lazarillo* en su recuento de trivialidades y vilezas ironiza y encubre una tragedia colectiva que compartía el escritor. De este modo debemos interpretar el humor negro y violento, el feísmo deliberado, la distorsión perversa de la realidad moral, la desrealización de todo valor positivo en el libro, como también la índole apicarada del hidalgo cuya honra encubre un vacío material y espiritual.

La estructura literaria del *Lazarillo*, a pesar de su corto tamaño, está más elaborada y completa que la de *Huckleberry Finn*. Su crítica social y personal está implícita en la vida que narra Lázaro. Su gran intencionalidad de agresión se expresa sin desviaciones o grandes altibajos en el nivel literario. El mayor desarrollo de los tres primeros tratados no les quita a los demás su función en la totalidad de la obra. Los términos no satisfacen, pero hay algo de «clásico» y de «perfecto» en el perfil escueto del *Lazarillo*, en su estructura esquemática pero completa.

No así el *Huckleberry Finn*, obra más extensa y más desigual. Los pasajes maravillosos y de gran intensidad lírica y dramática del comienzo y la parte central contrastan notablemente con los capítulos triviales y pueriles cerca del final en donde el personaje de Tom Sawyer vuelve a introducirse. Falta en el *Lazarillo* el gran lirismo de Mark Twain como también la nostalgia por volver a captar una época o un lugar pasados con la juventud, el sentimiento que pretende convertir en mito la vida libre de la frontera norteamericana. (Desde luego, aquí no sólo contrastamos a autores y obras, sino también a épocas y culturas. Una obra del Renacimiento español de fines de la época de Carlos V y otra norteamericana en que se combinan aspectos del Romanticismo y del Realismo de la segunda mitad del siglo xix.) No hay nada en el *Lazarillo* que recuerde el poder descriptivo o la belleza sentida con que Mark Twain evoca el viaje río abajo de Huck y Jim. La crítica social de Mark Twain de la esclavitud y de la sociedad brutal esclavicista y de guerrillas de familia del sur, a pesar de presentarse a través de las experiencias y palabras del muchacho Huck, es más objetiva y reformista en su tono que la crítica implícita y personal, cifrada e irónica del *Lazarillo*.

En fin, las obras reflejan directa o indirectamente dos mundos diferentes, mundos alejados en el espacio y en el tiempo.

En el momento de su concepción en el psique de los dos creadores, lo que les une a *Huckleberry Finn* y *Lazarillo de Tormes* es que expresan un afán de independencia absoluta. Está en el meollo y el afán radical de ambos autores de reducir la vida a su verdad mínima y esencial, encarnada en la figura, experienca y perspectiva de sus narradores. Lazarillo y Huckleberry no aceptan subterfugios, la hipocresía o la presunción social. Se mantienen para siempre irreductibles e insobornables en su independencia de juicio y postura ante la vida. Toda la vida de ellos se da en el fragmento o fragmentos presentados por sus autores. Para Lázaro, no hay remedio. Dentro del mundo en que vive, es una figura ejemplar y su ironía lo subraya. Huckleberry Finn, más ingenuo y más directo, pero igualmente enajenado y desconfiado, de la sociedad, de la civilización, de los mayores, rechaza cualquier intento de asimilación. Como nos dice al final: «But I reckon I got to light out for the Territory ahead of the rest, because Aunt Sally, she's going to adopt me and sivilize me and I can't stand it. I been there before» (p. 369).

---

8 «Pero me parece que voy a tener que marcharme para el Territorio antes que los demás, porque la tía Sally va a adoptarme y civilizarme y no lo aguanto. Ya estuve allí una vez.»

RAICES ESPAÑOLAS EN LA PICARESCA
DE JOHN BART

Michael S. Pincus
Mansfield State College
Mansfield, Pennsiyvania, U.S.A.

En la obra de John Barth, autor norteamericano contemporáneo, se notan dos elementos que son evoluciones directas de la picaresca española y de la obra cervantina: la preocupación con la línea narrativa y la importancia del viaje del héroe. La influencia española se ve muy claramente, y se basa en mucho más que en un conocimiento superficial de unas obras en traducción.

El estudio siguiente trata de poner en relieve unos de los elementos que aquí clasifico de influencia española. En especial, hay tres suposiciones que se estudian brevemente por un análisis del texto y del estilo de Barth, y que al final se aclaran por otra evidencia.

— La primera suposición es que Barth sabe bien la tradición picaresca y que las obras de Lesage, Fielding y otros del género han exigido cierta influencia sobre su obra.
— La segunda, que Barth conoce las obras de Cervantes y que el concepto cervantino de la narrativa ha exigido cierta influencia sobre su estilo.
— La tercera, que Barth ha leído el *Lazarillo* y otras obras de la literatura española.

Es necesario discutir primero la importancia del viaje en la obra de Barth para indicar que son novelas y cuentos picarescos al fondo.

El viaje del pícaro es, como se ha señalado con frecuencia, uno de los elementos fundamentales de la picaresca, y sirve de una norma del género: por esta forma «definición» el *Quijote* a veces se identifica como novela picaresca. Pero de todas formas, el viaje es un aspecto necesario, al menos para dar origen a las varias aventuras del pícaro.

En la obra de Barth, el viaje —que es el viaje típico del inocente hacia la desilusión— llega a ser un viaje sicológico en vez de uno físico. En *The Sot-Weed Factor,* del año 1960 *(El factor de tabacos),* novela muy grande que es casi una versión moderna y anglosajona del Quijote, hay tres viajes o peregrinaciones de importancia. El protagonista, Ebenezer Cooke, sale en búsqueda de sus tierras herederas, posiblemente inútiles, en la Maryland de los fines del siglo XVII. Su compañero, protector y escudero, Henry Burlingame, también busca —en este caso, a un pariente perdido en la historia. El tercer viaje es la búsqueda de Ebenezer Cooke, apodado «poeta y virgen», para la perfección: sus tierras han de ser ricas y bellas; los indios han de ser nobles y bellos; la epopeya que él trata de escribir, en honor de su patrocinador el Lord Baltimore, ha de ser rival de las de Homero. En efecto, el protagonista busca lo ideal por sus viajes. Se puede imaginar que no lo encuentra; la serie de fracasos que sufre es testimonio de la realidad. En vez de escribir la epopeya anhelada, escribe su propia historia, que da testimonio de su desilusión.

Barth empieza, pues, con este viaje físico, con elementos mentales o ideales. *En Giles Goat-Boy,* de 1966 *(Giles, el Cabroncito),* el viaje físico hace un papel de menor importancia. Los varios elementos sicológicos y míticos empiezan a notarse más claramente. El terreno del viaje de Giles ya es limitado, y por eso se puede decir que empieza a ser un viaje interior. El «país» de la novela es el campus de una universidad, tal vez simbólica o metafórica; el protagonista lucha contra los computadores y la enemistad de otros profesores mientras trata de establecer un «Curriculum Nuevo y Revisado» en la universidad. Los fracasos que sufre ahora son mentales. Al final se pierde al computador, que le consume sin que haya alcanzado lo que buscaba: lo ideal para la universidad y para sí mismo, y especialmente su identidad. Los «combates» son generalmente contra otros profesores y conceptos y por eso son intelectuales o mentales; entre los «enemigos» hay los Seristas, los Ismoístas, los Tragicistas y los Neoquijotistas.

Ahora bien, en *Lot in the Funhouse,* de 1968, una colección de «ficción para la imprenta, la grabación y la voz viva». Barth juega con palabras, con el idioma, y aun con la puntuación para señalar la acción ya tenga lugar en la mente o en el interior de la persona o del sitio. El título del primer cuento es «Frame Story», como el esqueleto o cuadro de los libros de *exempla* de la Edad Media. Este cuento consiste en diez palabras en forma de una cinta de Moebius: no hay principio ni fin, no hay interior ni exterior. El cuento es breve: «Erase una vez que había un cuento que empezó». O posiblemente se lee, «Había un cuento que empezó una vez que había». Pero el cuento ni se empieza ni se acaba. Otro cuento, «Menelaída», narra las aventuras ya picarescas de ese pobre cuya esposa fue la causa de lo de Troya: Menelao lo narra por sí mismo a cualquiera que le escuche y, según quien es el oyente tiene hasta ocho puntos de citación al principio de un párrafo. El concepto del tiempo o del espacio no existe ya en Menelao ni, por eso, en el libro.

Obviamente se notan las interpretaciones de la mitología griega que llegan a dominar el último libro de Barth, *Quimera* (1972). Las tres narraciones, que se basan en círculos, laberintos, espirales y el tiempo y el espacio, parecen indicar la culminación de la interiorización del viaje del protagonista.

La primera narración se trata de las dos hermanas famosas de *Las mil y una noches,* Scherezad y Dinarzad, y la visita de Barth con ellas. Barth revela a Scherezad que ella puede escaparte de la muerte por narrar un cuento cada noche; ella confiesa que no sabe cuentos. Lógicamente, Barth los sabe, porque los ha leído en el libro que es la compilación de los cuentos que Scherezad narró. Por eso, Barth la visita cada día para indicar el cuento de la noche. El viaje es el de una idea, no de una persona.

La segunda narración es la historia que Perseo, el héroe mitológico, cuenta de su vida —después de su muerte. Los episodios de su vida se revelan en una serie de pinturas o relieves, que se arreglan en un espiral infinito. Perseo es, después de su muerte, una constelación (según él, es un rango apropiado para un héroe mitológico); la narración por eso va a repetirse cada noche.

La tercera es la historia picaresca de Belerofonte, y culmina en una conversación entre éste y Polyeidus. Los dos son estrellas de una constelación y, otra vez, esta conversación durará para siempre —como el viaje de las estrellas.

Es con esta nota del infinito que se ve en *Quimera* que Barth introduce un nuevo elemento en el concepto del viaje picaresco: la eternidad. El viaje que empezó, en el *Lazarillo,* como un acto de llegar a alguna posición se convierte, en Barth, en un viaje por el interior de la persona y por el infinito. Y en esto Barth da con el significado del viaje del pícaro: éste busca algo de transcendente importancia, pero no lo encontrará ni en la vida ni en la eternidad; lo encontrará solo dentro de sí mismo. Lazarillo, por ejemplo, buscaba bienes, comida —en efecto, la comodidad. Pero al alcanzar este confort, quedaba de algún modo infeliz, inquieto, disatisfecho. Sugiere Barth que el pícaro, como símbolo del hombre, busca alguna forma de satisfacción interior e inmortal.

En esto Barth sigue la tradición española de la picaresca. Pero hay otro elemento en su obra, que es más puramente de origen español: el dualismo. Ebenezer Cook, protagonista del *Sot-Weed Factor,* es la personificación de Don Quijote y tiene a su Sancho en Henry Burlingame. Giles, el chivocabrón, tiene a su amo y maestro, Max Spielman. En *Quimera,* hay dos caracteres de importancia en cada cuento. En cada obra, las dos figuras forman una personalidad completa. No es que la una es simplemente el contraste de la otra —son complementarias. Como Don Quijote y Sancho, representan las dos figuras el idealismo y el pragmatismo que existen en cada individuo; y cuando uno de los personajes trata de vivir sin el otro elemento, sufre las vicisitudes brutales tal como Don Quijote y Sancho

La primera lectura del *Sot-Weed Factor* de la clara —y muy alegre— impresión de que leemos de nuevo un *Don Quijote:* episodios
intercalados, el dualismo, el lenguaje arcaíco, el paso pausado y deliberado, elementos burlescos y hasta groseros, y aún una Dulcinea
que trata de pasar un rato en la cama con el héroe, con el mismo
éxito. Es difícil no suponer que el autor de tal libro no muestre
de una manera directa su amor para con el *Quijote:* no es imitación
o parodia del *Quijote,* es una recreación de él en otra lengua, a la
anglosajona.

El esmerado desarrollo de la narrativa, o el argumento, es otro
elemento en la obra de Barth que muestra la influencia de la picaresca. No nos queda tiempo aquí para exponer este concepto; bastará
decir que Barth ha declarado claramente, en una entrevista de 1965,
que considera el enredo (o el argumento) el elemento más importante
de su arte prosódica. Menciona que considera a Cervantes uno de
los grandes maestros de la prosa.

Pero la influencia española que se ve en Barth no es solamente
general, o genérica. Los varios elementos citados hace unos momentos
son cervantinos; el dualismo es más que cervantino; hay elementos
estilísticos del barroco, tal vez del plateresco o del churrigueresco;
y el tono general de alegría y desenfado —este conjunto de elementos
me llevó a la conclusión de que Barth es amigo y aficionado de la literatura española, especialmente la de la época clásica. Me parece que
estos elementos muestran una familiaridad, y aun una intimidad, con
esta literatura.

Así, escribí a la única persona que puede responder directamente
a tales suposiciones, el autor mismo. Le escribí a Barth las tres suposiciones citadas al principio. Me respondió Barth en su estilo breve
y lacónico:

> «Sus suposiciones, todas son válidas. Leí el *Lazarillo* (y *Don
> Quijote*) con Pedro Salinas, allá en los días universitarios; to-
> davía no he leído el *Buscón* de Quevedo.»

Se ve claramente, pues, una influencia directa y fuerte de la literatura española en la picaresca de John Barth. Es la influencia que
nace de la lectura extensiva y del estudio de las obras maestras con
un guía e intérprete erudito y sabedor de ellas. Barth no sólo conoce
la literatura española: la comprende y la adapta para sí mismo.

THE *ADVENTURES OF AUGIE MARCH* DE SAUL BELLOW NORTEAMERICA: ¿FERMENTO DE PICAROS?

Sara M. Parkinson de Saz
Universidad de Southampton

Esta novela de Saul Bellow, que primero pensó titular *Vida entre los maquiavelos,* fue publicada en 1953 y narra la época de la Gran Depresión, a pesar de lo cual resulta una de las obras más alegres y aparentemente optimistas de Bellow. Ha sido repetidamente llamada «picaresque» por los críticos de lengua inglesa, y antes de considerar la obra quizá convendría subrayar la diferencia entre «picaresque» y «picaresca» que ha notado A. A. Parker: «Picaresque novel —escribe— denota... la etapa anterior a la "moderna" en el desarrollo de la estructura novelística, no la narración unificada de una vivencia que se va desarrollando en la interacción de relaciones personales, sino una trama "episódica"» que consiste en una serie de "aventuras" más o menos inconexas»[1]. Esta definición, entonces, es sumamente amplia y permite incluir obras como *Don Quijote,* que jamás serían estimadas como obras picarescas por un crítico español. *Las aventuras de Augie March,* no obstante, tiene elementos que la hace encajar tanto en «novela picaresca» como en «picaresque novel».

Es, básicamente, la historia de un niño judío que nace en Chicago, hijo ilegítimo de una mujer atrasada mental, pronto abandonada por el padre de Augie y de sus dos hermanos, George, un subnormal, y Simon, el más inteligente de la familia, según Augie. Viven en un barrio pobre, rodeado de polacos y otros inmigrantes y en el diálogo hay una mezcla de varios idiomas, igual que escuchaba Bellow, hijo también de padre ruso inmigrante, que se crió en un barrio donde escuchaba el inglés, el francés, el hebreo y el «yiddish».

La figura que regenta la casa de Augie es «Grandma Lausch», la viuda de un hombre de negocios de Odesa y que no es, de hecho, su abuela, ni siquiera pariente ,sino que se instaló hace años con la familia March como huésped y, rechazada por su dos nueras, se ha con-

---

[1] A. A. Parker, *Los pícaros en la literatura. La novela picaresca en España y Europa (1599-1753),* Madrid, 1975, p. 8.

vertido en el eje de la casa. Tiene a la madre de Augie, mujer simple y humilde, poco menos que esclava y considera que está haciendo una obra de caridad en proteger a esta familia abandonada y sin defensas. «Grandma Lausch» es la primera figura maquiavélica que conoce Augie y le causa honda impresión.

La abuela le enseña de niño a mentir cuando acompaña a su madre a la clínica a conseguir nuevas gafas gratis. Vive pensando en tiempos mejores, cuando en Rusia sus hijos tenían institutrices y ella criadas. Se considera una aristócrata, se jacta de saber varios idiomas (aunque Augie mismo lo duda), sigue leyendo novelas rusas (lee *Ana Karena* una vez al año y *Eugène Onegin)* y tiene esperanzas de que Augie y Simon tengan éxito en la vida, a pesar de sus principios humildes. Ella acepta el sueño americano en que teóricamente el más humilde puede llegar a ser el más poderoso. Dice a Augie que podría aspirar incluso a ser gobernador da California si quisiera.

Entre los consejos que le da a Augie y que más le impresiona, figura el de que no hay por qué intentar querer a todo el mundo. Unicamente hay que ser honesto. Es mejor, afirma, respetar que querer, consejos que ella misma no sigue.

Simon, con su concepto del honor, sacado de obras literarias, se dedica a sus estudios y parece que va a ser un alumno si no brillante, por lo menos concienzudo. Augie, sin embargo, pronto se somete a las malas influencias del barrio bajo en que vive y se dedica desde pequeño a robar, sobre todo por el placer, como un verdadero pícaro. Promete ser un delincuente desde la infancia [2]. El personaje de Augie, sin embargo, resulta más atractivo que el de Simon. Cuenta sus hurtos y pillajes con gracia y buen humor en la clásica tradición de la picaresca. Contratado a los doce años, por ejemplo, para distribuir propaganda de un teatro, se deshace de la mayoría de las hojas, metiéndolas por la cloaca. Más adelante, vestido como un elfo en unos grandes almacenes en Navidad, roba del «barril de las sorpresas».

La novela se narra en primera persona, como suele ocurrir con las obras picarescas. A pesar de sus orígenes nada prometedores, comunes a la tradición de la picaresca (recordaríamos los orígenes de Lazarillo o de Pablos), sueña Augie con grandezas, sueños también dentro de la misma tradición. Hace suyas las palabras de Heráclito de que «el carácter de un hombre es su destino», y a través de la obra está buscando «un mejor destino». Se niega a entregarse completamente a nada ni a nadie, convencido que un mejor destino le espera. Tiene un algo, como Huck Finn, con quien ha sido comparado numerosas que hace que todo el mundo le quiera adoptar. La prima de su madre, Anna Coblin, le ve como un hijo sustituto, ya que su querido hijo

---

2 A. A. Parker incluye una nota de Mary Morse sobre los desarraigados modernos: «A menudo buscaban la emoción por medio de la delincuencia: no pagando los billetes de tren, cometiendo pequeños hurtos, entrando en cines y salas de baile sin pagar, forzando la propiedad privada.» Añade Parker: «Esta delincuencia, y no la criminalidad violenta de robos y asesinatos, es, para mí, la picardía que nos presenta Alemán», ed. cit., p. 10. Es también la picardía que presenta Bellow en la figura de Augie.

Howard se ha fugado de casa, y le ve también como yerno futuro, marido de su pequeña hija Frield Augie, aunque no tiene grandes esperanzas con respecto a su futuro en este momento de su vida, tampoco se resigna al papel del yerno de Anna. «Aún entonces no me podía imaginar que me relacionaría por matrimonio con la familia Coblin» [3]. Su mente, cuenta, ya estaba especulando con «a good enough fate» (un destino bastante bueno).

La obra está constituida por una serie de episodios, más o menos relacionadas, que narran los múltiples empleos y ocupaciones que tiene Augie conforme va haciéndose hombre y proporciona su visión del mundo formada por el contacto con la gente. Uno de los hombres que más le influyen es Einhorn, un hombre de negocios paralítico, repugnante y con un apetito sexual insaciable, pero que hace las veces de padre de Augie. Como premio, el día que Augie acaba su bachillerato, Einhorn le lleva (o, mejor dicho, hace que Augie le lleva) a un prostíbulo y le «regala» su iniciación con una prostituta. Augie agradece el buen trato que le proporciona la prostituta elegida, y a la salida hay reminiscencias del episodio de Holden Caulfield con la pros tituta en *The Catcher in the Rye*. Una de las mozas les acompaña a la puerta con una luz para que bajen la escalera sin peligro, y Augie piensa que tiene el aspecto de una chica cualquiera que acompaña a un invitado, igual que Holden imagina a la prostituta comprando su vestido verde como una chica cualquiera.

A pesar de sus tratos con ladrones, pillos y gente de mal vivir, Augie no se convierte en hombre «duro». Tiene compasión hacia la gente y, especialmente hacia su madre y Georgie, el idiota. Cuando Georgie llega a la adolescencia, Grandma Lausch decide que es hora de que el chico ingrese en una residencia adecuada antes de que cree problemas en la vecindad entre las hijas de los vecinos. Es una decisión razonable y práctica, pero la vieja la toma como una especie de venganza, haciendo sufrir innecesariamente a la madre de Georgie. Augie, se ha dicho, no se entrega ni se compromete con nadie, pero está a punto de hacerlo con su hermano Georgie, para quien tiene un gran afecto. Piensa dedicarse exclusivamente a él, sacrificando sus propios planes con el fin de evitar que ingrese en la residencia, pero la vieja le hace ver la verdad: tiene buenas intenciones y un buen corazón, pero tiene el carácter débil y pronto abandonaría a su hermano con los vecinos para dedicarse a sus propios placeres. Georgie, entonces, es trasladado a la residencia para más, más adelante, cuando sea hombre, ser trasladado a otra institución donde le enseñarán a ser zapatero. Afectivo y simple, George es el único de los hermanos March que verdaderamente encuentra su destino y se realiza en su medida. Años más tarde, cuando Augie le visita, instalado en la residencia como zapatero, se da cuenta de la felicidad y tranquilidad de espíritu de su hermano, ambas cosas que a él se le escapan mientras busca aquel «mejor destino» que nunca llega.

---

[3] Las traducciones son propias.

Simon, que empieza sus estudios de forma prometedora, sacando buenas notas, y que parece haber establecido desde pequeño un código de comportamiento que no comparte Augie, bruscamente cambia. Después de trabajar un verano fuera de casa, vuelve con un diente roto y Augie nota un cambio de personalidad en él. Simon se ha vuelto sumamente ambicioso y materialista. Se atreve ya hasta a enfrentarse con la abuela, despreciándola hasta tal punto que le recuerda a Augie que en realidad no es abuela ni siquiera familia, y le llama a su cara «Señora Lausch» alguna vez. Es Simon, más adelante, quien se las arregla para que los hijos de la abuela la trasladen a una residencia de ancianos.

Desilusionado en el amor, Simon decide casarse por dinero, y lo consuma, llegando a ser yerno del señor Magnus, importante hombre de negocios. Vive obsesionado por el dinero y el buen vivir e intenta que Augie comparta su buena fortuna, pero se desliga rápidamente de él cuando la familia sospecha, equivocadamente, que Augie es el amante de una chica, Mimi Villiers, a quien acompaña a tener un aborto. De hecho, Augie no es más que un amigo, y le acompaña a la chica por compasión, pero nadie se lo cree y su compasión le cuesta perder un noviazgo con otra de las hijas de Magnus y su parte de la fortuna. Su mejor destino no le llega por ese camino.

No es la primera desilusión por una chica que sufre Augie. Anteriormente había encontrado un trabajo como acompañante de una vieja, mujer del hombre que le había empleado como chupatintas en un almacén. La señora decide hacer un caballero de él y le acompaña a Michigan, donde se enamora de una chica muy rica, Esther Fenchel. Esther, sin embargo, no quiere saber nada de él porque sospecha que es amante de la señora Renling, la vieja. No es cierto, pero Augie no puede convencerla de que no sea así. La vieja ofrece adoptarle, pero Augie no quiere saber nada, afirmando que tiene su propia familia y para él es suficiente.

Empieza una serie de aventuras desafortunadas, incluyendo una noche en la cárcel, pero con el contacto renovado con su hermano Simon y la familia Magnus parece que su suerte ha cambiado hasta que el episodio con Mimi lo estropea todo. Augie se vuelve progresivamente más desilusionado con Chicago, culminando con una paliza que le dan unos obreros por ser de un sindicato rival. Aquí viene un cambio radical en la historia y en la narración. Augie tienen un reencuentro con Thea, hermana de Esther Fenchel, quien se declara enamorada de Augie, y, separada de su marido le pide a Augie que la acompañe a Méjico para conseguir su divorcio y luego dedicarse a la caza de iguanas con un águila adiestrada.

El ambiente de Chicago con la vida baja, la ciudad sucia, el deseo primordial de adquirir dinero como sea, se cambia por un panorama de plena naturaleza. Augie se convence de que está apasionadamente enamorado de Thea y Thea de él; es una relación perfecta. Thea, como todas las mujeres jóvenes y viejas que Augie encuentra, le «adopta» en cierta manera. Le viste como un deportista de buena clase y le invita a servirse lo que quiera de su frigorífico, repleto de dinero, porque le sirve de banco. Thea, sin embargo, siente más pasión por la caza que por Augie, y cuando el águila resulta cobarde y se niega a cazar iguanas, Thea y Augie encuentran que su relación sufre. Cada uno va por su lado: él a jugar partidas en el pueblo y ella a cazar culebras. Thea se identifica con la naturaleza, pero Augie no puede vivir fuera de la ciudad. Se había entregado a Thea al principio, pero luego encuentra su relación demasiado complicada y buscar extraeres, a pesar del amor que cree sentir hacia ella. Ya años antes, Sinhorn le había dicho que notaba cierta cualidad en él, su «oposición». No se conformaba ni dejaba que la gente manipulase, aunque pareciese que así fuese. Siempre buscaba su propio bien y sabía aprovecharse de una situación. Quizá en esto, más que en cualquier otra cosa, Augie resulta un pícaro, aunque tiene mucho del «schlemiel», el personaje judío más bien desgraciado que no llega nunca a tener verdadero éxito.

Por una serie de circunstancias se ve obligado a pasar una noche en la montaña con Stella, una mujer hermosa, intentando huir del pueblo, y no puede menos que hacerle el amor. Su ruptura con Thea después de esto resulta definitiva y para Augie llega un momento de autoexamen cuando se da cuenta de sus propias debilidades.

Su gran momento de verdad es cuando se da cuenta de que tenía razón Thea cuando le dijo que él no sabía amar. No tiene capacidad para querer, aunque se hace pasar por un hombre afectivo.

La narración cambia otra vez a Chicago y las nuevas aventuras de Augie. Declarada la guerra, Augie se entrena para la marina y vuelve a encontrar a Stella. Se enamora apasionadamente de ella, igual que hizo con Thea y piensa que esta vez hay posibilidad de que salga bien. Augie tiene sueños incluso de dedicarse a la enseñanza, de sacar a Georgie de la institución y a su madre de la residencia de ciegos donde vive ahora, pero son solamente sueños, y cuando, después de innumerables aventuras durante la guerra, se reúne con Stella, es para vivir en París, donde ella es actriz. El sabía antes de casarse que ella había tenido un amante, pero después de casarse se entera, a través de otro, de que tuvo otro más importante. Además Stella vive todavía obsesionada con ese amante que le había rechazado. Es una relación, la de Stella y Augie, llena de ironías y propia de una novela picaresca en que el pícaro resulta engañado al final.

En París, Augie, lejos de dedicarse a la enseñanza como había soñado, está implicado en unos negocios, más bien sucios, relacionados con el mercado negro. La novela no acaba de forma pesimista sin embargo, sino con la risa que le causa su criada francesa al decirle que el sueño de su vida era ir a Méjico. Que una mujer tan maltratada por la vida todavía tuviese esa ilusión y se negase a desilusionarla le inspiró hilaridad, debido a su naturaleza. Finalmente se compara con Colón, que probablemente se consideraba, opina, un fracasado cuando volvió a Europa en cadenas, pero, «que no quería decir que no existiese América».

Las palabras que cita Augie de Heráclito parecen, en gran medida, ser verdad. Sus aventuras, y sobre todo sus desventuras, son el resultado en parte de su debilidad de carácter. A pesar de la opinión de Einhorn de que «tiene oposición», no ejerce su voluntad lo suficiente como para triunfar sobre sus circunstancias. Augie ofrece también la opinión de que el ambiente en que se cría ha sido un factor decisivo en la formación de su carácter. Chicago mismo ha contribuido, opina, a que se convirtiese en pícaro. No ha tenido más opción desde pequeño que someterse a la poderosa influencia de la sociedad que le rodeaba. Que no sean del todo factibles sus palabras queda más que patente. Su hermano Simon, aunque nada envidiable en cuanto a su carácter dominado por el afán del lucro, se ha forjado su porvenir, que si bien está basado en cierta inmoralidad, el matrimonio por dinero, por lo menos se ha apartado del círculo de ladrones y delincuentes que han rodeado a Augie.

El amor, para Augie, es el fran factor que redime y que hace que valga la pena la vida. No consigue, sin embargo, esa paz y aquel hogar que viene deseando desde hace años, y su relación con su mujer, Stella, al final es evidentemente precaria. Augie se ve, también, como víctima en parte de su herencia, en la tradición naturalista. Su padre era un viajante que no dudó en abandonar a su familia, su madre se entregó por amor y pagó las consecuencias el resto de su vida. Tanto su madre como su hermano son atrasados mentales. Con tal abolengo y ambiente social la suerte de Augie parece echada antes de empezar. No es ésta, sin embargo, una novela naturalista. Bellow no excluye la importancia de la voluntad propia. La propia Grandma Lausch al principio subraya, aunque de forma cómica, que América ofrece una posibilidad a sus inmigrantes de elevarse por encima de sus orígenes y llegar a ser «algo» en la vida.

Bellow, por lo visto, no pensaba escribir *Augie March* en ese momento. Había publicado ya *Dangling Man (Hombre en suspensión)*, obra que debe mucho a Kafka, y *The Victim (La víctima)* y empezó a trabajar en una nueva novela, que se iba a titular *El cangrejo y la mariposa*, una obra que le deprimía enormemente; entonces, para recrearse, empezó a escribir *Augie March*, que llamó su «fantasía preferida». El tono de depresión y de maldad que prevalecen en las primeras dos obras parece desaparecer, sustituido por la alegría en *Augie*, y el cambio desconcertó a muchos críticos[4]. El tono de la novela

---

[4] IHAB HASSAN, *Radical Innocence. The Contemporary American Novel* (Princeton University Press, 1961), escribe: «It is not unfair to say that in his first two novels Bellow had not yet discovered the dramatic equivalent of joy. His heroes sweat continually, suffer from nausea and headaches, and their crotchety imagination broods on a spectacle of unrelieved moral sordor. They are heirs to a metaphysical drabness, their power, at best, is a pained, blistered power. The change to *The Adventures of Augie March*, 1953, seems therefore wondrous and staggering, so much so that critics whose pride is their sophistication must contrive to see in this trend-busting novel a subtle elaboration of Bellow's earlier concerns. Insofar as the concerns of this novel are still with personal character, social environment, and human destiny, the critics are no doubt right», ed. cit., p. 304.

cambia, sin embargo, durante el curso de la obra, acercándose más al de las dos obras anteriores. Se ha llegado a denominar la obra una «Bildungsroman», porque indudablemente Augie sufre un cambio debido a cierto conocimiento de sí mismo después del episodio con Thea. Al principio de la obra es un chico sin mayores cuidados, que vive en la periferia de la sociedad, sin implicarse demasiado con nada ni nadie. Al final ha perdido su alegría inicial y en parte su espontaneidad. Resulta más instrospectivo, como son los personajes de las dos obras anteriores, Joseph *(Dangling Man)* y Leventhal *(The Victim).*

En un estudio necesariamente corto no se puede examinar como merece el estilo de *Augie March* ni los distintos niveles de interpretación que se pueden dar. Hay que hacer breve mención, sin embargo, de las numerosas referencias en la obra a autores u obras de literatura, tanto norteamericanas como clásicas, como de cultura europea, y las referencias abundantes a la mitología. Augie, por ejemplo, compara la seducción de su madre por su padre a la de una de las mujeres seducidas por Zeus en forma de animal y que luego tiene que refugiarse de la mujer enojada de Zeus, aunque admite que es difícil imaginar a su pobre madre, atrasada mental, como una belleza perseguida, ni a su padre, conductor para una lavandería, como un fauno de patas de mármol. En otra ocasión, cuando está trabajando con Einhorn, se compara a sí mismo con Aeneas, que llevó a su viejo padre en sus espaldas, igual que él lleva a Einhorn, que hace las veces de padre [5].

Después de *Las aventuras de Augie March,* Bellow publicó *Seize the Day* (1957), en que examina la soledad del hombre en la sociedad, luego *Henderson, the Rain King* (1959), en que sigue con el tema de la alienación del hombre en una obra que se ha comparado por su estructura con *Los viajes de Gulliver.* En *Herzog* (1964) examina la enajenación de un intelectual que llega a asumir las dimensiones de una figura universal.

Bellow se reconoce como uno de los autores norteamericanos de más importancia después de la Segunda Guerra Mundial. *Las aventuras de Augie March* no es quizá, su obra más característica. Se ha criticado su estructura (o falta de estructura), el episodio insatisfactorio de Méjico y Thea, y la dispersidad de la novela, pero no deja de ser un panorama magnífico de la vida de Chicago en los años treinta y una visión muy personal de la humanidad.

---

[5] Véase ROBERT R. DUTTON, *Saul Bellow,* Twayne Publishers Inc., Nueva York, 1971, para una amplia discusión de la significación de las referencias literarias aunque sus opiniones parecen a veces rebuscadas.

«THE CATCHER IN THE RYE» (J. D. SALINGER): ¿UN PICARO EN NUEVA YORK?

SARA M. PARKINSON DE SAZ
Universidad de Southampton

Tomando la definición de 'pícaro' del primer Diccionario de la Academia Española de 1726, es decir, 'bajo, ruin, doloso, falto de honra y vergüenza'[1], Holden Caulfield, protagonista de la novela de Salinger que vamos a considerar, no es un pícaro. Sin embargo, esta obra tiene ciertos elementos que creemos permite enlazarla con las tradicionales novelas picarescas y que vamos a comentar más adelante.

Salinger desarrolló el personaje de Holden Caulfield de media docena de cuentos cortos que había publicado anteriormente. Algunos episodios de la novela ya habían aparecido, más o menos cambiados, en cuentos, su género preferido. Aunque esta novela se ha convertido en la obra de Salinger quizás más conocida universalmente y más alabada, y aunque tuvo una buena acogida por parte del público, no tuvo una recepción apoteósica por parte de los críticos cuando apareció en 1951. Algunos la condenaron por sentimentalista, otros encontraron el final poco satisfactorio, y los hubo, incluido el crítico literario de una revista católica, que criticaron duramente el uso de lenguaje y tacos, así como el contenido que consideraban inmoral.

La obra presenta grandes dificultades a la hora de traducirla a lenguas extranjeras precisamente debido a este uso de lenguaje callejero que a veces se acerca a un verdadero 'argot' de los jóvenes norteamericanos. La falta de éxito de la obra en Alemania se ha achacado en gran parte a que la traducción alemana no llega a transmitir en absoluto el sabor del lenguaje[2] y en algunos países se han suprimido partes del texto o palabras, no por falta de equivalente, sino por las normas de gusto del país correspondiente. Incluso en la impresión británica de 1973 se suprimió el taco que Holden encuentra escrito en las paredes de la escuela de su hermana y que le da tanta

---

[1] Véase A. A. PARKER, *Los pícaros en la literatura. La novela picaresca en España y Europa (1599-1753),* Madrid, 1975, p. 37.
[2] Véase WARREN FRENCH, *J. D. Salinger,* Twayne Publishers Inc., Nueva York, 1963.

rabia que desea dar con la cabeza contra la pared a la persona que lo escribió. En la edición inglesa el taco está sustituido por un guión, cosa imperdonable porque la lectura de la palabra tiene un efecto muy importante en Holden y en el desarrollo de la obra debido a que por fin se da cuenta de que no se puede proteger a los niños de la maldad del mundo.

El título mismo de la novela presenta enormes dificultades para su traducción. Constituye una estrofa tomada (pero cambiada por el protagonista) de una canción escocesa escrita por Robert Burns. Literalmente quiere decir 'El rescatador en el centeno' pero ya que no tiene gran sentido para alguien que desconozca la canción se ha sustituido en sendos idiomas por 'El hombre en el centeno', 'La vida de un hombre' y, quizás más significativo, por 'Pubertad'. La novela está escrita en forma autobiográfica, forma preferida, aunque no por todos, por muchos de los escritores de novelas picarescas. Normalmente la novela picaresca empieza con unas referencias a la vida anterior del protagonista, su niñez y sus padres. Parece que así va a empezar esta novela, sin embargo el protagonista rechaza irónicamente este principio: «Si de verdad te quieres enterar de ello, lo primero que querrás saber probablemente es dónde nací, y como fue mi dichosa niñez, y qué ocupación tenían mis padres y todo eso antes de que me tuvieron, y toda esa patarata al estilo de David Copperfield, pero no me da la gana contarlo'[3]. Este tono irónico es el que prevalece en toda la obra.

Holden no es huérfano ni abandonado por su familia como a veces son os protagonistas picarescos. Sin embargo padece cierta forma de orfandad. Su padre es un abogado muy importante que no tiene tiempo para hablar con su hijo ni orientarle justo en la época más difícil de su vida, la adolescencia, y su madre, aunque le quiere, tampoco le puede ayudar porque padece de los nervios desde que el hermano más pequeño de Holden, Allie, murió de leucemia. Al contrario, su madre constituye una verdadera preocupación para Holden, y al fugarse de su colegio, lo que más le preocupa es el efecto que va a tener en ella.

La novela se centra en unos acontecimientos que ocurrieron el año anterior unos días antes de Navidad. Cuando relata la historia Holden, ya está recibiendo tratamiento psiquiátrico. Sus padres le habían mandado a un internado de mucho renombre, Pencey Prep, después de que le habían echado de un par de colegios. Los anuncios de Pencey dicen que el colegio 'amolda' a sus alumnos convirtiéndolos en 'excelentes jóvenes de pensamientos claros' pero la queja que tiene Holden es que no amoldan en absoluto. El está buscando dirección y apoyo pero no lo encuentra en Pencey, un lugar lleno, según su opinión, de hipócritas y gente falsa, incluido el director que se encarga de que los alumnos cenen carne los sábados para que el domingo, día de visita de los padres, los chicos contarán a sus madres que han cenado carne la noche anterior. Recordamos aquí la

---

3 Las traducciones son propias.

constante del hambre que aparece en las novelas picarescas. Aparte del hambre que pasa Holden y sus colegas en Pencey, hay varias referencias al hambre del protagonista durante su estancia en Nueva York, aunque no es un factor importante.

Cuando comienza la novela, a Holden le han suspendido y el director del colegio ha escrito a sus padres diciéndoles que le quiten del colegio. Holden, pensando en la reacción de sus padres y afectado al mismo tiempo por una desilusión sentimental, decide escaparse del colegio el sábado por la noche y marcharse a Nueva York donde viven sus padres, pero no para volver a casa sino para pasar tres o cuatro días sólo en la ciudad, descansando y luego volver a su casa el miércoles, día en que dan oficialmente las vacaciones. La fuga de Holden no es, entonces, una fuga definitiva, por lo menos al principio. Se aparta de su ambiente y su familia de forma pasajera con la intención de incorporarse otra vez a la sociedad y a su familia. No es un desarraigado, propiamente dicho, ni un verdadero rebelde. Incluso se le ha llegado a llamar 'conservador'.

En el tren a Nueva York tropieza con la madre de uno de sus compañeros, un joven desagradable, antisocial y hasta sádico. A Holden, sin embargo, le cae simpática la madre e inventa un serie de mentiras acerca de su hijo para convencerla de que es realmente un chico encantador, muy popular con sus compañeros y que su único defecto es que es un poco retraído. Aquí, como en otras ocasiones, lo que motiva estas mentiras es un sentido de compasión. Piensa que sería terrible que esta mujer tan agradable y comprensiva supiese la verdad acerca de su hijo y entonces muestra hacia ella lo que se ha llamado un 'gesto quijotesco' [4]. Es el tipo de gesto que tiene Lazarillo hacia el escudero cuando se da cuenta de que está pasando hambre debido a su concepto del honor y él, Lazarillo, busca la forma de compartir su comida con él sin que el escudero se sienta ofendido.

Holden no utiliza su imaginación para inventar mentiras que le favorezcan, como un verdadero pícaro, sino para proteger de alguna forma a los demás. En varias ocasiones en Nueva York sí que intenta pasar por más mayor de lo que es para que le sirvan bebidas alcohólicas en los bares; sin embargo cuando los camareros se niegan a servírselas, acepta la decisión y se conforma con Coca Cola.

Su compasión se extiende hasta hacia los patos del lago en el parque central de Nueva York y se preocupa al extremo de importunar a un taxista con preguntas acerca e a dónde van los patos cuando el lago está cubierto de hielo y no pueden nadar. Este episodio, menos banal de lo que parece, refleja cómo su amor abarca hasta las últimas criaturas del universo.

En Pencey ya ha conocido, según relata, a muchos pervertidos e hipócritas entre sus compañeros pero en Nueva York se da cuenta de que la perversión está en todo. Desde la ventana de su habitación en un hotel barato observa a la gente en dos habitaciones de

[4] IHAB HASSAN, *Radical Innocence. The Contemporary American Novel*, Princeton University Press, 1961.

enfrente. En una, ve a un señor mayor, de aspecto distinguido, sacar ropa femenina de su maleta y vestirse de mujer para después observarse en el espejo, y en la otra ve a una pareja divertirse escupiéndose agua en la cara mutuamente. Para Holden esta forma de actuar, sobre todo de la pareja, es inmoral porque piensa que si a uno le gusta una chica, le tiene que gustar su cara también y entonces está muy mal profanarle la cara de esa forma. Confiesa que en su imaginación se ve cómo un maníaco sexual, sin embargo en la práctica tiene reparos al liarse con una chica que no le guste, simplemente por el placer sexual, y que, al contrario de algunos de sus compañeros todavía es virgen porque cuando las chicas le dicen que pare, para. Tiene, pues, su propio código moral aunque intenta aparentar que es un hombre mundano.

Uno de los episodios claves de la novela es el encuentro de Holden con una prostituta en el hotel. Cuando Maurice, el ascensorista, le ofrece mandar una prostituta, Holden consiente y parece que a va iniciarse una escena típica de vida baja y sin embargo se transforma irónicamente. La chica es muy joven, parece de la edad de él, y cuando se quita su vestido verde y lo cuelga cuidadosamente en el armario para que no se arrugue, Holden la imagina comprándolo en un almacén como otra chica cualquiera y que el vendedor no se diese cuenta de que era una prostituta. Esto le infunde un sentimiento hondo de tristeza, y una compasión hacia la chica que le impide acostarse con ella. Lo que pudiese degenerar en sentimentalismo sa salva gracias al humor con que se desarrolla la escena, y que en parte merece citarse:

«—¿Qué te pasa? dijo.

—No me pasa nada... (Madre, si me estaba poniendo nervioso) la cosa es, que me operé recientemente.

—¿De verdad? ¿dónde?

—En mi ...cómo se llama ...¡mi clavicordio!

—¡No me digas! ¿y dónde, demonios, es eso?

—¿El clavicordio? —dije—. Pues, en realidad está en el canal dorsal. Quiero decir, bastante hacia abajo en el canal dorsal.

—¿Verdad? —dijo. ¡Qué mala pata! Entonces se sentó en mis dichosas rodillas y exclamó: ¡Qué lindo eres!».

El tono general de la novela, a pesar del humor, es de depresión. El contacto con la gente y el descubrimiento constante de la hipocresía (la palabra 'phony': hipócrita, falso, es una de las más frecuentes en el libro) deprime tremendamente a Holden. Después del encuentro con la prostituta se siente más desmoralizado que nunca y para aliviar la depresión intenta rezar, a pesar de que se autodeclara 'una especie de ateo'. Esto conduce a la exposición de sus ideas religiosas. Admira la figura de Jesús, sin embargo no tolera a los discípulos, considerando que no le ayudaron a Jesús en vida. Esto lo atribuye, extrañamente, a que Jesús los eligiese 'al azar', no teniendo tiempo para analizar a la gente y escoger a unos discípulos mejores. De hecho, el propio Holden es culpable de no analizar suficientemente a la gente y a menudo emite juicios generalizados.

La depresión lleva a Holden a contemplar el suicidio pero rechaza esta posibilidad en seguida al pensar en que si se tirase de la ventana del hotel, tardarían en taparle y entonces muchos curiosos le podrían observar sangriento y muerto. La rapidez con que rechaza el suicidio demuestra que no lo considera en serio. Aunque encuentra el mundo que le rodea falso, tiene ganas de vivir y sus días en Nueva York le reafirman en este deseo. Su viaje a la gran ciudad es simbólico de autodescubrimiento, durante el cual el personaje por un lado llega al cénit de su crisis física y nerviosa pero por otro, madura intelectual y emocionalmente hasta llegar, al final, a un estado relativo de tranquilidad.

El único lazo afectivo de verdad que tiene Holden es el mantenido con su hermana pequeña, Phoebe. Después de una serie de desilusiones en Nueva York, Holden regresa a su casa de noche para ver a Phoebe. En su conversación con ella aparece el tema que da el título a la novela. Phoebe le pregunta qué es lo que quisiera ser, y lo único que se le ocurre es ser el 'rescatador en el centeno.'. Tiene una visión en la que muchos niños están jugando en un centenal cerca de un precipicio y él los salva de caer por éste. Quiere, en efecto, proteger la inocencia, salvar a los niños de convertirse en adultos y, consecuentemente, de perder su inocencia para adquirir la hipocresía y falsedad que ve por doquier. Un sueño imposible, como ha de reconocer al final.

La sociedad está tan corrompida que hasta los que presumen de ser educadores son perversos. El último refugio de Holden en Nueva York es la casa de un antiguo profesor, el señor Antolini, quien le recibe bien y le ofrece el consejo que algunos críticos han interpretado como la propia creencia de Salinger: que un hombre inmaduro siempre quiere morir por una causa noble; el hombre maduro, sin embargo, anhela vivir humildemente por tal causa. Queda la duda sobre la validez de estas palabras, así como sobre el resto de su consejo al muchacho, debido al comportamiento de Antolini. Hace lo que Holden, al menos, interpreta como avances homosexuales hacia él y el chico sale de su casa disparado y terriblemente desilusionado de que la persona que parecía entenderle fuese igual de falsa que los demás.

La crisis psicológica y física de Holden va en aumento hasta el punto de que experimenta una sensación de falta de realidad. Andando por las calles de Nueva York tiene la impresión de que va a desaparecer y reza a su hermano muerto, Allie, para que le salve de desaparecer. Su equilibrio mental es tan delicado en ese momento que parece que efectivamente, como dice al principio, está atravesando un período de locura. La sensación es también el resultado de su estado físico, no menos delicado, y de una fuerte emoción.

El verdadero cenit de la obra se produce cuando va a la escuela de Phoebe para dejarle una nota y encuentra un taco escrito en la pared. Furioso de que alguien profanase un centro de niños inocentes de esta manera, borra la palabra. Luego descubre la misma obscenidad escrita en otro lugar de la escuela y cuando intenta borrarla, comprueba que está grabada con un cuchillo y se da cuenta de que no se pueden borrar ni la mitad de los tacos del mundo, es decir, de que es imposible intentar defender y preservar la inocencia porque su pérdida es inevitable. No puede, de hecho, ser un «rescatador en el centeno». El derrumbamiento de su única y gran ilusión no le conduce, sin embargo, a la depresión total. Más tarde recoge a Phoebe y la lleva al tío-vivo. Mientras va dando vueltas en su caballito ella y los demás niños intentan tocar un anillo de oro fuera de su alcance que forma parte del carrusel. Se da cuenta de que aunque a lo mejor se cae en el intento, hay que dejarla que se caiga. No se puede prolongar artificialmente la inocencia ni la niñez. Llega un momento en que el niño o el inocente tienen forzosamente que perder la inocencia aunque se dañen en el proceso.

La visión de Holden de la inocencia se ha llamado «el nuevo aspecto del sueño americano, dramatizado específicamente por el encuentro entre una visión de inocencia y la realidad de la culpabilidad, entre las formas que el amor y el poder han tendido a asumir en América. El lugar natural de aquel conflicto en la obra de Salinger es la niñez y la adolescencia» [5].

Este «sueño», la inocencia confrontada con la culpabilidad, está presente en *Huckleberry Finn*. Esta obra también trata un viaje que es altamente simbólico. El protagonista es un chico joven que se desliga de la sociedad encontrándola falsa, materialista y opresiva. Huck se escapa de un ambiente donde se suprimen los instintos naturales para vivir una especie de inocencia al estilo de Rousseau. El conflicto entre el hombre y la sociedad, entre la naturaleza y la civilización, constituye el fondo de la obra. Huck, al final, sigue tan indomable como al principio. Se prepara para otra escapada porque la tía Sally tiene intención de adoptarle y civilizarle y él sabe que no lo puede aguantar. Todo eso ya lo ha visto.

El personaje de Holden resulta más ambiguo que el de Huck. Como ya hemos hecho notar, la suya no es una verdadera fuga de la civilización. Se escapa del colegio con intención de volver a su casa dentro de pocos días como si no hubiese pasado nada. Además, aunque constantemente critica la hipocresía y los falsos valores de la sociedad, él es culpable, en gran parte, de los mismos defectos. Es un producto de su sociedad. Critica las películas por ser para «atrasados mentales»; sin embargo, en más de una ocasión se imagina protagonista de alguna y hasta recibió, por lo visto, una oferta para hacer

---

5 IHAB HASSAN, *op. cit.*, p. 260.

un cortometraje sobre el golf. Tiene, como se a notado [6], los prejuicios de la clase media alta. Se rie de unas chicas, por ejemplo, que toman cierta bebida alcohólica refrescante típica del verano en pleno diciembre. Su snobismo le hace pensar que deberían saber portarse de otra forma. Dice, en otra ocasión, que «va en contra de sus principios», pero no obstante recibe a la prostituta en su habitación. En varias ocasiones comete faltas que acaba de criticar en otros.

Solamente hacia el final de la novela piensa en serio en escaparse para seimpre de Nueva York para vivir una vida en plena naturaleza. Imagina que encontraría un trabajo y se haría pasar por sordomudo, evitando así la necesidad de hablar con nadie, ya que nadie habla más que palabras falsas, según su experiencia. Se haría una cabaña en un bosque y al final se casaría con una mujer muda que tendría que comunicarse con él por escrito.

La fuga de Holden, entonces, al contrario que en el caso de Huck, es una fuga ficticia que no existe más que en su imaginación. Su decepción con el mundo le lleva a pensar en soluciones pueriles, como la antedicha, en vez de enfrentarse con la realidad como Huck. Abandona su idea de huir con facilidad cuando su hermana le pide marcharse con él. Ve que tiene una responsabilidad hacia Phoebe, y con este pretesto regresa a su familia para incorporarse, es de suponer a la vida social que ha venido criticando.

Si la delincuencia es ingrediente imprescindible para la novela picaresca, esta obra de Salinger no puede considerarse picaresca. No obstante, opinamos que la visión que da de una sociedad materialista, hipócrita y falsa, relatada a través de un adolescente que atraviesa una crisis psicológica y espiritual durante un viaje simbólico enlaza la obra con otras tradicionales. Salinger, al escoger el viaje como estructura fundamental de su obra ha utilizado un mecanismo literario muy antiguo, pero que no deja de ser eficaz. Holden necesita romper con su sociedad habitual durante un corto período para adentrarse solo en el mundo de Nueva York y descubrir su propia identidad. Se da cuenta de que su gran ilusión, proteger la inocencia de los demás, no es factible pero no deja por eso de conseguir cierta tranquilidad espiritual. Durante su viaje de autodescubrimiento se ha dado cuenta de la inevitabildad de esa pérdida. El hombre, por su naturaleza, tiene que corromperse. El niño tiene que conocer la maldad y hacer su propia elección para el bien o para el mal.

El cuadro del adolescente que se separa de su familia y va a la gran ciudad en busca de aventura es un fenómeno social de actualidad [7]. Salinger, hace ya un cuarto de siglo, captó este problema. Se dice que a pesar de la crítica adversa que recibió la obra recién publicada, tuvo una gran acogida en las universidades americanas. Los jóvenes americanos de entonces se identificaban con Holden Caulfield

---

[6] Véase W. FRENCH, *op. cit.*

[7] Véase A. A. PARKER, *op. cit.*, quien describe este fenómeno moderno y lo relaciona con el pícaro tradicional.

y vieron en él el símbolo de sus propias inquietudes, compartiendo su rechazo de la sociedad falsa construida por sus mayores. Hoy día, Holden sigue teniendo aceptación. Su rebeldía no es absoluta ni mucho menos, es, como se ha dicho, mucho más conservador de lo que piensa, pero no deja por eso de mantener viva la expresión de ciertas inquietudes de la juventud.

XV

BIBLIOGRAFIAS

Traducciones inglesas del "Lazarillo".
Estudios críticos sobre la Picaresca.

UNA RARA COLECCION DE TRADUCCIONES INGLESAS DEL *LAZARILLO* (SIGLOS XVI, XVII Y XVIII) EN LA UNIVERSIDAD DE ILLINOIS

Joseph L. Laurenti
Alberto Porqueras Mayo

Desde hace algunos años procedemos a buceos especializados en la Sección de Libros Raros de la Biblioteca Universitaria de Illinois, en Urbana [1]. Una zona que avalora esta Biblioteca es la relativa a traducciones de clásicos españoles, especialmente traducciones al inglés. La colección relativa al *Lazarillo* anónimo y a su continuación por Juan de Luna, en versiones inglesas, es una de las más importantes del mundo [2]. A todo ellos nos referimos, con detalle, en las páginas que siguen.

---

[1] Véanse *Antonio de Guevara en la Biblioteca de la Universidad de Illinois: Fondos raros bibliográficos*, en *Cuadernos Bibliográficos*, vol. 31, Madrid, C. S. I. C. (1974), pp. 41-63; *Rarezas bibliográficas: La colección de ediciones y traducciones del sevillano Pero Mexía (1496-1592) en la biblioteca de la Universidad de Illinois*, en *Archivo Hispalense* (1974), núm. 175, pp. 121-38; *Impresos raros de los siglos XVII-XIX de Juan de Palafox y Mendoza, obispo de Puebla, en la biblioteca de la Universidad de Illinois*, en *Anuario de Letras* (México), vol. XII (1974), pp. 241-54; *Fondos raros cervantinos en la Universidad de Illinois: Traducciones inglesas e italianas de los siglos XVII y XVIII*, en *Anales Cervantinos*, vols. XIII-XIV (1974-1975), pp. 137-58; *Fondos raros: Ediciones sevillanas de los Siglos XV, XVI y XVII en la Universidad de Illinois*, publicado en *Archivo Hispalense*, 181 (1976), pp. 153-73, y *La Colección de Baltasar Gracián (1601-1658) en la biblioteca de la Universidad de Illinois: Fondos raros (siglos XVII, XVIII y XIX)* en prensa en *Bulletin Hispanic*. Véanse varios trabajos: *Impresos de la Edad de Oro, letra A (Parte I) en Revista de Archivos, Bibliotecas y Museos* LXXIX,2 (1976), pp. 292-35; *Impresos de la Edad de Oro, letra B (Parte II)*, en *Actas de las I Jornadas de Bibliografía Española, organizadas por la Fundación Universitaria de Madrid*, mayo de 1976; en otras revistas especializadas aparecerán las *Letras C-CH (Parte III), Letras D-E (Parte IV)* y *Letra F (Parte V)* (este último artículo publicado en *Anuario de Letras* (México), XIV (1976), pp. 273-301.

[2] En Urbana existe también la primera traducción, publicada, en alemán del *Lazarillo* por Nicolás Ulenhart, Augsburg, 1617. Nos referimos a ella, con detalle, en un trabajo en prensa: *Rarezas bibliográficas. Traducciones alemanas de libros de la Edad de Oro (siglos XVI y XVII) en la Universidad de Illinois*. También tenemos en prensa en *Boletín de la Biblioteca Menéndez Pelayo* el artículo *Impresos raros de la Edad de Oro en la Universidad de Illinois (Parte VI) Letra H* y el libro *The Spanish Gorden Age (1472-1700). A Catalog of Rare Books Held in the Library of the University of Illinois and in Selected North American Libraries*, de próxima aparición en Boston (G. K. Hall).

Presentamos ocho unidades bibliográficas: una del siglo XVI, cuatro del siglo XVII y tres del siglo XVIII.

El *Lazarillo* anónimo de 1554 cuenta en Illinois con la primera traducción inglesa conservada de esta obra, la de London, 1586, efectuada con competencia por David Rowland (véase núm. 1). De esta misma traducción hay otras dos ediciones de London ,1596 (una también por el impresor A. Jeffes y otra con el pie de imprenta de London, T. C. for J. Oxenbridge), cuyos originales no posee Urbana, pero sí microfilms de los mismos. En Urbana se encuentra la edición de London, 1624, que utiliza la misma versión de Rowland, y lleva una dedicatoria del librero Thomas Walkley (*fl.* 1619-1658) (véase núm. 2). Se publicó otra edición, London, 1653, por el librero W. Leake, que también se alberga en Urbana. Hay otra edición, de gran rareza, London, Printed by R. Hodkinsone, 1655, que ha escapado a muchos bibliógrafos. La Universidad de Illinois posee dos ejemplares. Urbana no posee las otras ediciones londinenses de 1639 (E. G. for W. Leake), 1669 (B. G. for W. Leake) y 1677 (for E. Hodgkinson).

De la continuación de Juan de Luna, que apareció en español en París en 1620, se hizo muy pronto en London, en 1622, una versión inglesa por el librero e impresor Thomas Walkley, de la que Urbana sólo posee el microfilm. La segunda vez que se reimprimió la versión de la obra de Luna fue en London, 1631, ejemplar que se encuentra en Urbana, encuadernado con la edición del *Lazarillo* de 1624 (véase núm. 3). El público británico, ávido de seguir las aventuras del Lazarillo, continuado por Juan de Luna y traducido por Thomas Walkley, recibió ya como cosa normal las dos obras impresas al mismo tiempo, formando un solo volumen. Este uso se regulariza desde 1639, y en Urbana se encuentran estas continuaciones con las ediciones londinenses de 1653 y 1655, ya citadas (véanse núms. 4 y 5).

Por lo que se refiere al siglo XVIII, existe en Urbana una rarísima edición de Edinburgh, que ha escapado a los bibliógrafos. En el ejemplar de Urbana se lee a lápiz la fecha de 1700 (véase núm. 6). Hay otras dos de London, 1777, y London, 1789, más conocidas y representadas en varias bibliotecas.

Los ejemplares de Urbana tenían, a veces, una curiosa historia y hemos podido localizar algunos de sus antiguos propietarios y la mayoría de fechas de ingreso en Illinois, fechas todas ellas relativamente recientes, en lo que va de siglo. Recogemos estos datos informativos en unas *observaciones* que suelen ir tras la minuciosa descripción de los ejemplares ilinoyenses. Además de la sigla correpondiente a la Universidad de Illinois (IU), se indican otras localizaciones, sobre todo en Norteamérica, utilizando para ello los datos del *Union Catalog,* en proceso de publicación. Aunque estas localizaciones no pretenden ser exhaustivas, representan, por lo general, la nómina más completa presentada hasta la fecha. Se acompaña también una lista de repertorios bibliográficos revisados para la redacción de este trabajo. Añadimos un breve *Apéndice* con cinco unidades en microfilm, que pueden ser de ayuda para futuros estudiosos que quieran ahondar en el fascinante tema de la penetración del *Lazarillo* anónimo y de su continuación por Juan de Luna, en el mundo británico.

* * *

Repertorios y estudios que se citan abreviadamente:

ALLISON = A. F. ALLISON: *English Translations from the Spanish and Portuguese to the Year 1700. An Annotated Catalogue of Extant Printed Versions (Excluding Dramatic Adaptations).* Wm. Dawson & Sons Ltd. ..., Cannon House. Folkeston, Kent, England, 1974, 1 vol.

COLLIER = J. PAYNE COLLIER, F.S.A.: *A Bibliographical and Critical Account of the Rarest Books in the English Language Alphabetically Arranged Which During the Last Fifty Years Come Under the Observation of* ... Vol. III, New York: Ams Press, Inc., 1966.

CHANDLER = F. W. CHANDLER: *Romances of Roguery An Episode in the History of the Novel. The Picaresque Novel in Spain.* New York: Burt Franklin, 1961 (Burt Franklin Bibliography and Reference Series: 31).

GRAESSE = J. G. TH. GRAESSE: *Trésor des livres rares et précieux,* vol. III, Görlich-Editore-Milano, 1950.

HAZLITT = *A General Index to Hazlitt's Handbook and his Bibliographical Collections (1867-1889) by G. J. Gray.* Edited by W. Carew Hazlitt. New York: Burt Franklin, 1961 (Burt Franklink Bibliography Reference Series: 26).

LAURENTI = JOSEPH L. LAURENTI: *Bibliografía de la literatura picaresca: desde sus orígenes hasta el presente.* Metuchen, New Jersey, 1973, 1 vol.

LOWNDES = *The Bibliographer's Manual of English Literature* ... *by William Thomas Lowndes. New Edition, Revised, Corrected and Enlarged; with an Appendix Relating to the Books of Literary and Scientific Societies. By Henry G. Bohn.* Vol. III - I-1-0. London: Henry G. Bohn, York Street, Covent Garden, 1864.

PALAU = A. PALAU Y DULCET: *Manual del librero hispanoamericano.* 2.ª ed., vol. 7, Barcelona, Librería Palau, 1954.

PANE = REMIGIO H. PANE: *English Translations From the Spanish 1484-1943. A Bibliography.* New Brunswick: Rutgers University Press, 1944, 1 vol.

POLLARD AND REDGRAVE = A. WILLIAM POLLARD: *A Short-Title Catalogue of Books Printed in England, Scotland & Ireland and English Books Printed Abroad, 1475-1640. Compiled by A. W. Pollard and G. R. Redgrave.* London: The Bibliographical Society, 1926, 1 vol.

RUDDER = ROBERT S. RUDDER: *The Literature of Spain in English Traslation. A Bibliography.* New York: Frederick Publishing Co., 1975, 1 vol.

WATT=ROBERT WATT: *Bibliotheca Britannica or A General Index to British and Foreign Literature by ... in Two Parts: - Authors and Subjects. Volume I - Authors.* New York: Burt Franklin, 1963 (Burt Franklin Bibliography and Reference Series: 75).

WING=D. WING: *Short-Title Catalogue of Books Printed in England, Scotland, Ireland, Wales and North America and of English Books Printed in Other Countries, 1614-1700.* New York: Index Society, 1945, 3 vols. (Hay reimpresión del vol. 1.º, publicada en 1972.)

* * *

Siglas con que se designan las bibliotecas norteamericanas y europeas:

CLU-C = University of California. William Andrews Clark Memorial Library. Los Angeles. California.

CSmH = Henry E. Huntington Library, San Marino, California.

CtY = Yale University Library, New Haven, Connecticut.

DFo = Folger Shakespeare Library, Washington, D.C.

DLC. = U.S. Library of Congress, Washington, D.C.

IU = University of Illinois Library, Urbana, Illinois.

LBM = British Museum, London.

MB = Boston Public Library, Boston, Massachusetts.

MH = Harvard University Library, Cambridge, Massachusetts.

MiU = University of Michigan, Ann Arbor, Michigan.

MWA = American Antiquarian Society, Worcester, Massachusetts.

MWelC = Wellesley College Library, Wellesley, Massachusetts.

NIC = Cornell University Library, Ithaca, New York.

OBL = Bodleian Library, Oxford.

TU = University of Tennessee, Knoxville, Tennessee.

London, 1586

1

The Pleasaunt / Historie of Lazarillo de / *Tormes a Spaniarde, where-/ in is conteined his mar-/ueilous deedes and life.* / With the straunge ad-/*uentures happened to him* in the seruice of sun-/ *drie Masters.* / Drawn out of Spanish by Da-/*uid Rouland of Anglessey.* / *Accuerdo, Oluid.* / ¶ Imprinted at London / *by Abell Ieffes, dwelliug* (sic) in the / fore streete without Crepell / gate nere Groube streete / at the signe of the Bell. / 1586. 8³ 64 fols. *Signs.:* A-H⁸.

Hay un grabado que representa el escudo del impresor Abel Jeffes. Se trata de una campana flanqueada por dos escudos(el de London y el de Stationer's Company) y las letras A e I. Hay una orla alrededor de la campana con el lema: «Praise the Lorde with Harpe and Songe». Ronald B. McKerrow, *Printers and Pu-blishers Devices in England and Scotland 1485-1670*, London, 1913, pág. 98 (grabado no. 253) registra el grabado del impresor Jeffes y se nos explica que la campaña alude al nombre cristiano de Abel Jeffes.

Prólogo del traductor David Rowland: To the right wor-/ship-full Sir Thomas / *Gressam Knight* [f.: Aij - v.° de Aij] - Prólogo de Lázaro: The Prologue of Lazaro de / *Tormes, vnto a Gentle-man of* / Spaine, which was desi-/*rous to vnderstand the discourse of his life.* [f.: Aiii - v.° de Aiiii] - Texto.— ¶ To the Reader (fir-mado por G. Turbevile). Colofón: ¶ Imprinted at London / *by* Abell Ieffes. / 1586.

Cits.: ALLISON, p. 99, núm. 2; COLLIER, p. 335; CHANDLER, p. 406; GRAESSE, IV, p. 395; HAZLITT, p. 504; LAURENTI, núm. 783; LOWNDES, III, p. 1327; POLLARD and REDGRAVE, núm. 15336; PANE, p. 25; WATT, p. 529a.

Ejemps.: IU, CSmH (Col. Bridgwater), LBM, NIC, OBL.

Obsers.: Se trata de la primera traducción inglesa conservada del *Lazarillo*. Está realizada con competencia por David Row-land[3]. Se sabe muy poco de la vida de este traductor, salvo que había nacido en Anglesey, que estudió en St. Mary's Hall de Ox-ford y que no obtuvo ningún título. Fue tutor de Earl of Lenox, viajó y trabó conocimiento de lenguas clásicas y modernas. Al vol-ver de sus viajes por el extranjero, se instaló en Londres y se con-sagró a la labor de tutor de griego y latín. Entonces publicó *A Comfortable Aid for Scholars, Full of Variety of Sentences, Gather-ed Out of an Italian Author*, London, 1578, y la traducción del *Lazarillo* que se nos ha conservado en la edición de 1586. Era amigo del famoso poeta George Turvervile, autor del libro *The Noble Arte of Venerie or Hunting*. Precisamente en la rara edición que presentamos hoy, se encuentran al final unos versos de Tur-vervile dedicados al lector.

No es seguro que Rowland hubiese estado en España, ya que no menciona este hecho en su dedicatoria a Sir Thomas Gresham, buen conocedor de España y de los españoles (éste había partici-pado en una misión económica en Sevilla y había sido embajador en una corte española). La traducción de Rowland se basa funda-mentalmente, en el texto francés de Jean Saugrain, publicado por primera vez en 1560, en Lyon. La segunda edición de la versión francesa es de París, de 1561. Evidentemente se trata de una ver-sión expurgada, donde se evitan los ataques a la iglesia y se añade al final el primer capítulo de la segunda parte espúrea publicada

---

[3] La impresión del libro fue concedida a T. Calwell en 1568-1569, pero pa-rece que nunca llegó a imprimirse. Aparece fichada de nuevo en el *Stationer's Register*, como vendida a Bynneman el 19 de junio de 1573. Si es que llegó a publicarse (como hace suponer la portada fechada en 1576, que se conserva en la colección Bagford del British Museum) no se ha preservado ningún ejemplar.

en Amberes en 1555. Todos estos elementos de la versión francesa pasan a la traducción de Rowland, aunque, a veces, se mueve con cierta independencia del modelo francés[4].

El ejemplar ilinoyense ofrece mucho interés. Es uno de los cinco que sólo, al parecer, se han conservado en el mundo. Existen otros dos en Estados Unidos: en la biblioteca Huntington de San Marino en California y en la biblioteca de la Universidad de Cornell. En Inglaterra, de momento, sólo se conoce el ejemplar del British Musem y el de la biblioteca Bodleyana de Oxford.

Observemos algunos curiosos detalles del ejemplar que se alberga en Urbana. Su estado de conservación es excelente, tiene una encuadernación en vitela, del siglo XVIII. Su propietario fue George Steevens[5] (1736-1800) y aparecen notas suyas manuscritas en una solapa, de carácter erudito. Allí, por ejemplo, se lee que fue adquirido en una venta de la biblioteca particular del doctor Chairnays, el 15 de abril de 1790 y que nunca había podido ver otro ejemplar de este raro libro. En la obra de W. T. Lowndes, *op. cit.*, pág. 1327, se menciona el ejemplar del British Museum y el de Steevens, que, según se nos indica, pasó a Library Bindley, y fue vendido de nuevo, en 1819. Por curiosos caminos, pues, ha llegado este ejemplar a Urbana, comprado al librero estadounidense Stonehill (New Haven, Connecticut) en 1949. Hemos careado el ejemplar de Illinois con el microfilm del ejemplar de Huntington Library y ambos coinciden en todos los pormenores.

London, 1624

2

THE / PLEASANT HISTORY OF / LAZARILLO de Tormes / a Spanyard, vvherein is contai-/ed his maruellous deeds / and life. / *With the strange aduentures* / happened to him, in the / seruice of sundry / Masters. / Drawn out of Spanish, by *Dauid / Rowland of Anglesey*. / *Accuerdo, Oluido.* / [Filete] London, / Printed by J. H. 1624. 2 vols. en 192 pp., 8.º. *Sign.*: A-K[8], L[4].

En la contraportada hay un hermoso huecograbado, que representa al ciego y al Lazarillo con cuatro versos que rezan:

---

4 Véase especialmente la Introducción de J. E. V. Crofts en la moderna reimpresión de la traducción de Rowland, publicada en Oxford, 1924. Véanse también ALLISON, *op. cit.*, pp. 99-100, y B. J. RANDAL, *The Golden Tapestry. A Critical Survey of Non-chivalric Spanish Fiction in English Translation (1543-1657)*, Durham, North Carolina, Duke University Press, 1963, pp. 65-67, especialmente p. 59, donde sugiere que el traductor francés es Jean Garnier de Laval y no Jean Saugrain.

5 Un buen panorama biográfico de George Steevens ofrece el *Dictionary of National Biography*, por Sidney Lee, London, 1909, vol. XVIII, pp. 1031-1035. Fue famoso erudito en Shakespeare. Estudió en la Universidad de Cambridge. Adquirió una casa en Hampstead Heath, donde formó una asombrosa biblioteca. Murió solterón en 1800.

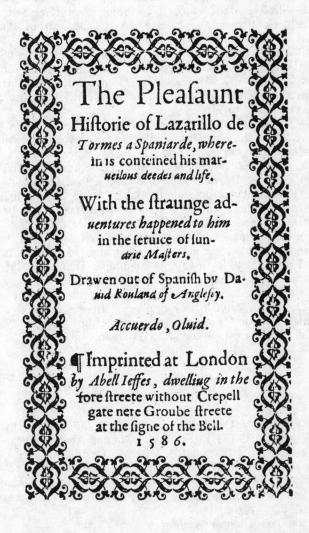

The Pleasaunt

Hiſtorie of Lazarillo de
Tormes a Spaniarde, wherein is conteined his mar-
ueilous deedes and life.

With the ſtraunge ad-
uentures happened to him
in the ſeruice of ſun-
drie Maſters.

Drawen out of Spaniſh by Da-
uid Rouland of Angleſey.

Accuerdo, Oluid.

❡Imprinted at London
by Abell Ieffes, dwelliug in the
fore ſtreete without Crepell
gate nere Groube ſtreete
at the ſigne of the Bell.
1 5 8 6.

*Portada del ejemplar de la Universidad de Illinois de la primera traducción
inglesa, conservada, del «Lazarillo», London, 1586.*

«Here is Lazarillo's birth and life, / His wily feats and honest
wife, / With his seuen Masters shall you finde, / Expressing
Spanyards in their kinde».
Dedicatoria a Charles Stanhope por Thomas Walkley: TO THE
HONOVRABLE, SIR/ CHARLES STANHOPE, / Knight of the
Bath, Heyre / Apparant to the right Honourable, / Iohn, Lord
Stanhope, / one of his Maiesties most honourable Priuy / Coun-
sel [f. A³ - f. A⁴].—Dedicatoria a Thomas Gressama por David
Rowland: To the right worshipfull, Sir / Thomas Gressam, Kni-
ght.—Prólogo de Lázaro: The Prologue of Lazaro de Tormes,
vnto a Gentleman / of Spaine, which was desirous / to vnders-
tand the dis-/course of his life.—Texto.

   Cits.: ALLISON, p. 99, núm. 2.2.; CHANDLER, p. 408; GRAES-
SE, IV, p. 395; HAZLITT, p. 504; LAURENTI, núm. 786; PALAU,
vol. 7, núm. 133.504; PANE, p. 25, núm. 368; con erratum del
impresor: WILLIAM LEAKE en vez de J. H.; POLLARD and RED-
GRAVE, núm. 15.338.

   Ejemps.: IU, CSmH, DFo, LBM.

   Obsers.: El ejemplar de Illinois, se encuentra encuadernado
con la traducción de la *Segunda parte...,* de Juan de Luna, London, 1631. Es curioso notar que esta edición de 1624 con la
traducción de David Rowland, escapó a Crofts, *op. cit.,* pág. XI,
que sólo menciona dos reimpresiones: la de 1596 y 1639 (ambas
no se encuentran en la biblioteca universitaria de Urbana). Allison sí menciona esta edición, que debe ser de gran rareza (nosotros sólo hemos localizado, además del de Illinois, otros tres
ejemplares en el mundo). Es interesante recalcar la dedicatoria
de Thomas Walkley a Charles Stanhope. Thomas Walkley es precisamente el traductor de la continuación del *Lazarillo* de Juan
de Luna que había ya publicado, por primera vez, en London,
1622. Hemos careado el ejemplar de Illinois de 1631 con el del
British Museum (a través de un microfilm que posee la Universidad de Illinois), y coinciden en todo.

London, 1631

3

THE PVRSVIT / OF THE HISTOIRE / OF LAZARILLO / DE
TORMES. / GATHERED OVT / of the Ancient Chroni-/cles of
Toledo. / BY / IEAN DE LVNA. / a Castilian. / And novv done
into *English,* / and set forth by the same / Author. / [Viñeta]
London: / Printed by G. P. for *Richard Hawkins,* / and are to
be sold at his Shop, neere / Sargeants Inne in Chancery-lane. /
1631. 8.° / *Signs.:* A-N⁸.

   Tr. por Thomas Walkley.

   Dedicatoria de Thomas Walkley a Lord Strange: TO THE
RIGHT / HONORABLE, / IAMES, LORD STRANGE, / MR.

THE
PLEASANT
HISTORY OF
LAZARILLO de TORMES

'a Spanyard, wherein is contai-
ned his maruellous deeds
and life.

With the strange aduentures
happened to him, in the
seruice of sundry
Masters.

Drawen out of Spanish, by *Dauid
Rowland* of *Anglesey.*

Accuerdo, Oluido.

———————————

LONDON,
Printed by *J. H.* 1624.

ROBERT STANLEY, / And / The Laly Anne Carre. / The Hopefull Issue of the Truly / noble*william*, Earle of Darby, and his Vertuous Countess *Elizabeth, a* / fruitfull Branch of the Ancient / and Illustrious House of / Oxford. / *T. W. in humble acknowledgement* / of his Duty and Seruice to their / Parents, themselues, and both the / *Families* / from whence they / are deriued, / Dedicateth this strangely recouered / Continuation of the pleasant / History of LAZARILLO / DE TORMES.—Carta dedicatoria de Juan de Luna a Roberto Car: CARTA / DEDICATORIA. / al illustrissimo y excellentissimo / Don Roberto Car. de Ancram, / senhor titulado, y de la Camara Priua-/da, gran Tesorero de cosas extraordina-/rias de su Alteça el Principe de / Galles.—Prólogo de Juan de Luna la lector: THE AVTHOR / to the Reader.—Texto: THE PVRSVIT OF / THE HISTORY OF / LAZARILLO DE / TORMES: / Gathered out of the an-/cient Chronicles of / *Toledo*.—Texto.

Ex-libris [*Viam Aut Inveniam Aut Faciam*] Jacobi P. R. Lyell.

Cits.: ALLISON, p. 100, núm. 4.1; HAZLITT, p. 471; LAURENTI, núm. 1.086; LOWNDES, III, p. 1.327; PANE, p. 25-6, núm. 370 con eror del pie de imprenta); POLLARD and REDGRAVE, número 16.928; RUDDER, p. 198.

Ejemps.: IU. El ejemplar de Illinois va encuadernado con el ejemplar descrito en la ficha núm. 2; CSmH (encuadernado con la edición descrita en núm. 2); DFo, LBM.

London, 1653

4

LAZARILLO, / OR, The Excellent History / OF / LAZARILLO de TORMES, / The witty Spaniard. / Both Parts. / The first translated by / David Rowland, * and the second ga-/ther'd out of the Chronicles of / *Toledo* by *Iean de Luna* a Ca-/stilian, and done into / *English* by the same / Authour. [filete] Accuerdo, Oluido. / [filete] *London*, Printed for William Leake, at / the Grown in Fleetstreet, betwinxt / the two Temple-Gates, 1653. 2 vols. en 1. 8.°. Vol. I: 79 fols. sin numerar. *Signs.:* A-K⁸. A₁ en blanco.

Dedicatoria de James Blakeston a George Chandos: [fs. A³ A⁵] TO THE / Right Honourable, / GEORGE Lord Chandos / Baron of Sudeley, &c.—Prólogo del impresor al lector: The Publisher to the Reader.—Dedicatoria de Juan de Luna: CARTA DEDICATORIA. / Al Illustrissimo y excel-/lentissimo Senhor / Don, &c.—Texto.

A continuación:

THE / PURSUIT / OF THE / HISTORY / OF / Lazarillo De Tormes. / Gathered out of the an-/cient Chronicles of Toledo. / *By Jean de Luna,* a Castilian. / And now done into English, and set / forth by the same Authour. / LONDON, Printed for *William* Leake, 1653, 96 fols. sin numerar. *Signs.:* (cont.) L-Y⁸. R₂ incorrectamente firmada V₂; Y₇ y verso de Y₈, son anuncios publicitarios.

Dedicatoria de Juan de Luna a Don Roberto Car de Ancram: [fs. L² - verso de L²] *Carta Dedicatoria.* / Al Illustrissimo y excellentissi-/mo Senhor *Don Roberto Car* de *An-/cram,* Cauallero titulado, y de la Cama-/ra Priuada, gran Tesorero de cosas / extraordinarias de su Alte-/ça el Principe de Galles.—Prólogo de Juan de Luna al lector: [fs. L³ - L⁵] THE / Authour to the Reader.— Texto.

`Ex-libris:` [*Viam Aut Inveniam Aut Faciam*] Jacobi, P. R. Lyell.

Cits.: ALLISON, p. 101, núm. 5.1; CHANDLER, p. 408; GRAESSE, IV, p. 395; HAZLITT, p. 471; LAURENTI, núm. 788; LOWNDES, III, p. 1.327; PALAU, 7, núm. 133.507; PANE, p. 25, números 368 y 370; RUDDER, p. 198 (solamente la *Segunda parte...,* de Juan de Luna y con erratum del tr.: Juan de Luna, en vez de Thomas Walkley)⁶; Wing, L. núm. 761.

Ejemps.: IU, CLU-C, CtY, LBM, MH.

Obsers.: Tenemos la traducción del *Lazarillo* de Rowland que James Blakeston dice que ha retocado para llegar a una nueva versión de la obra. En realidad James Blakeston sigue al pie de la letra la traducción de Rowland.

Para la continuación de Juan de Luna se usa la traducción del librero londinense Thomas Walkley, que ya se había publicado en 1622 y en 1631 (véase ficha núm. 3), y ambas traducciones (la de Rowland y la de Walkley) se publican juntas, lo que confirma la gran aceptación de la obra de Juan de Luna por el público inglés⁷. Como en la edición de 1631, aparece la dedicatoria de Juan de Luna (especialmente hecha para la versión inglesa) a Don Roberto Car de Ancram, gran tesorero de cosas extraordinarias para el Príncipe de Gales.

Se trata de otra rara edición de la que, de momento, sólo hemos localizado cinco ejemplares. El ejemplar ilinoyense, encuadernado en piez azul marroquina, lleva también el *ex-libris* de P. R. Lyell. La encuadernación lleva ornamentaciones de Charles Lewis⁸, y figuran las iniciales del famoso coleccionista George Daniel. Este

---

6 Cf. H. R. PLOMER, *A Dictionary of the Booksellers and Printers ... in England ... from 1641-1666,* London, Bibliographical Society, 1968, p. 187.

7 Para comprender la importancia literaria del libro de Juan de Luna, véase *Juan de Luna. Segunda parte de la vida de Lazarillo de Tormes sacada de las crónicas de Toledo,* ed., prólogo y notas de Joseph L. Laurenti, Madrid, colección «Clásicos Castellanos» (en prensa).

8 Charles Lewis (1786-1836) es uno de los más famosos encuadernadores ingleses. Véase un resumen de su vida en *Dictionary of National Biography, op. cit.,* vol. XI, p. 1051, donde, por ejemplo, leemos: «Lewis bindings are characterised by elegant and classic taste.» En efecto, el ejemplar ilinoyense destaca por su lujosa encuadernación, verdadera obra maestra de este arte.

ejemplar perteneció, pues, a George Daniel[9], y pasó a la colección de H. Huth[10] vendida en 1913. Estos datos aparecen manuscritos en el ejemplar que pasó a la Universidad de Illinois en 1943, adquirido a través del librero Rosenthal, de Philadelphia.

London, 1655

5

LAZARILLO: / Or the Excellent / HISTORY OF / *Lazarillo de Tormes,* / The witty Spaniard. / ¶ Both Parts. / The first translated by David / *Rowland,* and the second / gather'd out of the Chronicles of *Toledo* by Iean de Luna — a Castilian, and done into / English by the same Authour. / [filete] *Accuerdo, Oluido.* / [filete] LONDON, / Printed by R. Hodgkinsonne 1655. 2 vols. en 1. 75 fs. sin numerar. 8.°. *Signs.:* A⁴, B - K⁸. Dedicatoria de James Blakeston (posible pseud.) a George Lord Chandos: [fs. A² - verso de A²] TO THE / Right Honourable, / GEORGE Lord CHANDOS / Baron of Sudeley, &c.—Prólogo del Impresor al lector: [fs. A³ - verso de A³] The Publisher to the Reader.—Dedicatoria de Juan de Luna: [fs. A⁴ - verso de A⁴]. Carta Dedicatoria. / *Al illustrissimo y excel-/lentissimo Senhor / Don, &c.*—Texto.

A continuación:

THE PURSUIT / OF THE / HISTORY / OF / *Lazarillo de Tormes.* / Gathered out of the ancient / Chronicles of Toledo: / [filete]. By Jean de Luna, a Castilian. / [filete] And now done into English, and set / forth by the same Author. / [filete] LONDON, Printed by R. / Hodgkinsonne 1655. / 93 fs. sin numerar. *Signs.* (cont.) L-X⁸, Y⁴.

Dedicatoria de Juan de Luna a Don Roberto Car de Ancram: [fs. L - verso de L]. Carta Dedicatoria. / Al Illustrissimo y ex-cellentis-/ simo Senhor Don *Roberto Car* de / *Ancram,* Cauallero titulado, y de la Camara Priuada, gran Tesorero / de cosas extraordinarias de su / Alte ca (sic) el Principe de / Galles.—Prólogo de Juan de Luna al Lector: [fs. L² - verso de L³] THE / Authour to the Reader.—Texto: [L⁴] THE / Pursuit of the History / OF Lazarillo de Tormes. / Gathered out of the ancient Chro-/nicles of *Toledo.* / *Ejemps.:* IU (dos ejemplares), CtY, MiU, NjP.

---

9 George Daniel (1789-1864) fue un conocido escritor de carácter miscelánico y famoso coleccionista de libros. Véase *Dictionary of National Biography, op. cit.,* vol. V, pp. 472-474.

10 Existe un voluminoso catálogo de la famosa colección de H. Huth (*Huth Collection Catalogue of the famous Library of printed books collected by Henry Huth, and since maintained and augmented by his son A. H. Huth,* London, 1911-20) y en el volumen correspondiente a 1913, aparece este mismo ejemplar de George Daniel (véase p. 1128, núm. 3.913).

LAZARILLO,

OR,

The Excellent History

OF

LAZARILLO de TORMES,

The witty Spaniard.

Both Parts.

The first translated by

David Rowland,* and the second gather'd out of the Chronicles of *Toledo* by *Iean de Luna* a Castilian, and done into *English* by the same Authour.

Satyr Varron:

Accuerdo, Oluido.   a

London, Printed for *William Leake,* at the Crown in *Fleetstreet,* betwixt the two Temple-Gates, 1653.

JW

Observ.: Illinois posee dos ejemplares de esta rarísima traducción al inglés. No la hemos localizado en ninguna biblioteca
de Europa. La desconocen Watt, Wing, Pollard and Redgrave y,
más recientemente, A. F. Allison, que no la cita en su catálogo
de obras españolas traducidas al inglés. Los demás bibliógrafos
y críticos (Chandler, Hazlitt, Lowndes, Palau, Pane y Rudder), a
guisa de repetición, se limitan a indicar la existencia de esta rarísima edición londinense de 1655, pero sin describirla ni loca-
lizarla. El ejemplar de Urbana, en magnífico estado, tiene el *ex-
libris* de William Hash Skillicorne. Ingresó en 1930, a través del
librero George. Urbana, como vimos, posee otro ejemplar, idéntico, del mismo año, pero defectuoso; falta la portada y la carta
dedicatoria de Juan de Lunas a Don Roberto Car de Ancram.
Este segundo ejemplar ingresó en Urbana en 1940.

Edinburgh, 17??

6
THE / LIFE / AND / ADVENTURES / Of that most and ingenious
Spaniard, / *Lazarillo de Tormes:* / Containing / A great Variety
of humorous Exploits in / the uncommon Fortunes and Misfor-
tunes / of his Life, from his Cradle to his Grave. / [filete] Writ-
ten by Himself. / [filete] From the Spanish, carefully Corrected
[dos filetes] EDINBURGH, Printed. / Price Bound in Calf, Two
Shillings. [17???] 4 fs. + 113 pp. numeradas, 8.°. *Signs.:* A-L¹²,
M₁⁰, M₁₀ en blanco. [fs. 3-4]: The Contents /.—Texto [pp. 1-113.
A continuación: THE LIFE. / AND / ADVENTURES / OF LA-
ZARILLO DE TORMES. / [filete]. Part II, pp. 115-257. [p.
257]: Epitaph. *Epemps.:* IU, MWA.

Observ.: Ejemplar rarísimo, con la *Segunda parte* de Juan
de Luna. Se desconoce el traductor. Se trata, al parecer, de una
traducción posterior a 1700, ya que no aparece documentada en
el reciente catálogo de Harry G. Aldis: *A List of Books Printed
in Scotland Before 1700 Including those Printed Furth of the
Realm for Scottish Booksellers with Brief Notes on the Printers
and Stationers...* Edinburgh, 1970. El único que cita esta traducción anónima es Rudder (*op. cit.*), que debió verla citada en el reciente vol. del *Union Catalog* (vol. 320 [1974] p. 94).

London, 1777

7
THE / LIFE / AND / ADVENTURES / OF / Lazarillo Gonza-
les, / Surnamed de Tormes. / Written by Himself. / Translated
from the Original Spanish, and / illustrated with Sixteen Copper
Plates, neatly / engraved. / In TWO PARTS. / The NINETE-

LAZARILLO:

Or the Excellent

HISTORY

OF

Lazarillo de Tormes,
The witty Spaniard.

¶ *Both Parts.*

The firſt tranſlated by *David*
Rowland, and the ſecond
gather'd ou͞ of the Chronicles of *Toledo* by *Iean de Luna*
a Caſtilian, and done into
Engliſh by the ſame
Authour.

Accuerdo, Oluido.

LONDON,

Printed by R. *Hodgkinſonne* 1655.

---

*Portada del ejemplar de Illinois de la rarísima (desconocida por muchos) edi-
ción londinense de 1655.*

THE
LIFE
AND
ADVENTURES

Of that moft witty and ingenious *Spaniard,*

Lazarillo de Tormes:

CONTAINING

A great Variety of humorous Exploits in
the uncommon Fortunes and Misfortunes
of his Life, from his Cradle to his
Grave.

Written by Himfelf.

From the *Spanifh,* carefully Corrected.

EDINBURGH, Printed.

Price Bound in Calf, Two Shillings

ENTH EDITION, Corrected. / [Viñeta] LONDON: / Printed for S. Blandon, in Paternoster-Row. / MDCCLXXVII. xl fs.+165 páginas + 1 h. 8.°. *Signs.:* A-I⁶.

[fs. iii - iv]: THE / EDITOR / TO THE READER.—[fs. v - viii]: CONTENTS / OF THE / FIRST PART. / — [fs. ix - xi]: CONTENTS / OF THE / SECOND PART.—Texto. [p. 166]:— Advertisement.—[p. 167]: EPITAPH.

Contiene la Segunda parte de Juan de Luna y el capítulo de los alemanes de la *Segunda* continuación anónima de Amberes de 1555.

Tr. anónima de la versión francesa del Abad A. de Charnes y, naturalmente, desfigurada del título original.

Cits.: CHANDLER, p. 410; LAURENTI, núm. 795; LOWNDES, III, p. 1.327; PALAU, vol. 7, núm. 133.509; PANE, p. 25, núm. 368; TICKNOR, p. 178.

Ejemps.: IU, CtY, LBM, MB, MiU, MWelC.

London, 1789

8

[Anteportada]: LIFE AND ADVENTURES / OF / LAZARILLO DE TORMES. [Portada]: THE LIFE AND ADVENTURES / OF LAZARILLO DE TORMES. / [doble filete] IN TWO VO- LUMES. / [doble filete] VOL. I. / [doble filete] LONDON: PRINTED BY J. BELL, BRITISH LIBRARY, STRAND. / MDCCLXXIX. viii pp. + 174 pp. 4.°. *Signs.:* B-H¹², I⁴. [pp. v - viii]: Contents of vol. I.—[pp. 1 - 174]: Texto.

A continuación:

[Anteportada]: LIFE AND ADVENTURES / OF / LAZA- RILLO DE TORMES. / [Portada]: THE / LIFE AND ADVEN- TURES / OF / LAZARILLO DE TORMES. / [Doble filete]: IN TWO VOLUMES. / [Doble filete] VOL. II. / [Doble fi- lete]: LONDON: / PRINTED BY J. BELL, BRITISTH LIBRA- RY, STRAND. / HDCCLXXXIX. viii, pp. + 186 pp. *Signs.:* B-H¹², I⁶, K⁴ [pp. v-viii]: Contents Of Vol. II.—/pp. 1 - 186: Texto.—[p. 187]: Epitafio de Lazarillo: *Here lies the Body of / Brother Lazarillo Gonzáles, / surnamed De Tormes.*

Cits.: CHANDLER, p. 410; LAURENTI, núm. 796; LOWNDES, III, p. 1.327; PANE, p. 25, núm. 368.

Ejemps.: IU, DLC, LBM, MH, TU.

Obsers.: El vol. II es traducción de la *Segunda parte...*, de Juan de Luna.

*   *   *

APENDICE NUM. 1
(colección en microfilm) [11]

London, 1586

1

LAZARILLO *de Tormes. The Pleasaunt historie of Lazarillo de Tormes... Drawen out of Spanish by Dauid Rouland...* Imprinted at London by Abell Ieffes... 1586.

London, 1596

2

LAZARILLO *de Tormes. The Plesant historie of Lazarillo de Tormes a Spaniarde... Drawne out of Spanish by Dauid Rouland...* London Printed by Abell Ieffes... 1596.

London, 1596

3

LAZARILLO *de Tormes. The most pleasaunt and delectable historie of Lazarillo de Tormes... The second part. Translated out of Spanish into English, by W. P. [histón?].* Printed at London by T. C. [reed] for Iohn Oxenbridke... 159 [6]. (Con la *Segunda parte* anónima de Amberes de 1555).

London, 1622

4

LAZARILLO *de Tormes. The Pvrsvit of the historie of Lazarillo de Tormez. Gathered ovt of the ancient chronicles of Toledo. By Lvna. And now done into English, and set forth by the same author.* London, Printed by B. Alsop for T. Walkley, 1622. (*Segunda parte* de Juan de Luna).

London, 1631

5

LAZARILLO *de Tormes. The Pvrsvit of the historie of Lazarillo de Tormes. Gathered ovt of the ancient chronicles of Toledo. by Iean de Luna, and now done into English, and set forth by the same author.* London, Printed by G. P. [urslow] for R. Hawkins, 1631. (Tr. por Thomas Walkley de la *Segunda parte* de Juan de Luna).

---

[11] Se copian exactamente los datos de las fichas del catálogo de Illinois, a saber: *Catalog of the Rare Book Room.* University of Illinois Urbana-Champaign, vol. 5. Hen-Lim. Boston: G. K. Hall & Co., 1972, p. 654.

ESTUDIOS CRITICOS SOBRE LA PICARESCA

MARÍA CASAS DE FAUNCE
Universidad de Puerto Rico

La bibliografía de la *picaresca* cuenta ya con una obra especializada, en la que figuran los estudios dedicados a este tema y que fueran publicados antes de 1973, fecha en que apareció el libro de Joseph L. Laurenti *Bibliografía de la literatura picaresca*. Nos proponemos actualizar este trabajo y para ello hemos recogido los escritos posteriores al año indicado y aquellos que no se incluyeran en la obra. Todavía se encuentra en prensa el libro de J. V. Ricapito, *Bibliografía razonada y anotada de las obras maestras de la novela picaresca española*, y por esta razón nos ha sido imposible evitar duplicidades innecesarias, limitándonos a citar únicamente los títulos que faltaran en estas dos bibliografías básicas. No obstante y por el momento, esperamos que nuestro intento llene una laguna en el campo de la picaresca.

1. ABRAMS, MEYER H., «To whom was the Anonymous *Lazarillo de Tormes* dedicated», en *Romance Notes*, Baltimore, 1967, VIII, pp. 273-277.
2. ADAM, M., «De lo barroco en el Perú: Concolorcorvo, Olavide y Valdés», en *Mercurio Peruano*, Lima, 1941, XXVIII, pp. 436-449.
3. ALFARO, GUSTAVO, «Cervantes y la novela picaresca», en *Anales Cervantinos*, Madrid, 1971, X, pp. 23-31.
4. ALVAREZ, GUZMÁN, *Le thème de la femme dans la picaresque espagnole*, Groningen, J. W. Wolters, 1955, 29 págs.
5. ANDERSON IMBERT, ENRIQUE, *Tres novelas de Payró, con pícaros en tres miras*, Tucumán, Universidad Nacional de Tucumán, [1927], 75 págs.
6. ANTÓN SOLER, PABLO, *Los pícaros de Conil y Zahara*. Estudio histórico sobre los jesuitas y las almadrabas del siglo XVI. Pró-

logo de Augusto Conte Lacave, Cádiz [Jerez de la Frontera, Jerez Industrial], 1965, 83 págs.

7. AUBRUN, CHARLES V., «El autor del *Lazarillo*, un retrato robot», en *Cuadernos Hispanoamericanos*, Madrid, octubre-diciembre de 1969, núms. 238-240, pp. 543-555.

8. AUBRUN, CHARLES V., «Picaresque: A propos de cinq ouvrages récents», en *The Romanic Review*, New Yorg, 1968, LIX, núm. 1, pp. [106]-121.

9. AYALA, FRANCISCO, «La novela picaresca», en *Los ensayos: Teoría y crítica literaria*, pp. 731870 [Madrid], Aguilar [1971], 1.297 págs.

10. AYDELOTTE, FRANK, *Elizabethan Rogues and Vagabonds*, Oxford, The University Press, 1913, 349 págs.

11. BLECUA, ALBERTO, «Libros de caballerías, latín macarrónico y novela picaresca: la adaptación castellana de Baldus», en *Boletín de la Real Academia de Buenas Letras*, Barcelona, 1971-1972, XXXIV, pp. 147-239.

12. BOLAÑO E ISLA, AMANCIO, *Estudio comparativo entre el «Estebanillo González» y el «Periquillo Sarniento»*. Discurso José Rojas Garcidueñas. Contestación, México, Universidad Nacional Autónoma de México, 1971, 64 págs.

13. BOUCHARD, ADELIN, *La sociedad española a través de la novela picaresca* (Estudio histórico). Tesis de la Universidad de Madrid, 1958.

15. BROWNSTEIN, LEONARD, *Salas Barbadillo and the New Novel of Rogues and Courtiers*, Madrid, Playor, 1974, 188 págs.

16. CAREL, TULIO, *Picaresca porteña*, Buenos Aires, Ediciones Siglo Veinte, 1966, 197 págs.

17. CARILLA, EMILIO, «Introducción a la lengua de *El lazarillo de ciegos caminantes*», en *Anuario de Letras*, México, Centro de Lingüística Hispánica, Facultad de Filosofía y Letras, Universidad Autónoma de México, 1974, XII, pp. 231-238.

18. CARILLA, EMILIO, «Tres escritores hispanoamericanos, Lizardi, Bartolomé Hidalgo y Melgar», en *Boletín de la Academia Argentina de Letras*, Buenos Aires, 1963, XXVIII, pp. 89-120.

19. CARNERA, RAFAEL, «Picaresca: Anticaballería y realismo», en *Universidad de Antioquía*, Medellín (Colombia), 1952-1953, XXVIII, pp. 67-87, 373-389.

20. CARRO CELADA, ESTEBAN, *Picaresca, milagrería y malandanzas en la Vía Láctea*, Madrid, Prensa Española, 1971, 233 págs.

21. CASAS DE FAUNCE, MARÍA, *La novela picaresca latinoamericana*, Madrid, Planeta, 1977, 242 págs.

22. CAVILLAC, MICHEL Y CÉCIL, «A propos du *Buscón* et de *Guzmán de Alfarache*», en *Bulletin Hispanique*, Université de Bordeaux, 1973, LXXV, núms. 1-2, pp. 114-131.

23. CROS, EDMOND, *L'aristocrat et le carnaval des gueux, étude sur le «Buscón» de Quevedo*, Montpellier, Université Paul Valéry, 1976, 126 págs.

24. CRUZ, SALVADOR, «Feijóo y Lizardi», en *Cuadernos para el Congreso de la Cultura*, París, 1964, núm. 88, pp. 91-93.

25. CHEVALIER, MAXIME, «*Guzmán de Alfarache* en 1605: Mateo Alemán frente a su público», en *Anuario de Letras*, México, 1973, XI, pp. 135-135.

26. DAMIANI, BRUNO, «*La Lozana andaluza:* Bibliografía crítica», en *Boletín de la Real Academia Española*, Madrid, 1969, XLIX, núm. CLXXXVI, pp. [117]-139.

27. DAMIANI, BRUNO, «*La Lozana andaluza:* Tradición literaria y sentido moral», en *Actas del III Congreso Internacional de Hispanistas*, celebrado en México D. F. del 26 al 31 de agosto de 1968, pp. 241-248. México, El Colegio de México, 1970, 962 págs.

28. DAVIS, JACK E., «Algunos problemas lexicográficos en *El Periquillo Sarniento*», en *Revista Iberoamericana*, México, 1958, XXIII, núms. 45-46, pp. 163-171.

29. DOWLING, JOHN C., «Sobre Diego de Torres Villarroel: Visiones y visitas de Torres con don Francisco de Quevedo por la Corte», en *Hispanic Review*, Philadelphia, 1968, XXXVI, pp. 174-177.

30. GARCÍA DE PAREDES, FRANZ, «*El Periquillo Sarniento* y lo picaresco», en *Revista Lotería*, Panamá, septiembre de 1972, núm. 102, pp. 41-47.

31. GARCÍA MERCADAL, JOSÉ, *Estudiantes, sopistas y pícaros*, Buenos Aires, Espasa-Calpe Argentina [1974], 212 págs.

32 CARRIGA Y PALAU, JAVIER, «Estudio de la novela picaresca española», en *Revista Contemporánea*, Madrid, 1890, IV, pp. 561-575.

33. GONZÁLEZ LANUZA, EDUARDO, *Genio y figura de Roberto J. Payró*, Buenos Aires, Editorial Universitaria [1951], 192 págs.

34. GONZÁLEZ PALENCIA, ANGEL, *Leyendo el «Lazarillo» (Notas para el estudio de la novela picaresca)*, Madrid, El Escorial, 1944, 44 págs.

35. GOYTISOLO, JUAN, «*Estebanillo González, hombre de buen humor*», en *El furgón de cola*, pp. 59-76. París, *Ruedo Ibérico*, 1967, 204 págs.

36. GRAY, M. J., *An Index to «Guzmán de Alfarache», Including Proper Names and Notable Matters*, New Brunswick, Rutbers University Press, 1948, 90 págs.

37. HAAN, FONGER DE, *An Outline of the History of the «Novela Picaresca» in Spain*, The Hague and New York, Nihoff, 1903, 125 págs.

38. HATZFELD, HELMUT, «El estudio barroco de *Guzmán de Alfarache*», en *Prohemio*, abril 1975, VI, núm. 1, pp. [7]-19.

39. HERRERA, FLAVIO, «La picaresca española y la guatemalteca», en *Revista de Guatemala*, Guatemala, 1952, II, núm. 5, pp. 5-17.

40. HOLZINGER, WALTER, «The breadly Paradise revisited: *Lazari-*

llo de Tormes, segundo tratado», en *Revista Hispánica Moderna*, New York, 1972-1973, núm. 4, pp. 228-236.

41. IRVING, THOMAS B., «Sobre José Joaquín Fernández de Lizardi», en *Hispanic American Historical Review*, Durham, 1960, XL, pp. 604-605.

42. JAURETCH, ARTURO, *El medio pelo en la sociedad argentina, apuntes para una sociología nacional* [Buenos Aires], A Peña Lillo [1966], 352 págs.

43. KRAEMER, ERIK, *Le type du faux mendiant dans les literatures romanes depuis le moyen âge jusqu' au XVIII siècle*, Helsingfords, Societas Scientiarum Fennica, 1944, 337 págs.

44. *Knaves and Swindlers: Essays on the picaresque Novel in Europe*, Edited by Christine J. Khitbourne, London, Oxford University Press, 1974, 145 págs.

45. LA CONCHA, VÍCTOR G. DE, «La intención religiosa del *Lazarillo*», en *Revista de Filología Española*, Madrid, 1972, LV, cuadernos 3.º y 4.º, pp. 243-277.

46. LAFARGA, GASTÓN, *La evolución literaria de Rubén Romero*, México, Estudios Iberoamericanos, 1937, 152 págs.

47. LARRA, RAÚL, *Payró, el novelista de la democracia*, 3.ª ed., Buenos Aires, La Mandrágora [1960], 283 págs.

48. LARRAZ, JOSÉ, *Idealismos y realidad: Análisis crítico de las novelas de José Rubén Romero*, Madrid, Oscar [1971], 172 págs.

49. LAURENTI, JOSEPH L., *Bibliografía de la literatura picaresca desde sus orígenes hasta el presente. A Bibliography of Picaresque Literature, from its origins to the Present*, Metuchen, N.J., Scarecrow Press, 1973, 262 págs.

50. LÁZARO CARRETER, FERNANDO, «Glosas críticas a los pícaros en la literatura de Alexander Parker», en *Hispanic Review*, Philadelphia, 1973, XLI, núm. 3, pp. 569-597.

51. LÁZARO CARRETER, FERNANDO, «Para una revisión del concepto "novela picaresca"», en *Actas del III Congreso Internacional de Hispanistas*, celebrado en México, D. F., del 26 al 31 de agosto de 1968, pp. 27-45. México, El Colegio de México, 1970, 962 págs.

52. LEAL, LUIS, «Picaresca hispanoamericana de Oquendo a Lizardi», en *Estudios de literatura hispanoamericana en honor de José L. Arrom*. Editados por Andrew P. Debicki y Enrique Pupo-Walker, pp. 47-58. Chapel Hill, North Caroline Studies in the Romance Languages and Literatures, University of North Caroline Department of Romance Languages, 1974.

53. LEGUIZAMÓN, JULIO A., «El casamiento de Laucha. El autor y el libro», en *De cepa criolla*, pp. 123-127, Buenos Aires, Ediciones Solar [1961], 220 págs.

54. LEGUIMAZÓN, JULIO A., «Dos libros coloniales: Concolorcorvo y Araújo: I, *El lazarillo de ciegos caminantes*; II, *La guía de*

forasteros», en *De cepa criolla*, pp. 181-190, Buenos Aires, Ediciones Solar [1961], 220 págs.

55. LEWIS, P. W. B., «Recent Fiction: Picaro and Pilgrim», en *A time of Harvest American Literature, 1910-1960*. Edited with and introduction by Robert E. Spiller, pp. 144-153, New York, Hill and Wang [1962], 173 págs.

56. MALDONADO, FELIPE C. R., «Los *Sueños* y el *Diablo Cojuelo,* ecos y coincidencias», en *Estafeta Literaria*, Madrid, núm. 591, julio de 1976, pp. 4-8.

57. MALDONADO DE GUEVARA, F., *Interpretación del «Lazarillo de Tormes»*, Madrid, Facultad de Filosofía y Letras de la Universidad de Madrid, 1957, 68 págs.

58. MARAÑÓN, GREGORIO, «Sobre la novela picaresca», en *Obras completas,* tomo I, pp. 1019-1027, Madrid, Espasa-Calpe, 1968-1972.

69. MARAVALL, JOSÉ ANTONIO, *El mundo social de «La Celestina»*, Madrid, Gredos [1964], 165 págs.

60. MARTÍNEZ MARTÍNEZ, TEÓFILO, *Concepto del pícaro y de la picaresca*. Tesis de la Universidad de Madrid, 1958.

61. MASSIANI, FELIPE, «Genealogía del vivo: el pícaro», en *Educación, Quito*, 1949, X, núm. 60, pp. 135-143.

62. MERCADIER, GUY, «Visiones y visitas de Torres con don Francisco de Quevedo por la Corte», en *Bulletin Hispanic*, Bordeaux, 1968, LXX, pp. 546-550.

63. MOLHO, MAURICE, *Introducción al pensamiento picaresco*, traducción de Augusto Gávez-Cañero y Pidal, Madrid, Anaya [1972], 229 págs.

64. MONTESER, FREDERICK, *The Picaresque Element in Western Literature*, Alabama, University [1975], 152 págs.

65. MORBY, EDWIN S., «¿Es don *Segundo Sombra* novela picaresca?», en *Revista Iberoamericana*, México, 1939, I, núm. 1, pp. 375-380.

66. NAGY, EDWARD, ed. Cervantes, M., *El rufián dichoso*, Madrid, Castalia, 1975, 174 págs.

67. NAGY, EDWARD, *Lope de Vega y «La Celestina», perspectivas pseudo-celestinescas en comedias de Lope*, México, Universidad de Veracruz, 1968, 189 págs.

68. NAGY, EDWARD, *El pródigo y el pícaro: la escuela de la vida en el Siglo de Oro español*, Valladolid, Editorial Sever Cuesta, 1974, 76 págs.

69. *La novela criminal*. [Edición y prólogo a cargo de Roman Gubern, Barcelona], Tusquets, [1970], 80 págs.

70. OAKLEY, R. J., «The Problematic Unity of *Guzmán de Alfarache*», en *Hispanic Studies in Honor of Joseph Manson*, pp. 199-Oxford, Dolphin Books, 1972.

71. ORTIZ, GERALDINE, *La novela picaresca española: Reflejo de una época*. Tesis de la Florida State University, 1958.

72. POUERIÉ, S. TEÓFILO ARÍSTIDES, «El pícaro en la literatura

española», en *El Nacional de ¡Ahora!,* Santo Domingo, República Dominicana, 1 de diciembre de 1973, pp. 10 y 15.

73. REDONDO, AGUSTÍN, «Del personaje de don Diego Coronel a una nueva interpretación de *El Buscón*», en *Actas del Congreso Internacional de Hispanistas,* septiembre de 1974, Burdeos (en prensa).

74. Rencontre International sur la Picaresque Europenne, Montpellier, mars 1976. *Actes,* Montpellier, Univ. Paul Valéry (en prensa).

75. REXACH, ROSARIO, «El hombre nuevo en la novela picaresca española», en *Cuadernos Hispanoamericanos,* Madrid, 1973, XCLL, núm. 275, pp. 367-377.

76. REYES, ALFONSO, «*El Periquillo* y la crítica mexicana», en *Simpatías y diferencias.* Edición y prólogo de Antonio Castro Leal, tomo II, pp. 143-155, México, Editorial Porrúa, 1945.

77. RICAPITO, J. V., *Bibliografía razonada y anotada de las obras maestras de la novela picaresca española,* Madrid, Editorial Castalia (en prensa).

78. RIPOLL, CARLOS, «*La Celestina*» a través del Decálogo y otras notas sobre la literatura de la Edad de Oro [New York], Las Américas Publishing Company, 1969, 212 págs.

79. ROTHENBERGER, FRIEDEL MAURER, *Die Mitteilungen des* «*Guzmán de Alfarache*», Berlín, Colloquium Verlag, 1967, 104 págs.

80. SALOMÓN, NOEL, «La crítica del sistema colonial de la Nueva España en el *Periquillo Sarniento*», en *Cuadernos Americanos,* México, 1965, XX, núm. 1, pp. 167-179.

81. SÁNCHEZ GARCÍA, ELENA, *Aspectos filosóficos-educativos de la novela picaresca.* Tesis de la Universidad de Salamanca, 1973.

82. SEBOLD, RUSSEL P., *Novela y autobiografía en la* «*Vida de Torres Villarroel*», Barcelona, Ariel, 1976, 204 págs.

83. SOBEJANO, GONZALO, «*El coloquio de los perros* en la picaresca y otros apuntes», en *Hispanic Review, Philadelphia,* 1975, XLII, núm. 43, pp. 25-41.

84. SPELL, JEFFERSON REA, «Fernández de Lizardi as a Pamphleter», en *Hispanic American Historical Review,* Durham, North Caroline, 1927, VII, pp. 104-123.

85. SPELL, JEFFERSON REA, «The Genesis of the First Mexican Novel», en *Hispania,* Baltimore, 1931, XIV, pp. 53-58.

86. SPELL, JEFFERSON REA, «The Historical and Social Background of *El Periquillo Sarniento*», en *Hispanic American Historical Review,* Durham, North Caroline, 1956, XXXVI, pp. 447-470.

87. SPELL, JEFFERSON REA, «The Intellectual Background of Lizardi as Reflected in *Periquillo Sarniento*», en *Publications of the Modern Language Association of America,* New York, 1956, LXXXI, núm. 3, pp. 414-432.

88. SPELL, JEFFERSON REA, *The life and Works of José Fernández de Lizardi,* Philadelphia, University of Pennsylvania Press, 1931, 141 págs.

89. SPELL, JEFFERSON REA, «Lizardi and his Critics», en *Hispania*, Baltimore, 1928, XI, núm. 3, pp. 233-245.

90. SPELL, JEFFERSON REA, «Mexican Society as Seen by Fernández de Lizardi», en *Hispania*, Baltimore, 1925, VIII, pp. 145-165.

91. SPELL, JEFFERSON REA, «New Light in Fernández de Lizardi and his *Periquillo Sarniento*», en *Hispania*, Baltimore, 1963, XLVI, pp. 735-754.

92. SPELL, JEFFERSON REA, «A textual Comparison of the First Four Editions of *El Periquillo Sarniento*», en *Hispanic Review*, Philadelphia, 1963, XXXI, pp. 134-147.

93. Table Ronde International du CNRS sur la Picaresque Espagnole, Montpellier, nov. 1974. *Actes*, Montpellier, Univ. Paul Valéry (en prensa).

94. TALENS CARMONA, JENARO, *Novela picaresca y práctica de la trasgresión*, Madrid, Júcar, 1976, 246 págs.

95. THOMAS, ALAIN,, *La gueuse et le puritain, étude sur Moll Flanders de Defoe*, Montpellier, Univ. Paul Valéry (en prensa).

96. TIERNO GALVÁN, ENRIQUE, *Sobre la novela picaresca y otros escritos*, Madrid, Editorial Tecnos [1974], 380 págs.

97. ULRICH, WICKS, «The Tratado of Picaresque Modal Approach», en *Publications of the Modern Language Association of America*, New York, 1974, LXXXIX, pp. 240-249.

98. VAL, JOAQUÍN DEL, ed. *Novela picaresca*, Madrid, Taurus, 1960, 589 págs.

99. WADDELL, HELEN JANE, *The Wandering Scholars*, New York, H. Holt [1934], 301 págs.

100. ZALAZAR, DANIEL E., *Ensayos de interpretación literaria: Sobre «La Celestina», la picaresca, Borges y otros temas*, Buenos Aires, Ediciones Argentinas, 1976, 108 págs.

101. ZWEZ, RICHARD EDGARD, *Estudio y análisis de «El Lazarillo de Badalona»*, [Valencia], Albatros, 1974, 108 págs.